Medical Nursing

# 内科护理学


主　编　王瑞霞　丁晓梅　李珍花

副主编　呼延琳　杨玉香　裴炜娜

编　委　(按姓氏笔画排列)

王小艳　邓慧瑾　孙　蕾

周　欣　赵军霞　龚彩霞



蘭州大學出版社

LANZHOU UNIVERSITY PRESS

图书在版编目（CIP）数据

内科护理学 / 王瑞霞，丁晓梅，李珍花主编. -- 兰州 : 兰州大学出版社，2017.8（2017.12重印）
ISBN 978-7-311-05235-5

Ⅰ. ①内… Ⅱ. ①王… ②丁… ③李… Ⅲ. ①内科学－护理学－中等专业学校－教材 Ⅳ. ①R473.5

中国版本图书馆CIP数据核字(2017)第206809号

策划编辑 赵 方
责任编辑 郝可伟
封面设计 郇 海

书 名 内科护理学
作 者 王瑞霞 丁晓梅 李珍花 主编
出版发行 兰州大学出版社 （地址:兰州市天水南路222号 730000）
电 话 0931-8912613(总编办公室) 0931-8617156(营销中心)
0931-8914298(读者服务部)
网 址 http://www.onbook.com.cn
电子信箱 press@lzu.edu.cn
印 刷 虎彩印艺股份有限公司
开 本 880 mm×1230 mm 1/16
印 张 35.75
字 数 1237千
版 次 2017年8月第1版
印 次 2017年12月第2次印刷
书 号 ISBN 978-7-311-05235-5
定 价 68.00元

# 前 言

我国经济社会的发展和民众生活水平的不断提高，对医药卫生工作提出了越来越高的要求。为了促进医学高职高专教育事业规范、快速发展，加快构建现代职业教育体系的步伐，深化护理教育改革，培养护理创新人才，顺应当前医学高职高专护理专业教育迅速发展的趋势，教材编写组成员结合多年的教学与临床经验编写了《内科护理学》这本教材。本教材编写的指导思想是：坚持以服务为宗旨、以就业为导向、以能力为本位的职业教育特色，培养具有良好职业道德、职业素质、人文精神和评判性思维能力的高素质、应用型医学人才。

《内科护理学》是医学院校护理专科教育必需的教材。本教材以三年制中等职业护理专业教学计划及内科护理学教学大纲为依据，以临床的工作过程、工作过程中的任务、情境为基础，设计学习性工作过程、工作任务及学习性工作情境。以“必需”“够用”为原则，编写中注重针对性和实用性。内容新颖，力求结合临床工作过程，贴近临床实践；注重学生运用护理程序进行整体护理能力的培养，突出临床护理工作的具体过程，体现新知识、新技能、新方法，同时，在编写中注重现代教育技术的应用，力求方便教师的教和学生的学。从教学实施和适应临床护理的角度考虑教材结构、栏目的设计，改变传统的以课堂为中心、以讲述为主线的教学模式，引导理论与实践一体化教学的实施，突出“做中学，做中教”。

通过对护理工作岗位群体进行工作任务与职业能力的调查分析，紧密结合职业能力和职业资格证书相关考试要求确定中等职业学校护理专业各学习情境的具体内容。充分考虑工作任务的实用性、典型性、可操作性及可拓展性等因素，确定了内科护理基础、内科重症监护室护理、心内科护理、肺病科护理、肾病科护理、脾胃病科护理、内分泌科护理、神经内科护理、普内科护理等多个内科护理学学习项目。把工作过程中的知识作为职业教育的核心，突出学生的实践技能及综合职业素质的培养。教材编写以学生为中心，注重学生思维能力的训练，加大综合实训和职业技能培养。

本教材内容注重对临床新知识、新技能的补充，突出和强化常用的内科护理技能操作。贴近中等职业卫生学校教学要求，引导学生自主学习和培养评判性思维的能力，有利于学习效果和教学质量的检测和评价，促进教学质量和学生素质的全面提升。本教材注重“学历文凭”与“职业资格证书”并重，兼顾护士执业资格考试的要求，遵循专业课程内容与执业标准对接，学历证书与执业资格证书对接，职业教育与终身学习对接的职业教育教学改革方向，每个工作任务分为疾病的认知和护理实践能力知识，适于护理资格证考试的需求和对知识的化分。

本书编写人员具体分工如下：第一章、第二章由王瑞霞、王小艳编写；第三章由呼延琳、龚彩霞编写；第四章由杨玉香、龚彩霞编写；第五章、第六章由裴炜娜、孙蕾编写；第七章、第八章由李珍花、邓慧瑾编写；第八章、第十五章由丁晓梅、邓慧瑾编写；第九章由丁晓梅、王小艳编写；第十章由李珍花、周欣编写；第十一章、第十二章丁晓梅、赵军霞编写；第十三章由丁晓梅、龚彩霞编写；第十四章丁晓梅、周欣编写。全书共计123.7万字，其中王瑞霞、丁晓梅、李珍花、呼延琳、杨玉香、裴炜娜各完成13万字，王小艳完成8.2万字，邓慧瑾、孙蕾、周欣、赵军霞、龚彩霞各完成7.5万字。

在教材编写过程中，甘肃中医药大学护理学院院长赵鲲鹏教授在百忙之中完成了书稿的审订工作,提出了宝贵的建设性意见，在此表示衷心的感谢。

由于编写时间有限、经验不足，书中不妥之处在所难免，恳请广大师生和护理工作者提出宝贵意见和建议，以便逐步修订、完善。

编者

2017年2月

# 目 录

# 第一章 呼吸系统疾病病人的护理

## 第一节 呼吸系统基础知识

### 一、解剖结构

呼吸系统由呼吸道、肺和胸膜组成。

（一）呼吸道

1．上呼吸道

鼻、咽、喉称为上呼吸道。

（1）鼻由外鼻、鼻腔和鼻窦三部分组成，对吸入的气体有过滤、保湿、加温作用。

（2）咽分为鼻咽、口咽和喉咽三部分，是呼吸系统和消化系统的共同通路。

（3）喉是发音的主要器官。

2．下呼吸道

下呼吸道由气管、支气管所组成。气管在胸骨角平面（平第4胸椎下缘）分为左、右两主支气管，在肺门处进入肺。右主支气管比左主支气管粗、短而陡直，与气管分叉角度较小；左支气管相对较细长且趋于水平，异物吸入更易进入右肺。从气管到终末细支气管分支数目逐渐增加，气道直径越来越小，使气流在运行过程中流速逐渐减慢。临床上把气道直径≤2 mm、壁厚＜0.5 mm的支气管称为小气道。小气道管腔狭窄，管壁菲薄，无软骨支持，气体流速度慢，纤毛上皮细胞减少，易阻塞，是慢性支气管炎、慢性阻塞性肺疾病、支气管哮喘等呼吸系统疾病的好发部位。

3．支气管壁的组织结构

支气管壁由黏膜层、黏膜下层和外膜组成。

（1）黏膜层

黏膜层为假复层纤毛柱状上皮，具有清除呼吸道内分泌物和异物的功能。其游离面附有能摆动的纤毛，纤毛节律性地摆动，将含有灰尘、细菌的黏液排至喉部随痰排出体外。

（2）黏膜下层

黏膜下层由疏松结缔组织组成，含有较多腺体。

（3）外膜

外膜由透明软骨和疏松结缔组织组成，构成管壁支架，保持气道通畅。透明软骨呈“C”形，其缺口处为气管后壁，由弹性纤维、腺体和平滑肌构成，平滑肌的舒缩与支气管口径以及肺的顺应性密切相关。

（二）肺

肺位于胸腔纵隔的两侧，呈圆锥体形，上端称肺尖，下端称肺底，有肋面、纵隔面。左肺有斜裂将其分为上、下两叶，右肺除斜裂外还有水平裂，故分为上、中、下三叶。在纵隔面中部有肺门，为主支气管、肺动脉、肺静脉、淋巴管及神经等出入肺之处。肺泡上皮细胞有Ⅰ型细胞、Ⅱ型细胞。Ⅰ型细胞呈扁平形，占肺泡表面积的95%，是气体交换的主要场所。Ⅱ型细胞分泌表面活性物质而降低肺泡表面张力，以防止肺泡塌陷。肺泡总面积有100 $m^2$，平时只有1/20的肺泡进行气体交换，具有巨大的呼吸储备力。

肺有肺循环、支气管循环双重血液供应。

1．肺循环

肺动脉入肺后不断分支，在肺泡周围形成肺毛细血管网，执行气体交换功能，然后逐级汇集成两条肺静脉，出肺。

2．支气管循环

支气管动脉从胸主动脉发出，主要供应支气管壁、肺泡和胸膜的营养，然后汇集成支气管静脉。支气管静脉和肺动脉、肺静脉之间有吻合支存在，对侧支循环的建立具有一定的临床意义。

（三）胸膜和胸膜腔

胸膜腔是一个由脏层胸膜和壁层胸膜构成的密闭潜在的腔隙，脏层胸膜无感觉神经分布，壁层胸膜有感觉神经分布，胸膜病变时刺激壁层胸膜可引起疼痛。正常情况下胸膜腔内仅含有起润滑作用的少量浆液。胸膜腔内压力为负压，胸膜腔、胸廓及膈对维护呼吸运动起着重要作用。

**二、生理病理要点**

1. 呼吸功能

呼吸过程分三个环节：

①外呼吸

外呼吸指外环境与肺之间气体交换的肺通气以及肺泡与血液之间气体交换的肺换气。

②气体在血液中的运输

气体在血液中的运输即由循环血液将氧气从肺运输到组织，将二氧化碳从组织运输到肺的过程。

③内呼吸

内呼吸指血液与组织、细胞之间的气体交换过程。

此三个环节相互衔接，同时进行。呼吸是维持机体新陈代谢和其他功能活动所必需的基本生理过程之一，通过呼吸，机体从外界吸入氧气，并将体内二氧化碳排至体外。

2. 呼吸调节

呼吸中枢包括大脑皮质、间脑、脑桥、延髓和脊髓等。呼吸主要是通过呼吸中枢控制、肺牵张反射调节和化学感受性反射调节完成的。化学性调节作用具有重要的临床意义，缺氧主要通过刺激外周化学感受器（颈动脉体、主动脉体）对呼吸起兴奋作用。二氧化碳主要通过刺激中枢化学感受器维持和调节呼吸运动。若动脉血二氧化碳（$PaCO_2$）长时间持续升高，中枢化学感受器对$PaCO_2$不敏感，此时，呼吸运动的调节主要依靠缺氧对外周化学感受器的刺激作用完成。多种因素可引起呼吸节律改变，如中枢神经系统疾病、颅内压增高等可引起潮式呼吸，代谢性酸中毒时可出现深大呼吸。

3. 呼吸系统的防御和免疫功能

呼吸系统具有防止有害物质入侵的功能。主要包括：

①物理防御

上呼吸道有加温、加湿及过滤空气作用。呼吸道纤毛参与净化空气和清除异物过程。咳嗽反射、喷嚏和支气管收缩等可避免吸入异物。

②吞噬细胞防御

以肺泡巨噬细胞为主的防御力量，对各种吸入性尘粒、微生物等有吞噬或中和解毒作用。

③免疫防御

呼吸道分泌的免疫球蛋白（B细胞分泌IgA、IgM）、溶菌酶、干扰素、补体等在抵御呼吸道感染方面起着重要作用。

近年来，呼吸系统疾病的研究和诊治技术取得了显著发展，如人体体积描记仪、强迫震荡技术、聚合酶链反应（PCR）技术、分子遗传学分析技术、高分辨率螺旋CT，使呼吸系统疾病的诊断和鉴别诊断更加灵敏和准确。微创技术（胸腔镜）、无创性面罩通气、肺移植以及呼吸监护病房的设置，使呼吸系统疾病的治疗、护理水平有了显著的提高。

# 第二节　急性呼吸道感染病人的护理

## 急性上呼吸道感染病人的护理

急性上呼吸道感染（upper respiratory tract infection，简称上呼吸道感染）是鼻腔、咽、喉部急性炎症的总称。上呼吸道感染是最常见的传染病之一。其发病特点为病程较短、病情较轻、可以自愈、预后较好。发病不分年龄、性别、职业和地区，发病率较高，不仅影响工作和生活，有时还可伴有并发症，并具有一定的传染性，应积极防治。

## 一、病因与发病机制

（一）病因

上呼吸道感染70%～80%是由病毒引起的。常见病毒有（甲、乙、丙）流感病毒、副流感病毒、呼吸道合胞病毒、腺病毒、鼻病毒、埃可病毒、柯萨奇病毒、肠道病毒等，其中柯萨奇病毒B组是病毒性心肌炎最常见的病因。若出现不同形态皮疹，常因肠道病毒所致。上呼吸道感染20%～30%由细菌引起，可单纯发生或继发于病毒感染之后。以溶血性链球菌多见，其次为流感嗜血杆菌、肺炎链球菌和葡萄球菌，偶见革兰阴性杆菌，其中甲族乙型溶血性链球菌可导致急性肾炎、风湿热、风湿性关节炎、风湿性心脏病等疾病。

（二）发病机制（图1-2-1）

本病诱因主要是淋雨、受凉、气候突变、过度劳累等使呼吸道防御功能降低。易感人群为老幼体弱、免疫功能低下或有慢性呼吸道疾病者，如鼻窦炎、扁桃体炎病人等。引起上呼吸道感染的病原体大多广泛存在于自然界，健康人群亦可携带，人体感染后对其产生的免疫力较弱、短暂，病毒间也无交叉免疫，故可反复发作。

本病全年均可发生，以冬、春季节多发，多数为散发性，但常在气候突变时流行。

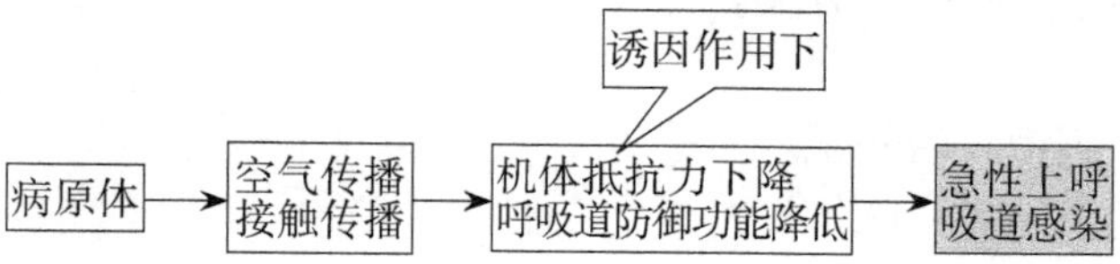


**图1-2-1 急性上呼吸道感染发病机制**

## 二、临床表现

1. 普通感冒

俗称“伤风”，以鼻咽部炎症为主。起病急，初期有咽干、喉痒，继而出现打喷嚏、鼻塞、流涕，可伴咽痛，有时由于耳咽管炎使听力减退。可有流泪、呼吸不畅、声嘶、干咳或咳少量黏液。可有全身不适，不发热或有低热，轻度畏寒或头痛，鼻和咽部黏膜充血和水肿。若无并发症，一周左右痊愈。普通感冒与流行性感冒病因往往不同，前者多为鼻病毒所致，后者多为流感病毒所致。

2. 急性病毒性咽炎和喉炎

急性病毒性咽炎临床特征为咽部发痒和烧灼感，无明显疼痛。若有吞咽疼痛，常提示有细菌感染。急性喉炎表现为声音嘶哑，说话困难，可有发热、咽痛或咳嗽，咳嗽时咽喉痛加重，有时可闻及喉部喘息声。体检可见咽喉部明显充血、水肿，颌下淋巴结肿大，可有触痛。

3. 细菌性咽扁桃体炎

细菌性咽扁桃体炎多由溶血性链球菌引起。起病急，有明显咽痛，畏寒、发热，体温可达39 ℃以上。体检可见咽部明显充血，扁桃体肿大、充血，表面有黄色脓性分泌物，颌下淋巴结肿大，有压痛。肺部无明显异常体征。

4. 并发症

少数病人并发急性鼻窦炎、中耳炎、气管-支气管炎、病毒性心肌炎、急性肾小球肾炎、风湿热、风湿性关节炎、风湿性心脏病等并发症，应予以警惕。

## 三、辅助检查

1. 血象

病毒感染时白细胞计数正常或偏低，分类淋巴细胞升高。细菌感染时，白细胞计数增多，分类中性粒细胞计数增多或核左移。

2. 病毒和细菌的检测

通过对病毒、病毒抗体进行检测，可判断病毒的类型。痰涂片或培养可发现致病菌。

## 四、诊断要点

1. 有典型的上呼吸道感染临床表现。
2. 查体仅有上呼吸道黏膜充血和水肿。
3. 血象检查鉴别病毒、细菌感染。

## 五、配合治疗

1．对症治疗

治疗重点是减轻症状、缩短病程、预防并发症。一般不必用药，病情严重时遵医嘱用药，观察疗效及副作用。

2．抗菌药物治疗

病毒感染一般不用抗生素，除非有白细胞升高、黄脓痰等细菌感染证据。可口服青霉素、第一代头孢菌素、大环内酯类、喹诺酮类等。

3．抗病毒药物治疗

目前尚无特效抗病毒药物，可用利巴韦林、奥司他韦等药。

4．中草药治疗

可用具有清热解毒和抗病毒作用的中成药，如板蓝根冲剂、清热感冒冲剂、银翘解毒片等。

## 六、护理问题

1．体温过高

与病毒和（或）细菌感染上呼吸道有关。

2．知识缺乏

缺乏有关急性上呼吸道感染防治知识。

## 七、护理措施

1．指导休息与活动

注意休息，避免劳累。

2．饮食护理

多饮水。给予清淡饮食，维持水、电解质平衡。

3．用药护理

一般不必用药。病情严重时，遵医嘱用药，观察疗效及副作用。

4．病情观察

警惕出现并发症。若有耳痛、耳鸣、听力减退、外耳道流脓等提示有中耳炎发生。若病人发热、头痛加重，伴脓涕，鼻窦有压痛应考虑鼻窦炎。恢复期若出现眼睑水肿、心悸、关节痛等症状，应及时到医院诊治，警惕肾炎、心肌炎、关节炎等并发症。

5．对症护理

（1）避免交叉感染：保持病室空气流通，注意呼吸道隔离。餐前、便后洗手，注意接触隔离。

（2）寒战时保暖，高热时降温。

（3）咽痛、声嘶时给予雾化吸入。

6．心理护理

向病人介绍本病基本知识，使其高度重视本病，但又不过分紧张，能主动配合治疗、护理。

## 八、健康教育/出院指导

告知病人急性期注意休息，多饮水，多食富含维生素的食物，注意饮食清淡、易消化。恢复期可进行适当的体育锻炼和耐寒训练，增强体质。

## 九、小结

▲急性上呼吸道感染主要是鼻、咽、喉部症状。

▲病毒性咽炎吞咽时疼痛不明显，细菌性咽炎反之。

▲急性喉炎声音嘶哑，说话困难。

▲对因对症治疗、护理。急性期注意休息、隔离，警惕并发症。

# 急性气管-支气管炎病人的护理

急性气管-支气管炎（acute broncho-bronchitis）是由病毒、细菌感染，物理、化学因素刺激或过敏所引起的气管、支气管黏膜的急性炎症。

## 一、病因与发病机制

（一）病因

1．微生物

病毒或细菌是本病最常见的病因，病原体与上呼吸道感染类似。

2．理化因素

过冷的空气、粉尘、刺激性气体或烟雾（如二氧化硫、二氧化氮、氨气、氯气等）的吸入。

3．过敏反应

花粉、有机粉尘、真菌孢子的吸入；钩虫、蛔虫的幼虫在肺的移行；气管、支气管黏膜对细菌蛋白质的过敏等。

（二）发病机制（图1-2-2）

病因刺激 → 气管、支气管黏膜充血、水肿 → 急性气管-支气管炎

图1-2-2　急性气管-支气管炎发病机制

## 二、临床表现

1．症状

（1）咳嗽、咳痰：常先有急性上呼吸道感染症状，炎症波及气管、支气管黏膜时，出现咳嗽、咳痰，开始为频繁干咳，伴胸骨后不适，2～3天后，痰由黏液性转为黏液脓性，偶有痰中带血。咳嗽、咳痰可延续2～3周。迁延不愈者可演变为慢性支气管炎。

（2）若伴有支气管痉挛，可有气急和喘鸣。

（3）部分病人发热，全身不适。

2．体征

两肺呼吸音粗，可有散在干、湿性啰音，啰音部位常不固定，咳痰后可减少或消失。

## 三、辅助检查

与急性上呼吸道感染相似。X射线胸片检查可见肺纹理增粗。

## 四、诊断要点

1．上呼吸道感染病史。

2．咳嗽、咳痰，呼吸音粗、胸骨后不适等。

3．血象和X射线胸片检查结果。

## 五、配合治疗

1．病因治疗

与上呼吸道感染相似。根据感染的病原体及病情轻重，选用抗生素或抗病毒药物治疗。症状较重者可以肌内注射或静脉滴注给药。

2．对症治疗

（1）刺激性干咳可用喷托维林（咳必清）镇咳。

（2）痰液黏稠不易咳出时可口服或静脉应用溴己新（必嗽平）。必要时给予雾化吸入祛痰。

（3）有喘息时可加用氨茶碱、β-受体激动剂等药进行止喘。

（4）发热时可用解热镇痛药。

## 六、护理问题

1．体温过高

与病毒和（或）细菌感染有关。

2．知识缺乏

缺乏有关急性气管-支气管感染防治知识。

**七、护理措施**

1．指导休息与活动

与上呼吸道感染护理措施相似。

2．饮食护理

与上呼吸道感染护理措施相似。

3．用药护理

遵医嘱应用抗生素、止咳、化痰、平喘、解热药，注意观察药物疗效及副作用。

4．病情观察

主要观察咳嗽性质、咳痰量，注意体温及X射线胸片情况，警惕并发肺炎。

5．对症护理

（1）注意保暖，防止病情加重。

（2）鼓励病人多饮水，增加房内湿度，湿化痰液，必要时给予雾化吸入。

（3）寒战时保暖，高热时降温。

6．心理护理

与上呼吸道感染护理措施相似。

**八、健康教育/出院指导**

1．告知病人若2周后症状持续存在应及时就诊，寻找原因，调整治疗。

2．增强体质，防止感冒。不吸烟，注意保暖。改善劳动与生活环境，减少空气污染。避免接触或吸入过敏源。

**九、小结**

▲急性气管-支气管炎主要表现为咳嗽、咳痰，肺部湿啰音，肺纹理增粗。

▲由病毒引起时，血象不高；由细菌引起时，白细胞计数增高。

▲针对不同病因选用抗生素或抗病毒药物治疗。给予对症治疗、护理。

## 第三节　慢性支气管炎病人的护理

慢性支气管炎（chronic bronchitis，简称慢性支气管炎）是指气管、支气管黏膜及其周围组织的慢性非特异性炎症（非特异性炎症指没有特定感染源）。慢性支气管炎是严重危害人民健康的常见病，多发生于中老年人，患病率随着年龄增长而增加，患病率常与地区有关，北方高于南方，山区高于平原，农村高于城市。临床上以咳嗽、咳痰、喘息及反复发作的慢性过程为特征，疾病晚期可并发COPD、慢性肺源性心脏病、Ⅱ型呼吸衰竭等。

**一、病因与发病机制**

（一）病因

慢性支气管炎确切的病因及发病机制尚未完全清楚。目前认为主要与以下因素有关。

1．吸烟

吸烟是慢性支气管炎发病的主要病因。吸烟时间越长、吸烟量越大，患病率越高，吸烟者患慢性支气管炎是非吸烟者的2～8倍。

2．感染因素

慢性支气管炎与病毒、支原体、细菌等感染有关。呼吸道感染是慢性支气管炎起病、加重和复发的主要原因。常见病毒有鼻病毒、流感病毒、副流感病毒、腺病毒及呼吸道合胞病毒等。常见细菌有肺炎球菌、流感嗜血杆菌、甲型链球菌及奈瑟球菌等。

3．空气污染

空气中刺激性烟雾、粉尘、有害气体（二氧化硫、二氧化氮、氯气、臭氧等）慢性刺激，可引起支气管黏膜损伤、纤毛清除功能下降、分泌物增加，为细菌入侵创造了条件。

4．其他因素

部分慢性支气管炎病人的发病还与免疫、年龄、气候、自主神经调节功能紊乱、遗传等因素有关。

（二）诱因

感染、气候寒冷、刺激性气体等是本病急性发作的主要诱因。

（三）发病机制

慢性支气管炎发病机制目前尚未完全清楚，可能与以下因素有关：

1．直接因素

烟草中的化学物质（焦油、尼古丁和氢氰酸等）、感染及有害气体不仅能损伤支气管上皮细胞，使纤毛运动减退、巨噬细胞吞噬功能降低，气道净化能力下降，易于继发感染，而且还会刺激支气管黏液腺和杯状细胞增生肥大，黏液分泌增多，气道阻力增加。

2．间接因素

（1）冷空气刺激支气管：使纤毛运动减弱和（或）局部血循环障碍，易于继发感染。

（2）机体免疫功能下降：容易造成呼吸道反复感染。

## 二、临床表现

慢性支气管炎起病缓慢，病程较长，反复急性发作使病情加重。

1．症状

主要症状为慢性咳嗽、咳痰，因本病主要影响小气道，所以部分病人可有喘息。一般晨起、睡前体位改变时咳嗽、咳痰较重，白天较轻。痰为黏液或泡沫状痰。喘息明显者常称为喘息性支气管炎。

2．体征

慢性支气管炎早期可无任何异常体征。喘息时可闻及哮鸣音，伴有呼气延长。

3.分期

（1）急性发作期

指慢性支气管炎临床症状突然加重，感染是急性发作的最常见诱因。常出现在冬、春寒冷季节，夏季气候转暖时多可自行缓解。表现为咳嗽、咳痰、喘息症状中至少一项明显加重。以一周内出现脓痰，痰量明显增多更常见。双肺可闻及湿啰音或伴有发热、白细胞计数增高。

（2）慢性迁延期

不同程度的咳嗽、咳痰、喘息症状迁延不愈1个月以上。

（3）临床缓解期

症状基本消失或轻微咳嗽、痰液，保持2个月以上。

## 三、辅助检查

1．早期

X射线胸片和肺功能等检查多无异常。

2．晚期

由于反复发作引起支气管壁增厚，细支气管或肺间质炎症细胞浸润或纤维化，X射线胸片显示肺纹理增粗、紊乱，呼吸功能异常。

3．感染时

白细胞和中性粒细胞计数增加。痰涂片或培养可获得致病菌。

## 四、诊断要点

1．咳嗽、咳痰和（无）喘息每年持续3个月以上。

2．连续2年以上。

3．排除其他具有咳嗽、咳痰、喘息的疾病。

## 五、配合治疗

1．急性发作期、慢性迁延期治疗

以控制感染为主，祛痰平喘为辅。

（1）抗生素类药物

常用喹诺酮类、大环内酯类、β-内酰胺类、头孢菌素类等，也可根据病原菌药物敏感试验选用抗生素。病情轻者可口服用药，较重者可肌注或静脉滴注抗生素。抗生素类药一般不与其他药物配伍使用，不宜用高渗溶液配置，不宜加温使用。

1）青霉素类

①警惕药物过敏

用药前必须询问过敏史，有过敏史或过敏体质者慎用。初次用药或用药过程中更换批号或停药24 h以上再次使用，应做皮试。

②现配现用

青霉素水溶液不稳定，应现配现用。

③按时用药

青霉素半衰期为0.5～1小时，有效血药浓度可维持4～6小时，故要按时用药，不可将一天内不同时间段的青霉素类药物集中使用，也不能将青霉素类药物缓慢滴注，以免效价降低。

2）头孢菌素类

①头孢菌素类药物与青霉素类药物之间有部分交叉过敏反应。对青霉素类药物过敏者慎用头孢菌素类药物。

②头孢菌素类药物可抑制肠道细菌合成维生素K，用药期间要注意观察病人有无出血倾向。

③用头孢菌素类药物不要饮酒或饮用含酒精的饮料，以免引起呼吸困难、心动过速、腹痛、恶心、呕吐等不良反应。

3）大环内酯类

①口服易引起胃肠道反应，宜餐后服用。因食物影响其吸收，一般在餐后3～4小时服用。

②不能与酸性药同服。

③用药期间要多饮水。

④本药对静脉刺激性较强，应稀释后缓慢静脉滴注。

4）氨基糖苷类

①注意观察有无眩晕、耳鸣等耳毒性症状，有无肾功能改变等肾毒性症状。

②氨基糖苷类药物刺激性较强，应深部肌内注射，并注意更换注射部位，或稀释后缓慢静脉滴注。

5）喹诺酮类

喹诺酮类药物是近年来发展最快的一类人工合成抗生素。

①一般空腹服药，服后多饮水，避免与抗酸剂同服，以免降低本类药的生物利用度。

②用药期间，应避免阳光或紫外线的直接或间接照射，以免发生光毒性反应或光变态反应。

③未满18周岁者不宜使用，以免影响骨关节发育。

（2）止咳、祛痰药

①常用溴己新（必嗽平）、鲜竹沥、乙酰半胱氨酸（痰易净、易咳净）、盐酸氨溴索等祛痰药，降低痰液黏度，促进支气管纤毛运动。

②以干咳为主时可用镇咳药。中枢性镇咳药直接抑制延髓咳嗽中枢，使其对外周传来的刺激不敏感，对于各种原因引起的咳嗽都有一定效果。常用药物有可待因、咳必清、咳美芬等。末梢性镇咳药抑制咳嗽反射弧中除咳嗽中枢以外的环节，对刺激性干咳或阵咳效果较好，常用药物有咳宁、甘草片等。二苯哌丙烷（咳快好）兼有中枢性和末梢性双重镇咳作用。

③年老、体弱、痰多、无力咳痰者，应以祛痰为主，不宜使用可待因等中枢性强镇咳剂，以免抑制呼吸中枢，加重呼吸道阻塞，导致病情恶化。

④注射溴己新时，要慎与其他药物混合配制，若注射药变为白色混浊物，应禁用。

（3）解痉、平喘药

松弛支气管平滑肌。常用氨茶碱、沙丁胺醇等药。

（4）雾化治疗

可以局部消炎、扩张支气管、稀释痰液。常用抗生素、祛痰药、解痉平喘药等进行雾化吸入治疗。

2．临床缓解期治疗

参见本病“健康教育/出院指导”有关内容。

## 六、护理问题

1. 清理呼吸道无效

与无效咳嗽、痰液黏稠有关。

2. 知识缺乏

缺乏有关慢性支气管炎的保健知识。

## 七、护理措施

1. 指导休息与活动

（1）提供整洁、舒适、安静的休息环境，减少不良刺激。每日通风2次，每次15～20分钟，必要时地面洒水，保持室内空气新鲜、洁净，温度、湿度适宜。

（2）急性发作期卧床休息；慢性迁延期少活动多休息；临床缓解期加强锻炼，增加营养，增强体质，预防复发，但要避免剧烈运动。

（3）注意保暖，避免尘埃、烟雾等有害气体刺激。不宜进出空气污染的公共场所。

2. 饮食护理

给予高蛋白、高热量、高维生素、易消化饮食。告知病人少食多餐，不宜过饱，避免油腻、辛辣等刺激性食物。鼓励病人多饮水，有助于痰液稀释和排出。

3. 病情观察

（1）注意本病急性发作时间及诱发因素。

（2）密切观察病人咳嗽、咳痰、喘息症状，观察痰液性质、量、颜色、气味，注意痰中有无肉眼可见的异常物质等，了解痰液检查结果。

（3）记录痰液的颜色、性质、量，正确留取痰标本并送检。

（4）若出现咳痰不畅、呼吸困难加重等窒息先兆时，应立即通知医生，并迅速配合抢救。

4. 排痰护理

主要是翻身、叩背、咳痰、吸痰、湿化气道。

（1）翻身、叩背

每1～2小时改变体位1次，便于痰液引流。必要时用手或自动叩击器在胸廓肺区处进行叩击。使痰液松动，利于咳出。此法尤其适用于长期卧床、久病体弱、排痰无力的病人。

1）胸部叩击方法：

①叩击部位用单层薄布保护胸廓。

②叩击应避开乳房、心脏、骨突、拉链、纽扣处。

③叩击时病人取侧卧位，叩击者将5个手指的指腹并拢、向掌心微弯曲、手背拱起呈空心掌状，以手腕力量，从肺底自下而上、由外向内、迅速而有节律地叩拍胸壁、震动气道。

④叩击力量要适中，以不感到疼痛为宜，叩击时发出一种空而深的拍击音则表明手法正确。

⑤叩击过程中，鼓励病人咳嗽以利于痰液排出。

⑥有条件可用振动排痰仪，根据病人病情、年龄选择适当的振动频率、时间，振动时由慢到快、由外向内、由下向上进行。

2）胸壁震荡方法

在胸部叩击后，操作者双手重叠、手掌置于相应的胸廓部位，吸气时手掌随胸廓扩张慢慢抬起，不施加任何压力，从吸气最高点开始，在整个呼气期手掌紧贴胸壁，施加一定压力并轻柔地震荡（即快速、均匀地收缩和松弛前臂和肩膀）5～7次，每一部位重复6～7个呼吸周期。

3）注意事项

①胸部叩击和震荡时，用力要适中，以病人无不适感为宜。

②每次时间以5～15分钟为宜，应安排在餐后2小时至餐前30分钟完成，以免引起呕吐。

③雾化吸入或协助病人翻身后进行叩击和震荡，有利于痰液排出。

④操作时，注意观察病人的反应，如呼吸、面色、咳痰量、生命体征、肺部呼吸音及湿啰音变化等情况，出现异常时立即停止。

（2）指导有效咳嗽、排痰

①坐位咳痰

双脚着地坐于椅上，身体前倾，双手环抱枕头于腹部，或坐于床上，上身前倾，膝盖弓起，双手抱膝，或在腹部置一枕头，用双上肢夹紧，先做深而慢的腹式呼吸5～6次，于深吸气末短暂屏气，使气体在肺内得到最大的分布，增强气道内的压力，扩张小气道，随之两手挤压腹部支持物（腿或枕头，间接升高膈肌）的同时，连续咳嗽数次将痰液咳到咽部附近，再用力咳嗽将痰液排出体外。

②卧床咳痰

鼓励病人深吸气、屏气、咳嗽、排痰。咳痰时护理人员一手协助体弱病人将上身、头部抬高，一手置于病人腹部，于病人用力咳嗽时用手挤压、上推腹部。

③胸痛时咳痰

指导病人咳嗽时用双手按压胸痛处，以减轻胸痛，必要时给予止痛药缓解疼痛。

（3）机械吸痰

适用于无力咳出黏稠痰液、排痰困难或意识不清者。经病人口、鼻腔、气管插管或气管切开处进行负压吸痰。在吸痰前、中、后适当提高吸入氧的浓度，以免因吸痰引起低氧血症。每次抽吸时间不超过15秒。

（4）湿化气道

湿化气道是痰液黏稠不易咳出者的首要护理措施，湿化气道可稀释痰液、利于痰液排出。

1）鼓励病人多饮水，每日饮水1500 mL以上。保持机体液体平衡是最有效的祛痰措施。

2）注意维持合适的室内湿度，使痰液湿化，便于排出。

3）雾化吸入：

①超声雾化是利用超声波声能将液体震荡成气雾。

②为避免雾化吸入时吸入氧浓度较低，目前临床常用氧驱动雾化吸入器。氧驱动雾化吸入器是利用氧气做动力，产生射流效应，将液体冲击成气雾。使用氧驱动雾化吸入器时氧气湿化瓶内不能装湿化液。

③常用雾化吸入液体为蒸馏水、生理盐水、糜蛋白酶、抗生素等。糜蛋白酶有分解肽键作用，可使黏稠的痰液稀化，便于咳出，但要现配现用。

雾化吸入注意事项：

①雾化量要适度，量过小达不到湿化目的，量过大可引起黏膜水肿、气道狭窄、阻力增加，诱发支气管痉挛或窒息。

②雾化温度适宜，温度过高会引起气道灼伤，温度过低可诱发哮喘。

③应在湿化痰液的同时，给予翻身、拍背，鼓励或协助病人排痰，必要时使用吸引器吸痰，防止窒息。

④每次雾化时间不宜过久，一般不超过20分钟。

⑤治疗完毕，消毒用物，防止交叉感染。

4）蒸汽吸入：加热湿化剂，形成蒸汽，供病人吸入。此法雾滴较大，不易达到深部气道。

5）气管内滴入：可将糜蛋白酶、生理盐水、抗生素混合溶液从气管切开处或环甲膜处保留的塑料细管内间歇向气管内滴入。滴液体时要严格无菌操作。

6）遵医嘱用化痰药：如溴己新（必嗽平）等。

5．心理护理

本病为慢性疾病，病人心理负担较重，容易产生急躁、悲观等不良心理问题。所以，对待病人要热情、耐心，要理解、同情病人及家属。告知病人本病是一个长期过程，引导病人以积极的心态对待疾病。

## 八、健康教育/出院指导

1．知识宣传

向病人介绍本病基本知识，使其主动避免诱因，如戒烟，注意防寒保暖，预防感冒。改善环境卫生，加强劳动保护，避免烟雾、粉尘和刺激性气体。能进行自我检测：发现咳嗽、咳痰、喘息加重等异常情况，能及时就诊。

2．生活指导

（1）适当休息：指导病人进行散步、慢跑、打太极拳等有氧运动锻炼，提高机体耐寒能力，增强免疫能力，运动强度以不感到疲劳为度，避免劳累。

（2）适当饮食：加强营养，增强机体抵抗力。

3．治疗指导

指导病人遵医嘱合理用药，不能随意停减、增加药物。密切观察药物疗效及不良反应。临床缓解期不必常规应用抗生素预防感染。

4．定期复查

及时了解病情进展情况及有无并发症发生。

**九、小结**

▲慢性支气管炎是支气管非特异性炎症。

▲吸烟、呼吸道感染、空气污染是最重要的病因。

▲主要症状是咳、痰、喘。实验室检查早期无异常，晚期可见肺纹理增粗等。

▲咳、痰、喘每年持续3个月以上，连续2年以上，排除其他疾患，即可诊断慢性支气管炎。

▲治疗、护理重点是保持呼吸道通畅，急性发作期给予抗感染、止咳祛痰治疗。

## 第四节 慢性阻塞性肺疾病病人的护理

慢性阻塞性肺疾病（chronic obstructive pulmonary disease， COPD）是一种具有气流受限特征，且气流受限不完全可逆，呈进行性发展，但可以预防和治疗的疾病。

①COPD与慢性支气管炎和阻塞性肺气肿密切相关。COPD病理改变主要表现为慢性支气管炎及阻塞性肺气肿的病理变化。

②有关慢性支气管炎参见本章第三节“慢性支气管炎病人的护理”相关内容。

③阻塞性肺气肿是小气道管壁、肺泡壁的弹性减退、异常扩张，使肺泡内残留气体增多。

④COPD常与慢性支气管炎晚期、慢性肺源性心脏病、Ⅱ型呼吸衰竭等病症并存。

⑤COPD是呼吸系统常见疾病，由于肺功能减退，病人的生活质量明显下降，病死率较高。

⑥积极防治婴幼儿和儿童期的呼吸系统感染，有助于减少成年后COPD的发生。

⑦COPD的早发现和早干预比治疗更为重要。对于有COPD高危因素的人群，应定期进行肺功能监测，尽可能早期发现COPD并及时予以干预。

**一、病因与发病机制**

（一）病因

1．与慢性支气管炎相关

引起慢性支气管炎的各种因素均可参与COPD的发病，其中吸烟、感染是最主要的病因。

2．蛋白酶-抗蛋白酶失衡

蛋白水解酶对肺组织有损伤、破坏作用，抗蛋白酶具有抑制蛋白酶、保护肺组织作用，其中$\alpha_1$抗蛋白酶（$\alpha_1$-AT）活性最强。$\alpha_1$-抗蛋白酶缺乏可能与遗传有关，易导致肺组织弹力纤维破坏，形成肺气肿。

3．氧化应激增强

吸烟可促使氧自由基（氧化物）产生增多，导致肺组织细胞功能障碍或细胞死亡。

4．中性粒细胞活化和聚集

中性粒细胞活化后能释放炎症介质，破坏肺组织，促进炎症反应，使氧化应激增强、蛋白酶-抗蛋白酶失衡。

5．刺激性气体

大气污染、职业粉尘、化学气体、寒冷空气等，促进炎症反应，使氧化应激增强、蛋白酶-抗蛋白酶失衡。

6．其他

营养状况不佳及自主神经功能失调等均与COPD发病有关。

（二）诱因

导致COPD急性加重的主要诱因同“慢性支气管炎”急性发作的诱因。其中感染是最常见的诱因。

（三）发病机制（图1-4-1）

COPD发病机制至今尚未完全阐明，目前蛋白酶-抗蛋白酶失衡学说比较受重视。

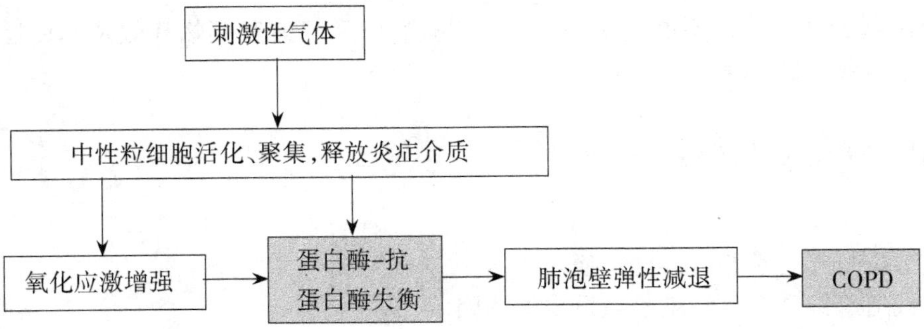


**图1-4-1 慢性阻塞性肺疾病发病机制**

## 二、临床表现

1．症状

起病缓慢，病程长。

（1）慢性支气管炎症状：咳嗽、咳痰、喘息等。

（2）逐渐加重的呼吸困难：本病主要影响小气道，表现为呼气性呼吸困难。日常活动或休息时仍感到气促，是COPD的标志性症状。

（3）疲劳、食欲缺乏和体重减轻等全身症状。

2．体征

早期体征不明显。随着病情进展，可有典型肺气肿体征：

①视诊

可见桶状胸，胸部呼吸运动减弱。晚期病人因呼吸困难，可表现为身体前倾，呈缩唇呼气。

②触诊

胸部双侧语颤减弱或消失。

③叩诊

呈过清音，心浊音界缩小或不易叩出，肺下界和肝浊音界下移。

④听诊

双肺呼吸音普遍减弱，呼气延长，心音遥远。

3．COPD分期

（1）急性加重期

胸闷、气急、发绀、呼吸困难明显加重，咳嗽、咳痰频繁剧烈，痰量增多，呈脓性，可伴发热，与感染有关。

（2）稳定期

咳嗽、咳痰、气喘等症状稳定或轻微。

4．并发症

自发性气胸、慢性肺源性心脏病、慢性Ⅱ型呼吸衰竭、肺部急性感染等。

## 三、辅助检查

1．肺功能检查

肺功能检查是判断气流受阻的主要客观指标，对COPD诊断、严重程度评价、疾病进展、预后及治疗效果等有重要意义，是最具有特征性诊断价值的辅助检查。

（1）第1秒用力呼气容积占肺活量的百分比（$FEV_1/FVC$）降低

这是诊断COPD最有价值的肺功能检查。若吸入支气管舒张剂后$FEV_1/FVC<70\%$及$FEV_1<80\%$预计值，提示存在不完全可逆的气流受阻。

（2）肺总量（TLC）、残气量（RV）增高，肺活量（VC）减低

这提示肺充气过度，对COPD诊断有参考价值。其中TLC增高不如RV增高明显，故当$RV/TLC>40\%$时也支持COPD的诊断。

2. X射线胸片检查

两肺野透亮度增加为特征改变。此外，胸腔前后径增大，心影狭长，膈肌降低，膈面变平。

3. 动脉血气分析

早期无变化。随着病情发展可有动脉血氧分压（$PaO_2$）降低，二氧化碳分压（$PaCO_2$）升高，并可出现呼吸性酸中毒，pH降低。

4. 血液检查

由于缺氧刺激骨髓增生，往往红细胞计数和血红蛋白增多。合并细菌感染时，白细胞总数和中性粒细胞增多。

5. 病原学检查

合并感染的病人痰培养可查出致病菌。

## 四、诊断要点

1. 吸烟、慢性支气管炎病史。
2. 逐渐加重的呼吸困难。
3. 肺气肿体征。
4. 肺功能异常、X射线胸片特征改变。

## 五、配合治疗

目前尚无有效治疗方法使COPD逆转，各种治疗的目的在于延缓COPD的发展，改善呼吸功能。

1. 急性加重期治疗

（1）控制性氧疗

氧疗是本病的基础治疗，无严重合并症的COPD病人经氧疗后易达到满意的氧合水平，即$PaO_2>60$ mmHg或动脉血氧饱和度（$SaO_2$）$>90\%$，但要注意复查血气分析，以确认氧合满意而未引起$CO_2$潴留或酸中毒。COPD病人需持续低流量低浓度吸氧，防止氧疗不当导致$CO_2$潴留。

（2）控制感染

大多数COPD急性加重是由于细菌感染诱发，一般认为有脓痰是应用抗生素的指征。早期根据病人所在地常见病原菌类型经验性地选择抗生素，若疗效不佳，再根据痰培养药敏试验结果调整药物。需警惕长期应用广谱抗生素、激素易继发真菌感染。

（3）支气管舒张药

支气管舒张药能部分舒张支气管，缓解气短症状，提高生活质量。常用药物：

①吸入剂

如短效$\beta_2$受体激动剂（沙丁胺醇、特布他林等）、抗胆碱能药物（异丙托溴铵等）。

②静脉用药

如茶碱类药物（氨茶碱等）。

$\beta_2$受体激动剂、抗胆碱能药物及茶碱类药物联合应用效果比单用好。急性加重期应增加支气管舒张药的剂量或使用次数，必要时使用氧驱动雾化吸入器。

（4）糖皮质激素

持续气道阻塞时宜在应用支气管舒张剂、抗生素的基础上口服或静脉使用糖皮质激素，常用泼尼松口服，甲泼尼龙、地塞米松静脉应用，一般疗程10～14天。

（5）止咳、祛痰药

参见本章第三节“慢性支气管炎病人的护理”相关内容。

（6）机械通气

常用于并发较严重的呼吸衰竭病人。

（7）其他治疗

补充水、电解质，营养支持，积极治疗并发症等。

2. 稳定期治疗

（1）避免诱因

参见本病“健康教育/出院指导”相关内容。

(2) 支气管舒张药

①短期按需应用

暂时缓解症状，如短效$\beta_2$受体激动剂沙丁胺醇、特布他林，短效抗胆碱能药物异丙托溴铵，茶碱类氨茶碱等。

②长期规则应用

减轻临床症状，如长效$\beta_2$受体激动剂沙美特罗、福莫特罗，长效抗胆碱能药物噻托溴铵等，茶碱缓释或控释片等。

(3) 糖皮质激素与长效$\beta_2$受体激动剂联合应用

吸入性糖皮质激素与长效$\beta_2$受体激动剂的联合制剂，可增加运动耐量、减少急性加重期发生频率、提高生活质量。常用制剂：氟替卡加沙美特罗、布地奈德加福莫特罗等。

(4) 止咳、祛痰药

参见本章第三节“慢性支气管炎病人的护理”相关内容。

(5) 长期家庭氧疗（LTOT）

可提高生活质量和生存率，对血流动力学、运动能力和精神状态均会产生有益的影响。

1）LTOT目的

使病人在海平面、静息状态下，达到$PaO_2 \geq 60$ mmHg和（或）$SaO_2$升至90%及以上。

2）LTOT指征

①$PaO_2 \leq 55$ mmHg或$SaO_2 \leq 88\%$，有或没有高碳酸血症。

②$PaO_2$为55～60 mmHg或$SaO_2 < 89\%$，并有肺动脉高压、右心力衰竭或红细胞增多症。

3）LTOT使用方法

一般用鼻导管或鼻塞吸氧，氧流量为1～2 L/min，氧浓度为25%～29%，吸氧时间>15 h/d。

(6) 康复治疗

康复治疗是COPD病人稳定期的重要治疗手段，包括呼吸功能锻炼、营养支持、精神治疗与教育等多方面措施，具体参见本病“健康教育/出院指导”相关内容。康复治疗可以使因进行性气流受限、严重呼吸困难而很少活动的病人改善活动能力、提高生活质量。

(7) 免疫调节治疗

适当应用一些增强免疫功能的药物，如核酪注射液、胸腺素注射液、死卡介苗精制品注射液、流感疫苗、肺炎链球菌疫苗等。

3. 用药注意事项

遵医嘱用药，对年老、体弱及痰多者禁止随意乱用镇咳剂（如可卡因等）、安眠药、镇静药、止痛药、麻醉药，以免抑制呼吸和咳嗽反射。有关抗生素应用注意事项，参见本章第三节“慢性支气管炎病人的护理”相关内容。

## 六、护理问题

1. 气体交换受损

与气道阻塞、肺组织弹性降低、通气和换气功能障碍有关。

2. 清理呼吸道无效

与无效咳嗽、痰液黏稠有关。

3. 活动无耐力

与肺功能下降引起慢性缺氧有关。

4. 营养失调：低于机体需要量

与呼吸道感染致机体消耗增加而摄入不足有关。

5. 潜在并发症

自发性气胸、Ⅱ型呼吸衰竭等。

## 七、护理措施

1. 指导休息与活动

(1) 环境舒适

保持空气清新、温暖、湿润，避免各种环境致病因素，如吸烟、寒冷、粉尘或刺激性气体等。不去人群密集处，防止感冒。

（2）急性加重期卧床休息

协助病人取半卧位或端坐位：抬高床头。呼吸困难程度越重，所需卧位角度越大。半卧位或端坐位时，由于重力作用，膈肌位置下降，胸腔容量扩大，腹腔内脏器对心、肺的压力减小，肺活量增加，使呼吸困难减轻。

（3）稳定期适当活动

参见本病“健康教育/出院指导”相关内容。

（4）防止自发性气胸

指导病人不能剧烈咳嗽、打喷嚏、大笑，不能用力排便，以免肺泡内压力突然升高，导致肺泡破裂，形成自发性气胸。

2．饮食护理

营养状况是决定COPD病人病情及预后的重要因素，体重指数下降是COPD病人死亡的独立危险因素。告知病人营养不良或维生素A、维生素C缺乏，可使呼吸道防御能力下降，黏膜修复能力减退，促使本病发生和发展。

（1）给予高热量、高蛋白、高维生素、易消化饮食。补充消耗，增强体质，必要时可采用鼻饲或胃肠外营养。多食富含纤维素食品，保持大便通畅。

（2）鼓励病人多饮水。足够的水分可以保证呼吸道黏膜湿润，有利于痰液稀释和排出。

（3）避免辛辣、刺激性食物，戒烟、酒。避免摄入过多碳水化合物，以免加重二氧化碳潴留。避免进食汽水、萝卜、豆类等胀气食物，以免影响膈肌运动，加重呼吸困难。

（4）少食多餐，以免饱胀引起膈肌活动受限加重呼吸困难。

3．观察病情

（1）观察并记录病人咳嗽、咳痰情况，注意痰液性质、量和颜色，咳痰是否顺畅。

（2）观察呼吸困难的程度，呼吸困难与活动及体位的关系。

（3）注意是否有缺氧及二氧化碳潴留的症状和体征。

（4）观察生命体征、神志、肺部啰音等体征。

（5）了解动脉血气分析、血电解质、酸碱平衡情况。

（6）注意有无自发性气胸、肺部感染、肺心病、Ⅱ型呼吸衰竭等并发症。

4．持续低流量、低浓度吸氧

持续低流量、低浓度吸氧可提高COPD病人动脉血氧分压、纠正缺氧和改善呼吸功能。注意吸氧浓度不可过高，因COPD病人常伴二氧化碳潴留，此时，呼吸中枢对二氧化碳刺激不敏感，主要通过缺氧刺激外周化学感受器反射性兴奋呼吸中枢，若吸氧浓度较高易削弱缺氧的刺激作用，抑制呼吸，加重二氧化碳潴留，严重时可导致呼吸停止。

（1）氧疗方法、时间、流量、浓度

给予鼻导管（或鼻塞）、持续（每日持续吸氧>15小时）、低流量（氧流量1～2 L/min）、低浓度（氧浓度25%～29%）吸氧。因熟睡时呼吸中枢兴奋性降低或上呼吸道阻塞而缺氧加重，故睡眠时不宜停止吸氧。

（2）密切观察氧疗效果

若吸氧后呼吸困难缓解、发绀减轻、心率减慢表示氧疗有效；若有二氧化碳潴留面容、肺性脑病等表现，提示二氧化碳潴留加重，应及时调整氧浓度和氧流量。

（3）保证吸入氧气的温度、湿度适宜

避免干燥、寒冷的氧气刺激呼吸道，引起气道黏液栓形成和支气管痉挛。

（4）$PaO_2$<60 mmHg时应使用鼻导管、面罩吸氧

妥善固定输氧导管、面罩，保证病人舒适，导管通畅、清洁，防止交叉感染。

告知病人及家属不要擅自停止吸氧或增减氧流量，病室内严禁明火。

5．对症护理

（1）基础护理

①危重期病人生活不能自理，应及时擦干病人身上的汗液，更换干燥、柔软的衣被，保持皮肤清洁、舒适。

②臀部置海绵圈。定时更换受压部位，按摩受压部位，保持皮肤完好，防止压疮发生。

③病人食欲不佳，伴恶心、呕吐时，要做好口腔护理，防止口腔炎发生。

④神志不清者，注意防止误吸，必要时应给予鼻饲。

⑤做好病人会阴部的清洁护理，防止发生泌尿系统感染。

（2）排痰护理

排痰使呼吸道通畅，有利于二氧化碳排出，氧气吸入。加强排痰，保持呼吸道通畅是纠正缺氧和二氧化碳潴留最重要的护理措施。

6．心理护理

COPD病人往往有慢性支气管炎病史多年，心理负担较重，病情加重后容易引起急躁、恐惧、悲观等不良心理问题。要理解、同情、宽容病人，对待病人热情、温和、耐心，鼓励病人以积极的心态对待疾病。密切关注情绪低落病人，以防意外。

**八、健康教育/出院指导**

1．知识宣传

（1）向病人介绍本病基本知识，使其知道以下内容：

①吸烟是最主要的病因，戒烟是预防COPD的重要措施，在疾病的任何阶段戒烟都有益于防止COPD的发生和发展。

②能够保持健康生活方式。改善生活和工作环境，避免有害粉尘、刺激性气体吸入，预防呼吸道感染（如避免到人群聚集处，用食醋熏蒸房间消毒空气等），注意防寒保暖，提高耐寒能力（如凉水洗脸等）。

③能主动、积极配合治疗护理。知道本病虽是不可逆病变，但通过积极预防和治疗可减少急性发作、改善呼吸功能、延缓病情、提高生命质量。

（2）指导病人进行自我检测，发现气促、咳嗽、咳痰、发热等症状明显或有并发症表现时，能及时就医，防止病情恶化。

2．稳定期生活指导

（1）合理休息与活动

①指导病人上身前倾：增加横膈升降幅度，改善呼吸状态。

②指导病人站立：背部有支撑点，双脚前移，以减轻胸廓对胸腔的压力。

③持之以恒地进行适度的体育锻炼，如散步、打太极拳等，增强体质，提高机体免疫力。鼓励病人生活自理，避免劳累。

（2）呼吸功能锻炼：改善呼吸状态，提高呼吸效率。

1）缩唇呼吸

嘱病人用鼻吸气，然后将口唇缩成吹笛子状慢慢呼气。吸与呼之比为1∶2或1∶3。缩唇大小程度和呼气流量，以能使距口唇15～20 cm处与口唇相同高度水平的蜡烛火焰随气流倾斜而不熄灭为宜。每日训练2次，每次10～15分钟。熟练后可增加训练次数及时间，随时随地各种体位均可训练。缩唇呼吸训练可增加呼气时气道内压力，防止小支气管过早塌陷，以利于肺泡气体排出，减少肺内残气量。

2）腹式呼吸

通过增加膈肌和腹肌活动改善呼吸功能。

①体位

以半卧位、膝半屈曲体位最适宜。若立位应上半身略向前倾，可使腹肌放松，便于训练。

②方法

初练者一只手放在胸部、另一只手放在腹部，以便感知胸腹起伏。用鼻吸气并尽量将腹部向外膨起，屏气1～2秒使肺泡张开、进入肺的空气均匀分布，然后用口慢慢呼出气体。

③时间

吸与呼之比及训练次数、时间同缩唇呼吸。

3）缩唇腹式呼吸

缩唇呼吸与腹式呼吸结合进行，是COPD稳定期时改善肺功能的最佳方法。

（3）应用能量节省技术

活动时尽量节省体力，避免不必要的耗氧。

①活动前做好计划安排，准备好日常家务杂事或活动所需的物品或资料，放在活动时要用该物品的地方。

②尽量取坐位，且靠近工作场所，减少不必要的伸手或弯腰动作。

③移动物品时用双手，搬动笨重物体时用推车。

④尽量采用左右活动，避免不必要的前后活动。

⑤活动节拍快慢适度，轻重工作交替进行。

⑥活动中经常间歇休息，工作1小时至少休息10分钟。

（4）营养支持

参见本病“护理措施”相关内容。

（5）指导长期家庭氧疗（LTOT）

参见本病“配合治疗”相关内容。

3．治疗指导

指导病人遵医嘱合理用药，不能随意停减、增加药物。密切观察药物疗效及不良反应。

4．定期复查

了解COPD程度，注意有无慢性肺源性心脏病、Ⅱ型呼吸衰竭等并发症。

### 九、小结

▲COPD是一种具有气流受限特征的肺部疾病，且气流受限不完全可逆。

▲COPD主要病理改变是慢性支气管炎、肺气肿的病理变化。

▲典型症状是在咳、痰、喘基础上出现逐渐加重的呼吸困难。典型体征是视诊桶状胸、呼吸运动减弱，触诊语颤减弱，叩诊过清音，听诊呼吸音减弱。

▲X射线示两肺透亮度增加。肺功能RV/TLC增大，$FEV_1/FVC$减少。

▲吸烟、呼吸道感染是COPD的主要病因。寒冷、呼吸道感染是COPD急性加重的主要诱因。

▲治疗护理重点是控制感染、保持呼吸道通畅、持续低流量低浓度吸氧、长期家庭氧疗及稳定期呼吸功能锻炼。

### 十、疾病鉴别

随着病情进展，慢性支气管炎晚期与COPD常合并存在，见图1-4-2。

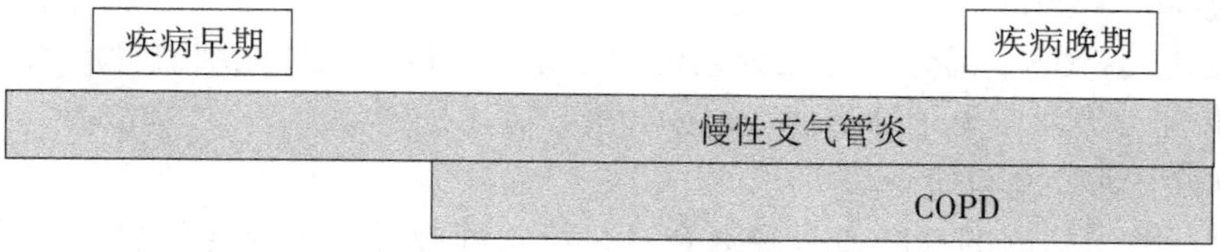


**图1-4-2　慢性支气管炎、COPD关系图**

## 第五节　呼吸衰竭病人的护理

呼吸衰竭（respiratory failure，简称呼衰）是各种原因引起的肺通气和（或）换气功能严重障碍，以致在静息状态下亦不能维持足够的气体交换，最终导致低氧血症伴（或不伴）高碳酸血症，从而引起一系列病理生理改变和相应临床表现的综合征。

### 一、病因与发病机制

（一）病因

外呼吸（肺通气和肺换气）的任何一个环节的严重病变，都可导致呼吸衰竭。

1．气道阻塞性病变

气管-支气管的炎症、痉挛、肿瘤、异物、纤维化瘢痕，如COPD、重症哮喘等。

2．肺组织病变

各种累及肺泡和（或）肺间质的病变，如肺炎、严重肺结核、弥散性肺纤维化、肺水肿、硅肺等。

3．肺血管病变

肺栓塞、肺血管炎等。

4．胸廓和胸膜病变

胸部外伤造成连枷胸，严重的自发性、外伤性气胸等。

5．呼吸中枢及神经肌肉病变

脑血管疾病、颅脑外伤、脑炎以及镇静催眠剂中毒，可直接或间接抑制呼吸中枢。重症肌无力、有机磷中毒等均可损害神经-肌肉传导系统，间接影响呼吸。

（二）发病机制（图1-5-1）

呼吸衰竭往往是以下五个机制并存或先后参与引起肺通气和（或）换气过程发生障碍所致：

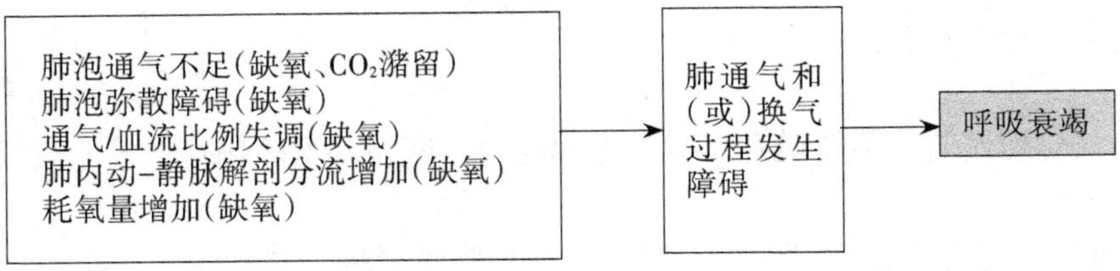


**图1-5-1 呼吸衰竭病人发病机制**

1．肺泡通气不足

健康成人在静息状态下呼吸时，有效肺泡通气量约为4 L/min。呼吸驱动力减弱、生理无效腔增加、气道阻力增加均可导致通气不足。肺泡通气不足可引起$PaO_2$下降（缺$O_2$）、$PaCO_2$上升（$CO_2$潴留）。常见于COPD等。

2．肺泡弥散障碍

主要与肺泡弥散面积减少、肺泡膜增厚和通透性降低、肺泡膜两侧气体分压差减小、气体弥散系数降低、血液与肺泡接触时间短、心排量减少、血红蛋白量少、肺泡通气与血流比例失调有关。因$CO_2$弥散能力为$O_2$的20倍，故弥散障碍主要影响氧的交换，以低氧血症为主。常见于间质性肺疾病等。

3．通气/血流比例失调

肺泡通气量与肺泡外毛细血管血流量的比例称通气/血流比例。通气/血流比例失调，通常仅导致低氧血症，而无$CO_2$潴留。正常成人在静息状态下，通气/血流比例为0.8。

（1）通气/血流$>0.8$：肺泡通气不能被充分利用，生理无效腔增大。常见于肺血管病变，如肺栓塞等。

（2）通气/血流比例$<0.8$：部分未经充分氧合的静脉血通过肺泡外毛细血管流入动脉（肺静脉），产生功能性肺动-静脉样分流。常见于肺部病变，如肺炎、肺水肿等。

4．肺内动-静脉解剖分流增加

由于解剖原因，肺动脉内的静脉血未经氧合直接流入肺静脉，主要导致缺氧。常见于肺动-静脉瘘等。

5．耗氧量增加

耗氧量增加时正常人通过增加通气量防止缺氧。若耗氧量增加的同时伴有通气功能障碍，则会出现严重的低氧血症，常见于发热、寒战、抽搐、严重哮喘等。

## 二、分类

1．按照动脉血气分类

（1）Ⅰ型呼吸衰竭

以缺氧为主。$PaO_2<60$ mmHg。常见于肺换气功能障碍性（通气/血流比例失调、弥散障碍、肺内动-静脉解剖分流增加）疾病，如严重肺部感染性疾病、间质性肺疾病、急性肺栓塞等。

（2）Ⅱ型呼吸衰竭

又称为高碳酸性呼吸衰竭，表现为缺氧伴$CO_2$潴留，$PaO_2<60$ mmHg，$PaCO_2>50$ mmHg。常见于肺通气功能障碍性疾病，如COPD、肺源性心脏病、肺性脑病等。

2．按照发病急缓分类

（1）急性呼吸衰竭

常由某些突发的致病因素引起，如创伤、休克、电击、药物中毒、急性气道阻塞等，使肺通气和

（或）换气功能迅速、严重障碍，短时间内引起呼吸衰竭，机体不能很快代偿，若抢救不及时，常可危及生命。

（2）慢性呼吸衰竭

临床多见。常见于慢性疾病，如COPD、肺结核、间质性肺疾病、神经肌肉病变等，其中COPD最常见。慢性呼吸衰竭表现为呼吸功能损害逐渐加重，早期机体能代偿，晚期失代偿。在诱因作用下慢性呼吸衰竭病人病情迅速加重，若短时间内出现$PaO_2$显著下降和$PaCO_2$显著升高，称为“慢性呼吸衰竭急性加重”。

3.按照发病机制分类

（1）换气性呼吸衰竭

即肺衰竭，主要表现为Ⅰ型呼吸衰竭。

（2）通气性呼吸衰竭

即泵衰竭，主要表现为Ⅱ型呼吸衰竭。

**三、缺氧和$CO_2$潴留对机体的影响**

缺氧（低氧血症）和$CO_2$潴留（高碳酸血症）能够影响全身各系统代谢及组织结构变化。

1. 对中枢神经系统的影响

（1）脑细胞对缺$O_2$十分敏感，是最早因缺氧发生损害的组织器官。轻度缺氧可引起注意力不集中、智力减退、定向障碍，随着缺氧加重，可导致烦躁不安、神志恍惚、谵妄，甚至昏迷。$PaO_2<20$ mmHg时，可产生不可逆性脑细胞损伤。

（2）$CO_2$潴留常引起精神神经症状，如头痛、头晕、烦躁不安、嗜睡、昏迷、抽搐等。

（3）缺氧和$CO_2$潴留均会使脑血管扩张，血流量增加，颅内压增高。颅内压增高又进一步加重脑组织缺氧，造成恶性循环。

（4）肺性脑病（简称肺脑）是由缺氧和$CO_2$潴留导致的神经精神障碍综合征。由于多见于$CO_2$潴留所致，故又称之为$CO_2$麻醉。

（5）$CO_2$潴留使脑脊液$H^+$浓度增加，即神经中枢酸中毒，影响脑细胞代谢，降低脑细胞兴奋性，抑制皮质活动。缺氧、$CO_2$潴留、酸中毒三个因素共同损伤脑血管和脑细胞是肺性脑病最根本的发病机制。

2. 对呼吸系统的影响

（1）缺氧（$PaO_2<60$ mmHg）主要通过颈动脉体外周化学感受器和主动脉体外周化学感受器的反射作用兴奋呼吸中枢。当$PaO_2<30$ mmHg时，缺氧对呼吸中枢反而有抑制作用。

（2）长期慢性缺$O_2$时，呼吸中枢易受药物影响抑制呼吸，故慢性呼吸衰竭病人要慎用镇静药、止痛药、麻醉药、安眠药。

（3）$CO_2$兴奋呼吸作用大于缺氧，是强有力的呼吸中枢兴奋剂。$PaCO_2$升高时呼吸加深加快，但长期严重的$CO_2$潴留，会使中枢化学感受器发生适应而反应迟钝，当$PaCO_2>80$ mmHg时，反而会抑制呼吸中枢。

（4）Ⅱ型呼吸衰竭时，因长期严重的$CO_2$潴留，主要依靠缺氧刺激外周化学感受器，兴奋呼吸，若吸入高浓度氧，使这种缺氧兴奋呼吸的作用减弱，反而抑制呼吸。

3. 对循环系统的影响

（1）缺氧和$CO_2$潴留均可刺激心脏，使心率加快、心肌收缩力增强、血压上升，甚至引起严重心律失常。

（2）长期缺氧可使心肌变性、坏死、收缩力降低，导致心力衰竭。

（3）缺氧引起肺动脉高压、心肌受损，右心负荷加重，导致肺源性心脏病。

4. 对皮肤、黏膜的影响

（1）缺氧时，动脉血氧饱和度降低，出现发绀等缺氧典型表现。

（2）$CO_2$潴留时，四肢浅表静脉和毛细血管扩张，表现为皮肤温暖、潮红、多汗，$CO_2$潴留面容（面部温暖、潮红、多汗、球结膜充血、水肿等）。

5. 对消化系统的影响

（1）缺氧可损害肝细胞，引起丙氨酸氨基转移酶升高。若及时纠正缺氧，肝功能可恢复正常。

（2）缺氧可影响消化功能，表现为食欲不振，胃肠黏膜损伤、出血。

6．对泌尿系统的影响

缺氧、$CO_2$潴留、pH明显下降时，肾血管痉挛、肾血流减少、肾功能障碍。若及时纠正缺氧、$CO_2$潴留，调整pH，肾功能可恢复正常。

7．对血液系统的影响

慢性缺氧时，红细胞生成素增加，刺激骨髓引起继发性红细胞增多，使血液黏稠度增加，进一步加重肺循环和右心负担。

8．对酸碱平衡及电解质的影响

（1）严重缺氧时，体内三羧酸循环、氧化磷酸化作用和有关酶活性受抑制。无氧酵解增加，使乳酸在体内堆积，导致代谢性酸中毒。

（2）$CO_2$潴留使pH下降，$H^+$浓度增加，导致呼吸性酸中毒。

（3）缺氧使机体能量不足，钠泵功能障碍，使细胞内$K^+$转移至血液，细胞外$Na^+$和$H^+$进入细胞内，造成细胞内酸中毒、高钾血症。

## 慢性呼吸衰竭病人的护理

慢性呼吸衰竭是指在原有慢性呼吸系统疾病和神经肌肉系统疾病的基础上，呼吸功能损害逐渐加重，发展为呼吸衰竭。

### 一、病因与发病机制

（一）病因

慢性呼吸衰竭常为支气管-肺疾病所引起，如COPD、支气管哮喘、慢性肺部感染、硅肺、弥漫性肺纤维化、胸廓畸形、大量胸腔积液等，其中COPD是最常见的诱因。

（二）诱因

使慢性呼吸衰竭病情加重的诱因：

1．急性呼吸道感染。

2．滥用镇静安眠药、麻醉剂、止痛剂等。

3．$CO_2$潴留病人吸氧浓度过高。

4．耗氧量明显增加：如寒战、高热、手术、合并甲亢等。

其中急性呼吸道感染是最常见的诱因。

（三）发病机制

同上述“呼吸衰竭发病机制”。

### 二、临床表现

除导致呼衰的基础疾病的表现外，其临床表现主要与缺氧和$CO_2$潴留有关。

1．呼吸困难

呼吸困难是缺氧最早、最突出的症状，常表现为胸闷、喘息、呼吸频率、节律和幅度发生变化。

（1）呼气性呼吸困难

呼气性呼吸困难是小气道病变，如COPD、哮喘等。

（2）吸气性呼吸困难

吸气性呼吸困难是大气道病变，常有“三凹征”。

（3）混合性呼吸困难

混合性呼吸困难表现为吸气和呼气同样费力，呼吸浅快。如肺实质炎症、胸廓运动受限等。呼吸困难是呼衰的重要表现，但呼吸困难程度与呼衰程度不一定正相关。

2．发绀

发绀是缺氧最典型的表现。

（1）发绀产生的原因

周围循环毛细血管血液中还原血红蛋白>50 g/L或$SaO_2$<90%。

（2）影响发绀的因素

①红细胞增多者发绀明显，红细胞减少者（如贫血等）发绀不明显。

②严重休克者因末梢循环障碍，即使血氧分压正常也可发绀，称外周性发绀；真正因动脉血氧饱和

度降低引起的发绀称为中央性发绀。

③发绀还受皮肤色素及心功能影响。

（3）观察发绀部位

当$SaO_2$＜85%或$PaO_2$＜50 mmHg时，血流丰富的口唇、指甲、舌头等处可见发绀。其中舌头血流丰富，少有瘀血，一般无色素沉着，是观察发绀的最佳部位。

3．肺性脑病

肺性脑病是慢性呼吸衰竭死亡的主要原因。其发生与缺氧和$CO_2$潴留有关，其诱因同慢性呼吸衰竭病情加重的诱因。主要表现为：

（1）早期表现为性格改变、表情淡漠、注意力不集中、反应迟钝及定向障碍。

（2）晚期头痛、多汗、烦躁、白天嗜睡、夜间失眠（昼夜颠倒）。

（3）严重者有谵妄、昏迷、抽搐、扑翼样震颤、视盘水肿，可因脑水肿、脑疝而死亡。

4．循环系统症状

血压升高、脉搏洪大、心率加快，$CO_2$潴留表现。

5．呼吸性酸中毒

呼吸深大、pH下降、$PaCO_2$增高、$CO_2CP$升高等。

6．其他

丙氨酸氨基转移酶升高，血尿素氮升高，蛋白尿，红细胞尿，管型尿，消化道黏膜水肿、糜烂、出血等。

## 三、辅助检查

1．血气分析

动脉血气分析是诊断的重要依据，可判断呼衰性质、程度和血液酸碱度，可以指导氧疗及机械通气各种参数的调节。

①氧分压和二氧化碳分压：呼吸衰竭时$PaO_2$＜60 mmHg和（或）$PaCO_2$＞50 mmHg。

②pH低于7.35为失代偿性酸中毒，高于7.45为失代偿性碱中毒，但pH异常不能说明是何种性质的酸碱失衡。

③剩余碱（BE）：BE值为机体代谢性酸碱失衡的定量指标，其正常值范围在（0±2.3）mmol/L，代谢性酸中毒时，BE负值增大；代谢性碱中毒时，BE正值增大。

④$CO_2CP$：代谢性酸中毒或呼吸性碱中毒时$CO_2CP$降低，呼吸性酸中毒或代谢性碱中毒时$CO_2CP$升高。$CO_2CP$在一定程度上反映呼吸性酸中毒的严重程度，其正常值范围在22～32 mmol/L。

2．血液检查

（1）一般血清钾、钠、氯、钙、镁均降低，也可出现高血钾。

（2）红细胞计数和血红蛋白浓度可升高，血液黏稠度增加。

（3）并发细菌感染时，血白细胞总数和中性粒细胞增多。

3．痰液细菌学检查

常用于病情加重的病人，对抗菌药物选择有指导作用。

4．其他

肺功能、肝功能、肾功能也可以有相应变化。胸部X射线、纤维支气管镜等检查有助于病因诊断。

## 四、诊断要点

呼吸衰竭临床表现缺乏特异性，主要依赖动脉血气分析进行诊断。

1．在海平面、静息状态、呼吸空气条件下，动脉血氧分压（$PaO_2$）＜60 mmHg伴或不伴二氧化碳分压（$PaCO_2$）＞50 mmHg。

2．排除心内解剖分流和原发心排血量降低等因素，可诊断为呼吸衰竭。

## 五、配合治疗

1．保持呼吸道通畅

气道通畅是纠正缺氧和$CO_2$潴留的先决条件，包括清除呼吸道内分泌物，应用支气管舒张药缓解支气管痉挛等，必要时采用气管插管和气管切开，建立人工气道等。

2．氧气疗法

参见本病“护理措施”相关内容。

3．增加通气量

增加通气量是纠正缺氧和二氧化碳潴留最重要的治疗措施。

（1）呼吸兴奋剂

呼吸兴奋剂通过刺激呼吸中枢或外周化学感受器，增加呼吸频率和潮气量以改善通气。

1）常用制剂：尼可刹米、洛贝林、多沙普仑、阿米三嗪等。

2）用药注意事项：

①适用于以呼吸中枢抑制为主、通气量不足引起的呼吸衰竭病人。以肺换气功能障碍为主的呼吸衰竭病人不宜使用。

②使用呼吸兴奋剂必须以呼吸道通畅为前提，以免呼吸肌疲劳而加重$CO_2$潴留。

③脑缺氧、脑水肿未纠正而出现频繁抽搐者慎用。

④静脉滴注速度不宜过快。若病人出现恶心、呕吐、烦躁、心悸、面色潮红、肌肉震颤、抽搐等现象，提示呼吸兴奋剂过量，需要减慢滴速或停药，并及时通知医生。

⑤用药期间注意观察病人神志、呼吸频率、节律的改变。

⑥若用药无效应及时使用机械通气。

（2）机械通气

机械通气可增加通气量，缓解呼吸肌疲劳，有利于改善肺的气体交换功能，降低$PaCO_2$，是抢救严重呼吸衰竭病人生命的重要措施。使用呼吸机时要有专人负责，加强护理，严密观察病情，防止通气不足或通气过度、张力性气胸等并发症。

4．纠正酸碱失衡和电解质紊乱

（1）呼吸性酸中毒

呼吸性酸中毒是本病最常见的酸碱失衡现象，常由$CO_2$潴留所致，治疗关键是积极改善通气，促使$CO_2$排出。慎用碱性药物，以免加重$CO_2$潴留。

（2）代谢性酸中毒

代谢性酸中毒多为低氧血症所致的乳酸血症性酸中毒，主要通过改善缺氧来纠正，若$pH<7.20$应给予碱性药物。

（3）代谢性碱中毒

慢性呼吸性酸中毒时，机体常以增加碱储备来进行代偿，当机械通气等方法迅速纠正呼吸性酸中毒时，增加的碱储备会导致代谢性碱中毒、低血钾，应及时补充精氨酸、氯化钾等进行纠正。

（4）电解质紊乱

常见低血钾、高血钾、低血氯、低血钠，应酌情及时纠正。

5．积极控制感染

慢性呼吸衰竭病人多为年老体弱、反复住院治疗的病人，往往使用雾化吸入、气管插管或切开、机械通气等治疗时间较久，且常使用广谱抗生素治疗。此类病人发生院内获得性感染机会较多，病原菌大多为革兰阴性杆菌、耐甲氧西林金黄色葡萄球菌和厌氧菌，病人对抗生素的耐药性较高。故需谨慎选择抗生素，其用药方法参见本章第三节“慢性支气管炎病人的护理”相关内容。

6．并发症的防治

本病常有休克、上消化道出血、DIC等并发症，需进行相应处理。慎用镇静剂、安眠药、止痛药、麻醉药等，以免诱发肺脑。

## 六、护理问题

1．气体交换受损

与呼吸衰竭有关。

2．清理呼吸道无效

与肺呼吸功能受损、呼吸道分泌物黏稠积聚有关。

3．生活自理能力缺陷

与意识障碍有关。

4. 潜在并发症

水、电解质紊乱，上消化道出血，肺性脑病。

## 七、护理措施

1. 指导休息与活动

活动使机体氧耗量增加，对明显低氧血症的病人，应限制活动量。具体措施参见本章第四节“慢性阻塞性肺疾病病人的护理”相关内容。

2. 饮食护理

由于慢性呼吸衰竭病人呼吸困难明显，呼吸肌做功增加，能量消耗增加，机体处于负氮平衡，营养支持对于提高呼吸衰竭抢救成功率及病人生活质量均有重要意义。

（1）给予高蛋白、高脂肪、低糖类及适量维生素和微量元素的流质饮食，必要时实施鼻饲、静脉高营养。

（2）经口进食时，应少食多餐，保证足够的能量。

（3）进餐时应维持给氧，防止进餐时血氧降低。

（4）控制糖类摄入，因糖类会加重高碳酸血症病人的二氧化碳潴留。

3. 病情观察

观察生命体征、神志、皮肤颜色，记录24小时出入液量。监测动脉血气分析、肝肾功能。密切观察有无上消化道出血、心力衰竭、休克、肺性脑病等并发症。

4. 对症护理

（1）保持呼吸道通畅

①排痰护理：参见本章第三节“慢性支气管炎病人的护理”相关内容。

②湿化人工气道：对建立人工气道者，加强气道湿化护理，采用间断或连续气管内滴注生理盐水，使分泌物稀薄，便于有效排痰、保持呼吸道通畅。

（2）合理供氧

①氧疗意义：氧疗是改善低氧血症的主要手段。吸氧有利于提高肺泡内$PaO_2$、$PaCO_2$和$SaO_2$，减轻组织损伤，恢复脏器功能，提高机体耐受力。

②氧疗目标：使$PaO_2>60$ mmHg或$SaO_2>90\%$。

③氧疗绝对适应症：$PaCO_2<60$ mmHg。

④Ⅰ型呼吸衰竭氧疗：病人通气功能基本正常，主要是换气功能障碍，可给予较高流量、较高浓度吸氧（流量>3.5L/min，浓度>35%），迅速缓解低氧血症，且不会引起$CO_2$潴留。

⑤Ⅱ型呼吸衰竭氧疗：病人有$CO_2$潴留，应给予持续低流量、低浓度吸氧，具体措施参见本章第四节“慢性阻塞性肺疾病病人的护理”相关内容。

⑥氧疗方法：可用鼻导管、鼻塞、面罩（简单面罩、带储气囊无重复呼吸面罩、文丘里面罩等）、气管插管和呼吸机给氧。鼻导管、鼻塞给氧简单、方便，不影响病人咳痰、进食，但给氧浓度不恒定，易受呼吸影响。面罩给氧氧浓度较恒定，可按需调节，对鼻黏膜刺激较小，但影响病人咳痰、进食等，使用不方便。

（3）肺性脑病护理

①休息和安全：病人绝对卧床休息，有意识障碍时，予床档及约束带进行安全保护，必要时专人护理。

②观察病情：定期监测动脉血气分析，密切观察生命体征和神志变化，出现头痛、烦躁不安、表情淡漠、神志恍惚、精神错乱、嗜睡和昏迷等症状时，及时通知医生并协助处理。

③吸氧护理：持续低流量、低浓度给氧，防止高浓度吸氧抑制呼吸，加重$CO_2$潴留，加重肺性脑病。

④用药护理：遵医嘱在吸氧前提下应用呼吸兴奋剂，观察药物疗效和不良反应。

（4）基础护理

加强口腔、皮肤护理，防止黏膜感染、皮肤压疮。

（5）血氧饱和度监测

1）操作过程

评估病人吸氧浓度、合作程度、指（趾）端循环、皮肤完整性、肢体活动情况、环境光线等→告知病人监测目的、方法及注意事项→准备脉搏血氧饱和度监测仪→协助病人取舒适体位→清洁病人局部皮肤及指（趾）甲→安放传感器于病人手指、足趾或耳郭处，方向正确，松紧适宜，接触良好→调整报警界限（一般低限为90%）→发现异常及时通知医生。

2）注意事项

①避免干扰因素，如偏瘫、体温过低、低血压或休克、使用血管收缩药物、贫血、同侧手臂测量血压、环境光线太强、电磁干扰、指甲过长及涂抹指甲油等。

②注意更换传感器放置部位，防止皮肤受损或血液循环障碍。

③CO中毒的病人不宜选用脉搏血氧监测仪进行血氧饱和度监测。

5．机械通气护理

（1）使用呼吸机前

与病人或家属进行沟通，做必要的解释，阐明机械通气的目的和作用。

（2）使用呼吸机时

①注意呼吸机与人工气道连接口是否紧密、合适，防止脱落、漏气、阻塞。

②观察呼吸机运转情况，发现异常应及时排除故障，以保证病人安全。

③密切监测生命体征、意识状态、皮肤黏膜颜色、液体出入量、排痰量、腹部情况，注意血气分析及肝肾功能等辅助检查结果，了解机械通气的效果，预防并及时处理并发症。

④根据病情和血气分析监测结果，遵医嘱调整呼吸机工作参数（潮气量、压力、呼吸频率、呼与吸时间比例）和氧浓度。

⑤注意湿化气道，以免痰液干结。

⑥注意无菌操作，避免呼吸道感染。

（3）发现异常情况：立即通知医生，配合处理。

①通气量合适的标志：吸气时能看到胸廓抬起，自发呼吸与呼吸机合拍，听诊肺呼吸音清楚，生命体征恢复正常并稳定，神志清楚，无痛苦表情。

②通气不足的表现：$CO_2$潴留加重，出现血压上升、心率加快、出汗、烦躁、外周表浅静脉充盈。

③通气过度的表现：由于$CO_2$排出过多，可出现呼吸性碱中毒症状，表现为血压骤降、心律失常及谵妄、昏迷、抽搐等。

（4）停用呼吸机

首先告知病人他已具备自主呼吸的能力，继续使用呼吸机对康复不利，使病人认识到及时停用呼吸机治疗的必要性。同时，向病人解释呼吸机的撤除过程是逐渐过渡、十分安全的，消除病人恐惧心理，以便顺利撤除呼吸机。

6．心理护理

慢性呼吸衰竭病人病史较长，对工作、生活影响较大，所以要首先了解病人心理反应及日常生活能力，评估家属、朋友、单位对病人支持的情况。针对病人焦急、失落等不良心理进行相应心理护理。注意促进病人与家人及单位之间的沟通，树立病人战胜疾病的信心，以积极的心态对待人生。

### 八、健康教育/出院指导

1．知识宣传

（1）向病人介绍本病基本知识，使其理解本病康复保健的意义与目的。知道本病虽是不可逆病变，但积极预防和治疗可减少病情加重情况，能主动配合治疗护理。

（2）使病人知道如何避免慢性呼吸衰竭病情加重的诱因。

①进行耐寒锻炼和呼吸功能锻炼，如用冷水洗脸等，提高呼吸道抗病能力。

②避免吸入刺激性气体，戒烟等。

③避免劳累、情绪激动等不良因素刺激。

④不去人群拥挤的地方，尽量避免与呼吸道感染者接触，减少感染的机会。

⑤不滥用药。

⑥按要求控制性吸氧。

（3）指导病人进行自我检测，发现咳嗽加剧、痰液增多、颜色变黄、呼吸困难加重或出现神志改变等病情变化时，能及早就诊。

2. 生活指导

(1) 指导病人制订合理的活动与休息计划，活动量以不出现呼吸困难、心律增快为宜。

(2) 指导病人保持呼吸道通畅，如湿化气道、有效咳嗽咳痰、翻身、拍背、体位引流等。

(3) 指导病人长期家庭氧疗及呼吸功能锻炼，提高病人的自我护理能力，加速康复，延缓肺功能恶化。

(4) 指导病人合理安排膳食，加强营养，达到增强体质、提高机体抗病能力的目的。

3. 治疗指导

指导病人遵医嘱正确用药，不乱用安眠药、止痛药等对呼吸有影响的药物。熟悉药物的用法、剂量和注意事项等，观察药物不良反应。

4. 定期复查

定期复查以便医生及时掌握病情进展情况，适当调整治疗方案。

### 九、小结

▲慢性呼吸衰竭是在原有慢性肺部病变基础上发生 $PaO_2<60$ mmHg 和（或）$PaCO_2>50$ mmHg。

▲最常见的病因是COPD，慢性呼吸衰竭病情加重最常见的诱因是急性呼吸道感染。

▲临床主要表现为缺氧和（或）$CO_2$潴留所致症状、体征（呼吸困难、发绀、肺性脑病、$CO_2$潴留面容、呼吸性酸中毒等）。肺性脑病，常由$CO_2$潴留所致。

▲治疗护理关键是保持呼吸道通畅，氧疗护理。Ⅰ型呼吸衰竭给予高浓度高流量吸氧。Ⅱ型呼吸衰竭给予持续低流量低浓度吸氧，辅助使用呼吸兴奋剂或呼吸机增加通气量。肺性脑病护理是本病特色护理。

## 急性呼吸衰竭病人的护理

急性呼吸衰竭是某些突发的致病因素引起肺通气和（或）换气功能迅速、严重障碍，短时间内引起呼吸衰竭。若抢救不及时，常可危及生命。

### 一、病因与发病机制

(一) 病因

1. 呼吸系统疾病

如严重呼吸系统感染、急性呼吸道阻塞性病变、重度或危重哮喘，各种病因引起的急性肺水肿、胸部外伤或手术损伤、自发性气胸和急剧增加的胸腔积液等，引起肺通气和（或）换气功能障碍。

2. 呼吸中枢受抑制

如急性颅内感染、颅脑损伤、急性脑血管病变（脑出血、脑梗死）等直接或间接抑制呼吸中枢。

3. 神经-肌肉传导系统受损

如重症肌无力、有机磷中毒等损害了神经-肌肉传导系统，引起通气不足。

(二) 发病机制

同上述“呼吸衰竭发病机制”。

### 二、临床表现

与慢性呼吸衰竭临床表现大致相似，但以下几个方面略有不同：

1. 呼吸困难

常因上呼吸道梗阻，为吸气性呼吸困难，表现为“三凹征”。常见中枢性呼衰，呼吸节律改变尤其明显，如陈-施呼吸、比奥呼吸等。

2. 发绀

本病表现为突然发绀。

3. 肺性脑病

迅速出现肺性脑病。

4. 循环系统表现

多数病人有心动过速，突然的严重低氧血症、酸中毒，迅速引起心肌损害或周围循环衰竭，使血压下降、心律失常，甚至心脏停搏。

5．其他表现

肝、肾功能突然异常，突然发生应激性溃疡，导致上消化道出血。

## 三、辅助检查

参见本节“慢性呼吸衰竭”相关内容。

## 四、诊断要点

1．与慢性呼吸衰竭相似。

2．起病突然、进展迅速。

## 五、治疗、护理要点

与慢性呼吸衰竭治疗大致相似，但以下几个方面略有不同：

1．立即抢救

收入ICU病房，集中人力、物力集中抢救。

2．立即监护

给予心电、血压、呼吸监护，记录出入量。关注动脉血气分析、出凝血时间、肝肾功能等辅助检查结果。

3．保持呼吸道通畅

保持呼吸道通畅是最基本、最重要的治疗措施。

（1）若病人昏迷应立即使病人处于仰卧位，头后仰，托起下颌并将口打开。

（2）清除气道内分泌物及异物。

（3）必要时建立人工气道：如简便人工气道（口咽通气道、鼻咽通气道、喉罩等）、气管插管、气管切开，后两者属于气管内导管，是重建呼吸通道最可靠的方法。简便人工气道是气管内导管的临时替代方式，待病情允许后再实施气管内导管。

（4）若支气管痉挛，可静脉用$\beta_2$受体激动剂、抗胆碱药、糖皮质激素、茶碱类药等，扩张支气管。

4．氧疗

急性呼吸衰竭也分Ⅰ型呼吸衰竭、Ⅱ型呼吸衰竭，具体氧疗方法参见本节“慢性呼吸衰竭病人的护理”相关内容。

5．增加通气量，减少$CO_2$潴留

（1）呼吸兴奋剂

具体方法参见本节“慢性呼吸衰竭病人的护理”相关内容。

（2）机械通气

①经鼻/面罩行无创正压通气用于急性呼吸衰竭治疗，效果良好，且简便易行。

②若病人出现昏迷、呼吸不规则、呼吸暂停、咳嗽及吞咽反射减弱或消失，建立人工气道，配合有创机械通气，效果较好。

6．病因治疗

病因治疗是治疗急性呼吸衰竭的根本所在。

7．其他

加强营养，纠正水、电解质、酸碱平衡紊乱，加强对重要脏器功能的监测与支持。

## 六、小结

▲急性呼吸衰竭是迅速发生的呼吸衰竭。

▲临床表现较慢性呼吸衰竭更急，更严重。

▲需要立即抢救、立即监护，必要时建立人工气道。

# 急性呼吸窘迫综合征病人的护理

急性呼吸窘迫综合征（acute respiratory distress syndrome，ARDS）指心源性以外的各种严重的肺内、外致病因素引起的急性、进行性、难以纠正的呼吸衰竭。ARDS是急性呼吸衰竭的特殊类型，死亡率较高，死亡原因主要与多脏器衰竭有关。

## 一、病因与发病机制

（一）病因

严重休克、严重创伤、严重感染、肺炎、吸入性损伤、放射性肺损伤、肺挫伤、肺炎、肺脂肪栓塞、吸入有毒气体、误吸胃内容物、溺水、氧中毒、大量输血、DIC、急性胰腺炎、药物中毒、妊娠高血压综合征等。

（二）发病机制

ARDS为多种原发病所引起，发病机制错综复杂，至今仍未完全阐明。ARDS可能是全身炎症反应的肺部表现，也是机体正常炎症反应过度表达的结果。其主要病理改变是肺广泛性充血水肿和肺泡内透明膜形成。病理过程分为渗出期、增生期、纤维化期，三期常重叠存在。肺内分流即指肺动脉内未经氧合的血液流入肺静脉。

## 二、临床表现

1．原发病表现

2．症状

一般在基础疾病救治过程中（常在发病1～5天内）出现进行性呼吸窘迫（胸廓紧束、严重憋气）、气促（呼吸频率>35次/分钟）、严重的低氧血症（发绀，常伴烦躁、焦虑、出汗）。氧疗不能改善上述症状。

3．体征

早期两肺多无阳性体征，中期可闻湿啰音，晚期除闻及广泛湿啰音外，可出现叩诊浊音及实变体征。

## 三、辅助检查

1．X射线表现

早期胸片可无异常，重者可见小片状模糊阴影，继之两肺出现大片状的浸润阴影，晚期可出现肺间质纤维化的改变。

2．血气分析

$PaO_2$降低（≤60 mmHg）、$PaCO_2$降低、pH升高。氧合指数≤200，是ARDS诊断的必要条件。动态监测若$PaO_2$有进行性下降趋势，应高度警惕ARDS。

3．床边肺功能监测

肺顺应性降低，表现为肺容量、肺活量、残气、功能残气均随病情加重而减少。肺顺应性的改变，对病情严重性评价和疗效判断有一定临床意义。

4．血流动力学测定

本病肺毛细血管楔压降低，而急性左心衰竭时肺毛细血管楔压增高。

## 四、诊断要点

凡符合以下5项可诊断为ARDS。

①有ARDS高危因素。

②急性起病，有呼吸窘迫。

③低氧血症，氧合指数≤200。

④胸部X射线检查显示两肺浸润性阴影。

⑤PAWP≤18 mmHg，或排除心源性肺水肿。

## 五、配合治疗

1．积极治疗原发病

原发病治疗是ARDS治疗的首要原则和基础。感染是导致ARDS的常见原因，也是首位高危因素。本病所有病人都有感染的可能，宜选择广谱抗生素治疗。

2．纠正缺氧

迅速纠正低氧血症、尽快提高$PaO_2$是抢救ARDS最重要的措施。

3．机械通气

（1）ARDS时，宜尽早使用机械通气辅助呼吸。早期轻症病人可试用无创正压通气，无效或病情加重时尽快行气管插管或气管切开，给予有创机械通气。

（2）ARDS的机械通气推荐采用肺保护性通气策略，即呼气末正压（PEEP）和小潮气量。

4. 维持液体平衡

为了消除肺水肿，需严格控制输液速度及输入量，防止因输液不当加重肺水肿。液体平衡原则是在保证组织器官灌注和血压稳定的前提下，液体出入量宜处于轻度负平衡状态，保持肺脏处于相对“干”的状态。可使用利尿剂促进水肿消退。除非有低蛋白血症，一般不宜输注胶体液。

5. 营养支持与监护

ARDS时机体处于高代谢状态，应补充足够的营养。提倡全胃肠营养，全胃肠营养不仅可以避免静脉营养引起的感染和血栓形成等并发症，还可保护胃肠黏膜，防止肠道菌群移位。

6. 其他治疗

可酌情使用糖皮质激素、表面活性物质和一氧化氮等。

**六、护理问题**

1. 气体交换受损

与肺毛细血管炎症性损伤、通透性增加，肺广泛性充血水肿、肺泡内透明膜形成、肺顺应性降低有关。

2. 潜在并发症

多脏器衰竭。

**七、护理措施**

1. 指导休息与活动

安置病人于呼吸监护病室，给予端坐位，绝对卧床休息，实施特别监护，保持病室空气清新、清洁，防止病人受凉。

2. 饮食护理

通过全胃肠营养给予高热量、高蛋白、高脂肪食物，严格限制钠、水摄入。

3. 观察病情

（1）观察生命体征、神志、尿量，特别注意呼吸困难程度、发绀情况，观察每小时尿量变化，准确记录24小时出入液量。

（2）及时送检血气分析和各种检测标本。

4. 对症护理

（1）合理用氧：遵医嘱给予高浓度（>50%）、高流量（4～6 L/min）氧气吸入，以迅速提高氧分压。要注意充分湿化氧气，防止气道黏膜干裂受损。注意记录吸氧方式、氧浓度、氧流量和时间，观察氧疗效果和副作用，防止发生氧中毒。

（2）加强口腔、皮肤护理，防止并发症。

（3）加强人工气道和机械通气护理，参见本节“慢性呼吸衰竭病人的护理”相关内容。

5. 心理护理

本病病人往往处于极度恐惧状态，且无法进行语言交流。护理人员要注意通过语言或非语言方式安慰病人，给予心理支持，稳定病人情绪。

**八、健康教育/出院指导**

1. 知识宣传

向病人及家属介绍本病基本知识，使其能主动配合治疗、护理。

2. 生活指导

（1）出院后加强体育锻炼，增强体质，运动强度以不感到疲劳为度，避免劳累。

（2）加强营养，增强机体抵抗力。

（3）戒烟、酒，预防呼吸道感染。

3. 治疗指导

遵医嘱合理用药。密切观察药物疗效及不良反应。

4. 定期复查

定期复查以便及时了解机体情况。

### 九、小结

▲ARDS是指心源性以外的各种严重的肺内、外致病因素引起的急性、进行性、难以纠正的呼吸衰竭。

▲主要临床表现为进行性加重的呼吸窘迫，死亡原因主要与多脏器衰竭有关。

▲氧合指数≤200是诊断ARDS的必要条件。血气分析提示$PaO_2$降低，$PaCO_2$降低。

▲治疗、护理原则是积极治疗原发病、氧疗、机械通气（PEEP和小潮气量）及水、电解质平衡调节。

## 第六节 慢性肺源性心脏病病人的护理

慢性肺源性心脏病（chronic pulmonary heart disease，简称慢性肺心病）是由肺组织、肺血管或胸廓的慢性病变引起肺组织结构和（或）功能异常，导致肺血管阻力增加、肺动脉高压、右心室肥厚及扩大，甚至右心力衰竭的心脏病。慢性肺心病是呼吸系统的常见疾病，患病率随年龄的增长而增加，并存在地区差异，北方高于南方、农村高于城市，但男女无明显差异。此外，吸烟者比不吸烟者的患病率显著增高。本病在冬、春季节和气候骤变时，易病情加重。

### 一、病因与发病机制

（一）病因

1．支气管、肺疾病

其中COPD最常见，占80%～90%，其次为支气管哮喘、支气管扩张、重症肺结核、尘肺、过敏性肺泡炎等。

2．胸廓运动障碍性疾病

相对少见。各种原因导致的严重胸廓或脊椎畸形，以及神经肌肉疾病如脊髓灰质炎等，均可引起胸廓活动受限、肺组织受压、支气管扭曲或变形，导致气道引流不畅、肺部反复感染，进而并发肺气肿或肺纤维化等，影响肺循环，加重右心室负荷，最终发展为慢性肺心病。

3．肺血管疾病

更少见。各种肺血管病变使肺小动脉狭窄、阻塞，肺血管阻力增加，从而加重右心室负荷，最终发展成慢性肺心病。

4．其他

原发性肺泡通气不足、睡眠呼吸暂停低通气综合征等，均可导致低氧血症，使肺血管收缩引起肺动脉高压，发展成慢性肺心病。

（二）诱因

导致本病急性加重的诱因同“慢性支气管炎”急性发作的诱因。

（三）发病机制（图1-6-1）

1．肺动脉高压形成是慢性肺心病发生的先决条件及根本原因。

2．肺动脉高压使右心室后负荷加重，表现为右心室肥厚、扩大甚至衰竭。

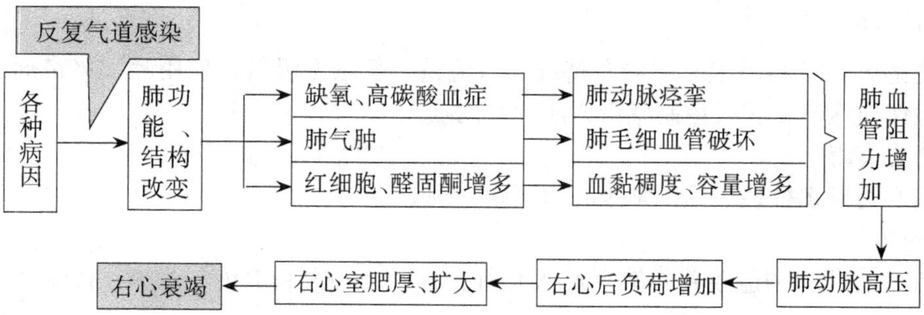


图1-6-1 慢性肺源性心脏病发病机制

## 二、临床表现

在原有肺、胸疾病的基础上逐步出现肺、心功能衰竭及其他器官受损的征象。

1. 肺、心功能代偿期（缓解期）

在咳嗽、咳痰、发绀、心悸、呼吸困难、COPD体征等原有疾病表现的基础上，有肺动脉高压、右心室大体征，如$P_2>A_2$，三尖瓣区出现收缩期杂音，剑突下可见心脏搏动增强。

2. 肺、心功能失代偿期（急性加重期）

（1）慢性Ⅱ型呼吸衰竭

慢性Ⅱ型呼吸衰竭是失代偿期最重要、最突出的表现。常因急性呼吸道感染诱发。

（2）右心衰竭

右心衰竭严重程度与呼吸衰竭程度呈正相关。

（3）并发症

肺性脑病，水、电解质、酸碱平衡紊乱，心律失常，休克，消化道出血、DIC等。其中肺性脑病是慢性肺心病死亡的首要原因。

## 三、辅助检查

1. X射线检查

除肺、胸基础疾患的X射线征象外，尚有以下诊断肺心病的重要依据：

（1）肺动脉高压，如右下肺动脉干横径≥15 mm，该横径与气管横径比值≥1.07。

（2）肺动脉段明显突出或其高度≥3 mm。

（3）中央动脉扩张，外周血管较细，形成“残根”征。

（4）右心室增大等。

2. 心电图检查

主要表现为右心室肥大改变（电轴右偏、重度顺钟向转位等）、肺型P波、低电压、右束支传导阻滞等，是诊断肺心病的参考条件。

3. 超声心动图检查

肺动脉增宽、右心室流出道内径增大、右心室增大、右心室壁增厚等，可作为慢性肺心病诊断依据。

4. 其他

血气分析、血液检查、痰液细菌学检查，肺、肝、肾功能检查等参见本章第五节“慢性呼吸衰竭病人的护理”相关内容。

## 四、诊断要点

1. 胸、肺基础疾病。
2. 肺动脉高压、右心室增大、室壁厚和（无）右心衰竭表现。
3. X射线、心电图、超声心动图证实。
4. 排除左心病变和先天性心脏病所致。

## 五、配合治疗

1. 急性加重期治疗

肺心病治疗以治肺为本，治心为辅。即最重要的、首选的治疗措施是积极抗感染，保持呼吸道通畅。

（1）呼吸衰竭治疗

保持呼吸道通畅，Ⅱ型呼吸衰竭给予持续、低流量、低浓度吸氧，应用呼吸兴奋剂或机械通气，纠正酸碱失衡和电解质紊乱，积极控制感染，防治并发症。

（2）控制心力衰竭

慢性肺心病心力衰竭处理不同于常规心力衰竭处理。

①首先抗感染

当抗感染有效、呼吸功能改善、缺氧症状有所缓解后，心力衰竭仍不能满意控制，再用利尿剂、强心剂。

②应用利尿剂

以缓慢、小量、间歇为原则，常选用作用轻的药物，以免引起血液浓缩、痰液黏稠、气道阻塞及低钾血症。

③应用强心剂

以快速、小量为原则。应用指征为感染已被控制、呼吸功能已改善、利尿剂未能取得良好疗效、心力衰竭为主要表现者。慢性肺心病病人长期缺氧，对洋地黄耐受性低，容易中毒，故使用洋地黄类药时应选用作用快、排泄快的药物，剂量宜小，一般为常规剂量的1/2或1/3量，缓慢静脉注射。注意用药前要积极纠正缺氧和低钾血症，用药后注意观察药物的毒副作用。此时不宜仅以心率作为衡量洋地黄类药物的应用和疗效考核指征。

④血管扩张药

血管扩张药可减轻心脏前、后负荷，对治疗心力衰竭有一定的疗效。

⑤氧疗、祛痰

参见本章第四节“慢性阻塞性肺疾病病人的护理”、本章第三节“慢性支气管炎病人的护理”相关内容。

2．缓解期治疗

参见本章第四节“慢性阻塞性肺疾病病人的护理”相关内容。

## 六、护理问题

1．气体交换受损

与低氧血症、$CO_2$潴留、肺血管阻力增高有关。

2．清理呼吸道无效

与呼吸道感染、痰黏稠有关。

3．体液过多

与心脏负荷增加、心肌收缩力下降、心排血量减少有关。

4．活动无耐力

与心、肺功能减退、机体缺氧有关。

5．潜在并发症

心律失常、电解质紊乱。

## 七、护理措施

慢性肺源性心脏病往往是在COPD基础上并发慢性Ⅱ型呼吸衰竭、右心衰竭，本病护理措施主要是上述3种疾病护理的综合。

1．COPD护理

参见本章第四节“慢性阻塞性肺疾病病人的护理”相关内容，如合理休息（半卧位）、低盐限水低糖高蛋白高维生素饮食、用药护理（慎用强镇咳剂、镇静剂等）、病情观察（生命体征、神志、尿量、临床表现等）、排痰护理、持续低流量低浓度吸氧、心理护理、缓解期呼吸功能锻炼等。

2．Ⅱ型呼吸衰竭护理

参见本章第五节“慢性呼吸衰竭病人的护理”相关内容，如保持气道通畅，持续低流量低浓度吸氧，增加通气量，呼吸机应用护理，纠正水电解质、酸碱平衡紊乱，抗感染，肺性脑病护理等。

3．右心衰竭护理

参见第二章第三节“慢性心力衰竭病人的护理”相关内容，如低盐限水饮食、皮肤护理，抗感染→利尿→强心等。

## 八、健康教育/出院指导

参见本章第四节“慢性阻塞性肺疾病病人的护理”、本章第五节“慢性呼吸衰竭病人的护理”相关内容，如避免诱因、合理休息与活动、加强营养、呼吸功能锻炼、长期家庭氧疗、自我检测、随时就诊、定期复查等。

## 九、小结

▲慢性肺心病是胸、肺疾病引起右心病变。

▲代偿期除原有胸、肺疾病表现外，还有肺动脉高压、右心室大的征象。失代偿期主要表现为Ⅱ型呼吸衰竭、右心衰竭。

▲代偿期治疗同COPD稳定期治疗。失代偿期治疗是Ⅱ型呼吸衰竭治疗与心力衰竭治疗的结合，但本病心力衰竭处理不同于常规心力衰竭处理，主要是先抗感染，再决定是否利尿、强心。

▲COPD是本病最主要的病因。本病急性加重的诱因同“慢性支气管炎”急性发作的诱因。

▲本病护理是“Ⅱ型呼吸衰竭”“COPD”“右心衰竭”护理的综合。

**十、疾病鉴别**

随着病情进展，慢性支气管炎晚期、COPD、肺源性心脏病、Ⅱ型呼吸衰竭常合并存在，见图1-6-2。

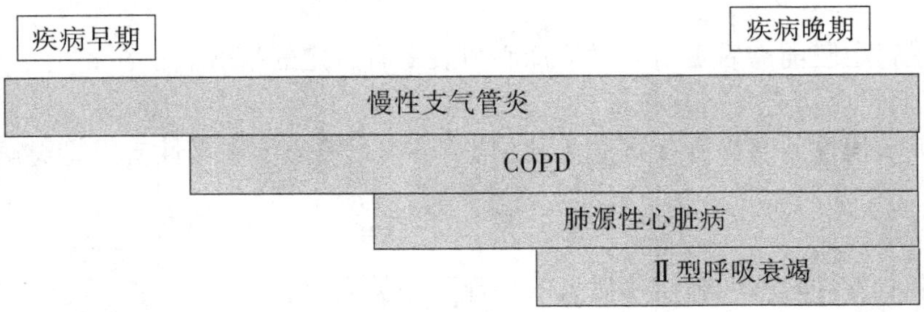


**图1-6-2 慢性支气管炎、COPD、肺源性心脏病、Ⅱ型呼吸衰竭关系图**

# 第七节 支气管哮喘病人的护理

支气管哮喘（bronchial asthma，简称哮喘）是由多种细胞（如嗜酸粒细胞、肥大细胞、T淋巴细胞、中性粒细胞、气道上皮细胞等）和细胞组分参与的气道慢性炎症疾病。

①这种慢性炎症是气道高过敏反应所致，是慢性非特异性炎症。

②通常由于出现广泛多变的可逆性气流受限，表现为反复发作性的喘息、伴有哮鸣音的呼气性呼吸困难、胸闷、咳嗽等典型症状，常在夜间和（或）清晨发作、加剧，多数病人可自行缓解或经治疗缓解。

③支气管哮喘若治疗不当，可产生气道不可逆性缩窄和气道重塑，即COPD。

④哮喘是常见疾病，近年来哮喘患病率和病死率逐渐上升。我国约有2000万哮喘病人。半数病人在12岁以前发病，许多病人病程长达十几年至几十年，是家庭和社会的一个沉重负担。为此，WHO与各国专家共同制定并不断更新全球哮喘防治倡议（简称GINA），GINA是指导全世界哮喘病防治工作的重要指南。

**一、病因与发病机制**

（一）病因

哮喘的病因还不十分清楚，大多数认为与多基因遗传有关，同时受遗传因素和环境因素的双重影响。

1．遗传因素（过敏体质）

2．环境因素（激发因素）

（1）吸入性过敏源

吸入性过敏源是支气管哮喘最主要的激发因素。如花粉、尘螨、动物毛屑、二氧化硫、氨气等各种特异和非特异性吸入物。

（2）感染

如细菌、病毒、原虫、寄生虫等感染。哮喘的形成和发作与反复呼吸道感染有关，尤其是病毒感染。感染是支气管哮喘急性发作最常见的诱因。

（3）食物

如鱼、虾、蟹、蛋类、牛奶等。婴幼儿尤其容易对食物过敏，但随年龄增长而减少。

（4）气候

气温、湿度、气压、空气中离子等改变可诱发哮喘，故在寒冷季节或秋、冬气候转变时多发病。

（5）药物

如普萘洛尔（心得安）、阿司匹林等可诱发哮喘。

（6）精神、心理

如对花草过敏者看到纸做的花可引起哮喘。强烈情绪变化可诱发或抑制哮喘发作。不少有经验的病人，初感胸闷时立即放松、静坐可避免哮喘发作。

（7）运动

70%～80%的哮喘病人在剧烈运动5～15分钟后诱发哮喘，称为运动性哮喘。与运动后过度通气致使支气管黏膜水分与热量丢失，呼吸道上皮暂时失水，导致支气管平滑肌痉挛有关。

（8）月经、妊娠

不少女性病人在月经前3～4天有哮喘加重的现象，与经期前黄体酮含量突然下降有关。妊娠对哮喘的作用主要是子宫增大使膈升高，影响呼吸，此外，妊娠时激素的变化也会诱发哮喘。

（二）发病机制

哮喘的发病机制不完全清楚，可概括为免疫-炎症反应、神经机制、气道高反应性及其相互作用。

1．免疫-炎症反应

在环境因素作用下，过敏体质者发生体液介导的和细胞介导的免疫反应使炎性细胞、细胞因子、炎症介质相互作用。变应原进入过敏体质→机体产生大量IgE，并与炎性细胞表面IgE受体结合→变应原再次进入过敏体质，与受体上IgE交联→激活该炎性细胞，释放炎性介质→导致气道反应性增高。

2．神经机制

在环境因素作用下，过敏体质者神经调节失衡使气道平滑肌功能异常。

3．气道高反应性

过敏体质者的小气道对各种刺激因子出现过强或过早的收缩反应。

（三）类型

1．速发型哮喘反应（IAR）

过敏体质者接触过敏源后立即发作哮喘，称速发型哮喘反应，属IgE介导的Ⅰ型变态反应，是气道高反应的结果。

2．迟发型哮喘反应（LAR）

过敏体质者接触过敏源后数小时才发作哮喘或再次发作或加重，称迟发型哮喘反应，属Ⅱ型变态反应，是气道炎症的结果。

## 二、临床表现

1．症状

（1）哮喘先兆

哮喘发作前常有先兆症状，如干咳、打喷嚏、流眼泪、流鼻涕、胸闷等。

（2）一般表现

①反复发作性喘息、呼气性呼吸困难（气急）、胸闷、咳嗽，干咳或咳大量白色泡沫痰，常伴有哮鸣音。

②每次发作可在数分钟、数小时甚至数天用支气管舒张药缓解或自行缓解。某些病人在缓解数小时后可再次发作。

③缓解期可无任何症状及体征。

④夜间及凌晨发作和加重是哮喘的特征之一。

（3）哮喘严重表现

病人常被迫采取坐位或端坐呼吸，甚至出现发绀等。

（4）咳嗽变异型哮喘

咳嗽可为唯一的症状。

（5）运动性哮喘

运动时出现伴有哮鸣音的胸闷、气急、咳嗽和喘息。

2．体征

（1）发作时肺部呈过度充气状态。胸部视诊呼吸运动减弱，触诊双侧语颤减弱或消失，叩诊呈过清音，因病变主要在小气道，听诊双肺可闻及广泛的哮鸣音，呼气音延长，肺部呈过度充气使心音遥远。

（2）严重哮喘病人有心率快、奇脉、胸腹反常运动（又称胸腹矛盾运动）、发绀。

（3）轻度哮喘或非常严重哮喘发作时，可无哮鸣音、奇脉。

（4）非急性发作期无异常体征。

3．分期

（1）急性发作期

指喘息、气急、胸闷、咳嗽等症状突然发生或加重。

（2）慢性持续期

指非急性发作，在相当长的时间内不同频度和（或）不同程度地出现症状（喘息、气急、胸闷、咳嗽）。

（3）缓解期

症状体征消失，并维持4周以上。

4.急性发作时病情分度

见表1–7–1。

**表1–7–1 哮喘急性发作时病情分度**

| 临床特点 | 轻度 | 中度 | 重度 | 危重 |
|---|---|---|---|---|
| 气短 | 步行、上楼时 | 稍动 | 休息时 | |
| 体位 | 可平卧 | 喜坐位 | 端坐呼吸 | |
| 讲话方式 | 连续成句 | 常有中断 | 单字 | 不能讲话 |
| 精神状态 | 较安静 | 稍烦躁 | 焦虑、烦躁 | 嗜睡、意识模糊 |
| 出汗 | 无 | 有 | 大汗淋漓 | |
| 呼吸频率 | 轻度增加 | 增加 | >30次/分 | |
| 辅助呼吸肌活动三凹征 | 无 | 有 | 常有 | 胸腹反常运动 |
| 哮鸣音 | 呼气末 | 较响亮 | 响亮、弥散 | 减低或无 |
| 脉率 | <100次/分 | 100～120次/分 | >120次/分 | 脉搏慢、不规则 |
| 奇脉 | 无 | 有 | 常有 | 无 |
| 用$\beta_2$受体激动剂后PEF与预计值比 | >80% | 60%～80% | <60% | |
| $PaO_2$(吸空气) | >80 mmHg | ≥60 mmHg | <60 mmHg | |
| $PaO_2$ | <45 mmHg | ≤45 mmHg | >45 mmHg | |
| $SaO_2$(吸空气) | >95% | 91%～95% | ≤90% | |

5．哮喘持续状态

哮喘持续状态又称为重症哮喘，指严重的哮喘发作持续24小时以上，经一般支气管舒张剂治疗不能缓解者。

哮喘持续状态常见诱因为：

（1）呼吸道感染未控制。

（2）过敏源未清除。

（3）严重脱水、痰液黏稠、形成痰栓，阻塞细支气管，导致肺不张。

（4）治疗不当或突然停用糖皮质激素。

（5）精神过度紧张。

（6）严重缺氧、酸中毒、电解质紊乱。

（7）有并发症。

6．并发症

哮喘反复发作和感染可并发慢性支气管炎、COPD、肺源性心脏病、自发性气胸、肺不张、肺纤维化、心功能障碍等，其中最常见的并发症是COPD。

## 三、辅助检查

1．血常规检查

哮喘发作时血嗜酸性粒细胞升高。

2．痰液检查

痰涂片检查可见较多嗜酸性粒细胞。

3．呼吸功能检查

（1）肺通气功能测定

肺通气功能测定可以客观地判断哮喘病情，指导合理的治疗。最常用的肺通气功能测定指标是第一秒用力呼气容积（$FEV_1$）和呼气峰流速（PEF）。哮喘发作时呈阻塞性通气功能改变，呼气流速指标显著下降，$FEV_1$和PEF均减少，缓解期可逐渐恢复。PEF可通过袖珍式峰流速仪测得，袖珍式峰流速仪价格低廉，便于携带，更适合推广应用。

（2）支气管激发试验

支气管激发试验用于测定气道反应性。常用吸入激发剂有乙酰甲胆碱、组胺、甘露醇等。吸入激发剂后病人$FEV_1$下降≥20%，为激发试验阳性。激发试验只适用于通气功能在正常预计值70%以上的病人。

（3）运动试验

通过病人运动诱发气道痉挛，若$FEV_1$下降≥20%，为运动试验阳性。

（4）支气管舒张试验

支气管舒张试验用于测定气道可逆性。常用吸入型支气管舒张剂有沙丁胺醇、特布他林及异丙托溴铵等。有效的支气管舒张药可使发作时的气道痉挛得到改善，肺功能指标好转。舒张试验阳性标准：①$FEV_1$较用药前增加≥12%，且其绝对值增加≥200 mL。②PEF较治疗前增加≥60 L/min或增加≥20%。

（5）呼气峰流速变异率

呼气峰流速变异率反映气道通气功能的变化。若哮喘发作24小时内PEF波动率或PEF昼夜波动率≥20%，提示气道阻塞可逆。

4．动脉血气分析

动脉血气分析用于判断病人是否存在呼吸衰竭及其严重程度，对诊断和治疗有重要指导意义，是重症哮喘的首要检查项目。

①严重发作时$PaO_2$有不同程度降低。

②轻、中度发作时，由于过度通气，可使$PaCO_2$下降，pH上升，表现为呼吸性碱中毒。

③气道阻塞严重时，$PaCO_2$上升，表现为呼吸性酸中毒。

④缺氧明显时，可合并代谢性酸中毒。

5．胸部X射线检查

哮喘发作时可见两肺透亮度增加，呈过度通气状态。缓解期多无明显异常。

6．特异性变应原的检测

测定变应原有助于病因诊断，指导预防。

（1）体外检测

过敏性哮喘病人血清特异性IgE较正常人明显增高。

（2）体内试验

①皮肤过敏源测试

根据病史和当地生活环境选择可疑的过敏源进行检查，可通过皮肤点刺、划痕、皮内注射等方法进行。皮试阳性提示病人对该过敏源过敏，应避免接触或进行脱敏治疗。该检查简便易行，但对处于高敏状态的受试者有一定的危险性。

②吸入过敏源测试

将可疑变应原稀释液从气管内吸入，然后测气道压力，此法虽然结果可靠，但有一定风险。

**四、诊断要点**

1．反复发作的喘息、气急、胸闷、咳嗽，与变应原、理化刺激、运动、感染等环境因素有关。

2．双肺可闻及哮鸣音和（或）呼气相延长。

3．上述症状可经治疗缓解或自行缓解。

4．除外其他疾病所引起的上述症状。

5．临床表现不典型者（如无明显喘息或体征）应有下列三项中至少一项阳性：

①支气管激发试验或运动试验阳性；

②支气管舒张试验阳性；

③24小时PEF变异率或昼夜PEF变异率≥20%。

符合1～4条或4、5条者可以诊断为支气管哮喘。

本病需与心源性哮喘鉴别，后者常有高血压、冠心病等心血管病史。多在夜间平卧位时突然发生呼吸困难，被迫采取端坐位。重者咳出粉红色泡沫痰，两肺除有哮鸣音外，还有湿啰音，坐起后症状可有所缓解。胸部X射线检查有心脏扩大、肺瘀血征可资鉴别。若一时难以鉴别，可先用氨茶碱缓解症状，然后再进一步检查。诊断明确前忌用吗啡和肾上腺素，以免发生危险。

## 五、配合治疗

目前尚无特效的治疗方法。治疗原则是：

①迅速控制症状，尽快缓解气道阻塞，防止低氧血症。

②尽可能保持肺功能正常，减少复发乃至不发作，提高生活质量，而不是根治。

③避免治疗不良反应。

④防止不可逆性气道阻塞，避免死亡。

### （一）脱离变应原

脱离变应原是防治哮喘最有效的方法。

### （二）缓解哮喘发作

用于缓解哮喘发作的药亦称支气管舒张药。主要通过舒张支气管，达到迅速缓解哮喘发作的目的。

1．$\beta_2$肾上腺素受体激动剂（简称$\beta_2$受体激动剂）

$\beta_2$受体激动剂通过兴奋呼吸道的$\beta_2$受体，激活腺苷酸环化酶，增加细胞内环磷酸腺苷（cAMP）的合成，从而松弛支气管平滑肌。此外，此类药还具有一定的抗气道炎症、增强气管黏膜纤毛功能的作用，是控制症状的首选药。

（1）常用制剂

$\beta_2$受体激动剂有多种分类方法：

①按作用维持时间分为短效$\beta_2$受体激动剂（作用维持4～6小时，如沙丁胺醇、特布他林、非诺特罗等）和长效$\beta_2$受体激动剂（作用维持12小时，如福莫特罗、沙美特罗、丙卡特罗等）。

②按起效时间分为速效$\beta_2$受体激动剂（数分钟起效，如沙丁胺醇、特布他林、非诺特罗、福莫特罗吸入剂等，其平喘作用快，常数分钟内起效。其中沙丁胺醇是控制哮喘急性发作的首选药物）和迟效$\beta_2$受体激动剂（半小时左右起效，如沙美特罗气雾剂、沙丁胺醇片、特布他林片等）。

（2）用药方法

可采用吸入，包括定量气雾剂（MIDI）吸入、干粉吸入、持续雾化吸入等，也可采用口服或静脉注射。一般首选吸入法，因药物吸入后直接作用于呼吸道，局部浓度高且作用迅速，所需剂量较小，全身性不良反应少。但$\beta_2$受体激动剂对气道炎症几乎无作用，不宜单独、长期使用。除非规律地联合使用吸入型糖皮质激素（ICS），否则不建议长期规律使用$\beta_2$受体激动剂。

（3）用药注意事项

①此类药物的主要不良反应为偶有头痛、头晕、心悸、手指震颤等，停药或坚持用药一段时间后症状可消失。

②药物用量过大可引起严重心律失常，甚至发生猝死，要注意监测心律变化。

③久用会产生耐药性，但停药1～2周可恢复药物敏感性。

④服用含有控释材料的药片时，嘱病人用水整片吞服，不可咬碎。

2．抗胆碱药

抗胆碱药能阻断节后迷走神经通路，降低迷走神经兴奋性，使支气管舒张，减少痰液分泌。

（1）常用制剂

①异丙托溴铵

与$\beta_2$受体激动剂联合吸入有协同作用，尤其适用于夜间哮喘及多痰的病人。每日3次，约10分钟起效，维持4～6小时。不良反应少。

②噻托溴铵

作用更强，持续时间更久（可达24小时），不良反应更少。

（2）用药注意事项

抗胆碱药吸入后，少数病人可有口苦或口干感，给予漱口、含糖片等处理后症状可消失。

3．茶碱类

茶碱类药物具有以下作用：

①抑制细胞内磷酸二酯酶活性，提高cAMP浓度，舒张支气管平滑肌。

②通过稳定肥大细胞、嗜酸粒细胞、中性粒细胞和巨噬细胞，进而抑制组胺等炎性介质释放，舒张支气管平滑肌。

③刺激肾上腺分泌肾上腺素，增强呼吸肌收缩。

④增强气道纤毛清除功能和抗炎作用。

茶碱是目前治疗哮喘的有效药物，与糖皮质激素合用具有协同作用。

（1）常用制剂

氨茶碱、控（缓）释茶碱，后者可维持较好的治疗浓度，昼夜血药浓度平稳，不良反应较少，平喘作用可维持12～24小时，可用于控制夜间哮喘。

（2）用药方法

①常经静脉、口服途径给药。静脉给药主要应用于重、危症哮喘。

②静脉注射氨茶碱速度要慢，不宜超过0.25 mg/(kg·min)，静脉滴注维持量为0.6～0.8 mg/(kg·h)，每日注射量一般不超过1.0 g。

（3）用药注意事项

①静脉给药速度过快可引起胃肠道症状（恶心、呕吐等）、心血管症状（心动过速、心律失常、血压下降、心搏骤停等）、中枢神经系统毒性反应（头痛、眩晕、抽搐等）。故应稀释后，缓慢静脉用药，严密监测心律情况，注意有无消化道、中枢神经系统毒性反应，发现异常，暂时停药，同时通知医师。

②口服用药有消化道反应时，可与复方氢氧化铝（胃舒平）同服，或于饭后服。

③茶碱类药物与西咪替丁（甲氨咪胍）、喹诺酮类、大环内酯类等药物合用，可影响茶碱代谢而使其排泄减慢，应减少茶碱类药物用量。

④发热、妊娠、小儿、老年人，有心、肝、肾功能障碍及甲状腺功能亢进者慎用。

⑤茶碱缓释片（舒弗美）或氨茶碱控释片内有控释材料，必须整片吞服。

（三）控制或预防哮喘发作

控制或预防哮喘发作的药物亦称非特异性抗炎药。主要通过治疗哮喘的气道炎症，达到控制或预防哮喘发作的目的。

1．糖皮质激素

哮喘的病理基础是慢性非特异性炎症。糖皮质激素能抑制炎症细胞的迁移和活化，抑制细胞因子的生成，抑制炎症介质的释放，增强平滑肌细胞对$\beta_2$受体的反应性，从而抑制气道变应性炎症，降低气道高反应，是当前控制哮喘发作最有效的抗炎药物。

（1）常用制剂

①吸入型糖皮质激素（ICS）

吸入型糖皮质激素是哮喘长期抗感染治疗的最常用药物。一般规律吸入1周以上方能生效。常用ICS有倍氯米松、布地奈德、氟替卡松、莫米松等，后二者生物活性更强，作用更持久。

②糖皮质激素口服制剂

泼尼松（强的松）、泼尼松龙（强的松龙）用于吸入糖皮质激素无效或需要短期加强的病人治疗。起始剂量30～60 mg/d，症状缓解后逐渐减量至≤10 mg/d。然后停用，或改用吸入剂。

③糖皮质激素静脉制剂

琥珀酸氢化可的松用于重度或严重哮喘发作时，注射后4～6小时起作用。甲泼尼龙（甲基强的松龙）注射后2～4小时起作用。因地塞米松在体内半衰期较长、不良反应较多，宜慎用。

（2）用药方法

吸入型糖皮质激素（ICS）与吸入长效$\beta_2$受体激动剂（LABA）分别作用于支气管哮喘发病的不同环节，两药有协同和互补作用，联合应用可减少激素的用量和副作用。

（3）用药注意事项

①长期吸入糖皮质激素的主要副作用有口咽部真菌感染、声音嘶哑或呼吸道不适等，应指导病人吸

入激素后立即漱口、洗脸。

②静脉滴注或口服激素时需密切观察是否有消化道出血，注意监测血电解质防止水、电解质紊乱。

③口服激素宜在饭后服用，以减少对胃肠道的刺激。

④激素减量应按医嘱阶段式逐渐递减，嘱病人不得擅自停药或减量以免出现反跳现象。

2．白三烯（LT）调节剂

白三烯（LT）调节剂通过调节LT的生物活性而发挥抗炎作用，同时具有舒张支气管平滑肌作用，适用于阿司匹林、运动诱发的哮喘及过敏性鼻炎哮喘病人的预防或治疗。

（1）常用制剂

孟鲁司特、扎鲁司特。

（2）用药注意事项

本类药主要不良反应是较轻微的胃肠道症状，少数有皮疹、血管性水肿、转氨酶升高，停药后可恢复。

（四）其他药物

用于控制轻症哮喘、季节过敏性哮喘。

（1）常用制剂

①酮替酚。

②新一代组胺HI受体拮抗剂：如阿司咪唑、曲尼斯特、氯雷他定等。

③色甘酸钠：有学者认为该药对于预防运动和过敏源诱发的哮喘最有效。

（2）用药注意事项

酮替芬有镇静、头晕、口干、嗜睡等不良反应，高空作业人员、驾驶员、操纵精密仪器者应慎用。

（五）免疫疗法

1．特异性免疫疗法

又称脱敏疗法（或称减敏疗法）。不少哮喘发病与特异性变应原有关，可采用特异性变应原（如螨、花粉、猫毛等）做定期反复皮下注射，剂量由低至高，每周皮下注射一次，15周达到维持量，治疗1～2年，若治疗反应良好，可坚持3～5年，诱导机体产生免疫耐受性，使病人脱（减）敏。脱敏治疗需要在有抢救措施的医院进行。对于一些季节性发作的哮喘病人（多为花粉致敏），可在发病季节前3～4个月开始脱敏疗法。

2．非特异性免疫疗法

如注射卡介苗、转移因子、疫苗等生物制品，对增强机体免疫力有一定辅助疗效。

## 六、护理问题

1．气体交换受损

与支气管痉挛、气道炎症有关。

2．清理呼吸道无效

与支气管黏膜水肿、痰液黏稠、无效咳嗽有关。

3．知识缺乏

缺乏正确进行吸入操作相关知识。

4．有液体不足的危险

与液体丢失增加、水分摄入不足有关。

## 七、护理措施

1．指导休息与活动

（1）环境适宜

有明确过敏源者，应尽快脱离致敏环境。将病人安置在清洁、安静、空气新鲜、阳光充足的病室，室内温度在18～22 ℃，湿度维持在50%～70%。室内不宜布置花草、铺地毯，枕头内不宜填塞羽毛。进行各项护理操作时，防止灰尘飞扬，注意保护病人，防止吸入致敏物质。

（2）体位合适

哮喘发作时，协助病人取舒适体位，如坐位、半卧位或在床上放一张小桌子横跨于病人腿上，便于病人能伏案休息，减轻体力消耗。

2. 饮食护理

（1）发作期给予营养丰富、高维生素、清淡、易消化的流质或半流质饮食，勿勉强进食。

（2）严禁食用与发病有关的食物，如蛋、鱼、虾、蟹、牛奶等。戒酒、烟。

（3）急性发作时，病人呼吸增快、出汗较多，常伴有脱水、痰液黏稠，易形成痰栓、阻塞小支气管、加重呼吸困难、引起便秘，应鼓励病人多饮水，饮水量>2500 mL/d，补充丢失的水分，稀释痰液，防止便秘。必要时静脉补充液体。

3. 观察病情

（1）哮喘发作前，观察有无哮喘发作先兆。

（2）哮喘发作时，观察病人生命体征，意识状态，呼吸频率、节律、深度及辅助呼吸肌是否参与呼吸运动等，监测呼吸音、哮鸣音变化，观察病人咳嗽情况、痰液性状和量。

（3）了解动脉血气分析和肺功能情况。尤其注意夜间和凌晨有无哮喘加重或复发。

4.对症护理

（1）协助排痰

参见本章第三节“慢性支气管炎病人的护理”相关内容。但目前不主张哮喘病人使用超声雾化吸入，可能与湿冷的小雾滴容易导致支气管痉挛、加重哮喘有关。

（2）重危哮喘护理

①病情监护

专人护理，严密监测病情变化，持续心电监护，每隔10～20分钟监测一次血压、脉搏、呼吸。注意心电图、神志的变化，监测动脉血气分析的结果、肺功能检查的指标。注意有无自发性气胸、肺不张、脱水、酸碱失衡、电解质紊乱、呼吸衰竭、肺性脑病等并发症，发现异常及时配合抢救。认真填写特别护理记录单。

②氧疗护理

重危哮喘病人往往伴有$CO_2$潴留，宜给予低流量（1～2 L/min）、低浓度（25%～29%）鼻导管持续（每天超过15小时）吸氧，保证氧气管道通畅。注意评估氧气治疗的疗效，如神志、发绀、呼吸困难、呼吸频率和节律的变化等。若氧疗效果不佳，缺氧严重，提示气道不通畅，应做好气管插管或气管切开以及机械通气的准备。

③基础护理

加强口腔、皮肤护理，防止黏膜感染，皮肤压疮。

④合理输液

一般每日补液量2000～3000 mL，滴速30～50滴/分为宜，避免单位时间内输液过多而诱发心力衰竭。输液期间注意双肺有无湿啰音，是否有咳粉红色泡沫痰等心力衰竭的表现。低钾血症者注意及时补钾，及时纠正水、电解质、酸碱平衡紊乱。

（3）气雾剂使用护理

气雾剂用药起效快，携带方便，是哮喘病人常备用药。

①吸药前取下气雾剂保护盖，将药瓶上下摇动几次。

②缓慢呼气至最大量，然后将喷口放入口内，双唇含住喷口，经口缓慢吸气，在深吸气过程中按压驱动装置，继续吸气至最大量，屏气10秒，使较小的雾粒在更远的外周气道沉降，然后再缓慢呼气。

③若需再次吸入，应等待至少1分钟后再吸入药液（推荐3～5分钟吸入2喷），间隔一定时间是为了待“第一喷”吸入的药物扩张狭窄的气道后，使再次吸入的药物更容易到达远端受累的支气管。

④每次喷完药物后认真漱口，并将漱口水吐掉，以减少咽部并发症。

5. 心理护理

（1）哮喘发作与精神、心理有一定关系，要引导病人控制不良情绪，淡然处事，以积极乐观的态度对待人生。

（2）若病人极度紧张、烦躁不安，影响休息，尽量不用镇静药，以免抑制呼吸。要守护于病人床旁，采用背部按摩的方法使病人感觉通气舒畅，并通过暗示、诱导等方法，使病人身心放松，情绪渐趋稳定。

（4）重危哮喘病人常有紧张、烦躁、恐惧等不良心理，这种心理往往会加重病情。护理人员要做好劝导工作，告知病人紧张反而会加重病情，稳定病人情绪，消除恐惧心理。

## 八、健康教育/出院指导

1. 知识宣传

（1）向病人介绍本病基本知识，使其高度重视本病，但又不过分紧张。能了解哮喘的病因、诱因、发病机制，对疾病预后有所了解，以积极的心态对待疾病。能记录哮喘日记，为疾病预防和治疗提供参考资料。

（2）使病人明确治疗、护理的目的，懂得哮喘虽不能彻底治愈，但只要坚持充分的正规治疗，完全可以有效地控制其发作，提高病人的用药依从性。

（3）使病人知道哮喘预防最关键的是避免吸入或接触过敏源。能主动避免摄入易引起过敏的食物，不饲养宠物，不在室内摆放花草，不使用地毯、羊毛毯、羽毛枕、羽绒服，避免接触冷空气等刺激性气体，避开可疑环境。保持室内空气新鲜，预防呼吸道感染，经常打扫房间，清洗床上用物。打扫卫生或喷洒农药时要离开现场。避免强烈的精神刺激和剧烈运动，避免持续的喊叫等过度换气动作。

（4）病人能自我监测病情，能识别哮喘发作先兆和病情加重的征象，并能及时使用止喘气雾剂。

2. 生活指导

（1）指导病人饮食、起居、清洁环境等，帮助病人寻找并避开过敏源。指导病人养成规律的生活习惯，注意保暖，预防呼吸道感染。

（2）指导病人进行体育锻炼和耐寒训练，增强抵抗力。

（3）指导病人保持乐观情绪，向病人说明发病与精神因素和生活压力的关系，帮助病人做好与疾病长期做斗争的准备。充分利用病人的社会支持系统，动员病人的亲朋好友关心病人，为其身心康复提供各方面的支持。

（4）发病季节前可以遵医嘱进行预防性治疗，防止复发。

3. 配合治疗

（1）让哮喘病人熟知自己所用药物的名称、用法、用量及注意事项，了解药物的主要不良反应及处理。

（2）不用可能诱发哮喘的药物，如阿司匹林、普萘洛尔等。

（3）嘱病人随身携带止喘气雾剂，哮喘发作时立即吸入。

（4）与病人共同制订长期管理、防止复发的计划。

（5）用峰流速仪监测病情：教会病人使用峰流速仪的方法。取站立位，尽可能深吸一口气，然后用唇齿包住进气口，以最快的速度，最有力地呼气吹动游标滑动，游标最终停止到的刻度就是此次峰流数值。若最大呼气峰流速（PEFR）保持在80%～100%，为安全区，说明哮喘控制理想。若PEFR在50%～80%，为警告区，需及时治疗。若PEFR小于50%，为危险区，要立即到医院就诊。

4. 定期复查

（1）复查目的

调整用药。对于所有达到控制标准的病人，必须通过常规跟踪及阶段性地减少剂量来寻求最小控制剂量。以最小量、最简单的联合用药，副作用最少，达到最佳控制症状为原则。

（2）复查时间

通常情况下，病人在初诊后1～3个月复查1次，以后每3个月复查1次。哮喘发作后应在2周至1个月内进行复查。

## 九、小结

▲支气管哮喘是由多种细胞和细胞组分参与的气道慢性炎症性疾病。

▲典型表现是反复发作的喘息、气急、胸闷、咳嗽，可伴哮鸣音、奇脉。哮喘症状可自行或经治疗后缓解。

▲自我监测肺通气功能的指标是PEFR。

▲常用平喘药物有$\beta_2$受体激动剂、茶碱类药物、抗胆碱能药、糖皮质激素等。

▲气雾剂给药方便、迅速、副作用小。

▲护理重点是指导病人避免接触过敏源，自我监测，发作时自我紧急处理等。

# 第八节　肺炎病人的护理

肺炎（pneumonia）是指终末气道、肺泡和肺间质的炎症。肺炎是最常见的感染性疾病之一。肺炎是呼吸系统的常见病、多发病。肺炎发病率高、病死率高可能与下列因素有关：人口老龄化、吸烟、有基础疾病者免疫功能低下、病原体变迁、医院获得性肺炎发病率增高、病原学诊断困难、不合理应用抗生素引起细菌耐药性增高等。重症肺炎常有其他系统受累情况。慢性肺炎病程常大于3个月。

## 一、病因与发病机制

### （一）病因

肺炎可由多种病原微生物（细菌、非典型病原体、病毒、真菌、立克次体、寄生虫等）引起，也可由于理化因素、免疫损伤、过敏及药物所致。其中细菌感染引起的肺炎最为常见，占80%左右。

### （二）发病机制（图1-8-1）

正常呼吸道免疫防御机制（支气管内黏液-纤毛系统、肺泡巨噬细胞等）使气管隆凸以下的呼吸道保持无菌。是否发生肺炎决定于病原体和宿主因素，若病原体数量多、毒力强，宿主抵抗力降低，即可发生肺炎。病原体可通过下列途径进入下呼吸道，引起肺炎：

①空气吸入；

②血行播散；

③邻近感染部位蔓延；

④误吸上呼吸道定植菌、胃肠道定植菌；

⑤通过人工气道吸入环境中致病菌等。

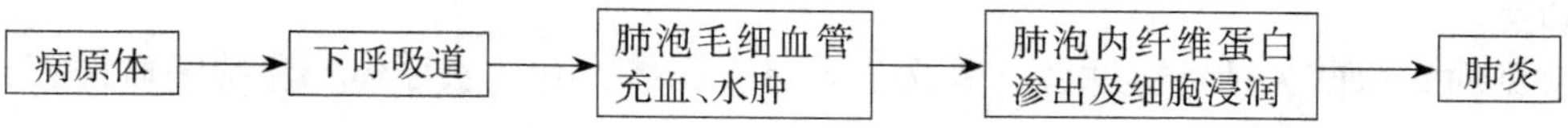


**图1-8-1　肺炎发病机制**

## 二、分类

### （一）解剖分类

1．大叶性肺炎

大叶性肺炎又称肺泡性肺炎。

（1）指炎症累及单个、多个肺叶或整个肺段，通常不累及支气管。

（2）典型者表现为肺实质的炎症，有实变体征。

（3）X射线胸片显示肺叶或肺段的实变阴影。

（4）其病原体多为肺炎链球菌。由于抗生素的广泛应用，目前典型的大叶性肺炎已少见。

2．小叶性肺炎

小叶性肺炎又称支气管肺炎。

（1）指炎症累及细支气管、终末细支气管和肺泡。

（2）支气管腔内有分泌物，故常可闻及湿性啰音，但无实变体征。

（3）X射线胸片显示沿肺纹理分布的不规则斑片状阴影，肺下叶常受累。

（4）其病原体有肺炎链球菌、葡萄球菌、病毒、肺炎支原体以及军团菌等。

（5）常继发于其他疾病（如支气管炎、支气管扩张、上呼吸道病毒感染）。

（6）长期卧床的危重病人发病率高。

3．间质性肺炎

（1）病变累及支气管周围间质组织及肺泡壁，有肺泡壁增生及间质水肿。

（2）呼吸道症状较轻，异常体征较少。

（3）X射线胸片显示一侧或双侧肺下部的不规则条索状阴影，从肺门向外伸展，可呈网状，其间可有小片肺不张阴影。

(4) 其病原体有细菌、支原体、衣原体、病毒或卡氏肺囊虫等。

(二) 病因分类

1. 细菌性肺炎

细菌性肺炎是最常见的肺炎类型。其中肺炎链球菌性肺炎最多见，金黄色葡萄球菌肺炎、肺炎杆菌(肺炎克雷白杆菌)肺炎其次，流感嗜血杆菌肺炎、铜绿假单胞菌肺炎少见。

2. 病毒性肺炎

如冠状病毒性肺炎、腺病毒性肺炎、呼吸道合胞病毒性肺炎、流感病毒性肺炎、麻疹病毒性肺炎、巨细胞病毒性肺炎、单纯疱疹病毒性肺炎等。

3. 非典型病原体肺炎

如军团菌肺炎、支原体肺炎、衣原体肺炎等。

4. 真菌性肺炎(肺真菌病)

如白念珠菌、曲霉菌、隐球菌、肺孢子菌导致的肺炎等。

5. 其他病原体所致的肺炎

如立克次体、弓形虫、寄生虫等导致的肺炎等。

6. 理化因素所致的肺炎

如放射性损伤引起的放射性肺炎，胃酸吸入引起的化学性肺炎，吸入内源性脂类物质引起的类脂性肺炎等。

(三) 按感染来源分类

由于细菌学检查阳性率低，培养结果滞后，病因分类在临床上应用较为困难，近年来关于肺炎分类倾向于按发病场所和宿主状态进行划分。

1. 社区获得性肺炎

(1) 指在医院外罹患的感染性肺实质炎症，包括具有明确潜伏期的病原体感染而在入院后平均潜伏期内发病的肺炎。

(2) 最常见的病原菌为肺炎链球菌，其次是肺炎支原体、肺炎衣原体、流感嗜血杆菌、呼吸道病毒等。

2. 医院获得性肺炎

(1) 指病人入院时不存在，也不处于潜伏期，而于入院48小时后在医院(包括老年护理院、康复院等)内发生的肺炎，包括呼吸机相关性肺炎、卫生保健相关性肺炎。

(2) 多发生在危重病人、长期卧床和慢性病者，尤其是留置各种管道、气管切开和呼吸器治疗者。

(3) 其症状常不典型，病情重，治疗困难。

(4) 感染途经以口咽部吸入为主，其次为血源性播散。

(5) 常见病原体，无感染高危因素者依次为：肺炎链球菌、流感嗜血杆菌、金黄色葡萄球菌、大肠杆菌、肺炎克雷白杆菌、不动杆菌属等；有感染高危因素者依次为：铜绿假单胞菌、肠杆菌属、肺炎克雷白杆菌等。

## 肺炎链球菌肺炎病人的护理

肺炎链球菌肺炎是由肺炎链球菌(肺炎球菌)所引起的肺炎，约占社区获得性肺炎的半数，多数为大叶性肺炎。冬季和初春为高发季节。病人多为原先健康的青壮年男性，也可见于体质较弱的老年人、婴幼儿、吸烟者、患有慢性疾病者。

### 一、病因与发病机制

(一) 病因

1. 致病菌

肺炎链球菌最常见。肺炎链球菌为革兰染色阳性球菌，常呈双排列或短链状排列。根据菌体荚膜中多糖体的抗原性，肺炎链球菌可分为86个血清型，以第3型毒力最强。

2. 肺炎链球菌的理化性质

该菌对干燥的抵抗力较强，在阴暗干燥痰中存活数月；对温度抵抗力较弱，在阳光曝晒下存活1小时，加热至52 ℃ 10分钟即可杀灭；对一般消毒剂(如苯酚、含氯消毒剂等)敏感。

3．肺炎链球菌寄居部位

肺炎链球菌常寄居在正常人的口腔及鼻咽部，形成带菌状态，一般不致病，只有在免疫力低下时才致病。

（二）诱因

受凉、淋雨、疲劳、酗酒、精神刺激、上呼吸道感染等是肺炎链球菌肺炎的诱因。

（三）发病机制（图1-8-2）

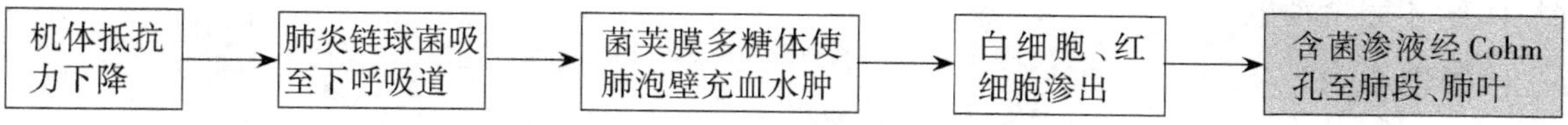


**图1-8-2　肺炎链球菌肺炎发病机制**

因肺炎链球菌不产生毒素，故不引起原发性组织坏死和空洞形成，炎症消散后肺组织结构多无破坏，不留纤维瘢痕。肺炎链球菌肺炎病理变化为充血期、红色肝变期、灰色肝变期和消散期4个过程。

**二、临床表现**

1．症状

（1）临床典型特征：急骤起病，以高热（体温达39～41 ℃，呈稽留热）、寒战、咳嗽、发病2～3天咳铁锈色痰（红色肝变期）、胸痛（可放射到肩部或腹部，咳嗽或深呼吸时加剧）为典型特征。脉率随体温增高而增速。

（2）胃纳差，偶因有恶心、呕吐、右上腹痛或腹泻被误诊为急腹症。

本病自然病程约1～2周，发病5～10天，体温开始自行消退，症状随之好转。使用抗生素后，病程可缩短，体温1～3天即可恢复正常。若经治疗后病情好转，但几天后体温又开始升高，提示可能出现了并发症。

2．体征

（1）病人呈急性病容，面色绯红、呼吸困难、鼻翼扇动、口周及鼻周可有单纯疱疹、皮肤灼热干燥、心率快。

（2）早期：肺部无明显异常体征。

（3）实变期：视诊呼吸运动减弱，触诊语颤增强，叩诊呈浊音，听诊有支气管呼吸音。

（4）消散期：可闻及湿啰音。

（5）累及胸膜时可闻及胸膜摩擦音。

3．并发症

（1）休克中毒型肺炎（又称休克型肺炎、中毒性肺炎）

此时肺炎典型症状并不突出，主要表现为休克体征：

①意识模糊或昏迷、烦躁。

②血压降低。

③心动过速、脉搏细弱。

④体温不升或过高。

⑤面色苍白、四肢厥冷、冷汗、发绀。

⑥少尿或无尿等。

⑦白细胞过高（$>30\times10^9/L$）或过低（$<4\times10^9/L$）。

（2）胸膜炎、脓胸、心包炎、脑膜炎等

**三、辅助检查**

1．血常规

白细胞计数多数在$10\times10^9/L$～$20\times10^9/L$，中性粒细胞比例多在80%以上，并有核左移或中毒颗粒出现。年老体弱、免疫低下者白细胞计数常不增高，但中性粒细胞比例较高。

2．病原学检测

痰病原学检测是确诊的主要手段。

（1）痰涂片检查有大量中性粒细胞和革兰阳性、带荚膜的肺炎链球菌，即可初步诊断。

（2）痰培养24～48小时可以确定病原体。

（3）痰聚合酶链反应（PCR）检测及荧光标记抗体检测可提高病原学诊断率。

3．胸部X射线检查

胸部X射线检查是诊断的重要手段。

（1）早期肺纹理增多或受累肺段、肺叶稍模糊。

（2）实变期可见大片状均匀致密的阴影。肋膈角可有少量胸腔积液征。

（3）肺炎消散期时，由于炎症逐渐吸收，可有片状区域吸收较快而呈现“假空洞”征。一般起病3～4周后阴影才完全消散。

## 四、诊断要点

1．典型症状、肺实变体征。

2．胸部X射线大片状均匀致密阴影。

3．病原学检测到肺炎链球菌。

4．因老人和小儿临床表现往往不典型，甚至以精神症状为首要表现，故诊断本病主要依据病原学检测以及X射线检查。

目前没有统一的重症肺炎诊断标准，一般包括以下3个主要因素：

①局部炎症严重（如导致呼吸衰竭等）。

②肺部炎症播散（如多肺叶浸润等）。

③其他系统受累的表现（如休克、心力衰竭、脑水肿等）。

## 五、配合治疗

1．抗菌药物治疗

本病一经诊断，不必等待细菌培养结果，需立即行抗生素治疗。

（1）常用制剂

首选青霉素G，用药剂量及途径视病情轻重、有无并发症而定。轻症肌内注射青霉素，重症静脉用药。若病人对青霉素耐药，可用红霉素、林可霉素、头孢菌素或喹诺酮类药物。若抗生素有效，用药后24～72小时体温即可恢复正常，抗菌药物疗程一般为7天，或在退热后3天改为口服用药。

（2）用药注意事项

参见本章第三节“慢性支气管炎病人的护理”相关内容。

2．对症处理

（1）胸痛时给予止痛剂。

（2）高热者尽量不常规用退热剂，以免过度出汗、脱水，干扰真实热型，导致临床判断错误。

（3）烦躁、谵妄、失眠可酌用地西泮5 mg或水合氯醛1～1.5 g，禁用抑制呼吸的镇静药。

（4）根据中心静脉压调整输液速度，若中心静脉压较高，应慎重输液，减慢输液速度。老年人及心肺功能不好者输液速度不宜过快，以免发生急性心力衰竭。

（5）使用血管活性药物时加强巡视，防药液外渗引起局部组织损伤。

3．休克中毒型肺炎的抢救与护理

治疗原则为：休克纠正以前，着重治疗休克，同时治疗感染。休克纠正后，应着重治疗感染。

（1）一般处理

立即给予中凹卧位（头胸部抬高10～20°，下肢抬高20～30°），保暖，给氧。

（2）立即补充血容量

迅速建立两条静脉通道：

①一条静脉通道用扩容及抗生素等药。一般先静脉输5%葡萄糖氯化钠溶液或低分子右旋糖酐，维持血容量，减低血液黏稠度，预防血管内凝血。可根据中心静脉压调整输液量、输液速度等。老年人及心肺功能不好的病人输液不宜过快，以免发生心力衰竭和肺水肿。

②另一条静脉通道用血管活性药。扩充血容量和纠正酸中毒后，病人休克仍未纠正，可采用血管活性药物，如多巴胺、间羟胺、多巴酚丁胺等，使收缩压维持在90～100 mmHg。使用血管活性药时，要加强巡视，防止药液外渗引起局部组织损伤。必要时用血管扩张药改善微循环。

（3）纠正酸碱、电解质失衡。

（4）加大抗感染力度：选用2～3种广谱抗生素，联合、大剂量、静脉用药。

（5）酌情使用糖皮质激素。

（6）密切观察病情变化：严密监测血压变化，观察生命体征、神志、口唇、肢端温度、尿量，记录每小时尿量及24小时出入量，若血容量已补足而24小时尿量仍少于400 mL，应考虑有肾功能不全。注意监测血气分析及电解质情况。

**六、护理问题**

1. 体温升高

与感染有关。

2. 清理呼吸道无效

与胸痛、痰黏稠及疲乏有关。

3. 潜在并发症

休克中毒型肺炎。

4. 气体交换受损

与肺部感染引起呼吸面积减少有关。

5. 疼痛

胸痛与肺部炎症累及胸膜壁层有关。

**七、护理措施**

（一）指导休息与活动

病房安静、环境适宜，室温18～20 ℃，湿度50%～60%。发热病人应卧床休息，减少氧耗量。胸痛病人应患侧卧位或用胶布固定胸壁，减轻疼痛。

（二）饮食护理

1.早期给予高热量、高蛋白质、富含维生素及纤维素、易消化的流质或半流质饮食，补充高热引起的营养物质消耗。晚期恢复普食。

2.鼓励病人多饮水，1500～2000 mL/d，明显失水者遵医嘱静脉补液，补充失水量，加快毒素排出和热量散发。心、肾功能不全者酌情控制入水量。

3.避免辛辣食品，戒烟、酒，少食多餐，保持大便通畅。

（三）观察病情

观察生命体征、神志、面色、尿量的变化情况，注意痰色、痰量、发绀、胸痛程度。若病人持续高热3日不退或体温降而复升、呼吸极度困难、神志明显改变、心悸不能随体温下降而缓解等，提示可能有并发症发生。

（四）对症护理

1. 吸氧

给予气急者半卧位及氧气吸入，氧流量2～4 L/min。

2. 排痰

给予翻身、叩背、咳痰、吸痰、湿化痰液，具体参见本章第三节“慢性支气管炎病人的护理”相关内容。

3. 发热护理

（1）评估病人

评估发热起始时间、持续时间、程度、诱因、伴随症状、意识状态、生命体征及检查结果。了解病因、病史、诱因等。监测体温变化，观察热型。记录24 h液体出入量。必要时留取血培养标本。

（2）保暖

寒战时可用暖水袋或电热毯保暖，并适当增加被褥。

（3）降温

①物理降温

可酒精擦浴，也在头部、腋下、腹股沟等处放置冰袋、冰帽等。以逐渐降温为宜，防止虚脱，防止冻伤。

②药物降温

有高热惊厥史的患儿，要及早遵医嘱给予药物降温。对原因不明的发热者慎用药物降温法，以免影响对热型及临床症状的观察。

③注意降温后的反应

及时补充液体，以防虚脱。降温处理30分钟后测量体温。

（4）加强生活护理：

①卧床休息，减少机体消耗。

②鼓励病人多饮水，进食高热量、高维生素、营养丰富的半流质饮食或软食。

③做好口腔护理，鼓励病人经常漱口，口唇疱疹者局部涂抗病毒软膏，防止继发感染。

④在病人胸、背、颈处放置吸水性强的干纱布或毛巾，以便体温下降伴大量出汗时更换，保持病人皮肤清洁干燥，减少换衣服次数，避免受凉。

4．正确采集痰培养及痰涂片标本

（1）在用抗菌药物之前采集标本。

（2）用清水漱口，请病人深吸气后用力咳出气管深处痰液，留于无菌容器内。

（3）若病人不能合作，可用吸痰法采集痰标本。

（4）采集痰标本过程应注意保持无菌容器不受污染。

（5）立即送检痰标本。

（五）心理护理

本病起病急，症状明显，病情较重，往往会给病人带来种种心理问题，如怕耽误工作或学习，担心预后等。护理人员要安慰病人，解除病人顾虑，使病人能以积极心态配合治疗、护理。

## 八、健康教育/出院指导

1．知识宣传

（1）向病人介绍本病基本知识，使其了解肺炎的病因，注意避免淋雨、疲劳、酗酒、精神刺激、上呼吸道感染等诱因。

（2）使病人明确治疗、护理的目的，主动配合休息、饮食、用药、观察、护理。配合正确留取痰培养标本。

（3）病人能高度重视本病，但又不过分紧张。对疾病预后有所了解，以积极的心态对待疾病。

2．生活指导

（1）加强营养，保持大便通畅。

（2）生活有规律，避免受凉，不吸烟、酗酒，防止感冒。

（3）注意劳逸结合，出院后适当参加体育锻炼。加强耐寒训练，增强体质，预防肺炎的发生。

（4）注意保暖，防止受凉。

（5）对年老、体弱、免疫功能减退的病人，可注射疫苗，预防再次感染。

3．治疗指导

遵医嘱用药，了解药物的作用、用法、疗程和不良反应。

4．定期复查

复查时携带X射线胸片、病历等有关资料。

## 九、小结

▲肺炎链球菌肺炎是由肺炎链球菌所引起的肺炎，常见于院外感染，常表现为大叶性肺炎。

▲突然起病，以寒战、高热、稽留热、咳铁锈色痰、胸痛为典型特征。病程中期可有肺实变的体征。

▲首选青霉素G治疗。

▲护理主要是高热护理、休克型肺炎、中毒性肺炎护理。

# 革兰阴性杆菌肺炎病人的护理

## 一、病因与发病机制

（一）病因

1．病原菌

本病常见致病菌有肺炎杆菌（肺炎克雷白杆菌）、流感嗜血杆菌、铜绿假单胞菌（绿脓杆菌）、大肠埃希菌（大肠杆菌）、变形杆菌及不动杆菌等。

2．抵抗力下降

存在慢性疾病、长期大量使用激素及抗生素、使用呼吸系统医疗仪器等使抵抗力下降的因素。

（二）发病机制（图1-8-3）

主要感染途径是口腔吸入。肺外感染灶也可因形成菌血症而将致病菌传播到肺部诱发本病。

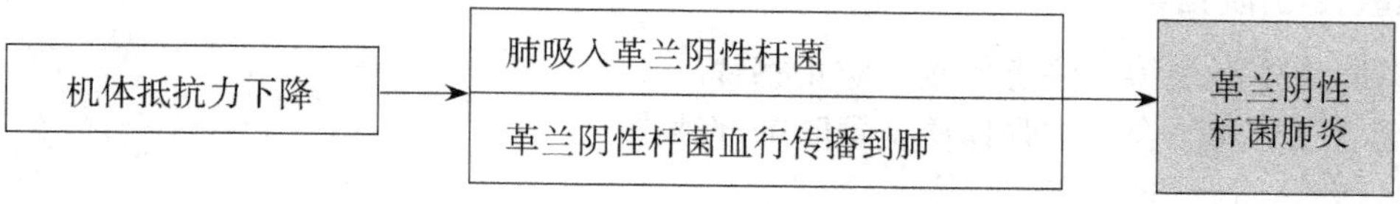


图1-8-3 革兰阴性杆菌肺炎发病机制

## 二、临床表现

1．症状

不少病人起病隐匿，只有低热、精神萎靡、厌食、懒言、乏力等一系列不典型症状。咳绿色脓痰常见于绿脓杆菌感染，咳红棕色胶冻样痰常见于克雷白杆菌感染。

2．体征

病变范围大者可有肺部实变体征，小者仅闻及湿性啰音。

3．并发症

（1）革兰阴性杆菌肺炎共同点在于病变易于融合，容易形成多发性脓肿，常累及双肺下叶。

（2）本病肺炎中毒症状较重，出现早，常并发休克（称为休克型肺炎或中毒性肺炎）。

（3）若波及胸膜，可引起胸膜渗液或脓胸。

## 三、辅助检查

1．血常规

白细胞升高或不升高，中性粒细胞增多，有核左移。

2．胸部X射线检查

显示两肺下方散在片状浸润阴影，可见小脓肿形成。

3．病原学检查

痰培养革兰阴性杆菌阳性。

## 四、诊断要点

1．有慢性疾病，长期大量使用激素、抗生素及使用呼吸系统医疗仪器等病史。

2．主要依据病原学检测（2次以上革兰阴性杆菌阳性）以及胸部X射线检查结果。

## 五、配合治疗

本病常见于久病、多病、对抗生素产生一定耐药性的老年病人，其抗菌治疗难度较大。其治疗原则为：大剂量、长疗程、联合用药，以静脉用药为主，雾化吸入为辅。

1．病因不明时

试用氨基糖苷类抗生素加青霉素或头孢菌素。使用氨基糖苷类抗生素时注意现配现用，警惕过敏反应，注意其对肝、肾功能的损害，对耳产生的毒性反应，若出现消化道症状、黄疸、尿液异常、浮肿、听力下降、耳鸣、眩晕、前庭功能失调时，应及时通知医生，酌情停药或调整剂量。

2．病因明确后

（1）流感嗜血杆菌肺炎首选氨苄西林。

（2）大肠杆菌肺炎一般采用氨苄西林、羧苄西林与氨基糖苷类药物（阿米卡星）合用。

（3）绿脓杆菌肺炎有效抗生素药物是β-内酰胺类药物、氨基糖苷类药物和喹诺酮类药物。

3．感染严重者治疗

可选用第三代头孢菌素或喹诺酮类药物。

4．休克性肺炎的处理

参见本节“肺炎链球菌肺炎病人的护理”相关内容。

## 六、护理问题

参见本节“肺炎链球菌肺炎病人的护理”相关内容。

### 七、护理措施

参见本节“肺炎链球菌肺炎病人的护理”相关内容。此外，要避免院内感染，重视病室空气和医疗器械消毒，尤其是呼吸机的消毒。医护人员应注意无菌操作，避免医源性感染。

### 八、健康教育/出院指导

1. 加强营养，生活规律，注意保暖，防止感冒。
2. 适当活动，劳逸结合，增强体质，预防肺部感染。
3. 促进排痰，保持气道通畅。
4. 遵医嘱用药，慎用抗生素或激素，观察药物不良反应。
5. 复查时携带X射线胸片、病历等有关资料。

### 九、小结

▲革兰阴性杆菌肺炎主要是革兰阴性杆菌感染所致，是医院内获得性肺炎的主要类型。

▲与病人抵抗力低下有关。主要感染途径是口腔吸入。

▲临床症状不典型。易并发休克、多发性肺脓肿。治疗困难，死亡率高。

▲护理主要是预防院内感染，其余与“肺炎链球菌肺炎病人的护理”有关内容相似。

## 病毒性肺炎病人的护理

病毒性肺炎（viral pneumonia）是由多种病毒感染引起的支气管肺炎。多发生于冬春季节，暴发或散发流行。密切接触人群或有心肺疾病者容易罹患。婴幼儿、老人、原有慢性心肺疾病者或妊娠妇女病情较重，甚至导致死亡。

### 一、病因与发病机制

（一）病因

常见流行性感冒病毒，其次是副流感病毒、巨细胞病毒、腺病毒、鼻病毒、冠状病毒。某些肠道病毒，如柯萨奇、埃可病毒等，以及水痘、风疹、麻疹病毒、呼吸道合胞病毒等也是本病的病因。

（二）发病机制

病毒性肺炎多为吸入性感染，通过人与人的飞沫传染。一般是由上呼吸道病毒感染向下蔓延所致，常伴气管-支气管炎。病毒性肺炎也可通过直接接触进行传播，传播迅速、传播面广。病毒性肺炎病理可见肺泡水肿，肺泡内被覆含蛋白及纤维蛋白的透明膜。病变吸收后可留有肺纤维化。

### 二、临床表现

临床表现一般较轻。主要症状为干咳、发热、呼吸困难、发绀和食欲减退。肺部体征较少，一般病程1～2周。

### 三、辅助检查

1. 血液检查

白细胞计数正常、稍高或偏低。

2. 痰液检查

3. 胸部X射线检查

病毒性肺炎的致病原不同，其X射线征象亦有所不同，常见肺纹理增多，片状浸润。

4. 病原学检查

（1）痰涂片、痰培养均无致病菌。

（2）下呼吸道分泌物或肺活检标本做培养分离病毒。

（3）血清检查常用的方法是检测特异性IgG抗体，如补体结合试验、中和试验等，但仅能作为回顾性诊断，无早期诊断价值。

（4）免疫荧光、酶联免疫吸附试验等，可进行病毒特异性快速诊断。

### 四、诊断要点

1. 有临床症状及X射线改变，排除由其他病原体引起的肺炎。

2. 确诊有赖于病原学检查。

## 五、治疗、护理要点

1. 指导休息与活动

卧床休息。

2. 饮食护理

给予足量维生素及蛋白质软食，多饮水，少食多餐。

3. 隔离消毒

（1）每日开窗通风至少2～3次，每次10～30分钟。

（2）病人外出戴口罩，与病人接触时戴口罩。

（3）实行分餐制，注意餐具消毒。

（4）操作前后洗手，预防交叉感染。

4. 抗病毒治疗

目的是抑制病毒DNA、RNA合成，阻止病情发展、防止病毒播散。常用利巴韦林、更昔洛韦、金刚烷胺、α-干扰素、胸腺肽等药物，中成药板蓝根、黄芪、金银花、连翘等也具有一定的抗病毒作用。

5. 对症处理

原则上不用抗生素治疗，可酌情给予静脉输液、吸氧、保暖，保持呼吸道通畅，防止水、电解质和酸碱失衡。

6. 病情观察

观察生命体征，注意热型、咳痰性质、呼吸困难程度等，警惕并发症的发生。

## 六、小结

▲病毒性肺炎是由多种病毒感染引起的支气管肺炎。

▲具有传染性，主要通过飞沫传染或接触传播。

▲症状轻、体征少。病原学检查有助于诊断。

▲治疗护理主要是隔离消毒、抗病毒治疗、对症治疗。

# 肺真菌病病人的护理

## 一、病因与发病机制

### （一）病因

1. 外源性

真菌多在土壤中生长，孢子飞扬于空气中。

2. 内源性

正常情况下，有些真菌寄居于人的上呼吸道，为寄生菌，如白色念珠菌和放线菌等。

3. 医源性

长期使用大量广谱抗生素导致菌群失调，使用糖皮质激素、细胞毒药物、免疫抑制剂，放射治疗，化学治疗，导管治疗，插管治疗等导致机体抵抗力下降。

4. 自身免疫缺乏

如人免疫缺陷病毒（HIV）感染者等机体抵抗力缺乏的病人。

### （二）发病机制（图1-8-4）

健康人对真菌有高度的抵抗力，一般不致病。当体质虚弱、免疫功能低下或长期应用抗生素导致菌群失调时，真菌可侵入下呼吸道而致病。若病人原有肺疾患，则更容易继发肺真菌病。

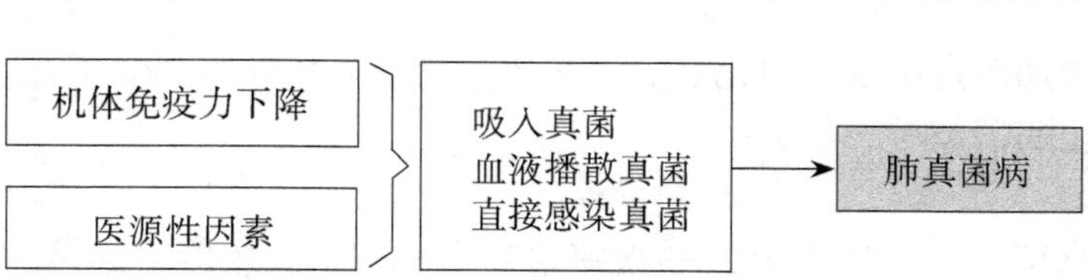


**图1-8-4 肺真菌病发病机制**

## 二、临床表现

精神萎靡、乏力、食欲不振、呼吸困难、咳嗽、咳痰，痰常为脓液胶冻状的白色脓痰，呈拉丝状，不易咳出，不易吐出。部分病人有发热现象。病变范围较大时可有肺部实变体征，较小时仅闻及湿性啰音。若细菌感染和真菌感染同时存在，称为“二重感染”。

## 三、辅助检查

1．病原学检查

需多次痰培养证实有真菌感染。

2．胸部X射线检查

可见形态各异、程度不同的病灶。

## 四、诊断要点

1．咳嗽、吐拉丝白痰。

2．多次痰培养提示有真菌感染。

3．有X射线胸片改变。

## 五、配合治疗

1．去除病因

首先治疗原发病，去除诱发因素，如立即停用广谱抗生素，加强支持疗法，增强机体免疫力等。

2．抗真菌治疗

临床常根据病人情况、真菌药敏结果选抗真菌药。广谱抗真菌药氟康唑（大扶康）对深部真菌感染疗效较好。两性霉素B可用于重症病人，但毒性反应大，可选用毒性较小的两性霉素B脂质复合体。用抗真菌药期间要注意观察肝、肾功能。

## 六、护理问题

参见本节“肺炎链球菌性肺炎病人的护理”相关内容。

## 七、护理措施

1．指导休息与活动

加强锻炼，鼓励病人多做床上、床下运动，多深呼吸、多震荡胸部，促使排痰。注意避免劳累。

2．饮食护理

增加营养，给予高蛋白、高热量、高维生素饮食。

3．避免医源性诱因

合理使用抗生素、糖皮质激素、细胞毒药物及免疫抑制剂。尽量减少不必要的侵袭性检查、操作，如各种导管、插管等。

4．病情观察

主要观察咳嗽性质、咳痰量，尤其是长期用广谱抗生素者，细菌感染症状有所好转，又出现白色拉丝黏痰时，要警惕真菌感染。

5．对症护理

（1）保持口、咽部清洁

真菌喜在酸性环境生长，5%碳酸氢钠溶液为碱性溶液，可抑制真菌生长。另外，碱性溶液能降低痰对气道的吸附力，软化溶解痰痂，使黏痰变稀薄，易于排出。所以，本病病人常用5%碳酸氢钠溶液漱口，每日2次。

（2）促进痰液排出

鼓励病人多饮水，增加房内湿度，湿化痰液，必要时给予雾化吸入。

（3）注意保暖，防止病情加重

（4）协助留取痰标本

因健康人痰中也有真菌，所以要连续2～3次痰培养有真菌生长才能考虑是肺真菌病。为避免真菌污染，留痰标本时应先用清水含漱，然后咳痰，弃去前1～2口痰，留取以后深咳嗽排出的痰做标本，立即送培养，不可将痰标本放在室温下太久。

6．心理护理

本病病人多是体弱、久病者，容易产生悲观、失望心理，要安慰病人，鼓励病人，告知病人如何配合治疗护理，使其以积极的心态对待疾病。

## 八、健康教育/出院指导

加强锻炼、增加营养、避免医源性诱因、定期复查。

## 九、小结

▲只有在一定条件下才会发生肺真菌病，如机体免疫力降低，大量使用抗生素、糖皮质激素、细胞毒药物、免疫抑制剂以及侵袭性检查、操作等。

▲痰常为黏液胶冻状的白色拉丝黏痰，不易吐出。

▲常用氟康唑治疗。5%碳酸氢钠溶液漱口。

## 十、疾病鉴别

见表1-8-1和表1-8-2。

**表1-8-1　肺炎分类及特点比较**

| 分类依据 | 类型 | 主要特点 |
| --- | --- | --- |
| 解剖分类 | 大叶性肺炎 | 炎症累及肺段或肺叶，致病菌多为肺炎球菌 |
| | 小叶性肺炎 | 炎症累及细小支气管和肺泡，常继发于其他疾病 |
| | 间质性肺炎 | 肺间质炎症，呼吸道症状轻、体征少 |
| | 细菌性肺炎 | 是最常见的类型，肺炎链球菌是最常见的病菌 |
| 病因分类 | 病毒性肺炎 | 各种病毒 |
| | 其他 | 支原体、真菌、立克次体、理化因素等 |
| 患病环境分类 | 社区获得性肺炎 | 在医院外罹患的肺实质炎症，主要为肺炎链球菌肺炎 |
| | 医院获得性肺炎 | 入院48小时后在医院内发生的肺炎，主要为革兰阴性杆菌肺炎 |

**表1-8-2　肺炎链球菌肺炎、病毒性肺炎、肺真菌病特征比较**

| 项目 | 肺炎链球菌肺炎 | 病毒性肺炎 | 肺真菌病 |
| --- | --- | --- | --- |
| 易感人群 | 健康的青壮年 | 密切接触者 | 免疫力低下、长期使用大量广谱抗生素者 |
| 常见病原体 | 肺炎链球菌 | 流行性感冒病毒 | 白色念珠菌 |
| 主要感染途径 | 口咽寄居菌吸入 | 空气飞沫及接触传播 | 吸入真菌 |
| 临床特点 | 起病急，高热、寒战、咳嗽、咳铁锈色痰、胸痛 | 症状轻，体征少 | 痰常为黏液胶冻状的白色黏痰，呈拉丝状，不易咳出 |
| X射线 | 肺叶、肺段阴影 | 肺纹理增多，片状浸润 | 阴影形态各异 |
| 痰培养 | 肺炎链球菌 | 无细菌、无真菌 | 有真菌 |
| 病毒病原学检查 | 阴性 | 有阳性表现 | 阴性 |
| 首选药物 | 青霉素G | 利巴韦林、α-干扰素 | 氟康唑（大扶康） |
| 预后 | 预后较好 | 一般预后较好 | 一般预后较差 |

# 第九节　肺结核病人的护理

肺结核（pulmonary tuberculosis）是结核分枝杆菌（简称结核菌）引起的肺部慢性传染性疾病。结核菌可侵入全身多个器官，但以肺部最为常见。其基本病理特征为：渗出、增生、干酪样坏死，可伴空洞形成。临床上常有低热、盗汗、消瘦、乏力等全身症状及咳嗽、咯血等呼吸道症状。其中痰中带菌病人是肺结核重要的传染源。

肺结核在21世纪仍然是严重危害人类健康的主要传染病，在全球所有的传染性疾病中，结核病已成为成年人的首要死因，是全球关注的公共卫生和社会问题，也是我国重点控制的主要疾病之一。新中国成立以来，我国结核病总的疫情虽有明显下降，但结核病人数仍居世界第二位。针对全球结核病疫情恶化情况，WHO于1993年宣布结核病处于“全球紧急状态”，将3月24日定为“全球防治结核病日”，同时积极推行全程督导短程化学治疗策略（DOTS），并将DOTS作为各国防治结核病规划的核心内容。

**一、病因与发病机制**

（一）病因

1. 结核菌

（1）菌体结构与生物活性

（2）生长条件与速度

（3）抵抗力

①抵抗外界因素：结核菌细胞壁的脂质可防止菌体水分丢失及外界影响，故结核菌对外界理化因素的抵抗力较强，如对干燥、冷、酸、碱等抵抗力强，耐寒、耐干燥、耐潮湿，在干燥环境中可存活数年，在阴湿环境下能生存5个月以上。

②对紫外线敏感：结核菌细胞壁的脂质使结核菌对紫外线比较敏感，烈日下曝晒2～7小时、紫外线照射（10 W紫外线灯、距离0.5～1米）30分钟即可被杀灭。

③对湿热敏感：煮沸100℃、5分钟即可被杀灭。

④对乙醇敏感：常用化学杀菌剂中，70%乙醇溶液效果最佳，接触2分钟即可将其杀死，与结核菌细胞壁中含有脂质有关。

⑤最简便有效的杀菌方法是将痰液吐在纸上直接焚烧。

⑥除污剂或合成洗涤剂对结核菌完全不起作用。

（4）耐药性

耐药为结核菌重要的生物学特性，与治疗成败关系很大。耐药可分为原发性耐药和继发性耐药，前者指从未接触过药物治疗的结核病病人体内某些结核菌对某些药不敏感，后者指接受过药物治疗的结核病病人体内有些结核菌发生诱导变异，逐渐适应含药环境而继续生存，使抗结核药治疗失败。

2. 结核病的传播

（1）传染源

结核病的主要传染源是痰中带菌的肺结核病人，尤其是未经治疗者。传染性的大小取决于痰内含菌量。痰涂片阳性者属于大量排菌，仅痰培养阳性者属于微量排菌。

（2）传播途径

主要通过咳嗽、喷嚏、大笑、大声谈话等方式将含有结核菌的微滴排到空气中，飞沫传播是肺结核最重要的传播途径，经消化道或皮肤等其他感染途径传播已罕见。

（3）易感人群

婴幼儿、老年人、HIV感染者、免疫抑制剂使用者、慢性疾病病人等免疫力低下者，是结核病的易感人群。

（4）影响传染的因素

①病人排菌量。

②空气中含菌密度。

③通风情况。

④长时间密切接触。

⑤人体的免疫状态。

⑥未治疗或治疗不彻底的痰涂片阳性者。

（二）发病机制

1. 发生结核病的条件

人体感染结核菌后发病与否，与结核菌的菌量、毒力和人体的免疫状态、变态反应有关。

2. 人体的反应性

（1）人体免疫力

①人体对结核菌的自然免疫力（先天免疫力）是非特异性的，接种卡介苗或感染结核菌后所获得的

免疫力（后天免疫力）是特异性的。

②人体对结核病的主要免疫保护机制是细胞免疫。少量、毒力弱的结核菌多能被人体防御功能杀灭，或制止其扩散。只有遭受大量、毒力强的结核菌侵袭且人体免疫力低下时，感染结核菌后才能发病。

③营养不良、婴幼儿、老年人、糖尿病、硅肺、艾滋病及使用糖皮质激素、免疫抑制剂治疗者，由于机体免疫功能低下易受结核菌感染而发病，或使原已稳定的病灶重新活动。

（2）结核病的变态反应类型

结核杆菌侵入人体后4～8周，身体组织对结核菌及其代谢产物所发生的敏感反应，属于第Ⅳ型（迟发型）变态反应，可通过结核菌素试验来测定。变态反应不等于免疫力，免疫力是保护机体的免疫反应，变态反应是损伤机体的免疫反应。

（3）结核病的基本病理变化

①渗出

表现为组织充血、水肿和白细胞浸润，病变处有结核菌。经及时治疗渗出性病变可完全吸收。

②增生

典型的改变是形成结核结节，直径约为0.1 mm，数个融合后肉眼能见到，由淋巴细胞、朗汉斯巨细胞以及成纤维细胞组成，为结核病的特征性病变，“结核”也因此得名。结核结节中通常不易找到结核菌。

③干酪样坏死

常发生在渗出或增生病变的基础上。若入侵的菌量多、机体抵抗力低下、变态反应强烈，可在结核结节中间发生干酪样坏死，病灶呈淡黄色，状似奶酪，干酪灶含结核菌量大，传染性强，肺组织坏死已不可逆。结核干酪样坏死所致局部溃疡，往往经久不愈。

（4）初次感染与再次感染

①初次感染与再次感染的特点

1890年Koch观察到给豚鼠初次接种一定量的结核菌，注射局部溃疡长期不愈合，并经淋巴及血液向全身播散，导致豚鼠死亡。将同量结核菌注入4～6周前曾受少量结核菌感染的豚鼠体内后，注射局部形成表浅溃疡，继之较快愈合，无全身播散。此现象称为科赫（Koch）现象，它反映了机体对结核菌初感染与再感染所表现出的不同反应，提示初次感染结核菌后，若机体免疫力低下，结核菌被吞噬细胞携至淋巴结（淋巴结肿大），并可向全身播散（菌血症）。但再次感染（受过轻微结核菌感染或已接种过卡介苗）机体已有相当的免疫力，不易引起淋巴结肿大，不易发生全身播散，常表现为局部反应剧烈，病灶多为渗出性，甚至干酪样坏死、液化而形成空洞或钙化。

②初次感染结果

初次感染结核菌所致的肺结核病，常称为原发型肺结核。

③再次感染结果

再次感染结核菌所致的肺结核病，常称为继发型肺结核。

（5）疾病转归

1）愈合

化学治疗后原发病灶被吸收、纤维化、钙化，结核菌被消灭，即结核病愈合。

2）休眠期

原发病灶内少量结核菌没有被消灭，长期处于休眠期，成为继发型结核病的来源。

3）肺结核

①形成浸润病灶。

②形成干酪样坏死。

③形成空洞：原发病灶内的结核菌扩散，引起相应组织的结核病，常发生病灶液化或形成空洞。

④形成胸膜炎等。

## 二、临床表现

1．症状

（1）全身症状

起病缓慢，发热为常见症状，常表现为午后低热，尚有盗汗、乏力、食欲减退、体重下降等全身毒性症状。急性粟粒型肺结核、干酪样肺炎、结核性胸膜炎等可有高热。育龄妇女可有月经失调或闭经等。

（2）呼吸系统症状

1）咳嗽

咳痰是肺结核最常见的症状。以干咳为主。合并支气管结核时，可为刺激性咳嗽。若空洞形成，痰量明显增多。若继发细菌感染，痰呈脓性。

2）咯血

约1/3～1/2的病人可出现咯血，量多少不定。

①多数为痰中带血或少量咯血（<100 mL/d）。

②小血管损伤，可引起中等量咯血（100～500 mL/ d）。

③大血管损伤可致大量咯血（>500 mL/d或1次咯血量>300 mL），甚至发生失血性休克。大咯血时若血块阻塞大气道可引起窒息。

④咯血量与病变严重程度不一定成正比。咯血后持续高热常提示病灶播散。

3）胸痛

病变累及壁层胸膜时有胸壁刺痛，并随呼吸和咳嗽而加重，患侧卧位可减轻。胸痛可为结核性胸膜炎首发或主要症状。若伴有胸腔积液，胸痛减轻或消失。

4）呼吸困难

一般肺结核无呼吸困难，若病变范围较大、干酪样肺炎、大量胸腔积液、自发性气胸等常有呼吸困难，甚至发绀。

（3）其他症状

若肺结核病人有头痛、恶心、呕吐、脑膜刺激征，提示病人可能并发结核性脑膜炎。

2．体征

体征多少不一，无特异性体征。

（1）肺部病灶小或位置深者，多无异常体征。

（2）当肺部渗出病变范围较大或有干酪样坏死或空洞形成或有结核性胸膜炎时，可出现相应的肺实变、肺空洞、胸腔积液体征。

（3）当肺有广泛纤维条索形成或胸膜粘连增厚时，患侧胸廓塌陷、气管向患侧移位，对侧有代偿性肺气肿。

（4）少数病人可累及四肢大关节，受累关节附近可见间歇出现的结节性红斑或环形红斑等类似风湿热样表现，称“结核性风湿症”，多见于青少年女性。

## 三、辅助检查

1．痰结核菌检查

痰结核菌检查是确诊肺结核最特异的方法，也是制订化疗方案、考核治疗效果、加强隔离的主要依据。常用以下方法：

（1）痰直接涂片找结核杆菌：需连续检查。若结果阴性也不能排除肺结核，若阳性应注意隔离。

（2）痰培养：痰培养是肺结核诊断的金指标。可鉴定菌种，做药物敏感试验。但培养时间较长，一般为2～6周，若培养至8周仍无结核菌生长，则报告阴性。

（3）PCR（聚合酶链反应法）检查：该方法快速、简便，标本中有少量结核菌即可得阳性结果，但不足之处是可能出现假阳性或假阴性。痰菌检查记录格式：以涂（+），涂（-），培（+），培（-）表示。若病人无痰或未查痰，以（无痰）或（未查）表示。

2．影像学检查

胸部X射线检查是早期诊断肺结核的主要方法，对临床分型，确定病变部位、范围、性质，选择治疗方法、判断疗效具有重要价值。病变多分布在上叶尖后段或下叶背段。浸润、干酪样变和空洞形成，均考虑为活动性病灶。肺部CT检查对发现微小或隐蔽性结核病灶，了解病变范围，帮助鉴别肺部其他病变具有一定意义。

3．结核菌素（简称结素）试验

（1）种类

结素有旧结素（OT）和结核菌纯蛋白衍生物（PPD，简称纯结素）2种。OT是结核菌的代谢产物，由结核菌培养滤液制成，主要含结核蛋白，但OT抗原不纯可引起非特异性反应。PPD是从OT滤液中提取结核蛋白精制而成，不发生非特异性反应。

（2）注射方法

通常在左前臂屈侧中上部1/3处，皮内注射0.1 mL（5 IU）PPD。

（3）判断

1）48～72小时后测量皮肤硬结直径（硬结是特异性变态反应，红晕为非特异性变态反应），得出平均直径，即（横径+纵径）/2，硬结平均直径≤4 mm为阴性，5～9 mm为弱阳性，10～19 mm为阳性，≥20 mm或虽<20 mm但局部有水疱、坏死为强阳性。结核菌素反应越强，对结核病的诊断越有价值。

2）成人PPD试验阳性仅表示曾受到结核菌感染或接种过卡介苗，并不表示一定患病。所以，本试验在结核病的诊断和鉴别诊断中的应用价值有限。若呈强阳性，常提示活动性结核病。

3）PPD试验对婴幼儿的诊断价值大于成人，因年龄越小，自然感染率越低。3岁以下强阳性反应者，应视为有新近感染的活动性结核病，应进行治疗。

4）PPD反应如果2年内从＜10 mm增加至16 mm以上，可认为有新的结核感染。

5）PPD试验阴性提示可能存在以下情况：

①机体未感染结核菌。

②结核感染后4～8周以内，处于变态反应前期。

③机体免疫力下降和变态反应暂时受抑制，如应用糖皮质激素或免疫抑制剂、重症结核病和危重病人、免疫系统缺陷、严重营养不良等情况。

4.其他检查

（1）纤维支气管镜检查及取活组织做病理检查，有重要诊断价值。

（2）血沉增快提示活动性肺结核。

（3）继发性贫血，血红蛋白下降提示病情严重。

（4）血清中抗结核抗体阳性。

## 四、诊断要点与临床分型

### （一）诊断要点

1．有肺结核的接触史。

2．有结核病全身或呼吸系统症状。

3．有胸部X射线检查典型征象。

4．若痰中找到结核菌，是确诊的依据。

5．活动性肺结核：有结核毒血症状、痰菌阳性、X射线显示病灶不稳定。

### （二）临床分型

1．原发型肺结核

此型多见于儿童及从边远山区、农村初进城市的成年人。症状多轻微而短暂，类似感冒，病灶通常位于肺通气较大部位，并引起原发复合征（原发病灶、淋巴管炎及肺门淋巴结肿大），胸部X射线呈哑铃型阴影。抵抗力强时大多数病灶可自行吸收或钙化。

2．血行播散性肺结核

起病急，持续高热，全身毒血症状重，常并发结核性脑膜炎。儿童常由原发型肺结核发展而来，成人更多的是由肺结核病灶破溃，大量结核菌进入血液循环所引起。X射线显示双肺满布粟粒状阴影，大小及密度均匀。

3．继发型肺结核

（1）浸润性肺结核

浸润性肺结核是最常见的继发型肺结核。病灶部位多在锁骨上下（肺尖），胸部X射线显示为片状、絮状阴影，边缘模糊。

（2）空洞性肺结核

肺内结核菌量大，病灶可呈干酪样坏死、液化，进而形成空洞。此时，病菌常从支气管播散，使病人痰中带菌，但经有效治疗后，可以达到空洞愈合，使痰中结核菌检查转为阴性。

（3）结核球

易与肺癌混淆。干酪样坏死灶周围形成纤维包膜，或空洞的引流支气管阻塞，空洞内干酪物质不能排出，凝成球形病灶，称“结核球”。

（4）干酪样肺炎

胸部X射线可见大片状阴影，为干酪样坏死组织所致。病情呈急性进展，出现高热、呼吸困难等严重毒性症状，临床上称为干酪性肺炎或结核性肺炎。

（5）纤维空洞性肺结核

纤维空洞性肺结核是结核病的重要传染源。病程迁延，症状起伏，空洞长期不愈，空洞壁增厚，病灶出现广泛纤维化。X射线胸片可见肺一侧或两侧有单个或多个厚壁空洞，多伴有支气管播散和明显的胸膜增厚。由于肺组织纤维收缩，使肺门向上牵拉，肺纹呈垂柳状阴影，纵隔向患侧移位，健侧呈代偿性肺气肿。由于空洞长期不愈，痰中结核菌始终阳性，且常耐药，是肺结核治疗的老大难问题，所以，防止发生纤维空洞性肺结核是肺结核治疗的关键。

4. 结核性胸膜炎

干性胸膜炎胸痛明显，可闻及胸膜摩擦音。渗出性胸膜炎胸痛减轻，但有胸闷、气促，大量胸腔积液，常有明显呼吸困难。结核性胸水为渗出液，呈草黄色或血性，胸水中可查到抗酸杆菌。

5. 其他肺外结核

常按部位和脏器命名，如肾结核、肠结核、骨关节结核等。

6. 菌阴肺结核

菌阴肺结核为三次痰涂片及一次培养阴性的肺结核。菌阴肺结核诊断比较困难，符合以下①～⑥中3项或⑦～⑧中任何1项即可确诊：

①典型肺结核临床症状和肺部X射线表现；

②抗结核治疗有效；

③临床可排除其他非结核性肺部疾病；

④PPD（5 IU）阳性或血清抗结核抗体阳性；

⑤痰结核菌PCR、核酸探针检测呈阳性；

⑥肺外组织病理证实结核病变；

⑦支气管肺泡灌洗液中检出抗酸分枝杆菌；

⑧支气管或肺部组织病理证实结核病变。

（三）肺结核记录

1. 治疗状况记录

（1）初治

有下列情况之一为初治：

①未开始抗结核治疗的病人。

②正进行标准化疗用药未满疗程的病人。

③不规则化疗未满1个月的病人。

（2）复治

有下列情况之一为复治：

①初治失败病人。

②规则用药满疗程后痰菌复查仍阳性的病人。

③不规则化疗超过1个月的病人。

④慢性排菌病人。

2. 肺结核记录方式

按结核病分类、病变部位、范围，痰菌情况、化疗史程序书写。如“原发型肺结核左上涂（-），初治”表示该病人是原发型肺结核，病变在左肺上部，痰涂片未找到结核菌，是初治病人；“继发型肺结核双上涂（+），复治”表示该病人是继发型肺结核，病变在双肺上部，痰涂片找到结核菌，是复治病人。继发型肺结核可注明浸润性、纤维空洞等。此外，在化疗史后还需注明并发症、并存病、手术等。

## 五、配合治疗

1. 化学治疗（简称化疗）

化疗对结核病的控制起着决定性的作用。凡是活动性肺结核病人均需进行化疗。抗结核药物是化学治疗的主要药物。

（1）理想的抗结核药物

①具有杀菌作用（迅速地杀死病灶中大量繁殖的结核菌）、灭菌作用（彻底杀灭半静止或代谢缓慢的结核菌）、防止耐药菌产生的作用。

②毒性低、不良反应少、价廉、使用方便、药源充足。

③口服或注射后药物能在血液中达到有效浓度，并能渗入巨噬细胞、腹腔或脑脊液内，疗效迅速而持久。

（2）结核菌分群

根据其生长速度分为A、B、C、D四群。A菌群处于快速繁殖状态，B菌群、C菌群处于半静止状态，D菌群处于不繁殖休眠状态。各菌群之间可以相互转化。大多数抗结核药作用于A菌群，对B菌群、C菌群作用较差，对D菌群无作用。

（3）化疗原则

“早期、规律、全程、适量、联合”用药治疗。

①早期

指发现和确诊结核后立即给药治疗。因疾病早期以A菌群为主，细菌生长代谢旺盛，病灶血流丰富，药效好。

②规律

严格按照化疗方案规定的用药方法按时用药，不漏服、不随意停药、不自行更改方案，以免产生耐药性。

③全程

必须按治疗方案，坚持完成规定疗程，提高治愈率、减小复发率。

④适量

严格根据不同病情及不同个体给予适当的药物剂量，以保证疗效和减少药物的不良反应。

⑤联合

根据病情及抗结核药物的作用特点，同时采用多种抗结核药物联合治疗，杀死病灶中不同生长速度的菌群，可以增强和确保疗效，减少和防止耐药菌的产生。

（4）常用抗结核药物

杀菌剂指药物浓度在常规剂量下，达到试管内最低抑菌浓度的10倍以上，否则称为抑菌剂。异烟肼杀菌力最强，对巨噬细胞内外的结核菌均具有杀菌作用。利福平对巨噬细胞内外的结核菌也有快速杀菌作用，特别是对C菌群有独特的杀灭作用。异烟肼和利福平都是全杀菌剂，两者联用可显著缩短疗程。吡嗪酰胺能杀灭巨噬细胞内酸性环境中的B菌群，是联合用药的第三个不可缺的重要药物。链霉素对巨噬细胞外碱性环境中的结核菌作用最强，对巨噬细胞内结核菌作用较弱。吡嗪酰胺和链霉素都是半杀菌剂。

（5）用药方法。

①间歇化学治疗

实验室研究发现结核菌与抗结核药物接触一定时间后，需要经过若干天结核菌才开始生长繁殖，这个间隔的天数称为延缓生长期。如异烟肼和利福平与结核菌接触24小时后，结核菌可分别有6～9天、2～3天的延缓生长期。所以大多数抗结核药物要间歇应用。

②顿服

抗结核药物的血中高峰浓度杀菌作用优于经常性维持低血药浓度水平的情况。每天1次顿服要比每天分2次以上服药所产生的血药浓度高峰高3倍。临床研究结果已证实顿服抗结核药物的效果优于分次口服。

③全程督导化疗

全程督导化疗是WHO积极推行的治疗策略。指每次用药都必须在医务人员的直接面视下进行，若未能按时用药，需在24小时内采取补救措施。全程督导化疗的全部药品由医务人员掌握，目的是保证规律用药、提高治疗依从性、提高治愈率、降低复发率、减少死亡率。

（6）标准化学治疗方案

①为了解决滥用抗结核药物、化疗方案不合理造成的治疗效果差、费用高、治疗期过长或过短、药物浪费等问题，肺结核（包括肺外结核）必须采用标准化学治疗方案。

②标准化学治疗方案分两个阶段，即2个月强化（初始）期和4～6个月的巩固期。

③强化期通常联合用3～4种杀菌药，2周内传染性病人常转为非传染性，症状得以改善。

④巩固期药物减少，但仍需杀菌药，以便清除残余菌，防止复发。

初治涂阳肺结核治疗方案（含初治涂阴有空洞形成或粟粒型肺结核）：

1）每日用药方案

①强化期：前2个月用异烟肼、利福平、吡嗪酰胺和乙胺丁醇，每日顿服。

②巩固期：后4个月用异烟肼、利福平每日顿服。

简写为2HRZE/4HR。以下类推。若第2个月末痰菌仍阳性，则延长1个月强化期，相应缩短1个月巩固期。

2）间歇用药方案

①强化期：前2个月用异烟肼、利福平、吡嗪酰胺和乙胺丁酸，隔日1次或每周3次顿服。

②巩固期：后4个月用异烟肼、利福平，隔日1次或每周3次顿服。

简写为$2H_3R_3Z_3/4H_3R_3$。每个药名右侧的下标“3”表示每周3次。以下类推。若第2个月末痰菌仍阳性，则延长1个月强化期，相应缩短 1个月巩固期。

复治涂片阳性肺结核治疗方案：

1）每日用药方案

①强化期

前2个月用异烟肼、利福平、吡嗪酰胺、链霉素、乙胺丁醇，每日顿服。

②巩固期

后4～6个月用异烟肼、利福平、乙胺丁醇，每日顿服。若巩固治疗4个月，痰菌未转阴，可继续延长治疗期2个月。

简写为2HRZSE/4～6 HRE。

2）间歇用药方案

①强化期

前2个月用异烟肼、 利福平、吡嗪酰胺、链霉素、乙胺丁醇，隔日1次或每周3次顿服。

②巩固期

后6个月用异烟肼、利福平、乙胺丁醇，隔日1次或每周3次顿服。

简写为$2H_3Z_3S_3E_3/6H_3R_3E_3$。

初治菌阴肺结核治疗方案：

3）每日用药方案

①强化期

前2个月用异烟肼、利福平、吡嗪酰胺，每日顿服。

②巩固期

后4个月用异烟肼、利福平，每日顿服。

简写为2HRZ/4HR。

4）间歇用药方案

①强化期

前2个月用异烟肼、利福平、吡嗪酰胺，隔日1次或每周3次顿服。

②巩固期

后4个月用异烟肼、利福平，隔日1次或每周3次顿服。

简写为$2H_3R_3Z_3/4H_3R_3$。

（7）用药注意事项

1）提高用药依从性

肺结核的主要治疗是化疗，病人坚持化疗是抗结核治疗成功的关键。

①向病人及家属解释化疗的意义、用药注意事项及药物副作用。强调坚持遵医嘱用药的重要性。

②帮助病人分析治疗过程中可能会出现的问题，如忘记服药、不按时服药或过早停药等。制订切实可行的用药护理计划，如安排家属、保健人员提醒、监督服药，有条件时可配吃药提醒器。

③保证病人药物充足，避免发生缺药情况。

④告诉病人未经医生允许，不可因任何原因而自行停药等。

⑤有条件应该给予全程督导化疗。

2）观察药物不良反应

抗结核药物治疗周期长（至少6个月），易发生副反应（表1-9-1），对机体影响较大。用药时要注意观察病人有无黄疸、肝区不适、胃肠反应、眩晕、耳鸣、皮疹、末梢神经发麻等情况，发现异常及时与医师联系，进行相应处理。

表1-9-1 常用抗结核药物及主要不良反应

| 药名 | 作用性质 | 主要不良反应 |
| --- | --- | --- |
| 异烟肼(H,INH) | 全杀菌剂 | 周围神经炎、肝功能损害 |
| 利福平(R,RFP) | 全杀菌剂 | 肝功能损害、过敏反应 |
| 链霉素(S,SM) | 半杀菌剂 | 听力障碍、眩晕、肾功能损害、过敏反应 |
| 吡嗪酰胺(Z,PZA) | 半杀菌剂 | 胃肠道反应、肝功能损害、高尿酸血症、关节痛 |
| 乙胺丁醇(E,EMB) | 抑菌剂 | 视神经炎 |
| 对氨基水杨酸钠(P,PAS) | 抑菌剂 | 胃肠道反应、肝功能损害、过敏反应 |

2. 手术治疗

化疗的发展使外科治疗在肺结核治疗中的比重和地位显著降低。但对药物治疗失败或威胁生命的单侧肺结核病特别是局限性病变，外科治疗仍是可选择的重要治疗方法。

3. 对症治疗

（1）结核病的中毒症状

在化疗1～2周内多可消退，一般不需特殊处理。

（2）病情严重

激素有助于改善病情严重症状，尤其是急性粟粒性肺结核、结核性脑膜炎、干酪性肺炎、胸膜炎伴大量积液者加用糖皮质激素后，可以减轻炎症和过敏反应，促使渗液吸收，减少纤维组织形成和胸膜粘连。但必须在充分有效抗结核药物保护下早期应用激素，疗程1个月左右即应逐步撤停。激素无抑菌作用，应在有效的抗结核治疗基础上慎用，以免促使结核菌扩散。

（3）咯血

1）痰中带血或小量咯血

以对症治疗为主，包括休息、止咳、镇静等。必要时用氨基己酸、氨甲苯酸（止血芳酸）、酚磺乙胺（止血敏）、卡巴克洛（安络血）等止血药。

2）中等量或大量咯血

①处理大咯血最重要的措施是保持呼吸道通畅。

②首选垂体后叶素治疗。先用垂体后叶素5～10 U加入5%葡萄糖液40 mL中缓慢静脉注射，一般注射时间为15～20分钟。然后将垂体后叶素加入5%葡萄糖液按0.1 U/(kg·h)速度静脉滴注。

3）若咯血量过多，需尽快配血、输血。可少量多次地给病人输新鲜血，但不宜用库存血，因库存血血小板破坏较多，凝血因子相对较少，不利于止血。

4）大量咯血不止者，还可经纤支镜局部注射凝血酶或行气囊压迫止血。

4. 预防治疗

（1）给予未受过结核菌感染的新生儿、儿童及青少年接种卡介苗，使其对结核菌素产生特异性免疫力，避免感染后发病或减轻病情。

（2）给予结核菌素试验阳性且与病人密切接触者，或结核菌素试验新近转为阳性的儿童服用异烟肼进行药物预防。

## 六、护理问题

1. 活动无耐力

与活动性肺结核有关。

2. 知识缺乏

缺乏有关肺结核传播及化疗方面的知识。

3．营养失调：低于机体需要量

与机体消耗增加、食欲减退有关。

4．有传染危险

与开放性肺结核菌有关。

5．有窒息的危险

与大咯血有关。

## 七、护理措施

1．指导休息与活动

（1）病情严重者

大量胸腔积液、干酪性肺炎、急性粟粒型肺结核或有咯血、高热等严重结核毒性症状者必须卧床休息。

（2）痰菌阴性的轻症病人

可在坚持化疗的同时进行正常的工作或参与社会活动，但应注意劳逸结合、保证充足睡眠及休息时间，活动量以不引起疲劳为度。

（3）恢复期病人

不必严格限制活动，但要避免劳累及过度兴奋。随着症状减轻或已进入恢复期，可适当增加户外活动，加强体质锻炼，如散步、打太极拳、做操等，充分调动人体内在康复能力，提高机体的抗病能力。

2．饮食护理

肺结核是一种慢性消耗性疾病，由于体内分解代谢加速和抗结核药物的毒性反应，使机体营养状况较差、抵抗力下降，需要加强营养支持。给予高热量、高蛋白、高维生素、富含纤维素饮食，多饮水，避免烟、酒及刺激性食物。

3．病情观察

（1）观察咳嗽、咳痰、胸痛情况：注意全身毒血症是否减轻，了解痰检结核菌情况，了解胸部X射线变化情况。观察咯血情况，警惕窒息。

（2）观察生命体征变化情况：若高热持续不退，脉搏增快、呼吸急促，提示病情较重。

（3）每周测体重至少1次并记录，判断病人营养状况是否改善。了解血红蛋白、红细胞情况，判断贫血程度是否减轻。

（4）了解痰找结核菌检查等辅助检查结果。

4．咯血护理

（1）休息与卧位

小量咯血者以静卧休息为主，大量咯血病人绝对卧床休息。取患侧卧位既可控制患侧肺的活动度，减少咯血，又可防止结核菌向健侧扩散，同时有利于健侧肺通气。出血部位不明病人取仰卧位，头偏向一侧。尽量避免搬动病人，减少不必要的交谈，减少肺活动度。必要时胸部放置冰袋，配合止血。注意非结核咯血病人应取健侧位或平卧位，头偏向一侧，以利于血液引流，排出。

（2）保持呼吸道通畅

及时清除口腔及气道内血液。指导病人将气管内积血轻轻咳出，避免窒息。咯血时轻轻拍击健侧背部，嘱病人不要屏气，以免诱发喉头痉挛，使血液引流不畅形成血块，导致窒息。床旁备好气管插管、吸痰器等抢救用物，防止窒息。

（3）建立静脉通道

及时补充血容量，遵医嘱用止血药，观察药物疗效及副作用。

（4）稳定情绪

①多进行解释、安慰，消除病人紧张、恐惧心理。告知病人不要惧怕出血而采取屏气动作，不要忍着不咳嗽，以免诱发喉头痉挛，使血液引流不畅导致血块形成，加重窒息。

②及时清理病人咯出的血块及污染的衣物、被褥，有助于减少不良刺激，避免因精神过度紧张，而加重病情。

（5）止咳、镇静

对咳嗽剧烈的病人，可建议给予小剂量镇静剂或镇咳剂。但禁用吗啡、哌替啶，以免抑制呼吸。应用镇静剂和镇咳药后应注意观察呼吸中枢和咳嗽反射受抑制情况，以便早期发现因呼吸抑制导致的呼吸衰竭和血块咯出不畅而发生的窒息。

（6）饮食、排便护理

大量咯血者应禁食。小量咯血者可进少量温、凉流质饮食，以免诱发或加重咯血。保持大便通畅，避免用力排便。

（7）监测病情

①密切观察病人咯血的量、颜色、性质及出血的速度。注意血液是否容易咯出，是否伴有面色、脉搏、呼吸、心率、血压、尿量、神志的变化。

②观察有无咯血先兆，如咽喉发痒、刺激感、胸闷加剧、胸内发热、咯血不畅、情绪紧张、面色灰暗等。发现异常立即通知医生，并积极配合抢救。

③注意有无突然咯血减少或终止，呼吸极度困难、有濒死感、表情恐怖、张口瞠目、烦躁不安、双手乱抓、大汗淋漓、面色苍白或青紫、唇指发绀、大小便失禁、意识丧失等窒息征象。

④注意有无阻塞性肺不张、肺部感染及休克等并发症的表现。

⑤注意鉴别咯血、呕血及口腔内出血。排除口咽血液、呼吸道残留血液等因素干扰。

（8）用垂体后叶素护理

①垂体后叶素可收缩小动脉，减少肺血流量，从而减轻咯血。

②垂体后叶素也能引起子宫、肠道平滑肌收缩和冠状动脉收缩，故冠心病、高血压病人及孕妇忌用。

③静滴垂体后叶素时速度勿过快，以免引起恶心、便意、心悸、面色苍白等不良反应。

（9）痰液处理

病人咯出的血液要经过含有效氯 2000 mg/L 的消毒液处理 2 小时后再倾倒。

（10）保持口腔清洁、舒适

咯血后及时清理病人口鼻腔血液，为病人漱口，擦净血迹，口腔护理，防止因口咽部异味刺激引起剧烈咳嗽而诱发再度咯血。

5．窒息护理

（1）预防窒息

①咯血时注意观察有无窒息先兆。

②宽慰病人，使其身心放松，防止喉头痉挛和屏气。

③慎用镇静剂、镇咳剂，以免抑制咳嗽反射和呼吸中枢，使血块不能咳出而发生窒息。

④保持呼吸道通畅，鼓励病人轻轻把血、痰咳出。

⑤备好吸引器、气管插管包和气管切开包等急救用品，以便病人出现窒息征象时立即抢救，及时解除呼吸道阻塞。

（2）窒息抢救程序

头低脚高 45°俯卧位，保持充分引流体位→轻轻拍击健侧背部→尽快排出积血和血块，或直接刺激咽部以助咯出积血和血块，必要时手指裹纱布从口咽部掏出血块，或用粗管道机械吸出血块→告诉病人不能屏气，不能忍着不咳嗽→给予高浓度吸氧→做好气管插管、在气管镜直视下吸取血块、配合行纤维支气管镜止血的准备与配合工作。

6. 对症护理

（1）切断传播途径（消毒、隔离）

1）空气、飞沫传播隔离

①保持病室空气流通、阳光充足，每日紫外线消毒。其中通风换气减少空间结核菌密度是减少肺结核传播的有效措施。

②痰菌阳性者需独居一室。病人外出时应戴口罩，避免与他人面对面讲话，防止飞沫传播。

③密切接触者应及早去医院进行检查。

2）正确处置分泌物

①嘱病人咳嗽、打喷嚏时用双层纸遮掩口鼻。

②严禁随地吐痰。可将痰吐于纸盒或纸袋中，焚烧处理，或将痰液吐入盛有 2000 mg/L 含氯消毒液的有盖容器中混合浸泡消毒 2 小时后弃去。

③接触痰液的双手须用流水清洗。

④剩余饭菜煮沸10分钟后弃去。

3）正确处置日常用物

①同桌进餐时使用公筷。

②病人餐具用后应先煮沸5分钟或用消毒液浸泡消毒后再清洗。

③便器、痰具用2000 mg/L含有效氯的消毒液浸泡消毒2小时后再清洗。

④被褥、书籍需在烈日下曝晒6小时以上。

（2）排痰护理

参见本章第三节“慢性支气管炎病人的护理”相关内容。

（3）痰标本采集

肺结核病人痰排菌具有间断性和不均匀性的特点，即痰排菌病人也会出现查痰阴性的情况，所以要多次查痰。一般要送3份痰标本，包括清晨痰、夜间痰和即时痰。若无夜间痰，宜在留清晨痰后2～3小时再留1份痰标本。无痰者可采用痰诱导技术获取痰标本。

7．心理护理

肺结核病程长、易复发，具有传染性，病人常有急躁、自卑心理。护士应理解和尊重病人，耐心向病人讲解疾病知识，使之了解只有坚持合理、全程化疗，本病才可完全康复。树立治疗信心，建立良好的休养心境，促使疾病早日康复。

**八、健康教育/出院指导**

1．知识宣传

（1）向病人介绍本病基本知识

使其知道休息和营养对疾病康复的重要性。知道及时得到正规治疗是预防、控制结核病的关键，能主动到正规医院接受正规治疗。知道咯血发生时的正确卧位及自我紧急护理措施。

（2）面向社会宣传结核病防治知识

①使大众知道肺结核属于乙类传染病，了解尽早控制传染源的重要性，了解如何预防结核病、如何控制传染源、如何保护易感人群等常识。

②与结核病人密切接触后或有机体异常不适情况，能尽早去医院进行有关检查，以便早期发现病情，及时报告疫情，尽早转到有条件的医院进行治疗。及时进行病例登记管理，达到控制传染源的目的。

2．预防结核病

（1）养成良好的个人卫生习惯，保证居住环境空气流通。痰菌阳性者需独居一室。鼓励有条件的病人选择空气新鲜、气候温和的海滨、湖畔疗养。

（2）居室空气、生活用品、食具、衣物等定期采取物理或化学方法进行消毒。

（3）严禁随地吐痰。注意打喷嚏或咳嗽时用双层纸巾遮住口鼻，将用过纸巾放入袋中直接焚毁，以免传染他人。

（4）与结核病人接触时要戴口罩，尽量避免长时间密切接触。

（5）加强体育锻炼，增强体质。避免劳累、情绪波动及呼吸道感染。

（6）给予高蛋白、高维生素饮食，戒烟、戒酒。

3．保护易感人群

（1）对新生儿进行卡介苗接种，卡介苗接种后仍需注意与肺结核病人进行隔离。

（2）对肺结核易发高危人群（HIV感染者、与肺结核病人密切接触者、糖尿病病人、长期使用糖皮质激素或免疫抑制剂者、35岁以下结核菌素试验硬结直径≥15 mm者），可以采用异烟肼300 mg/d顿服6～8个月等预防性化学治疗方法。

4．治疗指导

最重要的是全程督导化疗，指导病人坚持规则、全程化疗。告诉病人不规则用药或过早停药是治疗失败的主要原因。提醒家属督促病人按医嘱规律、全程服药，提高治疗成功率。介绍结核病用药过程中可能出现的不良反应，告知一旦发现不良反应要随时就诊。

5．定期复查

指导病人每年做胸部X射线检查1次，定期复查肝肾功能、痰结核菌检查，了解病情变化，及时发现药物不良反应，及时调整治疗方案。密切关注治疗效果，达到彻底治愈肺结核的目的。

### 九、小结

▲肺结核是结核菌引起的肺部慢性传染性疾病。肺结核发生发展与机体免疫力、结核菌数量、毒力有关。

▲痰中带菌病人是重要的传染源。

▲全身表现有午后低热、盗汗、消瘦等，局部表现有咳嗽、咳痰、咯血等。

▲临床类型包括原发型肺结核、血型播散性肺结核、继发型肺结核、结核性胸膜炎。

▲痰找结核菌是确诊肺结核的主要依据。影像学检查是诊断肺结核的重要方法，也是判断病情发展、治疗效果及肺结核分型的主要依据。

▲化疗原则为早期、规律、全程、适量、联合用药治疗。全程督导短程化疗、消毒及隔离、咯血护理、窒息抢救是重要的护理内容。

## 第十节　支气管扩张症病人的护理

支气管扩张症（bronchiectasis，简称支扩）是指继发于急、慢性呼吸道感染和支气管阻塞后，反复发生支气管炎症，致使中等大小支气管壁结构破坏，引起支气管不可逆性扩张和变形。典型临床表现为慢性咳嗽、咳大量脓痰和（或）反复咯血。本病多见于儿童和青年。随着人民生活水平的提高，麻疹、百日咳疫苗的预防接种和抗生素的应用，本病的发病率已明显降低。

### 一、病因与发病机制

（一）病因

大多数支气管扩张症是由于支气管、肺组织感染和支气管阻塞继发所引起。

1．婴幼儿支气管、肺感染和支气管阻塞是最常见的原因。以婴幼儿麻疹伴支气管炎、百日咳、支气管肺炎最为常见。与婴幼儿支气管较细、管壁薄弱、易阻塞、易变形扩张有关。

2．先天性支气管发育缺陷及遗传因素

此类支气管扩张症较少见，如肺囊性纤维化、纤毛运动障碍、先天性丙种球蛋白缺乏症等疾病所引起的支气管扩张。可能与软骨发育不全或弹性纤维不足，导致局部管壁薄弱或弹性较差有关。部分遗传性$\alpha_1$-抗胰蛋白酶缺乏者也可伴有支气管扩张。

3．肺结核、重症肺炎、COPD等

反复严重感染损伤支气管各层组织，削弱了管壁的支撑作用，当咳嗽时支气管内压增高或呼吸时胸腔内压牵引，容易导致支气管扩张。

4．体液免疫功能失调

目前已发现类风湿性关节炎、溃疡性结肠炎、系统性红斑狼疮、支气管哮喘等免疫性疾病可同时伴有支气管扩张。有些不明原因的支气管扩张症病人体液免疫和（或）细胞免疫功能都有不同程度的异常，提示支气管扩张可能与机体免疫功能失调有关。

（二）发病机制（图1-10-1）

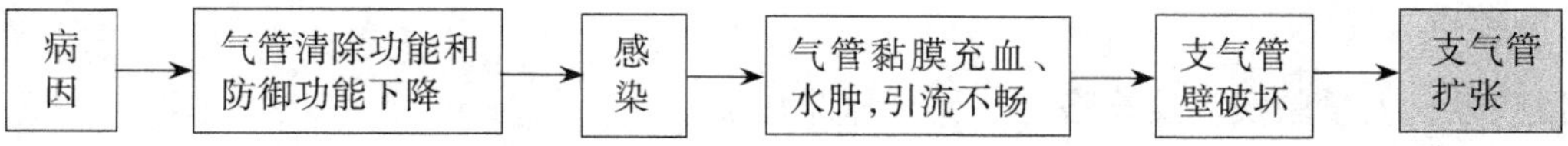


图1-10-1　支气管扩张症发病机制

### 二、临床表现

起病多在儿童和青年时期，部分病人童年有麻疹、百日咳、支气管肺炎迁延不愈的病史。

1．症状

（1）慢性咳嗽伴大量脓痰

①咳嗽、咳痰与体位改变有关，起床、就寝时咳嗽明显、痰量增多。因为病变的支气管壁丧失了清除分泌物的功能，痰液积滞，当体位改变时，痰液接触到正常黏膜，刺激咳嗽及大量排痰。

②痰量估计：轻度＜10 mL/d，中度10～150 mL/d，重度＞150 mL/d。

③急性感染发作时，痰为黄绿色脓痰，一日可达到数百毫升。痰液静置后可分三层：上层为泡沫黏液；中层为浆液；下层为脓性物或坏死组织。

④引起感染的常见病原体为铜绿假单胞菌、金黄色葡萄球菌、流感嗜血杆菌、肺炎链球菌和卡他莫拉菌。若有厌氧菌混合感染，痰有恶臭味。

（2）反复咯血

反复咯血为本病的特点，与支气管小动脉压力较高引起破裂有关。50%～70%的病人有程度不等的咯血。大咯血病人最危险且最常见的并发症是窒息。咯血量与病情严重程度、病变范围不尽一致。部分病人咯血为唯一症状，平时无明显咳嗽、咳脓痰等症状，临床上称为“干性支气管扩张”，其病变多位于引流良好的上叶支气管。

（3）反复肺部感染

其特点是同一肺段反复发生肺炎并迁延不愈。与扩张的支气管清除分泌物功能丧失、引流差、易于反复发生感染有关。

（4）慢性感染中毒症状

反复继发感染，可引起发热、乏力、食欲减退、消瘦、贫血、气促、发绀等中毒症状。

2．体征

早期或干性支气管扩张可无异常肺部体征。病变重或继发感染时可在下胸部、背部闻及固定而持久的局限性湿啰音（支扩的典型体征）。有时可闻及哮鸣音，部分病人有杵状指（趾）。伴有肺气肿、肺心病等并发症时有相应体征。

## 三、辅助检查

1．血常规检查

白细胞计数一般正常，急性感染时白细胞总数和中性粒细胞可增多。

2．病原学检查

痰涂片或培养可发现致病菌。

3．影像学检查

（1）胸部X射线检查

早期轻症病人无特殊发现，或仅有肺纹理增多、增粗现象。典型病人表现为粗乱肺纹理中有多个不规则的蜂窝状透亮阴影，感染时阴影内出现液平面。

（2）支气管造影检查

支气管造影检查是确诊支扩的经典“金指标”。该检查是经导管或支气管镜在气道表面滴注不透光的碘脂质造影剂，直接显像扩张的支气管。

（3）胸部CT检查

显示管壁增厚扩张，或成串成簇的囊样改变。目前胸部高分辨率CT检查已取代了支气管造影检查，由于其无创、易重复、易被病人接受，现已成为支气管扩张症的主要诊断方法。

4．纤维支气管镜检查

可进行活检、局部灌洗，进行细菌学、组织细胞学检查，有助于鉴别管腔内异物、肿瘤、其他阻塞物的诊断。

## 四、诊断要点

1．慢性咳嗽、大量脓痰、反复咯血、反复肺部感染。

2．胸部高分辨率CT检查或支气管造影检查或胸部X射线检查证实。

## 五、配合治疗

1．控制感染

（1）有发热、咳脓痰等化脓性感染时，可依据痰革兰染色、痰培养、痰细菌药物敏感试验指导抗生素应用。

（2）就诊早期需给感染者经验性抗感染治疗。病情较轻者可选用口服抗感染药物，如阿莫西林或氨苄西林。病情较重者可静脉使用抗感染药物，如喹诺酮类药物、头孢菌素类药物等。

（3）存在铜绿假单胞菌感染时，可选择口服喹诺酮类药物，静脉给予氨基糖苷类药物或第三代头孢菌素。怀疑有厌氧菌感染时可使用甲硝唑（灭滴灵）。

（4）疗程以控制感染为度，即全身中毒症状消失，痰量及脓性成分减少，肺部湿啰音减少或消失即可停药。不宜长期使用抗感染药物，以免发生二重感染。

2．加强痰液引流

痰液引流和抗生素治疗同样重要。保持气道通畅能减少继发感染和减轻全身中毒症状。

（1）祛痰药

祛痰药可使痰液稀薄便于咳出，宜在体位引流痰液前实施。可选用氯化铵、溴己新（必嗽平）、复方甘草合剂等。

（2）支气管舒张药

部分病人由于支气管反应性增高或炎症刺激，可出现支气管痉挛，影响痰液排出。可口服氨茶碱或加用$\beta_2$受体激动剂喷雾吸入。体位引流痰液前用支气管舒张药效果更佳。

（3）体位引流

体位引流有利于排除积痰，对痰多、黏稠而不易排出者其作用有时强于抗生素。具体方法参见本病护理措施。

（4）雾化吸入

雾化吸入可稀释分泌物，使其易于排出，有利于控制感染。可选用生理盐水或重组脱氧核糖核酸酶雾化吸入，每日2～3次，后者可以阻断中性粒细胞释放DNA、降低痰液黏度。

（5）纤维支气管镜吸痰

若体位引流排痰不理想，可通过纤维支气管镜向气管内注入生理盐水冲洗、稀释痰液，并吸痰，也可直接向气管内注入抗生素。

3．手术治疗

适用于病灶范围较局限，全身情况较好，经内科治疗后仍有反复大咯血或感染者。可根据病变范围做肺段或肺叶切除，但术前必须明确出血部位。如病变范围广泛或伴有严重心、肺功能障碍者不宜手术治疗。

4．咯血的处理

参见本章第九节“肺结核病人的护理”相关内容。

### 六、护理问题

1．清理呼吸道无效

与痰多、黏稠有关。

2．有窒息危险

与大咯血有关。

3．营养失调

与机体消耗增加、摄入不足有关。

4．活动无耐力

与营养不良、贫血有关。

### 七、护理措施

1．指导休息与活动

急性感染或病情严重者，应卧床休息。大咯血者绝对卧床休息。病情缓解时鼓励病人根据自己的耐受程度进行室外活动，避免劳累，保证充足的睡眠。提供安静、舒适、温度和湿度适宜的休息环境。保持室内空气流通，空气新鲜。大量脓痰者使用除臭剂，去除室内臭味。使用一次性带盖痰杯，及时倾倒痰液。保持衣、被清洁，注意保暖。指导病人戒烟，避开尘埃飞扬的环境。

2．饮食护理

饮食护理的主要目的是加强营养，纠正贫血，增强机体抵抗力。给予高热量、高蛋白质、高维生素和易消化饮食，少食多餐。忌食冰冷、辛辣食物，忌饮浓茶、咖啡等刺激性饮料，以免引起刺激性咳嗽。鼓励病人多饮水，饮水量>1500 mL/d，稀释痰液，促进排痰。指导病人在咳痰后及进食前后用清水或漱口液漱口，保持口腔清洁，增进食欲。

3．病情观察

（1）观察痰液的量、颜色、性质、气味与体位的关系，观察痰液静置后是否有分层现象。记录24小时痰液排出量。

（2）观察咯血的颜色、性质及量。

（3）病情严重者需观察病人缺氧情况，注意是否有发绀、气促等表现。注意病人有无发热、消瘦、贫血等全身症状。

4．体位引流的护理

体位引流是利用重力作用促使痰液流入大气管，并咳出体外。

（1）准备

①引流前向病人说明体位引流的目的及操作方法，消除病人顾虑，取得病人的合作。

②痰液黏稠不易咳出者，可先给予超声雾化吸入、应用祛痰药稀释痰液，或应用支气管舒张剂，提高引流效果。

③准备好排痰所用纸巾或可弃去的一次性容器。

（2）体位

根据病变部位及病人自身体验，采取相应的体位。原则上抬高患肺位置，使引流支气管开口向下，借助重力作用使痰液排出。

（3）时间

引流宜在饭前1小时或饭后1～3小时进行，以免呕吐。引流时间可从每次5～10分钟加到每次15～30分钟，每日1～3次。一般安排在早晨起床时、晚餐前及睡前。

（4）观察

引流时应有护士或家人协助，观察病人有无出汗、脉搏细弱、头晕、疲劳、面色苍白等症状，评估病人对体位引流的耐受程度。若病人出现心率超过120次/分、脉搏细速、心律失常、高血压、低血压、眩晕、发绀、呼吸困难、出汗、疲劳等情况应立即停止引流并通知医生。若病人主诉不能耐受，也应及时停止引流。

（5）排痰

在体位引流过程中，鼓励并指导病人深呼吸及有效咳嗽，辅以叩背，以利于痰液排出。痰液较多的病人引流时，应注意将痰液逐渐咳出，以防发生痰量同时涌出过多而窒息。

（6）引流完毕

弃掉污物。帮助病人采取舒适体位，嘱病人休息，用漱口水彻底漱口，以保持口腔清洁，消除口臭，减少呼吸道感染机会。观察病人咳痰的情况，注意痰量、性质并记录。了解肺部呼吸音改变情况，评价体位引流的效果。痰液用漂白粉等消毒剂消毒后弃去。

（7）体位引流禁忌症

高龄，病情不稳定者，头外伤，胸部创伤，咯血，严重心、脑、肺疾患病人（如高血压、心力衰竭、呼吸衰竭、脑血管疾病者）禁止体位引流。

5．对症护理

（1）促进排痰

①鼓励病人经常变换体位，通过痰液流动刺激气管反射性引起咳嗽、咳痰。

②对痰液过多且无力咳嗽者，为防止窒息，在翻身前护士应先给病人吸痰。

③注意环境湿润，多饮水，湿化痰液。

④遵医嘱应用祛痰药、支气管舒张剂、雾化吸入等。

（2）窒息抢救

参见本章第九节“肺结核病人的护理”相关内容。

（3）大咯血护理

参见本章第九节“肺结核病人的护理”相关内容。

6．心理护理

本病常反复发作，病程较长，病人易产生悲观、焦虑心理，尤其伴有咯血时，病人往往十分恐惧。护理人员要了解病人心理状态，向病人介绍有关疾病常识和自我护理知识，进行心理劝导，鼓励病人之间进行治病经验交流，相互支持，相互安慰，减轻病人心理压力，树立治疗信心。

#### 八、健康教育/出院指导

1. 知识宣传

(1) 告知病人体位引流的方法及引流的注意要点，指导病人经常采取有利于引流的体位。

(2) 教会病人有效咳嗽、排痰、化痰的方法。指导家属帮助病人叩击背部、雾化吸入及体位引流。

(3) 指导病人进行病情监测和自我护理，以便及时识别病情变化征象，发现异常及时就诊。知道咯血时要保持镇静，尽量将血咯出，以免导致窒息。

2. 生活指导

(1) 防治感染

①广泛开展麻疹、百日咳等呼吸道传染性疾病的预防接种工作，积极防治支气管肺炎、肺结核等呼吸道感染，以减少支气管扩张的发生。

②积极治疗诱发上呼吸道感染的慢性病灶，如扁桃体炎、鼻窦炎、龋齿等，以减少呼吸道反复感染的机会。避免受凉，气候变化时及时添加衣服，防止感冒。鼓励病人戒烟，避免烟雾、灰尘及刺激性气体的吸入。

③注意口腔清洁卫生，既可防止呼吸道感染，又能去除口腔异味。常用复方硼酸溶液漱口，一日数次。

④咳出的痰液需经灭菌处理或焚烧。痰具用消毒液浸泡或煮沸、高压消毒。

(2) 补充足够的营养和水分

告知病人补充营养对机体康复的重要性，指导病人多进食肉类、蛋类、豆类、新鲜蔬菜、水果等高蛋白、高热量、富含维生素和矿物质的食物，补充体能消耗，增强机体抵抗力，有利于痰液排出。

(3) 规律生活

保持心态平和，避免情绪激动、剧烈运动或过度体力劳动。建立规律的生活方式，注意劳逸结合。指导病人进行适当的体育锻炼，增强体质，促进呼吸功能的改善。

3. 治疗指导

遵医嘱用药，注意药物不良反应及疗效。

4. 定期复查

了解病情进展情况。

#### 九、小结

▲支气管扩张是支气管感染后导致中等大小支气管不可逆性扩张和变形。

▲典型临床表现为慢性咳嗽、大量脓痰和（或）反复咯血。可闻及固定而局限的湿啰音。

▲胸部X射线检查可见蜂窝状透亮阴影。支气管造影、胸部高分辨率CT检查均是诊断的重要依据。

▲治疗、护理主要是体位引流、促进排痰、控制感染。

## 第十一节 肺脓肿病人的护理

肺脓肿（lung abscess）是肺组织坏死形成的脓腔。临床上以高热、咳嗽、咳大量脓臭痰（脓腔破溃进入支气管后）为主要特征。胸部X射线摄片可见含气液平面的空洞。本病多发生于青壮年，男多于女。抗生素广泛应用以来，本病发病率明显降低，治疗成功率大为提高。

#### 一、病因与发病机制

(一) 病因

正常人呼吸道的鼻腔、口咽部有大量细菌寄殖，急性肺脓肿感染的细菌与这些寄殖菌密切相关，常为多种细菌混合感染，致病菌包括需氧细菌、兼性厌氧细菌和厌氧细菌。肺脓肿病因分类：

1. 吸入性肺脓肿

吸入性肺脓肿也称原发性肺脓肿，是最常见的类型。病原体经口、鼻、咽腔吸入，是最主要的发病原因。正常情况下，呼吸道咳嗽反射比较灵敏，可以防止病原体吸入。但有口腔卫生不良、牙龈炎、牙周炎、上呼吸道手术、全身麻醉、神志不清、食管病变、置鼻饲管、酗酒、体弱、有基础病的老年人等呼吸道咳嗽反射比较弱，病原体容易吸入下呼吸道，引起肺脓肿。吸入性肺脓肿发病部位与肺解剖结构有关，右总支气管较陡直，管径较粗大，右肺好发吸入性肺脓肿。

2．继发性肺脓肿

（1）在某些肺部疾病基础上继发感染所致，如支气管囊肿、细菌性肺炎、支气管扩张、肺结核空洞、支气管肿瘤或异物吸入阻塞支气管引起的远端肺化脓炎症等产生的脓肿。

（2）肺部邻近器官化脓性病变，如食管穿孔、肾周围脓肿、膈下脓肿等波及肺，导致肺脓肿。阿米巴肝脓肿好发于右肝顶部，易穿破膈肌至右肺下叶，引起右肺阿米巴脓肿。

3．血源性肺脓肿

由于肺外感染病灶的细菌或脓毒性栓子经血道播散至肺部引起小血管栓塞产生化脓性炎症导致组织坏死而形成肺脓肿。金黄色葡萄球菌、表皮葡萄球菌为血源性肺脓肿常见致病菌，血源性肺脓肿常由于外伤感染、痈疖、骨髓炎、静脉吸毒、感染性心内膜炎等所致。而泌尿道、腹腔、盆腔感染所致的肺脓肿相对较少。

（二）发病机制（图1-11-1）

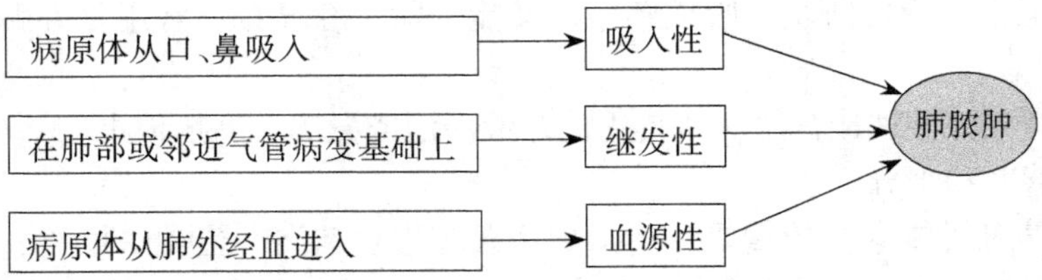


**图1-11-1　肺脓肿发病机制**

## 二、临床表现

1．症状

（1）多数病人急性起病。

（2）常有齿、口咽部的感染，或手术、劳累受凉等诱因。

（3）表现为畏寒、高热，体温达39～40 ℃，伴有咳嗽、咳黏液痰或黏液脓性痰。

（4）炎症累及胸膜可引起呼吸性胸痛。

（5）转为慢性时可有不规则发热、反复咳脓痰、咯血、消瘦、贫血、精神不振、全身乏力、食欲减退等全身毒血症状。

（6）若感染不能及时控制，1～2周后咳嗽加剧，咳出大量脓臭痰及坏死组织，每日咳痰量可达300 mL以上。若咳出的痰液静置后可分三层，提示是脓痰，一般呈黄绿色脓痰。约有1/3病人有血痰或小量咯血，偶有中量、大量咯血。

（7）咳出大量脓痰后，体温开始下降，全身毒血症状随之好转，数周内一般情况逐渐恢复正常。

（8）脓痰多为厌氧菌感染所致。

2．体征

与肺脓肿的大小、部位有关。

（1）病变早期、病灶较小或位于肺脏深部，多无阳性体征。

（2）病变较大可有实变体征。

（3）病变晚期可有空洞性呼吸音。

（4）累及胸膜时，可闻及胸膜摩擦音。

（5）慢性肺脓肿常有杵状指（趾）、消瘦、贫血等。

（6）血源性肺脓肿大多无阳性体征。

## 三、辅助检查

1．血常规检查

急性肺脓肿外周血白细胞总数明显增高，中性粒细胞在90%以上，核明显左移，常有中毒颗粒。慢性病人的红细胞和血红蛋白减少。

2．胸部X射线检查

早期化脓性炎症阶段，典型X射线表现为大片浓密、边缘模糊的浸润性阴影。慢性肺脓肿脓腔壁增厚，内壁不规则。血源性肺脓肿表现为肺周边有散在小片状阴影。晚期若病变处有空气可见液平面或空腔。

3．病原学检查

痰菌培养及纤支镜在肺深部取材细菌培养或涂片等有助于确定病原菌。

4．纤维支气管镜检查

（1）可取出气道内异物。

（2）若疑为肿瘤阻塞所致，可取病理标本。

（3）取痰液标本做细菌培养。

（4）抽吸脓液、冲洗支气管、注入抗生素。

**四、诊断要点**

1．有口腔手术、昏迷、呕吐、异物吸入等病史。

2．起病急，畏寒、高热，咳嗽、咳痰（1周后咳大量脓臭痰）。

3．晚期胸部X射线检查可见液平面或空腔。

4．痰培养：有致病菌。血白细胞升高，中性粒细胞高。若急性脓肿治疗不彻底，或支气管引流不畅，病程迁延3个月以上，则称为慢性肺脓肿。

**五、配合治疗**

肺脓肿治疗原则是积极抗感染，加强痰液引流。

1．抗感染

青霉素G对导致肺脓肿的大多数感染细菌都有效，故最常用。早期经验性治疗多选用青霉素G、头孢菌素、林可霉素、甲硝唑等。此后根据痰培养和药敏试验指导选用抗生素。革兰阴性杆菌感染，可用氨基糖苷类药物并加用二代头孢菌素、三代头孢菌素、氟喹诺酮类药物。金黄色葡萄球菌感染，采用半合成青霉素并加用氨基糖苷类药物或头孢类药物。抗感染疗程8～12周，经积极内科治疗后脓腔不闭合，可考虑手术治疗。

2．引流脓液

可缩短病程，提高治愈率。

（1）体位引流是利用重力作用使肺、支气管内分泌物排出体外，身体状况较好者可采取体位引流排痰。具体方法参见本章第十节“支气管扩张病人的护理”相关内容。

（2）有条件的可尽早应用纤维支气管镜冲洗及吸引治疗，同时还可直接向脓腔内反复灌洗抗生素药液，每周1～2次。

3．手术疗法

肺脓肿病程超过3个月，经内科治疗，病变未见明显吸收，并有以下情况可考虑手术治疗：反复感染、咯血、脓腔过大（5 cm以上）、并发支气管胸膜瘘、脓胸经抽吸效果不佳、怀疑癌肿阻塞等。

**六、护理问题**

1．体温过高

与肺组织的炎症性坏死有关。

2．清理呼吸道无效

与脓痰积聚、痰液黏稠、无效咳嗽有关。

3．气体交换受损

与肺内炎症、脓肿的形成有关。

4．营养失调：低于机体的需要量

与进食少、机体消耗增加有关。

**七、护理措施**

1．指导休息与活动

本病急性期应卧床休息，以减少体力和能量消耗。毒血症状消退后，病人可适当下床活动，促进炎症吸收和组织修复。本病有大量脓臭痰，影响食欲及休息，故应保持室内空气流通，并注意保暖。

2. 饮食护理

给予高蛋白、高热量、高维生素饮食，加强营养，改善机体情况，提高免疫能力。

3. 病情观察

准确记录24小时排痰量。观察痰的颜色、性质、气味及静置后是否分层。正确留取痰标本并及时送检做细菌培养，以免痰中混入的口腔菌在室温下大量繁殖，影响致病菌的诊断。

4. 对症护理

（1）促进痰液排出

鼓励病人进行有效咳嗽。经常活动或变换体位，以利于痰液咳出。鼓励病人多饮水，必要时遵医嘱给予化痰药或雾化吸入，协助进行体位引流。

（2）围手术期防误吸护理

①对口腔和胸腹手术的病例，要认真、细致地做好术前准备。

②术中注意麻醉深度，及时清除口腔呼吸道分泌物。

③加强术后呼吸道护理。湿化、稀释呼吸道分泌物，鼓励病人咳嗽，保持呼吸道通畅，预防吸入性感染。

（3）口腔护理

减轻口臭，防止口腔菌大量增殖。

（4）降温护理

参见本章第八节“肺炎链球菌肺炎病人的护理”相关内容。

5. 心理护理

本病为慢性消耗性疾病，病人往往体质衰弱、情绪低落。应予以心理指导，鼓励其树立战胜疾病的信心。

**八、健康教育/出院指导**

1. 提倡健康的生活方式

（1）应重视口腔护理，饭前、饭后、睡前、睡后、体位引流前后都要漱口、刷牙。

（2）多饮水、忌辛辣、戒烟酒。

（3）保持环境整洁、舒适，避免尘埃与烟雾的刺激，维持适宜的室温和湿度，同时注意保暖，避免受凉。

（4）积极治疗龋齿、牙周炎、扁桃体炎等口腔慢性感染病灶。避免分泌物吸入下呼吸道。

2. 积极治疗原发病灶

积极治疗肺炎、皮肤痈疖或肺外化脓性病灶等。不挤压痈疖，防止导致血源性肺脓肿。

3. 指导病人排痰

练习深呼吸，采取有效的咳嗽、咳痰，进行正确的体位引流排痰。

4. 发现异常及时就诊

**九、小结**

▲肺脓肿是肺部细菌化脓性感染引起的肺组织坏死形成的脓肿。

▲临床上以高热、咳嗽、咳大量脓臭痰为主要特征。

▲晚期胸部X射线可见液平面。

▲治疗护理重点是抗感染，加强痰液引流。

## 第十二节　原发性支气管肺癌病人的护理

原发性支气管肺癌（primary bronchogenic carcinoma，简称肺癌），是最常见的肺部原发性恶性肿瘤。癌症起源于支气管黏膜或腺体，常有区域性淋巴转移和血行转移。在很多发达国家中，肺癌居男性恶性肿瘤的首位，居女性恶性肿瘤的第二位。近年来本病的发病率和死亡率仍有明显上升趋势。

## 一、病因与分类

（一）病因

1．吸烟

吸烟是肺癌死亡率进行性增加的首要原因。国内外调查均表明，80%～90%的男性肺癌与吸烟有关，而且肺癌的发病率和死亡率与吸烟呈剂量依赖关系。实验证明，纸烟中含有多种致癌物质，与肺癌有关的主要是苯并芘、尼古丁、亚硝胺等。被动吸烟者也容易患肺癌，许多国家禁止在公共场所吸烟。我国是产烟大国，烟民最多，积极地劝阻和控制吸烟已成为我国防治肺癌综合措施中的一个关键。

2．职业因素

已被确认的致人类肺癌的职业因素有石棉、砷、铬 、镍、二氯甲醚、煤烟、焦油和石油中的多环芳烃、烟草的加热产物等，若长期接触这些物质可诱发肺癌。职业因素与吸烟具有协同致癌作用。

3．空气污染

肺癌发病率在工业发达国家或地区比不发达国家高，城市高于农村，表明环境污染与肺癌有关。室外大环境污染主要来自汽车废气、工业废气、公路沥青等。室内小环境污染如被动吸烟、烹调时的烟雾、室内用煤以及装修材料的污染都是肺癌的危险因素。

4．电离辐射

放射性物质，如铀、镭、中子和射线等均可引起肺癌。如日本原子弹伤害幸存者中，肺癌病人明显增多。

5．饮食与营养

食物中维生素A、维生素E、维生素$B_2$、维甲类、β胡萝卜素和微量元素（锌、硒）的摄入量与癌症发生负相关，其中最突出的是肺癌。

6．其他

肺部慢性炎症、结核瘢痕、遗传因素等对肺癌的发生可能也有一定的作用。

（二）分类

1．按解剖学分类

按解剖学分类分为中央型肺癌和周围型肺癌。

2．按组织学分类

（1）小细胞肺癌（SCLC）。

（2）非小细胞肺癌（NSCLC）：包括鳞状上皮细胞癌（简称鳞癌）、腺癌、大细胞癌等。

## 二、临床表现

肺癌临床表现与其发生部位、大小、类型、发展的阶段、有无并发症及有无转移有密切关系。大多数病人因呼吸系统症状就医，约有5%的病人发现肺癌时无症状。

（一）原发肿瘤引起的症状和体征

1．咳嗽

咳嗽为最常见的早期症状。表现为阵发性刺激性干咳或少量黏液痰，继发感染时，痰量增多呈黏液脓性。肿瘤增大引起支气管狭窄时，咳嗽加重，为持续性高音调金属音性咳嗽或刺激性呛咳。

2．血痰或咯血

血痰或咯血以中央型肺癌多见。多数病人表现为间断、反复或持续性少量痰中带血。部分病人以咯血为首发症状，若癌肿侵蚀大血管则有大咯血。

3．喘鸣、气急

肿瘤引起小支气管狭窄，造成部分阻塞，可产生局限性哮鸣音。若压迫大气管可引起气急。

4．发热

肿瘤压迫、阻塞支气管，导致肺不张、肺炎，引起发热，此种发热用抗生素治疗暂时有效。肿瘤坏死引起的“癌性热”，抗生素治疗无效。

5．体重下降

消瘦为恶性肿瘤的常见症状之一，甚至出现恶病质。

(二) 肺外胸内扩展引起的症状和体征

1. 胸痛

约30%的肿瘤直接侵犯胸膜、肋骨和胸壁，出现持续、固定、剧烈的胸痛。

2. 胸水

提示肿瘤累及胸膜或肺淋巴结回流受阻。

3. 吞咽困难

肿瘤侵犯或压迫食道所致。

4. 声音嘶哑

肿瘤侵犯或压迫喉返神经所致。

5. 上腔静脉阻塞综合征

肿瘤侵犯或压迫上腔静脉，导致上腔静脉曲张，上肢及颈面部水肿等症状。

6. Horner综合征

Horner综合征常见于肺尖部肺癌。

(1) 肿瘤侵犯或压迫颈交感神经，引起患侧眼睑下垂、瞳孔缩小、眼球内陷、同侧额部与胸壁无汗或少汗，感觉异常。

(2) 肿瘤侵犯或压迫臂丛神经，也可有臂丛神经压迫症，表现为同侧自腋下向上肢内侧放射性、烧灼样疼痛。

(三) 胸外转移引起的症状和体征

1. 脑、中枢神经系统转移

常有颅高压征象（如头痛、呕吐等）以及其他症状（如共济失调、偏瘫、精神异常等）。

2. 腹腔转移

出现腹痛、黄疸、腹水。

3. 骨转移

可致骨痛。

4. 胸膜转移

常表现为血性胸腔积液。

5. 淋巴结转移

可见锁骨上、腋下淋巴结肿大。

(四) 副癌综合征

肺癌的肺外表现，可出现在肺癌发现前后，又称为伴癌综合征。不是肿瘤直接作用或转移引起的。常见有肥大性骨关节病、库欣综合征、低钠血症、高钙血症、重症肌无力等。

(五) 临床分期

目前广泛采用国际抗癌联盟和美国联合癌症分类委员会制定的TNM分期法（表1-12-1，表1-12-2）。

**表1-12-1 肺癌的TNM分期**

| |
|---|
| 原发肿瘤(T) |
| $T_x$:痰或支气管分泌物中找到癌细胞,但X射线和纤支镜等检查未能发现肿瘤病灶,称隐性癌 |
| $T_0$:无原发肿瘤的证据 |
| $T_{is}$:原位癌 |
| $T_{1-4}$:T右下角数字表示原发肿瘤的大小和(或)是否侵犯附近组织,数字越大,肿瘤越大,侵犯范围越广 |
| 区域淋巴结(N) |
| $N_x$:区域淋巴结不能评价 |
| $N_0$:没有区域淋巴结转移 |
| $N_{1-3}$:N右下角数字表示区域淋巴结转移情况,数字越大,转移范围越广 |
| 远处转移(M) |
| $M_x$:远处转移不能评价 |
| $M_0$:无远处转移 |
| $M_1$:有远处转移 |

表1-12-2　肺癌TNM分期与临床分期的关系

| 临床分期 | TNM分期 | 临床分期 | TNM分期 |
|---|---|---|---|
| 隐性癌 | $T_x,N_0,M_0$ | Ⅲa期 | $T_1,N_2,M_0$ |
| 0期 | $T_{is}$,原位癌 | | $T_2,N_2,M_0$ |
| Ⅰa期 | $T_1,N_0,M_0$ | | $T_3,N_1,M_0$ |
| Ⅰb期 | $T_2,N_0,M_0$ | | $T_3,N_2,M_0$ |
| Ⅱa期 | $T_1,N_1,M_0$ | Ⅲb期 | $T_4$任何N,$M_0$ |
| Ⅱb期 | $T_2,N_1,M_0$ | | 任何T,$N_3,M_0$ |
| | $T_3,N_1,M_0$ | Ⅳ期 | 任何T,任何N,$M_0$ |

## 三、辅助检查

1．胸部影像学检查

胸部影像学检查是发现支气管肺癌的最基本方法。一般先摄X射线正、侧位胸片，必要时进行CT、MRI或支气管造影等检查。X射线胸片提示肺癌的直接征象是肺内块状阴影，呈分叶状，周边有细毛刺样放射，可有空洞。肺癌的继发征象有阻塞性肺炎、肺不张、胸腔积液、肺门或纵隔淋巴结肿大及肿瘤转移侵蚀肋骨和椎体等。

2．痰脱落细胞检查

痰脱落细胞检查是最简单有效的早期诊断方法之一。采集痰标本方法：于清晨留取病人由深部咳出的痰液立即送检。多次（一般3～4次）反复检查可提高阳性率。

3．纤维支气管镜和电子支气管镜检查

取可疑组织做病理检查，或刷检、冲洗做细胞学检查，是早期诊断肺癌的方法之一。

4．活组织病理学检查

经皮穿刺胸膜活检、组织切片中细胞表面抗原检测和应用标记单克隆抗体的扫描检查方法，是识别体内癌细胞及确定其生长部位的重要手段。取锁骨上或腋下淋巴结做病理学检查，可判断是否肿瘤转移及其组织细胞学类型。

## 四、诊断要点

1．持续干咳、呛咳、痰中带血等。

2．X射线胸片有肺癌的直接征象。

3．痰脱落细胞或肺病理学检查找到癌细胞。

## 五、配合治疗

综合治疗是肿瘤治疗的发展趋势。肺癌综合治疗的方案为：小细胞肺癌首选化疗后加放疗。非小细胞肺癌多为局限性，一般手术或放疗可以根治，非小细胞肺癌对化疗的反应较差。

1．手术治疗

非小细胞肺癌Ⅰ期、Ⅱ期和部分Ⅲ期首选手术，术后视病情进行放疗及化疗。

2．化学治疗（简称化疗）

小细胞肺癌就诊时90%以上已发生转移，因此主张先化疗后手术。化疗对小细胞肺癌疗效较好，化疗后小细胞肺癌病人的生存期明显延长。辅助性化疗用于非小细胞性肺癌可提高手术和化疗的疗效。

（1）选择药物和方案

按细胞类型结合细胞动力学原理，合理选用化疗药物和制订用药方案可提高化疗疗效。为增加疗效、减低毒性，延缓耐药性的产生，多采用间歇、短程、联合用药。

（2）常用制剂

环磷酰胺（CTX）、异环磷酰胺（IFO）、甲氨喋呤（MTX）、长春新碱（VCR）、阿霉素（ADM）、顺铂（DDP）、足叶乙甙（VP-16）、丝裂霉素（MMC）等。

（3）用药注意事项

参见第六章第三节“白血病病人的护理”相关内容。

3．放射治疗（简称放疗）

小细胞肺癌对放疗敏感性较高。放疗分为根治性放疗和姑息性放疗两种。根治性放疗用于病灶局限、因解剖原因不宜手术或病人不愿意手术者。姑息性放疗的目的在于抑制肿瘤的发展，延迟肿瘤扩散和缓解症状。可采用钴-60、γ射线或中子加速器照射。单纯放疗效果差，故目前多主张放疗加化疗。

4．药物止痛

药物止痛是控制癌痛的基本方法，其原则是个体化。药物的选择应按世界卫生组织（WHO）推荐的癌痛控制的三阶梯方案用药，应按时给药，每3～6小时给药1次，不能等疼痛时再给药。首选口服给药。

5．生物反应调节剂（BRM）和中药治疗

如小剂量干扰素、集落刺激因子和中药能增强机体对化疗、放疗的耐受性，提高疗效。

## 六、护理问题

1．疼痛

与癌细胞浸润胸膜等组织或压迫肋间神经有关。

2．恐惧

与担心预后等因素有关。

3．气体交换受损

与肺组织病变、手术、麻醉等因素有关。

## 七、护理措施

1．指导休息与活动

肺癌早期可以适当活动，晚期要卧床休息。

2．饮食护理

恶病质病人是无法接受各项治疗的，良好的营养状态是完成治疗计划的前提。给予高热量、高蛋白、高维生素饮食。进食困难者，依据病情不同采取口喂、鼻饲、静脉补充营养。必要时酌情输血、血浆、复方氨基酸等，以增强病人的抗病能力。

3．观察病情

密切观察病人生命体征、咯血、胸痛等情况。化疗前后密切观察血象变化，注意有无感染征象，警惕并发感染。观察病人营养状况、休息情况，进行对症处理。

4．疼痛护理

（1）评估疼痛

注意倾听病人对疼痛的诉说，观察其非语言表达疼痛，做出准确评估，了解病人疼痛部位、性质、程度及持续时间、加重或减轻的因素，影响病人表达疼痛的因素。

（2）减轻病人心理压力

由于对疾病忧虑，对死亡恐惧，病人往往情绪波动较大，疼痛加剧。此时，医务人员应理解病人痛苦，以同情、安慰和鼓励的语言和举止支持病人，减轻病人心理压力，提高痛阈值。

（3）分散病人的注意力

指导病人采用放松技术，如阅读书报、听音乐、看电视、交谈等方式转移注意力，减轻疼痛的感受强度。

（4）为病人营造良好的休息环境

保持病房适宜的温度、湿度，通风良好，环境安静，体位舒适，保证病人充分休息。

（5）应用物理方法止痛

如按摩、局部冷敷、针灸、经皮肤电刺激等，可降低疼痛的敏感性。

（6）应用药物止痛

遵医嘱按三阶梯止痛方案用药。必要时指导病人使用自控镇痛泵（PCA）。PCA是经皮下、肌肉、静脉或硬膜外留置导管，由医生用微电脑装置调节限时与定量，当病人感觉疼痛时可随时按动手柄，追加药物剂量以达到止痛作用。

5.放疗护理

（1）评估病人

了解放疗部位、面积、放射源种类、照射剂量。判断皮肤急性放射损伤的程度（见表1-12-3）。

表1-12-3 皮肤急性放射损伤分级标准

| 分级 | 皮肤反应 |
|---|---|
| 0级 | 无变化 |
| 1级 | 滤泡样暗红色红斑，干性脱皮或脱发，出汗减少 |
| 2级 | 触痛性或鲜红色红斑，皮肤皱褶处有片状湿状脱皮或中度水肿 |
| 3级 | 皮肤皱褶以外部位融合的湿性脱皮，凹陷性水肿 |
| 4级 | 溃疡、出血、坏死 |

（2）指导病人

向病人讲明放疗的目的、方法、副作用，说明放疗本身无痛苦，以解除思想顾虑。嘱病人勿自行将涂在皮肤放射部位上的标记擦去。照射时协助病人取一定体位，不能随便移动。

（3）皮肤护理

①照射部位皮肤往往会出现红斑、表皮脱屑、色素沉着、瘙痒感，甚至水肿、水疱形成等。

②充分暴露反应区皮肤，勿覆盖或包扎，外出注意防晒。

③遵医嘱局部用药。

④用温水和柔软的毛巾轻轻蘸洗皮肤。

⑤照射部位皮肤忌用肥皂、酒精、碘酒、红汞、油膏，避免抓伤、压迫、衣服摩擦、阳光照射、冷热刺激，禁贴胶布，禁用冰袋和暖具，禁止在照射部位剃毛发、注射。勿用手抓挠照射部位皮肤；表皮脱屑时，切勿用手撕剥。

（4）放射性食管炎护理

给流质或半流质食物，避免刺激性食物。注意保持口腔清洁，饭后喝温水冲洗食管。有咽下疼痛时，可口服氢氧化铝凝胶，疼痛难忍时可口含利多卡因溶液或服用利多卡因凝胶。

（5）放射性肺炎护理

早期给予抗生素、糖皮质激素治疗。协助病人进行有效排痰，防止痰液潴留，咳嗽明显而痰不多者，适当给予镇咳药，呼吸困难者适当吸氧。

6．心理护理

根据病人年龄、职业、文化、性格等情况，进行沟通和心理支持。在确诊前，劝说病人接受各种检查。确诊后根据病人心理承受能力决定是否向其透露真情。

（1）对有一定文化素养，具有正确、豁达的人生观，迫切要求了解病情的病人，应尊重其求知权力，采用合适的语言将诊断结果告知病人，缩短其期待诊断的焦虑期。通过告知病情，不失时机地给予心理援助，引导病人面对现实，正确认识癌症。利用病人求生欲望，鼓励病人用意念调动潜在力量，与癌症进行斗争，使病人余生更充实，提高生活质量。

（2）对于心理承受能力差、性格内向、不愿或害怕知道诊断的病人，要适当隐瞒病情，将诊断结果告知家属，并协同家属采取必要的保护措施，以防病人精神崩溃，致使病情急转直下。

（3）向病人及家属介绍本院的治疗护理水平、肺癌治疗成功的病例和各项治疗措施的必要性，以镇静的态度、熟练的操作，协助医生采取有效治疗方法，使病人产生信任感。

（4）帮助病人建立良好的社会支持网，鼓励家庭成员和亲朋好友定期探视病人，使之感受到家庭、亲友的关爱，激发其珍惜生命、热爱生活的热情，克服恐惧、绝望心理，保持积极、乐观情绪，与疾病做斗争。

## 八、健康教育/出院指导

1．宣传教育

面向大众进行宣传：

（1）宣传吸烟的危害

大力提倡戒烟（尤其要避免年轻人吸烟）、公共场所禁止吸烟。

（2）宣传劳动保护重要性

避免吸入含有致癌物质污染的空气和粉尘。

(3) 宣传早期诊断的重要性

肺癌病人的预后取决于能否早期诊断及治疗。对高危人群进行重点普查，是早期发现、早期诊断和早期治疗肺癌病人的重要手段。

2. 临终护理

总体来说，支气管肺癌的预后很差，86%的病人在确诊后5年内死亡，尤其未分化小细胞肺癌死亡率更高。

(1) 安慰病人

临终阶段应采取综合措施让病人躯体症状得到最大限度的缓解，心理上获得最大限度的安慰、支持，最后能较安详、无憾、有尊严地离开人世。

(2) 安慰家属

癌症病人家属同样也需要医务人员帮助更好地度过哀伤期，维持身心健康，投入新的生活。

临终关怀过程中，护士是倡导者、组织者、协调者和实践者。要对癌症病人充满爱心，尽一切可能减轻他们在临终期的身心痛苦，提高生命质量。

**九、小结**

▲肺癌是最常见的肺部原发性恶性肿瘤。

▲吸烟是肺癌最主要的危害因素。

▲小细胞肺癌恶性程度最高，转移最快，鳞癌反之。

▲咳嗽为最常见的早期症状。主要表现为阵发性刺激性干咳或少量血痰或持续性高音调金属音性咳嗽或刺激性呛咳。

▲影像学检查是最基本的检查方法。痰找脱落细胞是最简单有效的检查方法。纤支镜及病理检查对诊断具有重要意义。

▲小细胞肺癌首选化疗后加放疗。非小细胞肺癌早期手术或放疗效果较好。

▲护理重点是配合治疗、心理护理、临终护理。

## 第十三节　自发性气胸病人的护理

自发性气胸系指在无外伤或人为因素情况下，因肺部疾病使肺组织及脏层胸膜自发性破裂，空气进入胸膜腔造成的胸腔积气和肺萎缩。

**一、病因与发病机制**

(一) 病因

1. 原发性气胸

原发性气胸指常规胸部X射线检查肺部无明显异常者所发生的气胸，多见于瘦高型男性吸烟青壮年。气胸的发生常与肺尖部脏层胸膜下肺大疱有关，为肺泡先天发育不良所致。

2. 继发性气胸

在肺疾病基础上发生的气胸，以COPD最常见，其次是肺结核、尘肺、肺癌等。主要因肺气肿、肺大疱破裂所致，也见于肺组织坏死波及脏层胸膜等情况。

(二) 诱因

自发性气胸的发生常与持重物、剧烈运动、剧咳、排便用力、举手欢呼、打喷嚏等用力屏气动作使气道内压力突然增高有关。机械通气时压力过高也可诱发气胸。但也有一些病人无明显上述诱因。

(三) 发病机制 (图1-13-1)

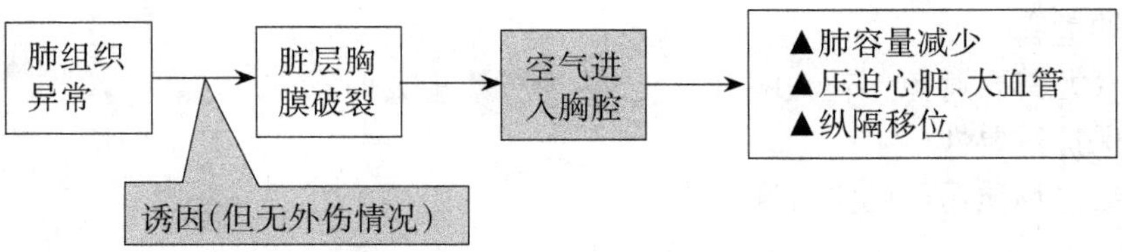


**图1-13-1　自发性气胸发病机制**

## 二、临床表现

1．症状

自发性气胸的首发症状是患侧突发胸痛，随之干咳和呼吸困难。随着病情发展，胸痛有所减轻，但呼吸困难明显加重，严重者烦躁不安、出冷汗、发绀、呼吸浅快，甚至发生呼吸衰竭、休克。

2．体征

视诊患侧胸廓饱满、呼吸运动减弱；触诊患侧语颤减低或消失、气管移向健侧、皮下气肿时有握雪感；叩诊患侧鼓音；听诊患侧呼吸音减低或消失。

3．临床分型

根据胸膜破口情况及发生气胸后对胸膜腔内压力的影响，将自发性气胸分为以下三种类型：

（1）闭合性（单纯性）气胸

随着呼气时肺回缩及浆液渗出物的作用，脏层胸膜破口自行封闭，不再有空气进入胸膜腔。

（2）交通性（开放性）气胸

胸膜破口较大或两层胸膜间有粘连和牵拉，如气管胸膜瘘，使破口持续开放，空气在吸气和呼气时自由进出胸膜腔。

（3）张力性（高压性）气胸

胸膜破口呈活瓣样阻塞：吸气时开启，空气进入胸膜腔；呼气时破口关闭，胸腔内气体不能再经破口返回呼吸道排出体外。因胸膜破口呈活瓣性阻塞，空气只进不出，故此型气胸为内科急症。

4．并发症

常见的有脓气胸、血气胸、皮下气肿、呼吸衰竭。

## 三、辅助检查

1．胸部X射线检查

胸部X射线检查是诊断气胸、判断疗效的重要方法。气胸侧透亮度增加、肺纹理消失，肺组织向肺门收缩，气管、纵隔向健侧移位。

2．胸腔内压测定

胸内负压减低或呈正压。

（1）闭合性气胸一般积气量不大，抽气后胸腔可维持负压，提示破口已闭合。

（2）交通性气胸胸腔内压力维持在0上下，抽气后观察数分钟仍无变化。

（3）张力性气胸胸腔内压力为正压，抽气至负压后不久又恢复正压。

## 四、诊断要点

1．在无外伤情况下突然发生胸痛，刺激性干咳和呼吸困难。

2．有气胸体征。

3．X射线胸片检查显示胸腔积气和肺萎缩。

## 五、配合治疗

治疗原则：排气减压，缓解症状，促使肺复张，防止复发。

1．保守治疗

适用于首次发作、肺萎缩在20%以下、不伴有呼吸困难者。嘱病人绝对卧床休息，少讲话，减少肺活动，有利于破裂口的愈合和气体吸收。气体可在2～3周内自行吸收。气急、发绀者，给予高浓度氧气吸入，既可改善缺氧，又可促进胸腔内气体吸收。

2．排气减压治疗

适用于呼吸困难明显者或肺压缩>20%病人。

（1）紧急排气

张力性气胸可用小刀或大号针头直接从患侧锁骨中线第2肋间或腋前线第4、5肋间刺入胸腔进行急救。若时间允许穿刺前在针尾部扎一橡皮指套，指套盲端切一小口，当胸腔压力大于大气压时，气体自动从小口逸出，小于大气压时，小口关闭，这样既可减少胸腔感染又便于病人的安全转运。

（2）气胸箱抽气

可同时测压和抽气，一般每次抽气不超过1 L，使胸膜腔内压维持在1～2 $cmH_2O$以下，必要时可重复抽气。

(3) 胸腔闭式引流

适用于经反复抽气疗效不佳的交通性气胸或张力性气胸，一般用单瓶水封瓶引流。伴胸膜腔积液多时，可用双瓶引流。肺复张不满意时采用连续负压吸引。

3. 胸膜粘连术

用于经上述处理无效或反复发作的气胸。将化学粘连剂、生物刺激剂或50%葡萄糖溶液等经胸腔插管或胸腔镜注入或喷洒在胸膜腔，引起无菌性胸膜炎，由于局部炎症渗出，使脏层和壁层胸膜增厚、粘连、破裂口闭合，从而达到防治气胸的目的。

4. 手术治疗

慢性气胸（病程>3个月）、复发性气胸、血气胸等酌情手术治疗。

5. 原发病及并发症处理

积极治疗原发病，避免诱因，预防和处理继发的细菌感染。

## 六、护理问题

1. 低效性呼吸型态

与肺扩张能力下降、疼痛、缺氧、焦虑有关。

2. 疼痛

与气体刺激胸膜或胸腔置管引流有关。

3. 有感染的危险

与胸腔和气道相通及（或）胸腔置管有关。

## 七、护理措施

1. 指导休息与活动

(1) 绝对卧床休息

协助采取有利于呼吸的体位，如抬高床头，半坐位或端坐位等，避免屏气、咳嗽、打喷嚏等本病诱因，满足病人的生理需要。

(2) 吸氧

给予鼻导管或鼻塞吸氧，保持管道通畅。

2. 饮食护理

给予清淡、易消化饮食。

3. 病情观察

密切观察病情变化，注意胸痛、呼吸困难、生命体征及肺部体征的变化，经常巡视病房，及时听取病人主诉，观察胸腔引流情况。若病人突然烦躁、呼吸困难加重伴发绀应立即通知医生，积极配合抢救。

4. 对症护理

(1) 疼痛护理

①关心病人，与病人共同分析疼痛的原因，指导病人避免过度活动使疼痛加重。

②指导病人深呼吸、咳嗽或活动时用枕头或手护住胸腔引流管处的伤口，半卧位时可在胸腔引流管下垫一毛巾，以减轻病人的不适，同时防止引流管受压。体位改变或活动时，用手固定好胸腔引流管，避免引流管移动而刺激胸膜，引起疼痛。

③教会病人自我放松技巧，如缓慢地深呼吸，全身肌肉放松，听音乐、听广播等分散病人的注意力，减轻疼痛。

④疼痛剧烈时，遵医嘱给予止痛剂、镇咳剂，及时评价止痛效果并观察可能出现的副作用，如果疼痛不缓解，或病人主诉近期疼痛与以往相比有明显加重，及时与医生联系并有效地处理。

(2) 协助医生做好各种检查的准备和配合工作。进行各项检查、操作前向病人做好解释，以免病人恐惧。胸腔闭式引流护理方法，参见《外科护理学》相关内容。

5. 心理护理

安慰病人，树立病人治疗信心，减少恐惧、焦虑心理。告知病人病情及治疗方法，指导病人积极配合治疗。

## 八、健康教育/出院指导

提醒病人坚持治疗原有肺部病变，避免气胸诱发因素，若突然感到胸闷、胸痛、气急或原有呼吸困难突然加重，应及时就诊。

## 九、小结

▲自发性气胸指肺组织自发破裂，空气进入胸膜腔。

▲典型表现为患侧突发胸痛、干咳、呼吸困难。体检：视诊患侧胸廓饱满、呼吸运动减弱；触诊患侧语颤减低或消失、气管移向健侧；叩诊患侧鼓音；听诊患侧呼吸音减低或消失。

▲X射线胸片显示患侧透亮度增加、肺纹理消失，肺组织向肺门收缩。

▲最主要的治疗是排气减压治疗。

▲护理主要是适当休息、活动，观察病情，避免诱因。

# 第二章　呼吸重症监护室常用急救与监护技术

## 第一节　氧疗

氧疗（oxygen therapy）是指利用各种方法将高于空气中氧浓度或压力的氧气输送给人体，用以提高人体氧输送（delivery of oxygen，$DO_2$），纠正组织缺氧的一种治疗方法。有研究表明，健康人体体内存氧量仅约1.0～1.5 L，仅供3～4分钟的消耗。因此，人体需源源不断地从空气中摄取氧，并借助血液循环运往全身各组织器官，在组织细胞内进行有氧代谢。缺氧可导致机体的代谢紊乱和功能障碍，严重时，可致使重要脏器组织损害和功能异常，甚至使细胞不可逆转地死亡。实施氧疗的目的是纠正机体缺氧。目前，有人把氧气视为一种药物，在实施氧疗过程中，护理人员不但要了解应用指征，同时还须知晓应用方法、“剂量”、疗程和禁忌症等相关知识，以防不适当氧疗产生不良后果。

### 一、氧疗的基本原理

#### （一）氧的摄取

正常情况下的人体呼吸是指机体与环境之间的气体交换，即摄取$O_2$和排出$CO_2$的过程。这一过程包括三个环节：即外呼吸（指外环境与肺之间气体流通的肺通气以及肺泡与毛细血管之间气体交换的肺换气）、气体运输（指气体在血液中的运输过程）和内呼吸（指血液与组织细胞间的气体交换过程）。经肺氧疗的氧摄取即是依靠外呼吸的肺通气和肺换气功能来完成的。完成氧摄取的动力是气体的分压差，而正常人体摄取的气体来源是空气，混于空气中的各种气体分别具有各自的压力，这些压力的总和为大气压，即气体的总压力。在气体形成的一定压力作用下，氧气随着吸入的空气，通过呼吸道、肺泡、动脉血、大循环的毛细血管、细胞，最终到线粒体，被组织细胞利用和消耗。在此过程中，氧分压逐渐下降，各种环境因素或病理状态均可影响和改变氧的降阶梯过程。

#### （二）氧的运输

大气中的空气是人体消耗氧的来源，线粒体是利用氧的部位，氧从空气输送到线粒体需要肺、心血管和血液系统的协同作用。正常成人每克血红蛋白完全饱和时可携带大约1.34 mL氧，单位时间内将氧输送到人体组织的量由动脉血氧含量（$CaO_2$）和血流量（即心排血量）决定。其中$CaO_2$包括血红蛋白携带和物理溶解两种形式，而实际应用中，物理溶解的氧量极少（约为$PaO_2 \times 0.0031$），容易被忽略不计，但应该强调的是物理溶解的氧才是氧摄取与利用的必经途径，特殊形式的氧疗如高压氧疗正是通过提高物理溶解氧而发挥作用的。正常情况下，单位时间内氧输送到人体组织的量，在生理情况下也可发生迅速的变化以适应机体代谢的需要。成人男性在安静状态下平均耗氧约250 mL/min，运动时耗氧量可增加10倍以上。除了剧烈运动等，输送到组织的氧总是超过组织的氧耗。否则，如果氧耗超过组织供氧量，机体则可能调动无氧代谢来满足整个代谢的需要。如果机体长期处于这种失衡状态，即会产生过多的乳酸，导致进行性酸中毒，细胞内代谢中止，最终细胞死亡。

#### （三）氧的利用与储存

静脉血氧饱和度是反映组织摄取氧的良好指标。静息生理状态下，正常值为75%（68%～77%）。不同组织器官利用氧的水平有所不同，因此，缺氧给各器官造成的危害程度有所不同，其程度远超过$CO_2$潴留，其原因为：重要脏器（如心脏和脑）耗氧量大，对缺氧极为敏感，耐受性差。停止循环后10秒，可神志不清。另外，人体对氧的贮存很少，在吸入空气时，只有1.55 L，而正常安静情况下，机体的耗氧量约为250 mL。在极其有限的氧贮存中，有的氧在$PaO_2$降低到不能接受的程度时才释放出来。从氧解离曲线可知，$PaO_2$降至40 mmHg前血液才会释放多余的氧。因此，若停止供氧，维持生命的时间不过几分钟。

（四）氧解离曲线

氧解离曲线即氧合血红蛋白解离曲线，用于表示$PaO_2$与Hb氧饱和度关系，两者呈S形曲线关系。曲线分为上段、中段和下段。曲线上段较为平坦，$PaO_2$介于60～100 mmHg，而Hb氧饱和度变化不大，相当于90%～100%。中段较为陡直，$PaO_2$介于40～60 mmHg，混合静脉血的氧分压约为40 mmHg，意味着当血液流经组织时可迅速释放大量氧。曲线下段坡度最大，$PaO_2$介于15～40 mmHg，此时$PaO_2$稍有下降，大量$HbO_2$就会解离，将氧释放以供组织代谢需要。诸多因素可对氧解离曲线产生影响，其影响结果有两种，即氧解离曲线左移或右移。一般以$P_{50}$表示Hb与氧结合的能力。$P_{50}$为Hb血氧饱和度达到50%的$PaO_2$值。$P_{50}$增大表明Hb与氧的结合能力下降，氧解曲线右移，有利于氧的释放；$P_{50}$减小表明Hb与氧的结合能力升高，氧解曲线左移，有利于氧的结合。可造成氧解离曲线左移的常见因素有：pH升高、$PCO_2$降低、温度降低、红细胞内2，3-二磷酸甘油酸（2，3-DPC）及HbCO浓度升高等。相反，pH降低、$PCO_2$升高、温度升高、2，3-DPC升高等因素可导致氧解离曲线右移。

## 二、缺氧的危害

缺氧可使生物体内的代谢紊乱、功能障碍和细胞损害，并引起相应的临床表现。中枢系统对缺氧反应最敏感，在体温37 ℃时循环停止3～4分钟，脑组织就可出现不可逆的损害。脑缺氧轻者可主诉疲劳，临床表现为表情忧郁、淡漠、嗜睡，或出现欣快多语、哭笑无常等精神症状，重者可因脑水肿、颅内压增高而致昏迷，甚至脑死亡。心脏对缺氧的反应也十分敏感，中度缺氧可反射性刺激心脏，使心率增快，排血量增加，血压升高。严重时，可使心肌受损，心率减慢，血压下降，排血量减少，心脏传导系统功能紊乱，出现心律失常。极重度者，可出现室性心动过速、心室纤颤或心脏停止搏动。对呼吸系统而言，急性缺氧可刺激主动脉体、颈动脉体化学感受器使呼吸加深加快。极严重缺氧可抑制呼吸中枢，引起周期性呼吸或呼吸减弱，甚至呼吸停止。另外，急性严重缺氧还可引起肝细胞水肿、变性和坏死，使各种酶类升高。慢性缺氧可诱发肝纤维化、肝功能障碍。缺氧对肾功能的影响是肾血管收缩，肾血流量减少，肾小球滤过率降低，导致尿量减少与氮质血症。严重时，发生急性肾功能不全。缺氧时细胞内线粒体的氧分压降低，氧化过程发生障碍，无氧代谢增强，引起代谢性酸中毒。缺氧还可使体内儿茶酚胺增加，继发性醛固酮增多，导致血容量增加。

## 三、氧疗的目的及适应症

氧疗的目的是提高$DO_2$，满足机体氧需求，纠正组织缺氧，改善细胞代谢状态，促进机体功能恢复。就理论而言，低氧血症均为氧疗的指征。$PaO_2$正常范围为：（100-0.3×年龄±5）mmHg或［13.3-（0.04×年龄）±0.67］kPa。凡$PaO_2$低于同龄人正常下限均称为低氧血症。值得注意的是，临床上组织缺氧往往与低氧血症同时存在，但也有不一致的情况，轻度低氧血症可以没有组织缺氧，$PaO_2$<50 mmHg才导致组织缺氧。组织缺氧也可在没有低氧血症的情况下发生，如循环型缺氧、细胞型缺氧、血红蛋白型缺氧。Mithocher提出的氧疗指征为：动脉血氧分压（$PaO_2$）<65 mmHg，动脉血二氧化碳分压（$PaCO_2$）<45 mmHg；或$PaO_2$<50 mmHg，$PaCO_2$>45 mmHg，因此两种情况提示组织氧合障碍，需积极治疗。还有人认为当$PaO_2$<60 mmHg，$SaO_2$<90%时，即可实施氧疗。针对缺氧机制，有以下情况均应考虑氧疗：氧的摄入不足、肺泡通气量过低、换气功能障碍、血氧分压正常性缺氧和慢性低氧血症。

## 四、氧疗的方法与选择

（一）氧疗的工具选择与应用

氧疗的工具有鼻管或鼻塞给氧、面罩给氧、气管导管给氧、按需脉冲阀给氧及氧帐给氧。

（二）氧疗的方法与分类

1．按氧疗方法是否对机体造成损伤分有创性给氧和无创性给氧

无创性给氧方法包括鼻管吸氧法、鼻塞吸氧法、面罩吸氧法、氧枕和氧帐给氧法。有创性给氧方法包括气管插管法、气管切开造瘘法等。

2．按$FiO_2$控制程度分为控制性氧疗和非控制性氧疗

控制性氧疗是指严格控制$FiO_2$，以防因吸入高浓度氧而导致呼吸中枢兴奋性的抑制。临床上多要求使$PaO_2$维持在55～60 mmHg，$SaO_2$维持在88%～95%，既可纠正缺氧，又避免因缺氧缓解而致的呼吸兴奋性的抑制。为了维持这种状态，常常使吸入氧浓度控制在25%～29%（1～2 L/min）。控制性氧疗方法包括空气稀释面罩法（Venturi面罩）、鼻咽导管控制性氧疗法和呼吸机控制性氧疗法。非控制性吸氧是指

不需要控制$FiO_2$，可以根据病情需要酌情调节$FiO_2$适用于无通气功能障碍的患者。

3. 按给氧装置提供的氧流速能否满足患者的吸气需要分为低流速给氧和高流速给氧两大系统

所谓低流速给氧系统是指给氧装置的氧流速并不希望为患者提供全部吸入的需要，也就是说应用低流速系统，每次吸入的氧气中混有空气，进入气道的$FiO_2$也有较大的差异。高流速给氧系统提供的气流速可以完全满足患者吸入氧的需要。但是，气体流速和氧气浓度是两个完全不同的概念，无论是高流速给氧系统还是低流速给氧系统都能提供高、中、低$FiO_2$。

4. 按$FiO_2$的高低分为低浓度氧疗、中浓度氧疗、高浓度氧疗

低浓度氧疗指$FiO_2<30\%$，高浓度氧疗指$FiO_2>50\%$，中浓度氧疗指$30\%\leq FiO_2\leq 50\%$。

5. 按氧流量的大小分为低流量吸氧和高流量吸氧

低流量吸氧的氧流量≤2 L/min，高流量吸氧的氧流量≥4 L/min。

6. 按气压高低分为常压氧疗和高压氧疗

常压氧疗指在1个大气压下的氧疗，而高压氧疗指在大于1个大气压下的氧疗，即需在高压氧舱中进行治疗。此法患者吸入的是纯氧，目的是增加血液中物理溶解的氧，使$PaO_2$极度提高。

## 五、氧疗的并发症及其预防与护理

### （一）高碳酸血症或呼吸抑制

1. 发生原因

正常情况下，呼吸中枢的兴奋作用主要依赖吸入气中的$CO_2$浓度，当吸入气中$CO_2$浓度增加时，$PaCO_2$升高，反射性地作用于呼吸中枢，使呼吸中枢兴奋，呼吸次数增快，通气量增加。但$PaCO_2$升高对通气量增加的作用有限，$PaCO_2$每升高1 mmHg，通气量增加24 mL。相反，当吸入气中$CO_2$浓度过高（>12%）时，通气则不再增加甚至呼吸中枢抑制。因此，$PaCO_2$升至70 mmHg时，通气量增至最高，若$PaCO_2$继续升高，通气量反而会下降。其中主要原因是高$CO_2$对呼吸中枢麻痹造成的。对于缺氧伴有$CO_2$潴留的患者，长期的$PaCO_2$升高，呼吸中枢对$CO_2$敏感性降低或消失，而主要依赖于低氧作为驱动力，当吸入气中氧浓度增加时，这种驱动作用消失，则出现呼吸减慢或暂停，通气量下降，$CO_2$潴留加重。慢性缺氧的患者，通气/血流低下的区域，肺血管发生低氧性收缩，吸氧后有不同程度的扩张，若通气没有改善，使肺内分流量相对增加，$PaCO_2$升高。

2. 预防与护理

（1）控制性低流量吸氧

即$FiO_2$从低浓度（25%）开始，根据血气分析结果和患者的状态逐渐提升$FiO_2$，吸氧流量每次提升0.5 L/min。使$PaO_2$达到60 mmHg左右，$SaO_2$也不宜过高，控制在90%左右即可。

（2）保持气道通畅

对有通气功能障碍的患者，氧疗的同时应加强排痰护理，无自主咳嗽、咳痰能力者，要及时给予气道内吸痰，以畅通气道，增加通气量。

（3）监测动脉血气变化

氧疗前和后0.5～1小时应及时进行动脉血气分析检查。血气分析结果显示$PaO_2$无继续上升，而$PaCO_2$呈进行性上升，出现呼吸性酸中毒，考虑为氧疗效果不佳，应调整氧疗方案。

（4）调整氧疗方案

如吸氧后患者出现发绀加重、反应迟钝、嗜睡甚至昏迷等高碳酸血症的临床表现，以上措施无效时，应适时采取机械通气，必要时采取气管插管或气管切开给氧，以改善呼吸状态。

### （二）氧中毒

1. 概念

吸氧是低氧血症必不可少的治疗措施。但是，吸氧在发挥其正面的治疗作用同时，还可对细胞生物效应产生双重作用，即过高的氧分压也会损伤机体细胞，如对中枢神经系统和肺组织等器官的损伤，临床上把这种损伤称为氧中毒。

2. 发生原因与机制

长时间吸入高浓度氧是发生氧中毒的直接原因。一般认为，氧中毒产生机制可以用氧自由基学说来解释。正常情况下机体组织抗氧化系统对氧自由基具有清除作用。当吸入高浓度氧时，使氧自由基超过组织抗氧化系统的清除能力，将使组织细胞发生病理改变，其损害程度与吸入氧浓度和持续时间相关。

3. 临床表现

肺氧中毒的临床表现可归纳为四类不同的综合征：气管支气管炎；ARDS；支气管肺发育不良；“无气”肺不张。

4. 预防与护理

(1) 避免高浓度氧气吸入

正常情况下，健康人长期吸入<35%的氧，或短期吸入40%以下的氧，可无明显氧中毒症状。吸入50%氧44小时后，可见肺灌洗液中异常细胞增多，主要表现为肺部细胞及炎性介质的变化。吸入>60%的氧1～2天可致肺损伤。吸入纯氧12～24小时后，可有轻度症状和体征，100小时后，可有重度氧中毒表现。

(2) 保持呼吸道通畅

加强气道湿化，稀释分泌物，协助翻身、叩背，促进分泌物引流，还可给予雾化吸入或应用支气管扩张剂，辅助排痰。

(3) 提高机体抗病能力

对发热者，要给予物理降温，必要时给予药物降温。加强营养，给予高蛋白、多种维生素，尤其是维生素C或E，以及微量元素硒钴锌镁等，以增加机体抵抗力和免疫力。

(4) 监测动脉血气分析

根据血气分析结果，逐渐下调吸入氧浓度，保持$PaO_2$在年龄预计值之上的最低吸入氧浓度。

(5) 密切观察氧疗效果

如在吸氧过程中出现胸骨后不适、鼻塞、咽喉痛，肺活量减少，提示出现氧中毒，如有胸痛、呼吸窘迫、感觉异常、严重顽固性咳嗽、头痛、恶心、呕吐、食欲缺乏和胸腔积液等表现，提示氧中毒症状加重，应报告医生给予及时处理。

### 六、氧疗停止指征

以氧解离曲线为判断标准，当患者经氧疗后，吸入空气能使$PaO_2$达到60 mmHg并保持稳定水平，$SaO_2$维持在90%以上，就可满足机体基本的生理需求，此时可停止氧疗。具体停止氧疗的指征为：

①神志清楚，精神好转；

②发绀消失；

③动脉血气指标改善：$PaO_2$>60 mmHg，停止吸氧3小时不下降，$PaCO_2$<50 mmHg；

④呼吸比较平稳；

⑤循环指标改善：心率有所减慢，心律失常消失；

⑥慢性疾病急性加重期基本控制，转为临床缓解期。

## 第二节　动脉血采集

采集动脉血是危重患者救治过程中的一项重要操作。其目的是通过采取动脉血进行动脉血气分析，从而监测酸碱平衡失调、缺氧和二氧化碳潴留，以判断急性、慢性呼吸衰竭程度，为诊断疾病提供可靠依据。主要适用于各种疾病、创伤、手术所导致的呼吸功能障碍者，使用呼吸机治疗的呼吸衰竭患者，以及心肺复苏术术后需要继续监测者。

### 一、操作方法

#### (一) 准备用物

无菌治疗盘：一次性血气针（无须备肝素溶液）或2 mL注射器、皮肤消毒液、无菌消毒棉签、无菌棉球、橡皮塞、肝素抗凝剂。

#### (二) 配制抗凝剂

配成1∶1000的肝素钠溶液待用。抽取此溶液0.5 mL于2 mL注射器内，充分转动注射器，使抗凝液与注射器充分接触，再将抗凝液推至针尖部，排净注射器内残余气泡。如用一次性动脉抽血注射器可直接将注射器针栓拉至1 mL刻度待用。

（三）患者准备

向患者解释操作目的、意义，指导患者放松，给予配合。让患者取坐位或卧位，以方便采血和舒适为宜。根据所要选择的动脉充分暴露采血部位。如枕动脉可取坐位或卧位，如选择股动脉需采取仰卧位。

（四）选择血管

选择穿刺部位动脉弹性好、易于固定、穿刺部位无硬结且搏动触摸最明显处，常规消毒穿刺部位皮肤和操作者触摸动脉的手指。

（五）采血

以左手示指和中指固定动脉，右手持注射器与皮肤呈30°～45°穿刺为宜，若取股动脉穿刺，则需垂直进针，当见有血液自动流入针管内，则穿刺成功。抽出血液在正常情况下应为鲜红色，采血1 mL即可。

## 二、注意事项

（一）防止穿刺部位出血

取血后立即拔针，无菌棉球按压穿刺部位，请第二人继续按压5分钟以上，如有凝血机制障碍，则应延长按压时间，停止按压后要观察穿刺点确无出血。

（二）确保检查结果可靠性

标本需立即送检。操作者迅速将针头斜面刺入橡皮塞内或特制针帽中，避免空气进入针管影响检查结果。将注射器轻轻转动，使血液与肝素液充分混匀，防止凝血。

# 第三节　纤维支气管镜的应用

纤维支气管镜（纤支镜）是RICU的常备急救设备，自从其应用于临床以来，对呼吸系统疾病的诊断和治疗发挥了重要作用，尤其是在呼吸科危重患者的抢救中，因纤支镜具有直观性强、操作便利且可移动的特点，容易满足危重患者多不易搬动、需在病床边进行各种检查或治疗性操作的需求，大大地增加了危重患者的抢救成功率。护理人员需熟练掌握纤维支气管镜的维护与保养方法及注意事项，以确保其临床应用效果。

## 一、适应症

在RICU患者中，主要用于急症患者的处理和救治，具体有以下几个方面：

1．呼吸衰竭患者的引导气管插管、支气管肺泡灌洗治疗。

2．大咯血患者的出血原因检查、注入止血药止血。

3．对气管、支气管狭窄患者除进行检查外，还可经纤支镜进行手术治疗、支气管镜球囊扩张治疗及经气道支架置入术。

4．对重症肺炎患者可进行经支气管镜防污染采集标本、支气管灌洗与引流术。

5．对气管、支气管异物的患者可进行经支气管镜检查并钳取异物。

6．利用纤支镜更换气管插管、协助拔管、检查气管插管或气管切开导管的位置和可能发生的损伤。

## 二、禁忌症

在RICU进行纤支镜操作要严格掌握禁忌症。其绝对禁忌症虽然较少，但十分重要。美国胸科学会将纤支镜的禁忌症分为绝对禁忌症和增加危险性的情况。

（一）绝对禁忌症

1．患者家属不同意。

2．操作者技术不熟练。

3．不适当的设备和工具。

（二）增加危险性的情况

1．近期发生的心肌梗死。

2．不稳定型心绞痛。

3．未控制性的心律失常。

4．顽固性低氧血症。

5．严重高碳酸血症。

6．未控制的哮喘。

7．显著的气管阻塞。

8．正压通气并加用PEEP。

9．显著的肺动脉高压。

10．凝血功能障碍。

11．不合作的患者。

## 三、维护与保养

### （一）专人保管

RICU应有专人负责对纤支镜的保管与维护。

### （二）及时消毒

每次用后立即对纤支镜进行消毒。首先应用无菌蒸馏水反复抽吸，冲净管壁结痂，再行75%乙醇抽吸消毒，最后放置于专用消毒柜内消毒。

### （三）妥善放置

纤支镜须放于专用柜内，保持纤支镜不被扭曲或打折，如需拿离纤支镜室，须用专用箱携带，防止损坏。

### （四）功能良好

建立使用登记本，发现使用过程中有异常情况，立即维修，以保证功能良好，不影响使用。

### （五）正确使用

操作者须具有扎实的理论基础，丰富的临床经验，熟练的操作技能。护士应与操作者密切配合。

## 四、监测要点

应用纤支镜过程中需严密监测生命体征及病情变化，防止由于操作不当或病情变化导致的不良后果。监测要点包括：

### （一）症状和体征

观察患者的神志、意识，是否出现发绀、出汗、烦躁；观察呼吸状态，是否有呼吸急促、呼吸困难加重情况；观察呼吸动度和呼吸频率；听诊肺呼吸音变化；及时发现呼吸抑制等情况。

### （二）心电监测

密切观察患者的心率、心律等心电示波的变化，及时发现心肌缺血及心律失常；观察患者的血压变化，防止出现高血压等血流动力学的改变。

### （三）血氧饱和度监测

应用脉搏氧监测仪观察血氧饱和度（$SpO_2$）的变化。在纤支镜操作前后查动脉血气分析，以判断治疗前后的血氧改变情况。如操作前脉搏氧监测仪示$SpO_2<94\%$或动脉血氧分析示$PaO_2<60$ mmHg应停止或延迟纤支镜操作。

### （四）呼吸功能监测

对应用机械通气的患者进行纤支镜操作前，应密切监测患者的潮气量、分钟通气量、气道压力等呼吸机设置参数，如PEEP、$FiO_2$等指标，如有高碳酸血症应监测患者的呼气末$CO_2$分压。行纤支镜操作前15分钟，应提高$FiO_2$，必要时吸入100%氧。

### （五）并发症监护

一般情况下，只要适当地操作和严密监护，就可以确保安全。目前所报道的纤支镜检查和治疗的并发症并不多见，其重大的并发症发生率为0.08%～0.15%，死亡率为0.01%～0.04%，小并发症的发生率为6.5%。可能发生的并发症有室性或室上性心律失常，通常与低氧血症有关，为预防并发症发生可增加$FiO_2$。在操作过程中气道出血也偶有发生，与频繁吸引有关；另外，纤支镜操作过程中，还可诱发高血压，可适当应用扩血管药物。有些患者在接受纤支镜检查和治疗后可发生自限性发热，其机制不十分清楚。纤支镜操作后需及时拍摄X射线胸片，观察是否发生肺感染、肺不张及气胸等并发症。

## 第四节　药物吸入技术

药物吸入技术是一种通过特殊装置将药物转换成气溶胶微粒吸入气道，再进入肺内，直接作用于支气管黏膜的有效治疗方法。药物吸入与其他气道给药途径相比有显著的优点，如给药剂量低，副作用小，药物作用迅速，持续时间长，且操作简单，容易让患者接受。

### 一、药物吸入原理

药物吸入的关键是使气溶胶微粒能通过复杂的气道防御系统进入肺内。所谓气溶胶，就是微小的液体或团体悬浮于空气中。能悬浮于空气中的微粒的大小范围为0.01～100 μm。通常还把这种能悬浮于空气中的微粒气溶胶称为“雾”，固体微粒气溶胶又称为“尘”或“烟”。气溶胶进入气道后，并不像气流那样顺着支气管顺利前进，而是按照其物理学原则沉降在呼吸道各个部位。决定气溶胶微粒在气道内沉降的有5种力学机制，即惯性冲撞、重力沉积、弥散、阻截和静电凝结。其中前3种是微粒在各级支气管上沉降的主要形式。

气溶胶在被输送于气道和肺内的过程中，受气溶胶微粒大小、呼吸方式、气道和肺的解剖因素、气溶胶发生装置以及吸入药物的药代动力学的影响。研究表明，直径为1～5 μm的微粒在下气道和肺内有较多的沉降，直径为5～10 μm的微粒大部分沉降于大气道，而大于10～15 μm的微粒几乎100%沉降于口咽部。高潮气量、慢吸气速度有利于气溶胶在下气道沉降，反之，低潮气量、浅而快的呼吸则不利于气溶胶在下气道沉降。当气道有炎症、黏膜水肿、管腔狭窄及气管分泌物增多等情况时均影响气溶胶的治疗效果。气溶胶发生装置的类型和功能所产生的微粒大小不一，也可影响吸入治疗的效果。另外，药物本身的药理学和药效学特性可决定药物微粒在气道或肺内发挥重要作用。

### 二、药物吸入装置及方法

临床上，利用气溶胶发生的药代动力学原理制造出各种气溶胶发生器，如定量吸入器、干粉吸入器、雾化器，目前均已在治疗疾病中发挥了重要作用。

（一）定量吸入器吸入法

1. 气雾剂

（1）将盖拿开并将气雾剂摇匀。

（2）轻轻呼气直到不再有空气可以从肺内呼出。

（3）口唇含着喷口，用口慢（0.5～1 L/min）而深（达到肺活量程度）地吸气，同时用手指压下盛药小罐。

（4）屏息10秒，在舒适情况下可延长闭气时间，随后慢慢呼气。

（5）在发作时如需增加吸入次数，应1分钟后重复上述的②、③、④步骤。

（6）用后将盖套回喷口上。

2. 干粉吸入器

干粉吸入器分为“都保”和“准纳器”两种吸入装置。目前临床应用的储存剂量型干粉吸入器称“都保”，多剂量干粉吸入器称“准纳器”。

（1）都保

①旋松保护瓶并拔出。

②握住瓶身，垂直竖立，将底座朝某一方向充分旋转后再转回，当听到“咔嗒”一声时，表明一次剂量的药粉已经装好。

③呼气，但不可对着吸嘴呼气。

④将吸嘴置于齿间，用双唇包住吸嘴。

⑤用力深吸气。

⑥屏息10秒。

⑦盖好保护瓶盖。

（2）准纳器

①欲打开准纳器，用一手握住外壳，另一手的大拇指放在手柄上，向外推动拇指至完全打开。

②向外推动滑动杆发出“咔嗒”声，一个标准剂量的药物已备好以供吸入，在剂量指示窗口有相应显示，不要随意拨动滑杆以免造成药物的浪费。

③先握住准纳器并使之远离嘴。在保证平稳呼吸的前提下，尽量呼气，切记不要将气呼入准纳器中。将吸嘴放入口中，由口深深地、平稳地吸入药物，切勿从鼻吸气。将准纳器从口中拿出，继续屏气10秒。

④关闭准纳器，将拇指放在手柄上，往后拉手柄，发出“咔嗒”声表示准纳器已关闭，滑动杆自动复位。准纳器又可于下次吸药时使用。

（二）喷射雾化器吸入法

1. 用物准备

压缩雾化机、带活瓣的口含器（或面罩）、药液、注射器、治疗巾。

2. 使用前的准备

首先把进气活瓣从雾化器上取下来；再按医嘱注入药品，注入药量须在2～8 mL的范围之间；重新安装上口含器和进气活瓣，如使用面罩，可不安装进气活瓣；连接从压缩机下部伸出的空气导管。接通电源开关，打开雾化器开关，将面罩放于口面部，指导患者均匀间歇深呼吸；雾化吸入后，取下面罩，用治疗巾擦干面部；用毕，先关雾化开关，后关电源开关，倒出雾化罐中剩余的药液，用温水洗干净，用纱布揩干，消毒备用。

（三）超声雾化吸入法

1. 用物准备

超声雾化治疗器、口含器（或面罩）、药液、治疗巾。

2. 操作方法

首先将所需药液加入雾化罐；再接通电源，打开雾化开关，见指示灯亮并有气雾逸出，按需调节雾化量；雾化时间依需要剂量而定；将面罩放于口面部，指导患者均匀间歇深呼吸；雾化吸入后，取下面罩，用治疗巾擦干面部；用毕，先关雾化开关，后关电源开关，倒出雾化罐中剩余的药液，用温水洗干净，用纱布揩干（注意勿碰撞槽底中央的电磁片）。

### 三、药物吸入注意事项

1. 使用准纳器吸入时，如果需要吸入第二次药物，必须关上准纳器后重复上述步骤，否则为无效吸入。

2. 使用雾化器时检查所有配件是否安装到位，导管一定要被牢固地安装在压缩机上。喷雾器安装错误会影响药物的雾化。

3. 间断控制按钮的作用是控制药雾的输出，减少药雾浪费。如年老体弱者可将间断控制按钮旋转至开放位置，这样可减少吸入时的步骤。

4. 吸入药物过程中，要严密观察患者的病情变化，如出现呼吸困难、气喘、心慌、胸闷等症状，应立即停止吸入，给予必要的处理。

5. 操作前要向患者详细说明操作的意义、方法和注意事项，以取得患者配合。

6. 如气管切开患者应用此吸入方法，应将吸入喷嘴直接对准气管插管口，周围垫垫巾以防雾气浸湿敷料。

7. 如吸入药为糖皮质激素，吸药后要彻底漱口，且要仰头将水漱至咽部，以防吸入药物残留于口咽部，导致口咽黏膜受损。

8. 吸入支气管扩张剂，应根据药物作用的部位不同而分清前后顺序，以使药发挥最好疗效。

9. 老年或儿童患者应用MDI时可因吸气和喷药动作不协调而影响吸药效果，对此，可使用贮雾罐（器）或吸气按需活瓣，以减少吸入激素在口咽部的沉降，从而更好地预防由于吸入激素而导致的声嘶、口咽部真菌感染等副作用。

## 第五节　痰标本采集与送检

痰标本是指由人体下呼吸道咳出或吸引出的分泌物。由于人体喉以上的呼吸道黏膜表面及其分泌物含有较多的微生物和定植菌，唾液含菌量约为$10^8$～$10^9$/mL，致使经口咽部咳出的痰液经常受到污染，从而影响病原学诊断的准确性和可靠性。因此，正确地采集与及时送检痰标本是保证临床医师合理有效地使用抗生素和提高重危患者救治成功率的关键环节。

## 一、经口咳出的痰标本

### （一）指征

需进行下呼吸道感染痰标本涂片（革兰染色）和痰细菌学检查者。检查范围包括普通细菌、分枝杆菌、真菌和军团菌。

### （二）禁忌症

口腔有严重感染者，可能导致经口咳出的痰液污染；需进行厌氧菌的检测者；无自主咳嗽、咳痰能力者。

### （三）方法

于清晨留痰前需摘去牙托，清洁口腔，如刷牙、漱口或口腔护理。指导其深吸1口气后屏气2秒，深咳出气道深部的痰，第一口痰最好弃掉不要，留第二口痰，吐于痰盒或痰瓶中，尽快（1小时内）送检。

### （四）注意事项

1. 留痰前详细介绍留痰方法、意义及注意事项。
2. 对无痰者或痰量极少者，可用3%～5%的氯化钠溶液5 mL雾化吸入引痰。但对于有支气管哮喘者慎用，以防诱发支气管哮喘发作。
3. 普通细菌性肺炎，痰标本应每天送检1次，连续2～3天。
4. 怀疑有分枝杆菌感染者，应连续收集3天清晨痰液送检。
5. 怀疑有军团菌或深部真菌感染者，痰标本理想的送检次数无定论。
6. 痰标本容器上标明姓名、床号、病案号、标本名称、采集的日期、检查项目及标本名称。
7. 对于无自主咳痰者，应尽早采取吸痰留取痰标本。

## 二、经鼻吸引出的痰标本

### （一）指征

尚未建立人工气道，且缺乏自主咳嗽、咳痰能力的患者，多为老年人、体质虚弱或长期卧床的患者。

### （二）禁忌症

有颅底骨骨折或脑脊液鼻漏的患者。

### （三）方法

按吸痰操作法准备用物。另需备一次性无菌抽吸痰标本瓶，将吸引器连接管接标本瓶短头，长头与一次性吸痰管连接。吸引痰液前，必须确认吸痰管插入气管内。插入技巧有三个：一是对清醒患者需将约10 cm长的吸痰管前端轻轻送至咽部，嘱患者深吸气或咳嗽，待患者深吸气或咳嗽时，快速插入气道；二是对昏迷患者或不能主动配合患者，先送管至咽部，待观察患者吸气时（即胸廓上抬）快速插入气道；三是有咳嗽反射但不能配合的患者，将吸痰管送至咽部后，突然开放吸引器，刺激患者反射性咳嗽，当患者咳嗽时将吸痰管插入气道。插入气道的判断标准为患者突然剧烈咳嗽、憋气、颜面青紫；插入气道后开始吸痰，当痰液吸入标本瓶内后先断开与吸引器的连接，再将吸痰管从气道中退出，以防吸痰管退出过程中将口腔分泌物吸入标本瓶内。

### （四）注意事项

1. 同经口留取痰标本的注意事项。
2. 所不同的是气道内吸痰留取痰标本要严格无菌操作。

## 三、经纤支镜吸引出的痰标本

### （一）指征

经纤支镜吸引留取痰标本的前提是由专业人员进行操作，适应于非寻常感染，如：慢性、难治性感染，或免疫抑制患者感染且不能用咳嗽、吸痰等留取标本检测出病原体时的选择。临床上倾向于需要进行分枝杆菌培养，卡氏肺孢子菌、某些真菌、巨细胞病毒、单纯疱疹病毒、军团菌等感染时应用此种方法留取痰标本。

（二）禁忌症

对于大多数下呼吸道感染的患者不可采用此种方法，因此法采集到的标本常被上呼吸道菌落污染，且偶发并发症，尤其是对于严重低氧血症和患者不能配合时更需慎重采用此种技术。凝血功能异常和需机械通气支持是经纤支镜留取痰标本的相对禁忌症。

（三）方法

基本步骤对照本章第四节。所采集的标本需在1小时内送检。

（四）注意事项

1．局麻方法不宜采用腔内注射而是采用利多卡因喷雾法。

2．开始收集标本前要避免吸引，患者保持头低位。

3．操作者必须遵守操作规程。

4．护理人员或配合者必须做好各种药品和器材的应急准备。

## 四、经气管穿刺吸引的痰标本

（一）指征

由于通过此种方法所采集到的痰标本不受上呼吸道正常菌群污染，曾被广泛推荐用于下呼吸道细菌性感染的病原学诊断。主要适用于下呼吸道普通细菌、厌氧菌感染的诊断、鉴别诊断。

（二）禁忌症

相对禁忌症有严重咯血、出血倾向、不能配合、严重低氧血症和近期使用过抗生素者。凝血指标异常，如血小板＜100000/$mm^3$，儿童气管直径小且不合作者禁忌此操作。

（三）方法

患者取仰卧位，颈部后伸。根据患者血气分析显示的$PaO_2$或患者是否有呼吸困难的症状可酌情给予鼻导管吸氧。于环甲膜周围进行皮肤消毒。行2%利多卡因局部浸润麻醉。用带有20～30 cm长度聚乙烯管和14号钢针的静脉套管针穿透环甲膜，并使针孔斜面向上，钢针向前进几毫米就进入气管，保持钢针一定倾斜度，使导管从尾部插入到气管中去。将导管尽量向前送入气管，下插至隆突水平，退出钢针。用20～50 mL的注射器连接导管抽吸下呼吸道分泌物。取数滴分泌物，置于注射器、厌氧运送瓶或一次性痰液收集器立即送检。导管拔出后，应在钢针穿刺部位加压数分钟。

（四）注意事项

1．为防止气管出血，可在麻醉剂中加入肾上腺素，有助于止血。

2．穿刺手法要准确，切忌损伤气管后壁。

3．尽量避免向气道内注入生理盐水，以防因标本稀释，失去半定量细菌培养的意义。

4．严密监测并发症的出现，如发现下列并发症的症状和体征，应立即报告医生，给予及时处理。一是局部出血、气管后壁刺伤、皮肤或气管旁脓肿及皮下气肿等；二是低氧血症或阵发性咳嗽而导致的严重咯血；三是血管-迷走反射引起的心律失常、低血压和心肌缺血等。

# 第三章 循环系统疾病病人的护理

## 第一节 循环系统基础知识

### 一、解剖结构

（一）心脏

1．大体结构

心脏是一个中空的肌性器官，位于胸腔中纵隔内，约三分之二位于正中线的左侧。心脏由左心房、左心室、右心房和右心室四个心腔组成。左心房和左心室之间有二尖瓣，右心房和右心室之间有三尖瓣，左心室与主动脉之间有主动脉瓣，右心室与肺动脉之间有肺动脉瓣。这些瓣膜可使血液呈单向流动，并阻止血液反流。

2．组织结构

心壁由内到外可分为三层，即心内膜、肌层和心外膜。心内膜是心腔内面，心外膜紧贴于心脏表面与心包壁层之间形成心包腔，心包腔内有少量浆液，在心脏收缩与舒张时起润滑作用。

3．营养供给

营养心脏的动脉是冠状动脉，起源于主动脉根部，围绕在心脏表面并穿透到心肌内，分左、右两支，左冠状动脉又分两支，即前降支和旋支。前降支主要负责左心室前壁、下侧壁、心尖部、室间隔的前2/3心肌、右室前壁一小部分及二尖瓣乳头肌血液供应，旋支主要负责左室侧壁、左室后壁及高侧壁心肌血液供应；右冠状动脉主要负责右心房、右心室、室间隔的后1/3、左室后壁及窦房结血液供应。

4．传导系统

心脏在心内传导系统的作用下，进行着有节律的收缩和舒张活动，具有驱动血液流动的泵血功能。心脏传导系统包括窦房结、结间束、房室束、希氏束、左右束支及其分支和浦肯野纤维，负责心脏正常冲动的形成和传导。

（二）血管

血管可分为动脉、静脉和毛细血管三种。动脉是引导血液出心脏的管道，主要功能是输送血液到组织器官，动脉管壁有肌纤维和弹力纤维，能在各种血管活性物质的作用下收缩和舒张，改变外周血管的阻力，又称“阻力血管”。静脉的主要功能是汇集从毛细血管来的血液，并将血液送回心脏，其容量较大，占机体血液的60%～70%，又称“容量血管”。阻力血管和容量血管对维持和调节心脏功能有重要作用。毛细血管位于小动脉与小静脉之间，呈网状分布，其管壁由单层的内皮细胞和基膜组成。体循环毛细血管是血液和组织液、氧气和二氧化碳、营养物质和代谢产物等的交换场所。肺循环毛细血管是血液与空气进行气体交换的场所。毛细血管又称“功能血管”。

### 二、生理病理要点

循环系统的主要生理功能是给全身组织器官供应血液。通过血液将氧气、营养物质和激素等供给组织，并将组织代谢产物运走，保证人体新陈代谢正常进行，维持机体的生命活动。

调节血液循环的神经有两组，即交感神经和副交感神经。交感神经兴奋时可使心率增快、心肌收缩力增强、周围血管收缩、血管阻力增加及血压增高，副交感神经兴奋时，上述表现相反。

调节血液循环的体液因素主要有肾素-血管紧张素-醛固酮系统（RAAS）、血管内皮因子、电解质、代谢产物等。

①RAAS是调节钠、钾平衡，血压和血容量的重要因素。

②血管内皮因子：如前列环素、一氧化氮等具有扩张血管作用；内皮素、血管收缩因子具有收缩血管的作用。

③电解质：如钙离子、钠离子等是人体体液调节的兴奋因素，可加速心率、增加心肌收缩力，而钾离子、镁离子等作用相反。

④酸性代谢产物具有扩张血管的作用。

正常人心室除极从心内膜向心外膜，而复极则从心外膜开始，向心内膜方向推进。正常人的心电图中，记录到的复极波方向常与除极波主波方向一致。

## 第二节　心律失常病人的护理

心脏激动的起源、频率、节律、传导速度和传导顺序等异常，称心律失常。

①正常心律起源于窦房结，窦房结冲动经传导系统激动心房和心室完成1次完整的心动周期，其传导顺序为：窦房结→结间束（到达心房）→房室结→希氏束→房室束（左右束支）→浦肯野纤维（到达心室）。

②心律失常常见病因：器质性心脏病、自主神经功能紊乱、药物中毒、电解质紊乱、酸碱平衡失调等。

③心律失常分类方法繁多。按心率快慢分为快速性心律失常和缓慢性心律失常。按发生原理分类见图3-2-1：

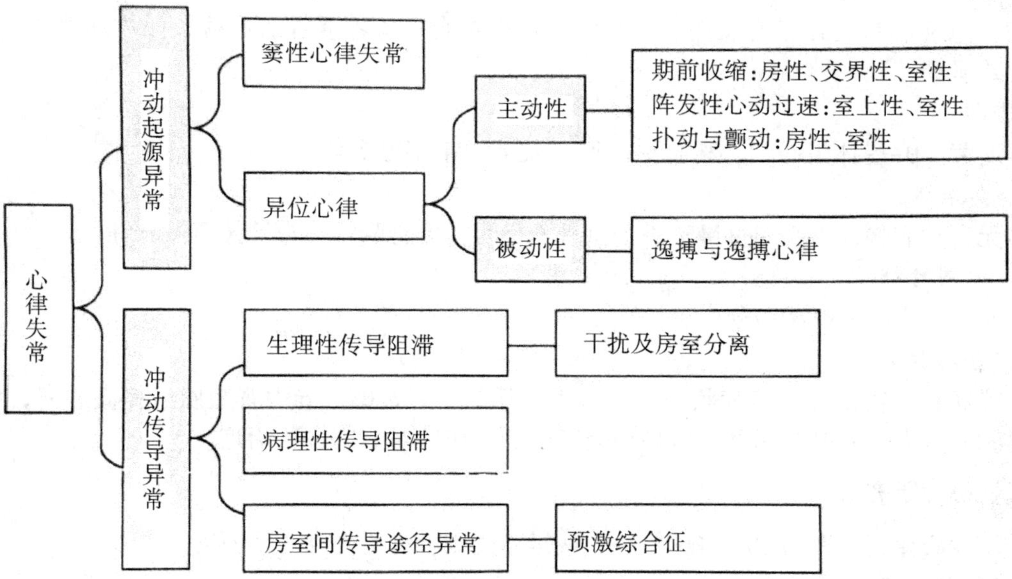


**图3-2-1　心律失常发生原理**

心电图是诊断心律失常最重要的一项无创性检查技术；动态心电图是记录24小时病人心电图，同时将病人活动及出现症状的具体时间记录下来，与心电记录进行对比分析；心电监护则是通过显示屏连续观察监测心脏电活动情况的一种无创性监测方法，为多种心脏病的诊断和治疗提供准确可靠的依据。

### 窦性心律失常

常见窦性心律失常：窦性心动过速、窦性心动过缓、窦性心律不齐、窦性停搏、病态窦房结综合征等。

#### 一、窦性心动过速

成年人窦性心律的频率为100～150次/分，偶有高达200次/分，称为窦性心动过速。

（一）病因与发病机制

窦性心动过速常与交感神经兴奋及迷走神经张力降低有关，可由多种原因引起。

1．生理性

健康人运动、焦虑、情绪激动、饮浓茶、喝酒等引起。

2．病理性

发热、血容量不足、贫血、甲状腺功能亢进及呼吸功能不全、低氧血症、低钾血症、心力衰竭等。

3．药物性

应用肾上腺素、异丙肾上腺素、阿托品等药。

（二）临床表现

通常逐渐开始并逐渐终止。病人可有心悸、出汗、头晕、眼花、乏力等症状，也可有原发疾病的表现，可诱发其他心律失常或心绞痛。

（三）心电图特征

窦性心律，成人频率≥100次/分。

（四）配合治疗

一般不需特殊治疗。消除诱因，治疗原发病。必要时用药物治疗，减慢心率，如β受体阻滞剂（普萘洛尔等）、钙通道阻滞剂（地尔硫䓬等）。

**二、窦性心动过缓**

成年人窦性心律的频率＜60次/分，称为窦性心动过缓。

（一）病因与发病机制

1．生理性

可见于健康的成人，尤其是运动员、老年人以及睡眠状态时。窦性心动过缓最常见的原因是迷走神经张力增高。

2．病理性

冠心病、急性心肌梗死、心肌炎、心肌病或病窦综合征等器质性心脏病及颅内压增高、血钾过高、甲状腺功能减退等。

3．药物性

应用洋地黄、β-受体阻滞剂、利血平、哌乙啶或甲基多巴等药。

（二）临床表现

病人多无自觉症状，当心率过慢致心排血量不足时，可有胸闷、头晕甚至晕厥等。

（三）心电图特征

窦性心律，成人心率<60次/分。

（四）配合治疗

无明显症状，不需治疗。若症状明显，可用阿托品、麻黄碱或异丙肾上腺素提高心率，但不宜长期使用，必要时安置人工心脏起搏器。若病理因素所致，应针对病因进行治疗。

**三、窦性心律不齐**

成年人窦性心律的频率在60～100次/分，快慢不规则，称为窦性心律不齐。

（一）病因与发病机制

常见于年轻人，尤其是心率较慢或迷走神经张力增高时（如用洋地黄、吗啡后），常与呼吸周期有关。生理性窦性心律不齐随年龄增长而减少。

（二）临床表现

很少出现症状，但两次心脏搏动间隔时间较长时，可有心悸感。

（三）心电图特征

1．窦性心律；

2．同一导联上P-P间期差异＞0.12秒。

（四）配合治疗

通常不必治疗，活动后心率增快则消失。对有症状者使用提高心率药物如阿托品、异丙肾上腺素等。

**四、窦性停搏**

窦性停搏也称窦性静止，指窦房结不能产生冲动，使心脏暂时停搏，或由低位起搏点（如房室结）发出逸搏或逸搏心律控制心室。频发窦性停搏是一种严重的心律失常，是窦房结功能衰竭的表现。

（一）病因与发病机制

1．生理性

由于强烈的迷走神经反射所致，常见于咽部受刺激、气管插管、按压颈动脉窦或眼球等。

2．病理性

炎症、缺血、损伤、退行性变等各种因素，损伤了窦房结的自律细胞。

3．药物性

洋地黄、奎尼丁、胺碘酮、β-受体阻滞剂等药物过量。

（二）临床表现

若心脏停搏时间较长而无逸搏，病人可发生头晕、抽搐、昏厥，甚至死亡。

（三）心电图特征

在规律的窦性心律中，有时在一段时间内突然无P波出现，且所出现的P波之前与之后的P-P间期与正常P-P间期不成倍数关系，窦性静止后常出现逸搏，以维持心脏排血功能。

（四）配合治疗

生理性窦性停搏不需特殊处理，去除有关因素后可自行恢复；对病理性的窦性停搏，需查清病因给予对因治疗；有晕厥史者，应及时安装人工心脏起搏器。

**五、病态窦房结综合征**

病态窦房结综合征（简称病窦综合征）是由于窦房结病变导致功能减退，产生多种心律失常的综合表现。主要特征为窦性心动过缓，当合并快速性心律失常时称为心动过缓-过速综合征（简称慢-快综合征）。

（一）病因与发病机制

所有影响窦房结功能的因素，如冠心病、心肌病、心肌炎、风湿性心脏病、外科手术损伤、高血压等。

（二）临床表现

起病隐匿，进展缓慢，有时被偶然发现。以心、脑等脏器供血不足的症状为主，如乏力、胸痛、心悸、头晕、失眠、记忆力减退、易激动、反应迟钝等。出现高度窦房阻滞或窦性停搏时，可发生阿-斯综合征，即心排血量严重下降导致的一过性脑缺血、缺氧而引起的急性而短暂的（一般1～2分钟）意识丧失状态。

（三）心电图特征

1．明显而持久的窦性心动过缓，用阿托品不易纠正；

2．窦性静止或窦房结阻滞；

3．窦房传导阻滞与房室传导阻滞并存；

4．慢-快综合征。

疑为病窦综合征，心电图检查仍未确诊者，可行运动试验、阿托品试验及经食管或直接心房调搏试验检测窦房结功能。后者是病窦综合征较可靠的诊断方法，特别是结合药物阻滞自主神经系统的影响，更可提高敏感性。

（四）配合治疗

首先应尽可能明确病因，给予病因治疗。症状明显者，最好安装心脏起搏器，在此基础上用抗心律失常药控制快速心律失常。

## 期前收缩

期前收缩（简称早搏）是最常见的心律失常。按起源部位可分为房性、房室交界性和室性三种，其中以室性最多见，房室交界性较少见。

常用期前收缩描述语：

①联律间期：期前收缩与其前正常搏动的间距。

②代偿间歇：期前收缩之后的长间歇。

③频发：期前收缩>5个/分。否则称为偶发期前收缩。

④二联律：1次窦性搏动后有1个期前收缩。

⑤三联律：2次窦性搏动后有1个期前收缩。

⑥成对：窦性搏动后连续有2个期前收缩。

⑦单源性：期前收缩由同一个异位起搏点引起。

⑧多源性：期前收缩由多个异位起搏点引起。

⑨Ron T现象：提前出现的室性期前收缩恰好落在前一窦性心律的T波上。

⑩危险的室性期前收缩：指频发、联律、成对、多源、Ron T室性期前收缩，此类期前收缩易诱发短阵发性室性心动过速、室颤。

（一）病因与发病机制

1．生理性

正常人情绪激动、神经紧张、疲劳、消化不良、过度吸烟、饮酒、饮浓茶、喝咖啡等均可引起期前收缩。

2．病理性

各种心肌炎、心肌病、冠心病、高血压病、肺源性心脏病、风湿性心瓣膜病、心力衰竭及休克等。电解质紊乱及酸碱平衡失调也可引起期前收缩。

3．药物性

应用洋地黄、奎尼丁、普鲁卡因胺、肾上腺素、多巴胺、锑剂等。

（二）临床表现

偶发期前收缩可无明显不适或仅有心脏停搏感。频发期前收缩可有心悸、心前区不适和乏力等症状。除原有基础心脏病的阳性体征外，心脏听诊时可在规则的心律中听见提早的心音，其后有一较长的间歇（代偿间歇），同时伴有触诊脉搏的减弱或消失。

（三）心电图特征

1．房性期前收缩（简称房早）

（1）提前出现一个变异的P′波，QRS波不变形；

（2）P′-R＞0.12秒；

（3）代偿间歇常不完全（早搏前后两个窦性P波之间的间隔短于正常P-P间隔的2倍）。

2．房室交界性期前收缩

（1）产生逆行性P′波（Ⅱ、Ⅲ、aVF的P′波倒置，aVR的P′波直立），P′波可在QRS之前、之中、之后；

（2）交界性QRS波与窦性QRS波相同或略有变异；

（3）P′-R＜0.12秒或R-P′＜ 0.20秒；

（4）往往有完全代偿间歇（早搏前后两个窦性P波之间的间隔等于正常P-P间隔的2倍）。

3．室性期前收缩（简称室早）

（1）提前出现一个宽大畸形的QRS-T波群，QRS时限＞0.12秒；

（2）早搏的QRS波前无P波；

（3）T波多与主波方向相反；

（4）有完全代偿间歇。

（四）配合治疗

1．治疗病因，消除诱因。

2．无明显症状者不需特殊治疗。

3．症状明显或频发期前收缩

（1）房性、房室交界性

可选用β-受体阻滞剂、维拉帕米等药物治疗。

（2）室性

常选用利多卡因、美西律、胺腆酮等。洋地黄中毒引起的，应立即停用洋地黄，并给以钾盐、苯妥英钠治疗。

## 阵发性心动过速

阵发性心动过速（PT）表现为快速而规则的持续异位心律（连续3次及3次以上期前收缩）。以突然发作和突然中止为特点。按冲动产生的部位，分为阵发性室上性心动过速（简称室上速）和阵发性室性心动过速（简称室速）两种。临床上室上速较室速多见。

## 一、阵发性室上性心动过速

因房性和房室交界性的心动过速病因、临床表现等基本相同，且在心电图上难以区分，故统称为室上速。

（一）病因与发病机制

折返性室上速多不具有器质性心脏病，以预激综合征显性或隐性旁路折返与房室结内折返最多见。由心房异位节律点兴奋性增强所致的房性心动过速多伴有器质性心脏病，如风湿性心脏病、甲状腺功能亢进性心脏病、冠心病及高血压性心脏病等。

（二）临床表现

无器质性心脏病的青年人多见，发作常突然开始与终止，持续时间长短不一。轻者感心慌、胸闷。重者因血流动力学障碍而出现头晕、眼花、恶心、呕吐、心绞痛、意识丧失，甚至可发生猝死。症状的轻重取决于发作时心室率的快慢及持续时间，也与基础疾病的严重程度有关。发作时心率多在150～240次/分，快而整齐，心音有力，多无心脏杂音，血压正常或降低。

（三）心电图特征

1．3个或3个以上连续而迅速的QRS波群出现，节律匀齐，QRS波时限、形态多正常；

2．P′波不易辨认；

3．频率多在150～240次/分；

4．起止突然。

（四）配合治疗

1．处理急性发作

根据病人原有心脏病、既往发作情况及对心动过速的耐受程度做出适当的处理。

（1）刺激迷走神经

刺激迷走神经是治疗室上速的首选方法。若病人血压和心功能良好，可尝试应用。

①深吸气后屏气，然后用力作呼气动作（Valsalva动作）；

②刺激咽部，引起呕吐反射；

③压迫颈动脉窦，病人取仰卧位，先按压右侧5～10秒，若无效再按压左侧，切忌用力过猛或双侧同时按压，以免引起窦性停搏或严重脑供血不足，对脑血管病变者和老人忌用此法。

上述方法可反复多次使用。

（2）药物治疗

可选用ATP、普罗帕酮（心律平）、维拉帕米（异搏定）、洋地黄、胺碘酮等静脉给药治疗。

（3）同步电复律

有血流动力学改变、胸痛、病情紧急时可选用同步电复律治疗。不宜电复律者，可经食道或心脏调搏终止室上速。

2．预防复发

（1）药物治疗

发作频繁的病人，可选用能控制发作的药物，如维拉帕米、普罗帕酮、胺碘酮等。

（2）射频消融治疗

频繁发作，药物治疗、预防无效者可行射频消融治疗。

## 二、阵发性室性心动过速

（一）病因和发病机制

90%～95%的室速患者有器质性心脏病，最常见于冠心病，尤其是急性心肌梗死，此外，严重和广泛的心肌病、严重高血压、风湿性心瓣膜病、洋地黄中毒等也可引起室速。少数见于无明显器质性心脏病或低血钾者。

（二）临床表现

室速多突然发作，患者感明显的心悸、胸闷，当心率>200次/分或有明显的器质性心脏病时，可有血压降低、呼吸困难、大汗淋漓、四肢冰冷、心绞痛、急性左心衰竭等表现，甚至出现阿-斯综合征而发生猝死。心脏听诊心率快、大致规则。

（三）心电图特征

1．3个或3个以上连续而快速的QRS波群出现，QRS波呈室性波形（>0.12秒），并有继发性ST-T改变；

2．心室律基本匀齐，频率100～250次/分；

3．有时可见窦性P波融合于QRS波的不同的部位。

（四）配合治疗

1．处理急性发作

室速往往预示室颤即将发生，所以必须争分夺秒地治疗，给予及时纠正。

（1）药物治疗

首选利多卡因，50～100 mg稀释后缓慢静推，无效时可重复使用，起效后以1～4 mg/min静滴维持，也可选用心律平或胺碘酮稀释后缓慢静推，并静滴维持。

（2）同步电复律

存在明显血流动力学障碍时首选同步电复律。

（3）积极治疗基础心脏病、补充钾盐

2．预防发作

可静脉滴注利多卡因，口服美西律、普罗帕酮、胺碘酮预防发作。

## 扑动与颤动

扑动与颤动是频率较阵发性心动过速更快的一种主动性异位快速性心律失常，根据异位搏动起源的部位不同，可分为心房扑动、心房颤动、心室扑动、心室纤颤。

### 一、心房扑动与心房颤动

心房扑动（简称房扑）时心房内产生300次/分左右快而规则的冲动，心房收缩快而协调。心房颤动（简称房颤）时心房内产生350～600次/分的不规则冲动，心房内部分肌纤维极不协调地乱颤，心房失去了有效的收缩功能。房颤较房扑多见，是仅次于期前收缩的常见的心律失常。房扑和房颤均可阵发或持久发作。

（一）病因与发病机制

房扑与房颤的病因基本相同，绝大多数见于各种器质性心脏病，最常见于风湿性心瓣膜病二尖瓣狭窄，其次是冠心病、甲状腺功能亢进症、心肌病，亦见于高血压性心脏病、洋地黄中毒等。偶可发生于无器质性病变而病因不明者。

（二）临床表现

症状轻重与心室率快慢有关，心室率接近正常且无器质性心脏病时，可无明显症状。心室率稍快可有心前区不适、心悸和气促。有严重心脏病心室率极快者，可出现心绞痛、晕厥、急性肺水肿或心源性休克。房扑时，心率较慢而规则。房颤时，心音强弱不等、心律绝对不齐，有脉搏短绌。房颤容易导致心房内血栓形成，脱落后可引起动脉栓塞，脑栓塞为最常见的并发症。

（三）心电图特征

1．心房扑动

（1）无正常P波，代之以连续的大锯齿状F波，F波之间无等电位线，波幅大小一致，间隔规整；

（2）频率为250～350次/分；

（3）F波常以2∶1或4∶1下传，心室律较规则。

2．心房颤动

（1）无正常P波，代之以大小不等、形状各异的F波（以VI导联最明显）；

（2）频率为350～600次/分；

（3）心室律绝对不规则。

（四）配合治疗

1．病因治疗

积极治疗风湿性心瓣膜病及感染、缺钾、甲状腺功能亢进等。

2．转复心律

急性房颤、房扑常用心脏同步电复律、药物复律、射频消融治疗等，其中以心脏同步电复律成功率最高，为首选治疗措施。药物转复心律可口服奎尼丁，静脉注射洋地黄、胺碘酮等。

3．控制心室率

慢性房颤、房扑可选用洋地黄、β受体阻滞剂、钙离子拮抗剂等药物控制心室率，使休息时心室率在70次/分左右，轻微活动时<90次/分。

4．抗凝治疗

适用于慢性房颤、房扑，预防血栓形成。一般选用华法林、阿司匹林、抵克立得、双嘧达莫（潘生丁）等药。

**二、心室扑动与心室颤动**

心室扑动（简称室扑）和心室颤动（简称室颤）分别为心室肌快而微弱的收缩或不协调的快速乱颤，其结果都是心脏排血量降低。室扑、室颤时心脏丧失了正常的排血功能，所以有心搏停止的表现，是最严重的致命性心律失常，若不及时抢救，可能在数分钟内夺去病人的生命。室扑可发展成室颤。

（一）病因与发病机制

1．心脏病

不稳定型心绞痛、急性心肌梗死、室壁瘤、心肌病、病窦综合征、完全性房室传导阻滞、主动脉瓣狭窄或关闭不全等。其中急性心肌梗死最常见。

2．药物

洋地黄中毒、奎尼丁、普鲁卡因胺等药中毒也可引起室扑或室颤。

3．其他

严重低血钾或高血钾、触电、溺水、窒息或雷击等。

（二）临床表现

室扑、室颤时，表现为阿-斯综合征发作，甚至瞳孔散大、抽搐、心音消失、脉搏消失、血压为零，继而呼吸停止，即猝死。

（三）心电图特征

1．心室扑动

（1）无正常QRS-T波群，代之连续快速而相对规则的大振幅波动；

（2）频率为150～300次/分。

2．心室颤动

QRS-T波群完全消失，出现大小不等、极不匀齐的低小波形。

（四）配合治疗

室扑或室颤发作时，必须争分夺秒地进行抢救，按心肺脑复苏原则进行，尽快建立有效呼吸和循环，避免脑皮质神经细胞发生不可逆性损害，挽救病人生命。

1．立即非同步电复律

具体操作参见本章第十二节“循环系统常用诊疗技术及护理”相关内容。

2．进行胸外心脏按压及人工呼吸

具体抢救步骤参见《急救护理技术》相关内容。

3．静脉注射复苏和抗心律失常药物

参见《急救护理技术》相关内容。

4．必要时给予临时起搏

## 房室传导阻滞

房室传导阻滞是指窦房结发出的冲动从心房传到心室的过程中，在房室连接区受到部分或完全、暂时或永久性的阻滞。根据阻滞程度不同，可分为：

①一度房室传导阻滞是房室间传导时间延长，但心房冲动全部能传到心室。

②二度房室传导阻滞是一部分心房激动被阻，不能传至心室。二度房室传导阻滞又进一步分为二度Ⅰ型（莫氏Ⅰ型、文氏型）和二度Ⅱ型（莫氏Ⅱ型）。

③三度房室传导阻滞指全部冲动均不能传至心室，故又称为完全性房室传导阻滞。

（一）病因与发病机制

1．器质性心脏病

以各种原因的心肌炎症最常见，如风湿性或病毒性心肌炎等。也可见于冠心病、心肌病等。

2．迷走神经兴奋

常表现为短暂性房室传导阻滞。

3．药物

如洋地黄和其他抗心律失常药物。多数在停药后，房室传导阻滞消失。

4．其他

高血钾、尿毒症等。

（二）临床表现

1．一度房室传导阻滞

病人常无症状，听诊时心尖部第一心音减弱。

2．二度房室传导阻滞

二度Ⅰ型病人症状较轻，偶有心搏暂停感觉，预后较好。二度Ⅱ型房室传导阻滞病人常有疲乏、头晕、昏厥、抽搐和心功能不全。二度Ⅱ型房室传导阻滞易发展为完全性房室传导阻滞，预后较差。

3．三度（完全性）房室传导阻滞

轻者心室率减慢不明显，病人可能无症状或仅感头晕、心悸、憋气等。重者心室率在40次/分以下，可引起晕厥、抽搐、阿-斯综合征发作或猝死。听诊心率慢而规则、有大炮音等。

（三）心电图特征

1．一度房室传导阻滞

（1）P-R间期＞0.20秒；

（2）P-R间期虽未超过正常范围，但P-R间期较原先延长0.04秒。

2.二度房室传导阻滞

（1）二度Ⅰ型房室传导阻滞：

①P波规律出现；

②P-R间期逐渐延长，直至一个P波后漏脱一个QRS波群；

③漏脱后，P-R间期又缩短，之后逐渐延长，如此周而复始，称文氏现象。

（2）二度Ⅱ型房室传导阻滞：

①突然出现P波后QRS波群脱落；

②P-R间期恒定不变，下传搏动的P-R间期时限大多正常；

③若半数以上的P波未下传，称为高度房室传导阻滞。

3．三度房室传导阻滞

（1）P波与QRS波群无固定的时间关系，P波频率快于QRS波频率，P-P间隔与R-R间隔各有其固定规律；

（2）心房多在窦房结控制之下，故常可见到窦性P波；

（3）QRS波群时限、形态与频率，取决于阻滞部位，如阻滞部位高，QRS波群接近正常，心室率35～50次/分；阻滞部位低，QRS波群宽大畸形，心室率35次/分以下。

（四）配合治疗

1．病因治疗

2．一度、二度Ⅰ型房室传导阻滞

预后较好，无须特殊处理。若心室率低于40次/分，症状明显，首选阿托品，也可选用异丙肾上腺素、泼尼松等药物治疗。

3．二度Ⅱ型、三度房室传导阻滞

若心室率在40次/分以上，无症状，可不必治疗。若临床症状明显，尤其是有阿-斯综合征发作时，宜安置永久人工心脏起搏器。

## 心律失常病人的护理

### 一、护理问题

1．活动无耐力

与心律失常致心排血量减少、组织缺血缺氧有关。

2．焦虑

与心律失常反复发作，对治疗缺乏信心有关。

3．有受伤危险

与心律失常引起的心排血量减少有关。

4．潜在并发症

猝死、心力衰竭。

### 二、护理措施

1．指导休息与活动

（1）偶发、无器质性心脏病的心律失常病人，不须卧床休息，注意劳逸结合。

（2）对有血流动力学改变的轻度心律失常病人应适当休息，避免劳累。

（3）严重心律失常者应卧床休息，直至病情好转后再逐渐起床活动。

2．饮食护理

避免饱餐、刺激性饮料（如浓茶、咖啡等）、吸烟、酗酒等。指导病人选择清淡、易消化、低脂和富含营养的饮食。对服用利尿剂者应鼓励多进食富含钾盐的食物，如橘子、香蕉等，避免出现低钾血症而诱发心律失常。给予高纤维素饮食，保持大便通畅，切忌用力排便，尤其是心动过缓的病人不能屏气排便，以免迷走神经兴奋而加重病情。

3．用药护理

准确使用抗心律失常药，注意给药途径、剂量、速度，注意观察药物疗效及不良反应。

（1）利多卡因

利多卡因可致头晕、嗜睡、抽搐、呼吸抑制、房室传导阻滞、低血压、心脏停搏等，所以静脉用药量不可过大，速度不可过快。

（2）奎尼丁

奎尼丁有较强的心脏毒性，可致血压下降、 心率过缓、Q-T间期延长、心力衰竭等，甚至诱发室性心动过速、室颤而发生奎尼丁晕厥。故用药前需测心电图、血压、心率、心律，若血压下降、Q-T间期延长、心率慢或心律不规则等应暂停给药，并通知医师。因该药毒性反应较大，一般避免夜间给药。

（3）普萘洛尔（心得安）

普萘洛尔是β-受体阻滞剂，哮喘、心动过缓、房室传导阻滞、低血压、重度心力衰竭病人禁用。

（4）普罗帕酮（心律平）

普罗帕酮能降低心肌兴奋性，延长动作电位时程及有效不应期，延长传导。心动过缓、房室房室传导阻滞、低血压、心力衰竭病人禁用。

（5）维拉帕米（异搏定）

维拉帕米是钙通道阻滞剂。心动过缓、房室传导阻滞、低血压、心力衰竭病人禁用。

（6）胺碘酮

胺碘酮能延长各部心肌组织的动作电位及有效不应期，有利于消除折返激动。甲状腺功能异常、碘过敏、心动过缓、房室传导阻滞、低血压、心力衰竭、Q-T延长综合征病人禁用或慎用。

（7）苯妥英钠

苯妥英钠可引起皮疹、白细胞减少，故用药期间应定期复查白细胞计数。

4．病情观察

（1）观察生命体征、神志、面色、尿量、电解质、酸碱平衡情况。观察有无阿-斯综合征发作、心搏骤停。

（2）心电监护

1）识别心电图

熟练识别房颤、室早、室扑、室颤、室上速、室速、二度Ⅱ型房室传导阻滞、三度房室传导阻滞等异常心电图。发现异常及时通知医生。

2）识别心律失常危险征象

①有猝死危险：室速、室扑、室颤、三度房室传导阻滞、心率<40次/分、心率>160次/分等。

②猝死危险征兆：危险的室早（频发、多源、联律、成对、Ron T）、室上速、房颤、二度Ⅱ型房室传导阻滞等。发现心律失常危险征象应及时通知医师，配合抢救或给予相应治疗。

3）熟悉监护仪性能

正确使用心电监护仪，及时做好心电监护，为诊断、治疗、疗效观察及判断预后提供依据。

5．对症护理

（1）准备抢救药物和设备

严重心律失常者床边备抢救车、抗心律失常药、除颤器、临时起搏器等，建立静脉通道，给予吸氧。

（2）常规导联心电图检查

严格按照国际统一标准，准确安放常规12导联心电图电极。必要时加做右胸导联（$V_3R$～$V_5R$）及$V_7$～$V_9$导联。

1）肢体导联

RA（红色）放右上肢；LA（黄色）放左上肢；RL（黑色）放右下肢；LL（蓝色或绿色）放左下肢。

2）胸前导联

$C_1$（$V_1$）放胸骨右缘第4肋间隙；$C_2$（$V_2$）放胸骨左缘第4肋间隙；$C_3$（$V_3$）放$V_2$与$V_4$的中点；$C_4$（$V_4$）放左锁骨中线第5肋间隙；$C_5$（$V_5$）放$V_4$水平与腋前线交点；$C_6$（$V_6$）放$V_4$水平与腋中线交点；$C_7$（$V_7$）放$V_4$水平与腋后线交点；$C_8$（$V_8$）放$V_4$水平与左肩胛线交点；$C_9$（$V_9$）放$V_4$水平与左脊柱旁线交点；$V_3R$放右胸与$V_3$相对应处；$V_4R$放右胸与$V_4$相对应处；$V_5R$放右胸与$V_5$相对应处。

3）描记心电图注意点

①确定电压。若心电图电压太高或太低，可取定准电压的1/2或放大1倍后再描记。

②有基线不稳或干扰时，应排除导联线与心电图机连接松脱或电极松脱情况。

③室温适宜，平卧，全身放松。

④放置电极前涂抹导电液（胶）。

（3）心电监护方法

参见本章第十二节“循环系统常用诊疗技术及护理”相关内容。

（4）心脏电复律护理

参见本章第十二节“循环系统常用诊疗技术及护理”相关内容。

（5）安置心脏起搏器护理

参见本章第十二节“循环系统常用诊疗技术及护理”相关内容。

（6）心悸护理

①评估病人心悸发作诱因、伴随症状、用药史、既往病史等。观察病人意识状况、生命体征、心率、心律变化，注意有无胸痛、呼吸困难、发热及晕厥等伴随症状。了解检查结果。

②保持环境安静、舒适。严重心悸时应卧床休息，可取半卧位。睡眠障碍者可按医嘱给予少量镇静剂。

③指导病人通过深呼吸、听音乐、看电视、与人谈话等方式转移注意力，使其情绪放松。

④嘱病人少食多餐，避免过饱，饮食宜清淡，避免摄入辣椒、浓茶、咖啡等刺激性的食物或兴奋性饮料，戒烟酒，保持大便通畅。

（7）晕厥护理

1）评估病人

评估晕厥发生时间、地点、持续时间、相关活动、相关体位、相关病史、相关用药等。了解晕厥发生先兆、诱因及发生后感觉等。观察病人生命体征、意识及心电图的变化等。注意有无心率增快、血压下降、心音低弱或消失、抽搐、瘫痪等伴随症状，一旦发现脉搏消失或严重心律失常，应立即通知医生并配合医生进行抢救。

2）晕厥发作处理

①发现头晕、黑蒙等晕厥先兆时应立即平卧休息，以免摔伤。

②晕厥发作时让病人立即平躺于空气流通处，头部放低改善病人脑供血。保持呼吸道通畅，衣领松解开，给予吸氧，注意保暖。

③备齐抢救用物和药品。

3）配合病因治疗

病因治疗是治疗晕厥的根本措施，如心率显著缓慢时给予阿托品、异丙肾上腺素、人工心脏起搏等治疗，其他心律失常可遵医嘱给予抗心律失常药物治疗。

4）避免晕厥诱因

避免情绪激动、疲劳、快速变换体位、恐惧等晕厥诱因。有晕厥史的病人应注意休息，避免单独外出，发作频繁时应卧床休息。

6．心理护理

病人往往心理负担较重，担心预后较差。要对病人进行解释、安慰，告知心律失常的治疗方法，说明心律失常的可治性，消除病人紧张心理和悲观情绪。为病人安排安静、舒适的环境，避免不良刺激。必要时可酌情使用镇静剂。

**三、健康教育/出院指导**

1．知识宣传

（1）向病人介绍本病基本知识，使其主动避免情绪紧张、过度劳累、急性感染、受凉、寒冷、刺激性食物、吸烟、饮酒、喝浓茶及咖啡等诱发因素。高度重视本病，但又不过分紧张，能主动配合治疗、护理。能进行自我检测，每天早、晚和出现不适时能自测脉搏，并做好记录。

（2）指导病人家属掌握本病应急措施，知道如何应急处理心律失常发作病人，如何及时诊治，如何进行心肺复苏等。

（3）告知病人及家属安装人工心脏起搏器病人要随身携带诊断卡和异丙肾上腺素或阿托品等药物，主动避开磁共振、理疗等电磁场环境。

2．生活指导

注意休息、劳逸结合，避免情绪激动。给予清淡、富含维生素、富含营养、易消化饮食，保持大便通畅。

3．治疗指导

遵医嘱用药，不随意增减药物或中断治疗，注意观察药物的不良反应。

4．定期复查

（1）定期复查心电图，随时调整治疗方案。

（2）告知病人和家属，出现下列情况要及时就诊：

①脉搏少于60次/分，并有头晕、目眩感；

②脉搏超过100次/分，休息及放松后仍不减慢；

③脉搏节律不齐，有漏搏或早搏5次/分以上；

④病人平素脉搏整齐，现在脉搏节律不整；

⑤应用抗心律失常药物后出现不良反应等。

## 第三节 心力衰竭病人的护理

心力衰竭（简称心衰），是指在静脉回流足够的前提下，心脏收缩和（或）舒张功能下降，心排血量减少、组织灌注不足，不能满足组织代谢需要的一种临床综合征。以肺循环和（或）体循环瘀血以及组织血液灌注不足为主要临床特征。心功能不全或心功能障碍在理论上是一个更广泛的概念，伴有临床症状的心功能不全称为心力衰竭。

心力衰竭的分类方法有几种，按其发生急缓可分为急性心力衰竭和慢性心力衰竭，临床以慢性心力衰竭居多；按其发生的部位可分为左心衰竭、右心衰竭和全心衰竭，临床以左心衰竭较常见；按其发生性质可分为收缩性心力衰竭和舒张性心力衰竭，临床上大多数是收缩性心力衰竭。为了评估病情和预后，指导治疗方案的选择，临床常采用以下心功能分级、心力衰竭分期及分度方法：

1．心功能分级

目前最常用的分级方案是美国纽约心脏病学会（NYHA）提出的心功能分级方案。按能诱发心力衰竭症状的活动程度将心功能分为Ⅰ～Ⅳ级。

（1）Ⅰ级

体力活动不受限，但病人有心脏病（活动不喘）。

（2）Ⅱ级

体力活动轻度受限，日常活动时病人出现乏力、心悸、呼吸困难（活动才喘）。

（3）Ⅲ级

体力活动明显受限，轻于日常活动时病人也出现乏力、心悸、呼吸困难（稍动则喘）。

（4）Ⅳ级

体力活动严重受限，病人不能从事任何活动，休息时病人亦有心悸、呼吸困难（不动也喘）。

2．心力衰竭分期期

2001年美国AHA/ACC的成人慢性心力衰竭指南提出了心力衰竭分期的概念。

（1）A期

无心力衰竭的症状，无器质性心脏病的客观依据，但有可发展为心脏病的高危因素（如高血压、心绞痛、代谢综合征、使用心肌毒性药物等）。

（2）B期

无心力衰竭的症状，已有器质性心脏病（如左心室肥厚等）。

（3）C期

有心力衰竭的症状。

（4）D期

有心力衰竭的症状，需要特殊干预治疗的难治性心力衰竭。

3．6分钟步行试验

本法是评定慢性心力衰竭病人运动耐力的简单、安全方法。要求病人在平直走廊里尽可能快地行走，测6分钟步行距离，重度心力衰竭＜150 m，中度心力衰竭为150～425 m，轻度心力衰竭为426～550 m。

## 慢性心力衰竭病人的护理

慢性心力衰竭是多种病因所致心脏疾病的终末阶段，也是多数心血管病的最主要的死亡原因。其特定症状是呼吸困难、乏力，特定体征是水肿，表现心脏收缩功能障碍的主要指标是射血分数下降（＜40%），若心脏舒张功能障碍，还会有心室充盈指标受损。本病发病率较高，且与年龄大小成正比。

### 一、病因与发病机制

（一）病因

1．原发性心肌损害

原发性心肌损害是慢性心力衰竭的基本病因。

①缺血性心肌损害：冠心病、心肌梗死最常见。

②心肌疾病：心肌病、心肌炎等，其中病毒性心肌炎和扩张型心肌病最常见。

③心肌代谢障碍：糖尿病心肌病最常见。

2．心脏负荷过重

（1）前负荷（容量负荷）过重

①心瓣膜关闭不全使血液反流：如主动脉瓣关闭不全、肺动脉瓣关闭不全、二尖瓣关闭不全等。

②心脏分流性疾病：如房间隔缺损、室间隔缺损、动脉导管未闭等。

③高动力循环状态（机体循环血量增加的一种病理生理现象）：如慢性贫血、甲状腺功能亢进等。

上述因素使心脏内血容量相对增多。

（2）后负荷（压力负荷）过重

高血压、主动脉瓣狭窄引起左心后负荷增加，肺动脉高压、肺动脉狭窄引起右心后负荷增加。

（二）常见诱因

1．感染

呼吸道感染是最常见、最重要的诱因。此外，也可见于感染性心内膜炎、全身性感染等。

2．心律失常

心率过快、心房颤动也是诱发心力衰竭的常见因素。其他各种类型的心律失常也可诱发心力衰竭。

3．治疗不当

如洋地黄用量不足或过量，不恰当地停用利尿剂、降压药，不恰当地应用负性肌力药如β受体阻滞剂等。

4．循环血容量剧增或锐减

如静脉输液或输血过多过快、钠盐摄入过多、妊娠及大量失血、严重脱水等。

5．身心过劳

如过度体力劳动、情绪激动、精神紧张等。

6．其他

心脏病合并甲状腺功能亢进；中重度贫血；肺栓塞；水电解质及酸碱平衡失调；环境气候急剧变化等。

（三）发病机制（图3-3-1）

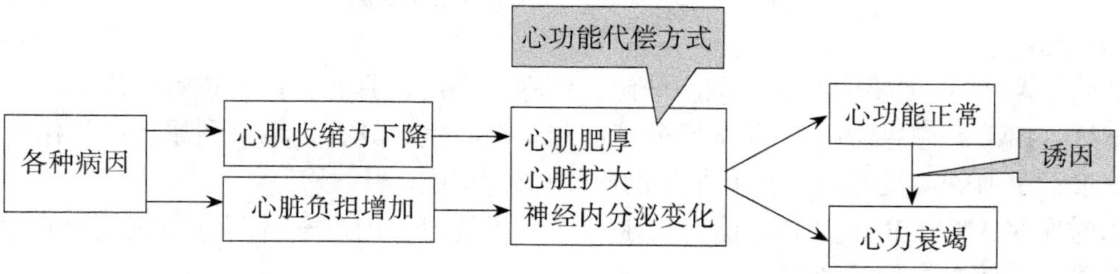


**图3-3-1　慢性心力衰竭发病机制**

心功能代偿主要机制为：

1. Frank-Starling机制

各种原因引起心脏泵血功能减退，心排血量减少，导致心室舒张末压增高。

（1）早期

心室代偿。表现为心腔扩大，心肌纤维长度增加，心肌收缩力和心脏做功相应增加，使心排血量增加。

（2）晚期

左心室舒张末压过高时，超过Frank-Starling机制最大效应，心室代偿功能消失，心排血量下降。

2．心肌肥厚

心脏后负荷增加时主要是通过心肌肥厚来增加心肌收缩力进行代偿，此种代偿方式可以使心排血量在相当长的时间内维持正常。心肌肥厚主要是心肌纤维增多而心肌细胞数目并不增多，心肌细胞处于能量的相对饥饿状态，容易发生心肌细胞缺血、坏死、纤维化，所以，心肌肥厚代偿作用也是有限的。

3．心脏重塑

指在心腔扩大、心肌肥厚的过程中，心肌细胞、细胞外基质、胶原纤维网等发生了变化。

4．神经体液代偿机制

心力衰竭时，病人体内交感神经系统、肾素-血管紧张素-醛固酮系统激活，并有以下作用：

（1）一方面通过增加心肌收缩力提高心率、收缩血管、水钠潴留而维持心排血量，故临床常将心率、尿量作为心力衰竭的重要观察指标。

（2）另一方面上述系统激活对心肌有直接毒性作用，如促使心肌细胞凋亡，参与心脏重塑，增加心肌损伤，加重心功能恶化等（图3-3-2）。

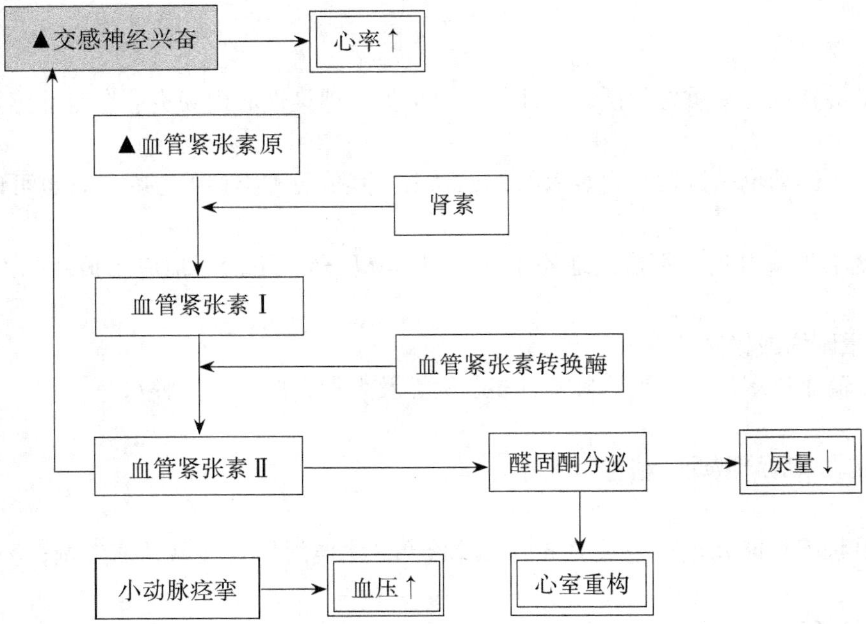


图3-3-2　神经体液代偿机制示意图

5．体液因子改变

(1) 心钠肽（ANP）：主要由心房肌细胞分泌，储存在心房，具有排钠、扩管作用。

(2) 脑钠肽（BNP）：主要由心室肌细胞分泌，储存在心室，具有排钠、利尿、扩管作用。

(3) 内皮素：由血管内皮释放，具有很强的收缩血管作用。

心力衰竭时血浆ANP、BNP升高，能对抗水、钠潴留效应。内皮素升高，不仅使血管阻力增大，而且还参与心脏重塑，使心力衰竭加重。

## 二、临床表现

慢性心力衰竭早期可无明显症状或仅出现面色苍白、心悸、乏力等，晚期有以下表现：

### （一）左心衰竭

主要表现为肺循环瘀血和心排血量降低。其中肺循环瘀血是导致左心衰竭症状的主要原因。

1．症状

(1) 呼吸困难

①劳力性呼吸困难是最早出现及最常见的症状。其原因与活动使因心血量增加，左心房压力增高，加重了肺循环瘀血有关。

②夜间阵发性呼吸困难是典型的症状。表现为病人入睡后突然憋气而惊醒，被迫采取端坐位，呼吸深快，严重时可伴有哮鸣音，称“心源性哮喘”，与平卧时回心血量及肺血量增加、膈肌抬高致肺活量减少、夜间迷走神经张力增高及小支气管痉挛等因素有关。

③端坐呼吸与心力衰竭程度有关，上身与床形成的角度越大提示心力衰竭程度越重。晚期心力衰竭病人常取端坐位，以减轻呼吸困难。

④急性肺水肿是本病最严重的表现。具体参见本节“急性心力衰竭病人的护理”。

(2) 咳嗽、咳痰、咯血

咳嗽症状出现较早，夜间多见，坐位或立位时可减轻，常伴有白色浆液泡沫痰，偶因肺泡和支气管黏膜瘀血，血浆外渗而致粉红色痰或血丝痰。另外，由于肺静脉长期瘀血、压力升高，肺循环和支气管循环间侧支循环形成，支气管黏膜下的血管逐渐扩张、破裂，导致咯血。

(3) 低心排血量症状

由于心排血量下降，组织器官血液灌注不足，病人可出现倦怠、乏力、头晕、嗜睡、失眠、烦躁、心悸、尿量减少甚至肾衰竭等症状。

2．体征

(1) 肺部湿啰音

湿啰音位于下垂部位，多见于两肺底，并随体位改变而变化。

（2）心脏体征

除有原发基础疾病的心脏体征外，还有左心衰竭相关体征，即左心增大、心率增快、交替脉、脉压减小、心尖部闻及舒张期奔马律、部分病人有肺动脉瓣第二心音亢进等。其中交替脉、心尖部闻及舒张期奔马律是左心衰竭的特征性体征。

（3）其他

发绀、哮鸣音等。

（二）右心衰竭

主要表现为体循环静脉瘀血。

1．症状

（1）消化道症状

消化道症状是最常见的症状。可因胃肠道、肝脏等脏器瘀血而出现食欲不振、恶心、呕吐、腹胀、上腹部疼痛、便秘等症状。

（2）呼吸困难

呼吸困难常继发于肺部疾病或左心力衰竭的病人。

（3）尿量减少。

2．体征

（1）水肿

水肿是典型体征，其特点为首先出现在身体的下垂部位，如仰卧时，病人腰骶部和大腿下侧较明显，起床活动病人，足踝部和胫骨前部较明显。水肿常于下午出现或加重，为对称性、凹陷性水肿，严重时可出现全身性水肿或伴有胸水、腹水。

（2）颈静脉征

颈静脉充盈、怒张，搏动增强。肝颈静脉反流征阳性是诊断右心衰竭最可靠的体征。

（3）肝肿大和压痛

肝瘀血严重时可有黄疸、转氨酶增高等肝功能损害的表现，晚期可发展为心源性肝硬化。

（4）发绀

口唇、甲床、耳郭等末梢组织较明显。与体循环瘀血使还原血红蛋白增多有关。

（5）心脏体征

除有基础心脏病的固有体征外，还可出现与右心衰竭有关的体征，即右心增大，心率增快，心前区抬举性搏动，剑突下可见明显心尖冲动，胸骨左缘第3、4肋间可闻及舒张期奔马律等，中心静脉压（CVP）增高。三尖瓣相对关闭不全时出现反流性杂音，是右心衰竭较特异的体征。

（三）全心衰竭

左心衰竭和右心衰竭的临床表现同时存在。因右心排血量减少，呼吸困难等肺循环瘀血症状反而减轻。

**三、辅助检查**

1．X射线检查

（1）心影扩大

心力衰竭时心影常扩大。心影扩大程度及动态改变可间接反映心功能情况。心影扩大部位常为心力衰竭部位。

（2）肺部瘀血

其程度直接反映心功能状态。

①肺静脉压增高：表现为肺门血管影增强。

②肺动脉压增高：可见肺动脉增宽。

③肺间质水肿：可见肺野模糊。

④肺小叶间隔内积液：表现为肺部可见Kerley B线，是由于肺间质水肿引起小叶间隔增宽，在两肺下野外侧可形成水平线状影，一般垂直于侧肋胸膜。Kerley B线是慢性肺瘀血的特征性表现。

（3）右心衰竭可见腔静脉扩张等。

2．超声心动图

超声心动图能比X射线更准确地反映各心腔大小、瓣膜结构和功能变化情况。能准确地评估左室射血分数（EF），EF是每搏输出量占心排血量的百分比，是反映心脏收缩功能障碍程度的主要指标，正常EF>50%，心力衰竭EF<40%。

3. 有创血流动力学检查

为了解心脏功能，常经大静脉插漂浮导管直至肺小动脉，测定各部位压力，如中心静脉压（CVP）、右心房压力（RAP）、肺动脉压（PAP）、肺毛细血管楔压（PCWP）等，测量各部位血液含氧量，测量心排血量（CO），计算心脏指数（CI）等。正常CVP为8～12 $cmH_2O$， PCWP<12 mmHg，CI>2.5 $L/(min·m^2)$。

4. 放射性核素检查

放射性核素检查是将放射性药物引入人体，用放射性探测仪器在体表测得放射性药物在脏器中随时间的变化情况，通过计算机对测得的"时间-放射性曲线"进行分析，获得定量参数用于评估脏器功能和诊断疾病。放射性核素心血池显影，不仅有助于判断心室腔大小，还可以计算射血分数。

5. 心电图

心室或心房电压增高，电轴偏移。

6. 脑钠肽或N端脑钠肽前体（NT-proBNP）

心室肌细胞所分泌的BNP先以108个氨基酸组成的前体形式存在，当心肌细胞受到刺激时，BNP在活化酶的作用下裂解为由76个氨基酸组成的无活性的直线多肽和32个氨基酸组成的活性环状多肽，释放入血循环，分别被称为NT-proBNP和BNP（图3-3-3）。心力衰竭时血液中BNP和NT-proBNP浓度升高，且分泌量与心室充盈压的高低呈正比，可作为评定心力衰竭进程和判断预后的指标。

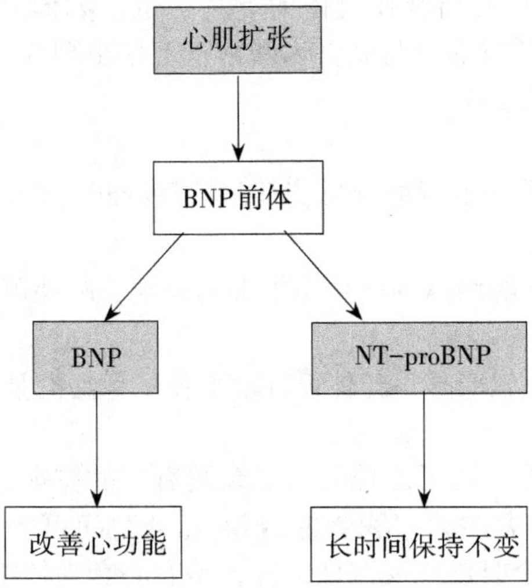


图3-3-3 BNP裂解示意图

## 四、诊断要点

1. 器质性心脏病病史。
2. 左心衰竭有呼吸困难等肺循环瘀血表现。
3. 右心衰竭有颈静脉征、肝大、水肿等体循环瘀血表现。
4. 结合相关辅助检查。

## 五、配合治疗

治疗原则：

防止和延缓心力衰竭发生，缓解症状，改善长期预后，降低死亡率。

### （一）一般治疗

1. 治疗病因

尽早治疗所有可能导致心力衰竭的疾病，如控制血压，通过介入及手术治疗改善冠心病的心肌供血，用手术治疗心瓣膜病等。

2. 消除诱因

如控制感染，降低房颤的心室率，抗心律失常，纠正电解质、酸碱平衡紊乱，治疗甲状腺功能亢进，纠正贫血，避免输液过多过快，避免过度劳累和情绪激动等。

3．合理休息与饮食

具体见本病护理措施。

（二）增强心肌收缩力

1．洋地黄类药物是治疗心力衰竭的最常用、最主要的药物。

其药理作用为：

①加强心肌收缩力，增加心排血量。

②减慢心率与传导。

③增加迷走神经兴奋作用。

（1）按作用快慢分类：

①速效制剂

如毒毛花苷K、毛花苷C（西地兰）。

②中效制剂

如地高辛。

③缓效制剂

如洋地黄毒苷等。

根据发病急缓、病情轻重选择适宜制剂。

（2）常用制剂

①西地兰

每次0.2～0.4 mg，稀释后缓慢静脉注射，适用于急性心力衰竭或慢性心力衰竭加重时，尤其适用于心力衰竭伴快速房颤者。注射后10分钟起效，1～2小时血药浓度达到高峰。24小时总量不宜过多，一般0.8～1.2 mg。

②地高辛

每次0.25 mg，每日一次，适用于中度心力衰竭的维持治疗。

此药口服后2～3小时血药浓度达到高峰，4～8小时达最大效应，半衰期为1.6天，连续口服用药7天，血药浓度可达稳态（药物吸收速度与消除速度达到平衡，血药浓度相对稳定在一定水平），这种从开始就使用药物维持量的方法，称为维持量法。维持量法纠正了洋地黄制剂必须先给有效剂量才能达到治疗效果的传统观点。

（3）适应症

收缩功能异常为主的心力衰竭，尤其对伴心房颤动、心室率快者疗效更好。

（4）禁忌症

①急性心肌梗死发生后24小时内。

②高度房室传导阻滞（二度Ⅱ型房室传导阻滞或三度房室传导阻滞）。

③洋地黄中毒或过量。

④心肌耐受力下降时，如老年人、肺心病、心肌炎、心肌病、低血钾等。

⑤流出道狭窄：梗阻性肥厚型心肌病、重度二尖瓣狭窄病人等。

（5）中毒表现

洋地黄制剂治疗剂量与中毒剂量接近，易发生中毒。

其毒性反应主要有：

①胃肠道表现：最早、最常见。先有食欲不振，继之恶心、呕吐。

②神经系统表现：视力模糊、黄视、绿视、头痛、头晕等。

③心脏表现：心脏表现是洋地黄中毒最严重的表现。主要表现为心律失常，以快速心律失常多见，其中最常见的是室性期前收缩，常表现为二联律。其次是房室传导阻滞、窦性心动过缓等。快速心律失常伴有传导阻滞是洋地黄中毒的特征性表现。心电图ST-T呈“鱼钩样”改变，见于长期服用洋地黄制剂病人，是洋地黄效应，非洋地黄中毒。

（6）中毒诱因

多种因素导致机体对洋地黄类制剂的耐受性降低，诱发中毒。

①心脏本身的因素：心脏极度扩大、缺氧、老年人心功能减退。

②水、电解质、酸碱平衡紊乱：尤其低钾血症、低镁血症。

③肝、肾功能不全。

④药物间的相互作用：如胺碘酮、维拉帕米等。

⑤感染。

其中心肌缺氧、低钾、感染尤为常见。存在诱因的病人使用洋地黄时要减剂量。

(7) 有效指征

心率减慢、肺部啰音减少或消失、呼吸困难减轻等。

(8) 用药注意事项

1) 解释

给药前向病人解释洋地黄治疗的必要性，告知中毒表现，取得病人配合。

2) 观察

给药前护士应注意病人有无洋地黄中毒表现。如询问病人有无恶心、呕吐、乏力、色视等，检查心律或脉搏。若病人心率（脉搏）过慢（<60次/分），或节律改变（即由规则变不规则或由不规则变规则），则可能为洋地黄中毒。

3) 准确给药

洋地黄制剂的用量个体差异很大，应严格遵医嘱按时、按量给药，定期监测地高辛浓度。

4) 慎重静脉注射

静脉用洋地黄时要稀释后缓慢注射，每次静脉注射时间>10分钟，注意观察病人的反应。

5) 中毒处理

一旦发生中毒，立即协助处理。

①首先停用洋地黄。

②立即报告医生。

③做心电图检查，观察是否有心律失常。

④若伴有低血钾，遵医嘱给予补充钾盐，暂停排钾利尿剂。

⑤若伴有心律失常，遵医嘱纠正心律失常。快速型心律失常首选苯妥英钠或利多卡因；缓慢型心律失常可试用阿托品治疗或安置临时起搏器。

⑥必要时给予洋地黄特异抗体治疗，对洋地黄中毒所致各种严重心律失常，具有快速、特效的作用。

⑦洋地黄能降低窦房结自律性，减慢窦性心率，使房室交界区的有效不应期延长，传导减慢，故洋地黄中毒时不宜使用电复律，以免诱发室颤。

2. 非洋地黄类正性肌力药

只能短期使用，在慢性心力衰竭加重时，起到帮助病人渡过难关的作用。

(1) 常用制剂

①β受体兴奋剂

多巴胺、多巴酚丁胺等。

②磷酸二酯酶抑制剂

氨力农、米力农等。

(2) 用药注意事项

①β受体兴奋剂

小剂量扩张肾、肠系膜及冠状血管；中剂量增加心肌收缩、心排血量，收缩血管；大剂量收缩血管、使心肌兴奋性增高。所以该类药物治疗心力衰竭时，静脉滴注速度不宜过快，时间不宜过长，剂量不宜过大，否则会引起血压升高、心律失常等不良反应，反而加重心力衰竭。用药中要加强巡视，严格控制速度、浓度，严密观察血压、心律、心率及心电图的变化情况。

②磷酸二酯酶抑制剂

通过抑制磷酸二酯酶活性，促进钙通道膜蛋白磷酸化，钙通道激活使钙内流增加，心肌收缩力增强。该类药短期效果较好，长期效果较差，且易导致心律失常，需缓慢静脉滴注，短期使用。

(三) 减轻心脏负荷

1. 利尿剂

(1) 常用制剂

①排钾利尿剂

利尿作用强。包括噻嗪类利尿剂（氢氯噻嗪、氯噻酮等）、袢利尿剂（呋塞米等）。

②保钾利尿剂

利尿作用较弱。包括螺内酯（安体舒通）、氨苯蝶啶等，保钾利尿剂常与排钾利尿剂合用。

（2）用药注意事项

1）观察效果

用药前后仔细观察水肿的变化，准确记录尿量或24小时出入量，定期测量体重，以了解利尿效果。

2）观察不良反应

①监测心率、脉搏、血压、水电解质等。

②注意皮肤弹性、口渴情况，了解体重下降情况，警惕利尿过度导致脱水。

③排钾利尿可引起低钾血症，应注意观察有无乏力、腹胀、心悸、肠鸣音减弱等低钾表现，监测血钾的变化，注意心电图是否U波增高。此外，排钾利尿剂还影响血脂、血糖、血尿酸代谢，低血钾、痛风病人禁用。

④保钾利尿剂可有高钾血症等不良反应，应密切观察病情变化，注意血钾情况，必要时进行心电监护。肾功能不全者禁用保钾利尿剂。

3）补钾方法

①嘱病人多补充含钾高的食品，如红枣、豆类、香蕉、橘子等。

②必要时遵医嘱口服或静脉补钾。口服含钾制剂，应在饭后或与果汁一起服用，以减轻胃肠道不良反应。静脉补钾时每500 mL液体中氯化钾含量不宜超过1.5 g。

4）防治高血钾

使用保钾利尿剂时嘱病人避免摄入含钾高的食物。一旦发现高血钾情况，遵医嘱立即给予降低血钾处理，具体方法参见第五章第五节中“慢性肾衰竭病人的护理”。

5）利尿剂给药时间

以早晨或日间为宜，以免频繁排尿影响夜间睡眠。

2．血管扩张剂

减轻心脏前负荷和（或）后负荷。

（1）普通血管扩张剂

1）常用制剂

①扩张静脉类

如硝酸酯类（硝酸甘油、硝酸异山梨酯等）。

②扩张小动脉类

如酚妥拉明、哌唑嗪等。

③扩张小动脉和静脉类

如硝普钠等。

20世纪80年代末以来上述血管扩张剂已逐渐被血管紧张素转换酶抑制剂（AECI）取代，现仅在慢性心力衰竭加重时短期应用或急性心力衰竭时应用。

2）用药注意事项

①严密观察血压、心率变化。

②严格掌握用药浓度和输液速度，嘱病人和家属不可擅自调节滴速，以免发生不良反应。

③硝酸酯类药物常见不良反应有头晕、头胀痛、面红、心悸、头部跳动感等血管扩张的表现，一般持续用药数天后可自行好转。偶有血压下降，故第一次用药时要安慰病人，协助其平卧片刻。严重头痛时遵医嘱给予对症处理。

④硝酸酯类药物可诱发青光眼发作，青光眼病人禁用。

（2）肾素-血管紧张素-醛固酮系统抑制剂

1）血管紧张素转化酶抑制剂（ACEI）

ACEI具有扩张血管，抑制血管紧张素Ⅱ的产生，抑制交感神经兴奋性，改善心脏重塑的作用。现已作为心力衰竭治疗的基础和首选药物，适用于心功能Ⅰ～Ⅳ级。这类药物的化学名多以普利结尾，如卡托普利（开博通）、培哚普利（雅施达）、依那普利（悦宁定）、贝那普利片（洛丁新）等。

2）血管紧张素受体阻滞剂（ARBs）

ARBs主要通过选择性阻断血管紧张素Ⅱ受体，达到类似ACEI作用，当ACEI副作用较大时，可换用ARBs。这类药物的化学名多以沙坦结尾，如氯沙坦（科素亚）、缬沙坦（代文）等。

3）醛固酮拮抗剂

此类药作为保钾利尿剂在抗心力衰竭治疗中已有较长的历史，近年来研究证明醛固酮拮抗剂还可进一步抑制醛固酮的有害作用，改善心室重塑，延长病人寿命。常用螺内酯（安体舒通）等。

4）用药注意事项

ACEI、ARBs抑制醛固酮分泌，有保钾作用，不宜与保钾利尿剂（醛固酮拮抗剂）合用，肾功能不全者禁用。ACEI主要不良反应是干咳、味觉异常、皮疹等，需注意观察。ARBs要从小剂量开始，逐渐增量，以免用药过量。

3. 其他方法

合理休息、低盐限水饮食、吸氧等均能减轻心脏负荷，具体见本病护理措施。

（四）β-受体阻滞剂

β-受体阻滞剂可对抗心力衰竭代偿中交感神经兴奋的不利影响，保护心肌细胞。

1. 常用制剂

这类药物的化学名多以洛尔结尾，如拉贝洛尔（柳胺苄心定）、美托洛尔（倍他乐克）等。

2. 适应症

主要用于心功能Ⅱ～Ⅲ级病人。

3. 禁忌症

β-受体阻滞剂影响心肌收缩力、抑制窦性心律、抑制房室传导、加重气道痉挛、抑制脂肪分解，故支气管哮喘、心动过缓、病态窦房结综合征、房室传导阻滞病人禁用。

4. 用药注意事项

从小剂量开始，逐渐加量。

注意观察有无血压下降、支气管哮喘、心律失常、高血脂及心功能恶化等情况。

（五）顽固性心力衰竭治疗

高度顽固水肿可用血液超滤，扩张型心肌病可实施心脏再同步化治疗（安置三腔心脏起搏器）。若心肌情况已至终末状态不可逆转，唯一出路是心脏移植。

## 六、护理问题

1. 气体交换受损

与肺循环瘀血有关。

2. 体液过多

与水钠潴留、体循环瘀血有关。

3. 活动无耐力

与心功能不全、心排血量降低有关。

4. 潜在并发症

洋地黄中毒。

## 七、护理措施

1. 指导休息与活动

休息可以减少组织耗氧量、降低心率、减少静脉回流，是减轻心脏负荷最好的方法。但长期卧床易导致静脉血栓、肺栓塞等并发症的发生。因此，应根据心功能情况，合理安排病人的生活、休息与活动。

（1）心功能Ⅰ级

正常活动，但应避免重体力劳动和剧烈运动。

（2）心功能Ⅱ级

适当限制体力活动，保证充足的睡眠和休息。

（3）心功能Ⅲ级

需严格限制体力活动，多卧床休息，日常生活自理或他人协助自理。

（4）心功能Ⅳ级

绝对卧床休息，日常生活由他人护理。需注意预防压疮、口腔溃疡等并发症。心力衰竭改善后，可在床上做肢体被动运动、主动运动，逐步过渡到翻身、坐床边、床旁使用便器等。

2．饮食护理

（1）低盐限水饮食

可减少体液潴留，减轻心脏前负荷，是控制心力衰竭的重要措施。轻度心力衰竭食盐<5 g/d，中度心力衰竭食盐<3 g/d，重度心力衰竭食盐<2 g/d。不食腌制品、海产品、发酵面食、罐头、味精、啤酒、碳酸饮料等含钠量高的食品。大量利尿的病人，可不必严格限制食盐，但仍应食盐<5 g/d。摄入水量为前一日出量+500 mL。

（2）低热量、高蛋白、高维生素饮食

低热量饮食可降低基础代谢率，减轻心脏负荷。多食蔬菜、水果，戒烟、酒，尽量满足病人饮食嗜好。

（3）清淡易消化、不胀气、无刺激饮食

因病人有胃肠道瘀血、食欲不振，饮食应清淡、易消化、无刺激。进食产气少的食物，以免因腹部胀气或膈肌上抬而加重呼吸困难。少量多餐可减少每次消化食物时胃肠道的血液量，从而减轻心脏负荷。

3．观察病情

（1）严密观察心力衰竭表现：如呼吸困难、肺部啰音、心率、尿量、皮肤发绀及水肿等，其中心率、尿量是所有心力衰竭病人的重要观察指标。准确记录24小时液体出入量。

（2）观察血气分析结果。

（3）必要时测中心静脉压。

1）操作过程

备好中心静脉测压装置→固定测压管使零点与右心房中部在同一水平面上（腋中线第4肋间）→测压管内充满液体，使液面高于预计的静脉压→行颈内静脉或锁骨下静脉或股静脉插管等，使导管尖端达胸腔处大血管→抽回血，确认导管在静脉内，连接中心静脉测压管，排尽气泡→转动三通开关使测压管与静脉导管相通即可测压→转动三通开关使输液瓶与静脉导管相通，用于补充液体并保持静脉导管的通畅，此时不能测压。

2）注意事项

①保持测压管道通畅。

②定期更换穿刺点敷料及各个管路。

③每次测压前均应校正压力传感器零点。

④避免在中心静脉测压通路输注血管活性药物。

⑤注意影响中心静脉压数值的因素，如患者的体位、机械通气、腹内压等。

3）中心静脉压正常值

0.49～1.18 kPa（5～12 $cmH_2O$）。

4．对症护理

（1）保持大便通畅

①心力衰竭病人因长期卧床、进食减少、肠道瘀血、排便方式改变及焦虑等因素，容易引起便秘。

②用力排便会导致心脏负荷加重，诱发心力衰竭。

③指导病人严禁用力排便，应养成每日定时排便的习惯，多食富含纤维素的食品，经常做腹部顺时针按摩，必要时给缓泻剂治疗等。

（2）心源性呼吸困难护理

①评估病人

评估心功能级别。监测生命体征、神志、尿量，准确记录出入量。观察病人呼吸困难程度，发绀有无减轻，是否伴有咳嗽、咳粉红色泡沫样痰。加强夜间巡视和床旁监护。监测血气分析、血氧饱和度。

②指导休息与活动

环境安静、舒适，根据心功能调整活动量。严重呼吸困难时协助病人采取半卧位或端坐位，注意体位的舒适与安全。

③低盐限水饮食。

④合理用氧

一般病人氧流量为2～4 L/min；急性肺水肿病人氧流量为6～8 L/min，并用20%～30%乙醇湿化；肺心病病人氧流量为1～2 L/min。鼓励病人有效咳嗽、咳痰、翻身、叩背、湿化痰液，保持呼吸道通畅。

⑤用药护理

遵医嘱给予强心、利尿、扩血管及解痉平喘等药物，观察药物的疗效，注意有无不良反应。静脉输液时应严格控制输液速度，一般为20～30滴/分。

⑥稳定病人情绪

多巡视病人，了解病人心理状况，及时给予心理安慰和疏导。

（3）水肿护理

1）评估病人水肿的特点

即水肿起始部位、时间、程度、范围、进展的速度、压之是否凹陷及与饮食、体位、活动的关系。了解病人心理状态、伴随症状、治疗情况、既往史及个人史。晨起餐前、排尿后测量体重、腹围，记录24小时出入量。观察生命体征、颈静脉充盈程度，注意有无胸水征、腹水征及移动性浊音等。

2）嘱病人多休息

轻度水肿限制活动，严重水肿卧床休息，伴胸水或腹水的病人宜采取半卧位。

3）饮食护理

给予低盐限水饮食，根据病情适当补充蛋白质。

4）皮肤护理

①保持皮肤清洁、干燥。保持病人床褥清洁、柔软、平整、干燥，指导病人穿宽松、柔软、透气性好的棉质内衣。

②严重水肿者可使用气垫床。男病人会阴部明显水肿时可用支架支托，下肢水肿时可抬高下肢，伴胸水及腹水者可取半卧位，注意防止坐骨结节发生压疮。必要时可使用半透膜敷料或者水胶体敷料保护受压皮肤（皮肤脆薄者禁用）。

③经常按摩骨隆突处和受压部位，促进皮肤血液循环。

④协助或指导病人每2小时翻身1次。

⑤给病人翻身或协助病人使用便盆时注意动作应轻巧，切勿强行拖、拉、拽病人，以免擦伤皮肤。

⑥用热水袋保暖时水温不宜太高，防止烫伤。

⑦做肌内注射时应严格消毒皮肤并做深部注射，拔针后无菌棉签按压，严重水肿者穿刺后延长按压时间。

⑧若发现破损皮肤处有组织被外渗情况，需局部严密消毒，用无菌纱布遮盖，以防继发感染。

5）遵医嘱用药

使用利尿药或其他减轻水肿的药物后观察药物疗效及副作用。尤其注意有无水、电解质紊乱情况。

（4）常见并发症的预防和护理

①给病人安排适宜的休养环境，定期通风，注意保暖，保持呼吸道通畅，预防肺部感染。

②心功能改善后鼓励病人尽早活动。长期卧床的病人应协助其翻身、按摩肢体、做肢体的被动活动或主动运动。用温水浸泡下肢，预防静脉血栓形成。

③注意观察有无栓子脱落引起动脉栓塞的症状。

5．心理护理

慢性心力衰竭是心血管病发展至晚期的表现。病人往往情绪低落、焦虑、绝望，增加了交感神经的兴奋性，心率更快，心脏负荷进一步增加，心力衰竭加重。护理人员应注意多给病人心理支持，减轻病人焦虑，增强治疗信心。对焦虑较重者可遵医嘱给小剂量的镇静药。

**八、健康教育/出院指导**

1．知识宣传

（1）向病人介绍本病基本知识，使其对影响本病的诱因有所了解，能注意防寒保暖、避免去人多的公共场所。避免过度劳累、情绪激动，防止便秘。避免摄取过多钠盐，不暴饮暴食。育龄妇女避孕或在医生指导下妊娠、分娩。

（2）让病人明确治疗、护理的目的，主动配合休息、饮食、用药、观察护理。

（3）使病人高度重视本病，但又不过分紧张。能积极配合治疗原发病，防止心力衰竭反复发生。能进行自我检测，准确测量尿量、脉律，发现异常及时就诊。

2．生活指导

（1）休息

指导病人合理安排活动与休息，避免重体力劳动和剧烈运动，如擦地、登梯、快走等。活动量以不出现心悸、气急为原则。心功能恢复后可从事轻体力劳动或工作，并循序渐进地进行运动锻炼，如打太极拳、散步等，提高活动耐力。注意保障睡眠。

（2）饮食

注意控制水、盐的摄入，给予富含营养、高蛋白、高维生素、低热量、清淡易消化饮食，少量多餐，避免刺激性食物，戒烟酒。

3．治疗指导

（1）指导病人遵医嘱用药：不随意加减药物，不随意停药。

（2）告诉病人药物名称、剂量、方法、不良反应，教会病人自我监测用药情况，如服用洋地黄类制剂时要自我监测脉率，若脉率<60次/分，有厌食、恶心、呕吐或色视时，应暂时停药，及时就诊。

（3）服用血管扩张剂时，改变体位动作不宜过快，以防发生直立性低血压。服用排钾利尿剂时，嘱病人多进食含钾丰富的食品、水果，出现药物不良反应要及时就诊。

（4）嘱病人在静脉输液时主动告诉护士自己有心脏病史，以便控制输液速度和量，防止诱发心力衰竭。

4．定期复查

定期门诊随访，了解病情进展情况。

**九、小结**

▲慢性心力衰竭主要是心肌收缩无力，心脏负荷过重所致。

▲左心衰竭表现为肺瘀血（三种呼吸困难、咳嗽、咳痰、咯血、两肺底湿啰音、左心大）。右心衰竭表现为体循环瘀血（消化道症状、水肿、颈静脉怒张、肝大、肝颈反流征阳性、右心大）。同时存在左心力衰竭、右心力衰竭表现即全心衰竭。心力衰竭都表现为心率快、尿量少。

▲治疗原则是强心、利尿、ACEI应用、抗感染。

▲护理主要是给予休息、指导、低盐限水饮食，特别警惕洋地黄中毒。

▲劳力性呼吸困难是最早出现及最常见的症状。夜间阵发性呼吸困难是典型的症状。端坐呼吸与心力衰竭程度有关，上身与床形成的角度越大提示心力衰竭程度越重。急性肺水肿是最严重的表现。

## 急性心力衰竭病人的护理

急性心力衰竭是指由于急性心脏病变引起心排血量在短时间内急剧下降，甚至完全丧失了心排血功能，导致组织、器官灌注不足和急性瘀血的综合征。最常见的是急性左心衰竭所引起的急性肺水肿，严重者可有心源性休克。急性右心衰竭临床少见，以下重点讨论急性左心衰竭。

**一、病因与发病机制**

（一）病因

1．急性弥漫性心肌损害

由于弥漫性心肌损害，导致心肌收缩无力，左心排血量急剧下降，肺静脉压力陡升而发生急性肺循环瘀血，引起急性左心衰竭，常见病因为广泛的急性心肌梗死、急性心肌炎等。

2．急性而严重的心脏负荷增加

（1）急性心脏后负荷增加

突然严重二尖瓣狭窄、高血压急症等，后者是急性左心衰竭最常见的病因。

（2）急性心脏前负荷增加

突然静脉输液过快、过多，瓣膜穿孔、腱索断裂等。

3．严重心律失常

持续发作的快速性心律失常（心率>180次/分）使左心室充盈严重障碍或重度心动过缓（心率<35次/分）使左心排血量显著减少，导致肺循环压力突然升高，引起急性肺水肿。

（二）发病机制（图3-3-4）

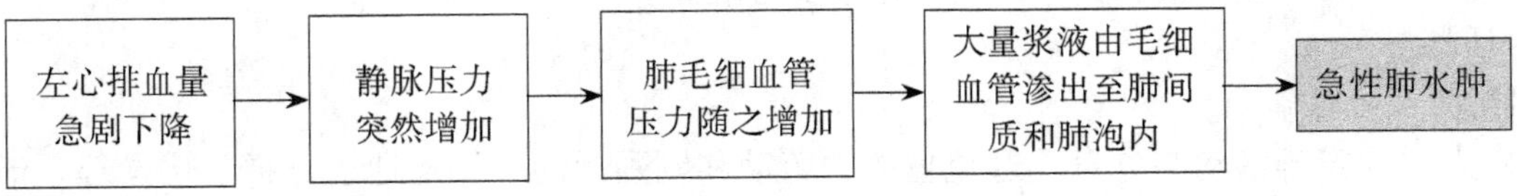


图3-3-4 急性心力衰竭发病机制

## 二、临床表现

病人突然出现急性肺水肿等严重表现，病情进展迅速。

1．症状

（1）突发极度呼吸困难，常被迫取端坐位，呼吸频率达30～40次/分。

（2）表情恐惧，面色青灰，唇指青紫，大汗淋漓，烦躁不安，可有濒死感觉。

（3）频繁咳嗽、咳大量粉红色泡沫样痰，严重时可有大量泡沫样液体由口、鼻涌出，甚至咯血。

2．体征

皮肤湿冷、青灰色。两肺布满湿啰音、哮鸣音。心率增快，心尖区第一心音减弱，可闻及舒张期奔马律，肺动脉瓣区第二心音亢进。早期可一过性血压升高，晚期血压常持续下降，表现为休克。严重时意识障碍，甚至猝死。

## 三、辅助检查

1. X射线检查

除原有心脏病的心脏形态改变以外，主要为肺部改变。典型肺水肿者双侧肺门可见蝶形大片云雾阴影，重度肺水肿可见大片绒毛状阴影。

2．动脉血气分析

病情越严重，动脉血氧分压（$PaO_2$）降低越明显。

3．血流动力学监测

急性左心力衰竭时肺毛细血管楔压（PCWP）、中心静脉压（CVP）明显增高，心脏指数（Cl）明显降低。

## 四、诊断要点

1．典型症状

突发极度呼吸困难，端坐呼吸，咳大量粉红色泡沫样痰。

2．典型体征

两肺布满湿啰音、哮鸣音。

## 五、配合治疗

急性左心衰竭是内科急症，病人起病急，危及生命，需立即建立静脉通路，遵医嘱正确用药，控制静脉输液速度，一般为20～30滴/分，保持静脉通道通畅，观察药物疗效及不良反应。急性左心衰竭抢救原则为减轻呼吸困难、控制心力衰竭。

1．端坐位

安置病人于重症监护室，协助病人取端坐位，双腿下垂（休克病人除外），减少回心血量，减轻心脏负荷，增加肺活量，使痰较易咳出。病人端坐位时给病人提供合适的支撑物，注意病人安全，防止坠床。

2．乙醇湿化吸氧

立即给予高流量（6～8 L/min）吸氧，加入20%～30%乙醇湿化，降低肺泡内泡沫及气管内泡沫的表面张力，使泡沫破裂，改善肺通气。病情较重时可用呼吸机辅助呼吸，一般采用呼气末正压通气（PEEP），使肺泡内压在吸气时增加，有利于气体交换，对抗肺泡内液体渗透。注意用氧安全。保持呼吸道通畅，协助病人咳嗽、排痰。

3．镇静

（1）首选吗啡3～10 mg皮下注射或缓慢静脉注射，静脉注射时间不少于3分钟，必要时可间隔30分钟重复1次，共2～3次。吗啡能扩张小血管，减轻心脏负荷，减慢呼吸，减轻呼吸困难，降低耗氧量及镇静。但老年、颅内出血、神志不清、休克、呼吸抑制或合并肺部疾病者要慎用吗啡。

（2）也可选用哌替啶（杜冷丁）50～100 mg，肌内注射。

（3）应用吗啡或杜冷丁时要注意观察有无呼吸抑制、血压下降、心动过速等不良反应。

4．快速利尿

通过利尿减轻心脏前负荷。常用呋塞米20～40 mg静脉推注。

5．扩张血管

降低外周阻力，减少回心血量，减轻心脏负荷。

（1）硝普钠

扩张小动脉、小静脉。

①静脉滴注起始剂量0.3 μg/(kg·min)，最好用输液泵（或注射泵）控制输注速度，根据血压逐步调整剂量。严密监测血压变化，防止低血压发生。

②静脉用药后2～5分钟起效，作用仅维持3～5分钟，所以需现配现用。

③硝普钠在体内迅速代谢为氰化物，并进一步代谢为硫氰酸盐，大剂量持续应用硝普钠易致氰化物和硫氰酸盐蓄积中毒，尤其肾功能不好者更易发生中毒。所以，硝普钠用药时间不宜连续超过24小时。

④硝普钠遇光易分解变性，溶液颜色由淡棕色变为蓝色、绿色、暗红色，所以要避光应用，发现溶液变色应停止使用。

⑤注意有无恶心、呕吐、肌肉颤动等硝普钠所致不良反应。

⑥防止滴注部位药物外渗，以免损伤局部皮肤和组织。

（2）硝酸甘油

硝酸甘油扩张小静脉，减少回心血量，降低左心室舒张末压和肺毛细血管压。静脉滴注起始剂量10 μg/min，每10分钟调整一次，每次增加5～10 μg，以收缩压在90～100 mmHg为度。使用硝酸甘油时要严格控制输注速度，严密监测血压。注意有无心动过速、面色潮红、头痛、呕吐等不良反应。

6．使用强心剂

增强心肌收缩力，减慢心率与传导。常用西地兰0.4 mg以5%葡萄糖溶液20 mL稀释后缓慢静脉注射。其用药注意事项参见本节“慢性心力衰竭病人的护理”相关内容。

7．平喘

解除支气管痉挛，降低肺动脉压力。常用氨茶碱0.25 g加入10%葡萄糖液20 mL稀释后缓慢静脉注入。氨茶碱对呼吸道平滑肌有直接松弛作用，但可引起室性期前收缩、室性心动过速、血压下降、肌肉颤动等不良反应，应密切观察。要警惕氨茶碱过量，肝肾功能减退病人、老年人应适当减量。

8．使用糖皮质激素

糖皮质激素降低外周阻力，减少回心血量，减轻肺毛细血管通透性从而减轻肺水肿。常用地塞米松10～20 mg加入葡萄糖液中静滴。

9．轮流结扎四肢

此法在紧急情况下对缓解病情、减少回心血量、减轻心脏负荷有一定的作用。具体方法为：扎止血带于四肢近心端，轮流结扎三个肢体，每隔5分钟换一个肢体，平均每个肢体扎15分钟，放松5分钟，结扎不宜过紧（应触到远端动脉搏动），也不应过久，以免引起肢体供血障碍，发生坏死。

10．病因治疗

如降血压、控制液体入量等。

**六、护理问题**

1．气体交换受损

与急性肺水肿影响气体交换有关。

2．恐惧

与极度呼吸困难有关。

3．清理呼吸道无效

与肺瘀血、呼吸道内大量泡沫痰有关。

4．潜在并发症

心源性休克、呼吸道感染、下肢静脉血栓形成。

### 七、护理措施

1．指导休息与活动

指导病人绝对卧床休息。

2．饮食护理

病情稳定后给予低盐限水、易消化、高营养、高热量饮食。少食多餐，避免进食产气食物。

3．观察病情

严密观察病人意识、生命体征、心电监护、咳嗽、咳痰量及色、肺部啰音变化、皮肤颜色及温度、尿量等变化，监测血气分析结果，严格记录出入量。

4．对症护理

加强基础护理，如口腔护理、预防压疮护理等。

5．心理护理

抢救时护理人员应镇静、操作熟练，使病人产生信任感和安全感。尽可能守护在病人身旁，安慰病人，向病人做简要解释，消除病人的紧张、恐惧心理，告诉病人医护人员正在积极采取有效措施，病情会逐渐得到控制；注意语言简练，以免影响病人休息，导致病人疲惫，影响抢救效果。

### 八、健康教育/出院指导

1．知识宣传

（1）抢救时

向病人家属介绍本病基本知识，使其主动配合抢救，主动提供疾病信息，主动安慰病人。

（2）出院前

告知病人及家属出院后如何密切观察病人病情变化情况，如何避免诱因，如何坚持控制血压。发现异常立即到医院诊治。

2．生活指导、治疗指导、定期复查

参见本节“慢性心力衰竭病人的护理”相关内容。提醒病人在静脉输液前要告知护士自己有心脏病史，以便输液时控制输液量及速度。

### 九、小结

▲急性左心衰竭是左心排血量突然减少所致。

▲以急性肺水肿为主要表现，如突然端坐呼吸、呼吸极度困难，咳大量粉红色泡沫痰，两肺布满湿啰音、哮鸣音等，同时伴有心率快，心尖部可闻及舒张期奔马律等左心衰竭体征。

▲抢救、护理重点是安置端坐位、双腿下垂、20%～30%乙醇溶液湿化吸氧，应用吗啡、硝普钠、强心剂、利尿剂、扩血管药、平喘药等。

## 第四节　原发性高血压病人的护理

原发性高血压（primary hypertension，简称高血压）是指原因不明，以体循环动脉血压升高为特征，伴有或不伴有重要脏器如心、脑、肾等器官的病理及功能改变的全身性疾病。高血压是多种心、脑血管疾病的重要病因和危险因素，是心血管疾病死亡的主要原因之一。我国高血压患病率总体呈明显上升趋势，但知晓率、治疗率、控制率很低。高血压患病率存在地区、城乡和民族差别，北方高于南方，沿海高于内地，城市高于农村，高原少数民族地区患病率较高。

高血压定义：在未用抗高血压药情况下收缩压≥140 mmHg和（或）舒张压≥90 mmHg。根据血压升高水平，又将高血压分为1～3级，血压分级标准见表3-4-1。

**表3-4-1　血压的定义及分类、分级标准**

| 类别 | 收缩压(mmHg) | 舒张压(mmHg) |
|---|---|---|
| 正常血压(理想血压) | <120% | <80 |
| 正常高值 | 120～139 | 80～89 |
| 高血压 | ≥140 | ≥90 |

续表 3-4-1

| 类别 | 收缩压(mmHg) | 舒张压(mmHg) |
|---|---|---|
| 1级高血压(轻度) | 140～159 | 90～99 |
| 2级高血压(中度) | 160～179 | 100～109 |
| 3级高血压(重度) | ≥180 | ≥110 |
| 单纯收缩期高血压 | ≥140 | ≥90 |

注:当收缩压与舒张压分别属于不同级别时,以较高级别归类。

## 一、病因与发病机制

（一）相关因素

原发性高血压的病因和发病机制尚未完全阐明，目前认为与遗传、摄入钠盐较多、酗酒、抽烟、精神过度紧张、体重超重、长期服避孕药、睡眠呼吸暂停低通气综合征等有关。

（二）血压升高诱因

1. 情绪激动、精神紧张、身心劳累、精神创伤。
2. 环境噪音。
3. 寒冷。
4. 便秘、用力咳嗽、屏气、剧烈运动等。
5. 突然改变体位或长时间站立。
6. 过热的水洗澡或蒸汽浴。

（三）发病机制（图3-4-1）

引起高血压最主要的原因是全身小动脉痉挛、硬化，使血管阻力增高。其中交感神经功能亢进因素占主导地位。此外，血管壁内皮表面的内皮细胞生成、释放的一氧化氮（NO）、内皮素等血管活性物质影响动脉管壁弹性，也对高血压形成起到一定作用。长期高血压及伴随的危险因素可促进动脉粥样硬化的形成与发展，引起全身小动脉病变，导致心、脑、肾等重要靶器官发生缺血、缺氧、形态改变等病理变化。

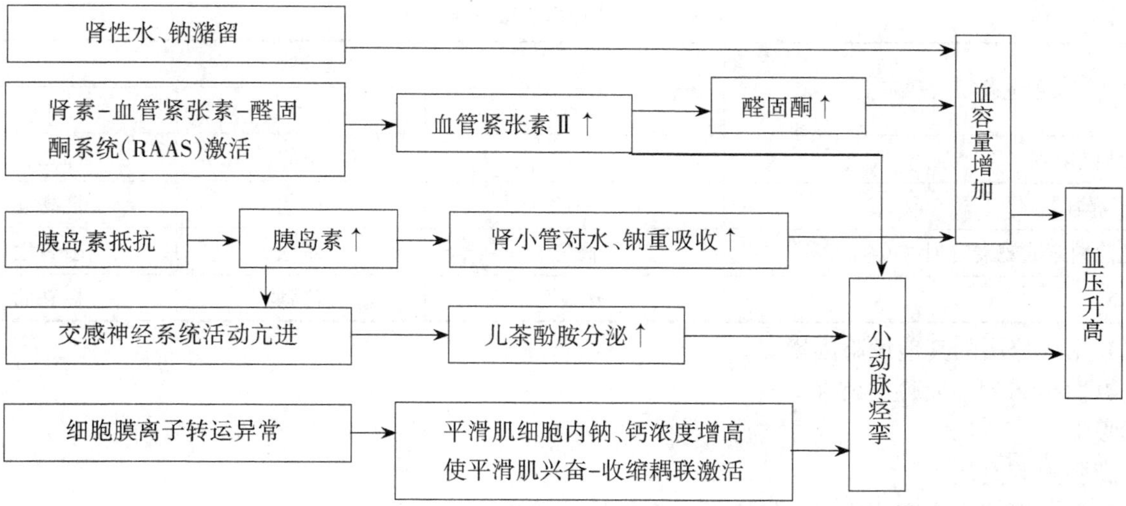


图3-4-1　原发性高血压发病机制

## 二、临床表现

1. 一般表现

起病缓慢，早期多无症状，常于体检时发现血压升高。部分病人以头痛为首发症状，表现为头晕、头痛、耳鸣、乏力、失眠等症状。部分病人在精神紧张、情绪激动或劳累后血压增高，休息后可恢复正常。体检可闻及主动脉瓣区第二心音亢进，长期持续高血压可致左心室肥厚。

2. 恶性高血压

以重要脏器进行性损害为特点。病情急骤发展，血压短时间内急剧升高，舒张压持续≥130 mmHg。

表现为头痛，视力模糊，眼底出血、渗出或视盘水肿，尤其肾脏损害突出，迅速出现肾衰竭，若不及时治疗可死于脑卒中、肾衰竭或心力衰竭。

3．并发症

随病程进展，长期、持久的血压升高可导致心、脑、肾等靶器官受损。

（1）心

长期血压升高使左心室后负荷过重导致左心室肥厚并扩张，可出现左心衰竭。高血压可使冠状动脉粥样硬化，心肌供血不足，导致心绞痛、心肌梗死、猝死等。

（2）脑

长期高血压可形成脑微小动脉瘤，破裂后可致脑出血，是原发性高血压最严重的并发症。高血压也可使脑动脉粥样硬化，引起短暂性脑缺血发作（TIA）、脑血栓形成、腔隙性脑梗死等。

（3）肾

长期血压升高使肾小球动脉硬化、肾小球通透性增加、肾小管损害，最终导致肾衰竭。

（4）眼

视网膜小动脉痉挛、狭窄、渗出、出血、视神经盘水肿。

（5）急性并发症

常并发高血压危象、高血压脑病。因恶性高血压和高血压危象、高血压脑病都表现为血压短时间内急剧升高，故临床常将三者合称为高血压急症。

①高血压危象

以交感神经兴奋为特点。高血压早期、晚期均可发生。常因紧张、劳累、寒冷、嗜铬细胞瘤发作、突然停服降压药等诱发。血压短时间内急剧升高（≥180/120 mmHg），伴有头痛、恶心、心悸、气急、呕吐、视力模糊等严重症状。

②高血压脑病

以颅内压增高症状为特点。血压短时间内急剧升高，由于过高的血压突破了脑血流自动调节范围，脑组织血流灌注过多引起脑水肿。表现为剧烈头痛、呕吐、神志改变，重者意识模糊、抽搐，甚至昏迷。

4．危险分层

见表3-4-2。

**表3-4-2 高血压危险分层标准**

| 其他危险因素和病史 | 血压分级 | | |
|---|---|---|---|
| | 1级 | 2级 | 3级 |
| 无其他危险因素 | 低危 | 中危 | 高危 |
| 1～2个危险因素 | 中危 | 中危 | 极高危 |
| ≥3个危险因素或靶器官损害或糖尿病 | 高危 | 高危 | 极高危 |
| 有并发症 | 极高危 | 极高危 | 极高危 |

（1）用于分层的其他危险因素：

①男性＞55岁、女性＞65岁。

②吸烟。

③高胆固醇血症。

④早发心血管疾病家族史（一级亲属发病年龄＜50岁）。

⑤高密度脂蛋白（HDL）下降。

⑥低密度脂蛋白（LDL）升高。

⑦腹型肥胖或体重指数＞28 kg/m$^2$。

⑧缺乏体力活动。

（2）用于分层的靶器官损害

表现为左心室肥厚、颈动脉内膜中层厚度增加或粥样斑块、血肌酐轻度升高、微量蛋白尿等。

（3）用于分层的并发症

心脏疾病、脑血管疾病、肾脏疾病、血管疾病和高血压性视网膜病变。

## 三、辅助检查

1．血尿检查

尿常规、血糖、血脂、肾功能、血尿酸、血电解质等，有助于发现相关危险因素，了解高血压对靶器官的损害程度。

2．其他检查

（1）心

心电图检查可见左心室肥大、劳损；X射线检查可见主动脉弓突出、左室增大；超声心动图提示左室壁厚、左室大。

（2）眼

眼底检查有助于对高血压严重程度的了解。

（3）24小时动态血压监测

24小时动态血压监测有助于判断血压升高严重程度，了解血压昼夜节律，指导降压治疗以及评价降压药物疗效。

## 四、诊断要点

1．静息和非药物状态下2次以上非同日血压测定值达到高血压的诊断标准。

2．排除各种继发性高血压。

## 五、配合治疗

目前尚无原发性高血压根治方法，常采用综合治疗措施，使血压降至正常或接近正常，预防或延缓并发症的发生，降低病死率和病残率。血压控制目标：普通高血压病人血压<140/90 mmHg；糖尿病和肾病病人血压<130/80 mmHg；老年人收缩压降至140～150 mmHg，舒张压降至90 mmHg以下，但不低于65～70 mmHg。

1．降压药治疗

（1）降压药治疗对象

①高血压2级或以上者。

②非药物治疗无效者（监测血压及其他危险因素低危3～12个月、中危3～6个月无改善）。

③高血压危险分层为高危或极高危者。

④高血压合并糖尿病或并发症或靶器官损害者。

（2）常用5类降压药物及不良反应

见表3-4-3。

**表3-4-3　常用降压药物及其不良反应**

| 药物分类 | | 药物名称 | 不良反应 |
|---|---|---|---|
| 利尿剂 | 噻嗪类 | 氢氯噻嗪、氯噻酮 | 低钾、低钠、低氯及高尿酸血症 |
| | 利尿剂 | 呋塞米 | 低钾、低钠、低氯及高尿酸血症 |
| | 襻保钾类 | 氨苯喋啶、螺内酯 | 血钾升高 |
| β-受体阻滞剂 | | 美托洛尔、阿替洛尔、普萘洛尔、倍他洛尔、比索洛尔 | 支气管痉挛、抑制心肌收缩、心动过缓、房室传导阻滞 |
| 血管紧张素转换酶抑制剂（ACEI） | | 卡托普利、依那普利、贝那普利、赖诺普利、雷米普利、福辛普利、西拉普利、培哚普利 | 刺激性干咳、血钾升高、皮疹、味觉异常 |
| 血管紧张素Ⅱ受体阻滞剂（ARBs） | | 氯沙坦、缬沙坦、厄贝沙坦、坎地沙坦、替米沙坦、奥美沙坦 | 血钾升高 |
| 钙离子拮抗剂（钙通道阻滞剂） | 二氢吡啶类 | 硝苯地平、硝苯地平控释片、氨氯地平、非洛地平缓释剂、尼卡地平、尼群地平、拉西地平、乐卡地平 | 水肿、头痛、面色潮红 |
| | 非二氢吡啶类 | 维拉帕米缓释剂、地尔硫䓬缓释剂 | 房室传导阻滞、心功能下降 |
| | $\alpha_1$-受体阻滞剂 | 哌唑嗪 | 低血压 |
| | 交感神经抑制剂 | 利血平 | 心动过缓、消化性溃疡 |
| 其他 | 直接血管扩张剂 | 可乐定 | 低血压 |
| | | 肼屈嗪 | 狼疮综合征 |
| | | 硝普钠 | 低血压、氰化物中毒 |

(3) 常用降压药物作用特点

①利尿剂

主要通过排钠、减少细胞外容量、降低外周血管阻力，达到降压作用。其降压起效平稳、缓慢，持续时间较长。适用于轻、中度高血压。见图3-4-2。

②血管紧张素转换酶抑制剂（ACEI）

主要通过抑制血管紧张素转换酶，使血管紧张素Ⅱ生成减少，达到降压作用。其降压起效迅速、作用较强。ACEI具有改善胰岛素抵抗、减少蛋白尿的作用，尤其适用于合并肥胖、糖尿病及心、肾病变的高血压病人。但有刺激性干咳等不良反应。

③血管紧张素Ⅱ受体阻滞剂（ARBs）

主要通过选择性阻断血管紧张素Ⅱ受体达到降压作用。其降压起效缓慢，但持久而平稳，作用持续时间达24小时以上。不引起刺激性干咳，治疗依从性高，也适用于合并肥胖、糖尿病及心、肾病变的高血压病人。见图3-4-2。

④β受体阻滞剂

能选择性地与β肾上腺素受体结合，从而拮抗神经递质和儿茶酚胺对β受体的激动作用。通过阻滞心脏$\beta_1$受体，抑制心率和心肌收缩力，阻滞肾小球旁器细胞$\beta_1$受体，抑制肾素的释放，达到降压作用。其降压起效迅速、作用强，持续时间因各种β受体阻滞剂剂型而异。尤其适用于心率较快的中、青年病人或合并心绞痛者（图3-4-2）。

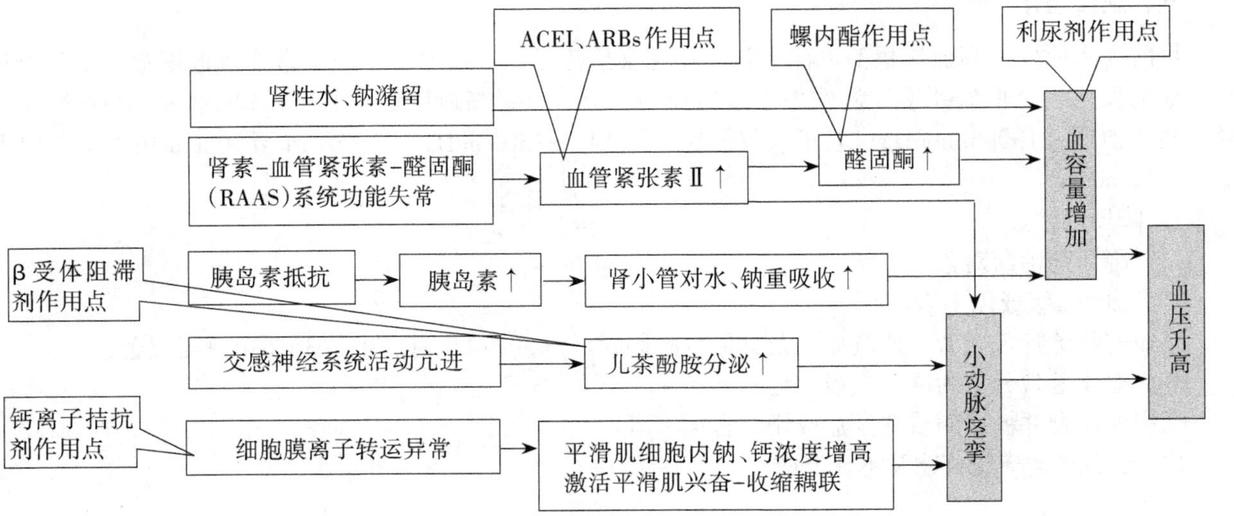


**图3-4-2 常用降压药作用示意图**

⑤钙通道阻滞剂（CCB）

主要通过阻滞细胞外钙离子进入血管平滑肌细胞内，减弱兴奋-收缩耦联，降低血管阻力，达到降压作用。其降压起效迅速、作用较强，持续时间短，一般每天需服用3次。尤其适用于合并糖尿病、冠心病、外周血管病、老年人等（图3-4-2）。

(4) 降压药的选择及应用

①高血压一旦确诊，需终生治疗，规则服药，不宜频繁更换降压药。所选降压药需有效控制血压，适合长期治疗。

②选药注意个体化。逐步摸索适应个体的最佳方案是有效治疗的关键。

③小剂量开始，逐渐增加药量，逐渐降压，以免影响脏器供血。

④2级及以上高血压主张联合用药。

⑤尽量选择长效制剂，每日用药1次，避免血压波动，提高用药依从性。

⑥所选降压药需副作用小，不影响生活质量。

2．非药物治疗

适合于所有高血压病人，尤其是轻型病人。具体见本病护理措施中“改善生活行为”相关内容。

3．高血压急症药物治疗

高血压急症可以发生在单纯高血压病人，也可以发生在其他疾病过程中，如脑出血、蛛网膜下腔出血、急性左心衰竭、慢性肾衰竭等。及时正确处理高血压急症，可在短时间内使病情缓解，预防进行性或不可逆性靶器官损害，降低死亡率。

（1）迅速降压

静脉滴注硝普钠，严密监测血压，随时调整用药剂量，使血压迅速下降。

（2）控制性降压

为避免血压急骤下降导致心、脑、肾等重要脏器血流灌注减少，在迅速降压的前提下还要注意控制降压速度，即开始24小时内血压降低20%～25%，48小时内血压不低于160/100mmHg，以后1～2周再将血压逐步降到正常。一般静脉给药1～2天后加用口服药物，然后逐渐停用静脉药物，维持口服用药，使血压长期稳定。

（3）选择降压药

使降压起效快、作用时间短、不良反应小，尽量不影响心率、心排血量、脑血流量等。首选硝普钠，其次选用硝酸甘油，具体使用方法参见本章第三节中“急性心力衰竭病人的护理”相关内容。也可用尼卡地平、地尔硫䓬、拉贝洛尔注射液等。

（4）避免使用的药物

①不宜使用强力利尿降压药：因高血压急症早期交感神经系统和肾素-血管紧张素-醛固酮系统过度激活，外周血管阻力明显升高，病人体内循环血容量明显减少，不能过度利尿。

②利血平不宜用于高血压急症治疗：因其降压作用慢，易蓄积中毒。

（5）对症处理

①有脑水肿时，给予静滴脱水剂，如甘露醇等，降低颅内压。

②有烦躁、抽搐时，给予镇静剂，如地西泮、巴比妥类药肌注或水合氯醛保留灌肠等。

4．用药注意事项

（1）提高服药依从性

在医生指导下调整用药，增减剂量。不可漏服、少服、多服、停服降压药。告诉病人自行调整降压药剂量，将导致血压波动，比持续高血压对脏器的危害更大。鼓励病人遵医嘱坚持终身服药。

（2）服药方法

服缓释或控释降压药时，嘱病人要吞服，不可嚼服。降压药最佳服药时间为每日7：00时、15：00时、19：00时。睡前不宜服用降压药，以免诱发脑卒中。

（3）密切观察用药效果

定时测量血压并记录，观察用药与血压的关系。

（4）观察药物不良反应。

## 六、护理问题

1．疼痛

与高血压脑血管痉挛有关。

2．活动无耐力

与心功能减退有关。

3．有受伤的危险

与头晕和视力模糊有关。

4．知识缺乏

缺乏高血压相关知识。

5．潜在并发症

心力衰竭、脑血管意外、肾衰竭。

## 七、护理措施

1．改善生活行为

所有高血压病人都要注意改善生活行为，必要时在改善生活行为基础上使用降压药。

（1）减轻体重

尽量将体重指数（BMI）控制在25 $kg/m^2$以下。体重指数(BMI)=体重(kg)/身高$(m)^2$

（2）合理膳食

给予低盐、低脂、低胆固醇、高钾、高钙、高维生素饮食。

①减少钠盐摄入：每日食盐量<6 g。

②补充钾和钙：每日新鲜蔬菜400～500 g，牛奶500 mL，可补钾1000 mg和钙400 mg。

③减少脂肪摄入：膳食含脂肪量<25%膳食总热量。

④限制热量摄入：少吃糖类和甜食。

（3）保持大便通畅。

（4）戒烟、限酒

WHO对酒的建议是：饮酒越少越好，每日饮酒量不超过50 g乙醇的量。不提倡饮高度烈性酒。

（5）适当运动

目的是减轻体重、改善胰岛素抵抗、提高心血管调节能力、稳定血压水平。

①酌情运动：血压稍高者可进行一般活动，但避免劳累，保证足够睡眠。血压较高、症状较多或有并发症的病人要卧床休息，避免身心过度劳累。

②运动方式：有慢跑、步行、健身操、打太极拳、散步等有氧运动。可根据年龄、体质、血压情况选择运动方式。

③运动量：一般每周运动3～5次，每次持续20～60分钟。运动不可过量，要劳逸结合，避免快跑、举重、球类比赛等剧烈运动。

④运动时若出现头晕、心悸、呼吸困难等症状应就地休息。

（6）减轻精神压力。

2．观察病情

（1）严密观测血压及临床表现

注意病人头痛、头晕、心悸、失眠等症状有无好转。若发现病人出现心悸、气急、夜间不能平卧、咳出粉红色泡沫痰，提示存在左心衰竭；若出现血压急剧升高、剧烈头痛、呕吐、烦躁不安、大汗、视物模糊、意识障碍及肢体运动障碍等，提示高血压急症或脑血管意外，应立即通知医生并配合抢救。

（2）正确测量血压方法

在静息状态下进行，测量血压前应休息20～30分钟，不要吸烟、饮浓茶、咖啡及其他刺激性饮料。做到“四定”，即定时间、定部位、定体位、定血压计。血压计“0”点应与心脏、肱动脉在同一水平上，即坐位时平第四肋软骨，仰卧位时平腋中线。为偏瘫病人测量应选择健侧肢体测量。

3．对症护理

（1）避免血压升高诱因

①避免情绪激动、精神紧张、身心劳累、精神创伤，以免交感神经兴奋，导致血压升高。

②环境安逸，避免噪音。

③避免寒冷。

④避免便秘、用力咳嗽、屏气、剧烈运动等，以防脑血管意外。

⑤避免突然改变体位或长时间站立。

⑥不用过热的水洗澡或蒸汽浴。

（2）高血压急症的抢救

①卧床休息

绝对卧床休息，抬高床头15～30°。避免一切不良刺激和不必要的活动，避免屏气或用力排便，协助生活护理。必要时使用镇静剂。

②迅速降压

立即建立静脉通道，遵医嘱尽早准确应用降压药。硝普钠用药注意事项参见本章第三节中“急性心力衰竭病人的护理”。甘露醇用药注意事项参见第九章第六节“脑出血病人的护理”相关内容。

③立即吸氧

4～5 L/min，保持呼吸道通畅。

④严密观察

做好心电、血压、呼吸监测。注意神志、生命体征、尿量等病情变化情况。

⑤注意安全

病人意识障碍时应加床档，防止坠床，并防止唇舌咬伤及皮肤损害。若必须起床，动作要慢，行走时要有人搀扶等。

⑥避免血压升高诱因。

（3）直立性低血压的防护

服用降压药期间病人容易发生直立性低血压，表现为眩晕、头晕眼花、恶心，甚至晕倒等。

①预防方法

用降压药期间避免洗澡水过热、蒸汽浴，不能大量饮酒。改变体位时动作宜缓慢，特别是起床时动作不宜过猛。避免久立不动，久蹲不起。尤其要警惕服降压药后的前几个小时及初用降压药时病人易发生直立性低血压。

②处理方法

一旦发生直立性低血压，应平卧，取头低足高位。

4．心理护理

乐观而稳定的情绪对高血压病人来说尤为重要。通过宣教和咨询，引导病人正确对待自己和他人，以平常之心看待事物，做到知足常乐，避免激动、紧张等不良情绪，减轻精神压力。鼓励病人酌情参加社会活动、集体活动。

## 八、健康教育出院指导

1．知识宣传

（1）向大众宣传本病相关知识，使其了解高血压的危险因素及血压升高诱因，并能注意避免。

（2）向病人介绍本病基本知识，使其高度重视本病，但又不过分紧张。告知病人本病虽难以彻底治愈，但通过改善生活行为、去除高血压危险因素、服用降压药物，可将血压控制在合适的水平，改善预后。使病人以积极的心态对待疾病。

（3）告知病人治疗、护理的方法及目的，使其能主动配合治疗、护理。指导病人自测血压并能定期测量、记录。

（4）告知病人家属高血压急症应急处理措施，如立即给予头高卧位休息，避免激动、用力，立即服用降压药，立即送往医院就诊等。

2．生活指导

指导病人注意饮食控制与调节、禁烟限酒、坚持有氧运动、控制体重、注意劳逸结合、保持良好心态、保持大便通畅。

3．治疗指导

帮助病人做好长期治疗的思想准备，遵医嘱坚持药物治疗，不擅自增减和中断用药，提高用药依从性，注意观察药物不良反应。

4．定期复查

了解血压控制情况，随访靶器官受损情况。发现胸痛、水肿、鼻出血、血压突然升高、心悸、剧烈头痛、视物模糊、恶心、呕吐、肢体麻木、偏瘫、嗜睡、昏迷等异常情况要随时就诊。

## 九、小结

▲原发性高血压是指在静息状态且未服降压药情况下收缩压≥140 mmHg和（或）舒张压≥90 mmHg，且病因不明。原发性高血压与某些因素相关，血压易受诱因影响而升高。

▲高血压分级是依据血压程度而定。高血压危险分层是依据血压程度、危险因素、靶器官损害、糖尿病、并发症而定。

本病无特异症状，主要是心、脑、肾、眼等并发症症状。

▲一般高血压要缓慢降压治疗，高血压急症要迅速降压治疗。高血压急症常首选硝普钠静脉滴注，注意避光，现配现用，严密监测血压，严格控制滴速。

▲所有高血压病人都要注意改善生活行为，必要时在此基础上用降压药。

▲护理重点是配合用药，健康指导、避免血压升高诱因。给予低盐、低脂、低胆固醇、高钾、高钙、高维生素饮食。

# 第五节　冠状动脉粥样硬化性心脏病病人的护理

冠状动脉粥样硬化性心脏病（简称冠心病）指冠状动脉粥样硬化使血管腔狭窄或阻塞，或（和）因冠状动脉功能性改变（痉挛）导致心肌相对缺血缺氧或绝对缺血缺氧或坏死而引起的心脏病，统称为冠状动脉性心脏病，也称缺血性心脏病。冠心病是动脉硬化引起器官病变的最常见类型，其发病率高，死亡率高，严重威胁着人类的健康。

冠心病好发于40岁以上的人群，男性多于女性，脑力劳动者多于体力劳动者，近年来发病率有增高且年轻化的趋势。

（一）动脉粥样硬化病因

1．年龄、性别

多见于40岁以上中、老年人，49岁以后进展加快。男性多见，女性在更年期后发生率增加。年龄和性别属于不可控制的危险因素。

2．高脂血症

脂代谢异常是动脉粥样硬化最重要的危险因素。表现为总胆固醇（TC）、三酰甘油（TG）、低密度脂蛋白（LDL）、极低密度脂蛋白（VLDL）增高，高密度脂蛋白（HDL）降低，其中以TC及LDL增高最受关注。高密度脂蛋白增高对阻止动脉粥样硬化有一定作用。

3．高血压

血压增高与动脉粥样硬化关系十分密切。

4．长期吸烟

现已公认，吸烟是仅次于高脂血症、高血压的动脉粥样硬化第三大危险因素。

5．糖尿病和糖耐量异常

当糖尿病和糖耐量异常时，动脉粥样硬化发生率明显增高，且病变进展迅速。

6．其他

肥胖、体力劳动少、高脂高热量高盐饮食、遗传因素、性情急躁等也与动脉粥样硬化发生有关。

（二）动脉粥样硬化发生机制

脂质透入动脉内膜：

（1）产生两种泡沫细胞（单核细胞源性泡沫细胞、平滑肌细胞源性泡沫细胞），与粥样物质形成有关。

（2）内膜形成纤维帽，与动脉硬化有关。

（3）粥样物质和纤维帽共同形成纤维粥样斑块（动脉斑块），凸入动脉腔内，引起管腔狭窄。动脉斑块是动脉粥样硬化最具特征性的病变。

（三）冠心病发病机制（图3-5-1）

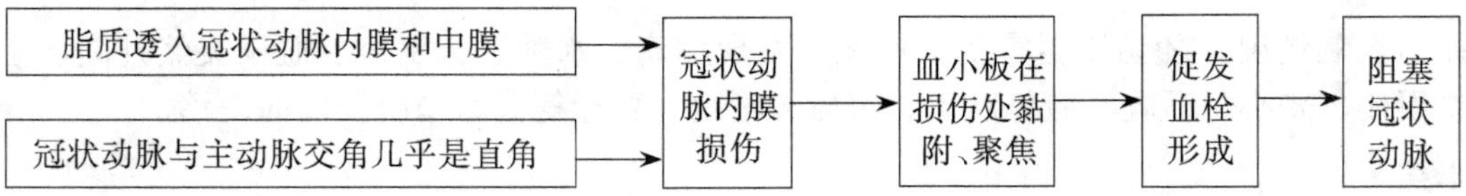


**图3-5-1　冠心病发病机制示意图**

（四）冠心病分型

1979年WHO根据冠状动脉的病变部位、范围、 血管阻塞程度、心肌缺血的速度、程度及范围的不同将冠心病分为5型：

1．隐匿型冠心病

亦称无症状型冠心病，病人没有临床症状，仅心电图有心肌缺血性改变，心肌无明显的组织形态改变。

2．心绞痛型冠心病

有发作性的胸骨后疼痛，心肌无明显的组织形态改变。

3．心肌梗死型冠心病

常有剧烈的胸骨后疼痛，并可伴有心律失常、休克、心力衰竭等严重并发症。心肌有明显的组织形态改变。

4．缺血性心肌病型冠心病

由于长期的心肌缺血导致心肌纤维化而引起，其临床表现与扩张型心肌病类似，常表现为心脏增大、心力衰竭和心律失常。

5．猝死型冠心病

主要因缺血造成心肌局部电生理紊乱，而发生严重心律失常，导致病人心搏骤停。

近年来临床医学家将本病分为急性冠脉综合征（ACS）和慢性冠脉病（CAD）两大类。前者包括不稳定型心绞痛、非ST段抬高性心肌梗死、ST段抬高性心肌梗死、冠心病猝死。后者包括稳定型心绞痛、冠脉正常的心绞痛、无症状性心肌缺血和缺血性心力衰竭。本节重点介绍“心绞痛”和“急性心肌梗死”两型。

## 心绞痛病人的护理

心绞痛是冠状动脉供血不足，心肌急剧的、暂时性的缺血与缺氧所引起的临床综合征。以发作性的胸痛或胸部不适为主要特点。

### 一、病因与发病机制

（一）病因

1．冠状动脉粥样硬化

冠状动脉粥样硬化是最基本的病因。冠状动脉粥样硬化使冠状动脉狭窄或痉挛，导致冠状动脉血流量增加受限。

2．冠状动脉血流量减少性疾病

如重度主动脉瓣狭窄或关闭不全、梗阻性肥厚型心肌病、先天性冠状动脉畸形、冠状动脉栓塞及梅毒性主动脉炎等使冠状动脉血流量减少。

（二）诱因

心肌需氧量增加或冠状动脉血流量急剧减少是心绞痛常见诱因，如体力活动、情绪激动（愤怒、兴奋）、饱餐、便秘、寒冷、吸烟、饮酒、心动过速或过缓、血压过高或过低、休克等。

（三）发病机制（图3-5-2）

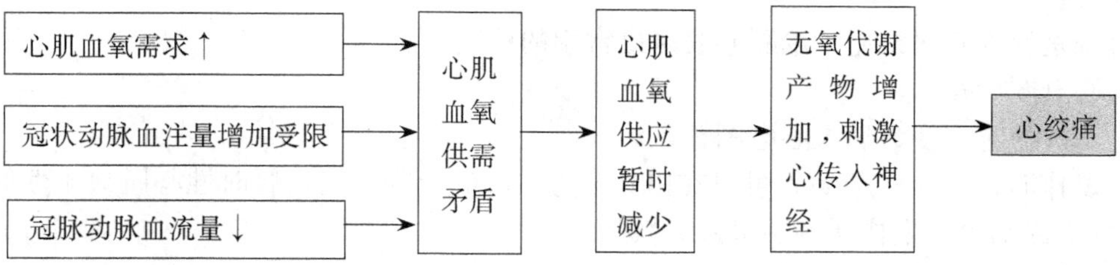


**图3-5-2　心绞痛发病机制**

心脏和胸部体表的痛觉传入纤维在脊髓同一水平的同一个神经元汇聚后上传至大脑皮质。由于平时疼痛刺激多来源于体表。因此，大脑常习惯地将心脏痛误以为是胸部体表痛，这种现象称为心绞痛的牵涉痛。

### 二、临床表现

1．症状

心绞痛常以发作性胸痛或胸部不适为主要表现，老年人心绞痛症状常不典型，可仅感胸闷、气促、疲倦等。典型心绞痛发作的特点主要包括以下4个方面：

（1）疼痛部位

突然发生在胸骨体上段或中段之后，范围约有拳头或手掌大小，可波及心前区，甚至横贯前胸，界限不清。常放射至左肩、左臂内侧达无名指和小指。向上放射至咽、颈、下腭部，偶见于头部，向下放射至上腹部，少数也可放射至双腿及脚趾，向后放射至左肩胛甲骨。一般每次发作的疼痛部位相对固定。偶见牙疼、背痛而被误诊。

（2）疼痛性质

典型胸痛表现为压榨样、发闷、窒息感或紧缩感，也可为烧灼样痛或钝痛，偶伴有焦虑或濒死的恐惧感，但不像针刺样或刀割样疼痛。心绞痛发作时，病人常不自觉地停止原来的活动，直至症状缓解。

（3）持续时间

疼痛出现后常逐渐加重，数分钟达高潮，伴有冷汗，以后逐渐减轻，一般持续3～5分钟，不超过15分钟。可数天或数周发作1次，亦可1日内多次发作。

（4）缓解方式

一般经休息或舌下含硝酸甘油后几分钟内缓解。

2．体征

平时一般无异常体征。心绞痛发作时常见心率增快、血压升高、交替脉、表情焦虑、面色苍白、皮肤湿冷。有时心尖部出现第四心音或第三心音奔马律。暂时性心尖部收缩期杂音可能是乳头肌缺血以致功能失调引起二尖瓣关闭不全所致。

3．分型

有关心绞痛的分型命名有多种，目前临床趋向分为：

（1）稳定型心绞痛

亦称稳定型劳力性心绞痛，是在冠状动脉固定性严重狭窄的基础上，由于心肌负荷增加引起心肌急剧的、暂时的缺血与缺氧的临床综合征。

其特点是：

①胸痛常发生于劳力负荷增加时，持续数分钟，休息或用硝酸酯制剂后可缓解。

②胸痛部位、性质、诱因、持续时间、缓解方式相对固定。

（2）变异型心绞痛

具有短暂ST段抬高的特异的心电图变化。

（3）不稳定型心绞痛

包括恶化型心绞痛、卧位型心绞痛、静息心绞痛、梗死后心绞痛、混合性心绞痛等。不稳定型心绞痛疼痛部位、性质、诱因、持续时间、缓解方式不固定，具有进展至急性心肌梗死的高度危险性，必须予以足够的重视。

## 三、辅助检查

1．心电图检查

心电图检查是发现心肌缺血、诊断心绞痛最常用的检查方法。

（1）普通心电图检查

①心绞痛非发作时，多数病人心电图正常。

②心绞痛发作时，绝大多数病人可以在以R波为主波的导联中出现暂时性心肌缺血性的ST段压低>0.1 mV，T波低平或倒置，发作缓解后可逐渐恢复。

③变异型心绞痛可出现ST段抬高。

（2）运动负荷试验

若运动中出现典型心绞痛，心电图改变以ST段水平型或下斜型压低>0.1 mV，持续2分钟，为运动负荷试验阳性。

（3）24小时动态心电图

连续记录24小时心电图，可以发现心绞痛发作时ST段压低、T波低平或倒置等心肌缺血性改变和各种心律失常，以及异常心电与病人活动和症状的关系。

2．冠状动脉造影

冠状动脉造影被认为是诊断冠心病的“金标准”，具有确诊价值。选择性的冠状动脉造影可明确冠状动脉及其分支的狭窄部位、程度等，并指导治疗、判断预后。若冠状动脉管腔直径缩小70%以上，将严重影响心肌供血。

3．放射性核素检查

（1）放射性核素铊（$^{201}$Tl）心肌显像可明确心肌缺血区的部位和范围。

（2）放射性核素锝（$^{99m}$Tc）体内红细胞标记，不仅能得到心腔内血池显影，测定左室射血分数，而且还能显示心肌缺血区室壁局部运动情况。

4．超声心动图检查

心绞痛发作时超声心动图检查可探测到缺血区心室壁运动异常。

## 四、诊断要点

1. 典型的心绞痛发作史。
2. 含服硝酸甘油能缓解。
3. 存在动脉粥样硬化的病因。
4. 必要时结合辅助检查结果。

## 五、配合治疗

1. 发作时处理

（1）休息

发作时指导病人立即就地休息，酌情协助病人安静坐下或卧床休息。指导病人采用缓慢深呼吸等方式放松，安慰病人，减轻其紧张不安感，必要时给病人氧气吸入。

（2）含服（或嚼服）硝酸酯类药物

硝酸酯类药物是最有效、作用最快的终止心绞痛发作的药物。此类药既能扩张冠状动脉，增加冠状动脉循环血流，又能扩张静脉，减少回心血量，减轻心脏负荷。

1）常用制剂：

①硝酸甘油

0.3～0.6 mg，舌下含化，1～2分钟即开始发挥作用，约半小时后作用消失。

②硝酸异山梨酯

5～10 mg，舌下含化，2～5分钟见效，作用维持2～3小时。

2）用药注意事项

嚼服硝酸酯类药物比含服起效更快。对心绞痛发作频繁或用硝酸甘油效果差的不稳定型心绞痛病人，可遵医嘱静脉滴注硝酸甘油。若用药无效，应及时通知医生。硝酸酯类药物其他用药注意事项参见本章第三节中“慢性心力衰竭病人的护理”相关内容。

2. 缓解期治疗

（1）药物治疗

目的是应用作用持久的抗心绞痛药物，防止心绞痛再发作。常用制剂：

①β受体阻滞剂

常用美托洛尔（倍他乐克）、普萘洛尔、阿替洛尔等。通过减慢心率、降低血压、减弱心肌收缩力、减少心肌氧耗，从而预防心绞痛。

②硝酸异山梨酯

每日口服3次，服后半小时起作用，维持3～5小时。该药缓释制剂可维持12小时，每日口服2次。

③钙离子拮抗剂（钙通道阻滞剂）

常用维拉帕米、硝苯地平、地尔硫䓬等。通过抑制钙离子进入细胞内，抑制心肌细胞兴奋-收缩耦联中钙离子的利用，从而扩张冠状动脉及周围血管，增加冠状动脉氧供、降低氧耗，缓解心绞痛。此类药更适用于伴有高血压的病人。

④抑制血小板聚集药物

如阿司匹林、潘生丁等抑制血小板聚集药，可减少稳定型心绞痛病人发生急性心肌梗死的可能性，是心绞痛缓解期常用药物。

⑤中医中药

苏合香丸、苏冰滴丸、宽胸丸、保心丸等中成药具有芳香开窍、理气止痛等作用，可用于治疗或预防心绞痛。

（2）介入治疗（PCI）

对一些药物治疗效果不满意，日常活动仍明显受限制者，可考虑给予PCI。具体见本节“急性心肌梗死病人的护理”相关内容。

（3）外科手术治疗

主要是在体外循环下施行主动脉-冠状动脉旁路移植术。该手术在冠心病发病率高的国家中已成为普通的择期心脏外科手术，对缓解心绞痛有较好的效果。

## 六、护理问题

1．疼痛

与心肌缺血有关。

2．活动无耐力

与心肌缺血、缺氧有关。

3．知识缺乏

缺乏有关冠心病的知识。

## 七、护理措施

1．指导休息与活动

缓解期病人一般不需要卧床休息。可以合理安排他们休息与活动，保证充足的休息时间。鼓励他们参加适度的体力劳动和体育锻炼（如散步、打太极拳等）以提高活动耐力，活动量以不引起症状为度。若出现不适应立即停止活动，必要时给予含服硝酸甘油等处理。避免重体力劳动、剧烈运动、竞赛性活动和屏气用力动作，避免情绪激动、精神过度紧张和长时间的工作。

2．饮食护理

给予低热量、低脂、低胆固醇、少糖、少盐、适量蛋白质、适量纤维素、丰富维生素、易消化的饮食。三餐有规律，少量多餐、避免过饱，避免刺激性食物（浓茶、咖啡、辛辣刺激食物等），戒烟限酒。肥胖者注意控制摄入量及热量。

3．病情观察

了解病人发生心绞痛的诱因，发作时疼痛的部位、性质、程度、持续时间、缓解方式。观察发作时心率、心律、血压、脉搏，注意有无面色苍白、大汗、恶心、呕吐等情况，同时立即描记心电图。及时了解有无心律失常和急性心肌梗死等并发症的发生，一旦发现立即通知医生。

4．心理护理

心绞痛发作时护士应守护在病人身旁，安慰病人。发作缓解期要耐心地向病人解释疾病性质、预后及治疗方案，使病人正确看待疾病，积极配合治疗，积极改变不良生活习惯，增加病人战胜疾病的信心。

## 八、健康教育/出院指导

1．知识宣传

（1）普及宣传冠心病防治知识

使大众能高度重视防治高血压、高脂血症、糖尿病、肥胖、吸烟等冠状动脉粥样硬化病因。

（2）向病人介绍本病基本知识：

①使其高度重视本病，但又不过分紧张。积极配合治疗，防止或制止心绞痛发作。

②能主动避免过度体力活动、情绪激动、饱餐、寒冷等心绞痛诱因。

（3）告知病人及家属急性心肌梗死先兆

发现急性心肌梗死先兆如心绞痛发作频繁、程度加重、持续时间延长、硝酸甘油不易缓解等，应立即运送病人到医院就诊，切忌搀扶病人步行就诊。

2．生活指导

心绞痛病人不宜在饱餐或饥饿状态下洗澡。洗澡时间不宜过长、水温不宜过高或过低，浴室门不要上锁，以免发生意外耽误抢救。

3．治疗指导

（1）指导病人将硝酸甘油片置于固定位置，并告知病人及家属，外出时随身携带硝酸甘油片，以备发作时及时含服。硝酸甘油片应放于棕色瓶内避光保存，注意有效期，最好6个月定期更换1次。

（2）赶路、上高楼、演讲前、大便前、寒冷、顶风行走、饱食、劳累时，可预防性舌下含服硝酸甘油片，预防心绞痛发作。

（3）胸痛发作时可每隔5分钟含服硝酸甘油 0.3～0.6 mg直至疼痛缓解，若连服3次仍未缓解应警惕急性心肌梗死。

（4）告诉病人硝酸酯类药物能导致头、面部血管扩张引起面红、头痛等不适，一般持续用药数天后可自行好转，解除其思想顾虑。

4．定期复查

定期进行心电图、血糖、血脂检查，及时治疗高血压，注意控制血糖和血脂。

**九、小结**

▲心绞痛是心肌急剧的、短暂的缺血、缺氧所引起发作性的胸痛或胸部不适，呈放射性，一般持续3～5分钟，经休息或舌下含化硝酸甘油后3～5分钟可缓解。

▲若心绞痛发作比以往频繁、程度加重、持续时间长、用硝酸甘油不易缓解等，应警惕急性心肌梗死。

▲护理主要是指导病人避免心绞痛的诱因，指导发作时就地休息、含服硝酸甘油。

## 急性心肌梗死病人的护理

急性心肌梗死是指在冠状动脉病变的基础上，发生冠状动脉供血急剧减少或中断，使相应的心肌发生严重而持久的缺血、缺氧20～30分钟以上，导致心肌坏死。急性心肌梗死是一种较常见、危及生命的严重心脏疾病，属冠心病的严重类型。

**一、病因与发病机制**

（一）病因

1．冠状动脉粥样硬化

冠状动脉粥样硬化是最基本的病因。90%以上的急性心肌梗死由冠状动脉粥样硬化引起。

2．其他

冠状动脉栓塞（血栓、气体栓塞、心内膜炎时含有细菌的赘生物脱落引起栓塞等）、冠状动脉口堵塞（主动脉夹层动脉瘤等）、冠状动脉炎、冠状动脉痉挛、先天性冠状动脉畸形等。

（二）动脉粥样斑块破裂及血栓形成的诱因

（1）交感神经兴奋性增加、机体应激反应性增强、心血管活动性增加，使冠状动脉张力增高。

（2）高脂饱餐后，血脂增高，血液黏稠度增高。

（3）重体力活动、情绪激动、血压剧升、用力排便时，心脏负荷明显增加。

（4）休克、脱水、出血、外科手术或严重心律失常，致心排量骤降，冠状动脉血流锐减。

（三）发病机制（图3-5-3）

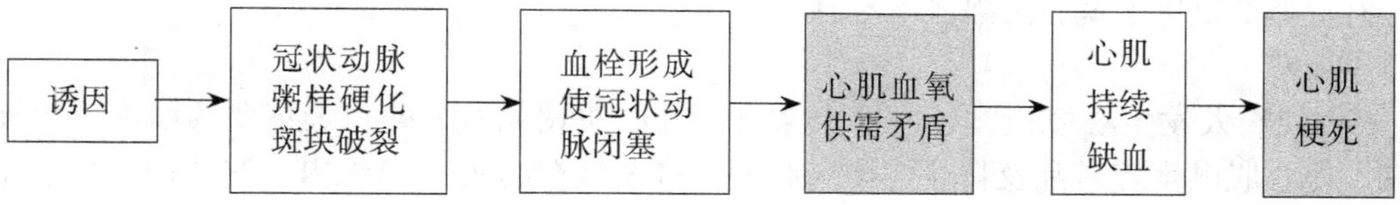


**图3-5-3 急性心肌梗死发病机制**

冠状动脉闭塞后20～30分钟，病灶心肌即有坏死，即已开始了急性心肌梗死病理过程。1～2小时内大部分病灶心肌呈凝固性坏死，间质充血、水肿，伴炎症细胞浸润。在心腔内压力作用下，病灶处心壁向外膨出，形成室壁瘤或破裂（室壁破裂、室间隔穿孔、乳头肌断裂等）。坏死组织1～2周开始吸收，并逐渐纤维化，需6～8周形成瘢痕愈合，称陈旧性心肌梗死。急性心肌梗死冠状动脉病变最常见部位为左冠状动脉前降支，可引起左心室前壁、下侧壁、心尖部、室间隔的前2/3心肌、右室前壁一小部分及二尖瓣乳头肌病变。急性心肌梗死病变范围及程度主要取决于冠状动脉闭塞部位、程度、速度、范围和侧支循环的情况。

急性心肌梗死分为三型：

①Q波性心肌梗死（透壁性心肌梗死）：梗死累及心室全层或大部分。此型最为常见，下述讨论内容均指此型。

②非Q波性心肌梗死：冠状动脉闭塞不完全或自行再通形成小范围心肌梗死灶，心电图上有ST段抬高，无Q波，临床常易漏诊。

③心内膜下心肌梗死：缺血坏死仅累及心室壁内层。此外，当坏死组织吸收、纤维化、瘢痕愈合时，称为陈旧性或愈合性心肌梗死。

## 二、临床表现

临床表现与急性心肌梗死面积的大小、部位、冠状动脉侧支循环情况有关。预后与年龄、性别、梗死部位、面积、急性期的病情、病人生活方式等有关。

1. 先兆表现

半数以上的急性心肌梗死病人于发病前数日有前驱症状，表现为心绞痛发作较以往频繁，持续时间较长，程度严重，硝酸甘油疗效差，诱发因素不明显。心电图显示ST段一过性抬高或降低，T波高大或明显倒置，此时应警惕病人近期内有发生急性心肌梗死的可能。也可表现为静息和轻微体力活动时伴有明显的心慌、气急、胸部不适和乏力，其中以不稳定型心绞痛最为突出。

2. 主要症状

（1）疼痛

①疼痛是最早、最突出的症状。

②发作时多无明显诱因，多发生于清晨，安静时。

③典型的急性心肌梗死表现为突然发作的胸骨后难忍的压榨样、窒息样或烧灼样疼痛，疼痛部位和性质与心绞痛相似，但疼痛程度较心绞痛更为剧烈，持续时间更久，可长达数小时甚至数天，有时放射至咽喉、下颌、左上肢或后背。胸痛持续时间是急性心肌梗死与心绞痛的主要鉴别点。

④胸痛时常伴严重窒息感、冷汗、乏力、恶心、呕吐、面色苍白、烦躁不安、恐惧、濒死感。

⑤经休息和含服硝酸甘油治疗无效。

部分急性心肌梗死者症状不典型：

①无痛性：常以心力衰竭或休克为首发症状。

②上腹部疼痛：易被误诊为急腹症。

③下颌、颈、背部疼痛：易被误诊为骨关节痛。

④牙痛：易被误诊为口腔疾病。

（2）全身症状

发热，一般在梗死后1～2天内出现，体温多在38 ℃左右，持续约1周，主要由于坏死组织被机体吸收所致。

（3）消化道症状

疼痛剧烈时，病人常伴有恶心、呕吐、上腹胀痛、肠胀气，严重者可有呃逆。与坏死心肌刺激迷走神经和心排血量降低致胃肠道血液灌注不足有关。

（4）心律失常

75%～95%的病人发生心律失常，心律失常是急性心肌梗死病人死亡最主要的原因，与梗死灶心肌缺血、缺氧，使心肌电生理紊乱及自律性增高有关。多发生在起病1～2天内，24小时内发病率最高。心律失常中以室性心律失常最多见，尤其室性期前收缩更常见。频发、多源、成对、联律、有Ron T现象的室性期前收缩或阵发性室性心动过速常可诱发心室颤动而猝死。心室颤动是急性心肌梗死早期特别是入院前病人死亡的主要原因。

（5）低血压或休克

疼痛时常有血压下降，未必是休克。若疼痛缓解，收缩压仍低于80 mmHg，有烦躁不安、面色苍白、皮肤湿冷、脉搏细弱、大汗淋漓、尿量减少、反应迟钝甚至昏迷，则为休克。休克多在起病后数小时至1周内发生，主要与心肌广泛坏死、左心室排血量急剧下降或剧烈胸痛引起神经反射性周围血管扩张及呕吐、大汗、摄入不足所致血容量不足等原因有关。

（6）心力衰竭

主要是左心衰竭，严重者可继发右心衰竭。常在起病最初几天或在疼痛或休克好转后发生。与急性心肌梗死后心脏收缩力显著减弱且不协调、心室顺应性降低有关。

3. 体征

轻型病人常无阳性体征。较重者可表现脸色苍白、肢端发凉、皮肤冷汗等。心率增快或变慢，心尖部可闻及舒张期奔马律，心音减低。部分病人出现心包摩擦音，为反应性纤维性心包炎所致。除早期血压可有升高外，几乎所有病人都有血压下降。病情严重者合并心力衰竭或休克时可有相应的体征出现。

4．并发症

（1）乳头肌功能失调或断裂

乳头肌功能失调或断裂是本病最常见的并发症。轻者经治疗可恢复，严重者可导致心力衰竭甚至死亡。

（2）心脏破裂

少见，常在起病1周内发生，是严重的致命的并发症。

（3）栓塞

多发生在起病后1～2周内，若为左心室附壁血栓脱落所致，可引起脑、肾、四肢或脾等动脉栓塞。

（4）心室壁瘤

主要见于左心室。由于心室壁丧失了正常的收缩功能，可引起心力衰竭。此外，室壁瘤易形成附壁血栓造成体循环动脉栓塞。

（5）心肌梗死后综合征

心肌梗死后综合征于急性心肌梗死后数周或数月出现。表现为反复出现心包炎、胸膜炎、肺炎等症状，可能是机体对坏死物质产生过敏反应所致。

## 三、辅助检查

1．心电图

心电图是诊断急性心肌梗死的最快捷、最方便、最简单的方法，能确定其部位及范围，有助于估计病情演变和预后。

（1） 特征性改变

①高而深的异常Q波（坏死性Q波），代表心肌坏死情况。异常Q波是急性心肌梗死与心绞痛在心电图方面的主要鉴别点。

②ST段弓背向上抬高，代表心肌损伤情况。

③T波倒置，代表心肌缺血情况。

（2）动态演变

发生急性心肌梗死时，可见到早期、急性期、近期、陈旧期典型四期动态变化（表3-5-1）。

**表3-5-1　急性心肌梗死各期图形特点**

| 分期 | ST段 | T波 | Q波 |
|---|---|---|---|
| 早期(数小时内) | 急性损伤性抬高 | 高尖 | 不明显 |
| 急性期(数小时后) | 显著升高或呈单向曲线 | 与ST段连接呈单向曲线 | 病理性 |
| 近期(数月) | 逐渐恢复至基线 | 平坦或倒置 | 永久存在 |
| 陈旧期(数年) | 基本正常或正常 | 倒置或逐渐恢复正常 | 永久存在 |

（3）病灶定位

可根据有特征性改变的导联来判断急性心肌梗死的部位。见表3-5-2。

**表3-5-2　急性心肌梗死心电图定位**

| 心肌梗死部位 | 有特征性改变导联 |
|---|---|
| 前间壁 | $V_1$～$V_3$ |
| 前侧壁 | $V_5$～$V_7$ |
| 广泛前壁 | $V_1$～$V_5$ |
| 高侧壁 | Ⅰ、aVL |
| 下壁 | Ⅱ、Ⅲ、aVF |
| 正后壁 | $V_7$～$V_8$ |

2．血清酶及其他心肌坏死标志物是诊断急性心肌梗死的敏感指标。

（1）血肌红蛋白测定

血肌红蛋白2小时内升高，12小时达到高峰，24～48小时恢复正常。

（2）血肌钙蛋白I或T测定

血肌钙蛋白I或T是诊断急性心肌梗死的最特异和最敏感的标志物，可反映微型梗死，发病3～4小时后增高，肌钙蛋白I于11～24小时达到高峰，持续7～10天；肌钙蛋白T于24～48小时达到高峰，持续10～14天。

（3）血清心肌酶测定

心肌坏死后，心肌细胞可释放肌酸激酶（CK）、天门冬酸氨基转移酶（AST）、乳酸脱氢酶（LDH）。CK的同工酶CK-MB主要存在于心肌中，正常人血清中无CK-MB，故CK-MB增高对急性心肌梗死的诊断特异性很高，是目前临床诊断最主要的指标，其增高程度能较准确地反映梗死的范围。各种心肌酶开始升高、达到高峰及恢复正常时间见表3-5-3。

**表3-5-3　急性心肌梗死后各种心肌酶的变化**

| 心肌酶 | CK或CK-MB | AST | LDH |
|---|---|---|---|
| 开始升高时间 | 5～8 h | 6～12 h | 8～10 h |
| 达到高峰时间 | 12 h | 24 h | 48～72 h |
| 恢复正常时间 | 3～4 d | 3～6 d | 7～14 d |

3．放射性核素心肌显像

急性心肌梗死发病后，用放射性核素心肌显像可观察心室壁的运动和左心室的射血分数，有助于判断心室功能，诊断梗死后室壁运动失调和室壁瘤。

4．超声心动图

超声心动图能了解心室壁运动和左心室功能，有助于诊断室壁瘤和乳头肌功能失调。

5．一般检查

起病1～2天后血白细胞增高$10\times10^9$/L～$20\times10^9$/L，中性粒细胞增多，嗜酸粒细胞减少或消失。血沉加快，数日后可恢复正常。C反应蛋白增高，可持续1～3周。起病数小时至2日内血中游离脂肪酸增高。

6．冠状动脉造影

一般在经皮冠状动脉介入治疗（PCI）时进行。

**四、诊断要点**

①典型的胸痛。

②特征性心电图改变及其演变。

③血肌钙蛋白、血清心肌酶升高。

上述三项中具备两项即可确诊。凡年龄在40岁以上，发生原因不明确的胸闷伴恶心、呕吐、出汗，或出现不明原因的严重心律失常和心力衰竭，或不明原因突然血压下降者，应考虑有急性心肌梗死的可能。此外，心肌病、心肌炎、气胸、COPD、休克、严重代谢紊乱等病人的心电图也可见Q波，应注意鉴别。

**五、配合治疗**

治疗原则：保护和维持心脏功能，尽快恢复心肌血液供应，挽救濒死心肌，缩小心肌梗死范围。处理并发症，防止猝死。

（一）严密监护、积极抢救

1．立即收住冠心病重症监护病房（CCU），严密监测心电、呼吸、血压、意识、尿量变化3～5天，以入院后第一天监护尤为重要，必要时可行血流动力学监测。备好抢救药物和抢救设备，如氧气装置、吸引装置、人工呼吸机、急救车，各种抢救器械包以及除颤器、起搏器等。

2．通过面罩或鼻塞给氧，一般为2～4 L/min持续吸入。

3．迅速建立静脉通路。

4．10分钟内做18导联心电图，即常规12导联加$V_7$、$V_5$、$V_9$、$V_3R$、$V_4R$、$V_5R$。

5．入院后若无禁忌症立即让病人嚼服肠溶阿司匹林150～300 mg，然后每日1次，连服3日，再改为75～150 mg/d，长期服用。

6．绝对卧床休息。

（二）解除疼痛

治疗目的是避免因疼痛使病人烦躁不安，加重病人的心脏负荷，诱发心律失常、休克甚至心脏破裂。

常用药物：

①吗啡5～10 mg皮下注射，必要时1～2小时再注射一次，以后每4～6小时可重复应用。或用哌替啶50～100 mg肌内注射，使用次数同吗啡。或用可待因、罂粟碱。呼吸功能不佳病人慎用。

②硝酸酯类药物。用药注意事项参见本章第三节中“急性心力衰竭病人的护理”相关内容。

（三）再灌注心肌

再灌注是抢救急性心肌梗死成功的关键治疗之一。起病12小时内（最好是3～6小时内）治疗，使闭塞的冠状动脉再通，心肌得到血流再灌注，缩小心肌坏死范围，减轻梗死后心肌重塑，改善预后。

再灌注有效指标：

①2小时内出现再灌注心律失常。可以表现为各种心律失常，最常见的是一过性室性心动过速，对此不必特殊处理。

②2小时内胸痛消失。

③2小时内抬高的ST段回落50%以上。

④血清CK-MB酶峰值提前出现。

临床常采用以下再灌注方法：

1．经皮冠状动脉介入治疗（PCI）

PCI是用心导管技术疏通狭窄甚至闭塞的冠状动脉管腔，从而改善心肌的血流灌注的方法。主要包括经皮冠状动脉腔内成形术（PTCA）和冠状动脉内支架置入术等。在医院及病人条件许可情况下，病人住院后90分钟内要实施PCI。

（1）直接PCI

对能直接进行PCI的病人，边给予常规治疗和术前准备，边将病人送到心导管室，由有经验者施术，以免延误时机。

▲直接PCI适应症：

①ST段抬高和新出现左束支传导阻滞。

②ST段抬高心肌梗死并发休克。

③非ST段抬高心肌梗死，但梗死的动脉严重狭窄。

④有溶栓禁忌症，又适合再灌注治疗病人

▲直接PCI注意事项：

①发病12小时以后不宜实施PCI。

②非梗死相关的动脉不宜实施PCI。

③有心源性休克者宜先行主动脉内球囊反搏术，待血压稳定后再施术。

（2）补救PCI

溶栓治疗后仍有胸痛，抬高的ST段降低不明显者，应尽快行冠状动脉造影，若显示相关动脉未再通，宜立即施行补救PCI。

（3）溶栓治疗后再PCI

溶栓治疗成功者，若无缺血复发表现，可在7～10天后行冠状动脉造影，若残留的狭窄病变适宜于PCI可行PCI治疗。

（4） PCI术后护理

①术后严密观察生命体征，注意有无胸痛、足背动脉搏动情况、鞘管留置部位有无出血。

②为防止血栓形成，PCI术后需肝素持续静滴3～5天。用药期间每天监测出凝血时间，观察有无出血现象。停用肝素4小时后，复查出凝血时间，若在正常范围，拔除动脉鞘管，压迫止血。

③术侧肢体制动，病人继续卧床24小时。

2．溶栓治疗

在无禁忌症的情况下，溶栓治疗越早，效果越好。反之，不但疗效不好，反而会增加出血的风险。治疗目的是用纤溶酶激活剂激活血栓中的纤溶酶原，使之转变为纤溶酶而溶解冠状动脉血栓，使闭塞的冠状动脉再通，心肌得到再灌注，以挽救濒死心肌、缩小梗死面积，保护心脏功能，降低病死率。

（1）常用制剂

链激酶（SK）、尿激酶（UK）和重组组织型纤溶酶原激活剂（rt-PA）等。可静脉或冠状动脉内给药，其中冠状动脉内给药溶栓效果更好，药品需要剂量更少，但须先行冠状动脉造影。

（2）适应症

①两个及两个以上导联ST段抬高或急性心肌梗死伴左束支传导阻滞，发病12小时内，年龄小于75岁。

②ST段明显抬高者，年龄大于75岁。

③ST段明显抬高者发病已超过24小时，但仍有胸痛、广泛ST段抬高。

（3）禁忌症

①正在使用抗凝药或已知出血倾向。

②既往病史中有出血性脑卒中；1年内有过缺血性脑卒中、脑血管病；颅内肿瘤。

③近1个月内有过内脏出血。

④近2周有不能压迫部位的大血管穿刺术；近3周有外科手术史、创伤史、心肺复苏超过10分钟。

⑤入院时未控制高血压，血压＞180/110 mmHg或慢性严重高血压病史。

⑥未排除主动脉夹层。

（4）溶栓前护理

①向家属做好解释工作。

②了解近期有无溶栓禁忌症。

③做18导联心电图，查血常规、出凝血时间，酌情查血型及配血备用。

④建立静脉通道：迅速、准确地配制并输注溶栓药物。

⑤若无禁忌症应在接诊后30分钟内进行溶栓治疗。

（5）溶栓中护理

①注意观察有无发热、寒战、皮疹等过敏反应，有无皮肤、黏膜和内脏出血及低血压等不良反应。

②尿激酶在30分钟内静脉滴注150万～200万U，链激酶在1小时内静脉滴注150万U，rt-PA在90分钟内静脉给药100 mg（静脉注射15 mg→30分钟内静脉滴注50 mg→60分钟内静脉滴注35 mg）。

③用rt-PA前用肝素。

（6）溶栓后护理

3小时内每30分钟复查1次心电图，了解胸痛缓解情况及心电图、酶学改变情况，判断溶栓是否成功。注意有无再灌注心律失常，观察有无出血、过敏等并发症。若病人有出凝血时间延长、纤溶酶原亢进，牙龈、皮肤、穿刺点、大小便出血等，应遵医嘱停止溶栓，必要时用鱼精蛋白或输血。

3．紧急主动脉-冠状动脉旁路移植术

PCI失败或溶栓治疗无效时，有条件的可争取6～8小时内实施主动脉-冠状动脉旁路移植术。

（四）消除心律失常

心律失常是引起急性心肌梗死病情加重及死亡的重要原因，必须及时消除。

1．室颤

尽快采用非同步直流电复律。

2．室性心律失常

若室早或室速，立即给予利多卡因50～100 mg静脉注射，每5～10分钟重复一次，直至室性心律失常消失或总量达300 mg后以1～3 mg/min静脉滴注维持，情况稳定后改加服抗心律失常药。

3．缓慢性心律失常

可用阿托品等药。严重时应尽早安装临时心脏起搏器。参见本章第十二节中“心脏起搏器”相关内容。

4．室上性快速心律失常

可选用维拉帕米、地尔硫䓬、美托洛尔、洋地黄制剂、胺碘酮等，必要时用同步直流电复律。

（五）控制休克

有条件者应进行血流动力学监测，根据中心静脉压、肺毛细血管楔压判定休克的原因，根据病人不同情况，给予补充血容量，应用升压药、血管扩张剂、纠正酸中毒等措施。

（六）治疗心力衰竭

在严格休息、镇痛、吸氧基础上，用利尿剂，也可以选用硝酸甘油等血管扩张剂减轻心脏负荷。注意急性心肌梗死24小时内应避免使用洋地黄制剂，以免诱发心律失常。

（七）其他治疗

1．抗凝疗法

多在溶栓治疗之后进行，可防止急性心肌梗死范围扩大或再梗死。临床常用肝素、低分子肝素。也可用抗血小板聚集药部分替代抗凝疗法，常用阿司匹林、氯吡格雷（波立维）、抵克立得等。

2．β-受体阻滞剂

可减轻伴有交感神经功能亢进者的心脏负荷，降低心肌耗氧量，改善心肌缺血灌注，防止梗死面积扩大，改善预后。

3．钙拮抗剂

与β-受体阻滞剂有类似效果。

4．极化液

氯化钾1.5 g、胰岛素8～12 U加入10%葡萄糖液500 mL中，静脉滴注。每日一次，7～14天为一疗程。促进心肌细胞摄取和代谢葡萄糖，为心肌细胞提供能量。有利于钾离子进入细胞内，恢复心肌细胞膜的极化状态，有利于心肌正常收缩，减少心律失常的发生。

5．血管紧张素转换酶抑制剂和血管紧张素受体阻滞剂

在起病早期使用，有助于改善恢复期心肌重塑，降低心力衰竭的发生率，从而降低病死率。

## 六、护理问题

1．疼痛

与心肌缺血坏死有关。

2．恐惧

与剧烈疼痛造成的濒死感有关。

3．活动无耐力

与心功能下降有关。

4．有便秘的危险

与长时间卧床和排便习惯改变有关。

5．潜在并发症

心律失常、心源性休克、猝死、血栓形成。

## 七、护理措施

1．指导休息与活动

绝对卧床休息是治疗急性心肌梗死的重要环节。

（1）急性心肌梗死病人应绝对卧床休息12小时，以减轻心脏负荷，减少耗氧量，防止病情加重。嘱病人安静休息，一切日常生活如进食、翻身、洗漱、擦身、排便等均由护理人员帮助解决。保持环境安静，限制探视，避免不良刺激，避免不必要地翻动病人，保证睡眠，注意保暖。

（2）若无并发症，24小时内应鼓励病人在床上活动肢体。第3天在床边活动，第4～5天起逐步增加活动直至一周内每天3次步行，每次步行100～150 m。对有并发症者应适当延长卧床休息时间，直至并发症得到控制，病情稳定7天后按上述活动计划进行活动。

（3）限制最大活动量的指标是：病人活动后出现呼吸困难或脉搏过快，且停止活动后3分钟未恢复。若活动中出现血压异常、胸痛、眩晕等应立即停止活动。

2．饮食护理

（1）病初酌情禁食，以后随病情的缓解逐渐过渡到流食、半流食、软食、普食。

（2）给予低热量、低脂、产气少、清淡、易消化，富含纤维素、维生素、果胶的饮食。少吃动物脂肪及含胆固醇较高的食物。

（3）注意少量多餐，禁烟酒、避免刺激性的食品。伴心力衰竭时应适当限制钠盐、水的摄入。

3．观察病情

（1）了解胸痛情况：注意胸痛程度、持续时间，用药后是否缓解或加重，是否伴有消化道症状等。

（2）观察有无严重表现：如心源性休克、心力衰竭等情况。

（3）观察有无出血倾向：如皮肤黏膜出血、消化道出血、泌尿道出血、颅内出血等。

（4）观察心肌坏死标志物及酶学变化情况：根据医嘱及时采集、送检血标本，了解检查结果。

（5）观察有无心律失常：严密心电监护，发现频发、多源、联律、成对、有Ron T现象的室性期前收缩，或室速、严重的房室传导阻滞时，应警惕发生室颤或心搏骤停，立即通知医生，及时给予相应处理。

4. 对症护理

（1）预防便秘

便秘是急性心肌梗死最容易忽视的护理问题。

①严禁病人用力排便。

②向病人解释预防便秘的重要性，鼓励病人食用富含纤维素、果胶的食物，注意饮水。

③急性期遵医嘱常规给予缓泻剂，保持大便通畅，必要时应用开塞露等辅助排便，但不能用硫酸镁等作用较强的泻药以及灌肠排便。

④顺时针按压腹部，或给予适当腹部震荡，促进排便。

（2）心源性休克护理

①取休克卧位，吸氧，密切观察生命体征、神志、尿量，必要时留置导尿管观察每小时尿量。

②保证静脉输液通畅，最好通过中心静脉或肺毛细血管楔压监测，合理调整输液量及速度。

③做好病人皮肤、口腔护理，按时翻身预防压疮、肺炎等并发症，做好重症监护记录。

（3）心律失常、心力衰竭护理

参见本章第二节“心律失常病人的护理”和本章第三节“心力衰竭病人的护理”相关内容。

5. 心理护理

急性心肌梗死病人因病情危急，疼痛剧烈，常伴有濒死感及恐惧心理，家属也十分紧张。护士应做好病人及家属的安慰工作，关心体贴病人，使病人产生信任和安全感，保持情绪稳定。

### 八、健康教育出院指导

1. 知识宣传

（1）向大众普及冠心病相关知识。使其能积极配合治疗原发病，如高血压、高脂血症、糖尿病等疾病。避免各种诱发因素，如紧张、劳累、情绪激动、便秘、感染、饱餐、寒冷等。

（2）向病人介绍本病基本知识，使其积极预防再次心肌梗死（二级预防）：

①遵医嘱应用抗血小板聚集药（如阿司匹林等）抗血小板聚集，应用硝酸酯类药抗心绞痛。酌情预防心律失常。

②减轻心脏负荷。

③缓解精神压力，克服不良情绪。

④控制血脂。

⑤控制血压。使血压在140/90 mmHg以下，若有糖尿病或肾功能不全，应控制血压在130/80 mmHg以下。

⑥控制饮食。给予低热量、低脂、低胆固醇、高纤维素和果胶饮食，少食多餐，避免刺激性食品。戒烟酒。

⑦控制体重，使体重指数在标准体重之内。

⑧积极治疗糖尿病，使糖化血红蛋白$<7\%$。

⑨鼓励病人有计划地适当运动，避免剧烈运动，避免劳累。

（3）指导病人进行自我检测

注意胸痛规律、程度、持续时间，警惕不明原因的胸闷、烦躁、冷汗、恶心、呕吐等情况，发现异常，能及时就诊。

（4）告知病人家属本病的急救方法

①立刻就地休息，身心放松。

②联系医院或急救站，立即运送病人到医院就诊，切忌搀扶病人步行就诊。

③有条件时，就诊前给予吸氧、含服硝酸甘油等处理。

2．生活指导

（1）早期康复锻炼

急性心肌梗死病人进行早期康复锻炼有利于改善疾病预后、提高病人生活质量。一般经2～4个月体力活动锻炼后，可恢复部分轻体力工作，此后，逐渐酌情恢复全天轻体力工作。活动过程中应避免操之过急，避免过度劳累，注意观察是否有胸痛、心悸、呼吸困难、脉搏增快，注意心律、血压及心电图的改变，一旦发现异常应停止活动，并及时就诊。

（2）注意洗浴、如厕安全

①不在饱餐或饥饿时洗浴，水温不宜过高、过低，洗浴时间不宜过长。

②洗浴、如厕时不必锁门，必要时有人陪同。

③保持大便通畅，不可用力排便。鼓励病人注意饮水，多食富含纤维素食物，必要时用缓泻剂、润肠剂等。

3．治疗指导

指导病人观察所服药物的作用及不良反应。随身常备硝酸甘油等扩张冠状动脉的药物。

4．定期复查

定期门诊复诊，了解病人病情，以便针对性治疗。

## 九、小结

▲急性心肌梗死是冠状动脉供血急剧减少使相应心肌缺血、坏死。

▲有三大表现：持久、剧烈的胸痛；心电图动态特征性改变；血清心肌坏死标志物及心肌酶增高。最早、最突出的症状是胸痛，最严重的症状是心律失常。

▲心电图检查快捷、方便，有特异性改变。肌钙蛋白、肌酸磷酸激酶同工酶增高是诊断心肌梗死的敏感指标。

▲再灌注治疗（溶栓、PCI）是治疗关键。

▲护理原则为：绝对卧床休息、吸氧、监护、配合溶栓、低脂清淡易消化饮食、保持大便通畅。

心肌梗死抢救程序：立即安置在监护室→吸氧、心电监护→嚼服阿司匹林→做18导联心电图→扩冠（硝酸甘油等）、止痛（吗啡等）、溶栓、介入治疗→用保护心肌药、对症处理→休息、饮食、排便、心理护理。

## 十、疾病鉴别（表3-5-4）

**表3-5-4　心绞痛和急性心肌梗死比较**

| 项目 | 心绞痛 | 急性心肌梗死 |
|---|---|---|
| 疼痛时限 | 短，一般15 min内 | 长，数小时或数天 |
| 含硝酸甘油 | 立刻缓解 | 作用较差 |
| 心衰、休克、心律失常 | 极少 | 常有 |
| 心电图 | 暂时ST段和T波变化 | 有特征性改变或动态变化 |
| 血清心肌酶学改变 | 无 | 有 |
| 主要治疗 | 含硝酸甘油 | 溶栓、PTCA |
| 护理要点 | 休息等 | 休息、吸氧、监护，配合止痛、溶栓、介入治疗，包含护理、保持大便通畅等 |

# 第六节　风湿性心脏病病人的护理

风湿性心脏病（简称风心病），是风湿性炎症过程所致瓣膜结构（包括瓣叶、瓣环、腱索、乳头肌及主动脉、肺动脉根部）的功能或结构异常，导致瓣口狭窄和（或）关闭不全的一组心脏病。风心病为我国常见的心脏病之一，主要累及40岁以下人群。以二尖瓣病变受累最为常见（二尖瓣狭窄尤为常见），其次为主动脉瓣受累。2个或2个以上瓣膜同时受累，称联合瓣膜病，以二尖瓣与主动脉瓣同时受累多见，最常见的是二尖瓣狭窄合并主动脉瓣关闭不全。

（一）病因

与甲族乙型溶血性链球菌感染导致风湿热有密切关系，非链球菌直接侵犯所致。

（二）诱因

反复风湿活动、呼吸道感染、妊娠、分娩等是促使病情加重的主要诱因。

（三）发病机制（图3-6-1）

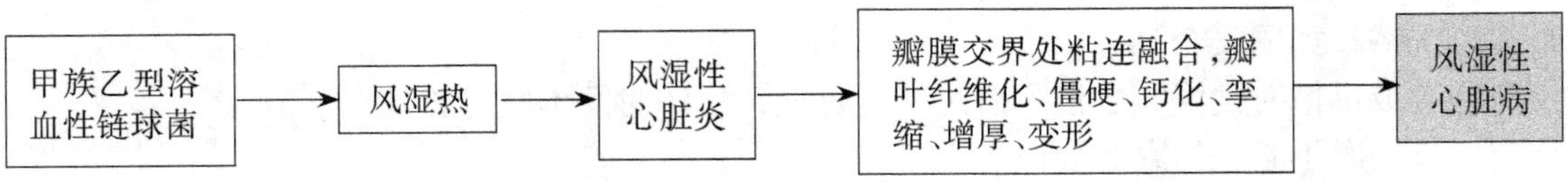


**图3-6-1 风湿性心脏病发病机制**

1．风湿热

风湿热是一种全身性变态反应性结缔组织疾病，主要累及心脏、关节，其次累及皮肤、血管、浆膜和脑组织等。发病前2～5周多数病人有上呼吸道甲族乙型溶血性链球菌感染史。机体对链球菌的某些成分产生抗体，这些抗体不仅作用于链球菌，也作用于心肌、心内膜、关节等处，从而引起风湿热。风湿热主要表现为心脏炎和关节炎，伴有发热、皮下结节性（位于关节伸侧皮下组织，无粘连、无肿痛的小硬结）、环形红斑（位于躯干、肢体近端的淡红色环形斑，压之褪色，不痒）、舞蹈病（无目的、不自主的躯干或肢体的动作）、血沉增快、血清抗链球菌溶血素“O”（抗“O”）增高、C反应蛋白阳性等。常首选青霉素抗链球菌治疗，也可用水杨酸制剂抗风湿治疗，用糖皮质激素抑制炎症反应，防止瓣膜永久性损害。

2．风湿活动

风湿热发生或复发称为风湿活动。

3．风湿性心脏炎

风湿活动时有心律增快与体温不成比例、奔马律、心律失常、心音改变、心力衰竭等体征。反复风湿热活动使风湿性心脏炎程度不断加重，导致心瓣膜纤维化、僵硬、钙化、挛缩、增厚、变形，发展成风湿性心脏病。

4．风湿性关节炎

风湿活动时四肢大关节（膝、髋、踝、肘、肩、腕）游走性疼痛，关节局部红、肿、热、痛，但不化脓，愈后不留畸形。关节局部炎症的程度与有无风湿性心脏炎或心瓣膜病变无明显关系。

## 二尖瓣狭窄

### 一、病因与发病机制

（一）病因

最常见的病因是风湿活动。正常二尖瓣口面积为4～6 $cm^2$。随着风湿活动频繁发生，二尖瓣粘连逐渐加重，二尖瓣口逐渐缩小。少见病因为瓣膜退行性变、先天性瓣膜病变、感染性瓣膜疾病等。

（二）发病机制（图3-6-2）

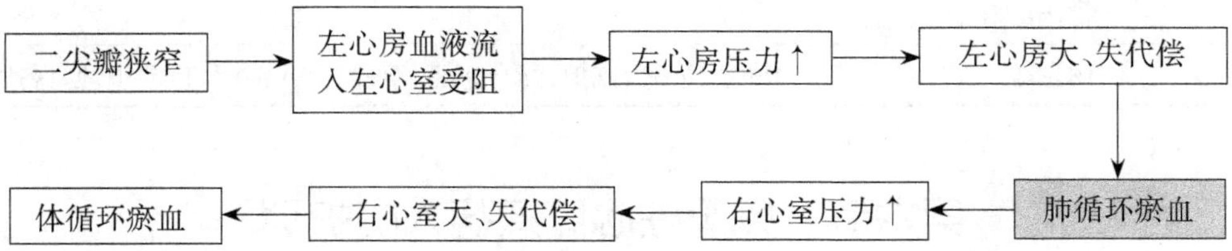


**图3-6-1 二尖瓣狭窄发病机制**

### 二、临床表现

1．症状

通常情况下，从初发风湿性心脏炎到出现明显二尖瓣狭窄症状可长达10年，此后10～20年逐渐丧失活动能力。

（1）呼吸困难

呼吸困难为二尖瓣狭窄最常见并出现最早的症状。主要由于肺瘀血所致的肺顺应性减低和肺毛细血管壁增厚，使肺循环气体交换障碍所致。其具体表现与左心衰竭相似，劳力性呼吸困难为最早表现，随着狭窄程度加重，逐渐出现端坐呼吸和夜间阵发性呼吸困难，甚至发生急性肺水肿。

（2）咯血

严重二尖瓣狭窄可有突然大咯血，与肺静脉曲张出血有关。随着病情进展，支气管静脉壁增厚及右心衰竭出现，咯血发生率降低。

（3）咳嗽

常见，尤其冬季明显。

（4）其他

左心房扩大和左肺动脉扩张可压迫左喉返神经，引起声音嘶哑；左心房扩大还可压迫食管，引起吞咽困难。

2．体征

（1）心脏体征

①视诊

二尖瓣面容（面颊紫红、口唇轻度发绀）。心前区可有隆起，表明心脏有显著肥大。心尖冲动位置正常或略向左移位。

②触诊

心尖部可触及舒张期震颤，左侧卧位较明显。

③叩诊

心脏相对浊音界向左扩大，正常心腰部消失，心界呈梨形。

④听诊

心尖部可闻及舒张期隆隆样杂音，是最重要的体征。瓣膜有较好的活动性和弹性时，可出现第一心音亢进和开瓣音。因肺动脉高压与右心室射血时间延长，可出现肺动脉瓣区第二心音亢进与分裂。

（2）心力衰竭体征

与左心衰竭、右心衰竭体征相似。

3．并发症

（1）心律失常

各种心律失常皆可出现，其中心房颤动是最常见的心律失常。一旦发生房颤：

①左心室充盈量进一步减少，易于诱发心力衰竭。

②房颤时左心房瘀血进一步加重，易于形成附壁血栓，血栓脱落可导致栓塞。

（2）栓塞

常见于二尖瓣狭窄伴房颤的病人，以脑栓塞最为多见，其次为周围动脉栓塞及肾栓塞。此外，重症心力衰竭病人因长期卧床，下肢静脉也可形成血栓，若血栓脱落也可导致栓塞。

（3）急性肺水肿

急性肺水肿是重度二尖瓣狭窄的严重并发症，若不及时救治可以致死，是本病死亡的主要原因。

（4）感染

以肺部感染最多见，泌尿道感染及消化道感染亦较常见，感染是心力衰竭最常见的诱因。

（5）右心衰竭

右心衰竭是晚期常见并发症。由于右心排血量下降，肺瘀血减轻，病人呼吸困难症状反而有所缓解，发生急性肺水肿和大咯血的危险性反而减少。

（6）亚急性感染性心内膜炎

较少见。病人可出现进行性贫血、持续发热、瘀点、栓塞、杵状指和脾脏肿大等。

## 三、辅助检查

1．X射线检查

（1）轻度狭窄者心影可正常。

（2）中度以上狭窄者，可见左心房增大，肺动脉干突出，呈“梨形心”。肺静脉高压及肺瘀血。右心室增大。

2．心电图

（1）可有心房颤动。

（2）轻度二尖瓣狭窄，心电图可无异常征象。

（3）左心房肥大者P波增宽有切迹，称为“二尖瓣型P波”，P波＞0.12秒。

（4）右心室肥大及劳损可有电轴右偏。

3．超声心动图

超声心动图是确诊二尖瓣狭窄最可靠的方法，可直接观察二尖瓣活动度、瓣口狭窄程度和瓣膜增厚等情况。

**四、诊断要点**

1．心尖部闻及舒张期隆隆样杂音。

2．X射线、心电图示左房大。

3．超声心动图检查证实。

**五、配合治疗**

1．内科治疗

（1）预防链球菌感染和风湿活动

①最有效的是青霉素。120万U肌注，每月1次。儿童病人至少预防至18岁，成年病人预防不短于5年，甚至终生应用苄星青霉素。

②积极处理慢性扁桃体炎或咽喉炎，若药物治疗无效，可考虑手术摘除。但术前要控制风湿活动，并进行青霉素预防性治疗。

（2）抗风湿治疗

首选药物为非甾体类抗炎药，如阿司匹林等。

（3）并发症治疗

①急性肺水肿

处理原则与急性左心衰竭相似。但应注意避免使用扩张小动脉等减轻心脏后负荷的药，可以使用扩张小静脉等减轻心脏前负荷的药。洋地黄制剂对缓解二尖瓣狭窄性肺水肿无效，但可以减慢心室率。

②大咯血

取坐位，用镇静剂，静脉注射利尿剂，降低肺静脉压力。

③并发感染

如呼吸道感染或感染性心内膜炎，应针对病原菌积极抗感染治疗。

④脑栓塞、房颤处理

见本书相应章节内容。

⑤心脏炎

一般采用糖皮质激素治疗。

（4）介入治疗

经皮球囊二尖瓣成形术是缓解单纯二尖瓣狭窄的首选方法。

2．外科治疗

包括二尖瓣闭式分离术、二尖瓣直视分离术、人工瓣膜置换术等。

## 二尖瓣关闭不全

**一、病因与发病机制**

（一）病因

最常见的病因是风湿热。其他如乳头肌功能不全、二尖瓣脱垂和左心室增大也可导致二尖瓣关闭不全。

（二）发病机制（图3-6-1）

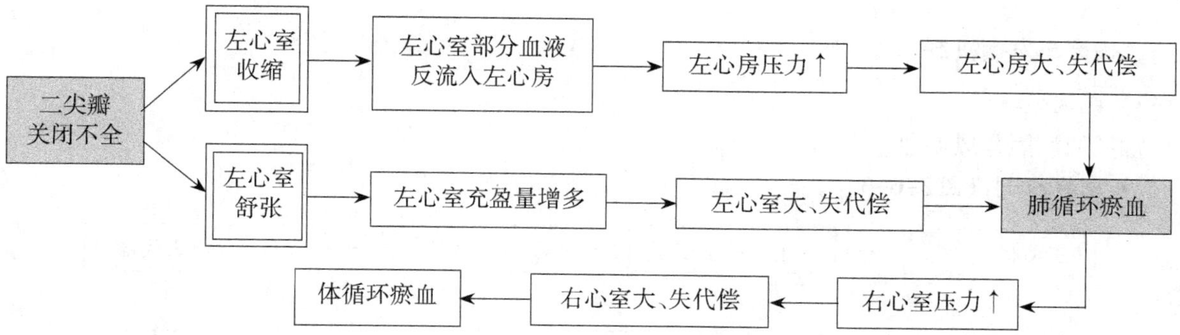


**图3-6-1　二尖瓣关闭不全发病机制**

## 二、临床表现

1．症状

本病心功能代偿期较长，早期无明显症状。一旦出现心力衰竭，如呼吸困难、乏力、易疲倦、心悸、水肿及消化道症状等表现，病情将急剧加重。肺水肿及咯血较二尖瓣狭窄少见。

2．体征

（1）视诊

心尖冲动向左下移位。

（2）触诊

心尖部可触及抬举性搏动。

（3）叩诊

心相对浊音界向左下扩大。

（4）听诊

心尖部吹风样全收缩期杂音，是最重要的体征。杂音性质粗糙，声音较强，向左腋下传导。

3．并发症

（1）感染性心内膜炎

易发生于轻、中度二尖瓣关闭不全的病人。

（2）心律失常

以心房颤动较常见。

## 三、辅助检查

1．X射线

左心房及左心室增大。

2．心电图

房颤比较常见。慢性二尖瓣关闭不全常有左房扩大图形。重症二尖瓣关闭不全多有左室肥厚伴劳损图形。

3．超声心动图

可在二尖瓣左心房侧探及明显收缩期反流束，诊断二尖瓣关闭不全的敏感度几乎达到100%。

## 四、诊断要点

1．心尖部闻及吹风样全收缩期杂音。

2．X射线、心电图示左心房大、左心室大。

3．超声心动图检查证实。

## 五、配合治疗

1．内科治疗

与二尖瓣狭窄治疗相似。可用扩张小动脉等减轻心脏后负荷的药及洋地黄制剂等。

2．外科治疗

包括人工瓣膜置换术、瓣膜修补术等。

## 主动脉瓣狭窄

### 一、病因与发病机制

（一）病因

最常见的病因是风湿热。

（二）发病机制（图3-6-3）

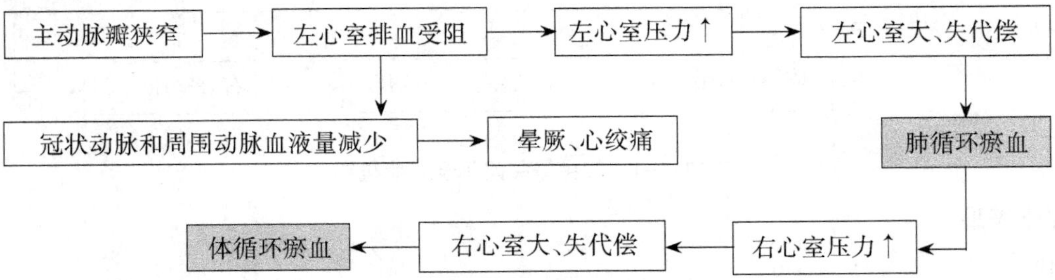


**图3-6-3 主动脉瓣狭窄发病机制**

### 二、临床表现

1．症状

轻者可多年无症状，或仅有头晕、乏力。重者有劳力性呼吸困难、心绞痛、晕厥，即主动脉瓣狭窄“三联征”。

（1）劳力性呼吸困难

劳力性呼吸困难是本病晚期肺瘀血时首发症状。随着病情发展，进而发生夜间阵发性呼吸困难、端坐呼吸和急性肺水肿。

（2）心绞痛

常由运动诱发，休息后缓解。主要由心肌缺血所致。

（3）晕厥

多发生于直立、运动中或运动后即刻。主要由脑缺血引起。

（4）猝死

少见。因心肌缺血引起的室颤及心搏骤停所致。

2．体征

心尖冲动有力呈抬举样，位置正常或向左下移位。胸骨右缘第2肋间（主动脉瓣第一听诊区）可闻及粗糙而响亮的收缩期杂音，伴震颤。脉搏细弱而持续。血压偏低。

3．并发症

易发生感染性心内膜炎。病人若发生左心衰竭，自然病程明显缩短，以致右心衰竭少见。

### 三、辅助检查

1．X射线

早期或轻度狭窄者心影正常，后期有左心室增大，主动脉弓受长期血流喷射影响可见狭窄后扩张。重者有肺瘀血。

2．心电图

左心室高电压并ST-T改变，电轴左偏，即左心室肥厚及劳损的表现。

3．超声心动图

可见主动脉瓣增厚，开放速度减慢及幅度较小，是明确诊断、判断狭窄程度的重要方法。

4．心导管检查

左心导管示左心室与主动脉间压力阶差增加。左心室造影显示主动脉瓣口狭窄。

### 四、诊断要点

1．主动脉瓣第一听诊区闻及粗糙而响亮的收缩期杂音，伴震颤。

2．X射线、心电图示左心室大。

3．超声心动图检查证实。

## 五、配合治疗

1．内科治疗

（1）限制体力活动，防止晕厥、心绞痛或猝死。

（2）预防房颤。心房颤动一旦出现，应及时转复为窦性心律。

（3）心力衰竭时，可用洋地黄制剂，但要慎用利尿剂，以免过度利尿导致心排量减少，发生直立性低血压。

（4）不可使用小动脉扩张剂，以防血压过低。

（5）预防感染：各种器械检查、手术前后，应注意防治感染。预防感染性心内膜炎和风湿活动。

（6）经皮球囊主动脉瓣成形术。但此技术治疗效果不甚令人满意，临床应用范围有限。

2．外科治疗

包括人工瓣膜置换术或主动脉瓣膜修复术，是治疗主动脉瓣狭窄的根本措施。

# 主动脉瓣关闭不全

## 一、病因与发病机制

（一）病因

最常见的病因是风湿热。风湿性主动脉瓣关闭不全多与狭窄并存。

（二）发病机制（图3-6-4）

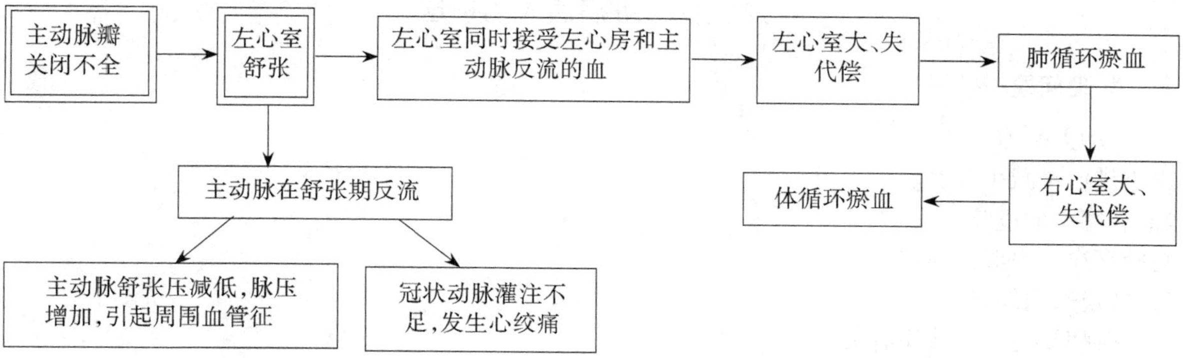


图3-6-4　主动脉瓣关闭不全发病机制

## 二、临床表现

1．症状

可长期无症状。有明显主动脉瓣关闭不全及周围血管征的病人，可有头颈部搏动感、心悸等。部分病人有心绞痛。出现左心功能不全后，病情进行性加重，可有不同程度的呼吸困难，以致肺水肿，最后也可出现右心衰竭。

2．体征

（1）胸骨左缘第3、4肋间（主动脉瓣第二听诊器区）可闻及叹息样舒张期杂音，坐位并前倾及深呼吸时明显。

（2）周围血管征：水冲脉、毛细血管搏动征、股动脉枪击音等。也可有随心脏搏动的点头征、听诊器轻压股动脉闻及双期杂音，与脉压增大有关。

（3）心尖冲动范围增大并向左下移位。心尖冲动有力呈抬举样，心浊音界向左下扩大。心腰加深，心浊音区呈靴形。

3．并发症

主动脉瓣关闭不全并发感染性心内膜炎发病率较高，常为草绿色链球菌所致，临床表现参见本章第七节“感染性心内膜炎病人的护理”相关内容。晚期可发生房颤及心力衰竭等。

## 三、辅助检查

1. X射线检查

左心室增大，心影呈“靴形心”，主动脉弓凸出，有明显搏动。

2．心电图

左心室肥大及劳损，电轴左偏。

3．超声心动图

具有确诊价值。此外，超声心动图还可显示主动脉根部形态改变，主动脉瓣增厚，回声增强，瓣叶缩短，有助于确定病因。

4．心血管造影

升主动脉造影可估计主动脉瓣关闭不全的程度，了解主动脉根部情况，对确定手术方案有帮助。

**四、诊断要点**

1．主动脉瓣第二听诊区闻及叹息样舒张期杂音、周围血管征。

2．X射线、心电图示左室大。

3．超声心动图证实。

**五、配合治疗**

1．内科治疗

适当限制体力活动，预防风湿活动。口腔治疗、器械检查或手术前后应注意预防感染，防止引起感染性心内膜炎。积极治疗心律失常和心力衰竭等并发症。

2．外科治疗

人工瓣膜置换术是严重主动脉瓣反流的主要治疗方法。

## 风湿性心脏病病人的护理

**一、护理问题**

1．活动无耐力

与心排血量减少有关。

2．有感染的危险

与肺瘀血、风湿活动有关。

3．特定知识缺乏

与对疾病缺乏正确认识有关。

4．潜在并发症

心力衰竭、心律失常、感染性心内膜炎、栓塞等。

**二、护理措施**

1．指导休息与活动

根据心功能情况合理安排休息与活动。若活动时出现不适，应立即停止活动并给予吸氧。

（1）心功能代偿期

采取动静结合的形式，适当做一些力所能及的活动和锻炼，以不出现症状为度。

（2）心功能失代偿期

以卧床休息为主，保证足够的睡眠时间。待心功能恢复后再卧床3～4周。长期卧床，容易导致静脉血栓形成和栓子脱落而导致栓塞，以肺栓塞最常见，需给予肢体热敷、早晚用热水浸泡、被动活动等。

（3）房颤病人

不宜做剧烈活动。

（4）风湿活动病人

应绝对卧床休息，无心脏炎者2周，有心脏炎轻者4周、重者6～12周，待发热、关节痛等症状基本消失，血沉正常后逐渐增加活动。根据呼吸、心率、心音、疲劳情况调节活动量。一般恢复正常活动所需时间为：无心脏受累者1个月，轻度心脏受累者2～3个月，严重心脏受累者6个月。

2．饮食护理

鼓励病人多进高热量、高蛋白、高维生素、清淡易消化的食物，适当多吃些新鲜蔬菜和水果。避免因大便燥结而影响心脏功能。少量多餐，不宜过饱。有心力衰竭者应限制钠盐及水的摄入。

3．用药护理

严格控制输液滴速，一般在30滴/分左右，同时根据病人病情变化及药物反应，随时调整滴速。阿司匹林对胃黏膜有刺激，宜在饭后服用。用药期间需密切观察有无消化道出血征象。

4．病情观察

（1）观察生命体征

尤其注意对心率、心律及脉搏频率、节律的观察。

（2）观察风湿活动

风心病可因风湿活动的反复发作而加重，故应注意观察有无发热、关节疼痛、皮肤环形红斑和皮下结节等风湿活动的表现。

（3）观察并发症

心脏瓣膜病最常出现的并发症是心力衰竭，应注意有无呼吸困难、食欲减退、下肢水肿、尿少等心功能不全的表现。合并房颤时应注意有无体循环动脉栓塞的表现。注意观察有无肺部感染、感染性心内膜炎等并发症的发生。发现异常，及时通知医生，协助处理。

（4）观察电解质

长期应用利尿剂和低钠饮食时，应注意观察有无低钾、低钠、低氯等电解质紊乱的表现。

5．对症护理

（1）预防风湿活动

注意保暖，避免潮湿、受寒，防止呼吸道感染。

（2）心力衰竭护理

心力衰竭是风湿性心脏瓣膜病首要并发症，也是就诊和致死的主要原因。要注意避免感染、风湿活动、心律失常、洋地黄使用不当、劳累和妊娠等诱因。心力衰竭具体护理措施参加见本章第三节“心力衰竭病人的护理”相关内容。

（3）警惕栓塞发生

①避免长时间久蹲、久坐、盘腿，以防下肢静脉血栓形成。

②观察栓塞发生征兆，若偏瘫、语言不清提示脑栓塞；肢体剧痛伴皮肤颜色改变提示肢体栓塞；剧烈腰痛提示肾栓塞；突然剧烈胸痛伴呼吸困难提示肺栓塞等。

③合并房颤者服阿司匹林，防止附壁血栓形成。若有附壁血栓形成，应避免剧烈运动或突然改变体位，以免附壁血栓脱落引起栓塞。

（4）警惕亚急性感染性心内膜炎

严格按无菌操作原则进行侵入性操作，注意观察体温、血红蛋白、出血点、栓塞情况，必要时遵医嘱做血培养。注意休息，加强营养，提高机体抗病能力。

（5）关节炎护理

病变关节应制动、保暖，并用软垫固定，避免受压和碰撞。可局部热敷或按摩，增加血液循环，减轻疼痛。必要时遵医嘱使用止痛剂，如阿司匹林等。

6．心理护理

解除病人种种思想顾虑和恐惧感，保持情绪稳定。以积极的心态配合治疗、护理。

### 三、健康教育/出院指导

1．知识宣传

告诉病人及家属本病的病因和病程进展特点，说明本病治疗的长期性，鼓励病人树立信心。对于有手术适应症的病人，要劝病人择期手术，提高生活质量。育龄妇女应根据心功能情况在医生指导下，控制好妊娠与分娩时机。对于病情较重不能妊娠与分娩者，做好病人及家属的思想工作。

2．生活指导

（1）合理休息与活动

注意休息，劳逸结合，避免过重体力活动。但在心功能允许的情况下，可进行适量的轻体力活动或工作。病情稳定时，酌情体育锻炼，提高抵抗力。

（2）合理饮食

加强营养，给予富含营养、维生素的清淡、易消化饮食。心力衰竭者应给予低盐限水饮食，切忌食用盐腌制品。服用排钾利尿剂者多食用含钾高的水果，如香蕉、橘子等。

（3）避免潮湿、阴暗

保持居室通风、干燥、温暖，阳光充足，注意保暖，防止风湿复发。

（4）避免妊娠

3．治疗指导

（1）积极防治链球菌感染性疾病

防治扁桃体炎、猩红热、丹毒和龋齿等。避免呼吸道感染，一旦发生感染立即就诊，抗菌治疗。

（2）消除慢性病灶

对反复感染的扁桃体宜在风湿活动控制后2～4个月手术摘除，以减少风湿热活动发作。

（3）术前治疗

如需拔牙或做其他小手术，最好在风湿热活动静止后2～4个月进行。并告诉医生自己有风湿性心脏病，以便手术前后应用抗生素预防感染，避免并发感染性内心膜炎，注意防止心力衰竭。

（4）预防性治疗

教育病人坚持按医嘱用药，按时注射苄星青霉素，预防链球菌感染，防治风湿活动。

（5）瓣膜置换术后终身服用抗凝剂

4．定期复查

定期门诊随访，了解瓣膜及心功能情况，了解有无并发症。

**四、小结**

▲风心病是与风湿热有关的心瓣膜病变，以二尖瓣狭窄最常见。

▲二尖瓣狭窄或关闭不全、主动脉瓣狭窄或关闭不全，这四种瓣膜病变都可以有肺循环瘀血、体循环瘀血情况，都需要控制心力衰竭、预防风湿活动，都可以进行人工瓣膜置换术，狭窄时都可行瓣膜成形术。

▲治疗风心病的根本方法是手术。预防风湿活动的主要措施是用苄星青霉素预防链球菌感染。

▲诊断心脏瓣膜病最有意义的检查是超声心动图。

▲注意区别二尖瓣狭窄或关闭不全、主动脉瓣狭窄或关闭不全这四种瓣膜病变的杂音。掌握主动脉瓣狭窄"三联征"、主动脉瓣关闭不全的周围血管征。掌握二尖瓣狭窄表现、并发症、防治要点及护理措施。

**五、疾病对比（表3-6-1）**

**表3-6-1　风湿性心脏病瓣膜病变比较**

| 项目 | 心脏杂音 | 特殊表现 |
| --- | --- | --- |
| 二尖瓣狭窄 | 心尖部闻及舒张期隆隆样杂音 | 呼吸困难最早出现。二尖瓣面容。常伴心房颤动、脑栓塞。急性肺水肿是死亡主要原因 |
| 二尖瓣关闭不全 | 心尖部闻及全收缩期吹风样杂音 | 一旦心力衰竭病情将急剧加重 |
| 主动脉瓣狭窄 | 胸骨右缘第2肋间可闻及粗糙而响亮的收缩期杂音 | 三联征：劳力性呼吸困难、心绞痛、晕厥 |
| 主动脉瓣关闭不全 | 胸骨左缘第3、4肋间可闻及叹息样舒张期杂音 | 周围血管征：水冲脉、毛细血管搏动征、股动脉枪击音 |

## 第七节　感染性心内膜炎病人的护理

感染性心内膜炎（IE）是心脏内膜的微生物感染，伴赘生物的形成。赘生物为大小不等、性状不一的血小板和纤维素团块，内含大量微生物和少量炎细胞。心壁内膜、瓣膜、腱索、间隔缺损部位均易发生感染，瓣膜为最常受累部位。根据病程分为急性和亚急性两类，见表3-7-1。

感染性心内膜炎又可以分为自体瓣膜心内膜炎、人工瓣膜心内膜炎、静脉药瘾者心内膜炎。

表3-7-1　感染性心内膜炎分类

| 项目 | 急性感染性心内膜炎(AIE) | 亚急性感染性心内膜炎(SIE) |
|---|---|---|
| 中毒症状 | 明显 | 轻 |
| 病程 | 短 | 长 |
| 进展 | 迅速,数天至数周引起瓣膜损害 | 缓慢,数周至数月引起瓣膜损害 |
| 感染迁移 | 多见 | 少见 |
| 病原体 | 金黄色葡萄球菌 | 草绿色链球菌 |

## 一、病因与发病机制

（一）病因

1．病原微生物

几乎所有病原微生物均可引起感染性心内膜炎。急性感染性心内膜炎（AIE）常由金黄色葡萄球菌引起，亚急性感染性心内膜炎（SIE）常由草绿色链球菌引起。

2．心血管病变

大多数感染性心内膜炎常发生于伴器质性心脏病的病人，常累及风心病的心瓣膜，也可见于先天性心脏病、老年退行性心脏瓣膜病以及人工心瓣膜置换术后等。

（二）诱因

上呼吸道感染、拔牙、扁桃体摘除术以及心导管检查或心脏手术等是常见诱因。

（三）发病机制（图3-7-1）

病原微生物可在咽峡炎、扁桃体炎、上呼吸道感染或拔牙、扁桃体摘除术、器械检查时侵入血流，近几年无器质性心脏病的病人发生感染性心内膜炎明显增加，可能与创伤性检查、治疗增多，以及毒瘾者使用未经消毒的注射器等有关。从短暂性菌血症的发生至症状出现之间的时间多在2周以内。

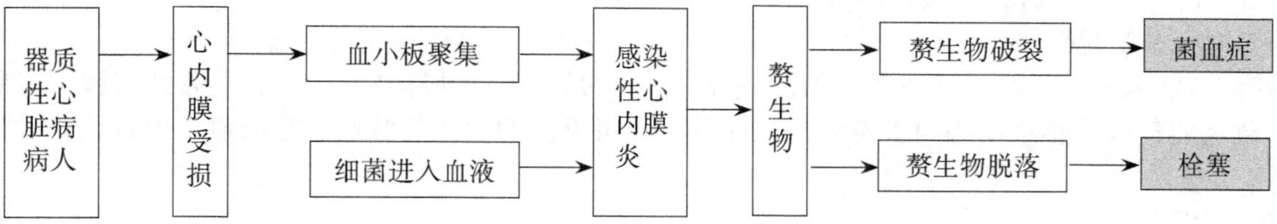


图3-7-1　感染性心内膜炎发病机制

## 二、临床表现

1．全身症状

发热是最常见的症状。多呈弛张型低热，体温在37.5～39 ℃之间，AIE多表现为高热，常伴有头痛、背痛、乏力、食欲不振、面色苍白等。

2．心脏受累的表现

（1）心脏杂音

心脏杂音的性质和强度易发生变化是本病特征，甚至出现新杂音，与赘生物的生长、分裂、脱落有关。

（2）其他表现

可见心力衰竭、心律失常等。心力衰竭是SIE最常见的死亡原因。

3．皮下黏膜改变

可能是微血管炎和微栓塞引起的周围微血管受损所致。

（1）瘀点和瘀斑（瘀点）

瘀斑最常见。多见于病程长者，可出现在任何部位，多分布于上腔静脉引流区如锁骨上皮肤、口腔黏膜、眼结合膜等。

（2）Janeway损害

较少见。多表现为手掌或足底的无压痛小结节或斑点状出血，以AIE多见 。

（3）Osler结节

较少见。主要见于SIE，表现为分布于手指或足趾末端的掌面，足底或大小鱼际处，呈红色或紫色痛性结节，略高出皮肤。

（4）Roth斑

较少见。主要见于SIE，为视网膜的卵圆形出血斑，中心呈白色。

（5）指、趾甲下可见线状出血。

4. 脏器栓塞

多见于病程后期。可发生于脑、肾、脾、肺、冠状动脉、肠系膜动脉、肢体动脉等处。其中脑栓塞的发生率最高。

5. 非特异症状

SIE可有脾大、贫血、杵状指/趾。

（1）脾大多见于病程>6周的病人。

（2）贫血较常见，尤其多见于亚急性感染性心内膜炎，与感染影响到骨髓有关。

（3）部分病人可见杵状指/趾。

6. 并发症

（1）心脏受损

心力衰竭是最常见的并发症，主要由瓣膜关闭不全所致，以主动脉瓣受损病人最多见；心肌脓肿常见于急性感染性心内膜炎病人，以瓣膜周围特别是主动脉瓣环多见，可导致室内传导阻滞或房室传导阻滞；急性心肌梗死多见于急性主动脉瓣感染时，冠状动脉内有细菌性动脉瘤所致；化脓性心包炎常见于急性感染性心内膜炎病人；此外，还有心肌炎等。

（2）细菌性动脉瘤

多见于亚急性感染性心内膜炎病人。

（3）迁移性脓肿

如肝、脾、骨髓、神经系统脓肿等，多见于急性感染性心内膜炎病人。

（4）神经系统受损

约有1/3病人发生。脑栓塞占其中1/2，最常受累的是大脑中动脉及其分支；化脓性脑膜炎主要见于急性金黄色葡萄球菌感染性心内膜炎病人。此外，还可见脑细菌性动脉瘤、脑出血、中毒性脑病、脑脓肿等。

（5）肾脏受损

肾动脉栓塞、肾梗死多见于急性感染性心内膜炎病人；肾小球肾炎常见于亚急性感染性心内膜炎病人；肾脓肿较少见。

**三、辅助检查**

1. 血培养

血培养是诊断本病的最重要、最有价值的方法。2周内未用过抗生素的病人阳性率可达95%。血培养阳性率与使用抗生素、采血或与培养技术有关。

2. 红细胞沉降率测定

几乎所有病人血沉都快。

3. 血象

SIE常有正常细胞性贫血，AIE多无贫血。白细胞计数正常或轻度升高，可有核左移。可见“耳垂组织细胞”现象，即揉耳垂后穿刺的第一滴血涂片后可见大单核细胞，提示单核-巨噬细胞系统过度受刺激。

4. 免疫学检查

主要以循环中的免疫复合物出现最多见（80%），病程大于6周的SIE病人可有类风湿因子阳性，25%的病人有高丙种球蛋白血症。若并发肾小球肾炎，血清补体可降低。上述免疫异常表现在感染治愈后可消失。

5. 尿检查

可见镜下血尿和轻度蛋白尿，若肾梗死可见肉眼血尿。弥漫性肾小球肾炎可出现大量蛋白尿及红细胞管型。

6. 超声心动图检查

赘生物常附着在瓣膜上，超声心动图可显示原发的心脏病变及赘生物所引起的瓣膜和心脏功能损害。食道超声检测敏感性高达95%以上，可检出<5 mm的赘生物。

7. X射线检查

病毒性肺栓塞所致肺炎可见肺部多处小片状阴影；左心衰竭可见肺瘀血或肺水肿征；主动脉细菌性动脉瘤可见主动脉增宽。

8. CT检查

CT检查有助于脑梗死、脑出血、脑脓肿的诊断。

9. 心电图检查

心电图检查有助于急性心肌梗死、室内或房室传导阻滞的诊断。

## 四、诊断要点

1. 发热。
2. 心脏杂音易变。
3. 脏器栓塞、周围血管受损。
4. 超声心动图检查发现赘生物。
5. 血培养阳性。

## 五、配合治疗

1. 抗病原微生物治疗

(1) 用药原则

早期、足量、长疗程（4～6周）、大剂量、联合、有效、静脉给药。

(2) 选药原则

根据血培养和药物敏感试验的结果选用敏感的抗生素。在血培养和药物敏感试验的结果出之前进行经验性治疗：

①急性者选用针对金黄色葡萄球菌、链球菌和革兰阴性杆菌均有效的广谱抗生素。

②亚急性者选用针对链球菌、肠球菌的抗生素。培养出病原微生物后，应根据致病菌对药物的敏感程度选择抗生素。

(3) 各种病菌治疗

①青霉素敏感的细菌治疗：首选大剂量青霉素分次静脉滴入，至少用药4周。

②青霉素耐药的链球菌治疗：青霉素用药4周，同时庆大霉素用药2周。

③肠球菌治疗：大剂量青霉素加庆大霉素静滴，或氨苄西林加庆大霉素，用药4～6周，其中庆大霉素用药2周。

④金黄色葡萄球菌、表皮葡萄球菌治疗：万古霉素治疗4周。

⑤真菌感染治疗：两性霉素B静脉滴注，首日1 mg，以后每日增加3～5 mg，总量3～5 g，完成两性霉素B疗程后，改服氟尿嘧啶，用药数月。

(4) 用药注意事项

①遵医嘱应用抗生素，观察用药效果、副作用及毒性反应。

②按时按量、现配现用抗生素。

③注意保护静脉。保持血管通畅，抗生素静滴速度适宜。

④告诉病人本病病原菌隐藏在赘生物内，需要坚持大剂量、长时间应用抗生素才能杀灭，提高病人用药依从性。

2. 手术治疗

内科治疗病情稳定后，有手术指征者可考虑手术，以清除药物难以治愈的病原体感染病灶，同时为抗生素的选择提供直接依据。

3. 处理并发症

治疗心力衰竭、心律失常、栓塞等。

### 六、护理问题

1．体温过高
与感染有关。
2．营养失调：低于机体需要
与长期发热致机体消耗过多有关。
3．焦虑
与病情反复、疗程长、出现并发症有关。
4．潜在并发症
栓塞、心力衰竭、心律失常。

### 七、护理措施

1．指导休息与活动
病情严重时应卧床休息，随着病情好转逐渐进行活动。若有心力衰竭，应根据心功能指导病人休息与活动。
2．饮食护理
注意补充液体、维生素、营养，给予高热量、高蛋白、高维生素、易消化的半流食或软食。
3．病情观察
（1）观察体温
每4～6小时测体温1次，准确绘制体温曲线，以判断病情进展及治疗效果。
（2）了解心脏情况
注意心律、血压、杂音情况，评估心功能。
（3）注意有无脏器栓塞
如意识改变、肢体活动障碍、突发剧烈疼痛等。
（4）观察皮肤、黏膜
注意有无周围血管受损体征，如瘀点和瘀斑、Janeway损害、Osler结节、Roth斑、指（或趾）甲下线状出血等。
4．对症护理
（1）保持室内环境清洁整齐
定时开窗通风，保持空气新鲜。注意防寒、保暖，预防呼吸道感染。
（2）发热护理
①卧床休息。
②注意补充水、电解质，记录出入量。
③给予物理降温，如冰袋、温水擦浴等。
④及时擦干汗液，保持衣服柔软干燥。高烧时在衣服与皮肤之间衬以柔软干毛巾，以便退热、大汗时及时更换，避免受凉。
⑤加强口腔护理。
（3）正确采集血培养标本
采集血培养标本对本病诊断、治疗十分重要，是本病护理的重要内容。首先告诉病人暂时停用抗生素和反复多次抽血的必要性，以取得病人的理解和配合。
①未用过抗生素SIE病人
入院后第一日，每间隔1小时采血1次，共3次。待次日培养结果出来后再开始抗生素治疗，若次日未见细菌生长，再次重复采血3次后，开始抗生素治疗。
②已用过抗生素病人
应在停药后3～7天采血。
③AIE病人
入院后3小时内，每间隔1小时采血1次，共3次。随后开始抗生素治疗。
④采集方法
采血最佳时间在体温即将升高之时，采血前要严格消毒皮肤，采血后严格消毒培养基瓶塞，用酒精

灯火苗消毒局部空气。每次取静脉血10～20 mL。

⑤注意事项

必要时培养基需补充特殊营养或采用特殊培养技术。做需氧培养和厌氧培养，至少应培养3周。

5．心理护理

本病病程长，病情易反复，病人常存在焦虑心理，应耐心告知病人本病基本知识，进行必要的安慰、解释，使病人心中有数，解除思想顾虑。

### 八、健康教育/出院指导

1．知识宣传

向病人介绍本病基本知识，使其知道本病的预防及治疗关键是病因预防。若有心脏瓣膜病、心血管畸形应注意口腔卫生，在有创手术前后应使用青霉素进行预防。病人能高度重视本病，但又不过分紧张。能进行自我检测，监测体温变化，注意有无栓塞表现，发现异常情况，能及时就诊。

2．生活指导

指导病人防寒保暖，注意卫生，加强营养，注意适度活动，增强机体抵抗力。

3．治疗指导

（1）在进行有创检查、治疗时，如施行口腔手术前向医生说明自己有感染性心内膜炎病史，以便医生常规给以抗生素预防。

（2）告知病人采集血培养标本时暂停抗生素和反复多次抽血的必要性，以取得理解、配合。

（3）告知病人本病病原菌往往隐藏在赘生物内和皮下，需要坚持大剂量长疗程应用抗生素才能杀灭病菌，提高病人用药依从性。

4．定期复查

了解病情进展情况，注意有无并发症，及时调整治疗。

### 九、小结

▲感染性心内膜炎是病原微生物感染性疾病，分急性和亚急性。

▲多见于器质性心脏病病人，常累及风心病主动脉瓣。

▲SIE表现为发热、心脏杂音易变、脾大、贫血、杵状指/趾、脏器栓塞、周围血管受损、赘生物形成、血培养阳性。

▲AIE主要表现为发热、心脏杂音易变、赘生物形成、血培养阳性。

▲血培养是本病最重要的诊断方法，超声心动图检查可发现赘生物。

▲治疗重点是抗感染。

▲护理重点做好血培养标本采集，配合应用抗生素。

## 第八节　心肌疾病病人的护理

心肌疾病是指不明原因的以心肌病变为主的一组疾病。1995年，WHO和国际心脏病学会将心肌病分为：扩张型心肌病、肥厚型心肌病、限制型心肌病、致心律失常型右心室心肌病、不定型心肌病。其中以扩张型心肌病最常见，其次是肥厚型心肌病。以下重点阐述扩张型心肌病和肥厚型心肌病。

### 扩张型心肌病

扩张型心肌病（OCM）主要特征是一侧或两侧心腔扩张，心室壁变薄，心肌收缩功能减退。扩张型心肌病是最常见的原发性心肌病，男性多于女性。临床上以心力衰竭为主要表现，常合并心律失常，病死率较高。

### 一、病因与发病机制

（一）病因

病因不完全清楚，可能与以下因素有关：

1．家族遗传

本病有家族性发病趋势。

2. 感染因素

近年认为本病与病毒、细菌致各种心肌损害有关，特别是持续性病毒感染是最重要的原因。长期随访表明，部分病毒性心肌炎可转为扩张型心肌病。

3. 其他

药物中毒、酒精中毒、代谢异常、自身免疫反应致心肌损害也可导致本病。

（二）发病机制（图3-8-1）

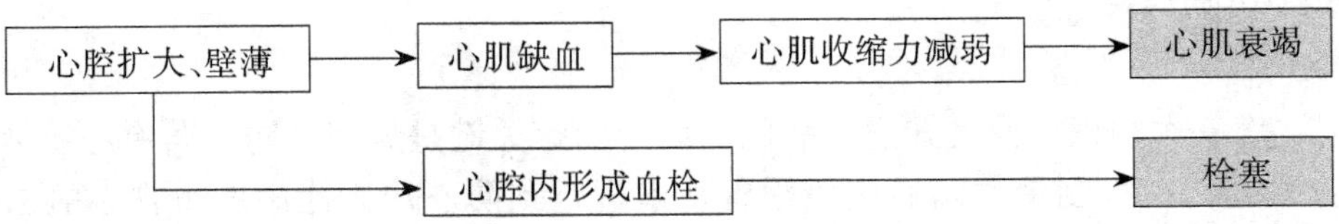


图3-8-1 扩张型心肌病发病机制

## 二、临床表现

扩张型心肌病常有“四大主要表现”，即心脏扩大、心力衰竭、心律失常、栓塞。

1. 症状

起病隐匿，病程进展缓慢，就诊时往往已有全心力衰竭（如心悸、气促、端坐呼吸、水肿、肝大等），病情较重。部分病人伴有心律失常、栓塞，容易猝死。

2. 体征

（1）心脏病变

心脏扩大为主要体征。心浊音界向两侧扩大，常可听到第三或第四心音，心率快时呈奔马律。常可听到各类心律失常所致的心音节律改变。

（2）全心衰竭体征

（3）栓塞征象

本病常引起心、脑、肾等脏器栓塞，与附壁血栓形成有关。

## 三、辅助检查

1. X射线检查

心脏明显扩大，呈普大型，心/胸比>0.5，有肺瘀血表现。

2. 心电图检查

常见心室增大，各种心律失常，ST改变，少数病人可见病理性Q波。

3. 超声心动图

表现为“一大”“二薄”“三弱”“四反流”的特征。即心腔大、室壁薄、室壁运动弱、有二尖瓣及三尖瓣反流情况。

4. 心内膜活检

对诊断有价值。

5. 心脏放射性核素检查

可见左心室容积在舒张末期、收缩末期都增大。左室射血分数降低。

6. 心导管检查

心力衰竭晚期时心脏各部位压力均增高。心室造影可见心腔扩大，室壁运动减弱，射血分数下降等。

## 四、诊断要点

1. 心脏大，室壁薄。
2. 排除其他心脏病。

## 五、配合治疗

1. 病因治疗

控制细菌感染、抗病毒治疗、戒烟、限酒、改善不良生活方式等。

2. 心力衰竭治疗

心力衰竭时同一般心力衰竭处理，应以减轻心脏前、后负荷治疗为主。本病易发生洋地黄中毒，应慎用洋地黄制剂，警惕洋地黄中毒。

3．防治栓塞

对有血栓形成危险的病人，可口服阿司匹林预防血栓形成。对已形成附壁血栓的病人或已发生栓塞的病人，可口服华法林抗凝治疗，防止血栓增大。

4．改善心肌代谢

可用辅酶$Q_{10}$、维生素C等。

5．预防猝死

（1）避免室性心律失常的诱因：如纠正心力衰竭、维持水电解质平衡、避免心肌毒性药物等。

（2）必要时置入心脏复律除颤器（ICD）。

6．心脏移植术

## 肥厚型心肌病

肥厚型心肌病（HCM）是以左心室（或右心室）肥厚为特征，常为不对称肥厚并累及室间隔，心室腔变小，左心室血液充盈受阻、舒张期顺应性下降为基本病态的心肌病。根据左心室流出道是否梗阻分为梗阻性与非梗阻性。室间隔肥厚程度较重，收缩期引起左室流出道明显梗阻者，称梗阻性肥厚型心肌病，反之为非梗阻性肥厚型心肌病。本病是年轻人猝死的常见原因，男性高于女性。约有1/2病人有家族史。

### 一、病因与发病机制

（一）病因

病因不完全清楚，可能与以下因素有关：

1．遗传因素

半数病人有明显家族史。

2．其他

代谢异常、高血压、高强度运动、钙调节异常也可能与本病有关。

（二）发病机制（图3-8-2）

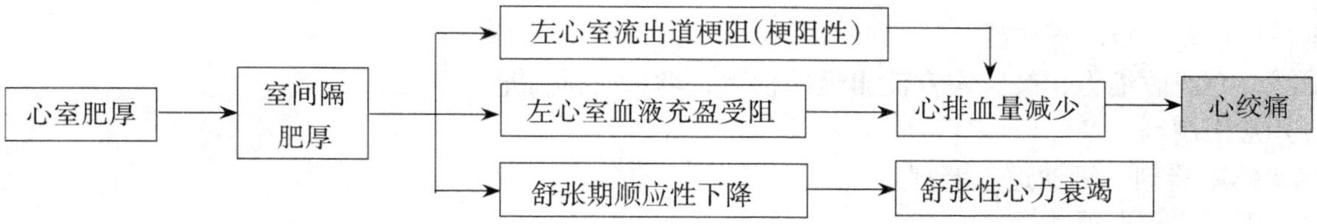


**图3-8-2　肥厚型心肌病发病机制**

### 二、临床表现

1．症状

（1）大多数病人有心悸、劳力性呼吸困难等心力衰竭症状。部分病人有胸痛、心律失常等表现。心房颤动可促进心力衰竭的发生。严重心律失常、室壁过厚、左室流出道压力阶差过大，是本病猝死的主要原因。

（2）梗阻性病人有心绞痛、头晕、晕厥等心排血量减少症状，站立或运动时可出现眩晕，甚至意识丧失等。与左心室舒张期充盈不足、左心室流出道受阻、心排血量减低有关。

（3）非梗阻性或梗阻不明显病人可无症状。常在发生心力衰竭或猝死或体检时发现。

2．体征

（1）心脏杂音

心脏轻度增大，梗阻性可在胸骨左缘第3、4肋间闻及较粗糙的喷射性收缩期杂音。心尖部也常可闻及收缩期杂音。不同于主动脉瓣膜狭窄所产生的杂音。

（2）杂音减弱原因

①梗阻性病人下蹲、紧握双拳等直接使左心室容量增加。

②β-受体阻滞剂使心肌收缩力下降，左心室流出道受阻减轻，心排血量增加，杂音减弱，症状有所

缓解。

(3) 杂音增强原因

梗阻性病人含服硝酸甘油、做Valsalva动作（深吸气后紧闭声门，再用力做呼气动作）、站立位时使左心室容量减少、洋地黄制剂使心肌收缩力增强等，使左心室流出道受阻增加、左心室容量减少、左心排血量减少，杂音增强，症状加重。

**三、辅助检查**

1. 心电图

左心室肥厚及ST-T改变，伴有各类心律失常。

2. 超声心动图

超声心动图对本病有非常重要的诊断意义。可见左心室壁、室间隔均为非对称性肥厚，室间隔活动度差，梗阻性病人左室流出道狭窄。

3. 心导管检查

心室舒张末期压上升。

4. 心内膜心肌活检

心肌细胞畸形肥大，排列紊乱。

**四、诊断要点**

1. 中青年人出现不明原因的呼吸困难，心绞痛、晕厥等症状。

2. 可有猝死家族史。

3. 结合辅助检查结果。

4. 排除其他心脏病。

**五、配合治疗**

1. 避免诱因

避免屏气、持重、剧烈运动、情绪激动、突然立起等，防止心输出量突然减少导致晕厥，甚至猝死。

2. 药物治疗

治疗目的：

①减慢心率，抗心律失常。

②减弱心肌收缩力，减轻左室流出道的梗阻，增加心排血量。

(1) 常用制剂

β-受体阻滞剂、钙通道阻滞剂。

(2) 用药注意事项

梗阻性肥厚型心肌病避免使用增强心肌收缩力的药物，如洋地黄制剂，以免加重左心室流出道梗阻。禁用硝酸酯类药物，以免减少左心室容量。

3. 其他治疗

乙醇消融、左室流出道心肌切除术、心脏移植术、置入双腔起搏器或置入心脏电复律除颤器等。

## 心肌疾病病人的护理

**一、护理问题**

1. 活动无耐力

与心力衰竭、心律失常有关。

2. 气体交换受损

与心力衰竭有关。

3. 疼痛：胸痛

与肥厚心肌氧耗增加、冠状动脉供血不足有关。

4. 焦虑

与疾病呈慢性经过、治疗效果不明显、病情日益加重有关。

5．潜在并发症

栓塞、晕厥、猝死、心律失常、心力衰竭等。

**二、护理措施**

1．指导休息与活动

根据心功能指导有心力衰竭症状者休息与活动。给予症状重者半卧位、吸氧。嘱病人避免劳累、情绪激动、饱餐、寒冷及烟酒刺激。梗阻性肥厚型心肌病病人要避免剧烈运动，以免心排血量急剧减少而晕厥或猝死。

2．饮食护理

给予高蛋白、高维生素、富含纤维素的清淡饮食，少量多餐，避免饱餐，戒烟、酒。心力衰竭时给予低盐限水饮食。防止因饮食不当所致便秘。

3．病情观察

（1）观察生命体征、监测心电变化，准确记录出入量。

（2）注意有无心力衰竭、心律失常、心绞痛、头晕、晕厥、缺氧等情况，发现异常，及时通知医生。

4．对症护理

（1）梗阻性肥厚型心肌病病人胸痛护理

①胸痛发作时可下蹲或握拳。

②给予吸氧。

③遵医嘱使用β-受体阻滞剂，禁用硝酸酯类药物。

④安慰病人，告知如何避免诱因（参见本病配合治疗）。

（2）心力衰竭护理

参见本章第三节“心力衰竭病人的护理”相关内容。

①扩张型心肌病慎用洋地黄制剂。

②梗阻性肥厚型心肌病禁用洋地黄制剂。

（3）心律失常、晕厥护理

参见本章第二节“心律失常病人的护理”相关内容。

5．心理护理

多与病人交谈，帮助病人消除不良情绪，解除病人思想顾虑。避免情绪激动使交感神经兴奋性增加、心肌耗氧增加而加重病情。

**三、健康教育/出院指导**

1．知识宣传

向病人介绍本病基本知识，使其能够做到：

（1）高度重视本病，但又不过分紧张，能主动配合治疗、护理。

（2）能进行自我检测，发现水肿明显、尿量减少、食欲减退、心悸、胸闷、胸痛、脉搏异常、头晕等异常情况，能及时就诊。

2．生活指导

（1）限制体力活动，无论有无症状都要注意休息。

（2）梗阻性肥厚型心肌病病人要避免屏气、持重、剧烈运动、情绪激动、突然立起等。

（3）避免心力衰竭加重的诱因：如过度劳累、呼吸道感染等。

（4）给予高蛋白、高维生素、清淡、富含纤维的易消化饮食。

3．治疗指导

指导病人遵医嘱用药，告诉所用药物的名称、剂量、用法、副作用以及本病禁用、慎用药物。

4．定期复查

了解心功能情况，注意有无并发症，调整用药。

**四、小结**

▲扩张型心肌病常有四大主要表现，即心脏扩大、心力衰竭、心律失常、栓塞。治疗护理时应以控制或预防心力衰竭为主要原则，慎用洋地黄制剂。

▲肥厚型心肌病是心肌不均匀肥厚，以室间隔不均匀增厚为主，常表现为心悸、心力衰竭、胸痛、心律失常。

▲肥厚型心肌病分为梗阻性与非梗阻性。梗阻性表现以心排血量减少（心绞痛、头晕等）为主。治疗护理时应以积极预防晕厥和猝死为主要原则，不用洋地黄、硝酸酯类药物。可采取促使静脉回流的动作，避免增加心肌收缩的活动。

**五、疾病鉴别（表3-8-1）**

表3-8-1 常见心肌疾病比较

| 项目 | 扩张型心肌病 | 梗阻性肥厚型心肌病 |
|---|---|---|
| 心脏变化 | 心腔扩张，心室壁变薄 | 室壁不均匀肥厚，室间隔非对称性增厚 |
| 主要表现 | 心力衰竭 | 心排血量减少症状（头晕、心绞痛） |
| 栓塞 | 有 | 无 |
| 心绞痛 | 无 | 有 |
| 超声心动图 | 左室扩大、室壁薄、左室流出道扩大 | 室壁不均匀肥厚，室间隔非对称性肥厚、左室流出道狭窄 |
| 治疗注意点 | 易洋地黄中毒 | 不用洋地黄和硝酸酯类药物 |
| 护理注意点 | 避免增加心脏负担 | 促使静脉回流，避免增加心肌收缩，避免减少左心室容量的动作 |

## 第九节 病毒性心肌炎病人的护理

病毒性心肌炎是指嗜心肌病毒感染引起的以心肌非特异性间质性炎症为主要病变的心肌炎。本病为感染性心肌疾病最常见的类型。多数病人有病毒感染史。临床观察1个月异常体征消失者属轻症，重症病程长达3个月。多数病人可完全恢复健康。

**一、病因与发病机制**

（一）病因

很多病毒都可引起心肌炎，其中柯萨奇A组病毒或B组病毒、孤儿病毒、脊髓灰质炎病毒等较为常见，柯萨奇B组病毒最常见，占30%～50%。此外，流感、风疹、单纯疱疹、HIV、肝炎病毒等也都能引起心肌炎。

（二）发病机制（图3-9-1）

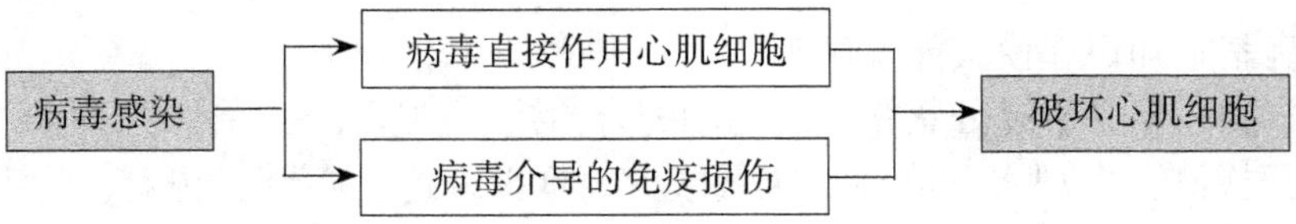


图3-9-1 病毒性心肌炎发病机制

**二、临床表现**

病毒性心肌炎临床表现差异性很大，轻重不一，主要取决于病变范围。心肌局灶性炎症常无明显症状，心肌弥漫性炎症可引起猝死，具体表现为：

1. 先兆表现

病前1～3周常有上呼吸道或消化道感染史，如发热、乏力、腹泻、呕吐等症状。

2. 心脏受累表现

轻者有心悸、气促、胸闷及胸部隐痛等表现。重者表现为高热、心功能不全、心律失常等，甚至出现心源性休克、阿-斯综合征、猝死。以心律失常最为常见，可表现为各种心律失常，其中房早、室早最多见，其次为房室传导阻滞。心律失常是造成病毒性心肌炎猝死的原因之一。

3. 心脏受累体征

以心率增快与体温增高不相符较为突出。部分病人有心脏扩大、第一心音低钝、奔马律、心包摩擦音。严重时可有颈静脉怒张、肝大、下肢水肿等心力衰竭的体征。

## 三、辅助检查

1. 血液检查

(1) 一般检查

急性期外周血白细胞数正常或增多，血沉增快。

(2) 心肌坏死标志物及血清酶学检查

血肌钙蛋白I、肌钙蛋白T、CK-MB明显增高。

(3) 免疫学检查

C-反应蛋白增加。IgG及补体$C_3$增高。2周后血清同型病毒中和抗体增高4倍。

2. 心电图检查

常有ST-T改变和各种心律失常，以室性期前收缩及房室传导阻滞多见。严重损害可见病理性Q波。

3. 超声心动图

心腔扩大或室壁活动异常。

4. 病原学检查

可从咽部、粪便、血液等标本中分离出病毒。心内膜、心肌活检是诊断心肌炎的可靠证据。

## 四、诊断要点

1. 发病前3周内病毒感染史。
2. 有心脏受累的相关临床表现。
3. 心电图、酶学检查异常。
4. 心肌活检证实。

## 五、配合治疗

目前尚无特异性治疗。

1. 保护心肌，促进心肌代谢

给予三磷酸腺苷、辅酶A、泛癸利酮、肌苷、大剂量维生素C、细胞色素C及极化液等药物治疗。

2. 抗病毒治疗

近年来提出用干扰素或干扰素诱导剂预防和治疗病毒性心肌炎，但价格昂贵。通常给予中草药，如板蓝根、大青叶、连翘、虎杖等抗病毒治疗，有一定疗效。

3. 对症治疗

(1) 主要是针对心力衰竭、心律失常等进行治疗，如给予利尿剂、血管扩张剂、洋地黄制剂、血管紧张素转化酶抑制剂及抗心律失常药物等。病变心肌对洋地黄类药物敏感性增加，宜慎重使用。

(2) 尽量不给予静脉输液。若静脉输液需严格控制输液速度，30滴/分左右。

4. 应用糖皮质激素

病毒性心肌炎早期不主张用糖皮质激素，因其可以抑制干扰素的合成与释放。伴有房室传导阻滞等严重并发症时可短期应用糖皮质激素治疗。

## 六、护理问题

1. 活动无耐力

与心肌受损、心律失常有关。

2. 焦虑

与担心疾病对身体危害有关。

3. 潜在并发症

心律失常、心力衰竭。

4. 知识缺乏

缺乏疾病防治知识。

## 七、护理措施

1. 休息与活动指导

休息与活动指导是急性期最重要的护理措施。

（1）卧床休息

卧床休息可减轻心脏负荷，减少心肌耗氧，有利于心肌恢复。急性期需卧床休息3～6个月，直至症状消失，心电图、心肌酶恢复正常后方可逐渐增加活动量。活动时以不出现心悸、气促、胸闷等表现为控制活动量的标准。1年内不从事重体力劳动和妊娠。

（2）环境安静

为病人提供舒适、安宁的休息环境，减少或限制探视。

2．饮食护理

给予高蛋白、高维生素、清淡易消化饮食。心力衰竭时给予低盐限水饮食。体温过高者酌情多饮水，以补充丢失液体。禁烟、酒、浓茶、咖啡。

3．病情观察

急性期注意监测脉搏、心率、心律、血压变化。观察有无呼吸困难、咳嗽、颈静脉怒张、水肿、奔马律等表现。准备好抢救药品和物品，发现心力衰竭、心电异常（ST-T下移、Q-T间期延长、U波、心律失常等）立即通知医生，并配合治疗。

4．对症护理

心律失常、心力衰竭等护理见相应疾病护理措施。发热护理参见本章第七节“感染性心内膜炎病人的护理”相关内容。

5．心理护理

向病人说明本病的发展过程及预后，告诉病人经过治疗大多数病人可以痊愈。耐心解释卧床休息的必要性，给予心理疏导，使病人安心养病。

**八、健康教育/出院指导**

1．知识宣传

向病人介绍本病基本知识，使其做到：

（1）高度重视本病，但又不过分紧张，能主动配合治疗、护理。

（2）能进行自我检测，发现心悸、气促、脉律异常、水肿、尿量减少、乏力、食欲减退等异常情况，能及时就诊。

2．生活指导

（1）指导病人多食新鲜蔬菜、水果，摄取营养丰富、易消化的食物，避免刺激性饮食，戒烟、酒。

（2）指导病人出院后至少休息3～6个月，1年内避免重体力劳动和妊娠。

（3）注意防寒保暖，预防感冒，适当锻炼，增强机体抵抗力。

3．治疗指导

遵医嘱用药，观察药物不良反应。

4．定期复查

了解心功能情况，注意有无并发症，酌情调整治疗。

**九、小结**

▲病毒性心肌炎是病毒感染引起的心肌非特异性炎症。

▲临床表现轻重不一，表现形式各种各样。

▲病毒学检查是确诊的证据，但临床主要靠病毒感染史、心脏受累表现进行诊断。

▲治疗主要是休息，辅以营养心肌、抗病毒治疗。慎用洋地黄制剂。

▲最主要的护理措施是休息。

## 第十节　心包疾病病人的护理

心包疾病包括原发感染性心包炎症、非感染性心包炎（代谢性疾病、自身免疫性疾病、尿毒症、肿瘤等），可分为急性心包炎、慢性心包炎、粘连性心包炎、亚急性渗出性缩窄性心包炎、慢性缩窄性心包炎等。临床上以急性心包炎、慢性缩窄性心包炎最常见。

## 急性心包炎

急性心包炎是心包脏层和壁层发生的急性炎症。由于心包炎常是某种疾病表现的一部分或为其并发症，故常被原发病所掩盖，但也可单独存在。根据病理变化可分为纤维蛋白性心包炎和渗出性心包炎。

### 一、病因与发病机制

（一）病因

过去常见病因为风湿热、结核、细菌感染等，近年来病毒感染、肿瘤、尿毒症和心肌梗死后综合征等病因显著增多。

1．急性非特异性

原因不明。

2．感染

病毒、细菌、真菌、寄生虫、立克次体等感染。

3．自身免疫反应

风湿热、结缔组织疾病（如系统性红斑狼疮、类风湿性关节炎、结节性多动脉炎、艾滋病等）、心肌梗死后综合征、心包切开后综合征、药物（如普鲁卡因胺、青霉素等）引发。

4．肿瘤性

原发性（如间皮瘤、脂肪瘤、纤维肉瘤等）、继发性（如乳腺癌、肺癌、白血病、淋巴瘤等）。

5．内分泌、代谢性疾病

尿毒症、痛风、甲状腺功能减退等。

6．物理因素

放射性、外伤（如心肺复苏、穿透伤、钝伤、介入治疗等）。

7．邻近器官疾病引发

如急性心肌梗死、胸膜炎、主动脉夹层、肺梗死等。

（二）发病机制

正常情况下心包脏层、壁层之间是个封闭性囊袋，心包内面光滑，有少量液体润滑。

1．急性炎症早期

主要是纤维蛋白性心包炎。渗出物由纤维蛋白、白细胞及少量内皮细胞组成，表现为心包内面粗糙、不光滑。

2．急性炎症晚期

主要是渗液性心包炎。渗出物为浆液性纤维蛋白，为黄而清的液体，偶为混浊不清、化脓性或血性液体，液量从100 mL到3000 mL不等，心包压急骤上升，影响心室舒张充盈，使静脉压升高，从而出现急性心脏压塞的临床表现。一般积液在数周至数月内吸收，吸收后可伴有心包壁层与脏层粘连、增厚、缩窄。

### 二、临床表现

1．纤维蛋白性心包炎

（1）症状

心前区疼痛是最主要的症状，呈尖锐性、持续性的刺痛。常与呼吸有关，因呼吸、咳嗽、吞咽、变换体位而加重，可向左肩、左上肢部位放射，以非特异性心包炎尤为明显，结核性较少见。

（2）体征

心包摩擦音是特异性体征，以胸骨左缘第3～4肋间、坐位时身体前倾、深吸气时最明显，可持续数小时至数周，随心包渗液增多而消失。

2．渗液性心包炎

（1）症状

呼吸困难是最突出的症状。严重呼吸困难时病人可呈端坐呼吸，身体前倾，伴胸闷、面色苍白。当大量心包积液压迫毗邻器官时可产生声音嘶哑、吞咽困难等。

（2）体征

心尖冲动减弱或消失，心浊音界向两侧扩大，并随体位而改变，心率快，心音低钝而遥远。大量心包积液时，左肩胛骨下叩诊浊音可闻及因左肺受压引起的支气管呼吸音，称心包积液征（Ewart征）。积液迅速时可表现为急性循环衰竭、休克、脉压变小。

（3）心脏压塞

①快速心包积液：引起急性心脏压塞，出现气促、心动过速、血压下降、脉压变小、大汗淋漓、四肢冰冷、神志恍惚，甚至急性循环衰竭、休克等。因动脉压极度降低，奇脉不明显。

②心包积液形成较慢：引起亚急性或慢性心脏压塞，表现为体循环静脉淤血（体循环静脉压升高、颈静脉怒张、肝大、腹水、下肢水肿）、奇脉。奇脉是大量心包积液病人触诊时，桡动脉搏动呈吸气性显著减弱或消失，呼气时又恢复的现象。奇脉也可以表现为吸气时动脉收缩压下降10 mmHg以上。

3. 其他临床表现

发热、乏力、烦躁、心悸或原发性疾病的表现。

4. 并发症

（1）复发性心包炎

复发性心包炎是本病最难处理的并发症。表现为反复发病并伴严重的胸痛，多见于急性非特异性心包炎。

（2）缩窄性心包炎

缩窄性心包炎常发生于结核性心包炎、化脓性心包炎、创伤性心包炎之后。

## 三、辅助检查

1. 血液检查

因原发病不同而异，细菌感染性心包炎常有白细胞计数增加、血沉增快等。

2. X射线检查

当心包积液量超过300 mL时，可见心脏阴影向两侧增大，典型者呈“三角烧瓶心”，心脏搏动减弱或消失。肺部无明显充血而心影显著增大是心包积液的X射线特征。

3. 心电图

除aVR导联外，皆呈ST段抬高弓背向下，T波低平、倒置，无病理性Q波，大量心包积液时QRS波群低电压。

4. 超声心动图

超声心动图对诊断心包积液迅速可靠。心包积液时可见明显的液性暗区。心包压塞时特征：舒张期右心房、右心室塌陷。吸气时室间隔左移，右心室内径增大，左心室内径减少。

5. 心包穿刺

心包积液时可心包穿刺抽液寻找致病原因，明确液体性质，协助病因诊断，缓解压迫症状。必要时在心包腔内给予抗生素或化疗药物等。

6. 心包镜及心包活检

心包镜及心包活检有助于病因诊断。

## 四、诊断要点

1. 胸痛、心包摩擦音或呼吸困难、心包积液、心脏压塞等典型临床表现。

2. 心电图、X射线、超声心动图检查结果。

3. 必要时心包穿刺、心包活检。

## 五、配合治疗

1. 针对病因进行治疗

细菌感染性心包炎用抗生素；非感染性因病因而异，积极治疗原发病；非特异性心包炎用非甾体消炎药、糖皮质激素治疗；复发性心包炎用秋水仙碱治疗至少1年。

2. 对症治疗

如镇痛、吸氧。

3. 心包穿刺

解除心脏压塞。适用于大量心包积液病人。

4. 必要时心包切开引流术

用于大量心包积液病人。

## 慢性缩窄性心包炎

慢性缩窄性心包炎，指心脏被致密厚实的纤维化心包所包裹，使心脏舒张期充盈受限而产生一系列循环障碍的临床征象，多继发于急性心包炎。

### 一、病因与发病机制

（一）病因

慢性缩窄性心包炎病因在我国以结核性占首位，多由于结核性急性心包炎未积极治疗演变而来，其次为急性非特异性心包炎、化脓性或创伤性心包炎演变而来。放射性心包炎和心脏直视手术后引起者逐渐增多。少数与心包肿瘤有关。部分病人病因不明。

（二）发病机制（图3-10-1）

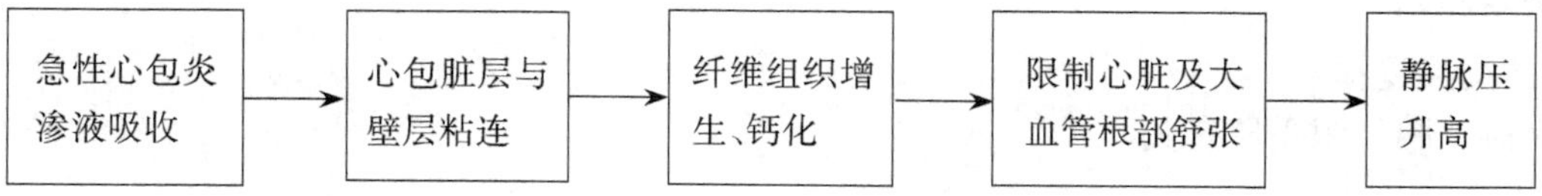


**图3-10-1　慢性缩窄性心包炎发病机制**

主要病理改变是急性心包炎随着渗液逐渐吸收，心包出现弥漫的或局部的纤维组织增生、增厚粘连、壁层与脏层融合钙化，使心脏及大血管根部扩张受限。

### 二、临床表现

1．症状

劳力性呼吸困难是慢性缩窄性心包炎最早的症状，与活动时心排血量相对减少及肺静脉压增高有关。病人可有乏力、食欲不振、腹胀、体重减轻等症状，也可有心绞痛样胸痛。

2．体征

（1）体循环静脉压增高

颈静脉怒张是慢性缩窄性心包炎最重要的体征之一。此外，还可见肝大、腹水、下肢水肿、发绀等。与心力衰竭相反，本病腹水常比皮下水肿出现得早、明显得多。

（2）心包叩击音

心包叩击音是额外心音，发生在第二心音后与舒张期血液流入心室受到限制，引起心室壁振动有关。

（3）Kussmaul征

吸气时腔静脉和右心房压力不下降，颈静脉更加充盈。

（4）其他

心率快，脉搏细弱无力，收缩压降低，脉压小。心浊音界正常或稍大，心尖冲动减弱或消失，心音减低，无杂音。

### 三、辅助检查

1．X射线检查

心影大小可正常，部分病人有心包钙化影，腔静脉扩张。

2．心电图

T波低平或倒置，QRS低电压。常有窦性心动过速，有时有房颤。

3．超声心动图

超声心动图提示心包增厚、钙化，室壁活动减弱等。

4．右心导管检查

中心静脉压（CVP）、右心房压力（RAP）、肺动脉压（PAP）、肺毛细血管楔压（PCWP）等增高。心排血量（CO）减少。

### 四、诊断要点

1．临床有急性心包炎病史或结核感染史。

2．有呼吸困难、体循环静脉压增高。

3．心尖冲动减弱，心包叩击音、Kussmaul征等。
4．辅助检查结果。

**五、配合治疗**

1．治疗原发病
2．外科治疗
早期施行心包切除术。
3．内科治疗
利尿、低盐限水饮食、对症处理。

## 心包疾病病人的护理

**一、护理问题**

1．气体交换受损
与肺瘀血、肺组织受压有关。
2．疼痛
心前区疼痛与心包纤维蛋白性炎症有关。
3．心排血量减少
与大量心包积液妨碍心室舒张充盈有关。
4．体液过多
与体循环瘀血有关。

**二、护理措施**

1．指导休息与活动
（1）本病常有低排血症状，活动耐力受限，护士应指导病人注意卧床休息。
（2）酌情帮助病人采取舒适卧位，如半卧位或前倾位等，以缓解呼吸困难症状。
（3）环境舒适、安静，病情严重者应限制探视。
2．饮食护理
给予高热量、高蛋白、高维生素、易消化饮食，限制钠盐摄入。
3．病情观察
密切观察生命体征，注意呼吸困难、发绀程度，注意心脏压塞程度，有无胸痛，有无原发疾病加重等表现。准确记录出入液量。注意有无低钾表现。
4．对症护理
（1）一般护理
根据病情给予吸氧，做好口腔、皮肤护理，防寒保暖，防止呼吸道感染。
（2）疼痛护理
嘱疼痛病人卧床休息，保持情绪稳定，勿用力咳嗽、深呼吸或突然改变体位，必要时遵医嘱给予解热镇痛剂或止痛药物。
（3）心包穿刺护理
①做好术前解释工作，消除病人对心包穿刺术的恐惧感。术前用镇静剂，禁食4～6小时，环境准备、物品准备。协助病人取坐位或半卧位。
②术中指导病人勿用力咳嗽或深呼吸。观察病人生命体征、面色，倾听主诉等。采集心包积液标本时要注意随时夹闭胶管，防止空气进入心包腔。缓慢抽液，第1次抽液不超过200 mL。若抽液为鲜血，要立即停止抽液，注意心包压塞征是否加重，随时准备抢救。
③术后嘱病人卧床休息，观察生命体征、头晕、心电图情况，注意心包压塞征是否改善。及时送检心包积液标本。记录抽液量、性质。保持穿刺部位无菌，警惕感染发生，做好心包引流护理。
（4）心包切除术的护理
参见《外科护理学》有关内容。
5．心理护理
加强与病人的沟通，树立病人治疗信心，保持病人情绪稳定，以积极的心态配合治疗、护理。

## 三、健康教育/出院指导

1．知识宣传

告诉病人本病的病因及发病机制，耐心解释遵医嘱治疗的重要性。告诉病人大部分急性心包炎经治疗均能痊愈，慢性缩窄性心包炎若及早实施手术，能有效地改善症状，树立病人战胜疾病的信心。

2．生活指导

指导病人加强营养，心力衰竭时应给予低盐限水饮食。注意休息，适当活动，增强机体抵抗力。注意防寒保暖，防止呼吸道感染。

3．治疗指导

告诉病人遵医嘱用药，勿擅自增减药物，注意药物不良反应。

4．定期复查

了解病情进展情况，注意有无并发症发生，适当调整治疗。

## 四、小结

▲心包炎分急性和慢性。

▲急性心包炎：早期是纤维蛋白性心包炎，主要表现为胸痛，以对因治疗为主。晚期是渗液性心包炎，主要表现为心脏压塞，治疗以心包穿刺抽液为主。

▲慢性缩窄性心包炎：心脏被纤维化、钙化的心包所包裹，影响心脏舒张，以呼吸困难、体循环静脉瘀血为主要表现，治疗以心包切除术为主。

## 五、疾病鉴别（表3-10-1）

**表3-10-1　常见心包疾病比较**

| 项目 | 急性心包炎 | 慢性缩窄性心包炎 |
|---|---|---|
| 病理 | 早期纤维蛋白性，晚期渗液性 | 心包纤维化、钙化 |
| 表现 | 早期胸痛，晚期有体循环静脉压增高、心脏压塞 | 呼吸困难、体循环静脉压增高 |
| X射线 | 渗液性心包炎有心包积液 | 心包钙化 |
| 超声心动图 | 渗液性心包炎有心包积液 | 心包钙化 |
| 治疗 | 早期对因、对症治疗，晚期心包穿刺抽液 | 心包切除术 |

# 第四章　CCU常用急救及监护技术

## 第一节　动脉通路与静脉通路的建立与护理

### 一、输液与液体治疗概述

以静脉为通路输入各种液体进行治疗的方法，称为液体治疗。静脉输液技术的发展经历了近500年的波折，在20世纪逐渐形成一套完整的体系，成为最常用、最直接有效的临床治疗手段之一。William Harvey于1628年提出关于血液循环的理论，为后人开展静脉输液治疗奠定了理论基础，被称为现代静脉输液治疗的鼻祖。而1656年将药物用羽毛管为针头注入狗的静脉内的英国医师Christopher Wren和Robert开创了静脉输液治疗的先河。1831年，正当霍乱肆虐西欧之际，苏格兰医师Thomas Latta用煮沸后的食盐水注入患者静脉，补充因霍乱上吐下泻而丢失的体液。因此，Thomas Latta医师理应被认为是第一位成功地奠定人体静脉输液治疗模式的医师。

1907年捷克人John Jansky确定ABO血型系统，使得经静脉输血成为安全的急救手段。但是，当时困扰医生的是静脉输液治疗当中的感染和致热源反应问题。所以在1930年之前静脉输液仍只能被用于急症患者，且规定护理人员只能协助准备静脉输液所需的耗材，而真正执行静脉穿刺操作的只限于医师亲自为之。所有输液用液体均为医院自行制备。

1931年，美国医生Dr. Baxbr与同伴合作在改造后的汽车车库内生产出世界上第一瓶商业用输液产品——5%葡萄糖注射液，这种工业化生产的输液产品在第二次世界大战中被大量应用于伤病员的抢救，使静脉输液技术得到了飞速的发展。

（一）静脉穿刺方法的改进

1．穿刺针的改进

1957年我国开始使用头皮静脉针，为输液后固定针头、方便患者起到了积极的作用，至今大部分医院仍沿用。近年来，对危重患者的抢救和需反复穿刺的患者，多采用套管针。套管材料为聚氟乙烯，弹性好，导管尖端裹紧的穿刺针与外套管外径一致，穿刺部位出血的机会减少，套管针使用方便，选择血管广泛，患者输液时活动不受限制，不易刺破血管形成血肿。留置时间可达5～7天，且能多次使用同一条血管。

2．静脉穿刺部位的增多

穿刺部位从最初皮下周围静脉到现在颈内静脉、颈外静脉、锁骨下静脉、股静脉，这些静脉的穿刺使患者及时获得大量液体、血液或高价静脉营养液。

颈外静脉穿刺置管临床应用较广泛，此静脉显露好，操作易掌握，常用于中心静脉压的测定、静脉营养。颈内静脉置管，穿刺技术要求高，操作难度大，但输入速度快，可用于手术中或手术后大量输液、输血的患者。

（二）辅助输液器械的介入，促进了静脉输液过程的变革

1．静脉显示仪等辅助静脉穿刺，使一次穿刺成功率有了可靠的保证

常规的静脉穿刺，仍主要依赖护士的视觉和触觉进行。这其中有的因静脉显露较差、循环衰竭，造成穿刺困难，对极个别经反复多部位穿刺都无效的，临床不得已而实施深静脉置管或静脉切开。由此增加操作步骤，延误抢救时机，甚至会危及患者的生命。由于将现代高新技术引入临床，医护人员直接借助先进仪器设备，使静脉穿刺的成功率进一步提高。国内有报道用冷光乳腺检查仪通过光束透射，可将肉眼看不见、手摸不清的皮下静脉的分布及走向清晰地显示出来，临床用于小儿静脉穿刺100例，穿刺1120次，一次成功1081次，成功率为98.1%。

2．输液过程监控智能化，使输液较以往更有效

从输液调节器、注射器泵，到输液泵、微量注射泵自动监控输液过程，使连续高精度输液成为现

实。目前，输液泵的技术已达到允许使用者在10～500 mL/h范围内进行精确的速度控制，输液完毕在报警同时进入KVO状态（保持静脉开放状态），以4 mL/h输液，无液体时自动停止输液。剩余量设置在既可做维持输液又可分段输液情况下，调试压力，安排给药时间，减轻了医护人员的工作强度，进一步提高了护理操作的质量和效率。微量注射泵拓展了泵的应用范围。它可用于血管活性药、化疗药、止痛药等的维持注入，以及新生儿的微量输液、输血等。

3．无针密闭输液保持了输液通道的无菌状态，使静脉输液进入一个全新的领域

静脉输液无针系统是指除用套管针经表皮对皮下血管进行一次性穿刺外，配药、注药、输液、输血和抽血一系列临床操作，都不需要使用头皮针穿刺肝素帽连接输液通道。采用无针输液接头，使输液器和注射器直接与周围静脉留置套管针及中心静脉导管等进行连接。自2000年12月可来福接头正式进入我国以来，接头由于自身能产生正压，可避免血液反流造成针头阻塞，完全取消了肝素封管的过程，很快受到医、护、患的信赖。它与钢针穿刺比较有许多优点。就医护人员而言，无针输液接头可预防锐器伤害，减少操作流程，减轻工作量。就患者而言，降低了输液的并发症，减少了多次抽血等穿刺给患者带来的痛苦，确保用药剂量的准确，减少了抗凝剂的应用。

（三）静脉输液容器的变迁，推动了静脉输液方式的演进

20世纪50年代之前，全开放式静脉输液系统一直广泛应用于临床，是由广口瓶和天然橡胶材质制造的输液管路组成的。第二代静脉输液产品属于半开放式输液系统，它是由玻璃或硬塑料容器与带有滤膜的一次性输液管路构成的。改进的输液管路，减少了污染机会，溶液的生产变得集中，工业化程度高，质量和安全性得到很大提高。第三代静脉输液系统又名全密闭静脉输液系统，它是将输液容器替换为塑料材质的软袋，在重力滴注过程中软袋受外界大气压力会逐渐扁瘪，不必用进气针使袋内外气体相连，同时软袋一次成形，进针和加药阀均为双层结构，避免了溶液与外界或橡胶的直接接触，因而具有非常优越的防止污染的作用。

## 二、外周静脉通路的建立与护理

周围静脉穿刺是临床应用最广泛、最基本的护理技术操作之一，也是临床治疗、抢救患者的重要给药途径之一。静脉穿刺（VP）技术水平的高低直接影响急诊、危重患者抢救的成功率和临床疗效，同时也是对护士基本功的衡量和对护理工作质量的检验。

（一）静脉穿刺部位的选择

周围静脉穿刺因患者年龄、疾病、治疗不同，其穿刺部位的选择也各不相同，在非特殊情况下，以上肢远端的浅静脉为主要穿刺部位。有资料提示，临床采用下肢静脉穿刺时，静脉血栓性栓塞、肺栓塞等并发症的发生率较高，并有日益增高的趋势，故成人尤其长期卧床患者、心血管疾病患者、老年人等，原则上不采用或避免使用下肢静脉。一般遵循从远心端到近心端的原则，先在手背行静脉穿刺，然后将穿刺点逐步移向前臂、上臂。如果输注的药物或液体可引起组织的刺激和损伤，这时就应注意不要将手背或腕部的静脉作为穿刺点。选择穿刺的静脉应该是相对柔软而充盈的，并应避免在静脉的分叉及静脉瓣处穿刺。由于个体静脉条件受多种因素的影响，临床差异较大，因此护理人员必须了解各类血管的特点，灵活掌握穿刺技巧，提高VP的成功率。

1．老年患者

随着年龄的增长，人体各组织器官机能逐渐减退，大多数患者都有不同程度的动脉硬化，因而血管壁增厚、管腔狭窄、血管弹性差、脆性增大，皮肤组织松弛。对此类患者进行VP时，应特别注意绷紧皮肤，选择手背较直的静脉，穿刺时进针力度要稍小一些。

2．消瘦患者

此类患者皮下脂肪少，血管位置浅，暴露充分，但血管管壁脆，易滑动，且皮肤松弛，握拳后指掌关节明显高于手背肌层组织，对VP的进针角度有一定影响。因此穿刺时要采用握指法，并从血管的侧面进针，进针角度和力度不宜过大，回血后继续平行进针1 mm为宜，以防刺破血管。

3．肥胖患者

由于患者皮下脂肪丰满，血管通常不隆出皮肤，但血管较固定，故穿刺时操作者要以示指和中指探明静脉走行方向和深浅度，然后从血管上方进针，向前方探索血管，其进针角度和力度要稍大些，但进针角度一般不超过40°。

4．水肿患者

由于疾病的影响，组织间隙积聚过多的液体，致使表浅静脉不易看到或触及。对于此类患者的血管，可用两条止血带捆扎患者肢体，上下相距15 cm，肢体远端一条最好选较宽的止血带，捆扎在患者的肘部、腕部或踝部，1 min后松开下面一条，这时即可看到静脉。

（二）VP技术的研究进展

1．血管准备

穿刺前握拳是输液的常规方法，多年来一直广泛地应用于临床各类患者。

但目前研究资料认为，VP时采用背隆掌空杯状手和握指法更符合人体的生理学特点，此法利用术者左手握住患者穿刺手的手指，使患者手背皮肤上、下、左、右四个方向被动牵拉绷紧，形成前臂和手背、手背和手指两个弯曲，这样既克服了患者握拳时指掌关节高于手背皮肤妨碍穿刺进针角度的缺点，又有使血管充盈、显露、固定之优点，更易于穿刺成功。

选择适宜的血管进行穿刺是保证穿刺成功的重要因素之一，由于疾病因素影响及个体血管的差异，对血管条件较差的患者可将手背均匀涂擦1%的硝酸甘油后，再用湿热小毛巾置于拟输液部位约3 min，这时表浅小静脉均可迅速充盈。该法是利用硝酸甘油的渗透作用，使小静脉有效扩张，血管直径及充盈度也相应增加。

2．易见回血法

一次性输液器的应用，存在着头皮针进入血管后，不易回血或回血量较少的特点，影响静脉穿刺的成功率。现探索出两种易见回血的方法：一是调节器高调法，即调节器置于紧贴莫非管下端；二是调节器高调输液瓶低位法。对这两种方法，由于输液管内充满液体，输液瓶的位置降低，具有一定的虹吸作用；调节器置高位，输液管内承受回血的余地增加，所以头皮针一旦进入血管，血液很容易回到针管里。实践证明：对年轻人或血管弹性好的患者宜采用调节器高调法。而对于血管弹性差或细小血管、循环差的患者宜采用第二种方法。

3．减轻穿刺点疼痛的方法

皮肤痛觉神经纤维大多数分布于表皮，其痛觉感受器呈点状分布，在手背有触点25个、痛点100～200个，所以VP时患者对疼痛非常敏感。近年有人将手背以桡侧至尺侧三条静脉依次分为A、B、C三组，对其穿刺部位的疼痛进行比较，三组全部采用针头在静脉正上方斜行快速穿刺法，结果经统计学处理，三组差异有显著性。靠近尺侧的C静脉组穿刺时疼痛最轻，而靠近桡侧的A静脉组穿刺时疼痛最明显，这可能与神经分布、皮肤松弛及张力大小有关。还可以利用针尖刃面的锐度，穿刺时斜面略向左，减少针尖对组织的切割和撕拉，以达到减轻疼痛和减少组织损伤的目的。对于长期输液、血管条件差、穿刺困难的患者，可充分利用四肢末梢血管，采用手足背静脉逆行穿刺法，其优点是回血好，滴数不受限制，不影响血流，可以弥补指掌关节向心穿刺不易固定的缺点，采用此法时必须选用手、足背血管，而不应选择手指、足趾向上回血的小静脉，因此处无交通支，逆行穿刺将造成血液淤积，使穿刺失败。

（三）留置针穿刺置管的操作方法

1．留置针穿刺的技术要点

（1）进针角度与速度

进针角度以15°～30°为宜，进针速度宜慢，且应直接刺入血管。

（2）送管时机及手法

进针后要及时观看回血腔（回血慢可稍作停顿），见有回血时降低穿刺角度，将留置针继续沿血管前行1～2 mm，右手固定针芯，以针芯为支撑，此时为送外套管的最佳时机，切忌见到回血立即送管。送管时固定针芯的右手将针尾稍抬起，左手拇指与示指持外套管柄的上方左右两侧沿针芯将套管全部推入静脉，此方法送管减少了左手持外套管一侧贴皮肤送管时的阻力。

（3）退针芯手法

套管送入血管后，松开止血带，退针芯。退针芯时按压外套管尖端处，能明显减少血液外溢，优于按压穿刺点近心端血管。按压时使用左手拇指较其他手指力度大，能有效阻断回流血液，按压同时右手退出针芯，连接肝素帽，待对口旋上后方可松开左手，以双手旋紧肝素帽。

2．留置针输液静脉的选择

留置针输液宜选粗、直、富有弹性、避开关节及静脉瓣的静脉，成人常规选择四肢浅静脉，一般首选头静脉。

3．封管药液的选择及封管方法

（1）封管药液的选择

留置针封管药液主要有稀释的肝素盐水及生理盐水。对于出凝血机制正常者（脑出血急性期除外）使用稀释肝素液（50 U/mL，2 mL）封管留置输液是安全的。而对于所患疾病不宜使用肝素的患者（如血小板减少症、血友病等）以及对肝素过敏的患者可使用生理盐水作为封管液，其维持时间可达16小时。

（2）封管方法

封管时边推注封管液边退针较推注完后再拔针（针头插入套管针内3～5 mm）堵管的发生率显著降低。因为封管针头若全部插入套管内，封管液推注完后再退出针头，会使血液随拔针时的负压倒流入套管内，导致凝血堵管。

4．静脉炎与留置时间

影响留置针留置时间的主要原因是静脉炎的发生。另外，穿刺技术不熟练、封管方法不正确、患者自身疾病引起血流动力学的改变、血管通透性增加等因素均有可能导致液体渗漏、导管堵塞或脱出而致置管失败。有人通过观察认为，在注意保持穿刺部位的相对无菌和周围皮肤清洁的情况下，只要没有发生堵管和渗漏，留置7天是完全可行的。但是为了防止药液长期刺激血管造成化学性静脉炎和小的血凝块进入血管引起堵塞，留置天数最好不要超过7天。通过观察，套管针留置5天内静脉炎的发生率为0。建议将5天作为常规留置时间，配合完善的穿刺护理常规，既可保证患者的安全，严格控制局部并发症的发生，又可最大限度地发挥套管针持续留置的优点。

## 三、中心静脉通路的建立与护理

### （一）中心静脉通路的建立

中心静脉系指上、下腔静脉。危重患者的长期液体治疗、血流动力学监测或肠外营养支持中以上腔静脉插管应用最为广泛，中心静脉通路的建立一般可通过锁骨下静脉穿刺、股静脉穿刺、腋静脉穿刺、颈内静脉穿刺和颈外静脉穿刺等途径。

1．经锁骨下静脉途径穿刺置管术

锁骨下静脉是腋静脉的延续，起于第一肋骨的外侧缘，成人长约3～4 cm，前面是锁骨的内侧缘，在锁骨中点稍内位于锁骨与第一肋骨之间略向上、向内呈弓形而稍向内下，向前跨过前斜角肌于胸锁关节处与颈内静脉汇合为无名静脉，再与对侧无名静脉汇合成上腔静脉。通常选用右侧锁骨下静脉作为穿刺置管用。穿刺进路有锁骨上路和锁骨下路两种。

（1）锁骨上路

患者取仰卧头低位，右肩部垫高，头偏向对侧，使锁骨上窝显露出来，在胸锁乳突肌的锁骨头的外侧缘，锁骨上缘约1.0 cm处进针，针干与身体正中线（或与锁骨）呈45°，与冠状面保持水平或稍向前成15°，针尖指向胸锁关节，缓慢向前推进且边进边回抽，直到有暗红色血为止。经反复测试确定在静脉腔内便可送管入静脉。

送管方法有两种：

①外套管针直接穿刺法

根据患者的年龄选用适当型号（成人可选用14～16号，儿童可用18～20号）的外套管针直接穿刺。当刺中静脉后再向前推进3～5 mm，而后撤出针芯，将注射器接在外套管上，而后回抽有静脉血时可缓慢地旋转套管向前送入；如果抽不出回血，可缓慢后撤并同时回抽，当抽到回血时即停止后撤，经反复测试确定在静脉腔内再慢慢地旋转套管向前送入。

②钢丝导入法

根据患者的具体情况选择相应的金属穿刺针及相应型号的钢丝和导管。穿刺方法同前，当刺中静脉后将钢丝送入静脉，撤出金属穿刺针，而后将相应型号的导管沿钢丝送入静脉。如果导管较软，可选用相应型号的扩张子沿钢丝送进静脉内（送扩张子前先用尖刀片将皮肤针眼扩大），而后撤出扩张子，再将导管沿钢丝送入。导管送进的长度应根据患者具体情况而定，一般5～10 cm即可。而后以缝线将导管固定在皮肤上再用皮肤保护膜加固。用缝针固定时下针的方向应与导管平行，不可横跨导管，以免缝针将导管扎破。

锁骨上路进针，在穿刺过程中，针尖前进的方向实际上是远离锁骨下动脉和胸膜腔的方向前进。所以较锁骨下进路为安全。此进路不需经过肋间隙，送管时阻力小，用外套管针穿刺时可直接将套管送入静脉，不需要用钢丝导入。到位率较锁骨下路为高。也可以用此径路放置Swan-Ganz导管和肺功脉导管，或放置心内膜起搏器。

（2）锁骨下路

患者取仰卧位，右上肢垂于体侧，略向上提肩，使锁骨与第一肋骨之间的间隙张开便于进针。右肩部可略垫高（也可不垫），头低位（约15～30°）。从锁骨中内1/3段的交界处，锁骨下缘约1～1.5 cm处（相当于第二肋骨上缘）进针，针尖指向胸骨上窝，针体与胸壁皮肤的夹角< 10°，紧靠锁骨内下缘徐徐推进，这样可避免穿破胸膜及肺组织所引起的气胸。在进针的过程中边进边轻轻回抽，当有暗红色血液时停止前进，并反复测试其通畅情况，确定在静脉腔内时便可送导管。如果以此方向进针已达4～5 cm时仍无回血，不可再向前推进，以免误伤锁骨下动脉。此时应徐徐向后撤针并边退边抽，往往在撤针过程中抽到回血，说明已穿透锁骨下静脉。在撤针过程中仍无回血，可将针尖撤至皮下而后改变方向（针尖在深部时不可改变方向以免扩大血管的损伤），使针尖指向甲状软骨，以同样方法徐徐前进往往可以成功。

送导管的方法基本上与锁骨上路相同，但由于此进路要通过肋间隙，用外套管针时往往送套管较困难，阻力较大，常需要借助钢丝引导。另外，此进路穿刺过深时有误伤锁骨下动脉的可能。如果针干与胸壁皮肤角度过大，有穿破胸膜和肺组织的可能。值得特别提出的是，锁骨下进路置管其到位率较低，导管可进入同侧颈内静脉、对侧无名静脉，根据本科观察的资料，此进路的到位率，小儿为32.3%，成人为84%。心脏手术时撑开胸骨可能影响导管的位置。

2．经颈内静脉途径穿刺置管术

颈内静脉起源于颅底，全程均被胸锁乳突肌覆盖，上部位于胸锁乳突肌的前缘内侧，中部位于胸锁乳突肌锁骨头前缘的下面和颈总动脉的后外侧，下行至胸锁关节处与锁骨下静脉汇合成无名静脉，再下行与对侧的无名静脉汇合成上腔静脉进入右心房。成人颈内静脉较粗大，易于刺中。右侧无胸导管，而且右颈内静脉至无名静脉入上腔静脉几乎为一直线，右侧胸膜顶较左侧为低，故临床上常选右侧颈内静脉穿刺置管，尤其是放置Swan-Ganz导管更为方便。

颈内静脉穿刺的进针点和方向根据个人的习惯各有不同。一般根据颈内静脉与胸锁乳突肌的关系，可分别在胸锁乳突肌的前、中、后三个方向进针。

（1）前路

患者仰卧，头低位，右肩部垫起，头后仰使颈部充分伸展，面部略转向对侧。操作者以左手示指和中指在中线旁开3 cm，于胸锁乳突肌的中点前缘相当于甲状软骨上缘水平触及颈总动脉搏动，并向内侧推开颈总动脉，在颈总动脉外缘约0.5 cm处进针，针干与皮肤呈30°～40°，针尖指向同侧乳头或锁骨的中、内1/3交界处前进，常在胸锁乳突肌中段后面进入颈内静脉。此路进针造成气胸的机会不多，但易误入颈总动脉。

（2）中路

在锁骨与胸锁乳突肌的锁骨头和胸骨头所形成的三角区的顶点，颈内静脉正好位于此三角的中心位置，该点距锁骨上缘约3～5 cm，进针时针干与皮肤呈30°，与中线平行直接指向足端。如果试穿未成功，将针尖退至皮下，再向外偏斜10°左右指向胸锁乳突肌锁骨头的内侧后缘，常能成功。若遇肥胖、短颈患者或小儿，全麻后胸锁乳突肌标志常不清楚，定点会有一定的困难。此时可利用锁骨内侧端上缘的小切迹作为骨性标志（此切迹就是胸锁乳突肌锁骨头的附着点），颈内静脉正好经此而下行与锁骨下静脉汇合。穿刺时以左手拇指按压，确认此切迹，在其上方约1～1.5 cm处进针（此处进针又称为低位进针），针干与中线平行，针尖指向足端，一般进针2～3 cm即可进入颈内静脉。若未成功再将针尖退至皮下，略向外侧偏斜进针常可成功。

（3）后路

在胸锁乳突肌的后外缘中、下1/3的交点或在锁骨上缘3～5cm处作为进针点。在此处颈内静脉位于胸锁乳突肌的下面略偏外侧，穿刺时面部尽量转向对侧，针干一般保持水平，在胸锁乳突肌的深部指向胸骨上窝方向前进。针尖不宜过分向内侧深入，以免损伤颈总动脉，甚至穿入气管内。

以上三种进针点一般以中路为多，因为此点可以直接触及颈总动脉，可以避开颈总动脉，故误伤动脉的机会较少。另外，此处颈内静脉较浅，刺中率较高。

此外，应指出，由于颈内静脉与颈总动脉相距很近，为避免误伤动脉，在正式穿刺之前必须先用细针试穿，以确定穿刺的角度与深度，而后再正式进行穿刺。穿刺成功后，置入导管的方法与锁骨下静脉相同。

3. 经颈外静脉途径的穿刺置管术

颈外静脉收集面部和耳周围静脉血流，在颈根部回流到锁骨下静脉。颈外静脉多年来一直作为临床观察静脉充盈程度和静脉压高低的部位，容易穿刺插管，成功率可达85%～95%，对出血性疾病患者也是较好的途径，若皮下出血比较容易控制。

穿刺时患者取头低位，手指压迫颈根部可使颈外静脉明显充盈，用套管针直接穿刺，轻轻牵拉皮肤，针与皮肤呈30°，在明显看到静脉处进针，轻轻抽到血后，置入套管。此外，经颈外静脉利用导引钢丝也可以插入气囊漂浮导管，不但安全，成功率也高。

4. 经贵要静脉途径的穿刺置管术

一般不用此途径，在巨大升主动脉瘤不宜用锁骨下静脉或颈内静脉时（以免误伤动脉瘤）选用。但由于该静脉较细，路途弯曲，故送管困难。必须用一种特殊的穿刺针Drum-Cartridge Catheter，该导管长71 cm，外径约1.7 mm，内径1.1 mm，管腔内有弹性钢丝芯卷成盘形装在可转动的塑料匣内，穿刺针头长5.1 cm，外径2.1 mm，内径1.8 mm，当刺中贵要静脉后，将该导管由穿刺针腔内送入静脉并以顺时针旋转塑料匣将导管送至中心静脉，后退出穿刺针，抽出导管内钢丝，局部包扎固定并与测压装置连接。

5. 经股静脉途径的穿刺置管术

股静脉位于股动脉内侧。穿刺时以左手示指和中指摸准股动脉的确切位置，在股动脉内侧约2～3 mm处进针，针尖指向头侧，针干与皮肤呈30°，一般较容易成功，置管方法与锁骨下静脉穿刺相同。但由于距下腔静脉较远，故置管的位置不易达到中心静脉，所测得的压力受腹腔内压力的影响，往往高于实际中心静脉压。如果用针腔内送入较长的导管可达中心静脉，但导管在血管内的行程长，留置时间久，难免引起血栓性静脉炎。现在已很少采用，除非在某些特殊病种如巨大胸主动脉瘤或布加综合征时采用。术后应及早拔除，以减少血栓性静脉炎的发生。

（二）注意事项

1. 用外套管针穿刺时，皮肤戳口要够大，包括皮肤全层和皮下组织，使套管针通过皮肤及皮下组织无明显阻力，否则会由于套管针通过坚韧的皮肤时引起套管口的裂开而造成穿刺失败。

2. 正式穿刺时的进针深度往往较试穿时要深，因为正式穿刺用的粗针头相对较钝，而将静脉壁向前推移甚至压瘪，尤其是低血容量患者。有时穿透静脉也未抽得回血，这时可缓慢退针，并边退边抽，往往在退针过程中抽得回血。

3. 应掌握多种进路的穿刺技术，不可强调某一进路的成功率高，而进行反复多次的穿刺，这样会造成局部组织的严重创伤和血肿。

4. 穿刺过程中，穿刺针要直进和直退，需改变穿刺方向时必须将针尖退至皮下，否则增加血管的损伤。

5. 穿刺成功后，应将导管内气体抽出注入盐水，以防在固定导管时血液在管内凝固。

6. 在固定导管时，缝针的方向一定要与导管的走向平行，切不可横跨导管，以免在皮下穿破导管。

（三）中心静脉置管后的并发症与护理

1. 气胸

无论是颈内静脉穿刺还是锁骨下静脉穿刺，均有穿破胸膜和肺尖的可能，其原因主要是穿刺时针干的角度和针尖的方向不当。如用锁骨下进路时，针干与皮肤角度太大使针尖离开锁骨下缘很易穿破胸膜和肺。又如做颈内静脉穿刺时，为避开颈总动脉而针尖指向过于偏外，往往会穿破胸膜顶和肺尖。如果仅为一针眼产生少量气胸不需特殊处理可自行吸收。如果针尖在深部改变方向使破口扩大再加上正压机械呼吸，气胸会急剧加重甚至形成张力性气胸，一旦确诊，立即行粗针胸腔穿刺或置胸腔闭式引流管。

2. 血胸

在行锁骨下进路穿刺时，如果进针过深易误伤锁骨下动脉，此时应立即撤针并从锁骨上窝压迫止血，如果未穿破胸膜，局部可形成血肿自行压迫止血，若同时穿破胸膜势必会引起血胸，临床一旦出现肺受压症状，应立即拔退导管并做胸腔穿刺引流。颈内静脉穿刺尤其易损伤动脉，只要及时退针局部压迫3～5分钟即可止血。改换穿刺点或经锁骨上路穿刺锁骨下静脉。

3. 液胸

无论是颈内静脉穿刺还是锁骨下静脉穿刺，在送管时将导管穿透静脉而送入胸腔内，此时液体都输入胸腔内。

其表现有以下几点：

（1）从此通路给药均无效。

（2）测量中心静脉压时出现负压（体外循环前不应出现负压）。

（3）此通路输液通畅但抽不出回血。

若出现上述现象应确诊导管在胸腔内，不应再使用此通路，应另行穿刺置管，必要时从胸腔内缝合止血。

4．空气栓塞

穿刺前未使患者头低位，如患者处于低血容量状态，当穿中静脉后一旦撤掉注射器，与大气相通，由于心脏的舒张而将空气吸入心脏，对于后天性心脏病（无心内分流）进入少量空气不致引起严重后果，但对于有心内分流的先心病患者（尤其是右向左分流的发绀患者）可能引起严重后果。穿刺时应注意避免。

5．折管

由于导管质量差，术后患者躁动或做颈内静脉置管时术后颈部活动频繁而造成，并多由导管根部折断。

预防办法：

（1）不用劣质导管，尤其是颈内静脉置管。

（2）锁骨下静脉置管并妥善固定，针体应在皮外保持2～3 cm，并用胶布加固。

6．心肌穿孔

由于导管太硬且送管太深直至右心房，由于心脏的收缩而穿破房壁（也有穿破右室壁的报道），在心脏直视手术切开心包即能发现，给予适当处理即可，但在非心脏手术或是抢救危重患者时常常引起心包压塞。如不能及时发现做出正确诊断后果十分严重，死亡率很高。预防办法：不用硬劣质导管；送管不宜过深，一般送入8～10 cm。

7．感染

引起感染的因素是多方面的：

（1）导管消毒不彻底；

（2）穿刺时无菌操作不严格；

（3）术后护理不当；

（4）导管留置过久。

在病情允许情况下留置时间越短越好，若病情需要最长7～10天应该拔除或重新穿刺置管。

## 四、动脉置管与护理

动脉置管术是危重症监护中的一项重要技术。其目的为：

①进行连续直接动脉血压监测，及时、准确地反映患者血压动态变化；

②通过动脉置管处也可采集血标本，避免频繁穿刺给患者带来的疼痛或血管壁损伤；

③用于危重患者的抢救用药。

### （一）周围动脉穿刺置管的途径

周围浅表的动脉，只要内径够大，可摸到的动脉均可采用。根据手术部位、患者体位以及局部动脉通畅情况等综合考虑，选择总的原则是：局部侧支循环丰富，即使发生局部动脉阻塞亦不会引起远端组织缺血性损伤。桡动脉为首选，此外，腋动脉、肱动脉、尺动脉、股动脉和足背动脉均可采用。

1．桡动脉

常采用左侧（如左手功能占优势者采用右手）。位于腕部桡侧腕曲肌腱的外侧可清楚摸到其搏动。由于位置表浅且相对固定，穿刺置管较易成功。它与尺动脉在掌部组成掌深、浅动脉弓（侧支循环丰富），即使桡动脉发生阻塞或栓塞也不会影响手部的血供。做桡动脉穿刺前必须测试尺动脉血流是否通畅，可用改良式Allen试验法测试（此法不需压迫尺动脉，可以避免在尺动脉减压后引起短暂的反射性扩张所造成的假阴性）。

具体方法：

①测试者以手指压迫患者桡动脉以阻断桡动脉血流，让患者将手举过头顶并连做握拳动作数次，然后紧紧握拳。

②测试者继续压迫桡动脉让患者将手下垂，并自然伸开手。

③观察手掌部颜色由白转红的时间。若尺动脉畅通和掌弓循环良好，转红的时间多在3秒左右，在6秒钟以内转红为Allen试验阴性，若在7～15秒钟转红，说明尺动脉血供延迟，称为Allen试验可疑。如果15秒以上仍不转红说明尺动脉血供有障碍，即Allen试验阳性，桡动脉不宜采用。

④测试桡动脉血供情况时，压迫尺动脉而后重复上述动作。

⑤对全麻患者或不合作的小儿可用被动的方法将患者手抬高，测试者以手掌压迫患者手掌使其手掌变白，而后压迫桡（或尺）动脉，将患者手放下观察其手掌由白转红的时间。

⑥也可以借助于仪器测定桡动脉、尺动脉的血流情况。

2．尺动脉

尺动脉位于腕部尺侧，可清楚触及。当桡动脉穿刺失败时可改用尺动脉，往往可以成功，但在桡动脉被反复穿刺而损伤局部已形成血肿时，不可再穿同侧尺动脉。

3．肱动脉

肱动脉位于肘窝部，较易触及，它在肱二头肌肌腱与正中神经之间，可在此处穿刺置管，由于肱动脉较粗，对局部血流影响不大，而且对内膜的损伤轻微，不易形成血栓。如果用持续冲洗装置可大大减少远端栓塞并发症。

4．腋动脉

腋动脉在腋窝顶部可以触及，局部侧支循环较丰富，即使发生栓塞，也不会影响远端肢体的血供。但由于位置不便管理，而套管针处于弯曲甚至呈锐角折曲而影响压力波形，故很少采用。

5．股动脉

股动脉位于腹股沟韧带中点下方，外侧是股神经，内侧是股静脉。股动脉较粗大，搏动明显，较易刺中，它是第二位选择穿刺置管的周围动脉，但它距离会阴部近，污染机会较多，故不宜长时间保留。在股动脉穿刺时应在腹股沟韧带以下2 cm，不可过高，以免进针过深误伤髂外动脉而引起腹膜后大出血，尤其是肝素化以后出血更加严重。

6．足背动脉

足背动脉是胫前动脉的延续，在伸𧿹长肌腱的外侧下行至足背皮下，很表浅，较易摸到。胫前动脉与胫后动脉在足部形成动脉弓建立侧支循环。足背动脉穿刺之前应了解胫后动脉的血运情况，即以一手指压迫足背动脉（阻断足背动脉血流），另一手指压迫其𧿹趾甲数秒钟待𧿹趾甲变为苍白，而后放松趾甲，观察𧿹趾甲由白转红的情况，如迅速转红，说明侧支循环良好。足背动脉与桡动脉一样除丰富的侧支循环外，位置表浅且较固定，穿刺易于成功，而且血栓发生率低于桡动脉。

（二）穿刺置管技术

1．套管针直接穿刺法

此法根据个人习惯和动脉的粗细又可分为两种：

（1）穿透法

用左手示指和中指摸准动脉搏动的位置和走向，而后用16号金属针头在距搏动点最明确的部位0.5～1.0 cm处刺破皮肤全层（但不可太深以免损伤动脉），选用相应型号的套管针，左手仍摸准动脉搏动，右手持套管针由皮肤破口送入皮下，这时左手示指和中指既可摸到搏动又可摸到套管针的位置，使针头对准搏动迎向血流的方向推进，针干与皮肤的角度根据患者的胖瘦和动脉的深浅而定，一般是越瘦越表浅其角度越小，约10°。在进针过程中见到有鲜红动脉血时再向前推进0.5～1.0 cm而后撤出针芯，并用一注射器（也可不用）与套管针座连接，缓慢后撤，当涌出动脉血时停止后撤并轻轻转动套管针向前推进，若无阻力并仍有红血抽出说明在动脉腔内，当套管送入后撤掉注射器并与测压管连接。

（2）直接穿刺法

穿刺方法与上述相同，见到有红血时，向前推进1～2 mm，使外套管完全进入动脉腔内，以右手固定内针芯，以左手轻轻捻动外套管向前进，若无阻力说明在血管内，当外套管送入后撤出内针芯，并有红血喷射出说明穿刺成功，而后与测压管连接。

2．钢丝导入法

专为动脉穿刺的特制用具，其中包括一根20号的金属穿刺针（内径1.1 mm），一根外径为1.0 mm钢丝及一根内径1.1 mm的套管，长5～6 cm。穿刺方法同上，先用金属穿刺针穿刺动脉，当刺中动脉后可见红血由针腔内喷射出，这时将钢丝由针腔内送入动脉，然后退出金属穿刺针，并将钢丝留置在动脉内，将套管沿钢丝导入动脉，再将钢丝撤出可见由套管针腔内喷射出动脉血，与测压管道连接。

（三）注意事项

1. 穿刺时针干与皮肤夹角尽可能小，这样穿中动脉后套管在动脉腔内的长度相对较长，在调整套管位置时不易退出动脉腔外，并且送套管时不易顶到动脉后壁，成功率较高。

2. 用穿透法时，因动脉后壁已被穿破，故穿刺成功后局部应压迫3～5分钟，以免局部形成血肿。

（四）并发症

1. 血栓

周围动脉穿刺置管引起血栓形成的因素是多方面的。

（1）套管留置时间越长，血栓发生率越高，如18号套管做桡动脉置管20小时发生率为25%，20～40小时发生率达50%。

（2）套管的粗细与动脉内径的比值越大发生率越高。用20号套管比18号套管可使血栓发生率减小。股动脉或肱动脉置管血栓发生率也相对减少。

（3）与套管针的材料亦有密切关系，同样型号套管留置同样时间，聚乙烯套管的发生率为90%，而聚四氟乙烯套管的发生率则为29%。

（4）多次反复穿刺造成血管内膜的损伤可增加血栓发生率。

2. 栓塞

动脉测压发生栓塞多来自测压管道和套管针内形成的血凝块。用持续冲洗装置可减少栓塞的机会，而间断冲洗，时间不易掌握。

3. 出血

穿刺损伤常引起局部出血和血肿形成，尤其是穿透法更易引起局部血肿。应在穿刺成功置管后局部加压止血3～5分钟。在行股动脉穿刺时当进针位置过高时可误伤髂外动脉而造成腹膜后出血，如不及时发现止血，后果十分严重。当术后拔除测压套管时，应局部加压30分钟。

4. 感染

多由于置管时间太长引起，一般保留3～4天应拔除测压套管。如术后发现局部有炎症现象应及时拔除，若病情需要，改换部位重新穿刺。

**五、输液泵的临床应用**

输液泵是用于连续静脉输液最为理想的先进的急救与治疗仪器。它的用途是为患者及时、定时、定量地从静脉输入液体、血液和药物等。尤其对输入的液体和药物要求微量、精确、安全、长时间和流速均匀时，使用微量注射泵即能达到满意的效果。输液泵的临床应用，有效地提高了输液的安全性、可靠性和准确性，这是普通输液器无法比拟的。尤其在危重患者的救治工作中，显示了它的上述优越性，因此是ICU内必备的医疗仪器之一。

目前有许多国家都在生产输液泵，产品型号多样，性能各异，对其操作步骤难以一一介绍。本节仅简述使用输液泵的共同注意点及输液泵报警与处理。

（一）使用输液泵的注意点

1. 使用前

（1）初次使用任何类型的输液泵前，均应仔细阅读使用说明书，按规定掌握其操作程序和面板上各种标志及其意义。

（2）输液泵使用前，应依次检查各部分功能及报警系统，此时应处于良好工作状态。若有功能性故障，应与有关医学工程技术人员联系解决。

（3）按需设定输液参数，包括设定单位时间内流速比率（mL/h）和欲设输入液体总量。设定输液参数前可使用清零键，使显示的数字在零状态。

（4）选择的输液泵管应是透明度等性能良好的专用泵管。输液泵管不宜存放过久，以保证其质量。

2. 使用中

（1）首先应接通输液泵面板电源，使其通过自检功能检验。

（2）随时查看工作状态指示灯，了解输液泵是处于正常工作状态抑或被迫停止工作的非正常状态，对于后者应及时处理。

（3）各类输液泵工作中由于每小时流速设置不同，仪器本身具有一定的压力，容易使患者穿刺部位注射针头和输液管接口处产生液体渗漏，使用中应注意观察并及时处理。

（4）正确掌握各功能键的启动。

（5）根据报警显示，查、排故障，消除报警后启动输液泵重新工作。

（6）务必保持输液泵在充电状态，充电指示灯为绿色时，即指示仪器正在充电。

（7）某些输液泵设有第二输液流速程序功能键，该键可于患者在救治中需要预设第二组参数，需以不同流速或转换为某种药物输入时使用。

3．使用后

应及时清除输液泵表面的污迹与尘埃，充电备用。其功能有障碍时应送检维修。

（二）输液泵报警与处理

对输液泵工作中的报警，护士应能掌握其常见原因及处理方法（见表4-1-1），以便确保输液及抢救工作的顺利进行。

**表4-1-1　输液报警与处理**

| 报警项目 | 仪器工作状态 | 常见原因 | 处理方法 |
|---|---|---|---|
| 气泡报警(Air in Line) | 仪器停止工作并显示Air in Line | 1.管路中有气泡<br>2.溶液瓶或袋内液体已空 | 打开泵管仓门,取出管,排除气泡,重新启动,输液泵即可工作 |
| 堵塞报警(Occlusion) | 仪器停止工作并显示Occlusion | 1.液体流动控制夹未打开<br>2.管路扭曲,受压<br>3.针头或管路血块堵塞 | 打开液体流动控制夹;检查输流管路位置并保持其正确状态;清除血块 |
| 泵仓门报警(Door Open) | 仪器停止工作并显示Door Open | 输液管放置不正确 | 按要求重新放置输液管 |
| 电池低电压报警(Low Battery) | 1.仪器不停止工作但提示电池低压<br>2.仪器停止工作 | 电池端电压降低<br>电池充电无效 | 连续充电时间达16 h更换同类型电池 |
| 输液完成报警 | 仪器自动转为KVO | 设置的参数输完 | 按需进行下一步操作方式工作 |
| 故障代码报警 | 仪器显示编码代号 | 1.仪器内电路故障<br>2.记忆电池损坏 | 请有关工程技术人员且不能工作或代理商协助解决 |

KVO:保持静脉开放功能。

## 第二节　血流动力学监测

血流动力学监测是CCU重要内容之一，它可为临床抢救危重患者提供可靠的血流动力学改变程度的指标，从而使患者得到及时、准确而合理的救治。

### 一、动脉压监测

动脉压监测，又称血压监测，是围手术期最基本、简单的心血管监测项目，是反映后负荷、心肌耗氧与做功以及周围循环的指标。监测方法可分为两类：无创血压监测和创伤性测量法。

（一）无创动脉压监测

CCU内常用的无创动脉压监测是袖带式自动间断动脉压监测法。在床旁监护仪中，袖带式自动间断动脉压测量装置实际上是一个带定时器的自动血压计，其原理来自传统的人工听诊气袖法，所不同的是判别收缩压和舒张压时不是利用Korotkoff音，而是通过检测气带内气压的搏动进行判别的。按下监护仪上的测压控制键，气泵给袖带内气囊迅速充气，每秒2.5～4 kPa（19～30 mmHg），充气到比收缩压高4 kPa（30 mmHg）时，袖带下的血管被压扁，血管内的血液停止流动。通过可控阀门时袖带内压力以每秒0.25～0.4 kPa（2～3 mmHg）的速度缓慢降低，袖带内压力降到收缩压时，袖带下血管被血流冲开，产生一个搏动，此搏动可被与袖带相连的仪器内的压力传感器检测到，此刻袖带内的压力即为收缩压。当袖带下的血管完全舒张，压力传感器检测不到血管的搏动，此刻袖带内的压力即为舒张压。搏动最大时压力为平均压。

1．测压方法

（1）手动测压

一般仪器均设置手动测压，即用手直接按[ START]键开始充气测压。在已设置自动测压时间间隔状态下，若需监测当时的血压变化，按下此键即可测得一次血压，下一次自动测压仍按原设时间间隔进行。

（2）自动测压

当打开仪器[AUTO ON]键时可设置TIME INTEVAL（时间间隔），测压时间间隔一般为2、5、10、15、30分钟不等，可根据患者病情需要，选择适当的测压时间间隔。

2．测压中的注意点

（1）根据患者上肢的周长选择合适的袖带，一般应为上臂周径的1/2，小儿需覆盖上臂长度的2/3。袖带应平整地系在上臂，松紧适宜，应使袖带内充气气囊的中心恰好置于肱动脉部位。袖带不能漏气。

（2）无论患者取什么卧位，袖带必须与患者心脏在同一水平线。平卧位时，袖带应与腋中线第四肋间相平。

（3）启动测压键前一定要系好袖带，否则在无袖带状态充气易损坏气泵。

（4）测压时应避免影响测量数据准确性的各种因素，如不能有外力压迫袖带和橡胶管等。

（5）每隔4小时应松解袖带片刻，以减少因持续充气对肢体血液循环的影响和不适感。

（二）创伤性动脉压监测

创伤性动脉压监测是指在动脉内置管进行动脉血压连续监测的一种方法，也是危重患者的血流动力学监测的主要手段。其主要作用是：

①可连续监测收缩压、舒张压和平均动脉压并将其数值和波形实时显示在监护仪荧光屏上，有助于判断体内血容量、心肌收缩力、外周血管阻力以及有无心包压塞等病情变化，及时指导临床治疗；

②所测得的血压数值较之袖带式间接测压精确，尤其是在听诊器听不清楚血压数值时，仍可反映出血压的水平；

③通过动脉置管采集血标本，避免频繁动脉穿刺给患者带来的疼痛或血管壁损伤。

1．置管动脉选择

用于有创动脉压监测的置管动脉有桡动脉、肱动脉、腋动脉、股动脉、足背动脉等，原则上应选择即使由于插管引起局部动脉阻塞，其远端也不会发生缺血性损害的动脉。

（1）桡动脉

最常用左侧桡动脉。由于桡动脉位置浅表，相对固定，因此穿刺插管比较容易，并且周围无重要组织，不会引起其他组织损伤；深面即为桡骨，拔管后易于压迫止血；桡动脉与尺动脉在掌部组成掌深、浅血管弓，两弓之间存在侧支循环。桡动脉插管后发生了阻塞或栓塞，只要尺动脉平行循环良好，手部血流灌注不会引起障碍。因此在做桡动脉插管前可测试尺动脉供血是否通畅。可用Allen试验法测试。具体方法见动脉置管及护理章节相关内容。

（2）腋动脉

腋窝部腋动脉远近之间有广泛的侧支循环，腋动脉结扎或血栓形成并不会引起远端肢体的血流障碍。一般在腋窝的最高点，摸清动脉搏动，直接经皮穿刺并不困难。经此动脉插管不但成功率高，且患者舒适、方便，即使较长时间留管并发症发生率也只在0.1%～0.2%左右，均无肢体或手指坏死。冲洗时务必防止血细胞凝集块、其他颗粒物质或空气误入而引起脑血管栓塞。

（3）股动脉

股动脉血管搏动清楚，穿刺成功率高，成人桡动脉穿刺失败或小儿桡动脉过细时可选用股动脉穿刺置管。但它有以下缺点：

①周围有股静脉和股神经，操作不慎可伤及；

②拔管后不易有效地压迫止血；

③置管部位在腹股沟部，潜在的感染机会较大，不适宜较长时间保留导管；

④侧支循环欠佳，置管肢体栓塞时易形成坏死。

2．插管技术

以桡动脉（左臂）穿刺置管为例简述如下。

（1）穿刺时患者仰卧，腕部垫高使腕背伸，拇指保持外展，固定手和前臂，消毒铺巾。

（2）腕部桡动脉在桡侧屈肌腱和桡骨下端之间纵沟中，桡骨茎突上下可摸到搏动。

（3）术者左手中指触及桡动脉搏动，示指在其远端轻轻牵拉，穿刺点在搏动最明显处的远端约0.5 cm左右。

（4）穿刺者右手示指、中指与拇指持针，针干与皮肤呈30°～45°，对准中指摸到的桡动脉搏动方向，当针尖接近动脉表面时刺入动脉，直到针尾有血溢出，表明内针已进入动脉。再进针约1～2 mm，使外套管也进入动脉内。此时一手固定内针，另一手捻动并推进外套管，在无阻力的情况下将外套管送入动脉腔内。

（5）拔除内针，有搏动性血流自导管喷出，证实导管位置良好，即可连接测压装置。

（6）若外套管推进遇到阻力，常表示导管未进入动脉管腔，穿刺针可能偏向一侧或已穿透动脉血管后壁。将套管压低呈30°，并将外套管徐徐后退，直至尾端有血畅流为止，然后将导管沿动脉平行方向推进，不成功则可再次退外套管，见有良好的血液喷、滴出时可经套管内插入细导引钢丝引导下推进套管，若均未成功则重新穿刺。

（7）排尽测压管道通路的空气，边冲边接连接管，装上压力换能器（调整好零点）和监测仪。

（8）用粘贴纸固定以防滑出，去除腕下垫子，用肝素盐水冲洗一次，即可测压。肝素生理盐水每15分钟冲洗一次，保持导管通畅，覆盖敷料，即可测压。

（三）临床意义

动脉血压与心排血量（CO）和总外周血管阻力有直接关系，反映心脏后负荷、心肌耗氧和做功及周围组织和器官血流灌注，是判断循环功能的有用指标。

1．常用动脉血压监测指标

（1）收缩压（SBP）

主要代表心肌收缩力和心排血量，其主要特征是克服脏器临界关闭压，以维持脏器血流供应。

（2）舒张压（DBP）

舒张压为心舒张末期动脉压的最低值。

（3）脉压

即收缩压和舒张压的差值，正常值为30～40 mmHg。

（4）平均动脉压（mean arterial blood pressure，MAP）

平均动脉压为一个心动周期的动脉血压的平均值，MAP=DBP+1/3脉压。

2．正常值

动脉血压的正常值随年龄、性别、精神状态、活动情况和体位姿势而变化。各年龄组的血压正常值见表4-2-1。

**表4-2-1 各年龄组的血压正常值**

| 年龄(岁) | 血压(mmHg) | | 年龄(岁) | 血压(mmHg) | |
|---|---|---|---|---|---|
| | SBP | mmHg | | SBP | mmHg |
| 新生儿 | 70～80 | 40～50 | <50 | 150 | 70～80 |
| <10 | 110 | 60～80 | <60 | 160 | 80～90 |
| <40 | 140 | 70～80 | <70 | 100 | 170 |

3．动脉压波形变化

（1）正常动脉压波形

正常动脉压波形可分为收缩相和舒张相。主动脉瓣开放和快速射血入主动脉时为收缩相，动脉压波迅速上升至顶峰，即为收缩压。血流从主动脉到周围动脉，压力波下降，主动脉瓣关闭，直至下一次收缩开始，波形下降至基线为舒张相，最低点即为舒张压。动脉压波下降支出现的切迹称重搏切迹。身体各部位的动脉压波形有所不同，脉冲传向外周时发生明显变化，越是远端的动脉，压力脉冲到达越迟，上升支越陡，收缩压越高，舒张压越低，但重搏切迹不明显。

（2）异常动脉压波形

①圆钝波的波幅中等度降低，上升和下降支缓慢，顶峰圆钝，重搏切迹不明显，见于心肌收缩功能降低或血容量不足。

②不规则波的波幅大小不等，期前收缩波的压力低平，见于心律失常患者。

③高尖波的波幅高耸，上升支陡，重搏切迹不明显，舒张压低，脉压宽，见于高血压及主动脉瓣关闭不全。主动脉瓣狭窄者，下降支缓慢坡度较大，舒张压偏高。

④低平波的上升支和下降支缓慢，波幅低平，严重低血压，见于低血压休克和低心排血综合征。

（四）并发症预防和护理

动脉插管的主要并发症是由于血栓形成或栓塞引起血管阻塞。至于阻塞的远端是否出现缺血或坏死，则取决于侧支循环和阻塞后的再通率。其他并发症包括出血、感染、动脉瘤和动静脉瘘等。

1．血栓

随着导管留置时间延长，血栓形成的发生率增加。虽然桡动脉内血栓形成率约为20%～50%，但手部出现缺血坏死发生率<1%。插管后暂时性桡动脉搏动减弱或消失的发生率较高，但大多可逐渐恢复。为了减少较长时间留管拔管后血栓形成，一般主张在测压结束拔除动脉内导管时，压迫阻断近端动脉血流，用注射器连接测压导管边吸边拔，尽量吸出导管周围的小凝血块。

2．栓塞

栓子多来自围绕在导管尖端的小血块、冲洗时误入气泡或混入测压系统的颗粒状物质。一般认为用连续冲洗法可减少血栓栓塞的机会。换能器圆盖和管道必须充满肝素盐水，排尽空气。间断冲洗时血凝块要抽吸出而不能注入。腋动脉插管后最好采用连续冲洗，若进行间断冲洗，只能用少量肝素溶液轻轻冲洗，以避免大容量带着血凝块或气泡进入动脉、进入脑血流而引起脑栓塞。

3．出血

穿刺失败及拔管后要有效地压迫止血，尤其对应用抗凝药的患者，压迫止血应在5分钟以上，并用宽胶布加压覆盖。必要时局部用绷带加压包扎，30分钟后予以解除。

4．感染

动脉置管期间严格无菌和局部消毒。导管留置时间越长，感染机会越多。有研究显示，插管1天后局部感染的概率为0，而留置导管5～7天后感染率上升到14%。另一项对536名患者的研究表明，平均留置导管6天的患者细菌培养阳性率为4%。动脉切开可显著增加局部感染的危险。据报道，动脉切开插管超过4天者感染率达30%～39%。一般希望留置导管不要超过3～4天。置管时间最长1周，如需继续应更换测压部位。当局部出现感染或炎症征象时，应立即拔除导管。

## 二、中心静脉压监测

中心静脉压（CVP）代表右心房或上下腔静脉近右心房处的压力。它可反映体内血容量、静脉回心血量、右心室充盈压力或右心功能的变化，对指导补血、补液的量及速度，防止心脏过度负荷及指导利尿药的应用等具有重要的参考意义，因此也是ICU内患者尤其是心血管术后循环功能的重要监测项目。

（一）中心静脉压监测的适应症

1．严重创伤、重症休克及急性循环功能衰竭等危重患者。

2．需接受大量、快速输血、补液的患者，利用中心静脉压的测量可随时调节输入量和速度。

3．各类心血管手术及心血管代偿功能不全的患者，进行危险性较大的手术或手术本身会引起血流动力学显著地变化，如大动脉瘤和心内直视手术等大而复杂的手术。

4．大量输血和换血疗法，静脉输液、给药。

5．需长期输液或静脉抗生素治疗、全胃肠外营养治疗。

6．插入肺动脉导管及经静脉放置起搏导管。

7．经导管安置临时起搏器。

（二）中心静脉置管部位的选择

目前多数采用经皮穿刺颈内静脉或锁骨下静脉，其次为股静脉、颈外静脉进行插管。

1．颈内静脉

成人颈内静脉较粗，当扩张时直径可达2 cm。右颈内静脉与无名静脉和上腔静脉几成一直线，加之胸导管位于左侧，以及胸膜顶右侧又低于左侧，这是临床上多选右颈内静脉插管的原因。

2．锁骨下静脉

锁骨下静脉是腋静脉的延续，起于第一肋骨的外侧缘，在锁骨下内1/3及第一肋骨上行走。在穿刺过程中尽量保持穿刺针与胸壁呈水平位，贴近锁骨后缘。由于壁层胸膜向上延伸可超过第一肋约2.5 cm，因此，当进针过深越过了第一肋或穿透了静脉前后壁后刺破了胸膜及肺，就可能引起气胸。在此置管的优点是导管容易固定及护理，颈部活动不受限制，是颈内静脉穿刺插管困难者的另一途径。缺点是易穿破胸膜及肺引起气胸，出血和血肿不易压迫止血，这是目前较少采用此进路的主要原因。

3．颈外静脉

颈外静脉多年来一直作为临床观察静脉充盈程度和静脉压高低的部位，容易穿刺插管，成功率可达

85%～95%。对出血性疾病患者也是较好的途径，若皮下出血比较容易控制。

4．股静脉

股静脉是下肢最大的静脉，即使是股动脉搏动微弱或摸不到的情况下也容易穿刺成功，迅速建立输液通道。缺点是容易发生感染和下肢深静脉血栓形成，不宜用于长时间置管或高营养治疗。

（三）操作方法

关于各静脉的穿刺置管的操作方法详见动静脉通路有关章节。在置管成功后，由T形管或三通开关分别连接患者的中心静脉导管、测压计的玻璃（或塑料）测压管和静脉输液系统。测压计上端有固定夹，可把测压计垂直固定在输液架上，并随意升降调节高度，零点通常是第四肋间腋中线右心房水平。阻断输液器一端，即可测CVP。

（四）中心静脉压监测的临床意义

1．正常值不例外

CVP的正常值为5～12 $cmH_2O$，<2.5 $cmH_2O$表示心腔充盈欠佳或血容量不足，>15～20 $cmH_2O$提示右心功能不全，但CVP不能反映左心功能。

2．临床判断

中心静脉压的高低取决于心功能、血容量、静脉血管张力、胸膜腔内压、静脉血回流量和肺循环阻力等因素，其中尤以静脉回流与右心室排血量之间的平衡关系最为重要。在容量输注过程中，中心静脉压不高，表明右心室能排出回心脏的血量，可作为判断心脏对液体负荷的安全指标。连续测定观察中心静脉压的变化，比单次的绝对值更有指导意义。

一般中心静脉压不高或偏低，输血、补液是安全的。临床上常依据动脉压的高低、脉压大小、尿量及临床症状、体征结合中心静脉压变化对病情做出判断，指导治疗（表4-2-2）。

**表4-2-2　引起中心静脉压变化的原因及处理**

| 中心静脉压 | 动脉压 | 原因 | 处理 |
|---|---|---|---|
| 低 | 低 | 血容量不足 | 补充血容量 |
| 低 | 正常 | 心功能良好，血容量轻度不足 | 适当补充血容量 |
| 高 | 低 | 心功能差，心排血量减少 | 强心、供氧、利尿、纠正酸中毒，适当控制补液或慎用血管扩张药 |
| 高 | 正常 | 容量血管过度收缩，肺循环阻力增高 | 控制补液，用血管扩张药扩张容量血管及肺血管 |
| 正常 | 低 | 心脏排血功能降低，容量血管过度收缩，血容量不足或已足 | 强心、补液试验、血容量不足时适当补液 |

3．CVP波形分析

（1）正常CVP波形

有$a$、$c$、$v$三个正波和$x$、$y$两个负波。$a$波由心房收缩产生，$x$波反映右心房舒张时容量减少，$c$波是三尖瓣关闭所产生的轻度压力升高，$v$波是右心充盈同时伴随右心室收缩、三尖瓣关闭时心房膨胀的回力引起的，$y$波表示三尖瓣开放、右心房排空。右心房收缩压（$a$波）与舒张压（$v$波）几乎相同，正常在3～4 mmHg以内，正常右房平均压为2～6 mmHg。

（2）异常波形

①压力升高和$a$波抬高和扩大

见于右侧心力衰竭，三尖瓣狭窄和反流，心脏压塞、缩窄性心包炎、肺动脉高压及慢性左侧心力衰竭，容量负荷过多。房室交界处性心律时可出现高大的$a$波。房颤患者$a$波消失。

②$v$波抬高和扩大

见于三尖瓣反流。心脏压塞时舒张期充盈压升高，$a$波与$v$波均抬高；右房压力波形明显，$x$波突出，而$y$波缩短或消失。缩窄性心包炎的$x$波和$y$波均明显。

③呼吸时CVP波形

自发呼吸在吸气时，压力波幅降低，呼气时增高，机械通气时随呼吸变化更显著。

（五）并发症防护

1．感染

中心静脉置管感染发生率为2%～10%。感染率各家报道的差别很大，导管尖端细菌培养的阳性率可从0变化到39.8%。病原菌中革兰阴性杆菌占75%，阳性球菌占25%。局部组织损伤、血肿亦增加局部感染的机会。导管在体内留置时间过久可引起血栓性静脉炎。经中心静脉导管进行静脉营养疗法，发生感染的机会就增加。当临床上出现不能解释的寒战、发热、白细胞数升高、局部压痛和炎症等，应考虑拔除导管并做细菌培养。因此，在操作过程中应严格遵守无菌技术，加强护理，长期置管者，应选用特殊材料的导管，部分导管可埋藏在皮下，常规用抗生素预防感染。

2．空气栓塞

中心静脉在吸气时可能形成负压，穿刺过程中，更换输液器、导管或接头脱开时，尤其是头高半卧位时，容易发生空气栓塞。预防方法是穿刺和更换输液器时应取头低位，避免深呼吸和咳嗽，导管接头脱开应立即接上或暂时堵住，穿刺置管时应尽可能不使中心静脉与空气相通。

3．血肿

颈内静脉穿刺时，穿刺点和进针方向偏内侧时易穿破颈动脉，进针太深可能穿破颈横动脉、椎动脉或锁骨下动脉，在颈部可形成血肿，凝血机制不好或肝素化后的患者更易发生，如两侧形成血肿可压迫气管，造成呼吸困难。穿刺时可摸到颈动脉，并向内推开，穿刺针在其外侧进针，并不应太深，一旦发生血肿，应做局部压迫，不要急于再穿刺。

4．心律失常

心律失常为常见并发症，主要原因为钢丝或导管刺激引起。应避免钢丝或导管插入过深，并防止体位变化所致导管移动。操作过程中应持续心电图监测，当P波出现时，表明导管尖端已进入右房，应后撤3～5 cm，保证导管插入不致过深。

5．血栓形成

多见于长期置管和高营养疗法的患者，血栓形成发生率高达30%～80%，应注意液体持续滴注和定期用肝素生理盐水冲洗。

**三、肺动脉压监测**

自1970年Swan-Ganz气囊漂浮导管技术应用于临床后，该技术为心脏功能障碍和其他危重患者的血流动力学监测，提供了重要的参考依据。通过气囊漂浮导管能够测量中心静脉压或右心房压、肺动脉压（PAP）、肺动脉楔压[PAWP，或称肺毛细血管楔压（PCWP）]、连续心排血量（CCO）和混合静脉血氧饱和度（$SvO_2$），改良的Swar-Ganz导管还可直接连续测量每搏量（SV）、右心室舒张末容量（RVEDV）和右心室收缩末容量（RVESV），将压力监测与容量监测融为一体，有助于及时准确判断高危患者的容量状态，指导液体治疗。

（一）肺动脉压监测的适应症和禁忌症

1．适应症

（1）左心功能不全EF＜40%或CI＜2.0 L/(min·m²)。

（2）心源性、低血容量感染性休克或多脏器功能衰竭。

（3）近期心肌梗死或不稳定性心绞痛。

（4）心脏大血管手术估计伴大出血或大量体液丧失。

（5）右心衰竭、肺动脉高压、严重腹水和慢性阻塞性肺疾患。

（6）血流动力学不稳定需要强心药或IABP维持。

（7）主动脉手术需要钳闭主动脉者。

2．绝对禁忌症

（1）三尖瓣或肺动脉瓣狭窄：肺动脉导管（PAC）不能通过狭窄的瓣膜，即使偶尔通过狭窄部位，也可加重阻碍血流通过。

（2）右心房或右心室内肿块（肿瘤或血栓形成）：插管时不慎，可致肿块脱落而引起肺栓塞。

（3）法洛四联征：右心室流出道十分敏感，PAC通过肺动脉时，常可诱发右心室漏斗部痉挛使症状加重。

3．相对禁忌症

（1）严重心律失常：正常情况下，PAC置管时，常可诱发一过性房性或室性心律失常。因此，患者伴有心律失常时，插管过程中可引起严重的心律失常。此类患者是否选用PAC，需权衡其利弊。

（2）凝血障碍。

（3）近期置起搏导管者：施行PAC插管或拔管时不慎，可致起搏导线脱落。

（二）插管技术

1．Swan-Ganz导管

导管用聚乙烯材料制成，早年制成的是双腔导管，现在常用的是四腔管或五腔管。导管主腔从管口至尾端连接处逐渐增粗，从管口开始每隔10 cm有黑色环形标志，作为插管深度的指示。管壁柔软，在管端10 cm处保持一定的弧度，使导管容易通过右心室。每根导管有三腔和一根金属导线，导管顶端供测量肺动脉压和取血标本。导管近端开口用于测量右房压或中心静脉压以及供心排血量时注射生理盐水或染料。第三个腔开口于靠近导管顶端的气囊内，气囊的充气容量为1.25～1.5 mL时，充气后有助于导管随血流向前推进。在离管口3.5～4.0 mL处安置热敏电阻探头，连接心排血量计算机，就可以进行热稀释法测心排血量。

2．插管途径

（1）颈内静脉

右颈内静脉是插入漂浮导管的最佳途径，导管可直达右心房，从皮肤到右心房的距离最短，操作方法也易掌握，并发症少。

（2）肘贵要静脉

一般经静脉切开后插入导管，经左腋静脉和锁骨下静脉达上腔静脉和右心房。

（3）股静脉

股静脉也用于穿刺插管，达右心房的距离较长，经导管感染的机会较多。

3．操作技术

插管前首先连接好换能器、测压仪和各种连接导管，并对换能器进行测试，调整零点和校正。备好除颤仪和必要的急救药物。插管时要保持严格的无菌操作。插管过程依据压力和波形的变化判断导管前进所到达的位置，并连续监测患者的心电活动。

（1）术者常规消毒铺巾，选择合适的导管，向气囊内充气测试气囊的完整性。用肝素生理盐水冲洗所有导管。

（2）皮肤穿刺点局麻后穿刺颈内静脉，成功后经针腔内插入导引钢丝，达到预计深度后，即拔除穿刺针。

（3）捻转插入套有导管鞘的扩张器，使扩张器及导管鞘沿着钢丝进入静脉。

（4）拔除导引钢丝和扩张器，保留导管鞘在静脉内。装上旁路输液管，同时可在此抽到静脉血。整个操作过程要小心控制好导引钢丝在血管外部分，防止钢丝全部滑入血管腔内。

（5）漂浮导管装上保护外套，管腔内充满肝素液，连接测压装置监测压力。经导管鞘插入气囊导管。

（6）颈内静脉途径，漂浮导管插入15～20 cm，管端可达右心房，给气囊部分充气，以利导管向前推进。缓慢推进导管，每次约2～3 cm。当导管通过三尖瓣进入右心室后，压力突然升高，下降支又迅速回到零点，出现典型的右心室波形。

（7）使气囊完全充气，充气后既可减少导管顶端对右心室壁的刺激，减少心律失常的发生，又使导管容易向肺动脉推进。当导管插入肺动脉时，收缩压改变不大，而舒张压显著升高，大于右心室舒张压，呈动脉波形，有重搏切迹。再继续推进，导管即可嵌入肺小动脉分支。

（8）连接输液装置，固定导管，记录导管留于体内的长度。局部覆盖消毒敷料，预防感染，随时按需进退导管，调节就位。

（三）肺动脉压或肺毛细血管楔压监测的临床意义

患者左心室功能不全为主时，中心静脉压不能反映左心室的功能状况，此时应做PAP或PCWP监测。当PCWP超过20～24 mmHg时，表明左心室功能欠佳。由于90%以上的心肌梗死发生在左心，常会造成急性左心功能不全和肺水肿，此时PCWP的高低和肺水肿的发生有紧密的关系（表4-2-3）。

**表4-2-3　PCWP与心源性肺水肿的关系**

| PCWP(mmHg) | 心源性肺水肿程度 | PCWP(mmHg) | 心源性肺水肿程度 |
|---|---|---|---|
| 18 | 无 | 26～30 | 重度 |
| 18～20 | 轻度 | ≥30 | 明显肺水肿 |
| 21～25 | 中度 | | |

临床和X射线检查显示有肺水肿的患者，PCWP均上升，并超过20～25 mmHg。但肺水肿的临床和X射线表现比PCWP升高为延迟，有时可迟12小时才能看出肺部有足量水肿液积聚；由于液体再吸收缓慢

有时可达4日，肺水肿X射线表现的消失又比PCWP下降明显延迟。

（四）并发症防护

1．心律失常

由于导管尖端接触右心室心肌壁或心瓣膜所致，一般以室性期前收缩为最常见，发生率约10%。当导管插入右心室后，若出现持续的心律失常，则可将导管退回至右心房，心律失常多可立即消失，然后把气囊充足气后再行插管。出现严重心律失常（如室性心动过速、室性颤动）时应立即退出导管，给予药物治疗及急救处理。置入的导管如遇到阻力时不可强行进入。

2．血栓形成和栓塞

血栓形成和栓塞见于有栓塞史及血液高凝状态的患者。导管周围的血栓形成，可堵塞插入导管的静脉，出现上肢水肿，颈部疼痛和静脉扩张的患者，提示有深静脉血栓形成和栓塞。低血压和高凝状态及抽取血标本后没有冲洗则易发生。应予预防性抗凝治疗。导管各腔用肝素盐水冲洗，每小时1次，以保持导管通畅。

3．导管扭曲、打结

导管质软、易弯曲，置入过深时容易发生扭曲、打结。当导管已插入右心房或右心室时，经继续推进15 cm仍未记录到右心室或肺动脉的压力波形，常提示导管可能在右心房或右心室打结，应退出导管重新插入。一旦发生导管打结，可用导引钢丝插入导管内解除打结。若不能松开，由于导管的韧性较好，可将打结拉紧，然后将导管缓缓拉出直至插管处，必要时做一小切口取出打结导管。退管时气囊必须排空，以免损伤肺动脉瓣或三尖瓣等心内结构。

4．肺动脉出血和破裂

多见于有肺动脉高压、血管壁变性的患者。由于导管在肺动脉内反复移动、气囊过度充气，肺动脉高压患者的肺动脉壁脆而薄，则可致破裂出血。临床上表现为突然发生咳嗽、大量咯鲜红色血液。若注意导管的插入深度，不快速、高压地向气囊内注气，测量PAWP的时间尽量缩短，严密监测肺动脉压力改变，此种并发症就可避免。

5．感染

可发生在局部穿刺点和切口处，也可能引起心内膜炎。临床中可见患者出现高热、寒战，甚至败血症。常见原因有无菌操作不严格，导管维护中的污染而致直接的血行污染。所以术中及术后操作必须强调无菌原则，防止接触感染。皮肤插管处每日换药一次，并保持局部清洁干燥。

**四、心排血量监测**

心排血量（CO）指心脏每分钟将血液泵至周围循环的血量，可反映整个循环的功能状况，包括心脏机械做功和血流动力学，了解前负荷、后负荷、心率及心肌收缩力。通过计算有关血流动力学指标、绘制心功能曲线，指导对心血管系统的各种治疗，包括用药、输血、补液等。心排血量的监测方法有无创和有创两大类。

（一）无创性心排血量测定法

1．胸部电阻抗法 （TEB）

TEB利用心动周期中胸部电阻抗的变化来测定左心室收缩时间和计算心搏量，然后再演算出一系列心功能参数。仪器采用6个电极，其中2个电极粘于颈部两侧，2个电极粘于两侧腋中线平剑突水平，另2个电极分别粘于前额和左下肢膝下，能反映每次心搏时各种参数的变化。TEB操作简单、费用低并能动态观察CO的变化趋势，但由于TEB的抗干扰能力较差，绝对值有时变化较大，在一定程度上限制了其在临床上的广泛应用。

2．超声心动图 （UCG）

UCG是利用超声波回声反射的形式记录心脏信息的检查方法，通过观察心脏和大血管的结构和动态，了解心房、心室收缩及舒张情况与瓣膜关闭、开放的规律，为临床诊断提供信息，对患者无痛苦。通过经食管超声心动图（TEE）可监测每搏量、左心室射血分数（EF）、舒张末期面积（EDA）等多项参数的变化。

3．超声多普勒法

超声多普勒测量CO有两种方式，即经食管超声多普勒（EDM）和经气管超声多普勒（TTD）。所谓多普勒原理是指光源与接收器之间的相对运动而引起接受频率与发射频率之间的差别。超声多普勒法测量CO正是利用这一原理，通过测定主动脉血流而测定CO。

（二）创伤性心排血量测定

1．Fick法

Fick于1870年首先提出由于肺循环与体循环的血流量相等，故测定单位时间内流经肺循环的血量可测定CO。当某种物质注入流动液体后的分布等于流速乘以物质近端与远端的浓度差。具体公式为：$CO=VO_2\times(CaO_2-CvO_2)$。其中$VO_2$为氧耗量，$CvO_2$为混合静脉血氧含量，$CaO_2$为动脉血氧含量。监测氧耗量需要特殊的设备进行计算，$CvO_2$需要插入肺动脉插管采集血样进行测定，$CaO_2$需抽取动动脉血进行血气分析。

在实际应用中，直接Fick法有一定的误差，如导管尖端的位置不当，或者是存在左向右分流时肺动脉采血的氧含量不能完全代替实际的混合静脉血氧含量。而且机体正常情况下就有一部分静脉血流绕过肺泡经支气管静脉和心内最小静脉直接流入左心室与体循环，这部分血流占CO的20%。故肺循环血量不能完全代替体循环血量，研究表明采用这种方法测出的CO，平均误差范围约为2.6%～8.5% 。

2．染料稀释法

染料稀释法是温度稀释法问世前常用的CO测量方法。指示剂采用吲哚氰氨蓝绿，吲哚氰氨蓝绿无毒，可被肝细胞迅速自循环中排至胆汁，对心血管系统无不良反应。染料以单次方衰减，每分钟消失26%，注射后20分钟循环内仅留35%，不会使皮肤和黏膜染色，在一定时间间歇后可以反复使用。

3．锂稀释法

锂稀释法是一种新型的研究比较成熟的指示剂稀释法。大致过程为：从中心静脉注入氯化锂（LiCl），然后在周围动脉处通过锂敏感探头测锂离子引起的电压变化、通过公式计算CO值。这种方法简单易行、准确性高。但是，锂探头中的膜对钠、锂的选择性较低，故在使用前要在钠溶液中进行校正。研究发现累计静脉给药达1 mmol时，患者并无不适主诉。尽管如此，锂静脉注射的药动学及短时多次给药的急性不良反应仍需研究。

4．温度稀释法

通过肺动脉导管末端的热敏电阻可探测肺动脉血流温度变化，通过计算机计算出温度稀释曲线下面积，结合注入液体的容积可推算出CO。临床上常用0～30 ℃或25 ℃（室温）的5%葡萄糖或生理盐水作为指示剂。成人一般每次注入1～10 mL，小儿用1～5 mL。

温度稀释法可广泛应用于重症心脏病患者术后、内科的严重心肌缺血、严重外伤及心搏骤停等的心功能监护。但也存在一定的误差，包括：

（1）注入液温度

部分冷温经导管壁丢失；注射前在摆弄注射器时温度稍升高，以手握住10 mL注射器，每13秒能增加10 ℃，而每升高1 ℃，CO值将增大2.9%。

（2）注入液的容积

所用容积越大，信号干扰的比值越大，通常每次用10 mL，如少于原定量，测得的CO将出现假象升高。

（3）注入时间

肺动脉温度的基线水平随呼吸而变化，如果注射时间与呼吸不同步，当超过周期一半时，CO值变化可高达14% 。故有人建议将注射时间固定在呼吸周期的某一点。

5．连续温度稀释法

采用与Swan-Ganz相似的导管置于肺动脉内，在心房及心室这一段有一加温系统，使导管周围温度升高，然后由热敏电阻测定血液温度变化，加热是间断进行的，每30秒一次，获得温度-时间曲线来测定CO。开机后3～5分钟即可报出CO值，以后每30秒报出以前所采集的3～6分钟的平均数据，成为连续监测。

（三）心排血量监测的临床意义

1．监测

心泵功能、心排血量由前负荷、后负荷、心肌收缩性、每搏量和心率决定，如前负荷降低、后负荷增加，心肌收缩力减弱，则每搏量减少，如心动过速或过缓以及心律失常均可引起心排血量减少。

2．心血管参数计算

见表4-2-4。

表4-2-4 血流动力学指标正常值

| 血流动力学指标 | 公式 | 正常值 |
|---|---|---|
| 心排血量(CO) | CO=SV×HR | 4～8 L/min |
| 心脏指数(CI) | CI=CO/BSA | 2.5～4 L/(min·m$^2$) |
| 每搏量(SV) | SV=CO/(HR×1000) | 60～90 mL |
| 每搏指数(SVI) | SVI=SV/BSA | 40～60 mL/m$^2$ |
| 每搏功(SW) | SW=(MAP-PAWP)×SV×0.136 | 85～119 g·m |
| 左室每搏功指数(LVSWI) | LVSWI=1.36(MAP-PAWP)×SI/100 | 45～60 g/m$^2$ |
| 右室每搏功指数(RVSWI) | RVSWI=1.36(MAP-CVP)×SI/100 | 5～10 g/m$^2$ |
| 体循环血管阴力(SVR) | SVR=(MPA-CVP)×8/CO | 90～150 kPa·s/L |
| 肺循环血管阻力(PVR) | PVR=(PAP-PAWP)×8/CO | 15～25 kPa·s/L |

3. 指导心血管治疗。

## 五、周围循环监测

周围循环可反映外周组织的灌注状态。除血压（BP）、体循环阻力（SVR）是周围循环监测的重要指标外，临床上常采用一些间接而简便的指标。

（一）毛细血管充盈时间

正常时压迫甲床或趾跖侧（指掌侧）软组织后颜色立即恢复，正常为2～3秒。如果颜色恢复时间延长，同时有口唇、甲床青紫，肢体发冷和苍白，则表示微循环供血不足、血流淤滞，常见于休克和心力衰竭患者。

（二）体温

连续监测皮肤温度和中心温度，可间接反映外周血管有无收缩及周围组织灌流情况。正常时中心温度与外周温度差<2 ℃，如>3 ℃，表明周围循环监测不良。

（三）尿量

持续监测尿量是反映血容量、心排血量和肾血液灌注情况的有用指标。正常成人尿量应>30 mL/h，小儿1 mL/(kg·h)。24小时尿量小于400 mL为少尿，小于100 mL为无尿。少尿或无尿常是组织灌注不良的表现。

## 六、循环功能的判断

血流动力学监测的主要目的就是对循环系统功能进行判断。

（一）低血容量的判断

血压（BP）、中心静脉压（CVP）、肺毛细血管楔压（PCWP）可反映血容量情况，当三项指标均低于正常水平时提示血容量低。

（二）心泵功能的判断

心泵功能主要取决于心肌收缩性、前负荷、后负荷、心率等因素。反映前负荷的指标有左室舒张末容积（LVEDV）、左室舒张末压力（LVEDP）、PCWP、CVP。超过正常值越多，表明前负荷越大，心功能就越差。反映后负荷的指标有SVR（体循环阻力）、PYR（肺循环阻力），均与心排血量（CO）成反比关系。反映心肌收缩性的指标有心排血指数（CI）、每搏指数（SI）、每搏做功（SW）、左心室每搏做功指数（LVSWI）、右心室每搏做功指数（RVSWI）、心脏射血指数（EF），数值越大，表明心肌收缩性越好。

（三）心肌氧供需的判断

心肌的氧供需平衡是维持心脏功能正常的重要因素。临床上常采用间接性指标来判断。

1. 心律与收缩压的乘积（RPP）=HR×SBP，正常时<12 000，如大于该值，提示心肌氧耗增加。

2. 三重指数（TI）=RPP×PCWP，正常值：150 000，三者中任何一项增加均可致心肌氧耗增加。

3. 冠状动脉灌注压（CCP）=舒张压（DBP）-肺毛细血管楔压（PCWP），反映心肌氧供情况。

# 第三节　心血管系统常用药

## 一、冠状动脉粥样硬化性心脏病常用药

（一）抗血小板药

阿西单抗

【作用与用途】

该药为血小板GPⅡ b/Ⅲ a受体拮抗药。作为经皮冠状动脉介入治疗的辅助用药，预防心肌缺血的并发症。

【用法用量】

1．经皮冠状动脉介入治疗前10～60 min静脉弹丸式注射0.25 mg/kg，继以0.125 μg/(kg·min)持续静脉滴注（最大可至10 μg/min）12 h。

2．不稳定型心绞痛患者，可静脉弹丸式注射0.25 mg/kg，继以10 μg/min持续静脉滴注18～24 h，至经皮冠状动脉介入治疗后1 h停止。

【药动学】

该药静脉弹丸式注射后，$T_{1/2}$约为30 min。与血小板结合的该药在循环中可滞留15日或更长，但血小板功能一般于48 h后即恢复。

【安全用药监护】

1．不良反应

可见室性心动过速、假性动脉瘤、心悸、动静脉瘘、房室传导阻滞、空气栓塞、血栓性静脉炎、肺炎、肺部啰音、胸腔积液、支气管痉挛、胸膜炎、肺栓塞、尿潴留、肾功能异常、尿频、膀胱痛、尿失禁、前列腺炎、头晕、肌肉收缩、肌张力亢进、昏迷、焦虑、兴奋、口干、恶心、呕吐、腹痛、腹泻、腹胀、肠梗阻、胃内容物异常反流、高钾血症、肌痛、出血、胸痛、头痛、多汗、瘙痒、视力异常、水肿、肢端寒冷、面色苍白、疱疹。

2．主要相互作用

该药与影响止血的药物，包括溶栓药、口服抗凝血药、非甾体类抗炎药及其他抗血小板药合用时应谨慎。

3．过敏监护

出现过敏反应，应立即停药，并采取适当治疗措施。体内有人抗嵌合抗体（HACA）的患者，使用单克隆单体制剂可引起过敏反应，并降低药效。

4．特殊用药人群的监护

孕妇使用应权衡利弊。哺乳期妇女慎用。

5．实验室检查

用药前及用药过程中应检查血小板计数、凝血酶原时间、活化凝血时间（ACT）、活化部分凝血活酶时间（APTT）。

6．特殊存放要求

2～8 °C保存，不得冷冻或振摇。

（二）抗凝血药

比伐卢定

【作用与用途】

该药是凝血酶直接抑制药。在不稳定型心绞痛患者的冠状动脉血管成形术中作为抗凝血药，可预防局部缺血性并发症发生。

【用法用量】

1．应同时给予阿司匹林300～325 mg。

2．静脉给药，在血管成形术即将开始前注射1 mg/kg，然后以2.5 mg/(kg·h)连续滴注4 h，再以0.2 mg/(kg·h)滴注14～20 h。

【药动学】

静脉注射的起效时间为2 min。达峰浓度时间：静脉滴注为4 min，皮下注射为1～2 h。该药约20%经肾排泄。原形药物血浆$T_{1/2}$为25 min。

【禁忌症】

对该药过敏者、活动性大出血患者。

【安全用药监护】

1. 不良反应

轻微头痛、恶心、呕吐、腹部痛性痉挛、腹泻、给药部位血肿大出血（伴≥0.3 g/L的血红蛋白浓度降低且需输血的明显出血）。

2. 主要相互作用

（1）与加曲班、低相对分子质量肝素合用，抗凝血作用增强。

（2）与托西莫单抗合用，可引起严重的长期的血小板减少。应密切监测PT、抗Xa因子浓度或INR。

（3）汽葵利酮（辅酶$Q_{10}$）可降低该药抗凝血作用，合用应监测INR。

3. 特殊用药人群的监护

（1）对肌酐清除率为30～59 mL/min、10～29 mL/min及依赖透析（未透析时）的患者，静脉滴注的速度应分别降低20%、60%、90%。

（2）FDA对该药的妊娠安全性分级为B级。对哺乳期妇女的影响尚不明确。

4. 药品过量处置

过量应停药并给予对症处理。

5. 实验室检查

用药期间应定期检查活化部分凝血活酶时间（APTT）、活化凝血时间（ACT）、凝血酶原时间（PT）、凝血酶时间（TT）、血浆纤维蛋白肽A水平、心电图。

（三）硝酸酯类

硝酸甘油

【其他名称】

力得欣、硝酸甘油酯、信舒、礼顿。

【成分】

本品主要成分为硝酸甘油。化学名称：三硝酸丙三酯；分子式：$C_3H_5N_3O_9$；相对分子质量：227.09。

【适应症】

用于冠心病心绞痛的治疗及预防，也可用于降低血压或治疗充血性心力衰竭。

【用法用量】

片剂：成人一次用0.25～0.5 mg（1片）舌下含服。每5分钟可重复1片，直至疼痛缓解。如果15分钟内总量达3片后疼痛持续存在，应立即就医。在活动或大便之前5～10分钟预防性使用，可避免诱发心绞痛。

【不良反应】

1. 头痛：可于用药后立即发生，可为剧痛和呈持续性。

2. 偶可发生眩晕、虚弱、心悸和其他体位性低血压的表现，尤其在直立、制动的患者。

3. 治疗剂量可发生明显的低血压反应，表现为恶心、呕吐、虚弱、出汗、苍白和虚脱。

4. 晕厥、面红、药疹和剥脱性皮炎均有报告。

【禁忌】

禁用于心肌梗死早期（有严重低血压及心动过速时）、严重贫血、青光眼、颅内压增高和已知对硝酸甘油过敏的患者。还禁用于使用枸橼酸西地那非（万艾可）的患者，后者增强硝酸甘油的降压作用。

【注意事项】

1. 应使用能有效缓解急性心绞痛的最小剂量，过量可能导致耐受现象。片剂用于舌下含服，不可吞服。

2. 小剂量可能发生严重低血压，尤其在直立位时。舌下含服用药时患者应尽可能取坐位，以免因头晕而摔倒。

3. 应慎用于血容量不足或收缩压低的患者。

4. 诱发低血压时可合并反常性心动过缓和心绞痛加重。

5. 可使肥厚梗阻型心肌病引起的心绞痛恶化。

6. 可发生对血管作用和抗心绞痛作用的耐受性。

7. 如果出现视力模糊或口干，应停药。剂量过大可引起剧烈头痛。

8. 尚不知是否引起胎儿损害或者影响生育能力，故仅当确有必要时方可用于孕妇。亦不知是否从人乳汁中排泌，故哺乳期妇女应谨慎。

【特殊人群用药】

1. 儿童注意事项

尚不明确。

2. 妊娠与哺乳期注意事项

尚不知是否引起胎儿损害或者影响生育能力，故仅当确有必要时方可用于孕妇。亦不知是否从人乳汁中排泌，故哺乳期妇女应谨慎。

3. 老人注意事项

尚不明确。

【药物相互作用】

1. 中度或过量饮酒时，使用本药可致低血压。

2. 与降压药或血管扩张药合用可增强硝酸盐的致体位性低血压作用。

3. 阿司匹林可减少舌下含服硝酸甘油的清除，并增强其血流动力学效应。

4. 使用长效硝酸盐可降低舌下用药的治疗作用。

5. 枸橼酸西地那非（万艾可）加强有机硝酸盐的降压作用。

6. 与乙酰胆碱、组胺及拟交感胺类药合用时，疗效可能减弱。

【药理作用】

主要药理作用是松弛血管平滑肌。硝酸甘油释放一氧化氮（NO），NO与内皮舒张因子相同，激活鸟苷酸环化酶，使平滑肌和其他组织内的环鸟苷酸（cGMP）增多，导致肌球蛋白轻链去磷酸化，调节平滑肌收缩状态，引起血管扩张。硝酸甘油扩张动、静脉血管，以扩张静脉为主，其作用强度呈剂量相关性。外周静脉扩张，使血液潴留在外周，回心血量减少，左室舒张末压（前负荷）降低。扩张动脉使外周阻力（后负荷）降低。动、静脉扩张使心肌耗氧量减少，缓解心绞痛。对心外膜冠状动脉分支也有扩张作用。治疗剂量可降低收缩压、舒张压和平均动脉压。

硝酸异山梨酯

【其他名称】

消心痛、爱倍、安基伦、心痛治。

【成分】

本品主要成分为单硝酸异山梨酯。

【适应症】

冠心病的长期治疗；心绞痛的预防；心肌梗死后持续心绞痛的治疗；与洋地黄和利尿剂联合应用，治疗慢性充血性心力衰竭。

【用法用量】

1. 口服

预防心绞痛，一次5～10 mg，一日2～3次，一日总量10～30 mg。由于个体反应不同，需个体化调整剂量。

2. 舌下给药

一次5 mg，缓解症状。

【不良反应】

常见的不良反应为头痛（>10%的病人），通常持续使用后头痛症状会逐渐消失。治疗初期或增加剂量时，会出现低血压和/或头晕（1%～10%），还会伴有眩晕、瞌睡、反射性心动过速和乏力。

【禁忌】

下列情况禁用本品：

1. 对单硝酸异山梨酯或其他组分过敏。

2. 急性循环衰竭（休克、虚脱）。

3. 心源性休克（除非有适当措施维持足够的舒张末期压力）。

4. 肥厚梗阻型心肌病、缩窄型心包炎或心包填塞。

5. 严重低血压（收缩压低于90 mmHg）。

6. 颅内压增高者。

7. 严重贫血症者。

8. 青光眼患者。

9. 用硝酸酯类治疗期间，不可使用西地那非。

【注意事项】

1. 本品不适合治疗急性发作的心绞痛。

2. 在下列情况下使用本品应十分注意，并在医生指导下使用：低充盈压患者，例如急性心肌梗死；左心衰竭；主动脉和/或二尖瓣狭窄患者；伴有颅内压增高的疾病；直立性低血压。

3. 少数患者可能对硝酸盐产生特异反应，例如产生昏厥。

4. 患有严重的大脑多发性硬化症者，使用本品应极度谨慎。

5. 长期用药可出现耐受性，尤其在单硝酸异山梨酯的血药浓度高且稳定时更是如此，因此建议将剂量保持在最低水平，并且服用当日最后一剂时，其时间不应迟于晚饭时间。

6. 治疗期间应避免饮酒，否则会使本品的扩血管作用增强。

7. 本品会影响患者驾驶或机械操作的反应速度。

8. 在使用本品期间，不可服用西地那非。

【特殊人群用药】

1. 儿童注意事项

对于儿童的安全性和有效性尚未确立。

2. 妊娠与哺乳期注意事项

（1）对孕妇还没有进行充分、严格对照的试验研究。

（2）对鼠和兔的生殖性研究表明，在达到母体致毒剂量，未发现单硝酸异山梨酯对胚胎有毒性。因为动物实验并不总能预见人类的反应，所以只能在必须需要，并严格在医生监控下，孕妇才能服用本品。

（3）单硝酸异山梨酯是否会排泄到乳汁中尚未可知，对哺乳期妇女应慎用。

3. 老人注意事项

老年患者对本类药物的敏感性可能更高，更易发生头晕等反应。

【药物相互作用】

与其他降压药物（例如受体阻断剂、钙拮抗剂、血管扩张剂、精神抑制药及三环类抗抑郁药）和/或酒精合用可加强其降压作用。与西地那非合用会加强本品的降压作用（见禁忌），这将导致危及生命的心血管并发症，所以正在接受本品治疗的病人不可使用西地那非。同时服用本品和双氢麦角胺，会增加血中双氢麦角胺的水平和它的升压作用。

【药理作用】

1. 本品为硝酸异山梨酯的主要活性代谢产物。像其他有机硝酸酯一样，单硝酸异山梨酯释放出一氧化氮，一氧化氮通过激活鸟苷酸环化酶，使cGMP增多，激活cGMP依赖性蛋白激酶，改变平滑肌细胞中各种蛋白的环磷化作用，从而松弛血管平滑肌。

2. 单硝酸异山梨酯通过松弛血管平滑肌使血管扩张，可扩张外周动脉和静脉。通过扩张静脉使静脉容量增加，减少回心血量，从而降低心室舒张末期压力和体积（前负荷）；通过扩张动脉和小动脉降低系统血管阻力（后负荷），心肌做功减少，心脏前后负荷的降低，从而减少心肌耗氧量。而且，当因动脉硬化部分阻塞冠状动脉时，单硝酸异山梨酯可选择性扩张冠状动脉，能促进心肌血流的重新分布，使冠脉灌注量增加，硝酸酯类还能扩张冠脉狭窄部位。

【作用与用途】

该药为速效、长效硝酸酯类抗心绞痛药，在体内代谢生成单硝酸异山梨酯而起作用。用于治疗及预防各型心绞痛、急性心肌梗死，与洋地黄和（或）利尿药合用，用于治疗慢性充血性心力衰竭、肺动脉高压。

尼可地尔

【其他名称】

喜格迈、硝烟酯、烟浪丁。

【适应症】

适用于冠心病、心绞痛的治疗。对于劳力型、自发型、梗死后或混合型心绞痛均有效。对伴有心房颤动、心脏扩大的心绞痛、对其他抗心绞痛药物需慎用的患者，可选用本品。

【用法用量】

口服，一次5～10 mg，一日3次，或遵医嘱。

【不良反应】

1．常见有头痛、头晕、耳鸣、失眠等反应，服用阿司匹林可减轻症状，否则应停药；出现皮疹等过敏反应时应停药。

2．胃肠症状：腹痛、腹泻、食欲不振、消化不良、恶心、呕吐、便秘等，偶见口角炎，可有氨基转移酶升高。

3．心血管系统：心悸、乏力、颜面潮红、下肢浮肿，还可引起反射性心率加快、严重低血压等反应。

【禁忌】

1．青光眼患者禁用。

2．严重肝、肾疾病患者禁用。

【注意事项】

孕妇及哺乳期妇女慎用。

【药物相互作用】

尚不明确。

【药理作用】

本品属硝酸酯类化合物，具有阻止细胞内钙离子游离、增加细胞膜对钾离子的通透性、扩张冠状血管、持续性增加冠状动脉血流量、抑制冠状动脉痉挛的作用，在扩张冠状血管时，并不影响血压、心率、心肌收缩力以及心肌耗氧量。本品还具有抑制血小板聚集防止血栓形成的作用。

【作用与用途】

本品属硝酸酯类化合物，通过阻止细胞内钙离子游离和增加细胞膜对钾离子的通透性而发挥作用。用于治疗心绞痛、充血性心力衰竭和高血压。

（四）其他

曲美他嗪

【其他名称】

冠脉舒、三甲氧苄嗪、万爽力。

【作用与用途】

通过保护细胞在缺氧或缺血情况下的能量代谢，阻止细胞内ATP水平的下降，从而保证了离子泵的正常功能和透膜钠-钾流的正常运转，维持细胞内环境的稳定。用于心绞痛发作的预防性治疗，眩晕和耳鸣的辅助性对症治疗。

【用法用量】

口服，1次20 mg，每日3次，三餐时服用。

【药动学】

缓释片口服后平均5 h达血药峰浓度，可维持11 h。主要以原形随尿排泄。健康成年人的消除$T_{1/2}$平均为7 h，65岁以上者为12 h。

【禁忌症】

对该药过敏者、新近心肌梗死患者。

【安全用药监护】

1．不良反应

罕见恶心、呕吐；可能发生过敏反应；个别患者可出现头晕、食欲缺乏、皮疹。

2．主要相互作用

（1）与地尔硫䓬合用，可增强抗心绞痛作用；

（2）与洋地黄合用，可使洋地黄的不良反应减轻、疗效增强。

3．特殊用药人群的监护

孕妇避免使用。建议哺乳期妇女用药时停止哺乳。

## 二、原发性高血压常用药

### （一）病因与临床表现

原发性高血压是以血压升高为主要临床表现伴或不伴有多种心血管危险因素的综合征，通常简称为高血压。高血压是多种心、脑血管疾病的重要病因和危险因素，影响重要脏器，最终导致这些器官的功能衰竭，迄今仍是心血管疾病死亡的主要原因之一。

【病因】

原发性高血压是遗传和环境因素相互作用的结果。除遗传因素外，肥胖、高盐摄入、饮酒、缺乏运动及社会心理等是原发性高血压重要的易患因素。

【分级及危险分层】

高血压定义为收缩压（SBP）≥140 mmHg和（或）舒张压（DBP）≥90 mmHg。高血压分级见表4-3-1。

**表4-3-1　血压水平分类和定义**

| 类别 | 收缩压(mmHg) | 舒张压(mmHg) |
|---|---|---|
| 正常血压 | <120 | <80 |
| 正常高值 | 120～139 | 80～89 |
| 高血压 | ≥140 | ≥90 |
| 1级高血压(轻度) | 140～159 | 90～99 |
| 2级高血压(中度) | 160～179 | 100～109 |
| 3级高血压(重度) | ≥180 | ≥110 |
| 单纯收缩期高血压 | ≥140 | <90 |

注：当收缩压和舒张压分属于不同分级时，以较高的级别作为标准。

高血压患者的诊断和治疗不能只根据血压水平，必须对患者进行心血管风险的评估并分层。具体见表4-3-2。

**表4-3-2　高血压危险分层**

| 其他危险因素和病史 | 血压(mmHg) | | |
|---|---|---|---|
| | 1级 | 2级 | 3级 |
| | 收缩压140～159 | 收缩压160～179 | 收缩压≥180 |
| | 或舒张压90～99 | 或舒张压100～109 | 或舒张压≥110 |
| Ⅰ无其他危险因素 | 低危 | 中危 | 高危 |
| Ⅱ1～2个危险因素 | 中危 | 中危 | 很高危 |
| Ⅲ≥3个危险因素或靶器官损害或糖尿病 | 高危 | 高危 | 很高危 |
| Ⅳ有并发症 | 很高危 | 很高危 | 很高危 |

1．CCB

分为二氢吡啶类和非二氢吡啶类，前者以硝苯地平为代表，后者有维拉帕米和地尔硫䓬。又可分为短效和长效，长效CCB包括：长半衰期药物，如氨氯地平；脂溶性膜控型药物，如拉西地平和乐卡地平；缓释或控释制剂，如非洛地平缓释片、硝苯地平控释片。

2．ACEI

降压作用主要通过抑制周围和组织的ACE，使血管紧张素Ⅱ生成减少，同时抑制激肽酶使缓激肽降解减少。

3．ARB

降血压作用主要通过阻滞组织的血管紧张素Ⅱ受体亚型AT1，更充分有效地阻断血管紧张素Ⅱ的水钠潴留、血管收缩与重构作用。

4．β受体阻滞药

有选择性（$\beta_1$）、非选择性（$\beta_1$与$\beta_2$）和兼有α受体阻滞3类。

5．利尿药

分为噻嗪类利尿药、袢利尿药、保钾利尿药。

6．肾素抑制药

为一类新型降压药，代表药为阿利吉伦。

【高血压急症的治疗】

高血压急症是指短时期内（数小时或数天）血压重度升高，舒张压>130 mmHg和（或）收缩压>200 mmHg，伴有重要器官组织如心、脑、肾、眼底、大动脉的严重功能障碍或不可逆性损害。

1．迅速降低血压

选择适宜有效的降压药物，放置静脉输液管，静脉滴注给药，同时应经常不断测量血压或无创性血压监测。如果情况允许，及早开始口服降压药治疗。

2．控制性降压

应逐步控制性降压，即开始的24 h内将血压降低20%～25%，48 h内血压不低于160/100 mmHg。

3．合理选择降压药

高血压急症的治疗要求起效迅速，短时间内达到最大作用；作用持续时间短，停药后作用消失较快；不良反应较小。硝普钠、硝酸甘油、尼卡地平和地尔硫䓬注射液相对比较理想。目前，硝普钠往往是首选的药物。

（二）钙通道阻滞药

硝苯地平

【其他名称】

心痛定、拜心同、伲福达、得高宁。

【作用与用途】

硝苯地平通过干扰钙离子内流，降低细胞内钙离子水平而发挥作用。硝苯地平是钙拮抗剂中的一种，其扩张冠状动脉和周围动脉作用最强，抑制血管痉挛效果显著，是变异型心绞痛的首选药物，临床适用于预防和治疗冠心病心绞痛，特别是变异型心绞痛和冠状动脉痉挛所致心绞痛。适用于各种类型的高血压，对顽固性、重度高血压也有较好疗效。由于能降低后负荷，对顽固性充血性心力衰竭亦有良好疗效，宜于长期服用。另外，也适用于患有呼吸道阻塞性疾病的心绞痛病人，其疗效优于β受体阻滞剂。

【用法用量】

1．口服

1次5～10 mg，每日3次。急用时可舌下含服。对慢性心力衰竭，每6小时20 mg。

2．咽部喷药

每次1.5～2 mg（约喷3～4下）。配合李氏药贴使用，效果会更好。

【药理作用】

1．选择性抑制心肌细胞膜的钙内流，阻断心肌细胞兴奋-收缩耦联，减弱心肌收缩力减少心肌能量及氧的消耗，通过防止钙超负荷直接保护心肌细胞。

2．抑制血管、支气管和子宫平滑肌的兴奋-收缩耦联，扩张全身血管（包括肺、肝、肾、脑、股及肠系膜动脉）和冠脉。其扩张血管平滑肌的机制较复杂：

（1）阻止钙内流；

（2）阻碍细胞壁内钙的释放；

（3）阻断血管膜上α-肾上腺能受体；

（4）抑制磷酸二酯酶的活性；

（5）与钙调节素相作用；

（6）激活$Na^+$、$K^+$-ATP酶；

（7）激活钙离子泵。

3．硝苯地平在浓度50 μg/mL时能抑制ADP和胶原诱导的人血小板聚集。

【注意事项】

1．硝苯地平的血管扩张作用会导致血压的明显下降。下列患者慎用：低血压患者、心力衰竭患者、需要调整糖尿病治疗的糖尿病患者、接受透析治疗的恶性高血压患者和不可逆肾衰竭患者。

2．因为硝苯地平无β肾上腺受体阻滞的活性，因此不能防止以前服用的任何β受体阻滞剂突然停药的反跳危险，因此，对需停用β受体阻滞剂的患者应逐渐减量，最好不少于8～10天，以免发生反跳。

3. 已有少数报道关于病人在服药30分钟内出现由于心肌缺血导致的心绞痛。

4. 绝大多数患者服用硝苯地平后仅有轻度低血压反应，个别患者出现严重的低血压症状。这种反应常发生在剂量调整期或加量时，特别是合用受体阻滞剂时。在此期间需监测血压，尤其合用其他降压药时。

5. 极少数患者，特别是严重冠脉狭窄患者，在服用硝苯地平或加量期间，降压后出现反射性交感兴奋而心率加快，心绞痛或心肌梗死的发生率增加。可用利尿剂治疗。对于伴充血性心力衰竭的患者，需分辨水肿是否由于左室功能进一步恶化所致。

6. 应用本品时偶可有碱性磷酸酶、肌酸磷酸激酶、乳酸脱氢酶、门冬氨酸氨基转移酶和丙氨酸氨基转移酶升高，一般无临床症状，但曾有报道胆汁淤积和黄疸；血小板聚集度降低，出血时间延长；直接Coomb实验阳性伴/不伴溶血性贫血。

7. 10%的患者发生轻中度外周水肿，与动脉扩张有关。水肿多初发于下肢末端。

【禁忌症】

对该药或其他钙通道阻滞药过敏者、严重主动脉瓣狭窄患者、低血压患者、心源性休克患者、哺乳期妇女。

【安全用药监护】

不良反应及主要处理方法

常见面部潮红、心悸、心动过速、踝部水肿、头痛、低血压、恶心、皮肤反应；较少见呼吸困难、咳嗽；罕见胸痛、昏厥、胆石症、过敏性肝炎。踝部水肿停药后可消失，引起皮肤持续反应时应停药。

氨氯地平

【其他名称】

络活喜、苯磺酸氨氯地平、兰迪、美西宁。

【药物动力学】

氨氯地平为二氢吡啶类衍生物，具高度水溶性。分子结构与硝苯地平相似，但存在两点不同。即单个氯原子取代硝基，并在二氢吡啶环侧链上具有一碱性氨基，使氨氯地平在生理值时，90%以上呈离子化形式。该药口服吸收缓慢而完全，6～12小时达血药浓度峰值，生物利用度为60%～65%。其片剂在空腹与饭后嚼用对生物利用度均无影响，氨氯地平分布容积大（21 L/kg），血浆蛋白结合率为92%～98%，连续服用7个单剂量达到稳定血药浓度。与其他钙拮抗剂相比，氨氯地平半衰期相对较长，1次/天服用即可。氨氯地平主要由肝脏代谢灭活，代谢过程主要是二氢吡啶环的氧化。75%的代谢产物由肾脏排出，5%以原形从尿中排出，所有代谢产物均无明显的钙拮抗剂作用。肝功能不全的病人，其半衰期可延长到60 h，故要减少药物剂量；肾功能不全的病人，其药物动力学无明显改变，不需减少剂量。据国外研究报道，（S）-氨氯地平比（R）-氨氯地平更活泼，S型药理作用明显高于不活泼的R型。

【药效学】

氨氯地平是DHP类钙拮抗剂，能阻滞心脏和血管平滑肌细胞外的钙离子经细胞膜钙通道进入细胞，导致心肌及血管平滑肌松弛，并能抑制交感神经末梢释放去甲肾上腺素，使血浆儿茶酚胺下降，从而导致小动脉松弛和扩张。它主要作用于周围血管，也作用于冠状动脉和肾动脉。该药与受体部位作用缓慢，血管扩张作用平稳，与其他钙拮抗剂比较，明显减少了由于血管扩张引起的头痛、头胀、面红等不良反应。氨氯地平对心脏传导系统和心肌收缩力均无明显的抑制作用，可降低心脏负荷、逆转心室肥厚，并对血糖、血脂及血清电解质无不良影响。研究表明，氨氯地平可抑制低密度脂蛋白受体表达，延缓动脉粥样硬化，减少胆固醇在动脉壁的沉积，还可抑制血小板凝聚。

【适应症】

本品适用于治疗原发性高血压，单独应用或与其他抗高血压药物合用；治疗慢性稳定性心绞痛及变异性心绞痛，单独应用或与其他抗高血压药物合用；治疗经血管造影证实的冠心病，口服，起始剂量每次5 mg，每日1次，以后根据需要可逐渐增至每日10 mg。老年人及肾功能减退者或合并应用其他降压药或抗心绞痛药时不必调整剂量。但初始剂量应在2.5 mg，每日一次；此剂量也可作为原使用其他降压药物治疗时需加用本品的治疗剂量。应根据个体反应调整剂量，一般的剂量调整应在7～14天进行。如临床需要，在对患者进行严密检测的情况下，可于短时间内开始剂量调整。

【不良反应】

较常见头痛、水肿、疲劳、失眠、恶心、腹痛、面红、心悸和头晕；少见瘙痒、皮疹、呼吸困难、无力、肌肉痉挛和消化不良。极少有心肌梗死和胸痛的报道。

非洛地平

【其他名称】

波依定、费乐地平、康宝得维。

【临床应用】

1. 用于轻、中度原发性高血压的治疗，可单用或与其他抗高血压药联合使用。

2. 也用于治疗缺血性心脏病、心力衰竭及心绞痛。

【药理】

1. 药效学

本药为二氢吡啶类钙通道阻滞药，对血管有较高的选择性，具有良好的扩张动脉、降低血压的作用，对静脉平滑肌和肾上腺素能血管张力调节无影响。其扩张小动脉的作用主要是通过抑制跨膜钙内流，另外还可抑制细胞内储存钙释放。本药尚具有轻度排钠、利尿作用，对肾血流量可轻度增加或无影响，对肾小球滤过率、肌酐清除率无影响。短期和长期治疗不影响电解质。对血糖、血脂代谢无影响。与其他二氢吡啶类钙通道阻滞药相比，本药对心肌收缩力的负性作用较弱。用药开始时有反射性心率加快，但持续应用心率可趋于正常；长期给药时，心率每分钟可能增加5～10次。

2. 药动学

口服速释剂治疗高血压的起效时间为1小时，最大效应时间为2～4小时，单次口服作用持续6～9小时，多次给药持续12～14小时。缓释剂起效时间为2～5小时，多次给药持续24小时。治疗性血药浓度为4～6 mmol/L。剂量在20 mg内，曲线下面积（AUC）随剂量增大呈线性增加。口服生物利用度为20%，进食对吸收有一定影响，对不同制剂的影响不同。蛋白结合率大于99%。分布容积为10 L/kg，肝功能障碍患者的分布容积为5.6 L/kg。本药主要在肝脏经细胞色素P450酶系统代谢，在肠壁代谢少量，代谢产物为嘧啶类似物，无明显扩血管活性。半衰期为10～16小时，肾功能不全患者为21小时。本药主要经肾脏排泄，肾脏清除率为155 mL/(min·kg)，总体清除率为823 mL/min。口服后大约70%经尿液排出，10%由粪便排出，是否经乳汁排泄尚不清楚，不能通过血液透析清除。

【注意事项】

1. 禁忌症

（1）对本药或其他钙通道阻滞药过敏者。

（2）严重低血压患者。

（3）主动脉狭窄患者。

（4）孕妇。

2. 慎用

（1）心绞痛患者（在开始用药或增加用量时可能出现心绞痛加重，因此应谨慎）。

（2）充血性心力衰竭（尤其是在使用β受体阻滞药的患者应慎用）。

（3）低血压患者。

（4）肝功能不全者。

（5）胃肠动力增强或胃肠道梗阻患者慎用缓释剂型。

3. 药物对儿童的影响

儿童应用的安全性研究较少。

4. 药物对妊娠的影响

本药在孕妇中尚无足够的对照研究，鉴于动物试验发现大剂量可致畸，故孕妇禁用。美国药品和食品管理局（FDA）对本药的妊娠安全性分级为C级。

5. 药物对哺乳的影响

本药是否经乳汁排泄尚不清楚，由于可能对婴儿产生不利影响，故服药期间不推荐母乳喂养。

【不良反应】

1. 可因动脉扩张而引起头痛、面红、心悸、头昏、疲乏及水肿等，大多数反应与剂量相关。

2．有牙龈炎或牙周炎的患者，可能会引起轻度的牙龈肿胀。

3．少数患者可出现皮疹、瘙痒。

4．极少数患者可能会出现显著的低血压伴心动过速，易感个体可能会发生心肌缺氧。

拉西地平

【其他名称】

倍他能、乐息平、司乐平。

【临床应用】

用于治疗高血压，可单用或与其他降压药合用。

【药理】

1．药效学

本药为1，4-二氢吡啶类钙通道阻滞药，化学结构与硝苯地平相似。体外实验显示，本药浓度仅在高于拮抗钙离子引起血管平滑肌收缩浓度的100倍时，才表现出对心脏的负性肌力作用。本药对窦房结和房室传导无明显影响。本药可引起外周血管阻力明显下降，伴有心搏出量轻度增加、反射性心率增快和心排血量增加。还可引起肺动脉有效血流量和搏出指数增加，动静脉血氧分压差减小，而对呼吸功能实验无影响，提示本药可用于慢性阻塞性肺疾病和高血压的患者，还可用于治疗肺动脉高压。与其他钙通道阻滞药相同，本药可以减少轻度高血压伴左室肥厚患者的左心室重量。本药的药理作用比硝苯地平、尼群地平和氨氯地平更强，对血管舒张作用选择性更强。

2．药动学

口服本药治疗高血压的起效时间为2小时，5小时达峰值效应。单次口服作用约持续12～24小时。临床研究中，一日1次给药并不总能有效控制24小时血压，部分患者需要一日2次。口服后在胃肠道吸收迅速但不完全，绝对生物利用度约3%～52%，约95%与血浆蛋白结合。分布容积为1～2 L/kg。半衰期为7～8小时。经肝脏代谢，代谢物的73%～95%随粪便排出，其余随尿液排出。

【注意事项】

1．禁忌症

（1）严重主动脉狭窄患者（国外资料）。

（2）对本药或其他钙通道阻滞药过敏者（国外资料）。

2．慎用

（1）心绞痛患者（在开始使用或增加用量时可能出现心绞痛加重，应谨慎）。

（2）慢性肾功能不全患者。

（3）充血性心力衰竭患者。

（4）胃肠动力增强或胃肠道梗阻时慎用缓释制剂。（以上均为国外资料）

3．药物对儿童的影响

目前尚无儿童用药经验。

4．药物对妊娠的影响

动物实验显示无致畸作用，尚无资料证实孕妇用药的安全性。孕妇应用须权衡利弊。另外，本药有可能引起子宫肌肉松弛，临产妇女应慎重考虑。

5．药物对哺乳的影响

本药及其代谢物可经乳汁排泌，用药期间宜暂停哺乳。

【不良反应】

1．心血管系统

二氢吡啶类钙通道阻滞药可产生明显的外周反应，如踝部水肿、潮红、反射性心动过速或心悸。这些外周效应与用量大小有关，一般是一过性的，继续用药可自行消失。对窦房结和房室结功能一般无影响，但也有引起PR间期延长或束支阻滞的报道。偶见外周缺血、心绞痛加重、晕厥和直立性低血压（在开始治疗以及合用β肾上腺素受体阻滞药时应谨慎）。本药的心血管不良反应与其他二氢吡啶类钙通道阻滞药相似，常见外周水肿（发生率为7%～12%）和心悸（发生率为3%～5%）。有研究表明本药引起外周水肿的发生率低于缓释硝苯地平和其他钙通道阻滞药，但这一结果尚需进一步证实。心绞痛患者使用本药偶可引起心肌缺血，其发生率与其他钙通道阻滞药相似。罕见急性心肌梗死。

2．中枢神经系统

常见头痛，发生率约7%～18%。还可引起头晕、疲劳、不适或感觉异常。大多数中枢神经系统不良反应出现在开始治疗时，随治疗的继续逐渐减轻。

3．代谢/内分泌系统

钙通道阻滞药治疗高血压时很少引起血清电解质或脂质水平的改变，对正常人或糖尿病患者的胰岛素敏感性和血糖控制无影响。研究证明，本药对血清脂质无明显影响。

4．胃肠道

研究表明，本药引起胃肠紊乱或腹痛常见，但发生率低于4%。此外，同其他钙通道阻滞药一样，本药也可引起齿龈增生。

5．泌尿生殖系统

许多钙通道阻滞药可引起多尿、尿频、夜尿和遗尿，极少数严重者需要停药。研究报道，本药引起多尿和（或）尿频的发生率不到2%。此外，也有引起阳痿的报道。肾功能不全者可引发肾病综合征或使原有肾病综合征恶化。

6．肝脏

偶可引起肝功能测试一过性升高，特别是碱性磷酸酶升高。目前尚无发生严重肝脏毒性反应的报道。

7．眼

偶见视觉异常、眼痛、结膜炎、复视、眼干或视力调节障碍。

8．呼吸系统

钙通道阻滞药治疗可引起呼吸困难和咳嗽。但目前尚未发现本药对肺部有不良影响，据报道，患有高血压伴慢性阻塞性肺疾病或哮喘的患者使用本药是安全的。

9．皮肤

几乎所有钙通道阻滞药均可引起面部潮红，发生率随用量增加而增加。本药治疗出现面部潮红的患者多达10%。皮疹亦常见，发生率约3%。

10．肌肉骨骼系统

许多钙通道阻滞药可引起不同部位的肌肉疼痛和抽搐。老年患者偶可引起手足搐搦。本药治疗引起肌肉痉挛的发生率低于1%。

11．其他

（1）致癌性

据报道，用药期间有2例患者并发肿瘤（1例胆囊癌，另1例为肾癌），提示与本药有潜在关系。

（2）耳毒性

钙通道阻滞药治疗可引起耳鸣。

【药物相互作用】

1．胺碘酮与钙通道阻滞药联用可进一步减慢窦性心率，加重房室传导阻滞。因此窦性心动过缓或存在房室传导阻滞的患者应避免本药与胺碘酮合用。

2．与β肾上腺素受体阻滞药合用耐受良好，对治疗心绞痛与高血压有利。但在左室功能不全、心律失常或主动脉瓣狭窄的患者联用β肾上腺素受体阻滞药与二氢吡啶类钙通道阻滞药容易引起明显低血压和心脏抑制。如联用本药与β肾上腺素受体阻滞药，应仔细监测心功能，特别是有潜在心力衰竭的患者。

3．西咪替丁可升高本药的血药浓度。

4．地拉费定可抑制本药由细胞色素P450 3A4介导的代谢，使本药的血药浓度升高，毒性增强。

5．奎奴普汀/达福普汀是细胞色素P450 3A4酶抑制药，可升高本药的血药浓度。如合用，应监测不良反应，必要时减少用量。

6．虽然目前尚未报道本药与沙奎那韦发生相互作用，但沙奎那韦对肝脏细胞色素P450 3A4酶有抑制作用，因此可能减少本药的代谢，使本药的血药浓度升高，毒性增强。

7．在使用芬太尼麻醉时，合用钙通道阻滞药（如本药）与β肾上腺素受体阻滞药可引起严重低血压，故建议在术前36小时停用本药，或在估计相互作用可能发生时补充液体。

8．钙通道阻滞药可增加非甾体类抗炎药或口服抗凝药引起胃肠出血的可能性，合用时应密切监测胃肠出血征象。

9．虽然目前尚未报道与利福平发生相互作用，但利福平可诱导肝脏细胞色素P450酶系统，因此可能使本药的血药浓度降低，疗效下降。

10．麻黄是含有麻黄碱和伪麻黄碱的天然药物，可降低抗高血压药疗效。使用本药治疗的高血压患者应避免服用含麻黄制剂。

【给药说明】

1．用量调整应间隔3～4周。

2．过量可引起低血压、心动过速，此时需补液及使用升压药。

【用法与用量】

1.成人·常规剂量

口服给药

起始剂量为一次4 mg，一日1次，在早晨服药较好。必要时可增至一次6 mg，一日1次。本药主要经肝脏代谢，肾功能不全时无须调整用量，但用药仍需谨慎。肝功能不全时开始剂量为一次2 mg，一日1次。

2．老年人剂量

开始剂量为一次2 mg，一日1次。必要时可增至4～6 mg，一日1次。可长期连续用药。

尼卡地平

【其他名称】

贝尔平、佩尔、硝苯苄胺啶。

【作用与用途】

用于治疗高血压、稳定型心绞痛，注射液用于高血压急症和手术时异常高血压的短期急救处理。

【用法用量】

1.口服给药

（1）高血压

起始剂量为1次20 mg，每日3次，可随反应调整剂量至1次40 mg，每日3次。缓释制剂，推荐剂量为1次20～40 mg，每日2次，整片吞服，不可嚼碎。

（2）心绞痛

参见“高血压”。

2．静脉滴注

（1）手术时异常高血压的急救处理

开始以2～10 μg/(kg·min)的速度静脉滴注；同时监测血压并调整滴速。如有必要迅速降低血压时，可按10～30 g/kg的剂量静脉给药。

（2）高血压急症

开始以0.5 μg/(kg·min)的速度静脉滴注。一般剂量为0.5～6 μg/(kg·min)。

【药动学】

连续口服给药的$T_{1/2}$约为7.6 h。主要经肝广泛代谢，仅21%的代谢物随尿液排出。

【禁忌症】

对该药或其他钙通道阻滞药过敏者、重度主动脉瓣狭窄者、颅内出血尚未完全止血者、脑卒中急性期颅内压增高者。

【安全用药监护】

1．不良反应

常见足踝部水肿、头晕、头痛、面部潮红；另见心悸、心动过速、乏力、失眠、恶心、呕吐、便秘、腹泻、腹痛、食欲缺乏、皮疹、尿频、粒细胞减少、抑郁、阳痿。

2．主要相互作用

参见硝苯地平。

3．特殊用药人群的监护

（1）肝功能不全患者，推荐普通胶囊的开始剂量为1次20 mg，每日2次。老年患者应从每分钟0.5 μg/kg开始静脉滴注该药。

（2）孕妇应慎用。哺乳期妇女最好避免使用。

4．药品过量处置

静脉补液，维持有效血容量，严重者可给升压药。

5．实验室检查

用药前后及用药时应当检查监测心电图。

维拉帕米

见本章第四节相关内容。

地尔硫䓬

【其他名称】

合心爽、合贝爽、硫氮唑酮。

【功能与主治】

室上性心动过速；手术时异常高血压的急救处置；高血压急症；不稳定心绞痛。

【不良反应】

常见不良反应为：心动过缓（1.1%）；低血压（0.7%）；Ⅰ度房室传导阻滞（0.4%）；Ⅱ度房室传导阻滞（0.3%）；房室交界性心律失常（0.3%）等。

【注意事项】

1．用于治疗室上性心动过速，须心电图监测。

2．肝、肾功能不全患者如需应用，剂量应特别谨慎。

3．本品在肝内代谢，由肾和胆汁排泄，长期给药应定期实验室监测。

4．皮肤反应可为暂时的，继续用可以消失，但皮疹进展可发展到多形红斑和（或）剥脱性皮炎，如皮肤反应持续应停药。

【药理毒理】

药理：

通过作用于冠脉血管及末梢血管的血管平滑肌及房室结，抑制$Ca^{2+}$向细胞内流入，而显示血管扩张作用及延长房室结传导时间的作用，从而对高血压、心律不齐、心绞痛有效。

1．对血压的作用

（1）麻醉下及无麻醉下均能降低高血压，但麻醉下比无麻醉下作用强，并且对于比正常血压高的血压具有更强的降压作用（大鼠）。

（2）降压的同时减少末梢血管阻力及心肌耗氧量，增加心输出量（狗）。

（3）不减少脑、冠脉、肾的血流量的同时，降低血压并显示钠利尿作用（狗、猴）。

2．对心律不齐的作用

（1）延长房室结的传导时间、有效不应期及功能不应期，对室上性快速心律不齐显示效果（狗）。

（2）抑制心房电刺激引起的室上性快速心律不齐（兔）。

3．对心肌缺血的作用

（1）改善心肌氧的供需平衡

①扩张冠状动脉主干及侧支，增加心肌缺血部位血流（狗）。

②抑制冠状动脉痉挛（猪、人）。

（2）心肌保护作用

心肌缺血时，抑制$Ca^{2+}$过多流入细胞内，保持心功能、心肌能量代谢，缩小梗死灶（狗、猫）。

毒理：

盐酸地尔硫䓬给予小鼠口服，其$LD_{50}$为640～740 mg/kg；静脉注射$LD_{50}$为58～61 mg/kg。大鼠口服，其$LD_{50}$为585 mg/kg；静脉注射$LD_{50}$为58～61 mg/kg。在生殖毒性试验中，给小鼠、大鼠和兔口服大于人剂量5～10倍以上的地尔硫䓬，可见胚胎和胎仔死亡。在某些研究中，有报告这些剂量可致骨骼异常，在围产期及产后的研究中，早期见个别幼仔体重减低存活率降低，发现给予人口服剂量20倍，死胎发生率增加。本品致突试验为阴性。

【禁忌事项】

1．对药物中任一成分过敏者。

2．妊娠或可能妊娠的妇女。

【药物相互作用】

同时用对心脏收缩和（或）传导有影响药物，由于可能有协同作用，应用本品须谨慎和仔细确定所用剂量。在体内由P450细胞色素氧化酶生物转化，同时用本品和经同一生物转化途径的其他药物可导致代谢的竞争抑制，故多种药物治疗时应谨慎。在开始或停止同时使用时，对相同代谢药物剂量特别是治疗指数低的药或有肝肾功能受损患者，须加以调整以维持合理的血药浓度。

1．β受体阻滞药可能影响心脏传导，尤其在病窦综合征或有房室传导阻滞者，在左室功能受损者可影响心室功能，与本品同用均有协同作用，并且对心脏负性肌力作用也相加。例如普萘洛尔可增加本品生物利用度近50%，因而需调整普萘洛尔剂量。

2．西咪替丁由于抑制P450细胞色素而使本品血药浓度药时曲线下面积增加，因而需调整本品的剂量。雷尼替丁虽可使本品血药浓度升高，但不明显。

3．与洋地黄同用时，对心脏传导阻滞有协同作用，因此联合应用时应谨慎。例如本品可使地高辛血药浓度增加20%，但也有并不影响的报道，虽然结果矛盾，但在开始调整和停止本品治疗时，应监测地高辛血药浓度，以免洋地黄过量或不足。

4．麻醉药对心肌收缩、传导、自律性都有抑制并有血管扩张作用，且与钙通道阻滞剂有协同作用，因此，此两种药同时应用时，须仔细确定剂量。

（三）β受体阻滞药

普萘洛尔

【其他名称】

普乐欣、心得安。

【功效主治】

1．作为二级预防，降低心肌梗死死亡率。

2．高血压（单独或与其他抗高血压药合用）。

3．劳力型心绞痛。

4．控制室上性快速心律失常、室性心律失常，特别是与儿茶酚胺有关或洋地黄引起心律失常。可用于洋地黄疗效不佳的房扑、房颤心室率的控制，也可用于顽固性期前收缩，改善患者的症状。

5．减低肥厚型心肌病流出道压差，减轻心绞痛、心悸与昏厥等症状。

6．配合α受体阻滞剂用于嗜铬细胞瘤病人控制心动过速。

7．用于控制甲状腺功能亢进症的心率过快，也可用于治疗甲状腺危象。

【化学成分】

本品主要成分为盐酸普萘洛尔，其化学名称为异丙氨基萘氧基丙醇盐酸盐。

【药理作用】

1．普萘洛尔为非选择性竞争抑制肾上腺素β受体阻滞剂。阻断心脏上的$\beta_1$、$\beta_2$受体，拮抗交感神经兴奋和儿茶酚胺作用，降低心脏的收缩力与收缩速度，同时抑制血管平滑肌收缩，降低心肌耗氧量，使缺血心肌的氧供需关系在低水平上恢复平衡，可用于治疗心绞痛。

2．抑制心脏起搏点电位的肾上腺素能兴奋，用于治疗心律失常。本品亦可通过中枢、肾上腺素能神经元阻滞、抑制肾素释放以及心排出量降低等作用，用于治疗高血压。

3．竞争性拮抗异丙肾上腺素和去甲肾上腺素的作用，阻断$\beta_2$受体，降低血浆肾素活性。可致支气管痉挛。抑制胰岛素分泌，使血糖升高，掩盖低血糖症状，延迟低血糖的恢复。

4．有明显的抗血小板聚集作用，这主要与药物的膜稳定作用及抑制血小板膜$Ca^{2+}$转运有关。

【药物相互作用】

1．与抗高血压药物相互作用：本品与利血平合用，可导致体位性低血压、心动过缓、头晕、晕厥。与单胺氧化酶抑制剂合用，可致极度低血压。

2．与洋地黄合用，可发生房室传导阻滞而使心率减慢，需严密观察。

3．与钙拮抗剂合用，特别是静脉注射维拉帕米，要十分警惕本品对心肌和传导系统的抑制。

4．与肾上腺素、去甲肾上腺素或拟交感胺类药物合用，可引起显著高血压、心率过慢，也可出现房室传导阻滞。

5．与异丙肾上腺素或黄嘌呤合用，可使后者疗效减弱。

6. 与氟哌啶醇合用，可导致低血压及心脏停搏。

7. 与氢氧化铝凝胶合用可降低普萘洛尔的肠吸收。

8. 酒精可减缓本品吸收速率。

9. 与苯妥英、苯巴比妥和利福平合用可加速本品清除。

10. 与氯丙嗪合用可增加两者的血药浓度。

11. 与安替比林、茶碱类药物和利多卡因合用可降低本品清除率。

12. 与甲状腺素合用导致$T_3$浓度的降低。

13. 与西咪替丁合用可降低本品肝代谢，延缓消除，增加普萘洛尔血药浓度。

14. 可影响血糖水平，故与降糖药同用时，需调整后者的剂量。

【不良反应】

应用本品可出现眩晕、神志模糊（尤见于老年人）、精神抑郁、反应迟钝等中枢神经系统不良反应；头晕（低血压所致）；心率过慢（<50次/分钟）。较少见的有支气管痉挛及呼吸困难、充血性心力衰竭；更少见的有发热和咽痛（粒细胞缺乏）、皮疹（过敏反应）、出血倾向（血小板减小）；不良反应持续存在时，须格外警惕雷诺氏征样四肢冰冷、腹泻、倦怠、眼口或皮肤干燥、恶心、指趾麻木、异常疲乏等。

【禁忌症】

1. 支气管哮喘。

2. 心源性休克。

3. 心脏传导阻滞（Ⅱ～Ⅲ度房室传导阻滞）。

4. 重度或急性心力衰竭。

5. 窦性心动过缓。

【产品规格】

10 mg

【用法用量】

1. 治疗高血压

口服，初始剂量10 mg，每日3～4次，可单独使用或与利尿剂合用。剂量应逐渐增加,日最大剂量200 mg。

2. 治疗心绞痛

开始时5～10 mg，每日3～4次；每3日可增加10～20 mg，可渐增至每日200 mg，分次服。

3. 治疗心律失常

每日10～30 mg，日服3～4次。饭前、睡前服用。

4. 治疗心肌梗死

每日30～240 mg，日服2～3次。

5. 治疗肥厚型心肌病

10～20 mg，每日3～4次。按需要及耐受程度调整剂量。

6. 治疗嗜铬细胞瘤

10～20 mg，每日3～4次。术前用三天，一般应先用受体阻滞剂，待药效稳定后加用普萘洛尔。

【贮藏方法】

密封保存。

【注意事项】

1. 本品口服可空腹或与食物共进，后者可延缓肝内代谢，提高生物利用度。

2. 受体阻滞剂的耐受量个体差异大，用量必须个体化。首次用本品时需从小剂量开始，逐渐增加剂量并密切观察反应以免发生意外。

3. 注意本品血药浓度不能完全预示药理效应，故还应根据心率及血压等临床征象指导临床用药。

4. 冠心病患者使用本品不宜骤停，否则可出现心绞痛、心肌梗死或室性心动过速。

5. 甲亢病人用本品也不可骤停，否则使甲亢症状加重。

6. 长期用本品者撤药须逐渐递减剂量，至少经过3天，一般为2周。

7. 长期应用本品可在少数病人出现心力衰竭，倘若出现，可用洋地黄甙类药和（或）利尿剂纠正，并逐渐递减剂量，最后停用。

8．本品可引起糖尿病患者血糖降低，但非糖尿病患者无降糖作用，故糖尿病患者应定期检查血糖。

9．服用本品期间应定期检查血常规、血压、心功能、肝肾功能等。

10．对诊断的干扰：服用本品时，测定血尿素氮、脂蛋白、肌酐、钾、甘油三酯、尿酸等都有可能提高，而血糖降低。但糖尿病患者有时血糖会增高。肾功能不全者本品的代谢产物可蓄积于血中，干扰测定血清胆红素的重氮反应，出现假阳性。

11．下列情况慎用本品：过敏史、充血性心力衰竭、糖尿病、肺气肿或非过敏性支气管哮喘、肝功能不全、甲状腺功能低下、雷诺综合征或其他周围血管疾病、肾功能衰退等。

阿替洛尔

【其他名称】

阿坦洛尔、氨酰心安。

【功效主治】

主要用于治疗高血压、心绞痛、心肌梗死，也可用于治疗心律失常、甲状腺功能亢进、嗜铬细胞瘤。

【化学成分】

本品化学名称为：4-{3-[（1-甲基乙基）氨基-2-羟基]丙氧基}苯乙酰胺

【药理作用】

本品为选择性β肾上腺素受体阻滞剂，不具有膜稳定作用和内源性拟交感活性，但不抑制异丙肾上腺素的支气管扩张作用。其降血压与减少心肌耗氧量的机制与普萘洛尔相同。大规模临床实验证实，阿替洛尔可减少急性心肌梗死0～7天的死亡率。治疗剂量对心肌收缩力无明显抑制。

【药物相互作用】

与其他抗高血压药物及利尿剂并用，能加强其降压效果。使用Ⅰ类抗心律失常药、异搏定、麻醉剂要特别谨慎。β受体阻滞剂会加剧停用氯压定引起的高血压反跳，如两药联合使用，本药应在停用氯压定前几天停用，如果用本药取代氯压定，应在停止服用氯压定数天后才开始β受体阻滞剂的疗程。

【不良反应】

在心肌梗死病人中，最常见的不良反应为低血压和心动过缓；其他反应可有头晕、四肢冰冷、疲劳、乏力、肠胃不适、精神抑郁、脱发、血小板减少症、牛皮癣样皮肤反应、牛皮癣恶化、皮疹及干眼等。罕见引起敏感病人的心脏传导阻滞。

【禁忌症】

1．Ⅱ～Ⅲ度心脏传导阻滞。

2．心源性休克者。

3．病窦综合征及严重窦性心动过缓。

【产品规格】

25 mg

【贮藏方法】

密封保存。

【注意事项】

本品的临床效应与血药浓度可不完全平行，剂量调节以临床效应为准；肾功能损害时剂量须减少；有心力衰竭症状的患者用本品时，若与洋地黄或利尿药合用，如心力衰竭症状仍存在，应逐渐减量使用；本品的停药过程至少3天，常可达2周，如有撤药症状，如心绞痛发作，则暂时再给药，待稳定后渐停用；与饮食共进不影响其生物利用度；本品可改变因血糖降低而引起的心动过速；患有慢性阻塞性肺部疾病的高血压病人慎用；本药可使末梢动脉血循环失调，病人可能对用于治疗过敏反应常规剂量的肾上腺素无反应。

【作用与用途】

本品为心脏选择性β受体阻断药，无内源性拟交感活性。用于治疗高血压、心绞痛、心肌梗死、心律失常、甲状腺功能亢进症、嗜铬细胞瘤，滴眼液用于治疗青光眼。

【用法用量】

口服：

（1）一般用量

开始1次6.25～12.5 mg，每日2次，按需要及耐受量渐增至每日50～200 mg。

（2）治疗心绞痛

1次12.5～25 mg，每日2次，可渐增至每日总量150～200 mg。

（3）治疗高血压

1次25 mg，每日1～2次，可渐增至每日总量100 mg。

【药动学】

口服吸收快，血浆蛋白结合率6%～16%。2～4 h达峰浓度，小量可通过血-脑屏障。$T_{1/2}$为6～7 h，主要以原形自尿排出。血液透析可予清除。

美托洛尔

【其他名称】

倍他乐克、富马酸美托洛尔、琥珀酸美托洛尔。

【药理毒理】

1. 药理

本药属于2A类即无部分激动活性的β受体阻断药（心脏选择性β受体阻断药）。它对β受体有选择性阻断作用，无PAA（部分激动活性），无膜稳定作用。其阻断β受体的作用约与普萘洛尔（PP）相等，对β受体的选择性稍逊于阿替洛尔。美托洛尔对心脏的作用如减慢心率、抑制心收缩力、降低自律性和延缓房室传导时间等与普萘洛尔、阿替洛尔（AT）相似，其降低运动试验时升高的血压和心率的作用也与PP、AT相似。其对血管和支气管平滑肌的收缩作用较PP为弱，因此对呼吸道的影响也较小，但仍强于AT。美托洛尔也能降低血浆肾素活性。

2. 毒理

本品无致突变作用；对胎儿无影响。大鼠服用本品800 mg/d，共2年未发现良性及恶性赘生物。

【药代动力学】

口服吸收迅速完全，吸收率大于90%，但肝脏代谢率达95%，首过效应为25%～60%，故生物利用度仅为40%～75%。食物可增加口服本品的血药浓度达空腹时的1倍。口服血浆浓度高峰时间一般在1.5小时，最大作用时间为1～2小时。血压的降低与血药浓度不平行，而心率的降低则与血药浓度呈直线关系。血浆蛋白结合率约12%，可透过血脑屏障和胎盘，美托洛尔口服200 mg/d，脑中浓度为1.5 μg/g。也可从乳汁分泌。主要在肝脏中被代谢为羟基美托洛尔，其在体内的代谢受遗传因素的影响。快代谢型者的半衰期（$t_{1/2}$）为3～4小时；慢代谢型者的半衰期（$t_{1/2}$）可达7.55小时。血浆高峰浓度的个体差异可达20倍。肾功能不全时无明显改变。在肝内代谢，经肾排泄，尿内以代谢物为主，仅少量5%为原形物。不能经透析排出。

【适应症】

用于治疗高血压、心绞痛、心肌梗死、肥厚型心肌病、主动脉夹层、心律失常、甲状腺功能亢进、心脏神经官能症等。近年来尚用于心力衰竭的治疗，此时应在有经验的医师指导下使用。

【用法用量】

治疗高血压100～200 mg/次，一日2次，在血流动力学稳定后立即使用。急性心肌梗死主张在早期，即最初的几小时内使用，因为即刻使用在未能溶栓的患者中可减小梗死范围、降低短期（15天）死亡率（此作用在用药后24小时即出现）。在已经溶栓的患者中可降低再梗死率与再缺血率，若在2小时内用药还可以降低死亡率。

【不良反应】

1. 心血管系统

心率减慢、传导阻滞、血压降低、心衰加重、外周血管痉挛导致的四肢冰冷或脉搏不能触及、雷诺现象。

2. 中枢神经系统

本品因脂溶性及较易透入中枢神经系统，故该系统的不良反应较多。疲乏和眩晕占10%，抑郁占5%，其他有头痛、多梦、失眠等。偶见幻觉。

3. 消化系统

恶心、胃痛、便秘、腹泻，但不严重，很少影响用药。

4．其他

气急、关节痛、瘙痒、腹膜后腔纤维变性、耳聋、眼痛等。

【禁忌症】

低血压、显著心动过缓（心率<45/分钟）、心源性休克、重度或急性心力衰竭、末梢循环灌注不良、Ⅱ度或Ⅲ度房室传导阻滞、病态窦房结综合征、严重的周围血管疾病。

【注意事项】

1．普萘洛尔能延缓使用胰岛素后血糖水平的恢复，但选择性β受体阻滞药的这一不良反应较小。须注意用胰岛素的糖尿病病人在加用β受体阻滞剂时，其β受体阻滞作用往往会掩盖低血糖的症状如心悸等，从而延误低血糖的及时发现。但在治疗过程中选择性β受体阻断药干扰糖代谢或掩盖低血糖的危险性要小于非选择性β受体阻断药。

2．长期使用本品时如欲中断治疗，须逐渐减少剂量，一般于7～10天内撤除，至少也要经过3天。尤其是冠心病患者骤然停药可致病情恶化，出现心绞痛、心肌梗死或室性心动过速。

3．大手术之前是否停用β阻滞剂意见尚不一致，β受体阻滞后心脏对反射性交感兴奋的反应降低使全麻和手术的危险性增加，但可用多巴酚丁胺或异丙基肾上腺素逆转。尽管如此，对于要进行全身麻醉的患者最好停止使用本药，如有可能应在麻醉前48小时停用。

4．用于嗜铬细胞瘤时应先行使用α受体阻断药。

5．低血压、心脏或肝脏功能不全时慎用。

6．慢性阻塞性肺部疾病与支气管哮喘患者应慎用美托洛尔，如需使用以小剂量为宜，且剂量一般应小于同等效力的阿替洛尔。对支气管哮喘的患者应同时加用$β_2$受体激动剂，剂量可按美托洛尔的使用剂量调整。

7．对心脏功能失代偿的患者应在使用洋地黄和（或）利尿剂治疗的基础上使用美托洛尔，具体用法参见“用法用量”。

8．不宜与维拉帕米同时使用，以免引起心动过缓、低血压和心脏停搏。

9．在治疗1型糖尿病时须小心观察。

【孕妇及哺乳期妇女用药】

妊娠期使用β受体阻滞剂可引起各种胎儿问题，包括胎儿发育迟缓。β受体阻滞剂对胎儿和新生儿可产生不利影响，尤其是心动过缓，因此在妊娠或分娩期间不宜使用。

【药物相互作用】

与西咪替丁合用或预先使用奎尼丁均可增加美托洛尔的血浆浓度；与利血平合用可增强本品作用，需注意低血压与心动过速。

【药物过量】

过量可导致显著的低血压和心动过缓，这时可以先静脉注射1～2 mg阿托品，之后再给予间羟胺或去甲肾上腺素。若静脉注射β-受体阻滞剂导致严重副反应如房室传导阻滞，严重心动过缓或低血压时，可以通过β-受体激动剂异丙肾上腺素1～5 μg/分钟迅速纠正。

艾司洛尔

【其他名称】

爱络、欣洛平。

【药理作用】

盐酸艾司洛尔为一选择性（心脏选择性）β肾上腺素受体阻滞剂，起效快，作用维持时间短，在治疗剂量下无明显内在拟交感活性或膜稳定作用。静脉注射后的消除半衰期大约为9分钟。其主要抑制位于心肌的$β_1$肾上腺素受体，大剂量时对气管和血管平滑肌的$β_2$肾上腺素受体也有阻滞作用。它可降低正常人运动及静息时的心率，对抗异丙肾上腺素引起的心率增快。其降血压作用与β肾上腺素受体阻滞程度呈相关性。静脉注射停止后10～20分钟β肾上腺素受体阻滞作用即基本消失。电生理研究提示盐酸艾司洛尔具有典型的β肾上腺素受体阻滞剂作用：降低心率，降低窦房结自律性，延长窦房结恢复时间，延长窦性心律及房性心律时的AH间期，延长前向的文式传导周期。放射性核素心血管造影研究显示在0.2 mg/(kg·min)的剂量下，本品可降低静息心率、收缩压、心率血压乘积、左右心室射血分数和心脏指数，其效果与静脉注射4 mg普萘洛尔（心得安）相似。运动状态下，盐酸艾司洛尔与心得安相似，均可减慢心率，降低心率血压乘积和心脏指数，但对收缩压的降低作用更明显。心导管研究结果显示在0.3 mg/(kg·min)的剂量下，本品除引起上述作用，还可引起左室舒张末压和肺动脉楔压的轻度升高，停药30分钟后血流动力学参数即完全恢复。毒性研究由于盐酸艾司洛尔使用时间短，尚无其致癌、致突变和影响生殖的研究结果。

【药代动力学】

本品在体内代谢迅速，主要受红细胞胞浆中的酯酶作用，使其酯键水解而代谢。其在人体的总清除率约20 L/(kg·h)，大于心输出量，所以本品的代谢不受代谢组织（如肝、肾）的血流量影响。本品的分布半衰期约2分钟，消除半衰期约9分钟。给予适当的负荷剂量，继以0.05～0.3 mg/(kg·min)的剂量静脉点滴，5分钟内即可达到稳态血药浓度（如不给予负荷剂量，则需30分钟达稳态血药浓度）。超过上述剂量，稳态血药水平呈线性增长，但清除与剂量无关。稳态血药浓度在给药期间可维持，一旦停药则迅速降低。由于半衰期短，通过增加或减少给药速率可快速改变艾司洛尔的血药水平，停止给药可快速消除。小于2%的本品以原形经尿液排出，在用药后24小时内，约73%～88%的药物以酸性代谢物形式由尿排出。本品在体内代谢为相应的游离酸和甲醇。其酸性代谢产物在动物体内的活性仅为艾司洛尔的1/1500，在正常志愿者体内无β肾上腺素受体阻滞作用。酸性代谢产物消除半衰期约为3.7小时，经尿排泄，清除率与肾小球滤过率几乎相等。肾病患者酸性代谢产物的清除明显减少，清除半衰期为正常者的10倍，血药浓度水平也相应增高。以0.3 mg/(kg·min)的速度给予艾司洛尔6小时和0.15 mg/(kg · min) 的速度给予艾司洛尔24小时，血中甲醇的水平与内源性甲醇的水平近似，在甲醇中毒水平的2%以下。本品血浆蛋白结合率约为55%，酸性代谢产物血浆蛋白结合率约为10%。

【适应症】

用于心房颤动、心房扑动时控制心室率；治疗围手术期高血压；治疗窦性心动过速。

【用法用量】

控制心房颤动、心房扑动时心室率成人先静脉注射负荷量：0.5 mg/(kg·min)，约1分钟，随后静脉点滴维持量：自0.05 mg/(kg·min)开始，4分钟后若疗效理想则继续维持，若疗效不佳可重复给予负荷量并将维持量以0.05 mg/(kg·min)的幅度递增。维持量最大可加至0.3 mg/(kg·min)，但0.2 mg/(kg·min)以上的剂量未显示能带来明显的好处。

治疗围手术期高血压或心动过速：

（1）即刻控制剂量为：1 mg/kg 30 s内静注，继以0.15 mg/(kg·min)静滴，最大维持量为0.3 mg/(kg·min)。

（2）逐渐控制剂量同室上性心动过速治疗。

（3）治疗高血压的用量通常较治疗心律失常用量大。

【不良反应】

大多数不良反应为轻度的和一过性的。最重要的不良反应是低血压。有报道使用艾司洛尔单纯控制心室率发生死亡。

1. 心血管

12%的患者出现有症状的低血压（发汗、头昏眼花），25%的患者出现无症状性低血压，其中63%的患者在给药期间该症状消除，剩下的患者80%在停药后30分钟消除。10%的患者低血压时伴随发汗。1%的患者出现外周缺血。少于1%的患者有报道出现苍白、面色潮红、心动过缓（心率<50次/分）、胸痛、昏厥、肺水肿和心脏阻滞。在两个不伴有室上性心动过速的严重的冠状动脉疾病患者（心肌后下部梗死或不稳定心绞痛）出现严重的心动过缓/窦性停搏/心搏停止，停药后恢复。

2. 中枢神经系统

3%的患者出现头昏眼花、嗜睡；2%的患者出现精神错乱、头痛和激动；1%的患者出现疲乏；少于1%的患者出现感觉异常、衰弱、思维异常、焦虑、厌食和轻度头昏眼花；少于1%的患者出现癫痫，其中有2例死亡。

3. 呼吸

少于1%的患者出现支气管痉挛、喘息、呼吸困难、鼻充血、干啰音和湿啰音。

4. 胃肠道

7%的患者出现恶心。1%的患者出现呕吐。少于1%的患者出现消化不良、便秘、口干和腹部不适。亦有味觉倒错的报道。

5. 皮肤（注射部位）

8%的患者出现注射部位炎症和硬结。

卡维地洛

【其他名称】

金络、康达欣。

【适应症】

1．原发性高血压

可单独用药，也可和其他降压药合用，尤其是噻嗪类利尿剂。

2．心功能不全

轻度或中度心功能不全（NYHA分级Ⅱ或Ⅲ级），合并应用洋地黄类药物、利尿剂和血管紧张素转换酶抑制剂（ACEI）。也可用于ACEI不耐受和使用或不使用洋地黄类药物、肼屈嗪或硝酸酯类药物治疗的心功能不全者。

【用法用量】

剂量必须个体化，需在医师的密切监测下加量。

1．高血压

推荐起始剂量6.25 mg/次，一日2次，口服，如果可耐受，以服药后1小时的立位收缩压作为指导，维持该剂量7～14天，然后根据谷浓度时的血压，在需要的情况下增至12.5 mg/次，一日2次。同样，剂量可增至25 mg/次，一日2次。一般在7～14天内达到完全的降压作用。总量不得超过50 mg/d。本品须和食物一起服用，以减慢吸收，降低体位性低血压的发生。在本品的基础上加用利尿剂或在利尿剂的基础上加用本品，预计可产生累加作用，扩大本品的体位性作用。

2．心功能不全

在使用本品之前，洋地黄类药物、利尿剂和ACEI（如果应用）的剂量必须稳定。推荐起始剂量3.125 mg/次，一日2次口服2周，如果可耐受，可增至6.25 mg/次，一日2次。此后可每隔2周剂量加倍至患者可耐受的最大剂量。每次应用新剂量时，需观察患者有无眩晕或轻度头痛1小时。推荐最大剂量：

【不良反应】

高血压：发生率≥1%。

不考虑因果关系的不良事件：乏力，心动过缓，体位性低血压，体位依赖性水肿，下肢水肿，眩晕，失眠，嗜睡，腹痛，腹泻，血小板减少，高脂血症，背痛，病毒感染，鼻炎，咽炎，呼吸困难，泌尿道感染，发生率>0.1%。

不考虑因果关系的不良事件：多汗，乏力，胸痛，疼痛，水肿，发热，下肢水肿，心动过缓，低血压，晕厥，房室传导阻滞，心绞痛恶化，眩晕，头痛，腹泻，恶心，腹痛，呕吐，血小板减少，体重增加，痛风，尿素氮增加，高脂血症，脱水，高血容量，背痛，关节痛，肌痛，上呼吸道感染，鼻窦炎，气管炎，咽炎，泌尿道感染，血尿，视觉异常，发生率>1%。

【禁忌症】

1．NYHA分级Ⅳ级失代偿性心功能不全，需要静脉使用正性肌力药物患者；

2．气管痉挛（2例报道持续性哮喘患者服用单剂卡维地洛死亡）或相关的气管痉挛状态；

3．Ⅱ度或Ⅲ度房室传导阻滞；

4．病态窦房结综合征；

5．心源性休克；

6．严重心动过缓。

7．临床严重肝功能不全患者。

8．对本品过敏者禁用；

9．糖尿病酮症酸中毒、代谢性酸中毒。

【注意事项】

1．肝损害

服用卡维地洛罕见轻度肝细胞损害。当出现肝功能障碍的首发症状（如瘙痒、尿色加深、持续食欲缺乏、黄疸、右上腹部压痛、不能解释的症状）时，必须进行实验室检查。如果实验室检查证实存在肝损害或黄疸，必须立即停药，不可重复使用。

2．外周血管疾病

受体阻滞剂诱发或加重外周血管疾病患者的动脉血流不足症状。此类患者需小心使用。

3．麻醉和重大手术

如果周期性长期使用卡维地洛，当使用对心脏有抑制作用的麻醉剂如乙醚、三甲烯和三氯乙烯时，须加倍小心。

4．糖尿病和低血糖

受体阻滞剂可能掩盖低血糖症状，尤其是心动过速。非选择性受体阻滞剂可能增强胰岛素引起的低血糖，延迟血糖水平的恢复。易自发性低血糖者或接受胰岛素或口服降糖药的糖尿病患者使用卡维地洛时须小心谨慎。

5．甲状腺功能亢进中毒症状

受体阻滞剂可能掩盖甲状腺功能亢进的症状，如心动过速。突然停用受体阻滞剂可能加重甲状腺功能亢进的症状或诱发甲状腺危象。

6．因卡维地洛具有受体阻滞活性，不能突然停药，尤其是缺血性心脏病患者。必须1～2周以上逐渐停药。

【药物相互作用】

1．CYP2D6抑制剂

无卡维地洛与CYP2D6抑制剂（如奎尼丁、氟西汀、帕罗西汀）相互作用的研究，但预计该类药物将提高卡维地洛右旋体的浓度。回顾性分析表明，CYP2D6代谢不良者在加量期眩晕的发生率高，推测可能是由于浓度增高的具有阻滞活性的右旋体的血管扩张作用。

2．耗竭儿茶酚胺的药物

卡维地洛与可耗竭儿茶酚胺药物（如利血平、单氨氧化酶抑制剂）同时服用，必须密切观察患者的低血压和/或严重心动过缓症状。

3．地高辛

卡维地洛和地高辛同时服用，可增加血地高辛浓度15%。

4．可乐定

与卡维地洛同时服用，可能增强降低血压和减慢心率的作用。在停用可乐定前几天应先停用卡维地洛，然后可乐定逐渐减量至停药。

5．环孢素

增加环孢素的血谷浓度，环孢素需要减量以维持在治疗浓度之内。建议开始卡维地洛的治疗后密切监测环胞素浓度，适当调整环胞素剂量。

6．肝代谢诱导剂和抑制剂

异烟肼减少70%的卡维地洛血浆浓度；西咪替丁使卡维地洛的AUC增加30%，但$c_{max}$无变化。

拉贝洛尔

【其他名称】

喘泰低、柳胺苄心定、柳胺羟胺。

【临床应用】

1．用于治疗轻至重度高血压和心绞痛，静脉注射可治疗高血压危象。

2．可用于治疗嗜铬细胞瘤危象及可乐定类药物的停药综合征。

【药理】

1．药效学

本药可选择性拮抗$\alpha_1$受体和非选择性拮抗β受体，均表现为降压效应。对β受体的作用比α受体强。本药通过抑制心肌及血管平滑肌的收缩反应发挥降压作用。在降压同时伴有心率减慢、冠脉流量增加、外周血管阻力下降。降压强度与剂量及体位相关，对立位血压下降较卧位明显。其β受体阻滞作用约为普萘洛尔的40%，但无心肌抑制作用；其α受体阻滞作用约为酚妥拉明的10%～15%。

2．药动学

口服吸收完全，生物利用度约为70%。服药后1～2小时血药浓度达峰值。吸收后可广泛分布于各组织中，以心肌、肝、肺和肾脏中浓度较高，可通过血-脑脊液屏障和胎盘屏障。本药约有95%在肝脏代谢，主要代谢产物为葡萄糖醛酸结合物。血浆蛋白结合率为50%，半衰期为6～8小时，约55%～60%的原形药物和代谢产物由尿中排出。血液透析和腹膜透析均不易清除。

【注意事项】

1．禁忌症

（1）对本药过敏者（国外资料）。

（2）脑出血者。

（3）心脏传导阻滞者。

（4）心动过缓者。

（5）支气管哮喘患者。

（6）心源性休克患者（国外资料）。

（7）明显心功能衰竭者（国外资料）。

（8）严重低血压患者（国外资料）。

2．慎用

（1）麻醉/外科手术（包括用于控制出血时）。

（2）充血性心力衰竭患者。

（3）糖尿病患者。

（4）甲状腺疾病患者。

（5）外周血管疾病患者。（以上均为国外资料）

（6）心脏及肝、肾功能不全者。

3．药物对妊娠的影响

孕妇（妊娠高血压除外）慎用，美国药品和食品管理局（FDA）对本药的妊娠安全性分级为C级。

4．药物对哺乳的影响

本药可少量自乳汁排泌，哺乳期妇女用药须权衡利弊。

5．药物对检验值或诊断的影响

（1）本药尿中代谢产物可造成尿儿茶酚胺和香草基杏仁酸（VMA）假性升高。

（2）本药可使尿中苯异丙胺试验呈假阳性。

6．用药前后及用药时应当检查或监测

（1）用药期间应监测血压、心电图。

（2）长期用药应当定期检查肝功能、视力。

【不良反应】

1．精神神经系统

常见眩晕、乏力、幻觉等，偶见头痛、精神抑郁、肌肉挛缩。也可有感觉异常等。

2．消化系统

常见恶心，偶见轻度便秘、腹部不适。

3．心血管系统

少数患者出现直立性低血压，注射时可致心脏传导阻滞，大剂量可发生心动过缓。

4．呼吸系统

可见哮喘加重、胸闷等，注射时可能出现支气管痉挛。

5．其他

偶见瘙痒、阳痿、肌痉挛，极少见红斑狼疮综合征。

【药物相互作用】

1．西咪替丁可增加本药的生物利用度。

2．与三环类抗抑郁药合用时可产生震颤。

3．本药可减弱硝酸甘油的反射性心动过速，但降压作用可协同。

4．与α受体拮抗药或β受体拮抗药、利尿药合用可增加疗效，但宜减量。

【给药说明】

1．本药注射液不能加入葡萄糖、氯化钠溶液中做静脉给药。静脉滴注时勿过速，以防降压过快。

2．静脉注射应处于卧位，注射完毕后静卧10～30分钟，以防发生直立性低血压。

3．儿童、孕妇不宜采用静脉注射给药。

4．本药可用于嗜铬细胞瘤的降压治疗，但偶有反常性血压增高现象。

5．避免突然停药，建议1～2周内逐渐停药。

（四）血管紧张素转换酶抑制药（ACEI）

卡托普利

【其他名称】

甲巯丙脯酸、开博通。

【功效主治】

高血压、心力衰竭。

【药理作用】

本品为竞争性血管紧张素转换酶抑制剂，使血管紧张素Ⅰ不能转化为血管紧张素Ⅱ，从而降低外周血管阻力，并通过抑制醛固酮分泌，减少水、钠潴留。本品还可通过干扰缓激肽的降解扩张外周血管。对心力衰竭患者，本品也可降低肺毛细血管楔压及肺血管阻力，增加心输出量及运动耐受时间。

【药物相互作用】

1．与利尿药同用使降压作用增强，但应避免引起严重低血压，故原用利尿药者宜停药或减量。本品开始用小剂量，逐渐调整剂量。

2．与其他扩血管药同用可能致低血压，如拟合用，应从小剂量开始。

3．与潴钾药物如螺内酯、氨苯蝶啶、阿米洛利同用可能引起血钾过高。

4．与内源性前列腺素合成抑制剂如吲哚美辛同用，将使本品降压作用减弱。

5．与其他降压药合用，降压作用加强；与影响交感神经活性的药物（神经节阻滞剂或肾上腺能神经阻滞剂）以及β阻滞剂合用都会引起降压作用加强，应予警惕。

6．与锂剂联合，可能使血清锂水平升高而出现毒性。

【不良反应】

1．较常见的不良反应

（1）皮疹，可能伴有瘙痒和发热，常发生于治疗4周内，呈斑丘疹或荨麻疹，减量、停药或给抗组胺药后消失，7%～10%伴嗜酸性细胞增多或抗核抗体阳性。

（2）心悸，心动过速，胸痛。

（3）咳嗽。

（4）味觉迟钝。

2．较少见的不良反应

（1）蛋白尿，常发生于治疗开始8个月内，其中1/4出现肾病综合征，但蛋白尿在6个月内渐减少，疗程不受影响。

（2）眩晕、头痛、昏厥。由低血压引起，尤其在缺钠或血容量不足时。

（3）血管性水肿，见于面部及四肢，也可引起舌、声门或喉血管性水肿，应予警惕。

（4）心率快而不齐。

（5）面部潮红或苍白。

3．少见的不良反应

白细胞与粒细胞减少，有发热、寒战，白细胞减少与剂量相关，治疗开始后3～12周出现，以10～30天最显著，停药后持续2周。伴有肾衰竭者应加强警惕，同服别嘌呤醇可增加此种危险。

【禁忌症】

对本品或其他血管紧张素转换酶抑制剂过敏者禁用。

【用法用量】

视病情或个体差异而定。本品宜在医师指导或监护下服用，给药剂量须遵循个体化原则，按疗效而予以调整。

1．成人常用量

（1）治疗高血压：口服一次12.5 mg，每日2～3次，按需要1～2周内增至50 mg，每日2～3次，疗效仍不满意时可加用其他降压药。

（2）治疗心力衰竭：开始一次口服12.5 mg，每日2～3次，必要时逐渐增至50 mg，每日2～3次，若需进一步加量，宜观察疗效2周后再考虑；对近期大量服用利尿剂，处于低钠、低血容量，而血压正常或偏低的患者，初始剂量宜用6.25 mg，每日3次，以后通过测试逐步增加至常用量。

2．小儿常用量

降压与治疗心力衰竭，均开始按体重0.3 mg/kg，每日3次，必要时，每隔8～24小时增加0.3 mg/kg，求得最低有效量。

【注意事项】

1．胃中食物可使本品吸收减少30%～40%，故宜在餐前1小时服药。

2．本品可使血尿素氮、肌酐浓度增高，常为暂时性，在有肾病或长期严重高血压而血压迅速下降后易出现，偶有血清肝脏酶增高；可能增高血钾，与保钾利尿剂合用时尤应注意检查血钾。

3．下列情况慎用本品：

（1）自身免疫性疾病如严重系统性红斑狼疮，此时白细胞或粒细胞减少的机会增多。

（2）骨髓抑制。

（3）脑动脉或冠状动脉供血不足，可因血压降低而缺血加剧。

（4）血钾过高。

（5）肾功能障碍而致血钾增高，白细胞及粒细胞减少，并使本品潴留。

（6）主动脉瓣狭窄，此时可能使冠状动脉灌注减少。

（7）严格饮食限制钠盐或进行透析者，此时首剂本品可能发生突然而严重的低血压。

4．用本品期间随访检查

（1）白细胞计数及分类，最初3个月每2周一次，此后定期检查，有感染迹象时随查。

（2）尿蛋白检查每月一次。

5．肾功能差者应采用小剂量或减少给药次数，缓慢递增；若须同时用利尿药，建议用呋塞米而不用噻嗪类，血尿素氮和肌酐增高时，将本品减量或同时停用利尿剂。

6．用本品时蛋白尿若渐增多，暂停本品或减少用量。

7．用本品时若白细胞计数过低，暂停用本品，可以恢复。

8．出现血管神经水肿时，应停用本品，迅速皮下注射1∶1000肾上腺素0.3～0.5 mL。

9．本品可引起尿丙酮检查假阳性

贝那普利

【其他名称】

苯那普利、洛丁新、普力多。

【药理毒理】

1．药理

（1）降压

本品在肝内水解为苯那普利拉，成为一种竞争性的血管紧张素转换酶抑制剂，阻止血管紧张素Ⅰ转换为血管紧张素Ⅱ，使血管阻力降低，醛固酮分泌减少，血浆肾素活性增高。苯那普利拉还抑制缓解肽的降解，也使血管阻力降低，产生降压作用。

（2）减低心脏负荷

本品扩张动脉与静脉，降低周围血管阻力或心脏后负荷，降低肺毛细血管楔压或心脏前负荷，也降低肺血管阻力，从而改善心排血量，使运动耐量和时间延长。

2．毒理

大鼠和小鼠持续口服苯那普利2年，剂量为每天150 mg/kg，未发现本品有致癌性（该剂量按mg/kg计算，为人类最大用量的110倍；按$mg/m^2$计算，为人类最大用量的18倍和9倍）。不论在细菌试验中，还是在体外培养的哺乳动物细胞试验中均未发现本品有致突变性。雌、雄大鼠口服苯那普利，剂量为每天50～150 mg/kg，未发现本品影响生殖能力（该剂量按mg/kg计算，为人类最大用量的37～375倍；按$mg/m^2$计算，为人类最大用量的6～60倍）。

【药代动力学】

苯那普利口服吸收迅速，达峰时间为0.5～1小时，苯那普利拉为1～1.5小时。口服吸收至少37%，进食不影响吸收。本品的蛋白结合率高达96.7%，苯那普利拉为95.3%。本品吸收后在肝内水解生成苯那普利拉，其抑制血管紧张素转换酶的作用比本品强。本品的半衰期为0.6小时，苯那普利拉的半衰期为10～11小时，2～3天后达稳态。本品主要经肾清除，不到1%的苯那普利以原形排出，20%以苯那普利拉排出，另外则以苯那普利和苯那普利拉的乙酰-葡萄糖苷酸的结合物排出；11%～12%从胆道排泄。轻中度肾功能障碍（肌酐清除率>30 mL/min）、肝硬化所致肝功能障碍及年龄不影响药代动力学。血液透析时，本品少量可被透析清除。

【适应症】

1．高血压（可单独应用或与其他降压药如利尿药合用）。

2．心功能不全（可单独应用或与强心药利尿药同用）。

【用法用量】

1．成人用量

（1）降压

未服用利尿药者，开始推荐剂量为口服10 mg，每天1次；已服用利尿药者（严重和恶性高血压除外），用本品前应停用利尿药2～3天，小剂量给药，在观察下小心增加剂量。如每天给药1次不能满意控制血压，可增加剂量或分2次给药，维持量可达20～40 mg/d。肾功能不良或有水、钠缺失者开始用5 mg每天1次。

（2）心功能不全

开始推荐剂量为口服5 mg，每天1次，首次服药需监测血压。维持量可用5～10 mg，每天1次。严重心功能不全者较轻中度心功能不全需更小的剂量。

2．儿童用量

尚无研究资料。

【不良反应】

1．常见的不良反应

头痛、头晕、疲乏、嗜睡、恶心、咳嗽，最常见的为头痛和咳嗽。

2．少见的不良反应

症状性低血压、体位性低血压、晕厥、心悸、周围性水肿、皮疹、皮炎、便秘、胃炎、焦虑、失眠、感觉异常、关节痛、肌痛、哮喘等。血管神经性水肿罕见。

【禁忌】

1．对苯那普利或其他血管紧张素转换酶抑制剂过敏者。

2．有血管神经性水肿史者。

3．孤立肾、移植肾、双侧肾动脉狭窄而肾功能减退者。

【注意事项】

1．血管神经性水肿

服用本品曾发生过唇或面部水肿，如出现该症状，应立即停药，监护患者，直到水肿消失。声门、舌、喉部水肿可能引起气道阻塞，应停药，并立即进行适当治疗，如：皮下注射1∶1000肾上腺素溶液（0.3～0.5 mL）。

2．低血压

严重缺钠的血容量不足者服用本品时可能发生低血压（如接受大量利尿药或透析治疗者）。开始服用本品前数天应停用利尿药或采取其他措施补充体液。对有可能发生严重低血压者（如心功能不全病人），服用首剂后应严密监护，直到血压稳定。如果发生低血压，应采取卧位，必要时静脉滴注生理盐水。

3．粒细胞减少

自身免疫性疾病及肾功能不全者出现白细胞或粒细胞减少机会增多。对肾功能不全或有白细胞减少者，最初3个月内每2周检查白细胞计数及分类1次，以后定期检查。

4．肾功能不全

少数患者服用本品后可出现暂时性血尿素氮、肌酐升高，停用本品和/或利尿药，即可恢复。对肾功能不全者，在治疗前几周要密切监测肾功能，以后应定期检查肾功能。用本品时如肌酐清除率<30 mL/min或血尿素氮、肌酐升高，须减低本品的剂量和/或停用利尿药。

5．其他

偶见血钾升高，尤其在肾功能不全和并用治疗低血钾的药物时。偶见氨基转移酶升高。脑或冠状动脉供血不足，可因血压降低而加重。肝功能障碍时本品在肝内的代谢降低。

【孕妇及哺乳期妇女用药】

妊娠期不宜应用本品，在妊娠期的前6个月用本品可导致胎儿肾损害，脸及头颅畸形。并且也存在胎儿低血压的危险。新生儿可出现低体重、肾灌注减少及无尿。有报道孕妇羊水过少，推测与胎儿肾功能受损有关。所有在宫内期间母亲接受过本品治疗的新生儿，应仔细检查有无高血钾，尿量及血压是否正常。必要时，应采取适当措施，例如补液或透析清除循环中的ACE抑制剂。曾发现贝那普利和苯那普利拉可分泌至母乳，但最大浓度仅为血浆中的0.3%。能达到婴儿体循环的苯那普利拉可忽略不计。尽管对母乳喂养的婴儿不可能产生不良影响，仍不主张哺乳期服用本品。

【儿童用药】

在儿童中研究不充分。在新生儿和婴儿，会出现少尿和神经异常。

【老年患者用药】

老年患者使用本品与年轻人一样，有较好的疗效和耐受性，但与所有降压药一样，老年患者及其他伴心衰、冠状动脉及脑动脉硬化患者使用时均应注意。血压的突然降低可引起重要器官的供血不足。

【药物相互作用】

本品与β受体阻滞剂、钙拮抗剂、西咪替丁、利尿剂、地高辛、肼屈嗪、华法林、双香豆素、阿司匹林及萘普生合用，临床未见明显不良相互作用。用利尿剂或体液不足者，用ACE抑制剂治疗初期。偶有血压过低。提前停用利尿剂2～3日，再开始本品治疗，可减轻低血压。增加血浆肾素活性或改变钠平衡的药物可增强本品的降压作用（如利尿剂）。用ACE抑制剂患者应避免与保钾利尿剂（如螺内酯、氨苯喋啶及阿米洛利等药）合用，以及避免补钾或补含钾的电解质溶液，因为这可能导致血清钾显著增加。若必须合用，则应密切监测血清钾。

【药物过量】

症状和体征：虽未有本品过量的先例，但主要的症状可能是明显的低血压。处理：若服药后不久，则应催吐，尽管其活性代谢物苯那普利拉只能少量透析，对于严重肾功能受损的病人，透析仍可作为正常排除的辅助方法。血压显著降低时，应静注生理盐水。

培哚普利

【其他名称】

哌哚普利、雅施达。

【适应症】

主要用于治疗高血压与充血性心力衰竭。

【用法用量】

1. 高血压

4 mg，一日4次；如有必要，在治疗1月后，增至8 mg，一日1次。高危病人和/或老年病人开始剂量：2 mg，一日1次。

2. 肾功能障碍病人，根据肌酐清除率调整剂量

每日2 mg，30～60 mL/min；隔日一次2mg，15～30 mL/min；当日透析后给2 mg。

【不良反应】

1. 头痛、疲倦、眩晕、情绪或睡眠紊乱、痛性痉挛。

2. 体位性或非体位性低血压。

3. 少数病例皮疹。

4. 胃痛、厌食、恶心、腹痛、味觉障碍。

5. 已报道干咳与服用ACE抑制剂有关，其特点为持续性。但停药后干咳消失，如有上述情况，应考虑这种症状可能是由药物引起的。

6. 极少见血管神经性水肿。

对实验室指标的影响：血尿素和血肌酐中度升高，停止治疗后可恢复。这种升高多见于合并肾动脉狭窄、利尿剂治疗的高血压和肾衰患者。

【禁忌】

在下列情况下禁用培哚普利：

1. 对培哚普利过敏；

2．与使用ACE抑制剂有关的血管神经性水肿病史；

3．妊娠的4至9个月；

4．哺乳。

在下列情况下不推荐使用培哚普利：

1．与保钾利尿剂、钾盐、锂盐、雌二醇氮芥合用；

2．双侧肾动脉狭窄或单肾肾动脉狭窄；

3．高血钾；

4．在妊娠的最初三个月和哺乳期。

【注意事项】

由于该药含有乳糖，故禁用于先天性半乳糖血症。此病患者对葡萄糖和半乳糖吸收不良，或缺乏乳糖酶。在免疫抑制病人，有引起中性粒细胞减少/粒细胞缺乏的危险。当以下述方式服用ACE抑制剂时，罕见病例出现粒细胞缺乏和/或骨髓抑制：1．大剂量给药；2．多系统疾病（结缔组织疾病，如：系统性红斑狼疮或硬皮病）引起的肾衰竭患者、合并免疫抑制治疗和/或可能引起白细胞减少的治疗的患者。预防这类事件最好的方法是严格遵守推荐的服用剂量。但是，假如这些病人需要服用ACE抑制剂，应慎重评估危险/利益比。

【特殊人群用药】

1．儿童注意事项

儿童使用培哚普利的安全性和疗效尚未确定。

2．妊娠与哺乳期妇女注意事项

妊娠的4至9个月以及哺乳期妇女禁用本品；妊娠的最初三个月不推荐适用本品。

3．老人注意事项

开始治疗之前，应检查肾功能和血钾。起始剂量应根据血压变化进行调整，在有水、钠丢失的病例则更应谨慎，以免引起血压突然下降。

【药物相互作用】

禁忌配伍：

1．保钾利尿剂（安体舒通，氨苯蝶啶，单独或联合）

治疗心力衰竭时除外（小剂量ACE抑制剂+保钾利尿剂），钾盐、高钾血症（可以致命，尤其在肾衰的病例，药物对血钾的升高具有协同作用）。除低血钾的患者，不要将补钾制剂或保钾利尿剂与ACE抑制剂合用。

2．锂

ACE抑制剂升高血锂浓度甚至达到毒性水平（减少锂的肾排泄）。如果必须使用ACE抑制剂，必须严密监测血锂水平并调整剂量。

3．雌二醇氮芥

血管神经性水肿的危险性增加。

【药理作用】

药学特性：培哚普利是一种血管紧张素转换酶抑制剂（ACEI）。血管紧张素转换酶可将血管紧张素Ⅰ转化为血管紧张素Ⅱ。血管紧张素Ⅱ具有明显的缩血管作用，并可刺激肾上腺皮质分泌醛固酮。

福辛普利

【其他名称】

福辛普列钠、蒙诺。

【临床应用】

1．用于治疗高血压或心力衰竭，可单用或与其他药物（如利尿药）合用。

2．还可用于防治心肌梗死、糖尿病肾病等。

【药理】

1．药效学

本药系前体药，在体内水解为活性代谢产物福辛普利拉。后者为竞争性血管紧张素转换酶抑制药（ACEI），能抑制血管紧张素Ⅰ转换为血管紧张素Ⅱ，使血管阻力下降，醛固酮分泌减少，血浆肾素活性增高；也能抑制缓激肽的降解，降低血管阻力，从而起到降低血压的作用。此外，本药能同时扩张动脉和静脉，既降低周围血管阻力（后负荷），也降低肺毛细血管楔压（前负荷），从而改善心排血量。

2．药动学

口服吸收约36%，食物可影响吸收速度，但不影响吸收总量。吸收后75%在肝脏和胃肠道黏膜水解生成活性代谢产物福辛普利拉，后者抑制ACE的作用较福辛普利强（但口服福辛普利拉的吸收差）。单剂口服后1小时内起效，2～4小时达最大效应，作用维持约24小时。福辛普利拉达峰时间为2～4小时，蛋白结合率高达97%～98%，半衰期为12小时，肾衰竭时半衰期延长。44%～50%经肾清除，46%～50%经肝清除后从肠道排泄。血液透析和腹膜透析时本药的清除量仅为尿液清除的2%和7%。

3．遗传与生殖毒性

（1）遗传毒性

本药及福辛普利拉在Ames试验、小鼠淋巴瘤正向突变试验、有丝分裂基因转变测定中均无遗传毒性。本药在小鼠体内微核试验和小鼠骨髓细胞体外试验中无遗传毒性。在中国仓鼠卵巢细胞的细胞遗传学检测中，本药增加染色体畸变率。

（2）生殖毒性

每日分别给予雄、雌大鼠15 mg/kg或60 mg/kg，本药无生殖毒性（其剂量按体重计为人类最大推荐剂量60 mg的38倍，按体表面积计为人类最大推荐剂量的6倍）。在中毒剂量（每日240 mg/kg）下，大鼠的交配时间轻度延长（其剂量按体重计为人类最大推荐剂量的150倍，按体表面积计为人类最大推荐剂量的24倍）。

（3）致癌性

大、小鼠每日经口投药400 mg/kg（按体重计为人类最大剂量80 mg的250倍）共24个月，未发现本药的致癌作用。在给予雄大鼠最大剂量时，肠系膜或大网膜脂肪瘤的发病率有轻微增加。

【注意事项】

1．特别警示

妊娠中、晚期应用本药可致胎儿损伤甚至死亡。

2．禁忌症

（1）对本药或其他ACEI过敏者。

（2）孤立肾、移植肾、双侧肾动脉狭窄而致肾功能减退者。

（3）使用其他ACEI曾引起血管神经性水肿者（国外资料）。

（4）孕妇。

（5）哺乳妇女。

3．慎用

（1）脑动脉或冠状动脉供血不足（可因血压下降而加剧缺血）患者。

（2）高钾血症者。

（3）粒细胞减少（如自身免疫性疾病、胶原性血管病、发热性疾病、免疫抑制药治疗引起）患者。

（4）骨髓抑制者。

（5）严格限制钠盐饮食或进行透析者（首剂可能突发严重的低血压）。

（6）肝功能不全者。

（7）肾功能不全者。

（8）主动脉瓣狭窄患者（国外资料）。

4．药物对儿童的影响

在小儿中的应用研究尚不充分。新生儿和婴儿用药后可出现少尿和神经异常，可能与本药降压后发生的肾与脑缺血有关。

5．药物对妊娠的影响

本药可透过胎盘，在妊娠中晚期应用可致胎儿损伤甚至死亡。国内资料显示孕妇禁用。一旦发现妊娠，应立即停药。美国食品药品管理局（FDA）对本药的妊娠安全性分级为C级（妊娠早期）和D级（妊娠中晚期）。

6．药物对哺乳的影响

本药可进入乳汁，故哺乳妇女禁用。

7．用药前后及用药时应当检查或监测

（1）肾功能障碍或白细胞减少者，在最初3个月内应每2周检查白细胞计数及分类计数1次，此后定期检查。

（2）尿蛋白检查，每月1次。

（3）肾衰竭患者需经常测定血钾。

【不良反应】

1．较常见头痛、眩晕、疲乏、嗜睡、恶心、咳嗽。最常见的停药原因为头痛和咳嗽。

2．少见症状性低血压、直立性低血压、晕厥、心悸、周围性水肿、皮疹、皮炎、便秘、胃炎、焦虑、失眠、感觉异常、关节痛、肌痛、哮喘等。

3．偶有白细胞减少、血小板减少、骨髓抑制及肝脏酶增高。

4．罕见血管神经性水肿。

5．尚未发现本药有致突变、致癌作用。

6．其他：

（1）血尿素氮、肌酸酐浓度增高，常为暂时性，严重高血压或患有肾病且血压迅速下降时易出现。

（2）血钾轻度增高，尤其在有肾功能障碍者。

（3）轻度暂时性血红蛋白与红细胞减少。

【国外不良反应参考】

1．心血管系统

可引起直立性低血压，约0.1%的患者需要停药。重度血容量不足或使用强利尿药的患者使用ACEI可能出现重度低血压。充血性心力衰竭（CHF）患者低血压的发生率为4.4%，其中与体位变化有关者为1.9%。也可出现心动过速、心绞痛加重或急性心肌梗死。其他心血管系统不良反应的发生率为0.2%～1%，包括脑血管意外、高血压危象、心律失常、心悸、晕厥、面红和跛行，但引起这些不良反应的直接机制尚不明确。

2．中枢神经系统

CHF患者可见头昏。发生率为0.2%～1%的有记忆障碍、震颤、意识模糊、情绪改变、感觉异常、睡眠障碍、嗜睡和眩晕，但尚不能确定与本药的关系。

3．代谢/内分泌系统

ACEI治疗期间可出现高钾血症，常见于肾功能障碍、糖尿病患者或使用保钾利尿药、钾剂者。据报道有2．6%的患者在治疗期间出现暂时性血钾升高（可超出正常上限的10%），但因此而停药者仅为0.1%。罕见男子乳腺发育。

4．肌肉骨骼系统

临床试验期报道，有0.2%～1%的患者出现关节痛、肌痛、肌肉痛性痉挛和痛风。

5．泌尿生殖系统

服用ACEI可引起中毒性肾损害，导致肾损害的危险因素有单侧或双侧肾动脉狭窄、低钠血症、低血容量和低血压。一般停药后肾功能可恢复。少数患者可引起性功能障碍。

6．消化系统

（1）常见腹泻、恶心和（或）呕吐，发生率为1%～1.5%，一般较轻微且短暂，只有不到0.5%的患者因此而停药。

（2）其他不良反应有胰腺炎、吞咽困难、腹胀、腹痛、便秘、胃灼热、食欲和体重改变、味觉异常和口干，发生率为0.2%～1%，但有些症状并不能确定和用药的关系。

（3）大多数情况下肝毒性轻微而短暂，一般停药后可恢复，但也有0.7%的患者因氨基转移酶、乳酸脱氢酶、碱性磷酸酶和血清胆红素升高而停药。如果患者出现黄疸或肝功能指标急性、明显升高时应立即停药。

7．血液

可出现贫血和血小板减少。中性粒细胞减少不多见，除非患有肾衰竭或血管胶原病。罕见再生障碍性贫血，可导致患者死亡。血红蛋白可略增加，但无临床意义。

8．皮肤

服用ACEI的患者出现血管神经性水肿的比率为0.1%～0.5%，其中60%在治疗第1周出现。该不良反应与剂量、性别或患者病情无关，一般停药后症状自行消失，但也可能需要抗组胺药或肾上腺素治疗。此外，尚可引起皮疹、过敏反应。

9. 眼

可出现视力障碍和眼刺激感，发生率不到1%，但尚未证实该不良反应与本药的直接因果关系。

10.其他

同时使用ACEI和聚丙烯腈透析器时可能出现致死性的过敏反应。此外，不到1%的患者可出现耳鸣，但尚未确定其与本药的直接因果关系。

【药物相互作用】

1. 与利尿药合用降压作用增强，可引起严重低血压。使用利尿药的患者在开始本药治疗前应停药或减量，且本药的开始剂量宜小。

2. 与其他降压药合用时降压作用加强，其中与引起肾素释放或影响交感活性的药物合用呈大于两者相加的作用，与β-肾上腺素受体阻断药合用呈小于两者相加的作用。

3. 与其他扩血管药合用可能致低血压，如合用，应从小剂量开始。

4. 本药可减轻由噻嗪类利尿药诱发的血钾减少，与保钾利尿药或补钾药合用可引起高钾血症，故合用这类药物应谨慎，需经常监测血清钾浓度。

5. 与锂盐合用可升高血清锂的浓度。

6. 非甾体类抗炎镇痛药（尤其是吲哚美辛）可抑制肾前列腺素合成，引起水、钠潴留，减弱本药的降压效果。

7. 抗酸药可影响本药的吸收，因此两者的服药时间应间隔2小时以上。

8. 麻黄含有麻黄碱和伪麻黄碱，可减弱抗高血压药的疗效。使用本药治疗的高血压患者应避免使用含麻黄的制剂。

坎地沙坦

【用途】

搏力高、达迈、迪雅、坎地沙坦脂。

【用途】

原发性高血压。

【使用方法】

1. 用量和使用次数

一般成人1日1次，4～8 mg坎地沙坦西酯，必要时可增加剂量至12 mg。

2. 如何使用

口服，从PTP薄板中取出后服用（有报道因误服PTP薄板坚硬的锐角刺入食道黏膜，进而发生穿孔，并发纵隔炎等严重的合并症）。

3. 忘记用药的应对方法

如果发生漏服应在记起时立即补服，但如果服药时间已接近下次服药时间，则不宜补服，应重新按平常的规律用药，不要一次使用双倍的剂量。

4. 过量使用的应对方法

药物过量的主要表现可能为症状性低血压和头晕。据个例报道，服用剂量达672 mg的坎地沙坦西酯，患者能正常康复。如果发生症状性低血压，应进行对症治疗和监控生命体征。患者应仰卧同时抬高双腿。若效果不显著，应输液（如等渗盐水）以增加血浆容量。若以上方法效果均不显著，可以服用拟交感神经药。坎地沙坦不能通过血液透析清除。若发现过量，须及时就医。

5. 误用的应对方法

及时告知医师及药师。

【副作用】

较常见不良反应：头晕、蹒跚、心悸、发热、头痛、头重、失眠、嗜睡、舌部麻木、恶心、呕吐、食欲不振、胃部不适、剑下疼痛、腹泻、口腔炎、倦怠、乏力、鼻出血、尿频、水肿、咳嗽、钾升高，减量或停药即可好转。而出现皮疹、湿疹、荨麻疹、瘙痒、光过敏等需要及时停药，若发生，及时就医。

（五）利尿药

吲达帕胺

【其他名称】

寿比山、吲哒胺、吲满速尿。

【临床应用】

吲达帕胺为磺胺类利尿药，具有利尿和钙拮抗作用，是一种强效、长效的降压药。临床上还用于充血性心力衰竭时水、钠潴留的治疗。

1．用于治疗高血压。对轻、中度原发性高血压效果良好，可单独服用，也可与其他降压药合用。

2．治疗充血性心力衰竭时的水、钠潴留。

【药效学】

本药为噻嗪样利尿药，二氢吲哚类衍生物，具有利尿作用和钙拮抗作用，为一种新的强效、长效降压药。

（1）可通过阻滞钙内流而松弛血管平滑肌，使外周血管阻力下降，产生降压效应（而其利尿作用则不能解释降压作用，因出现降压作用时的剂量远远小于利尿作用的剂量）。

（2）本药降压时对心排血量、心率及心律影响小或无。长期用药很少影响肾小球滤过率或肾血流量。

（3）本药通过抑制远端肾小管皮质稀释段再吸收水和电解质而发挥利尿作用。

【药动学】

口服吸收快而完全，1～2小时血药浓度达高峰，生物利用度达93%，不受食物影响。口服单剂后约24小时达最大降压效应；多次给药后约8～12周达最大降压效应，作用维持8周。本药在肝内代谢，产生19种代谢产物。血浆蛋白结合率为71%～79%。本药也与血管平滑肌的弹性蛋白结合。半衰期为14～18小时。约70%经肾排泄（其中7%为原形），23%经胃肠道排出。

【注意事项】

1．禁忌症

（1）严重肾功能不全。

（2）肝性脑病或严重肝功能不全。

（3）低钾血症。

（4）对本药及磺胺类药过敏（国外资料）。

2．慎用

（1）糖尿病。

（2）肝功能不全。

（3）痛风或高尿酸血症。

（4）老年人。

（5）电解质紊乱（如低钠、高钙血症）（国外资料）。

（6）系统性红斑狼疮（国外资料）。

3．药物对儿童的影响

尚缺乏研究。

4．药物对老人的影响

老人对降压作用与电解质改变较敏感，且常有肾功能变化，应用本药时须注意。

5．药物对妊娠的影响

动物研究未发现问题，尚缺乏人体研究。

6．药物对哺乳的影响

本药是否排入乳汁尚不清楚，但人体应用尚未发现问题。

7．药物对检验值或诊断的影响

（1）应用本药时血浆肾素活性、尿酸可增高，但后者常在正常范围内。

（2）血清钙、蛋白结合碘、血钾、血钠可降低，但后二者的变化常在正常范围内。

（3）本药可使运动员兴奋剂检查试验呈阳性反应。

8．用药前后及用药时应当检查或监测

用药期间应定期检测血糖、尿素氮、尿酸、血压与血电解质。

【不良反应】

1. 消化系统

较少见腹泻、食欲减退、反胃等，偶见口干、恶心、便秘等。

2. 心血管系统

较少见体位性低血压、心悸、心律失常等。

3. 神经系统

较少见头痛、失眠，偶见眩晕、感觉异常等。

4. 代谢

少见低血钠、低血钾、低氯性碱中毒。

5. 皮肤

少见皮疹、瘙痒等过敏反应。

【相互作用】

1. 与胺碘酮合用，可因血钾低而致心律失常。不宜与奎尼丁、丙吡胺、胺碘酮、溴苄铵、索他洛尔等抗心律失常药合用。

2. 与洋地黄类药合用，可因失钾而致洋地黄中毒。

3. 与多巴胺合用，本药利尿作用增强。

4. 与其他类降压药合用时降压作用增强。

5. 与巴氯芬合用可增加抗高血压效应。

6. 与锂剂合用，可增加血锂浓度并出现过量的征象。

7. 与大剂量水杨酸盐合用，已脱水的患者可能发生急性肾衰竭。

8. 与两性霉素B（静脉给药）或轻泻剂合用，可增加发生低钾血症的危险性。

9. 与血管紧张素转换酶抑制药（ACEI）合用时，已有低钠血症的患者（特别是肾动脉狭窄的患者）可出现突然的低血压和（或）急性肾衰竭，应停用本药3日后再用ACEI。如有必要，可重新使用排钾利尿剂，或给予小剂量的ACEI。

10. 与二甲双胍合用易出现乳酸酸中毒。

11. 与碘造影剂合用，可使发生急性肾衰竭的危险性增加。

12. 与三环类抗抑郁药（如丙米嗪）或镇静药合用，可增强抗高血压作用并增加发生直立性低血压的危险性。

13. 与环孢素合用，可能导致血清肌酐浓度升高。

14. 与皮质激素或替可克肽合用，本药药理作用减弱。

15. 与拟交感药合用时降压作用减弱。

16. 可使口服抗凝药的抗凝血作用减弱。

17. 非甾体类消炎镇痛药可使本药的利钠作用减弱。

18. 与下列药物合用可引起心律失常：阿司咪唑、苄普地尔、红霉素（静脉给药）、卤泛群、喷他脒、舒托必利、特非那定、长春胺。

【给药说明】

1. 为减少电解质平衡失调的可能，宜用较小的有效剂量。

2. 用于利尿时，最好每晨给药一次，以免夜间起床排尿。

3. 用药期间，注意及时补钾。

4. 应用本药而须做手术时，不必停药，但须告知麻醉医师用药情况。

5. 本药可单独使用或与其他降压药合用，长期使用可产生低钾血症，须补钾。

6. 尽管有报道指出本药不影响血脂代谢，但由于证据不充分，用药时仍应注意患者血脂的变化。

7. 与其他抗高血压药物合用时，建议用药初期后者剂量减少50%。

8. 对磺胺类药不耐受者对本药也不耐受。

【用法用量】

1. 成人（口服给药）

(1) 高血压

①建议初始剂量为每次1.25 mg，每日1次，早晨服用。如4周后疗效欠佳可增至每次2.5 mg，每日1

次。如效果仍不佳，可于4周后增至每次5 mg，每日1次。一般来讲，对充血性心力衰竭或高血压，每日剂量超过5 mg不会增加疗效。

②本药现已有低剂量（1.5 mg）缓释剂型。据几项研究表明，1.5 mg缓释剂（SR）和2.5 mg即释剂（IR）在统计学和临床上的抗高血压疗效相同，且都优于安慰剂。但缓释剂引起低钾血症的发生率比即释剂低50%以上。

（2）水肿

推荐初始剂量为每日早晨单剂口服2.5 mg，如1周后疗效不满意，每日剂量可增至5 mg。

2．肾功能不全时剂量

虽然本药仅有5%以原形从尿中排泄，但由于血容量的降低可加重氮质血症，故肾功能损害的患者使用本药时应慎重。如在治疗期间出现进行性肾功能损害，应考虑停药。本药的利尿作用随肾功能减退而降低。

3．肝功能不全时剂量

本药在肝脏广泛代谢，肝脏疾病患者应考虑减量。

4．老年人剂量

老年患者能良好耐受每日2.5 mg的常规剂量。在每日单剂给药使动脉血压稳定后，可隔日1次服用2.5 mg的维持剂量。

（六）其他降血压药

硝普钠

【其他名称】

亚硝基铁氰化钠。

【药效学】

本品为一种速效和短时作用的血管扩张药，对动脉和静脉平滑肌均有直接扩张作用，但不影响子宫、十二指肠或心肌的收缩；改变局部血流分布不多。血管扩张使周围血管阻力减低，因而有降血压作用。血管扩张使心脏前、后负荷均减低，心排血量改善，故对心力衰竭有益。后负荷减低可减少瓣膜关闭不全时主动脉和左心室的阻抗而减轻反流。

【药动学】

静滴后立即达血药浓度峰值，其水平随剂量而定。本品由红细胞代谢为氰化物，在肝脏内氰化物代谢为硫氰酸盐，代谢物无扩张血管活性；氰化物也可参加维生素$B_{12}$的代谢过程。本品给药后几乎立即起作用并达作用高峰，静滴停止后作用维持1～10分钟。肾功能正常者半衰期为7天（由硫氰酸盐测定），肾功能不良或血钠过低时延长，经肾排泄。

【适应症】

1．用于高血压急症，如高血压危象、高血压脑病、恶性高血压、嗜铬细胞瘤手术前后阵发性高血压等的紧急降血压，也用于外科麻醉期间进行控制性降压。

2．用于急性心力衰竭，包括急性肺水肿。宜用于急性心肌梗死或瓣膜（二尖瓣或主动脉瓣）关闭不全时的急性心力衰竭。

【用法用量】

1．成人常用量

静脉滴注，开始每分钟按体重0.5 μg/kg，根据治疗反应以每分钟0.5 μg/kg递增，逐渐调整剂量，常用剂量为每分钟按体重3 μg/kg。极量为每分钟按体重10 μg/kg。总量为按体重3.5 mg/kg。用作麻醉期间短时间的控制性降压，滴注最大量为每分钟按体重0.5 mg/kg。

2．小儿常用量

静脉滴注，每分钟按体重1.4 μg/kg，按效应逐渐调整用量。

【给药说明】

1．本品只宜做静脉滴注，长期使用应置于重病监护室内。静滴速度每分钟按体重不应超过10 μg/kg。

2．静滴前，将本品50 mg先用5%葡萄糖注射液2～3 mL溶解，再以5%葡萄糖注射液250～1000 mL稀释至所需浓度，输液器要用铅箔或不透光材料包裹使避光。

3．溶液应新鲜配制，用剩部分应弃去，新配溶液为淡棕色，如变为暗棕色、橙色或蓝色应弃去。溶液的保存与应用不应超过24小时。溶液内不宜加入其他药品，如颜色变蓝、绿或暗红色，指示已与其他物质起反应，即应弃去重换。

4．为按计划达到合理降压，最好使用输液泵，以便精确调节流速，抬高床头可增进降压效果；药液有局部刺激性，谨防外渗，推荐自中心静脉做滴注。

5．经治疗病情已稳定，撤药时要给口服药巩固疗效；患者同时使用其他降压药时，本品用量要减少。

6．少壮男性患者麻醉期间用本品做控制性降压时，需要用大量，甚至接近极量。

7．如静滴已达每分钟按体重10 μg/kg，10分钟而降压仍不满意，应考虑停用本品，改用或加用其他降压药。

8．左心衰竭时应用本品可恢复心脏的泵血功能，但伴有低血压时，须同时加用心肌正性肌力药如多巴胺或多巴酚丁胺。

9．用本品过程中，偶可出现明显耐药性，此应视为中毒的先兆征象，此时减慢滴速，即可消失。

10．本品对光敏感，溶液稳定性较差，滴注溶液应新鲜配制并注意避光。

11．随访检查：应用本品过程中，应经常测血压，最好在监护室内进行；肾功能不全而本品应用超过48～72小时者，每天须测定血浆中氰化物或硫氰酸盐，保持硫氰酸盐不超过100 μg/mL，氰化物不超过3 μmol/mL；急性心肌梗死患者用本品时须测定肺动脉舒张压或楔压。

【禁用慎用】

1．有关本品致癌、致畸、对孕妇和乳母的影响尚缺乏人体研究。在儿童中应用的研究也未进行。

3．老年人用本品须注意增龄时肾功能减退对本品排泄的影响，老年人对降压反应也比较敏感，故用量宜酌减。

3．下列情况慎用：

（1）脑血管或冠状动脉供血不足时，对低血压的耐受性减低；

（2）麻醉中控制性降压时，如有贫血或低血容量，应先予纠正再给药；

（3） 脑病或其他颅内压增高时，扩张脑血管可进一步增高颅内压；

（4）肝功能损害时，可能本品加重肝损害；

（5）甲状腺功能过低时，本品的代谢产物硫氰酸盐可抑制碘的摄取和结合，因而可能加重病情；

（6）肺功能不全时，本品可能加重低氧血症；

（7）维生素$B_{12}$缺乏时使用本品，可能使病情加重。

4．代偿性高血压如动静脉分流或主动脉缩窄时禁用本品。肝肾功能减退的患者不用此药。

【不良反应】

短期应用适量，不致发生不良反应。

1．本品毒性反应来自其代谢产物氰化物和硫氰酸盐，氰化物是中间代谢物，硫氰酸盐为最终代谢产物，如氰化物不能正常转换为硫氰酸盐，则硫氰酸盐血浓度虽正常也可发生中毒。

2．用于手术时控制降压时，突然停药，尤其血药浓度较高而突然停药时，可能发生反跳性血压升高。

3．以下三种情况出现不良反应：

（1）血压下降过快过剧，出现眩晕、大汗、头痛、肌肉颤搐、神经紧张或焦虑、烦躁、胃痛、反射性心动过速或心律不齐，症状的发生与静滴给药速度有关，与总量关系不大；

（2）硫氰酸盐中毒或逾量时，可出现运动失调、视力模糊、谵妄、眩晕、头痛、意识丧失、恶心、呕吐、耳鸣、气短；

（3）氰化物中毒或超极量时，可出现反射消失、昏迷、心音遥远、低血压、脉搏消失、皮肤粉红色、呼吸浅、瞳孔散大、恶心、呕吐、头痛、食欲不振、皮疹、出汗、药热。剂量过大出现血压下降，可引起重要器官供血不足。

长期使用有硫氰酸盐中毒症状，严重过量可致昏迷、死亡。过量则出现严重的低血压并可引起冠状动脉或脑血管灌注减低而产生严重后果。因此，在不能连续监测心脏的情况下，用此药是不明智的。其他不良反应与此药降解为氰化物有关。假若剂量大或长期高速滴入，则氰化物蓄积可导致组织缺氧、代谢性酸中毒及死亡，特别是肾功能减退的患者。如同时输入维生素$B_{12}$，则可防止这些不良反应。小剂量长期用此药几天后，可导致硫氰酸盐中毒，表现为甲状腺功能低下、头痛、食欲不振、恶心、呕吐及无力，并发展为昏迷及死亡。正铁血红蛋白血症是很少见的并发病。

【相互作用】

1．与其他降压药同用可使血压剧降。

2．与多巴酚丁胺同用，可使心排血量增多而肺毛细血管楔压降低。

3．与拟交感胺类同用，本品的降压作用减弱。

【注意事项】

1．肾功能不全而本品应用超过48小时者，每天须测定血浆中氰化物或硫氰酸盐，保持硫氰酸盐不超过100 μg/mL；氰化物不超过3 μmol/mL。

2．下列情况慎用：

（1）脑血管或冠状动脉供血不足；

（2）麻醉中控制性降压时（应先纠正贫血或低血容量）；

（3）脑病或其他颅内压增高；

（4）肝、肾功能不全；

（5）甲状腺功能过低；

（6）肺功能不全；

（7）维生素$B_{12}$缺乏。

3．老年人用本品须注意增龄时肾功能减退对本品排泄的影响，老年人对降压反应也比较敏感，故用量宜酌减。

4．本品不可静脉注射，应缓慢点滴或使用微量输液泵。

5．在用药期间，应经常监测血压，急性心肌梗死患者使用本品时须监测肺动脉舒张压或楔压。

6．药液有局部刺激性，谨防外渗。

7．如静脉滴注已达每分钟10 μg/kg，经10分钟降压仍不满意，应考虑停用本品。

8．左心衰竭伴低血压时，应用本品须同时加用心肌正性肌力药如多巴胺或多巴酚丁胺。

9．偶尔出现耐药性，视为氰化物中毒先兆，减慢滴速即可消失。

**三、心力衰竭常用药**

地高辛

【药理学】

地高辛为由毛花洋地黄中提纯制得的中效强心苷，其特点是排泄较快而蓄积性较小，临床使用比洋地黄毒苷安全。口服吸收不完全，也不规则，生物利用度约为60%～80%。吸收率约为50%～70%，起效时间为0.5～2 h，最大作用时间为3～6 h，作用维持的时间为4～7天。静脉注射经5～30 min生效，2～4 h达最大效应，3～6天后作用消失。地高辛从尿中排出主要为原形物，少量为代谢物。

【适应症】

用于各种急性和慢性心功能不全以及室上性心动过速、心房颤动和扑动等。通常口服，对严重心力衰竭患者则采用静脉注射。

【用法和用量】

由于剂型及规格不同，用法用量请仔细读药品说明书或遵医嘱。

【不良反应】

1．常见的不良反应

出现心律失常、胃纳不佳或恶心、呕吐（刺激延髓中枢）、下腹痛、异常的无力软弱（电解质失调）。

2．少见的不良反应

视力模糊或“黄视”（中毒症状）、腹泻（电解质平衡失调）、中枢神经系统反应如精神抑郁或错乱。

3．罕见的不良反应

嗜睡、头痛、皮疹、荨麻疹（过敏反应）。

【禁忌症】

1．对任何强心苷制剂中毒者。

2．室性心动过速、心室颤动患者。

3．梗阻性肥厚型心肌病（若伴收缩功能不全或心房颤动仍可考虑）患者。

4．预激综合征伴心房颤动或扑动者。

【注意事项】

1. 洋地黄苷类排泄缓慢，易于蓄积中毒，故用药前应详细询问服药史，原则上两周内未用过慢效洋地黄苷者，才能按常规给予，否则应按具体情况调整用量。

2. 强心苷治疗量和中毒量之间相差很小，每个患者对其耐受性和消除速度又有很大差异，而所列各种剂量大都是平均剂量，故需根据病情、制剂、疗效及其他因素来摸索不同患者的最佳剂量。

3. 强心苷中毒，一般有恶心、呕吐、厌食、头痛、眩晕等，首先应鉴别是由于心功能不全加重所致，还是强心苷过量所致，因前者需加量，后者则宜停药。如中毒一旦确诊，必须立即停药，并根据具体情况应用下列药物：

（1）轻者，口服氯化钾，每次1 g，一日3次；若病情紧急，如出现精神失常及严重心律失常，则用1.5～3 g氯化钾，溶于5%葡萄糖500 mL中，缓慢静脉滴注；同时也需补充镁盐，可使用硫酸镁或L-天门冬氨酸钾镁。但肾功能不全、高钾血症或重症房室传导阻滞者不宜用钾盐。

（2）强心苷引起的房室传导阻滞、窦性心动过缓、窦性停搏等，可静脉注射阿托品0.5～2 mg，2～3小时重复1次。

（3）洋地黄苷引起的室性心律失常，以用苯妥英钠效果较好。对紧急病例，一般先静脉滴注250 mg，然后再根据病情继续静脉滴注100 mg或肌内注射100 mg，此后可改口服，每日0.4 mg分次服用。对非紧急病例，仅口服给药即可。利多卡因亦可用于洋地黄苷引起的室性心律失常和心室颤动。

（4）用药期间忌用钙注射剂。

【药物相互作用】

1. 与两性霉素B、皮质激素或失钾利尿剂（布美他尼、依他尼酸）等同用时，可引起低血钾而致洋地黄中毒。

2. 与制酸药（尤其三硅酸镁）或止泻吸附药如白陶土与果胶、考来烯胺和其他阴离子交换树脂、柳氮磺吡啶或新霉素等同用时，可抑制洋地黄强心苷吸收而导致强心苷作用减弱。

3. 与抗心律失常药、钙盐注射剂、可卡因、泮库溴铵、萝芙木碱、琥珀胆碱或拟肾上腺素类药同用时，可因作用相加而导致心律失常。

4. β受体拮抗剂与本品同用可导致房室传导阻滞而发生严重心动过缓，但并不能排除用于单用洋地黄不能控制心室率的室上性快速心率。

5. 与奎尼丁同用，可使本品血药浓度提高一倍，甚至达到中毒浓度，提高程度与奎尼丁用量相关，合用后即使停用地高辛，其血药浓度仍继续上升，这是奎尼丁从组织结合处置换出地高辛，减少其分布容积之故，一般两药合用时应酌减地高辛用量。

6. 与维拉帕米、地尔硫䓬或胺碘酮同用，由于降低肾及全身对地高辛的清除率而提高其血药浓度，可引起严重心动过缓。

7. 依酚氯铵与本品同用可致明显心动过缓。

8. 血管紧张素转换酶抑制剂及其受体拮抗剂、螺内酯，均可使本品血药浓度增高。

9. 吲哚美辛可减少本品的肾清除，使本品半衰期延长，有洋地黄中毒的危险，需监测血药浓度及心电图。

10. 与肝素同用时，由于本品可能部分抵消肝素的抗凝作用，需调整肝素用量。

11. 洋地黄同时静脉用硫酸镁应极端谨慎，尤其是同时静脉注射钙盐时，可发生心脏传导变化或阻滞。

12. 红霉素由于改变胃肠道菌群，可增加本品在胃肠道吸收。

13. 甲氧氯普胺因促进肠运动而减少地高辛的生物利用度约25%；普鲁本辛因抑制肠蠕动而提高地高辛生物利用度约25%。

去乙酰毛花苷

【其他名称】

毛花强心苷、西地兰D。

【药理学】

本品为毛花苷丙的脱乙酰基衍生物，其药理性质与毛花苷丙相同，但比较稳定，作用迅速，常以注射给药用于快速饱和，继后用其他慢速、中速类强心苷作维持治疗。静脉注射经5～30分钟生效，1～3 h

达最大效应，$T_{1/2}$为33～36 h。3～6日作用完全消失。

【适应症】

用于急性充血性心力衰竭及心房颤动、扑动等。

【用法和用量】

由于剂型及规格不同，用法用量请仔细读药品说明书或遵医嘱。

【不良反应】

可有恶心、呕吐、食欲不振、头痛、心动过缓等。

【注意事项】

1．禁与钙注射剂合用。

2．严重心肌损害及肾功能不全者慎用。

米力农

【其他名称】

力康、米利酮。

【药代动力学】

静脉给药5～15分钟起生效，清除半衰期为2～3小时。蛋白结合率为70%。

【适应症】

适用于对洋地黄、利尿剂、血管扩张剂治疗无效或效果欠佳的各种原因引起的急、慢性顽固性充血性心力衰竭。

【用法与用量】

静脉注射：负荷量37.5～50 μg/kg，5～10分钟缓慢静注，以后每分钟0.375～0.75 μg/(kg·min)维持。每日最大剂量不超过1.13 mg/kg。口服：一次2.5～7.5 mg，每日4次。

【不良反应】

少数有头痛、室性心律失常、无力、血小板计数减少等。过量时可有低血压、心动过速。长期口服因副作用大，可导致远期死亡率升高，已不再应用。

【禁忌症】

低血压、心动过速、心肌梗死患者慎用；肾功能不全者宜减量。

【注意事项】

1．用药期间应监测心率、心律、血压，必要时调整剂量。

2．不宜用于严重瓣膜狭窄病变及梗阻性肥厚型心肌病患者。急性缺血性心脏病患者慎用。

3．合用强利尿剂时，可使左室充盈压过度下降，且易引起水、电解质失衡。

4．对房扑、房颤患者，因可增加房室传导作用导致心室率增快，宜先用洋地黄制剂控制心室率。

5．肝、肾功能损害者慎用。

6．尚无用于心肌梗死、孕妇及哺乳妇女、儿童，应慎重。

【药物相互作用】

1．与丙吡胺同用可导致血压过低。

2．与常用强心、利尿、扩血管药合用，尚未见不良相互作用。

3．与硝酸酯类合用有相加效应。

4．本品有加强洋地黄的正性肌力作用，故应用期间不必停用洋地黄。

【配伍禁忌】

1．本品以生理盐水或5%葡萄糖液稀释后使用，不能用含右旋糖酐的溶液稀释。

2．与速尿混合立即产生沉淀。

左西孟旦

【其他名称】

左西孟坦、Simdax。

【药动学】

本品可以很快的速度从肠道被吸收，并且具有很高的生物利用度。口服用$^{14}C$标记的药物后，可以在消化道、肝、肾、尿中测得很高的放射性，说明药物及其代谢产物广泛分布于这些组织中，但在脑组织中测得的放射性很低，提示药物较难透过血-脑屏障。药物在人体内代谢完全，在尿液和粪便仅测到微量原形药物。药物在人体内的生物转化主要是在肝中与谷胱甘肽结合。结合物不稳定，很快转换为半胱氨酸和半胱氨酰的衍生物。这些物质具有生物活性，是药物出现在尿中的主要代谢产物。本品也可被肠道菌群还原，产生的氨基衍生物（OR-1855）在随粪便排出体外之前可进一步被乙酰化为OR-1896。OR-1855和OR-1896消除半衰期长，可以延长药物的血流动力学作用。药物主要通过尿和胆汁两条途径排泄，尿中出现的药物代谢物为半胱氨酸与半胱氨酸甘氨酸与药物的结合物，在尿中仅发现微量的原形药物。

【适应症】

本品用于心力衰竭的治疗。

【禁忌症】

对本品过敏者禁用。

【注意事项】

本品口服可被肠道菌群还原，还原产物参与肠肝循环并且具有与左西孟旦相似的生物活性，使头痛、眩晕等副作用的发生率增高。

【不良反应】

不良反应较少，偶见头痛、眩晕、心悸等。

【用法用量】

1．口服

每次2 mg，每日3次。

2．静滴

以5%葡萄糖液稀释，起始以12～24 μg/kg负荷剂量静注10 min，而后以0.1 μg/(kg·min)的速度滴注。用药1.4 h后，观察药物的疗效，滴注速度可调整为0.2～0.5 μg/(kg·min)。建议进行6～24 h的输注。

【药物相应作用】

本品可与多巴酚丁胺或氨力农、二磷酸腺苷（ADP）合用，具有协同作用。

（五）血管扩张药

重组人脑利钠肽

【其他名称】

布罗纳泰、新活素。

【适应症】

本品适用于患有休息或轻微活动时呼吸困难的急性失代偿心力衰竭患者的静脉治疗。按NYHA分级大于Ⅱ级。

【使用方法】

采用按负荷剂量静脉推注本品，随后按维持剂量进行静脉滴注。推荐的常用剂量：本品首先以1.5 μg/kg静脉冲击后，以0.0075 μg/(kg·min)的速度连续静脉滴注。

【不良反应】

常见不良反应为低血压，其他不良反应多表现为头痛、恶心、室速、血肌酐升高等。

【禁忌症】

禁用于对重组人脑利钠肽中任何一种成分过敏的患者和有心源性休克或收缩压<90 mmHg的患者。应避免在被怀疑或已知有低心脏充盈压的患者中使用重组人脑利钠肽。

【注意事项】

1．一般注意事项

应该适当预防本品在采用注射方式给药时可能有过敏等反应的发生。目前还没有在采用重组人脑利钠肽治疗时出现严重的过敏反应发生的报道。不建议那些不适合使用扩血管药物的患者（如：那些有严重瓣膜狭窄、限制性或阻塞性心肌病、限制性心包炎、心包填塞或其他心输出依赖静脉回流或被怀疑存在心脏低充盈压的患者）使用。

2．肾功能

在一些敏感人群中，重组人脑利钠肽可能对肾脏功能有影响。在那些肾脏功能可能依赖于肾素-血管紧张素-醛固酮系统的严重心衰患者，采用重组人脑利钠肽的治疗可能引起高氮血症。急性肾衰竭和需要进行肾透析时，请检测血液生化指标，特别是血肌酐升高情况。

3．心血管

在国外进行的VMAC试验和在国内进行的临床试验，采用重组人脑利钠肽治疗均有低血压的发生。当出现低血压时，重组人脑利钠肽治疗组症状性低血压的持续时间（平均2.2小时）比硝酸甘油治疗组更长（平均0.7小时）。因此，在采用重组人脑利钠肽治疗时，应该密切监视血压。当低血压发生时，应该降低给药剂量或停止给药。基线期收缩血压<100 mmHg的患者出现低血压的发生率更高，因此，在这类患者中采用重组人脑利钠肽治疗应更加谨慎。当重组人脑利钠肽与其他可能造成低血压的药物合用时，低血压的发生率可能增加。

4．过敏试验

目前在国内外的临床试验中均未发生过有关本品的过敏反应报道，并在上市后的实际应用中也没有对患者进行过敏试验。

5．实验室检查

在临床试验中，仅发现过1例一过性血肌酐升高的现象。

6．对死亡率的影响

与最重要的对照药物硝酸甘油比较，本品也表现出与国外品大致相同的趋势。对于死亡率的影响尚待临床进一步研究。

7．药物滥用和依赖

目前国内外均未专门进行过这方面的研究。

【孕妇及哺乳期妇女用药】

目前国内外均未进行过重组人脑利钠肽在动物发育和生殖毒性方面的研究，也并不知道采用重组人脑利钠肽对怀孕妇女进行治疗时是否产生胎儿毒性或影响生殖功能。因此，只有当医生判断采用重组人脑利钠肽的治疗所产生的益处大于对胎儿的风险时，才能使用。目前也未知这种药物是否从人类乳汁中分泌。因此，在采用重组人脑利钠肽对哺乳期妇女治疗时，应慎重使用。

【儿童用药】

目前国内外均未确定重组人脑利钠肽在儿童患者中使用时的安全性和有效性。

【老年患者用药】

未发现老年患者和年轻患者在使用重组人脑利钠肽时存在差异。

【药物相互作用】

尽管在国内外的临床实验中，存在许多药物与重组人脑利钠肽合用的情况，但目前还没有进行过专门的实验来证实注射用人脑利钠肽与其他药物的相互作用。除了观察到同时采用口服血管紧张素转换酶抑制剂与重组人脑利钠肽合用时症状性低血压的发生率升高外，还没有观察到其他的药物相互作用现象。本品未排斥利尿剂的使用。重组人脑利钠肽曾经和其他药物（利尿药、地高辛、口服血管紧张素转换酶抑制剂、抗凝药、口服的硝酸盐类药物、他汀类药物、第三类抗心律失常药物、β受体拮抗剂、多巴酚丁胺、钙通道拮抗剂、血管紧张素Ⅱ受体拮抗剂以及多巴胺）合用，尽管没有进行过专门的对血流动力学参数影响的评价，但没有证据提示存在任何有意义的血流动力学参数的相互影响。目前还没有评价过与静脉注射用扩血管药物（如硝酸甘油、硝普钠、米力农或静脉注射的血管紧张素转换酶抑制剂）合用的情况。

【药物过量】

药物过量的可预期的反应为过度的低血压，发生这种情况时，可采取停止给药、降低剂量和适当的监测手段。严重时，可采取扩容治疗。

## 四、心律失常常用药

### （一）病因与临床表现

心律失常是指心脏冲动的频率、节律、起源部位、传导速度或激动次序的异常。按其发生原理，区分为冲动形成异常和冲动传导异常两大类。心律失常总体上可分为缓慢性心律失常和快速性心律失常两大类，前者的治疗主要是心脏起搏，一般无合适有效的药物，后者包括期前收缩、阵发性心动过速、心房扑动、心房颤动等，种类繁多，药物治疗的疗效、目的有所不同，本章仅介绍几种常见且临床意义重要的心律失常的治疗药物。

（二）常用药物

普鲁卡因胺

【其他名称】

奴佛卡因胺、普鲁卡因酰胺。

【适应症】

用于阵发性心动过速、频发早搏（对室性早搏疗效较好）、心房颤动和心房扑动，常与奎尼丁交替使用。

【用法和用量】

由于剂型及规格不同，用法用量请仔细阅读药品说明书或遵医嘱。

【不良反应】

有厌食、呕吐、恶心及腹泻等不良反应，特异体质患者可有发冷、发热、关节痛、肌痛、皮疹及粒细胞减少症等；偶尔有幻视、幻听、精神抑郁等症状出现。

【禁忌症】

严重心力衰竭、完全性房室传导阻滞、束支传导阻滞或肝、肾功能严重损害者禁用。

【注意事项】

1. 静脉滴注可使血压下降，发生虚脱，应严密观察血压、心率和心律变化。

2. 心房颤动及心房扑动的病例，如心室率较快，宜先用洋地黄类强心药，控制心室率在每分钟70～80次以后，再用本药或奎尼丁。

3. 用药3天后，如仍未恢复窦性心律或心动过速不停止，则应考虑换药。

4. 与神经肌肉阻滞药（包括去极化型和非去极化型阻滞药）合用时，神经肌肉接头的阻滞作用增强，时效延长。

美西律

【其他名称】

慢心律、脉律定。

【适应症】

主要用于慢性室性心律失常，如室性早搏、室性心动过速。

【药物代谢动力学】

美西律口服后在胃肠道吸收良好。生物利用度为80%～90%，急性心肌梗死者吸收较低。口服后30分钟作用开始，约持续8小时，2～3小时达到血药峰浓度。口服200 mg的血药峰值为0.3 μg/mL，口服400 mg时约为1.0 μg/mL。2～3小时达到血药峰浓度。在体内分布广泛，表观分布容积为5～7 L/kg，有或无心力衰竭者相似。血液红细胞内的浓度比血浆中高15%。正常人血浆清除半衰期为10～12小时，长期服药者为13小时，急性心肌梗死者为17小时。肝功能受损者半衰期也可延长。血浆蛋白结合率为50%～60%。美西律在肝脏代谢成多种产物，药理活性很小。约10%经肾排出。尿pH值不影响药物清除，尿pH值显著异常可以减慢药物清除速度：酸性尿加快其清除速度，碱性尿减慢其清除速度。

【不良反应】

约20%～30%患者口服发生不良反应。

1. 胃肠反应

最常见，包括恶心、呕吐等，有肝功能异常的报道，包括GOT增高。

2. 神经

包括头晕、震颤（最先出现手细颤）、共济失调、眼球震颤、嗜睡、昏迷及惊厥、复视、视物模糊、精神失常、失眠。

3. 心血管

窦性心动过缓及窦性停搏一般较少发生。偶见胸痛，促心律失常作用如室性心动过速、低血压及心力衰竭加剧。治疗包括停药，用阿托品、升压药、起搏器等。

4. 过敏反应

皮疹。

5．极个别有白细胞及血小板减少。

【禁忌症】

心源性休克和有Ⅱ或Ⅲ度房室传导阻滞、病窦综合征者禁用。

【注意事项】

1．本品在危及生命的心律失常患者中有使心律失常恶化的可能。在程序刺激试验中，此种情况见于10%的患者，但不比其他抗心律失常药高。

2．美西律可用于已安装起搏器的Ⅱ度和Ⅲ度房室传导阻滞病人，有临床试验表明在Ⅰ度房室传导阻滞的病人中应用较安全，但要慎用。

3．美西律可引起严重心律失常，多发生于恶性心律失常患者。

4．在低血压和严重充血性心力衰竭病人中慎用。

5．肝功能异常者慎用。

6．室内传导阻滞或严重窦性心动过缓者慎用。

7．用药期间注意随访时检查血压、心电图、血药浓度。

【用法用量】

1．口服

1次200～300 mg，1日400～800 mg，或每6～8小时1次。以后可酌情减量维持。

2．静注

开始量100 mg，加入5%葡萄糖注射液20 mL中缓慢静注3～5分钟。如无效，可在5～10分钟后再给50～100 mg，然后以1.5～2 mg/min的速度静滴3～4小时，再将滴速减至0.75～1 mg/min，并维持24～48小时。

普罗帕酮

【其他名称】

苯丙酰心安、心律平。

【副作用】

有口干、头痛、眩晕、胃肠道不适，胆汁淤积性肝损害等。

【禁忌】

心力衰竭，心源性休克，严重的心动过缓，窦房、房室和心室内的传导障碍，病窦综合征，严重的阻塞性肺部疾患，明显低血压者禁用。肝肾功能不全者、孕妇和哺乳期妇女慎用。

【适应症】

适用于预防或治疗室性或室上性异位搏动，室性或室上性心动过速，预激综合征，电转复律后室颤发作等。经临床试用，疗效确切，起效迅速，作用时间持久，对冠心病、高血压所引起的心律失常有较好的疗效。

【用法用量】

1．口服

1次100～200 mg，1日3～4次。治疗量，1日300～900 mg，分4～6次服用。维持量，1日300～600 mg，分2～4次服用。由于其局部麻醉作用，宜在饭后与饮料或食物同时吞服，不得嚼碎。每日极量：0.9 g。小儿每次5～7 mg/kg，3次/日，起效后用量减半以维持疗效。必要时可在严密监护下缓慢静注或静滴，1次70 mg，每8小时1次。1日总量不超过350 mg。

2．静注或静滴

70 mg/次，1次/8小时，每日极量：0.35 g。或每次1～1.5 mg/kg，以葡萄糖注射液20 mL稀释后缓慢静注5分钟以上，必要时20分钟后可重复1次，以后以0.5～1 mg/分钟的滴速维持。小儿每次1 mg/kg，以葡萄糖注射液20 mL稀释后缓慢静注5分钟以上，必要时20分钟后可重复1次。

【注意事项】

1．不良反应较少，主要者为口干，舌唇麻木，可能是由于其局部麻醉作用所致。此外，早期的不良反应还有头痛、头晕、眼闪光；其后可出现胃肠道障碍，如恶心、呕吐、便秘等。老年患者用药后可能出现血压下降。也有出现房室阻断症状者。有两例在连续服用两周后出现胆汁淤积性肝损伤的报道，停药后2～4周各酶的活性均恢复正常。

2. 在试用过程中未见肺、肝及造血系统的损害，有少数病人出现上述口干、头痛、眩晕、胃肠道不适等轻微反应，一般都在停药后或减量后症状消失。有报道个别病人出现房室传导阻滞，Q-T间期延长，P-R间期轻度延长，QRS时间延长等。

3. 心肌严重损害者慎用。

4. 窦房结功能障碍、严重房室传导阻滞、双束支传导阻滞、心源性休克患者禁用；严重的心动过缓，肝、肾功能不全，明显低血压患者慎用。

5. 如出现窦房性或房室性传导高度阻滞，可静注乳酸钠、阿托品、异丙肾上腺素或间羟肾上腺素等解救。

【不良反应】

不良反应有口干、唇舌麻木、头痛、眩晕、眼闪光、嗜睡、恶心、呕吐、便秘等，在减量或停药后消失。用量较大时极个别患者出现手指震颤、心动过缓、窦性静止、窦房或房室传导阻滞、精神障碍或低血压、血清谷丙转氨酶升高及胆汁淤积性肝炎。心血管系统最常见的是诱发或加重室性心律失常、房室或束支传导阻滞、诱发或加重充血性心衰、心绞痛发作增多。也可出现窦房结功能失调如严重的窦性心动过缓、窦性停搏，以及较严重的低血压。有关较严重反应的个案报告在增多。不良反应与剂量相关。

【相互作用】

1. 其他抗心律失常药，包括维拉帕米、普萘洛尔、胺碘酮及奎尼丁等，可能增加本品的不良反应。

2. 与降压药合用，可增强降压作用。

3. 与局麻药合用可能增加本品中枢神经系统不良反应。

4. 与地高辛合用，可能增加地高辛血药浓度。

5. 与华法林合用，可增加华法林的血药浓度和延长凝血酶原时间。

6. 与西咪替丁合用，可使本品血药浓度增加20%，但无心电参数的改变。

7. 与苯巴比妥同用，可降低本品的血药浓度。

8. 与三环类抗抑郁药、环孢素、茶碱、地高辛、华法林等同用，可增强本品的作用与毒性。

9. 与地尔硫䓬同用，二者的血药水平均增高。

胺碘酮

【其他名称】

胺碘达隆、可达龙。

【药效学】

胺碘酮属Ⅲ类抗心律失常药，具有轻度非竞争性的α及β肾上腺素受体阻滞剂作用，且具有轻度Ⅰ及Ⅳ类抗心律失常药性质。主要电生理效应是：延长各部心肌组织的动作电位及有效不应期，有利于消除折返激动；抑制心房及心肌传导纤维的快钠离子内流，减慢传导速度；降低窦房结自律性；对静息膜电位及动作电位高度无影响；对房室旁路前向传导的抑制大于逆向。由于复极过度延长，心电图有Q-T间期延长及T波改变。静注有轻度负性肌力作用，但通常不抑制左室功能。对冠状动脉及周围血管有直接扩张作用。可影响甲状腺素代谢。

【药动学】

口服吸收迟缓，生物利用度约为50%。表观分布容积大，主要分布于脂肪组织及含脂肪丰富的器官，其次为心、肾、肺、肝及淋巴结，最低的是脑、甲状腺及肌肉。在血浆中62.1%与白蛋白结合，33.5%可能与β脂蛋白结合。主要在肝内代谢消除。半衰期为14～28天。停药后半年仍可测出血药浓度。口服后4～6小时血药浓度达峰值。约1个月可达稳态血药浓度，稳态血药浓度为0.92～3.75 μg/mL。4～5天作用开始，5～7天达最大作用，停药后作用可持续8～10天，偶尔可持续45天。静注后5分钟起效，停药可持续20分钟～4小时。有效血药浓度为1～2.5 μg/mL，中毒血药浓度1.8～3.7 μg/mL以上。血液透析不能清除本品。

【适应症】

口服适用于治疗房性早搏及室性早搏；对反复性阵发性室上性心动过速、心房颤动、心房扑动、室性心动过速及室颤可防止反复发作，也可防止预激综合征伴室上性心律失常的发作及心房颤动或心房扑动电转复后的维持治疗。其次有抗心绞痛作用。

静脉注射适用于治疗阵发性室上性心动过速，尤其对伴有预激综合征者效果更佳。也用于经利多卡因治疗无效的室性心动过速患者。

【用法用量】

口服。治疗室上性心律失常，每日0.4～0.6 g，分3次服，1～2周后根据需要改为每日0.2～0.4 g维持。治疗室性心律失常，每日0.6～1.2 g，分3次服，1～2周后根据需要改为每日0.2～0.6 g维持。

【禁用慎用】

1. 对碘过敏者对本品也可能过敏。

2. 本品可以通过胎盘进入胎儿体内。新生儿血中原药及代谢物为母体血浓度的25%。已知碘也可通过胎盘，故孕妇使用时应权衡利弊。

3. 本品及代谢物可从乳汁中分泌，服本品者不宜哺乳。

【安全用药监护】

1. 本品口服作用的发生及消除均缓慢，不宜在短期内加用过大剂量以期获得疗效，以防过量。

2. 本品半衰期长，故停药后换用其他抗心律失常药时应注意相互作用；因多数不良反应与疗程及剂量有关，故需长期服药者尽可能用最小有效维持量，并应定期随诊。

3. 需监测血压及心电图，口服时应特别注意Q-T间期。

维拉帕米

【其他名称】

异搏定、异搏停。

【作用与用途】

本品为钙通道阻滞剂（钙拮抗剂），由于抑制钙内流可降低心脏舒张期自动去极化速率，而使窦房结的发放冲动减慢，也可减慢传导。本品可减慢前向传导， 因而可以消除房室结折返。本品对外周血管有扩张作用，使血压下降，但较弱，一般可引起心率减慢，但也可因血压下降而反射性心率加快。本品对冠状动脉有舒张作用，可增加冠脉流量，改善心肌供氧，此外，它尚有抑制血小板聚集作用。

【药动学】

口服后90%以上被吸收，生物利用度低，约20%～35%。蛋白结合率为90%（87%～93%）。主要在肝内代谢，口服后经首次关卡效应后仅20%～35%进入血循环，故口服量需是静注量的10倍才能达到同等血药浓度，代谢产物中去甲维拉帕米具有心脏活性。单剂口服半衰期为2.8～7.4小时，多剂为4.5～12小时。静脉给药的药-时曲线呈双相，半衰期α约为4分钟，半衰期β为2～5小时；去甲维拉帕米半衰期约为9小时。口服后1～2小时作用开始，3～4小时达最大作用，持续6小时。静脉给药抗心律失常作用于2分钟（1～5分钟）开始，2～5 分钟达最大作用，作用持续约2小时，血流动力学作用3～5分钟开始，约持续10～20分钟。主要经肾清除，代谢产物在24小时内排出50%，5天内为70%，原形药为3%，9%～16%经消化道入粪便清除。血液透析不能清除该品。

【适应症】

口服适用于治疗：

（1）各种类型的心绞痛，包括稳定型或不稳定型心绞痛，以及冠状动脉痉挛所致的心绞痛，如变异型心绞痛；

（2）房性过早搏动，预防心绞痛或阵发性室上性心动过速；

（3）肥厚型心肌病；

（4）高血压病。

静注适用于治疗快速性室上性心律失常，使阵发性室上性心动过速转为窦性，使心房扑动或心房颤动的心室率减慢。

【用法用量】

1. 成人常用量

（1）口服

开始一次40～80 mg，一日3～4次，按需要及耐受情况可逐日或逐周增加剂量，每日总量一般在240～480 mg。

（2）静脉注射

开始用5 mg（或按体重0.075～0.15 mg/kg），静注2～3分钟，如无效则10～30分钟后再注射一次；

在老年患者，为了减轻不良反应，上述剂量应经3～4分钟缓慢注入。

（3）静脉滴注

每小时5～10 mg，加入氯化钠注射液或5%葡萄糖注射液中静滴，一日总量不超过50～100 mg。

（4）成人处方极量

口服一日480 mg，分次服用。

2. 小儿常用量

（1）口服

2岁以下一次20 mg，一日2～3次；2岁以上一次40～120 mg，一日2～3次，依年龄及反应而异。

（2）静脉注射

新生儿至1周岁首剂按体重0.1～0.2 mg/kg；1岁至15岁首剂按体重0.1～0.2 mg/kg，总量不超过5 mg，2～3分钟缓慢静注，心电图连续监护，必要时30分钟后可再给一剂。

【不良反应】

多与剂量有关，常发生于剂量调整不当时：

（1）心血管

心动过缓（50次/分以下），偶尔发展成Ⅱ或Ⅲ度房室传导阻滞及心脏停搏；可能使预激或L-G-L综合征伴心房颤动或心房扑动者旁路传导加速，以致心率增快；心力衰竭；低血压；下肢水肿。

（2）神经

头晕或眩晕，偶可致肢冷痛、麻木及烧灼感。

（3）过敏反应

偶可发生恶心、轻度头痛及关节痛、皮肤瘙痒及荨麻疹。

（4）内分泌

偶可致血催乳激素浓度增高或溢乳。

不良反应的治疗：一般反应可以减量或停用。严重不良反应须紧急治疗，心动过缓、传导阻滞或心脏停搏可静脉给阿托品、异丙肾上腺素、去甲肾上腺素或人工心脏起搏器。心动过速发生在预激或L-G-L综合征者可以直流电转复心律，静注利多卡因或普鲁卡因胺。低血压可以静脉给异丙肾上腺素、间羟胺或去甲肾上腺素。

【禁忌症】

1. 下列情况应禁用

（1）心源性休克；

（2）充血性心力衰竭，除非继发于室上性心动过速而对该品有效者；

（3）Ⅱ至Ⅲ度房室传导阻滞；

（4）重度低血压，收缩压<12 kPa（90 mmHg）；

（5）病态窦房结综合征，除非已有人工心脏起搏；

（6）预激或L-G-L综合征伴房颤或房扑，除非有人工心脏起搏。

2. 下列情况应慎用：

（1）极度心动过缓；

（2）心力衰竭，给该品前须先用洋地黄及利尿剂控制心力衰竭，中或重度心力衰竭［即肺楔嵌压>2.67 kPa（20 mmHg），喷血分数<20%］给该品可使病情恶化；

（3）肝功能损害；

（4）轻度至中度低血压，该品的周围血管扩张作用加重低血压；

（5）肾功能损害，肾功能不全者可引起中毒。

伊布利特

【其他名称】

迪罗必舒、富马酸伊布利特。

【适应症】

伊布利特注射液用于治疗近期发作的房颤或房扑逆转成窦性心律，长期房性心律不齐的病人对伊布利特不敏感。伊布利特对持续时间超过90天的心律失常患者的疗效还未确定。

【用法用量】

在下列情况应该立即停止使用本品：原心律失常消失；出现连续性或间歇性室性心动过速；QT或QTc明显延长。

【不良反应】

伊布利特注射液在临床试验中病人没有明显的不适感。在临床Ⅱ期或Ⅲ期研究中，586名因房颤或房扑接受伊布利特治疗的病人中，149（25%）人报告出现与心血管系统有关的副作用，包括连续性多形性室性心动过速（1.7%）和间歇性多形性室性心动过速（2.7%）。其他有重要临床意义但与伊布利特关系不确定的副作用如下（0.2%代表1例病人）：连续性单形性室性心动过速（0.2%）；间歇性单形性室性心动过速（4.9%）；房室传导阻滞（1.5%）；束支传导阻滞（1.9%）；室性早搏（5.1%）；室上性早搏（0.9%）；低血压或体位性低血压（2.0%）；心动过缓或窦性心动过缓（1.2%）；节性心律不齐（0.7%）；充血性心力衰竭（0.5%）；心动过速或窦性心动过速或室上性心动过速（2.7%）；室性心律（0.2%）；昏厥（0.3%）；肾衰（0.3%）；心悸（1.0%）；高血压（1.2%）；QT间期延长（1.2%）；头痛（3.6%）。以上副作用的发生率除了昏厥外，在伊布利特治疗组比安慰剂组大。另外，可能与使用伊布利特有关的副作用有恶心，出现频率高于1%，使用伊布利特治疗的病人发生恶心比使用安慰剂治疗的病人多。

【禁忌】

对本品成分有过敏史者禁用。

索他洛尔

【其他名称】

甲磺胺心定、心得怡。

【药效学】

索他洛尔是具有Ⅲ类抗心律失常药物延长动作电位时程兼有$\beta_1$、$\beta_2$受体阻滞作用的广谱抗心律失常药物，对室上性、室性心律失常均有较好的疗效。

【药动学】

口服吸收完全，几乎达100%，口服后2～3 h达血浆峰值，肝脏首过效应很小，生物利用度为95%，表观分布容积为1.6～2.4 L/kg。在肝脏内几乎不被代谢，血浆蛋白结合率为50%。有效血浆浓度为1～3 μg/mL。长程口服血浆半减期为14～20 h，分布半衰期为6.5 h。肾衰竭时，其半衰期可长达42 h。单剂静脉注射，半衰期则仅为6～8 h。约75%经尿排出，其余经胆汁排泄。

【适用症】

本品用于治疗室性和室上性心律失常、高血压、心绞痛和心肌梗死后，尤其适用于各种危及生命的室性快速型心律失常。

【用法用量】

口服：每次20～80 mg，每日3～4次；静注：每日10～40 mg。

【不良反应】

有恶心、呕吐、腹泻、疲倦、嗜睡、皮疹等；过量可致心动过缓、传导阻滞和低血压等。

【禁忌症】

当患者肌酐清除率小于60 mL/h时，应慎用本品。禁用于支气管哮喘、窦性心动过缓、Ⅱ度或Ⅲ度房室传导阻滞（除非安放了有效的心脏起搏器）、先天性或获得性QT间期延长综合征、心源性休克、未控制的充血性心力衰竭以及对该品过敏的病人。

【注意事项】

1．避免与能延长QT间期的药物合用。

2．应用该药前应做电解质检查，低血钾和低血镁患者应在纠正后再用该药；对于长期腹泻或同时用利尿剂的患者尤需注意；与排钾利尿剂合用时应注意补钾。

3．有支气管痉挛性疾病的患者避免使用该药。

4．伴有病窦综合征患者用该药时应特别谨慎，谨防引起窦性心动过缓、窦性间歇或窦性停搏。

5．该药具有β受体阻滞剂作用，故可抑制心肌收缩力或引发心力衰竭。因此，心功能不全患者在用洋地黄或利尿剂控制心功能不全后，方可慎用该药；另外，两者均使房室传导延长、减慢心率，应警惕其致心律失常作用。

6．该药禁用于有以下疾患的病人：支气管哮喘或慢性阻塞性气道疾病；对该药有过敏史；心源性休克；窦性心动过缓；未控制的充血性心衰；先天性或获得性QT间期延长综合征。

7．长期应用该药停药应慎重，尤其对缺血性心脏病人应做仔细的监测。

8．β受体阻断剂的阻断作用会进一步抑制心肌收缩性并使心衰加重。左心室功能不全的患者在治疗（如使用ACE1抑制剂、利尿剂、洋地黄等）开始时需谨慎，宜从小剂量开始并小心调整剂量。

9．低钾血症或低镁血症患者在紊乱纠正前不应使用该药，对严重或长期腹泻病人或同时服用排钾或排镁药物的病人，应特别注意其电解质和酸碱平衡情况。

10．QT间期过度延长，>550 ms可作为中毒的指标，应该避免发生。

11．病人在手术中以及使用了抑制心肌的麻醉药如环丙烷或三氯乙烯，建议应谨慎使用该药。

12．糖尿病及甲状腺功能亢进病人慎用。

13．心功能不全患者在用洋地黄利尿药控制心功能不全之后，方可用该药。

**五、血脂异常常用药**

（一）病因与临床表现

血脂异常实际上表现为脂蛋白异常血症，可作为代谢综合征的组分之一，与多种疾病如肥胖症、2型糖尿病、高血压、冠心病、脑卒中等密切相关。长期血脂异常可导致动脉粥样硬化、增加心脑血管病的发病率和病死率。

（二）药物治疗要点

【治疗原则】

1．继发性血脂异常应以治疗原发病为主，如糖尿病、甲状腺功能减退症经控制后，血脂有可能恢复正常。但是原发性血脂异常和继发性血脂异常可能同时存在。

2．治疗措施应是综合性的。生活方式改变为首要的基本的治疗措施，药物治疗需严格掌握指征，必要时考虑血浆净化疗法或外科治疗，基因治疗尚在探索之中。

【常用调脂药物】

1．羟甲基戊二酰辅酶A（HMG-CoA）：还原酶抑制药（他汀类）。

2．苯氧芳酸类（贝特类）。

3．烟酸类。

4．肠道胆固醇吸收抑制药（依折麦布）。

5．胆酸整合药（树脂类）：考来烯胺，考来替胺。

6．其他调脂药：如普罗布考，n-3脂肪酸。

【降脂药的联合应用】

1．他汀类药物与依折麦布联合应用

依折麦布与低剂量他汀联合治疗使降脂疗效大大提高，达到高剂量他汀类药物的效果，但无大剂量他汀类药物发生不良反应的风险。

2．他汀类药物与贝特类药物联合应用

两者治疗适用于混合型高脂血症患者，目的为使TC、LDL-C和TG的水平明显降低，HDL-C的水平明显升高。由于他汀类药物和贝特类药物均有潜在损伤肝功能的可能，并有发生肌炎和肌病的危险，合用时发生不良反应的机会增多，他汀类药物和贝特类药物联合用药的安全性应高度重视。

3．他汀类药物与烟酸类药物联合应用

在常规他汀类药物治疗的基础上，加用小剂量烟酸是一种合理的联合治疗方法。其结果表明联合治疗可显著升高HDL-C，而不发生严重的不良反应。

4．他汀类药物与胆酸合剂联合应用

两药合用有协同降低血清 LDL-C水平的作用。

5．他汀类药物与n-3脂肪酸联合应用

他汀类药物与鱼油制剂n-3脂肪酸合用可用于治疗混合型高脂血症。

（三）常用药物

辛伐他汀

【其他名称】

舒降之、辛可、理舒达。

【药效学】

辛伐他汀是他汀类的降血脂药物，用于控制血液中胆固醇的含量以及预防心血管疾病。

【用法】

高胆固醇血症：始服量为每天10 mg，晚间顿服。对于胆固醇水平轻至中度升高者，始服剂量为每天5 mg。

冠心病：始服量为每天晚上服用20 mg。

【副作用】

本品副作用轻微而且为一过性。可见腹痛、便秘、胃肠胀气。极少见疲乏无力，头痛。罕见的有过敏反应综合征：如血管神经性水肿、狼疮样综合征、风湿性多发性肌痛、脉管炎、血小板减少、关节痛、荨麻疹、发烧、呼吸困难等症状。

【禁忌】

1．对本品任何成分过敏者。

2．活动性肝炎或无法解释的持续血清转氨酶升高者。

3．孕妇和哺乳期妇女。

【药代动力学】

辛伐他汀经口服后对肝脏有高度的选择性，其在肝脏中的浓度明显高于其他非靶性组织，辛伐他汀的大部分经肝组织吸收，主要作用在肝脏发挥，随后从胆汁中排泄。只有低于5%口服剂量的辛伐他汀活性结构在外围中发现，而其中95%可与血浆蛋白结合。

【适应症】

1．高脂血症

（1）对于原发性高胆固醇血症、杂合子家族性高胆固醇血症或混合性高胆固醇血症的患者，当饮食控制及其他非药物治疗不理想时，辛伐他汀可用于降低升高的总胆固醇、低密度脂蛋白胆固醇、载脂蛋白B和甘油三酯。且辛伐他汀升高高密度脂蛋白胆固醇，从而降低低密度脂蛋白/高密度脂蛋白和总胆固醇/高密度脂蛋白的比率。

（2）对于纯合子家族性高胆固醇血症患者，当饮食控制及非饮食疗法不理想时，辛伐他汀可用于降低升高的总胆固醇、低密度脂蛋白胆固醇和载脂蛋白B。

2．冠心病

对冠心病患者，辛伐他汀用于：

（1）减少死亡的危险性。

（2）减少冠心病死亡及非致死性心肌梗死的危险性。

（3）减少脑卒中和短暂性脑缺血的危险性。

（4）减少心肌血管再通手术（冠状动脉搭桥术及经皮气囊冠状动脉成形术）的危险性。

（5）延缓动脉粥样硬化的进展，包括新病灶及全堵塞的发生。

【用法和用量】

1．高胆固醇血症

一般始服剂量为每天10 mg，晚间顿服。对于胆固醇水平轻至中度升高的患者，始服剂量为每天5 mg。若需调整剂量则应间隔4周以上，最大剂量为每天40 mg，晚间顿服。当低密度脂蛋白胆固醇水平降至75 mg/dL（1.94 mmol/L）或总胆固醇水平降至140 mg/dL（3.6 mmol/L）以下时，应减低辛伐他汀的服用剂量。

2．纯合子家族性高胆固醇血症

根据对照临床研究结果，对纯合子家族性高胆固醇血症病人，建议辛伐他汀40 mg/d，晚间顿服，或80 mg/d分早晨20 mg。

【不良反应】

辛伐他汀一般耐受性良好，大部分不良反应轻微且为一过性。在临床对照试验中只有少于2%的病人因辛伐他汀的不良反应而中途停药。在已有对照组的临床试验中，不良反应（分为可能、可疑或肯定）与药物有关的发生率大于或等于1%的有：腹痛、便秘、胃肠胀气。发生率在0.5%～0.9%的不良反应有疲乏、无力、头痛。发现肌病的报告很罕见。下列不良反应的报道曾出现在无对照组临床试验或上市后的应用中，如恶心、腹泻、皮疹、消化不良、瘙痒、脱发、晕眩、肌肉痉挛、肌痛、胰腺炎、感觉异常、外周神经病变、呕吐和贫血、横纹肌溶解和肝炎/黄疸。包括下列一项或多项特征的明显的过敏反应综合征罕有报道，如血管神经性水肿、狼疮样综合征、风湿性多发性肌痛、脉管炎、血小板减少症、嗜酸性粒细胞增多、血沉（ESR）增高、关节炎、关节痛、荨麻疹、光敏感性、发热、潮红、呼吸困难以及不适。实验室检查发现：血清氨基转移酶显著和持续性升高的情况罕有报道。肝功能检查异常为轻微或一过性。来源于骨骼肌部分的血清磷酸肌酸激酶（CK）升高的情况也有报道。

阿托伐他丁

【其他名称】

阿乐、立普妥。

【适应症】

用于治疗杂合子家族性或非家族性高胆固醇血症和混合性高脂血症，也用于治疗纯合子高胆固醇血症。

【不良反应】

本品可被较好地耐受，不良反应多为轻度和一过性，最常见的是便秘、腹胀、消化不良和腹痛。因本品的不良反应而停药者<2%。其他有ALT升高（0.7%），发生在用药16周内。

【相互作用】

本品与含有炔诺酮和炔雌醇的口服避孕药合用时，能分别使炔诺酮和炔雌醇的AUC增加30%和20%；与红霉素合用时，本品的血浆浓度约增高40%；与地高辛合用时，多次给药后，地高辛的稳态血药浓度增加约20%，应对地高辛浓度进行监测；与考来烯胺（消胆胺）合用时，本品的血浆浓度降低约25%，但降低LDL-C的效果较单用本品或考来替泊的效果都大；本品与环孢素、烟酸、红霉素及吡咯类抗真菌药合用，发生肌病的危险性增加。

【用法用量】

可在任何时间单剂量服用，进食或非进食时均可。起始剂量为10 mg，剂量范围为每天10～80 mg。根据治疗目标和治疗反应采取个体化治疗方案。对肾功能不全患者，不必调整剂量。

【注意事项】

活动性肝病或原因不明的转氨酶持续升高患者及对本品的任何成分过敏者、孕妇和哺乳期妇女禁用。

（1）使用本品治疗前、治疗6周及12周或增加药物剂量后进行肝功能检测，并在以后定期测定肝功能。

（2）治疗过程中出现弥漫性肌痛、肌肉触痛或无力（特别是伴有全身不适或发热时）和肌酸磷酸激酶（CPK）水平明显升高，应考虑肌病的可能性。如为肌病，应停止本品的治疗。

（3）使用本品前，应通过适当饮食、运动和减轻肥胖的体重等方法控制高胆固醇血症，并治疗其他原发疾病。

（4）本品过量无特殊治疗。一旦发生过量，应予以对症及相应的支持疗法，血液透析能显著增加其清除。

（5）开始治疗或增加剂量后2～4周应监测血脂水平，并据此对剂量进行相应的调整。

（6）对纯合子高胆固醇血症患者，除非无法进行其他治疗，本品应作为其他降脂治疗措施（LDL血浆分离置换）基础上进行的治疗手段。

普伐他汀

【其他名称】

美百乐镇、普拉固、普拉司汀。

【药效学】

本品为3-羟基3-羟基戊二酰辅酶A还原酶（HMG-COA还原酶）的竞争性抑制剂，HMG-COA还原酶是胆固醇生物合成初期阶段的限速酶。本品可逆性地抑制HMG-COA还原酶，从而抑制胆固醇的生物合成。

【适应症】

适用于饮食限制仍不能控制的原发性高胆固醇血症或合并有高甘油三酯血症患者（Ⅱa和Ⅱb型）。

【用法用量】

成人开始剂量为10～20 mg，一日1次，临睡前服用，一日最高剂量40 mg。

【不良反应】

可见轻度转氨酶升高、皮疹、肌痛、头痛、胸痛、恶心、呕吐、腹泻、疲乏等。

【禁忌】

对本品过敏者、活动性肝炎或肝功能试验持续升高者以及妊娠及哺乳期的妇女禁用。

【药物相互作用】

1．在服用考来烯胺前一小时或后四小时给予本品或在服用考来替泊和标准膳食前一小时给予本品，其生物利用度和治疗作用在临床上都没有明显的下降，同时服用，则本品生物利用度下降40%～50%。

2．与安替比林联合应用时，并不改变细胞色素P450系统对安替比林的清除，由于本品无诱导肝脏药物代谢酶作用，所以不会与其他由细胞色素P450系统代谢的药物（如苯妥英钠、奎尼丁）产生明显的相互作用。

3．与华法林合用，本品稳态时的生物利用度参数不改变，本品不改变华法林与血浆蛋白的结合，较长期服用二药，对华法林的抗凝不产生任何改变。

4．与阿司匹林、制酸剂（苯脲用本品前一小时给予）、西咪替丁、吉非贝齐、烟酸或丙丁酚相互作用的研究中，本品的生物利用度未见显著差异，服用制酸剂及西咪替丁后可改变本品的血药浓度，但并不影响疗效。

5．与利尿剂、抗高血压药、洋地黄、转换酶抑制剂、钙通道阻滞剂、β阻滞剂或硝酸甘油等药物合用未见明显的相互作用。

【注意事项】

1．对纯合子家庭性高胆固醇血症疗效差。

2．治疗期间，应定期检查肝功能，如SGPT和SGOT增高等于或超过正常上限三倍且为持续性的，应停止治疗。

3．有肝脏疾病史或饮酒史的病人应慎用本品。

4．使用HMG-COA还原酶抑制剂类降血脂药偶可引起CPK升高，如升高值为正常上限的10倍应停止使用。使用过程中，病人如出现不明原因的肌痛、触痛、无力、特别是伴有不适和发热者，应立即报告医生。

5．其他HMG-COA还原酶抑制剂类降血脂药与环孢霉素、纤维酸衍生物、烟酸等同时服用，可增加肌炎和肌病的发生率，但本品与上述药物同时使用，临床试验表明并不增加肌炎和肌病的发生率。

瑞舒伐他汀

【其他名称】

可定、罗舒伐他汀。

【药效学】

瑞舒伐他汀是一种选择性HMG-CoA还原酶抑制剂。HMG-CoA还原酶抑制剂是转变3-羟基-3-羟甲基戊二酰辅酶A为甲戊酸盐胆固醇的前体的限速酶。瑞舒伐他汀的主要作用部位是肝——降低胆固醇的靶向器官。瑞舒伐他汀增加了肝LDL细胞表面受体数目，促进LDL的吸收和分解代谢，抑制了VLDL的肝合成，由此降低VLDL和LDL微粒的总数。

【用法与用量】

成人口服：一次100 mg，一日3次。

【注意事项】

本品对诊断有干扰，服用本品时血小板计数、血尿素氮、氨基转移酶、血钙可能增高；血碱性磷酸酶、γ谷氨酰转肽酶及胆红素可能降低。

如果临床有可疑的肌病的症状（如肌痛、触痛、乏力等）或血肌酸磷酸激酶显著升高，则应停药。在治疗高血脂的同时，还需关注和治疗可引起高血脂的各种原发病，如甲状腺机能减退、糖尿病等。某些药物也可引起高血脂，如雌激素、噻嗪类利尿药和β受体阻滞剂等，停药后，则不再需要相应的抗高血脂治疗。饮食疗法始终是治疗高血脂的首要方法，加上锻炼和减轻体重等方式，都将优于任何形式的药物治疗。

阿昔莫司

【其他名称】

吡莫酸、乐知苹、氧甲吡嗪。

【药动学】

本品吸收迅速完全，1次口服后2 h血浆浓度达峰值，部分药物与血浆蛋白相结合。药物在血中半减期为4 h。药物在体内很少代谢，绝大部分以原形通过肾脏排出体外。

【适应症】

用于各种原发性和继发性高脂血症，可降低血浆总胆固醇、甘油三酯、低密度脂蛋白和极低密度脂蛋白含量，提高高密度脂蛋白含量，作用持久稳定。本品既可作为首选降脂药物，治疗轻度高脂血症，又可作为基础降脂药物，与其他降脂药物合用以提高疗效。本品尚可作为降糖药物，在治疗糖尿病中发挥辅助作用。

【用法用量】

口服，每次250 mg，每日1～2次。用药期间最好进食低脂和低胆固醇饮食。

【不良反应】

少而轻微，偶见皮肤毛细血管扩张、瘙痒、上腹部烧灼感、头痛、乏力，大多数患者不需停药，一经停药即可消除。

普罗布考

【其他名称】

丙丁醇、丙丁酚、肠泰。

【适应症】

用于治疗高胆固醇血症。

【用法用量】

成人常用量：每次0.5 g，每日2次，早、晚餐时服用。

【药代动力学】

本品经胃肠道吸收有限且不规则，如与食物同服可使其吸收达最大。一次口服本品后18小时达血药浓度峰值，半衰期为52～60小时。每天服本品，血药浓度逐渐增高，3～4个月达稳态水平。本品在体内产生代谢产物。口服剂量的84%从粪便排出，1%～2%从尿中排出，粪便中以原形为主，尿中以代谢产物为主。

【不良反应】

1．本品最常见的不良反应为胃肠道不适，腹泻的发生率大约为10%，还有胀气、腹痛、恶心和呕吐。

2．其他少见的反应有：头痛、头晕、感觉异常、失眠、耳鸣、皮疹、皮肤瘙痒等。

3．有报道发生过血管神经性水肿的过敏反应。

4．罕见的严重的不良反应有：心电图Q-T间期延长、室性心动过速、血小板减少等。

【禁忌症】

1．对普罗布考过敏者禁用。

2．本品可引起心电图Q-T间期延长和严重室性心律失常，故在下列情况禁用：

（1）近期心肌损害，如新近心肌梗死者；

（2）严重室性心律失常，如心动过缓者；

（3）有心源性晕厥或有不明原因晕厥者；

（4）有Q-T间期延长者；

（5）正在反应延长Q-T间期的药物；

（6）血钾或血镁过低者。

【注意事项】

1．服用本品对诊断有干扰：可使血氨基转移酶、胆红素、肌酸磷酸激酶、尿酸、尿素氮短暂升高。

2．服用本品期间应定期检查心电图Q-T间期。

3．服用三环类抗抑郁药、Ⅰ类及Ⅲ类抗心律失常药和吩噻嗪类药物的患者服用本品发生心律失常的危险性大。

依折麦布

【其他名称】

益适纯、Ezetrol。

【适应症】

用于治疗原发性高胆固醇血症。

【用法用量】

本品推荐剂量为每天一次，每次10 mg，可单独服用或与他汀类药物联合应用或与非诺贝特联合应用。本品可在一天之内任何时间服用（每日服药时间应相同），可空腹或与食物同时服用。

【禁忌症】

对本品任何成分过敏者。活动性肝病或不明原因的血清转氨酶持续升高的患者。所有HMG-CoA还原酶抑制剂被限制使用于怀孕及哺乳期妇女。当本品与此类药物联合用药于有潜在分娩可能性的妇女时，应参考HMG-CoA还原酶抑制剂产品说明书（见孕妇及哺乳期妇女用药）。

【药物过量】

临床研究中，15名健康受试者连续14天每天服用本品50 mg，18名原发性高胆固醇血症患者连续56天每天服用本品40 mg，普遍耐受良好。有少数服用本品过量的报道，绝大多数未出现不良反应，所报道的不良反应均不严重。药物过量事件中，应进行对症及支持治疗。

# 第五章　消化系统疾病病人的护理

## 第一节　消化系统基础知识

### 一、解剖结构

消化器官主要包括食管、胃、肠、肝、胆、胰等。

1．食管

食管是咽和胃之间的消化管，位于气管之后。上段约起于第6颈椎平面，距门齿约15 cm，下端在膈下与贲门相连接，长约25 cm。在形态上食管最重要的特点是有三处生理狭窄：第一处是食管起始处，与环咽肌围绕；第二处在主动脉弓水平，有主动脉和左主支气管横跨食管；第三处为食管通过隔的裂孔处。食管三处狭窄常为憩室、肿瘤等病变的好发部位。食管壁由黏膜层、黏膜下层、肌层、外膜组成。

2．胃

胃位于膈下、腹腔左上方，分为贲门部、胃底部、胃体部和幽门部（包括胃窦）四部分，上口为贲门与食管相接，下口为幽门与十二指肠相通。

胃壁由内而外，可分黏膜层、黏膜下层、肌层、浆膜层。

肌层为薄层平滑肌，排列成内环外纵，有利于胃腺分泌物的排出。肌层在贲门和幽门处均增厚，形成括约肌。黏膜下层有丰富的血管、淋巴管及神经丛。

黏膜层由丰富的功能不同的细胞组成：壁细胞（分泌盐酸和内因子，内因子能促进维生素$B_{12}$吸收）；主细胞（分泌胃蛋白酶）；黏液细胞（分泌黏液，呈碱性，有保护黏膜、对抗胃酸腐蚀的作用）。

胃底和胃体部含有上述三种细胞。胃窦部只含黏液细胞。此外，胃黏膜还有多种内分泌细胞，其中，G细胞（在胃窦）分泌促胃液素，促进壁细胞分泌胃酸。D细胞（在胃贲门部、胃底部和幽门部）分泌生长抑素，抑制胃酸分泌，并能明显减少内脏器官血流量，减少胰腺的内分泌液和外分泌液等。

3．小肠

小肠是消化管中最长的一段，由十二指肠、空肠和回肠构成。

（1）十二指肠始于幽门，下端至十二指肠空肠曲与空肠相连。十二指肠分为球部、降部、横部、升部共四段。球部为消化性溃疡好发处，升部与空肠相连并由屈氏韧带固定，屈氏韧带为上、下消化道的分界。

（2）空肠大部分位于上腹部，回肠主要位于左下腹和盆腔，末端连接盲肠。

（3）十二指肠的血供比较丰富，主要来自胰十二指肠上动脉和下动脉、胃十二指肠动脉的十二指肠上动脉和后动脉、胃网膜右动脉和胃右动脉的小分支等。空肠、回肠的血液供应来自肠系膜上动脉。小肠静脉分布与动脉相似，最后汇入门静脉。

4．大肠

大肠包括结肠、直肠。

（1）结肠

结肠包括盲肠、升结肠、横结肠、降结肠和乙状结肠，下接直肠。回肠末端与盲肠交界处有黏膜和环形肌折叠成的回盲瓣，能阻止大肠内容物反流入小肠，并控制食物残渣进入大肠的速度。结肠静脉分别经肠系膜上下静脉汇入门静脉。

（2）直肠

直肠位于盆腔。上接乙状结肠，下连肛管，长约12～15 cm。

5．肝脏、胆囊

肝是人体内最大的腺体器官。肝脏血流量约占心排血量的1/4，由门静脉和肝动脉双重供血，75%的血供来自门静脉，25%来自肝动脉。肝外胆道系统包括胆囊和输胆管道（肝左管、肝右管、肝总管、胆总管）。肝内胆管开始于肝细胞间的毛细胆管，毛细胆管集合成小叶间胆管，然后汇合成肝左管、肝右管自肝门出肝，出肝后汇合成肝总管，并与胆囊管汇合成胆总管。

6．胰腺

胰腺是一个狭长的腺体，位于腹膜后壁，分头、颈、体、尾四部。胰管与胆总管汇合成肝胰壶腹，共同开口于十二指肠乳头，在开口处有奥狄氏括约肌（Oddi括约肌）环绕。进食时Oddi括约肌松弛，胆汁和胰液流入十二指肠，不进食时Oddi括约肌收缩。

**二、生理病理要点**

1．门静脉侧支循环

正常情况下，门静脉血流能通过肝脏到达腔静脉。当门静脉血液流入肝脏不畅时（如肝硬化等）导致门静脉高压，使门静脉与腔静脉之间建立多条门-体侧支循环。临床上主要有三支重要的侧支循环：食管和胃底静脉曲张、腹壁静脉曲张、痔静脉曲张。

2．食管

食管的主要功能是把食物输送到胃内。因食管壁没有浆膜层，故食管的病变易扩散至纵隔。门静脉高压时食管下段静脉曲张，破裂时可致大出血。

3．胃

胃是暂时储存及消化食物的重要器官。

（1）通过胃蠕动研磨食物并将食物与胃液充分混合，形成食糜以进一步消化，并推进胃内容物进入十二指肠。混合性食物从进食到胃完全排空需4～6小时，在三种主要营养食物中，糖类排空最快，蛋白质次之，脂肪最慢。

（2）胃液主要是由腺体分泌物和胃黏膜上皮细胞的分泌液构成。胃液分泌分为自然分泌（消化间期分泌）和刺激性分泌（消化期分泌）。

（3）胃黏膜具有自我保护机制，如黏液碳酸氢盐屏障、上皮细胞的更新与修复、胃黏膜的血流量、黏膜组织中酸碱平衡、前列腺素等在防御机制中发挥着重要作用，可防御胃酸、胃蛋白酶、药物及食物中有害物质的侵蚀。

4．小肠

小肠是消化和吸收食物的重要场所。

（1）小肠黏膜分泌含有多种酶的碱性溶液，促使食糜在小肠内分解和吸收。

（2）小肠具有巨大的吸收面积，食物在其中停留时间长达3～8小时，营养物质通过小肠内被吸收入机体。

（3）肠黏膜炎性和肿瘤性病变、肠段切除过多而致短肠综合征等，可造成消化和吸收严重障碍。

5．大肠

空腹时大肠多为袋状往返运动，肠内容物不向前推进。进食后大肠有分节或多袋推进运动及蠕动，向前推进肠内容物。食物残渣在大肠内停留的时间较长，一般在十余小时，在这一过程中，食物残渣中的一部分水分被大肠黏膜吸收，同时，经过大肠同细菌的发酵和腐败作用，形成了粪便。正常时直肠内没有粪便，当肠蠕动将粪便推入直肠时，刺激了直肠壁内的感受器，引起便意和排便反射。若排便反射被抑制，粪便在大肠内停留时间过长，粪便水分被吸收，不易排出，发生便秘。若直肠发炎，少量粪便即可引起排便反射，表现为里急后重。细菌或寒冷刺激时，粪便在大肠内停留时间过短，粪便水分吸收过少，引起腹泻。纤维素刺激大肠黏膜，肠蠕动增加，排便增加。此外，大肠内的细菌能利用肠内物质合成维生素B复合物、维生素K、短链脂肪酸等，供体内代谢需要。

6．肝脏、胆囊

肝的主要功能是分泌胆汁、参与物质合成代谢、解毒、合成清蛋白、产生大多数凝血因子。胆囊具有储存、浓缩、排空胆汁及分泌黏液的功能，一般进食脂肪半小时，胆囊即可排空胆汁，胆汁对于脂肪的消化和吸收具有重要意义。各种原因引起胆汁合成、转运、分泌、排泄障碍时，可引起脂溶性维生素缺乏。

7．胰腺

（1）胰腺的外分泌功能主要是分泌胰液，每日分泌量约750～1500 mL。胰液中的消化酶主要是胰淀粉酶、胰脂肪酶、胰蛋白酶，帮助消化食物中的淀粉、脂肪和蛋白质这三大物质。

（2）胰腺的内分泌功能主要是：

①B细胞分泌胰岛素，维持血糖平衡。若胰岛素分泌不足，血糖浓度升高，导致糖尿病。

②A细胞分泌胰高血糖素。

③D细胞分泌生长抑素。

④少数胰高细胞分泌胰多肽、促胃液素、血管活性肠肽等。

总之，消化系统的主要生理功能是将人体所摄取食物进行消化、吸收，供机体利用，同时排出废物。由于消化系统包含的器官较多，且消化道与外界相通，其黏膜直接接触病原体、毒性物质、致癌物质的机会较多，故容易发生感染、炎症、损伤及肿瘤。此外，由于胃肠道的运动及消化腺的分泌功能都受自主神经系统-肠神经系统的支配，故消化系统疾病的发生常与病人的心理状态和行为方式有密切关系。

# 第二节 胃炎病人的护理

胃炎是指不同病因引起的胃黏膜炎症，常伴有上皮损伤和上皮细胞再生。若只有上皮损伤和上皮细胞再生，无黏膜炎症，则称为胃病。胃炎是最常见的消化道疾病之一。按临床发病缓急和病程的长短，一般将胃炎分为急性和慢性两大类型。

## 急性胃炎病人的护理

急性胃炎是由多种病因引起的急性胃黏膜炎症。临床上急性发病，常表现为上腹部症状。其主要病理改变为胃黏膜充血、水肿、糜烂和出血。主要分为急性幽门螺杆菌感染引起的急性胃炎、其他病原体感染及毒素刺激胃黏膜引起的急性胃炎、急性糜烂出血性胃炎。

### 一、病因与发病机制

（一）病因

1．药物

最常见的是非甾体类抗炎药（NSAID），如阿司匹林、吲哚美辛等。NSAID主要抑制胃黏膜内前列腺素的合成，从而减弱了胃黏膜的屏障功能。此外，某些抗生素、抗肿瘤药、铁剂或氯化钾口服液等都可以刺激或损伤胃黏膜。

2．急性应激

各种脏器功能衰竭、严重创伤、大面积烧伤、大手术、脑血管意外、休克，甚至精神心理因素等均可引起胃黏膜糜烂、出血，甚至发生应激性溃疡并发大出血。

3．乙醇

乙醇具有亲脂性和溶脂性能，高浓度乙醇可直接引起上皮细胞损害和破坏，导致黏膜糜烂、出血。

4．十二指肠液反流

十二指肠液含有胆汁和胰液，能破坏胃黏膜屏障。

5．细菌或毒素摄入

幽门螺杆菌（Hp）感染以及各种细菌、真菌、病毒等所引起的感染都可导致急性胃炎。

（二）发病机制（图5-2-1）

各种病因 → 胃黏膜急性充血、水肿、糜烂、出血、浅表溃疡

**图5-2-1 急性胃炎发病机制**

应激性溃疡发病机制：应激情况下胃黏膜血循环障碍→胃黏膜缺血、缺氧→胃上皮细胞黏液和碳酸氢盐分泌减少、前列腺素合成不足→胃黏膜屏障功能减弱→氢离子反弥散进入黏膜，使黏膜内pH下降→损伤胃黏膜和血管，引起糜烂、出血、浅表溃疡。

## 二、临床表现

1．症状

（1）上腹部症状

腹部疼痛、恶心、呕吐。

（2）急性胃肠炎

上腹部症状伴腹泻、稀水样便。

（3）急性糜烂出血性胃炎

多以突发的呕血和（或）黑便为首发症状，是上消化道出血的常见病因之一。

（4）应激性溃疡

指应激情况所致的急性糜烂出血性胃炎，常发生在应激后5～10天。

2．体征

常有上腹部压痛。

## 三、辅助检查

1．纤维胃镜检查

纤维胃镜检查是确诊的依据。

（1）一般在大出血后24～48小时内进行：过早检查，病人病情不稳定，易使病情加重；过迟检查，因病变可在短期内消失（特别是NSAID或乙醇引起者），无法确定出血病因。

（2）镜下可见：胃黏膜多发性糜烂、出血、浅表溃疡。

2．粪便检查

粪便隐血试验阳性。

## 四、诊断要点

1．上腹部疼痛、恶心、呕吐。

2．可有呕血和（或）黑便。

3．急诊胃镜检查确诊。

## 五、配合治疗

1．针对病因和原发疾病采取防治措施

（1）急性应激状态或十二指肠液反流

积极治疗原发病。

（2）药物引起

立即停用该药。

（3）细菌感染

用抗生素治疗。一般肠道杆菌感染可选用氨基糖苷类、喹诺酮类抗生素。Hp感染用药具体方案见本章“消化性溃疡”的治疗。

（4）酒精引起

停止饮酒。

（5）上消化道大量出血

参见本章第六节“上消化道出血病人的护理”相关内容。

2．对症处理

（1）使用$H_2$受体拮抗剂、质子泵抑制剂抑制胃酸分泌。

（2）用硫糖铝和米索前列醇等药保护胃黏膜。

## 六、护理问题

1．知识缺乏

缺乏有关本病的病因及防治知识。

2．潜在并发症

上消化道大量出血。

3．焦虑

与消化道出血及病情较重有关。

## 七、护理措施

1．指导休息与活动

急性发病时注意休息，协助病人取适当体位，以减轻疼痛。对烦躁不安者应采取防护措施，防止坠床等意外发生。

2．饮食护理

急性大出血或呕吐频繁时应禁食。少量出血可给牛奶、米汤等流质中和胃酸，有利于胃黏膜的修复。恢复期进食应定时、定量，不可暴饮暴食，避免辛辣刺激食物。一般给予少渣、温凉半流质饮食，少量多餐，每日5～7次。

3．用药护理

避免使用NSAID等对胃肠道刺激较强的药物。遵医嘱用药，观察用药后有无上消化道出血情况。

4．观察病情

密切观察上消化道出血量及伴随症状，观察生命体征、神志、面色、尿量、呕吐及排便情况，倾听病人主诉。

5．对症护理

（1）上消化道大量出血护理

参见本章第六节“上消化道出血病人的护理”相关内容。

（2）腹痛护理

①评估病人腹痛发生的时间、频率、原因或诱因，腹痛的性质、部位、程度等的变化。

②指导病人使用非药物方法缓解疼痛，如局部热疗、转移注意力、深呼吸、针灸等。但急腹症不能热敷。急性腹痛诊断未明时，最好予以禁食，必要时进行胃肠减压。

③遵医嘱合理应用药物镇痛，严禁随意使用止痛药物。

（3）恶心、呕吐护理

①评估病人恶心、呕吐发生的时间、频率、原因或诱因，呕吐的特点（如喷射性呕吐等）及呕吐物的颜色、性质、量、气味、伴随症状等。检查病人腹部体征。注意有无水、电解质紊乱，酸碱平衡失调，尤其注意有无脱水、低血钾表现。了解病人呕吐物的检查结果。测量和记录每日出入量。

②呕吐时将病人头偏向一侧或取坐位，预防误吸。剧烈呕吐时暂禁食，遵医嘱补充水分和电解质，必要时应用止吐药。

③呕吐后及时清理呕吐物，协助漱口，更换清洁床单，开窗通风。少食多餐，逐渐增加进食量。

④多与病人交流，告知病人避免体位性低血压、头晕、心悸的方法，以预防恶心、呕吐。

6．心理护理

减轻病人紧张恐惧心理，稳定情绪，有利于增强病人对疼痛的耐受性。树立病人治疗信心，鼓励其积极配合治疗。

## 八、健康教育/出院指导

1．向病人及家属介绍急性胃炎的发病知识和预防方法。

2．指导病人就诊时主动告诉医生胃炎病史，尽量避免使用对胃肠道黏膜有刺激的药物，若必须使用，最好同时服用制酸剂、胃黏膜保护剂。

3．注意饮食卫生，进食要有规律，避免过冷、过热、辛辣等刺激性食物及浓茶、咖啡等刺激性饮料。戒烟、酒。

4．保持轻松愉快的心情。

## 九、小结

▲急性胃炎确诊的重要依据是胃镜检查，表现为胃黏膜糜烂、出血、浅表溃疡。

▲急性胃炎表现为上腹痛、恶心、呕吐，常突然出血上消化道大出血。存在应激情况时，可导致应激性溃疡。

▲急性胃炎的治疗、护理主要是去除诱因、对症、保护胃黏膜。

## 慢性胃炎病人的护理

慢性胃炎是由多种病因引起的胃黏膜慢性炎症。慢性胃炎的分类方法采用国际新方法。悉尼系统将其分为非萎缩性、萎缩性和特殊类型三大类。

（1）慢性非萎缩性胃炎（慢性浅表性胃炎）

指不伴黏膜萎缩或腺体损害的慢性胃炎，可分为胃窦胃炎、胃体胃炎、全胃炎。幽门螺杆菌感染首先发生胃窦胃炎，然后逐渐扩展为全胃炎。

（2）慢性萎缩性胃炎

指炎症细胞累及腺体并发生腺体萎缩、消失，胃黏膜变薄的慢性胃炎，常分为多灶萎缩性胃炎和自身免疫性胃炎。

①多灶萎缩性胃炎萎缩性改变在胃内呈多灶性分布，以胃窦部病变为主，多由幽门螺杆菌感染引起的慢性非萎缩性胃炎发展而来。

②自身免疫性胃炎主要病变在胃体部，多由自身免疫引起的胃体胃炎发展而来。

（3）特殊类型胃炎

由不同病因所致，种类很多，如感染性胃炎、化学性胃炎、充血性胃炎等。

### 一、病因与发病机制

（一）病因

1．幽门螺杆菌感染

目前认为幽门螺杆菌（Hp）感染是慢性胃炎最主要的病因。感染幽门螺杆菌的病人几乎都有胃黏膜炎症，由于感染幽门螺杆菌后机体难以自行将其清除，而造成慢性感染。长期幽门螺杆菌感染可导致慢性多灶萎缩性胃炎。

2．饮食和环境因素

流行病学资料显示，幽门螺杆菌感染者慢性多灶萎缩性胃炎的发生率存在很大的地区差异，提示慢性多灶萎缩性胃炎还与其他因素有关，如高盐饮食、摄入新鲜蔬菜水果过少等。

3．自身免疫

自身免疫性疾病是指机体对自身组织发生免疫反应而导致自身组织损害所引起的疾病。自身免疫性胃炎以富含壁细胞的胃体黏膜萎缩为主。病人血液中往往存在壁细胞抗体，通过自身免疫反应，使壁细胞总数减少，影响胃酸、内因子分泌。若体内同时存在内因子抗体，抗体与内因子结合，内因子作用减弱，影响维生素 $B_{12}$的吸收而导致恶性贫血。

4．其他因素

长期饮浓茶、酒、咖啡，食用过热、过冷、过于粗糙的食物，服过量非甾体类抗炎药（NSAID）以及各种原因引起的十二指肠液反流等均会削弱胃黏膜的屏障功能而损害胃黏膜。

（二）发病机制（图5-2-2）

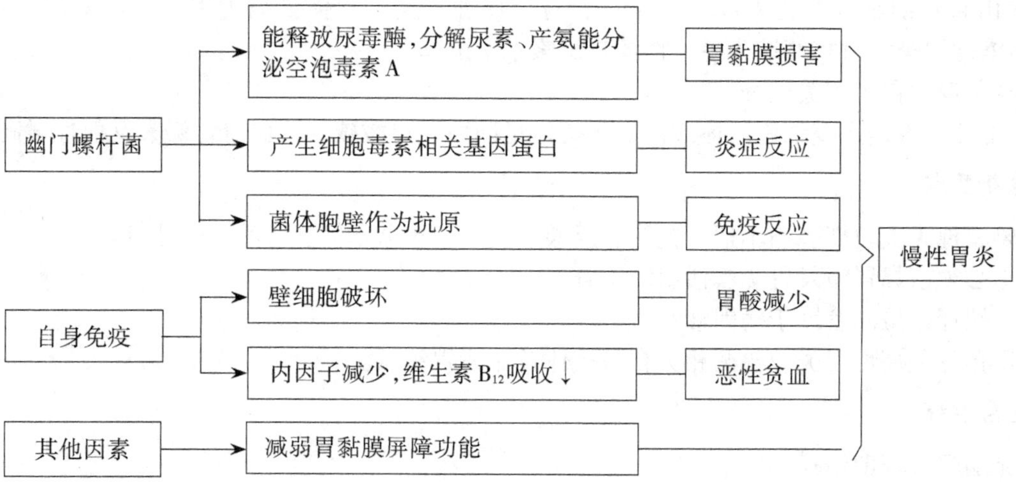


**图5-2-2　慢性胃炎发病机制**

慢性胃炎的过程是胃黏膜损伤与修复的慢性过程，主要组织病理学特征是炎症、萎缩、肠化生。

（1）炎症表现为黏膜层以淋巴细胞和浆细胞为主的慢性炎症细胞浸润。

（2）萎缩表现为胃黏膜固有腺体数量减少甚至消失，萎缩常伴有肠化生。

（3）肠化生表现为胃固有腺体发生肠腺化或假性幽门腺化生。

（4）胃上皮或肠化的上皮发育异常，形成不典型增生，达到中度以上，被认为是癌前病变。慢性多灶萎缩性胃炎病人发生胃癌的危险性明显高于普通人群。

## 二、临床表现

1．症状

进展缓慢，病程迁延，70%～80%的病人缺乏特异性症状。部分病人表现为上腹部隐痛不适、饱胀、反酸、嗳气、食欲不振、恶心、呕吐等，临床表现与病变程度关系不大。自身免疫性胃炎病人可伴有贫血及维生素$B_{12}$缺乏的其他表现，如舌炎等。

2．体征

多不明显，可有上腹轻度压痛。

## 三、辅助检查

1．胃镜及胃黏膜活组织检查

胃镜及胃黏膜活组织检查是最可靠的确诊方法。通过胃镜在直视下观察胃黏膜病理损害表现，非萎缩性胃炎表现为黏膜粗糙不平、充血、水肿、糜烂、渗出等。萎缩性胃炎黏膜呈颗粒状，黏膜血管显露，色泽灰暗，皱襞细小。在胃镜的基础上进行活组织检查，通过组织病理学明确病变类型，也可做幽门螺杆菌检测。

2．幽门螺杆菌检测

（1）侵入性检查

侵入性检查包括快速尿素酶试验、组织学检查及细菌培养，三者都需做内镜检查和胃黏膜活检。其中快速尿素酶试验操作简便、费用低，是侵入性检查的首选方法。幽门螺杆菌培养技术要求较高，主要用于科研。

（2）非侵入性检查

①$^{14}C$或$^{13}C$尿素呼气试验

用同位素$^{14}C$或$^{13}C$标记尿素，幽门螺杆菌的尿素酶将尿素分解为氨和$^{14}CO_2$或$^{13}CO_2$，测量呼出的$^{14}CO_2$或$^{13}CO_2$。本试验是治疗后复查的首选方法。

②粪便幽门螺杆菌抗原检测

检测粪便中幽门螺杆菌抗原。

③血清学检查

检测血清中抗幽门螺杆菌IgG抗体。

3．血清胃泌素测定

胃泌素由胃G细胞（在胃窦部）分泌。自身免疫性胃炎（胃体萎缩为主）血清胃泌素水平明显升高，多灶萎缩性胃炎（胃窦萎缩为主）血清胃泌素水平下降。

4．自身免疫性胃炎相关检查

自身免疫性胃炎病人壁细胞抗体或内因子抗体呈阳性，胃酸减少，血清胃泌素反射性增高。

## 四、诊断要点

1．主要表现为上腹部隐痛不适、饱胀、反酸、嗳气、食欲不振、恶心、呕吐等。

2．确诊必须依靠胃镜及胃黏膜活组织检查。

3．幽门螺杆菌检测有助于病因诊断。

4．怀疑自身免疫性胃炎应检测相关自身抗体及血清胃泌素。

## 五、配合治疗

1．根除幽门螺杆菌治疗

具体方案参见本章第三节“消化性溃疡病人的护理”相关内容。

2. 对症处理

（1）胃动力减弱者

应用促胃肠动力药，如多潘立酮（吗丁啉）、西沙比利等。促胃肠动力药应在餐前1小时及睡前1小时服用，不宜与阿托品等解痉剂合用。

（2）胃酸缺乏者

应用胃蛋白酶合剂或服1%稀盐酸。服用1%稀盐酸宜用吸管送至舌根部咽下。

（3）胃酸增高者

应用抑酸剂或抗酸剂。

（4）因服药物引起的慢性胃炎

应立即停服该药，并用硫糖铝等胃黏膜保护药。

（5）胆汁反流者

可加用考来烯胺或氢氧化铝凝胶等吸附。

3. 自身免疫性胃炎的治疗

目前无特异治疗方法，有恶性贫血时注射维生素$B_{12}$。

4. 手术治疗

对于肯定的重度异型增生，可选择预防性手术切除，目前多采用内镜下胃黏膜切除术。

**六、护理问题**

1. 疼痛

腹痛与胃黏膜病变有关。

2. 营养失调：低于机体需要量

与厌食、消化吸收不良等有关。

**七、护理措施**

1. 指导休息与活动

指导病人日常生活有规律。急性发作时应卧床休息，病情缓解时，可参加正常活动，进行适当的锻炼，注意劳逸结合。

2. 饮食护理

（1）病情加重时

可给予无渣、半流质的温热饮食。剧烈呕吐、呕血时应禁食。

（2）病情稳定时

向病人说明摄取足够营养素的重要性，鼓励病人养成定时进餐、少量多餐、细嚼慢咽的饮食卫生习惯。以高热量、高蛋白、高维生素、易消化的饮食为原则，避免摄入粗糙、过冷、过热、过咸、过甜、辛辣刺激性食物和饮料，戒除烟酒。

（3）营养状况评估

观察并记录病人每日进餐次数、量、品种，了解其摄入的营养素能否满足机体需要。定期测量体重，监测血红蛋白、人血白蛋白等有关营养指标的变化情况。

（4）制订饮食计划

根据病人病情和营养状况与其共同制订个性化的饮食计划。

①高胃酸者

应禁食用浓肉汤、多脂肪食物及酸性食品，以免刺激胃酸分泌过多。可食用清淡的牛奶、菜泥、面包等。

②胃低酸者

可食用刺激胃酸分泌的食物，如浓肉汤、鸡汤、高脂饮食等。酌情食用酸性食物如山楂、食醋等。食物应完全煮熟后食用，以利消化吸收。

（5）改进烹饪技巧

增加食物的色、香、味，刺激病人食欲。

（6）改善进餐环境

提供清洁、舒适的进餐环境，注意保持空气新鲜、温度适宜，避免噪声、异味等不良刺激。保持口腔清洁舒适，鼓励病人晨起、睡前、进餐前刷牙或漱口。

3．观察病情

密切观察病人腹痛的部位、性质，呕吐物及大便的颜色、性质及量的变化，观察病人用药前后症状改善情况。

4．对症护理

（1）腹痛护理

参见本节中“急性胃炎病人的护理”相关内容。

（2）腹胀护理

①评估患者腹胀原因、程度、持续时间，伴随症状，排便、排气情况，治疗情况，心理反应，既往史及个人史。了解检查结果。

②根据病情给予舒适体位、腹部按摩、肛管排气、补充电解质等方法减轻腹胀。

③根据病情合理饮食，适当活动。

5．心理护理

病人常因病情反复、病程迁延表现出焦虑、烦躁等情绪，护理人员应告知病人积极治疗的重要性，鼓励病人以积极的态度配合治疗。及时将病人营养状况的改善情况转告病人，增强病人的治疗信心。采用转移注意力、听音乐、做深呼吸等方法使其精神放松，减轻焦虑，缓解腹部不适。

### 八、健康教育/出院指导

1．知识宣传

向大众讲解本病病因及预后，以及如何避免诱发因素。

2．生活指导

面向大众进行指导：

（1）合理安排工作和休息，养成良好的生活习惯，戒烟、酒，保持充分的睡眠和良好的心理状态。

（2）加强饮食卫生和营养，养成有规律的饮食习惯。避免过冷、过热、过咸、过甜、辛辣刺激性食物和饮料。

（3）注意个人卫生。我国是幽门螺杆菌高感染率国家。人是幽门螺杆菌唯一的传染源。幽门螺杆菌主要传播途径是粪—口传播或口—口传播。要指导病人注意饮食卫生，餐前便后洗手，避免幽门螺杆菌感染。

3．治疗指导

指导病人正确的用药方法，介绍药物的不良反应，发现异常及时处理。

4．定期复查

（1）提醒病人养成定期复查胃镜的习惯，以便及时了解病情进展情况。

（2）提醒病人若发现大便隐血试验阳性，腹痛性质及规律改变，胃酸缺乏，需及时做胃镜检查，以便早期发现癌变，早期治疗。

### 九、小结

▲慢性胃炎是胃黏膜慢性炎症，常分为非萎缩性、萎缩性、特殊类型胃炎三大类。

▲幽门螺杆菌感染是最主要的病因。

▲本病病程迁延，多无明显症状。胃镜检查是确诊的依据。

▲主要对因、对症治疗，指导大众养成良好的生活习惯。合理饮食是本病的重要护理措施。

## 第三节　消化性溃疡病人的护理

消化性溃疡指胃肠道黏膜在某种情况下被胃酸、胃蛋白酶自身消化而造成的慢性溃疡。主要发生在胃和十二指肠，即胃溃疡（GU）和十二指肠溃疡（DU）。GU好发部位是角切迹和胃窦小弯，DU好发部位是十二指肠球部前壁。临床上DU较GU多见，两者之比约为2∶1～3∶1。消化性溃疡是全球性多发病，可发生于任何年龄，但中年最常见，DU好发于青壮年，GU的发病年龄一般较DU约迟10年。男性发病率远远高于女性。全世界约有10%的人患过此病。秋冬和冬春之交是本病的好发季节。

## 一、病因与发病机制

（一）病因

1．幽门螺杆菌（Hp）感染

大量研究表明幽门螺杆菌感染是消化性溃疡的重要发病原因。

其证据为：

①消化性溃疡者的幽门螺杆菌感染率很高：DU为90%～100%，GU为80%～90%。

②根除幽门螺杆菌可促进溃疡愈合。

③根除幽门螺杆菌可显著降低溃疡复发率。

2．服用非甾体消炎药（NSAID）

如阿司匹林、吲哚美辛等是引起消化性溃疡的另一重要病因。

3．胃酸、胃蛋白酶

胃酸、胃蛋白酶是胃液的主要成分。消化性溃疡的最终形成是由于胃酸、胃蛋白酶对黏膜自身消化所致，胃蛋白酶活性依赖酸性环境，所以胃酸在消化性溃疡中起决定作用，是溃疡形成的直接原因。胃酸的损害作用只有在正常黏膜防御和修复功能遭受破坏时才发生。

4．其他因素

下列因素也可能对消化性溃疡的发生有不同程度的影响：

（1）吸烟

可能与吸烟增加胃酸分泌、减少十二指肠碳酸氢盐分泌、降低幽门括约肌张力和增加黏膜氧自由基损害等因素有关。

（2）粗糙和刺激性食物或饮料

粗糙和刺激性食物或饮料可促进胃酸过度分泌，不定时饮食习惯会破坏胃酸分泌规律。粗糙和刺激性食物或饮料还可直接引起黏膜物理或化学性损伤。

（3）应激因素

急性应激引起应激性溃疡已成共识。情绪应激可能是本病的诱因，长期精神紧张、过度劳累会影响胃、十二指肠分泌、运动和黏膜血流的调节，诱发慢性溃疡活动或加重。

（4）胃十二指肠运动异常

研究发现，胃排空增快可使十二指肠球部酸负荷增大，而胃排空延迟则可增加十二指肠液反流入胃，以上两个因素不一定是原发病因，但可加重幽门螺杆菌或NSAID等病因对黏膜的损害。

（5）遗传因素

虽然消化性溃疡有家庭聚集现象，且O型血型者比其他血型者十二指肠溃疡的发病率高达1.4倍，但遗传因素的作用仍不能肯定。

（二）发病机制

1．溃疡病理改变

（1）溃疡深浅度

溃疡浅者累及黏膜肌层，不同于糜烂（在黏膜表面）。溃疡深者超过黏膜肌层，导致血管破溃时引起出血，穿破浆膜层时引起穿孔。

（2）瘢痕改变

溃疡愈合时边缘上皮细胞增生，其下肉芽组织纤维化，变成瘢痕，瘢痕收缩使局部隆起堵塞管腔。

2．溃疡发生基本原理

黏膜侵袭因素和防御因素失平衡是消化性溃疡发生的基本原理，即溃疡发生是黏膜侵袭因素和防御因素失平衡的结果。

侵袭因素即为本病病因，其中Hp感染及服用NSAID是已知的最主要病因。NSAID引起的溃疡在GU较DU多见。

## 二、临床表现

1．症状

（1）上腹部疼痛

上腹部疼痛是本病的主要症状。表现为慢性病程、周期性发作、节律性上腹部疼痛。

①疼痛部位：多位于上腹中部，DU可偏右，GU可偏左。

②DU疼痛：常在餐后2～4小时开始出现，如不服药或进食则持续至下次进餐后才缓解，即“疼痛—进餐—缓解”，又称“空腹痛”“饥饿痛”。有的病人于午夜出现疼痛，称“午夜痛”。

③GU疼痛：多在餐后半小时至1小时出现，至下次餐前自行消失， “进餐—疼痛—缓解”，又称“餐后痛”。

④腹痛发作与不良精神刺激、情绪波动、饮食失调等有关。

⑤腹痛发作与缓解交替出现，数月、数年甚至数十年反复发作。

⑥GU和DU腹痛特点的比较见表5-3-1。

**表5-3-1 胃溃疡和十二指肠溃疡疼痛的特点比较**

| | 胃溃疡 | 十二指肠溃疡 |
|---|---|---|
| 疼痛时间 | 进食后1/2 h至1 h，至下次进餐前缓解 | 进食后2～3 h，至下次进餐后缓解，常有午夜时疼痛 |
| 疼痛部位 | 剑突下正中或偏左 | 下腹正中或偏右 |
| 疼痛性质 | 隐痛、胀痛、灼痛 | 饥饿感、胃内嘈杂感、灼痛 |
| 节律性 | 进食—疼痛—缓解 | 疼痛—进食—缓解 |
| 进食现象 | 畏食现象 | 频食现象 |

⑦可因并发症而改变疼痛性质及节律。

⑧部分病人可无腹痛症状或症状较轻，而仅表现为无规律性的上腹隐痛不适，或以出血、穿孔等并发症为首发症状。

（2）其他症状

本病除上腹疼痛外，还可有反酸、嗳气、烧心、上腹饱胀、恶心、呕吐、食欲减退等消化不良症状。

2. 体征

溃疡活动期可有腹部固定而局限的轻压痛，多位于上腹中部，DU可偏右，GU可偏左。缓解期则无明显体征。

3. 并发症

（1）上消化道出血

上消化道出血是消化性溃疡最常见的并发症，在消化道出血的各种病因中，消化性溃疡出血占首位。消化性溃疡中十二指肠溃疡更易发生出血。上消化道出血引起的临床表现取决于出血的速度和量。轻者仅表现为黑便。重者可出现周围循环衰竭，甚至低血容量性休克。

（2）穿孔

溃疡病灶向深部发展穿透浆膜层并发穿孔，常发生于十二指肠溃疡。穿孔是消化性溃疡最严重的并发症，当消化性溃疡病人腹部疼痛变为持续性，进食或用抑酸药后长时间疼痛不能缓解，并向背部或两侧上腹部放射时，常提示可能出现穿孔。

临床上可分为急性、亚急性、慢性三种类型：

①急性穿孔

最常见。穿孔后胃肠内容物渗入腹膜腔而引起急性弥漫性腹膜炎，主要表现腹部剧痛、急性腹膜炎体征。

②慢性穿孔

溃疡穿透并与邻近器官、组织粘连，使胃肠内容物不易流入腹腔，又称穿透性溃荡。表现为腹痛规律改变，呈顽固而持久的疼痛向背部放射。

③亚急性穿孔

穿孔较小时，只引起局限性腹膜炎，症状较轻，体征局限。

（3）幽门梗阻

①消化性溃疡所致的幽门梗阻中，80%以上由DU引起。

②幽门梗阻产生的原因主要有两类：一类是由于溃疡周围组织炎性水肿、痉挛所致暂时性梗阻，随炎症好转而缓解；另一类是由于溃疡处瘢痕形成并收缩所致的慢性梗阻，呈持久性，内科治疗无效，常需外科手术或内镜下扩张治疗。

③主要表现：上腹部饱胀不适和呕吐。上腹饱胀以餐后为甚，呕吐后可减轻，呕吐物量多，内含发酵宿食。由于严重呕吐，病人可有脱水和低氯低钾性碱中毒等临床表现。

④上腹部空腹振水音、胃蠕动波以及清晨空腹抽出胃液量>200 mL是幽门梗阻的特征性表现。

（4）癌变

①胃酸少者易癌变。

②GU可发生癌变，DU几乎没有癌变。

③GU癌变常发生于溃疡边缘。

④对有长期慢性GU病史、年龄在45岁以上、经严格内科治疗4～6周症状无好转、腹痛规律改变、粪便隐血试验持续阳性、胃酸减少者，应警惕癌变，需在胃镜下取多点活检做病理检查。

## 三、辅助检查

1．胃镜和胃黏膜活组织检查

胃镜和胃黏膜活组织检查是确诊消化性溃疡的首选检查方法，也是最有价值的检查方法。胃镜检查可直接观察溃疡部位、病变大小、性质，并可在直视下取活组织做病理检查和幽门螺杆菌检测。胃镜检查对消化性溃疡的诊断、肿瘤性质鉴别的准确性高于X射线钡餐检查。胃镜下可见消化性溃疡常呈圆形、椭圆形或线形，边缘光滑，底部有灰黄色或灰白色渗出物，溃疡周围黏膜有充血、水肿，可见皱襞向溃疡集中。

2．X射线钡餐检查

X射线钡餐检查适用于对胃镜检查有禁忌或不愿接受胃镜检查者。溃疡的直接X射线征象是龛影，对溃疡诊断有确诊价值。

溃疡的间接X射线征象是局部压痛、十二指肠球部激惹和畸形、胃大弯侧痉挛性切迹等。

3．幽门螺杆菌检测

大便幽门螺杆菌检测是消化性溃疡的一个常规检测项目。参见本章第二节中“慢性胃炎病人的护理”相关内容。

4．大便隐血试验

隐血试验阳性提示消化性溃疡有活动，若GU病人持续阳性，应怀疑有癌变的可能。

## 四、诊断要点

1．慢性病程、周期性发作、节律性上腹部疼痛。

2．胃镜或X射线锁餐检查结果证实。

3．常规检测幽门螺杆菌有助于确定病因及治疗方案。

## 五、配合治疗

治疗原则是消除病因、缓解症状、愈合溃疡、防止复发、防治并发症。治疗消化性溃疡的药物可分为抑制胃内酸度的药物和保护胃黏膜的药物两大类，常与根除幽门螺杆菌治疗联合用药。

1．降低胃内酸度药物

（1）抗酸药（制酸药）

具有中和胃酸缓解疼痛的作用，但不能促进溃疡愈合，目前多作为减轻腹痛的辅助治疗，很少单一应用。

1）常用制剂

氢氧化铝凝胶、铝碳酸氢镁及其复方制剂等。

2）用药注意事项

①餐后1小时和睡前服用。

②避免与奶制品、酸性食物及饮料同时服用，防止形成络合物。

③氢氧化铝凝胶片剂应嚼服，乳剂给药前应充分摇匀。氢氧化铝凝胶能阻碍磷的吸收，引起磷缺乏症，长期大量服用还可引起便秘、代谢性碱中毒与钠潴留。

④镁制剂易引起腹泻，用药期间要加强观察。

（2）抑制胃酸分泌药（抑酸药）

溃疡的愈合与抑酸治疗的强度和时间成正比。

1）常用制剂

①$H_2$受体拮抗剂（$H_2RA$）：价格较便宜，多用于根除幽门螺杆菌疗程完成后的后续治疗。

②质子泵抑制剂（PPI）：作用强而持久，促进溃疡愈合速度快，溃疡愈合率高，是根除幽门螺杆菌

治疗方案中最常用的药物。

常用抑酸药作用机制对比，见表5-3-2。

表5-3-2 常用抑酸药对比表

| 药物种类 | 药物名称 | 作用机理 |
|---|---|---|
| $H_2RA$ | 西咪替丁、雷尼替丁、法莫替丁、尼扎替丁 | $H_2$受体拮抗剂可高度选择性地与壁细胞上的组胺$H_2$受体结合，竞争性地拮抗组胺与$H_2$受体结合后引起的胃酸分泌，产生抑酸作用 |
| PPI | 奥美拉唑、兰索拉唑、泮托拉唑、雷贝拉唑、埃索美拉唑 | 质子泵抑制剂作用于壁细胞分泌胃酸的最后环节的关键酶$H^+$-$K^+$ ATP酶（质子泵），使其不可逆地失活 |

2） $H_2$受体拮抗剂用药注意事项

①应在餐中或餐后即刻服用，也可一天的剂量睡前顿服，若需同时服用碱性抗酸药，两药应间隔1小时以上。

②若静脉给药应注意控制速度，速度过快易导致低血压和心律失常。

③西咪替丁不良反应较多，影响肝、肾功能和血象，用药期间要注意监测肝、肾功能和血常规。雷尼替丁和法莫替丁不良反应较少。

3）质子泵抑制剂用药注意事项

①奥美拉唑可引起个别病人头晕，特别是初次用需减少活动，避免开车或其他需高度集中注意力的工作。

②兰索拉唑的主要不良反应包括荨麻疹皮疹、瘙痒、头痛、口苦、肝功能异常等。

③泮托拉唑的不良反应较少，偶可引起头痛和腹泻。

2．保护胃黏膜药物

（1）常用制剂

1）硫糖铝

硫糖铝是一种硫酸化蔗糖的氢氧化铝盐。该类药在酸性环境下能与溃疡面上带正电荷的渗出蛋白质相结合形成保护膜，并刺激局部内源性前列腺素的合成，保护黏膜。主要用于GU的治疗。

2）生胃酮

生胃酮是含甘珀酸钠及氢氧化铝等的复方制剂。能增加胃黏膜的黏液分泌，能与胃蛋白酶结合，抑制酶的活力约50%，从而保护溃疡面，促进组织再生和愈合。本品还通过刺激或增强内源性皮质激素作用而呈现抗炎作用。

3）胶体次枸橼酸铋（枸橼酸铋钾）

胶体次枸橼酸铋又称胶体铋剂，除能保护胃黏膜外，还有较强的抗Hp作用。

4）米索前列醇

米索前列醇属前列腺素类药物，具有抑制胃酸分泌，增加胃、十二指肠黏膜黏液及碳酸氢盐分泌，增加黏膜血流等作用，主要用于NSAID导致溃疡的预防。

（2）用药注意事项

①硫糖铝、胶体铋剂（得乐等药），应在餐前1小时与睡前服用。

②服用硫糖铝前半小时或服后1小时服用抑酸药。

③硫糖铝的主要不良反应是便秘。

④长期应用生胃酮可出现水肿、血压升高、低血钾等糖皮质激素样副作用，应注意观察。

⑤短期服用胶体铋剂除有舌苔和粪便变黑外很少有其他不良反应，长期服用可造成铋在体内大量堆积引起神经毒性，故不宜长期应用。胶体铋剂不得与牛奶、抗酸药物同服，以免影响药效。

⑥米索前列醇的常见不良反应是腹泻。此外，还可引起子宫收缩，故孕妇忌用。

3．根除幽门螺杆菌治疗

①根除幽门螺杆菌有可能会底治愈溃疡病，是近年消化性溃疡治疗的一大进展。

②凡有幽门螺杆菌感染的消化性溃疡，无论初发、复发、活动、静止、有无合并症，均应予以根除幽门螺杆菌治疗。

③目前无单一药物可有效根除幽门螺杆菌，必须联合用药，力求一次根除成功。

（1）常用制剂

三联疗法，即以质子泵抑制剂（PPI）或胶体次枸橼酸铋（CBS）为基础加上两种抗生素。疗程7～14天。

①PPI或CBS+克拉霉素或阿莫西林或甲硝唑（任选2种抗生素）

②PPI或CBS+左氧氟沙星+阿莫西林

（2）用药注意事项

①根除幽门螺杆菌治疗结束后继续给予抗溃疡治疗：如DU病人继续用PPI 2～4周或$H_2RA$ 4～6周；GU病人继续用PPI 4～6周或H2RA 6～8周。

②根除幽门螺杆菌治疗结束至少4周后，且停用PPI或铋剂2周，复查幽门螺杆菌，以确定幽门螺杆菌是否根除。

③用阿莫西林前注意询问是否有青霉素过敏史。

④甲硝唑应餐后服用，以减轻胃肠道反应。

4．手术治疗

对于大量出血经内科治疗无效、急性穿孔、瘢痕性幽门梗阻、胃溃疡疑有癌变及正规治疗无效的顽固性溃疡可选择手术治疗。

**六、护理问题**

1．疼痛：腹痛

与消化道溃疡有关。

2．营养失调：低于机体需要量

与疼痛致摄入量减少及消化吸收障碍有关。

3．特定知识缺乏

缺乏有关消化性溃疡防治知识。

4．焦虑

与疼痛、症状反复发作、病程迁延不愈有关。

5．潜在并发症

上消化道出血、穿孔、幽门梗阻、癌变。

**七、护理措施**

1．指导休息与活动

溃疡缓解期可适当活动，注意规律生活，劳逸结合，避免过度劳累。溃疡活动期病人或症状较重或大便隐血试验阳性者应卧床休息1～2周。

2．饮食护理

建立合理的饮食结构，进食高热量、易消化、非刺激性食物，禁辛辣刺激油炸食物，以免加重对胃黏膜的损伤。

（1）选择食物

①宜选用营养丰富、清淡、易消化的食物，以利促进胃黏膜修复和提高抵抗力。

②牛奶、豆浆宜安排在两餐之间饮用。牛奶、豆浆含钙和蛋白较高，会刺激胃酸分泌，不宜多饮。

③适量摄取脂肪：脂肪到达十二指肠时虽能刺激小肠黏膜分泌肠抑胃蛋白酶，抑制胃酸分泌，但同时又可引起胃排空延缓，胃窦扩张，致胃酸分泌增多，故应少吃红烧肉、猪蹄等高脂饮食。

（2）急性活动期

应少食多餐，细嚼慢咽，避免暴饮暴食。可每天5～6餐，以脱脂牛奶、稀饭、面条等偏碱性食物为宜。少食多餐可中和胃酸，减少胃的饥饿性蠕动，同时可避免过饱所引起的胃窦部扩张增加促胃液素的分泌。

（3）饮食禁忌

忌食辛辣、生冷、粗糙、油炸等对胃黏膜有较强机械刺激的食物及浓茶、浓咖啡等刺激性饮料。戒烟、酒。

（4）营养监测

定期测量体重、监测血清蛋白和血红蛋白等营养指标。

3．观察病情

观察病人腹痛特点，包括腹痛的部位、程度、持续时间、诱发因素，与饮食的关系，有无放射痛、恶心、呕吐等伴随症状等。同时注意观察大便的颜色、性状及量的变化。

4．对症护理

（1）缓解腹痛方法

DU病人常有空腹痛或午夜痛，指导病人随身带碱性食物（如苏打饼干等），在疼痛前或疼痛时进食，或服用制酸剂。也可采用局部热敷或针灸止痛。

（2）并发症护理

①急性穿孔和瘢痕性幽门梗阻时，应立即遵医嘱做好手术准备，行外科手术治疗。

②亚急性和慢性穿孔时，注意观察疼痛的性质，指导病人按时服药。

③幽门梗阻时，做好呕吐物的观察与处理，指导病人禁饮水，行胃肠减压，保持口腔清洁，遵医嘱静脉补充液体，并做好抗生素的用药护理。幽门梗阻的病人不宜用抗胆碱能、解痉药，因为这些药物可以减少胃肠运动，加重梗阻症状。

④上消化道大出血护理参见本章第六节“上消化道出血病人的护理”相关内容。溃疡癌变时护理见《外科护理》相关内容。

5．心理护理

消化性溃疡的病人往往因疼痛刺激或并发出血，产生紧张、焦虑等不良情绪，通过神经内分泌机制加重胃十二指肠黏膜下血液循环障碍，加重溃疡。故应多与病人交谈，使病人了解本病的诱发因素、疾病过程和治疗效果，增强病人治疗信心，克服紧张、焦虑心理。

## 八、健康教育/出院指导

1．知识宣传

（1）向病人介绍本病基本知识，使其主动避免病因或诱因，如注意个人卫生，餐前便后洗手，避免Hp通过粪—口或口—口传播。尽量不用NSAID，合理饮食，保持良好心态等。

（2）使病人高度重视本病，但又不过分紧张，能主动配合治疗护理。

（3）让病人了解本病及其并发症的相关知识和识别方法，能进行自我检测，发现疼痛规律改变、黑便、腹胀明显加重等异常情况，能及时就诊。

2．生活指导

（1）饮食指导

同护理措施相关内容。

（2）规律生活

指导病人纠正不良生活习惯，戒烟、酒，合理安排工作和休息，情绪稳定，避免劳累，提高对环境的适应能力。

3．治疗指导

指导病人遵医嘱按时、正确服用药物，介绍常用药物的不良反应及预防措施。慎用NSAID等对胃肠刺激较大的药物。

4．定期复查

指导病人养成定期复查的习惯，尤其是年龄偏大的胃溃疡病人，更应严密复查。定期做胃镜和大便隐血试验，留意腹痛规律，警惕癌变。

## 九、小结

▲消化性溃疡主要指胃和十二指肠的慢性溃疡，是胃酸、胃蛋白酶自身消化所致，是黏膜侵袭因素和防御因素失衡的结果。

▲幽门螺杆菌感染及服用NSAID是已知的主要病因。GU好发部位是胃角和胃窦小弯，DU好发部位是十二指肠球部前壁。

▲本病临床表现主要是慢性、周期性、节律性上腹疼痛。

▲胃镜检查是确诊的依据。

▲主要治疗是降低胃内酸度药物、保护胃黏膜药物、三联疗法。

▲护理重点是饮食、用药护理及并发症护理。

# 第四节 肝硬化病人的护理

肝硬化是各种慢性肝病发展的晚期阶段。病理上以肝弥漫性纤维化、再生结节和假小叶形成为特征，临床上以起病隐匿、发展缓慢、肝功能损害、门静脉高压为主要表现，晚期常出现消化道出血、肝性脑病、继发感染等严重并发症，有并发症者死亡率较高。肝硬化是常见病，发病高峰年龄为35～50岁，男性多见。

## 一、病因与发病机制

### （一）病因

1．病毒性肝炎

病毒性肝炎是我国肝硬化病人的主要病因。60%～80%为乙型、丙型和丁型肝炎病毒感染，乙型和丙型或丁型肝炎病毒的重叠感染可加速发展至肝硬化。甲型、戊型病毒性肝炎一般不发展为肝硬化。

2．慢性酒精中毒

慢性酒精中毒是欧美国家肝硬化的常见原因。长期大量饮酒（日摄入酒精80 g达10年以上），乙醇及其中间代谢产物（乙醛）对肝脏的毒性作用可致酒精性肝炎的发生，继而发展为肝硬化。

3．非酒精性脂肪性肝炎

非酒精性脂肪性肝炎临床十分常见，随着世界范围肥胖的流行，非酒精性脂肪性肝炎的发病率逐渐上升。研究显示，约20%的非酒精性脂肪性肝炎可发展为肝硬化。

4．胆汁淤积

肝外胆管阻塞或肝内胆汁淤积，高浓度的胆酸和胆红素损伤肝细胞，使肝细胞发生变性、坏死，逐渐发展为肝硬化。

5．循环障碍

慢性充血性心力衰竭、缩窄性心包炎、肝静脉和（或）下腔静脉阻塞等致肝细胞长期瘀血、缺氧、变性、坏死，逐渐发展成肝硬化。

6．营养障碍

食物中的蛋白质、维生素等营养物质摄取不完全，不能满足机体需要，降低了肝细胞对有害物质的抵抗力，有害物质的损伤逐渐导致肝硬化。

7．遗传代谢性疾病

由于遗传性和代谢性疾病，如肝豆状核变性（铜沉积）、血色病（铁沉积）等，使代谢性产物沉积于肝，引起肝细胞坏死、结缔组织增生发展成肝硬化。

8．自身免疫性肝炎

自身免疫性肝炎也可演变为肝硬化。

9．血吸虫病

虫卵沉积于汇管区，引起纤维组织增生，导致窦前性门静脉高压，由于肝脏再生结节不明显，故严格来说应称为血吸虫性肝纤维化。

10.药物或化学毒性

反复接触小剂量工业毒物，如四氯化碳、磷、砷等或长期服用某些对肝脏有毒的药物，如甲基多巴、双醋酚汀、异烟肼等，均可导致中毒性肝炎而演变成肝硬化。

### （二）发病机制（图5-4-1）

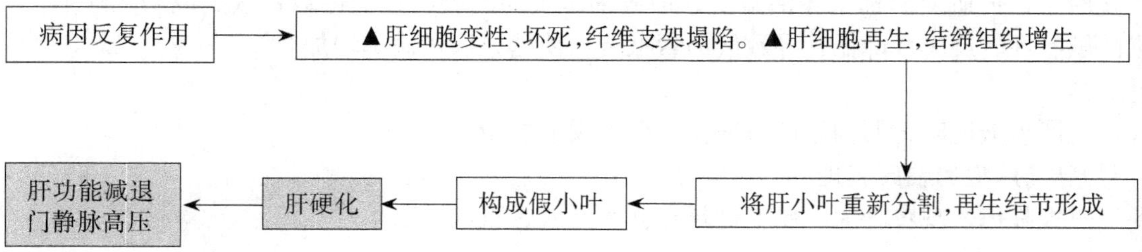


图5-4-1 肝硬化发病机制

## 二、临床表现

肝硬化起病与病程发展一般均较缓慢，可潜伏数年至10年以上，病情亦较隐匿。临床上一般将肝硬化分为肝功能代偿期和肝功能失代偿期，但两期界限不明显。

### （一）肝功能代偿期

早期症状较轻，缺乏特异性，不易察觉。以乏力、食欲不振为主要表现，可伴有腹胀、纳差、腹泻等。常因劳累而出现症状，经休息或治疗而缓解。肝脾轻度肿大，质变硬，肝功能多正常或轻度异常。

### （二）肝功能失代偿期

1. 肝功能减退的临床表现

（1）全身症状

一般营养状况较差，可有低热，消瘦乏力，精神不振，肝病面容（面色灰暗或面色黝黑），皮肤干枯粗糙、浮肿等。

（2）消化道症状

①食欲减退

食欲减退为常见症状，有时伴恶心或呕吐。

②腹胀

腹胀与胃肠积气、腹水、肝脾肿大、胃肠道瘀血水肿、胃肠功能紊乱有关。腹水量大时腹胀为病人最难忍受的症状。

③腹泻

病人对脂肪和蛋白质耐受差，稍进高脂高蛋白饮食即易引起腹泻。

④腹痛

部分病人出现腹痛，多为肝区隐痛，若腹痛明显应注意是否合并肝癌、腹膜炎、消化性溃疡等疾病。

⑤黄疸

黄疸则提示肝细胞有进行性坏死。

（3）出血倾向和贫血

①常有鼻出血、牙龈出血、皮肤紫癜、胃肠出血、女性月经过多等表现，主要与肝脏合成凝血因子减少、脾功能亢进致血小板减少以及毛细血管脆性增高有关。

②常有不同程度的贫血，与食欲不振、肠道吸收障碍、胃肠失血和脾功能亢进等有关。

（4）内分泌功能紊乱

①雌激素增多

因肝脏功能减退对雌激素的灭活下降所致。男性病人常有性欲减退、睾丸萎缩、乳房发育、毛发脱落；女性病人常有月经失调、闭经、不孕等。此外，在病人面部、颈、胸、背、上肢等上腔静脉引流部位可见蜘蛛痣和（或）血管扩张，在手掌大小鱼际及指端腹侧有红斑，称为肝掌。

②继发性醛固酮增多和抗利尿激素增多

肝脏对醛固酮、抗利尿激素灭活功能减退，引起继发性醛固酮增多和抗利尿激素增多，使水钠潴留，表现为尿少、腹水等。

③肾上腺皮质功能减退

有观点认为皮质醇是胆固醇的衍生物，胆固醇由肝脏产生，所以肝硬化时皮质醇减少（肾上腺皮质功能减退）。由于ACTH和促黑素细胞激素释放因子都是ACTH细胞分泌，故肾上腺皮质功能减退时，ACTH反射性增高的同时也使促黑素细胞激素释放因子水平升高，使皮肤色素沉着。

④高血糖

肝硬化时虽然肝脏对胰岛素灭活减少，但肝细胞表面的胰岛素受体数目减少或功能缺陷，使肝细胞对胰岛素的敏感性、反应性降低，导致胰岛素抵抗，使糖尿病发病率增加。

⑤低血糖

当肝功能严重减退时，肝糖原储备减少，会出现低血糖。

2. 门静脉高压症的临床表现

主要有三大临床表现：脾大、侧支循环建立和开放、腹水。

（1）脾大

脾脏因长期瘀血而肿大，多为轻、中度肿大，上消化道出血时脾脏可暂时缩小。疾病晚期可伴有脾功能亢进，表现为脾脏肿大，血液中红细胞、白细胞、血小板减少。血吸虫肝硬化可表现为巨脾，肝功能损害程度较轻。

（2）侧支循环建立和开放

侧支循环建立和开放是门静脉高压的特征表现。门脉高压达到200 $mmH_2O$以上时，来自消化器官和脾的回心血液流经肝脏受阻使门腔静脉建立多个侧支循环。

临床上重要的侧支循环有：

①食管和胃底静脉曲张

食管和胃底静脉曲张是反映肝硬化门静脉高压最客观的指标，也是肝硬化病人上消化道出血的主要原因。常因粗糙尖锐的食物机械损伤或腹内压突然增高致曲张的静脉破裂出血，表现为呕血、黑便甚至休克等症状。

②腹壁静脉曲张

腹壁静脉曲张表现为脐周与腹壁可见迂曲的静脉，以脐为中心向上、向下延伸，外观呈水母头状。

③痔静脉扩张

痔静脉是门静脉系的直肠上静脉与下腔静脉系的直肠中、下静脉交通，此处扩张形成痔核，破裂时引起便血。

（3）腹水

腹水是失代偿期肝硬化最常见、最显著的临床表现。腹水出现前病人常有腹胀，以饭后明显。大量腹水时可见腹部隆起，腹壁绷紧发亮，状如蛙腹，可发生脐疝。腹水使横膈抬高可引起呼吸困难、心悸。腹部检查有移动性浊音。部分病人可伴有胸腔积液，以右侧多见。

腹水形成的主要原因是：

①门静脉压力增高

肝窦内压增高，肝脏生成大量淋巴液，从肝包膜直接漏入腹腔。此外，门静脉压力增高还可导致内脏血管床静水压增高，使液体渗入腹腔。

②血浆胶体渗透压下降

与肝脏合成白蛋白能力下降有关。血浆胶体渗透压下降可使液体直接渗入腹腔。

③有效血容量不足

肝硬化时多种血管活性因子失调，机体呈高心排血量、低外周阻力的高动力循环状态，大量血液滞留于扩张的血管内，导致有效循环血容量下降，激活交感神经系统、肾素-血管紧张素-醛固酮系统等，导致肾小球滤过率下降及水、钠重吸收增加，发生水、钠潴留，加重腹水。

④其他因素

心房钠尿肽不足、抗利尿激素灭活减少等。

3．肝脏情况早期

可触及肿大的肝脏，质硬，表面尚光滑，边缘钝；晚期肝缩小、质地坚硬、呈结节状。

4．并发症

（1）上消化道出血

上消化道出血是最常见的并发症。起病急，通常突然出现呕血、黑便。本病出血原因多为食管、胃底静脉曲张破裂所致，少数为并发急性胃黏膜糜烂或消化性溃疡引起。上消化道出血易诱发肝性脑病或导致出血性休克，病死率较高。

（2）肝性脑病

肝性脑病是本病最严重的并发症，也是最常见的死亡原因。主要与肠内吸收的有毒物质未经肝脏解毒通过侧支循环直接进入体循环有关。具体临床表现参见本章第五节“肝性脑病病人的护理”相关内容。

（3）感染

肝硬化病人免疫力低下，易并发感染，如肺炎、胆道感染、败血症和自发性腹膜炎（SBP）等。自发性腹膜炎多为革兰阴性杆菌感染，是肝硬化常见的一种严重的并发症，表现为发热、腹痛、腹水迅速增长、全腹压痛、腹膜刺激征，血常规检查白细胞升高。严重时可有中毒性休克，死亡率达20%～40%。

（4）肝肾综合征

肝肾综合征指发生在严重肝病基础上的肾衰竭。因肾脏本身无器质性损害，又称为功能性肾衰竭。主要与大量腹水时有效循环血容量不足使肾内血液重新分布等原因有关。临床表现为自发性少尿或无尿、氮质血症、稀释性低钠血症。

（5）肝肺综合征

肝肺综合征指发生在严重肝病基础上的低氧血症。病人既往无心肺疾病基础，临床以严重肝病、肺内血管扩张、低氧血症三联征为特点，主要表现为呼吸困难和发绀，治疗效果不明显，预后差。

（6）原发性肝癌

若病人短期内出现肝脏迅速增大、持续性肝区疼痛、肝表面发现肿块、腹水增加且呈血性等情况，应考虑并发原发性肝癌。

（7）电解质和酸碱平衡紊乱

低钠、低钾、低氯血症、代谢性碱中毒等电解质和酸碱平衡紊乱也肝硬化病人常见的问题，与长期低钠饮食、大量利尿和大量放腹水等有关。

**三、辅助检查**

1．血常规检查

失代偿期有轻重不等的贫血。脾功能亢进时，可见红细胞、白细胞、血小板计数减少。

2．尿常规

一般正常，有黄疸可出现尿胆红素、尿胆原增加。失代偿期可有蛋白尿、血尿、管型尿。

3．大便常规

消化道出血时有黑便或隐血试验阳性。

4．肝功能检查

主要是失代偿期异常，其异常程度往往与肝脏的储备功能减退程度相关。

（1）血清酶学

转氨酶增高，以ALT升高明显，肝细胞严重坏死时AST升高更明显。

（2）蛋白质代谢

血清白蛋白（A）降低，球蛋白（G）增高，A/G降低或倒置。

（3）凝血酶原时间

代偿期可正常，失代偿期可有不同程度延长，且注射维生素K不能纠正。

（4）胆红素代谢

血清总胆红素升高，结合胆红素及非结合胆红素均升高，以结合胆红素升高为主。

（5）胆固醇常低于正常。

5．血清免疫学检查

（1）乙型、丙型和丁型病毒性肝炎血清标记物可以呈阳性反应。

（2）甲胎蛋白（AFP）明显升高提示合并原发性肝细胞癌。

（3）自身免疫性肝炎引起的肝硬化，可检出相应的自身抗体。

6．影像学检查

（1）食管吞钡X射线检查

食管吞钡X射线检查对诊断食管静脉曲张有价值，可见虫蚀样或蚯蚓状充盈缺损，纵行黏膜皱襞增宽。

（2）胃肠钡餐检查

胃肠钡餐检查对诊断胃底静脉曲张有价值，可见菊花瓣样充盈缺损。

（3）B超、CT和MRI检查

可显示脾静脉和门静脉增宽、肝脾大小和质地变化情况、腹水情况。

7．胃镜检查

可观察到食管-胃底静脉曲张，是诊断门静脉高压的最可靠指标。并发上消化道出血时，急诊胃镜检查可判断出血部位和病因，并进行止血治疗。

8．腹腔镜检查

腹腔镜检查不仅可直接观察肝脏、脾脏情况，还可在直视下对病变明显处进行穿刺做活组织检查。

9．肝穿刺活组织检查

肝穿刺活组织检查具有确诊价值。若穿刺标本有假小叶形成是诊断本病的金指标，适用于代偿期肝硬化的早期诊断。

10．腹水检查

腹水一般为漏出液。若并发自发性腹膜炎，腹水为渗出液，白细胞数增多，细菌培养阳性。血性腹水应警惕癌变，需做细胞学检查。

11．门静脉压力测定

经颈静脉插管测定肝静脉楔入压与游离压，两者之差反映门静脉压力，大于10 mmHg为门脉高压症。

12．血生化检查

严重时可有低血钠、低血钾、低血氯、BUN增高等。

**四、诊断要点**

1．代偿期肝硬化

对有病毒性肝炎、酗酒等病史的高危人群密切随访，注意肝脾情况及肝功能的变化，发现肝硬度增加、脾大、肝功能异常变化、B超检查显示肝实质回声不均等变化，应警惕肝硬化，行肝穿刺活检证实。

2．失代偿期肝硬化

（1）有病毒性肝炎、酗酒等病史。

（2）有肝功能减退、门静脉高压的临床表现。

（3）肝功能试验异常。

（4）影像学或胃镜或肝穿刺活组织检查证实。

**五、配合治疗**

本病目前无特效治疗，关键在于早期诊断、早期治疗，阻止肝硬化进一步发展。晚期以防治并发症为主，终末期可行肝移植。

1．药物治疗

为避免增加肝细胞负担，药物种类不宜过多。

（1）抗病毒治疗

对病毒复制活跃的病毒性肝炎肝硬化病人首先进行抗病毒治疗。通过抑制病毒复制，改善肝脏功能，从而在一定程度上延缓肝纤维化的发展。常用拉米夫定、阿德福韦酯等药物。

（2）保护肝细胞药

保护肝细胞药能够稳定和保护肝细胞膜，改善肝功能。常用熊去氧胆酸、甘草酸类、葡醛内酯、还原型谷胱甘肽、联苯双酯、维生素类等药物。

（3）抗纤维化药物

抗纤维化药物能抑制肝纤维化，延缓肝硬化进展。常用复方丹参等药物。

2．腹水处理

（1）控制水、钠摄入，卧床休息

可使病人产生自发性利尿作用，消退腹水，是腹水处理的基础治疗。

（2）增加水、钠排泄

可减少体液，减轻腹水。

1）常用制剂

①保钾利尿剂

螺内酯（又称安体舒通，属于醛固酮拮抗剂）。

②排钾利尿剂

呋塞米（又称速尿，属于袢利尿剂）。

临床常将保钾利尿剂与排钾利尿剂联合应用，达到互补、协同作用。

③导泻剂

甘露醇20 mg每天1～2次口服，通过肠道排出水分。

2）用药注意事项

①遵医嘱按时按量使用利尿剂，不能擅自增减药物。

②使用排钾利尿剂的病人可通过各种途径补钾，如嘱病人多食香蕉、橘子、橙子等含钾丰富的水

果，也可直接口服或静脉补充钾盐。

③利尿剂应从小剂量开始，以体重下降<0.5 kg/d为宜。

④利尿剂使用不宜过猛，以免导致水电解质紊乱、肝肾综合征、肝性脑病等。

(3) 提高血浆胶体渗透压

对于低蛋白血症病人，每周定期输注新鲜血、白蛋白、血浆，可提高血浆胶体渗透压，促进腹水消退。

(4) 难治性腹水的治疗

难治性腹水指使用最大剂量利尿剂（螺内酯400 mg/d加上呋塞米160 mg/d）而腹水仍无减退。在判定难治性腹水前应首先排除其他因素对利尿剂疗效的影响并予以纠正。难治性腹水治疗方法如下：

①大量排放腹水加输注白蛋白

为防止放腹水时蛋白质丢失所致短时间内又产生腹水，每1～2小时放腹水4000～6000 mL，放每升腹水同时输注白蛋白8～10 g（或一次放腹水10000 mL，甚至放完，同时静脉滴注白蛋白40～60g），继续使用适量利尿剂。此法不宜用于有严重凝血功能障碍、肝性脑病、上消化道出血者。

②自身腹水浓缩回输

将抽出的腹水经浓缩处理后再经静脉回输，达到清除腹水，保留蛋白，增加有效血容量的作用。使用该法前必须对腹水进行常规检查、细菌培养和内毒素检查，感染性或癌性腹水不能回输。此方法不良反应有发热、感染、DIC等。

③经颈静脉肝内门体分流术（TIPS）

经颈静脉肝内门体分流术是一种以血管介入的方法，在肝内的门静脉分支与肝静脉分支间建立分流通道，常用于门静脉压增高明显的难治性腹水。但易诱发肝性脑病，不宜作为治疗腹水的首选方法。

④肝移植

难治性腹水是肝移植优先考虑的适应症。

3．手术治疗

为降低门脉压力、减轻脾功能亢进，可行脾切除术或实施各种分流手术。

4．肝移植

肝移植是治疗晚期肝硬化的最佳选择。

5．并发症治疗

(1) 食管胃底静脉曲张破裂出血治疗

参见本章第六节“上消化道大量出血病人的护理”相关内容。

(2) 自发性细菌性腹膜炎治疗

1) 常用制剂

①首选头孢噻肟等第三代头孢菌素，联合半合成广谱青霉素与β-内酰胺酶抑制剂混合物（舒他西林、替门汀等）和（或）喹诺酮类药物，静脉给药，要足量，足疗程。

②静脉输注白蛋白，至病情明显好转。研究证明静脉输注白蛋白可降低自发性细菌性腹膜炎的发生率，提高生存率。

③预防用药。食管胃底静脉曲张破裂出血或腹水蛋白低于1 g/L是自发性细菌性腹膜炎的高危因素，宜给予喹诺酮类药物预防。

2) 用药后复查

一般于用药后48小时复查腹水常规，若腹水的中性粒细胞数目（PMN）减少一半以上，提示治疗有效，需继续原方案治疗至腹水内中性粒细胞恢复正常数天后停药。

(3) 肝性脑病治疗

参见本章第五节“肝性脑病病人的护理”相关内容。

(4) 肝肾综合征治疗

治疗目的是促进肾功能恢复，提高生存率。

常用治疗方法：

①血管活性药加输注白蛋白。

②TIPS。

③肝移植。

（5）肝肺综合征治疗

目前无有效内科治疗，吸氧只能暂时改善症状，不能改变自然病程。肝移植是唯一的治疗选择。

**六、护理问题**

1．营养失调：低于机体需要量

与摄食减少及营养吸收障碍有关。

2．体液过多

与门静脉高压、低蛋白血症及钠、水潴留有关。

3．焦虑

与担心疾病预后不良有关。

4．潜在并发症

上消化道出血、肝性脑病、功能性肾衰竭。

5．有皮肤完整性受损的危险

与皮肤水肿、皮肤瘙痒有关。

**七、护理措施**

1．指导休息与活动

（1）代偿期

可参加轻体力工作，减少活动量，避免过度疲劳。

（2）失代偿期

应多卧床休息，尽量取平卧位，以增加肝、肾的血流量，有助于肝细胞的修复。但过多的躺卧易引起情绪不佳、消化不良，对病人康复不利，故应根据病情适当安排病人活动，活动以不感到疲劳，不加重症状为度。

2．饮食护理

以高蛋白、高热量、丰富维生素、清淡易消化饮食为宜，根据病情变化进行调整。

（1）脂肪：尤其是动物脂肪不宜摄入过多。

（2）蛋白质：可摄入鸡蛋、牛奶、鱼、鸡肉、瘦猪肉等高蛋白饮食，以利于肝细胞修复和维持血浆白蛋白的正常水平。但肝功能显著减退或肝性脑病先兆时应严格限制蛋白质摄入或禁食蛋白质。待病情好转后再逐渐增加蛋白质摄入量。

（3）有腹水时给予低盐或无盐饮食，限制进水量。

（4）有食管胃底静脉曲张者应选择少渣或无渣软食，进餐时细嚼慢咽，咽下的食团宜小且外表光滑，避免进食坚硬、粗糙的食物。片剂药应磨成粉末服用。

（5）戒烟，严禁饮酒。

3．腹水护理

（1）卧床休息

①轻度腹水取平卧位，增加肝、肾血流量，改善肝细胞的营养，提高肾小球滤过率。

②大量腹水者可取半卧位，使膈肌下降，有利于改善呼吸困难和心悸症状。但要注意防止坐骨结节处发生压疮，必要时可使用半透膜敷料或者水胶体敷料保护受压皮肤（皮肤脆薄者禁用）。

（2）控制水、钠摄入

钠盐 1～2 g/d，水 1000 mL/d 左右。少食含钠食品，如咸肉、酱油、含钠味精、罐头食品、松花蛋、香肠、啤酒、汽水等。对应用利尿剂的病人，可适当放宽钠盐摄入量，以免发生低钠血症。

（3）观察病情

①注意观察生命体征、神志、尿量，准确记录24小时出入液量。监测体重，定期测腹围（早餐前在同一部位、同一体位测量腹围），观察腹水消长情况。

②用利尿剂期间还要严密监测血钾、钠、氯等电解质的变化情况。了解病人有无低钾表现，如从下肢开始肌肉无力，表现为活动困难、站立不稳。随着低钾加重，肌无力可影响躯干、上肢，甚至影响呼吸肌、胃肠道平滑肌，出现呼吸衰竭、肠麻痹等。

③观察有无并发症，如呕血、黑便、精神行为异常、发热、腹痛、腹膜刺激征等上消化道出血或肝性脑病或腹膜炎的表现。

④观察皮肤有无出血。

(4) 皮肤护理

①保持床单及皮肤的清洁、干燥。每天用温水擦洗皮肤，避免用力搓擦。病人衣着应宽大柔软，易吸汗，床铺平整。

②骶尾部、足部及其他水肺部位可用软垫或棉垫支撑，协助定时翻身，减少局部长期受压，促进血液循环，预防压疮。

③有黄疸时皮肤往往瘙痒，注意不可抓挠皮肤，以防继发感染。

④阴囊水肿者可用托带托起阴囊，以利水肿消退。

(5) 避免腹内压骤增情况

避免剧烈咳嗽、打喷嚏、用力排便等，以免导致颅内压、心脏负荷骤增。

4．腹腔穿刺放腹水护理

(1) 术前准备

向病人解释操作过程及注意事项，测量体重、腹围、生命体征。嘱病人排空膀胱。

(2) 术中观察

大量放腹水可导致病人水盐代谢失衡、血浆蛋白丢失，甚至发生虚脱、休克，诱发肝性脑病等。所以术中要严密观察生命体征、神志、面色、病人反应等，发现异常，及时通知医生，及时处理。注意记录腹水量、色、性质等，及时送检腹水标本。

(3) 术后护理

术后缚紧腹带，防止腹穿后腹内压骤降。术后平卧休息至少8～12小时。注意有无腹胀、腹痛、肝性脑病的表现，观察穿刺点有无渗液，尿量是否减少，生命体征是否变化等。测量腹围、脉搏、血压，检查腹部体征，了解放腹水效果及病情变化情况。

5．心理护理

肝硬化病程漫长，症状复杂多变，且久治不愈，尤其进入失代偿期，病人常产生消极悲观、愤怒、绝望等不良情绪。故应注意与病人交谈，鼓励病人说出其内心感受和忧虑，给予精神上的安慰和支持。发挥家庭等支持系统的作用，减轻病人心理负担，增加配合治疗护理的依从性。

**八、健康教育/出院指导**

1．知识宣传

(1) 向病人说明身心两方面休息对疾病康复的重要性，指导病人合理安排工作与生活，保证足够的休息和睡眠，尽量消除不利于个人和家庭的各种因素，树立战胜疾病的信心。

(2) 向病人及家属介绍本病基本知识和自我护理方法，学会早期识别病情变化，及时发现并发症，如性格、行为改变可能是肝性脑病早期，呕血、黑便可能是上消化道出血，发现异常，及时就诊。

2．生活指导

(1) 向病人说明饮食治疗的意义及原则。

(2) 强调高蛋白饮食的重要性。

(3) 腹水病人限制水1000 mL/d左右，限制摄盐量1～2 g/d、用利尿剂期间注意合理补充钾盐。

(4) 向病人介绍常见高钠饮食、常见高钾饮食种类等。

(5) 告知病人增加食欲技巧，如烹调时不用钠盐而另外每日给盐1～2 g，让病人进餐时随意加在菜上，增加食物咸味，增强食欲。嘱病人戒烟、酒。

3．治疗指导

介绍常用药物的副作用和注意事项，列出常用的对肝脏有害的药物，嘱病人勿滥用药，以免增加肝脏负担，加重肝功能损害。

4．定期复查

帮助病人认识复查的重要意义，指导病人定期门诊复查肝功能等辅助检查项目，了解病情进展情况。

## 第五节　肝性脑病病人的护理

肝性脑病（又称肝昏迷），是严重肝病引起的、以代谢紊乱为基础的中枢神经系统功能失调的综合征，其主要临床表现为意识障碍、行为失常及昏迷。若肝性脑病的发生是由于门静脉高压、广泛门-腔静脉侧支循环存在所致，则称为门体分流性脑病。若无明显临床表现和生化异常，仅能用精细的智力试验或电生理检测才能发现异常者，称为轻微肝性脑病（以往称亚临床性肝性脑病），是肝性脑病发病过程中的早期阶段。

### 一、病因与发病机制

（一）病因

各种严重肝病均可引起肝性脑病，其中病毒性肝炎后肝硬化最常见。此外，门-体分流手术、重型肝炎、暴发性肝衰竭、原发性肝癌、妊娠期急性脂肪肝、药物性肝病均可导致肝性脑病。

（二）诱因

1. 氨的产生、吸收增加

（1）上消化道出血

血液淤积在胃肠道，经细菌分解后产生大量氨，吸收入血后引起血氨升高。

（2）高蛋白饮食

摄入过多蛋白质，使肝负担加重，大量未经肝脏转化的氨直接进入血液，使血氨升高。

（3）低钾碱中毒

大量排钾利尿、大量放腹水或胸水、进食少、呕吐、腹泻等可引起低钾碱中毒，促使氨吸收入血。同时血容量减少，还可造成肾前性氮质血症，使血氨增高。

（4）感染

组织分解代谢增加，产氨增加，同时发热失水可加重肾前性的氮质血症，使血氨增高。

（5）便秘

便秘使含氨类、胺类及其有毒衍生物与肠黏膜接触时间延长，吸收增加。

2. 药物

对肝脏有影响的药物，如镇静药、麻醉药、安眠药、酒精、抗肿瘤药、抗结核药物、解热镇痛消炎药物等是诱发肝性脑病的常见因素，其中前4种药还可直接抑制大脑皮质和呼吸中枢，进一步加重脑损害。

3. 静脉输注血浆等含氨物质

静脉输注血浆等含氨物质可直接升高血氨。

4. 门体分流、血管阻塞

经颈静脉肝内门-体分流（TIPS）或自然门体分流或门静脉血栓、肝静脉血栓等，均可使肠源性氨直接进入体循环。

5. 大手术、分娩、尿毒症

大手术、分娩、尿毒症可增加肝、脑、肾代谢负担，促使肝性脑病的发生。

6. 原发性肝癌

原发性肝癌使肝脏对氨的代谢能力明显减退。

（三）发病机制

1. 神经毒素作用

氨是促发肝性脑病最主要的神经毒素。正常情况下氨在肝脏转化成尿素，从肾脏排出。肝硬化时，肝脏对氨的转化能力明显减弱，大量未经肝脏转化的氨，直接进入体循环，使血氨升高，大量氨进入脑组织，导致肝性脑病。

（1）氨产生

氨主要在肠道产生，从结肠吸收。

①肠道中尿素被肠道细菌的尿素酶分解产生氨。

②食物蛋白质被肠道细菌的氨基酸氧化酶分解产生氨。

③谷氨酰胺在肠上皮细胞代谢后产生氨。

（2）氨毒性

体内氨以非离子型氨（$NH_3$）和离子型（$NH_4^+$）两种形式存在，$NH_3$能透过血-脑屏障，有毒。$NH_4^+$不能透过血-脑屏障，无毒。氨对中枢的毒性作用主要是干扰脑能量代谢，使脑细胞不能维持正常功能。

（3）氨转移

当结肠内pH＞6时，$NH_3$大量弥散入血，结肠内pH<6时，$NH_3$从血液转至肠腔，随粪便排泄。

（4）降血氨：常见降血氨途径见表5-5-1。

**表5-5-1　组织、器官降血氨功能**

| 脏器 | 降血氨功能 | 脏器 | 降血氨功能 |
| --- | --- | --- | --- |
| 肝脏 | 将氨转化成尿素 | 脑、肾 | 利用、消耗氨 |
| 肺脏 | 呼出氨 | 肾小管 | 排氨 |

2．神经递质变化

（1）假神经递质

1）假性神经递质产生基础

肝衰竭时，病人体内芳香氨基酸增多，支链氨基酸减少。

①正常人的芳香氨基酸在肝脏代谢分解，故肝硬化病人芳香氨基酸增多。

②正常人支链氨基酸在骨骼肌分解代谢，同时胰岛素有促使支链氨基酸进入肌肉的作用。肝硬化时胰岛素灭活减少，故血支链氨基酸相对减少。

2）假性神经递质作用机制

芳香氨基酸与支链氨基酸竞争进入大脑。肝衰竭病人体内芳香氨基酸增多，脑内芳香氨基酸也随之增多。脑内芳香氨基酸可产生一些类似神经递质的物质，如苯乙醇胺等，它们的化学结构与正常的神经递质（去甲肾上腺素等）相似，但不能像正常神经递质那样传递神经冲动，称为假性神经递质。若假性神经递质被脑细胞摄取并取代了正常神经递质，则神经冲动传导发生障碍，使大脑皮质产生抑制，发生肝性脑病。

（2）γ-氨基丁酸/苯二氮䓬（GABA/BZ）神经递质

大脑神经元表面GABA受体、BZ受体、巴比妥受体三者紧密相连，组成GABA/BZ复合体，共同调节氯离子通道。GABA/BZ复合体中任何一个受体被激活，均可导致氯离子内流，使神经传导被抑制；GABA由肠道细菌产生，肝硬化时肝脏对GABA的清除明显降低，血浆内GABA浓度明显增高，同时血脑屏障通透性增强，大量GABA透过血脑屏障进入中枢神经系统激活GABA受体。肝衰竭时，大脑对苯二氮䓬类药物和巴比妥类药物的敏感性增高，容易导致BZ受体、巴比妥受体被激活。GABA、BZ、巴比妥都是抑制性神经递质，其中任何一个神经递质增高都会抑制神经传导，影响大脑皮质正常兴奋功能，导致肝性脑病发生。

（3）色氨酸与抑制性神经递质

正常情况下色氨酸与白蛋白结合不易通过血脑屏障，肝衰竭时白蛋白生成减少，血浆中游离色氨酸增多，大量游离色氨酸通过血脑屏障，在脑中代谢生成抑制性神经递质5-羟色胺及5-羟吲哚乙酸等，参与肝性脑病的发生。肝性脑病早期睡眠异常及昼夜节律改变与色氨酸代谢异常有关。

## 二、临床表现

1．临床分期

临床上根据意识障碍程度、神经系统表现和脑电图改变，将肝性脑病分为四期（表5-5-2），以便早期诊断、估计预后及疗效判断。

**表5-5-2　肝性脑病分期简表**

| 分期 | 意识障碍程度 | 扑翼样震颤 | 脑电图 |
| --- | --- | --- | --- |
| 一期(前驱期) | 轻度性格改变,行为异常 | (±) | (-) |
| 二期(昏迷前期) | 嗜睡,明显意识改变,行为异常 | (+) | (+) |
| 三期(昏睡期) | 昏睡,可唤醒 | (+) | (+) |
| 四期(昏迷期) | 昏迷,不能唤醒 | (-) | (++) |

（1）一期（前驱期）

轻度性格改变和行为失常，表现为焦虑、欣快激动、淡漠少言、睡眠颠倒、健忘等轻度精神异常。此期病人脑电图多正常，能准确回答问题，但吐词不清较缓慢，可有扑翼样震颤。扑翼样震颤是肝性脑病中最具特征的体征，当病人平伸手指（五指张开）及腕关节时，腕关节突然屈曲，然后又迅速伸直，加上震颤多动，类似鸟的翅膀在扇动，故称扑翼样震颤。前驱期历时数日或数周，由于症状不明显，易被忽视。

（2）二期（昏迷前期）

明显意识改变，行为异常，表现为嗜睡、衣冠不整、随地大小便、语言不清、书写障碍、定向力障碍等。此期病人有明显神经体征，如腱反射亢进、肌张力增高、踝阵挛、Babinski征阳性。有扑翼样震颤。脑电图有异常波形。

（3）三期（昏睡期）

病人大部分时间呈昏睡状，但可被唤醒。仍有扑翼样震颤，神经体征持续或加重，肌张力增高，腱反射亢进，锥体束征阳性。脑电图有异常波形。

（4）四期（昏迷期）

病人处于昏迷状态。浅昏迷时，对疼痛刺激尚有反应，腱反射和肌张力仍亢进。深昏迷时，各种反射消失，肌张力降低。由于病人检查不合作，扑翼样震颤无法引出。脑电图明显异常。常有明显黄疸、出血倾向、肝臭，易并发各种感染。

2．轻微肝性脑病病人

由于没有临床表现，轻微肝性脑病病人可从事日常生活和工作，但其反应力降低，不宜驾车和高空作业。

3．疾病转归

有明显诱因的肝性脑病，去除诱因并及时恰当治疗，病人病情可能会好转。肝硬化终末期肝性脑病，多数病人肝功能极差，预后不佳。急性肝衰竭病人预后最差，往往起病后很快进入昏迷至死亡。

## 三、辅助检查

1．血氨

正常值22～44 μmol/L。急性肝性脑病血氨多正常，慢性肝性脑病血氨常升高。

2．脑电图检查

肝性脑病病人脑电图的异常表现为节律变慢，有异常波形。但脑电图改变特异性不强，尿毒症、呼吸衰竭、低血糖等也会有类似改变。

3．诱发电位

诱发电位是脑电图记录的大脑皮质或皮质下层接受各种刺激后所产生的电位，不同于大脑自发性活动所产生的电位。诱发电位异常可用于轻微肝性脑病的诊断。

4．简易智力测验

目前认为智力测验对于诊断轻微肝性脑病最有意义。检测内容包括书写、构词、画图、搭积木、用火柴梗搭五角星等。常规使用的是数字连接试验，其结果容易计量，便于随访。

5．影像学检查

急性肝性脑病病人行头部CT或MRI检查可发现脑水肿。慢性肝性脑病病人可发现不同程度的脑萎缩。

6．临界视觉闪烁频率

肝性脑病早期视网膜胶质细胞变化可以作为大脑胶质星形细胞病变的标志，测定临界视觉闪烁频率有助于诊断轻微肝性脑病。

## 四、诊断要点

1．肝性脑病诊断要点

（1）有严重肝病史和（或）广泛门-体侧支循环形成的基础。

（2）有精神紊乱症状，可引出扑翼样震颤。

（3）有肝性脑病诱因。

（4）肝功能损害、血氨升高。

(5) 脑电图异常。

2．轻微肝性脑病诊断要点

(1) 有严重肝病史和（或）广泛门–体侧支循环形成的基础。

(2) 简易智力测验、诱发电位、临界视觉闪烁频率等辅助检查异常。

## 五、配合治疗

1．避免诱发因素

(1) 谨慎用药

避免使用镇静药、催眠药、镇痛药及麻醉剂（如吗啡、哌替啶、苯二氮䓬、巴比妥类药等）。若病人出现烦躁、抽搐时，可试用异丙嗪、氯苯那敏（扑尔敏）等抗组胺药。

(2) 维持水、电解质、酸碱平衡

①低钾碱中毒是诱发或加重肝性脑病的常见原因之一，与进食少、呕吐、腹泻、大量使用排钾利尿剂等有关，要注意避免。若必须利尿，可加保钾利尿剂，利尿速度不宜过快。

②每日入液量不宜超过2500 mL，以免血液稀释、血钠过低，加重昏迷。

③维持有效血容量、防止电解质及酸碱平衡紊乱。缺钾时注意及时补充钾盐，碱中毒时可输注精氨酸溶液，大量放腹水时应同时输入足量的白蛋白。

(3) 止血和清除肠道积血

上消化道出血是肝性脑病的重要诱因之一。首先要立即采取止血措施，具体方法参见本章第六节“上消化道出血病人的护理”相关内容。常用清除肠道积血的方法是灌肠、导泻。

1）灌肠

可用生理盐水或弱酸性溶液灌肠。

①稀醋酸溶液或生理盐水100～150 mL加食醋30 mL灌肠，既清除肠道积血、积便，又使肠腔保持偏酸环境，利于血中$NH_3$进入肠腔与$H^+$合成$NH_4^+$随粪便排出。

②碱性溶液灌肠，肠腔内的$NH_3$易进入血液，反而加重病情，所以禁用肥皂水等碱性溶液灌肠。

③急性门–体分流性脑病病人首选33.3%乳果糖500 mL灌肠治疗。

2）导泻

可口服或鼻饲50%硫酸镁30～50mL导泻。

灌肠、导泻时注意观察病人血压、脉搏、大便性状，记录尿量、大便量和粪便颜色，加强肛周皮肤护理。

(4) 预防和控制感染

失代偿期肝硬化病人容易合并感染，需酌情给予抗生素预防治疗。

(5) 预防便秘

同上述清除肠道积血的方法。

(6) 警惕并及时纠正低血糖。

2．减少氨的生成与吸收

(1) 限制蛋白质饮食

具体参见本病饮食护理。

(2) 清洁肠道

方法同上述灌肠和导泻措施。

(3) 降低肠腔pH

①常用制剂

乳果糖、乳梨醇均为合成的双糖，口服后在结肠被分解为乳酸、乙酸等酸性物质而酸化肠道，促使氨的排泄，减少氨的吸收。

②用药注意事项

乳果糖有轻泻作用，多从小剂量开始，观察病人服药后的排便次数，以每日排便2～3次为宜。该药在肠道内产气较多，易出现腹胀、腹痛、恶心、呕吐，也可引起电解质紊乱。乳梨醇是另一种合成的双糖，其疗效与乳果糖相似，但即甜低，口感好，不良反应较少。

（4）抑制肠道细菌生长

①常用制剂

新霉素、甲硝唑、利福昔明等。

②用药注意事项

新霉素可引起听力或肾功能损害，用药不宜超过一个月。定期监测听力和肾脏功能。口服甲硝唑可有明显的胃肠道反应，宜饭后服用。

（5）益生菌制剂

口服不产尿素酶的有益菌，抑制产尿素酶的细菌生长，减少氨的生成。常用嗜酸乳杆菌（培菲康）、酪酸梭菌（常乐康）等制剂。

3．促进氨的代谢

常用以下制剂：

（1） L-鸟氨酸-L-门冬氨酸

L-鸟氨酸-L-门冬氨酸是鸟氨酸与门冬氨酸的混合制剂。鸟氨酸能通过尿素循环（鸟氨酸循环）促进尿素合成，降低血氨。门冬氨酸参与肝细胞内核酸的合成，利于修复被损坏的肝细胞，改善症状。本药不良反应为恶心、呕吐、腹胀等，停药后可自动消失。氨基酸类药物过敏者及严重的肾衰竭病人禁用。

（2）鸟氨酸-α-酮戊二酸

药物作用机制类似L-鸟氨酸-L-门冬氨酸，但疗效略差。

（3）谷氨酸钾、谷氨酸钠

①谷氨酸与血液中游离氨结合生成谷氨酪胺，经肾脏排出。

②依据血清钾、钠浓度和病情酌情选用谷氨酸钾、谷氨酸钠。病人有肝肾综合征、少尿、无尿时慎用或禁用谷氨酸钾，以防血钾过高。严重水肿、腹水、心力衰竭、脑水肿的病人需慎用谷氨酸钠。

③应用此类药时，静脉滴速不宜过快，否则可出现流涎、呕吐、面色潮红等反应。

（4）精氨酸

参与鸟氨酸循环，促进尿素合成，降低血氨。

4．调节神经递质及受体

（1） GABA/Bz复合体拮抗剂

通过恢复大脑皮质正常兴奋功能，起到促醒作用。荷包牡丹碱为GABA受体的拮抗剂，氟马西尼为Bz受体的拮抗剂。

（2）支链氨基酸制剂

支链氨基酸制剂是亮氨酸、异亮氨酸、缬氨酸等支链氨基酸为主的复合氨基酸。支链氨基酸可竞争性抑制芳香族氨基酸进入大脑，减少大脑中假性神经递质的形成。此外，对不能耐受蛋白质食物的病人，补充支链氨基酸制剂能有效和安全地帮助病人恢复正氮平衡。

5．其他治疗肝性脑病的措施

（1）人工肝支持治疗

用分子吸附剂再循环系统可清除肝性脑病病人血液中有毒物质，对肝性脑病有一定的暂时性的疗效，可以赢得时间为肝移植做准备。

（2）肝移植

肝移植是肝病晚期的一种有效的治疗手段。

**六、护理问题**

1．意识障碍

与血氨增高、大脑功能紊乱有关。

2．有受伤的危险

与肝性脑病致精神异常、烦躁不安有关。

3．营养失调：低于机体需要量

与肝衰竭、限制蛋白质摄入有关。

4．有皮肤完整性受损的危险

与黄疸导致皮肤瘙痒有关。

### 七、护理措施

1．指导休息与活动

肝性脑病病人应绝对卧床休息，昏迷病人取仰卧位，头略偏一侧，保持呼吸道通畅。

2．饮食护理

（1）控制蛋白质摄入

肝性脑病一期至二期限制蛋白质在20 g/d以内，三期至四期发病数日内禁食蛋白质，供给足够的热量及维生素，以糖类为主要食物。病人神志清醒后，逐步增加蛋白质饮食，蛋白质<20 g/d。以植物蛋白（如豆制品等）为佳，因其含支链氨基酸较多，芳香氨基酸较少，且所含非吸收性纤维素较多，有利于肠菌酵解产酸，有利于氨的排出。

（2）合理水、盐摄入

限制钠、水摄入量，腹水者参见本章第四节“肝硬化病人的护理”相关内容。

（3）足够热量

以糖类为主要食物，供给充足热量。昏迷病人可鼻饲或静脉补充葡萄糖。足量的葡萄糖除提供热量和减少组织蛋白分解产氨外，还有利于促进氨与谷氨酸结合形成谷氨酰胺而降低血氨。尽量少食用脂肪类物质，以免延缓消化道的排空。

（4）补充各类维生素

补充维生素C、维生素$B_2$、维生素K、维生素A、维生素D、维生素E等。由于肝硬化病人胆汁排出量不足，影响脂肪吸收，影响脂溶性维生素吸收，所以要特别注意从非口服途径补充脂溶性维生素。

3．观察病情

（1）观察生命体征、意识、瞳孔、尿量并做好记录。

（2）定期抽血，复查血氨、肝肾功能及血电解质等。

（3）密切观察肝性脑病的早期征象，如病人有无反常的冷漠或欣快，理解力和近期记忆力减退，行为异常以及扑翼样震颤等。

（4）注意有无并发症，如出血、感染、心力衰竭、肾衰竭等。

（5）必要时给予重症监护：重度肝性脑病特别是暴发性肝衰竭病人，常并发脑水肿和多器官功能衰竭，需安置在重症监护病房，严密监护，警惕各种并发症。

4．对症护理

（1）避免诱因

配合医生积极治疗上消化道出血，及时纠正电解质紊乱，控制感染，保持大便通畅，及时处理呕吐和腹泻。避免应用催眠剂、镇静药、麻醉药等，避免快速利尿和大量放腹水，避免大量输液。

（2）安全防护

①加强巡视。

②去除病房内一切不安全因素，如床头柜上的热水瓶、玻璃杯、刀、剪子、皮带等，床位避开窗边。

③对烦躁病人应注意保护，必要时使用约束带，加用床档，防止发生坠床等意外。修剪病人指甲，防止抓伤。

④昏迷病人取仰卧位，头略偏一侧，去除义齿、发夹等易脱落硬物。保持呼吸道通畅，防止窒息。

⑤尽量安排专人护理。向家属说明病情，取得配合。

⑥不可滥用镇静剂。

（3）加强基础护理

①防止皮肤、黏膜并发症

注意保持呼吸道畅通，防止感染。定时帮助病人翻身，预防压疮。做好口腔、眼的护理，对眼睑闭合不全角膜外露的病人可用生理盐水纱布覆盖眼部。

②保护脑细胞

对有抽搐、脑水肿的病人可戴冰帽保护脑细胞功能，要注意防止冻伤。遵医嘱应用甘露醇等脱水剂时要注意保证快速滴入，并观察尿量。

③防止出血

有出血倾向者，要注意避免皮肤、黏膜损伤。

④可多次少量输入新鲜血液，不宜用库存血，因其含氨较高。

⑤对尿潴留或大小便失禁的病人可行留置导尿，定时放尿并详细记录尿量、颜色、气味。

5．心理护理

若病人神志清楚，护理人员应多与病人交流和沟通，耐心解释肝硬化、肝性脑病的有关知识，帮助病人树立战胜疾病的信心和勇气，能够主动配合治疗、护理。尊重病人的人格，切忌嘲笑病人的异常行为。

**八、健康教育/出院指导**

1．知识宣传

向病人及其家属介绍肝性脑病的有关知识、导致肝性脑病的诱发因素以及肝性脑病发生时的早期征象。鼓励病人树立战胜疾病的信心，积极配合治疗。

2．生活指导

（1）根据病情和体力，适当活动，保证充足的睡眠。

（2）向病人介绍各种食物的成分，如植物蛋白主要来源于大豆、花生、杏仁、核桃仁、椰子等植物。指导病人戒烟、酒。与病人及其家属一起制订合理的饮食方案，避免进食过量蛋白质及粗糙食物。

（3）保持大便通畅。

（4）避免受凉、感冒，预防感染。

3．治疗指导

提醒病人及家属在医生指导下用药，特别是有腹水需长期应用利尿剂的病人，不能随意增减利尿剂用量，防止电解质和酸碱平衡紊乱而诱发肝性脑病。慎用或避免使用对肝脏有损害的药物，如镇静药、催眠药、含氮药等。

4．定期复查

及时掌握病变进展情况。若有肝性脑病先兆、消化道出血等异常情况应随时急诊。

## 第六节　上消化道出血病人的护理

上消化道出血是指屈氏韧带以上的消化道，包括食管、胃、十二指肠、胰、胆等部位的出血，胃-空肠吻合术后的空肠病变所致的出血亦属此范围。其临床表现为不同程度的呕血和（或）黑便。上消化道大量出血是指数小时内失血量超过1000 mL或占循环血量的20%，其临床表现除呕血和（或）黑便外，常伴有急性周围循环衰竭。本病是临床常见的急症，严密观察病情变化，及时识别出血征象，积极配合抢救治疗，是抢救病人生命的重要环节。

**一、病因与发病机制**

（一）病因

上消化道出血的病因很多，上消化道疾病及全身性疾病均可引起。临床上最常见的病因为消化性溃疡。此外，食管胃底静脉曲张、急性糜烂出血性胃炎、胃癌也较常见。

1．上消化道疾病

（1）食管疾病

食管炎、食管癌、食管溃疡、各种物理和化学性的食管损伤。

（2）胃十二指肠疾病

消化性溃疡、胃泌素瘤、急性糜烂出血性胃炎、胃癌、胃血管异常、胃黏膜脱垂、急性胃扩张、胃扭转、膈裂孔疝、十二指肠憩室炎、急性糜烂性十二指肠炎、胃手术后等。

（3）空肠疾病

胃-空肠吻合术后的空肠病变所致的出血。

2．门静脉高压引起食管胃底静脉曲张破裂或门静脉高压性胃病

肝硬化、门静脉阻塞、腹腔内肿块压迫门静脉等引起门脉高压，食管胃底静脉曲张、破裂。导致食管胃底静脉曲张破裂出血的诱因有：粗糙食物损伤，腹腔内压力升高，如咳嗽、呕吐、便秘、腹水回输等。

3．上消化道邻近器官或组织的疾病

胆囊或胆管结石、胆囊或胆管癌、胆道蛔虫病、肝脓肿、肝癌、肝动脉瘤破入胆道、胰腺癌、急性胰腺炎并发脓肿破溃、主动脉瘤、肝或脾动脉瘤破裂、纵隔肿瘤或脓肿破入食管。

4．全身性疾病

白血病、再生障碍性贫血、血小板减少性紫癜、血友病、弥散性血管内凝血、过敏性紫癜、动脉粥样硬化、遗传性出血性毛细血管扩张症、尿毒症、结节性多动脉炎、系统性红斑狼疮、流行性出血热、钩端螺旋体病等。各种严重疾病引起的应激状态下产生的急性糜烂出血性胃炎和溃疡形成统称为应激相关胃黏膜损伤，也属于导致上消化道出血的全身性疾病。

（二）发病机制（图5-6-1）

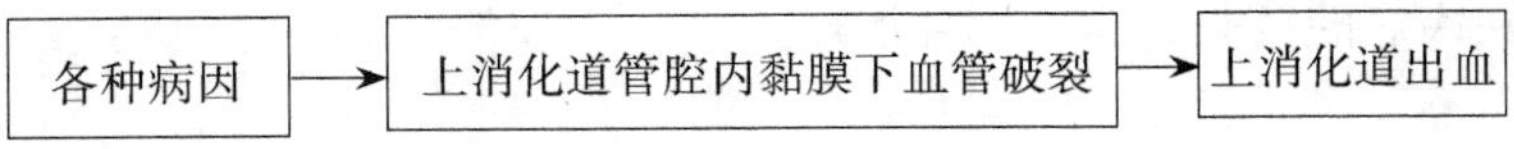


图5-6-1　上消化道出血发病机制

## 二、临床表现

上消化道出血的临床表现取决于病变的性质、部位、出血量、出血速度，并与病人的身体代偿状况有关。

1．呕血与黑便

呕血与黑便是上消化道出血的特征性表现。

（1）上消化道出血均有黑便，大便呈柏油样，黑、发亮，是血红蛋白中的铁经肠内硫化物作用形成硫化铁所致。

（2）若出血部位在幽门以上者常呕咖啡色胃内容物，是血液经胃酸作用形成正铁血红素所致。

（3）若上消化道出血量大，未经胃酸充分混合即呕出，则为鲜红或有血块呕吐物。

（4）若上消化道出血量少，速度慢，亦可无呕血。

（5）幽门以下部位若出血量大、速度快，血液反流入胃也可表现为呕血。

（6）如果上消化道出血量大、速度快，肠蠕动强，血液在肠内停留时间短，可有紫红或鲜红色血便，酷似下消化道出血。

（7）呕血停止后可仍持续数日黑便。

2．失血性周围循环衰竭

由于循环血容量迅速减少而导致失血性周围循环衰竭。病人可有头晕、乏力、心悸、口渴、出汗、黑蒙及便后立起时晕厥倒地等症状。查体可见皮肤、黏膜苍白，烦躁不安，四肢厥冷，脉搏细速，血压下降，脉压变小，少尿或无尿，甚至呈休克状态或意识不清。

3．发热

上消化道大量出血后，多数病人在24小时内出现低热，但一般不超过38.5 ℃，持续3～5天降至正常。可能与周围循环衰竭导致体温调节中枢功能障碍有关。

4．氮质血症

（1）上消化道大出血后，肠道内血液中蛋白以氨的形式被吸收，在肝脏转化成大量尿素氮，超过肾脏排泄能力，使血中尿素氮浓度升高，称为肠源性的氮质血症。

（2）大出血致周围循环衰竭、心排血量不足，肾血流量及肾小球滤过率下降，可致血中尿素氮浓度升高，称为肾源性氮质血症。

（3）肠源性的氮质血症和肾源性氮质血症往往同时存在，使大出血后数小时血尿素氮开始升高，24～72小时达高峰，一般不超过14.3 mmol/L，3～4天恢复正常。

5．贫血

上消化道大量出血后，均有急性失血性贫血。随着组织液渗入血管内，一般在出血后3～4小时才有明显的贫血表现，出血后24～72小时血液稀释到最大限度，此时贫血最明显。贫血程度取决于失血量、出血前有无贫血、出血后液体平衡状态等因素。出血24小时内网织红细胞可增高，随着出血停止，网织红细胞逐渐恢复正常。

### 三、辅助检查

1．实验室检查

（1）血常规

出血3～4小时后红细胞计数、血红蛋白定量及血细胞比容下降，白细胞数增高。肝硬化食管胃底静脉曲张破裂出血时，由于常伴有脾功能亢进，白细胞数可能增高不明显，甚至偏低。

（2）粪便隐血试验强阳性

（3）肝功能检查

肝功能异常有助于肝硬化的诊断。血清胆红素增高，应考虑胆道疾病、肝硬化、壶腹部肿瘤等疾病。

2．胃镜检查

胃镜检查是上消化道出血病因诊断的首选检查方法。出血后24～48小时内进行紧急内镜检查，直接观察出血部位，明确出血病因，同时对出血灶进行止血治疗。为进一步明确病变性质，可在胃镜直视下取活组织，做相应的病理诊断。

3．X射线检查

（1）选择性动脉造影

胃镜检查无异常发现的上消化道大量出血病人，若仍有活动性出血（出血速率>0.5 mL/min），可行肠系膜上动脉造影检查，并可经注入药物进行止血。

（2）经皮穿刺门静脉造影

此项检查可显示门静脉高压所致胃左静脉、食管静脉的曲张程度，并可同时进行栓塞治疗。

（3）X射线钡餐造影检查

X射线钡餐造影检查用于不能进行胃镜检查者。一般在出血已经停止及病情基本基本稳定后数天进行。对胃镜检查出血原因不明或怀疑病变在十二指肠降段以下的小肠段，有特殊的诊断价值。

4．B超检查

B超检查有助于胆道、胰腺出血的诊断与鉴别。

5．吞钡试验

吞钡试验用于不能耐受X射线、内镜、动脉造影检查的病人。

### 四、诊断要点

1．呕血、黑便甚至周围循环衰竭。

2．粪便隐血试验呈强阳性。

3．血红蛋白浓度、红细胞计数、血细胞比容下降。

诊断中需注意以下几点：

（1）排除消化道外出血干扰

如鼻腔、口腔出血时吞下血液等。

（2）排除药物干扰

如服用骨炭、铁、铋剂，进食禽畜血液所致粪便变黑。

（3）鉴别呕血与咯血

参见第三章相关内容。

（4）与其他原因引起的休克、出血鉴别

尤其是病人有休克，但未见呕血、黑便时。

（5）肝硬化伴出血

可以由食管胃底静脉曲张所致，也可以由消化性溃疡或其他病变所致。

### 五、配合治疗

上消化道大出血病情紧急，变化快，甚至可危及生命。当收缩压低于90 mmHg，心率>120次/分时，应采取积极措施进行抢救。首要措施是建立静脉通道、迅速补充血容量、立即配血。

（一）一般急救措施

1．安置病人

（1）立即安排大出血病人在重症病房或抢救室，在床头及床中铺好橡胶单和中单。

（2）绝对卧床休息：休克时取休克位，无休克时床尾抬高10°～15°。呕血时头偏向一侧，避免误吸。

（3）保持呼吸道通畅：及时清理呕吐物，做好口腔护理。必要时给予吸氧，床头备吸引器及其他抢救设备。

2．立即建立静脉通道

（1）至少建立2条静脉通道：一条静脉通道专门用于生长抑素类药物；一条静脉通道用于快速扩容、输血及其他药物。合理安排输液顺序。

（2）选择粗直大血管注射。

（3）选用大针头，用留置针，接可来福正压接头。

3．禁食24小时

此后酌情给予饮食护理，具体见本病饮食护理。

（二）迅速补充血容量

1．遵医嘱及时补充血容量

（1）输液开始时宜快，必要时根据中心静脉压调整输液速度和输液量，以免引起急性肺水肿，尤其对老年或伴有心血管疾病者应注意控制输液、输血的速度和量。

（2）补充血容量有效指标为：收缩压>100 mmHg，HR<100次/分，CVP 5～12 $cmH_2O$，尿量>30 mL/h。

2．检查血型，做好输血准备

输血是抢救上消化道大出血的重要措施。

（1）病人入院后要立即采集血标本进行交叉配血试验，做好输血准备。

（2）紧急输血指征为：血压下降、心率加快、改变体位出现晕厥、失血性休克、血红蛋白低于70 g/L或血细胞比容低于25%。

（3）肝硬化病人宜输新鲜血，因库存血含氨量较高，容易诱发肝性脑病。

（4）在配血过程中，可先用生理盐水（严重水肿、腹水者慎用）、右旋糖酐或其他血浆代用品补液。

（三）止血措施

非食管、胃底静脉曲张破裂上消化道大出血处理：

1．服用抑制胃酸分泌药

可提高及维持胃内pH，有利于血小板聚集及凝血过程。常用奥美拉唑、法莫替丁、西咪替丁等药。

2．口服止血剂

常用于消化性溃疡及急性胃黏膜病变出血。口服止血剂后应使病人缓慢变换体位，使药物充分接触创面，达到止血目的。

常用制剂：

①去甲肾上腺素

8 mg加入冷生理盐水100～150 mL中，分次口服或胃管注入，每次20～30 mL，每日4～6次，使上消化道黏膜血管收缩。

②凝血酶

2000～4000 U加入生理盐水或冷开水10～15 mL中口服，每日4～6次，促使创面血液凝固。不宜加温或用过热水溶解凝血酶，溶解状态的凝血酶很快失活，应现配现用。

3．其他方法

消化性溃疡出血约80%不经特殊处理可自行止血，若出血不止，可给予内镜检查及止血、手术治疗、介入治疗（选择性肠系膜动脉造影找到出血灶进行血管栓塞）等。

食管、胃底静脉曲张破裂上消化道大出血处理：

1．药物止血

（1）血管加压素

血管加压素使内脏小血管收缩从而降低门静脉压力，达到止血效果。

①常用制剂

垂体后叶0.2 U/min持续静脉滴注，视治疗反应，可逐渐增加至0.4 U/min。

②用药注意事项

血管加压素易引起血压升高、心律失常等，故应缓慢滴注，同时密切观察血压、心律。为减轻大剂量使用血管加压素导致的不良反应，可同时用硝酸甘油静脉滴注或舌下含服。

（2）加压素拟似物

与加压素作用机制相似，止血效果更好，且不良反应少，使用方便。但价格昂贵，故目前国内使用较少。常用制剂：三甘氨酰赖氨酸加压素（又称特利加压素）。

（3）生长抑素及其拟似物

能减少内脏血流量30%～40%，选择性地减少门静脉及其侧支循环血流量和压力，抑制胃酸-胃蛋白酶和胃泌素的分泌，抑制胃肠蠕动，有效降低门静脉压力，其止血效果肯定。短期使用几乎没有严重不良反应，已成为治疗食管、胃底静脉曲张破裂出血的最常用药物。

①常用制剂

14肽生长抑素（施他宁）、8肽生长抑素（奥曲肽，又名善得定、善宁）。

②用药注意事项

参见本章第七节“急性胰腺炎病人的护理”相关内容。

2．气囊压迫止血

三腔二囊管是治疗食管、胃底静脉曲张破裂出血的方法之一。其基本结构是一个胃管带有一个食管气囊及一个胃气囊，三个腔分别通往两个气囊和病人的胃腔，充气后分别压迫胃底和食管下段而止血。三腔二囊管压迫止血效果肯定，但由于并发症多（呼吸道阻塞，食管壁缺血、坏死、破裂，吸入性肺炎等）、停用后早期再出血率高、给病人造成较大痛苦等问题，目前临床已很少使用，只在药物不能控制出血时暂时使用，以争取时间准备其他治疗措施。

3．内镜直视下止血

内镜直视下止血是目前治疗食管、胃底静脉曲张破裂出血的重要手段。若上消化道大出血经药物治疗、气囊压迫处理后，症状基本控制，病情基本稳定，可在内镜直视下对食管曲张静脉注射硬化剂，或对胃底曲张静脉用组织黏合剂，或用皮圈套扎曲张静脉，不但能达到止血目的，而且可有效防止早期再出血。

4．手术治疗

经内科积极治疗仍大量出血的食管、胃底静脉曲张破裂出血的病人，可行外科手术治疗，但手术治疗并发症多，死亡率高。

5．介入治疗

在选择性肠系膜动脉造影找到出血灶的同时进行血管栓塞治疗。用于无法内镜治疗、手术治疗的严重上消化道大出血病人。

## 六、护理问题

1．体液不足

与上消化道大出血有关。

2．活动无耐力

与失血性周围循环衰竭有关。

3．恐惧

与上消化道大出血威胁生命有关。

4．有窒息的危险

与呕出血液反流入气管或三腔二囊管阻塞气道有关。

5 潜在并发症

休克。

## 七、护理措施

1．指导休息与活动

上消化道大出血时绝对卧床休息，出血停止后24小时酌情轻度活动。

2．饮食护理

凡是上消化道大出血都应禁食。

（1）食管胃底静脉曲张

少量出血也需禁食，血止后1～2天再逐渐进高热量、高维生素流质饮食。限制蛋白质摄入，避免过热、过冷食物，避免坚硬、粗糙及刺激性食物。注意细嚼慢咽，防止损伤曲张的血管引起再次出血。

（2）非食管、胃底静脉曲张

少量出血可给予温凉、清淡流质饮食，此后逐渐改为营养丰富、易消化、无刺激性半流质、软食，少量多餐，逐渐过渡到正常饮食。其中消化性溃疡病人少量出血时给予温凉流质饮食尤为重要，因为进食可减少胃收缩运动、中和胃酸，有利于溃疡愈合。

（3）戒烟、酒。

3. 观察病情

（1）评估病人呕血、便血的原因、诱因、治疗情况、心理反应、既往史及个人史。

（2）密切观察病人生命体征、神志、尿量，准确记录出入量。检查腹部体征等。观察微循环情况，注意皮肤颜色和肢端温度变化情况，若出现血压下降、心率加快、脉搏细数、面色苍白、皮肤湿冷等，提示微循环血流灌注不足，应及时报告医生。

（3）观察呕血、黑便情况，注意呕血、黑便的颜色、性状、量、次数及伴随症状。

（4）活动性出血或再出血证据

①反复呕血，呕出物由咖啡色转为鲜红色；黑便次数增多，便质稀薄或由黑色转为红色，伴有肠鸣音亢进。

②周围循环衰竭的表现：经充分补液、输血而未见明显改善，或暂时好转而又恶化。

③血红蛋白浓度、红细胞计数与血细胞比容继续下降，网织红细胞持续升高。

④补液及尿量足够的情况下，血尿素氮持续或再次升高。

（5）出血停止证据

大便次数减少，每日1～2次成形便。补液不多，生命体征仍平稳。

（6）注意了解红细胞计数、红细胞压积、血红蛋白、网织红细胞计数、血尿素氮及血清电解质变化情况。了解大便潜血试验、腹部超声、内窥镜检查等结果。

4. 三腔二囊管应用护理

食管、胃底静脉曲张破裂出血病人，可用三腔二囊管压迫止血。

（1）插管前

①向病人解释操作过程、目的和配合方法，消除病人的恐惧心理。

②配合医生做好插管的准备工作。仔细检查三腔二囊管，确保胃管、食管囊管、胃囊管通畅并分别做好标记，确保气囊无漏气，然后抽尽囊内气体，备用。

（2）插管中

协助医生进行插管，尽量减少病人不适。注意先给胃囊打气，再给食管囊打气。做好气囊破裂后紧急抢救的准备，如床边备有剪刀，以便气囊上窜时剪断管子。

（3）插管后

①定时测量气囊内压力，以防压力过高导致组织坏死、压力过低达不到止血效果。

②定时抽吸胃内容物，观察出血是否停止，记录抽吸液的性状、颜色、量。若有鲜红血液，提示仍有出血。若抽吸不畅，提示管腔堵塞，须及时处理。

③持续压迫时间最长不超过24小时，每日放气15～30分钟。

④放气时先放松牵引线，再放食管囊气，最后放胃囊气。放气前口服液状石蜡10～20 mL，润滑气囊壁，防止气囊与食管黏膜相粘贴。间断性气囊压迫一般以3～4天为限，若仍继续出血，可适当延长压迫时间。

⑤每日清洁鼻、口腔，保持口腔湿润，做口腔护理。

⑥嘱病人勿咽唾液，及时吸出食管囊上液体。

⑦若病人突然呼吸困难，可能是食管囊上窜，应立即剪断管子，放气、拔管，避免窒息。

（4）拔管

①出血停止后，可放气、观察24小时，若仍无出血，服液状石蜡20～30 mL，润滑黏膜、管子外壁、气囊外壁，抽尽囊内气体，缓慢、轻巧拔管。

②拔管后继续禁食24小时，若无出血，给予流质饮食，再给半流质饮食，逐渐过渡到平时饮食。

5. 对症护理

定时更换体位，及时清除口腔血迹，禁食期间做好口腔护理。大便后用温水清洗肛周，并用软膏、油剂涂抹，保护肛门皮肤。注意更换或遮盖弄脏的衣被。

6．心理护理

消化道出血病人，特别是大出血者，常表现出紧张、恐惧和无助，所以护理人员要安慰、体贴病人。操作时动作要迅速、敏捷、熟练、轻稳，增强病人的信任感。及时清除血迹，消除病人紧张、恐惧心理。

**八、健康教育/出院指导**

1．知识宣传

向病人及家属讲解上消化道出血的病因、诱因以及防护知识，告知早期识别出血或再出血的方法。若病人出现头晕、心悸、黑便，应立即卧床休息，呕吐时头偏向一侧以免误吸，保持安静，及时送往医院诊治。

2．生活指导

根据病情和体力适当活动，不要过度劳累，避免精神紧张。注意饮食卫生和饮食规律，避免过饥、过饱，给予营养丰富、易消化饮食，避免过热、过冷、刺激性食物，避免粗糙饮食，避免暴饮暴食，戒烟、酒。

3．治疗指导

告诫病人遵医嘱坚持治疗肝病或溃疡病，指导病人掌握正确的用药方法，讲解药物作用及可能出现的不良反应，观察药物疗效及副作用。避免服用对胃黏膜有刺激的药物，如阿司匹林、吲哚美辛、糖皮质激素等药物。肝病病人禁用吗啡、巴比妥类等对肝脏有损害的药物。

4．定期复查

了解病情进展情况。

## 第七节　急性胰腺炎病人的护理

急性胰腺炎是指多种病因导致胰酶在胰腺内被激活后引起胰腺组织自身消化、水肿、出血甚至坏死的化学性炎症反应。临床症状轻重不一，轻者以胰腺水肿为主，表现为急性上腹痛、恶心、呕吐、发热等，数日可自愈，称轻症急性胰腺炎（水肿型胰腺炎）。重者有胰腺出血坏死，常继发休克和腹膜炎，病情凶险，死亡率高，称重症急性胰腺炎（出血坏死型胰腺炎）。急性胰腺炎可见于任何年龄，但以青壮年居多。

**一、病因与发病机制**

（一）病因

引起急性胰腺炎的病因很多，常见的病因为胆石症、大量饮酒和暴饮暴食等。

1．胆道疾病

胆石症、胆道感染或胆道蛔虫等均可引起急性胰腺炎，其中胆石症最为常见。

2．酗酒和暴饮暴食

3．胰管梗死

因蛔虫、结石、水肿、肿瘤或痉挛等原因可使胰管阻塞，胰液排泄受阻。

4．手术与损伤

胃、胆道等腹腔手术，腹部钝伤挤压胰实质，或逆行胰胆管造影注射造影剂过多或压力过高时，也可引起急性胰腺炎。

5．内分泌与代谢障碍

高钙血症与甲状旁腺机能亢进可引起胰管钙化，胰液引流不畅，诱发急性胰腺炎。

6．感染

某些传染性疾病如流行性腮腺炎、病毒性肝炎等可伴有急性胰腺炎。

7．药物

如肾上腺糖皮质激素、噻嗪类利尿药、硫唑嘌呤等可使胰液分泌及黏稠度增加的药物诱发急性胰腺炎。

8．其他

（1）遗传因素或原因未明的特发性胰腺炎。

（2）十二指肠憩室炎、球部溃疡并发炎症、肠系膜上动脉压迫综合征（肠系膜上动脉压迫十二指肠）等使十二指肠内压力增高、Oddi括约肌功能障碍、十二指肠液反流入胰管的一系列病变。

（二）发病机制

1．正常情况

（1）胰腺分泌10多种胰酶（主要有胰蛋白酶、胰脂肪酶、胰淀粉酶等），以没有活性的酶原形式存在于胰腺内。

（2）胰腺内有抑制胰酶激活的物质及胰腺素起胰屏障保护作用。

（3）胰酶原可以被肠激酶、胆汁、组织液等激活。

（4）当胰蛋白酶原进入十二指肠后受到肠激酶及胆汁的作用，被激活成具有活性的胰蛋白酶时，在胰蛋白酶作用下其他胰消化酶原也被激活，共同对食物进行消化。

2．胰腺自身消化机制（图5-7-1）

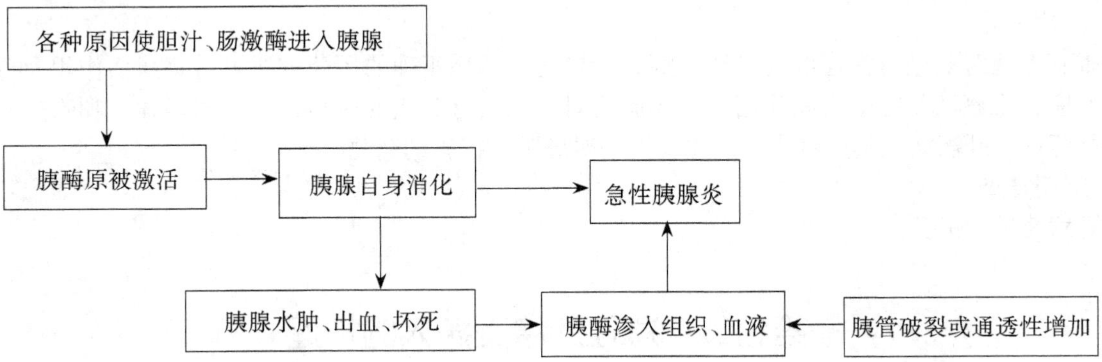


**图5-7-1 胰腺自身消化机制**

（1）胰酶原在胰腺内被激活，发生自身消化

①胆道系统结石、胆道感染、寄生虫、水肿、痉挛等病变使肝胰壶腹部发生梗阻，加之胆囊收缩，胆管内压力升高，胆汁通过共同通道逆流入胰管，激活胰酶原，导致胰腺自身消化。

②胆道系统结石、胆道感染等病变也可引起Oddi括约肌松弛，含有肠激酶、胆汁的十二指肠液反流入胰管，激活胰酶原，导致胰腺自身消化。

③十二指肠疾病使十二指肠液反流入胰管，激活胰酶原，导致胰腺自身消化。

④胆道炎症时，细菌、毒素、游离胆酸、非结合胆红素等通过胆胰间淋巴管交通支扩散到胰腺，激活胰酶原，导致胰腺自身消化。

（2）胰酶原接触胰腺组织被激活，发生自身消化

①胰管阻塞，胰液排泄受阻，当酗酒、暴饮暴食使胰液分泌过多时，胰腺内压力增高，致使胰腺泡破裂，胰酶原进入胰腺组织被激活。

②使胰液的分泌及黏稠度增加的药物，使胰液排泄不畅，胰腺内压力增高，致使胰腺泡破裂，胰酶原进入胰腺组织被激活。

③手术或损伤胰腺使胰酶原进入胰腺组织被激活。

④各种炎症、药物等导致胰腺导管通透性增加使胰酶原渗入胰腺组织被激活。

3．病理可见

（1）轻症急性胰腺炎：胰腺肿大、水肿。

（2）重症急性胰腺炎：胰腺有出血、坏死灶。胰腺周围组织有较大范围的散落的脂肪坏死灶，称为钙皂斑。部分病人有化学性腹水、胸水和心包积液，并易继发细菌感染，与胰液外溢和血管损害有关。

## 二、临床表现

常在饱餐、高脂饮食或饮酒后发生，其临床表现和病情轻重取决于病因、病理类型和诊治是否及时。

1．症状

（1）腹痛

腹痛出现最早、最常见，为本病的主要症状和首发症状。大多为突然发作，常于饱餐和饮酒后1～2

小时发病，为持续性疼痛，阵发性加剧，呈钝痛、刀割样痛或绞痛，常位于上腹或左上腹，亦有偏右者，可向左肩、腰背部放射，仰卧位时加剧，坐位或前屈位时减轻。

①轻症急性胰腺炎腹痛轻，3～5天内缓解。

②重症急性胰腺炎腹痛时间延长。当有腹膜炎时，疼痛弥漫全腹。

③极少数年老体弱病人可有轻微腹痛或无腹痛。

④腹痛与炎症水肿刺激牵拉胰腺包膜上的神经末梢、胰液刺激腹膜和腹膜后组织、肠胀气或肠麻痹、胰管堵塞、胆囊炎、胆石症等有关。

（2）恶心、呕吐与腹胀

起病时有频繁恶心、呕吐，呕吐物为当日所进食物。重症呕吐剧烈，可吐出胆汁或咖啡渣样液，呕吐后腹痛并不减轻。同时伴有腹胀，伴麻痹性肠梗阻时腹胀尤为显著。一般无腹泻。

（3）发热

多数病人有中度发热。轻症的发热在3～5天内可自退；重症呈高热或持续不退，多表示胰腺或腹腔有继发感染。

（4）低血压或休克

低血压或休克见于重症胰腺炎，是最严重的表现。休克可逐渐发生或突然出现。休克的主要原因与有效血容量不足、缓激肽类物质致周围血管扩张、并发消化道出血等有关。

（5）水、电解质及酸碱平衡紊乱

病人多有不同程度的脱水、低血钾，呕吐频繁者可有代谢性碱中毒。重症者常有脱水和代谢性酸中毒，并常伴有低血钙、低血镁。低钙血症引起手足搐搦者，常提示预后不佳，是大量脂肪组织坏死分解出的脂肪酸与钙结合成脂肪酸钙，大量消耗钙所致。部分伴血糖增高，偶发生糖尿病酮症酸中毒或高血糖高渗状态（又称高渗性非酮症性糖尿病昏迷）。

2．体征

（1）轻症急性胰腺炎

体征较轻，可有腹胀及上腹部压痛，无腹肌紧张及反跳痛。

（2）重症急性胰腺炎

①病人常呈急性重病容，痛苦表情，脉搏增快，呼吸急促，血压下降。

②全腹压痛显著，有肌紧张及反跳痛等腹膜炎体征。麻痹性肠梗阻肠管破裂或通透性增加时则有明显腹胀，肠鸣音减弱甚至消失。

③可出现移动性浊音，腹水多呈血性。

④少数病人因胰酶、坏死组织及出血沿腹膜间隙与肌层渗入腹壁下，致腰部两侧出现蓝色瘀斑，称Grey-Turner征；脐周皮肤出现青紫，称Cullen征。

⑤低血钙，手足抽搐。

⑥胰头水肿压迫胆总管下端或Oddi括约肌痉挛可导致黄疸。其中Grey-Turner征、Cullen征、手足抽搐提示预后不佳。

3．并发症

见于重症病人。

（1）常见局部并发症有胰腺脓肿、胰腺假性囊肿等。

（2）全身并发症ARDS、心力衰竭、肾衰竭等多脏器衰竭，以及败血症、DIC、消化道出血及水电解质、酸碱平衡紊乱等。急性重症胰腺炎伴有多器官衰竭者病死率几乎达100%。

## 三、辅助检查

1．白细胞计数

多有白细胞增多及中性粒细胞核左移。

2．血、尿淀粉酶测定

（1）血淀粉酶首先升高，一般在发病后6～12小时开始升高，48小时达高峰，一般超过正常值3倍，48～72小时开始下降，3～5天内恢复正常。血淀粉酶升高程度与病情轻重并不一致，有时重症急性胰腺炎者血淀粉酶甚至低于正常。

（2）尿淀粉酶在发病12小时后开始升高，维持时间较长，连续增高时间可达1～2周，因此，尿淀粉酶适用于就诊较晚的病例。

（3）若有胰源性胸腹水，其胸腹水中淀粉酶含量明显增高。

3．血清脂肪酶

血清脂肪酶常于起病后24～72小时开始上升，持续7～10天，特异性较高，对病后就诊较晚的病人有诊断价值。

4．C-反应蛋白（CRP）

在胰腺坏死时CRP明显升高，有助于评估和监测急性胰腺炎的严重性。

5．生化检查

血钙降低常提示胰腺有广泛的坏死，若低于1.5 mmol/L提示预后不佳。暂时性的血糖升高较常见，若血糖持续高于10 mmol/L反映胰腺坏死，提示预后不佳。此外，也可出现高甘油三酯血症。

6．影像学检查

B超、CT腹部扫描、X射线腹部平片检查可观察有无肠麻痹，并有助于排除其他急腹症。腹部B超检查和增强CT可了解胰腺大小及胆道情况，腹部B超检查是首选的影像学诊断方法，增强CT是诊断胰腺坏死的最佳方法。

**四、诊断要点**

1．轻症急性胰腺炎有酗酒、饱餐等诱因，有急性腹痛等表现，血清或尿淀粉酶显著升高。排除其他疾病。

2．重症急性胰腺炎除具备轻症急性胰腺炎诊断标准外，还可有休克、腹膜炎、腹水、低血钙、Grey-Turner征、Cullen征、局部并发症、器官衰竭等。

**五、配合治疗**

1．轻症急性胰腺炎治疗

（1）禁食及胃肠减压

禁食及胃肠减压是最基本的治疗方法。胃肠减压适用于腹痛、腹胀、呕吐严重者。具体见本病护理措施。

（2）静脉输液

急性胰腺炎时呕吐、禁食、胃肠减压等易造成水、电解质平衡失调，即使是轻症急性胰腺炎，其丧失液体量也较大。维持水、电解质及酸碱平衡，维持热能供应及营养需要，补充血容量至关重要。

（3）止痛

腹痛剧烈者可给予哌替啶，但禁用吗啡，因吗啡使Oddi括约肌痉挛，疼痛加剧。阿托品或盐酸消旋山莨菪碱注射液能解除Oddi括约肌痉挛，减少胃酸分泌，起到止痛作用，但副作用较多，临床已不常用。

（4）抗菌治疗

急性胰腺炎是非细菌性炎症，一般不常规使用抗生素，但胆源性急性胰腺炎需使用。合并感染时，必须使用抗生素。

（5）抑酸治疗

急性胰腺炎病人常处于应激状态，易发生应激性溃疡。此外，胃酸在十二指肠会刺激胰液分泌，所以临床常静脉用$H_2$受体拮抗剂或质子泵抑制剂抑制胃酸分泌，既预防应激性溃疡，又间接抑制胰液分泌。

2．重症急性胰腺炎治疗

重症胰腺炎必须积极进行抢救，治疗方法与轻症急性胰腺炎治疗相似，但时间更长，要求更高。

（1）加强监护

具体见本病护理措施。

（2）加强静脉输液

重症病人常有低血压或休克表现，更需要注意预防或纠正水电解质紊乱。除同轻症急性胰腺炎静脉输液治疗外，还应该给予全血、血浆、血浆代用品、白蛋白等，迅速补充和维持有效循环血容量。

（3）加强营养支持

营养支持对重症胰腺炎病人尤为重要。营养支持可增强肠道黏膜屏障，防止肠内细菌移位引起感染。早期一般给予全胃肠外营养（TPN），根据病情尽早进行空肠插管，逐渐过渡到肠内营养（EN）。谷氨酰胺制剂不仅具有营养价值，还具有保护肠道黏膜屏障的作用，可适当应用。

（4）加强抗菌治疗

重症胰腺炎常规使用抗生素，预防胰腺合并细菌感染。常选用对肠道移位菌（大肠埃希菌、假单胞菌、金黄色葡萄球菌等）敏感，且对胰腺有较好渗透作用的抗生素，如喹诺酮类药或亚胺培南等，联合对厌氧菌有效的甲硝唑进行治疗。病程后期要进行血、体液标本真菌培养，必要时进行经验性抗真菌治疗。

（5）减少胰液分泌

除采用抑酸治疗外，还可应用生长抑素类药物。生长抑素及其类似物能抑制胰液和胰酶分泌，抑制胰酶合成。

1）常用制剂

生长抑素（施他宁）、生长抑素类似物（奥曲肽，又名善得定、善宁）。

2）用药注意事项

①生长抑素半衰期非常短，仅为2～3分钟，需持续静脉滴注，疗程3～7天。

②生长抑素类似物半衰期较长，约90分钟，但也需持续静脉用药。

③用药期间要注意每日更换注射血管，每日更换静脉输液器，保持静脉通道通畅。

④若同时需静脉用其他药物，应建立两条静脉通道，保证生长抑素类药物持续应用。

⑤常借助输液泵或微量注射泵保证该药的准确性。

（6）抑制胰酶活性

抑制已分泌的胰酶活性，仅适用于重症胰腺炎早期。常用加贝酯、抑肽酶等药物。加贝酯对血管刺激较大，用药期间应注意选择较粗血管注射，勿将药液注入血管外，每日更换注射部位。加贝酯需现配现用。

（7）其他措施

①对于胆源性胰腺炎合并胆道梗阻或胆道感染者，可行内镜下Oddi括约肌切开术。

②中医中药方法也有一定疗效，可酌情采用。

③必要时可考虑外科手术治疗，如坏死组织清除及引流术等。

## 六、护理问题

1．疼痛：腹痛

与胰腺及其周围组织炎症、水肿或出血坏死有关。

2．有体液不足的危险

与呕吐、禁食、胃肠减压有关。

3．体温过高

与胰腺炎炎症过程有关。

4．恐惧

与剧烈腹痛有关。

5．潜在并发症

急性腹膜炎、急性肾衰竭、ARDS、DIC等。

## 七、护理措施

1．指导休息与活动

（1）绝对卧床休息

①保证充足的睡眠，以减轻胰腺负担、增加脏器血流量，促进组织修复和体力恢复。

②协助病人采取弯腰、屈膝侧卧位以减轻疼痛，鼓励并帮助病人勤翻身。

③对于疼痛剧烈辗转不安的病人，可加床档，注意防止坠床，床周围不要放置危险物品。

（2）待腹痛症状消失后方可下床轻度活动。

2．饮食护理

（1）禁食、胃肠减压

可减少胃酸分泌及食物刺激胰液分泌。禁食、胃肠减压期间注意病人水电解质平衡情况。

(2) 恢复进食后

可给予低脂低糖流质。常从水、米汤等开始逐渐进食，蛋白质<10 g/d，少食多餐。逐步恢复正常饮食后再给予优质蛋白质25 g/d，利于胰腺病变的恢复。

(3) 告知病人

暴饮暴食、大量饮酒是本病的诱因，取得病人合作。

(4) 营养支持

加强全胃肠外营养、肠内营养的护理。营养物现配现用，无菌操作，避免污染。输注营养物速度不宜过快。严密观察输注营养物后的不良反应。营养物需有明显标记，避免与静脉制剂混淆。

3．观察病情

(1) 观察生命体征、神志、尿量，记录24小时尿量和出入量变化。若出现高热、神志改变、尿量减少、血压下降、心率加快，提示病情加重，要立即通知医生。

(2) 对重症病人进行心电、血压、血气分析监测。

(3) 观察腹部情况，注意疼痛部位、性质、有无腹膜刺激征等。观察肠鸣音、肠蠕动，注意有无麻痹性肠梗阻等。

(4) 观察呕吐物，注意呕吐物的颜色、性状、量并记录。

(5) 监测血电解质、血尿淀粉酶、血糖、电解质情况。

(6) 有条件时，重症病人应转入重症监护病房（ICU）给予严密监护。

4．对症护理

(1) 腹痛的护理

①注意保持弯腰、上身前倾姿势，以减轻腹痛。

②安慰病人，让病人了解腹痛只是本病的一个症状。消除病人恐惧、焦虑情绪。指导病人减轻腹痛的非药物方法，如松弛疗法、皮肤针刺法、听音乐、与人交谈等，减轻疼痛。

③腹痛剧烈者遵医嘱给予解痉镇痛药物，如哌替啶（杜冷丁）等，禁用吗啡，注意观察用药前后疼痛的改变，注意有无药物不良反应发生。

(2) 预防体液不足的护理

①评估病人，注意有无口渴、黏膜干燥、皮肤弹性差、眼眶下陷等脱水征。

②积极补充体液及电解质，禁食病人每天液体入量常需达到3000 mL以上，维持有效循环血量。

③准确记录24小时出入量，尤其注意尿量变化。

(3) 低血压或休克护理

立即给予吸氧、保暖，严密监测生命体征，准确记录出入量。必要时立即建立2个以上静脉通道，遵医嘱迅速补液。

(4) 低钙性手足抽搐护理

遵医嘱静脉注射10%葡萄糖酸钙纠正低血钙。

(5) 口腔护理

禁食期间做口腔护理。若病人口渴可给予含漱液体、湿润口唇等。

(6) 输液泵应用

固定输液泵，接通电源→输液泵管排气→建立静脉输液通路→打开输液泵门，固定输液泵管，关闭输液泵门→设置输液速度、预输液量→启动输液泵→运行正常后将输液泵管与静脉通路连接→更改输液速度时，先按停止键，重新设置后再按启动键→打开输液泵门前，应先夹闭输液泵管。

(7) 微量注射泵应用

固定微量注射泵，接通电源→建立静脉通路→将注射器安装到微量注射泵上→设置输液速度、预输液量→连接静脉通路→启动微量注射泵→更换药液时，先按停止键，更换完毕后，复查注射程序无误后，再启动微量注射泵。

5．心理护理

剧烈腹痛、禁食、胃肠减压，易对病人及家属心理产生不良影响，常表现为焦虑、恐惧，烦躁不安等。护理人员应多进行耐心、细致的解释，多巡视病房，了解病人的需要并及时解决，排除病人的恐惧及疑虑，树立病人战胜疾病的信心。

**八、健康教育/出院指导**

1．知识宣传

向病人介绍本病的主要诱发因素和疾病的过程，教育病人积极防治胆道疾病、十二指肠疾病等与急性胰腺炎发生有关的疾病。

2．生活指导

告知病人预防急性胰腺炎最好的办法就是饮食护理。给予低脂无刺激食物，养成规律进食习惯。避免暴饮暴食，避免高脂饮食，避免劳累，戒烟酒等。

3．治疗指导

告诫病人遵医嘱用药，指导病人掌握正确的用药方法，讲解药物作用及可能出现的不良反应，提醒病人注意观察。

4．定期复查

**九、小结**

▲急性胰腺炎是胰腺自身消化的化学性炎症。

▲主要症状是腹痛。

▲重症胰腺炎表现严重，死亡率高。常有休克、腹膜炎、Grey-Turner征、Cullen征、低血钙等。

▲禁食及胃肠减压是最基本的治疗方法。还可用$H_2$受体拮抗剂、生长抑素、抑制胰酶活性药、镇痛药、抗生素等。

▲护理重点是饮食护理、腹痛护理。

## 第八节　溃疡性结肠炎病人的护理

**一、病因与发病机制**

溃疡性结肠炎（UC）是一种病因不明的直肠和结肠慢性非特异性炎症性疾病。病变主要位于直肠和结肠黏膜与黏膜下层，很少穿孔。临床主要症状有腹痛、腹泻、黏液脓血便及里急后重。病程漫长，病情轻重不一，常反复发作。本病可发生在任何年龄，但以20～40岁人群多见，男女发病率无明显差别。本病分期、分型、分度如下：

1．病情分期

活动期、缓解期。

2．临床类型

初发型（首次发作）、慢性复发型（活动期与缓解期交替）、慢性持续型（症状持续，间断加重）、急性暴发型（病情重，全身毒性症状明显）。其中以慢性复发型最多见。

3．病情严重程度

轻度、中度、重度（表5-8-1）。

**表5-8-1　溃疡性结肠炎病情程度度**

| | 腹泻 | 便血 | 体温 | 脉搏 | 贫血 | 血沉 |
|---|---|---|---|---|---|---|
| 轻度 | <4次/日 | 轻或无 | 无发热 | 偏快 | 无或轻 | 正常 |
| 重度 | >6次/日 | 明显脓血便 | >37.5 ℃ | >90次/分 | <100 g/L | >30 mm/h |
| 中度 | 介于轻度和重度之间 | | | | | |

（一）病因

病因尚未完全明确。

1．环境因素

溃疡性结肠炎的发病率有地域差别现象，可能与饮食、吸烟、卫生条件或暴露于其他尚不明确的因素等有关。

2．遗传因素

一般认为溃疡性结肠炎是在一定的环境因素作用下由于遗传易感而发病，其遗传性与Ⅱ类组织相容复合物HLA-DR2区的基因组有关。

3. 感染因素

目前多认为溃疡性结肠炎的发生可能是机体存在对正常菌群的免疫耐受缺失，也可能与痢疾杆菌或溶组织阿米巴感染有关。

4. 免疫因素

溃疡性结肠炎病人的肠道黏膜防御功能减弱，部分对人体无害的菌群、食物等抗原进入肠黏膜，引发一系列免疫反应与炎症变化。免疫因素在本病的发病中起着重要的作用。

5. 氧自由基损伤

在肠内黄嘌呤氧化酶作用下，大量氧自由基形成，损伤肠黏膜。

6. 精神因素

应激事件、重大精神创伤后也可诱发本病。

（二）诱因

感染、精神刺激、劳累、饮食失调常为本病发作或加重的诱因。

（三）发病机制（图5-8-1）

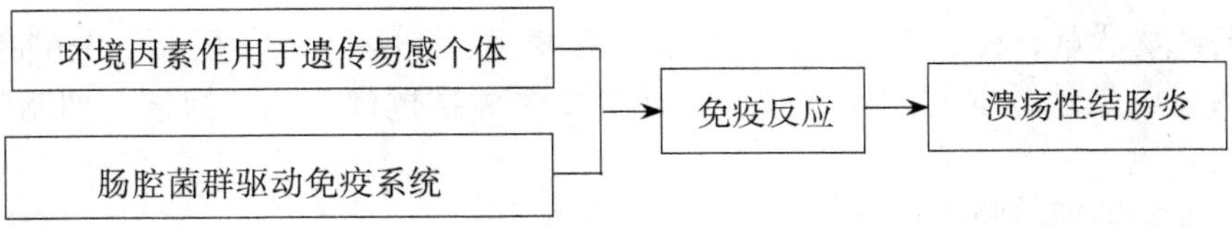


**图5-8-1 溃疡性结肠炎发病机制**

## 二、临床表现

临床表现与病变范围、严重程度、病型及病期等有关。多数起病缓慢，病程呈慢性经过，以慢性复发型多见。

（一）症状

1. 消化系统表现

（1）腹泻

腹泻为最主要的症状。常伴里急后重感觉，为直肠炎症刺激所致。

（2）黏液脓血便

黏液脓血便是本病活动期的重要表现。

（3）腹痛

一般有轻或中度腹痛。腹痛多局限于左下腹或下腹部，亦可涉及全腹。有疼痛—便意—便后缓解的规律。若并发中毒性巨结肠或腹膜炎，则腹痛持续而剧烈。

（4）其他

可有腹胀、食欲不振、恶心、呕吐等症状。

2. 全身表现

重者可出现衰弱、消瘦、发热、贫血、低白蛋白血症、水和电解质平衡紊乱等表现。急性暴发型可有高热。

3. 肠外表现

肠外表现有口腔黏膜溃疡、结节性红斑外周关节炎、坏疽性脓皮病、虹膜睫状体炎等。

（二）体征

轻、中型病人仅有左下腹轻压痛，重型和暴发型病人可有明显的压痛和鼓胀，若出现腹肌紧张、反跳痛、肠鸣音减弱应考虑中毒性巨结肠、肠穿孔等并发症。

（三）并发症

最严重的急性并发症是中毒性巨结肠，此外，还可并发直肠结肠癌变、下消化道大出血、急性肠穿孔、肠梗阻等。

## 三、辅助检查

1．血液检查

血沉加快和C-反应蛋白增高是活动期的标志。活动期白细胞计数可增高。重者血红蛋白明显减少，血清白蛋白下降，血电解质紊乱。

2．粪便检查

（1）肉眼检查

可见黏液脓血便。

（2）显微镜检

可见红细胞和脓细胞，急性发作期可见巨噬细胞。

（3）粪便病原学检查

目的是排除感染性结肠炎，是本病诊断的一个重要步骤，常需反复多次进行（至少连续3次阴性）。

3．纤维结肠镜检查

纤维结肠镜检查对本病诊断、确定病变范围有重要价值。可通过直接观察病变肠黏膜并进行黏膜活组织检查，为确诊提供依据。

4．X射线钡剂灌肠检查

结肠镜检查有困难时辅以本方法。重度或暴发型病人一般不宜做此检查，以免加重病情或诱发中毒性巨结肠。

5．自身抗体检测

近年研究发现，有些自身抗体与本病有关，但其敏感性和特异性尚待进一步评估。

## 四、诊断要点

1．持续或反复发作的腹泻、黏液脓血便、腹痛、里急后重、发热。

2．结肠镜和X射线钡剂灌肠检查结果证实。

3．排除细菌性疾病、肠结核等疾病。

## 五、配合治疗

治疗目的：控制急性发作，维持缓解，减少复发，防治并发症。重症病人禁用抗胆碱能药物或止泻药物，以免诱发中毒性巨结肠。

1．氨基水杨酸制剂

其代表药是柳氮磺吡啶（SASP）。柳氮磺吡啶是治疗本病的首选药物，适用于轻、中型或重型经糖皮质激素治疗已有缓解者。剂量：发作期4～6 g/d，分4次口服，病情缓解后仍要继续长期用药，疗程至少3年。SASP口服后大部分到达结肠，经肠菌分解为5-氨基水杨酸与磺胺吡啶，前者在结肠内与肠上皮接触而发挥抗炎作用。SASP的不良反应是恶心、呕吐、皮疹、粒细胞减少等。嘱病人餐后服药，服药期间定期复查血象。

2．糖皮质激素

糖皮质激素对急性发作期有较好疗效，适用于对氨基水杨酸制剂疗效不佳的轻、中度病人，特别适用于重度及急性暴发型病人。病情较重者常先给予较大剂量糖皮质激素静脉滴注，待病情好转渐减量，减量期间加用氨基水杨酸制剂逐渐代替激素治疗。病变限于直肠乙状结肠或仅限直肠者，可用琥珀酸钠、氢化可的松100 mg（或地塞米松5 mg）加生理盐水100 mL保留灌肠，每晚1次。灌肠时指导病人尽量抬高臀部，以延长药物在肠道内的停留时间。用药期间不可随意停药，防止出现反跳现象等。

3．免疫抑制剂

硫唑嘌呤或巯嘌呤可试用于对糖皮质激素治疗效果不佳或对糖皮质激素依赖的慢性持续性病例。

4．手术治疗

并发结肠大出血、肠梗阻、肠穿孔、癌变及中毒性巨结肠时需手术治疗。

## 六、护理问题

1．腹泻

与肠黏膜炎症及结肠运动功能失常有关。

2. 疼痛：腹痛

与肠道炎症、溃疡有关。

3. 营养失调：低于机体需要量

与长期腹泻及吸收障碍有关。

4. 有体液不足的危险

与肠道炎症致长期频繁腹泻有关。

5. 焦虑

与病情反复、迁延不愈有关。

**七、护理措施**

1. 指导休息与活动

注意劳逸结合，保持心情舒畅。轻症者注意休息，减少活动量，防止劳累。重症者卧床休息，保证睡眠，减少肠蠕动，减轻腹泻、腹痛症状。

2. 饮食护理

（1）病情严重者应禁食，给予完全胃肠外营养治疗。注意维持水、电解质、酸碱平衡。

（2）病情较轻者给予无渣流质或半流质饮食，待病情好转后改为富营养少渣饮食。供给足够的热量，维持机体代谢需要。

（3）避免食用多纤维的蔬菜、水果及刺激性食物，忌食冷饮、牛奶和乳制品等，减轻对肠黏膜的刺激，防止肠出血等并发症。

（4）为病人提供良好的进餐环境，增进食欲。

3. 观察病情

严密观察腹痛的特点及生命体征变化，观察是否有大出血、肠梗阻等并发症的表现，观察每日排便次数、粪便量、性状并监测血红蛋白及电解质的变化等。

4. 对症护理

（1）腹痛护理

具体方法参见本章第二节中“急性胃炎病人的护理”相关内容。

（2）腹泻护理

①评估病人

记录大便次数、性质、颜色、气味等，了解腹泻伴随症状、全身情况、水电解质情况等。

②休息活动

全身症状重者卧床休息，注意腹部保暖，以减弱肠道运动，减少排便次数。慢性、症状轻者可适当活动，以病人能耐受、不加重症状为度。

③饮食护理

以少渣、易消化饮食为主，避免生冷、油腻、多纤维、刺激性食物。

④皮肤护理

做好肛门及周围皮肤的护理，手纸应柔软，擦拭动作要轻柔，排便后用温水清洗肛门，保持肛周皮肤清洁干燥，必要时涂无菌凡士林或抗生素软膏保护肛周皮肤。

⑤配合治疗

若伴有细菌感染，要在合理使用抗生素的前提下，配合应用止泻药。严重腹泻时要及时补充水分和电解质及营养物质等，以满足病人的生理需要。

（3）贫血、低蛋白血症护理

可遵医嘱输血或输血清白蛋白，给予高蛋白饮食等。

5. 心理护理

本病常为慢性经过，病人易出现抑郁或焦虑。护理人员应耐心地做好病人的宣教工作，告知病人不良情绪会影响疾病预后，鼓励病人树立信心，积极配合治疗。

**八、健康教育/出院指导**

1. 知识宣传

向病人介绍本病相关知识，教会其识别并尽量避免有关诱发因素，如饮食失调、过度劳累、精神紧张等。

2．生活指导

阐明良好的心态和自我护理是缓解症状、控制病情的重要条件，指导病人正确对待疾病，学会自我护理及自我心理调节。指导病人合理安排休息，合理选择饮食，摄入足够的营养，避免多纤维及刺激性食物，忌冷食等。

3．治疗指导

嘱病人遵医嘱坚持治疗，不要随意更换或停用药物，教会病人识别药物的不良反应，出现异常情况要及时就诊。

4．定期复查

了解病情变化情况。

### 九、小结

▲溃疡性结肠炎可能为免疫炎症反应所致。

▲最常累及直肠、乙状结肠。

▲主要症状有腹痛、腹泻、黏液脓血便、里急后重。

▲最有助于溃疡性结肠炎诊断的检查是纤维结肠镜检查。

▲治疗首选SASP。糖皮质激素特别适用于重度及急性暴发型病人治疗。

▲护理重点是饮食护理、腹泻护理。

## 第九节　结核性腹膜炎病人的护理

结核性腹膜炎是由结核分枝杆菌引起的慢性弥漫性腹膜感染。本病可见于任何年龄，以儿童、青壮年多见。男女比例约为1∶2。

常见以下病理类型：

1．渗出型

腹膜表面有纤维蛋白渗出物，腹腔内有少量至中等量腹水，呈草黄色，有时可为淡血色。

2．粘连型

有大量纤维组织增生，腹膜、肠系膜明显增厚。肠袢相互粘连，易发生肠梗阻。常由渗出型在腹水吸收后逐渐形成。

3．干酪型

以干酪样坏死病变为主，形成结核性脓肿，向肠管、腹腔或阴道穿破而形成窦道或瘘管。常由渗出型、粘连型演变而来。干酪型是本病的重型。

### 一、病因与发病机制

（一）病因

结核性腹膜炎绝大多数继发于其他器官的结核病变。感染途径：可由腹腔内结核病灶直接蔓延或血行播散而来。前者更为常见，如肠结核、肠系膜淋巴结核、输卵管结核等，均可为本病的直接原发病灶。女性多于男性，可能由于盆腔结核逆行感染所致。

（二）发病机制（图5-9-1）

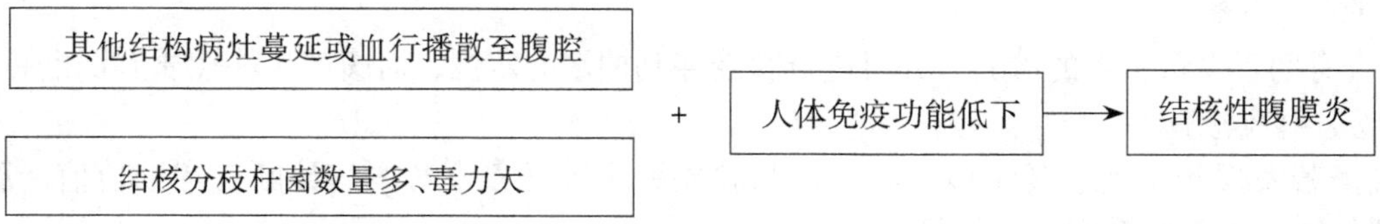


**图5-9-1　结核性腹膜炎发病机制**

### 二、临床表现

结核性腹膜炎的临床表现随原发病灶、感染途径、病理类型及机体反应性不同而异。本病起病缓急不一，多数起病较缓。

1. 全身表现

以发热、盗汗最为常见，约占病人总数的67%～95%，其中1/3病人呈弛张热。渗出型、干酪型病例或合并有严重的腹外结核的病人可呈稽留热，盗汗严重。疾病晚期常有贫血、消瘦、浮肿、舌炎、口角炎及维生素A缺乏症等营养不良的表现。在育龄妇女中，停经不育者较常见。

2. 腹痛

（1）早期腹痛不明显，晚期可出现持续性隐痛或疼痛，疼痛多位于脐周、下腹，有时在全腹部。有的病人始终没有腹痛。

（2）当病人出现急腹症时，应考虑是否因肠系膜淋巴结或腹腔其他结核干酪样坏死病灶溃破后，引起的急性腹膜炎，也可由肠结核并发急性肠穿孔等原因所致。

（3）大多数病人有不同程度的腹部压痛，一般较轻微，少数病人腹部压痛明显并有反跳痛，后者多见于干酪型病人。

3. 腹胀与腹水

多数病人有腹胀感。约有1/3的病人可出现腹水，以少量、中等量多见。腹水量超出1000 mL时可有移动性浊音。少量腹水需借助B超检查诊断。

4. 腹壁柔韧感

腹壁柔韧感是由于腹膜受到轻度刺激或慢性炎症所造成，是结核性腹膜炎的临床特征。

5. 腹部肿块

粘连型及干酪型病人的腹部常可触及肿块，多位于脐周。肿块多由增厚的大网膜、肿大的肠系膜淋巴结、粘连成团的肠管或干酪样坏疽性物积聚而成，其大小不一，边缘不齐，有时呈横形块状物或有结节感，多有轻微触痛。

6. 腹泻、便秘

部分病人可出现腹泻，通常是由于腹膜炎症刺激引起肠功能紊乱所致，也可因肠管内瘘管形成所引起。一般每日3～4次，粪便呈糊状。粘连型病人，便秘较为常见，有时腹泻与便秘交替出现。

7. 肝大

较多见，可由肝结核或营养不良所致脂肪肝引起。

8. 并发症

以粘连型腹膜炎所致肠梗阻多见。肠瘘一般多见于干酪型腹膜炎。

## 三、辅助检查

1. 血象、红细胞沉降率和结核菌素（PPD）试验

（1）部分病人有轻度至中度贫血，多见于病程较长而病变活动的病人。

（2）白细胞计数多正常，腹腔结核病灶急性扩散者或干酪型病人的白细胞计数可增高。

（3）红细胞沉降率是病变活动的重要指标，活动期一般增快，病变趋于静止时逐渐正常。

（4）PPD试验呈强阳性有助于本病诊断。

2. 腹水检查

腹水多为草黄色的渗出液，静置后自然凝固，少数呈血性，偶见乳糜性。相对密度一般超过1.018，蛋白含量在30 g/L以上，白细胞计数超出$500 \times 10^6$/L，以淋巴细胞为主。但有时因低蛋白血症，腹水性质可接近漏出液，必须结合全身情况进行分析。腹水的普通细菌培养阴性，浓缩找到结核杆菌的阳性机会很少，结核菌培养的阳性率很低。

3. 腹部B超检查

B超检查有助于少量腹水的诊断，并可进行腹腔穿刺抽水的定位，对腹部包块性质鉴别也有一定作用。

4. 胃肠X射线检查

钡餐检查若发现肠粘连、肠结核、肠瘘、肠腔外肿块等现象，对本病诊断有辅助价值。腹部平片有时可见到钙化影，多系肠系膜淋巴结钙化。

5. 腹腔镜检查

有腹膜广泛粘连者禁忌此检查。一般适用于有游离腹水的病人，可窥见腹膜、网膜、内脏表面有散在或集聚的灰白色结节，浆膜失去正常光泽，混浊粗糙，活组织检查有确诊价值。

## 四、诊断要点

1．腹痛、腹胀、腹部肿块、腹水、腹壁柔韧感。腹水为渗出液，呈草黄色或淡血色，以淋巴细胞为主，普通细菌培养阴性。

2．X射线胃肠钡餐检查发现肠粘连等征象。

3．发热、盗汗等表现。结核菌素试验强阳性。对疑似病例，试行抗结核治疗2周以上，症状改善者。

4．有结核密切接触史或本人有结核病。

## 五、配合治疗

治疗原则及用药可参照肺结核治疗，但需注意以下几点。

1．加强用药

（1）对于渗出型病人，因为腹水及症状消失常不需太长时间，病人常有自行停药倾向，故必须对病人强调全程规律治疗的重要性，提高治疗依从性。

（2）对于粘连或干酪型病人，因药物不易到达病灶，病变不易控制，常需要抗结核药物的联合应用及适当延长抗结核的疗程。

2．腹腔穿刺放液

若有大量腹水，可适当放腹水以缓解症状。

3．糖皮质激素应用

对血行播散或结核毒血症严重的病人，在应用有效的抗结核药物治疗的基础上，亦可加用肾上腺皮质激素，以减轻中毒症状，防止肠粘连及肠梗阻发生。

4．手术治疗

对内科治疗未见好转的肠梗阻、肠穿孔、肠瘘病人，可行手术治疗。与急腹症鉴别有困难时，可行剖腹探查。

## 六、护理问题

1．体温过高

与结核病毒血症有关。

2．疼痛：腹痛

与腹膜炎、肠结核、盆腔结核、肠梗阻、肠穿孔有关。

3．营养失调：营养低于机体需要量

与结核杆菌毒性作用有关。

4．体液过多

与腹膜炎致腹水形成有关。

5．潜在并发症

肠梗阻、肠穿孔、肠瘘等。

## 七、护理措施

1．指导休息与活动

嘱病人卧床休息，减少活动，降低代谢，减少毒素的吸收。

2．饮食护理

（1）给予高热量、高蛋白、高维生素、易于消化的食物，如新鲜蔬菜、水果、鲜奶、肉类及蛋类等。

（2）提供舒适的进餐环境，促进病人食欲，保证营养摄入。

（3）腹泻明显的病人应少吃乳制品、富含脂肪的食物及粗纤维食物，以免加快肠蠕动，必要时遵医嘱给予止泻剂。

（4）肠梗阻的病人应禁食，并给予完全胃肠外营养治疗。

（5）注意维持水、电解质、酸碱平衡。监测体重、血红蛋白水平，了解营养状况。

3．观察病情与护理

（1）腹泻的观察与护理

①观察病人排便状况、伴随症状、全身情况及粪便的化验检查结果，及时发现病情变化。

②指导腹泻病人选择恰当的饮食，注意腹部保暖，加强肛周皮肤的护理。

（2）腹痛的观察与护理

①严密观察腹痛的性质、特点，正确评估病程进展状况。

②腹痛时护理人员可与病人多交流，分散其注意力或采用热敷、按摩、针灸方法，缓解疼痛。必要时根据医嘱给病人解痉、止痛药物。

③若病人腹痛突然加重，压痛明显，或出现便血等情况，应及时报告医师并积极配合治疗。

4．心理护理

多与病人交谈，介绍有关本病的相关知识，说明只要早期、合理、足量应用抗结核药物，症状可以逐渐缓解，甚至治愈。指导病人掌握放松技巧，改变生活方式，保持轻松愉快的心情，克服焦虑等不良情绪。

**八、健康教育/出院指导**

1．知识宣传

向病人解释本病病因，配合医师积极治疗原发结核病。指导病人有关消毒、隔离等知识，防止结核病的传播，如注意个人卫生，提倡用公筷进餐及分餐制，牛奶应消毒后饮用，病人粪便等排泄物要消毒处理等。

2．生活指导

指导病人加强身体锻炼、合理营养、生活规律、劳逸结合，保持良好心态，增强机体抵抗力。

3．治疗指导

指导病人坚持按医嘱服药，不能自行停药。同时注意药物的不良反应，如恶心、呕吐等胃肠道反应以及肝肾功能损害等。

4．定期复查

了解病情变化情况，以利于治疗方案的调整。

**九、小结**

▲结核性腹膜炎是由结核分枝杆菌引起的慢性弥漫性腹膜感染。

▲有发热、盗汗、腹痛、腹胀、腹水、腹壁柔韧感、腹部肿块等表现，其中腹壁柔韧感是结核性腹膜炎的临床特征。

▲腹水为草黄色或淡血色渗出液。X射线胃肠钡餐检查可见肠粘连等征象。腹腔镜检查有确诊价值。PPD试验强阳性有助诊断。血沉快提示结核病活动。

▲以抗结核、对症治疗为主。护理主要是增加营养，加强消毒、隔离。

## 第十节　肠结核病人的护理

肠结核是由结核分枝杆菌感染引起的肠道慢性特异性感染。过去我国比较常见，近年已逐渐减少。本病多见于中青年，女性较男性多见。常见以下病理类型：

1．溃疡型

病变以充血、水肿、炎症、渗出为主，进一步发展为干酪样坏死，形成溃疡。

2．增生型

病变以增生为主，可见局部有大量结核肉芽肿和纤维组织增生。

3．混合型

兼有上述两种病变者。

**一、病因与发病机制**

（一）病因

肠结核主要由人型结核分枝杆菌引起，好发于回盲部。其感染途径如下：

1．经口感染

经口感染是结核分枝杆菌侵犯肠道的主要途径。如吞咽含结核分枝杆菌的痰液而致病等。偶见饮用未经消毒的带菌牛奶或乳制品而发生牛型结核分枝杆菌肠结核。

2. 血行播散

肠外结核病灶经血行播散侵犯肠道，多见于粟粒型肺结核。

3. 直接蔓延

由腹腔内结核病灶如女性生殖器结核直接蔓延引起。

（二）发病机制（图5-10-1）

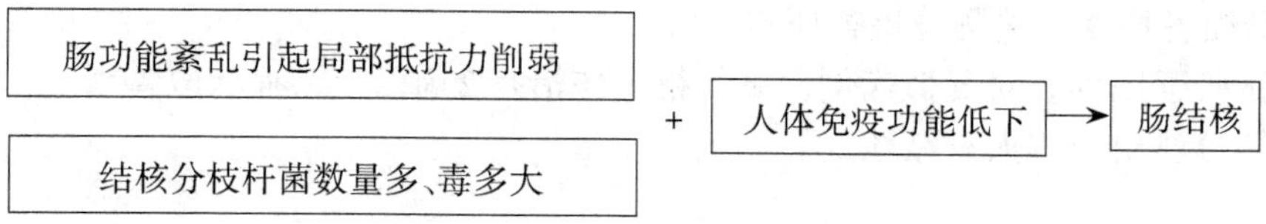


**图5-10-1 肠结核发病机制**

## 二、临床表现

1. 腹痛

（1）部位

多位于右下腹或脐周。

（2）性质

多呈痉挛性阵痛，进食可诱发或加重，排便或肛门排气后疼痛可有不同程度的缓解。并发肠梗阻时，有腹部绞痛、腹胀、肠鸣音亢进等。

2. 腹泻与便秘

（1）溃疡型肠结核

主要表现是腹泻，每日2～4次不等，重者可达10余次，粪便呈糊状，不含黏液及脓血，无里急后重感。有时病人腹泻与便秘交替。

（2）增生型肠结核

主要表现是便秘。

3. 腹部肿块

常在右下腹扪及，较固定，质地中等，伴有轻、中度压痛。

4. 全身症状

溃疡型肠结核常有结核毒血症的表现，如不同热型的长期发热、盗汗，伴有倦怠、消瘦、营养不良等，可同时有肠外结核特别是活动性肺结核的临床表现。增生型肠结核：一般情况较好，多不伴有全身症状及肠外结核的表现。

5. 并发症

主要见于晚期病人，以肠梗阻多见，瘘管、腹腔脓肿、肠出血、肠穿孔少见。可因合并结核性腹膜炎而出现腹胀、腹水、腹壁柔韧感等临床表现。

## 三、辅助检查

1. 实验室检查

（1）血液检查

血沉明显增快，是病变活动的重要指标。溃疡型肠结核可有轻至中度贫血。

（2）PPD试验

强阳性有助于本病诊断。

（3）粪便隐血试验

溃疡型肠结核的粪便隐血试验可呈阳性，显微镜下可见少量脓细胞和红细胞。

2. X射线检查

X射线小肠钡剂造影对肠结核的诊断具有重要价值。并发肠梗阻时钡餐检查要慎重。钡剂在溃疡型肠结核的病变肠段呈激惹征象，排空很快，显示充盈不佳。但在病变的上、下肠段则钡剂充盈良好，称为X射线钡影跳跃征象。此外，还可见肠腔狭窄、肠段缩短变形、回肠盲肠正常角度消失。

3．结肠镜检查

结肠镜检查是本病首选检查。可对全结肠和回肠末段进行直接观察，是本病诊断的重要依据。内镜下可见病变肠黏膜充血、水肿、溃疡形成，也可见大小及形态各异的炎性息肉、肠腔狭窄等。镜下取活体组织送病理检查具有确诊意义。

## 四、诊断要点

1．腹痛、腹泻、右下腹肿块、肠梗阻、发热、盗汗等表现。

2．X射线胃肠钡餐检查、结肠镜检查证实。

3．结核菌素试验强阳性。对疑似病例，试行抗结核治疗2周以上，症状改善者。

4．有结核密切接触史或本人有结核病。

## 五、配合治疗

1．休息与营养

增强抵抗力是治疗的基础。

2．抗结核化学药物治疗

抗结核化学药物治疗是本病治疗的关键。治疗方案参见第一章第九节“肺结核病人的护理”相关内容。

3．对症治疗

腹痛可用抗胆碱能药物。严重腹泻或摄入不足者，应注意纠正水、电解质与酸碱平衡紊乱。对不完全性肠梗阻病人，需进行胃肠减压，以缓解梗阻近端肠道的膨胀与潴留。

4．手术治疗

当肠结核并发完全性肠梗阻、急性肠穿孔、慢性肠穿孔致肠瘘形成、肠道大量出血经抢救不能止血者，需要手术治疗。

## 六、护理问题

1．疼痛：腹痛

与肠结核及伴有肠梗阻等有关。

2．腹泻

与溃疡型肠结核致肠功能紊乱有关。

3．营养失调：低于机体需要量

与结核杆菌毒性作用、消化吸收功能障碍有关。

4．便秘

与肠道狭窄、梗阻或胃肠功能紊乱有关。

5．潜在并发症

肠梗阻、肠穿孔、肠瘘等。

## 七、护理措施

参见本章第九节“结核性腹膜炎病人的护理”相关内容。

## 八、健康教育/出院指导

参见本章第九节“结核性腹膜炎病人的护理”相关内容。

## 九、小结

▲肠结核是由于结核分枝杆菌侵犯肠道引起的慢性特异性感染，主要经口感染，好发于回盲部。

▲临床主要表现为腹痛、腹泻或便秘、右下腹肿块。

▲主要并发症是肠梗阻。

▲血沉增快提示有结核活动情况。PPD、X射线钡剂检查有助诊断。确诊靠结肠镜检查。

▲关键治疗是抗结核化学药物治疗。护理主要是增加营养，加强消毒、隔离。

# 第十一节 慢性便秘病人的护理

随着人们饮食结构的改变及精神心理和社会因素等多方面的影响，便秘已成为影响现代人生活质量的重要因素之一。正常成人排便1～2次/日或2～3次/日，粪便质量约为22～35 g/d，排便次数和粪便质量还常受食物种类和环境影响。慢性便秘是指排便次数减少、粪便量减少、粪便干结、排便费力，病程达6个月以上。流行病学调查显示，女性患病率明显高于男性，农村患病率高于城市，随着年龄增长患病率明显增加。

## 一、病因与发病机制

### （一）病因

慢性便秘可由多种疾病引起，包括胃肠道疾病（机械梗阻性便秘、动力性便秘）、全身疾病和神经系统病变，其中肠易激综合征（肠道对刺激的生理反应过度或反常）是最常见的原因。此外，经常服用某些药物，如止痛药、麻醉药、肌肉松弛剂、抗惊厥剂、抗抑郁剂、抗帕金森病药、抗胆碱能药、阿片制剂、神经节阻滞剂、降压药、利尿剂等也容易引起便秘。

### （二）发病机制

常与全身系统性疾病有关，如甲状腺功能减退、糖尿病、结缔组织病、帕金森病等。

（1）慢通过便秘。

（2）排出通道阻滞性便秘。

（3）排出通道正常的便秘。

## 二、临床表现

1．排便次数改变

（1）排便次数少：少于3次/周，严重者长达2～4周才排便一次。

（2）排便次数多但排便困难，每次排便时间可长达30分钟以上，粪便呈球粪或羊粪状硬结，数量很少。

2．排便用力、排空不尽感

常有直肠内梗阻或堵塞感，往往需手法助便。

3．腹胀或胀气

## 三、辅助检查

1．肛门直肠指检

肛门直肠指检不仅是检查有无直肠癌的重要方法，也是判断有无出口梗阻所致便秘常用的、简易的手法。

2．实验室检查

大便常规和隐血试验应作为慢性便秘的常规检查。若有血便、大便隐血试验阳性要考虑器质性疾病。若疑有系统性疾病，如糖尿病、甲状腺疾病、结缔组织病和神经系统疾病，应做相应的生化和免疫检查。

3．影像学或内镜检查

对年龄>40岁或有癌变警报征象（便血、大便隐血阳性、贫血、消瘦、腹部包块、明显腹痛、有结直肠息肉史以及结直肠肿瘤家族史）者，为排除肿瘤、炎性反应等肠道疾病，可行结肠镜、结肠气钡对比造影等检查。重度便秘疑有假性肠梗阻者应拍摄X射线腹部平片。

4．其他

胃肠传输试验、肛门直肠测压等检查方式可客观评价肛门和直肠功能，有助于进行临床分型及治疗方法的选择。

## 四、诊断要点

1．慢性便秘诊断标准

（1）排便费力，干硬粪块，有便意但排不出来，便次减少或排便不尽。

（2）排便次数<3次/周，排便努挣时间大于排便时间的25%。

（3）全消化道或结肠运输时间延长。

（4）病程6个月以上。详细询问病史和进行体格检查可为慢性便秘的病因诊断提供重要的线索。

2．慢性功能性便秘诊断标准

一年里至少3个月连续或间断出现以下2个或2个以上症状：排便费力、粪便干结、排便不尽感、排便时有肛门阻塞感或肛门直肠梗阻、排便需用手法协助、每周排便少于3次。同时除外肠道或全身器质性病因以及药物因素所致的便秘。

**五、配合治疗**

1．药物治疗

（1）容积性泻剂

此类药能起到膳食纤维的作用，通过增加粪便中的水含量和固形物而通便。

①常用制剂

欧车前、麦麸、甲基纤维素等。

②用药注意事项

剂量过大可导致腹胀，对怀疑肠梗阻者禁用。此类药不能立即显效，需应用7～10天后再根据具体情况调整用量。

（2）润滑性泻剂

1）常用制剂

开塞露、液状石蜡、角莱酸酯等。

2）用药注意事项

①开塞露（含硫酸镁、甘油、丙二醇）能润滑并刺激肠壁，软化大便，使其易于排出。主要适用于硬结便病人，尤其是老年病人。

②液状石蜡在肠道内不被吸收或消化，润滑肠壁，使粪便易于排出。成人每次口服15～30 mL时，用药后6～8小时产生效果。对年老体弱、长期卧床的便秘病人使用时应防止误吸引起脂性肺炎。由于液状石蜡在小肠黏膜上形成了薄层，便阻碍了脂溶性维生素的吸收，长期服用可致脂溶性维生素缺乏。

（3）高渗性泻剂

药物在肠腔内不能被吸收，使肠腔渗透压增高，增加肠内容物的含水量，软化大便，使肠内粪便体积增大，刺激肠蠕动而通便。

1）常用制剂

山梨醇、乳果糖、聚乙二醇类制剂等。

2）用药注意事项

①此类药的优点是无成瘾性，并且减药或停药后不反弹。

②乳果糖至少6小时以后起效，聚乙二醇类制剂至少24小时以后起效，用药后不可操之过急。

③服用此类药后排出的大便多不成形，故尤其适用于有痔疮、肛裂等疾患的便秘者。

④乳果糖能酸化肠道，治疗和预防肝性脑病，特别适合有慢性肝病、肝功能不全的病人使用。

（4）盐类泻剂

此类药含有不被吸收的阳离子和阴离子，使肠腔内形成高渗状态，继而增加粪便的含水量而达到导泻的目的。通常在服药后2～6小时后即可排出水样或半流体粪便。

①常用制剂

硫酸镁、硫酸钠、电解质溶液等。

②用药注意事项

由于此类药中部分离子可以被吸收，易引起水、盐电解质紊乱，故合并有肾功能不全、充血性心脏病的便秘者不宜使用。临床常用于全结肠镜或钡剂灌肠等检查前的肠道准备。

（5）刺激性泻剂

刺激肠蠕动，减少吸收。服用6小时左右即可有便意。

①常用制剂

蓖麻油、蒽醌类药物、酚酞（果导）、番泻叶、双醋苯啶等。

②用药注意事项

此类泻剂易出现药物依赖、电解质紊乱等不良反应，长期应用还可引起结肠黑变病，增加大肠癌的危险性。

（6）用药指导

1）合理选择通便剂

选用通便剂时应考虑药效、安全性、药物依赖性以及价效比，避免长期使用刺激性泻剂。对粪便嵌塞者，可用清洁灌肠或用液状石蜡等直肠给药，软化粪便。便秘合并痔者可用复方角莱酸酯制剂。角莱酸酯系海藻提取物，可以在肛门直肠黏膜表面形成一层膜状结构，对炎症或受损的黏膜起保护作用，而其所在产生的润滑作用利于粪便易于排出。

2）正确使用通便方法

①告知病人长期使用缓泻药易造成生理、心理上的依赖，使肠道失去自行排便的能力。

②指导或协助病人选择通便方法。

③提醒病人通便后注意观察各种泻药的疗效及不良反应。

3）注意服药时间

口服液状石蜡宜餐间口服，以免影响脂溶性维生素吸收。不宜临睡前服用，以免吸入肺内，引起脂性肺炎。

2．生物反馈治疗

功能性便秘主要是直肠括约肌功能紊乱所致。根据流行病学资料分析，功能性便秘约占便秘人群的50%。生物反馈治疗适用于功能性排便障碍者（生物反馈治疗已成为国外治疗功能性便秘的一线疗法）。生物反馈治疗是将人体不易察觉的排便生理信息通过仪器转变成人体可以接收的信号，反馈给人的视觉、听觉，指导人有意识地控制自己的排便活动，经过反复训练，使病人调节和纠正排便障碍，使之恢复正常。通过生物反馈治疗使病人排便时盆底肌矛盾性收缩得到纠正，同时改善直肠感觉功能，增强直肠推进蠕动与肛门松弛的协调性，建立正确的排便行为。此法对精神抑郁的便秘病人，疗效较差。

3．训练排便习惯

训练排便习惯常用于治疗习惯性便秘，对有粪便嵌塞的病人尤其重要。训练前用生理盐水灌肠清洁肠道，每天2次，连续3天。经腹部平片确定肠内无粪便嵌塞后给予轻矿物油5～15 mL/(kg·d)或乳果糖15～30 mL/d，使病人每天至少排便1次。同时鼓励病人于早餐或晚餐后排便，帮助病人恢复正常排便习惯。病人恢复规律排便2～3个月后，可逐渐停用矿物油或乳果糖。若病人再次出现便秘，需重新进行上述过程。

4．手术治疗

若病人症状严重影响工作和生活，且经过一段时间严格的非手术治疗无效，可考虑手术治疗。尤其是对先天性巨结肠病、顽固的慢通过性便秘病人，手术治疗效果较好。

## 六、护理问题

1．便秘

与肠蠕动减慢或粪便排出受阻有关。

2．焦虑

与便秘影响生活质量有关。

3．潜在并发症

痔、肛裂、乙状结肠扭转、肠梗阻等。

## 七、护理措施

1．指导休息与活动

体质虚弱或腹肌、肛提肌无力的病人，应根据病人病情安排适当的运动，促进肠蠕动。也可经常练习排便动作，即正常排便时的一收一放动作，锻炼肛提肌的收缩力。

2．饮食护理

（1）鼓励病人多食富含粗纤维食物，如芹菜、豆角、白菜、水果、笋类、玉米、麦片、麸皮、大豆等，以利通便。

①纤维本身不被吸收，所以能使粪便膨胀，刺激结肠蠕动。

②此法对膳食纤维摄入较少的病人有效。

③肠易激惹综合征病人应慎用此法，应逐渐增加膳食纤维的含量，避免加重腹痛、腹胀。

④肠梗阻、巨结肠、巨直肠、神经性便秘的病人，不能采用此法。

（2）指导病人多饮水，每天清晨饮一杯温开水或盐水，上午或傍晚各饮一杯温热的蜂蜜水等，均可增加肠道的水分，有助于通便。少饮含咖啡因的饮料，如浓茶、咖啡、可乐等。

3．观察病情

（1）根据Bristol分级能判断大便是否正常。Bristol分级将大便分为7型，其中3～5型为正常大便。

（2）注意病人排便次数、排便与就餐时间关系、粪便性质、每次排便时间、排便是否困难，尤其注意排便时有无生命体征及其他方面病情变化。

（3）观察便秘病人是否存在便血、大便隐血阳性、贫血、消瘦、腹部包块、明显腹痛等器质性疾病的症状。

（4）观察病人是否出现了肠梗阻或肠穿孔情况，若病人有肛门停止排气、腹胀明显、腹痛剧烈等表现，应立即报告医生，并协助处理。

4．对症护理

（1）指导病人养成定时排便习惯。要求病人即使无便意，也应坚持定时排便，坚持每日定时蹲坐10～20分钟。提供隐蔽环境，并协助病人采取舒适有效的排便姿势，合理地利用重力和腹内压促进排便。

（2）排便时进行适当的腹部按摩，顺结肠行走方向做环形按摩，或叩击腹部，刺激肠蠕动，促进排便。

（3）若病人长时间未排便，应酌情指导或协助病人使用开塞露、甘油栓等简易通便方法，必要时酌情给予清洁灌肠等处理。

（4）肺气肿、心血管疾病、脑血管疾病、气胸病人不能用力排便，若有排便困难情况，请及时告诉医务人员，给予辅助处理。

5．心理护理

导致便秘的因素很多，除饮食、滥用泻剂以外，还包括精神、心理等因素。因此，要指导病人保持乐观积极的精神状态，避免过度紧张，自我调整心态，克服焦虑情绪。

**八、健康教育/出院指导**

1．知识宣传

（1）向大众宣传：

①慢性便秘发生的原因及表现。

②慢性便秘的危害：慢性便秘和肛门直肠疾病（如痔、肛裂等病）的发生关系密切，可导致乙状结肠扭转、肠梗阻，同时还可能在大肠癌、肝性脑病、乳腺疾病的发生中起重要作用。急性心肌梗死、脑血管意外等病人排便用力可导致病情加重，甚至死亡。严重便秘可致粪性结肠穿孔，病死率较高。

③长期依赖通便药物会使肠道失去自行排便功能。

④要注意观察排便有无异常，发现异常，及时就诊。

（2）教会病人简单、正确处理便秘的方法。

（3）向病人讲述心理因素对排便的影响，指导病人保持乐观的心态，劳逸结合，不过度紧张，减少不必要的焦虑。

2．生活指导

（1）养成良好的饮食习惯，注意膳食的搭配，多吃富含纤维素的食物，多喝水，少喝浓茶、咖啡等刺激性饮料。

（2）养成良好的排便习惯，定时排便。告知高血压、心脑血管疾病的老年人排便时不能用力，以免发生意外。

（3）适当进行运动及体育锻炼，可每日以顺时针方向按摩腹部数次，促进肠蠕动。

3．治疗指导

指导病人学会正确使用通便剂，观察药物不良反应，指导病人进行生物反馈治疗、养成定时排便习惯。

4．定期复查

### 九、小结

▲慢性便秘是指排便次数<3次/周，排便量<35 g/d，排便努挣时间大于排便时间的25%，粪便干结，排便费力，病程达6个月以上。

▲慢性便秘可由多种疾病引起。肛门直肠指检及内镜检查是排除器质性疾病的重要手段。

▲养成良好的排便习惯和饮食习惯是防治慢性便秘的重要措施，必要时使用泻剂治疗或生物反馈治疗。

# 第六章　泌尿系统疾病病人的护理

## 第一节　泌尿系统基础知识

泌尿系统是人体重要的排泄系统，由肾脏、输尿管、膀胱、尿道及有关血管、神经组成，其中最重要的器官是肾脏。肾不仅是主要的排泄器官，也是重要的内分泌器官，它对排泄代谢产物，调节水、电解质、酸碱平衡，维持机体内环境恒定起着非常重要的作用。

**一、解剖结构**

1. 肾脏

肾脏左右各一，为蚕豆形实质性脏器，位于腹膜后脊柱两侧。肾脏内部结构分为肾实质和肾间质。肾实质又分为表层的肾皮质和深层的肾髓质。肾皮质由肾小体和部分肾小管构成，肾髓质由十余个圆锥形的肾锥体组成，2～3个 肾锥体尖端合并成肾乳头，突入肾小盏。2～3个肾小盏合成一个肾大盏，再由几个肾大盏汇合形成肾盂，下接输尿管。肾单位生成的尿液，经集合管在肾乳头的开口处流入肾小盏，再经肾大盏、肾盂、输尿管进入膀胱。

肾单位由肾小体和肾小管组成。每个肾脏约有100万个肾单位，肾单位是肾脏结构和功能的基本单位。

（1）肾小体

肾小体是由肾小球及肾小囊构成的球状结构。肾小球是位于入球小动脉和出球小动脉之间的毛细血管网，功能是滤过血液生成原尿。

正常成人安静时的双肾血流量约为1 L/min。肾小囊包绕肾小球，分为脏层及壁层，脏层与肾小球毛细血管内皮细胞、基底膜共同构成滤过膜。

（2）肾小管

肾小囊壁层延续至肾小管，肾小管分为近端小管、细段和远端小管，近端小管、远端小管又分为曲部（分别称为近曲小管、远曲小管）和直部（分别称为近端小管直部、远端小管直部）2段。

2. 球旁器

球旁器由球旁细胞、致密斑、球外系膜细胞组成。

（1）球旁细胞又称颗粒细胞，位于入球小动脉中膜内，是特殊分化的平滑肌细胞，能分泌肾素。入球小动脉内压力下降时，球旁细胞分泌肾素增加。

（2）致密斑由远曲小管起始部的一小块高柱状上皮细胞构成，位于同一肾单位入球小动脉和出球小动脉之间，与球旁细胞和球外系膜细胞相邻。致密斑能感受远曲小管内NaCl含量，并将信息传至球旁细胞，调节肾素释放。

（3）球外系膜细胞分布在入球小动脉和出球小动脉之间，具有支持作用、信息传递作用、吞噬功能。

3. 肾血液循环

（1）肾血流94%在肾皮质，6%在肾髓质。

（2）入球小动脉形成肾小球毛细血管网，出球小动脉形成肾小管周围毛细血管网。

（3）入球小动脉口径大于出球小动脉，有利于肾小球滤过及肾小管的重吸收。

（4）肾血流量具有“自身调节”功能，即肾动脉血压在80～180 mmHg之间变动时，肾血流量能维持相对稳定。

（5）肾的神经支配以交感神经为主，应激状态下交感神经兴奋，肾血管收缩，保证心、脑等重要脏器血液供应，表现为尿量减少。

4. 输尿管

输尿管是1对肌性管道，始于肾盂、终于膀胱。长约25～30 cm，有3个狭窄部，即输尿管起始部、跨越髂血管处、膀胱壁内。输尿管3个狭窄部是输尿管结石易滞留之处。

5．膀胱

膀胱是位于骨盆内耻骨联合后面的肌性囊状器官。成人一般容量为300～500 mL。

6．尿道

尿道为膀胱与外界相通的排尿管道。女性尿道短、宽、直，长约3～5 cm，后方邻近肛门，易发生尿路逆行感染。男性尿道长约16～22 cm，有3个狭窄处，即尿道内口、尿道膜部、尿道外口，是尿路结石易滞留之处。

**二、生理病理要点**

1．尿液生成

（1）通过肾小球滤过作用生成原尿，再经肾小管和集合管的重吸收及分泌作用，对尿液进行浓缩或稀释，最后形成终尿。

（2）肾小球有效滤过压=肾小球毛细血管血压-（血浆胶体渗透压+肾小囊内压）。

（3）临床常以内生肌酐清除率评价肾小球滤过率。

（4）无论肾小球滤过率增多或减少，近端小管的重吸收量始终占滤过量的65%～70%，这种现象称为“球管平衡”。

2．肾小管的功能

（1）重吸收功能

近端小管能将原尿中的大部分水、葡萄糖、氨基酸、钾、钙、钠、无机磷等重吸收入血。所以，虽然肾小球每日滤过的原尿达180 L，但正常人每日排出的尿量仅1500 mL左右。

（2）分泌和排泄功能

肾小管上皮细胞可排泌$H^+$、$NH_4^+$等物质，调节体内电解质、酸碱平衡并排出代谢产物，维持机体内环境稳定。

（3）浓缩和稀释功能

集合管和远端肾小管中的远曲小管能在醛固酮和抗利尿激素的作用下吸收水和钠离子，调节机体的水代谢平衡。

3．肾脏的内分泌功能

肾脏能分泌血管活性激素和非血管活性激素。

（1）血管活性激素

血管活性激素包括肾素、前列腺素等，肾素可将肝细胞生成的血管紧张素Ⅱ原转化成为血管紧张素Ⅰ，最终使血管紧张素E、醛固酮增多，血压升高。前列腺素可扩张血管、降低外周阻力、促进肾小管钠、水排出，使血压降低。

（2）非血管活性激素

非血管活性激素包括1α羟化酶和促红细胞生成素。1α羟化酶使25-羟维生素$D_3$转化为有活性的1，25-二羟维生素$D_3$，调节钙磷代谢。红细胞生成素能刺激骨髓红细胞增生。

4．排尿功能

排尿是一种反射动作。副交感神经兴奋时促进排尿，交感神经兴奋时阻止排尿。

## 第二节 肾小球病病人的护理

肾小球病指一组有相似的临床表现（如血尿、蛋白尿、高血压等），但病因、发病机制、病理改变、病程和预后不尽相同，病变主要累及双肾肾小球的疾病。肾小球病可分为原发性、继发性和遗传性。原发性指病因不明的肾小球疾病，占肾小球疾病的大多数。继发性指继发于全身疾病的肾小球疾病。遗传性指与遗传有关的肾小球疾病。本节着重介绍原发性肾小球疾病。

**一、疾病分类**

1．临床分型

临床将肾小球病分为：急性肾小球肾炎、急进性肾小球肾炎、慢性肾小球肾炎、隐匿性肾小球肾炎、肾病综合征5型。

2. 病理分型

肾小球病的病理分型为：轻微性肾小球病变、局灶性节段性病变、弥漫性肾小球肾炎、未分类的肾小球肾炎。肾活检是确定肾小球肾炎病理类型的必需手段。

肾小球病的病理类型和临床类型之间有一定联系，但难以有肯定的对应关系。

**二、临床表现**

1. 蛋白尿

（1）生理状态

肾小球滤过膜起到分子屏障、电荷屏障作用。正常人肾小球滤过的原尿中主要是微量小分子蛋白，如$\beta_2$微球蛋白、轻链蛋白等，几乎没有白蛋白、免疫球蛋白等较大分子蛋白。原尿中的蛋白95%以上被近曲小管重吸收。正常人终尿中的蛋白一半来自原尿，一半由远曲小管和髓袢升支分泌，总量<150 mg/d，尿常规中尿蛋白定性试验难以测出，为阴性。

（2）病理状态

肾小球滤过膜病变，分子屏障、电荷屏障被破坏，大量蛋白进入原尿。尿蛋白>150 mg/d时，尿蛋白定性为阳性，称为蛋白尿，>3.5 g/d时，称为大量蛋白尿。尿中蛋白分子越大，提示肾小球滤过膜损伤越严重。

2. 血尿

离心后尿沉渣镜检每高倍视野红细胞超过3个为镜下血尿。尿外观呈血样或洗肉水样，称肉眼血尿。临床上将血尿按病因分为肾小球源性和非肾小球源性。肾小球源性血尿可伴大量蛋白尿和（或）红细胞管型，新鲜尿沉渣显微镜检查可见变形红细胞。若新鲜尿中红细胞形态均正常，为非肾小球源性，可能与外伤、结石、感染、肿瘤等原因有关。

3. 水肿

（1）肾炎性水肿

肾炎性水肿组织间隙蛋白含量高，水肿多从眼睑、颜面部等组织疏松处开始。肾炎性水肿导致水钠潴留、水肿的原因：①肾小球滤过率下降，肾小管重吸收功能基本正常导致“球-管失衡”。②肾小球滤过分数（肾小球滤过率/肾血浆流量）下降。

（2）肾病性水肿

肾病性水肿组织间隙蛋白含量低，水肿多从下肢等下垂部位开始，常为全身性。与长期大量蛋白尿造成血浆蛋白过低，血浆胶体渗透压降低，液体从血管内渗入到组织间隙有关。

4. 高血压

肾小球病常伴高血压，持续存在的高血压会加速肾功能恶化。

（1）容量依赖性高血压

容量依赖性高血压与钠、水潴留使血容量增加有关，是肾小球疾病所致的高血压中最常见的类型。

（2）肾素依赖性高血压

肾实质缺血刺激肾素-血管紧张素分泌所致。

（3）肾内降压物质分泌减少

如前列腺素减少，也是导致高血压的原因之一。

5. 肾功能损害

部分急性肾小球肾炎可有一过性肾功能损害；慢性肾小球肾炎及蛋白尿控制不好的肾病综合征病人随着病情恶化将发展为慢性肾衰竭。

## 第三节　肾小球肾炎病人的护理

### 慢性肾小球肾炎病人的护理

慢性肾小球肾炎（简称慢性肾炎），是一组病变缓慢、持续、进行性发展，伴有不同程度的肾功能减退，最终将发展成为慢性肾衰竭的原发性肾小球疾病。临床上以蛋白尿、血尿、水肿、高血压及肾功能逐渐损害为基本表现。临床发病以青、中年男性居多，但知晓率较低。

## 一、病因与发病机制

### （一）病因

大多数慢性肾炎的病因尚不清楚，往往起病已属慢性肾炎，仅少数是由急性肾小球肾炎演变而来。慢性肾炎病情急骤恶化的诱因为感染、劳累、受凉、使用肾毒性药物、高血压、妊娠、高蛋白饮食、高脂高磷饮食等。

### （二）发病机制

1．免疫介导性炎症

免疫介导性炎症是发病的起始因素（图6-3-1）。

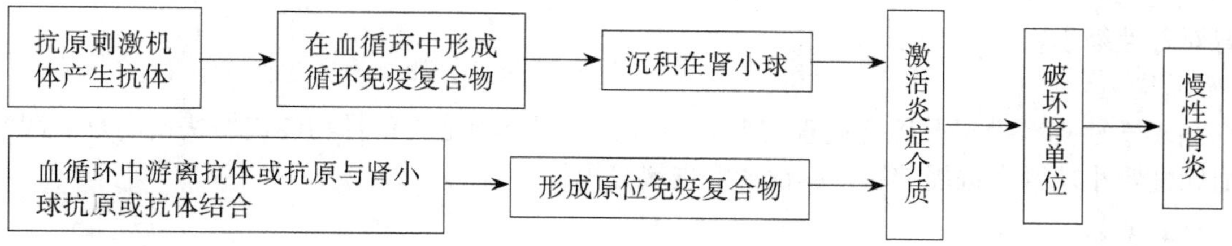


**图6-3-1　慢性肾炎发病的免疫机制**

2．非免疫非炎症因素

非免疫非炎症因素即肾小球“三高”，在本病病情进展中起着重要作用（图6-3-2）。各种慢性肾炎病理类型在病变后期均有不同程度的肾小球硬化，转化为硬化性肾小球肾炎，表现为肾小管萎缩、肾间质纤维化、肾脏体积缩小、肾皮质变薄等。

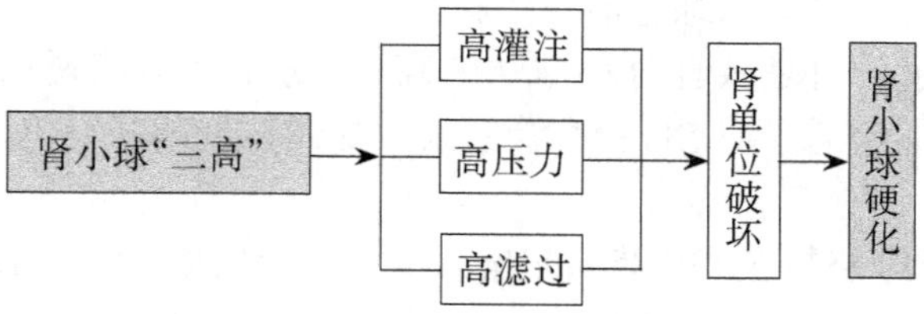


**图6-3-2　慢性肾炎发病的非免疫非炎症因素**

## 二、临床表现

本病多起病隐匿，有前驱感染者可起病较急。病情进展缓慢，时轻时重。临床表现多种多样，症状轻重不一。疾病早期往往无明显临床表现，部分病人有乏力、疲倦、腰部疼痛、纳差、少尿、夜尿增多、水肿、血压轻度升高、贫血等表现。疾病早期可持续数年，甚至数十年，此后，可因感染、劳累、血压升高、肾毒性药物使肾功能急剧逐渐恶化。若中度以上高血压控制不好，肾功能恶化更快，预后较差。

1．蛋白尿

蛋白尿是本病必有现象。

2．血尿

当肾小球疾病活动时可有肉眼血尿或镜下血尿。

3．水肿

常晨起眼睑、颜面水肿和（或）双下肢轻、中度水肿。与球管失衡、肾素分泌增多有关。

4．高血压

部分病人以高血压为首发症状，常以舒张压增高为主。根据病因分为肾素依赖性高血压（肾素增多所致）、容量依赖性高血压（钠水滞留所致）。

5．其他

（1）本病病人易并发感染，如尿路感染、上呼吸道感染等，与病人抵抗力差及应用免疫抑制剂有关。

（2）多数病人伴有程度不等的肾性贫血，主要与红细胞生成素缺乏有关。

（3）尿量一般在1000 mL/d以下，肾小管功能损害明显者，夜尿增多。

**三、辅助检查**

1．尿液检查

（1）反复蛋白尿

24小时尿蛋白定量常在1～3 g/d或蛋白尿（+～+++）。

（2）可有血尿、管型尿

尿沉渣镜检（Addis计数）红细胞增多，可见透明管型、颗粒管型等。

2．肾功能检查

肾功能正常或轻度受损，具体参见本章第五节中“肾衰竭病人的护理”相关内容。

3．其他血液检查

血浆白蛋白降低、血红蛋白降低、血脂升高、血沉快、血免疫复合物阳性、补体正常或下降。

4．B超检查

双肾对称性缩小。

5．肾活检

组织病理学检查有助于及确定病理类型和预后。病理类型是决定肾功能进展快慢的重要因素，如系膜毛细血管性肾小球肾炎进展较快，膜性肾病进展较慢等。

**四、诊断要点**

1．尿化验异常（蛋白尿、血尿、管型尿）、水肿及高血压病史达1年以上，无论有无肾功能损害均应考虑此病。

2．排除继发性肾炎、慢性肾盂肾炎和遗传性肾小球肾炎等疾病。

**五、配合治疗**

本病治疗以防止或延缓肾功能进行性恶化、改善或缓解临床症状、防治严重并发症为主要目的，而不以消除蛋白尿或血尿为目标。多采用综合治疗措施。

1．控制高血压、减少尿蛋白是减轻肾小球“三高”、防止肾小球硬化、延缓肾功能恶化的重要措施。首选血管紧张素转换酶抑制剂（ACEI）、血管紧张素受体拮抗剂（ARBs）。

（1）治疗目标

若蛋白尿≥1.0 g/d，血压应控制在125/75 mmHg以下；若蛋白尿≤1.0 g/d，血压应控制在130/80 mmHg以下，但降压速度不宜过快、过低。争取蛋白尿减少至<1.0 g/d。

（2）常用制剂

1） ACEI

如卡托普利（开博通）、贝那普利（洛汀新）等。适用于肾素依赖性高血压。

其作用机制为：

①降血压。

②通过扩张出球小动脉实现降低肾小球毛细血管内压力，缓解肾小球“三高”状态，减少蛋白尿。

③抗氧化、减轻肾小球基底膜损害，保护肾功能，延缓肾功能恶化。

该类药不良反应参见第二章第三节中“慢性心力衰竭病人的护理”相关内容。

2）ARBs

如氯沙坦（科索亚）等。作用机制同ACEI。

3）利尿剂

利尿剂适用于钠、水潴留引起的容量依赖性高血压。首选噻嗪类利尿剂，如氢氯噻嗪等，当噻嗪类利尿剂无效或效果较差时可选用袢利尿剂，如速尿等。本病不宜过多、过久使用利尿剂，用药期间要注意尿量及水肿消退情况，注意有无水电解质紊乱现象。

2．抗血小板聚集

抗血小板聚集能改善微循环，延缓肾功能衰退。常用双嘧达莫、阿司匹林等药物。

3．糖皮质激素和细胞毒药物

一般不主张积极应用此类药，而是根据病因、病理类型等酌情使用。

## 六、护理问题

1. 体液过多

与肾小球滤过下降导致水、钠潴留有关。

2. 营养失调：低于机体需要量

与食欲减退、摄入量减少、限蛋白饮食及慢性消耗有关。

3. 焦虑

与病程长、治疗效果不理想有关。

4. 潜在并发症

慢性肾衰竭。

## 七、护理措施

1. 指导休息与活动

合理休息可减轻肾脏负担，增加肾血流量和尿量，减少蛋白尿及水肿。

2. 饮食护理

（1）适当蛋白质饮食

一般给予正常量蛋白质饮食1 g/(kg·d)，以优质蛋白质饮食为佳。不宜高蛋白、高磷饮食。若发展至慢性肾衰竭，其饮食护理见本章第五节中“慢性肾衰竭病人的护理”相关内容。

（2）控制脂肪摄入

具体参见本章第五节中“慢性肾衰竭病人的护理”相关内容。

（3）低盐限水饮食

具体参见本章第五节中“慢性肾衰竭病人的护理”相关内容。

（4）其他

给予高维生素、高糖饮食。戒烟、酒。

3. 观察病情

（1）注意尿量及尿液检查结果。

（2）注意有无肾功能减退及尿毒症早期征象：食欲减退、恶心、呕吐、头痛、嗜睡、尿少和出血倾向等。

（3）注意有无心血管损害征象：心悸、脉快、交替脉、心律失常、心力衰竭等。

（4）注意有无高血压脑病征象：剧烈头痛、呕吐、抽搐等，严密监测血压。

（5）观察水肿、贫血程度等。

4. 对症护理

（1）保护肾脏

①避免加重肾脏损害的因素

如避免感染、劳累、受凉、用肾毒性药物、高血压、妊娠、高植物蛋白饮食、高脂高磷饮食等。避免应用对肾脏有损害的药物：如氨基糖苷类（链霉素、庆大霉素、卡那霉素等）、磺胺类等药物。

②预防感染

感染是加重肾脏损害的重要原因。其中呼吸道感染是最常见的并发症。要避免与上呼吸道感染病人接触，定期消毒居住环境，注意居室通风、保暖，防止呼吸道感染。注意个人卫生，预防口腔及皮肤感染。

（2）正确采集标本

1）尿常规

晨起第一次尿留取5 mL送检。留取尿标本时女性病人应避开月经期，男性病人应避免精液污染。最好留取中段尿。

2）尿相对密度

晨起第一次尿留取100 mL送检。

3）Addis计数

即夜间12小时内尿液中的管型、红细胞、白细胞及上皮细胞的数量。

①晚7时排空膀胱，弃去尿液，开始留尿，至次日晨7时留取最后1次尿。所有留取的尿液放在一个干净容器内，置阴凉处。

②按12小时尿量加入0.5～1 mL的比例放入40%甲醛，以防尿液久放变质。

4）24小时尿蛋白定量

①晨7时排空膀胱，弃去尿液，开始留尿，至次日晨7时留取最后1次尿。所有留取的尿液放在一个干净容器内，置阴凉处。

②在第一次排尿液后按2000 mL以内尿液加10 mL的比例放入0.5 %～1%甲苯，使之形成薄膜覆盖于尿液表面，防止细菌污染。

③测总尿量并记录在检验申请单上。

④搅匀尿液，从中取100～200 mL送检查。

⑤如果留尿期间病人解大便，应先留尿，后解大便。

5）血肌酐、尿素氮

采集全血标本进行检查。尿素氮易受饮食干扰，需采集空腹血。

6） 内生肌酐清除率

①试验前给受试者无肌酐饮食3天，限制蛋白质摄入。

②试验前24小时禁服利尿剂及咖啡、茶等利尿性物质。

③避免剧烈运动，以防血中内生肌酐浓度波动。

④第4日晨7时排尽尿液，此后留取24小时尿。容器内添加0.5%～1%甲苯，按2000 mL以内尿液加10 mL的比例放入。

⑤准确测量全部尿量（mL）及身高、体重，记录在检验申请单上。

⑥搅匀尿液，从中取100～200 mL送检查。

⑦留静脉血标本2～3 mL，注入抗凝管，与24小时尿液同时送检。

5．心理护理

因久病，病人面临的工作、经济、家庭压力较大，同时又担心病情恶化，故常有焦虑不安、愤怒等负面情绪，这些不良心理可造成肾血流量减少，加速肾功能减退。护理人员要多与病人交流，给予心理疏导，帮助病人正确对待疾病，鼓励病人树立与疾病做斗争的信心。

**八、健康教育/出院指导**

1．知识宣传

（1）向病人介绍本病基本知识，使其主动避免使病情急骤恶化的诱因：如感染、劳累、受凉、感冒、使用肾毒性药物、高血压、高蛋白饮食、高脂高磷饮食等。告知女病人不宜妊娠。若因其他疾病就诊时要告知医生肾脏病史，以便合理用药。

（2）使病人高度重视本病，但又不过分紧张，能主动配合治疗护理，能进行自我检测，发现水肿明显、尿量及尿液改变、乏力加重、食欲减退、血压升高等异常情况，能及时就诊。

2．生活指导

（1）休息

合理休息、避免劳累。

（2）饮食

向病人解释合理饮食的重要性，合并有肾衰竭时指导病人正确选择低优质蛋白饮食，合并有水肿、高血压时指导病人低盐限水饮食。

（3）规律生活

注意个人卫生。

3．治疗指导

指导病人遵医嘱合理用药，不能随意停减、增加药物。密切观察药物疗效及不良反应。避免应用对肾脏有损害的药物。

4．定期复查

定期检查尿液、肾功能、血电解质及血压，注意病情进展情况，了解有无并发症发生。

**九、小结**

▲慢性肾炎属免疫介导性炎症。病变进展缓慢，病程往往1年以上，最终可发展为慢性肾衰竭。病情发展与肾小球“三高”密切相关。

▲蛋白尿、血尿、水肿、高血压及不同程度肾功能损害为基本表现。蛋白尿是必有现象。

▲控制高血压和减少尿蛋白是延缓病情进展的重要环节。治疗慢性肾炎高血压和（或）减少蛋白尿首选ACEI和ARBs治疗。

▲护理主要是饮食护理、指导病人避免使病情急骤恶化的诱因。

## 急性肾小球肾炎病人的护理

急性肾小球肾炎（简称急性肾炎），是一组起病急，以血尿、蛋白尿、水肿、高血压和肾小球滤过率下降为特点的肾小球疾病，可伴有一过性氮质血症。多由于β-溶血性链球菌（A组）（又称为甲族乙型溶血性链球菌）感染后引起的免疫反应所致，少数与其他细菌、病毒和寄生虫感染有关。各年龄组均可发病，好发于儿童，男性多见。此病是自限性疾病，有自愈倾向，常在发病8周内症状逐渐减轻至完全恢复痊愈。

### 一、病因与发病机制

（一）病因

急性肾炎常发生于β-溶血性链球菌（A组）引起的上呼吸道感染（急性扁桃体炎、咽炎等）、猩红热、皮肤感染（脓疮等）等之后。β-溶血性链球菌（A组）引起的上呼吸道感染所致肾炎的菌株以12型为主。

（二）发病机制（图6-3-3）

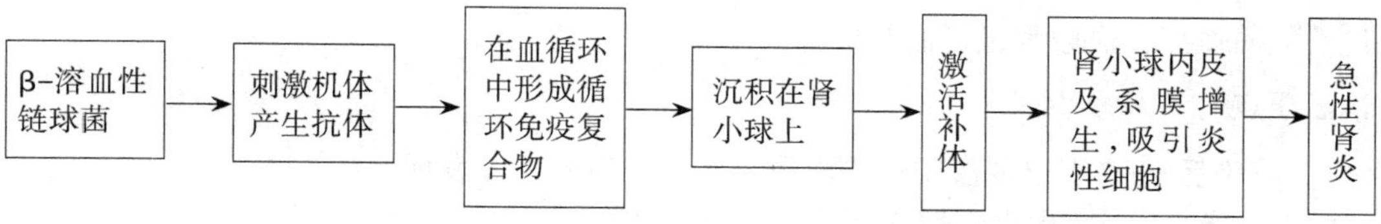


**图6-3-3 急性肾炎发病机制**

病理类型为毛细血管内增生性肾小球肾炎，呈弥漫性病变。

### 二、临床表现

发病前常有前驱感染，潜伏期为1～3周，潜伏期的长短与感染部位有关，咽炎一般6～12天，皮肤感染一般14～28天。起病较急，病情轻重不一，轻者可无明显临床症状，仅表现为镜下血尿及血清补体异常，重者表现为急性肾衰竭。

1．血尿

血尿为必有症状，且常为首发症状。

2．蛋白尿

绝大多数病人有轻、中度蛋白尿。

3．水肿

水肿常为首发症状，多表现为晨起眼睑水肿，面部肿胀，呈“肾炎病容”，部分病人伴有双下肢水肿。严重者可出现全身性水肿、胸水和腹水。大部分病人于2～4周内自行利尿消肿。若水肿持续发展，常提示预后不良。

4．高血压

70%～90%的病人有一过性轻、中度高血压。少数为严重高血压，甚至并发高血压脑病。经积极利尿后血压很快恢复正常，若血压持续升高2周以上，无下降趋势，提示肾脏病变较严重。

5．肾功能异常

起病初期，尿量常降至400～700 mL/d，部分病人可因尿量减少而出现一过性轻度氮质血症，常于1～2周后随尿量增加而恢复至正常，极少数病人可出现急性肾衰竭。

6．并发症

并发症常发生在疾病早期病情急剧进展时，或未注意休息和治疗不当时。

（1）充血性心力衰竭

以老年病人多见，若不及时抢救，可迅速致死。多在起病后1～2周内发生，也可为首发症状，呈急性左心衰竭的表现，与水钠潴留、循环血量急骤增加有关。

（2）高血压脑病

以儿童多见，多发生于病程早期。表现为剧烈头痛及呕吐，继而出现视力障碍、意识模糊、嗜睡或昏迷，并可发生阵发性惊厥或癫痫样。高血压脑病的发生是因过高的血压突破了脑血管的自身调节机制，导致脑灌注过多，液体渗入脑血管周围组织，引起脑水肿所致。

（3）急性肾衰竭

极少见，为急性肾炎死亡的主要原因，但多数可逆。少尿或无尿一般持续3～5天，此后，肾小球滤过功能改善，尿量增加，肾功能逐渐恢复。

## 三、辅助检查

1. 尿液检查

尿沉渣中红细胞管型具有诊断意义，尿中红细胞为变形性红细胞。此外，Addis计数增高，其中管型主要是透明管型、颗粒管型等。尿蛋白定性试验通常为（+～++）。

2. 血清补体测定

几乎所有病人血清总补体及C3在发病初期均明显下降，8周内逐渐恢复至正常水平。血清C3的动态变化是急性链球菌感染后肾小球肾炎的重要特征。

3. 抗链球菌溶血素“O”（ASO）测定

常在链球菌感染后2～3周升高，提示近期有链球菌感染。

4. 肾功能检查

有一过性氮质血症，血尿素氮、血肌酐升高。

## 四、诊断要点

1. 链球菌感染后1～3周出现血尿、蛋白尿、水肿、高血压等表现。
2. 血清C3下降。发病8周内病情逐渐减轻至完全恢复。
3. 抗“O”增高。

## 五、配合治疗

以卧床休息、对症治疗为主。本病为自限性疾病，不宜应用糖皮质激素及细胞毒药物。

1. 卧床休息

见本病护理措施。

2. 对症治疗

（1）利尿

经限制水、钠摄入后水肿仍明显者，应适当使用利尿剂治疗。常用噻嗪类利尿剂，必要时给予袢利尿剂。少尿时应慎用保钾利尿剂和血管紧张素转换酶抑制剂，以防诱发高血钾。

（2）降压

经限制水、钠和应用利尿剂后血压仍不能控制者，应给予降压药治疗。

3. 控制感染灶

有上呼吸道或皮肤感染者，应选用无肾毒性抗生素治疗，如青霉素、头孢菌素等，一般不主张长期预防性使用抗生素。对于反复发作的慢性扁桃体炎，待病情稳定后行扁桃体摘除术，手术前后2周需注射青霉素。

4. 透析治疗

发生急性肾衰竭且有透析指征者，如心包炎、高血钾、严重代谢性酸中毒等，应及时给予短期透析治疗，以度过危险期。本病有自愈倾向，一般无须长期透析。

## 六、护理问题

1. 体液过多

与肾小球滤过率下降导致水、钠潴留有关。

2. 有皮肤完整性受损的危险

与皮肤水肿、营养不良有关。

3．活动无耐力

与钠、水潴留，血压升高有关。

4．潜在并发症

充血性心力衰竭、高血压脑病、急性肾衰竭。

## 七、护理措施

1．指导休息与活动

急性期病人应绝对卧床休息4～6周，待水肿消退、肉眼血尿消失、血压恢复正常后，方可逐步增加活动量。3个月内避免剧烈体力劳动。

2．饮食护理

（1）合理水盐摄入

为减轻水肿和心脏负担，急性期1～2周内应控制钠盐摄入，钠盐1～3 g/d，每日入水量为前1日液体出量+500 mL。待病情好转，水肿消退、血压下降后，可逐渐转为正常饮食。尿量明显减少者，还应注意控制钾盐摄入，以防高钾血症。

（2）适量优质蛋白饮食

肾功能正常者给予正常量蛋白质摄入。氮质血症者应严格限制蛋白质摄入。

（3）补充足够热量及维生素

3．观察病情

（1）询问病人有哪些不适感及进食情况。

（2）密切观察生命体征、体重、肾功能、尿液颜色及尿量情况。观察水肿部位、范围、程度及其变化。观察水、电解质平衡情况。记录24小时出入量。

（3）有胸腔积液者注意呼吸频率，有腹水者注意测量腹围。注意观察有无左心衰竭、高血压等情况。

4．对症护理

若有皮肤水肿给予皮肤护理。

5．心理护理

告诉病人本病有自愈倾向，经积极治疗护理，常在数月内痊愈。消除病人紧张恐惧心理，鼓励其积极配合治疗。

## 八、健康教育/出院指导

1．知识宣传

（1）向病人介绍本病基本知识，使其高度重视本病，但又不过分紧张，能主动配合治疗、护理。能进行自我检测，发现水肿明显、尿量及尿液改变、乏力加重、食欲减退、血压升高等异常情况，能及时就诊。

（2）病人能主动预防上呼吸道和皮肤感染。出院后能积极锻炼身体，增强体质，改善机体防御功能。注意保暖、加强个人清洁卫生、避免感染。

（3）告知病人若患感冒、咽炎、扁桃体炎和皮肤感染，应及时就医治疗。必要时切除扁桃体。

2．生活指导

急性肾炎完全康复一般需1～2年，病情稳定后可从事一些轻体力劳动，避免重体力活动。

3．治疗指导

遵医嘱用药，注意观察药物不良反应。

4．定期复查

临床症状消失后，蛋白尿、血尿等仍可能存在，故应定期随访，严密监测病情变化情况。

## 九、小结

▲急性肾炎主要是β-溶血性链球菌（A组）感染后1～3周引起的免疫性疾病。

▲以血尿、蛋白尿、水肿和高血压为主要表现，可伴有一过性肾功能损害。

▲血尿是必有症状，几乎所有病人都有血清C3降低。水肿最常见，多表现为晨起眼睑水肿，面部肿胀。

▲有自愈倾向，常在发病8周内病情逐渐减轻至完全康复。

▲卧床休息4～6周，给予低盐限水、适量优质蛋白饮食。

## 第四节　肾病综合征病人的护理

肾病综合征是指具有“三高一低”（即大量蛋白尿、低白蛋白血症、高度水肿、高脂血症）临床特征的一组综合征。

### 一、病因与发病机制

（一）病因

肾病综合征按病因分为原发性和继发性。原发性肾病综合征是指原发于肾脏本身的肾小球疾病，如急性肾炎、急进性肾炎等疾病过程中发生的肾病综合征。继发性肾病综合征是指继发于全身性疾病或其他系统疾病，如糖尿病肾病、肾淀粉样变、狼疮性肾炎、过敏性紫癜、感染及药物引起的肾病综合征。以下重点讨论原发性肾病综合征。

（二）发病机制（图6-4-1）

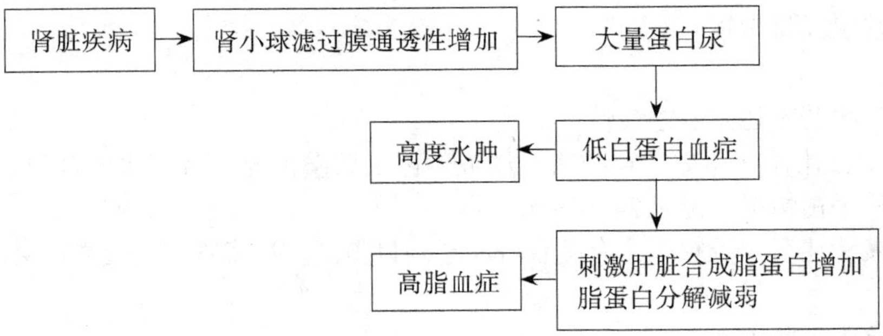


图6-4-1　肾病综合征发病机制

1．大量蛋白尿

大量蛋白尿与肾小球滤过膜通透性增加，大量血浆蛋白漏出，远远超过近曲小管的回收能力有关。

2．低白蛋白血症

低白蛋白血症与大量血浆蛋白漏出及肾小管对重吸收的白蛋白进行分解有关。

3．高度水肿

高度水肿主要是低白蛋白血症导致血浆胶体渗透压降低，水分渗入组织间隙所致。此外，水肿病人循环血容量不足，刺激肾素-血管紧张素-醛固酮系统，更加重了水、钠潴留。

4．高脂血症

高脂血症与肝脏代偿合成脂蛋白增加，同时脂蛋白分解减弱有关。因血脂在血液中是以脂蛋白的形式进行运转，所以脂蛋白增高即高脂血症。

引起原发性肾病综合征的肾小球疾病常见病理类型有微小病变型肾病、系膜增生性肾小球肾炎、系膜毛细血管性肾小球肾炎、膜性肾病及局灶性节段性肾小球硬化。

### 二、临床表现

1．高度水肿

（1）高度水肿为最常见的症状，且较严重。

（2）水肿部位常随体位而移动，晨起或久卧以眼睑、头面部或头枕部、腰骶部水肿明显，起床后则逐渐以下肢为主，为凹陷性水肿，严重时累及全身。

（3）常伴有腹腔积液及双侧胸腔积液，此时，病人往往有呼吸困难、腹胀，查体有胸腔积液体征和腹水征。偶见心包积液，阴囊水肿。

（4）水肿时常有尿量减少。

2．高血压

部分病人有高血压，可随水肿消退而降为正常。

3．其他

面色苍白、疲乏无力、体位性晕厥等，与低白蛋白血症导致的血容量不足、低血压有关。

4．并发症

（1）感染

感染是肾病综合征最主要、最常见的并发症，也是导致本病复发和疗效不佳的常见原因。常发生呼吸道、泌尿道、皮肤感染。引起感染的主要因素是组织水肿使局部抵抗力降低、血浆白蛋白减少致营养不良、免疫球蛋白丢失使免疫功能紊乱、应用大量糖皮质激素或免疫抑制剂使免疫功能受到抑制等。

（2）血栓及栓塞

多数肾病综合征病人血液呈高凝状态，易发生血管内血栓形成和栓塞，多见于肾静脉、下肢静脉。肾静脉血栓形成直接影响肾病综合征的治疗效果和预后。

（3）心血管病变

常合并动脉粥样硬化、冠心病等心血管并发症，与长期高脂血症有关。

（4）急性肾衰竭

①水肿导致有效循环血量减少，肾血流量下降，诱发肾前性氮质血症，经扩容、利尿后多可恢复。

②少数发展为肾实质性急性肾衰竭，此时扩容、利尿无效，需进行血液透析。

## 三、辅助检查

1．尿液检查

尿蛋白定性（+++～++++），24小时尿蛋白定量测定>3.5 g/d，尿沉渣检查可见颗粒管型及红细胞。

2．血液检查

血浆白蛋白低于30 g/L。总胆固醇、甘油三酯、低密度脂蛋白、极低密度脂蛋白均可升高。

3．肾功能检查

肌酐清除率可正常或降低。血尿素氮、肌酐可正常或升高。

4．肾活检病理检查

可明确病理类型，指导治疗及判断预后。

## 四、诊断要点

①24小时尿蛋白>3.5 g/d。

②血浆蛋白<30 g/L。

③水肿。

④血脂升高。

其中①②两项为诊断所必需。排除继发性肾病综合征。有条件可做肾活检确定病理诊断。

## 五、配合治疗

### （一）主要治疗药物

1．糖皮质激素

糖皮质激素是本病首选药物。糖皮质激素能抑制免疫和炎症反应，减轻滤过膜损害，修复滤过膜，从而减少蛋白尿，抑制醛固酮和抗利尿激素分泌，利尿消肿。

（1）常用制剂

常用泼尼松。地塞米松半衰期长，副作用大，现已少用。

（2）长期应用糖皮质激素原则

①起始用量要足。

②减量时要缓慢。

③长期维持。最小有效剂量（10 mg/d）维持6个月左右。

④早晨顿服。可将两天量隔天一次顿服，以减轻激素不良反应。

（3）用药注意事项

①遵医嘱用药。勿随意减量、停药，以免出现“反跳”现象。

②观察有无医源性库欣综合征表现，如高血压、高血钾、高血糖、消化道出血、痤疮、毛发增多、满月脸、水牛背、向心性肥胖等。上述副作用在药物减量、停药后可以逐渐消失。

③观察精神情绪变化情况。

④采取预防感染的护理措施，如避免到人多空气污浊处，注意避免受凉，注意皮肤、口腔、会阴等处清洁。若病人出现高热、咳嗽、咳痰、皮肤肿痛等感染征象，立即报告医生，并配合处理。

⑤指导病人饭后服药，给予低盐、高蛋白、高钙、高钾饮食。

2．细胞毒药物

细胞毒药物能抑制免疫反应，协同激素治疗。一般不作为首选或单独治疗用药。常在激素治疗效果不佳时使用。

（1）常用制剂

环磷酰胺。主要不良反应是骨髓抑制、中毒性肝炎、出血性膀胱炎、脱发、性腺抑制（尤其男性）。

（2）用药注意事项

①选用粗大血管注射，防止药液外渗。一旦药液外渗，立即拔出针头，进行局部封闭。

②定期检查血常规、肝肾功能等。

③观察尿量及尿色。

④鼓励病人多饮水，勤排尿。

3．环孢素

难治性肾病综合征可试用环孢素A治疗。但此药价格昂贵、副作用多、易复发。用药期间要注意观察有无肝肾毒性、高尿酸血症、多毛及牙龈增生等不良反应。

（二）对症治疗

1．利尿消肿

一般病人在使用激素后，经过限制水、盐的摄入可达到利尿消肿目的。对于水肿明显，限钠、限水后仍不能消肿者可适当选用利尿剂。

（1）常用制剂

①排钾利尿剂

如氢氯噻嗪、呋塞米等。在提高血浆渗透压后随即给药效果更好。

②保钾利尿剂

如氨苯蝶啶、安体舒通等。常与氢氯噻嗪合用，减少钾代谢紊乱。

③渗透性利尿剂

如低分子右旋糖酐、甘露醇、高渗葡萄糖等不仅能提高血浆渗透压，促进组织中水分回吸收到血管内，还能在肾小管内造成管内高渗状态，减少水、钠重吸收，有利于利尿。

④血浆或白蛋白

提高血浆胶体渗透压，促进组织中水分回吸收到血管内，有利于利尿。

（2）用药注意事项

1）利尿剂

①应用利尿剂的原则是不宜过快过猛，以免造成血容量不足、加重血液高凝倾向，诱发血栓、栓塞等并发症。若病人出现恶心、直立性眩晕、口干、心悸等情况，要注意控制用药速度。

②观察利尿效果：可监测尿量、体重、水肿程度等。

③长期应用排钾利尿剂会发生低钠、低钾、低氯血症。注意有无不良反应：监测血清电解质和酸碱平衡情况，观察有无低钾血症（肌无力、腹胀、恶心、呕吐及心律失常等）、低钠血症（无力、恶心，肌痛性痉挛、嗜睡和意识淡漠）、低氯性碱中毒（呼吸浅慢、手足抽搐、肌痉挛等）表现。

④心脏病病人要慎用渗透性利尿剂。用渗透性利尿剂期间要注意控制输液速度，注意心功能，注意判断药物疗效及不良反应。

⑤少尿的病人要慎用甘露醇，以免甘露醇在肾小管内形成结晶造成肾小管堵塞。

2）血浆或白蛋白

①不可过多、过频输注血浆或白蛋白，以免增加肾小球“三高”，促使肾小球硬化。

②输血浆制品对激素疗效有影响，需慎用。

③心脏病病人慎用血制品，以免增加心脏负担。

2．减少尿蛋白

降低肾小球内压，减轻基底膜对大分子的通透性，达到减少蛋白尿、延缓肾功能恶化的目的。常用

ACEI（如贝那普利、卡托普利）、ARBs（如氯沙坦）等药物。用ACEI或ARBs降蛋白尿时，所用剂量大于常规降压时用药剂量。

（三）并发症防治

1．感染

一般不主张常规使用抗生素预防感染，一旦发生感染，应选用敏感、强效而没有肾毒性的抗生素进行治疗。不主张激素与抗生素联合应用，否则不但达不到目的，反而可能诱发真菌二重感染。

2．血栓及栓塞

当血浆白蛋白低于20 g/L时，应常规使用抗凝剂，如肝素、低分子肝素、双嘧达莫、阿司匹林等。一旦出现血栓或栓塞，应及早给予尿激酶、链激酶等溶栓剂，并辅以抗凝治疗。

3．心血管病变与高脂血症有密切的联系。本病采用低脂饮食常难以控制血脂，需用降脂药。首选降胆固醇为主的洛伐他汀等他汀类药物，其次用降甘油三酯为主的非诺贝特等氯贝丁酶类药物治疗。

4．急性肾衰竭透析治疗。

## 六、护理问题

1．体液过多

与血浆白蛋白下降引起血浆胶体渗透压下降有关。

2．营养失调：低于机体需要量

与大量蛋白丢失、食欲下降有关。

3．焦虑

与疾病反复发作、担心预后有关。

4．有皮肤完整性受损的危险

与皮肤高度水肿有关。

5．有感染的危险

与抵抗力下降、激素及免疫抑制剂的应用有关。

## 七、护理措施

1．指导休息与活动

休息可减轻肾脏负担，增加肾血流量和尿量，减少水、钠潴留。严重低蛋白血症、严重水肿、体腔积液时需卧床休息，直至水肿消退，症状改善。下肢水肿明显者，抬高下肢可增加静脉回流，减轻水肿。阴囊水肿者可用吊带托起。长期卧床会增加血栓形成的机会，故轻度水肿或病情稳定者应适当在床上和床旁活动，但要避免劳累。

2．饮食护理

（1）适量蛋白质

①低蛋白血症所致水肿：若无氮质潴留可给予1.0 g/(kg·d)的优质蛋白质（即富含必需氨基酸的动物蛋白，如牛奶、鸡蛋、鱼肉等）。但不宜给予高蛋白饮食，否则会增加肾小球高滤过，促使肾脏病变进展。

②有氮质血症：应严格限制蛋白质的摄入，一般给予0.6～0.8 g/(kg·d)的优质蛋白，尿毒症病人0.4 g/(kg·d)左右，以优质蛋白为佳。

（2）适量脂肪、糖类及其他饮食

参见本章第五节中“慢性肾衰竭病人的护理”相关内容。

（3）低盐限水饮食

高度水肿时给予低盐限水饮食，食盐<2 g/d，水入量为前一日尿量+500 mL。不能给予高蛋白、高脂饮食。

（4）帮助病人制订饮食计划

记录进食情况，评估饮食结构是否合理、热量是否充足。定期测量血浆白蛋白、血红蛋白等指标，评估机体营养状态。

3．观察病情

（1）密切观察生命体征，尤其是体温、血压的变化情况。

（2）观察病人有无呼吸道感染（咳嗽、咳痰等）、尿道感染（尿频、尿急、尿痛等）、腹膜感染（腹膜刺激征等）、急性左心衰竭（呼吸困难、心悸、交替脉、咳粉红色泡沫痰等）、高血压脑病（剧烈头痛、呕吐、意识障碍等）的表现。

（3）观察尿量、体重、水肿、胸腹腔积液变化情况，记录24小时出入量。

（4）密切监测实验室检查结果：如尿常规、血清电解质、肾功能指标、血清蛋白等。

4．对症护理

（1）皮肤护理

①病人应穿着柔软、宽松的棉制品衣裤。

②保持床铺平整干燥，协助病人经常变换体位，避免骨隆突部位受压以免引起压疮。

③做好皮肤清洁，但动作要轻柔，以免引起皮肤损伤。

④水肿病人肌内及静脉注射时，应先将水肿皮肤推向一侧后再进针，拔针后用无菌干棉球按压至无液体渗出，以免感染。若持续有液体外渗要保持局部无菌，定时消毒针眼、更换无菌纱布。

⑤密切观察皮肤有无发红、破溃、渗液等异常情况，发现异常及时处理。

（2）预防感染

①病室温度、湿度适宜，定时开放门窗通风换气，每次20～30分钟，每日2次。保持病区环境清洁、舒适。

②定期消毒病室空气、物品。限制探视。

③进行各项操作时应严格遵守无菌操作原则，防止医源性感染。

④若有骨髓抑制现象，给予保护性隔离。

⑤病人外出时注意保暖。

⑥使用激素期间应限制探视，病人应戴口罩。

5．心理护理

肾病综合征病程长、水肿重，长期大剂量应用糖皮质激素后易出现一些外貌上的变化和药物的不良反应，使病人心理问题加重。要注意安慰病人，告诉病人经过积极治疗及康复后多数病人仍可进行正常工作、生活、学习，使其对治疗及预后有一定了解，克服悲观心理，树立战胜疾病的信心。随着糖皮质激素用量逐渐减少，病人外貌会逐渐恢复。

**八、健康教育/出院指导**

1．知识宣传

（1）向病人介绍本病基本知识，使其能主动注意避免受凉、感冒，避免到人多处。能主动配合治疗、护理。能主动观察、了解药物不良反应。能主动保护皮肤。

（2）病人能高度重视本病，但又不过分紧张。能主动避免感染，过度劳累，情绪变化，进食钠、水过多等使病情加重的诱因。

（3）指导病人进行自我检测，通过正确测量每天出入液量、体重等评估水肿变化。发现水肿明显、尿量及尿液改变、乏力加重、食欲减退、血压升高等异常情况，能及时就诊。

2．生活指导

（1）休息与活动

告诉病人注意休息，劳逸结合。既避免劳累和剧烈运动，又要适度活动，以免发生肢体血栓等并发症。

（2）饮食

告知病人水肿与水、钠潴留的关系。教会病人及家属根据病情合理安排每日食物含盐量和饮水量。注意多食蔬菜

3．治疗指导

遵医嘱用药，勿自行减量或停用激素。让病人了解所用药物的作用及不良反应。

4．定期复查

密切监测肾功能的变化情况。

**九、小结**

▲本病临床特征是“三高一低”（大量蛋白尿、低白蛋白血症、高度水肿、高脂血症）。24小时尿蛋白定量测定>3.5 g/d，血浆白蛋白低于30g/L。

▲糖皮质激素是治疗本病的首选药物。

▲病情较重需卧床休息。高度水肿时给予低盐限水饮食（食盐<2 g/d，水入量为前一日尿量+500 mL），不能给予高蛋白、高脂饮食。注意皮肤护理。

▲感染是肾病综合征最主要、最常见的并发症。

# 第五节 肾衰竭病人的护理

## 慢性肾衰竭病人的护理

慢性肾衰竭（CRF，简称慢性肾衰）是指各种（包括原发性和继发性）慢性肾脏疾病缓慢进展，引起肾小球滤过率（CFR）下降及与此相关的代谢产物潴留，水、电解质和酸碱平衡紊乱的综合征。慢性肾衰是各种慢性肾病的晚期及共同转归，其终末期是尿毒症。慢性肾衰病程进展不尽相同，既可以缓慢而平稳，又可以急剧加重，既可以不可逆，又可以可逆（主要在早、中期）。近20年来慢性肾衰在人类主要死亡原因中占主要地位，威胁着人类生存。按肾功能损害的程度，慢性肾衰分为四期，见表6-5-1。

**表6-5-1 慢性肾衰竭分期表**

| 项目 | 第1期（肾功能代偿期） | 第2期（肾功能失代偿期） | 第3期（肾衰竭期） | 第4期（尿毒症期） |
|---|---|---|---|---|
| $C_{cr}$(mL/min) | 50～80 | 20～50 | 10～20 | <10 |
| $S_{cr}$(μmol/L) | 133～177 | 186～442 | 451～707 | ≥707 |
| 表现 | 无症状 | 症状轻 | 症状明显 | 症状严重 |

注：临床常以内生肌酐清除率评价肾小球滤过率。$C_{cr}$为内生肌酐清除率；$S_{cr}$为血肌酐。

### 一、病因与发病机制

（一）病因

1．慢性肾衰病因

（1）原发性肾脏疾病

如慢性肾小球肾炎、慢性肾盂肾炎等。

（2）继发性肾脏疾病

如糖尿病肾病、高血压肾小动脉硬化症、系统性红斑狼疮肾病、药物性肾病等。

（3）尿路梗阻性肾病

如尿路结石、前列腺肥大等。

2．慢性肾衰渐进发展的促进因素

高血糖、高血压、蛋白尿、低蛋白血症、吸烟等。

3．慢性肾衰急性加重的危险因素

（1）肾脏疾病，如慢性肾小球肾炎、慢性肾盂肾炎等复发或加重。

（2）血容量不足，如低血压、脱水、大出血、休克等。

（3）肾脏局部血供急剧减少，如肾动脉狭窄病人使用ACEI、ARBs后等。

（4）血压过高。

（5）肾毒性药物。

（6）泌尿道梗阻。

（7）严重感染。

（8）水电解质酸碱平衡紊乱、高蛋白饮食等。

（9）严重肝功能不全、心力衰竭等。

（二）发病机制

本病的发病机制未完全明了，有以下主要学说。

1．肾单位“三高”学说

肾实质疾病导致部分肾单位破坏，使残余“健存”肾单位的肾小球处于“三高——即高灌注、高压力、高滤过”状态。肾小球“三高”使内皮细胞损伤、血小板聚集、球外系膜细胞凋亡，导致肾小球硬化和残余“健存”肾单位进一步丧失。

2. 肾单位高代谢学说

残余肾单位的肾小管处于高代谢状态，促使肾小管萎缩、间质纤维化和“健存”肾单位进行性损害。

3. 肾组织上皮细胞表型转化作用

在某些炎症因子的诱导下，肾小球及肾小管上皮细胞转化为肌成纤维细胞，促进肾小球硬化及肾间质纤维化。

4. 其他肾组织内某些生长因子（如白细胞介素-1、血管紧张素Ⅱ等）、某些酶类表达上调或下调，在肾小球硬化和肾间质纤维化中也起重要作用。

5. 尿毒症发病机制主要与尿毒症毒素（尿素、胍类、胺类、酚类、甲状旁腺激素、核糖核酸酶等）的毒性作用有关，也与多种体液因子（红细胞生成素、骨化三醇等）缺乏、营养素（氨基酸、热量、铁等）的缺乏有关。

## 二、临床表现

慢性肾衰代偿期和失代偿早期可无任何症状，或仅有腰酸、乏力、夜尿多、轻度贫血等。随病情进展，上述症状更趋明显。晚期尿毒症时，可出现消化道出血、急性心力衰竭、高钾血症、中枢神经系统功能障碍等，甚至危及生命。

### （一）各系统损害表现

1. 胃肠道表现

胃肠道表现是尿毒症最早、最突出、最常见的症状。初期以厌食、腹部不适为主，以后出现恶心、呕吐、腹泻、舌炎、口腔有尿味和黏膜溃疡，甚至消化道大出血。主要是尿素刺激胃、肠道黏膜所致。

2. 心血管系统表现

（1）高血压

高血压是慢性肾衰常见的并发症。多因水钠潴留、肾素-血管紧张素增高所致。长期高血压可引起动脉硬化、左心室肥厚和心力衰竭。

（2）心力衰竭

心力衰竭是尿毒症最常见的死亡原因。与水钠潴留、高血压及尿毒症心肌病有关。

（3）尿毒症性心包炎

尿毒症性心包炎多为血性心包积液，也可有胸痛、心包摩擦音等表现。尿毒症性心包炎是尿毒症病情危重的征兆，分为尿毒症性心包类、透析相关性心包炎，与尿毒症毒素蓄积、低蛋白血症等有关。

（4）尿毒症性心肌病

表现为心肌肥厚、心脏扩大、心律失常等。与代谢产物潴留、尿毒症毒素蓄积、贫血、心肌损伤、缺氧、电解质紊乱等因素有关。

（5）血管钙化和动脉粥样硬化

高磷血症、钙分布异常等引起血管钙化。高脂血症使动脉粥样硬化进展迅速，血液透析之后动脉粥样硬化程度尤为严重。

3. 血液系统表现

（1）肾性贫血

慢性肾衰一般均有贫血，贫血是尿毒症病人必有症状。肾性贫血与以下因素有关：

①主要原因是肾脏产生促红细胞生成素减少。

②毒素抑制红细胞的活性并导致红细胞损伤，使红细胞寿命缩短。

③尿毒症消化系统病变导致不能进食和重吸收障碍，使造血原料不足。

④皮肤、黏膜、消化道出血，月经过多等失血情况。

（2）出血倾向

表现为皮肤、黏膜、消化道出血，月经过多等。与毒素使毛细血管脆性增加、凝血因子减少、血小板减少及功能异常有关。

4. 神经肌肉系统表现

（1）早期表现为疲乏、失眠、记忆力下降、注意力不集中、判断力下降等。

（2）尿毒症时常有反应淡漠、谵妄、惊厥、幻觉、精神异常、昏迷等。

（3）周围神经病变表现为肢端袜套样感觉障碍，也可有肢体麻木、感觉异常、反射消失、神经肌肉兴奋性增加、肌无力等。

（4）透析失衡综合征表现为头痛、恶心、呕吐、惊厥等。主要与初次透析时血尿素氮等物质降低过快，导致细胞内外渗透压失衡，引起颅内压增高、水肿有关。

（5）透析性痴呆见于长期透析病人，与透析用水铝含量过多而致铝中毒有关。

5．皮肤表现

（1）面部皮肤深而萎黄，轻度浮肿，呈“尿毒症”面容。

（2）全身皮肤失去光泽、干燥、脱屑，尿素随汗由皮肤排出形成尿素霜。

（3）皮肤瘙痒是尿毒症常见的难治性并发症，与继发性甲状旁腺功能亢进引起钙沉着于皮肤有关，常伴有明显的皮肤抓痕。

6．呼吸系统表现

酸中毒时呼吸深大，呼气有氨味（尿臭味）。代谢产物潴留时可引起尿毒症性气管炎、肺炎、胸膜炎。

7．泌尿系统表现

早期多尿、夜尿增多，晚期少尿、无尿、明显水肿，部分病人可并发尿路感染。

8．肾性骨病

慢性肾衰可引起肾性骨营养不良症，即肾性骨病。肾性骨病发病率较高，主要与缺乏活性维生素$D_3$，继发甲状旁腺激素（PTH）分泌增多，使骨组织钙化障碍、营养不良有关，包括纤维囊性骨炎、骨软化症、骨质疏松症等。骨活检有助于肾性骨病早期诊断。

9．内分泌代谢紊乱

（1）肾脏产生内分泌激素发生障碍，如促红细胞生成素不足，肾素过多等。

（2）下丘脑-垂体内分泌功能紊乱，如泌乳素、促黑色素激素、促黄体生成激素、促卵泡激素、促肾上腺皮质激素水平增高等。

（3）外周内分泌腺功能紊乱，如甲状旁腺激素（PTH）增多、甲状腺激素水平降低、胰岛素受体障碍、性腺功能减退等。女性可出现闭经、不孕等，男性常有阳痿等表现。

10.并发感染

感染是慢性肾衰病情恶化最常见的诱因，也是主要死因之一。感染与机体免疫功能低下、白细胞功能异常等有关。以肺部和尿路感染常见，血透病人易发生金黄色葡萄球菌败血症、病毒性肝炎等。

（二）代谢紊乱表现

1．尿毒症性酸中毒

尿毒症性酸中毒属于代谢性酸中毒，是尿毒症病人必有症状。可表现为食欲不振、呕吐、虚弱无力、呼吸深长等。与肾小管调节酸碱平衡功能障碍及酸性代谢产物（如磷酸、硫酸等）潴留有关。

2．水、钠代谢紊乱

很常见。主要表现为水、钠潴留，可出现不同程度的水肿、胸水、腹水，也可因低血容量导致低血压、脱水。

3．钾代谢紊乱

可出现高钾血症或低钾血症。以高钾血症更常见，与肾排钾能力下降、钾摄入过多、酸中毒、感染等因素有关。

4．钙、磷代谢紊乱

主要表现为低血钙、高血磷。与钙摄入不足、活性维生素$D_3$缺乏、高磷血症、代谢性酸中毒等有关（血pH值下降可抑制肾脏1α羟化酶，使活性维生素$D_3$产生减少）。可诱发继发性甲状旁腺功能亢进和肾性骨病，明显缺钙可出现低钙抽搐。

5．镁代谢紊乱

当GFR<20 mL/min时，肾排镁减少，可有轻度高镁血症。低镁血症偶可出现，与镁摄入不足或过多利尿有关。

6．蛋白质、糖、脂肪和维生素代谢紊乱

（1）蛋白质代谢紊乱一般表现为氮质血症、血清白蛋白下降，与蛋白质分解增多和（或）合成减少，长期恶心、呕吐导致负氮平衡有关。

（2）糖代谢紊乱，以糖耐量减低更多见。与胰高血糖素升高、胰岛素受体功能障碍有关。

（3）慢性肾衰中高脂血症相当常见，多数表现为高甘油三酯血症。

（4）维生素代谢紊乱，表现为维生素$B_6$及叶酸缺乏，常与饮食摄入不足、某些酶活性下降有关。此外，本病常有维生素A水平升高情况，应禁服鱼肝油等富含维生素A的药物和食物，以免导致维生素A中毒。

## 三、辅助检查

1. 血液检查

红细胞计数和血红蛋白降低，合并感染时白细胞增多。

2. 尿液检查

尿蛋白因原发病不同而异。尿沉渣可见红细胞、白细胞、颗粒管型、蜡样管型等。其中蜡样管型对诊断更有意义。

3. 肾功能检查

（1）尿液异常

早期夜尿增多（指夜尿量超过白天尿量或者夜尿持续超过750 mL），晚期尿量减少。尿相对密度降低（正常值1.003～1.030），晚期尿相对密度固定在1.010～1.012，尿渗透压降低。

（2）内生肌酐清除率下降

内生肌酐清除率下降是肾小球滤过功能最可靠的指标，也是肾衰竭的敏感指标。

（3）血肌酐升高

血肌酐主要来源于肌肉，基本不受饮食影响。

（4）尿素氮升高

食物蛋白在肠道转化成氨吸收后在肝脏转化成尿素，从肾脏排泄。肾衰竭时肾脏排出尿素能力下降，使体内尿素氮增多。血尿素氮值易受饮食影响，需采空腹血检查。

4. 血电解质、酸碱

血钙低，血磷高，血钾、钠浓度可正常、降低或增高。血气分析提示代谢性酸中毒。

5. $\beta_2$-微球蛋白相对分子质量很小，易从肾小球滤出，正常情况下几乎都从近曲小管重吸收。若尿$\beta_2$-微球蛋白升高提示肾小管功能下降。

6. 影像学检查

B超或X射线平片示双肾缩小，肾图示肾功能明显降低。

## 四、诊断要点

1. 有肾脏疾病史。
2. 肾功能异常。
3. 双肾缩小。
4. 各系统不同程度的临床表现。
5. 不同程度的电解质、酸碱平衡紊乱。

## 五、配合治疗

### （一）治疗原发病，避免有害因素

治疗原发病、防止或去除加重肾衰竭的各种因素是慢性肾衰治疗的关键。包括防止水电解质紊乱、感染、尿路梗阻、心力衰竭，避免慢性肾衰渐进发展的促进因素和急性加重的危险因素等。

### （二）防止或延缓肾功能进行性恶化

1. 控制高血压、减少尿蛋白

（1）治疗目的

①降低血压，减少蛋白尿，保护肾功能。延缓、停止或逆转慢性肾衰。

②减少心脑血管合并症的发生，降低病人死亡率。

③透析前将慢性肾衰病人的血压控制在130/80 mmHg以下。

（2）常用制剂

①首选ACEI、ARBs

参见本章第三节中“慢性肾小球肾炎病人的护理”相关内容。

②其他制剂

钙通道拮抗剂、袢利尿剂、β-受体阻滞剂等，参见第三章第四节“原发性高血压病人的护理”相关内容。

2．控制高血糖、高血脂

控制高血糖、高血脂可延缓慢性肾衰进展。具体方法与一般高血糖、高血脂治疗方法相同。

3．饮食治疗

参见本病护理措施相关内容。

4．慎重用药

谨慎择药，选用肾毒性最小的药物。

（三）吸附、导泻疗法

通过增加肠道内尿毒症毒素的排出，减轻病人氮质血症。

常用制剂：

1．氧化淀粉、药用炭制剂

属吸附疗法，口服用药。该药在胃肠道不被吸收入血，可以与肠道里氨、尿素等有害物质结合，从粪便中排出，对人体无毒害作用。口服氧化淀粉还有导泻作用。

2．大黄制剂、甘露醇

属导泻疗法，口服用药。通过导泻作用，促使肠道里氨、尿素等有害物质从粪便中排出。但易引起电解质紊乱。

（四）对症处理

1．纠正代谢性酸中毒

能改善体内环境，减轻临床症状。常用碳酸氢钠。但碳酸氢钠静脉滴注速度不宜太快，注意有无低钙抽搐和低血钾的表现。

2．纠正水、钠紊乱

①限制钠盐摄入。具体见本病护理措施。

②酌情应用袢利尿剂（呋塞米等）。

③钠、水潴留导致急性左心衰竭时，可给予血液透析或持续性血液滤过，以免延误治疗时机。

3．纠正高钾血症

常用制剂及方法：立即建立静脉通道。

（1）10%葡萄糖酸钙10～20 mL稀释后缓慢静脉注射，时间大于5分钟，以拮抗钙离子对心肌及其他组织的毒性作用。

（2）11.2%乳酸钠或5%碳酸氢钠100～200 mL静脉滴注，纠正酸中毒，促进钾离子向细胞内流动。

（3）50%葡萄糖50～100 mL加普通胰岛素6～12 U缓慢静脉滴注，或25%葡萄糖300 mL加普通胰岛素15 U缓慢静脉滴注，促进糖原合成，使钾离子向细胞内移动。

（4）口服钠型离子交换树脂（15～30 g，每日3次），或钠型离子交换树脂15～30 g加入25%山梨醇10～200 mL做高位保留灌肠，增加肠道排泄。

（5）呋塞米40 mg静脉注射或肌内注射，必要时将剂量增至每次100～200 mg，通过利尿排钾。

（6）血液透析是纠正高钾血症最有效的治疗方法。

4．纠正低钙、高磷血症

防治肾性骨病。

（1）常用制剂

碳酸钙、骨化三醇、葡萄糖酸钙等。

（2）用药注意事项

①餐中服用碳酸钙，以减轻胃肠不适症状。

②用骨化三醇期间，要随时监测血钙、磷、PTH的浓度，警惕内脏、皮下、关节、血管钙化和肾功能恶化。

③葡萄糖酸钙要缓慢静脉推注。

5．纠正贫血

常用重组人红细胞生成素皮下注射，既可以达到促进红细胞生成的疗效，又可以节约药量。用药后要注意观察用药后不良反应，如头痛、高血压、癫痫发作等。定期复查血常规和血红蛋白等，了解药物疗效。必要时遵医嘱酌情补充铁剂、叶酸等。

6.控制心力衰竭、纠正心律失常

同相应疾病治疗。必要时进行血液透析。

（五）尿毒症的替代治疗

1．透析治疗

（1）当慢性肾衰病人进入尿毒症期时，应尽早进行透析治疗。透析治疗分为血液透析（简称血透）、腹膜透析（简称腹透），两者疗效相近，各有优缺点。

（2）出现心力衰竭等严重症状时最好进行血液透析治疗。

（3）接受透析治疗时要给予高蛋白饮食，并严格限制入水量。

2．肾移植

透析治疗仅能代替肾的部分排泄功能（清除小分子溶质只相当于正常肾脏的10%～15%），不能代替肾脏内分泌和代谢功能。所以，一般先给慢性肾衰病人做一段时间透析，待病情稳定后，酌情考虑进行肾移植。肾移植是治疗尿毒症的最佳方法。

## 六、护理问题

1．体液过多

与水、钠潴留有关。

2．营养失调：低于机体需要量

与氮质血症有关。

3．有感染的危险

与机体抵抗力下降有关。

4．活动无耐力

与贫血，心脏病变，水、电解质、酸碱平衡紊乱有关。

## 七、护理措施

1．指导休息与活动

（1）早期病人

鼓励其在护理人员或亲属的陪伴下活动。活动量以不出现疲劳、胸痛、呼吸困难、头晕为度。在力所能及的情况下尽量生活自理。

（2）病情较重或心力衰竭者

应绝对卧床休息，尽量减少对病人的干扰，做好生活护理。

（3）意识不清或长期卧床者

保证病人安全与舒适，防止压疮和肌肉萎缩等，如加护床档、定时为病人翻身、做被动肢体活动等。当出现烦躁、抽搐、昏迷时，应有专人护理。

（4）贫血严重者

指导病人多卧床休息，改变体位时动作缓慢，避免晕倒。

2．饮食护理

给予高维生素、高热量、优质低蛋白、低磷高钙饮食。

（1）限制蛋白质饮食

①限制蛋白质饮食的目的

减少尿蛋白排出，减轻肾小球“三高”，延缓肾小球硬化和肾功能减退。

②蛋白质摄入量

慢性肾衰病人蛋白摄入量为0.6～0.8 g/(kg·d)，尿毒症病人蛋白摄入量为0.4 g/(kg·d)左右。

③蛋白质种类

优质蛋白（动物蛋白质），如蛋、瘦肉、鸡肉、牛奶、鱼等食物摄入占60%以上。植物蛋白食物（花生、豆类及其制品）含非必需氨基酸较多，应尽量减少摄入。此外，还要设法去除米、面中所含的植物蛋白，可用麦淀粉做主食。

④加用必需氨基酸或α-酮酸

改善病人营养状况。静脉应用必需氨基酸时病人若有恶心、呕吐，应减慢输液速度。注意勿在氨基酸内加入其他药物，以免引起药物间反应。α-酮酸能与氨基结合生成必需氨基酸，有助于改善营养，促进尿素氮的再利用。α-酮酸中含有钙盐，对纠正钙磷代谢紊乱、减轻甲状旁腺功能亢进有一定疗效。

（2）低磷高钙饮食

每日摄入磷应少于800 mg。因摄入蛋白质时常伴有磷的摄入，故限制蛋白质入量时常已达到低磷饮食的要求。必要时口服磷结合剂，首选碳酸钙，既阻止磷的吸收，又能起到补充钙的作用。

（3）限制脂肪饮食

摄入不饱和脂肪酸与饱和脂肪物和饱和脂肪酸量之比为1∶1。含不饱和脂肪酸的食物有植物油、鱼油、人造黄油。脂肪摄入量不超过总热量的30%，缺少的热量以碳水化合物补充，以免加重肾小球硬化。

（4）适当补充糖类

满足机体热量需要。一般热量供应为126～147 kJ/(kg·d)。

（5）低盐限水

因肾小球滤过率降低，钠、水潴留，应注意限制水和盐的摄入。

①一般钠盐摄入量<6 g/d。

②有明显水肿、高血压时钠盐摄入量<3 g/d。限制含钠食物和饮料，指导病人避免食用腌制食品、罐头食品、啤酒、汽水、味精、面包、豆腐干等含钠丰富的食物。可以使用无钠盐、酯和柠檬等增加食欲。

③水的入量为：前一日液体出量+500 mL。

（6）其他

低蛋白饮食时，钙、铁及维生素$B_{12}$往往随之含量不足，应注意及时补充。此外，还应注意供给富含维生素C、B和叶酸的食物。避免大量摄入含钾、含镁高的食物，如橘子、香蕉等。注意戒烟、酒。

（7）注意营养监测。

3．观察病情

（1）生命体征

注意体温是否增高，心律是否规则，有无心律失常，有无心包摩擦音。注意呼吸深度和频率，观察呼出气味有无尿臭味。严密观测血压，至少每日测血压1次，血压较高时需酌情增加测量次数。

（2）意识状态

注意是否有嗜睡、谵妄、昏迷等。

（3）皮肤、黏膜

观察有无贫血貌、尿毒症面容，皮肤是否干燥，皮肤、黏膜是否有瘀点、瘀斑、抓痕等，注意有无出血倾向。

（4）消化系统

注意有无恶心、呕吐、腹泻、消化道出血情况。

（5）钠、水潴留情况

准确记录出入量，定期测量体重。若短期内体重迅速增加、血压急剧升高、意识改变、心率加快、肺底湿啰音增加、颈静脉怒张，水肿明显，甚至发生急性心力衰竭等，提示钠、水潴留加重。

（6）感染征象

如体温升高、寒战、疲乏无力、脓痰、肺部湿啰音、尿路刺激征、白细胞增高等。

（7）化验指标

如肾功能、血清电解质（高钾、高磷、低钙等）、血气分析等。

4．对症护理

（1）预防肺部感染

室内定时通风，空气消毒。告知病人尽量避免去公共场所，避免接触呼吸道感染者。协助病人经常翻身、叩背、排痰，指导有效咳嗽、咳痰。

（2）预防尿路感染

保持外阴清洁，鼓励病人多饮水。

（3）预防消化道感染

早晚刷牙，经常漱口，注意口腔卫生。口腔溃疡时可用洗必泰溶液漱口，或局部涂西瓜霜、冰硼散、锡类散等。

(4) 预防皮肤感染

勤剪指（趾）甲，避免用力搔抓。每日用温水清洗皮肤后涂抹止痒剂。长期卧床者，帮助病人定时翻身拍背，避免发生压疮。

(5) 预防出血

有出血倾向时应避免使用影响凝血的药，如解热镇痛药、纤溶药、抗凝药、低分子右旋糖酐等，以免诱发出血。必要时输注新鲜血液，补充凝血因子及血小板。避免损伤皮肤。

(6) 高钾血症护理

①观察血钾检验报告、心电图情况。

②忌用使血钾升高的食物和药物（包括钾盐青霉素、螺内酯等）。

③忌输库血，因库血含钾较高。

(7) 高血压脑病、心力衰竭、心律失常等护理措施

参见有关章节相应内容。

(8) 正确采集血钾标本

为防止溶血，导致血钾过高，采集血钾标本时应注意：

①采血部位结扎不宜过紧。

②用干燥注射器采血，穿刺针头不可过小。

③选择较大血管采血。

④采血后取下针头，沿试管壁向试管内缓慢注入血标本。

⑤若因注射器漏气或血管较细抽血困难，应更换用物或采血部位，重新采血。

⑥若血标本中含有较多气泡，提示该标本已溶血，不宜做血钾测定。

5.心理护理

慢性肾衰常有形象改变、性功能障碍、预后不佳等问题，易使病人产生悲观、绝望等心理。护理人员应以热情、关心的态度对待他们，引导病人正确对待疾病，积极配合治疗。告诉病人及家属有关病情和治疗情况，取得他们的理解和支持。

## 八、健康教育/出院指导

1. 知识宣传

(1) 向病人介绍本病基本知识，使其对影响本病的危险因素有所了解，能注意避免。高度重视本病，但又不过分紧张。对疾病预后有所了解，以积极的心态对待疾病。

(2) 使病人明确治疗、护理的目的，主动配合休息、饮食、用药、观察、护理。注意防止感染、出血等并发症。能进行自我检测，注意全身各系统病情变化情况，准确记录每日尿量、血压、体重，发现异常，及时就诊。

2. 生活指导

(1) 休息

注意劳逸结合，避免劳累和重体力劳动。定时作息，保证充足睡眠。

(2) 饮食

本病对饮食要求比较高，要按上述饮食护理内容进行指导。

(3) 卫生

注意个人卫生，保持口腔、皮肤及会阴部的清洁。皮肤痒时避免用力搔抓。

(4) 其他

注意保暖，避免受凉。女病人应尽量避免妊娠。

3. 治疗指导

指导病人遵医嘱用药、透析治疗，避免使用肾毒性药物。

4. 定期复查

定期复查肾功能、血电解质等，注意病情进展情况及有无并发症。

## 九、小结

▲慢性肾衰是各种肾脏疾病晚期的共同转归。临床将慢性肾衰分为四期，其中最严重的是尿毒症期。

▲慢性肾衰临床症状较多，胃肠道表现是尿毒症最早、最突出、最常见的症状。贫血是尿毒症病人必有症状。代谢性酸中毒和水、钠平衡紊乱较常见。感染是病情恶化最常见的诱因，也是主要死因之一。心力衰竭是死亡的又一主要原因。皮肤瘙痒是尿毒症常见的难治性并发症。心包炎曾被认为是尿毒症晚期病情危重的征兆。酸中毒时有深大呼吸。一般没有高钙、低磷血症情况。

▲血液检查：早期可有血肌酐清除率下降，晚期BUN、$S_{cr}$升高。

▲饮食疗法、降血压治疗可防止或延缓肾功能进行性恶化。吸附疗法、导泻疗法、透析疗法可促进尿素氮、肌酐排泄，减少体内毒素蓄积。

▲护理重点是饮食护理、预防并发症、正确采集血钾标本等。

## 急性肾衰竭病人的护理

急性肾衰竭（ARF，简称急性肾衰）是各种原因引起的肾功能在短时间内（几小时至几周）突然下降，导致的氮质废物滞留综合征。急性肾衰可见于原来无肾脏疾病的病人，也可见于有慢性肾脏疾病的病人。主要表现为血肌酐、尿素氮急剧升高，水、电解质和酸碱平衡紊乱及全身各系统并发症。如果及时诊治和去除病因，部分病人肾功能可完全恢复正常。急性肾衰有广义和狭义之分，广义急性肾衰又分为肾前性、肾性、肾后性，狭义急性肾衰指急性肾小管坏死。

### 一、病因与发病机制

（一）病因

1．肾前性

（1）血容量减少

①各种原因的液体丢失和出血等，肾严重灌注不足，肾小球滤过率下降。肾小管变性及坏死是急性肾衰的常见原因。

②皮肤大量失液：如中暑或大量出汗没及时补充血容量等。

③第三间隙（包括腹腔、胸腔、肠腔内间隙、滑膜、脑脊液以及眼球前房）失液：大面积烧伤、重症胰腺炎、腹膜炎等使微血管通透性增加，大量液体进入第三间隙，引起严重血容量不足。

④过度利尿：引起失水失盐。

（2）心血管疾病

因心排血量严重不足所导致肾灌注不足，如充血性心力衰竭、急性心肌梗死、心包填塞、肾动脉栓塞或血栓形成、大面积烧伤、严重心律失常等。

2．肾性

（1）急性肾小管坏死

急性肾小管坏死是最常见的急性肾衰类型，约占急性肾衰的75%～80%，大多数是可逆性的。

引起急性肾小管坏死的原因有：

①缺血性病变

缺血性病变为急性肾小管坏死最常见的原因。各种肾前性因素未能及时得到纠正，继续发展成为肾小管坏死。

②肾毒素

外源性毒素，如细菌内毒素、鱼胆、蛇毒、汞、铅、铜、甲醇、氨基类抗生素、X射线造影剂、环孢素A等。内源性毒素，如血管内溶血性血红蛋白尿，挤压、创伤和非创伤横纹肌裂解引起大量肌红蛋白沉积肾小管，造成肾脏损害等。

（2）急性间质性肾炎

①过敏性

主要为药物引起急性间质性肾炎。

②感染性

病原菌或毒素直接侵犯肾实质引起急性间质性肾炎。

③代谢性

如尿酸性肾病、高钙血症等引起急性间质性肾炎。

④肿瘤性

如多发性骨髓瘤、淋巴瘤、白血病细胞浸润等引起急性间质性肾炎。

(3) 急性肾毒性物质

如抗生素、造影剂（碘造影剂等）、重金属盐类（汞、铅、铀、金、铂、砷、磷等）、工业毒物（氰化物、甲醇、四氯化碳、甘油、杀虫剂、除草剂等）、生物毒（蛇毒、蜂毒、鱼胆毒等）、其他（环孢素、甘露醇等）等。

(4) 肾小球和肾血管疾患

各种肾小球肾炎、肾病综合征、肾动脉栓塞、肾静脉血栓形成等。

3. 肾后性

多见于急性尿路梗阻，如结石、肿瘤、输尿管瘢痕收缩等影响排尿的因素。其中神经源性膀胱炎是糖尿病常见合并症，与严重低钾或神经节阻滞剂等引起的排尿障碍有关。

以下主要以急性肾小管坏死为代表进行叙述。

(二) 发病机制（图6-5-1）

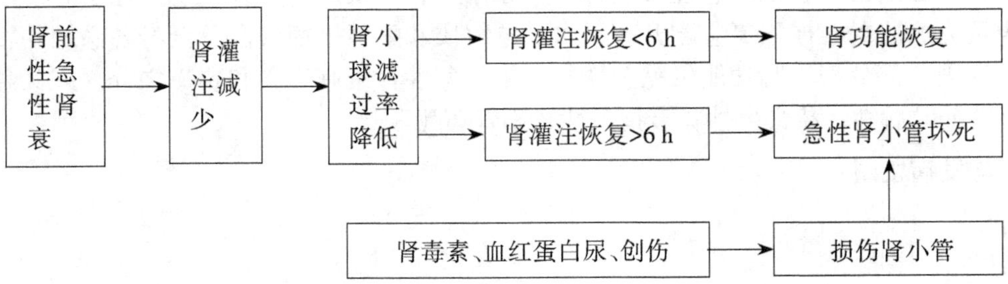


**图6-5-1 急性肾小管坏死发病机制**

## 二、临床表现

急性肾衰传统的分期方法为：少尿期、多尿期、恢复期。目前将临床表现分为以下三期：

1. 起始期

此期病人虽已存在某些病因，如缺血、肾毒素、低血压等，但肾实质损伤并不明显，此时急性肾衰是可预防的。随病情发展，肾小管上皮细胞损伤加剧，肾小球滤过率下降，进入下一期。

2. 维持期（少尿期）

(1) 大多数病人可出现少尿（<400 mL/d）、无尿（<100 mL/d），短则几天，长则4～6周，一般持续1～2周，可见管型尿，尿相对密度低；部分病人尿量在400 mL/d以上，临床症状相对较轻，预后较好。

(2) 但无论尿量是否减少，均可出现尿毒症表现，如进行性氮质血症、水电解质酸碱平衡失调（高磷、低钙、低钠、低氯血症，代谢性酸中毒等）。

(3) 高血钾是急性肾衰最严重的并发症。高血钾可诱发各种心律失常，导致心搏骤停，是起病第1周死亡最常见的原因。

(4) 严重者可导致急性心力衰竭、高血压、肺水肿、脑水肿、心律失常等。心力衰竭是本病的主要死因之一。

(5) 感染也是本病常见并发症及主要死因之一，常伴有呼吸道感染、泌尿道感染以及其他重要脏器的衰竭。

3. 恢复期

此期病人尿量逐渐恢复，每日尿量可达3000～5000 mL或更多，是肾功能开始恢复的标志。

(1) 肾小球滤过功能逐渐恢复正常或接近正常水平，血尿素氮和肌酐逐渐下降，尿毒症症状也随之好转。

(2) 肾小管功能恢复较慢，常需数月。

(3) 少数病人最终遗留不同程度的肾脏结构和功能缺陷。

(4) 此期的早期可仍有高钾血症，后期随尿量增多，易发生低钾血症。

(5) 此期仍易发生感染、心血管疾病、消化道出血等并发症。

(6) 此期常维持1～3周，病人病情稳定，尿量正常，各项化验指标平稳。

## 三、辅助检查

1．血液检查

（1）血浆肌酐、尿素氮进行性上升，血肌酐每日平均升高44.2 μmol/L以上，血尿素氮每日平均升高3.6 μmol/L以上。血尿素氮/肌酐正常值为10：1～15：1。肾前性少尿时，肾小管功能未受损，低尿流速率使肾小管重吸收尿素增加，血尿素氮/肌酐可达20：1以上。

（2）血钾>5.5 mmol/L。血磷增高，血钠、血钙降低。

（3）血气分析提示：代谢性酸中毒，pH<7.35。

（4）轻、中度贫血，白细胞增多，血小板减少。

2．尿液检查

（1）尿外观多混浊，尿色深。

（2）尿沉渣有红细胞、白细胞、上皮细胞管型、颗粒管型等。

（3）尿蛋白质（+～+++）。

（4）尿相对密度低且固定，多在1.015以下。

（5）尿渗透压低于350 mmol/L，尿渗透压与血渗透压之比小于1.1。

（6）尿肌酐/血肌酐<10。

（7）尿钠增高。钠滤过排泄分数>1。

（8）肾衰指数（尿钠×血肌酐/尿肌酐）>2。

3．肾活检

肾活检是重要的诊断手断，对于诊断肾小球疾病、肾间质疾病及原因不明的急性肾衰具有诊断意义。

4．影像学检查

尿路超声可排除尿路梗阻。CT、MRI有助于明确诊断。

## 四、诊断要点

1．血尿素氮、肌酐急速、进行性增高。

2．有原发病因。

3．相应临床表现。

## 五、配合治疗

1．纠正可逆病因

早期纠正可逆的病因，如停用肾毒性药物，治疗外伤、心力衰竭、失血、休克、感染等。

2．纠正高钾血症

见本节“慢性肾衰竭病人护理”相关内容。

3．纠正代谢性酸中毒

5%碳酸氢钠100～250 mL静脉滴注，必要时立即透析。

4．抗感染

尽早控制感染。常根据细菌培养和药物敏感试验选用对肾无毒性或毒性低的药物，并按内生肌酐清除率调整用药剂量。

5．透析疗法

包括腹膜透析、血液透析和胃肠透析。前两者对纠正水中毒、高血钾、氮质血症、代谢性酸中毒及电解质紊乱，帮助病人渡过维持期具有重要作用。重症病人尽早透析能明显提高病人存活率。

## 六、护理问题

1．体液过多

与急性肾衰时所致的肾小球滤过功能受损有关。

2．营养失调：低于机体需要量

与病人食欲低下、限制饮食中的蛋白质、进行透析等因素有关。

3．有感染的危险

与限制蛋白质饮食、进行透析、机体的抵抗力低下等有关。

4. 潜在并发症

高血钾、代谢性酸中毒、心力衰竭等。

## 七、护理措施

1. 指导休息与活动

绝对卧床休息，加强生活护理，减轻肾脏负担。操作尽量集中进行，避免影响病人休息。保持床铺、衣裤干燥平整，防止压疮。注意下肢活动，防止静脉血栓形成。

2. 饮食护理

补充营养，有助于肾小管损伤细胞的修复和再生，提高存活率。

（1）维持水、电解质平衡

①少尿时

严格控制入水量，每日进水量为前1日液体出量+500 mL。给予低盐、低钾饮食，钠盐摄入量<3 g/d，及时纠正酸中毒。做好24小时出入量统计。

②多尿时

高血钾、心力衰竭、感染等威胁生命的并发症依然存在，酌情给予低钾、低盐饮食，酌情补充水分，及时纠正酸中毒。做好24小时出入量统计。

（2）保证热量供给

本病病人所需能量至少126～167 kJ/(kg·d)，主要由碳水化合物和脂肪供应，如食糖、植物油等。

（3）限制蛋白质摄入

优质蛋白质摄入量为0.6～0.8 g/(kg·d)，血透病人为1.0～1.2g/(kg·d)。

（4）减少钾、钠、氯的摄入

含钾多的食物有白菜、萝卜、榨菜、橘子、香蕉、梨、桃、葡萄、西瓜等，应注意避免。

（5）改善病人营养状况

必要时可给予必需氨基酸或α-酮酸，维持正氮平衡。

3. 观察病情

对急性肾衰应进行严密监护。

（1）严格记录24小时出入量。

（2）观察生命体征、神志变化情况。

（3）观察皮肤水肿、胸水、腹水情况。

（4）观察各系统、各部位有无感染征象。

（5）观察水、电解质、酸碱平衡情况，通过心电监护及早发现高血钾、心律失常等。

（6）观察心、脑、肺、肝等重要器官的功能。

4. 对症护理

（1）预防并发症

①防止感染

将病人安置单间，限制探视，严格消毒；进行换药、导管消毒、更换时注意无菌操作；做好口腔、皮肤、泌尿道等部位的护理，防止局部感染；加强翻身、叩背、咳痰、湿化痰液等保持呼吸道通畅措施，防止呼吸道感染。

②防止压疮

定时翻身，保持局部清洁、干燥、平整。

（2）正确采集血钾标本

参见本节“慢性肾衰竭的护理”相关内容。

5. 心理护理

急性肾衰是急危重病之一，病人可有濒死感、恐惧感。护理人员要安慰病人，酌情向病人解释有关本病的知识，消除紧张、恐惧、焦虑心理，鼓励病人积极配合治疗。

## 八、健康教育/出院指导

1. 知识宣传

向病人介绍本病基本知识，使其：

（1）对本病病因有所了解，能注意配合医生尽量避免并积极治疗病因，避免对肾脏有害的因素。

（2）高度重视本病，但又不过分紧张，对疾病预后充满信心，能主动配合治疗护理。

（3）能进行自我检测，发现水肿明显、尿量及尿液改变、乏力加重、食欲减退、血压升高等异常情况，能及时告知医务人员。

2．生活指导

（1）指导病人合理休息、适当锻炼，增强机体抵抗力。

（2）给予清淡、适量蛋白质饮食，根据尿量给予含钾饮食。

（3）避免妊娠、手术、外伤、感染等刺激因素。注意个人清洁卫生，注意保暖，防止受凉、受潮，防止呼吸道、皮肤等感染。

3．治疗指导

严格遵医嘱用药，避免使用肾毒性药物，不轻信“灵丹妙药”，不随意进行“滋补”。

4．定期复查

定期检查尿液、肾功能、血电解质及血压等情况，注意病情进展及有无并发症等。

**九、小结**

▲急性肾衰是肾功能在短时间内突然下降所致。急性肾小管坏死是急性肾衰最常见的类型。若及时诊治和去除病因，部分病人肾功能可完全恢复正常。

▲急性肾衰主要有血肌酐、尿素氮急剧升高，水、电解质和酸碱平衡紊乱。以少尿、血钾升高为突出表现。

▲感染是本病常见并发症及主要死因之一，心力衰竭也是本病的主要死因之一。高血钾是急性肾衰最严重的并发症，也是起病第1周死亡最常见的原因。

▲最重要的治疗、护理措施是控制水、盐、钾摄入。重症病人早期透析能明提高存活率。

## 第六节　尿路感染病人的护理

尿路感染是指各种病原微生物在尿路中生长、繁殖而引起的尿路感染性疾病。尿路感染分为上尿路感染和下尿路感染。上尿路感染主要是肾盂肾炎，是尿路感染中常见类型，临床上分为急性肾盂肾炎和慢性肾盂肾炎。下尿路感染包括膀胱炎和尿道炎。本病多发于女性，男女之比为1∶10，尤以女婴、老年妇女、婚育年龄女性患病率高。

**一、病因与发病机制**

（一）病因

主要是革兰阴性杆菌感染，其中病菌以大肠埃希菌（大肠杆菌）最为常见，占尿路感染的70%以上，其次为副大肠杆菌、变形杆菌、葡萄球菌、绿脓杆菌、产碱杆菌等。约5%～10%的尿路感染是革兰阳性菌引起，如粪链球菌、柠檬色葡萄球菌和白色葡萄球菌等。偶见厌氧菌、真菌、原虫及病毒等。医院内感染、复杂或复发型尿路感染、尿路器械检查后发生的尿路感染，多为粪链球菌、变形杆菌、克雷白杆菌、铜绿假单胞菌所致。

（二）易感因素

1．尿路梗阻

如结石、肿瘤、前列腺增生等引起尿路梗阻，导致尿流不畅，病原菌不易被冲走，有利于病原菌生长、繁殖。其感染率比无梗阻者高10倍。前列腺增生导致的尿路梗阻是中老年男性尿路感染的一个重要原因。

2．膀胱输尿管反流

正常情况下输尿管内壁及膀胱开口处黏膜形成的屏障，能阻止尿液从膀胱反流至输尿管，当其功能或结构异常时，尿液逆流，病原菌定植，发生感染。

3．机体抵抗力低下

如糖尿病、慢性肾脏疾病及长期卧床的慢性病人，长期使用糖皮质激素等可使机体抵抗力降低而易发生感染。

4．神经源性膀胱炎

如糖尿病、脊髓损伤等疾病，使支配膀胱的神经功能发生障碍，易发生尿潴留，引起感染。

5．妊娠

与激素作用使尿道扩张、输尿管蠕动缓慢、尿液引流不畅以及妊娠子宫压迫输尿管造成排尿困难有关。

6．性别

女性尿道短直而宽，括约肌收缩力弱，尿道口与肛门、阴道相近，是女性容易发生尿路感染的重要因素。女性经期、妊娠期、绝经期因内分泌等因素改变更易发病。

7．医源性因素

如留置导尿、膀胱镜检、尿道扩张术等引起尿道黏膜损伤，使局部防御机制破坏，并将病原菌带入尿路而致感染。

8．泌尿系统结构异常

肾发育不良、输尿管畸形、肾盂畸形也可引起尿流不畅和尿液反流而发生感染。

9．遗传因素

实验观察反复发作尿路感染的女性，其尿路感染家族史显著高于一般人群。越来越多的证据表明，基因与尿路感染的易感性有关。

10．尿道口不洁或盆腔、会阴炎症

如性生活时可将尿道口周围病原菌挤压入膀胱。包茎、包皮过长利于病原菌繁殖，是男性尿路感染的诱发因素。妇科炎症、细菌性前列腺炎等也是尿路感染的原因之一。

（三）发病机制

1．感染途径

（1）上行感染

上行感染是最常见的感染途径。正常情况下尿道口及其周围有少量细菌寄生，但一般不引起感染。当机体抵抗力下降或尿道黏膜有损伤时（如尿液高度浓缩、月经期、性生活后）或者入侵细菌毒力大，致病力强时，细菌可侵入尿道引起感染。此种途径以大肠杆菌感染多见。

（2）血行感染

血行感染较少见，多为体内感染灶的病原菌侵入血液循环到达肾脏和尿路其他部位，引起感染。此种途径以金黄色葡萄球菌感染多见。

（3）淋巴道感染

淋巴道感染更少见。多因盆腔、肠道炎症时，病原菌经该处淋巴管感染尿路。

（4）直接感染

偶见外伤或泌尿系统周围器官发生感染时，病原菌直接侵入到泌尿系统，引起感染。

2．机体防御机制

机体防御机制正常时进入膀胱的病原菌会很快被清除，不发生感染。

## 二、临床表现

1．膀胱炎

膀胱炎占尿路感染的60%以上。主要表现为膀胱刺激征（尿频、尿急、尿痛、下腹部不适等）。尿液常混浊，有异味，30%可出现血尿。一般无全身感染症状，少数病人可出现发热，但体温常不超过38 ℃。

2．急性肾盂肾炎

（1）全身表现

起病急骤、畏寒、发热、体温可达40 ℃，常伴头痛、全身不适，如疲乏无力、食欲减退、恶心、呕吐等。

（2）泌尿系统表现

常有膀胱刺激征、腰痛、肾区叩击痛、脊肋角压痛等。轻症病人可无明显全身表现，仅有膀胱刺激征及尿液改变。

3．慢性肾盂肾炎

（1）大多数因急性肾盂肾炎治疗不彻底发展而来。部分病人首发症状是高血压或水肿。

（2）临床表现多不典型，病程长，迁延不愈，反复发作。

（3）急性发作时可有全身及膀胱刺激症状，与急性肾盂肾炎相似。

（4）部分病人尿路症状不明显，仅有低热乏力、多次尿细菌培养阳性，称为“无症状性菌尿”。

（5）后期可有肾功能减退症状。

4．并发症

多见于严重急性肾盂肾炎，可有肾周围炎、肾脓肿、败血症等。

**三、辅助检查**

1．尿常规检查

以白细胞增多为主，此外，还可见红细胞、白细胞管型。白细胞管型对于肾盂肾炎有诊断价值。尿沉渣镜检白细胞>5个/HP称为镜下白细胞尿。少数急性膀胱炎可见肉眼血尿。尿蛋白多为阴性或微量。

2．尿细菌定量培养

取清洁中段尿做细菌培养、菌落计数，其临床意义为：

①菌落计数≥$10^5$/mL为真性菌尿，是确诊尿路感染的重要依据。

②菌落计数<$10^4$/mL可能为污染。

③菌落计数$10^4$～$10^5$ mL为可疑阳性。

④膀胱穿刺尿做细菌培养为阳性，提示真性菌尿。

（1）尿培养假阳性原因

①标本被污染。

②尿标本在室温下超过1小时才进行接种。

③检验技术错误。

（2）尿培养假阴性原因

①近5天内使用过抗生素。

②尿液在膀胱内停留时间不足6小时。

③消毒液混入尿标本。

④饮水过多，尿液被稀释。

⑤感染灶排菌呈间歇性。

（3）尿培养有杂菌生长的原因

①留标本前没有清洁外阴。

②没有留取中段尿。

③采集尿标本时没有无菌操作，导致容器内面、容器盖内面甚至尿液被污染。

④没有在1小时内送检或没有在1小时内接种。

3．血常规

急性肾盂肾炎血白细胞计数和中性粒细胞计数增高。慢性肾盂肾炎血红蛋白降低。

4．肾功能检查

慢性肾盂肾炎晚期可出现持续肾功能损害，如夜尿多，尿相对密度下降，内生肌酐清除率降低，血尿素氮、肌酐增高等。

5．影像学检查

（1）X射线检查

腹部X射线平片检查可观察肾脏大小、形态、位置、有无结石。造影检查包括静脉肾盂造影、逆行肾盂造影等，可明确有无肾盂、肾盏变形、缩窄及肾肿瘤等，对诊断慢性肾盂肾炎具有重要价值。

（2）放射性核素检查

包括放射性核素肾图、放射性核素肾动态扫描，了解肾脏分泌、排泄功能及肾脏大小、形态、有无梗阻等。

（3）B超检查

了解肾脏大小、形态、结构。

**四、诊断要点**

1．尿路感染诊断

有真性菌尿。无症状者要求两次细菌培养均为同一菌种的真性菌尿。

2．膀胱炎诊断

膀胱刺激征、真性菌尿。

3．急性肾盂肾炎诊断

同膀胱炎诊断，同时伴有高热、腰痛、肾区叩击痛、脊肋角压痛、白细胞管型尿。

4．慢性肾盂肾炎诊断

有真性菌尿，肾功能减退，再加上肾脏缩小、肾外形凸凹不平、肾盏变形、双肾大小不等中任何一项。

**五、配合治疗**

尿路感染以抗感染治疗为主，同时配合休息，多饮水，勤排尿。

1．用药原则

（1）一般首选对革兰阴性杆菌有效的抗生素，若治疗3天后症状无改善，应按药敏结果调整用药。

（2）尿路中抗生素浓度要高。

（3）选用肾毒性小的抗生素。

（4）病情较重可联合用药。

（5）不同类型的尿路感染，治疗方法不同。

2．急性膀胱炎治疗

（1）常用制剂

磺胺类抗生素、喹诺酮类抗生素、氨基糖苷类抗生素或头孢类抗生素，任选一种，连用3天，约90%的病人可治愈。若停药7天后，做尿培养结果阳性，应继续用抗生素治疗2周。

（2）用药注意事项

①磺胺类抗生素

易出现过敏反应、消化道反应、结晶尿等。用药前应询问过敏史，饭后服药。不宜与维生素C或其他酸类药物同服，以免产生结晶尿。

②喹诺酮类抗生素

可出现消化道反应、头晕、头痛、睡眠不良，在碱性环境下易产生结晶尿等。需饭后服药，不易与碱性药同用。

③氨基糖苷类抗生素

对肾脏和听神经有毒性，用药期间注意询问病人有无耳鸣、眩晕、听力减退等耳毒性症状，有无蛋白尿、管型尿、血尿、尿量改变等肾毒性症状。孕妇、老年病人及有慢性肾脏病史者禁用。

④头孢类抗生素

使用前询问有无过敏史，做过敏试验，并注意观察疗效及不良反应。

3．急性肾盂肾炎治疗

（1）病情较轻

口服喹诺酮类抗生素（氧氟沙星、环丙沙星等）或半合成青霉素类抗生素（阿莫西林等）或头孢菌素类抗生素（头孢呋辛等），疗程14天，约90%的病人可治愈。若尿培养仍阳性，应按药敏结果调整用药，再继续治疗4～6周。

（2）病情较重

静脉用氨苄西林或头孢噻肟钠或头孢曲松钠或左氧氟沙星等，于退热后继续用药3～5天，改为口服抗生素，完成2周疗程。若治疗72小时无好转趋势，应按药敏结果更换抗生素，疗程不少于2周。若仍有持续发热，应考虑是否存在并发症。

4．慢性肾盂肾炎治疗

治疗关键是寻找、去除易感因素，同时辅以抗生素治疗。

（1）急性发作

按急性肾盂肾炎治疗。但抗生素常常需联合应用，且延长疗程，一般需治疗2～4周。

（2）反复发作

在去除病因的基础上，给予联合用药，长程低剂量抑菌疗法，即每晚睡前排尿后服用小剂量抗生素1次，如复方磺胺甲恶唑1～2片、呋喃妥因50～100 mg、氧氟沙星200 mg，排列组合，每种抗生素服用7～10天后，服用下一种抗生素，如此反复，连用半年。

5．治愈标准

停药后每周复查尿常规、尿细菌培养1次，共2～3周，均为阴性为治愈。另有观点认为症状消失、尿菌阴性，治疗结束后2周、6周复查尿常规、尿细菌培养，均为阴性为治愈。

**六、护理问题**

1．体温过高

与细菌感染有关。

2．排尿异常

与膀胱炎症刺激有关。

3．知识缺乏

缺乏有关尿路感染防治知识。

**七、护理措施**

1．指导休息与活动

（1）急性肾盂肾炎第1周应卧床休息，可采用屈曲位，以减轻炎症引起的肾区痛。尽量不要久站或久坐，以防肾脏下移、牵拉，加重疼痛。

（2）慢性肾盂肾炎病人一般不宜从事重体力劳动，注意增加休息和睡眠时间。

（3）为病人提供安静、舒适的休息环境。谈一些病人感兴趣的话题，做一些分散病人的注意力的活动，如听音乐、看电视等，以减轻焦虑，缓解尿路刺激症状。

2．饮食护理

给予清淡、富含营养、富含维生素、易消化的食物。此外，多饮水（白开水或茶水）是减轻尿路刺激症状的重要措施。若无禁忌每天饮水量在2500 mL以上，勤排尿（2～3小时至少排尿1次），以达到冲洗尿路，减少细菌在尿路滞留的目的。

3．观察病情

密切观察病人膀胱刺激症状、发热情况、尿液检查及尿细菌培养结果。

（1）警惕并发症

急性肾盂肾炎抗感染治疗2周后，仍有持续发热者，应注意有无并发症，如肾盂积脓、肾周脓肿等。

（2）警惕重新感染

治疗后症状消失，尿菌转阴后6周再次出现真性菌尿，菌种与上次不同，称为重新感染。治疗方法与首次发作相似。

（3）警惕病情复发

经治疗症状消失后，尿菌转阴后6周内再次出现真性菌尿，菌种与上次相同，称为复发。可在祛除诱因（结石、梗阻等）的基础上，根据药敏结果选择强有力的杀菌性抗生素，疗程不少于6周。对反复发作者，可采用长程低剂量抑菌疗法。

4．对症护理

（1）高热护理

高热时可采用冰敷、酒精擦浴等方法进行物理降温，必要时遵医嘱给予药物降温。大量补充水分，做好口腔及皮肤护理，监测体温变化。

（2）减轻膀胱刺激征

①多饮水（茶），多排尿。

②口服碳酸氢钠碱化尿液，不仅能减轻膀胱刺激征、抑制细菌生长、避免尿中血凝块形成，还可增强磺胺类药抗菌活性，避免磺胺类药在尿路中形成结晶。用碳酸氢钠时避免同时用酸性药物。用喹诺酮类药不能碱化尿液。

③遵医嘱应用阿托品、溴丙胺太林（普鲁本辛）等抗胆碱能类解痉药。用药期间注意有无心率过快、口干等副作用。

④指导病人按摩或热敷膀胱区，以缓解疼痛。

（3）正确采集尿培养标本

①留取尿培养标本前用清水或肥皂水清洗外阴，不宜使用消毒液。

②留取尿培养标本最佳时间为使用抗生素之前或停药后5～7天，并保证尿液在膀胱内停留6～8小时

以上，以提高阳性率。留取尿培养标本前不宜多饮水。

③协助病人留取10～15 mL中段尿于无菌容器内，并在1小时内送检，以防杂菌生长，影响检查结果。

④保持容器内面、容器盖内面无菌，避免尿液污染。

⑤尿潴留者用导尿管引流尿液，弃去前段后，留取尿液置于无菌容器内送检留置导尿者先夹闭尿管30秒，再消毒导尿管外部及尿管口，用无菌注射器通过导尿管抽取尿液，注意避免带入消毒剂；留置尿管时间较长者，应在更换新导尿管后留取尿培养标本。

5．心理护理

过分紧张会加重尿频症状，要注意安慰病人，稳定其情绪。引导病人正确对待疾病，以积极的态度配合治疗，但不可操之过急。

## 八、健康教育/出院指导

1．知识宣传

（1）向病人介绍本病基本知识，使其对影响本病的病因、感染途径、易感因素有所了解，能尽量注意避免不利因素。尤其能注意避免过度劳累、会阴部不清洁等因素。高度重视本病，但又不过分紧张。对疾病预后有所了解，以积极的心态对待疾病。

（2）使病人明确治疗、护理的目的，主动配合休息、饮食、用药、观察、护理。配合正确留尿培养标本。能进行自我检测，注意体温、尿液、尿量，留意观察全身和局部反应情况，发现异常，及时就诊。

2．生活指导

（1）合理安排工作生活

规律生活，避免过度劳累，坚持体育锻炼，增强机体免疫力。

（2）合理饮食、排便

给予清淡饮食，多饮水、不憋尿、勤排尿，保持大便通畅。多饮水、勤排尿是预防尿路感染最实用、最有效的方法。

（3）注意个人卫生

指导病人每日清洁会阴部和肛周，教会病人正确清洗外阴部的方法，特别注意月经期、妊娠期和产褥期卫生。发病若与性生活有关，嘱病人性生活后立即排尿，并口服1次常用量抗生素预防感染。禁止盆浴。

（4）侵入性检查后处理

多饮水，并遵医嘱服用抗生素，预防感染发生。尽量避免尿路器械的使用，必须应用时，要严格无菌操作。若必须留置导尿管，在置管后的前3天给予抗生素可延迟尿路感染的发生。

（5）指导“二次排尿”

膀胱-输尿管反流者要“二次排尿”，即每次排尿后数分钟，再次排尿一次，避免尿液滞留。

3．治疗指导

告诫急性肾盂肾炎病人遵医嘱坚持药物治疗，不可将症状消失作为停药的标准，不可擅自换药、减量、过早停药。

4．定期复查

停药后必须追踪观察，以免感染复发或迁延不逾发展为慢性肾盂肾炎。定期复查尿常规、尿细菌培养。注意肾功能、血电解质有无变化。了解病情进展情况及有无并发症。

## 九、小结

▲真性菌尿是诊断的重要依据。最常见的致病菌是大肠杆菌。最常见的感染途径是上行感染。

▲上尿路感染主要是肾盂肾炎，分为急性肾盂肾炎、慢性肾盂肾炎。下尿路感染主要是膀胱炎和尿道炎。上尿路感染全身症状明显，可有腰痛、肾区叩击痛、肋脊角压痛、白细胞管型。

▲慢性肾盂肾炎可有肾功能减退、肾脏缩小、肾外形凸凹不平、肾盏变形、双肾大小不等。

▲抗生素治疗不能以症状消失作为停药标准。

▲最主要的预防措施是多饮水、勤排尿、保持会阴部清洁。

# 第七章　血液系统疾病病人的护理

## 第一节　血液系统基础知识

### 一、造血器官及血液组成（图7-1-1）

- 血液系统
  - 造血器官
    - 胚胎期：以肝、脾、红骨髓、淋巴结为主
    - 出生后：以红骨髓为主
  - 血液
    - 血细胞（占45%）：红细胞、白细胞、血小板
    - 血浆（占55%）：水、蛋白质、电解质、营养物、代谢物

**图7-1-1　血液系统组成**

从出生至4岁，全身骨髓的髓腔内均为红骨髓。5岁后随着年龄的增长，红骨髓脂肪化由远心端向近心端发展。至18岁时，红骨髓仅存在于扁平骨、短骨及长管状骨的近心端，如颅骨、胸骨、脊椎骨、肋骨、带骨以及肢骨和股骨的近心端。脂肪化的骨髓称为黄骨髓，主要由脂肪细胞组成。健康成人黄骨髓约占骨髓总量的50%。黄骨髓仍然保持有造血的潜能，当机体需要时，又可重新转变为红骨髓参与造血。肝、脾造血功能在出生后基本停止，但当机体需要时，如慢性溶血，已经停止造血的肝、脾也可部分恢复其造血功能，成为“髓外造血”的主要场所。有些资料将胸腺、淋巴结也列为造血器官。

### 二、造血干细胞

造血干细胞（HSC）存在于造血器官内，是各种血细胞与免疫细胞的起始细胞，具有不断自我更新、多向分化与增殖能力，又称多能干细胞或全能干细胞。在一定条件下和某些因素的调节下造血干细胞能增殖、分化为各类血细胞的祖细胞，即造血祖细胞。由于造血祖细胞失去多向分化的能力，只能向一个或几个血细胞系定向增殖与分化，如红细胞系、粒细胞系和巨核细胞系，故又称为定向干细胞。造血干细胞分化及增殖见图7-1-2。

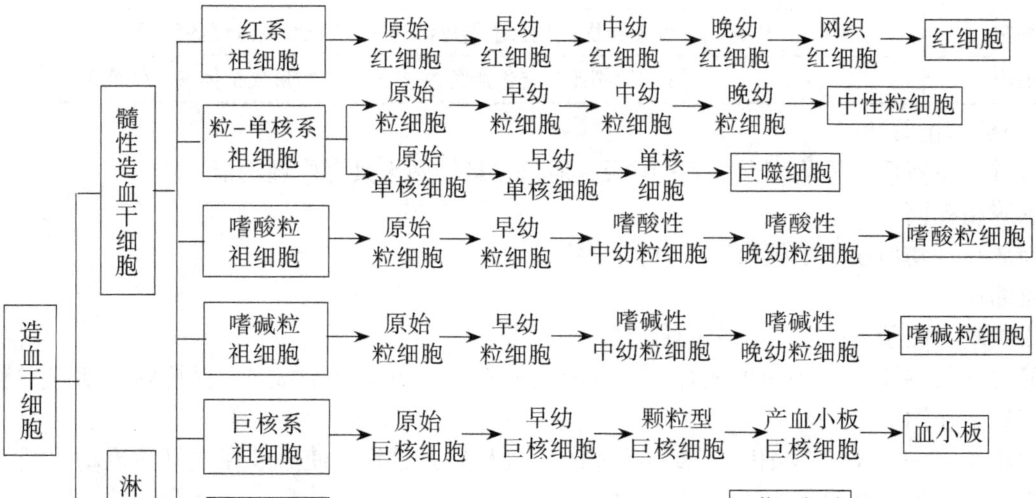


**图7-1-2　造血干细胞分化及增殖示意图**

## 三、外周血细胞

1. 外周血细胞的正常值（表7-1-1）。

表7-1-1 部分外周血细胞正常值

| 种类 | 正常值 |
|---|---|
| 红细胞(RBC) | 男 $4\times10^{12}$/L～$5.5\times10^{12}$/L，女 $3.5\times10^{12}$/L～$5.0\times10^{12}$/L |
| 血红蛋白(Hb) | 男 120～160 g/L，女 10～150 g/L |
| 血细胞(WBC) | $4\times10^{9}$/L～$10\times10^{9}$/L |
| 血小板(PLT) | $100\times10^{9}$/L～$300\times10^{9}$/L |
| 网织红细胞 | 在外周血中占0.5%～1.5%，绝对值$(77\pm23)\times10^{9}$/L |

2. 红细胞的主要功能

成熟红细胞呈双凹圆盘形，具有可塑性、变形性，有较大的表面积，有利于气体交换。红细胞胞质内充满具有结合、输送$O_2$和$CO_2$功能的血红蛋白（图6-1-3）。网织红细胞是尚未完全成熟的红细胞，其标志是胞质内有残存的核糖体，网织红细胞是反映骨髓造血能力的重要指标，对贫血等血液病的诊断和预后判断有一定临床意义。

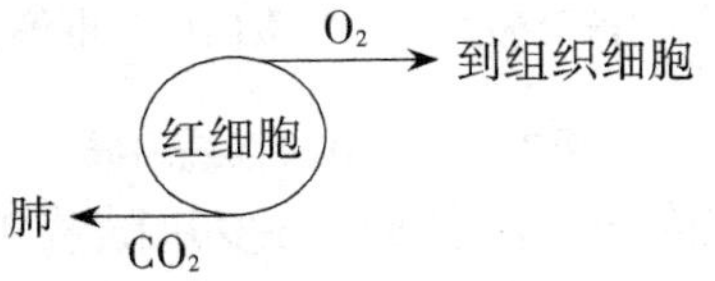


图7-1-3 红细胞运送功能示意图

3. 白细胞的主要功能

白细胞种类多，形态和功能各异，包括中性粒细胞、嗜酸粒细胞、嗜碱粒细胞、单核细胞、淋巴细胞。单核-巨噬细胞系统包括巨噬细胞（血中单核细胞游走至组织）、肺巨噬细胞、肝的库普弗细胞、神经系统的神经小胶质细胞、骨组织的破骨细胞、皮肤的朗格汉斯细胞。白细胞具有变形、趋化、游走与吞噬等生理特性，是机体防御系统的重要组成部分。其主要功能见表7-1-2。

表7-1-2 白细胞主要功能

| 种类 | | 功能 |
|---|---|---|
| 粒细胞 | 中性粒细胞 | 主要有杀菌或抑菌作用，是阻止细菌入侵的防线 |
| | 嗜酸粒细胞 | 具有抗过敏、抗寄生虫作用 |
| | 嗜碱粒细胞 | 能释放组胺等生物活性物质，主要与变态反应有关 |
| 单核细胞 | | 吞噬异物，识别、杀伤癌细胞，是阻止细菌入侵的防线 |
| 淋巴细胞 | | T淋巴细胞参与细胞免疫，B淋巴细胞形成抗体参与体液免疫 |

4. 血小板的主要功能

血小板进入血液后，平均寿命为7～14天，但只在最初两天具有生理功能：

（1）黏附粗糙面。

（2）释放活性物质使血小板聚集、血管收缩。

（3）收缩血块。

（4）吸附凝血因子。

（5）修复血管内皮。血小板可融合于血管内皮细胞，对修复内皮细胞、保持内皮细胞完整性及正常通透性具有重要作用。

（6）血小板是一种多功能细胞，参与机体的止血和凝血过程，使血液在血管内流动，既不会溢出血管外引起出血，也不会在血管内凝固引起血栓。

（7）当血小板减少至$50\times10^{9}$/L时，毛细血管壁脆性增加，可产生出血倾向。

## 四、血浆

血浆是一种淡黄色的透明液体，含有多种蛋白质、凝血因子、抗凝血因子、补体、抗体、酶、电解质、激素及营养物质等。

### 五、造血微环境

造血微环境是指造血器官实质细胞四周的支架细胞、组织。它包括微血管系统、末梢神经、网状细胞、基质以及基质细胞分泌的细胞因子，是机体造血以及免疫细胞发育的场所。造血微环境的基质和造血干细胞的关系被形象地喻为“土壤和种子”的关系。骨髓造血微环境存在于全身骨髓的骨髓腔内。造血微环境的改变可导致机体造血功能异常。

### 六、血液系统疾病分类（图7-1-4）

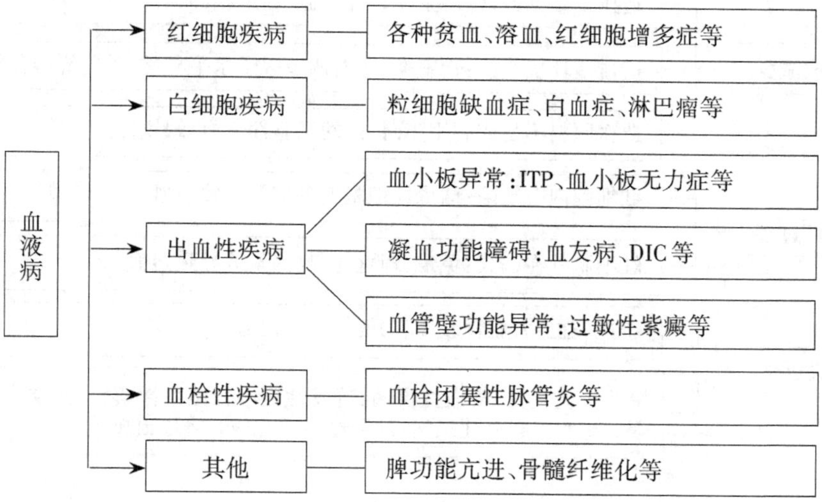


图7-1-4　血液病分类示意图

## 第二节　贫血病人的护理

贫血是指外周血液在单位容积内的血红蛋白浓度（Hb）、红细胞（RRC）计数和（或）血细胞比容（HCT）低于正常最低值的一种病理状态。其中以血红蛋白浓度降低最为重要。引起贫血的原因很多，但都具有共同的病理生理机制基础即血液携氧能力降低，致使组织发生缺氧改变，所以各种贫血临床表现相似。

### 一、分类

（一）根据贫血进展速度分类

分为急性贫血、慢性贫血两类。

（二）根据红细胞形态分类（表7-2-1）

表7-2-1　根据红细胞形态分类的贫血

| 类型 | MCV(fl) | MCHC(%) | 常见疾病 |
|---|---|---|---|
| 大细胞性贫血 | >100 | 32～35 | 巨幼细胞贫血 |
| 正常细胞性贫血 | 80～100 | 32～35 | 再生障碍性贫血、急性失血性贫血、溶血性贫血 |
| 小细胞低色素性贫血 | <80 | <32 | 缺铁性贫血、铁粒幼细胞性贫血、珠蛋白生成障碍性贫血 |

注：MCV（平均红细胞容积）、MCHC（平均红细胞血红蛋白浓度）

（三）根据血红蛋白浓度分类（表7-2-2）

表7-2-2　根据血红蛋白浓度分类的贫血

| 类型 | 血红蛋白浓度(g/L) |
|---|---|
| 轻度贫血 | >90 |
| 中度贫血 | 60～90 |
| 重试贫血 | 30～59 |
| 极重度贫血 | <30 |

注：贫血的严重程度还与贫血的原因、发展速度、临床表现有关。

（四）按骨髓红系增生情况分类（表7-2-3）

表7-2-3 按骨髓红系增生情况分类的贫血

| 分类 | 常见疾病 |
|---|---|
| 增生性贫血 | 溶血性贫血、缺铁性贫血、巨幼细胞贫血 |
| 增生低下性贫血 | 再生障碍性贫血 |

（五）根据病因、发病机制分类（图7-2-1）

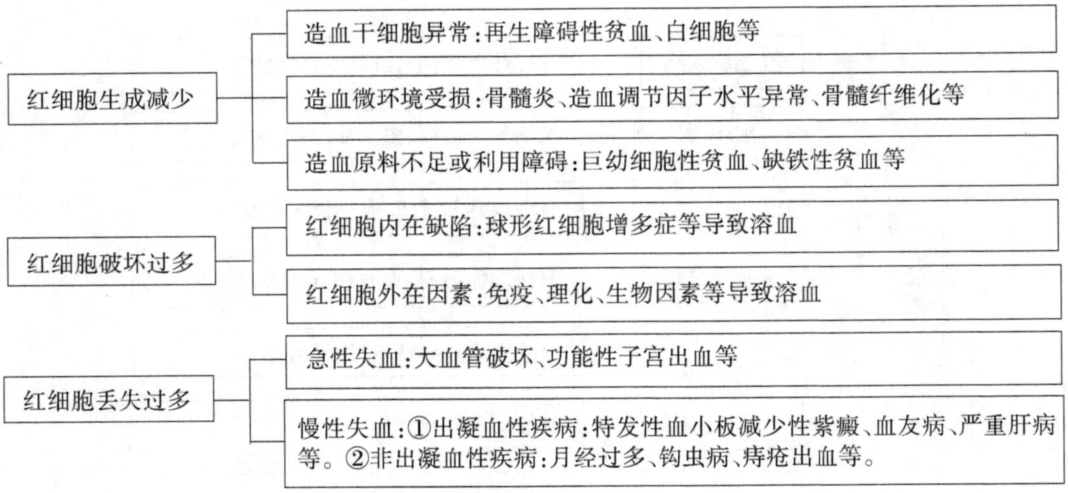


图7-2-1 贫血根据病因分类

## 二、临床表现

贫血的临床表现受病因、血液携氧能力、血容量改变、发生贫血的速度及全身各系统代偿和耐受能力等的影响。

1．神经系统

如头痛、眩晕、眼花、耳鸣、注意力不集中、记忆力下降、精神倦怠等。

2．皮肤、黏膜

（1）皮肤、黏膜苍白是贫血最突出的体征，尤以面色苍白最为常见，但面色易受温度等干扰因素影响，故临床常以指（趾）甲、口唇黏膜和睑结膜等处苍白情况，作为诊断的依据。

（2）皮肤、黏膜粗糙、缺少光泽甚至形成溃疡。

（3）皮肤、黏膜黄染，特别是血管外溶血性贫血更为突出。

3．呼吸、循环系统

（1）轻度贫血无明显表现，与贫血时红细胞内合成2，3-二磷酸甘油酸（2，3-DPG）增多有关。2，3-DPG能降低血红蛋白对氧的亲和力，减轻组织缺氧情况。

（2）重度贫血时即使平静状态下也有呼吸困难、心悸等表现。长期严重贫血，会发生贫血性心脏病，如心律失常、心功能衰竭等，贫血纠正后贫血性心脏病可恢复。

4．消化系统症状

如食欲减退、恶心、腹胀、便秘、腹泻等，与消化腺分泌减少甚至腺体萎缩有关。

5．运动系统症状

如四肢乏力等。

6．泌尿系统症状

（1）血管外溶血性贫血出现无胆红素的高尿胆原尿。

（2）血管内溶血性贫血出现血造血子细胞异常：再生障碍性贫血等。造血微环境受损：骨髓炎、造血调节因子水平异常、骨髓纤维化等。造血原料不足或利用障碍：巨幼细胞性贫血、缺铁性贫血等。红细胞内在缺陷：球形红细胞增多症等。导致溶血红细胞外在因素：免疫、理化、生物因素等。导致贫血红蛋白尿和含铁血黄素尿，严重时游离血红蛋白堵塞肾小管，引起急性肾衰竭。

7．内分泌系统症状

（1）男性特征减弱，与贫血影响睾酮分泌有关。

（2）女性月经不调，与贫血影响女性激素分泌有关。

（3）长期贫血影响各内分泌腺及肾脏激素分泌等。

**三、诊断要点**

结合病史、体格检查、血常规检查、骨髓检查、发病机制检查进行诊断。我国海平面地区，贫血的实验诊断标准：成年男性血红蛋白<120 g/L，成年女性血红蛋白<110 g/L，孕妇血红蛋白<100 g/L。

诊断时应注意以下问题：

①久居高原地区居民的血红蛋白浓度较高，易漏诊。

②脱水或失血时，血液浓缩，易漏诊。

③血浆容量增加时，如妊娠、低蛋白血症、心力衰竭等，血液稀释，易误诊。

**四、配合治疗**

1．对因治疗

贫血治疗的关键在于找出病因，针对病因治疗，如补充造血原料、止血、用免疫抑制剂等。

2．对症治疗

（1）重度贫血病人，老年、心肺功能不全的贫血病人应输红细胞，改善体内缺氧状态。

（2）急性大失血病人应迅速补充血容量并输红细胞，纠正贫血。

**五、护理问题**

1．活动无耐力

与贫血引起全身组织缺氧有关。

2．营养失调：低于机体需要量

与胃肠吸收功能低下、缺乏造血原料有关。

**六、护理措施**

1．指导休息与活动

轻度贫血可适当活动，但不可疲劳。中度贫血要增加卧床时间，但生活可以自理。重度贫血应绝对卧床休息，若有左心衰竭应给予半卧位。

2．饮食护理

给予高蛋白、丰富维生素、清淡、易消化饮食，特别要注意补充铁剂、维生素$B_{12}$、叶酸等造血原料，均衡膳食，不可挑食。

3．加强医护合作

（1）若病人需输血，要及时做好配血及输血过程中的病情观察。

（2）贫血治疗的关键在于找出病因，有针对性地治疗，要主动协助医生寻找和分析病因，配合医生做好骨髓穿刺等辅助检查。

（3）按时按量用药，并密切观察疗效。

4．观察病情

关注病人自觉症状及体征变化情况，评估病人活动耐力。观察口唇、甲床、皮肤苍白程度。观察病人生命体征、神志、尿量，注意有无并发症。了解有关检查结果，判断病人贫血程度及治疗效果。

5．对症护理

（1）输血护理

严格查对血型，尤其要注意与病人核对血型。输全血或浓缩红细胞时要注意控制输注速度，以免心脏负荷过重诱发心力衰竭。

（2）吸氧

严重贫血时给予氧气吸入。

（3）防止跌倒

跌倒病人往往见于急性失血者，并不一定是严重贫血者。所以，对迅速发生贫血者要特别注意进行活动时安全教育。

6．心理护理

慢性贫血病人往往因贫血时间较长，而心理负担较重。要耐心开导、鼓励病人克服消极情绪，积极配合医生治疗。急性贫血病人往往因突然发病而过度紧张。要告知病人疾病常识，树立病人战胜疾病的信心。

七、健康教育/出院指导

向病人介绍疾病相关知识、自我保健、自我护理方法，指导病人注意自我防护。如由平卧到坐时动作要缓慢，站起或行走时若感头晕或心悸，要立即卧倒或蹲下。注意平衡膳食，加强营养，积极治疗原发疾病。

## 缺铁性贫血病人的护理

缺铁性贫血是体内贮存铁缺乏，导致血红蛋白合成减少而引起的一种小细胞低色素性贫血。体内铁的减少是一个渐进的过程，分为贮存铁耗尽、缺铁性红细胞生成和缺铁性贫血三个阶段。缺铁性贫血是机体铁缺乏的最终表现，也是各类贫血中最常见的一种，生长发育时期的儿童和育龄妇女的发病率较高，尤其孕妇最常见。

一、病因与发病机制

（一）铁的代谢

1．铁的体内存在形式

（1）功能状态铁

组织中的铁主要是以血红蛋白铁、肌红蛋白铁、转铁蛋白铁、乳铁蛋白、酶和辅因子结合铁的形式存在，并保持机体正常生理功能。

（2）贮存铁

体内铁除机体利用外，多余的铁以铁蛋白和含铁血黄素的形式贮存在肝、脾、骨髓等器官内。当体内需铁量增加时，铁蛋白解离出铁为机体所利用。

2．铁的来源

正常成人每天造血约需20～25 mg铁。其来源主要是：

（1）生理来源

①来自衰老的红细胞破坏后释放的铁，是最主要的生理来源。

②来自食物。每天从食物中摄取铁1～1.5 mg，即可满足正常成人体内铁平衡需要。孕妇、哺乳妇女每天需要摄取铁2～4 mg。

（2）非生理来源

铁来源于含铁药物或输血。

3．铁的吸收

（1）十二指肠和空肠上段是铁的主要吸收部位。

（2）食物中的高铁（$Fe^{3+}$）还原成亚铁（$Fe^{2+}$）被肠黏膜吸收。

（3）动物食品的铁吸收率远远高于植物食品。因为植物铁多为三价铁，容易与植物中的植酸、丹宁酸等结合成不溶解的铁复合物，不易被吸收。

（4）影响铁吸收的其他因素，如胃肠功能（如胃酸水平）、某些药物（如维生素C）、体内铁贮存量、骨髓造血功能等，均影响铁的吸收。酸类饮食促进铁的吸收。茶（含鞣酸）、奶（含磷）、咖啡阻止铁从食物中游离、还原，影响铁的吸收。铁的吸收还受体内贮存铁控制，贮存铁多，铁吸收减少，反之增多。骨髓造血功能低下，需铁量减少，铁吸收减少，反之也增多。

4．铁的排泄

正常情况下，人体每天铁的排泄总量不超过1 mg，主要通过胃肠黏膜脱落细胞、胆汁等经粪便排出，少数从汗液、尿液排出，哺乳期妇女还可经乳汁排出。

5．铁的转运吸收

入血的亚铁（$Fe^{2+}$）被氧化为高铁（$Fe^{3+}$）后，部分与血浆中的转铁蛋白结合成为转铁蛋白复合体（血清铁），并将铁运输到骨髓和其他组织中，被幼红细胞和其他需铁组织摄取。血浆转铁蛋白能结合的铁总量称为总铁结合力。转铁蛋白饱和度=血清铁÷总铁结合力×100%，生理情况下，转铁蛋白饱和度为33%～35%。

6. 铁的利用

在幼红细胞内，铁与转铁蛋白分离，还原成亚铁（$Fe^{2+}$）参与血红蛋白的形成。铁+原卟啉→血红素，血红素+珠蛋白→血红蛋白。

（二）病因

1. 铁需求量增加

铁需求量增加而摄入不足，是导致婴幼儿、青少年、妊娠妇女、哺乳期妇女、月经过多者发生缺铁性贫血的主要原因。上述人群需铁量大，若不及时补充含铁高的食物，甚至偏食、挑食，易引起缺铁性贫血。一般饮食完全能满足正常成年男性和绝经女性的铁需求量。

2. 铁的吸收不良

胃大部切除术、萎缩性胃炎胃酸分泌不足，影响铁的吸收。慢性胃肠疾病使肠功能紊乱（如腹泻等），食物快速通过肠道，影响铁的吸收。

3. 铁丢失过多

慢性失血是成人缺铁性贫血最常见和最重要的病因。其中胃肠道出血（钩虫出血、消化道肿瘤、痔出血等）及月经过多比较多见。长期小量出血比一次大量出血更易发生缺铁性贫血。

（三）发病机制

1. 缺铁对铁代谢的影响

当体内贮存铁逐渐减少至不足以补偿功能状态的铁时，则可出现铁代谢指标的异常，包括血清铁蛋白、血清铁、转铁蛋白饱和度及总铁结合力等异常。

2. 缺铁对造血系统的影响

体内缺铁时，原卟啉与铁结合成的血红素减少，血红蛋白生成减少，从而发生小细胞低色素性贫血。

3. 缺铁对组织细胞代谢的影响

缺铁可导致黏膜组织病变和外胚叶组织（毛发、指/趾甲）营养障碍，从而引起缺铁性贫血的一些特殊临床表现。此外，缺铁可致组织细胞内含铁酶及铁依赖酶的活性降低，进而影响病人的神经精神、行为、体力、免疫功能、少年儿童的生长发育及智力等。

## 二、临床表现

1. 贫血共有表现

皮肤黏膜苍白、乏力、心悸、气短、头晕、耳鸣等。

2. 缺铁性贫血特殊表现

（1）组织缺铁表现

如舌炎、口角炎、口腔炎、吞咽困难、皮肤干燥、毛发干枯、毛发易脱落、指（趾）甲变平，指甲条纹隆起，严重呈“反甲”（也称“匙状甲”）。

（2）神经、精神系统异常

如易激动、烦躁、注意力不集中、发育迟缓、体力下降，尤其是儿童。少数病人可有异食癖，如喜食泥土、生米、石子等。

3. 缺铁性贫血病因表现

本病起病缓慢，常伴有原发病表现或不均衡膳食情况。

## 三、辅助检查

1. 血象

血红蛋白降低，红细胞体积小，中央淡染区扩大，呈小细胞低色素性贫血。白细胞、血小板计数多正常。

2. 骨髓象

骨髓增生活跃，特别是中晚幼红细胞增生活跃，细胞体积偏小，血红蛋白形成不良，核染色质致密、胞浆少，呈“老核幼浆”现象。骨髓铁染色表现为细胞内、外铁均减少，尤其细胞外铁减少明显（骨髓铁染色阴性），是诊断缺铁性贫血的可靠指标。

3. 铁代谢生化检查

血清铁<8.95 μmol/L，血清铁结合力>64.44 μmol/L，转铁蛋白饱和<15%，血清铁蛋白<12 μg/L。在上述检测指标中血清铁蛋白的准确度和敏感度最高，是反映贮存铁的敏感指标，可用于早期诊断。

## 四、诊断要点

1．病史、贫血表现、特殊表现。

2．血象：红细胞呈小细胞低色素性，血红蛋白低。

3．骨髓象：增生活跃，呈“老核幼浆”，铁染色阴性。

4．铁代谢生化检查异常。

## 五、配合治疗

### （一）病因治疗

病因治疗是根治缺铁性贫血的关键，包括纠正不良饮食习惯、治疗消化道出血性疾病、治疗肿瘤、治疗痤疮、调理月经等。

### （二）补充铁剂

1．提供含铁丰富的食物

参见本病饮食护理。

2．口服铁剂

口服铁剂是纠正缺铁性贫血的首选方法。

（1）常用制剂

硫酸亚铁、琥珀酸亚铁、维铁控释片、富马酸亚铁等。

（2）有效指标

网织红细胞上升是铁剂治疗早期有效指标，见表7-2-4。当血红蛋白恢复正常后再口服用药4～6个月，以补足贮存铁，待血清铁蛋白正常后停药。

**表7-2-4　口服铁剂治疗后有效指标**

| 口服铁剂后 | 监测项目 | 程度 |
|---|---|---|
| 1周内 | 外周血网织红细胞 | 上升 |
| 1～2周 | 外周血网织红细胞 | 高峰 |
| 2周后 | 血红蛋白 | 上升 |
| 2个月左右 | 血红蛋白 | 恢复正常 |

（3）用药注意事项

1）说明解释

向病人解释口服铁剂可能会出现的不良反应，如胃肠道刺激症状、黑便等。指导病人减轻用药后胃肠道刺激的方法，告诉病人口服铁剂后出现黑便是铁与肠内硫化氢作用生成黑色的硫化铁所致，不是消化道出血，避免病人紧张。

2）准确用药

遵医嘱按时按量服用铁剂，既要保证注射时补足贮存铁，又要防止铁剂总量过大引起铁中毒。

3）服药方法

①一般从小剂量开始，逐渐增量，并在餐中或餐后服用铁剂，以减轻胃肠道的刺激症状。

②与维生素C等酸类饮食同服，促进铁的吸收。避免与抑酸药及抗酸药同服，以免因胃酸减少，影响铁剂吸收。

③避免与茶（含鞣酸）、奶（含磷）、咖啡、蛋、植物纤维及含铁食物同服，以免影响铁的吸收。

④口服液体铁时，须用吸管，以免损伤牙釉质。

⑤维铁控释片饭后整片吞服，以免破坏药物包膜，影响药物均衡释放。

3．注射铁剂

包括肌内注射及静脉注射。

（1）严格掌握用药指征

如不能耐受口服铁剂、消化道吸收障碍急于纠正贫血、严重贫血者等。

（2）注射铁剂副作用较多且严重

如过敏反应、恶心、头痛、局部疼痛、皮肤染色及引流区淋巴结疼痛等。

（3）常用右旋糖酐铁

每次50 mg，每日或隔日1次，缓慢、深层肌内注射，直至完成总量。

（4）注射铁剂总量计算

注射铁剂前必须计算应补充铁剂总量，避免用药过量导致铁中毒。铁剂计算公式为：注射铁剂总量(mg)=[150-Hb(g/L)]×体重(kg)×0.33

（5）用药注意事项

①防止过敏反应

注射铁剂过敏反应表现为脸色潮红、头痛、肌肉关节疼痛、麻疹等，严重者可出现过敏性休克。首次注射量要少，一般不超过50 mg，同时备好肾上腺素等急救药品。若病人无不良反应，次日按常规剂量进行注射。

②防止注射局部肿痛或形成硬结

选择柔软、丰厚的肌肉，用8～9号针头深部注射，并经常更换注射部位。注射时速度要慢，拔针后按压针眼片刻，但不可按摩。必要时可在注射局部干热敷或理疗，促进铁的吸收。

③避免药液引起皮肤染色

注意不要在皮肤暴露部位注射，抽取药液后更换针头（避免原来针头上的药液使组织染色），可采用“Z”形注射法。

**六、护理诊断**

1．活动无耐力

与贫血引起全身组织缺氧有关。

2．营养失调：低于机体需要量

与铁摄入不足、吸收不良、丢失过多有关。

3．知识缺乏

缺乏本病有关防治知识。

**七、护理措施**

1．指导休息与活动

参见本节“贫血病人的护理措施”相关内容。

2．饮食护理

（1）纠正不良饮食习惯

偏食、挑食、进食速度过快、囫囵吞枣等不良饮食习惯，是导致机体缺铁的原因之一，因此，要注意指导病人均衡膳食，养成定时、定量、细嚼慢咽的饮食习惯。

（2）给予含铁丰富的食物

如瘦肉、动物血、肝、蛋黄、豆类及深色食物海带、香菇、木耳等。告知病人谷类、脂肪、乳类食品、多数蔬菜及水果含铁量低，其中乳类食品含铁量最低，动物中的铁较植物中的铁更易吸收，酸类饮食促进铁的吸收等。同时向病人说明进食高蛋白、高维生素、高热量、易消化饮食的重要性。

（3）少食影响铁吸收的食物

牛奶、浓茶、咖啡、蛋类、植物纤维等。

（4）合理饮食搭配

饮食要注意荤（含铁）素（含维生素C）搭配，有利于铁的吸收。

（5）口腔炎或舌炎护理

避免进食过热、过辣食物，进食前后给予口腔护理等。

3．观察病情

参见本节“贫血病人的护理措施”相关内容。

4．对症护理

参见本节“贫血病人的护理措施”相关内容。

5．心理护理

参见本节“贫血病人的护理措施”相关内容。

**八、健康教育/出院指导**

1．知识宣传

向病人介绍缺铁性贫血的基本知识，以及如何针对病因进行防治，如预防钩虫感染，注意个人卫生，及时治疗慢性出血、慢性胃肠炎等。

2．生活指导

告知病人含铁丰富的食物，避免偏食。可用铁锅炒菜、煮饭，以增加铁的摄入量。鼓励妊娠期、哺乳期妇女和生长期儿童平衡膳食，多食含铁丰富的食物。

3．治疗指导

指导病人按时、按量服用铁剂。避免同时服用影响铁剂吸收的食品。

4．定期复查

定期复查血象。

**九、小结**

▲缺铁性贫血主要是机体贮存铁缺乏，以小细胞低色素性贫血为特点，是贫血中最常见的一种。慢性失血是成人缺铁性贫血最常见和最重要的病因。铁需求量增加是妇女、儿童缺铁性贫血最主要的病因。

▲临床表现有贫血的共有表现、本病特征性表现、原发病表现等。

▲骨髓铁染色阴性，铁代谢生化检查异常。

▲病因治疗是根治缺铁性贫血的关键。补充铁剂主要通过饮食、口服铁剂、注射铁剂进行。要坚持用药，防止铁中毒。

▲护理主要是饮食护理、遵循铁剂治疗注意事项。

## 再生障碍性贫血病人的护理

再生障碍性贫血（简称再障），是原发性骨髓造血功能衰竭综合征。由于骨髓造血功能低下，外周血液及骨髓中红细胞、白细胞、血小板三系均明显减少，临床主要表现为进行性贫血、感染和出血。按病程及表现分为急性再障（又称重型再障Ⅰ型）、慢性再障。慢性再障病情恶化时似急性再障（又称重型再障Ⅱ型）。根据是否有明确诱因，分为原发性再障和继发性再障，我国再障病人半数以上是原发性的。

**一、病因与发病机制**

（一）病因

尽管大多数病人发病无法找到明确的病因，但大量临床观察与调查结果发现，再障的发生与下列因素有关：

1．药物及化学物质

（1）药物引起再障最多见的为氯霉素。除此之外还有其他抗生素类药（磺胺类药、链霉素等）、解热止痛药（保泰松、消炎痛、安乃近等）、抗惊厥药（苯妥英钠等）、抗甲状腺药（他巴唑、甲亢平等）、抗癌药（氮芥、环磷酰胺等）。

（2）苯及其衍生物是重要的骨髓抑制毒物，如油漆、杀虫剂、皮革、染发水、某些居室装修用物等。

（3）药物和苯类等化学物质引起再障与剂量关系不大，与个人敏感有关，其主要损害骨髓造血微环境及造血干细胞。

2．物理因素

长期接触X射线、γ射线及其他放射性物质等。

3．病毒感染

肝炎病毒、微小病毒$B_{19}$、EB病毒、流感病毒、风疹病毒等与再障的关系较为明确。

（二）发病机制

1．造血干细胞缺陷（“种子”学说）

（1）骨髓造血干细胞数量减少

骨髓各系造血细胞明显减少，导致外周全血细胞减少。

（2）骨髓造血干细胞质量下降

集落形成能力显著下降。集落指血液或骨髓经过分离获得的单个造血干细胞在适当的细胞因子作用下，在体外半固体琼脂上形成的细胞集落，每个集落可视为一个造血干细胞增殖、分化而来。

2．造血微环境受损（“土壤”学说）

骨髓造血微环境受损表现为骨髓“脂肪化”、出血、毛细血管坏死、骨髓基质细胞分泌的各类造血调控因子明显不同于正常人等。骨髓造血微环境受损直接影响造血细胞的生长与发育。

3．免疫异常（“虫子”学说）

近年来认为再障的主要发病机制是免疫异常，免疫反应导致骨髓造血组织损伤。T细胞功能异常亢进，直接杀伤造血干细胞，淋巴因子介导使造血干细胞过度凋亡，引起骨髓衰竭（造血干细胞缺陷、造血微环境受损）。

## 二、临床表现

临床主要表现为进行性贫血、出血、反复感染，肝、脾、淋巴结多无肿大。

1．急性再障（重型再障I型）

（1）较少见。起病急、进展快、病情重、预后差，常于数月内死亡。

（2）以严重感染和出血为首发症状和主要表现。

①常出现全身多部位感染，以呼吸道感染最常见，其次有消化道、泌尿生殖道及皮肤、黏膜感染等。严重者出现脓毒血症、败血症，高热难以控制，体温持续在39 ℃以上。感染菌以革兰阴性杆菌、金黄色葡萄球菌和真菌为主。

②常见出血部位有皮肤、鼻腔、口腔及内脏。急性再障病人约1/3 ～ 1/2在数月至1年内死亡，颅内出血及严重感染是死亡的主要原因。

（3）早期贫血症状较轻，但呈进行性加重。

2．慢性再障

（1）此型多见，起病缓，病程长，经恰当治疗后病情可缓解或治愈。

（2）以贫血为首发和主要表现，感染及出血较轻。

（3）少数病人病情恶化（重型再障Ⅱ型），表现同急性再障，预后极差。

3．体征

急、慢性再障均可见皮肤、黏膜不同程度的苍白，常有出血点、瘀斑，一般不伴肝、脾肿大。

## 三、辅助检查

1．血象

全血细胞减少，呈正常细胞正常色素性贫血。网织红细胞绝对值低于正常，粒细胞计数减少，淋巴细胞比例明显增高，血小板减少，出血时间延长。红细胞、白细胞、血小板减少程度不一定平行。BPC< $20\times10^9$/L有助于重型再障的临床诊断。血小板寿命很短，所以血小板不减少时再障诊断要慎重，血小板恢复可间接地反映骨髓造血功能已恢复。

2．骨髓象

骨髓穿刺显示骨髓小粒无造血细胞，脂肪滴增多，巨核细胞减少或为零是诊断再障的主要依据。

（1）急性再障

骨髓增生低下或极度低下，粒系细胞、红系细胞、巨核细胞明显减少。淋巴细胞、网状细胞及浆细胞等非造血细胞比例明显增高。

（2）慢性再障

骨髓增生减低或呈灶性增生，有巨核细胞，但数量减少。

## 四、诊断要点

1．再障诊断标准

（1）有进行性贫血、出血和感染。肝、脾不大。

（2）血象、骨髓象三系减少。

（3）骨髓增生低下，脂肪滴增多，巨核细胞明显减少。

（4）排除引起全血细胞减少的其他疾病。

（5）一般抗贫血治疗（补充铁剂等）无效。

2．再障分类标准

（1）急性再障发病急、有严重感染和出血，骨髓增生重度抑制，且血象具备以下三项中两项：

①网织红细胞绝对值<$15\times10^9$/L。

②中性粒细胞<$0.5\times10^9$/L。

③血小板<$20\times10^9$/L。

（2）慢性再障达不到上述标准。

**五、配合治疗**

1．支持及对症治疗

（1）纠正贫血

严重贫血可输全血或浓缩红细胞。若拟行干细胞移植，应尽量避免术前输血，以免产生抗体，影响植入成功率。

（2）控制出血

一般出血可用氨基己酸（泌尿生殖系统出血者禁用）、酚磺乙胺（止血敏）。子宫出血可用丙酸睾酮。凝血因子缺乏出血可补充相应凝血因子。BPC<$20\times10^9$/L或出血严重或内脏出血可输浓缩血小板、新鲜冷冻血浆等。

（3）控制感染

及时应用抗生素，必要时输注白细胞混悬液，防止感染扩散。

（4）护肝治疗

再障常合并肝功能损害，可酌情进行护肝治疗。

2．免疫抑制剂

（1）抗淋巴细胞球蛋白、抗胸腺细胞球蛋白 （ALG、ATG）

抗淋巴细胞球蛋白、抗胸腺细胞球蛋白抑制病人T淋巴细胞或非特异性自身免疫反应，是治疗急性再障首选药物。ATG、ALG均属生物制剂，其主要副作用是过敏反应。用药前需做过敏试验，用药期间要注意有无过敏现象，静脉滴注速度不宜过快。

（2）环孢素

环孢素可选择性地作用于异常T淋巴细胞，缓解骨髓抑制，是再障治疗的一线药物，急、慢性再障均可使用。用药期间要注意观察有无肝、肾功能损害等药物不良反应。

（3）环磷酰胺、甲泼尼松等。

3．促进骨髓造血

（1）雄激素

雄激素能刺激肾脏产生促红细胞生成素，是治疗慢性再障的首选药。

1）常用制剂

①口服丙酸睾酮（安雄），40～80 mg，每日3次。饭后服，不可咀嚼。也可将日剂量分成两个等份，早晚各服一份，若胶囊个数不能等分，早晨应服较多的一份。

②丙酸睾酮100 mg/d肌内注射，疗程至少1个月。常用雄激素与环孢素联合治疗。

2）用药注意事项

①用雄激素期间要注意观察肝功能情况。

②雄激素针剂常为油剂，不易吸收，注射局部易形成硬结，甚至发生无菌性坏死。需深部缓慢分层注射，并注意轮换注射部位，注射后对注射局部进行干热敷，促进油剂吸收。

（2）造血细胞因子

造血细胞因子能促进骨髓造血细胞分化增殖和定向成熟，主要用于重型再障。

1）使用方法

造血细胞因子常在免疫抑制剂治疗以后使用，疗程3个月以上为宜。

2）常用制剂

①促红细胞生成激素（EPO）：促进红细胞分化与成熟，增加红细胞数量，提高血红蛋白水平。

②粒细胞集落刺激因子（G-CSF）、粒-巨噬细胞集落刺激因子（GM-CSF）：促进粒细胞、单核-巨噬细胞分化与成熟等。

（3）造血干细胞移植

造血干细胞移植是治疗重型再障最有希望的治疗措施之一，包括骨髓移植、外周血干细胞移植、胎肝细胞输注、脐血输注等。最佳移植对象为年龄不超过40岁、未接受过输血、未发生感染者。

**六、护理问题**

1. 活动无耐力

与贫血、感染、发热、长期卧床有关。

2. 有感染的危险

与粒细胞减少有关。

3. 潜在并发症

脑出血、皮肤黏膜出血，与血小板过低有关。

4. 焦虑

与再障久治不愈有关。

5. 自我形象紊乱

与雄激素引起的副作用有关。

**七、护理措施**

1. 指导休息与活动

参见本节“贫血病人的护理措施”相关内容。

2. 饮食护理

参见本节“贫血病人的护理措施” 相关内容。

3. 观察病情

定期观察血象，了解红细胞、白细胞、血小板数量，尤其注意血红蛋白、网织红细胞、粒细胞情况。注意有无体温升高等感染征象。注意全身皮肤、黏膜有无出血，有无内脏出血或颅内出血。发现内脏出血或颅内出血要及时报告医生，并配合抢救。颅内出血是最严重的临床表现。

4. 对症护理

（1）去除病因

嘱病人不再接触有害物质，禁服对骨髓有抑制作用、抗血小板聚集的药物等。

（2）感染护理

做好个人卫生和环境的清洁消毒，减少感染机会。发生感染时，及时应用有效抗生素。急性再障需要给予保护性隔离。具体措施参见本章第三节中“急性白血病病人的护理”相关内容。

（3）贫血护理

参见本节“贫血病人的护理措施” 相关内容。

（4）出血护理

1）密切监测出血征象

观察出血部位、出血量、出血时间及生命体征的变化情况。颅内及内脏出血不易被及时察觉，要警惕，注意观察有无意识障碍、视力改变、头痛、呕吐、血便、血尿。了解血红蛋白浓度、红细胞数、血小板计数变化情况。

2）合理休息

轻度出血可适当活动，但要避免剧烈活动，避免用力咳嗽、排便，避免屏气，避免情绪激动，避免跌倒、碰撞等。BPC$<50\times10^9$/L或血红蛋白$\leq60$ g/L时，要限制活动，BPC$<20\times10^9$/L时，绝对卧床休息。

3）输浓缩血小板悬液或新鲜血时注意避免震荡，尽快输注。谨慎使用抗血小板药物。

4）皮肤、黏膜出血的防治护理

①保持床单平整，被褥衣服轻软。避免皮肤摩擦，避免搔抓。限制活动，防止磕碰。

②尽量避免人为的创伤，如各种注射、手术等，必须注射时，应在快速拔针后立即用干棉球较长时间加压迫止血，直至针眼无渗血。注意更换注射或穿刺部位，以免反复损伤引起局部血肿。

③静脉注射时尽量不扎止血带，不拍打静脉。穿刺动作准确、轻柔。

④避免对血小板明显降低病人进行酒精擦浴，以免血管扩张导致出血。慎用阿司匹林、双嘧达莫、吲哚美辛、保泰松、右旋糖酐等药，以免影响凝血功能。

5）鼻出血的防治护理

保持室内湿度为50 %～60%，禁挖鼻孔及用力擤鼻涕，鼻腔干燥时，可轻轻涂少许抗生素软膏或用少许液状石蜡。少量鼻腔出血时，用消毒干棉球或肾上腺素棉球填塞鼻腔止血，并局部冷敷。大量出血（后鼻腔出血）可用凡士林油纱条填塞。填塞后每日用无菌液状石蜡滴入填塞纱条上2次，每日口腔护理2次。观察鼻周皮肤颜色，注意有无感染。术后3天取出或更换纱条。

6）口腔、牙龈出血的防治护理

指导病人用软毛牙刷刷牙，不用牙签剔牙。保持口腔清洁，进餐前后和睡觉前后用冷开水或生理盐水漱口。牙龈渗血时，可用肾上腺素棉球或明胶片局部压迫止血，或局部涂抹三七粉、云南白药，用1%过氧化氢及时清除口腔陈旧血迹，防止口腔黏膜溃烂、感染。饮食宜软，勿烫，避免口腔黏膜损伤。

7）眼底内出血的防治护理

指导病人不用力揉搓眼睛，不用眼过度，预防眼底出血。

8）颅内出血的防治护理

第一步：预防。血小板<$20\times10^9$/L时应绝对卧床休息，避免头部剧烈活动，避免用力咳嗽、排便、打喷嚏等，防止用力引起颅内压增高，导致颅内出血。保持大便通畅，有便秘者给予开塞露或温水灌肠以助排便。若病人突然视物不清，嘱病人卧床，禁止揉眼，及时通知医生。

第二步：观察。若发现脑出血先兆，如头痛、头晕、呕吐、视物模糊、烦躁不安等，嘱病人卧床休息，给予严密监测，并立即通知医生。

第三步：处理。若发现脑出血症状，如剧烈头痛、呕吐、颈项强直或脑神经定位体征等，应立即协助医生处理：

①头抬高15°～30°以减少脑出血。意识障碍者给予侧卧或头偏一侧，以免误吸。

②减少不必要的搬动。

③吸氧。保持呼吸道通畅。

④遵医嘱快速静滴20%甘露醇、地塞米松，以降低颅内压。必要时输注浓缩血小板液。

⑤观察并记录生命体征、意识状态及瞳孔变化情况。

⑥头置冰袋或冰帽。

9）消化道出血的防治护理

避免生硬、粗糙饮食。消化道小量出血可进食温凉流质饮食。消化道大量出血则应禁食，并做好输血前准备，保持静脉通道通畅，保证液体和止血药物准确及时输入。

（5）关节出血的防治护理

关节活动度不可过大，避免关节过度负重，避免剧烈运动。一旦发现有关节出血，要立即停止活动、卧床休息、抬高患肢并将患肢置功能位，冰袋冷敷出血关节，压迫止血。

（6）骨穿护理

①骨穿后平卧休息4～6小时。

②拔针后局部加压按压1～2分钟，血小板减少者至少按压3～5分钟，并观察穿刺部位有无出血。

③穿刺后局部覆盖无菌纱布，保持局部干燥，及时更换被血液或汗液浸湿的纱布，避免感染。穿刺后3日内禁止沐浴，以免污染创口。

5．心理护理

多与病人交谈，稳定病人情绪。向病人介绍疾病概况及治疗目的，说明药物作用与副作用，鼓励病人坚持完成疗程。告诉病人雄激素是治疗再障的有效药物，需要3～6个月才见效。其主要不良反应为痤疮、毛须增多、声音变粗、女性男性化，但停药后上述反应可逐渐消失。解除病人思想顾虑，消除不良情绪，增强治疗信心，鼓励其积极配合治疗。

## 八、健康教育/出院指导

1．知识宣传

向病人介绍本病的常见病因，避免服用对造血系统有损害的药物，避免接触化学性有害物质。

2．生活指导

（1）指导病人注意卫生，注意避免受凉，少到公共场所，防止交叉感染。

（2）学会调节情绪，保持心情舒畅。

（3）教会病人避免外伤以及防治出血的简单方法。

3．治疗指导

向病人介绍本病的治疗措施，说明坚持用药的重要性、长期性、艰巨性。鼓励病人坚持遵医嘱用药。

4．定期复查

定期门诊复查血象以便了解病情变化情况。

**九、小结**

▲再障是造血干细胞异常所致的贫血。以红细胞、白细胞、血小板明显减少为特点。主要表现为贫血、出血、感染。

▲继发性再障病因主要是药物及化学物质引起，其中氯霉素最常见。

▲急性再障少见，以严重感染和出血为首发症状和主要表现，预后差，常选用ATG、ALG、造血干细胞移植治疗。

▲慢性再障多见，以贫血为首发症状和主要表现，常首选雄激素治疗。

▲护理主要是根据血小板减少程度指导休息活动，避免用酒精擦浴，注射雄激素等。

## 巨幼细胞贫血病人的护理

巨幼细胞贫血是指叶酸、维生素$B_{12}$缺乏或其他原因引起细胞核中脱氧核糖核酸（DNA）合成障碍所致的一类贫血。其特点是大细胞性贫血。我国以叶酸缺乏所致巨幼细胞贫血多见，尤其山西、陕西、河南等地进食新鲜蔬菜、肉类较少的人群多见，维生素$B_{12}$缺乏引起巨幼细胞贫血较罕见。

**一、病因与发病机制**

（一）病因

1．叶酸、维生素$B_{12}$的特点（表7-2-5）

**表7-2-5 叶酸、维生素$B_{12}$特点比较**

| 项目 | 叶酸 | 维生素$B_{12}$ |
|---|---|---|
| 含量丰富的食物 | 蔬菜、瓜果、肉类、肝、肾 | 肉、肝、肾（蔬菜、奶中极少） |
| 经烹饪后丧失 | 50%～90% | 10%～30% |
| 成人每日需要量 | 50～200 μg | 2 μg |
| 吸收部位 | 十二指肠、空肠 | 回肠（与壁细胞分泌内因子结合后） |
| 每日消耗量 | 50 μg | 约2～5 μg |
| 血清正常值 | 13.64～45 nmol/L | 148～666 pmol/L |

2．叶酸缺乏原因

（1）摄入量不足

人体不能合成叶酸，主要依靠外源性摄入，食物供给不足是叶酸缺乏最主要的原因。常受食物烹饪时间长、温度高，病人偏食、酗酒等影响。

（2）吸收不良

如小肠炎症。

（3）需求量增加

如妊娠、哺乳等。

（4）利用障碍

抗核苷酸合成药物如氨甲蝶呤、氨苯蝶啶、乙胺嘧啶等可干扰叶酸利用。一些先天性酶缺陷也可影响叶酸的利用。

（5）叶酸排出增加

血液透析、酗酒可增加叶酸排出。

3．维生素$B_{12}$缺乏原因

体内不能合成维生素$B_{12}$，完全从食物中获得。食物中维生素$B_{12}$与内因子结合才能大量吸收。正常人体内维生素$B_{12}$的储备较多，故其数年后才会导致贫血。

（1）摄入减少

如完全素食者易发生维生素$B_{12}$缺乏。

（2）吸收障碍

吸收障碍是最常见的原因。

①内因子缺乏：如全胃切除或病人出现抗壁细胞抗体和抗内因子抗体所致的恶性贫血（内因子缺乏导致的不可逆性巨幼细胞贫血）。

②胃酸和胃蛋白酶缺乏。

③胰蛋白酶缺乏。

④肠道疾病。

⑤先天性内因子缺乏、维生素$B_{12}$吸收障碍。

⑥药物（对氨基水杨酸、二甲双胍、苯乙双胍类等）影响。

⑦肠道寄生虫或细菌大量繁殖消耗维生素$B_{12}$等。

（3）输送、利用障碍

先天性维生素$B_{12}$结合蛋白缺乏引起维生素$B_{12}$输送障碍。某些药物可影响维生素$B_{12}$利用，如氧化亚氮等麻醉药。

（二）发病机制

叶酸和维生素$B_{12}$是合成DNA过程中的重要物质。当叶酸和维生素$B_{12}$缺乏到一定程度时，细胞核中DNA合成速度减慢，但胞浆内的RNA继续成熟，使RNA/DNA的比例失调，造成细胞体积变大而核发育较幼稚，出现“老浆幼核”的巨幼细胞。

## 二、临床表现

1．叶酸缺乏的主要表现

（1）贫血的一般表现。

（2）消化道症状：早期食欲下降、腹胀、腹泻或便秘，消瘦、全身水肿，部分病人有口角炎、舌面光滑（称“镜面舌”）或舌鲜红（称“牛肉舌”），部分病人有黄疸、脾肿大。

（3）部分病人有精神症状。

2．维生素$B_{12}$缺乏的主要表现

（1）贫血的一般表现。

（2）较严重的神经系统症状：如末梢神经炎、手足对称性麻木、无力、深感觉障碍、共济失调，部分病人腱反射消失。

## 三、辅助检查

1．血象

涂片中红细胞大小不等、中央淡染区消失，以大卵圆形红细胞为主。严重者全血细胞减少。

2．骨髓象

骨髓增生活跃，以红系增生显著，各阶段巨幼红细胞均可见，胞核发育迟于胞浆，细胞体积大，呈“老浆幼核”。粒细胞、巨核细胞也可见巨型变。骨髓铁染色增多。

3．叶酸和维生素$B_{12}$测定

叶酸和维生素$B_{12}$测定是诊断本病的重要方法。血清维生素$B_{12}$浓度$<74$ pmol/L，血清叶酸的浓度$<6.8$ nmol/L，具有诊断意义。怀疑恶性贫血者可进行内因子抗体测定。

4．胃液分析

恶性贫血往往合并有胃酸降低，与壁细胞分泌胃酸、内因子减少有关。

## 四、诊断要点

1．有贫血、消化道、神经系统症状和体征。

2．外周血、骨髓均可见巨幼红细胞。

3．血清叶酸、维生素$B_{12}$浓度降低。

4．用叶酸、维生素$B_{12}$诊断性治疗一周左右，网织红细胞上升者。

## 五、配合治疗

1. 去除病因

针对引起叶酸和维生素$B_{12}$缺乏的不同病因进行治疗。

2. 补充叶酸和（或）维生素$B_{12}$

（1）补充叶酸

每次口服叶酸5～10 mg，每日3次，直至血象完全恢复正常，若无原发病，不需维持治疗。胃肠吸收不良者，可肌注甲酸四氢叶酸钙。伴神经系统症状者，常合并有维生素$B_{12}$缺乏，故须加用维生素$B_{12}$。

（2）补充维生素$B_{12}$

肌注维生素$B_{12}$每次500 μg，每周2次，至血象恢复正常，再维持治疗半年至1年，以增加储备。恶性贫血病人，每月肌注维生素$B_{12}$一次，每次100 μg，终身维持治疗，但不能无限加大维生素$B_{12}$用量。

（3）补充叶酸、维生素$B_{12}$时，需注意补充含钾、含铁高的食物。

## 六、护理诊断

1. 活动无耐力

与贫血引起组织缺氧有关。

2. 营养失调：低于机体需要量

与叶酸、维生素$B_{12}$摄入不足、吸收不良以及需要量增加有关。

3. 口腔黏膜的改变

与贫血引起舌炎、口腔溃疡有关。

4. 感知改变

与维生素$B_{12}$缺乏引起神经系统损害有关。

## 七、护理措施

1. 指导休息与活动

重症贫血合并神经系统症状者需卧床休息。

2. 饮食护理

加强营养，补充富含叶酸和维生素$B_{12}$的食物。叶酸缺乏者多吃蔬菜、瓜、果，食物烹煮不宜过度。维生素$B_{12}$缺乏者多吃动物肝、肾、瘦肉，纠正偏食。

3. 观察病情

观察贫血程度、消化系统症状、神经系统症状等。

4. 对症护理

（1）口腔护理

舌炎、口腔炎时宜给予温凉饮食，进餐前后用生理盐水或洗必泰、多贝尔液漱口。

（2）注意安全

对功能障碍的肢体注意保暖，但避免烫伤。对肢体进行适度按摩和被动运动，避免损伤。协助病人活动，避免摔伤。

5. 心理护理

本病属慢性疾病，病人容易产生焦虑等不良心理，护理人员要注意进行耐心解释，树立病人治疗信心，克服不良情绪。

## 八、健康教育/出院指导

1. 知识宣传

向病人介绍本病疾病知识，使病人能主动避免病因。

2. 生活指导

对高危人群进行饮食卫生宣教，如婴幼儿应及时添加辅食，青少年、孕妇、哺乳期妇女应保证食物荤素搭配，纠正偏食习惯，合理膳食，烹饪时间不宜过长等。

3. 治疗指导

告诉病人贫血纠正后应坚持合理饮食，遵医嘱药物治疗，尤其恶性贫血需要终身肌内注射维生素$B_{12}$。

4. 定期复查

尤其要定期复查血象。

**九、小结**

▲巨幼细胞贫血是指叶酸、维生素$B_{12}$缺乏所引起的一类贫血，其特点是大细胞性贫血。

▲人体不能合成叶酸、维生素$B_{12}$，主要依靠外源性摄入。

①食物供给不足是叶酸缺乏最主要的原因。

②维生素$B_{12}$缺乏与食物供给不足、内因子缺乏有关。

③恶性贫血是内因子不可逆缺乏所致。

▲治疗、护理重点是补充叶酸、维生素$B_{12}$。

## 溶血性贫血病人的护理

溶血性贫血是指红细胞破坏速度超过骨髓造血代偿功能时所引起的贫血。骨髓有相当于正常造血能力6～8倍的代偿潜力，若溶血时骨髓造血功能被代偿而不出现贫血，则称为溶血性疾病。溶血性贫血的主要特点是贫血、黄疸、脾大、网织红细胞增高及骨髓幼红细胞增生。

**一、病因与发病机制**

（一）病因

溶血性贫血的根本原因是红细胞寿命缩短。引起红细胞寿命缩短的原因如下：

1. 遗传性

主要是红细胞内在缺陷所致，如红细胞膜异常（遗传性球形细胞增多症、阵发性睡眠性血红蛋白尿等）、红细胞酶异常（G6PD缺乏、丙酮酸激酶缺乏等）、珠蛋白链异常（海洋性贫血、镰状细胞性贫血等）等。

2. 获得性

主要为红细胞外在因素引起，如免疫因素（自身免疫性溶血性贫血、新生儿溶血性贫血、血型不合输血等）、血管因素（微血管病变溶血性贫血等）、物理机械因素（大面积烧伤、人工心脏瓣膜等）、化学因素及药物（苯、铅、磺胺药、蛇毒等）、感染因素（疟疮、传染性单核细胞增多症、支原体肺炎等）等。

（二）诱因

1. G6PD缺乏症

G6PD缺乏症病人在食新鲜蚕豆后几小时至几天突然发生急性溶血，其严重程度与食蚕豆量无关，故又称蚕豆病。当该病人服用氧化性药物或接触樟脑丸后1～3天，也可出现急性血管内溶血，溶血持续约7天，呈自限性。

2. 阵发性睡眠性血红蛋白尿

服用铁剂、维生素C、阿司匹林、氯化铵等酸性药物也可诱发血红蛋白尿。此外，感染、月经、输血、手术、情绪波动、饮酒、疲劳等也可诱发本病。

（三）发病机制

1. 共同发病机制

正常情况下，红细胞形态呈双凹圆盘形，具有很大的可塑性及变形能力，保证了红细胞通过狭小的微循环管道而不被破坏。红细胞的这种特性依赖于红细胞膜、酶和血红蛋白的正常，三者之一异常均可使红细胞膜完整性遭受破坏而溶血。此外，红细胞受到抗体、补体、物理和机械因素及化学毒物等侵袭，也可破坏而溶血。

2. G6PD缺乏症

G6PD即葡萄糖-6-磷酸脱氢酶，其活性降低使抗氧化损伤物质缺乏，使红细胞极易被单核巨噬细胞吞噬，发生溶血。

3. 阵发性睡眠性血红蛋白尿

本病病人红细胞膜有缺陷，红细胞对激活的补体异常敏感。睡眠时呼吸中枢敏感性降低，酸性代谢产物积聚，血pH降低，补体易被激活，易导致本病病人溶血。

## 二、临床表现

急性溶血性贫血与慢性溶血性贫血临床表现不尽相同，见表7-2-6。

表7-2-6 急性溶血性贫血和慢性溶血性贫血比较

| 项目 | 急性溶血性贫血 | 慢性溶血性贫血 |
| --- | --- | --- |
| 起病 | 急 | 缓 |
| 溶血场所 | 血管内溶血，在血液循环中 | 血管外溶血，在单核-巨噬系统中，主要是脾 |
| 全身表现 | ▲严重，腰背及四肢酸痛，伴头痛<br>▲恶心、呕吐、腹痛、腹泻、寒战、高热<br>▲周围循环衰竭、急性肾衰竭 | 较轻，伴高胆红素血症、胆石症、肝功能损害 |
| 贫血、黄疸 | 明显 | 程度不同 |
| 脾脏肿大 | 不明显 | 明显 |
| 尿液 | 血红蛋白尿，小便呈酱油色 | 深黄色 |
| 常见病 | 血型不合输血后溶血、输注低渗溶液、化学毒物及感染等所致溶血、阵发性睡眠性血红蛋白尿等 | 遗传性环形细胞增多症、G6PD缺乏症等 |

## 三、辅助检查

1．确定是否为溶血性贫血

（1）红细胞破坏增多的检查项目

红细胞数和血红蛋白有不同程度减少、血清游离胆红素增加、尿胆原增加、粪胆素增加、血清结合珠蛋白减少、血红蛋白尿、含铁血黄素尿，红细胞寿命缩短是诊断溶血的可靠指标。

（2）红细胞代偿性增生的检查项目

网织红细胞增多，外周血中出现幼红细胞，骨髓幼红细胞高度增生。

2．溶血性贫血的特殊检查是判断溶血性贫血类型的依据（表7-2-7）。

表7-2-7 溶血性贫血特殊检查的意义

| 特殊检查 | 意义 |
| --- | --- |
| 红细胞脆性试验 | 增加，见于遗传性球形细胞增多症 |
| | 降低，见于珠蛋白生成障碍，如海洋性贫血 |
| 抗人体蛋白试验（Coombs试验） | 阳性，见于自身免疫性溶血性贫血 |
| | 阴性，见于遗传性球形细胞增多症 |
| 酸溶血试验（Harm试验） | 阳性，阵发性睡眠性血红蛋白尿 |
| 红细胞海因小体生成试验 | 红细胞内海因小体>5%，海因小体是G6PD缺乏症溶血特征 |

## 四、诊断要点

1．贫血、黄疸，慢性溶血有脾大。

2．实验室检查提示存在红细胞破坏。

3．有红细胞代偿性增生的证据。

## 五、配合治疗

1．病因治疗

避免各种诱因。具体参见本病健康教育有关内容。

2．应用糖皮质激素、免疫抑制剂

糖皮质激素、免疫抑制剂用于免疫因素相关的溶血性贫血，如自身免疫性溶血性贫血等。糖皮质激素也可用于缓解阵发性睡眠性血红蛋白尿、G6PD缺乏症病人的临床症状。

3．脾切除

脾切除用于遗传性球形细胞增多症和免疫抑制剂治疗方法效果不好的自身免疫性溶血性贫血等。

4．输血疗法

输血疗法虽可暂时改善病人情况，但应严格掌握适应症，否则加重溶血。

5．急性溶血处理

（1）立即停止输血。

（2）保留血袋中血液。

（3）吸氧。

（4）抗过敏：给予地塞米松肌注或静注。

（5）防止肾衰竭：酌情给予利尿剂，碱化尿液。注意水、电解质、酸碱平衡。

（6）抗休克：给予多巴胺等血管活性药物，补足血容量。

（7）纠正心功能不全：酌情用西地兰。

（8）防治DIC：可用肝素，输注新鲜血浆、血小板等。

6．用药注意事项

（1）阵发性睡眠性血红蛋白尿

忌用酸性药物，如维生素C、阿司匹林、氯化铵等。

（2） G6PD缺乏症病人

忌用氧化性药物，如抗虐药、磺胺类药、解热镇痛药、硝基呋喃类药、维生素K、对氨基水杨酸、奎尼丁、氯霉素等。

## 六、护理问题

1．活动无耐力

与贫血引起组织缺氧有关。

2．潜在并发症

休克、急性肾衰竭。

## 七、护理措施

1．指导休息与活动

轻度贫血、慢性溶血贫血可适当活动，急性贫血则卧床休息。

2．饮食护理

G6PD缺乏症者，禁食蚕豆、豆制品。阵发性睡眠性血红蛋白尿忌食酸性食物。

3．观察病情

观察生命体征，注意病人贫血、黄疸、尿色的变化。观察糖皮质激素及免疫抑制剂使用后副作用，注意有无便血情况、有无感染征象。询问病人主观感受，发现异常情况及时报告医生。

4．对症护理

谨慎输血。对确需输血病人，认真检查姓名、床号、血型等，同时观察输血时有无不良反应，如寒战、发热、恶心、腹痛、血红蛋白尿等，一旦出现立即停止输血，同时报告医生，配合抢救。

5．心理护理

向病人介绍本病基本知识，耐心解释，消除紧张心理，鼓励病人积极主动配合治疗。

## 八、健康教育/出院指导

1．知识宣传

教会病人及家属观察巩膜黄染和尿色改变。重视婚前遗传病咨询，以减少溶血性疾病的发生。

2．生活指导

（1）指导病人保持心情舒畅，避免精神刺激。

（2）脾功能亢进者和白细胞减少者，应注意个人卫生和预防感冒。

（3）自身免疫性溶血性贫血应避免受凉。

（4）向G6PD缺乏症病人介绍蚕豆病常识，嘱病人不吃蚕豆、不接触樟脑丸等。

（5）阵发性睡眠性血红蛋白尿者应忌食酸性食物。避免感染、输血、手术、情绪波动、饮酒、疲劳等诱因。月经期警惕发生溶血性贫血。

3．治疗指导

阵发性睡眠性血红蛋白尿者忌用酸性药物。G6PD缺乏症病人忌用氧化性药物。若是其他化学毒物或药物引起的溶血，要避免再次接触或服用该类物质。避免血型不合输血。

4．定期复查

**九、小结**

▲溶血性贫血是大量红细胞破坏引起的贫血。

▲主要特点是贫血、黄疸，网织红细胞增高及骨髓幼红细胞增生。慢性溶血常有脾大。

▲常给予病因治疗、糖皮质激素、免疫抑制剂应用。

▲G6PD缺乏症病人不吃蚕豆、豆制品，不接触樟脑丸，忌用氧化性药物等。阵发性睡眠性血红蛋白尿者应忌食酸性食物、药物。

## 第三节　白血病病人的护理

白血病是一类造血干细胞恶性克隆性疾病。恶性克隆的白血病细胞增殖失控、分化障碍、凋亡受阻，停滞在细胞发育的不同阶段，在骨髓和其他造血组织中大量增生累积，浸润其他器官和组织，抑制正常造血功能。以外周血中可见白血病细胞（原始细胞和/或幼稚白细胞）为特征，多数病人表现为骨髓及外周血中白血病细胞异常增多。我国白血病发病率为2.76/10万。在恶性肿瘤所致的死亡率中，白血病居第六位（男性）和第八位（女性），但在儿童及35岁以下成人中则居第一位。根据白血病细胞分化成熟程度和白血病自然病程，白血病可分为急性和慢性两类（图7-3-1）。急性白血病自然病程仅几个月，慢性白血病自然病程为数年。我国急性白血病明显多于慢性白血病。

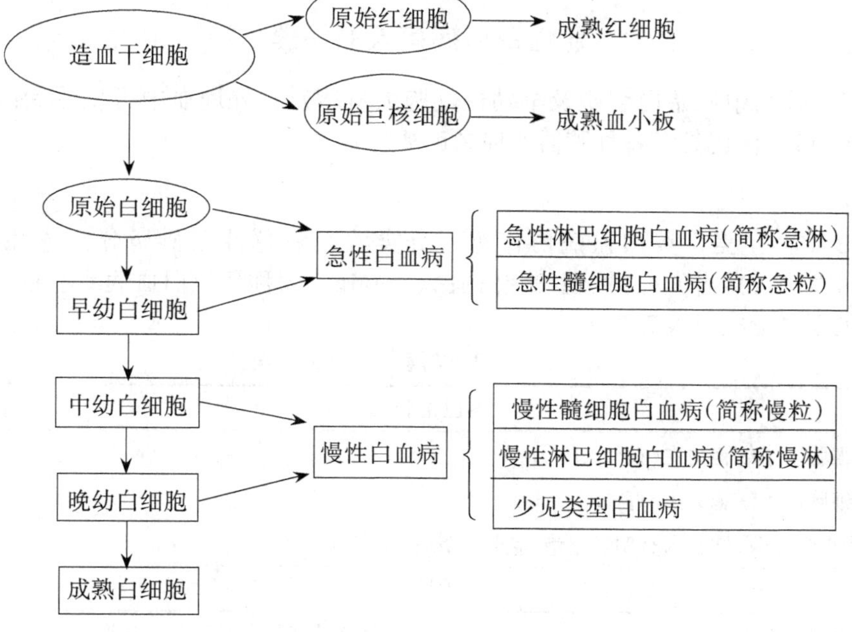


**图7-3-1　白血病分类**

**一、病因**

白血病的病因目前尚不完全清楚，与发病可能有关的因素如下：

1．病毒因素

大量实验研究证明人类T淋巴细胞病毒Ⅰ型（HTLV-Ⅰ），是引起成人T淋巴细胞白血病/淋巴瘤发生的原因。该病毒可以传播感染，潜伏在宿主细胞内，一旦在某些理化因素作用下，即被激活而诱发白血病。

2．化学因素

一些化学物质有致白血病的作用。如多年接触苯及其衍生物的人群白血病发病率高于一般人群。有些药物也可导致白血病，如乙双吗啉、氯霉素、保泰松等。

3．放射因素

包括X射线、γ射线等电离辐射。白血病的发生取决于人体吸收辐射的剂量，全身或部分躯体受到中等或大剂量辐射后均可诱发白血病。日本广岛及长崎受原子弹袭击后，幸存者中白血病发病率比未受照射的人群高30倍和17倍。

4．遗传学因素

遗传因素与白血病发病有关。单卵孪生子一个患白血病，另一个的发病率为20%，比双卵孪生子高12倍。有染色体异常的一些遗传性疾病，如先天性再生障碍性贫血、Bloom综合征等较易发生白血病。

5.其他血液病

某些血液病最终可能会发展成白血病，如骨髓增生异常综合征、淋巴瘤、多发性骨髓瘤、阵发性睡眠性血红蛋白尿等。

## 二、发病机制

白血病发病机制非常复杂，可能是人体在上述各种因素作用下，机体免疫功能缺陷，对恶性细胞不能识别及消灭，使之得以繁殖，最终导致白血病（图7-3-2）。

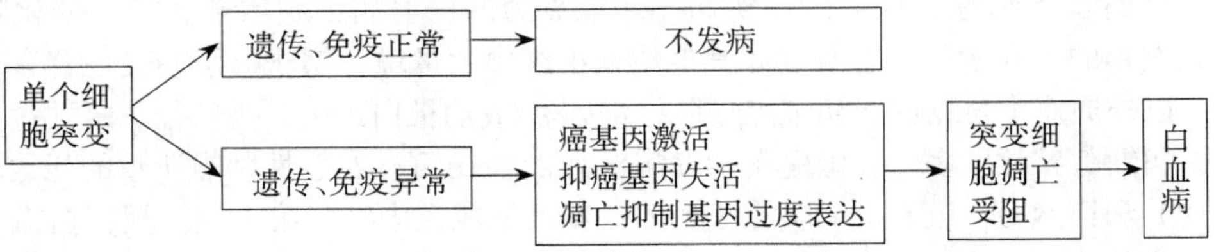


图7-3-2　白血病发病机制

# 急性白血病病人的护理

急性白血病病人骨髓中原始白细胞及早幼白细胞大量增殖，外周血中可见原始白细胞及早幼白细胞，并广泛浸润肝、脾、淋巴结等各种脏器，抑制正常造血。

## 一、分类

目前常用FAB（法、美、英白血病协作组）分类法，将急性白血病分为急性淋巴细胞白血病（ALL，简称急淋白血病或急淋）、急性髓细胞白血病（AML，简称急粒白血病或急粒，传统称之为急非淋）。急淋、急粒的亚型分类见表7-3-1。

表7-3-1　急淋与急粒亚型分类表

| 急性淋巴细胞白血病 | |
|---|---|
| $L_1$型：原始和幼淋巴细胞以小细胞为主（直径≤12 μm） | |
| $L_2$型：原始和幼淋巴细胞以大细胞为主（直径>12 μm） | |
| $L_3$型：同$L_2$型，细胞大小较一致，细胞内有明显空泡，胞浆嗜碱性，染色深 | |
| 急性髓细胞白血病 | |
| $M_0$：急性髓细胞白血病微分化型 | $M_1$：急性粒细胞白血病未分化型 |
| $M_2$：急性粒-单核细胞白血病 | $M_1E_0$：同$M_1$，嗜酸粒细胞在骨髓非红系有核细胞中≥5% |
| $M_5$：急性单核细胞白血病 | $M_6$：红白血病 |
| $M_7$：急性巨核细胞白血病 | |

## 二、临床表现

起病急缓不一，急者多为高热或严重出血。缓者多为面色苍白、疲乏或轻度出血。本病主要有四大临床表现：发热、出血、贫血、白血病细胞浸润表现。

1．正常骨髓造血功能受抑制表现

（1）贫血

贫血常为首发症状，并随病情发展而加重，贫血的主要原因是正常红细胞生成减少、无效红细胞增多、溶血、出血等。

（2）发热

发热为本病常见的症状之一，50%以上的病人以发热起病。大多数发热由继发性感染所致。

1）感染主要与以下因素有关

①正常粒细胞缺乏或功能缺陷。

②化疗药物及糖皮质激素的应用，使机体免疫功能进一步下降。

③白血病细胞浸润以及化疗药物的应用，易造成消化道、呼吸道黏膜屏障受损。

④各种穿刺或插管留置时间过长，并发感染。

2）感染可以发生于机体的任何部位，以口腔黏膜、牙龈、咽峡最常见，其次是呼吸道及肛周皮肤等。严重时可致菌血症或败血症。

3）常见致病菌有绿脓杆菌、肺炎杆菌、大肠杆菌及金黄色葡萄球菌等，部分病人还可发生病毒及原虫感染，长期应用抗生素者，还可导致真菌感染。白血病本身也能引起发热，即肿瘤性发热，与白血病细胞的高代谢状态及内源性致热源物质的产生有关。

（3）出血

出血最主要的原因是血小板减少。此外，大量白血病细胞在血管中淤滞、凝血功能异常及感染也是出血的主要原因。几乎所有急性白血病病人在病程中都有不同程度的出血。

①出血部位可遍及全身，以皮肤瘀点、瘀斑、鼻出血、齿龈出血、口腔血肿、子宫出血较为常见。

②眼底出血可影响视力，甚至是颅内出血的先兆。

③颅内出血是最为严重的临床表现，血小板少于$20\times10^9$/L时随时有颅内出血的危险。

2．白血病细胞浸润表现

白血病细胞在血液系统中大量积聚、淤滞，不仅影响循环功能，还可导致不同部位出现肿大、结节，受累脏器功能失调等一系列临床表现。

（1）肝、脾及淋巴结肿大

多见于急淋病人。肝、脾一般轻度至中度肿大，表面光滑，偶伴轻度压痛。浅表淋巴结多轻度肿大，无触痛和粘连。

（2）骨骼和关节疼痛

骨骼和关节疼痛是白血病常见症状。胸骨下端局部压痛对白血病诊断有一定的价值。四肢关节痛和骨痛常见于儿童。急粒白血病病人由于骨膜受累，还可在眼眶、肋骨及其他扁平骨的骨面形成粒细胞肉瘤，其中以眼眶部位最常见，可引起眼球突出、复视或失明等。

（3）中枢神经系统白血病（CNSL）

中枢神经系统白血病又称脑白。因化疗药物不易通过血-脑屏障，使隐藏在中枢神经系统的白血病细胞不能被有效杀灭，是白血病髓外复发的主要根源，以急淋尤为突出。CNSL可发生在疾病的各个时期，其中疾病缓解期最常见。表现为头痛、呕吐、视力模糊、意识障碍、颈强直、抽搐、脑脊液压力增高等，若浸润神经根还可有各种麻痹症状。

（4）皮肤、黏膜浸润

表现为皮肤出现蓝灰色斑丘疹、皮下结节、结节性红斑，牙龈增生、肿胀等。

（5）睾丸白细胞

多为一侧睾丸无痛性肿大。睾丸白血病多见于急性淋巴细胞白血病化疗缓解后的幼儿和青年，是仅次于CNSL的白血病髓外复发的根源。

（6）白细胞淤滞症

白细胞淤滞症又称为“高白细胞血症”，是急性白血病的一种特殊症候群，其外周血白细胞$>200\times10^9$/L。因白细胞淤滞，病人可有呼吸困难、低氧血症、呼吸窘迫、反应迟钝、语言不清、头晕、神经精神症状、血栓形成、颅内出血等临床表现。白细胞淤滞症大大增加了病人死亡率、髓外白血病发病率及白血病复发率。

## 三、辅助检查

1．血象

（1）白细胞增多性白血病

多数病人外周血白细胞计数增多，常在$10\times10^9$/L～$50\times10^9$/L，甚至$>100\times10^9$/L，可见大量原始白细胞和（或）早幼白细胞。白细胞数过高提示预后较差。

（2）白细胞不增多性白血病

少数病人白细胞$<1\times10^9$/L，外周血可见原始白细胞和（或）早幼白细胞，其中原始细胞较难找到。

白细胞数过低提示预后较差。

(3) 不同程度的正常细胞性贫血。

(4) 血小板减少

约50%的病人血小板<$60\times10^9$/L，晚期病人血小板往往极度减少。

2．骨髓象

骨髓穿刺检查是诊断急性白血病的重要依据，对指导治疗、判断疗效、估计预后等有重大意义。多数病人的骨髓象增生明显活跃，以原始细胞和（或）幼稚白细胞为主。过多的白血病细胞还会导致正常的巨核细胞和幼红细胞减少。少数病人的骨髓呈增生低下。不论骨髓是否增生，只要原始白细胞占全部骨髓有核细胞的30%以上，就可做出急性白血病的诊断。奥尔（Auer）小体仅见于急粒。

3．细胞化学

常用过氧化物酶染色、糖原染色、非特异性酯酶及碱性磷酸酶测定等方法，主要用于鉴别急淋白血病、急粒白血病及急单白血病。急淋白血病过氧化物酶染色阴性。

4．免疫学检查

根据白血病细胞表达的系列相关抗原，确定其系列来源。常用于急淋与急粒的鉴别，T细胞白血病与B细胞白血病的鉴别。

5．染色体和基因检查

急性白血病常伴有特异的染色体和基因异常改变，并与疾病的发生、发展、诊断、治疗及预后密切相关。

6．其他

(1) 由于大量白血病细胞破坏，白血病病人血液中尿酸浓度及尿液中尿酸排泄量均增加，化疗期间尤为明显。

(2) CNSL时，脑脊液压力增高，脑脊液白细胞计数增多，蛋白质增多，葡萄糖定量减少，涂片可找到白血病细胞。

(3) 急性单核细胞白血病或急性粒-单核细胞白血病病人血清和尿中溶菌酶活性增高。

## 四、诊断要点

1．有贫血、出血、发热、白血病细胞浸润临床表现。

2．外周血中可见原始白细胞和（或）早幼白细胞。

3．骨髓中原始白细胞占全部骨髓有核细胞的30%及以上。

## 五、配合治疗

### （一）化学治疗

化学治疗是急性白血病首选且最重要的治疗方法。

1．化疗原则

早期、足量、联合、间歇、阶段、个体化。

(1) 白血病化疗越早，化疗效果越明显，预后越好。

(2) 充足的药量、充分的化疗时间是白血病病人症状得到完全缓解的基础。

(3) 肿瘤组织主要由3种细胞群组成：增殖细胞群、静止细胞群（$G_0$期细胞）和无增殖能力细胞群。一般肿瘤组织中增殖细胞群比较多，所以肿瘤组织增长十分迅速。肿瘤增长越迅速，对化疗药物越敏感。

1) 增殖细胞群

其增殖周期分为4期：

①$G_1$期为S期的DNA合成做准备。

②S期进行DNA的复制、RNA和蛋白质的合成。

③$G_2$期继续合成RNA和蛋白质。

④M期一部分细胞进入增殖周期进一步增殖，另一部分细胞储备于$G_0$期。不同种类的药物作用于肿瘤细胞不同周期，所以目前主要采用联合化疗。见图7-3-3。

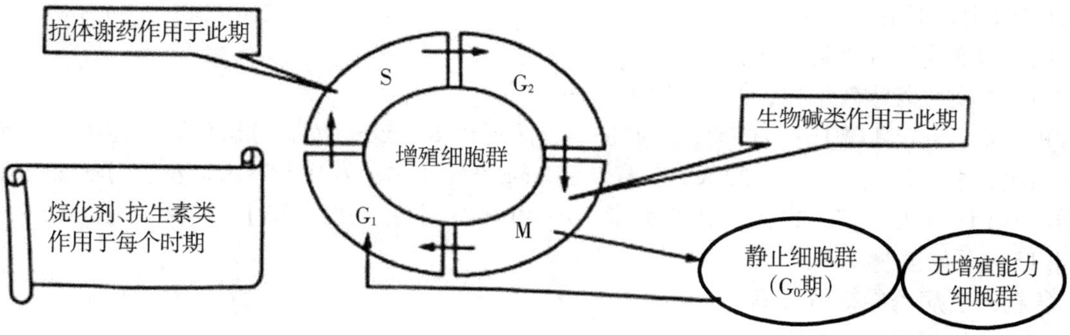


**图7-3-3 肿瘤细胞增殖周期与联合化疗机理示意图**

2）静止细胞群

静止细胞群对化疗药物不敏感，只有进入增殖周期进行增殖，才对化疗药敏感。所以，每一疗程结束后，应间歇2～3周再进入第二疗程。使难以被化疗药杀灭的$G_0$期细胞在化疗间歇期进入增殖周期，提高化疗效果。此外，白血病细胞恢复慢于正常造血的恢复，适当的间歇时间还有利于正常造血功能恢复。

3）无增殖能力细胞群

这类细胞没有增殖能力，因而无法进行分裂增殖，最后老化死亡。

2.化疗药物

急性白血病常用化疗药见表7-3-2。

**表7-3-2 急性白血病常用化疗药**

| 分类 | 药名 | 药理作用 | 主要副作用 | 疗效 | | 作用周期 |
|---|---|---|---|---|---|---|
| | | | | 急淋 | 急非淋 | |
| 生物碱类 | 长春新碱(VCR) | 抑制有丝分裂 | 胃肠反应、末梢神经炎 | + | ± | M |
| | 三尖杉碱(H) | 抑制DNA、RNA合成 | 骨髓抑制、胃肠反应 | + | + | M |
| | 足叶乙甙(VP-16) | 干扰DNA、RNA合成 | 骨髓抑制、胃肠反应 | - | + | M |
| 抗代谢药 | 6-硫嘌呤(6MP) | 抗嘌呤代谢、阻碍DNA合成 | 骨髓抑制、胃肠反应 | + | + | S |
| | 阿糖胞苷(Ara-c) | 抗嘧啶代谢、阻碍DNA合成 | 骨髓抑制、胃肠反应 | + | + | S |
| | 羟基脲 | 抗嘧啶、嘌呤代谢,阻碍DNA合成 | 骨髓抑制、胃肠反应 | - | + | S |
| | 甲氨蝶呤(MTX) | 抗叶酸代谢、干扰DNA合成 | 骨髓抑制、肝损害 | + | ± | S |
| 烷化剂 | 环磷酰胺(CTX) | 破坏DNA合成 | 骨髓抑制、膀胱炎 | ± | + | 全 |
| 抗生素类 | 柔红霉素(DNR) | 抑制DNA、RNA合成 | 骨髓抑制、心脏损害 | + | + | 全 |
| | 阿霉素(ADM) | 抑制DNA、RNA合成 | 骨髓抑制、心脏损害 | + | + | 全 |
| 酶类 | 左旋门冬酰胺酶(L-ASP) | 影响癌细胞蛋白质合成 | 肝损害、过敏 | + | - | — |
| 激素类 | 泼尼松(P) | 破坏淋巴细胞 | 感染、高血压、高血糖或糖尿病 | + | - | — |
| 肿瘤细胞诱导分化剂 | 维甲酸(全反式)(ATRA) | 使白血细胞分分为具有正常表型功能的白细胞 | 皮肤、黏膜干燥,胃肠反应,肝损害 | - | + | — |

3．治疗阶段

急性白血病治疗主要分诱导缓解和缓解后治疗（又称为巩固强化治疗）两个阶段。

（1）诱导缓解阶段

诱导缓解阶段是指从化疗开始到完全缓解的阶段。

治疗目的：迅速杀灭白血病细胞，达到完全缓解（白血病的症状、体征消失，无器官浸润现象，外周血象中无白血病细胞，骨髓象中相关系列的原始细胞与幼稚细胞之和≤5%，无Auer小体）。

病人是否能获得完全缓解，是急性白血病治疗成败的关键。达完全缓解所用时间越长，无病生存时间将越短。若1个疗程即获完全缓解，无病生存时间将较长。

目前多采用以下治疗方法：

1）急淋白血病诱导缓解方案：

首选VP方案，若疗效不佳，改用VLDP方案。

①VP方案：长春新碱1～2 mg/周，静脉注射，泼尼松40～60 mg/d，分次口服，连用4～5周。

②VLDP方案：第1、8、15、22天，长春新碱2 mg静脉注射；第19～28天，左旋门冬眈胶酶6000 U/$m^2$静脉注射；第1～3天，15～17天，柔红霉素30～40 mg/$m^2$静脉注射；第1～14天，强的松30～40 mg/$m^2$口服，第15天开始减量。

2）急粒白血病诱导缓解方案

常用DA方案或HOAP方案。

①DA方案：第1～3天，柔红霉素40 mg/d静脉注射；第1、5、7天，阿糖胞苷100～150 mg/d静脉注射。

②HOAP方案：第1～7天，高三尖杉酯碱1～4 mg/d静脉注射；第1天，长春新碱2 mg/d，静脉注射；第1～7天，阿糖胞苷100 mg/d静脉注射；第1～7天，强的松40 mg/d口服。

3）全反式维甲酸（ATRA）

该药可诱导早幼粒白血病细胞分化成熟。若采用ATRA+化疗的治疗方法，不仅完全缓解率达70%～95 %，同时“维甲酸综合征”的发生率和死亡率也明显降低。“维甲酸综合征”表现为发热、体重增加、肌肉骨髓疼痛、呼吸窘迫、胸腔积液、心包积液、水肿、低血压、急性肾衰，甚至死亡。

（2）缓解后治疗阶段

由于急性白血病病人达到完全缓解后，体内仍有$10^8$/L～$10^9$/L左右的白血病细胞，且在髓外某个部位仍有白血病细胞浸润，是疾病复发的根源，所以要尽早进行缓解后治疗，防止病情复发，延长缓解期和无病生存时间，争取治愈。一般缓解后治疗在诱导缓解结束2周后进行，常选用原诱导缓解方案或轮换使用多种药物强化治疗。一般缓解后治疗急淋白血病需要3～4年，急粒白血病需要1～2年。急粒白血病总的缓解率不如急淋白血病。

（3）个体化化疗

根据病人的年龄、血象、骨髓象、有无基础疾病以及对药物的反应等，选择合理的化疗方案、调整用药剂量。

4．化疗不良反应

（1）骨髓抑制

骨髓抑制是化疗最严重的不良反应。许多化疗药会抑制骨髓造血功能，使红细胞、白细胞、血小板减少。

①红细胞数目减少会导致贫血。

②化疗7～14天，白细胞数目会降至最低程度，恢复时间多为之后的5～10天。

③化疗第10天左右，血小板数目会降至最低程度。

④当白细胞低于3.0×$10^9$/L，血小板低于80×$10^9$/L时，常需暂停化疗，并用提升白细胞药物（鲨肝醇、利血生、糖皮质激素、粒细胞集落刺激因子等）。当成熟粒细胞绝对值<0.5×$10^9$/L或成熟白细胞<1×$10^9$/L时，要做好保护性隔离。

（2）胃肠道反应

胃肠道反应是化疗最常见的不良反应。表现为厌食、恶心、呕吐等，部分病人有腹痛、腹泻。

（3）口腔炎

口腔炎多于化疗1周后出现。

（4）毛发脱落

因化疗药本身毒性所致。

（5）尿酸升高

常在白细胞增多性白血病化疗后，大量白血病细胞溶解诱发。

（6）药物对机体的毒性反应

大多数化疗药对肝、肾功能有影响。此外，柔红霉素、氮芥、阿霉素、三尖杉酯等药对心脏影响比较大。环磷酰胺容易导致出血性膀胱炎。甲氨蝶呤常引起口腔溃疡。长春新碱会引起末梢神经炎。左旋门冬酰胺酶可导致过敏反应。

（二）对症支持治疗

1.防治感染

严重感染是白血病病人主要死亡原因。

（1）使用抗生素

发现感染应做咽拭子及血培养和药敏试验，以便指导选择抗生素。常先用广谱抗生素治疗，如头孢菌素、氨基糖苷类等，待培养结果出来后再更换敏感的抗生素。

（2）补充粒细胞

有条件可多次输注浓缩粒细胞。

（3）升高白细胞

①普通升白药物

如利血生、鲨肝醇等，疗效较差，尤其对严重白细胞减少者无明显效果。

②激素类升白药

如糖皮质激素、去氢甲基睾丸素等，副作用较大。

③粒细胞集落刺激因子（G-CSF）

G-CSF具有促进造血干细胞向中性粒细胞增殖、分化，加速成熟中性粒细胞的生成，增强成熟中性粒细胞的功能。

④粒-单集落刺激因子（GM-CSF）

GM-CSF具有促进造血干细胞向中性粒细胞和单核细胞增殖、分化，加速成熟中性粒细胞和单核细胞的生成，增强成熟中性粒细胞和单核细胞的功能。

⑤用药注意事项

G-CSF和GM-CSF升白细胞效果明显。但要避免在化疗开始前或化疗期间使用此类药物，以免加重化疗药物对骨髓造血功能的抑制作用。

2．控制出血

血小板计数$<20\times10^9/L$且出血严重者，应输浓缩血小板悬液或新鲜血。轻度出血可使用各种止血药。

3．纠正贫血

严重贫血可输浓缩红细胞或全血。纠正贫血最有效的方法是通过化疗争取达到完全缓解。

4．预防尿酸肾病

由于大量白血病细胞破坏，可产生尿酸性肾结石，甚至导致肾衰竭。具体处理方法见本病护理措施。

（三）中枢神经系统白血病治疗

防治CNSL是减少急性白血病复发的关键。常用鞘内注射和头颅照射两种方法。

1．鞘内注射方法

通常在急淋白血病缓解后开始预防性、治疗性鞘内注射甲氨蝶呤。甲氨蝶呤鞘内注射可引起急性化学性蛛网膜炎，病人有发热、头痛及脑膜刺激征等不良反应。因此，甲氨蝶呤鞘内注射时宜加地塞米松，减少不良反应。若甲氨蝶呤疗效欠佳，可改用阿糖胞苷鞘内注射。

2．头颅照射方法

常采用全脑放射治疗，射野包括颅底线以上的脑部和第4颈椎下缘以上的脊椎部，2～3周内分次照射，一般15次左右。

（四）睾丸白血病治疗

睾丸白血病对药物治疗不敏感，必须放射治疗。即使单侧睾丸白血病，也必须采用两侧放射治疗和全身化疗。

（五）老年急性白血病的治疗

老年病人或过度虚弱的病人对化疗的耐受性较差，应减少化疗剂量。过度虚弱者无法接受联合化疗，宜采用小剂量阿糖胞苷（或三尖杉碱）静脉滴注治疗。

（六）复发治疗

复发指完全缓解后在身体任何部位出现可检出的白血病细胞，多在完全缓解后两年内发生，以骨髓复发最常见。不论何种情况，一旦复发，长期生存率<5%。急淋复发治疗一般选用原诱导化疗方案再诱导，急粒复发治疗常选用大剂量阿糖胞苷联合化疗。

（七）白细胞淤滞症紧急处理

1．紧急使用血细胞分离机单采清除过高的白细胞（$M_3$型不首选）。

2．同时给予化疗和水化。

3．化疗前可先进行短期预处理，如急淋用地塞米松静脉注射，急粒用羟基脲口服等，然后再进行联合化疗。

4．同时应用别嘌呤醇。

（八）造血干细胞移植

造血干细胞移植是治疗白血病重要的、有效的治疗方法。目前主张在45岁以下急性白血病病人（除儿童外）第一次完全缓解时进行。

1．造血干细胞移植简介

造血干细胞移植是先用全身放疗和强烈的免疫抑制剂尽量将病人体内白血病细胞全部杀灭，并充分抑制病人免疫功能，然后植入正常人的骨髓或外周血干细胞，使病人恢复正常造血功能。

2．造血干细胞移植效果

骨髓或外周血干细胞移植5年生存率为50%以上，移植病人无病生存最长的已超过30年。但由于费用昂贵，风险大或HLA相同的供体不足，该治疗方法在我国推广使用尚有困难。

3．造血干细胞移植捐赠者

骨髓最佳捐赠者为同卵双胞胎，其次为同胞兄弟姐妹，再次为亲生父母。

4．造血干细胞移植前检查

适合行异基因造血干细胞移植者应抽血做HLA配型等相关检查。

## 六、护理问题

1．组织完整性受损

与血小板过低致皮肤、黏膜出血有关。

2．潜在并发症：脑出血

与血小板过低有关。

3．有感染的危险

与成熟粒细胞减少、免疫力低下有关。

4．预感性悲哀

与急性白血病治疗效果差、死亡率高有关。

## 七、护理措施

（一）指导休息与活动

1．贫血、感染、出血者及化疗期间

应以卧床休息为主，适量活动。若病人无不适，每天室内活动3～4次，每次10分钟左右。

2．骨、关节、脾区疼痛时

要保持病人卧位舒适。白天可通过与病人交谈，读书、听音乐等分散其注意力，晚间可适当应用止痛药，以保证病人休息，减少体力消耗。

（二）饮食护理

给予高热量、高蛋白、高维生素、易消化的食物。必要时给予胃肠外营养。

（三）配合化疗

1．配制化疗药注意点

（1）仔细读用药说明，严格按医嘱用药。

（2）注意用药顺序：反复核对药物剂量、时间，尤其注意按规定的先后顺序用药。作用于细胞周期的特异性药物，常有顺序依赖性，即同样药物、同一剂量，按不同顺序应用时，其疗效和/或毒性作用是不一样的。

（3）注意自我防护：戴手套配制化疗药，药瓶弃在有盖容器内。以防接触或吸入化疗药后对工作人员身体造成危害。

2．选择化疗静脉通路

（1）发疱类、刺激性强的药物

①常用制剂：柔红霉素、氮芥、阿霉素、长春新碱、丝裂霉素、诺维本等。

②局部反应强：该类药物在注射局部反应强烈，一旦外渗会导致局部坏死。

③对静脉通路选择要求较高：可选择中心静脉或粗大静脉通路。如PICC、锁骨下静脉、颈内静脉、输液港、手臂大静脉、股静脉等。

（2）非发疱类和非刺激性药物

可选择外周静脉通路。按照先远后近、左右交替使用的原则，选择粗直、弹性好、无静脉弯曲及分叉的血管，避开关节部位、静脉瓣、肌腱、神经走行的部位。经外周静脉留置针给予化疗药后，留置针不宜再留置。

（3）不宜选择化疗静脉的部位

手术区域侧肢体，潜在肌腱或神经损伤可能的部位，炎症、硬化、瘢痕部位，肿瘤（新生物）侵犯的部位等。24小时内有穿刺史的静脉、穿刺点以下的静脉、肘窝静脉、下肢外周静脉等。

3．观察化疗药物不良反应

（1）化疗期间要注意观察骨髓、肝、肾功能。观察病人用药后消化道反应情况。

（2）柔红霉素、氮芥、阿霉素、三尖杉酯等对心脏毒性较大的药物，用药时要缓慢滴注，注意心律、脉率，必要时心电监护。

（3）长春新碱可引起末梢神经炎、手足麻木感，但停药后可消失。

（4）甲氨蝶呤可引起口腔溃疡，其处理参见下述“口腔溃疡护理”。必要时遵医嘱应用亚叶酸钙，对抗甲氨蝶呤的毒性作用。

（5）环磷酸胺可引起脱发及出血性膀胱炎，用药期间要鼓励病人多饮水，注意有无膀胱刺激征、血尿等异常情况。发现血尿必须停药。

（6）左旋门冬酰胺酶（L-ASP）易过敏。用药前或更换批号及间隔1周以上使用者，须先做皮内过敏试验。将L-ASP制成浓度约为每1 mL含20 U的皮试药液。用0.1 mL皮试液（约为2 U）做皮试，至少观察1小时，若有红斑或风团即为皮试阳性反应。但皮试阴性不能完全肯定不会发生过敏反应，应当警惕过敏性休克的发生。有过敏史、妊娠早期、肝功能不良者禁用或慎用。

（四）化疗并发症护理

1．骨髓抑制护理

（1）感染护理

防治感染是白血病最重要的护理措施。化疗药既可杀伤白血病细胞，又可使成熟白细胞受到伤害，并影响机体免疫功能。化疗期间病人很容易发生感染，尤其是化疗7～14天，要特别注意严防感染。若白细胞<$3\times10^9$/L要使用提升白细胞药。若白细胞<$1\times10^9$/L或中性粒细胞低于$0.5\times10^9$/L，还要同时给予保护性隔离，防止交叉感染。

1）保护性隔离

①有条件的住层流帐、层流室，无条件的应置病人于单人病房。

②酌情开窗通风，保持室内空气新鲜。进行空气和地面消毒，如使用空气过滤器、紫外线照射、电子灭菌灯照射、1‰过氧乙酸喷雾消毒以及1% 84溶液擦洗家具、拖地。

③谢绝探视。

④嘱病人尽量不去公共场所，以免交叉感染。

⑤工作人员及家属接触病人时一律戴口罩、穿工作衣。

2）注意个人卫生，增强抗病能力

①预防口腔感染

指导病人餐前餐后、睡前睡后漱口，常用漱口液为冷开水、生理盐水、氯己定、口灵等。用软毛牙刷刷牙，必要时给予口腔护理。

②预防皮肤感染

勤沐浴、勤擦洗，及时更换、清洗、消毒衣被。尽量避免损伤病人皮肤，如穿刺、搔抓、挤压皮肤等。做好会阴清洁护理。睡前便后清洗肛周，防止肛周感染。

③预防呼吸道感染

鼓励病人适当活动，协助卧床病人翻身、叩背、深呼吸，指导病人有效咳嗽等。

3）密切监测感染情况

①监测血象

化疗时、化疗后，每周查血象1～2次，直至血象恢复正常。

②观察感染征象

观察病人体温变化情况，注意有无与感染有关的体征，如咳嗽、咳痰、尿路刺激、腹泻、皮肤胀肿、口腔溃疡等。

4）配合检查、治疗

若病人有感染征象，协助医生做血液、咽部、尿液、粪便和伤口分泌物的标本采集送检。遵医嘱合理用药，如抗生素、提升白细胞药物、输新鲜血等。

（2）出血护理

参见本章第二节中“再生障碍性贫血病人的护理”相关内容。白细胞淤滞伴出血时最好输注单采血小板悬液。

（3）贫血护理

参见本章第二节中“贫血病人的护理措施”相关内容。

（4）定期检查

每周查血象1～2次，酌情查骨髓象，以便了解骨髓抑制情况。

2．静脉炎护理

静脉炎表现为局部静脉硬、疼痛、红肿、阻力大、有回血。其护理以预防为主，酌情处理：

（1）选择静脉：参见上述“选择化疗静脉通路”的方法。每日更换注射静脉，熟练穿刺。

（2）生理盐水冲静脉

①用化疗药前

先用生理盐水快速冲静脉，确定注射针在静脉内后，再用化疗药。

②用化疗药时

化疗药与化疗药之间静注生理盐水隔开化疗药。注射化疗药时要边注射边抽回血，并常检查注射静脉情况，判断针头是否在静脉内，药液是否外渗。拔针前用生理盐水冲静脉，拔针后压迫注射局部3～5分钟。注射化疗药程序如图7-3-4所示。

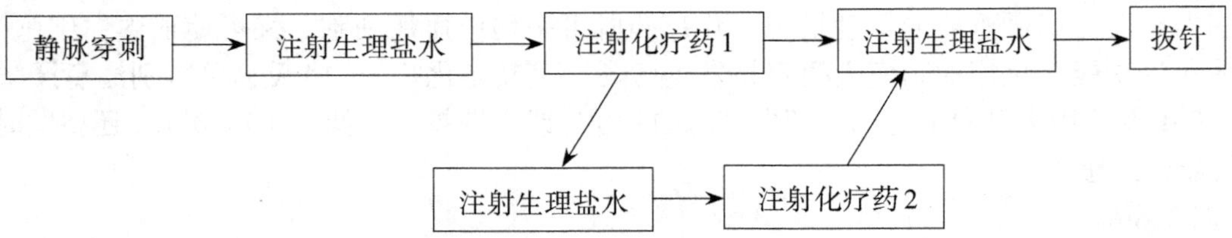


**图7-3-4　注射化疗药程序**

（3）异常情况处理

1）静脉炎处理

局部用硫酸镁和利多卡因外敷或理疗。

2）化疗药外渗处理

①非发疱类和非刺激性药物外渗处理：停止输注，更换输液部位。遵医嘱酌情进行局部处理。

②发疱类和强刺激性药物外渗处理：立即停止输注，尽量回抽渗出药液，抬高患肢，遵医嘱酌情进行局部处理。若发现局部组织坏死，及时报告医生。注意植物碱类化疗药物外渗，局部不能冷敷。

（4）静脉用药技术

①留置针穿刺

留置针与皮肤呈15°～30°角刺入血管→若外套管在静脉内，将针尖退入套管内→连针带管再进入血管少许→松开止血带，撤出针芯→连接输液装置→透明敷料妥善固定，注明置管时间→定期更换敷料，消毒穿刺部位。

②经外周静脉置入中心静脉导管

手臂外展与躯干呈90°角，测预置导管长度及上臂臂围，并记录→术者穿无菌隔离衣，戴无菌无粉手套、帽子、口罩，铺无菌大单→消毒范围上下20 cm，两侧至臂缘→检查导管的完整性，生理盐水湿润导管→扎止血带→15°～30°角刺入，回血后，降低角度再进0.5 cm后送导入鞘→放松止血带→拔出穿刺针芯→送入导管→拔出导入鞘→固定导管→连接输液装置→用免缝胶带及透明敷料固定→透明敷料上注明导管的种类、规格、置管深度，日期和时间，操作者姓名→X射线确定导管尖端位置，做好记录→定期更换敷料、输液接头，消毒穿刺部位→每8小时冲管1次，用肝素盐水脉冲式正压封管。

③置入式静脉输液港（PORT）

戴无菌手套，消毒皮肤→触诊定位静脉港的穿刺隔→一手拇指、食指、中指呈三角形，将输液港拱起，另一手持无损伤针自三指中心处垂直刺入穿刺隔（不要过度绷紧皮肤），直达储液槽基座底部→抽回血，冲净无损伤针套件及输液港→用无菌纱布垫在无损伤针针尾下方，透明敷料固定→注明更换敷料、无损伤针的日期和时间→剩下0.5 mL注射液时，以两指固定泵体，边推注边撤出无损伤针，正压封管→定期更换敷料→输高黏性液体每4小时冲管1次，输血后应立即冲管，治疗间歇期每4周冲管、封管1次。

3．胃肠道反应护理

化疗期间病人饮食要清淡、易消化、富有营养，少食多餐。必要时可用止吐、镇静剂。

4．口腔溃疡护理

指导病人餐前餐后、睡前睡后漱口，必要时进行口腔护理，预防口腔感染。常用漱口液为冷开水、生理盐水、氯己定、口灵等。若口腔黏膜溃疡严重，可用0.5%普鲁卡因含漱，减轻疼痛，便于进食和休息。此外，也可用锡类散涂敷口腔溃疡处，用制霉菌素甘油治疗口腔真菌感染，每日3次和/或碳酸氢钠漱口。

5．脱发护理

指导病人戴帽、戴假发，使用温和的洗发用品和宽齿梳子。保持头皮清洁。安慰病人，告诉其停用化疗药后头发可以长出。

6．血尿酸高护理

鼓励病人多饮水，每天饮水量在2000 mL以上，也可24小时持续静脉补液，使每小时尿量>150 mL，碱化尿液。遵医嘱给予别嘌呤醇等抑制尿酸合成的药物，预防尿酸性肾病。

（五）配合脑白治疗

1．鞘内注射化疗药

推注速度宜慢，注射完毕后去枕平卧4～6小时，注意观察有无头痛等用药后不良反应。

2．头颅放射治疗

（1）治疗后抬高床头15°～30°，以利颅内静脉回流。

（2）注意观察病人有无神志改变及颅高压症状。

（3）全脑放疗会引起头皮放射性损伤，皮肤色素沉着、干燥、脱屑、瘙痒等。嘱病人勿用力搔抓头皮，修剪指甲，睡前洗净双手等。瘙痒明显者可用菊花水、薄荷水擦洗头皮。注意保持头皮清洁，用温水、软毛巾擦洗头皮，但不能用高温水、肥皂，更不能用力搓擦等。

（4）注意口腔护理，防止口腔溃疡、感染等。

3．注意安全

做好病人生活护理，注意环境安全，以卧床休息为主，床旁加护栏。必要时搀扶病人行走。

（六）观察病情

1．注意生命体征、神志变化

2．观察临床表现

（1）注意有无感染征象。

（2）注意有无出血情况

①皮肤、黏膜出血：表现为皮肤、黏膜有瘀点、瘀斑等。

②关节出血：表现为关节疼痛、强直等。

③内脏出血：腹痛或胸痛，可体腔内抽出血性液体。

④颅内出血：表现为头痛、呕吐、视力模糊，严重时瞳孔大小不等、意识不清、瘫痪、昏迷，甚至死亡。颅内出血常发生在病情加重、骨髓明显抑制时，脑积液可见大量红细胞，头颅可见高密度影改变。需注意与脑白进行鉴别，脑白常发生在疾病缓解后，血小板基本正常，脑积液可见白血病细胞，头颅无高密度影改变。

(3) 注意有无白血病细胞浸润表现

如浅表淋巴结肿大、肝脾肿大，骨、关节疼痛等。

3. 了解化验检查结果

如血象、骨髓象变化情况。

(七) 输血护理

1. 反复输注含有白细胞成分的血液，易产生HLA同种免疫抗体，而导致免疫性发热、输血反应、血小板输注无效、输血后移植物抗宿主病等。故造血干细胞移植前一般不输血。必要时输血前采用白细胞滤器去除血中白细胞。

2. 异基因造血干细胞移植前，应辐照拟输入的含造血干细胞的血液，灭活其中的淋巴细胞，防止发生免疫反应。

3. 白细胞淤滞时不能马上输红细胞，以免进一步增加血黏度。

(八) 心理护理

待病人热情、温和，多倾听病人的述说，鼓励、理解病人及家属，向他们介绍治疗方法及其他治疗成功的病例，引导他们正确对待本病，树立病人战胜疾病的信心。保持病人情绪稳定，对于情绪低落者，在加强心理支持的同时，还要密切关注病人行为，以防意外。指导家属给予病人精神、物质等多方面支持。

## 八、健康教育/出院指导

1. 知识宣传

(1) 面向大众进行宣传

告知如何加强防护，如何避免接触对骨髓造血系统有损害的理化因素，如电离辐射，亚硝胺类物质，染发剂、油漆等含苯物质，保泰松、氯霉素等药物。

(2) 对病人进行疾病常识教育

使其明确治疗、护理的目的，能主动配合休息、饮食、用药、观察护理；高度重视本病，但又不过分紧张。对本病预后有所了解，以积极的心态对待疾病；能进行自我检测，注意生命体征、尿量，留意观察全身和局部出血情况，发现出血、发热及骨、关节疼痛等异常情况，能及时告知医务人员。

(3) 告知病人家属给予病人精神及物质支持的重要性。

2. 生活指导

(1) 保证充足的休息和睡眠，适当加强健身活动，如散步、打太极拳等，提高机体抵抗力。树立病人治疗信心，减轻心理压力，保证身心休息。

(2) 指导病人食用高热量、高蛋白、高维生素、易消化的饮食。避免辛辣刺激饮食，戒烟酒，多饮水，多食蔬菜、水果，保持排便通畅。

(3) 防止感染、出血。剪短指甲，避免搔抓而损伤皮肤。避免受凉，少去人群拥挤的地方。沐浴时水温以37～40 ℃为宜，以防水温过高使血管扩张，加重皮下出血。勿用牙签剔牙，刷牙用软毛刷，勿用手挖鼻，空气干燥时可用薄荷油滴鼻腔，以免结痂。不用力咳嗽、排便、打喷嚏等，以免引起脑出血。

3. 治疗指导

向病人说明急性白血病缓解后仍应坚持定期进行缓解后治疗，以延长急性白血病的缓解期和无病生存时间。

4. 定期复查

定期复查血象、骨髓象、心肺肝肾功能等。有出血、发热、骨骼疼痛等不适要及时就诊。

## 九、小结

▲白血病是造血干细胞恶性克隆性疾病。急性白血病表现为发热、出血、贫血、白血病细胞浸润症状。

▲急性白血病外周血可见原始白细胞、早幼白细胞。骨髓检查原始白细胞>30%。奥尔（Auer）小体仅见于急粒。CNSL、睾丸白血病是白血病复发的主要根源。

▲急性白血病治疗主要分诱导缓解和缓解后治疗两个阶段。

▲化疗最严重的不良反应是骨髓抑制。化疗7～14天，白细胞、血小板数目最低。化疗最常见的不良反应是胃肠道反应。

▲防治感染是最重要的护理措施，口腔护理不容忽视。最具特色的护理措施是化疗药配制及静脉炎的防护。

## 慢性白血病病人的护理

慢性白血病病情发展缓慢，病程相对较长，骨髓及外周血中以中幼和/或晚幼白细胞或异常的成熟细胞为主，骨髓原始白细胞常不超过10%～50%。慢性白血病分为慢性髓细胞白血病、慢性淋巴细胞白血病、少见型白血病。我国以慢性髓细胞白血病多见。

## 慢性髓细胞白血病病人的护理

慢性髓细胞白血病（简称慢粒白血病或慢粒）是起源于造血干细胞的恶性骨髓增生性疾病，主要涉及髓系，是我国最常见的慢性白血病。临床主要表现为脾脏明显肿大，外周血粒细胞显著增多，以中性中、晚幼粒细胞增高为主。病程较缓慢，往往经历慢性期、加速期、急变期，常因慢粒急性变而死亡。慢粒经化疗后50%存活期为3～4年，5年存活率为25%～50%，个别可生存10～20年。本病各年龄组均可发病，以中年最多见，男性多于女性。

### 一、临床表现

1.慢性期

（1）起病缓慢，早期常无自觉症状。

（2）脾脏肿大是最突出的体征，可达脐平面，甚至可深入盆腔，质地坚实，表面平滑，无压痛，可引起左上、中腹明显的坠胀感。经治疗病情缓解后脾往往缩小。

（3）大多数病人可有胸骨中下段压痛。

（4）随着病情的发展，可出现低热、乏力、多汗或盗汗、消瘦等代谢亢进的表现。

（5）当白细胞极度增高超过$100\times10^9$ /L时可发生“白细胞淤滞症”。

（6）病程一般持续1～4年。

2．加速期

病情加重，主要表现为高热、虚弱、体重下降、脾脏持续肿大，骨、关节疼痛以及逐渐出现贫血、出血。原来对白血病细胞有效的药物发生耐药。病程一般几个月到数年。

3．急变期

表现与急性白血病相似，有髓外原始细胞浸润现象。慢粒病程后期约70%病人发生慢粒急性变，急性变后疗效差，几乎无生还可能，多数病人于几周或几个月内死亡。

### 二、辅助检查

1．慢性期

（1）血象

外周血中白细胞升高，白细胞数常超过$20\times10^9$/L，甚至达$100\times10^9$/L以上。各阶段粒细胞均增多，以中、晚幼中性粒细胞为主。

（2）骨髓象

骨髓增生明显至极度活跃，中幼中性粒细胞、晚幼中性粒细胞明显增多。嗜酸粒细胞、嗜碱粒细胞也增多。

（3）染色体检查

95%以上慢粒病人可发现Ph染色体。

（4）血液生化

血清及尿中尿酸浓度增高，与化疗后大量白细胞破坏有关。血清乳酸脱氢酶增高，与白血病细胞分泌乳酸脱氢酶增多有关。碱性磷酸酶主要存在于成熟阶段的中性粒细胞之中，慢粒时中性粒细胞碱性磷酸酶活性降低或呈阴性反应。

2．加速期

外周血或骨髓原始粒细胞≥10%，不明原因的血小板进行性减少或增加，除Ph染色体以外又出现其他染色体异常，骨髓活检显示胶原纤维显著增生等。

3．急性变

外周血中原粒+早幼粒细胞>30%，出现髓外原始细胞浸润。骨髓中原粒细胞>20%，原粒+早幼粒细胞>50%。

**三、诊断要点**

1．外周血粒细胞显著增多，以中、晚幼中性粒细胞为主。

2．骨髓增生活跃，以中、晚幼中性粒细胞为主。

3．脾大、Ph染色体阳性。

**四、配合治疗**

早期治疗是关键，一旦进入加速期或急变期预后很差。

1．白细胞淤滞症紧急处理

见急性白血病配合治疗。

2．化学治疗

（1）羟基脲

羟基脲能特异性抑制DNA的合成，是目前治疗慢粒的首选化疗药物。起效快，但持续时间短，用药后2～3天白细胞数下降，停药后很快回升。偶有血管溃疡或者坏死。

（2）白消安（马利兰）

白消安作用于骨髓早期祖细胞。起效较羟基脲慢，但作用时间长，用药2～3周后外周血白细胞才开始减少，停药后白细胞减少可持续2～4周。用药过量常致严重骨髓抑制。过去将白消安作为首选药，现已较少使用。

（3）其他药物

高三尖杉酯碱、阿糖胞苷、靛玉红、环磷酰胺等。

3．α-干扰素

该药与羟基脲或小剂量阿糖胞苷联合应用，可提高疗效。但起效慢，需使用数月。干扰素有发热、食欲不振、血小板减少、肝功能异常等不良反应，用药时要对症护理。

4．造血干细胞移植

造血干细胞移植是根治性治疗方法，宜在慢性期血象和体征控制后尽早进行。

5．慢粒急性变治疗

与急性白血病的治疗方法相似。

6．脾放射治疗

用于明显脾大者。

**五、护理问题**

1．有感染的危险

与粒细胞减少有关。

2．疼痛

与脾大、脾梗死有关。

3．潜在并发症

尿酸性肾病。

**六、护理措施**

1．指导休息与活动

以休息为主，避免劳累。

2．饮食护理

病人体内白血病细胞数量较多，基础代谢增加，每天所需热量增加，故需提供高热量、高蛋白、高维生素、易消化吸收的食物以补充消耗的热量，减少体内蛋白质过度分解。鼓励病人多饮水，每日饮水1500 mL以上。

3．观察病情

每日观察脾脏大小、质地，注意有无压痛并做好记录。密切注意有无脾栓塞或脾破裂的发生，其主要表现为突感脾区疼痛，伴发热、多汗，甚至休克，脾区有明显触痛、拒按，脾脏进行性肿大、甚至出现血性腹水。

4. 对症护理

（1）脾大护理

将病人安置于安静、舒适的环境中，尽量卧床休息，减少活动，并取左侧卧位，以免因牵拉巨脾所造成的不适。尽量避免弯腰和碰撞腹部，避免脾破裂。遵医嘱协助病人做脾放射治疗，以减轻脾胀痛。鼓励病人少量多次进餐、进水以减轻腹胀。

（2）感染护理

参见本节“急性白血病病人的护理”相关内容。

（3）贫血护理

参见本章第二节中“贫血病人的护理措施”相关内容。

（4）出血护理

参见本章第二节中“再生障碍性贫血病人的护理”相关内容。

5. 心理护理

同上述“急性白血病病人的护理”相关内容。

**七、健康教育/出院指导**

1. 知识宣传

告诉病人即使本病缓解后体内仍然存在白血病细胞，指导病人自我观察、自我护理，及时就诊、及时治疗，争取延长缓解时间。

2. 生活指导

帮助建立良好的生活方式，如本病缓解时可以工作或学习，但不可过度劳累，要保证休息、睡眠，注意加强营养。

3. 治疗指导

指导病人按时服药，主动配合化疗，观察药物副作用。

4. 定期复查

定期门诊复查血象、骨髓象。若病人出现贫血、出血加重、发热、脾脏增大时，要及时就诊。

**八、小结**

▲慢粒是最常见的慢性白血病。

▲脾大为最突出的体征。常因急性变而死亡。

▲血象、骨髓象以中、晚幼中性粒细胞增多为主。90%以上慢粒病人有Ph染色体。

▲羟基脲是治疗慢粒的首选化疗药物。护理特点是脾大的护理。

## 慢性淋巴细胞白血病病人的护理

慢性淋巴细胞白血病（简称慢淋白血病或慢淋）是一种慢性淋巴细胞增殖性疾病。以类似成熟的小淋巴细胞在外周血、骨髓、淋巴结和脾中积聚为特征。这类细胞在形态上类似成熟的细胞，但在免疫学上是一种不成熟的、功能不全的细胞，绝大多数起源于B细胞，T细胞型极少。慢淋在欧美各国较常见，我国较少见，90%的病人于50岁以后发病，30岁以下发病者罕见。

**一、临床表现**

起病十分缓慢，多无自觉症状，淋巴结肿大常为就诊的首发症状。肿大的淋巴结较坚实、无压痛、可移动。以颈部、锁骨上、腋下、腹股沟淋巴结为主。50%～70%的病人有肝、脾轻至中等度肿大。早期有疲乏无力，而后可出现食欲减退、消瘦、低热和盗汗等，晚期易发生贫血、出血和感染，尤以呼吸道感染多见，与免疫功能减退有关。

慢淋国际上多采用Binet分期：

A期

血和骨髓中淋巴细胞增多，$<3$个区域的淋巴组织肿大，中数存活期$>10$年。

B期

血和骨髓中淋巴细胞增多，≥3个区域的淋巴组织肿大，中数存活期7年。

C期

除与B期相同外，尚有贫血（Hb：男性<110 g/L，女性<100 g/L）或血小板减少，中数存活期2年。

区域划分为：颈、腋、腹股沟淋巴结各为一个区域，肝、脾各为一个区域，共5个区域。

## 二、辅助检查

1．血象

白细胞>$10\times10^9$/L，淋巴细胞占50%以上，以类似成熟的小淋巴细胞增多为主。

2．骨髓象

淋巴细胞显著增多占40%以上，以类似成熟的小淋巴细胞增多为主。

3．染色体

80%的病人有染色体异常。

4．免疫学检查

多种免疫学表面标志阳性，60%的病人有低γ球蛋白血症。

5．淋巴结活检

可见典型的弥漫性小淋巴细胞浸润。

## 三、诊断要点

1．血象：白细胞增多，以类似成熟的小淋巴细胞增多为主。

2．骨髓象：类似成熟的淋巴细胞显著增多，占40%以上。

3．淋巴结肿大，较坚实、无压痛、可移动。

## 四、配合治疗

1．化学治疗

一般A期病人无须治疗，定期复查即可。B期、C期病人应予以化疗。慢淋细胞绝大多数处于G期，因此，选用细胞周期非特异性化疗药为佳。苯丁酸氮芥（瘤可宁）为首选药物，氟达拉滨干扰腺苷代谢，对慢淋有特效。

2．免疫治疗

几乎全部慢淋细胞表面均有$CD_{52}$表达，阿来组单抗是人源化的鼠抗人$CD_{52}$单克隆抗体，能够清除血液和骨髓内的慢淋细胞。

3．化学免疫治疗

rituximab可以增强嘌呤类似物的抗肿瘤活性，疗效比较满意。

4．放射治疗

主要用于淋巴结肿大伴有局部压迫症状者或化疗后淋巴结、脾脏缩小不佳者，可采取局部放射治疗。

5．并发症防治

（1）反复感染者可注射丙种球蛋白，增强机体抵抗力。

（2）对于自身免疫性溶血性贫血或血小板减少性紫癜，可用较大剂量肾上腺糖皮质激素治疗，疗效不佳，且脾大明显时可行脾切除。

6．造血干细胞移植

在缓解期，采用自体干细胞移植治疗，可获得较理想的效果。

## 五、护理问题

1.有感染的危险

与低免疫球蛋白血症及中性粒细胞缺乏有关。

2.活动无耐力。

与贫血有关。

### 六、护理措施

1.贫血护理

参见本章第二节中“贫血病人的护理措施”相关内容。

2.出血护理

参见本章第二节中“再生障碍性贫血病人的护理”相关内容。

3.感染护理

参见本节“急性白血病病人的护理”相关内容。

### 七、健康教育/出院指导

参见本节“慢性髓细胞白血病病人的护理”相关内容。

### 八、小结

▲慢淋是一种慢性淋巴细胞增殖性疾病。以类似成熟的小淋巴细胞在外周血、骨髓、淋巴结和脾中积聚为特征。

▲淋巴结肿大，较坚实、无压痛、可移动。

▲苯丁酸氮芥（瘤可宁）为首选化疗药物，氟达拉滨对慢淋有特效。

## 第四节 淋巴瘤病人的护理

淋巴瘤是原发于淋巴结或其他淋巴组织的恶性肿瘤，其发生大多与免疫应答过程中淋巴细胞增殖分化产生的某种免疫细胞恶变有关。淋巴瘤可发生于身体的任何部位，通常以实体瘤形式生长于淋巴组织丰富的组织器官中，以淋巴结、扁桃体、脾及骨髓等部位最易受累。临床上以慢性、无痛性、进行性的淋巴结肿大或局部肿块为特征，可伴发热、消瘦、盗汗等全身症状，同时可有相应器官受压迫或浸润受损症状。组织病理学上可分为霍奇金淋巴瘤（HL）和非霍奇金淋巴瘤（NHL）两大类。本病在我国以20～40岁多见，约占50%左右，男性发病率明显高于女性。

### 一、病因与发病机制

淋巴瘤的病因与发病机制尚不清楚，但病毒学说颇受重视。

1．EB病毒

血清EB病毒抗体滴定度高者发生淋巴瘤的机会明显增多。

2．反转录病毒

人类T淋巴细胞病毒Ⅰ型（HTLV-Ⅰ）已被证明是成人T细胞白血病或淋巴瘤的病因。人类T淋巴细胞病毒Ⅱ型（HTLV-Ⅱ）与T细胞皮肤淋巴瘤的发病有关。

3．幽门螺杆菌

幽门螺杆菌与胃黏膜相关性淋巴瘤有关。

4．免疫功能低下

近年来发现免疫功能低下者容易伴发淋巴瘤。

5．病理特征

霍奇金淋巴瘤以肿瘤组织中存在里-斯细胞为特征。非霍奇金淋巴瘤病变的淋巴结切面外观呈鱼肉样。

### 二、临床表现

由于病变部位和范围不相同，临床表现很不一致。①原发病变部位在淋巴结，以相应局部肿块及器官压迫症状为主。②病变在淋巴结外的淋巴组织，例如扁桃体、鼻咽部、胃肠道、脾、骨骼或皮肤等处淋巴组织，则以相应组织受损症状为主。③淋巴结外淋巴组织病变多见NHL。NHL一般发展迅速，易有远处扩散。

1．淋巴结肿大

多数患者以无痛性、进行性颈部或锁骨上淋巴结肿大为首发症状，其次为腋下、腹股沟等处的淋巴结肿大。肿大的淋巴结可以活动，也可相互粘连，融合成块，触诊有软骨样感觉。如果淋巴结压迫神经，可引起疼痛。少数病人仅有深部淋巴结肿大，可压迫邻近器官引起症状，如纵隔淋巴结肿大，可致咳嗽、胸闷、气促、肺不张及上腔静脉压迫症等；腹膜后淋巴结肿大可压迫输尿管，引起肾盂积水等。

2．全身症状

可有持续或周期性发热、盗汗、体重减轻，退热时大汗淋漓为本病的特征之一，本病发热用抗生素治疗无效。部分病人有局部或全身皮肤瘙痒，是HL较特异的表现。

3．全身各组织器官受累

脾大不常见。肝受累可引起肝大和肝区疼痛，少数可发生黄疸。胃肠道和肾脏损害出现腹痛、腹泻、腹部肿块、肾肿大、高血压、尿素氮滞留等。还可见肺实质浸润、胸腔积液、脑膜和脊髓浸润。骨髓损害以胸、腰椎最常见。

**三、辅助检查**

1．血象、骨髓象

HL常有轻或中度贫血，骨髓象多为非特异性，如能找到里-斯细胞有助诊断。NHL白细胞多正常，伴淋巴细胞绝对或相对增多。

2．淋巴结活检

淋巴结活检是淋巴瘤确诊和分型的主要依据。

3．影像学检查

胸部X射线、腹部B超检查有助于确定病变的部位及其范围。

**四、诊断要点**

1．慢性、进行性、无痛性淋巴结肿大。

2．淋巴结活检证实。根据病变范围不同，可将淋巴瘤分为四期。多采用1966年Ann Arbor会议推荐的临床分期法：

Ⅰ期

病变仅限于一个淋巴结区（Ⅰ）或淋巴结以外单一器官受累（ⅠE）。

Ⅱ期

病变累及横膈同侧两个或更多的淋巴结区（Ⅱ），或病变局限侵犯淋巴结以外器官及横膈同侧一个以上淋巴结区（ⅡE）。

Ⅲ期

病变累及横膈上下两侧淋巴结区（Ⅲ），可同时伴有脾受累（ⅢS）、淋巴结外器官局限受累（ⅢE）等。

Ⅳ期

一个或多个淋巴结以外的组织和器官受到广泛性或播散性侵犯，伴或不伴淋巴结肿大。肝或骨髓只要受到累及均属Ⅳ期。

各期又可分为

①A组：无全身症状；

②B组：有发热（38 ℃以上，连续3天，且无感染原因）、盗汗、体重减轻（6个月减轻10%以上）等全身症状。

**五、配合治疗**

以化疗为主，结合放疗的综合治疗，是淋巴瘤的基本治疗策略。

1．化学治疗

多采用联合化疗，争取首次治疗获得缓解，有利于病人长期存活。HL常用方案为MOPP（氮芥、长春新碱、甲基苄肼、泼尼松），也可采用ABVD（阿霉素、博来霉素、长春花碱、甲氮咪胺）方案。NHL基本化疗方案为COP（环磷酰胺、长春新碱、泼尼松），也可采用CHOP（环磷酰胺、阿霉素、长春新碱、泼尼松）。

2．放射治疗

有扩大照射及全身淋巴结照射两种。扩大照射指除被累及的淋巴结及肿瘤组织外，还包括附近可能侵及的淋巴结。扩大照射适用于HLⅠA、ⅡA期病人，疗效较好。Ⅲ、Ⅳ期病例应以化疗为主，必要时局部放疗。NH对放疗、化疗敏感，但易复发，再次治疗缓解率低，缓解持续时间短。

3．生物治疗

（1）凡CD20阳性的B细胞淋巴瘤，均可用CD20单抗（利妥昔单抗）治疗。

（2）干扰素有部分缓解作用。

（3）胃黏膜相关性淋巴瘤经抗幽门螺杆菌治疗后部分病人症状改善，淋巴瘤消失。

4．造血干细胞移植

## 六、护理问题

1．体温过高

与疾病本身或感染有关。

2．有皮肤完整性受损的危险

与放疗引起局部皮肤烧伤有关。

3．有感染的危险

与放疗、化疗使机体免疫力低下有关。

## 七、护理措施

1．指导休息与活动

化疗或放疗期间病人应注意休息。

2．饮食护理

进食高蛋白、高维生素、高热量饮食，增强机体抵抗力。

3．观察病情

观察体温变化情况，注意全身或局部有无感染病灶。

4．对症护理

（1）皮肤护理

病人出汗较多时，应保持皮肤清洁、干燥，随时擦洗、更衣，避免感冒受凉。

（2）感染护理

参见本章第三节“急性白血病病人的护理”相关内容。

（3）贫血护理

参见本章第二节中“贫血病人的护理”相关内容。

（4）出血护理

参见本章第二节中“再生障碍性贫血病人的护理”相关内容。

5．心理护理

告诉病人近几年由于治疗方法的改进，淋巴瘤缓解率大大提高，树立病人战胜疾病的信心。鼓励病人坚持化疗、放疗，积极配合治疗护理。

## 八、健康教育/出院指导

1．知识宣传

向病人及家属讲述有关疾病的知识和治疗原则，介绍化疗、放疗的不良反应及相应护理措施。

2．生活指导

指导病人注意保证充分休息、睡眠，加强营养，心情舒畅，提高机体免疫力。

3．治疗指导

遵医嘱用药，注意药物疗效及副作用。

4．定期复查

若有不适或发现肿块及时来医院检查。

## 九、小结

▲淋巴瘤是原发于淋巴组织的恶性肿瘤，分为HL和NHL两大类。

▲以慢性、无痛性、进行性的淋巴结肿大或局部肿块为特征，可伴发热、消瘦、盗汗等全身症状。

▲淋巴结活检可证实诊断。

▲采用以化疗为主，结合放疗的综合治疗。

# 第五节　出血性疾病病人的护理

出血性疾病是由于正常的止血机制发生障碍，引起以自发出血或轻微损伤后出血不止的一组疾病。可由于微血管壁的结构和功能缺陷、血小板质或量的改变以及凝血、抗凝血机制紊乱引起。

## 一、正常止血、凝血和抗凝血机制

1．止血机制（图7-5-1）

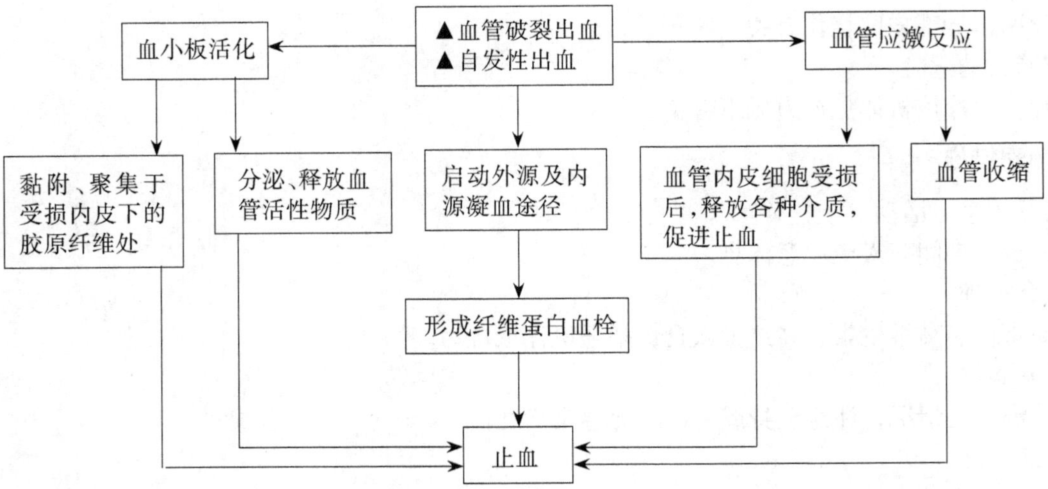


**图7-5-1　止血机制**

2．凝血机制

（1）正常情况下，所有的凝血因子均处于无活性状态。血液凝固是一系列无活性酶原转变为激活酶的连锁反应过程。

（2）目前已知的凝血因子有14种，其中已按国际命名法根据发现的先后顺序用罗马数字编号的有12种，此外还有激肽释放酶原、高相对分子质量激肽原等（表7-5-1）。除钙离子外均为蛋白质。活化的凝血因子在右下角用“a”表示。因子Ⅲ由组织释放，其他因子都存在于血浆中。因子Ⅵ是因子Ⅴ的活化形式而废除。多数因子在肝脏合成时需要维生素K参与。

**表7-5-1　血浆凝血因子名称**

| 凝血因子 | 同义名 |
|---|---|
| Ⅰ | 纤维蛋白原 |
| Ⅱ | 凝血酵原 |
| Ⅲ | 组织因子，组织凝血活酶 |
| Ⅳ | 钙离子 |
| Ⅴ | 易变因子 |
| Ⅵ | 稳定因子 |
| Ⅶ | 抗血友病球蛋白 |
| Ⅷ | 血浆凝血活酶成分，christmas因子 |
| Ⅸ | Stmart-Prowe因子 |
| Ⅹ | 血浆凝血活酶前质 |
| Ⅺ | 接触因子，Hageman因子 |
| Ⅻ | 纤维蛋白稳定 |
| PK | 激肽释放酶原 |
| HMWK | 高分子量激肽原 |

（3）凝血过程大体上可分为三个阶段。

第一阶段：凝血活酶形成。此阶段有两个途径即内源性凝血途径和外源性凝血途径，最后形成凝血活酶。

第二阶段：凝血酶形成。血浆中的凝血酶原，在凝血活酶作用下转变为凝血酶。

第三阶段：纤维蛋白形成。纤维蛋白原在凝血酶作用下，形成纤维蛋白单体，在凝血因子ⅩⅢa作用下，形成不溶性的纤维蛋白，完成整个凝血过程。

3．抗凝血系统

抗凝血系统起到防止凝血的作用，主要由以下物质组成：

（1）抗凝血酶（AT）

抗凝血酶生成于肝及血管内皮细胞，是人体内最重要的抗凝血物质，约占血浆生理性抗凝活性的75%，能直接使凝血酶失去活性，并可灭活凝血因子Ⅸa，Ⅹa，Ⅺa，Ⅻa（简称FⅨa、FⅩa、FⅪa，FⅫa）等。抗凝血酶的抗凝活性与肝素密切相关。

（2）蛋白C系统

蛋白C系统通过灭活凝血因子Ⅴ、Ⅷ而发挥抗凝作用。

（3）组织因子途径抑制物（TFPl）

抵抗FⅩa、TF与FⅦa复合物的作用。

（4）肝素

与抗凝血酶结合，促使抗凝血酶发挥作用。

4．纤维蛋白溶解系统

（1）组成

纤维蛋白溶解系统由纤溶酶原（PLG）、组织型纤溶酶原活化剂（t-PA）、尿激酶型纤溶酶原活化剂（u-PA）、纤溶酶相关抑制物等活化素组成。

（2）激活

纤溶系统激活主要过程为纤溶酶原在上述活化素的作用下，转化为纤溶酶，纤溶酶使纤维蛋白或纤维蛋白原分解为纤维蛋白降解产物（ADP），即降解碎片，被单核-巨噬细胞系统清除，起到溶解血栓的作用。

**二、出血性疾病的分类**

1．血管壁异常

（1）遗传性

如遗传性出血毛细血管扩张症。

（2）获得性

如感染、药物、代谢障碍（维生素C缺乏所致坏血病）、血管病变等。

（3）过敏性

如过敏性紫癜。

（4）其他

如单纯性紫癜、老年性紫癜、机械性紫癜。

2．慢性型

以中青年女性多见。多与自身免疫因素、雌激素变化有关。以反复发作为特征。

（1）起病情况

起病缓慢，一般无前驱症状。

（2）出血症状

出血症状相对较轻，常反复发生皮肤、黏膜瘀点、瘀斑，女性病人月经过多，每次发作常持续数周或数月甚至数年。严重内脏出血较少见。长期月经过多者，可出现失血性贫血。

（3）预后

慢性型出血性疾病易反复发作，自行缓解少见，治疗效果差。

## 三、辅助检查

1．血小板检查

外周血中血小板数目明显减少，血小板生存时间明显缩短。急性型发作期血小板常低于$20\times10^9/L$，慢性型常在$50\times10^9/L$左右。血小板平均体积偏大，出血时间延长，血块收缩不良，束臂试验阳性，但血小板功能正常。贫血与出血程度成正比。

2．骨髓象

骨髓象是本病诊断的重要依据。骨髓巨核细胞数目增多或正常伴成熟障碍。红系和粒系、单核系通常正常。

3．其他

大多数出血性疾病病人血小板相关免疫球蛋白PAIg阳性、血小板相关补体（$PAC_3$）增高，缓解期可恢复正常。

## 四、诊断要点

1．皮肤、黏膜、内脏出血症状。脾脏不大。

2．血小板减少，出血时间延长。血小板功能正常。

3．骨髓巨核细胞增多或正常，伴有成熟障碍。

4．排除其他继发性血小板减少性疾病。

## 五、配合治疗

1．糖皮质激素

（1）作用机制

①减少PAIg生成，减轻抗原抗体反应；

②抑制血小板与抗体结合，抑制单核-巨噬细胞系统对血小板的破坏；

③降低毛细血管通透性，改善出血症状；

④刺激骨髓造血及血小板向外周血的释放。

出血严重者可短期内使用地塞米松或者甲泼尼龙静脉滴注。若无明显出血倾向，血小板计数$>30\times10^9/L$者，可不予治疗。

（2）用药注意事项

参见第五章第四节“肾病综合征病人的护理”相关内容。

2．脾切除

减少血小板抗体产生、减少血小板破坏，是治疗本病的有效方法之一。其有效率为70%～90%。即使效果不佳，也会使病人对糖皮质激素的需要量减少。

（1）适应症

①正规使用糖皮质激素治疗3～6个月无效者。

②糖皮质激素治疗有效，但减量或停药复发，或需较大剂量（>30 mg/d）维持者。

③有糖皮质激素使用禁忌症者。

④$^{51}Cr$扫描脾区放射指数增高。

（2）禁忌症

①年龄小于2岁。

②妊娠期。

③因其他疾病不能耐受手术。

3．免疫抑制剂

与糖皮质激素合用提高疗效，减少糖皮质激素用量。用于有糖皮质激素或脾切除禁忌症或疗效不佳者。

（1）常用制剂

长春新碱最常用。此外，环磷酰胺、硫唑嘌呤、环孢素等也有一定疗效。由于这类药物均有较严重的副作用，使用时应慎重，一般不作为首选药。

（2）用药注意事项

长春新碱可引起骨髓造血功能抑制、末梢神经炎。环磷酰胺可导致出血性膀胱炎等。用药期间要严密观察有无骨髓抑制、神经感觉障碍、血尿等不良反应，发现异常及时通知医生，积极配合处理。用环磷酰胺时要多饮水，勤排尿。

4．急症的处理

对血小板低于$20\times10^9$/L、出血严重、疑有或者已发生颅内出血、近期将实施手术或者分娩者进行紧急处理，防止出血不止。常用方法：输血小板悬液，静脉注射免球蛋白及大剂量强的松龙，血浆置换等。

### 六、护理问题

1．组织完整性受损：出血

与血小板减少有关。

2．有感染的危险

与糖皮质激素治疗有关。

3．潜在并发症

颅内出血。

### 七、护理措施

1．指导休息与活动

血小板<$50\times10^9$/L者，勿做强体力劳动。血小板介于$30\times10^9$/L～$50\times10^9$/L之间者，且出血不重，可适当活动，避免劳累。血小板<$30\times10^9$/L者，以卧床休息为主，保持心情平静。

2．饮食护理

给予高维生素、高蛋白、高热量的软食。若有牙龈出血，食物的温度不宜过高。多吃水果、蔬菜，防止便秘。禁吃坚硬、多刺、辛辣食物。

3．用药护理

谨慎用药。避免使用可能引起血小板减少或者抑制其功能的药物，如阿司匹林、双嘧达莫（潘生丁）、吲哚美辛（消炎痛）、保泰松、噻氯匹定等。

4．观察病情

注意出血部位、范围、出血量及出血是否停止。监测血小板计数、出血时间。严密观察病人生命体征及神志变化。

5．对症护理

（1）预防和避免加重出血

血小板低于$20\times10^9$/L时要警惕颅内出血、消化道出血、肾出血、失血性休克等，避免用力、屏气、剧烈咳嗽、打喷嚏等脑出血的诱因，必要时酌情给予开塞露、镇咳剂等药物对症处理。参见本章第二节中“再生障碍性贫血病人的护理”相关内容。

（2）预防感染护理

长期应用糖皮质激素，易诱发或加重感染，使病人病情加重，故应加强和控制感染，具体护理参见本章第三节中“急性白血病病人的护理”相关内容。

6．心理护理

鼓励病人表达自己的感受，对病人表示理解，安慰病人，耐心解答病人提出的各种问题，增加病人的安全感和信任感，消除焦虑情绪。

### 八、健康教育/出院指导

1．知识宣传

（1）向病人及家属介绍本病基本知识，使其了解疾病的成因、主要表现、治疗方法，以及如何配合治疗与护理。高度重视本病，但又不过分紧张。对疾病预后有所了解，以积极的心态对待疾病。

（2）能自我监测病情，注意皮肤、黏膜出血情况，如瘀点、瘀斑、牙龈出血等，注意有无内脏出血的表现，如月经量增多、呕血或黑便、咯血、血尿、头痛等。一旦发现出血或出血加重，应及时就医。

2．生活指导

（1）避免诱发和加重出血的因素：如避免人为损伤，避免使用可引起血小板减少或者抑制其功能的药物等。不玩锐利玩具，不使用锐利工具，不做剧烈运动，不做对抗运动，指甲不宜过长，刷牙用软毛牙刷等。

(2) 建立良好的生活习惯：保持充足的睡眠，保持大小便通畅，稳定情绪等是避免颅内出血的有效措施。

3．治疗指导

告知长期服用糖皮质激素者必须遵医嘱、按时、按量、按疗程用药，不可自行减量或者突然停药，以免加重病情，注意预防各种感染。

4．定期复查

定期复查外周血象，了解血小板数目的变化，指导疗效的判断和治疗方案的调整。

### 九、小结

▲出血性疾病是由于自身免疫导致血小板破坏，以皮肤、黏膜出血为主要表现，严重者可发生内脏出血。

▲急性型出血症状严重，可自行缓解。慢性型出血症状相对较轻，反复发作，很少自行缓解。

▲血小板减少，部分病人血小板抗体阳性，骨髓巨核细胞成熟障碍。

▲首选糖皮质激素治疗。

▲护理主要是加强观察，预防出血，制止出血。

## 过敏性紫癜病人的护理

过敏性紫癜是一种常见的血管壁变态反应引起的出血性疾病，以非血小板减少性紫癜、腹痛、关节炎、肾炎为临床特征。本病多见于儿童及青少年，以冬、春季节多见。

### 一、病因与发病机制

（一）病因

1．感染

如细菌（β溶血性链球菌、金黄色葡萄球菌等）、病毒（风疹、水痘、流感等）、寄生虫（钩虫、蛔虫等）感染等。

2．食物

如鱼、虾、蛋、乳等。可能是机体对食物中蛋白质过敏所致。

3．药物

如抗生素（青霉素、链霉素、氯霉素、红霉素）、磺胺药、水杨酸类药、保泰松、苯巴比妥类药等。

4．其他

如花粉、昆虫咬伤、寒冷及疫苗接种等。

（二）发病机制（图7–5–2）

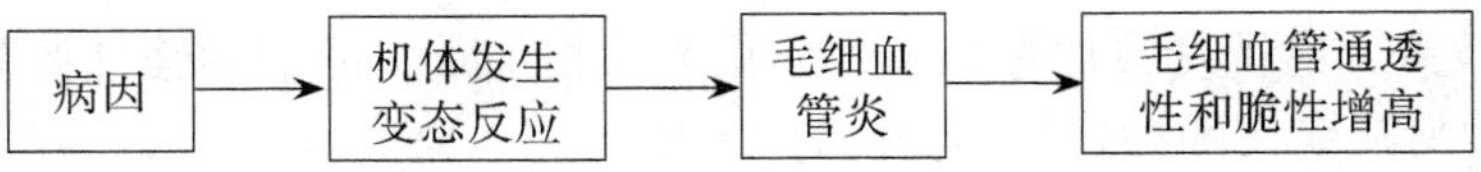


图7–5–2　过敏性紫癜发病机制

### 二、临床表现

多数病人发病前1～3周常有上呼吸道感染史，随之出现典型的临床表现。不同类型的临床表现各不相同。

1．紫癜型

最常见。主要表现为皮肤紫癜，多位于下肢及臀部，紫癜常对称分布，分批出现，大小不等，瘀点可融合成片或稍高出皮肤表面，伴皮肤瘙痒感。一般在数日内逐渐消退，可反复发作。少数病人可伴有眼睑、口唇、手足等处荨麻疹或局限性血管性水肿。

2．腹型

主要表现为腹痛，有时伴呕吐、腹泻、便血。检查腹部可有脐周或下腹局限性或弥漫性压痛，若紫癜出现前发生，易误诊为急腹症。

3．关节型

主要表现为关节肿胀、疼痛及功能障碍等。多见于膝、踝、肘及腕等处。关节症状一般在数月内消退，不留后遗症。若发生在紫癜前，易误诊为风湿性关节炎。

4．肾型

病情最严重。一般多在紫癜发生后1～8周内出现蛋白尿、血尿或管型尿。多数病人在数周内恢复，但易复发，少数病人可迁延数月。轻者可为局灶性轻型肾炎，严重者可发展为慢性肾炎或肾病综合征，可伴有高血压、浮肿、少尿甚至发生尿毒症。

5．混合型

以上临床表现若有两种或两种以上类型并存，则称为混合型。

### 三、辅助检查

血小板计数及出凝血时间均正常。半数以上病人毛细血管脆性试验阳性，毛细血管镜可见毛细血管扩张、扭曲及渗出性炎症反应。肾脏受累时，可出现蛋白尿、血尿或管型尿，甚至有不同程度的肾功能受损。

### 四、诊断要点

1．常有呼吸道感染史。

2．特征性皮肤紫癜表现，可伴有胃肠、关节、肾脏症状。

3．血小板计数、出凝血时间均正常，毛细血管脆性试验阳性。

4．排除其他原因引起的血管炎或紫癜。注意与急腹症、风湿性关节炎及急性肾炎相鉴别。

### 五、配合治疗

1．消除病因

找出并去除致病因素，如消除感染病灶，驱除肠道寄生虫，避免使用致敏食物或药物等。

2．抗过敏治疗

可选用抗组胺类药，如苯海拉明、扑尔敏、息斯敏等。抗组胺药易引起困倦，用药期间避免高空作业及驾驶，以免发生危险。

3．免疫抑制治疗

泼尼松等糖皮质激素，抑制抗原抗体反应，具有抗过敏、降低毛细血管壁通透性的作用。糖皮质激素对腹型和关节型有较好的疗效，对肾型疗效不明显。糖皮质激素的剂量和疗程，依病情而定。肾型或皮质激素疗效不佳者可用免疫抑制剂（环磷酰胺或硫唑嘌呤等）治疗。

4．对症治疗

针对腹痛、消化道出血、浮肿、尿少等症状给予治疗。

### 六、护理问题

1．组织完整性受损：出血

与血管通透性和脆性增加有关。

2．疼痛：腹痛、关节痛

与局部过敏性血管炎性病变有关。

### 七、护理措施

1．观察病情

（1）观察皮肤、出血部位及范围。

（2）观察腹痛性质、部位、程度、持续时间、伴随症状等。监测血压、脉搏等情况。消化道出血时应记录出血量，注意观察肠鸣音情况，若肠鸣音活跃伴血压下降、脉搏细速，可能有再次出血的可能；若肠鸣音消失伴腹胀、腹肌紧张，可能有肠梗阻或肠穿孔发生。

（3）肾脏受累时注意尿色、尿量，定期做尿常规检查。

（4）注意有无关节疼痛、肿胀等。

2．对症护理

（1）关节型

受累关节处于良肢位，少活动，避免外伤，以减轻疼痛。

（2）腹型

腹痛时遵医嘱皮下注射阿托品以缓解疼痛。

**八、健康教育/出院指导**

1．寻找并避免致病因素

本病发病与致病因素关系密切，要与病人共同分析致病因素，并指导其避免该因素。如花粉多的季节少外出，若外出需戴口罩。不滥用有引起过敏反应可能的药物。经常锻炼身体，保持心情愉快，避免易过敏食物等。

2．指导病人进行自我监测

教会病人自我监测出血情况及其伴随症状、体征。发现紫癜、腹痛、便血、关节肿痛、血尿、泡沫尿、少尿、浮肿等异常情况，及时到医院就诊。

**九、小结**

▲过敏性紫癜是毛细血管壁变态反应引起的出血性疾病，以皮肤紫癜为临床特征，分为紫癜型、腹型、关节型、肾型、混合型。

▲血小板计数、出凝血时间均正常，半数以上病人毛细血管脆性试验阳性。

▲治疗主要是去除病因，应用糖皮质激素。

▲护理关键是寻找并避免致病因素，观察出血情况。

# 第八章　内分泌与代谢疾病病人的护理

## 第一节　内分泌与代谢疾病

### 一、解剖结构

内分泌系统由人体内分泌腺（下丘脑、垂体、靶腺器官等）及分布于其他器官的具有内分泌功能的器官、组织及细胞构成。

1．内分泌腺

内分泌腺是特殊的腺体，无导管，所分泌的活性物质称为激素，直接进入血液或淋巴液。

（1）下丘脑

下丘脑是人体最重要的神经内分泌器官，是神经系统与内分泌系统的枢纽。下丘脑的神经内分泌细胞分泌各种激素，作用于腺垂体，使腺垂体释放相应激素。下丘脑视上核及脑室旁核分泌血管升压素（又称抗利尿激素）和缩宫素（催产素），经过神经轴突贮存于神经垂体。神经内分泌细胞结构上属于神经系统，但具有内分泌功能细胞。

（2）垂体

垂体可分为腺垂体（前叶）和神经垂体（后叶）两大部分，是体内最复杂的内分泌腺。

①腺垂体在下丘脑控制下，通过自身分泌的各种促激素调节相关靶腺合成各类激素，构成一个神经内分泌轴（下丘脑-垂体-甲状腺轴、下丘脑-垂体-肾上腺皮质轴、下丘脑-垂体-性腺轴）。其中促肾上腺皮质激素和促黑素细胞激素都是ACTH细胞分泌。

②神经垂体中贮存的抗利尿激素受血浆渗透压增高和血容量不足等刺激后分泌入血。催产素主要在分娩、哺乳等刺激后分泌入血。

（3）靶腺

靶腺分泌靶腺激素，且受垂体激素影响。

2．具有内分泌功能的其他器官、组织、细胞

许多器官虽非内分泌腺，但含具有内分泌功能的组织或细胞。有些消化道激素也可以从脑中发现，这种双重分布的现象称为脑-肠肽。

### 二、生理病理要点

（一）内分泌系统

1．内分泌腺与外分泌腺

人体有很多腺体，如汗腺、甲状腺、胰腺等，它们都具有分泌功能，根据其分泌方式可分为外分泌腺与内分泌腺。

（1）外分泌腺

外分泌腺产生的分泌物通过管道直接输出到人体的腔道或体表，如胰腺分泌的胰液通过胰管输送到小肠，汗腺分泌的汗液通过导管输送到体表。

（2）内分泌腺

内分泌腺不具有导管，其分泌物被称为激素。激素通过内分泌（由血液传递）、旁分泌（由邻近传递）、自分泌（直接作用于自身细胞）等方式到达特定的部位，表达其生物学活性，如甲状腺分泌甲状腺激素直接输送到血液，在机体的某些部位产生作用。

2．内分泌系统功能调节

人体内分泌系统和神经系统、免疫系统共同构成一个调节网络，以维持机体内环境的稳定和适应外环境的变化。

（1）外部环境刺激通过传入神经在高级神经中枢转换成化学信号，影响下丘脑激素分泌，引发一系列反馈调节，同时靶腺激素又对垂体和下丘脑进行负反馈，三者之间形成一个激素网，保持动态平衡，见图 8-1-1。

（2）免疫系统不但能调控正常的免疫反应，同时也会导致自身免疫反应，常见的内分泌方面自身免疫疾病有 Grabes 病、1 型糖尿病、Addison 病等，自身免疫疾病用糖皮质激素治疗往往有效。

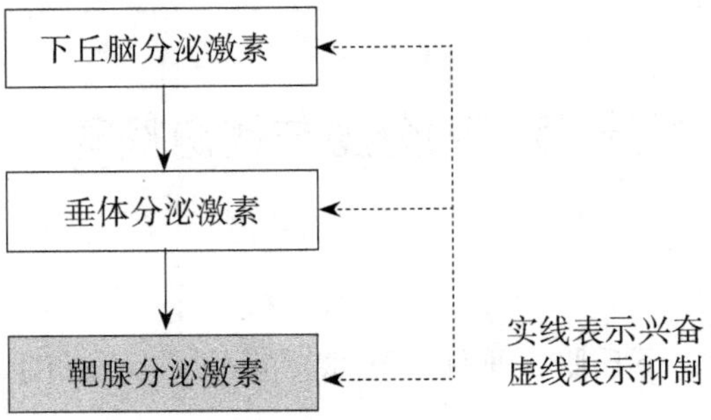


**图 8-1-1　内分泌轴负反馈调节示意图**

3．激素作用

激素通过作用于机体不同组织细胞，调节人体的代谢过程、脏器功能、生长发育、生殖衰老等生命现象，与神经系统和免疫系统相互配合，共同维持人机体内环境的稳定以及适应外界环境的变化。

4．内分泌系统疾病

内分泌系统疾病相当常见，可由多种病因引起病理和病理生理改变。

（1）可表现为内分泌腺功能亢进、功能减退或功能正常。

（2）根据病变发生部位的不同，分为原发性和继发性。

（3）靶组织对激素的敏感性或应答反应降低也可导致内分泌疾病的发生。

（4）非内分泌组织恶性肿瘤可异常地产生过多激素，引起内分泌疾病的一系列表现。

（5）应用药物或激素也可导致医源性内分泌疾病的发生。

（二）营养和代谢

1．营养和代谢的生理

（1）人的进食行为主要受神经、内分泌等生命活动的控制，其中下丘脑起重要作用。此外，饮食习惯还受文化、家族、个人经历、宗教信仰、经济因素的影响。

（2）食物在胃肠道经消化液、酶、激素等作用转化吸收入血，由血液运送到肝和周围组织被利用，合成物质或提供能量。

（3）食物消化中的一系列复杂的生化反应受基因控制，主要从酶、激素和神经内分泌等方面进行调节。

（4）中间代谢产物除被机体储存重新利用外，最后以水、二氧化碳、含氮物质或其他代谢产物的形式，经肺、肾、肠、皮肤、黏膜等排出体外。

2．营养病和代谢病

营养病是指机体所需营养物质包括糖类、蛋白质、脂肪、维生素、矿物质和水等供给不能满足机体的需求或超过机体的需要量或比例失调而导致的疾病。

按其发病原因可分为原发性和继发性两大类。

原发性营养失调是由于摄取物质不足、过多或比例不当引起的。

继发性营养失调是由于器质性或功能性疾病所导致的营养失调。

代谢病指在体内生物化学过程发生障碍，某些代谢物质如脂肪、蛋白质、嘌呤、铜等堆积或缺乏而引起的疾病。

（1）肥胖症

指脂肪堆积过多和（或）分布异常、体重增加，是包括遗传和环境因素在内的多种因素相互作用引起的慢性代谢性疾病。

①体重指数（BMI）

体重指数反映身体肥胖程度，BMI 正常范围为 18. 5～22.9。BMI≥24 为超重，BMI≥28 为肥胖，BMI<18.5 为消瘦。

②理想体重（IBW）

理想体重反映身体肥胖程度，IBW>10%为超重，IBW>20%为肥胖，IBW<10%为消瘦。

③测量腰围

腰围反映脂肪分布情况。受试者站立位，双足分开25～30 cm，测量髂前上棘和第12肋下缘连的中点水平，男性≥85 cm和女性≥80 cm为腹型肥胖。

④肥胖症治疗

强调以行为、饮食、运动为主的综合治疗，必要时辅以药物或手术治疗。治疗的两个主要环节是减少热量摄入、增加热量消耗。

（2）胰岛素抵抗

胰岛素抵抗指胰岛素作用的靶器官（主要是肝脏、肌肉和脂肪组织等）对外源性或内源性胰岛素作用的敏感性降低。胰岛素抵抗的主要原因是脂肪异常分布、过度堆积。高胰岛素血症是胰岛素抵抗的重要标志。

（3）代谢综合征（MS）

代谢综合征是心血管病的多种代谢危险因素在个体内集结的状态。MS主要由肥胖、2型糖尿病、血脂异常、高血压等组成。MS的中心环节是肥胖和胰岛素抵抗，胰岛素抵抗是MS的基本特征。防治的主要目标是预防临床心血管病、2型糖尿病，使肥胖、血糖、血脂、血压等务必达到控制标准。

（4）血脂异常

血脂异常指血浆中脂质的量和质的异常。

①血脂

血脂是血浆中的甘油三酯、胆固醇、类脂（磷脂、糖脂、固醇、类固醇）的总称。

②脂蛋白

由于脂质在血浆中必须与蛋白质结合以脂蛋白的形式存在，因此，脂蛋白异常血症实际上就是血脂异常。

③血浆脂蛋白分类

血浆脂蛋白分为乳糜微粒（CM）、极低密度脂蛋白（VLDL）、低密度脂蛋白（LDL）、中间密度脂蛋白（IDL）、高密度脂蛋白（HDL）。CM来源于食物，运送外源性甘油三酯到外周组织；VLDL来源于肝脏，运送内源性甘油三酯到外周组织；LDL由VLDL分解而来，运送内源性胆固醇到外周组织；HDL来源于肝脏、肠道，逆向转运胆固醇。

④治疗

血脂异常最主要的治疗目标是防治缺血性心血管疾病。以生活方式改变为首要的基本治疗措施，严格掌握用药指征，必要时考虑血浆净化疗法或外科治疗。

内分泌疾病往往会有营养和代谢异常的表现，而营养和代谢又受到内分泌系统的调节，所以往往将内分泌和代谢性疾病结合起来讨论。

①内分泌和代谢性疾病常见症状有营养失调、体态变化等。

②内分泌和代谢性疾病的诊断多需借助实验室检查，可直接测定激素及其代谢产物，或检查有无物质代谢紊乱的证据，必要时可做相应的兴奋试验或抑制试验。做实验室检查时需注意标本采集的特殊要求。

③内分泌和代谢性疾病治疗原则是积极治疗病因、纠正功能紊乱。

## 第二节　单纯性甲状腺肿病人的护理

单纯性甲状腺肿（又称非毒性甲状腺肿），是由于多种原因引起的非炎症性或非肿瘤性甲状腺肿大，此病不伴有临床甲状腺功能异常。本病病人约占人群的5%，女性发病率是男性的3～5倍。当某地区本病患病率超过10%时，称为地方性甲状腺肿。

## 一、病因与发病机制

（一）病因

1．碘缺乏

碘缺乏是地方性甲状腺肿的最常见原因。多见于远离海洋地区的山区。此外，青春期、妊娠期、哺乳期，机体对碘的需要量增加，若不能满足机体需要，也将影响甲状腺激素的合成而发病。

2．致甲状腺肿物质

某些物质可通过抑制肠道对碘的吸收、抑制甲状腺摄碘、抑制甲状腺激素的合成与释放等环节，而导致甲状腺肿大。

（1）常见致甲状腺肿的食物

卷心菜、萝卜、黄豆、白菜、小米、核桃等含有致甲状腺肿或阻止甲状腺激素合成的物质。

（2）常见致甲状腺肿的药物

硫脲类药物、磺胺类药物、对氨基水杨酸、硫氰酸盐、保泰松、碳酸锂等能抑制碘离子的浓集或碘的有机化，影响甲状腺激素的合成和释放。

3．碘过多

（1）经典的解释

当摄入高碘时，碘抑制了过氧化物酶的活性，使$T_3$、$T_4$合成减少，反馈性TSH分泌增高，促进了甲状腺肿的发生。

（2）近年研究表明

碘摄入过量主要是抑制了钠-碘转运体生成，使碘向甲状腺细胞内转运减少，造成细胞内碘水平下降，$T_3$、$T_4$合成减少，反馈性TSH分泌增高，促进了甲状腺肿的发生，称为“高碘性甲状腺肿”。

（3）过多摄入碘甚至可诱发碘甲状腺功能亢进症，称为“碘性甲亢”。

4.先天性甲状腺激素合成障碍

某些酶先天性缺陷，影响甲状腺激素的合成或分泌障碍引起甲状腺肿。

（二）发病机制（图8-2-1）

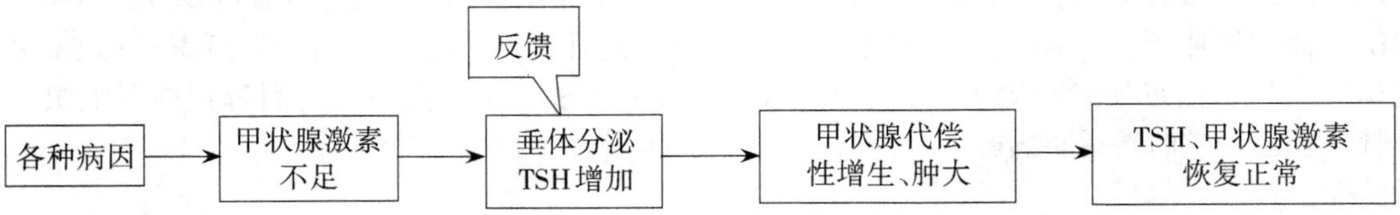


**图8-2-1　单纯甲状腺肿发病机制**

## 二、临床表现

1．症状

（1）一般无明显症状。

（2）重度肿大甲状腺可引起压迫症状，如压迫气管出现咳嗽、气促，压迫食管引起吞咽困难，压迫喉返神经引起声音嘶哑。

（3）胸骨后甲状腺肿可使头部、颈部和上肢静脉回流受阻，表现为面部青紫、肿、颈部与胸部浅表静脉扩张。

（4）地方性甲状腺肿流行地区，若小儿严重缺碘，可出现地方性呆小病。

2．体征

主要表现为甲状腺肿大。早期甲状腺呈轻中度、对称性、弥漫性肿大，表面光滑、质地较软、无压痛和结节。病史越长，肿大越明显，可出现大小不等的结节、质地坚韧。

## 三、辅助检查

1．甲状腺功能检查

血清$TT_3$、$TT_4$、TSH水平基本正常。

2．甲状腺$^{131}I$摄取率及$T_3$抑制试验

$^{131}I$摄取率增高，但无高峰前移，可被$T_3$所抑制。

3．B超检查

B超检查是确定甲状腺肿的主要检查方法。

4．甲状腺扫描

可见弥漫性甲状腺肿，常均匀分布。

## 四、诊断要点

1．甲状腺肿大而无甲状腺功能异常表现。

2．甲状腺功能检查基本正常。

## 五、配合治疗

主要针对病因治疗，生理性肿大者无须治疗。

1．碘缺乏时补充碘

因碘缺乏所致者，补充碘剂治疗，多食含碘丰富的食物，在地方性甲状腺肿流行地区可采用碘化食盐防治。指导病人遵医嘱补充碘剂。注意观察用药后甲状腺肿大是否减轻。

2．碘过量时控制碘摄入

40岁以上特别是结节性甲状腺肿病人应避免大剂量碘治疗，避免用硫脲类药物、磺胺类药物、对氨基水杨酸、硫氨酸盐、保泰松、碳酸锂等药物，以免诱发腆甲亢。

3．口服甲状腺制剂

对甲状腺肿大明显者，可以试用左甲状腺素（$L-T_4$）治疗，从小剂量开始，以避免诱发或加重冠心病。$L-T_4$治疗时必须监测血清TSH水平，TSH降低时停用$L-T_4$。使用甲状腺制剂应坚持长期服药，以免停药后复发。若服甲状腺制剂期间病人出现心动过速、食欲亢进、腹泻、出汗、呼吸急促等表现，应及时通知医生，协助减药量等处理。

4．手术治疗

一般不宜手术，但出现压迫症状或疑有癌变时可采用手术治疗。

## 六、护理问题

1．自我形象紊乱

与甲状腺肿大有关。

2．潜在并发症

呼吸困难、声音嘶哑、吞咽困难等与肿大的甲状腺压迫邻近组织器官有关。

3．知识缺乏

缺乏饮食方面知识等。

## 七、护理措施

1．指导休息与活动

多数病人可以正常工作、学习和生活。病情较重者应减少活动量，以不出现不适症状为度。

2．饮食护理

向病人讲解碘与本病的关系，嘱咐病人多进食含碘丰富的食物，如海带、紫菜等，食用加碘食盐。避免摄入大量阻碍甲状腺激素合成的食物，如卷心菜、萝卜、黄豆、白菜、小米、核桃等。高碘性甲状腺肿病人要限制含碘食物摄入。

3．观察病情

观察病人甲状腺肿大的程度、质地，有无结节及压痛，有无伴随的声音嘶哑、吞咽困难及呼吸困难等，若出现这些压迫症状应立即通知医生做相应的处理。

4．心理护理

主动与病人交谈，语言要温和，态度要亲切，消除其紧张情绪，减轻其焦虑、压抑等心理。鼓励病人表达自身感受，指导病人利用服饰恰当修饰，改变自我形象，消除自卑，树立信心。积极与病人家属沟通，鼓励家属给予病人心理支持。

## 八、健康教育/出院指导

1．知识宣传

（1）指导大众多进食含碘高的食物，强调食用加碘盐的必要性。在妊娠期、哺乳期、成长发育期应适当增加碘的摄入，以防本病发生。但摄入碘不可过量。

（2）向病人介绍本病有关知识，指导病人自我观察，自我护理。

2．生活指导

指导病人避免大量摄入阻碍甲状腺激素合成的食物和药物。注意劳逸结合。

3．治疗指导

使用甲状腺制剂治疗的病人应坚持长期用药，以免停药后复发。学会观察药物的不良反应，一旦出现异常情况，及时就诊。

4．定期复查

告知病人每年至少到医院复查1次，了解甲状腺病变情况，若出现甲状腺急骤肿大、有压迫症状、突然局部疼痛等，应随时就诊。

**九、小结**

▲单纯性甲状腺肿时甲状腺肿大，甲状腺功能基本正常。

▲碘缺乏是单纯甲状腺肿或地方性甲状腺肿的主要原因。某地本病患病率超过10%为地方性甲状腺肿。

▲治疗护理主要措施是增加碘摄入，防止碘过量。

## 第三节　甲状腺功能亢进症病人的护理

甲状腺功能亢进症（简称甲亢）系指由多种病因导致的甲状腺腺体分泌甲状腺激素过多所引起的一组临床综合征。甲亢的病因很多，其中以Graves病（弥漫性毒性甲状腺肿，简称GD）最为多见，约占甲亢的80%～85%，男女之比1∶4～1∶6，高发年龄为20～50岁。临床上以甲状腺毒症、弥漫性甲状腺肿、眼征为特征。下面对Graves病（以下也称其为甲亢）予以重点阐述。

**一、病因与发病机制**

（一）病因

1．遗传因素

本病有显著的家族遗传倾向。

2．免疫因素

目前公认其发生与自身免疫有关，属于器官特异性自身免疫病。本病病人的血清中存在促甲状腺激素（CTSH）受体的特异性自身抗体，即TSH受体抗体（TRAb）。TRAb有两种类型，即TSH受体刺激性抗体（TSAb）和TSH受体刺激阻断性抗体（TSBAb），前者是GD的致病性抗体。

3．应激因素

精神刺激、感染、创伤、劳累等应激因素作用于免疫系统，导致机体免疫功能紊乱。

（二）发病机制（图8-3-1）

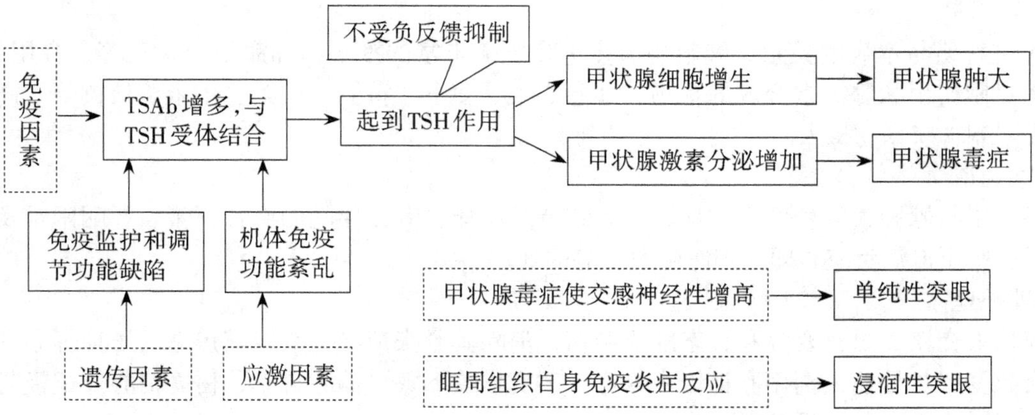


**图8-3-1　甲亢发病机制**

下丘脑-垂体-甲状腺轴相互作用机理，见图8-3-2。

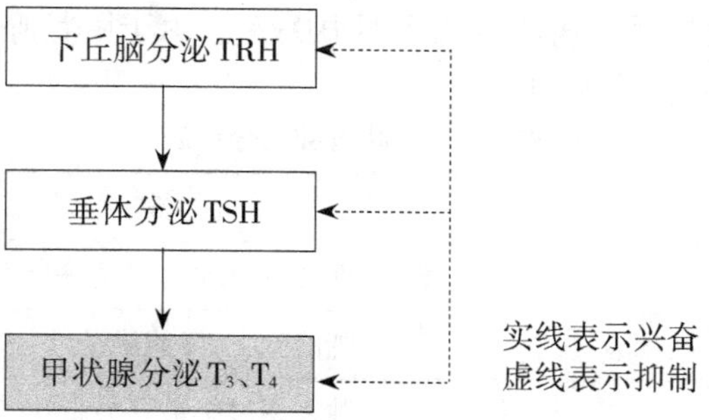


图8-3-2　下丘脑-垂体-甲状腺轴相互作用示意图

## 二、临床表现

多数甲亢起病缓慢，老年和小儿临床表现多不典型。甲亢临床表现与甲状腺激素生理作用密切相关，甲状腺激素的生理作用为：

①使机体对儿茶酚胺类物质的敏感性提高，交感神经兴奋。

②加速蛋白质、脂肪、糖原分解。提高组织耗氧量，增加产热量。

③兴奋胃肠平滑肌使肠蠕动增快。

④促进骨骼和脑的发育。

1. 甲状腺毒症表现

（1）高代谢综合征

甲状腺激素分泌过多使三大物质分解代谢增加，能量代谢增加。

①蛋白质分解导致负氮平衡，病人常有体重下降、多食善饥、消瘦、乏力等。

②脂肪分解与氧化使血总胆固醇降低。

③肝糖原分解加速，使病人血糖升高、糖尿病加重。

④产热和散热增多，表现为低热（<38 ℃）、怕热、多汗、皮肤温暖而潮湿。

（2）精神神经系统

中枢神经系统兴奋性增高，病人常出现情绪不稳定、记忆力减退、注意力不集中、焦躁多虑、多言好动、腱反射亢进、动作敏捷、失眠等症状。手、舌、眼睑细颤是甲亢在神经系统方面的特征表现。

（3）心血管系统

①病人常有心悸、胸闷、气促、心动过速、休息和睡眠时心率仍快等表现，与交感神经兴奋性增高有关。

②水冲脉是甲亢病人重要的心血管体征，与第一心音亢进，收缩压升高、舒张压降低，脉压增大有关。

③严重者可发生甲亢性心脏病，表现为心律失常、心脏扩大、心力衰竭等。以心房纤颤等房性心律失常多见，偶见房室传导阻滞。

（4）消化系统

因甲状腺激素促使胃肠蠕动增快，病人常表现为食欲亢进、多食、消瘦、稀便、排便次数增多或腹泻等。由于营养吸收障碍与激素的直接作用，部分病人表现为肝大及肝功能异常，偶有黄疸。

（5）肌肉骨骼系统

①甲状腺毒症性周期性瘫痪：常因剧烈运动、高碳水化合物饮食、注射胰岛素等诱发，病变主要累及下肢，常伴有低钾血症。

②甲亢性肌病：与蛋白质分解增加有关。表现为不同程度的肌无力、肌萎缩、行动困难，甚至发生误咽、呛咳等情况。少数病人伴发重症肌无力、指端粗厚（外形似杵状指）。

（6）造血系统

表现为外周血三系减少，如白细胞计数偏低，可伴发血小板减少性紫癜、贫血。

（7）生殖系统

女性常有月经减少或闭经；男性多有阳痿，偶有乳房发育。男女生殖力均下降。

2. 甲状腺肿大

大多数病人有不同程度的甲状腺肿大（表8-3-1），呈弥漫性、对称性肿大，质软、无压痛，随吞咽动作上下移动。甲状腺肿大程度与甲亢病情轻重无明显关系。由于甲状腺血流量增多，甲状腺左右叶上下极有震颤和血管杂音，为本病的重要体征。

**表 8-3-1　甲状腺肿大分度表**

| 肿大分度 | 表现 |
|---|---|
| Ⅰ度 | 外观没有肿大,但能触及 |
| Ⅱ度 | 既能看见,又能触及 |
| Ⅲ度 | 肿大超过胸锁乳突肌外缘 |

3．眼征

分为单纯性突眼和浸润性突眼。

（1）单纯性突眼

又称良性突眼。较常见，与交感神经兴奋眼外肌和提上睑肌有关，可随治疗而恢复。表现为：

①眼外肌兴奋使眼球对称性向前突出，突眼度≤18 mm，瞬目减少。

②上眼睑挛缩，睑裂增宽，向下看，上眼睑不能随眼球下落；向上看，前额皮肤不能皱起。

③看近物，眼球辐辏不良。

（2）浸润性突眼

又称恶性突眼。较少见，约占5%，与眶后组织的自身免疫性炎症有关。浸润性突眼与单纯性突眼的表现类似，但突眼度>19 mm，甚至高可达30 mm，双眼突眼度不对称；眼部不适症状明显，如视力下降，视野缩小，眼睛有异物感，畏光流泪等。严重者眼睑闭合不全，角膜外露，可因溃疡或全眼球炎导致失明。

4．特殊表现和类型

（1）甲状腺危象

又称甲亢危象，是甲亢恶化的严重表现，可危及生命。其发病原因可能与大量$T_3$、$T_4$释放入血致儿茶酚胺的反应性增强以及下丘脑-垂体-甲状腺轴反应减弱等有关。

1）诱因

①应激状态：如感染、手术、精神刺激、放射性碘治疗等；

②严重躯体疾病：如心力衰竭、低血糖症、败血症、脑卒中、急腹症等；

③口服过量甲状腺素制剂；

④手术处理不当：术前准备不充分，术中过度挤压甲状腺等；

⑤应用阿托品、肾上腺素等药。

2）临床表现

①原有甲亢症状加重。

②高热（体温>39 ℃）；心率加快（心率>140次/分）。

③恶心、厌食、呕吐、腹泻。

④大汗淋漓、虚脱、休克。

⑤神情焦虑、烦躁、嗜睡、谵妄、昏迷。

⑥病程中可合并房颤、房扑、心力衰竭、肺水肿、水电解质紊乱等情况。

（2）甲状腺功能亢进性心脏病

简称甲亢性心脏病，多见于成年人，老年人更多见。主要表现为心脏增大、心力衰竭、心律失常（以心房颤动最为常见），经有效的抗甲状腺治疗后可使病情明显缓解。

（3）胫前黏液性水肿

与自身免疫有关。多发生在胫骨前下1/3部位，多呈对称性病变。早期皮肤增厚、变粗，有大小不等的棕红色突起不平的结节，边界清楚。晚期下肢粗大似象皮腿。

（4）特殊类型的甲亢

见表8-3-2。

表8-3-2　部分特殊类型甲亢汇总表

| 甲亢的特殊类型 | 表现 |
| --- | --- |
| 淡漠型甲亢(老年甲亢) | 多见于老年人,表现为嗜睡、乏力、反应迟钝、心动过缓,甲亢症状多不典型 |
| 妊娠期甲亢 | 分为妊娠合并甲亢、HCG相关性甲亢 |
| $T_3$型甲亢 | 仅有血清$T_3$增高 |
| $T_4$型甲亢 | 仅有血清$T_4$增高 |
| 亚临床甲亢 | 血清$T_3$、$T_4$正常,TSH降低 |

## 三、辅助检查

1．血清总甲状腺激素（$TT_4$）与总三碘甲腺原氨酸（$TT_3$）

血清中99.5%以上$T_3$、$T_4$以与蛋白结合的形式存在，分别称为$TT_3$、$TT_4$，易受血甲状腺结合球蛋白（TBG）影响。$TT_3$浓度变化与$TT_4$基本平行，但甲亢早期$TT_3$上升比$TT_4$快，故$TT_3$为甲亢早期诊断、治疗中观察及停药后复发的敏感指标，亦是诊断$T_3$型甲亢的特异指标。$T_4$由甲状腺产生，80%的$T_3$由$T_4$转换而来，$TT_4$是判定甲状腺功能最基本的筛选指标。

2．血清游离甲状腺激素（$FT_4$）与游离三碘甲状腺原氨酸（$FT_3$）

$FT_3$、$FT_4$不受血甲状腺结合球蛋白影响，可直接反映甲状腺功能状态，其敏感性、特异性高于$TT_3$、$TT_4$，是临床诊断甲亢的首选指标。但临床测定方法学上有许多问题尚待解决，目前$FT_3$、$FT_4$测定的稳定性不如$TT_3$、$TT_4$。

3．血清反$T_3$（$rT_3$）

$rT_3$无生物活性，是$TT_4$在外周组织的降解产物，甲亢早期或复发早期可仅有$rT_3$升高。

4．血清促甲状腺激素（TSH）

甲亢时TSH降低。TSH变化较$T_3$、$T_4$变化更早、更显著，是反映下丘脑-垂体-甲状腺轴功能的敏感指标。

5．甲状腺摄$^{131}$I率

甲亢病人甲状腺摄$^{131}$I率升高，且摄取高峰前移。

6．TSH受体抗体（TRAb）

目前TRAb试剂盒比TSAb试剂盒价廉、易获得，所以当临床表现符合甲亢时，常将TRAb视为TSAb，作为诊断、判断病情活动与复发、治疗停药的重要指标。

7．CT和MRI

可以排除其他原因所致的突眼。

8．基础代谢率（BMR）

正常值为-10%～+15%，95%甲亢病人常增高，测定应在禁食12小时、睡眠8小时以上、静卧空腹状态下进行。

9．其他

必要时可做$T_3$抑制试验、TRH兴奋试验，用于协助诊断和鉴别单纯性甲状腺肿和甲亢诊断。

## 四、诊断要点

1．甲状腺毒症表现、甲状腺弥漫性肿大、突眼。

2．$T_3$、$T_4$增高，TSH降低。

3．结合其他实验室检查结果。

## 五、配合治疗

目前尚不能对甲亢病因进行治疗，甲亢治疗方法主要包括抗甲状腺药物治疗、放射性碘治疗及手术3种。抗甲状腺药物治疗应用最广，但仅能获得50%左右治愈率，复发率较高。放射性碘治疗及手术治疗均为创伤性措施，虽然治愈率较高，但易并发甲状腺功能减退。

1.抗甲状腺药物治疗

抗甲状腺药物治疗是甲亢的基础治疗。

（1）适应症

①适用于所有甲亢病人的初始治疗。

②病情较轻、甲状腺轻度至中度肿大者。

③年龄<20岁。

④孕妇或合并严重心、肝、肾疾病等而不宜手术者。

⑤手术和$^{131}I$治疗前的准备阶段。

⑥手术后复发且不宜$^{131}I$治疗者。

（2）常用制剂

硫脲类药物和咪唑类药物两大类药物。硫脲类药物包括甲硫氧嘧啶（MTU）、丙硫氧嘧啶（PTU）等；咪唑类药物包括甲巯咪唑（MMI，他巴唑）、卡比马唑（CMZ，甲亢平）等。

（3）药物特点

①优点

疗效较肯定。不导致永久性甲减。方便、经济、使用较安全。

②缺点

疗程长，一般需1～2年，有时长达数年。停药后复发率较高。可伴发肝损害或粒细胞减少症。

（4）用药分期

长期治疗常分为初治期、减量期、维持期。

①初治期

需要每4周复查甲状腺激素水平1次，临床症状缓解可能滞后于激素水平的改善，需待临床症状缓解后开始减药量。

②减量期

每2～4周减量一次，减至维持量。

③维持期

维持治疗1.5～2年。

（5）用药有效指征

脉搏减慢、体重增加。

（6）停药指标

①一般口服用药维持治疗1.5～2年，临床症状消失后可以停止治疗。

②当白细胞$<3\times10^9$/L或中性粒细胞$<1.5\times10^9$/L时应停用抗甲状腺药，换用其他方法继续治疗。

（7）治愈指征

甲状腺明显缩小，TSAb或TRAb转为阴性，提示可能已治愈。

（8）用药注意事项

▲正确用药：

①因$T_4$半衰期在1周左右，甲状腺储存的甲状腺激素释放需要2周时间，所以用药后需4周左右才能起效。要指导病人不可着急，要遵医嘱坚持治疗，不可任意间断、变更药物剂量或自行停药。

②PTU血浆半衰期短，必须保证6～8小时给药1次。

③用药剂量要准确。

④若病情发生变化应及时就医，遵医嘱调整用药。

▲密切观察抗甲状腺药不良反应：

①粒细胞减少

多在初治2～3个月及复治1～2周发生。要定期复查血象，在用药第1个月，每周查1次白细胞，1个月后每2周查1次白细胞。疗程中除非白细胞$<3\times10^9$/L或中性粒细胞$<1.5\times10^9$/L，否则不宜中断用药，要定期随访、严密监测。必要时遵医嘱给予利血生、鲨肝醇等促进白细胞增生药物。若伴有发热、咽痛等症状，须进行保护性隔离，预防交叉感染。

②中毒性肝病

多在用药后3周发生。用药后要定期检测肝功能。若转氨酶显著升高，应立即停药并给予相应治疗。

③药疹

药疹是较常见的一种不良反应。一般可用抗组胺药控制，不必停药。若皮疹加重，应立即停药，以免发生剥脱性皮炎。

④若治疗中出现甲状腺功能低下，可酌情加用左甲状腺素（L-$T_4$），同时减少抗甲状腺药物用量。

2．其他药物

（1）碘剂

大剂量碘可抑制甲状腺球蛋白的水解，减少甲状腺激素释放入血的量，减少甲状腺血流，使其变小变硬。起效快，作用时间短（一般2周左右），多用于术前准备和甲状腺危象。常用复方碘溶液（卢戈氏碘液）、碘化钠等制剂。

（2）β-受体阻滞剂

β-受体阻滞剂能阻断甲状腺素对心脏的兴奋作用，阻断$T_4$转换成$T_3$，常在抗甲状腺药物初治期用，能较快地控制甲亢的临床症状。常用普萘洛尔、阿替洛尔、美托洛尔等制剂。支气管哮喘或喘息型支气管炎病人慎用。

3．$^{131}$I治疗

利用$^{131}$I释放出自射线破坏甲状腺组织细胞，减少甲状腺素的合成与释放。$^{131}$I治疗安全、价廉、效益高，有效率达95%，治愈率达85%。

（1）适应症

①30岁以上成人甲亢伴甲状腺肿大Ⅱ度以上。

②抗甲状腺药物治疗失败。

③甲亢手术后复发。

④甲亢伴有心脏病、糖尿病等。

⑤高功能结节的甲亢病人等。

（2）禁忌症

妊娠、哺乳期妇女，肝肾功能差、活动性肺结核等病人。

（3）并发症

甲状腺功能减退等。

（4）治疗注意事项

①遵医嘱给予空腹口服$^{131}$I制剂，用药后2小时内禁食，以免引起呕吐而造成$^{131}$I丢失，影响碘的吸收。

②治疗前后2～4周避免服用含碘的药物和食物。

③服用$^{131}$I制剂后避免用手按压甲状腺，避免精神刺激，注意预防感染。

④服药后2～3日，嘱病人饮水2000～3000 mL/d，以增加$^{131}$I的排出。

⑤密切观察病情变化，警惕甲状腺危象、甲减。

⑥$^{131}$I发射的自射线最大射程仅2 mm，平均为0.5 mm，对甲状腺周围组织、器官、病人衣物、邻近人员等几乎没有影响，所以不需要特殊处理衣物或远离病人。

4．手术治疗

甲状腺次全切除术的治愈率可达95%左右，但可引起多种并发症。

5．甲状腺危象抢救

（1）避免诱因

避免诱因是预防甲状腺危象发生的关键。防治感染和充分地做好术前准备工作至关重要。此外，还要避免精神刺激、创伤、突然增减抗甲状腺药、放射碘治疗前准备不充分等诱因。

（2）安置病人

将病人立即安置在凉爽、安静、空气流通的环境内，绝对卧床休息。呼吸困难时取半蹲位，立即给氧。

（3）配合用药

建立静脉通道，及时、准确地遵医嘱给予补充液体、应用药物等，心率过快者静脉输液速度不可过快。

（4）降温

体温过高者给予冰敷或酒精擦浴等物理降温方法，必要时可应用氯丙嗪类药物（人工冬眠）降温，但禁用水杨酸制剂（如阿司匹林等），以免该药与甲状腺球蛋白结合后，使游离甲状腺激素增多，病情加重。

（5）其他措施

必要时进行血浆置换或腹膜透析、血液透析，迅速降低血浆中甲状腺激素的浓度。

（6）密切监测病情

观察生命体征、神志、出入量、躁动情况，尤其要密切监测体温和心率变化情况，注意有无心力衰竭、心律失常、休克等严重并发症。

（7）安全护理

躁动不安者使用床档保护病人安全。昏迷者加强皮肤、口腔护理，定时翻身，防止压疮、肺炎的发生。

6．浸润性突眼的治疗

突眼时球结膜和角膜暴露，易受外界刺激引起充血、水肿，继发感染，严重者可能致盲，必须根据不同病情程度采取相应措施。

（1）轻度浸润性突眼

①限制水、盐摄入，高枕卧位，减轻球后组织水肿。

②经常以眼药水湿润眼睛，防止角膜干燥。睡前涂抗生素眼膏、用无菌生理盐水纱布覆盖双眼。

③夜间遮盖眼部，保护角膜。出门戴墨镜，避免刺激角膜。

④眼睛有异物感、刺痛或流泪时，指导病人勿用手揉眼。

⑤积极治疗甲亢，戒烟、酒。

（2）中度和重度浸润性突眼

在上述护理基础上给予静脉滴注糖皮质激素、放射治疗、眶减压手术、积极治疗甲亢等处理。

7．甲亢性心脏病治疗

（1）抗甲状腺药物治疗

立即给予足量抗甲状腺药物，使甲状腺功能恢复至正常水平。

（2）$^{131}$I治疗

在抗甲状腺药物控制甲状腺毒症的基础上，尽早给予大剂量的$^{131}$I破坏甲状腺组织。

（3）对症治疗

①为防止放射性损伤后引起的一过性高甲状腺激素血症，使心脏病变加重，$^{131}$I治疗的同时，给予β-受体阻滞剂保护心脏。

②为了克服β-受体阻滞剂引起的心肌收缩无力的副作用，可同时使用洋地黄制剂。

③控制心房纤颤：可选用β-受体阻滞剂、洋地黄制剂药物治疗，也可在控制甲亢的基础上对心房纤颤者实施电复律。

## 六、护理问题

1．营养失调：低于机体需要量

与代谢增高有关。

2．个人应对无效

与性格及情绪改变有关。

3．自我形象紊乱

与甲状腺肿大、突眼有关。

4．潜在并发症

甲亢危象。

## 七、护理措施

1．指导休息与活动

（1）因病人基础代谢亢进，怕热、多汗，应将病人安排在通风良好、干燥凉爽的环境，保持环境安静，减少探视，避免各种不良情绪刺激，使病人得到充分的休息。

（2）病情轻者可下床活动，适当工作、学习，但不宜紧张和劳累。病情重、心力衰竭或合并严重感染者应卧床休息，保证充足的睡眠。

（3）协助病情较重病人完成洗漱、进餐、如厕等活动，尽量减少活动量，增加休息时间。

（4）情绪波动及失眠病人可适当应用镇静药物。

2．饮食护理

补充足够热量和营养。

（1）给予高热量、高蛋白、高维生素（尤其是复合维生素B）、富含矿物质的饮食。主食足量，同时增加奶类、蛋类、瘦肉类等优质蛋白以纠正体内的负氮平衡，两餐之间增加点心。

（2）每日饮水2000～3000 mL，补充出汗、腹泻、呼吸加快等所丢失的水分。

（3）避免生冷、刺激、油腻食物，避免摄入刺激性食物及饮料，如浓茶、咖啡等，以免引起病人交感神经兴奋，症状加重。

（4）多食含碘类食品，如海产品、碘盐等。

（5）勿食增加肠蠕动、易导致腹泻的食物，如高纤维饮食等。

3．观察病情

（1）观察一般情况

注意生命体征、精神、神志、体重变化情况。

（2）观察病情

注意手指震颤、恶心、呕吐、腹泻的程度。

（3）观察局部

注意突眼、甲状腺肿的程度，了解突眼保护情况及用药情况。

（4）警惕甲状腺危象发生

一旦发生高热、心率超过140次/分、呕吐、腹泻、烦躁、嗜睡，应考虑甲亢危象，立即报告医生并协助处理。

4．对症护理

若病人大量出汗，应随时更换衣服。

5．心理护理

护理人员要态度和蔼，耐心细致。告知病人情绪不稳、易激动会使甲亢病情加重。指导病人自我控制情绪、自我放松，帮助病人保持情绪稳定。向病人家属进行耐心的解释，说明病人情绪变化是病情所致，取得病人亲属的理解和配合，共同对病人进行心理护理。

## 八、健康教育/出院指导

1．知识宣传

（1）对病人讲解有关甲亢的疾病知识及药物的副作用，使病人学会自我护理。

（2）告知病人及家属甲亢危象发生的诱因、症状及自救方法。如甲亢病人出现高热、恶心、呕吐、腹泻、突眼加重等情况，应警惕甲亢危象，注意稳定病人情绪，保持环境凉爽、安静，及时前往医院就诊。

2．生活指导

（1）指导病人合理饮食，保证足够的营养。

（2）注意休息，避免过度劳累，避免各种应激性事件。

（3）避免压迫肿大的甲状腺，如衣领宜宽松，严禁用手挤压甲状腺等，以免甲状腺激素分泌过多，病情加重。

（4）对甲状腺肿、突眼部位可进行适当修饰，增加病人的生活信心。

3．治疗指导

（1）指导病人坚持遵医嘱、按时按量服药，不可随意减量和停药。

（2）每日清晨起床前自测脉搏，定期测量体重。

（3）指导妊娠期甲亢病人避免对自己及胎儿造成影响的因素，如禁用$^{131}I$治疗，慎用普萘洛尔，若产后需继续服药，不宜哺乳等。

4．定期复查

定期复查白细胞计数、肝功能。每隔1～2个月做甲状腺功能测定1次。

## 九、小结

▲甲亢是甲状腺激素分泌过多所致。

▲以甲状腺毒症、甲状腺肿大及眼征为特征。常有血$T_3$、$T_4$增高，TSH降低。

▲常采用抗甲状腺药物治疗、放射性碘治疗、手术治疗。

▲抗甲状腺药物有硫脲类药物（甲硫氧嘧啶、丙硫氧嘧啶）、咪唑类药物（他巴唑、甲亢平）。

▲甲亢最严重的并发症是甲状腺危象。甲状腺危象抢救关键是凉爽环境、准确用药、迅速降温、保

证安全。

▲护理重点是药物护理、$^{131}I$治疗护理、突眼护理、无碘饮食、定期复查血象、肝功能、甲状腺功能等。

## 第四节 甲状腺功能减退症病人的护理

甲状腺功能减退症（简称甲减）是由各种原因导致的体内低甲状腺激素血症或存在甲状腺激素抵抗而引起的全身性低代谢综合征。

①根据病变发生部位分为：原发性甲减（与甲状腺自身免疫、甲状腺手术、甲亢放射碘治疗有关）、中枢性甲减（下丘脑、垂体病变引起）、甲状腺激素抵抗综合征（与甲状腺激素在外周组织生物效应发生障碍有关）。

②根据起病年龄甲减分为：呆小症（又称克汀病）、幼年型甲减（婴儿及儿童时期甲减以明显的智力及生长发育障碍为主要表现）、成年型甲减（成人则以全身代谢缓慢，器官功能降低，特别是黏液性水肿为主要表现），本节主要介绍成年型甲减。

### 一、病因与发病机制

（一）病因

1．自身免疫损伤

最常见的原因是自身免疫性甲状腺炎，包括桥本甲状腺炎、萎缩性甲状腺炎、产后甲状腺炎等。

2．甲状腺破坏

如甲状腺手术切除、放射性$^{131}I$治疗等。

3．缺碘或碘过量

缺碘影响甲状腺激素合成。碘摄入过量主要是抑制了钠–碘转运体生成，使碘向甲状腺细胞内转运减少，造成细胞内碘水平下降，$T_3$、$T_4$合成减少。碘过量也可诱发和加重自身免疫性甲状腺炎。

4．抗甲状腺药物

硫脲类药物、咪唑类药物等。

5．下丘脑或垂体疾病

肿瘤、手术、放疗和产后垂体坏死引起。

（二）发病机制（图8–4–1）

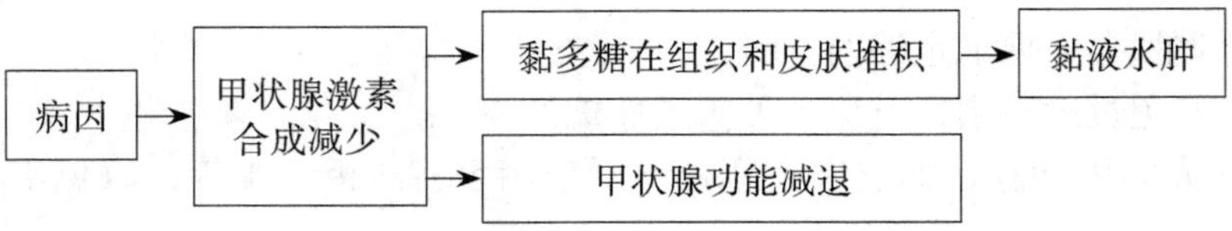


图8–4–1 甲减的发病机制

### 二、临床表现

主要表现为代谢降低，器官功能下降。

1．黏液性水肿

皮肤呈非凹陷性水肿，水肿处皮肤苍白或蜡黄色，与黏多糖沉积有关。

（1）全身性水肿

用指头按压不出现凹陷性改变。

（2）特征性面部表现

颜面水肿、苍黄，表情淡漠、呆板，鼻宽、唇厚、舌大、光滑发红。

（3）毛发

稀疏，眉毛外1/3、睫毛、腋毛、阴毛脱落等。

2．代谢降低

乏力、怕冷、少汗、体重增加。

3．各系统异常表现

（1）精神神经系统

精神抑郁、反应迟钝、记忆力减退、少言懒动、动作缓慢、声音低哑、语速缓慢、头晕、头痛、耳鸣、耳聋、眼球震颤、共济失调腱、反射迟钝。

（2）心血管系统

心音减弱、心率减慢等。可有心包积液的症状和体征。病程长者因血胆固醇增高，易发生冠心病、高血压。

（3）血液系统

常伴有贫血。

（4）消化系统

厌食、腹胀、便秘，严重者出现麻痹性肠梗阻。

（5）内分泌系统

女性病人常有月经过多或闭经，部分病人发生溢乳。男性病人可出现阳痿。

（6）皮肤

皮肤干燥、粗糙、发凉等。由于存在高胡萝卜素血症，手足皮肤呈姜黄色。

（7）肌肉与关节

肌肉乏力、痉挛性疼痛、肌萎缩等。

4．黏液性水肿昏迷

黏液性水肿昏迷为甲减最严重的表现。

（1）多见于老年或长期未治疗者。

（2）诱因：寒冷、感染、手术、麻醉剂、镇静剂、心力衰竭、肺水肿、中断甲状腺激素替代治疗等。常在冬季寒冷时发病。

（3）临床表现：嗜睡，体温<35 ℃，呼吸减慢，心动过缓，血压下降，四肢肌肉松弛，反射减弱或消失，甚至昏迷、休克、心肾功能不全而危及生命。

## 三、辅助检查

1．血常规及血生化检查

多为轻、中度正细胞正色素性贫血。血生化多表现为血胆固醇、甘油三酯增高。

2．甲状腺功能检查

血清TSH增高，$TT_4$或$FT_4$减低早于$TT_3$或$FT_3$是诊断本病的必备指标。甲状腺$^{131}I$摄取率降低。

3．TRH刺激试验

静脉注射TRH后，血清TSH不增高者提示为垂体性甲减，TSH延迟增高者为下丘脑性甲减，血清TSH在增高的基础上进一步增高，提示原发性甲减。

4．X射线检查

显示蝶鞍增大，心包积液、胸腔积液等。

## 四、诊断要点

1．甲减的临床表现。

2．TSH增高，$TT_4$、$FT_4$减低。

## 五、配合治疗

1．替代治疗

所有类型的甲减，均需用甲状腺激素替代，永久性甲减者需终身替代治疗。

（1）常用制剂

首选左甲状腺素（$L-T_4$）每日口服1次。$L-T_4$在体内可转变为$T_3$，其作用慢而持久，半衰期约8天，适合终身替代治疗。

（2）用药注意事项

遵医嘱给药。

①从小剂量开始，逐渐增加，中间不可随意停药或改变剂量，注意用药的准确性。

②用药前后分别测脉搏、体重及水肿情况，以便观察药物疗效。

③用药过程中若出现心悸、心动过速、失眠、胸痛、出汗、兴奋及体重明显减轻等症状，提示药物过量，要立即通知医生处理，及时调整剂量。

2．对症治疗

有贫血者补充铁剂、维生素 $B_{12}$、叶酸等。胃酸低者补充稀盐酸。

3．黏液性水肿昏迷抢救

（1）立即建立静脉通道，遵医嘱给予甲状腺激素，首选左旋三碘甲腺原氨酸（L-$T_3$），该药起效快，作用时间短，适合于黏液性水肿昏迷抢救。

（2）氢化可的松200～300 mg静滴，同时补充糖盐水500～1000 mL/d，维持水、电解质及酸碱平衡。

（3）保持呼吸道通畅：吸氧，准备好气管插管或气管切开设备。

（4）对症治疗：控制感染、救治休克、保暖等，可采用升高室温的方法进行保暖，尽量不给予局部加热，以防烫伤。

（5）严密监护：监测生命体征和动脉血气分析，观察神志、躁动、出汗情况，记录出入量。

## 六、护理问题

1．活动无耐力

与甲状腺激素分泌不足有关。

2．体温过低

与机体新陈代谢率降低有关。

3．社交障碍

与精神情绪改变造成反应迟钝、冷漠有关。

4．潜在并发症

黏液性水肿昏迷。

## 七、护理措施

1．指导休息与活动

病情较轻者，鼓励其适当活动，以无不适症状为度。病情较重者，安置其卧床休息，调节室温在22～23 ℃之间，注意保暖。

2．饮食护理

给予高蛋白、高维生素、低钠、低脂肪饮食，多食蔬菜、水果，细嚼慢咽、少食多餐。注意补充富含粗纤维的食物及足够的水分，以防便秘。

3．观察病情

（1）定时测量生命体征，观察病人有无寒战、皮肤苍白等体温过低现象，注意精神、神志、语言、体重、乏力、动作以及胃肠道症状。

（2）观察病人用药后临床表现是否改善，如精神状态是否好转、水肿是否减轻、大便次数是否增加、腹胀腹痛是否缓解等。

（3）若出现体温低于35 ℃、呼吸缓慢、心动过缓、血压降低、嗜睡等表现，应考虑可能发生了黏液性水肿昏迷，应立即通知医生抢救。

4．对症护理

（1）增加衣物，避免受凉。

（2）注意保暖，防止烫伤。

（3）保持皮肤清洁，每天用温水擦洗皮肤并涂以润滑剂，以防皮肤干裂。经常翻身或活动肢体，避免血液循环不良造成压疮。

（4）对于便秘病人，遵医嘱给予轻泻剂，指导病人每天定时排便，适当增加运动量，促进排便。

（5）运动时注意保护，防止发生外伤。

5．心理护理

多与病人沟通，注意语速缓慢，观察病人对语言的反应，不可操之过急。告诉病人本病可以用替代疗法达到较好的效果，树立病人配合治疗的信心。鼓励病人适当参加娱乐活动，多与他人交往，提高机体兴奋性。

### 八、健康教育/出院指导

1．知识宣传

向病人介绍本病基本知识，告诉病人注意避免寒冷、感染、创伤、镇静剂等诱因。向病人及家属讲解黏液性水肿昏迷的表现，如低血压、心动过缓、体温<35 ℃等，教会病人及家属观察病情变化，发现病情加重能立即到医院诊治。

2．生活指导

指导病人注意个人卫生，注意保暖，注意行动安全。防止便秘、感染和创伤。

3．治疗指导

指导病人遵医嘱正确用药，向病人解释终身坚持服药的重要性和必要性。指导病人不可随意停药或变更药物剂量，以免导致心肌缺血、梗死或充血性心力衰竭。告诉病人甲状腺激素过量的表现，提醒病人发现异常及时就诊。

4．定期复查

交代长期替代者至少每6～12个月到医院复查一次血TSH、$T_3$、$T_4$，同时了解各脏器功能情况。

### 九、小结

▲甲减是体内甲状腺激素减少所致。血清甲状腺激素降低、TSH增高。

▲主要表现为全身代谢降低，器官功能下降。严重者发生黏液性水肿昏迷。

▲治疗护理关键是L-$T_4$替代疗法，对症护理。

▲黏液性水肿昏迷的治疗护理主要是用L-$T_3$、氢化可的松治疗，每日补充糖盐水500～1000 mL左右，同时保暖、吸氧、保持呼吸道通畅。

## 第五节　库欣综合征病人的护理

库欣综合征（又称皮质醇增多症）是由多种原因引起肾上腺皮质分泌过多糖皮质激素（主要为皮质醇）所致病症的总称，其中最多见者为垂体促肾上腺皮质激素（ACTH）分泌亢进所引起的临床类型，称为Cushing病（库欣病）。临床上以向心性肥胖、多血质外貌、皮肤紫纹、痤疮、水肿、高血糖、高血压、低血钾、骨质疏松、抵抗力下降等为主要表现。本病成人较儿童多见，女性多于男性。

### 一、病因与发病机制

（一）病因

1．垂体分泌促肾上腺皮质激素（ACTH）亢进：多因垂体有微腺瘤，使ACTH分泌增多，过多ACTH刺激双侧肾上腺皮质弥漫性增生，分泌大量皮质醇而致病。

2．异位ACTH综合征：垂体以外组织分泌大量ACTH，刺激肾上腺皮质增生，分泌过量皮质醇。如小细胞肺癌、胸腺癌等。

3．原发性肾上腺皮质腺瘤或癌肿瘤分泌大量皮质醇引起本病。

4．不依赖ACTH的双侧肾上腺小结节或大结节增生：刺激肾上腺分泌大量皮质醇。

5．医源性皮质醇增多：长期大量使用糖皮质激素，出现类似库欣综合征的临床表现，称为类库欣综合征。由于自身下丘脑垂体-肾上腺轴被抑制，腺体萎缩，分泌功能低下。

（二）发病机制（图8-5-1）

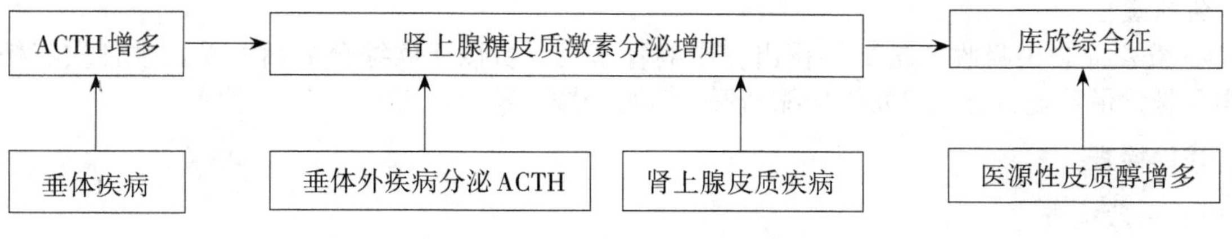


**图8-5-1　类库欣综合征发病机制**

下丘脑-垂体-肾上腺轴相互作用机理见图8-5-2。

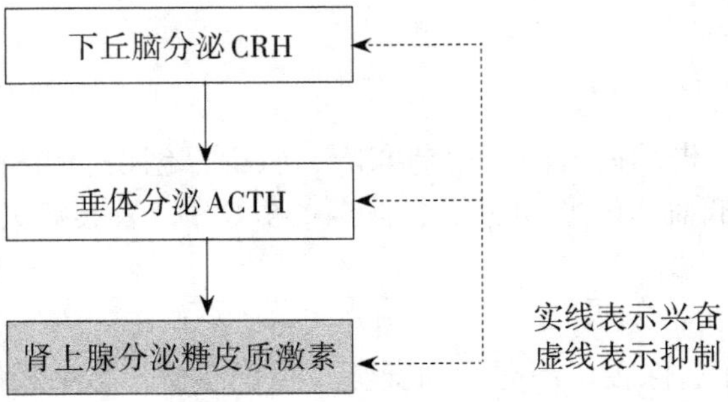


图8-5-2　下丘脑-垂体-肾上腺轴相互作用示意图

## 二、临床表现

1．脂肪代谢紊乱

面部和躯干脂肪堆积形成“向心性肥胖”，表现为满月脸、水牛背、胸腹增大、四肢细瘦。可能与皮质醇使脂肪重新分布有关。

2．蛋白质代谢紊乱

大量皮质醇促进蛋白分解，抑制蛋白合成，表现为皮肤菲薄、毛细血管脆性增加、轻微损伤易引起瘀斑、肌肉萎缩、肌无力，下蹲后起立困难。此外，下腹两侧、大腿外侧等处出现皮肤紫纹，与向心性肥胖、皮肤菲薄、蛋白分解亢进、皮肤弹性纤维断裂有关。

3．糖代谢紊乱

大量皮质醇促进肝糖原异生，并有拮抗胰岛素的作用，减少外周组织对葡萄糖的利用，同时肝葡萄糖输出增加，使血糖升高，甚至发生类固醇性糖尿病。

4．心血管表现

高血压为本病常见临床症状，与肾素-血管紧张素系统激活有关。血压高低与皮质醇水平同步，皮质醇水平正常后，血压恢复正常。久病常伴有动脉硬化和肾小动脉硬化。长期高血压可并发左心室肥大、心力衰竭和脑血管意外。

5．神经、精神症状

本病常有不同程度的精神、情绪变化，如情绪不稳定、失眠、易怒、焦虑、妄想、狂躁甚至精神病。

6．易发生各种感染

长期皮质醇增多对机体免疫功能起抑制作用，病人易发生感染，多见于肺部感染、化脓性细菌感染，且不易愈合，可发展为蜂窝组织炎、菌血症、败血症。因免疫抑制，病人感染后炎症反应常不明显，易被疏忽而致严重后果。

7．性功能障碍

由于肾上腺雄激素产生过多以及大量皮质醇对垂体促性腺激素的抑制作用，女病人表现为月经减少、不规则或停经，面部及背部常有痤疮，体毛增多、增粗、色黑，部分病人有脱发现象，但喉结大、生须、乳房萎缩等男性化情况少见。男病人表现为性欲减退、阴茎缩小、睾丸萎缩等。

8．水、电解质、酸碱平衡紊乱

长期大量皮质醇增多可导致留钠、排钾。留钠可导致病人轻度水肿，低钾使病人乏力加重，甚至引起低碱性中毒。

9．血液系统改变

皮质醇刺激骨髓，使红细胞生成增多，血红蛋白含量升高，加之皮肤菲薄，常表现为多血质面容。

10．骨质疏松

糖皮质激素抑制钙吸收，增加钙排出，影响骨形成，所以库欣综合征病人易发生骨质疏松，以胸椎、腰椎及骨盆最明显，脊椎可发生压缩畸形，身材变矮，甚至骨折。

## 三、辅助检查

1．血液一般检查

红细胞计数和血红蛋白含量均偏高，白细胞总数及中性粒细胞略增多，与皮质醇刺激骨髓有关。此外，可有血糖高、血钾高、血钾低。

2．血皮质醇

血皮质醇浓度升高，昼夜规律消失（血浆皮质醇浓度持续升高）。

3．24小时尿17-羟皮质类固醇

含量明显升高。

4．小剂量地塞米松抑制试验

库欣综合征时尿17-羟皮质类固醇不能被抑制到对照值的50%以下。

5．大剂量地塞米松抑制试验

库欣综合征时能被抑制到对照值的50%以下。若不能被抑制可能是原发性肾上腺皮质肿瘤或异位ACTH。

6．ACTH兴奋试验

原发性肾上腺皮质肿瘤者于注射ACTH后无明显反应。正常人、单纯性肥胖症、垂体病变、异位ACTH者注射ACTH后可使血皮质醇浓度或尿17-羟皮质类固醇含量明显升高。

7．影像学检查

肾上腺B型超声检查、蝶鞍区X射线断层摄片、CT扫描、磁共振成像等定位性检查，可显示病变部位的影像学改变。

## 四、诊断要点

1．有典型临床表现。

2．实验室检查尿17-羟皮质类固醇、血皮质醇含量明显升高、肾上腺皮质功能试验证实等。

## 五、配合治疗

以病因治疗为主，病情严重者应先对症治疗。

1．库欣综合征常用3种疗法：手术切除、垂体放射、药物治疗。

（1）经蝶窦切除垂体微腺瘤为治疗本病的首选方法。垂体大腺瘤需开颅手术切除。

（2）不能做垂体手术者：若病情严重可做一侧肾上腺全切，另一侧肾上腺大部分或全切除术，术后给予激素替代治疗和垂体放疗。若病情较轻可做垂体放疗。

（3）手术、放疗无效时：给予肾上腺皮质激素合成阻滞剂治疗，此类药物的主要不良反应是食欲不振、恶心、呕吐、嗜睡等，应注意观察药物的疗效和不良反应。在治疗过程中若发现有Addison征表现，应及时通知医生进行处理。

2．肾上腺肿瘤或癌

以手术治疗为主。

3．不依赖ACTH的双侧肾上腺小结节或大结节增生

以手术治疗为主。

4．异位ACTH综合征

以治疗原发性癌肿为主，根据具体病情酌情选择手术、放疗及化疗。若不能根治，给予肾上腺皮质激素合成阻滞剂治疗。

5．对症治疗

低钾时给予补钾。糖代谢紊乱，用降糖药治疗。

## 六、护理问题

1．自我形象紊乱

与库欣综合征引起身体外观改变有关。

2．活动无耐力

与蛋白质代谢障碍引起肌肉萎缩有关。

3．体液过多

与糖皮质激素过多引起水、钠潴留有关。

4．有感染的危险

与机体免疫功能减弱，抵抗力下降有关。

## 七、护理措施

1．指导休息与活动

（1）鼓励轻症病人做力所能及的活动，防止肌肉萎缩，消耗多余脂肪。但避免剧烈活动。

（2）嘱病重者卧床休息，保证高质量睡眠，以减少机体消耗。

2．饮食护理

给予高钾、高钙、高蛋白、高维生素、高纤维素、低钠、低糖、低热量、低脂肪饮食，如奶制品、鱼、柑橘类、香蕉、南瓜等。适当限制饮水量。避免各种刺激性食物，禁烟、酒。

3．观察病情

（1）监测生命体征。注意有无多食、多饮、多尿、消瘦等糖尿病的表现。

（2）注意有无心悸、胸闷、呼吸困难等心力衰竭等表现。

（3）注意有无剧烈头痛、瘫痪、意识障碍等脑血管意外的表现。

（4）注意是否有发热、咽痛等各种感染征象。

（5）监测病人水肿情况，每天测量体重的变化，记录24小时液体出入量。

（6）注意有无关节痛或腰背痛等情况。

（7）观察有无全身无力、四肢麻痹、心律失常等低血钾症表现，及时测血钾和描记心电图。

（8）定期监测血糖、尿糖、血常规、血电解质等。

4．对症护理

（1）注意安全

家具固定不易移动，地面干燥不滑，地面无障碍物，浴室有防滑脚垫，警惕骨质疏松或骨痛病人跌倒，防止发生骨折。

（2）预防感染

病室温、湿度适宜，每日定时开窗通风，保持室内清洁卫生。指导并协助病人搞好个人卫生，如保持皮肤、口腔、会阴部的清洁卫生等，避免感染源。

5．心理护理

因特殊体态、外貌的变化，病人易产生悲观情绪，护理人员应耐心倾听病人倾诉，告诉病人这种体貌变化会随着病情得到控制后有所好转。增强病人战胜疾病的信心。

## 八、健康教育/出院指导

1．知识宣传

向病人介绍疾病常识，使其了解体态、外貌变化的原因、治疗过程及效果，帮助病人接受现实，努力自我适应，积极配合治疗。

2．生活指导

（1）休息及活动

指导病人规律生活，保证充足睡眠，坚持适当运动，防止摔伤、骨折。

（2）合理饮食

若有高血压和糖尿病，需介绍特殊的饮食注意事项。

（3）预防感染

避免到人多拥挤处，防止感冒，注意个人卫生。

（4）良好心态

指导病人进行自我护理，增加自尊和自信心，保持情绪稳定。

3．治疗指导

积极配合治疗，遵医嘱正确用药，教会病人观察药物疗效及不良反应，发生异常及时就诊。

4．定期复查

定期复查有关化验指标，了解病情程度，注意有无并发症。

## 九、小结

▲库欣综合征是体内糖皮质激素过多所致。

▲临床上以库欣病为最多见。

▲主要表现为向心性肥胖、多血质外貌、皮肤紫纹、痤疮、水肿、高血糖、高血压、高血钠、低血钾、骨质疏松、抵抗力下降等。

▲治疗以病因治疗为主。护理以生活指导为主。

## 第六节　原发性慢性肾上腺皮质功能减退症病人的护理

原发性慢性肾上腺皮质功能减退症（又称Addison病）主要由肾上腺本身病变致肾上腺皮质激素分泌不足和反馈性血浆ACTH水平增高。

### 一、病因

1．感染

肾上腺结核为本病最常见的病因。结核菌通过血行播散，导致肾上腺发生干酪样坏死而发病。也可见于病毒、真菌感染。

2．自身免疫性肾上腺炎

自身免疫性肾上腺炎是本病又一常见病因，与自身免疫导致双侧肾上腺皮质大量破坏有关。

3．其他

如恶性肿瘤转移、淋巴瘤、白血病浸润、双侧肾上腺切除、放射治疗的破坏作用、血管栓塞等也可引起本病。

### 二、临床表现

肾上腺皮质功能减退症的临床症状和体征是由于不同程度的糖皮质激素（以皮质醇为主）和盐皮质激素（以醛固酮为主）分泌不足所致。

1．一般表现

全身皮肤、黏膜色素沉着是最具特征的表现。皮肤色素深者如焦炭，浅者为棕黑、棕黄、古铜色，以暴露处、摩擦处、掌纹、乳晕、瘢痕等处尤为明显。另外，口腔、唇、舌、牙龈等处亦有色素沉着。由于ACTH和促黑素细胞激素释放因子都是ACTH细胞分泌，故ACTH反射性增高的同时也使促黑素细胞激素释放因子水平升高，使皮肤色素沉着。

2．各系统表现

（1）神经、精神系统：表情淡漠，甚至意识模糊等。

（2）消化道：食欲减退、消化不良，若有恶心、呕吐、腹泻提示病情加重。

（3）心血管系统：血压下降、心脏缩小、直立性晕厥等。

（4）低血糖、低血钠，高血钾。

（5）生殖系统：女性阴毛、腋毛减少，月经失调或闭经。男性有性功能减退。

（6）应激能力减退，易因感染、外伤等诱发肾上腺危象。

3．肾上腺危象的表现

（1）常见表现

高热、恶心、呕吐、腹痛、腹泻、脱水、血压降低、心率加快、脉搏细弱、极度无力、精神异常、低血糖、低血钠，血钾可高可低，重者休克、昏迷，甚至死亡。

（2）常见诱因

感染、创伤、手术、分娩、大量出汗、呕吐、腹泻、失水或突然中断治疗等应激状态。

### 三、辅助检查

1．肾上腺皮质功能检查

（1）血、尿皮质醇测定

血皮质醇、尿皮质醇、24小时尿17-羟皮质类固醇降低。

（2）ACTH兴奋试验

ACTH兴奋试验是目前筛查本病的标准方法。若注射ACTH后病人血、尿皮质醇不升高，证明是Addison病。

（3）血浆基础ACTH测定

明显增高。

2．血液生化

血钠低，血糖低，血钾轻度升高，少数病人有轻度高血钙。

3．血常规检查

正细胞正色素性贫血。白细胞减少。

4．影像学检查

进一步确定病因和定位。

## 四、诊断要点

1．有典型临床表现。

2．血、尿皮质醇减少，ACTH明显增高。ACTH兴奋试验阴性。

3．血糖低、血钠低、血压偏低。

## 五、配合治疗

1．替代治疗

Addison病需终身使用肾上腺皮质激素替代治疗。

（1）糖皮质激素替代治疗

诊断一旦明确，应尽早给予糖皮质激素替代治疗，根据病人身高、体重、性别、年龄、体力劳动强度等，确定基础量。一般上午8时前服全日量的2/3，下午4时前服余下的1/3。剂量分配尽量与生理性皮质醇昼夜周期变化相符，即晨间较大，午后较小，傍晚最小。

（2）食盐及盐皮质激素替代治疗

多数病人在服用氢化可的松（或可的松）和充分摄盐下，即可获得满意效果。必要时再加服盐皮质激素，如9α-氟氢可的松、醋酸去氧皮质醇等。使用盐皮质激素的病人要密切观察血压、肢体水肿、血电解质等变化情况，及时调整药物剂量和电解质入量。

2．肾上腺危象抢救

主要措施为立即静脉应用糖皮质激素、葡萄糖、生理盐水，迅速补充血容量，积极治疗感染等诱发因素。

3．对症处理

纠正水电解质紊乱。

## 六、护理问题

1．体液不足

与醛固酮分泌减少引起水、钠排泄增加，胃肠功能紊乱引起恶心、呕吐有关。

2．营养失调：低于机体需要量

与糖皮质激素缺乏导致厌食、消化功能不良有关。

3．潜在并发症

肾上腺危象，水、电解质紊乱。

## 七、护理措施

1．指导休息与活动

环境安静、安全，保证充分休息，防止跌倒。提醒病人下床活动和改变体位时动作宜慢，防止发生直立性低血压。

2．饮食护理

给予高糖、高钠、高蛋白、低钾饮食。对低血钠病人提供足够的食盐（至少8～10 g/d）以补充失钠量。若有大汗、腹泻应酌情增加食盐摄入量。

3．观察病情

观察病人恶心、呕吐、腹泻情况及每天液体出入量，并记录。观察病人皮肤的色泽及弹性，注意有无脱水、水肿表现。监测血钠、血钾、血钙、血糖等血生化情况。给予心电监护，注意有无心律失常。

4．肾上腺危象的护理

（1）抢救配合

迅速建立两条静脉通道并保持静脉输液通畅，遵医嘱迅速补充生理盐水、葡萄糖和糖皮质激素，补充血容量，注意观察疗效及不良反应。

（2）病情监测

注意观察病人生命体征变化，定时监测血电解质及酸碱平衡情况。

（3）对症护理

针对高热、呕吐、虚弱、休克、昏迷进行护理。

（4）避免诱因

积极控制感染，避免创伤、过度劳累或突然中断治疗。大量出汗时应增加钠盐的摄入。手术和分娩前应充分准备。当病人出现恶心、呕吐、腹泻时应及时处理。遇有应激状态时应加用糖皮质激素。

5．心理护理

本病病人往往情绪低落，少言、懒动，要注意耐心与病人沟通，鼓励病人适当活动、主动与人交流，树立病人治疗信心，能以积极的心态参与治疗。

### 八、健康教育/出院指导

1．知识宣传

指导病人避免感染、创伤、过度劳累等使病情加重的诱因。告知病人随身携带识别卡，写明姓名、地址、说明自己的病情，以便发生紧急情况时能得到及时的处理。

2．生活指导

（1）给予高糖、高钠、高蛋白饮食，注意补充食盐。

（2）注意休息，加强自我保护。外出时避免阳光直晒，以免加重皮肤、黏膜色素沉着。

（3）鼓励家属对病人进行心理上的安慰与支持，使病人保持情绪稳定。

3．治疗指导

让病人了解终身使用肾上腺皮质激素替代的重要性，积极配合治疗。

4．定期复查

了解病情进展情况，随时调整治疗方案。

### 九、小结

▲Addison病主要是肾上腺本身病变所致肾上腺皮质激素分泌不足。

▲主要表现为低血压、低血糖、低血钠。最具特征的表现是全身皮肤、黏膜色素沉着，最危重的表现是肾上腺危象。

▲本病需终身使用肾上腺皮质激素替代治疗，注意补充食盐。

▲肾上腺危象抢救主要措施为迅速补充糖皮质激素、生理盐水、葡萄糖，补充血容量。

## 第七节　糖尿病病人的护理

糖尿病是一组以慢性血葡萄糖（简称血糖）水平增高为特征的代谢性疾病，是由于胰岛素分泌和（或）作用缺陷所引起。本病除糖代谢紊乱外，尚有蛋白质、脂肪代谢紊乱和继发水、电解质代谢紊乱。临床特征为多尿、多饮、多食、消瘦乏力。最严重的急性并发症是糖尿病酮症酸中毒、高血糖高渗状态。长期患病可引起多系统损害，如眼、肾、神经、心脏、血管等组织的慢性进行性病变，出现功能缺陷及衰竭，成为致残或病死的主要原因。糖尿病的病率，正随着人民生活水平的提高、人口老龄化、生活方式改变而迅速增加。糖尿病已成为严重威胁人类健康的世界性公共卫生问题。

糖尿病分为四大类型，即1型糖尿病、2型糖尿病、其他特殊类型糖尿病和妊娠期糖尿病。约90%的糖尿病病人为2型糖尿病。

### 一、病因与发病机制

（一）病因

糖尿病病因尚未完全阐明。目前公认糖尿病不是单一病因所致的疾病，不同类型的糖尿病的病因各异，即使在同一类型中也不尽相同。一般认为，1型糖尿病、2型糖尿病都与遗传因素和环境因素有关，1型糖尿病还与自身免疫反应有关。

1．遗传因素

约有10%的1型糖尿病病人有家族遗传史，发生1型糖尿病的同卵双胎患病一致率可达50%。遗传因素在2型糖尿病的病因中较1型糖尿病更为重要，同卵双胎患病一致率达90%。胰岛素抵抗和胰β细胞功能缺陷等2型糖尿病的基本特征均与遗传因素有密切关系。

2．环境因素

（1）病毒感染

与1型糖尿病发病有关的环境因素主要是病毒感染，如脑炎病毒、腮腺炎病毒、风莎病毒、心肌炎病毒、肝炎病毒可直接损伤或通过触发自身免疫反应，破坏胰β细胞，引起1型糖尿病。

（2）化学毒物及饮食因素

已发现对胰β细胞有害的化学物质有四氧嘧啶、喷他咪等。牛乳喂养的婴儿以后发生1型糖尿病的风险性较高，可能与血清中存在与牛乳制品有关的抗体参与胰岛β细胞破坏过程。

（3）人口老龄化、生活富裕、营养过剩、体力劳动少造成中心性肥胖等，与胰岛素抵抗和2型糖尿病发生有密切关系。

3．自身免疫因素

自身免疫因素与1型糖尿病密切相关，是1型糖尿病的重要病因。目前认为1型糖尿病主要是由淋巴细胞介导的、以免疫性胰腺炎和胰岛β细胞受损为特征的自身免疫性疾病。

（二）发病机制（图8–7–1）

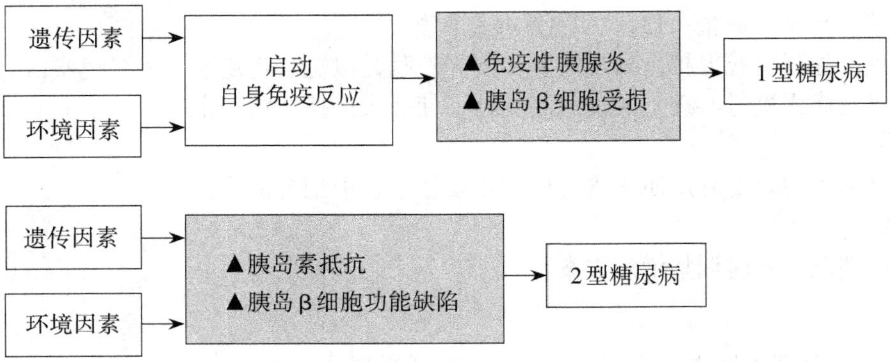


**图8–7–1　糖尿病发病机制**

## 二、临床表现

（一）基本表现

以代谢紊乱症候群为主要表现，即“三多一少”表现。

1．多尿

因血糖高，渗透性利尿所致，每日尿量常在2 L以上。

2．多饮

因多尿丢失大量水分及血糖高所致。

3．多食

因胰岛素不足，体内葡萄糖不能充分利用，能量来源减少所致，病人常多食易饥。

4．消瘦

因血糖不能充分利用，脂肪、蛋白质分解增加所致。此外，病人还常伴有皮肤瘙痒、四肢麻木、腰痛、便秘、性欲减退、阳痿不育等表现。

1型糖尿病“三多一少”明显。2型糖尿病“三多一少”不明显，或只有其中1～2项。2型糖尿病者多为腹型肥胖。

（二）并发症

1．急性并发症

（1）糖尿病酮症酸中毒（DKA）

糖尿病酮症酸中毒是最常见的糖尿病急症，与糖尿病代谢紊乱加重时大量脂肪分解产生酮体（乙酰乙酸、β-羟基丁酸、丙酮）有关。多见于1型糖尿病，2型糖尿病在某些诱因下也可发生。

1）常见诱因

感染、饮食不当、胰岛素治疗中断或不适当减量、各种应激（手术、创伤、妊娠、分娩）等。

2）临床表现

①早期“三多一少”症状加重。

②晚期：极度口渴、尿量显著增多、皮肤干燥、眼球下陷、脉搏细速、血压下降，常伴有头痛、嗜睡、烦躁、意识障碍，甚至昏迷。

③酸中毒时：表现为食欲减退、恶心、呕吐、呼吸深快（Kussmaul呼吸）、呼气有烂苹果味（丙酮所致）。

（2）高血糖高渗状态（HHS，又称高渗性非酮症性糖尿病昏迷）

高血糖高渗状态是糖尿病急性并发症的另一临床类型，多见于老年糖尿病病人，约2/3病人于发病前无糖尿病病史或仅有轻症糖尿病。以严重高血糖、高血浆渗透压、脱水、无明显酮症酸中毒为特征。

1）常见诱因

急性感染、手术、外伤、脑血管意外等应激状态，使用糖皮质激素、利尿剂等药物，透析、水摄入不足，大量摄入含糖饮料，大量输注葡萄糖、静脉内高营养等。

2）临床表现

①早期

表现为多尿、多饮，但多食不明显，有时反而食欲减退。

②晚期

随脱水程度重，病情逐渐加重，以致中枢神经系统损害明显，常有嗜睡、幻觉、定向力障碍、失语、偏盲、偏瘫等，最后陷入昏迷。与DKA相比，本病脱水更严重，精神症状更突出。

2．感染性并发症

糖尿病病人常有疖、痈等皮肤化脓性感染，可反复发生，有时可引起败血症和脓毒血症。甲癣、足癣、体癣等皮肤真菌感染也较常见。泌尿系统感染多见于女性，常反复发作，不易控制，可转为慢性肾盂肾炎。肺结核发病率高于非糖尿病病人，且病情进展快，易形成空洞，易播散。

3．慢性并发症

（1）大血管病变

糖尿病病人发生动脉粥样硬化的患病率高，发病年龄较轻、病情进展快。可引起高血压、冠心病、出血性或缺血性脑血管病、肾动脉硬化、肢体动脉硬化（下肢动脉病变为主，表现为下肢疼痛，感觉异常和间歇性跛行，严重供血不足可导致肢体坏疽）。心、脑血管病是2型糖尿病病人的主要死亡原因。

（2）微血管病变

微血管病变是糖尿病的特异性并发症。

①糖尿病肾病

糖尿病肾病指毛细血管肾小球硬化症，多见于糖尿病病史超过10年者，是1型糖尿病病人的主要死亡原因。在2型糖尿病，其严重性仅次于心、脑血管病。表现为糖尿病病人伴有蛋白尿、水肿、高血压、肾功能逐渐减退以致肾衰竭。

②糖尿病视网膜病变

视网膜血管硬化、出血、纤维增生，最终导致视网膜脱离，多见于病程超过10年者，是糖尿病病人失明的主要原因之一。此外，糖尿病还易发生白内障、青光眼等眼部病变。

（3）神经病变

糖尿病神经病变可累及中枢神经及周围神经，以周围神经病变最常见，通常为对称性，下肢比上肢严重。最初症状为肢端感觉异常，如手或袜套状分布，伴四股麻木、针刺感、蚁走感、感觉迟钝或痛觉过敏。晚期可累及运动神经，肌张力减低，肌无力、肌萎缩。自主神经病变也较常见，且出现较早，主要表现为胃肠功能紊乱、瞳孔改变、胃排空延迟、排汗异常、腹泻、便秘、尿失禁、尿潴留、阳痿等。

（4）糖尿病足

糖尿病病人因末梢神经病变、下肢动脉供血不足以及细菌感染等各种因素引起足部疼痛、皮肤溃疡、肢端坏疽等病变统称为糖尿病足。由于糖尿病影响免疫功能，机体抵抗力降低，糖尿病足难以治愈，严重时需截肢，是糖尿病病人致残的主要原因之一。常见诱因有搔抓、碰撞、修脚、鞋磨、水疱破裂、烫伤等使足部皮肤溃破。

**三、辅助检查**

1．血糖测定

血糖升高是诊断糖尿病的主要依据，也是判断糖尿病病情和控制情况的主要指标。全血血糖值与血浆或血清血糖值相比有一些差距，诊断糖尿病时必须用静脉血浆测定血糖。治疗过程中随访血糖控制程度时可用便携式血糖仪，此时测得的血糖是全血血糖，不能作为诊断依据。血糖值的具体意义见本病诊断要点。

2．口服葡萄糖耐量试验（OGTT）

适用于血糖值高于正常范围但未达到诊断糖尿病标准者。

3．糖化血红蛋白（GHbA1）测定

可反映取血前8～12周血糖的平均水平，弥补空腹血糖只反映瞬时血糖值的不足，是糖尿病控制情况的主要监测指标之一。

4．尿液测定

（1）尿糖阳性是发现和诊断糖尿病的重要线索。并发肾脏疾病时，肾糖阈升高，即使血糖升高，尿糖仍为阴性。所以，尿糖阴性也不能排除糖尿病的可能。

（2）尿酮体阳性提示有酮症酸中毒。

（3）尿蛋白阳性提示可能有肾脏继发损害。

5．胰岛β细胞功能检查

（1）胰岛素释放试验

①抽空腹血测血浆胰岛素。

②口服75 g葡萄糖或100 g标准面粉制作的馒头。

③服糖后30～60分钟抽血测血浆胰岛素，若为基础值的5～10倍，提示胰岛β细胞功能正常。此法易受血清胰岛素抗体和外源性胰岛素干扰。

（2） C肽释放试验

方法及判断值同上。因为C肽和胰岛素以等相对分子质量由胰岛β细胞生成及释放，C肽不受血清胰岛素抗体和外源性胰岛素影响，故C肽比血浆胰岛素更能准确反映胰岛β细胞功能。

6．胰岛素抗体检查

正常值为阴性。

（1）胰岛素自身抗体可能是胰岛β细胞破坏所致，胰岛素自身抗体阳性是早期发现和预防1型糖尿病的重要指标。

（2）胰岛素抗体阳性或滴度增高是胰岛素抵抗的客观依据。糖尿病病人在使用胰岛素治疗过程中可因外源胰岛素刺激产生胰岛素抗体，导致胰岛素抵抗，表现为胰岛素用量逐日增加但血糖控制并不理想。

7．其他

（1）脂质代谢紊乱

糖尿病控制不良者，可有甘油三酯（TG）升高、低密度脂蛋白（LDL）升高、高密度脂蛋白（HDL）降低。

（2）糖尿病酮症酸中毒

血糖16.7～33.3 mmol/L，血浆渗透压轻度升高，血酮体明显升高，尿酮阳性，血pH下降，血钾、钠、氯等电解质紊乱。

（3）高血糖高渗状态

血糖＞33.3 mmol/L，血浆渗透压显著升高＞320 mOsm/L，无酮症，血pH正常，血钾、钠、氯等电解质紊乱。

（4）其他

肝肾功能、血气分析。

**四、诊断要点**

糖尿病诊断主要依据血糖情况。

仅1次血糖值达到糖尿病诊断标准者，必须在另一天复查核实而确定诊断，若复查结果未达到糖尿病诊断标准，应定期复查。IFG或IGT的诊断应根据3个月内的2次OGTT结果的平均值来判断。各种应激下出现血糖暂时升高，不能以此诊断为糖尿病，应追踪随访。

## 五、配合治疗

糖尿病治疗的5个要点包括：糖尿病教育、饮食治疗、运动疗法、病情监测、药物治疗。其中饮食治疗、运动疗法是基本措施。治疗原则：早期、长期、综合及个体化。治疗目标：纠正代谢紊乱、预防和延缓慢性并发症发生和发展。

### （一）糖尿病教育（健康教育）

具体方法参见本病护理措施有关内容。

### （二）饮食治疗

具体方法参见本病护理措施有关内容。

### （三）运动疗法

具体方法参见本病护理措施有关内容。

### （四）病情监测

具体方法参见本病护理措施有关内容。

### （五）口服降糖药治疗

1．促胰岛素分泌剂

仅适用于无急性并发症的2型糖尿病人。

（1）磺脲类药物

磺脲类药物能刺激胰岛β细胞释放胰岛素。因其降血糖作用有赖于胰β细胞存在相当数量有功能的胰岛β细胞组织，故此药不适用于T1DM以及处于应激状态下的T2DM。

1）常用制剂

①第一代：甲苯磺丁脲（D-860）、氯磺丙脲等。

②第二代：格列苯脲（优降糖）、格列吡嗪（美吡达）、格列齐特（达美康）、格列喹酮（糖适平）、格列吡嗪控释片（瑞易宁）、格列苯脲（亚莫利）等。

2）用药注意事项

一般于餐前半小时服用。最常见的严重副作用是低血糖。此外，还有胃肠反应、肝脏损害、再生障碍性贫血等。治疗应从小剂量开始，根据血糖测定结果每周逐渐增加剂量一次，直至病情取得良好控制。各种磺脲类药物不宜联合应用。

（2）格列奈类药物

格列奈类药物刺激胰岛β细胞释放胰岛素，但结合位点与磺脲类不同，该药降糖作用快而短，模拟胰岛素生理性分泌，当血糖水平较高时才有刺激作用，故主要用于餐后高血糖。

①常用制剂

瑞格列奈（诺和龙）和那格列奈。

②用药注意事项

本药应在餐前15分钟或进餐时使用。

2．双胍类药物

（1）常用制剂

二甲双胍类药物（美迪康、格华止）等。

（2）用药注意事项

①餐中、餐后服药，以减轻胃肠道反应。

②主要观察有无皮肤过敏反应。

③乳酸性酸中毒是最严重的副作用，休克、心肺功能不全、缺氧病人禁用。

3．咪唑烷二酮类药物（格列酮类药物）

（1）常用制剂

罗格列酮、吡格列酮等。

（2）用药注意事项

一般早晨空腹服用。主要不良反应为水肿，有心脏病、肝病者不用或慎用。

4．α葡萄糖苷酶抑制剂

（1）常用制剂

阿卡波糖（拜糖平）、伏格列波糖（倍欣）等制剂。

（2）用药注意事项

与第一口食物同时嚼服。α葡萄糖苷酶抑制剂主要副作用是腹胀、腹痛、排气增多、腹泻、溃疡病、胃肠炎等。用该药后若发生低血糖，进食双糖或淀粉类食物不能纠正，应直接给予葡萄糖口服或静脉注射。

（六）胰岛素治疗

1．适应症

（1）1型糖尿病。注射胰岛素是治疗1型糖尿病的关键。

（2）2型糖尿病合并DKA、高血糖高渗状态和乳酸性酸中毒伴高血糖等各种严重的糖尿病并发症。

（3）糖尿病合并应激情况，如创伤、手术、妊娠、分娩、严重感染、心脑血管急症、肝肾功能不全等。

（4）经饮食、运动、口服降糖药物治疗未获得良好控制的糖尿病。

2．制剂类型

（1）根据作用起效快慢和维持时间不同分类

胰岛素分为超短效胰岛素、短（速）效胰岛素、中效胰岛素、长（慢）效胰岛素。超短效胰岛素、速效胰岛素主要控制一餐饭后高血糖，一般在3餐前注射，一天注射3次；中效胰岛素主要控制两餐饭后高血糖，以第二餐饭为主，一般在早晚餐前注射，一天注射2次；长效胰岛素无明显作用高峰，主要提供基础水平胰岛素，一般在每天任何相对固定的时间注射1次，一天注射一次。

（2）根据胰岛素来源不同分类

①动物胰岛素

动物胰岛素是猪、牛来源的胰岛素。如普通/正规胰岛素（RI）、低精蛋白胰岛素（NPH）、精蛋白锌胰岛素（PZI）。

②人胰岛素

人胰岛素是利用重组DNA技术生产的胰岛素，与人体自身分泌的胰岛素有相同的结构和功能。如诺和灵、甘舒霖、优泌林等。

③胰岛素类似物

胰岛素类似物是在胰岛素的结构上做一些相应的修饰，从而更符合人体对胰岛素分泌的需求。如赖脯胰岛素（速秀霖、优泌乐）、门冬胰岛素（诺和锐）、甘精胰岛素（来得时、长秀霖）、地特胰岛素（诺和平）等。

（3）预混胰岛素

预混胰岛素是短效胰岛素与中效胰岛素预先混合好的混合胰岛素制剂，如诺和灵30R（30%短效胰岛素、70%中效胰岛素）等。

（4）可静脉应用的胰岛素

普通胰岛素（RI）等。

（5）胰岛素吸入剂

分为经肺、口腔黏膜和鼻黏膜吸收3种方式。

3．治疗方法

（1）治疗基础

无论哪种类型的糖尿病，胰岛素治疗均须在饮食、运动治疗的基础上进行。

（2）剂量调整

因胰岛素用量个体差异较大，需按病人治疗反应情况适当调整剂量。一般初始先用短效制剂，小量开始（一般为0.5～1 U/kg），分四次于早、中、晚餐前30分钟、睡前皮下注射（早餐前用量占30%～40%，中餐前20%～30%，晚餐前30%，临睡前10%）。根据血糖水平，逐渐调整剂量，一般每3～4天调整1次剂量，每次增减以2～4 U为宜，直至达到血糖控制目标为止。

（3）常规治疗

三餐前注射胰岛素，适用于1型糖尿病病人及胰岛功能基本丧失、血糖重度升高、有严重并发症的2

型糖尿病病人。预混胰岛素或中效胰岛素于早、晚餐前各注射一次。早餐用量约占一日总量的2/3，或早、晚的剂量大致相等。

（4）补充疗法

适用于病人体内尚有一定数量的有功能的胰岛β细胞的2型糖尿病病人。一般日间口服降糖药，睡前加用中效胰岛素，此法可减少胰岛素用量。

（5）强化治疗

一种方式是3餐前短效胰岛素加晚睡前中效胰岛素皮下注射，是经典的胰岛素给药方式。另一种方式是持续皮下胰岛素输注（CSII），亦称胰岛素泵，用可调程序的微型计算机控制胰岛素输注的剂量和时间。强化胰岛素治疗时要警惕低血糖发生。

（6） 特殊情况处理

①由动物胰岛素换用人胰岛素时，应减少2～4 U胰岛素用量。因动物胰岛素的效率只是人胰岛素的70%～80%。

②若有“黎明现象”（白天、夜间血糖水平都正常，清晨受皮质激素影响，血糖高），应增加晚餐前中效胰岛素1～2 U。

③若有“Somogyi效应”（胰岛素用量过大，夜间出现低血糖反应，早晨血糖反应性升高），应减少睡前中效胰岛素1～2 U。

4．常见并发症

（1）低血糖反应

低血糖反应是胰岛素最常见、最危险的并发症，与剂量过大和（或）饮食失调有关，多见于接受胰岛素强化治疗者。

（2）过敏反应

注射部位瘙痒，继而出现荨麻疹样皮疹，但全身性荨麻疹少见。

（3）脂肪营养不良

注射部位皮下脂肪萎缩或硬结。停止在该部位注射后可缓慢自然恢复。

5．用药注意事项

（1）严密观察胰岛素并发症。

（2）抽吸胰岛素注意事项

①抽吸胰岛素时，一定要了解所用的胰岛素注射液规格，特别注意每毫升胰岛素的含量，以免因为抽吸剂量错误导致病人高血糖或者低血糖。

②抽吸胰岛素常用1 mL注射器，保证剂量准确。

③先抽短效胰岛素，后抽中、长效胰岛素。

④抽吸混悬液体胰岛素（乳白色）前，要将药液摇匀，以免药液浓度误差，导致剂量不准。

⑤不能将瓶装的胰岛素抽到胰岛素笔芯中使用。

（3）注射胰岛素注意事项

①准时、准量注射胰岛素。

②注射前摇匀药液。

③避开硬结注射。

④一般选用上臂、大腿、腹壁、臀部等处皮下注射胰岛素。

⑤每次注射需更换注射部位，但相对固定（先左右上臂轮流注射，过段时间再左右大腿轮流注射等）。因胰岛素在不同部位吸收速率不同，腹壁＞上臂＞大腿＞臀部，随意乱选部位注射易使血糖波动。

⑥同一区域注射，必须距离上一次注射部位的针眼2 cm以上。

⑦注射后在注射局部停留6秒钟后，再拔针。

（4）胰岛素存放注意事项

①胰岛素适合保存在冰箱的冷藏室内，禁止冷冻，也可在室温（＜25 ℃）下放置1个月。

②为防止注射部位脂肪萎缩，需提前从冰箱中取出药液，待药液恢复至室温后再注射。

③避免太阳直晒药液。

④注意胰岛素的有效期。

（5）注意胰岛素质量

①短效胰岛素、超长效胰岛素类似物为无色、澄清溶液，一旦浑浊或液体变黄就不能使用。

②中、长效胰岛素或预混胰岛素一般呈均匀的乳白色混悬液，一旦出现团块状沉淀物，且不能摇匀，则不能使用。

③过保质期的胰岛素也不得继续使用。

（七）并发症处理

1．糖尿病酮症酸中毒抢救

（1）补液

补液是治疗的关键环节，因为组织灌注改善后胰岛素才能发挥生物效应。

1）立即建立两条静脉通道

保证生理盐水及小剂量胰岛素快速输入，迅速控制血糖，纠正水、电解质及酸碱平衡紊乱。

2）输液速度宜先快后慢

①2小时内：输入生理盐水1000～2000 mL。

②4小时内：输入病人失水量1/3液体。

③24小时内：输入已失水量和部分继续失水量，一般4000～6000 mL。

（2）胰岛素治疗

①小剂量持续静滴速短效胰岛素［0.1 U/(kg·h］，每1～2小时复查血糖，依据血糖调整胰岛素剂量。

②待血糖降至13.9 mmol/L时开始输入5%葡萄糖溶液，按照2～4 g葡萄糖加1 U短效胰岛素持续静滴，每4～6小时复查血糖，依据血糖调整胰岛素剂量，至血尿酮体消失。

③从静滴胰岛素过渡到每4～6小时皮下注射胰岛素，再逐渐恢复平时治疗。

（3）纠正电解质及酸碱平衡失调

轻症病人经输液和注射胰岛素后，酸中毒可逐渐纠正，不必补碱。严重酸中毒（血pH<7.1时），应予小剂量的碳酸氢钠静滴。此外，糖尿病酮症酸中毒病人体内都有不同程度缺钾，对有尿的病人，只要血钾不高于正常范围，治疗开始即应补钾。补钾过程中需定时监测血钾水平，并结合心电图、尿量，调整补钾量和速度。

（4）避免诱因

了解病人是否按医嘱用药，近期饮食情况，有无劳累、感染或发生其他疾病等，指导病人注意防范诱因，提高治疗依从性。

（5）防治并发症

积极抗感染，纠正脱水，预防休克、脑水肿、肾衰竭、心力衰竭等并发症。

（6）密切观察病情变化

①观察快速补液时心功能情况，遵医嘱随时调整用药剂量。

②监测生命体征及神志变化，尤其注意血压、体温、呼吸及呼吸气味。

③观察尿量的变化，记录24小时出入液量。

④及时采血送检，严密监测血糖、尿糖，血酮、尿酮，电解质、肾功能和血气分析情况。

（7）加强基础护理

给予病人卧床休息、吸氧、吸痰、保暖、口腔护理、防止压疮。预防呼吸系统、泌尿系统感染，防止血栓性静脉炎及肌肉萎缩，防止病人坠床。

2．高血糖高渗状态抢救与DKA治疗相似，但需注意以下问题：

（1）高血糖高渗状态多为老年人

老年人往往有多脏器损害，很难保证快速补液等治疗及时落实，且高血糖高渗环境又进一步加重老年人心、脑、肾血管病变，使病情危重、复杂多样、死亡率极高、护理难度较大。

（2）高血糖高渗状态脱水较DKA更为严重

24小时输注生理盐水量可达6000～10000 mL，合理的输液速度尤为重要。

（3）输注葡萄糖时间

待血糖降至16.7 mmol/L时开始输入5%葡萄糖溶液，按照2～4 g葡萄糖加1 U短效胰岛素持续静滴。

（4）护理人员必须具有全面的护理知识

及时识别、发现病人病情变化，做到综合护理，既考虑到各种疾病的专科护理，又要能把握众多护理之中的重点护理，如伴心力衰竭时，要根据血流动力学监测指导输液，不能片面考虑问题等。

3．糖尿病慢性并发症处理

首先全面控制共同危险因素，如降低血糖、控制高血压、纠正脂代谢紊乱、抗血小板聚集、控制体重、戒烟等，然后对症治疗。

## 六、护理问题

1．营养失调：低于机体需要量

与胰岛素不足引起代谢紊乱有关。

2．有感染的危险

与机体抵抗力降低等因素有关。

3．知识缺乏

缺乏有关糖尿病的基本知识和自我护理知识。

4．潜在并发症

糖尿病酮症酸中毒、高血糖高渗状态、低血糖反应。

## 七、护理措施

### （一）饮食治疗

糖尿病的饮食治疗是一项重要基础治疗措施。饮食治疗的目的在于减轻胰岛负担，维持标准体重。饮食治疗原则是：合理控制总热量，给予低糖、低脂（不饱和脂肪酸为主）、适量蛋白质、高纤维素、高维生素饮食。护理人员要向病人宣传糖尿病饮食治疗的重要性，要求其严格遵守定时、定量原则。

1．计算每日总热量

（1）计算标准体重（理想体重）

标准体重(kg)=身高(cm)-105。

（2）计算每日所需总热量

根据标准体重和工作性质进行计算。成人在不同活动状态下所需热量见表8-7-1。青少年、孕妇、哺乳、营养不良和消瘦及伴有消耗性疾病者应酌情增加20 kJ/kg的热量，肥胖者酌减20 kJ/kg的热量，使病人体重逐渐控制在标准体重的±5%范围内。

**表8-7-1 成年人不同活动状态下每天热量需求**

| 活动状态 | 休息 | 轻体力劳动 | 中度体力劳动 | 重体力劳动 |
|---|---|---|---|---|
| 热量需求(kJ/kg) | 100～120 | 120～140 | 140～160 | >160 |

2．热量和营养分配

（1）分配热量

见表8-7-2。每餐中留出少量（约5%）作为餐间点心。

**表8-7-2 热量分配表**

| 分配法 | 早餐 | 中餐 | 晚餐 | 加餐 |
|---|---|---|---|---|
| 第一种方法 | 1/5 | 2/5 | 2/5 | |
| 第二种方法 | 1/3 | 1/3 | 1/3 | |
| 第三种方法 | 2/7 | 2/7 | 2/7 | 1/7 |

（2）分配营养物质

糖类占总热量的50%，蛋白质占总热量的20%，脂肪占总热量的30%。提倡食用粗制米、面、杂粮，每日摄入纤维不少于40 g。每日摄盐＜10 g，限制饮酒，忌食糖类物质及其制品。

（3）计算营养物质量

根据1 g糖类产热18 kJ/kg，1克蛋白质产热18 kJ/kg，1克脂肪产热36 kJ/kg，结合病人每餐所需热量及三大物质所占比例，计算出每餐营养物质的量。

3．饮食护理注意事项

（1）主、副食数量基本固定

避免随意增减。指导病人使用相对固定的餐具，以便衡量、控制摄入量。定时进餐，尽量不外出就餐、聚餐，以免打乱饮食规律。

（2）严格控制总入量

控制饮食的关键在于控制总热量，限制各种甜食。可增加蔬菜、豆制品等热量较低的副食，缓解病人饥饿感。为满足病人口感，可给予甜味剂，如蛋白糖、木糖醇、甜菊片等。若在两餐间加食点心、水果等，要从下餐总入量中扣除适当热量的饮食。

（3）食物选择

给予清淡、易消化、高维生素饮食。

①忌食葡萄糖、煎糖、蜜糖及其制品。

②蛋白质类食物应有1/3来自动物蛋白，糖尿病肾病者酌情限制蛋白质摄入量。

③不食油炸食物。少食动物脂肪、动物内脏、蟹黄、虾子、鱼子等含胆固醇高的食物。提倡低脂（食用植物油等不饱和脂肪酸）。

④提倡食用粗制米面和杂粮，多食纤维素，以便加速食物通过肠道，减少糖的吸收。此外，纤维素体积较大，含糖、含脂低，进食后有饱食感，有利于控制脂肪、糖类食物的摄入。

⑤提倡食用绿叶蔬菜、含糖低的水果，补充维生素。

⑥每日摄入食盐应限制在10 g以下，限制饮酒。

（4）注意饮食相关因素

定期测量体重，严密监测血糖，根据血糖、体重及时调整饮食量。注意饮食与降糖药物、运动之间的时间关系，以免引起血糖波动。

（二）运动疗法

1．运动目的

通过运动提高胰岛素的敏感性，促进肌肉和组织对糖的利用，促进脂肪分解，增强心、肺功能，增强体力，减轻病人精神压力，缓解紧张情绪。尤其对2型糖尿病肥胖病人应鼓励其适当运动。

2．运动原则

适量、经常和个体化。根据年龄、性别、体力、病情及有无并发症等不同情况。指导病人因人而异、循序渐进、长期坚持、定时定量、适可而止。

3．运动时间

运动宜选在餐后1小时后，2～3小时以内进行，避免空腹运动。每次运动可持续30～60分钟。1型糖尿病病人运动持续时间不宜过长，2型糖尿病尤其是伴肥胖症者可适当延长运动时间。一般每日运动一次。

4．运动强度

一般以运动时的心率来衡量，以不感到明显疲劳为度。适宜的运动强度为：运动后心率=170−年龄。糖尿病病人并发急性感染及其他严重的急慢性并发症，如心、肾、并发症，糖尿病酮症酸中毒及重症糖尿病病人不宜运动或慎重安排运动。

5．运动项目

在医生指导下选择运动项目。对不能主动活动者，应由他人协助进行必要的被动运动。一般根据病人年龄、病情、兴趣爱好等选择不同的有氧运动项目，如散步、慢跑、快走、骑自行车、做操、太极拳、游泳、球类运动等。

6．运动注意事项

（1）尽量避免恶劣天气时运动，不在酷暑及炎热的阳光下或严冬凛冽的寒风中运动。

（2）运动中出现异常情况应立即停止运动，并及时就诊。

（3）不要空腹运动，以免发生低血糖。若使用胰岛素病人运动量比平时多，病人必须在运动前进食，且随身携带糖果，出现低血糖症状时及时食用糖果。

（4）运动时随身携带糖尿病卡，卡上写有病人姓名、年龄、家庭住址、电话号码和病情。卡上提示：救助者要立即将病人口袋中糖果放入病人口腔中食用，同时送往医院诊治。

（三）用药护理

1．按时发药

若漏发口服降糖药或漏注射胰岛素要及时与医生联系，对药物剂量用法进行临时调整，但不可随意补药。

2. 准确用药

遵医嘱定时、定量用降糖药（包括胰岛素）。指导病人正确服药，不可随意加减剂量。

3. 观察用药效果

注意用药后血糖波动情况及与饮食、运动的关系。

（四）病情监测

糖尿病病人病情监测以自我监测血糖为主。自我监测血糖是近10年来糖尿病病人管理方法的重要进展之一。自我监测血糖主要是应用便携式血糖仪监测血糖。便携式血糖仪携带方便、操作简便，能有效地解决使用降糖药时需要随时监测血糖的问题，为及时调整降糖药（包括胰岛素）剂量及饮食、运动量提供依据。

1. 每天监测时间

①四点法：一天的三餐前+睡前血糖。

②五点法：一天的三餐前+睡前+凌晨3时血糖。

③七点法：一天的三餐前+三餐后2小时+睡前+凌晨3时血糖。

2. 监测频率

初始治疗、病情不稳定时每日测血糖。病情稳定时1～2周监测1天。

（五）对症护理

1. OGTT标本采集法

（1）常规采集法

①抽空腹血测血糖。

②将75 g葡萄糖溶于250～300 mL水中，5～10分钟内饮完。

③开始饮糖水后2小时抽血测血糖。共采集血糖标本2次。

（2）传统采集法

①抽空腹血测血糖。

②将75 g葡萄糖溶于250～300 mL水中， 5～10分钟内饮完。

③开始饮糖水后0.5小时、1小时、2小时、3小时分别抽血测血糖。共采集血糖标本5次。

2. 低血糖护理

（1）低血糖反应

主要与降糖药，尤其是胰岛素、磺脲类药物用量过大、进食过少、用降糖药期间运动过度有关。表现为血糖低于2.8 mmol/L，伴有心悸、出冷汗、饥饿、恶心、呕吐、乏力、头晕、面色苍白、颤抖、四肢无力、脉速而弱等，严重时神志改变、认知障碍、昏迷、死亡。

（2）低血糖处理

发现低血糖要立即补充糖，迅速解除脑细胞缺糖情况，防止脑损伤。可立即给予口服、口含糖类物质，如方糖、饼干、果饮、含糖饮料等，病情严重时立即给予静脉注射50%葡萄糖40～60 mL。若用糖1分钟后低血糖症状仍不缓解，要立即送医院治疗。

（3）低血糖预防

①用降糖药（包括胰岛素）时，要按时按量进食。降糖药与进餐配套规律使用。

②不空腹运动。运动时要随身备糖类物质。运动量明显增大时，要适当减少降糖药用量，或增加食物摄入。

③胰岛素注射部位相对固定，保持胰岛素吸收速率相对稳定。

④若清晨血糖升高，要警惕“Somogyi效应”，可于凌晨2～3点钟加测血糖，为诊断提供依据。

3. 糖尿病足护理

（1）勤检查

每日检查双足一次：观察足部皮肤颜色、温度改变，足背动脉搏动情况，做足部感觉测试，注意检查趾甲、趾间、足底部皮肤有无异常改变，是否有水疱、裂口等。

（2）保清洁

每日可用中性肥皂和温水清洁足部，水温与体温相近为宜，洗净后用软毛巾吸干趾缝间水分，使足部清爽、干燥。

（3）善保养

①鞋袜要合适。穿平软、宽松、透气鞋袜，勤换洗，避免潮湿。穿鞋前注意检查鞋内有无尖硬异物。也可采用特制鞋垫减少局部突出部位受压。

②避免足部受压、损伤、继发感染。若足部干裂可用保护性油膏。

③趾甲勿过长过短，要注意随时修剪，修剪时勿伤及皮肉，以趾甲与脚趾平齐为宜。

④因糖尿病足病人的足部感觉障碍，要特别避免冻、烫伤等。尽量不用热水袋、冰袋、电热毯、烤灯等，谨防烫伤、冻伤。

（4）治外伤

及时到医院处理足部疾患，不擅自用化学药消除鸡眼或胼胝。即使微小伤口也不可大意，不可随意处理，勿乱涂外用药，以免耽误治疗。在治疗外伤的同时还要注意及时纠正血糖，控制血糖是治疗糖尿病外伤的基础。

（5）促循环

如散步、足部保暖、轻轻按摩足部等。尽量不在下肢进行输液。鼓励病人戒烟。

（六）相关仪器使用与护理

1. 便携式血糖仪

（1）检测原理

通过酶与血葡萄糖发生化学反应，利用电化学法或光化学法进行检测。

（2）设备组成

便携式血糖仪机器、试纸、采血笔、采血针头。

（3）操作方法

在采血笔上安装采血针头→根据病人手指皮肤情况调节针刺深度→检查血糖试纸有效期→按照血糖仪操作说明使用→用酒精消毒拟采血手指头，待干时用采血笔扎手指头，将血液置于试纸指定区域→用干棉棒按住伤口止血→屏上出现测量结果后，记录结果→关机→按医院感染管理有关规定处理用物。

（4）注意事项

1）轮换穿刺部位。采血部位常为指尖、足跟两侧等有丰富末梢毛细血管处，水肿或感染部位不宜采血。为减轻疼痛，建议取血点在手指侧面，但不要离指甲过近，以免妨碍消毒、挤血。

2）取血前用温水洗手，垂手臂，使手指血管充盈便于采血。不宜用含碘消毒剂（如碘伏、碘酒）消毒皮肤。采血针要一人一次一针，防止交叉感染。

3）采血笔刺破手指后，应从周围向采血点方向轻轻挤血，若用力挤血易挤出组织液影响测量值。

4）严格按照仪器制造商提供的操作说明书要求和操作规程进行检测。便携式血糖仪一般有两种开机放式：一种是插卡自动开机；另一种是按键开机。

5）测定结果记录包括：被测试者姓名、测试期、时间、结果、检测者签名等。

6）出现血糖异常结果时应当采取以下措施：

①如果与平时监测出入较大，要重复检测一次。

②通知医生采取相应的治疗措施。

③监测血糖。

7）血糖仪的准确性受温度、湿度和其自身稳定性及灵敏度的影响，其测出值可能与静脉生化血糖有一定的差异。诊断糖尿病是以静脉生化血糖作为标准。应至少每半年将便携式血糖仪检测值与静脉生化血糖结果进行比对一次。

8）血糖仪不能放置在过冷、过热、过湿处，不能放置在电磁场（如移动电话、微波炉等）附近。要定期用软布略蘸水擦拭血糖仪，注意不要将水渗入血糖仪内，不能用清洁剂、酒精擦拭血糖仪。

9）血糖试纸要放在干燥处，取试纸后要立即盖紧试纸筒盖。打开试纸筒后要尽量在三个月内用完。每次使用时不要触碰试纸的测试区，要注意试纸的有效期。

2. 胰岛素笔

（1）胰岛素笔是一种形如钢笔的专用注射装置。

（2）不同胰岛素注射笔需与相应的胰岛素笔芯相配，同一位病人使用两种胰岛素时，每种胰岛素应配一支笔，不宜共用。

（3）胰岛素笔使用、保存方法同普通胰岛素。

(4) 用胰岛素笔时要用75%酒精消毒皮肤、待干后注射。但不能用酒精擦拭注射针头。

(5) 注射前要充分摇匀药液。

(6) 外出时要随身携带胰岛素笔，不能放行李托运。

3. 胰岛素泵

(1) 胰岛素泵向人体输送的胰岛素包括两部分剂量：

一部分是自动向病人输送恒定剂量的胰岛素，称为基础胰岛素剂量。

另一部分是在每次进餐前人为设置输出较高剂量的胰岛素，以此有效地降低餐后血糖水平，称为追加胰岛素剂量。

(2) 注射药物

常选用短效胰岛素或超短效胰岛素作为注射药物。

(3) 胰岛素泵使用程序

装电池→开机→设定时间→将胰岛素充入储药器里→将储药器转入泵内→将输注导管连接在储药器上→启动泵的“充注导管”功能→储药器内胰岛素充满导管，针头有药液滴出→设置基础胰岛素剂量→消毒皮肤，将导管前端刺入皮下，固定→启动泵，开始恒定输注基础胰岛素剂量→每次进餐前人为设置追加胰岛素剂量→输注追加胰岛素剂量（可以自己控制）。

(4) 禁用者

精神、心理、智力障碍、偏瘫、失明、不能自己操作者不宜用。

(七) 心理护理

向病人及家属介绍糖尿病知识，鼓励病人参加糖尿病教育活动，使病人认识到积极配合治疗不仅有助于减少或延缓并发症的发生，还可以正常学习、工作和生活，消除病人的焦虑心理，帮助病人树立战胜疾病的信心。鼓励病人家属理解、同情糖尿病病人，给予病人更多的关心和照顾，让病人感到社会和家庭的温暖。

**八、健康教育/出院指导**

1. 知识宣传

通过集体教育、小组教育、个人教育等方式讲解糖尿病的基本知识。

(1) 告知病人积极配合治疗的重要性，使病人认识到糖尿病是一种终身性疾病，其预后与血糖的控制效果和有无并发症有关。

(2) 告知引起糖尿病的常见致病因素。

(3) 倡导改变不健康的生活方式，如不吸烟、少饮酒、合理膳食、经常运动、防止肥胖等。

(4) 指导病人避免急、慢性并发症的诱因，积极防治并发症，如预防感染、糖尿病足、低血糖等。让病人及家属了解糖尿病酮症酸中毒的表现，以便及时识别，及时抢救。

2. 生活指导

(1) 指导病人合理饮食及适当运动的方法。

(2) 鼓励病人以顽强、积极的心态面对疾病，树立战胜疾病的信心。

3. 治疗指导

(1) 告知病人积极配合治疗的重要性。

(2) 指导病人正确应用口服降糖药，必要时教会病人正确注射胰岛素的技术，并注意药物的不良反应。

(3) 教育病人及家属识别低血糖反应，并能立即处理。

(4) 提醒病人随身携带识别卡，以便得到及时救治。

4. 自我监测，定期复查

实践证明，长期良好的病情控制可在一定程度上延缓或预防并发症的发生。

(1) 自我监测

教会病人自我监测血糖方法或自我监测尿糖的方法。学会记糖尿病日记（包括时间、血糖、食欲、用药、运动、其他疾病等情况）

(2) 定期到医院坚持

每3～6个月定期复查糖化血红蛋白，了解糖尿病病情控制程度，以便及时调整治疗方案。每年1～2次全面复查，着重了解血脂水平，心、肾、神经功能和眼底情况，以便尽早预防并发症发生。

### 九、小结

▲糖尿病是一组以血糖升高为特征的代谢性疾病，是由于胰岛素分泌和（或）作用缺陷引起的。

▲本病临床特征为“三多一少”（多尿、多饮、多食、消瘦乏力）。有糖、蛋白质、脂肪代谢紊乱和水、电解质、酸碱平衡紊乱。

▲可有急性、慢性、感染等并发症。最严重的急性并发症是糖尿病酮症酸中毒、高血糖高渗状态。慢性并发症有心、脑、肾、眼、足、神经病变。心血管病变是2型糖尿病的主要死因，糖尿病肾病是1型糖尿病的主要死因。低血糖是最易忽视的严重并发症。

▲血糖升高是诊断糖尿病的主要依据。

▲饮食治疗、运动疗法、药物治疗、糖尿病监测、健康教育五项治疗同时进行。饮食治疗是糖尿病最基本的治疗措施。按时、按量给予药物治疗（口服降糖药、注射胰岛素）是治疗的关键。

## 第八节 高尿酸血症与痛风病人的护理

高尿酸血症与痛风是嘌呤代谢障碍、血尿酸增高引起的代谢性疾病，痛风临床表现为高尿酸血症、急性关节炎、痛风石、慢性关节炎、关节畸形、慢性间质性肾炎、尿酸性尿路结石。若仅有高尿酸血症不能称为痛风。临床上将高尿酸血症与痛风分为原发性和继发性两类。原发性由先天性嘌呤代谢异常所致，可能与胰岛素抵抗有关，因此较多高尿酸血症病人常伴有代谢综合征。继发性常与某些疾病或药物有关。

### 一、病因与发病机制

（一）病因

原发性痛风多数由尿酸排泄障碍引起，少数由尿酸生成增多所致。尿酸是嘌呤代谢的终产物，主要由细胞代谢分解的核酸和其他嘌呤类化合物以及食物中的嘌呤经酶的作用分解而来。高尿酸血症的重要因素，其次是与多种酶的缺陷有关，这种酶的缺陷往往同时有X染色体伴性连锁遗传，常有阳性家族史，属多基因遗传缺陷。

（二）发病机制（图8-8-1）

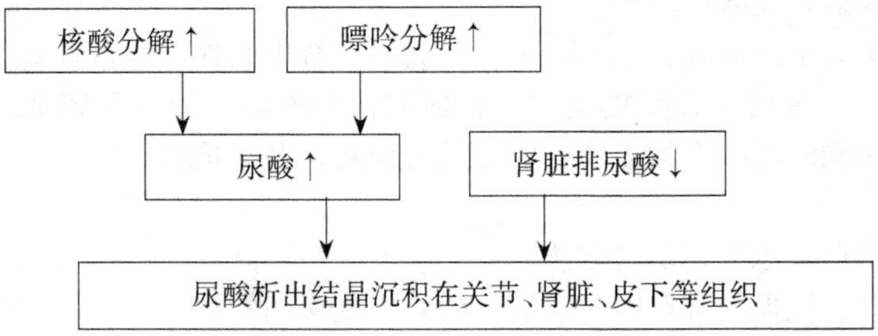


**图8-8-1 痛风发病机制**

临床上仅有部分高尿酸血症病人发展为痛风。在酸性环境下尿酸可析出结晶沉积在组织里，引起组织病理学改变，如痛风性关节炎、痛风性肾病、痛风石等。其中痛风性肾病是痛风特征性病理变化之一。

### 二、临床表现

多见于40岁以上的男性，女性多在更年期后发病。常表现为四期。

1．无症状期

仅有波动性或持续性高尿酸血症。随高尿酸血症水平的增高和持续时间延长，痛风的发病率增加。

2．急性关节炎期

（1）常见诱发因素：创伤、手术、感染、受凉、劳累、饮酒、进高蛋白高嘌呤食物、使用利尿剂、阿司匹林等。

（2）多在午夜或清晨突然发生关节剧痛，以单侧拇趾及第1跖趾关节红、肿、热、痛和功能障碍最常见，随后踝、膝、腕、指、肘关节受累。用秋水仙碱治疗后，关节症状能迅速缓解。

（3）可伴有发热、高尿酸血症。

（4）本病特有表现是初次发作常于数日内自行缓解，受累关节局部皮肤出现脱屑和瘙痒。

3．痛风石及慢性关节炎期

以痛风石沉积在关节软骨、滑膜、肌腱和软组织中导致关节慢性炎症为本期的特征。常见于耳轮、距趾、指间和掌指关节，为多关节受累，且多见于关节远端。痛风石呈黄白色大小不一的隆起，初起质软，随着纤维增多逐渐变硬如石。痛风石可造成手、足畸形。

4．肾脏病变

痛风病人约1/3有肾脏损害。

（1）痛风性肾病

早期可有蛋白尿、血尿、肾浓缩功能受损。晚期可发展为慢性肾功能不全。

（2）尿酸性肾石病

部分病人以肾结石为首发病变，结石较大者可发生肾绞痛、血尿、肾积水、肾盂肾炎等。

（3）急性肾衰竭

由于大量尿酸盐结晶堵塞肾小管、肾盂甚至输尿管，使病人突然出现少尿甚至无尿，若不及时处理可迅速发展成急性肾衰竭。

## 三、辅助检查

1．血尿酸、尿尿酸测定

仅血尿酸增高称为高尿酸血症。

2．滑囊液或痛风石内容物检查

可见尿酸盐。

3．其他检查

X射线、CT、MRI、关节镜等检查有助于发现骨、关节的相关病变，同时X射线检查还可发现慢性关节炎的受累关节软骨缘有尿酸盐侵蚀骨质所致骨破坏及虫蚀样改变（圆形或不整齐穿凿样透亮缺损）。上述影像学检查还可见尿酸性尿路结石。病变确诊依据是关节镜检查见尿酸盐结晶。

## 四、诊断要点

1．典型临床表现，伴有高尿酸血症。

2．秋水仙碱试验治疗有效。

3．滑囊液或痛风石内容物检查、X射线检查、关节镜检查证实。

## 五、配合治疗

1．急性关节炎期治疗

其治疗目的为迅速终止急性关节炎的发作。

（1）常用制剂

1）秋水仙碱

秋水仙碱是治疗急性痛风性关节炎的特效药。通过抑制炎症细胞趋化及释放炎症介质而缓解症状。90%的病人口服秋水仙碱后48小时内关节疼痛缓解，用药越早效果越好。

2）非甾体类消炎药

通过抑制前列腺素等炎症介质合成而达到消炎镇痛作用。

3）糖皮质激素

起效快、缓解率高，但停药后容易症状“反跳”。常用于上述药物无效或不能使用时。

（2）用药注意事项

①秋水仙碱毒性较大，有恶心、呕吐、腹痛、腹泻等胃肠道反应，长期应用可引起骨髓抑制，粒细胞减少。故病人出现不良反应时应及时停药。骨髓抑制、肝肾功能不全、白细胞较少者禁用此药。静脉给药切勿外渗，以免造成组织坏死。

②非甾体类消炎药主要不良反应是胃肠道刺激，应饭后服用，有活动性消化性溃疡者禁用。

2．高尿酸血症和痛风慢性期治疗

其治疗目的为控制高尿酸血症，预防尿酸盐结晶沉积，防止痛风石形成和肾功能损害。

(1) 常用制剂

1) 排尿酸药

适合肾功能良好者。抑制近端肾小管对尿酸盐的重吸收，从而增加尿酸的排泄。常用苯溴马隆、丙磺舒等药。

2) 抑制尿酸生成药物

通过抑制黄嘌呤氧化酶，使尿酸的生成减少。适用于尿酸生成过多或不适合使用排尿酸药物者。常用别嘌呤醇等药。

3) 碱性药物

通过碱化尿液，使尿酸不易在尿中积聚形成结晶，以便排出。常用碳酸氢钠等药。

(2) 用药注意事项

①用排尿酸药期间要多饮水，同时服用碳酸氢钠，碱化尿液，促进尿酸排泄。

②当内生肌酐清除率＜30 mL/min时，排尿酸药无效。

③已有尿酸盐结石形成，或排出尿酸盐＞600 mg/d时不宜使用排尿酸药。

④别嘌呤醇不良反应有胃肠道刺激、皮疹、发热、肝损害、骨髓抑制等，用药期间要严密观察。

## 六、护理问题

1. 疼痛：关节痛

与尿酸盐结晶沉积在关节引起炎症反应有关。

2. 躯体活动障碍

与关节受累、关节畸形有关。

3. 潜在并发症

肾衰竭等。

## 七、护理措施

1. 指导休息与活动

(1) 急性期

绝对卧床，抬高患肢，保持良肢位，避免肢体负重，局部制动，直至关节症状缓解后72小时开始恢复活动。

(2) 慢性期

①控制诱发因素。

②加强功能锻炼，避免过度疲劳。若运动后关节疼痛超过1～2小时，应暂停此项运动。经常改变姿势，使受累关节舒适。

③活动时尽量用大肌群，如能用肩负重就不用手提，能用手臂就不用手指等。

④不长时间持续干重体力工作，交替完成轻、重不同的工作。

⑤若关节肿痛，尽量避免其活动。

(3) 居住环境

干燥、通风、防潮湿、避寒冷。

(4) 鼓励病人多到户外活动，呼吸新鲜空气。

2. 饮食护理

饮食清淡、易消化，忌辛辣、刺激、酸性食物。

(1) 多饮水

急性期每日饮水2000 mL以上，便于尿酸排泄。最好饮用矿泉水，碱化尿液，促进尿酸排泄。

(2) 戒酒

饮酒易使体内乳酸堆积，乳酸对尿酸的排泄有竞争性抑制作用，故本病应戒酒，尤其不能饮用啤酒，因啤酒是高嘌呤饮料。

(3) 严格限制高嘌呤食物

少食肝、肾、心等动物内脏，以及肉类、鱼类、虾类、蟹类等海产品，豆类、银耳、香菇、花生、芝麻等食物，少吃火锅。蛋白质应控制在1 g/(kg·d)。可给予牛奶、鸡蛋、蔬菜等低嘌呤饮食。

（4）控制热量

脂肪“燃烧”产生的酮体阻碍了血尿酸的排泄，间接地使血尿酸水平增高，故肥胖往往会加重痛风病情，痛风与代谢综合征有关。

（5）进食碱性食物

如牛奶、鸡蛋、马铃薯、蔬菜、水果等，使尿液pH≥7.0，减少尿酸盐结晶沉积。

（6）注意烹调方法

如将肉食先煮，弃汤后再行烹调，可大大减少肉中嘌呤含量。此外，辣椒、咖喱、胡椒、芥末、生姜等食品调料，均能诱使痛风急性发作，应尽量避免食用。

3．观察病情

（1）了解有无劳累、寒冷、潮湿、紧张、饮酒、暴饮暴食、外伤等诱发因素。

（2）观察关节疼痛的部位、性质、时间，受累关节有无红、肿、热和功能障碍。注意有无痛风石的体征。

（3）观察病人的体温变化。

（4）记录出入量，注意尿量情况。

（5）监测血尿酸、尿尿酸水平，关注肾功能，警惕肾脏并发症。

4．对症护理

（1）关节疼痛护理：手、腕或肘关节受累时，为减轻关节疼痛，可用夹板固定制动，也可在发病24小时内使用冰敷或25%硫酸镁湿敷，减少局部炎性渗出，消除关节肿胀和疼痛。发病24小时后可使用热敷，促进局部渗出物的吸收。

（2）皮肤溃疡时注意保持患部清洁，避免发生感染。

5．心理护理

由于本病发病急，同时伴有剧烈疼痛，活动受限，病人常焦虑不安。护理人员要注意服务态度，主动询问病人疼痛部位及程度，及时解决病人的躯体不适，为病人创造一个良好的休息环境。

## 八、健康教育/出院指导

1．知识宣传

向病人介绍本病基本知识，使其知道本病虽然是终身疾病，但经积极治疗后，病人仍可维持正常生活和工作。

2．生活指导

（1）指导病人保持愉悦心情，避免紧张情绪，规律生活。

（2）避免本病诱发因素。

（3）告诉病人饮食护理的重要性：指导病人进食低嘌呤碱性饮食，避免高嘌呤食物，忌饮酒，多饮水。肥胖者应控制体重。

（4）指导病人适度运动、保护关节。

3．治疗指导

指导病人遵医嘱应用排尿酸药和别嘌呤醇，并告知病人注意用药不良反应。鼓励病人主动配合治疗，控制糖尿病、动脉粥样硬化、冠心病、高血压、超重等并发因素。

4．定期复查

嘱病人定期复查血尿酸、肾功能等。注意自我观察，发现异常及时就诊。

## 九、小结

▲痛风是嘌呤代谢障碍、血尿酸增高引起组织损伤的一组异质性、代谢性疾病。伴有临床症状的高血尿酸血症才是痛风。

▲本病与嘌呤分解使尿酸增多、尿酸盐结晶沉积组织有关。

▲临床主要表现为高血尿酸血症、急性关节炎（首先单侧拇趾及第1跖趾关节病变）、痛风石、关节畸形、慢性间质性肾炎、尿酸性尿路结石等。

▲秋水仙碱是抑制急性期炎症反应的特效药。别嘌呤醇能抑制尿酸生成。

▲护理重点是饮食护理、关节疼痛护理。

# 第九章 风湿性疾病病人的护理

## 第一节 风湿性疾病基础知识

风湿性疾病（rheumatic diseases）是泛指影响骨、关节及周围软组织的一组疾病。它可以是周身性、系统性的，也可以是局限性的；可以是器质性的，也可以是精神性或功能性的。大多数风湿性疾病与自身免疫性疾病密切相关。

1993年，美国风湿病协会将风湿病分为十大类：

①弥漫性结缔组织病：如系统性红斑狼疮、类风湿关节炎、干燥综合征等。

②与脊柱炎相关的关节炎：如强直性脊柱炎等。

③骨关节炎：如原发性骨关节炎和继发性骨关节炎。

④感染所致风湿性综合征：如直接感染性关节炎和反应性关节炎。

⑤伴风湿病性疾病的代谢和内分泌疾病：如痛风等。

⑥肿瘤：包括原发性肿瘤和继发性肿瘤。

⑦神经血管疾病：如神经病变性关节炎、雷诺病等。

⑧骨与软骨疾病：如骨质疏松症、骨软化等。

⑨关节外疾病：如滑囊炎、椎间盘病等。

⑩其他有关节炎表现的疾病：如复发性风湿病、绒毛结节性滑膜炎等。

其中弥漫性结缔组织病、与脊柱炎相关的关节炎、骨关节炎和伴风湿性疾病的代谢和内分泌疾病最常见。

### 一、解剖结构

人体的骨骼具有支撑身体的作用，成人有206块骨头，骨与骨之间的间隙一般称为关节，除了少部分的不动关节可能以软骨连接之外，大部分则以韧带连接。

关节包括关节面、关节囊、关节腔。关节面覆盖一层关节软骨。关节囊外层为纤维层，内层为滑膜。关节周围组织包括肌肉、肌腱、韧带、滑囊等。手关节分为远端指间关节、近端指间关节、掌指关节、掌腕关节、腕关节。

### 二、生理病理要点

风湿性疾病临床表现多样，除骨关节病变外，还常有其他多个组织、脏器受累表现。风湿性疾病的共同临床特点为：

1．慢性病程

病程漫长，甚至终生不愈。对此类病人进行心理护理和康复指导尤为重要。

2．发作与缓解交替出现

如系统性红斑狼疮、类风湿关节炎等常表现为渐进性的反复发作。因此，不仅要帮助病人减轻发作期症状，还要注意指导缓解期病人预防复发。

3．同一疾病其临床表现个体差异很大

如类风湿关节炎病人，有的以关节症状为主，有的以多脏器损害为主，有的能自愈，有的反复发作而致残。又如系统性红斑狼疮，有的有明显的皮损，有的却无皮肤损害，而是以狼疮性肾炎表现为主。

4．有较复杂的生物化学及免疫学变化

如痛风病人血尿酸增高。类风湿关节炎病人类风湿因子多为阳性。系统性红斑狼疮病人可以有抗核抗体阳性、抗双链DNA抗体阳性、抗Sm抗体、抗磷脂抗体阳性。

5. 治疗效果个体差异较大，疗程较长

非甾体类抗炎药、糖皮质激素是治疗风湿性疾病的常用药物，需长期使用，但有一定的副作用，治疗效果个体差异较大。因此，要对病人进行心理护理，提高其用药依从性。指导病人正确用药，并注意观察疗效及副作用。

6. 具有一定的遗传倾向。

7. 病变累及多个系统 包括肌肉、骨骼系统。

# 第二节　类风湿关节炎病人的护理

类风湿关节炎（rheumatoid arthritis， RA）是累及周围关节为主的多系统、炎症性自身免疫性疾病，临床上以慢性、对称性、周围性、多关节炎性病变为主要特征，可出现关节畸形和功能障碍，是造成我国劳动力丧失及致残的主要病因之一。类风湿关节炎可见于任何年龄，以35～50岁为发病高峰。女性多见。

## 一、病因与发病机制

（一）病因

1. 环境因素

未证实有导致本病的直接感染因子，但目前认为一些感染因素会影响类风湿关节炎的发生和发展。此外，潮湿、寒冷及创伤等也可能与本病发生有关。

2. 遗传因素

同卵孪生中类风湿关节炎的发病率远远高于异卵孪生。研究证明某些基因的表达也与类风湿关节炎的免疫学异常有关，说明本病有一定的遗传倾向。

3. 免疫因素

（1）免疫复合物形成

类风湿关节炎病人血清和滑膜组织中存在类风湿因子（RF），它是一种自身抗体，能与免疫球蛋白（IgG）结合形成免疫复合物，被补体激活后，诱发炎症。

（2）绒毛形成

关节滑膜炎使关节滑膜增厚，形成许多绒毛样突起（血管翳）侵入到软骨和骨质。绒毛具有很强的破坏性，造成关节破坏、关节畸形及功能障碍。关节滑膜炎是类风湿关节炎的基本病理改变。

（3）细胞因子增多

T细胞活化增殖，使细胞因子增多，进一步破坏关节软骨和骨，造成关节畸形，C-反应蛋白和血沉升高。

（4） 血管炎

血管炎可发生在任何组织血管，以淋巴细胞浸润、纤维素沉着为主。类风湿结节也是血管炎的一种表现。

（二）发病机制（图9-2-1）

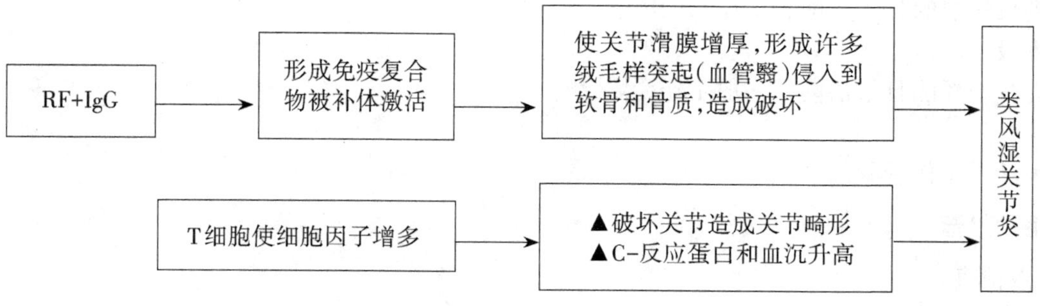


图9-2-1　类风湿结节炎发病机制

## 二、临床表现

多数类风湿关节炎病人起病隐匿，可先有乏力、全身不适、低热、纳差、体重下降等全身症状，然后出现明显的关节症状。

1. 关节表现

以手足小关节对称性受累为主，以腕、掌指间、近端指间关节及跖趾关节病变最常见。经治疗后关节滑膜炎症状好转，但关节软骨和骨破坏不可逆，是残疾的主要原因。

(1) 关节疼痛与肿胀

关节疼痛往往是最早的关节症状，多呈持续性，时轻时重，疼痛的关节往往伴有压痛和肿胀。

(2) 晨僵

晨僵是由于静止不动时水肿液沉积于炎性滑膜组织中所致。95%以上的类风湿关节炎病人有晨僵。晨僵在类风湿关节炎中表现最为突出，即晨起或长时间不动后关节僵硬，可持续数小时，活动后方能缓解或消失。晨僵持续时间与关节滑膜炎程度成正比，是观察类风湿关节炎活动的一个重要指标。

(3) 关节畸形与功能障碍

关节畸形与功能障碍多见于较晚期病人。类风湿关节炎常见的关节畸形有：

①近端指间关节肿大呈梭形，称梭状指。

②近端指间关节过伸，远端指间关节屈曲，形成“鹅颈样”畸形。

③掌指关节半脱位形成尺侧偏斜。

各种畸形均可导致不同程度的关节功能障碍。

2. 关节外表现

(1) 类风湿结节

类风湿结节是本病较常见的关节外表现，与本病活动有关。结节常发生在关节隆突部及受压部位皮肤下，呈对称分布，也可发生在心包、胸膜、心脏、肺脏、脑等所有脏器。结节大小不一，呈圆形或卵圆形，数量不等，触之坚韧，按之不痛，推之不动。

(2) 类风湿血管炎

其典型的病理改变为坏死性血管炎，可累及机体的任何脏器和组织，并引起相应的症状，如心包炎、心肌炎、胸膜炎、肺间质纤维化、脑血管意外、周围神经炎、巩膜炎、结膜炎、皮肤溃破等。

(3) 脏器受累

①肺受累很常见，有时可为首发症状。

②心脏受累以心包炎最常见。

③神经受累的常见原因是神经受压。

④血液受累表现为贫血，贫血程度常和病情活动度相关。

(4) 其他

①弗尔他（Felty）综合征：表现为合并有脾大、中性粒细胞减少、贫血、血小板减少等。

②干燥综合征：有眼干、口干等表现。

3. 关节功能分级

(1) Ⅰ级

能正常生活、工作。

(2) Ⅱ级

只能进行一般的日常生活、工作。

(3) Ⅲ级

只能进行一般的日常活动，一般工作受限。

(4) Ⅳ级

日常生活、工作受限。

## 三、辅助检查

1. 血液检查

(1) 血常规

有轻、中度贫血。白细胞及分类多正常。血小板增多。

(2) 炎性标志物

活动期血沉增快、C-反应蛋白增高（C-反应蛋白是炎症过程中出现的急性期蛋白）。

（3）类风湿因子（RF）

80%类风湿病人RF呈阳性，其滴度与类风湿关节炎的活动性和严重性成正比，但RF也可见于其他疾病，甚至正常人血清中。因此，RF对类风湿性关节炎的诊断不具特异性。

（4）免疫检测

70%病人血清中有免疫复合物，多数病人活动期血清补体升高。

2．关节液检查

类风湿关节炎病人的关节腔内滑液量增多，黏度差，含糖量低于血糖，白细胞明显增多，以中性粒细胞为主。

3．关节X射线检查

关节X射线检查是类风湿关节炎诊断、分期及病情监测的重要手段，其中以手指及腕关节的X射线片最有价值。

X射线表现分四期：

（1）Ⅰ期

表现为关节周围软组织肿胀，关节端骨质疏松。

（2）Ⅱ期

表现为关节间隙因软骨破坏变得狭窄。

（3）Ⅲ期

表现为关节面骨质呈侵蚀性改变。

（4）Ⅳ期

可有关节半脱位、骨性强直。

4．类风湿结节活检

类风湿结节中心为纤维素样坏死组织，周围是上皮样细胞排列成环状，外层为肉芽组织。典型的类风湿结节病理改变有助于本病的诊断。

**四、诊断要点**

1．诊断标准

（1）晨僵持续最少1小时。

（2）有3个或3个以上的关节肿胀或积液。

（3）腕、掌指、近端指关节中至少有一个关节肿胀或积液。

（4）对称性关节肿胀或积液。

（5）有类风湿结节。

（6）RF阳性。

（7）X射线片改变：至少有骨质疏松和关节间隙的狭窄。

符合以上4项及以上者，可诊断为类风湿关节炎。

2．活动期指标

关节肿痛明显、晨僵、类风湿结节、贫血、血沉增快、C-反应蛋白增高等。

**五、配合治疗**

目前缺乏根治和预防类风湿关节炎的办法。早诊断、早治疗是类风湿关节炎治疗的关键。治疗目的是缓解关节症状，控制病情发展，防止和减少关节、骨的破坏，维护关节功能，促进已破坏关节、骨的修复，提高生活质量。

1．药物治疗

药物治疗是类风湿关节炎治疗中最重要的措施。

（1）非甾体类消炎药

非甾体类消炎药具有解热镇痛作用，是治疗类风湿关节炎的常用药和首选药之一。此类药主要通过抑制环氧化酶的作用，减少前列腺素的产生而达到消炎止痛作用。但此药只能缓解临床疼痛症状，不能阻止疾病进展，一般与慢作用抗风湿药联合应用。

1）常用制剂

阿司匹林、吲哚美辛、布洛芬等。

2）用药注意事项

①该类药物治疗效果因人而异，至少服1～2周后才能判断其疗效。

②效果不佳可以换用另一种非甾体类消炎药，但应避免同时服用两种以上的非甾体类消炎药。

③非甾体类消炎药易引起胃肠道反应，应饭后服药，以减少药物对胃肠道的刺激。同时遵医嘱服用胃黏膜保护剂、制酸剂，以减轻胃黏膜损伤。

④肾功能减退者慎用。

（2）慢作用抗风湿药

慢作用抗风湿药能阻止关节结构的破坏，并有消炎作用。此类药主要通过作用于类风湿关节炎病程中的不同免疫成分而发挥作用，但起效慢。本药常与非甾体类消炎药联合应用，治疗轻症病人。

①常用制剂

甲氨蝶呤（是治疗类风湿关节炎首选药之一）、柳氮磺吡啶、来氟米特、羟氯喹、雷公藤、金制剂、青霉胺、环孢素、肿瘤坏死因子拮抗剂等。

②用药注意事项

该类药有骨髓抑制、肝功能损害、胃肠道反应等毒副作用，但停药后毒副作用将逐渐消失。用药期间要严密观察血象及有无感染、出血、贫血等骨髓抑制现象，并保持空气、皮肤和黏膜清洁，保护皮肤完整性，防止出血。注意观察有无黄疸及肝功能异常，饮食要清淡，多饮水，促进毒素排泄，减轻肝脏负担。注意胃肠道反应情况，饭后服药，注意保护胃黏膜。恶心、呕吐明显时，可遵医嘱用止吐药。

（3）肾上腺糖皮质激素

肾上腺糖皮质激素有抗免疫、消炎、缓解关节疼痛作用，但不能阻断类风湿性关节炎的病情进展和关节破坏，临床应用时需严格掌握适应症和药物剂量。此类药不作为治疗类风湿关节炎的首选药物，仅用于有关节外症状或关节炎明显或急性发作者或病情严重者。

①常用药物

强的松、强的松龙等。若局部应用，如关节腔内注射可有效地缓解关节的炎症症状。

②用药注意事项

参见第六章第四节“肾病综合征病人的护理”相关内容。

2．手术治疗

关节置换术适用于关节畸形并失去了功能者。滑膜切除术可暂时缓解病情，但当滑膜再次增生时，疾病又将复发，所以必须同时服用慢作用抗风湿药。

## 六、护理问题

1．疼痛

与关节炎性反应有关。

2．自理能力受限

与发热、关节炎症有关。

3．知识缺乏

缺乏自我护理知识。

## 七、护理措施

1．指导休息与活动

（1）活动期

卧床休息，尤其关节肿痛明显、发热及内脏受累的病人要绝对卧床休息。帮助病人采取舒适体位，尽可能保持关节良肢位（功能位），必要时给予石膏托、小夹板固定。勿长时间维持抬高头部和膝部的姿势，以免屈曲姿势造成关节挛缩致残。对残疾者予以适当的生活照顾。

（2）缓解期

锻炼与理疗结合，避免关节畸形。

①尽早锻炼

鼓励病人尽早进行功能锻炼。由被动活动向主动活动过渡。防止肌肉萎缩和关节强直，促进关节功能恢复。活动过程要循序渐进，避免活动时间过长、活动量过大。

②适度锻炼

鼓励病人坚持不懈、定时做全身和局部相结合的活动，如转颈、握拳、肢体伸曲、提举、挺胸、伸腰、摇动关节及散步等动作，不断锻炼关节功能。锻炼活动度以病人能承受为限，若活动后出现疼痛或不适持续2小时以上，应减少活动量。避免锻炼过程操之过急。

③锻炼生活自理能力

如穿脱衣服、进食、如厕、起卧、更衣、洗漱、洗浴等，保持生活自理能力。条件允许时还可训练病人从事家务、社会交往，恢复工作能力。

④运动前准备

运动前可用热敷、热水浴、红外线等理疗方法改善血液循环，减轻肌肉挛缩。

⑤注意安全，避免损伤

使用坐面较高的床、凳、轮椅、马桶、便器等，以免跌倒。穿防滑鞋，在光线好、地面平整、不滑处行走。物品放置在易于取放之处。必要时指导使用辅助工具，如拐杖、助行器、轮椅等。

2．饮食护理

给予高蛋白、高维生素、清淡易消化、营养丰富的饮食。

3．观察病情

观察关节病变部位。注意肿胀、疼痛、活动受限程度、晨僵持续时间等。判断病人活动情况及生活自理能力，如个人卫生、穿衣、进食、如厕等，了解关节外各脏器功能情况。

4．缓解疼痛

（1）物理方法

可采用理疗、按摩、推拿、热敷、松弛术、超声波、红外线等增加局部血液循环，松弛肌肉。一方面有利于减轻疼痛，另一方面有利于关节的功能锻炼，加速关节功能恢复。如每日起床时用温水浴或热水泡浴15分钟等。

（2）药物疗法

遵医嘱指导病人饭后服用非甾体类消炎药，多饮水，观察疗效及副作用。

（3）环境影响

①保持病室内温度、湿度适宜，空气新鲜、清洁。避免寒冷、潮湿的环境。

②采用谈话、听音乐、看电视等方式分散病人注意力。

③避免疼痛部位受压。

5．晨僵护理

睡眠时戴弹力手套保暖，晨起时用热水浸泡僵硬的关节，然后主动活动与被动活动。鼓励缓解期病人从事力所能及的工作和活动，避免长时间不动，防止晨僵加重。

6．心理护理

类风湿关节炎是反复发作的慢性疾病。因关节疼痛、畸形、功能障碍，生活自理能力下降，工作和社交不便，病人往往悲观、愤怒，甚至失去生活信心。要同情、理解病人，帮助病人正确对待关节功能障碍的事实。引导病人自强自立，加强锻炼，尽量生活自理，做力所能及之事，充分体现自己的人生价值，以获得精神上的满足。

## 八、健康教育/出院指导

1．介绍疾病常识

让病人了解类风湿关节炎的表现及治疗方案，介绍如何观察病情，如何配合用药等。

2．避免诱因

提醒病人避免类风湿关节炎诱因，如感染、寒冷、潮湿、劳累等。

3．指导病人功能锻炼

保持关节适当活动，提高病人自理能力。协助病人制订并实施康复计划。

4．定期复查

根据用药种类，有针对性地定期检测血、尿常规及肝、肾功能，警惕出现并发症。

## 九、小结

▲类风湿性关节炎是自身免疫性疾病。其典型症状是小关节对称性肿、痛、畸形、功能障碍。

▲关节症状比关节外症状（类风湿结节、血管炎等）更突出。晨僵是最突出的临床表现。

▲以药物治疗为主，非甾体类消炎药常与慢作用抗风湿药联合应用。

▲主要护理措施是活动期休息，缓解期锻炼关节功能，以及关节疼痛护理。最具特色的护理是晨僵护理。

## 第三节 系统性红斑狼疮病人的护理

系统性红斑狼疮（systemic lupus erythematosus，SLE）是累及多系统、多器官的慢性自身免疫性疾病，以急性发作和病情缓解交替为特点，伴有内脏损害者预后较差。SLE以年轻女性好发，发病者多为20～40岁育龄妇女。

### 一、病因与发病机制

#### （一）病因

1. 遗传因素

同卵孪生中SLE的发病率远远高于异卵孪生。有色人种的SLE发病率高于白色人种的SLE发病率。可能是多个基因在某种环境下相互作用，改变了正常的免疫耐受性而致病。

2. 激素因素

与雌激素、泌乳素水平增高有关。

3. 环境因素

（1）紫外线

紫外线可使上皮细胞核的DNA转化为抗原性很强的胸腺嘧啶二聚体，刺激机体产生大量的自身抗体，以至免疫复合物沉积引起皮肤黏膜血管炎，产生或加重皮肤红斑，引起或导致疾病复发、恶化，这种现象被称为光敏感现象。紫外线可以穿透云雾和玻璃使SLE病人出现光敏感现象。

（2）感染

SLE可能与某些感染因素有关，尤其是病毒感染。

（3）饮食

烟熏食物、蘑菇、无鳞鱼、干咸海产品、苜蓿等食物可诱发SLE。芹菜、无花果、香菜等含有补骨脂素（光敏性化合物）的食物会增强SLE病人对紫外线的敏感性。

（4）药物

引起药物性狼疮的药品按化学结构分成4类：

①芳香胺类

如普鲁卡因胺、磺胺嘧啶和β受体阻滞剂等。

②肼类

如肼苯达嗪（肼屈嗪）和异烟肼等。

③巯基化合物

如青霉胺、抗甲状腺药物。

④苯类

如苯妥英钠等抗惊厥药物等。

4. 心理和社会因素

心理和社会压力也会对SLE产生不良影响。

#### （二）发病机制（图9-3-1）

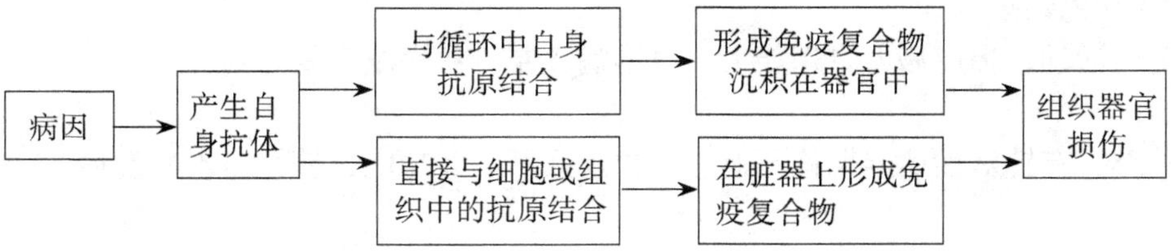


图9-3-1 SLE发病机制

具有SLE遗传素质的人，在上述各种因素作用下使机体正常的自身免疫机制破坏，导致SLE发生。

## 二、临床表现

SLE临床表现复杂多样，可累及任何脏器和组织，最常累及的组织器官是皮肤、关节、肾脏。多为隐匿起病，表现不典型，容易误诊。病程迁延、缓解和急性发作交替出现，反复发作。肾衰竭和感染是SLE的主要死因。

1．全身症状

活动期病人大多有全身症状。发热是SLE活动的表现，但要与感染等其他有发热表现的疾病相鉴别。以长期低、中度热多见，热型不定，可以自限。80%以上病人有全身不适、乏力、食欲不振、体重减轻。

2．皮肤、黏膜损害

80%的病人于皮肤暴露部位出现各种类型的对称性皮疹。面部蝶形红斑是SLE的典型症状，表现为红斑从鼻梁向两侧面颊展开，暴露于紫外线后加重，病情缓解时，红斑可消退，留下色素沉着。此外，部分SLE病人还可有盘状红斑、手指末和甲周红斑、大小鱼际处红斑、血管炎性皮损、光过敏、口腔溃疡、雷诺现象及脱发等。黏膜损害通常与SLE活动所致血管炎有关，可累及全身各处黏膜。

3．关节、肌肉疼痛

关节痛常是SLE病人的首发症状之一，常表现为游走性、多发性关节肿胀、疼痛。最易受累的关节为近端指间、腕、膝和踝关节，多呈对称性，但关节红肿、畸形较少，X射线示大多正常。糖皮质激素治疗时，部分病人可发生无菌性缺血性骨坏死，最常累及股骨头，其次是肱骨头、肱骨头等。部分病人有肌痛、肌炎等，但很少萎缩。

4．组织器官损害

（1）肾脏

几乎所有SLE病人都有不同程度的肾脏损害，约半数以上病人有狼疮性肾炎的临床表现，可为肾炎的任何一种类型的表现。肾脏损害的严重程度与SLE的预后密切相关。

（2）心脏

以纤维素性心包炎最常见，多有中、少 量心包积液，大量积液提示疾病活动。也可发生心内膜炎、心肌炎、心律失常、心力衰竭、冠状血管病变、血栓性静脉炎等。

（3）肺与胸膜

SLE病人胸膜炎可以是干性的，也可以有胸腔积液。急性狼疮性肺炎有弥散性肺泡浸润性病灶，以双下肺野多见。慢性狼疮性肺炎主要为慢性肺间质纤维化。

（4）消化系统

常见症状为食欲不振、恶心、呕吐、腹泻、便秘、腹痛、腹水、消化道出血、肝大及肝功能异常等，少数病人可发生急腹症，如急性胰腺炎、腹膜炎、胃肠道穿孔等。

（5）神经系统

以脑损害多见，称为神经精神狼疮，表现为头痛、呕吐、癫痫发作、偏瘫、意识障碍、精神障碍等，其中头痛可以是SLE的首发症状。出现中枢神经系统损害往往提示病情加重，预后不良。周围神经病变少见。

（6）血液系统

SLE常出现贫血和/或白细胞减少和/或血小板减少。约20%病人可有无痛性轻、中度淋巴结肿大，以颈和腋下多见。少数病人有脾大。血液系统最常见的是正色素细胞性贫血。

（7）眼

约15%的SLE病人因视网膜血管炎而出现眼底变化，影响视力。严重者可在数日内致盲，经及时抗狼疮治疗，多数可逆转。SLE还常伴有干燥综合征，表现为口干、眼干等。

（8）抗磷脂抗体综合征（APS）

SLE病人易合并继发性抗磷脂抗体综合征，常出现在SLE活动期，表现为动脉和（或）静脉血栓形成、习惯性自发性流产、血小板减少等。

## 三、辅助检查

1．一般检查

血细胞三系减少、血沉增快提示SLE活动期。尿液改变提示肾损害。血清转氨酶升高提示肝损害。

2．自身抗体检查

（1）抗核抗体（ANA）阳性

敏感性高达95%，特异性为65%。目前已代替狼疮细胞检查，用于筛选SLE病人。

（2）抗双链DNA（dsDNA）抗体阳性

特异性高达95%，敏感性为70%。多出现在本病活动期，其含量与本病活动性密切相关，对确诊SLE和判断狼疮的活动性参考价值较大。本抗体滴度高者常有肾损害，且预后较差。

（3）抗Sm抗体阳性

Sm是细胞核中的酸性核蛋白。抗Sm抗体阳性诊断SLE特异性高达99%，敏感性为25%。SLE不活动时亦可阳性，故称为SLE的标志性抗体之一，是早期和不典型病人的诊断或回顾性诊断的指标。

（4）抗磷脂抗体阳性

抗磷脂抗体包括抗心磷脂抗体、狼疮抗凝物、梅毒血清试验假阳性等对自身不同磷脂成分的自身抗体。抗磷脂抗体阳性结合特异的临床表现可以诊断是否合并有继发性抗磷脂抗体综合征。

3．补体

血清补体C3、C4水平降低，尤其C3低下提示SLE活动期。

4．狼疮带试验

用免疫荧光法检测皮肤的真皮和表皮交界处是否有免疫球蛋白（Ig）沉积带，狼疮带试验阳性代表SLE活动性。

5．狼疮细胞

狼疮细胞并非高度特异，也可出现在类风湿关节炎、系统性硬皮病等多种风湿病中，在SLE活动期时阳性率可高达40%～70%。狼疮细胞的形成是由于种种原因，机体产生了抗细胞核蛋白的抗体，这种抗体和核蛋白结合后形成一种复合物狼疮细胞，可以在外周血和骨髓中找到。

6．肾活检

肾活检对指导治疗狼疮性肾炎及估计预后有重要价值。

## 四、诊断要点

目前普遍采用美国风湿病学会1997年推荐的SLE分类标准，共11项：颊部红斑（蝶形红斑）、盘状红斑、光过敏、口腔溃疡、关节炎、浆膜炎、肾脏病变、神经病变、血液学疾病、免疫学异常（抗ds-DNA抗体阳性或抗Sm抗体阳性或抗磷脂抗体阳性）、抗核抗体异常。符合其中4项及以上者，可诊断为SLE。一旦病人免疫学异常，即使临床诊断不够条件，也应密切随访。

轻型——症状轻微，病情比较稳定，无明显内脏损害。

重型——症状严重，累及并影响重要脏器。

狼疮危象——指急性的危及生命的重症SLE。

## 五、配合治疗

目前尚无根治SLE的办法，早诊、早治可以使大多数病人达到症状完全缓解。

1．轻型SLE药物治疗

（1）非甾体类抗炎药

主要用于发热、关节肌肉痛等。

①常用制剂

阿司匹林、吲哚美辛、布洛芬等。

②用药注意事项

参见第六章第二节“类风湿关节炎病人的护理”相关内容。有肝功能异常、肾炎者慎用。

（2）抗疟药

主要用于控制皮疹和减轻光敏感。

①常用药物

羟氯喹等。

②用药注意事项

定期检查眼底，及时发现视网膜退行性变化。注意观察有无心动过缓或传导阻滞等心律失常现象。心动过缓、传导阻滞者禁用。

（3）小剂量糖皮质激素

常用泼尼松0.5～1 mg/d，晨起顿服。

2．重型SLE药物治疗

（1）糖皮质激素

糖皮质激素是目前治疗重型SLE的首选药物。

①常用制剂

首选泼尼松，一般1 mg/(kg·d)。

②用药注意事项

病情控制后逐渐减量，多数病人需长期维持用药，以免易复发。具体用药注意事项参见第六章第四节“肾病综合征病人的护理”相关内容。

（2）免疫抑制剂

对于激素治疗无效或用量太大不能耐受者以及活动程度较严重SLE，可加用免疫抑制剂。

①常用制剂

环磷酰胺、硫唑嘌呤、长春新碱、雷公藤等。

②用药注意事项

此类药物有明显的骨髓抑制、恶心、呕吐、脱发等副作用，需严密观察。具体用药注意事项参见第六章第三节“白血病病人的护理”相关内容。

（3）其他疗法

血浆置换疗法、人造血干细胞移植、应用生物制剂等。

3．狼疮危象治疗

可采用大剂量甲泼尼龙冲击治疗和静脉注射大剂量免疫球蛋白。病人度过危象后，按重型SLE药物治疗方法继续维持治疗。

4．缓解期

病情控制后，尚需接受长期维持治疗。常用泼尼松5～10 mg/d，晨起顿服。抑制疾病复发。

## 六、护理问题

1．皮肤完整性受损

与SLE病理改变导致皮肤损害有关。

2．疼痛

与免疫复合物沉积于关节、肌肉、组织有关。

3．潜在并发症

肾衰竭、感染。

4．焦虑

与病情反复发作、皮肤损害、多脏器功能损害有关。

## 七、护理措施

1．指导休息与活动

（1）活动期

应注意卧床休息，减少能量消耗，保护脏器功能，预防并发症。

（2）缓解期

可适当活动，参加社会工作，但要注意劳逸结合。

（3）外出时

减少暴露部位，避免紫外线照射。

2．饮食护理

（1）给予高蛋白、高营养、高维生素、清淡易消化饮食，少食多餐。

（2）忌食芹菜、无花果、香菜、烟熏食物、蘑菇、无鳞鱼、干咸海产品、苜蓿等含有补骨脂素的食物，以免增加对紫外线的敏感性。

（3）避免咖啡、浓茶、辣椒、吸烟等刺激，以免引起交感神经兴奋、小血管痉挛，加重组织缺血、缺氧。

（4）肾功能损害者，应给予低盐饮食，适当限制水，记录24小时出入量，尿毒症病人应限制蛋白质摄入。

（5）心脏受累时给予低盐限水饮食。

（6）消化功能障碍时给予清淡易消化饮食。

3．观察病情

（1）观察生命体征。

（2）观察口腔黏膜、皮肤情况，注意有无红斑、血管炎现象。

（3）观察受累关节、肌肉的部位及疼痛的性质和程度。

（4）观察各组织器官功能，注意神志、睡眠、尿量，注意有无心包摩擦音、心包积液、心律失常、心力衰竭、呼吸困难、胸痛、咳嗽、贫血、出血、感染、恶心、呕吐、腹痛、腹泻等情况。注意肾功能检查结果。

4．对症护理

（1）皮肤、黏膜护理

1）避免紫外线

室内挂厚窗帘以免阳光直射。进行紫外线消毒时安排病人回避。避免病人在烈日下活动，必要时穿长袖衣裤，打遮阳伞等。

2）保持清洁

①用清洁水冲洗皮肤破损处，每日3次，用30 ℃左右温水湿敷皮肤红斑处，每次30分钟。

②保持头皮清洁，但洗头次数不宜过多，边洗边按摩头皮。也可用梅花针轻叩头皮，每日2次，每次15分钟，避免脱发加重。

③保持口腔清洁，坚持饭前、饭后漱口，早晚口腔护理。

④保持病室内温度、湿度适宜，空气新鲜、清洁。

3）避免刺激

忌用碱性肥皂、化妆品及化学药品。忌染发、烫发、卷发。忌刺激性饮食。

（2）避免诱因

避免如日晒、过敏、感染、妊娠、分娩、服避孕药、使用化学类清洁用品、使用各类化妆用品、某些饮食、某些药物、手术及劳累等。其中日晒是最重要、最常见的诱因。

（3）积极防治感染

病人宜住单间，减少探视。保持皮肤、口腔、会阴等处清洁，保持呼吸道通畅。严格无菌操作，严密观察体温、白细胞、局部皮肤黏膜、呼吸道情况，发现感染征象，立即报告医生，协助处理。

5．心理护理

加强与病人的沟通，鼓励病人倾诉心理感受，给予同情、理解及引导，帮助病人正确认识疾病。通过安慰、疏导消除病人恐惧的心理，通过介绍成功病例，树立病人战胜疾病的信心。鼓励病人亲朋好友多陪伴病人，使其获得感情支持。建议因SLE致脱发的病人剪短发，或用围巾、帽子、假发等进行遮盖，以减轻病人的心理压力。

**八、健康教育/出院指导**

1．知识宣传

向病人及家属介绍疾病常识，使之知道及时、正确治疗，能使病情长期缓解。告知女性病人应在医生指导下妊娠。

2．生活指导

指导病人合理饮食。提醒病人避免SLE诱因。注意进行自我护理，如注意空气、口腔、皮肤清洁卫生，切忌挤压、磨损红斑，不能用冷水清洗皮肤，禁止日光浴，不用肥皂等刺激性的液体及化妆品清洁皮肤。保持良好心态，劳逸结合，避免劳累。

3．治疗指导

指导病人自我观察病情，遵医嘱用药，不得擅自调整药量。

4．定期复查

及时发现病情变化。

## 九、小结

▲SLE是累及多系统、多器官的自身免疫性结缔组织疾病。

▲SLE最常累及的组织器官是皮肤、关节、肾脏。蝶形红斑是SLE的典型症状。几乎所有SLE病人都有不同程度的肾脏损害。肾衰竭和感染是SLE的主要死因。

▲抗核抗体、抗双链DNA抗体、抗Sm抗体、抗磷脂抗体是重要的免疫学检查指标。

▲重型SLE首选糖皮质激素治疗。

▲最具特色的护理措施是避免紫外线照射、皮肤黏膜护理、饮食护理。

## 十、疾病鉴别（表9-3-1）

表9-3-1　类风湿关节炎与系统性红斑狼疮特征比较

| 项目 | 类风湿关节炎 | 系统性红斑狼疮 |
| --- | --- | --- |
| 病变部位 | 涉关节对称畸形 | ▲近端指间、腕、膝、踝关节对称病变，无畸形<br>▲几乎所有病人均肾脏受损<br>▲常累及皮肤 |
| 免疫指标 | RF阳性 | ANA、dsDNA、抗Sm抗体、抗磷脂抗体阳性 |
| 发热 | 病初有，以后很少 | 活动期有高热 |
| 主要用药 | 非甾体类抗炎药、慢作用抗风湿药 | 糖皮质激素、免疫抑制剂 |
| 护理 | 关节痛护理，晨僵护理 | 防紫外线、皮肤黏膜护理、饮食护理 |

# 第四节　骨质疏松症病人的护理

骨质疏松症（osteoporosis，OP）是一种以骨量降低和骨组织微结构破坏为特征，导致骨脆性增加和易于骨折的代谢性骨病。几乎所有老年人都有不同程度的骨质疏松。

骨质疏松症按病因分为：

①原发性骨质疏松症

随年龄增长发生生理性退行性变。如绝经后女性、老年人等所发生的骨质疏松症。

②继发性骨质疏松症

如长期使用类固醇激素、甲状腺素等药，性腺功能减退症、甲亢、甲旁亢、库欣综合征、1型糖尿病、全身性疾病等所诱发的骨质疏松症。

③特发性骨质疏松症

此型与遗传有关。女性多于男性，妊娠期、哺乳期所发生的骨质疏松也属于此类。

## 一、病因与发病机制

（一）病因

1．骨吸收增加，丢失增多

骨吸收指破骨细胞破骨破坏增加（骨吸收增加，丢失增多）。

（1）雌激素、雄激素缺乏会增加破骨细胞的功能。

（2）细胞因子表达紊乱，护骨素减少，导致骨吸收增加。

（3）高龄和肾功能减退等原因会使活性维生素D缺乏，钙吸收减少、甲状旁腺素（PTH）代偿性分泌增多，骨丢失增多。

2．骨形成减少

（1）成骨细胞的功能与活性缺陷是老年人骨质疏松症的重要发病原因。

（2）性成熟障碍致峰值骨量（人体骨量高峰值）降低，也影响骨重建功能。

3．骨质量下降

主要与遗传因素有关。骨质量下降会导致骨脆性和骨折风险增加。

4．不良的生活方式和生活环境

吸烟、制动、体力活动少、长期卧床、长期服糖皮质激素、光照减少、酗酒、碳酸饮料、咖啡、浓茶、钙和维生素D摄入不足等都是导致骨质疏松的危险因素。蛋白质摄入不足、营养不良、肌肉功能减退等是老年人发生骨质疏松症的重要环境因素。

5．药物因素

长期使用糖皮质激素、甲状腺素、肝素等，均可影响钙的吸收，尿钙排泄增加，促进骨量丢失。

（二）发病机制（图9-4-3）

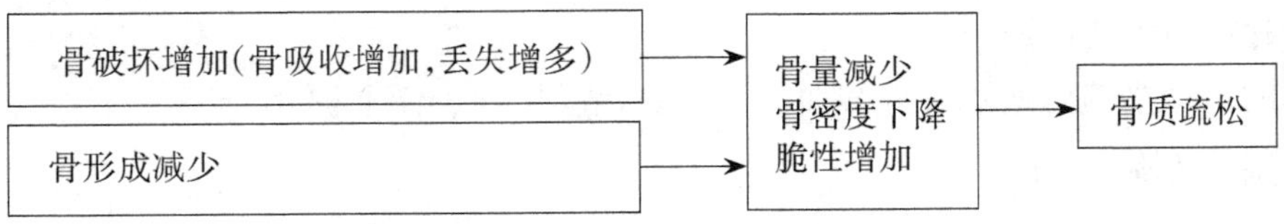


**图9-4-3　骨质疏松症发病机制**

## 二、临床表现

1．骨痛、肌无力

骨痛、肌无力是本病最常见、最主要的症状。以腰背痛多见，其次是膝关节、肩背部、手指、前臂痛。主要表现为酸痛，安静状态起身活动时出现，久坐、久站之后变换姿势时疼痛。弯腰、运动、咳嗽、大使用力时加重，夜间和清晨醒来时加重，日间减轻，负重能力减弱，活动后常导致肌劳损和肌痉挛，疼痛加重。

2．身长缩短、驼背

身长缩短、驼背是继腰背痛后出现的重要体征之一。与脊柱椎体前部为松质骨组成，且负重量大，容易压缩变形有关，尤其第11、12胸椎及第3腰椎负荷量更大，更容易变形。椎体压缩使身长变短，一般每椎体缩短2 mm，身长缩短3～6 cm。随着年龄增长骨质疏松加重，驼背程度加重，使膝关节挛缩显著。

3．骨折

骨折是骨质疏松症最常见和最严重的并发症。

（1）常因轻微活动或创伤诱发，如打喷嚏、弯腰、负重、挤压或跌倒等。

（2）老年人骨质疏松症并发骨折可达6%。老年病人多在摔倒或挤压后发生，且一次骨折后，再次反复发生骨折的概率明显增加。

（3）骨折发生部位较固定，在老年前期以桡骨骨折多见，老年期以后以腰椎和股骨颈骨折多见。脊柱压缩性骨折可致脊柱后弯、胸廓畸形，使肺活量、最大换气量显著减少，心血管功能障碍，引起胸闷、气短、呼吸困难等症状。

4．呼吸系统障碍

驼背程度加重，还导致胸廓畸形，影响肺活量，病人往往出现胸闷、气短、呼吸困难，甚至并发呼吸道感染。

## 三、辅助检查

1．骨矿密度测量（BMD）

骨矿密度测量是诊断骨质疏松症最有价值的检查。常用单光子吸收测定法、双能X射线吸收测定法、定量CT、超声波等。

2． X射线摄片检查

目前X射线摄片仍是较易普及的检查骨质疏松症的方法。但该方法只能定性，不能定量，且不够灵敏，一般在骨量丢失30%以上时，X射线摄片才能有阳性所见。

3．骨生化检查

测定血、尿的矿物质及某些生化指标（血清骨源性碱性磷酸酶、尿钙/尿肌酐比值等），有助于判断骨代谢、骨更新率的快慢，对骨质疏松症的鉴别诊断具有重要意义。

## 四、诊断要点

1．诊断线索

（1）绝经后或双侧卵巢切除女性。

（2）不明原因的慢性腰背疼痛。

（3）身材变矮或脊柱畸形。

（4）脆性骨折史或脆性骨折家族史。

（5）存在多种危险因素。

2．诊断依据

（1）病史和体检是基本依据。

（2）X射线摄片检查或BMD测定是确诊依据。

## 五、配合治疗

合适的治疗可减轻症状，改善预后，降低骨折发生率。

（一）病因治疗

针对引起骨质疏松症的不同病因进行治疗，如性激素补充、加强运动、增加营养等。

（二）药物治疗

1．骨吸收抑制药物

主要用于防止骨量的进一步丢失，用于骨质疏松症的预防和骨质疏松症的早期治疗。

（1）常用制剂

①雌激素

使破骨细胞功能减弱，骨丢失减少。主要用于绝经后骨质疏松症。

②降钙素

直接抑制破骨细胞对骨的吸收，使骨骼释放钙减少，同时促进骨髓吸收血浆中的钙，使血钙降低。用降钙素前需补充钙剂和维生素D。

③二磷酸盐

抑制破骨细胞生成和骨吸收。用药期间需补充钙剂，老年人不宜长期应用。常用阿仑磷酸钠、依替磷酸二钠、帕米磷酸钠等制剂。

（2）用药注意事项

①须在医生指导下使用性激素。

②服用二磷酸盐时，指导病人空腹服用，同时饮清水200～300 mL，至少半小时内不能进食或喝饮料，也不能平卧，取立位或坐位，以减轻药物对食管的刺激。

2．促进骨形成药物

已经确诊的骨质疏松症病人，需给予促进骨形成、增加骨量的药物，从而降低新骨折发生率。常用小剂量氟化物、雄激素等制剂。

3．改善骨质量药物

能促进骨钙沉着，增加骨量。

（1）常用制剂

①维生素D

可促进钙吸收，抑制PTH分泌，适用于各种骨质疏松症。常用骨化三醇、阿法骨化醇等制剂。

②钙剂

适用于各种骨质疏松症。常用碳酸钙、葡萄糖酸钙、枸橼酸钙等制剂。

（2）用药注意事项

①服用钙剂时注意增加饮水量，同时服用维生素D。

②补充钙剂和维生素D时要定期监测血钙、磷变化，防止发生高钙血症和高磷血症。

（三）对症处理

疼痛时可给予非甾体类消炎药镇痛，如阿司匹林或吲哚美辛等。骨折时给予牵引、固定、复位或手术治疗。

## 六、护理问题

1．疼痛

与骨质疏松症有关。

2．有躯体移动妨碍的危险

与疼痛有关。

3．活动无耐力

与逐步衰老、骨质疏松性骨折有关。

## 七、护理措施

1．指导休息与活动

运动时肌肉收缩是增加骨质的重要因素，负重运动对维持和发展骨质量和骨密度具有重要意义。

（1）加强体育锻炼

多走平路，勿持过重物。加强负重锻炼，提高机体耐受力和平衡能力，发展和维持骨质量和骨密度，降低摔倒和骨折风险。多从事户外活动，多晒太阳，促进肠钙吸收及肾小管对钙、磷的重吸收，生成更多可利用的维生素D，防止骨质疏松。

（2）卧床功能锻炼

若因骨痛需暂时卧床，应睡硬板床，以减轻疼痛。酌情在床上进行四肢和腹背肌肉的主动运动或被动运动，防止骨质疏松进一步加重。疼痛改善后尽早争取起床锻炼。

2．饮食护理

给予高蛋白、高热量、高纤维素、高维生素饮食，提倡低钠、高磷、高钙、高非饱和脂肪酸饮食，戒烟酒，忌辛辣、过咸、过甜等刺激性食品。吸烟、酗酒、浓茶、咖啡等是骨质疏松发病的危险因素。只有摄取丰富的钙才能满足骨中钙的正常代谢，一般正常成人每日食物中钙盐不少于850 mg，骨质疏松症病人不少于2000 mg。食物中的钙磷比值要高于2∶1，才有利于骨质疏松症的预防和治疗。常见含钙丰富的食物有牛奶、排骨、脆骨、虾皮、海带、发菜、木耳、核桃仁、芝麻、豆制品等。女性宜多食富含异黄酮类食物，如豆腐等，对保存骨量也有一定的作用。

3．用药护理

避免使用致骨质疏松症药物：如苯妥英、苯巴比妥、扑米酮、丙戊酸、氯硝西泮、乙琥胺等。

4．观察病情

观察病人骨痛部位、程度、性质，观察病人站立姿势、步态平衡情况，观察病人生活习惯，是否户外活动、活动量、活动方式等，观察病人有无并发症等。

5．对症护理

（1）疼痛护理

疼痛严重时卧床休息，可使用硬板床，取仰卧位或侧卧位。卧床休息1周左右。酌情使用骨科辅助物：背架、紧身衣等。酌情对疼痛部位热敷、理疗等，促进血液循环，减轻疼痛。

（2）防止跌倒

保持地面平整，减少坡坎，不铺地毯，在卫生间、走道、马桶旁设有扶手，家具摆置适当，床和椅的高度不宜过低，防止地面积水，增加照明，穿合适的鞋、裤等，以减少跌倒的发生。

（3）预防并发症

①鼓励病人多做深呼吸和扩胸运动，注意保暖，避免寒冷刺激，防止肺部感染。

②多饮水，勤排尿，保持会阴清洁，防止泌尿系统感染。

③对卧床病人加强皮肤护理，防止压疮。

④对有股骨颈或股骨粗隆骨折的病人，置患肢于外展中立位，防止外旋和内收。

6．心理护理

对病人进行解释和安慰，帮助病人正确认识和对待疾病，解除疾病所带来的精神痛苦和顾虑，减轻思想负担，树立信心，主动配合治疗。

### 八、健康教育/出院指导

1．知识宣传

目前骨质疏松症的治疗还没有特效的方法，发病之后很难使骨组织微细结构完全修复，因此，最好的治疗方法就是向大众介绍预防措施。

（1）一级预防

儿童、青少年注意合理膳食营养，多食用含钙、磷高的食品，坚持体育锻炼。

（2）二级预防

中年期，尤其妇女绝经后要定期检查骨密度，及早采取预防对策。

（3）三级预防

对老年骨质疏松症患者，应积极进行抑制骨吸收、促进骨形成的药物治疗，同时加强防摔、防碰等措施。

（4）牢记骨质疏松症防治三要素

补充钙质、户外运动、预防跌倒。

2．生活指导

（1）休息与活动

指导病人坚持户外运动，多晒太阳。注意劳逸结合，运动安全，防止跌倒、防止骨折，避免受凉、感冒，避免到人多处。

（2）合理饮食

养成良好的饮食习惯，多食含钙、高蛋白、高热量、高维生素食物，避免浓茶、咖啡等饮料，戒烟酒。

3．治疗指导

遵医嘱用药，勿自行减量或停药，指导病人观察所用药物的作用及不良反应。

4．定期复查

密切监测骨质变化情况，及时调整治疗方案。

### 九、小结

▲骨质疏松症是一种以骨量降低和骨组织微结构破坏为特征，导致骨脆性增加和易于骨折的代谢性骨病。

▲几乎所有老年人都会有不同程度的骨质疏松，临床上以原发性骨质疏松症最多见。

▲本病影响因素甚多，如性激素水平降低、运动少、不良饮食嗜好等。

▲发病最早表现是骨痛。本病最严重和最常见的并发症是骨折。

▲目前骨质疏松症尚无特效治疗方法，加强预防尤为重要。

▲护理重点是指导病人户外运动，合理饮食，用药护理，防止跌倒，防止骨折。

## 第五节　类风湿关节炎的诊治

### 一、诊断

类风湿关节炎（RA）是一种以关节滑膜炎为特征的慢性全身性自身免疫性疾病。滑膜炎持久反复发作，可导致关节内软骨和骨的破坏，关节功能障碍，甚至残废。血管炎病变累及全身各个器官，故本病又称为类风湿病。

诊断标准：为使类风湿关节炎的诊断标准得以一致，美国风湿病学院于1958年制定了本患者的分类标准，并于1987年进行修正。现将1987年分类标准简述如下：

①晨僵持续至少1 h（每天），病程至少6周。

②有3个或3个以上的关节肿，至少6周。

③腕、掌指、近指关节肿至少6周。

④对称性关节肿至少6周。

⑤有皮下结节。

⑥手X射线摄片改变（至少有骨质稀疏和关节间隙的狭窄）。

⑦类风湿因子阳性（滴度>1∶20）。

有上述7项中4项者即可诊为类风湿关节炎。

## 二、药物治疗要点

1．非甾体抗炎药（NSAIDs），常用药物包括布洛芬、美洛昔康、塞来昔布等。

2．肾上腺皮质激素。

3．改善病情。抗疟药经氯喹；金制剂金诺芬；免疫抑制剂：甲氨蝶呤、来氟米特、硫唑嘌呤、环孢素、环磷酰胺、雷公藤总苷；柳氮磺吡啶。

4．生物制剂依那西普、英夫利西单抗。

## 三、常用药物

### （一）布洛芬

【其他名称】

拔怒风、贝乐芬、芬必得、易服芬。

【作用与用途】

该药为非选择性非甾体抗炎药（NSAIDs）。用于缓解各种慢性关节炎的关节肿痛症状，治疗各种软组织风湿性疼痛如肩痛、肌痛及运动后损伤性疼痛等急性疼痛。

【用法用量】

①口服

抗风湿，1次0.4～0.6 g，每日3～4次，类风湿关节炎比骨关节炎用量大些；轻中度疼痛，1次0.2～0.4 g，每4～6 h1次。每日最大剂量为2.4 g。缓释剂型，1次0.3 g，每日2次。

②外用

软膏，每日3次。

【药动学】

该药口服易吸收，服药后1.2～2.1 h血药浓度达峰值，一次给药后$T_{1/2}$为1.8～2 h。该药在肝内代谢，60%～90%经肾排泄，内有1%为原形药。

【禁忌症】

（1）活动性消化性溃疡患者；

（2）对阿司匹林或其他非甾体抗炎药过敏者；

（3）服用此类药物诱发哮喘、鼻炎或荨麻疹患者；

（4）严重肝病患者及中、重度肾功能不全者。

【安全用药监护】

1．不良反应

可见消化不良、胃烧灼感、胃痛、恶心、呕吐，一般不必停药，继续服用可耐受。1%～3%的患者可出现头痛、嗜睡、晕眩和耳鸣等症状。

2．主要相互作用

（1）与甲氨蝶呤同用，可升高其血药浓度，甚至可达中毒水平。

（2）该药与其他NSAIDs、皮质激素、促肾上腺皮质激素同用可增加胃肠道不良反应，并可致溃疡和（或）出血。

（3）该药与肝素、双香豆素等抗凝血药及血小板聚集抑制药同用，可致出血。

3．特殊用药人群的监护

FDA对该药的妊娠安全性分级为D级。哺乳期妇女禁用。老年患者发生胃肠道出血并导致水钠潴留风险更大，需注意。轻度肾功能不全者使用最小有效剂量并密切监测肾功能和水钠潴留情况。

4．药品过量处置

应做紧急处理，包括催吐或洗胃，口服药用炭、抗酸药和（或）利尿药，输液，保持良好的血液循环及采用其他支持疗法。必要时，需纠正水及电解质失衡。

5. 实验室检查

用药期间应定期检查血常规及肝、肾功能。

（二）美洛昔康

【其他名称】

安立青、保适捷、和畅。

【作用与用途】

该药为选择性非甾体抗炎药。用于治疗类风湿关节炎、疼痛性骨性关节炎，可缓解其症状。

【用法用量】

①口服给药

骨性关节炎：每日7.5 mg，一次服用，每日最大剂量为15 mg；类风湿关节炎：每日15 mg，一次服用，也可减量至每日7.5 mg。

②直肠给药

骨性关节炎：7.5～15 mg，睡前肛内塞入；类风湿关节炎：15 mg或7.5 mg，睡前肛内塞入。

【药动学】

该药口服吸收较好，起效时间为30 min，生物利用度达89%。达峰时间5～6 h，3～5 d达稳态血药浓度，$T_{1/2}$ 为20 h。在肝内代谢。

【禁忌症】

（1）妊娠及哺乳妇女；

（2）对该药过敏者；

（3）对使用阿司匹林或其他非甾体抗炎药物后出现哮喘、鼻腔息肉、血管水肿或荨麻疹者；

（4）活动性消化性溃疡者；

（5）严重肝功能不全者；

（6）非透析性严重肾功能不全者。

【安全用药监护】

1. 不良反应

常见贫血、轻微头晕、头痛、消化不良、恶心、呕吐、腹痛、腹泻、瘙痒、皮疹、肝药酶短暂升高，停药即消失。

2. 主要相互作用

（1）与其他NSAIDs、钙通道阻滞药合用，易致胃肠道溃疡及出血。

（2）与抗凝药、溶栓药合用，易致出血。

（3）该药可增加甲氨蝶呤的血液毒性。

（4）该药能降低保钾利尿药的利尿作用，可致高钾血症或中毒性肾损害。

（5）与环孢素合用，易致环孢素中毒。

（6）与左氧氟沙星、氧氟沙星合用，癫痫发作的风险增加。

（7）与免疫抑制药合用，可致急性肾衰竭。

3. 特殊用药人群的监护

FDA对该药的妊娠安全性分级为C级。老年患者应谨慎用药。严重肾功能不全者需减少剂量。轻度肝功能不全者无须调整剂量，但应定期随访。

4. 药品过量处置

应采取胃排空及支持疗法，可用考来烯胺加速美洛昔康的排泄，有胃肠道损伤可用$H_2$受体拮抗药或抗酸药对症治疗。

5. 实验室检查

定期检查肝、肾功能（尤其是65岁以上老年患者）。用药3个月内检查1次血常规、血清钠、钾和粪便隐血，每3～12个月复查1次。

（三）塞来昔布

【其他名称】

塞来考昔、西乐葆。

【作用与用途】

该药为选择性非甾体抗炎药。用于缓解骨关节炎、类风湿关节炎、强直性脊柱炎的肿痛症状，也用于缓解手术前后、软组织创伤等的急性疼痛。

【用法用量】

口服：

①骨关节炎，每日200 mg，一次性服用，如有必要，可增加剂量。最大剂量为1次200 mg，每日2次。

②类风湿关节炎及强直性脊柱炎，可增加到1次200 mg，每日1～2次。

【药动学】

该药口服吸收快而安全，达峰时间约3 h，$T_{1/2}$为10～12 h，多剂量给药无蓄积作用。在肝中代谢，经粪便排出。

【禁忌症】

（1）对磺胺过敏者；

（2）对阿司匹林或其他非甾体抗炎药过敏或诱发哮喘者；

（3）对该药过敏者；

（4）有心肌梗死史或脑卒中史者；

（5）严重心功能不全者；

（6）重度肝功能损害者；

（4）孕妇及哺乳期妇女。

【安全用药监护】

1．不良反应

可引起心血管栓塞、血压升高、钠滞留、水肿等。偶见肝、肾功能损害和视力障碍。

2．主要相互作用

（1）与氟康唑同服，该药的血药浓度升高2倍。

（2）与阿司匹林、华法林或其同类药合用时，有增加出血的危险。

（3）与含铝和镁的抗酸药合用时，该药血药峰浓度降低37%，曲线下面积减少10%。

（4）与血管紧张素转换酶抑制药、袢利尿药、噻嗪类利尿药合用时，可使以上药物的降血压及利尿作用减弱。

3．特殊用药人群的监护

FDA对该药的妊娠安全性分级为C级。老年患者使用该药出现致命的胃肠道不良反应与急性肾衰竭多于年轻患者。对中度肝功能损害患者每日推荐剂量应减少约50%。不推荐在重度肝功能损害患者中使用。中度肾功能不全者应减量。

4．药品过量处置

应对症处理和支持治疗，没有特效的解毒药。

5．实验室检查

（1）长期使用NSAIDs者，应定期进行全血细胞计数及血生化检查。

（2）用药期间应密切监测血压、肝功能。

（3）长期用药者出现贫血或失血的症状及体征应检查血红蛋白、血细胞比容。

（四）羟氯喹

【其他名称】

纷乐、硫酸羟氯喹、硫酸羟氯喹啉、羟氯喹啉。

【作用与用途】

该药为4-氨基喹啉类用于治疗盘状红斑狼疮及系统性红斑狼疮的药物。用于盘状红斑狼疮、系统性红斑狼疮、疟疾及类风湿关节炎的治疗。

【用法用量】

口服：治疗红斑狼疮或类风湿关节炎，开始每日0.4 g，分1～2次服用，根据患者的反应，该剂量可持续数周或数月。长期维持剂量为每日0.2～0.4 g。

【药动学】

该药口服后2～4.5 h血药浓度达峰值，血浆$T_{1/2}$约32 d。部分在肝内代谢，经肾排泄。该药可通过胎盘，少量进入乳汁中。

【禁忌症】

(1) 用4-氨基喹啉化合物治疗可引起视网膜或视野改变者；

(2) 对4-氨基喹啉化合物过敏者；

(3) 肝病患者；

(4) 孕妇及哺乳期妇女。

【安全用药监护】

1. 不良反应

可出现兴奋、精神病症、眼球震颤、神经性耳聋、眼外肌麻痹、睫状体调节障碍伴视物模糊、视网膜黄斑水肿、异常色素沉着及中心凹反应消失等。

2. 主要相互作用

①与地高辛合用，可增加地高辛的血药浓度。

②与西咪替丁合用，可增加该药的血药浓度。

3. 特殊用药人群的监护

FDA对该药的妊娠安全性分级为C级。肾功能不全者慎用。

4. 药品过量处置

给予氯化铵口服。成年人每日8 g，分次服用，1周3～4 d，在停止该药治疗后继续使用数月。

5. 实验室检查

(1) 进行初次和定期（每3～6个月1次）眼科检查（包括视敏度、输出裂隙灯、眼底以及视野检查）。

(2) 定期进行膝和距小腿关节的反射及肌力检查。

(3) 长期用药时，应定期监测血细胞计数。

(五) 金诺芬

【其他名称】

金兰诺芬、金葡芬、瑞得。

【作用与用途】

该药为含金慢作用抗风湿药，具有广泛且多环节的抗炎、抗免疫反应作用。用于类风湿关节炎，控制活动性，保持其病情稳定。

【用法用量】

口服，每日6 mg，每日1次或分2次餐后服用。或初始1次3 mg，每日1次，2周后增至每日6 mg，分2次服，6个月后，如疗效不显著，可增至9 mg，分3次服；每日9 mg连服3个月，效果仍不显著者应停药，病情稳定者维持剂量为每日3～6 mg。

【药动学】

金诺芬口服后，所含金的25%被吸收，主要清除途径是粪便，长期服用该药，血金浓度约在12周达到峰值，并保持稳定状态。

【禁忌症】

(1) 对金有过敏反应、坏死性小肠结肠炎、肺纤维化、剥脱性皮炎、骨髓再生障碍、进行性肾病、严重肝病和其他血液系统疾病患者；

(2) 孕妇、哺乳期妇女。

【安全用药监护】

1. 不良反应

常见腹泻、稀便、皮疹、瘙痒，通常无须停药，必要时可对症治疗。少数患者可出现白细胞和血小板数下降、血尿、角膜及晶状体金盐沉积等症状。

2. 主要相互作用

①与ACE抑制药合用，可增加发生亚硝酸盐样反应的风险。

②与其他具有肾毒性、肝毒性或骨髓抑制作用的药物合用，增加发生不良反应的风险。

3．毒性监护

该药可引起金中毒，症状包括：血红蛋白降低、白细胞低于4000/mm$^3$、粒细胞低于1500/mm$^3$、血小板低于$1.5\times 10^5$/mm$^3$、蛋白尿、血尿、瘙痒、皮疹、口炎、持续性腹泻。若发生，早期可洗胃、催吐并输液促使药物排出。

4．特殊用药人群的监护

FDA对该药的妊娠安全性分级为C级。

5．实验室检查

治疗开始前应检查血常规、尿常规、血小板计数、肝肾功能。前3项在服药后至少每月检查1次，其余检查也应定期进行。治疗期间应注意患者口腔黏膜有无异常，口中有无金属异味感。

（六）甲氨蝶呤

【其他名称】

氨甲蝶啶、氨甲蝶呤、氨甲叶酸。

【作用与用途】

该药为叶酸还原酶抑制药。用于治疗乳腺癌、急性白血病、恶性淋巴瘤等；也用于治疗类风湿关节炎及银屑病等自身免疫性疾病。

【用法用量】

口服：

①类风湿关节炎：1周1次，7.5～15 mg，最高剂量1周1次25 mg。胃肠道症状严重者可皮下注射。与其他免疫抑制药合用时1周量可减。

②银屑病关节炎：1周1次，15～20 mg。

③强直性脊柱炎的周围关节炎，1周1次，7.5～10 mg。

【药动学】

该药口服吸收良好，1～5 h血药浓度达高峰。部分经肝细胞代谢，部分通过胃肠道细菌代谢。主要经肾排泄，约10%通过胆汁排泄。$T_{1/2}$相为1 h；$T_{1/2}\beta$相为二室型，初期为2～3 h；终末期为8～10 h。

【禁忌症】

（1）对该药高度过敏者；

（2）妊娠及哺乳期妇女；

（3）肾功能已受损害、营养不良、肝肾功能不全或伴有血液疾病者。

【安全用药监护】

1．不良反应

可见口腔炎、恶心、呕吐、腹泻、消化道出血、白细胞及血小板减少、血尿、黄疸、丙氨酸氨基转移酶及γ-谷氨酰转肽酶增高等症状。

2．主要相互作用

（1）与乙醇和其他对肝有损害药物同用，可增加肝的毒性。

（2）该药可增加抗凝血作用。

（3）氨苯蝶啶、乙胺嘧啶等药物均有抗叶酸作用，如与该药同用可增加其不良反应。

（4）与氟尿嘧啶同用，或先用氟尿嘧啶后用该药，均可产生拮抗作用，但如先用该药，4～6 h后再用氟尿嘧啶则可产生协同作用。

（5）与水杨酸类、保泰松、磺胺类、苯妥英、氨苯甲酸及糖皮质激素等药物合用时可导致该药血药浓度升高而致毒性增加。

（6）该药与放疗或其他骨髓抑制药及利尿药同用时宜谨慎。

（7）胺碘酮可加重该药的毒性反应。

（8）该药与阿糖胞苷、氟尿嘧啶、泼尼松龙呈配伍禁忌。

3．基因检测、毒性监护

（1）基因检测

MTHFR C677T基因位点突变个体对药物敏感，发生不良反应风险增加。

（2）毒性监护

该药具有遗传与生殖毒性并具有潜在致癌性。用药期间需密切监测患者的骨髓、肝、肺、肾毒性；

长期用药可导致肝毒性，故推荐长期用药的患者定期进行肝活检。有肾病史或发现肾功能异常时，禁用大剂量甲氨蝶呤疗法，未准备好解救药亚叶酸钙盐、未充分进行液体补充或碱化尿液时，也不能用大剂量甲氨蝶呤疗法；大剂量甲氨蝶呤疗法易致严重不良反应，须经住院并可能随时监测其血药浓度时才能谨慎使用。

4．特殊用药人群的监护

FDA对该药的妊娠安全性分级为X级。

5．药品过量处置

亚叶酸（叶酸）是有效的解毒药，可中和甲氨蝶呤引起的造血系统毒性。亚叶酸的剂量应等于或大于甲氨蝶呤的相对剂量，并尽快给药。

6．实验室检查

用药期间严密监测肝肾功能、血常规及血细胞比容、尿常规，必要时进行胸部X射线检查、肝活检、骨髓穿刺、肺功能试验。

（七）来氟米特

参见本章第二节。

（八）硫唑嘌呤

【其他名称】

依木兰、咪唑硫嘌呤、硫唑呤、咪唑硫嘌呤、硫唑嘌呤钠。

【作用与用途】

该药为免疫抑制药，系巯嘌呤的衍生物，在体内分解为巯嘌呤而起作用。与其他药物联用，主要用于器官移植患者以抗排斥反应；用于系统性红斑狼疮、类风湿关节炎等自身免疫性疾病的治疗；也可用于急、慢性白血病等的治疗。

【用法用量】

口服，用于自身免疫性疾病，成年人常用量1次100 mg，每日1次。病情缓解后1次50 mg，每日1次。

【药动学】

该药口服易吸收。口服后1 h达峰浓度，$T_{1/2}$约3 h。硫唑嘌呤在体内分解代谢，生成多种氧化的和甲基化的衍生物，随尿排出体外。

【禁忌症】

（1）对硫唑嘌呤过敏者；

（2）肝、肾功能不全者及孕妇。

【安全用药监护】

1．不良反应

可见厌食、恶心、呕吐、肝毒性、血小板减少、贫血等。对精子、卵子有一定损伤，大剂量及用药过久时可有严重骨髓抑制，甚至出现再生障碍性贫血。

2．主要相互作用

（1）多柔比星可增强该药的肝毒性，合用亦可导致多柔比星排泄延迟，造成严重骨髓抑制。

（2）与氯霉素合用可加重骨髓毒性。

（3）与复方磺胺甲噁唑合用，可增加肾移植患者血液学毒性，也可增强该药的骨髓抑制作用。

（4）别嘌呤醇可增加该药的疗效和毒性。

（5）曾使用烷化药（如环磷酰胺）者禁用该药。

3．基因检测、毒性监护

①基因监测

TPMT*3C基因位点可影响药物代谢速度，使用过程中应调整用药剂量，以减少不良反应发生的风险。

②毒性监护

使用嘌呤类抗代谢药有增加肿瘤形成的风险。同时，该药有潜在的致突变性和血液毒性。

4．特殊用药人群的监护

FDA对该药的妊娠安全性分级为D级。哺乳期妇女慎用。老年人建议使用推荐剂量的低限值。肝、肾功能不全者建议使用推荐剂量的低限值。

5. 药品过量处置

目前尚无特效解毒药，进行胃灌洗后，可使用透析法排出该药并予对症支持治疗及密切监察血象。

6. 实验室检查

在治疗的首8周内，至少每周检查1次血常规。如使用大剂量或患者有肝和（或）肾功能不全时，血象检查次数增多。此后每月或最少每3个月重复进行全血象检查。

7. 药品特殊存放要求

该药注射剂应于使用前现配。

（九）柳氮磺吡啶

【其他名称】

柳氮吡啶、柳氮磺胺吡啶、舒腹捷。

【作用与用途】

该药为水杨酸与磺胺吡啶（SP）的偶氮化合物，具有抗菌、抗风湿和免疫抑制作用。用于溃疡性结肠炎、类风湿关节炎、强直性脊柱炎及克罗恩病的治疗。

【用法用量】

口服，类风湿关节炎，1次1g，每日2次，并按表9-5-1逐渐增加日剂量。

**表9-5-1 类风湿关节炎患者柳氮磺吡啶日剂量增加**

| | 第1周 | 第2周 | 第3周 | 第4周及以后 |
|---|---|---|---|---|
| 早晨 | | 0.25 g | 0.25 g | 0.5 g |
| 晚上 | 0.25 g | 0.25 g | 0.25 g | 0.5 g |

若治疗2个月后未出现反应，可将剂量增至每日3 g。当日剂量超过2 g时，应进行监测。

【药动学】

口服后少部分在胃肠道吸收，通过胆汁可重新进入肠道（肠肝循环）。未被吸收的部分被回肠末段和结肠的细菌分解，残留部分自粪便排出。

【禁忌症】

（1）对磺胺类药物过敏者；

（2）孕妇、哺乳期妇女；

（3）2岁以下小儿。

【安全用药监护】

1. 不良反应

常见恶心、食欲缺乏、体温上升、红斑及瘙痒、头痛、心悸等不良反应。

2. 主要相互作用

（1）与口服抗凝血药、口服降血糖药、甲氨蝶呤、苯妥英钠和硫喷妥钠等合用时，可致药物作用时间延长或毒性发生；

（2）骨髓抑制药与该药合用时，可增强此类药物对造血系统的不良反应；

（3）溶栓药物与该药合用时，可增大其潜在的毒性作用；

（4）与肝毒性药物合用，可引起肝毒性发生率的增高。

3. 特殊用药人群的监护

FDA对该药的妊娠安全性分级为B级。老年患者应用该药发生严重不良反应如严重皮疹、骨髓抑制和血小板减少等的机会增加。肾功能损害者应减少剂量。肝功能损害者慎用。

4. 药品过量处置

首先应洗胃，继而静脉补液利尿，静脉给予碳酸氢钠碱化处理，若发生无尿，应及时进行透析治疗。若出现高铁血红蛋白症，应静脉缓慢给予亚甲蓝1～2 mg/kg或其他合适治疗。若有严重的硫血红蛋白血症，则可进行输血替换治疗。

5. 实验室检查

（1）治疗前做全血检查，以后每月复查1次。这对接受较长疗程的患者尤为重要。

（2）直肠镜与乙状结肠镜检查，观察用药效果及调整剂量。

（3）尿液检查（每2～3 d查尿常规一次），以发现长疗程或高剂量治疗时可能发生的结晶尿。

（4）肝、肾功能检查。

（5）服用该药时，尿液可呈橘红色，此为正常现象，不应与血尿混淆。

（十）环孢素、环磷酰胺

参见本章第一节。

（十一）雷公藤总苷

参见本章第二节。

（十二）依那西普

【其他名称】

艾他西普、恩利、西那依普、依他西特。

【作用与用途】

肿瘤坏死因子（TNF）是类风湿关节炎炎性反应中起主导作用的细胞因子，该药是细胞表面TNF受体的竞争性抑制药。用于强直性脊柱炎、银屑病、银屑病关节炎和类风湿关节炎。

【用法用量】

皮下注射。成年人推荐剂量，1次25 mg，1周2次，注射部位可为股部、腹部和上臂。

【药动学】

用于类风湿关节炎时，皮下注射1～4周起效。静脉内给药0.8 h、皮下给药37～96 h后可达血药峰浓度。皮下给药生物利用度可达58%。推测该药主要经单核-吞噬细胞系统代谢，平均消除$T_{1/2}$为102 h。

【禁忌症】

（1）感染、活动性结核病患者；

（2）对该药或制剂中成分过敏者；

（3）脓毒血症患者或存在脓毒血症风险的患者；

（4）孕妇及哺乳期妇女。

【安全用药监护】

1．不良反应

常见注射部位局部反应，包括轻至中度红斑、瘙痒、疼痛和肿胀等，注射部位反应平均持续3～5 d。可见头痛、眩晕、皮疹、咳嗽、腹痛、白细胞计数减少、鼻炎、发热、关节酸痛、肌肉酸痛、困倦、面部肿胀、肝功能异常、肾结石、肺纤维化等。

2．主要相互作用

用药时接种活疫苗，可能由于细胞免疫反应被改变而被活疫苗感染。不推荐使用该药的同时接种活疫苗。

3．特殊用药人群监护

FDA对该药的妊娠安全性分级为B级。

4．实验室检查

在开始治疗前，应排除结核感染的可能（如进行结核菌素皮肤试验）。

5．药品特殊存放要求

2～8 ℃储存，不可冷冻。

（十三）英夫利西单抗

【其他名称】

类克、因福利美、英利西单抗。

【作用与用途】

该药为人-鼠嵌合性单克隆抗体，可与α-肿瘤坏死因子（TNF-α）的可溶形式和透膜形式以高亲和力结合，抑制TNF-α与受体结合，从而使TNF失去生物活性。用于治疗活动性类风湿关节炎、活动性强直性脊柱炎、银屑病及银屑病关节炎。

【用法用量】

静脉滴注：

①类风湿关节炎：首次3 mg/kg，加入0.9%氯化钠注射液200 mL，第2周和第6周及以后每隔8周各

给予一次相同剂量。疗效不理想者，可考虑将该药剂量调整至10 mg/kg，或将用药间隔调整为4周或6周。

②强直性脊柱炎：首次5 mg/kg，加入0.9%氯化钠注射液200 mL，然后第2周和第6周及以后每隔6周各给予一次相同剂量。

【药动学】

单次静脉滴注该药3～20 mg/kg，最大血清药物浓度与剂量呈线性关系。稳态时的分布容积与剂量无关，说明该药主要分布于血管腔隙内，该药$T_{1/2}$为7.9～9.5 d。

【禁忌症】

(1) 已知对鼠源蛋白或该药其他成分过敏的患者；

(2) 患有中、重度心力衰竭（纽约心脏学会标准Ⅲ/Ⅳ级）的患者；

(3) 有严重感染、活动性结核病患者；

(4) 妊娠期及哺乳妇女。

【安全用药监护】

1. 不良反应

可见输液反应，感染机会增加或感染加重，使潜伏性结核病复发或播散，使乙型或丙型病毒肝炎复活，增加淋巴瘤发生，加重中、重度心力衰竭者的心功能不全。

2. 主要相互作用

该药与活疫菌不可同时使用。

3. 过敏监护

该药过敏多数出现在输液过程中或输液后2 h内，症状包括荨麻疹、呼吸困难和（或）支气管痉挛（罕见）、喉头水肿、咽部水肿和低血压。预防性使用对乙酰氨基酚和（或）抗组胺药物可减少过敏反应的发生，对以前有过敏史的患者，可减慢输液速度。一旦发生过敏，应立即采取治疗措施，病情严重时，应立即停药。

4. 特殊用药人群监护

FDA对该药的妊娠安全性分级为B级。老年患者慎用。对有肝功能障碍体征和症状的患者，如其黄疸指数和（或）谷丙转氨酶升高至正常范围上限的5倍以上，应停药并针对患者病情进行全面检查。乙型肝炎病毒慢性携带者，使用该药前和使用该药过程中均应监测患者病情。对轻度充血性心力衰竭者剂量不宜超过5 mg/kg，应密切监测心脏状态，一旦出现新的心力衰竭症状与体征，或原症状与体征加重，应立即停止治疗。

5. 药品过量处置

采取适当的对症治疗。

6. 实验室检查

治疗前，患者应接受结核菌素皮试。如有潜伏期结核病，应先进行抗结核治疗。

7. 药品特殊存放要求

(1) 避光，2～8 ℃储存，不可冷冻。

(2) 建议配置的溶液在3 h内使用。

## 第六节　骨关节炎的治疗

### 一、常用药物

#### (一) 布洛芬

参见本章第五节。

#### (二) 双氯芬酸

【其他名称】

双氯灭痛、扶他林、戴芬、迪非。

【作用与用途】

该药为邻氨基苯甲酸类非甾体抗炎药。用于各种急慢性关节炎和软组织风湿所致的疼痛，以及创伤后、术后的急性疼痛、牙痛、头痛等。对成年人和儿童的发热有解热作用。

【用法用量】

1．肠溶片

关节炎，1次25～50 mg，每日3次。急性疼痛，首次50 mg，以后25～50 mg，每6～8 h 1次。

2．缓释胶囊

关节炎，1次75～100 mg，每日1～2次。每日最大剂量为150 mg。

3．栓剂直肠给药

1次50mg，每日50～100 mg。肛门塞入。

4．乳胶剂

外用，每日3次。

【药动学】

口服吸收完全，空腹服药平均1～2 h达峰浓度；与食物同服后6 h达峰浓度；直肠给药时0.5～2 h达峰浓度。血浆蛋白结合率为99%。该药血浆 $T_{1/2}$ 为2 h，组织 $T_{1/2}$ 约10 h。

【禁忌症】

（1）对该药或同类药品有过敏史者；

（2）活动性消化性溃疡患者；

（3）中、重度心血管病变者；

（4）哺乳期妇女。

【安全用药监护】

1．不良反应

常见上腹部疼痛以及恶心、呕吐、腹泻、腹部痉挛、厌食等。偶见血小板减少、白细胞减少、溶血性贫血等。

2．主要相互作用

（1）该药可使地高辛的血药浓度升高。

（2）该药可使甲氨蝶呤排泄减少、血药浓度升高，甚至可达中毒水平。

（3）该药与保钾利尿药合用时可引起高钾血症，可减弱呋塞米的排钠和降压作用。

（4）与抗凝血药、血小板聚集抑制药合用，可增加出血的危险。

（5）有报道该药与氨苯蝶啶合用时出现急性肾衰竭。

3．特殊用药人群的监护

FDA对该药的妊娠安全性分级为C级。因该药可致或加重老年人胃肠道出血、溃疡和穿孔，须慎用。肝、肾功能不全者慎用（严重肝功能不全者应在严密的医疗监护下应用）。

4．药品过量处置

应尽快采取洗胃和药用炭处理，以阻止其进一步被吸收。对并发症，例如血压过低、肾衰竭、惊厥、胃肠刺激、呼吸抑制，应进行支持治疗和对症治疗。

5．实验室检查

用药期间应定期检查肝、肾功能。长期使用者，还应定期检查血常规。

（三）塞来昔布

参见本章第五节。

（四）玻璃酸钠

【其他名称】

阿尔治、爱丽、爱维、透明质酸钠、玻璃酸。

【作用与用途】

玻璃酸钠为广泛存在于动物和人体内的一种高相对分子质量物质，具有阻止感染和炎症扩散，并防止体液及细胞外物质扩散的作用。在关节腔内起润滑作用，可覆盖和保护关节软骨表面，改善关节挛缩，抑制软骨变性变化，改善病理性关节液，增加润滑功能。作为眼科手术的辅助用药，用于干燥性角结膜炎及角膜内皮的保护；用于变形性膝关节病和肩关节周围炎的辅助治疗。

【用法用量】

关节腔内注射：1次25 mg，1周1次，5周为1个疗程，按症状轻重适当增减给药次数。

【药动学】

该药注入关节腔内24 h，即进入滑膜、软骨表面和相邻的部分肌肉组织以及肌间空隙，且在滑液、半月板及软骨表面的浓度达到峰值。给药9 d后，可发现极少量的代谢产物从尿中排出，绝大多数随呼吸氧化产生二氧化碳排出。

【禁忌症】

（1）对该药过敏者；

（2）腿部静脉及淋巴回流障碍患者；

（3）膝关节感染或炎症患者。

【安全用药监护】

1．不良反应及主要处理方法

个别患者注射局部可有一过性疼痛肿胀或发热感，少数情况下出现非感染性关节腔积液，一般2～3 d可自行消失，若症状持续不退，需应用抗生素治疗并停止用药。

2．主要相互作用

该药遇杀菌消毒剂苯扎溴胺等季铵盐及氯己定，若出现浑浊，则禁止使用。

3．特殊用药人群的监护

孕妇、哺乳期妇女慎用。高龄者用药时应多加注意。肝功能障碍者或有肝功能障碍病史者慎用。

4．药品特殊存放要求

遮光，严封，冷处（2～10 ℃）保存。

（五）氨基葡萄糖

【其他名称】

硫酸氨基葡萄糖、葡立、葡糖胺、维固力。

【作用与用途】

该药是一种天然的氨基单糖，可刺激软骨细胞产生有正常多聚体结构的蛋白多糖，抑制损伤软骨的酶如胶原酶和磷脂酶A2，并可防止损伤细胞的超氧化自由基的产生，从而可延缓骨性关节炎的病理过程和疾病的进展，改善关节活动，缓解疼痛。用于治疗和预防全身所有部位的骨关节炎。

【用法用量】

口服，1次0. 25～0. 5 g，每日3次，进餐时或餐后服用。持续服用4～12周或根据需要延长。每年重复治疗2～3个疗程。

【药动学】

该药口服90%被吸收，透过生物屏障迅速分布于大多数组织，尤其对关节软骨有亲和性。服药后4 h，血药浓度达峰值，$T_{1/2}$为18 h。该药经肝代谢，口服量的大部分以二氧化碳形式随呼气排出。

【禁忌症】

对该药过敏者。

【安全用药监护】

1．不良反应

罕见轻度的胃肠不适，如恶心、便秘、腹胀和腹泻；有些患者可能出现过敏反应，包括皮疹、瘙痒和皮肤红斑。

2．主要相互作用

（1）与非甾体抗炎药合用，可使后者的抗炎作用增强，故两者合用时可能需减少其中一种药的剂量。

（2）该药与利尿药可能存在相互作用，两药合用可能需增加利尿药的剂量。

3．特殊用药人群的监护

孕妇、哺乳期妇女用药应权衡利弊，妊娠初期3个月应避免使用。严重肝、肾功能不全者慎用。

4．实验室检查

（1）常规血生化检查；

（2）严重肝、肾功能不全者用药后应定期检测肝、肾功能；

（3）影像学评估（如关节间隙变窄）。

（六）双醋瑞因

【其他名称】

安必丁。

【作用与用途】

该药为骨关节炎白介素-1（IL-1）的首要抑制药。用于治疗退行性关节疾病（骨关节炎及相关疾病）。

【用法用量】

口服，长期治疗（不短于3个月），每日1～2次，每次1粒，餐后服用。由于服用该药的前2周可能引起轻度腹泻，因此，建议在治疗的前4周每日1粒，晚餐后口服。患者对药物适应后，剂量可增加至每日2次，餐后口服。医生应根据疗效来决定治疗时间，但疗程不应短于3个月。

【药动学】

该药口服进入体循环前经脱乙酰基作用生成活性代谢产物大黄酸。健康成年人单次口服给药达峰时间约为2.4 h，血浆蛋白结合率>99%，血浆 $T_{1/2}$ 约为4.2 h。代谢产物主要经肾排泄，小部分经胆汁排泄。餐后服用可提高吸收率约24%。服用该药偶尔会导致尿液颜色变黄。

【禁忌症】

（1）已知对该药过敏或有蒽醌衍生物过敏史的患者；

（2）15岁以下儿童；

（3）妊娠妇女。

【安全用药监护】

1. 不良反应

最常见轻度腹泻，一般会在治疗后的最初数天内出现，多数情况下会随着继续治疗而自动消失。上腹疼痛的发生率为3%～5%，恶心或呕吐则少于1%。

2. 主要相互作用

（1）在服用改善肠道转运和（或）肠道内容物性质的药物时，禁服该药。

（2）含有氢氧化铝和（或）氢氧化镁的药物降低双醋瑞因的生物利用度。

（3）服用双醋瑞因后会增加使用抗生素和（或）化学疗法的患者患小肠结肠炎的可能性，因为抗生素和化学疗法会影响肠道的菌群。

3. 特殊用药人群的监护

妊娠、哺乳期妇女不应使用。超过70岁并且伴有严重肾功能不全（肌酐清除率10～30 mL/min）的老年患者，须剂量减半或遵医嘱。肌肝清除率<30 mL/min时，应减小剂量。

4. 药品过量处置

无特殊解决方法。若腹泻持续，紧急处理时需反复监测体内的水和电解质平衡。

5. 实验室检查

若治疗中需要合用其他药物进行长期治疗，应每6个月进行一次包括肝生化酶在内的全面血液及尿液化验。

（七）碳酸钙

【其他名称】

盖森、固无、健骨钙、凯思立。

【作用与用途】

本品为无机碳酸钙盐，用作钙补充剂。参与骨骼的形成与骨折后骨组织的再建，并能维持神经与肌肉的正常兴奋性，降低毛细血管的通透性。用于钙缺乏及维生素D缺乏。

【用法用量】

口服：

①补钙：可根据人体需要及膳食钙的供给情况酌情进行补充，每日0.5～1 g分次服用。

②高磷血症：每日1.5～13 g，进餐时服用，或与氢氧化铝合用，每日最高可用至17 g。

【药动学】

该药口服后，在胃酸作用下迅速转化为氯化钙并部分被小肠吸收，吸收部分主要由尿排泄，原尿中大部分钙再经肾小管重吸收入血。

【禁忌症】

（1）高钙血症者；

（2）高钙尿症者；

（3）含钙肾结石或有肾结石病史者。

【安全用药监护】

1．不良反应

可见嗳气、便秘，偶可发生奶-碱综合征。过量长期服用可引起胃酸分泌反跳性增高，并可发生高钙血症。

2．主要相互作用

（1）与钙通道阻滞药（如硝苯地平）合用，血钙可明显升高。

（2）与噻嗪类利尿药合用，可增加肾小管对钙的重吸收，易发生高钙血症。

（3）该药与含钾的药物合用，可能引起心律失常发生。

（4）该药禁止与洋地黄类药物合用。

3．特殊用药人群的监护

药物对妊娠、哺乳的影响尚不明确。心、肾功能不全者慎用。

4．实验室检查

用药如超过2周，应进行血钙、血磷的监测。

（八）阿法骨化醇 Alfacalcidol

【其他名称】

α-羟基胆骨化醇、α-羟基骨化醇、α骨化醇、阿法$D_3$、阿法迪三。

【作用与用途】

增加小肠和肾小管对钙的重吸收，抑制骨吸收；促进胶原和骨基质蛋白合成；调节肌肉钙代谢，促进肌细胞分化，增强肌力，增加神经肌肉协调性。用于钙缺乏、维生素D缺乏及甲状旁腺功能减退症。

【用法用量】

口服：低钙血症，成年人，每日0.25～1.0 μg，分2次。

【药动学】

口服吸收后在肝内经25羟化酶作用转化为维生素D代谢物1，25-羟维生素$D_3$。转化后的血1，25-$(OH)_2D_3$高峰出现于用药后8～12 h，$T_{1/2}$为17.6 h。

【禁忌症】

（1）对维生素D及其类似物过敏者；

（2）高钙血症患者；

（3）有维生素D中毒征象者。

【安全用药监护】

1．不良反应

小剂量单独使用（每日<1.0 μg）一般无不良反应，长期大剂量用药或与钙剂合用可能会引起高钙血症和高钙尿症。

2．主要相互作用

（1）与钙剂、噻嗪类利尿药合用可引起血钙升高。

（2）应用洋地黄类药物的患者若出现高钙血症易诱发心律失常，若与该药合用应严密监测血钙。

（3）巴比妥类、抗惊厥药可加速活性维生素D代谢物在肝内代谢，降低药效。

（4）考来烯胺或含铝抗酸药可减少该药吸收，两者不宜同服，应间隔2 h先后服药。

（5）该药与大剂量磷剂合用，可诱发高磷血症。

3．特殊用药人群的监护

孕妇、哺乳期妇女应用该药的安全性尚未确定。肝功能不全时，该药肠道吸收减少，因而需增加剂量。

4．实验室检查

用药过程中应监测血清钙、磷浓度及血尿素氮、肌酸断水平，同时应检测尿钙、尿肌酸酐。开始治疗期间应每周监测血钙和24 h尿钙。

（九）骨化三醇

【其他名称】

1α，25-双羟骨化醇、罗盖全、迪可纯、钙化三醇、钙三醇。

【作用与用途】

骨化三醇是维生素$D_3$的最重要活性代谢产物之一，通常在肾内由其前体25-羟基维生素$D_3$转化而成。该药能促进肠道对钙的吸收，并且调节骨质的钙化。用于钙缺乏、维生素D缺乏和甲状旁腺功能减退症治疗。

【用法用量】

口服，成年人每日0.25～0.5 μg，分2次。

【药动学】

口服该药能被人体迅速吸收，3～6 h血浆浓度达到峰值，$T_{1/2}$为3～6 h，服用7 h后尿排钙明显增高。单次口服剂量可持续药理活性3～6 d。

【禁忌症】

（1）患有高钙血症有关疾病者；

（2）已知对该药或同类药品及其任何赋形剂过敏者；

（3）有维生素D中毒迹象者。

【安全用药监护】

1．不良反应

长期或大剂量口服可引起软弱无力、嗜睡、头痛、恶心、呕吐、肌肉酸痛、骨痛、口腔金属味等。

2．主要相互作用

（1）在应用该药期间禁止使用药理学剂量的维生素D及其衍生物制剂，以避免可能发生的附加作用和高钙血症。

（2）与噻嗪类利尿剂合用会增加高钙血症的危险。对正在进行洋地黄类药物治疗的患者，应谨慎制定该药的用量，因为这类患者如发生高钙血症可能会诱发心律失常。

（3）因含镁的药物能诱发高镁血症，因而对于长期接受血液透析的患者在使用该药时应避免合用含镁的制剂。

3．特殊用药人群的监护

FDA对该药的妊娠安全性分级为C级。哺乳期妇女慎用。肾功能正常患者应用该药，应保持适量水摄入，不能引起脱水。

4．药品过量处置

立即停药，并洗胃或诱导呕吐，避免药物被进一步吸收；口服液状石蜡，以促进药物经肠道的排泄；密切监测血钙浓度，如仍高于正常，可使用磷酸盐和皮质类固醇治疗，同时做适当利尿处理。

5．实验室检查

用药过程中应监测血钙、磷浓度及血尿素氮、肌酸酐水平，同时应监测尿钙、尿肌酸酐。

（十）阿仑膦酸钠

【其他名称】

阿仑膦酸、阿屈膦酸钠、福善美、固邦、天可。

【作用与用途】

本药为第三代氨基二膦酸盐类骨代谢调节剂。用于治疗绝经后妇女的骨质疏松症，也适用于男性骨质疏松症以增加骨量。

【用法用量】

口服，每日1次10 mg，或1周1次70 mg，早餐前30 min用至少200 mL，白开水送服，不要咀嚼或吮吸药片。

【药动学】

口服后主要在小肠内吸收，吸收后的药物20%～60%被骨组织迅速摄取，骨中达峰时间约为用药后2 h，其余部分迅速以原形经肾排泄。服药后24 h内99%以上的体内存留药物集中于骨组织，在骨内的$T_{1/2}$约10年或以上。

【禁忌症】

（1）对该药及其他二膦酸盐类过敏者；

（2）明显低钙血症患者；

（3）骨软化症患者；

（4）食管动力障碍患者；

（5）严重肾功能不全者；

（6）妊娠、哺乳期妇女及儿童。

【安全用药监护】

1．不良反应

可见腹痛、恶心、食管炎、食管溃疡等不良反应。

2．主要相互作用

（1）因该药易与钙结合，故钙剂可使该药的胃肠道吸收率降低1%～5%。服药后2 h内不宜服用钙剂。

（2）抗酸药可影响该药的吸收。服药后2 h内不宜服用抗酸药。

3．特殊用药人群的监护

FDA对该药的妊娠安全性分级为C级。

4．药品过量处置

可服用牛奶或抗酸药以结合阿仑膦酸盐。嘱患者保持直立，以免出现食管刺激症状。

5．实验室检查

用药前及用药期间应监测血钙水平。

（十一）帕米膦酸二钠

【其他名称】

帕米膦酸、帕米膦酸钠、帕屈膦酸二钠。

【作用与用途】

该药为双膦酸类药物，能够抑制羟磷灰石的溶解和破骨细胞的活性。用于多种原因引起的高钙血症、骨痛、骨质疏松症及甲状旁腺功能亢进症等治疗。

【用法用量】

静脉滴注：高钙血症，应严格按照血钙浓度，在医生指导下酌情用药，见表9-6-1。

**表9-6-1　高钙血症时的用法用量**

| | | | | |
|---|---|---|---|---|
| 血钙浓度(mmol/L) | <3.0 | 3.0～3.5 | 3.5～4.0 | >4.0 |
| 血钙浓度(mg/dl) | <12.0 | 12.0～14.0 | 14.0～16.0 | >16.0 |
| 该药剂量(mg) | 15～30 | 30～60 | 60～90 | 90 |

【药动学】

静脉滴注给药后，2～3 h即可达到稳态血药浓度。主要分布在骨骼、肝、脾和气管软骨中，与骨的结合率为50%，在骨中的$T_{1/2}$为300 d。该药蛋白结合率为54%，在血浆中被迅速清除，$T_{1/2}$为0.8～2 h。

【禁忌症】

对该药及其他双膦酸盐制剂过敏者。

【安全用药监护】

1．不良反应

最常见的不良反应是无症状低钙血症和发热（体温升高1～2 ℃），通常发生在静脉滴注后最初48 h内。发热一般不需处理可自行消退，有时可出现全身不适、寒战、疲劳及面部发红等症状。少数患者可出现轻度恶心、胸痛、胸闷、头晕、乏力及轻微肝、肾功能改变等。

2．主要相王作用

（1）该药与降钙素联合应用治疗高钙血症患者时，可产生协同作用，导致血清钙降低更为迅速。

（2）与氨基糖苷类药合用可诱发低钙血症。

3．特殊用药人群的监护

FDA对该药的妊娠安全性分级为D级。哺乳期妇女慎用。老年人用药应适当减量。肾功能损伤者慎用。

4．药品过量处置

应静脉滴注葡萄糖酸钙治疗。

5．实验室检查

用药过程中，应监测血清及尿中钙、磷、镁、钾及肌酸酐等。

（十二）降钙素

【其他名称】

溉纯降钙素、鲑鱼降钙素、依降钙素。

【作用与用途】

降钙素是由甲状腺和甲状旁腺内的滤泡旁细胞分泌的多肽激素，具有抑制破骨细胞的活性，从而抑制骨盐溶解，阻止钙由骨释出。用于高钙血症、Paget病（变形性骨炎）、骨质疏松症及痛性骨病的治疗。

【用法用量】

皮下或肌内注射。

①高钙血症：每日5～10 U/kg，分1～2次给药，应根据患者的临床和生化反应进行调整，如果1次注射需大剂量时，应分多个部位注射；

②骨质疏松症：1次50～100 U，每日1次或1次100 U，隔日1次。如使用钙剂，应与该药间隔4 h。

【药动学】

肌内或皮下注射后，1 h达到最高血浆浓度，$T_{1/2}$为70～90 min。95%药物经肾排泄，2%以药物原形排泄。喷鼻剂的生物利用度约是注射剂的50%。

【禁忌症】

（1）对该药过敏者；

（2）妊娠、哺乳妇女；

（3）14岁以下儿童。

【安全用药监护】

1．不良反应

常见面部潮红、面部及耳部刺痛、手足刺痛、腹泻、恶心、呕吐、胃痛、注射部位红肿及胀痛；少见尿频。

2．主要相互作用

（1）抗酸药和导泻剂因常含钙或其他金属离子如镁、铁而影响该药吸收。

（2）与氨基糖苷类合用会诱发低钙血症。

3．过敏监护、毒性监护

（1）过敏监护

使用该药前应做皮肤过敏试验，阳性者最好不要使用该药。治疗过程中发生过敏反应时，应立即停药，并予以对症治疗。

（2）毒性监护

据慢性毒性试验报道，长期用药可增加垂体肿瘤的发生率。

4．特殊用药人群的监护

FDA对该药的妊娠安全性分级为C级。哺乳期妇女禁用。高龄患者慎用该药，使用依降钙素时应注意调整剂量，使用鲑鱼降钙素无须调整剂量。肾功能不全时应减少剂量。肝功能异常者慎用依降钙素。

5．实验室检查

长期治疗者应每月镜检尿沉渣。长期卧床者应每月检查血液生化和肾功能。

6．药品特殊存放要求

（1）玻璃和塑料会吸附该药，降低药效，因此在配置后应尽快使用。

（2）避光，在2～8 ℃保存。

# 第七节 系统性红斑狼疮的诊治

## 一、诊断

【病因及表现】

系统性红斑狼疮（SLE）是一种弥漫性、全身性自身免疫病，主要累及皮肤黏膜、骨骼肌肉、肾及中枢神经系统，同时还可以累及肺、心脏、血液等多个器官和系统，表现出多种临床症状；血清中可检测到多种自身抗体和免疫学异常。SLE好发于青年女性，发病高峰为15～40岁，男女发病比例为1∶9左右。幼年和老年性SLE的男女之比约为1∶2 。

【诊断标准】

1．颧部红斑

平的或高于皮肤的固定红斑。

2．盘状红斑

面部隆起红斑，上覆有鳞屑。

3．光过敏

日晒后皮肤过敏。

4．口腔溃疡

口腔或鼻咽部无痛性溃疡。

5．关节炎

非侵蚀性关节炎，累及≥2个外周关节。

6．浆膜炎

胸膜炎、心包炎。

7．肾病变

蛋白尿>0.5 g/dl或细胞管型。

8．神经系统异常

癫痫发作或精神症状。

9．血液学异常

溶血性贫血或白细胞减少或淋巴细胞绝对值减少或血小板减少。

10．免疫学异常

狼疮细胞阳性，抗双链DNA抗体阳性；抗sm抗体阳性，梅毒血清试验假阳性。抗核抗体阳性。

在上述10项中，如果≥4项阳性，则可诊断SLE。

## 二、药物治疗要点

1．轻型病

例如仅有皮疹、低热或关节症状者只需要应用非甾体类抗炎药，如双氯芬酸、布洛芬。如无效可选用羟氯喹或雷公藤总苷等。

2．重型病例

（1）糖皮质激素

泼尼松剂量为0.5～1.5 mg/(kg·d)，较轻或中等度者可用泼尼松每日20～40 mg，重型病例可每日40～60 mg。

（2）免疫抑制药

糖皮质激素合用免疫抑制药治疗SLE，无论以肾衰竭进展速度或以病死率来衡量，效果皆明显优于单纯应用糖皮质激素者，故对免疫抑制药适应症使用宜早不宜晚。可选用：环磷酰胺、环孢素、吗替麦考酚酯、来氟米特等。

（3）生物制剂

英夫利西单抗等。

### 三、常用药物

(一) 双氯芬酸

参见本章第五节。

(二) 布洛芬、羟氯喹、英夫利西单抗

参见本章第六节。

(三) 雷公藤总苷、来氟米特

参见本章第五节。

(四) 泼尼松

参见第六章。

(五) 环磷酰胺、环孢素、吗替麦考酚酯

参见本章第一节。

## 第八节 强直性脊柱炎的诊治

### 一、诊断

强直性脊柱炎(AS)是一种慢性炎性疾病，主要侵犯骶髂关节、脊柱骨突、脊柱旁软组织及外周关节，并可伴发关节外表现。临床主要表现为腰、背、颈、臀、髋部疼痛及关节肿痛，严重者可发生脊柱畸形和关节强直。

【诊断标准】

1. 纽约标准(1966年)

有X射线片证实的双侧或单侧骶髂关节炎，并分别附加以下临床表现的1条或2条:

①腰椎在前屈、侧屈和后伸的3个方向运动均受限;

②腰背痛史或现有症状;

③胸廓扩展范围<2.5 cm。

根据以上几点，诊断肯定的强直性脊柱炎要求有：X射线片证实的Ⅲ～Ⅳ级双侧骶髂关节炎，并附加上述临床表现中的至少1条；或X射线证实的Ⅲ～Ⅳ级单侧骶髂关节炎或Ⅱ级双侧骶髂关节炎，并分别附加上述临床表现的1条或2条。

2. 修订的纽约标准(1984年)

①下腰背痛的病程至少持续3个月，疼痛随活动改善，但休息不减轻;

②腰椎在前后和侧屈方向活动受限;

③胸廓扩展范围小于同年龄和性别的正常值;

④双侧骶髂关节炎Ⅱ～Ⅳ级，或单侧骶髂关节炎Ⅲ～Ⅳ级。

如果患者具备④并分别附加①～③条中的任何1条可确诊为强直性脊柱炎。

### 二、药物治疗要点

1. 非甾体抗炎药

可选用的药物有：双氯芬酸钠、塞来昔布、美洛昔康等。

2. 柳氮磺吡啶

特别适用于改善AS患者的外周关节炎。

3. 甲氨蝶呤

活动性AS患者经柳氮磺吡啶和非甾体抗炎药治疗无效时，可采用甲氨蝶呤。

4. 来氟米特

该药在临床上主要用于AS的脊柱外表现的治疗。

5. 糖皮质激素

少数病例即使用大剂量抗炎药也不能控制症状时可应用激素。

6. 生物制剂

依那西普、英夫利西单抗。

## 三、常用药物

(一) 双氯芬酸

参见本章第五节。

(二) 塞来昔布、美洛昔康、柳氮磺吡啶、甲氨蝶呤、依那西普、英夫利西单抗

参见本章第五节。

(三) 来氟米特

参见本章第五节。

# 第十章　神经系统疾病病人的护理

## 第一节　神经系统基础知识

### 一、解剖结构

（一）神经系统分类

神经系统分为中枢神经系统和周围神经系统。

1．中枢神经系统

中枢神经系统包括脑和脊髓，分别位于颅腔和椎管内。

2．周围神经系统

周围神经系统包括脑神经、脊神经和内脏神经。内脏运动神经专门支配不直接受人意识控制的平滑肌、心肌和腺体的运动，故常将内脏运动神经称为自主神经或植物神经。根据形态和功能又将自主神经分为交感神经和副交感神经。

3．根据神经分布分类

周围神经分为躯体神经和内脏神经。躯体神经分布于体表、骨关节、骨骼肌，内脏神经分布于内脏、心血管、平滑肌、腺体。

4．脑

脑分为大脑（端脑）、间脑、脑干和小脑。

（1）大脑

大脑皮质的不同部位有不同的功能定位，与躯体运动、语言、高级思维活动、听觉、记忆、躯体感觉、味觉、视觉、内脏感觉、情绪、行为、内脏活动有关。

（2）间脑

间脑分为背侧丘脑、上丘脑、下丘脑、后丘脑、底丘脑五部分。间脑病变影响疼痛、体温、食欲、性功能、睡眠、内分泌等功能的调节。

（3）脑干

脑干由中脑、脑桥和延髓组成。与呼吸中枢、心血管运动中枢、血压反射中枢、呕吐中枢等生命中枢互相关联。脑干严重损害时可导致呼吸、心搏骤停。脑干网状结构具有保持正常睡眠与觉醒的功能。

（4）小脑

与运动的平衡、协调有关。

（5）颅腔划分

骨性颅脑被小脑幕分为幕上腔、幕下腔。幕上腔又被大脑镰分成左、右两腔，分别容纳左、右大脑半球，幕下腔有脑桥、延髓和小脑。颅腔与脊髓腔相连处的出口称枕骨大孔，延髓经此孔与脊髓相连。

5．脊髓

脊髓两侧连有神经根，前根由运动纤维组成，后根由感觉纤维组成，前根和后根组成脊神经。脊髓是四肢和躯干的初级反射中枢，脊髓损害的临床表现为运动障碍、感觉障碍和自主神经功能障碍。

6．蛛网膜下隙

脑和脊髓的表面有三层膜，由外向内依次为硬膜、蛛网膜和软膜。脊髓蛛网膜与软脊膜间的腔隙及脑蛛网膜与软脑膜间的腔隙称蛛网膜下隙，内含脑脊液。脑和脊髓的蛛网膜下隙内的脑脊液是相通的。脑脊液是无色透明的液体，由脑室内脉络丛产生，流动于脑室及蛛网膜下隙内，从蛛网膜颗粒渗到硬脑膜窦，进入静脉，回流入颈内静脉。脑脊液具有运输营养物质、代谢产物，调节颅内压，缓减外力对脑的冲击等作用。

（二）内囊

内囊位于豆状核、尾状核、丘脑之间，是宽厚的白质层，由纵行的纤维束组成。

通过内囊的神经纤维有：

①控制对侧偏身骨骼肌运动的锥体束（皮质脊髓束和皮质核束）。

②传导对侧偏身感觉的丘脑中央辐射。

③传导两眼对侧视野的视辐射。

因机体存在锥体交叉、内侧丘系交叉、视交叉，所以内囊病变的病人有大脑病灶对侧身体偏瘫、对侧偏身感觉障碍、对侧同向偏盲，即“三偏征”。

（三）基底神经节

基底神经节也称基底节，位于大脑白质深部，由豆状核、尾状核、屏状核、杏仁核、红核、黑质、丘脑底核等组成。豆状核和尾状核合称为纹状体。豆状核外侧是壳核，内侧是苍白球。苍白球又称为旧纹状体，壳核和尾状核称为新纹状体。

（四）脑血管

颈内动脉与大脑中动脉相通，并直接发出较细的豆纹动脉供应内囊区血液。椎动脉、基底动脉供应脑干和小脑血液。

**二、生理病理要点**

1．脑局部血液循环障碍

大脑有1000亿个神经细胞和不计其数的神经纤维。尽管它只占体重的2%，但却用掉了身体70%的氧气和其他营养。大脑不能像肌肉一样储存营养，营养需要通过血液持续不断地供给，所以，脑组织对缺血、缺氧性损害非常敏感。脑血流中断30秒即可发生脑代谢改变，1分钟后神经元功能活动停止，超过5分钟脑细胞开始坏死。

2．神经兴奋的传导

神经元之间在结构上无连接，而是依靠突触来传递信息。突触前神经元兴奋时通过突触前膜将突触小泡内的递质释放到突触间隙，递质经扩散后到达突触后膜，引起突触后神经元兴奋或抑制。

髓鞘使神经轴突和周围的介质隔开，防止神经周围组织产生动作电位。神经纤维上的郎飞节处没有髓鞘，正常情况下神经冲动可以从一个郎飞节直接传导到下一个郎飞节，这种跳跃式的神经传导方式可以加快神经传导速度，节省能量。

3．自主神经功能

交感神经兴奋时引起机体消耗增加、器官功能活动增强，如心率加快、心肌收缩力增强、呼吸加快、气管扩张、瞳孔开大、血糖升高、抑制胃肠蠕动等。副交感神经兴奋时抑制机体消耗，增加储能。内脏器官均受交感神经和副交感神经双重支配，两者既相互拮抗又相互协调。

4．神经系统调节

神经系统在人体功能调节中起主导作用，通过神经系统调节使体内各器官、系统的功能相互联系、相互配合，对体内外各种环境变化做出适应反应，从而维持机体内环境的相对稳定。

（1）反射弧

神经调节的基本方式是反射，反射的结构基础是反射弧，反射弧包括感受器、传入神经、神经中枢、传出神经、效应器5部分。

（2）反馈调节

反馈分为正反馈和负反馈。

①正反馈指调节结果反过来使调节原因或过程增强的调节方式。

②负反馈指调节结果反过来使调节原因或过程减弱的调节方式。

## 第二节　脑血管疾病病人的护理

脑血管疾病（cerebrovascular disease）指由各种原因导致的急、慢性脑血管病变。其中，脑卒中是由于急性脑循环障碍所致的局限或全面性脑功能缺损综合征或称急性脑血管病事件。流行病学调查结果显示，在我国脑卒中是神经系统的常见病及多发病，是致死、致残的主要原因，脑卒中发病率、死亡率及致残率随年龄增长而增加，男性高于女性。

## 一、 分类（图9-2-1）

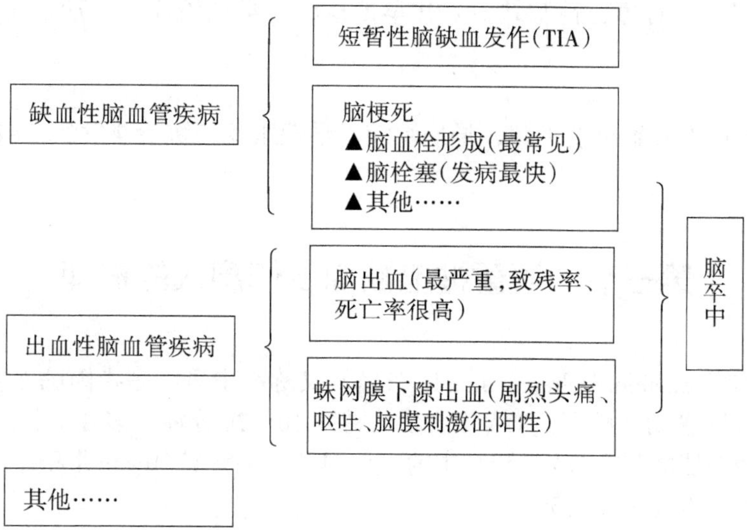


图9-2-1　脑血管疾病分类

## 二、病因

脑血管疾病病因可以是单一的，脑血管疾病也可由多种病因联合所致。常见病因有：

1．血管壁病变

（1）脑动脉硬化最常见。

（2）脑动脉炎，如结核、梅毒、结缔组织疾病等。

（3）先天性血管疾病，如脑动脉瘤、脑血管畸形等。

（4）脑血管损伤，如脑外伤、颅手术、药物、肿瘤等。

2．心脏病和血流动力学改变

如高血压、低血压、心脏功能障碍、心律失常等，特别是心房纤颤。

3．血液异常

包括血液黏滞度增高，如脱水、高血脂、高血糖、白血病、红细胞增多症等。凝血机制异常，如血友病、DIC、使用抗凝剂等。

4．其他

颈椎病、肿瘤压迫邻近的脑血管而影响脑血供。颅外形成的各种栓子，如空气、脂肪、肿瘤栓子等，引起脑栓塞等。

## 三、危险因素

1．最重要的危险因素

高血压、冠心病、糖尿病。

2．一般危险因素

动脉硬化、高脂血症、血黏度增高、无症状性颈动脉杂音、吸烟、肥胖、活动少、口服避孕药、不良的饮食习惯（高盐、高脂、酗酒、暴饮暴食等）。

3．无法干预的危险因素

年龄、性别、种族和遗传因素等。

## 四、脑血管疾病的三级预防

脑血管疾病的死亡率和致残率很高，又缺乏特别有效的治疗方法，所以，关键在于预防。

1．一级预防

指发病前的预防。对有脑血管疾病危险因素的人群进行早期干预，是最关键的预防。

（1）积极治疗相关疾病：如高血压、冠心病、糖尿病、高脂血症等。

（2）利用各种途径向大众宣传防治脑血管疾病的常识：改变不良的生活方式，去除可能的危险因素，如避免肥胖、情绪过度激动、暴饮暴食、高脂高盐饮食、吸烟、酗酒、活动过少等。

2．二级预防

在一级预防的基础上，对短暂性脑缺血发作早期诊断、早期治疗，合理使用抗血小板聚集药等药物，防止发生脑卒中。

3．三级预防

对已出现脑卒中的病人实施早期干预，早期治疗、早期康复，防治并发症，减轻残疾，提高病人生活自理能力。

## 第三节　短暂性脑缺血发作病人的护理

短暂性脑缺血发作（transient ischemic attack，TIA）又称小中风，是指因脑血管病变引起的短暂性、局限性脑功能缺失或视网膜功能障碍。TIA每次发作持续10～20分钟，多在1小时内缓解，最长不超过24小时，不留任何神经功能缺陷。TIA是脑卒中的高危因子，是脑卒中的先兆和警报，TIA频繁发作者48小时内发生缺血性脑卒中的概率可达50%。

### 一、病因与发病机制

（一）病因

主要病因是脑动脉粥样硬化，此外，还与脑血管疾病及其他病因有关。

（二）发病机制

关于TIA的发病机制，目前尚无一种学说能解释所有TIA病例现象，可能是不同的病例有不同的发病机制。

1．微栓子形成（图9-3-1）

此型TIA临床症状多变，反复发作频度不高，数周或数月发作一次，每次发作持续时间较长，可达数十分钟至2小时。

2．血流动力学改变（图9-3-2）

此型TIA临床症状刻板出现（每次症状基本相同），反复发作频度较高，每天或每周有数次发作，每次发作持续时间一般不超过10分钟。

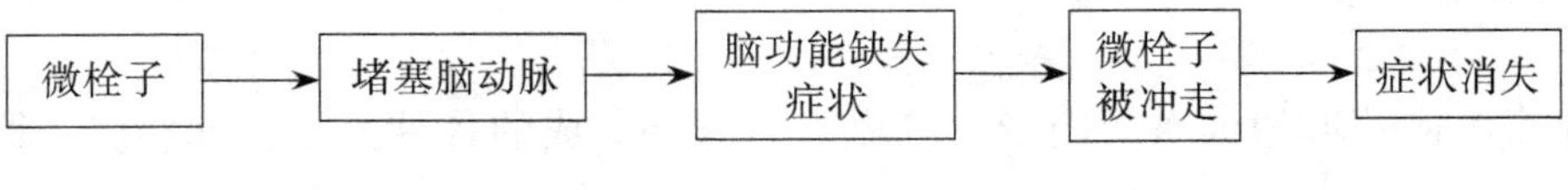


**图9-3-1　TIA的微栓子机制**

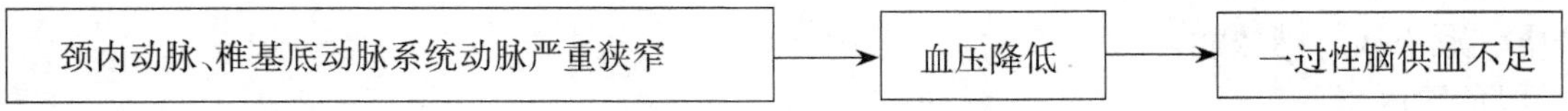


**图9-3-2　TIA的血流动力学机制**

### 二、临床表现

1．一般特点

（1）TIA好发于老年人，男性多于女性。多有脑血管疾病危险因素。

（2）突然发病，持续时间短暂。

（3）有局灶性脑或视网膜功能障碍的症状，能完全恢复，不遗留神经功能缺损体征，反复发作，多为症状刻板出现。

2．局灶性脑或视网膜功能障碍的表现（图9-3-3）

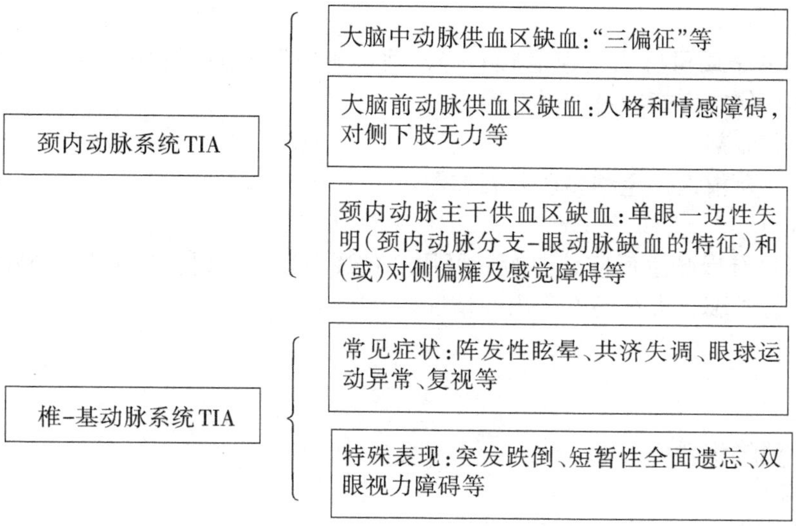


**图9-3-3　TIA的临床表现**

## 三、辅助检查

1．血液检查

血糖、血脂、血小板聚集、血液黏稠度可能异常。

2．颈动脉超声检查

可见双侧颈动脉狭窄。颈动脉超声检查可检测、评价颈动脉结构、功能、血流动力学改变。

3．经颅多普勒超声（TCD）

可见颅内大动脉狭窄。TCD是经颅骨薄弱部位检查脑底动脉主干血流动力学情况的一种无创性检测技术。

4．数字减影脑血管造影（DSA）

可见颅内动脉粥样硬化斑块、狭窄等。DSA是将传统的血管造影与电子计算机相结合的技术，其原理是将X射线光学图像经数字化等处理后，去除骨髓、脑组织等影像，保留充满造影剂的血管图像。

5．CT及MRI

头颅CT或头颅MRI检查大多正常。CT（电子计算机断层扫描）是以电子计算机数字成像技术与X射线断层扫描技术相结合的影像技术。MRI（磁共振成像）能显示人体任意断面的解剖结构，对软组织分辨率高，无骨性伪影，可清楚地显示脊髓、脑干、后颅窝等病变，无放射性损害，但体内有金属置入物的病人不能做MRI检查。

## 四、诊断要点

1．突然发病。

2．发作持续时间短，不超过24小时。

3．有局灶性脑功能障碍的症状。

## 五、配合治疗

对于偶发TIA者，不论何种原因所致，都应积极进行药物治疗。对于频发TIA者，要急诊处理，迅速控制症状。

1．病因治疗

积极治疗高血压、高血脂、糖尿病等病因，纠正血液高凝状态等。必要时行颈动脉内膜剥离术、颅内外动脉吻合术或血管支架内介入治疗等。

2．药物治疗

去除病因，防止复发，保护脑功能。

（1）常用制剂

①抗血小板聚集药物

如阿司匹林、双咪达莫等，可减少微栓子的发生，预防TIA复发。

②抗凝药物

如肝素、低相对分子质量肝素（速避凝）等，适用于短期内频繁发作、发作时间较长、症状较重、无出血倾向者，尤其是伴有房颤者可考虑应用。

③活血化瘀性中药制剂

如丹参、川芎嗪、葛根素、金纳多、刺五加等。

（2）用药注意事项

抗血小板聚集药物有胃肠道反应，要饭后服用；抗凝药物和降纤药物有出血倾向，用药期间要注意避免损伤，观察皮肤、黏膜、大小便有无出血情况。

## 六、护理问题

1．知识缺乏

缺乏对本病的防治知识。

2．有受伤的危险

与突发眩晕、共济失调、一过性黑蒙有关。

## 七、护理措施

1．指导休息与活动

规律适度的体育运动有利于增加脑血流量、改善心功能、促进微循环、稳定血压、控制血糖、降低体重，有利于预防控制TIA，有利于TIA病人康复。要提醒病人劳逸结合，避免重体力劳动，避免过度兴奋。

2．饮食护理

给予低盐、低脂、低胆固醇、适量蛋白质和丰富的维生素饮食，多吃水果、蔬菜，避免暴饮暴食或过度饥饿。

3．观察病情

重视TIA发作症状、规律，高度重视每一次发作，配合医生及时处理。

4．对症护理

TIA病人发作时因一过性黑蒙或眩晕，容易跌倒和受伤，要避免病人单独外出、沐浴等，避免从事危险工作。发作时卧床休息，注意枕头不宜太高，以免影响脑供血。仰头或转头时应动作缓慢、轻柔，转动幅度不可太大，以免颈部活动过度诱发TIA。

5．心理护理

帮助病人认识到本病是脑卒中先兆，但经积极治疗护理，是可以避免脑卒中发作的。消除病人紧张恐惧心理，鼓励其积极配合治疗。

## 八、健康教育/出院指导

1．知识宣传

（1）向病人及家属介绍本病基本知识，使其对本病特点、危害性及影响因素有所了解，能尽量避免影响因素。高度重视本病，但又不过分紧张，能主动配合治疗护理。

（2）病人及家属能主动观察、记录每次发作的表现、持续时间、间隔时间和伴随症状，症状加重时能及时就诊，及时治疗。

2．生活指导

改变不良的生活方式，如吸烟、酗酒、过度劳累、长期脑力劳动等。帮助病人寻找和去除诱发TIA的脑血管疾病危险因素。指导病人合理饮食，注意安全。

3．配合治疗

告知病人目前用药方法及注意事项。

4．定期复查

一般每年至少到医院进行一次全面体格检查。

## 九、小结

▲TIA是最容易忽视的脑血管疾病。每次发作不超过24小时。

▲TIA是脑梗死的先兆和警报，要及时治疗。

▲最有特色的护理措施是指导病人发现异常，及时就诊。

## 第四节　脑血栓形成病人的护理

脑血栓形成（cerebral thrombosis）是在各种原因引起的血管壁病变基础上，脑动脉管腔狭窄、闭塞、血栓形成，引起脑局部血流减少或供血中断，使脑组织缺血、缺氧、坏死，出现相应的神经症状和体征。脑血栓形成是急性脑血管疾病中最常见的类型，约占脑梗死的60%。脑部任何血管都可以发生血栓形成，以颈内动脉、大脑中动脉多见，基底动脉和椎动脉次之。老年人脑血栓形成发病率较高。

脑血栓形成的病理分期：

1．超早期

起病后6小时内，病变脑组织变化不明显。

2．急性期

起病后6～24小时，病变脑组织有明显缺血改变。

3．坏死期

起病后24～48小时，病变脑细胞大量坏死，脑组织水肿明显。

4．软化期

起病后3日至3周，病变脑组织液化变软。

5．恢复期

起病3～4周后，病变脑组织已形成胶质瘢痕。

### 一、病因与发病机制

（一）病因

1．脑动脉粥样硬化

脑动脉粥样硬化是脑血栓形成的最常见、最基本的病因。高血压常与脑动脉粥样硬化并存，两者相互影响。糖尿病、高血脂、冠心病、吸烟、肥胖、活动较少也会加速脑动脉粥样硬化过程，也是本病的危险因素。

2．脑动脉炎

红斑狼疮性动脉炎、结节性动脉周围炎也是较常见的病因。

3．其他

如血液系统疾病等。

（二）发病机制（图9-4-1）

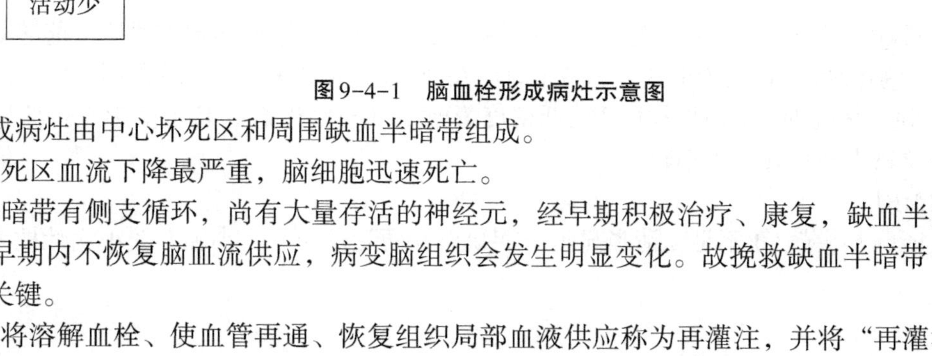


**图9-4-1　脑血栓形成病灶示意图**

脑血栓形成病灶由中心坏死区和周围缺血半暗带组成。

1．中心坏死区血流下降最严重，脑细胞迅速死亡。

2．缺血半暗带有侧支循环，尚有大量存活的神经元，经早期积极治疗、康复，缺血半暗带的损伤是可逆的。若超早期内不恢复脑血流供应，病变脑组织会发生明显变化。故挽救缺血半暗带，是脑血栓形成治疗成功的关键。

3．临床上将溶解血栓、使血管再通、恢复组织局部血液供应称为再灌注，并将“再灌注时间窗”定为症状开始至静脉干预时间<3小时，或至动脉干预时间<6小时。若脑再灌注后，脑损伤反而加剧，称为“再灌注损伤”。

## 二、临床表现

1．一般特点

（1）常在安静、休息状态下发病。部分病人起病前有TIA、头痛、眩晕、肢体麻木、无力等前驱症状。

（2）病情发展缓慢，逐渐加重，1～2天达到高峰。

（3）多数病人意识清楚、生命体征平稳、颅高压情况比较少见。

2．神经系统特点

闭塞的脑动脉不同，神经系统表现不同。

（1）大脑中动脉闭塞症状

最常见。主要影响内囊区供血，表现为“三偏征”：

①偏瘫

病灶对侧舌、面瘫痪，肢体瘫痪。

②偏身感觉障碍

病灶对侧面部、肢体感觉异常。

③偏盲

病灶对侧同向性偏盲。

大脑中动脉闭塞使优势半球（往往是左半脑）受累，可出现失语。非优势半球受累，可出现体象障碍（外貌正常者想象自己的外貌有缺陷，或对轻微的躯体毛病过度担心），甚至有意识障碍。若特定部位损害可出现失读、失写、失认等情况。

（2）颈内动脉闭塞症状

主要是大脑中动脉闭塞症状，此外，还有病灶侧单眼一过性失明（眼动脉缺血）、颈动脉搏动减弱等症状。

（3）椎-基底动脉闭塞症状

主要影响脑干及小脑的功能。

①脑干受损表现为眩晕、恶心、呕吐、交叉性瘫痪、交叉性感觉障碍、针尖样瞳孔、复视、眼肌麻痹、构音障碍、吞咽困难等，重者还可出现不同程度的意识障碍及四肢瘫痪。

②小脑受损表现为眩晕、恶心、呕吐、眼球震颤、共济失调等。

3．特殊类型脑梗死

（1）大面积脑梗死

可出现意识障碍，甚至危及生命。

（2）出血性脑梗死

脑梗死灶内血管破损，血液漏出。

（3）多发性脑梗死

两个或两个以上不同供血系统脑血管闭塞引起的脑梗死。

## 三、辅助检查

1．CT及MRI

（1）头颅CT

头颅CT是脑血栓形成最常用、最方便、最快捷、最有价值的影像学检查手段，能够对脑血栓形成进行早期诊断、鉴别诊断。脑血栓形成发病6小时内头颅CT显示正常（可排除脑出血）。此后，当脑缺血造成脑组织水肿、坏死时，CT图像可呈现低密度影改变（与脑出血的高密度影进行鉴别）。但CT对脑干、小脑病灶及较小梗死灶分辨率较差。

（2）头颅MRI

头颅MRI能弥补头颅CT不足，清晰显示早期缺血性梗死及脑干、小脑、较小病灶梗死等，能进一步明确诊断。

2．其他

血、尿常规，血糖、血脂、血液流变学、心电图等检查，均能提示病人目前存在的危险因素。脑脊液检查基本正常。

**四、诊断要点**

1．多在静态下发病。

2．有神经定位体征。

3．头颅CT未见高密度影或头颅MRI发现梗死灶。

**五、配合治疗**

1．超早期溶栓治疗

尽早溶解血栓，恢复病变脑组织血流供应。

（1）常用制剂

尿激酶、链激酶。常在起病6小时内进行动脉溶栓，3小时内静脉溶栓。此外，重组组织型纤溶酶原激活剂（rt-PA），可激活新鲜血栓中的纤溶酶原，使之转变为纤溶酶而溶解血栓，但需于起病3小时内用药。rt-PA对血液循环中的纤溶酶原几乎无影响，所以很少有出血等并发症。

（2）溶栓禁忌症

出血、创伤、高血压、肝肾功能不全、消化性溃疡等。

（3）溶栓流程

争分夺秒，尽早使用溶栓药（图9-4-2）。

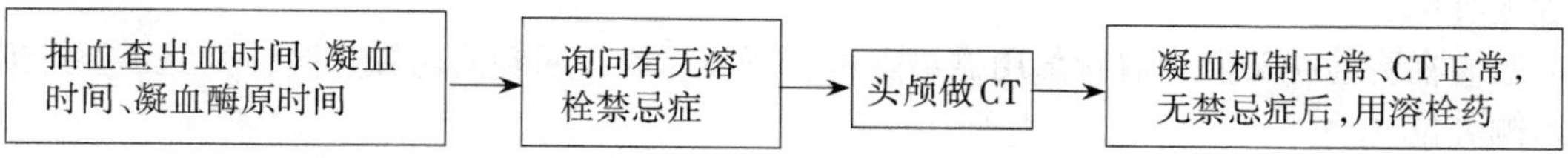


**图9-4-2　溶栓流程**

（4）溶栓后观察

观察溶栓后有无出血倾向，如皮肤、黏膜、消化道、呼吸道、泌尿道、脑出血等情况，记录出血时间、性质及出血量。

2．抗凝治疗

防止新血栓形成。多用于长期卧床，特别是合并高凝状态者。抗凝治疗是缺血性脑血管疾病的主要治疗措施。常用肝素、低分子肝素（速必凝、交赛）、华法林等制剂。

3．抗血小板聚集

防止新血栓形成，降低死亡率和复发率。常用阿司匹林、氯吡格雷（波立维）、噻氯匹定（抵克力得）等制剂。

4．血管扩张剂

改善脑微循环。一般发病2周后用倍他司汀、桂利嗪等血管扩张剂。但重症脑血栓形成急性期、生命体征不稳定时，不宜用血管扩张剂，以免加重脑缺血。

5．血液扩充剂

改善脑微循环。常用低分子右旋糖酐等制剂。

6．中药制剂

活血化瘀，改善脑微循环。常用丹参、川芎嗪、葛根素、金纳多、舒血宁、刺五加等制剂。

7．脑保护剂

保护脑神经元。常用胞磷胆碱、脑复康、都可喜、脑活素、易达生（依达拉奉）等制剂。

8．其他

（1）除非血压过高（收缩压> 220 mmHg或舒张压>120 mmHg），一般急性期不用降压药，使血压维持在比平时血压稍高的水平，以免加重脑血流灌注不足。

（2）大脑中动脉或颈内动脉完全梗死者，可进行手术治疗。

（3）高压氧舱治疗能提高血氧供应，为神经组织的再生和神经功能的恢复提供良好的基础。

（4）治疗原发病，如治疗高血压、糖尿病等。

## 六、护理问题

1．躯体移动障碍

与肢体瘫痪有关。

2．有皮肤完整性受损的危险

与肢体瘫痪、长期卧床使皮肤受压有关。

3．有失用综合征的危险

与肢体瘫痪有关；与偏瘫、失语、生活不能自理有关。

## 七、护理措施

脑血栓形成病人应在卒中病房接受治疗，由多科医师、护士和治疗师共同参与治疗，实行治疗、护理、康复一体化的原则，最大限度地提高治疗效果、改善预后。

（一）指导休息与活动

1．适当体位

急性期平卧位，尽量不要抬高头部，以便增加脑部供血量。维持肢体良肢位（功能位），尽量采取偏瘫侧上肢各关节伸展，下肢各关节屈曲的体位。不宜厚被压足。足底放置一个枕头，使足与小腿垂直，防足下垂和足内翻。

（1）仰卧位

头放中立位。垫高患肩防止肩胛骨后缩。患侧上肢稍外展，肘伸展，手心向上，放在高于心脏的枕上。患侧臀下放一小垫，防髋部下沉。患侧下肢腘窝处放一枕头，防髋关节外旋。

（2）健侧卧位

患侧上肢放在胸前枕头上，肩背部用靠垫支持。下肢屈髋、屈膝向前并垫高，两腿不要过度靠拢。

（3）患侧卧位

身体稍向后，患肩稍向前。患肢伸展。肩背用靠垫支持。健腿屈曲向前并垫高。患腿髋关节伸展，膝关节微屈。

2．早期康复训练

（1）目的

目的是预防皮肤、关节、肌肉及心、肺、泌尿系统并发症，有利于日常生活能力的恢复，防止或减轻残疾。

（2）时间

起病之时即康复开始之日，要将急救、治疗、护理、康复有机地融为一体，使康复治疗从起病到恢复期，贯穿于护理各个环节和全过程之中。但生命体征不稳、神志不清者只能进行肢体被动运动。

（3）宣教

告知病人及家属早期康复的重要性及训练方法，以便取得配合。

（4）躯体康复

生命体征平稳后逐步进行被动运动→主动运动→半卧位→坐位→双腿放床边坐位→站位→行走→作业治疗。注意避免病人过度疲劳或高度精神紧张。尽量避免在患侧肢体实施静脉输液，以免影响肢体活动。

1）被动运动

以刺激患侧肢体为主，如抚摩、揉、捏、小关节被动伸曲等。条件许可时可对患侧每个较大关节（肩、肘、腕、指、髋、膝、踝等）进行全方位（屈曲、伸展、旋转）被动运动，预防关节僵硬和肢体畸形。

2）主动运动

病人生命体征平稳后即可每日反复进行床上训练。注意训练动作要轻柔、缓慢、循序渐进，适可而止，避免造成损伤。

①上肢主动练习

双手手指交叉互握，患手大拇指在上，将手上举过头顶，双肘关节伸展，重复进行，每天多次练习，保持肩关节无痛范围充分活动。

②主动练桥式运动

仰卧位，双腿屈曲，双脚支撑床面，抬臀离床，保持两侧臀部同高，放下后再抬，反复进行训练，提高骨盆对下肢的控制和协调能力，为病人站立、行走奠定基础。

③翻身训练

朝患侧翻身时主要靠病人健侧用力，帮助者协助；朝健侧翻身时主要靠病人健手拉患手，帮助者协助搬动患腿。

3） 坐起训练

鼓励病人尽早坐起。

①从健侧坐起

健足勾起患足，带至床缘外，健手用力撑床坐起。

②从患侧坐起

健足推动患足，将小腿移至床缘外，健手在患侧肩附近撑床坐起。

③正确坐姿

躯干直立（用靠垫支持），髋关节屈曲90°，上肢托起（可放在移动桌上）。

（5）语言康复

生命体征平稳、神志清楚后即可进行语言康复。

①发病早期可采用手势、纸板、卡片、实物演示等不同形式与病人进行非语言沟通。

②指导者语速要缓慢，发音要清晰，态度要耐心。讲病人最关心的问题，指导病人反复发音、反复练习听读。不断地鼓励病人大胆、大声练习，增强病人的康复信心。

③注意语言训练要由易到难，由简到繁，反复练习，逐渐递进，持之以恒，注意避免病人产生疲劳。

3．恢复期作业治疗

见本病“健康宣教”相关内容。

4．确保活动安全

床有护栏，走廊、卫生间有扶手。地面平整、干燥、不滑、无槛坎。活动场所宽敞、明亮没有障碍物，家具固定，不易移动。步态不稳者，外出有人陪伴。

（二）饮食护理

1．饮食内容

低盐、低脂、低胆固醇、易消化饮食。注意选择富含维生素、粗纤维食物，如新鲜水果、蔬菜等。每日入水量1500～2000 mL。戒烟酒。

2．偏瘫病人饮食注意点

（1）神志清楚、无吞咽困难者给予软食。

（2）偶有饮水呛咳者给予糊状饮食。

（3）进食时酌情抬高床头，或者取半卧位、坐位等。

（4）尽量用健侧手自助进食。

（5）预防误吸。

进食时食物应送至口腔健侧近舌根处，以利吞咽；吞咽时嘱病人下颌内收，从健侧咽，速度宜慢；重度吞咽障碍者，给予鼻饲；进食中避免交谈；进食后保持进食体位30～60分钟；吞咽困难者不用吸水管吸水；少食多餐；必要时给予鼻饲流质。

（三）观察病情

密切观察神志、瞳孔、生命体征、临床表现，发现异常及时通知医生。

1．注意有无颅高压、脑疝症状

颅高压症状与脑组织缺血、缺氧导致的脑水肿有关，主要表现为意识障碍、“三主征”（剧烈头痛、喷射状呕吐、视神经盘水肿）、“二慢一高”（脉搏慢、呼吸慢、血压高）。颅高压进一步加重可导致脑疝，主要表现为头痛、呕吐，小脑幕切迹疝常有两侧瞳孔不等大，枕骨大孔疝会呼吸骤停。

2．注意有无出血情况

出血与使用溶栓药、抗凝药、抗血小板聚集药有关。

3．注意有无原有症状加重或出现新的瘫痪症状

原有症状加重或出现新的瘫痪症状可能与病灶面积扩大或颅内出血或又有新的脑血栓形成有关。

4．注意有无心律失常、呼吸困难现象。

（四）对症护理

1．生活护理

协助瘫痪病人进食、排便、洗漱、擦浴、更衣、修剪指/趾甲、清洗会阴及保持床单位清洁等。

2．预防肺部感染

给予病人翻身、叩背、排痰（吸痰），鼓励病人深呼吸，在病情允许情况下尽早坐起。若病人发热，应以物理降温为主，如冰毯或酒精擦浴等，但头部禁止使用冰袋及冷敷，以免脑血管收缩、血流减慢加重脑缺血。必要时予以人工冬眠。

3．预防尿路感染

保持外阴清洁，鼓励病人多饮水。尽量不采用留置导尿。

4．预防压疮

评估病人压疮发生危险，每2小时翻身1次，避免拖拉病人，禁止按摩受压部位。保持床单干燥、平整、清洁。必要时可使用气垫床、海绵圈、棉垫等将受压部位轻轻垫起，每2小时变换垫托部位。也可以使用半透膜敷料或者水胶体敷料保护受压皮肤（皮肤脆薄者禁用）。

5．预防口腔溃疡

保持口腔清洁，对生活不能自理者进行口腔护理。

6．预防便秘

注意增加含纤维素多的食物，按摩、震荡腹部，养成定时排便的习惯，必要时遵医嘱用开塞露或缓泻剂等药。

7．预防深静脉血栓形成

高龄、严重瘫痪和心房纤颤者有深静脉血栓形成的危险，同时也增加了肺栓塞的风险。应鼓励病人抬高下肢，适当活动，避免在下肢静脉输液（尤其是瘫痪侧）。必要时配合进行抗凝、溶栓治疗。

8．预防水电解质平衡紊乱

由于进食少、脱水治疗等原因，脑卒中病人常并发水、电解质平衡紊乱，应常规进行水电解质监测并及时加以纠正。

9．癫痫护理

若有癫痫发作给予相应癫痫护理措施。若脑卒中2周后发生癫痫，应进行长期抗癫痫治疗。

10.配合抢救重症、大面积脑梗死病人

（1）防治心脑综合征

脑卒中伴有急性心肌缺血、心肌梗死、心律失常、心力衰竭等称为心脑综合征。应进行心电监护和心肌酶学检查，慎用增加心脏负荷的药物，严格控制输液速度及输液量。

（2）迅速降低颅压

遵医嘱用20%甘露醇125～250 mL快速静脉滴注，6～8小时1次，对心、肾功能不全者可改用呋塞米20～40 mg静脉注射，6～8小时

（3）维持呼吸功能

给予吸氧，必要时进行气道支持及辅助通气。

（4）治疗上消化道出血

高龄、大面积脑梗死、重症脑梗死病人急性期容易发生消化道应激性溃疡，可常规静脉给予$H_2$受体拮抗剂预防。若已发生上消化道出血，按上消化道出血处理。

（五）心理护理

由于偏瘫、失语、生活不能自理，病人往往焦虑不安、易发脾气，产生自卑、消极心理。此时，要多与病人沟通，鼓励病人接受现实，适应角色的转变，积极配合治疗康复，自强自立。提醒家属多给予病人精神和物质上的支持，使病人情绪稳定，树立战胜疾病的信心。

## 八、健康教育/出院指导

1．知识宣传

（1）向病人及家属介绍本病基本知识，使其主动配合控制危险因素，尽量延缓脑动脉粥样硬化过程，如积极治疗糖尿病、高血压、高血脂、冠心病，戒烟、酒，控制体重等。高度重视本病，但又不过

分紧张，能主动配合治疗护理。

（2）指导大众进行自我检测，发现脑缺血先兆，如手指麻木无力、短暂失明、短暂说话困难、眩晕、步态不稳等异常现象，立即到医院诊治。

2.生活指导

（1）保持良好生活习惯

定时作息，保证充足睡眠。坚持适当运动，如散步、打太极拳等，避免过度劳累，避免剧烈运动。给予低盐、低脂、低胆固醇、易消化饮食，戒烟、酒。保持心态平和。

（2）恢复期作业治疗

肢体、语言功能训练是一个需长时间坚持锻炼的过程，要注意在日常生活中进行训练，同时辅以针灸、理疗、按摩等治疗，既促进运动能力恢复，又使病人掌握日常生活技能，提高生活自理能力。

①上肢训练

将运动疗法和作业治疗相结合，进行握球、编制毛线、拣豆子、拨算珠、写字、吃饭、洗脸、梳头、穿衣、抹桌等训练。

②下肢训练

训练步态，辅以针灸、理疗、按摩、户外活动等其他治疗、训练方式。

③语言训练

指导病人持之以恒地做舌运动、练习发音，提醒病人家属要耐心地与病人进行语言沟通等。

④社交能力训练

鼓励病人尽量生活自理、尽早参与工作、尽快恢复社交。

3．配合治疗

（1）指导病人遵医嘱坚持用药，告知所用药物主要副作用，发现异常随时告诉医务人员或及时就诊。

（2）不可随意增减药量、随意更换药物。

（3）告知病人用药注意事项，如饭后服阿司匹林以减轻胃肠道反应等。

（4）若无禁忌症，坚持遵医嘱服用阿司匹林等抗血小板聚集药，防止血栓形成。

4．定期复查

定期到有条件的医院神经专科进行检查和咨询，监测血糖、血脂、血压等，积极治疗有关原发病。注意告知病人复诊时间及地点。

**九、小结**

▲脑血栓形成是最常见的急性脑血管疾病。脑动脉内形成血栓使脑动脉闭塞，导致脑组织缺血、缺氧、坏死。

▲常累及大脑中动脉，影响内囊区供血，表现为“三偏征”。常在静态时发病，伴有神经定位体征。发病早期CT可显示正常，伴有脑组织水肿、坏死时，CT显示低密度影。

▲起病6小时内可动脉溶栓治疗，3小时内可静脉溶栓治疗，早期康复有利于减轻残疾。

▲主要护理措施是溶栓护理、早期康复，预防并发症、预防脑血栓形成等。

## 第五节　脑栓塞病人的护理

脑栓塞（cerebral embolism）指各种栓子（血流中异常的固体、液体、气体）随血流进入脑动脉，使脑动脉管腔急性闭塞，引起脑组织相应供血区缺血、坏死，产生相应神经系统症状和体征。脑栓塞是急性脑血管疾病中发病最急的一个类型，约占脑梗死的15%～20%。颅内任何动脉都可以发生栓塞，以颈内动脉系统特别是大脑中动脉最常见。青壮年发病率较高。

**一、病因与发病机制**

（一）病因

根据栓子来源不同分为：

1．心源性

心源性是最常见的病因，占脑栓塞的60%～75%，其中心房纤颤更常见，据统计有半数以上脑栓塞病人因有风湿性心脏病导致二尖瓣狭窄并发心房纤颤。此外，心内膜炎、心肌梗死、心脏手术、心导管检查、心房黏液瘤、二尖瓣脱垂等也都会产生栓子导致脑栓塞，脑栓塞是心脏病的重要并发症之一。

2．非心源性

心脏以外的栓子随血流进入脑内导致栓塞。如癌细胞栓子、脂肪栓子（长骨骨折所致）、虫卵栓子、感染性栓子、气体栓子（手术、人工气胸、潜水员发生的减压病等所致）。

3．来源不明性

少数病例查不到栓子来源。

（二）发病机制（图9-5-1）

**图5-9-1 脑栓塞发病机制**

## 二、临床表现

1．一般特点

多在活动中突然发病。发病过程快，数秒至数分钟内发展到高峰，是发病最急的急性脑血管疾病。多数病人神志清楚，个别病例有反复发作、昏迷、颅高压情况。栓塞时血管壁容易被破坏，血流恢复后易发生渗漏性出血，故脑栓塞发生出血性梗死的概率较高。

2．神经系统特点

栓塞的大脑动脉不同，神经系统表现亦不同。其神经系统表现与脑血栓形成相似。

3．其他表现

多数病人有栓子来源的原发病表现，如风湿性心脏病、冠心病、严重的心律失常、心脏手术、长骨骨折等临床表现。部分病例有脑外多处栓塞证据，如皮肤、球结膜、肺、肾、脾、肠系膜等处栓塞。

## 三、辅助检查

1．CT及MRI

检查意义参见本章第四节“脑血栓形成病人的护理”相关内容。

2．其他常规检查

心电图，可发现心律失常（房颤等）、心肌梗死等证据。超声心动图检查可发现部分病人有心腔内附壁血栓，证实存在心源性栓子等。

## 四、诊断要点

1．常活动时骤然起病，数秒至数分钟内达到高峰。

2．有神经定位体征。

3．有心脏病等栓子来源的基础疾病。

4．结合头颅CT或MRI检查结果。

## 五、配合治疗

1．与脑血栓形成治疗相似

但合并出血性梗死时，禁忌溶栓、抗凝和抗血小板药物治疗，防止出血加重。

2．根据栓子性质分别进行处理

（1）心源性栓塞

可以进行超早期溶栓，应用抗血小板聚集药和抗凝治疗，使用血管扩张剂等，但要谨慎用药，以免诱发出血。

（2）空气栓塞

可进行高压氧治疗，减少气栓，增加脑含氧量。

（3）脂肪栓塞

可采用肝素、5%碳酸氢钠及脂溶剂，有助于脂肪颗粒溶解。

（4）感染性栓塞

选用有效足量的抗生素抗感染治疗，同时禁用溶栓或抗凝治疗，以免感染扩散。

3．治疗原发病，预防栓子形成

治疗原发病，预防栓子形成是预防脑栓塞的重要环节。如纠正心房纤颤，可预防心源性栓子形成；抗凝疗法，预防新的血栓形成。

**六、护理问题**

参见本章第四节“脑血栓形成病人的护理”相关内容。

**七、护理措施**

参见本章第四节“脑血栓形成病人的护理”相关内容。

**八、健康教育/出院指导**

参见本章第四节“脑血栓形成病人的护理”相关内容。

**九、小结**

▲脑栓塞多见于中青年人。活动时突然发病，是起病最急的急性脑血管疾病。

▲风湿性心脏病导致二尖瓣狭窄并发心房纤颤是脑栓塞最常见的病因。

▲治疗、护理与脑血栓形成相似，但慎用溶栓、抗凝和抗血小板药物治疗。

## 第六节　脑出血病人的护理

脑出血（intracerebral hemorrhage）指原发性非外伤性脑实质内出血，多见于血压骤升导致脑动脉破裂，引起脑组织血肿、颅高压，脑细胞缺血、缺氧、坏死，以及相应的神经症状和体征。大脑出血占80%，脑干和小脑出血占20%，其中内囊出血最常见。脑出血是急性期脑血管疾病中最严重，致残率、死亡率较高的疾病。中老年人发病率较高。

**一、病因与发病机制**

（一）病因

高血压和脑动脉硬化同时存在，相互促进，是构成脑出血最常见、最基本的病因。少数脑出血是由其他原因所致，如先天性脑血管畸形、颅内动脉瘤、脑动脉炎、血液病等。

（二）发病机制

1．脑出血发病机制（图9-6-1）

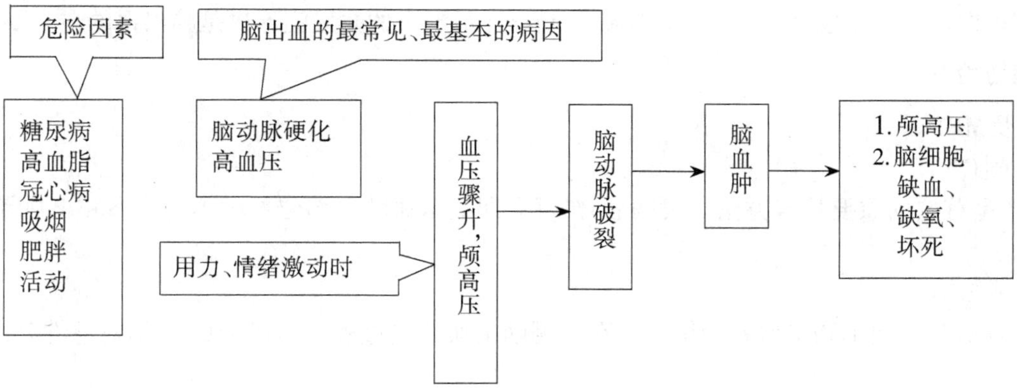


**图9-6-1　脑出血发病机制**

血压骤升、颅内压增高的主要诱因是剧烈咳嗽、打喷嚏、用力、屏气、情绪激动等。脑水肿、颅内压升高、脑疝是脑出血死亡的主要原因。

2．脑动脉容易破裂的主要原因

（1）脑动脉管壁的外膜和中层比较薄弱，容易破裂。

（2）脑动脉粥样硬化使脑动脉管壁弹性降低，易形成微小动脉瘤。

（3）豆纹动脉从大脑中动脉直角发出，且管腔较细，承受较高压力，容易发生破裂。故豆纹动脉是脑出血的好发血管，占脑出血80%，主要影响内囊区域。

## 二、临床表现

1．一般特点

(1) 常在情绪激动、用力时发病。50%的病人表现为剧烈头痛、呕吐，甚至出现上消化道出血（应激性溃疡所致）。

(2) 病情发展快，几分钟至几小时达到高峰。

(3) 部分病人出现昏迷、生命体征不稳、颅高压、面色潮红、鼾声呼吸。

2．神经系统特点

出血的大脑动脉部位不同，神经系统表现不同。

(1) 内囊区出血

内囊区是脑出血好发部位，其中壳核出血约占60%，丘脑出血约占10%。主要表现为“三偏征”，部分病人可有头和眼转向出血灶侧，呈“凝视病灶”状。

(2) 脑干出血

以脑桥出血更多见。

1）少量出血

表现为头痛、眩晕、复视、呕吐。

2）大量出血

①昏迷。

②一侧脑干出血：表现为“交叉性瘫痪、凝视瘫肢”。

③出血波及两侧脑干：表现为四肢瘫，双侧瞳孔极度缩小呈针尖样，后者是交感神经纤维受损所致，是脑干出血的特征性体征。

④中枢性高热：体温持续在39 ℃以上，躯干热而四肢不热。与脑干网状结构有对温度变化敏感的神经元参与体温调节有关。

⑤呼吸、循环障碍：病变影响到呼吸中枢、心血管中枢，多在24～48小时内死亡。

(3) 小脑出血

表现为眩晕、呕吐、枕部剧痛、眼球震颤、共济失调。小脑出血一般无肢体瘫痪。

(4) 其他

若影响到优势半球可有不同程度的失语。若特定部位损害可出现失读、失写、失认等情况。

3．并发症

脑出血量较大时可引起血肿占位效应，使颅内压升高，脑出血后引起的脑水肿又进一步加重了颅高压，使病人短期内迅速形成脑疝而死亡。脑疝是脑出血最严重的并发症，也是脑出血的最主要死因。

## 三、辅助检查

1．CT及MRI

(1) 头颅CT

头颅CT是首选的重要检查方法。发病后CT可立即显示血肿的部位、大小、形态和出血量等，呈高密度影改变。

(2) 头颅MRI

头颅MRI对脑干和小脑出血尤为敏感。在监测脑出血演进过程方面优于CT，但对急性脑出血诊断不如CT。

2．脑脊液检查

脑脊液呈浅红色均匀血性，压力升高。因有诱发脑疝的危险，一般脑出血病人不宜做此检查。

3．其他

可有血白细胞、血糖、血尿素氮等暂时升高及蛋白尿等，甚至凝血功能、心电图、X射线摄片检查异常。

## 四、诊断要点

1．多在情绪激动、用力情况下发病。症状迅速加重，往往有意识障碍、颅高压、生命体征异常。

2. 有神经定位体征。

3. 头颅CT可见高密度影。

**五、配合治疗**

治疗原则：安静卧床、降低颅内压、控制血压、防治再出血、防治并发症。治疗目的：挽救生命、降低死亡率、减少残疾、避免复发。

1.控制脑水肿，降低颅内压

脑水肿常在48小时达到高峰，一般持续3～5天后逐渐消退。脑水肿是导致脑疝、增加死亡率、影响功能恢复的重要原因。控制脑水肿、降低颅内压是脑出血急性期治疗的重要环节。

（1）20%甘露醇

20%甘露醇是最重要的首选降颅压药物。它能迅速提高血浆渗透压，使脑组织间液向血浆转移，并通过肾脏从尿液中排出。常用20%甘露醇250 mL快速静脉滴注。

应用甘露醇应注意：

①心、肾功能不全者要慎用甘露醇。

②用甘露醇前：将甘露醇中结晶煮化，冷却后备用。

③用甘露醇时：静脉输注速度要快，15～30分钟内滴完。一般用药后20～30分钟起效，作用维持4～6小时。选择粗大静脉注射，尽量避免在患侧注射。常选用大针头。每日更换注射部位，且在注射局部加温，以减少甘露醇对局部血管的刺激，防止静脉炎发生。保持静脉通道通畅，密切观察输液速度，确保甘露醇按时快速输入体内。

④用甘露醇后：注意病人有无心力衰竭、肾衰竭表现，尤其要密切观察尿量。若病人有心率增快、心悸等心力衰竭表现，应酌情减慢输液速度。若用药后病人4小时尿量少于200 mL，提示肾功能受到影响，应慎用或停用甘露醇。

（2）速尿

速尿常与甘露醇合用增强脱水效果。

（3）10%复方甘油果糖

10%复方甘油果糖脱水降颅压作用较弱，但很少引起水、电解质紊乱。一般用10%复方甘油果糖500 mL静脉滴注，3～6小时滴完，注意用量过大、输液过快会发生溶血反应。

（4）其他

10%白蛋白也可减轻脑水肿，起到降颅压作用，适用于脑水肿伴低蛋白血症者。

2. 控制血压

脑出血时降血压的关键在于降颅内压。颅高压时，血压会随之上升，颅内压下降时，血压也会随之下降，以便保持脑血流量相对稳定，保证脑供血。因此，脑出血急性期时，若收缩压< 180 mmHg，舒张压<105 mmHg，可以只加强观察，不必急于降血压。若收缩压>200 mmHg，或舒张压>110 mmHg，应先脱水降颅压，然后酌情给予快速起效的降压药物，使血压维持在较正常血压略高的水平。急性期若血压介于上述两者之间，给予作用温和的降压药物，以防再次出血。恢复期积极控制血压，尽量将血压控制在正常范围内。

3. 酌情用止血药、凝血药

脑出血与血压升高有关，非凝血机制改变所致，用止血药、凝血药往往无效，但合并有消化道出血或凝血功能障碍时可以使用。脑出血时止血的关键在于控制血压。

4. 慎用镇静、止痛药

病人明显头痛、过度烦躁时可适当给予镇静、止痛药，但禁用吗啡、脲栓啶等药，因其有抑制呼吸中枢、降低血压的作用。

5. 外科治疗

壳核出血≥30 mL、丘脑出血≥ 15 mL、小脑出血≥10 mL时，可以考虑手术清除血肿。血液破入脑室时，可行脑室引流或抽吸。一般在发病后6～24小时内进行手术。

6. 治疗原发病

如治疗高血压、糖尿病等。

**七、护理措施**

1. 指导休息与活动

（1）体位

①卧床休息2～4周，病情危重者发病初24～48小时内绝对卧床休息，避免搬动，避免大幅度翻身，避免摆动头部。

②头抬高15°～30°，以减轻脑水肿。意识障碍者给予侧卧或头偏一侧，以免误吸。

③维持肢体良肢位，防止或减轻患肢畸形（具体方法参见本章第四节“脑血栓形成病人的护理”相关内容）。

（2）早期康复训练

若病人生命体征平稳、病情不再进展，宜尽早进行康复训练（具体方法参见本章第四节“脑血栓形成病人的护理”相关内容）。

（3）恢复期作业治疗

具体方法参见本章第四节“脑血栓形成病人的护理”相关内容。

2. 饮食护理

（1）急性脑出血病人发病24小时内禁食，此后若生命体征平稳、无颅内压增高症状、无上消化道大出血，可以根据病情给予鼻饲流质。

（2）每次鼻饲前应抽吸胃液，观察有无异常改变，若发现有咖啡色胃液等异常要及时通知医生。鼻饲液温度不宜过高，一般不超过30 ℃。

（3）意识清醒后若无吞咽困难，可停止鼻饲，酌情给予软食。给予低盐、低脂、低胆固醇、低糖、高蛋白、高维生素、易消化饮食，注意保持电解质平衡，戒烟、酒，控制体重。每日入水量按前一日尿量+500 mL计算。

（4）偏瘫病人进食注意点，参见本章第四节“脑血栓形成病人的护理”相关内容。

3. 观察病情

（1）一般观察

观察神志、瞳孔、生命体征、临床表现，尤其要严密观察血压。注意有无颅高压或脑疝症状，有无出血情况，有无原有症状加重或出现新的瘫痪症状，有无心律失常、呼吸困难现象（具体观察内容参见本章第四节“脑血栓形成病人的护理”相关内容），发现异常及时通知医生。

（2）加强监护

病情危重时给予心电监护、血压监测、体温观测、血糖监测。保持呼吸道通畅，给予吸氧、吸痰，必要时行气管插管或切开术。

（3）了解水、电解质情况

由于本病需用大量脱水药物，容易引起水、电解质紊乱，故要密切观察水、电解质情况，准确记录24小时出入量。

4. 对症护理

（1）生活护理

协助瘫痪病人进食、排便、洗漱、擦浴、更衣、修剪指/趾甲、清洗会阴及保持床单位清洁等。防止呛咳、防止便秘，酌情给予缓泻剂。

（2）防止再出血

①严密监控血压，避免血压过高。

②避免搬动病人。

③减少刺激：集中进行各项护理操作，动作轻柔。语言柔和，减少探视，保持病室安静，避免声、光刺激。

④病人有明显头痛、过度烦躁不安时，可遵医嘱酌情给予镇静、止痛剂。

（3）预防脑疝

①避免剧烈咳嗽、打喷嚏、用力、屏气、情绪激动、头低脚高位等导致血压、颅内压增高的有关因素。

②慎重腰穿。

③保持大便通畅，避免屏气用力排便，禁止灌肠，便秘时可用缓泻剂。

④颅高压时要立即遵医嘱静脉快速滴入甘露醇等脱水剂，迅速降低颅内压，防止脑疝形成，同时密

切观察生命体征等病情变化情况。

（4）中枢性高热护理

①吸氧。

②药物降温：如用冬眠灵等药。

③物理降温，如在颈、腋、腹股沟等大动脉处冰敷，头置冰袋或冰帽等。

④皮肤护理。

（5）预防并发症

预防肺部感染、尿路感染、应激性溃疡、压疮、口腔溃疡、便秘、深静脉血栓形成、水电解质平衡紊乱、癫痫等并发症（具体方法参见本章第四节“脑血栓形成病人的护理”相关内容）。

5．心理护理急性期

若病人神志清楚，注意消除病人紧张、恐惧心理。恢复期注意帮助病人克服急躁、抑郁心理。从关爱病人的角度出发，精心护理病人，使病人产生亲切感、信任感、安全感，保持病人情绪稳定。鼓励病人积极配合治疗，树立战胜疾病的信心。

### 八、健康教育/出院指导

1．知识宣传

（1）向病人及家属介绍本病基本知识，使其主动配合控制危险因素，发现异常能立即到医院诊治。

（2）病人能注意保持情绪稳定，避免使血压、颅内压增高的诱因。

2．生活指导

（1）保持良好生活习惯：具体参见本章第四节“脑血栓形成病人的护理”相关内容。

（2）恢复期作业治疗：具体参见本章第四节“脑血栓形成病人的护理”相关内容。

3．配合治疗

坚持规律服用降压药，维持血压平稳。

4．定期复查

具体参见本章第四节“脑血栓形成病人的护理”相关内容。

### 九、小结

▲脑出血是急性脑血管疾病中最严重的疾病。高血压、脑动脉硬化是脑出血最常见、最基本的病因。

▲脑出血主要是血压急剧升高导致脑动脉破裂出血所致。常在激动、用力时发病，病情发展快，多有颅高压，CT显示高密度影。

▲脑出血最常累及豆纹动脉，影响内囊区，表现为“三偏征”。

▲最严重的并发症是脑疝。

▲最主要的治疗是甘露醇脱水降颅压及调整血压。

▲最具特色的护理措施是使用甘露醇护理、防止再出血、预防脑疝、密切观察病情等。

## 第七节 蛛网膜下隙出血病人的护理

蛛网膜下隙出血（subarachnoid hemorrhage）是脑血管破裂后，血液流入蛛网膜下隙引起的一种临床综合征。蛛网膜下隙出血占脑卒中的10%左右。本病好发于青壮年。临床上通常将蛛网膜下隙出血分为自发性与外伤性两类。自发性又分为原发性和继发性两种：由于脑表面血管破裂血液直接流入蛛网膜下隙者，称为原发性蛛网膜下隙出血；由于脑实质出血，血液穿破脑组织而流入蛛网膜下隙者，称为继发性蛛网膜下隙出血。以下主要介绍原发性蛛网膜下隙出血。

### 一、病因与发病机制

（一）病因

引起蛛网膜下隙出血的主要原因是脑血管畸形，其中先天性脑动脉瘤最为常见，其次是脑部血管畸形。此外还可见于脑动脉粥样硬化、血液病、脑动脉炎、肿瘤破坏血管、抗凝治疗等并发症等。

（二）诱因

剧烈运动、过度疲劳、用力排便、过度屏气、情绪激动、环境刺激、饮食辛辣、吸烟酗酒等。

（三）发病机制（图9-7-1）

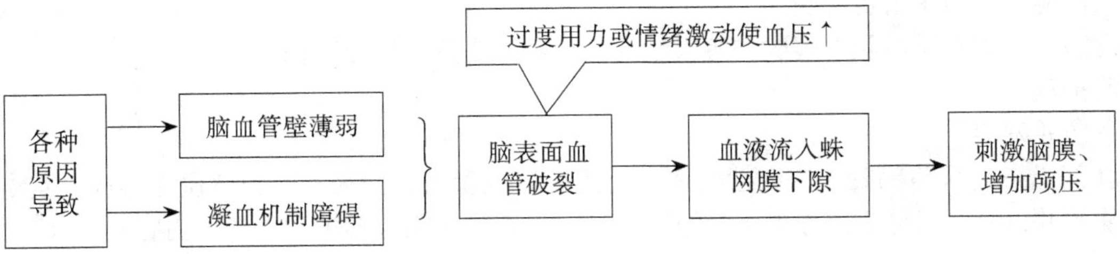


图9-7-1　蛛网膜下隙出血发病机制

## 二、临床表现

1．一般特点

常在情绪激动、用力时突然剧烈头痛、呕吐、面色苍白、全身冷汗，数十分钟至数小时内发展至最严重的程度。半数病人有不同程度的意识障碍。部分病人可有癫痫发作。

2．神经系统特点

（1）脑膜刺激征阳性

以颈强直最明显。脑膜刺激征阳性是本病特征性体征，常在发病后数小时出现，3～4周后消失。年老、体弱者不明显。

（2）神经系统定位体征

蛛网膜下隙出血很少有神经系统定位体征，无肢体瘫痪。有无神经系统定位体征及肢体瘫痪是蛛网膜下隙出血与脑出血的主要鉴别点之一。

（3）眼部症状

部分病人可见玻璃体下片状出血、视网膜出血、视盘水肿，与颅高压、眼静脉回流受阻有关。

（4）精神症状

部分病人可有精神症状，如欣快、谵妄和幻觉等，常在发病2～3周后消失。

3．并发症

（1）再出血

再出血是蛛网膜下隙出血致命的并发症。与出血破裂处所形成的血凝块中的纤维蛋白被溶解有关，表现为病情稳定情况下，突然再次出现剧烈头痛、呕吐、抽搐、昏迷、脑膜刺激征阳性。复查脑脊液又转为鲜红色。

（2）脑血管痉挛

脑血管痉挛是死亡和伤残的重要原因。与血液流入蛛网膜下隙刺激脑膜、血管，及血细胞破坏后释放出血管活性胺、多肽等各种血管活性物质作用有关。

①早发性脑血管痉挛出现于出血后不久，历时数十分钟至数小时缓解。

②迟发性脑血管痉挛发生于出血后3～5天，可继发脑梗死，常见症状有意识障碍、偏瘫等。迟发性脑血管痉挛很难逆转，即使存活，病人也有一半会遗留永久性残疾。

（3）脑疝

较多血液流入蛛网膜下隙，使颅内容物增加，颅内压力增加。颅内压过高会导致脑痛，引起死亡。

（4）脑积水

蛛网膜下隙出血刺激脑膜，发生无菌性脑膜炎，使蛛网膜粘连，或血块阻塞蛛网膜粒，使脑脊液渗入硬脑膜静脉窦减少，出现不同程度的脑积水。急性脑积水于发病后1～2周内发生，迟发性脑积水于发病后2～3周发生。脑积水轻者仅有嗜睡、近记忆受损等，重者可出现昏睡或昏迷，甚至因脑疝而死亡。

## 三、辅助检查

1．CT及MRI

（1）头颅CT

头颅CT是确诊蛛网膜下隙出血的首选方法。CT显示蛛网膜下隙内高密度影可以确诊蛛网膜下隙出血。CT还可显示颅内动脉瘤的位置、出血吸收情况、有无再出血及继发脑梗死。

（2）头颅MRI

头颅MRI可能会诱发再出血，急性期常不采用。

2．脑脊液检查

脑脊液检查是最具有诊断价值的特征性检查。由于血液流入蛛网膜下隙，脑脊液呈均匀鲜红色血性，且压力增高。腰穿抽脑脊液检查有诱发脑疝的危险，故已做CT证实蛛网膜下隙出血者，一般不必再做腰穿。

3．数字减影脑血管造影（DSA）

数字减影脑血管造影是确定蛛网膜下隙出血病因最有意义的辅助检查。DSA可显示动脉瘤位置、血管解剖行程、侧支循环和血管痉挛情况等，还可显示引发蛛网膜下隙出血的其他病因，为蛛网膜下隙出血的病因诊断提供可靠的证据。

4．经颅多普勒超声（TCD）

经颅多普勒超声可监测蛛网膜下隙出血病人有无脑血管痉挛。

## 四、诊断要点

1．发病急骤，突然出现剧烈头痛、恶心、呕吐。

2．无局灶性神经系统体征。

3．脑膜刺激征阳性。

4．脑脊液呈均匀鲜红血性，且压力增高。头颅CT检查结果证实。

## 五、配合治疗

1．防止再出血

（1）镇静

病人有剧烈头痛、烦躁等症状时，可适当选用镇痛剂、镇静剂，以保证病人安静休息。常用强痛定、地西泮、异丙嗪等药物，用药后要注意观察疗效及病人呼吸和神志情况。禁用明显影响呼吸的止痛药，如吗啡、杜冷丁等。

（2）止血

目的是延迟血块溶解，防止再出血。

①常用制剂

氨甲苯酸（抗血纤溶芳酸、止血芳酸、PAMBA）、6-氨基己酸（EACA）、酚磺乙胺等。

②用药注意事项

氨甲苯酸有促进血栓形成的副作用，用药后要注意观察病人有无血栓形成情况，如静脉血栓、动脉血栓、肺血栓、脑血栓形成、急性心肌梗死等。

（3）避免诱因

具体见本病护理措施有关内容。

2．防止迟发性脑血管痉挛

主要选用钙通道阻滞剂尼莫地平等药静脉滴注或口服，降低细胞内$Ca^{2+}$水平，扩张血管。用药期间要注意观察病人有无头痛、头晕、血压过低等不良反应。

3．降低颅内压颅

内压较高时，要立即使用甘露醇等脱颅压药。

4．外科治疗

外科治疗能根除病因，防止再出血，是治疗蛛网膜下隙出血的主要措施。一般于病后早期尽快进行手术治疗。

## 六、护理问题

1．疼痛

与脑水肿、颅高压、血液刺激脑膜等有关。

2．潜在并发症

再出血。

3．生活自理能力缺陷

与绝对卧床休息有关。

4．恐惧

与担心再出血、害怕手术、担心预后有关。

## 七、护理措施

1．指导休息与活动

（1）休息与体位

发病后绝对卧床休息4～6周，头部稍抬高，以减轻脑水肿。操作轻柔，避免刺激。头置冰袋，以防再出血。

（2）环境适宜

保持病房安静、安全、舒适，光线柔和。限制探视。

（3）避免诱因

避免用力排便、咳嗽、打喷嚏，避免情绪激动、劳累、大幅度翻身、剧烈运动等诱发血压、颅内压增高的因素，避免头部过度摆动，除非做CT等必要检查外，尽量不搬动病人。对烦躁不安者遵医嘱给予镇静处理，注意病人安全护理。

2．饮食护理

给予高蛋白、富含维生素的易消化饮食，避免辛辣刺激食物，戒烟、酒。

3．观察病情

首次蛛网膜下隙出血后1个月内再出血的危险性最大，其中2周内再出血发病率较高。再出血最初几天死亡率最高，需高度警惕。

（1）严密监护神志、瞳孔、生命体征，观察有无颅高压、心律失常，有无临床症状、体征变化及并发症。

（2）病情危重时进行心电监护、血压监测、体温监测，必要时给予吸氧、吸痰、保持呼吸道通畅。

（3）注意有无再出血现象，若病情稳定后又有剧烈头痛、恶心、呕吐、意识障碍加重、原有神经症状和体征重新出现等情况，要及时通知医生。

4．对症护理

（1）生活护理

具体参见本章第六节“脑出血病人的护理”相关内容。

（2）头痛护理

①观察头痛

时间、部位、性质、程度以及有无神志、瞳孔的改变，有无伴随喷射状呕吐。发现头痛程度、性质变化或伴有颅高压症状时，要及时通知医生处理。

②避免诱因

室内光线柔和、安静、温度适宜，避免刺激性饮食，避免情绪激动，避免用力排便等诱发头痛的因素。

③指导自我减轻头痛的方法

如缓慢深呼吸、听轻音乐、练气功、冷敷、热敷、理疗、按摩、推拿、压迫等方法。其中头部冷敷，既可减轻头痛，又能防止继续出血。

④遵医嘱用药

颅高压所致头痛要遵医嘱快速静滴20%甘露醇。必要时遵医嘱正确服用止痛药，避免产生药物依赖性。

（3）预防并发症

①预防脑疝

避免用力、屏气，尽量不做腰穿。对颅高压者要立即脱颅压，并密切观察病情变化。

②预防其他并发症

预防肺部感染、尿路感染、压疮、口腔溃疡、便秘、深静脉血栓形成、水电解质平衡紊乱、癫痫等并发症，具体方法参见本章第四节“脑血栓形成病人的护理”相关内容。

（4）应激性溃疡护理

具体参见第四章第六节“上消化道出血病人的护理”相关内容。

5．心理护理

向病人介绍蛛网膜下隙出血有关知识，尤其要告诉病人如何预防再出血，告诉病人随着出血停止、血肿吸收，头痛会逐渐减轻。提醒病人避免精神高度紧张，以免病情加重，诱发再出血。进行特殊检查或手术前，对病人进行耐心解释，使其明确检查、手术的目的、注意事项，以便配合。

**八、健康教育/出院指导**

1．知识宣传

（1）向病人家属介绍本病基本知识，使其对本病病因有所了解，知道蛛网膜下隙出血死亡率较高的主要原因是易复发、易再出血。

（2）病人能够高度重视本病，但又不过分紧张，能配合治疗护理，能进行自我观察，发现头晕、头痛等病情变化，能及时就诊。

2．生活指导

要特别注意指导病人避免剧烈运动、用力、打喷嚏、剧烈咳嗽、情绪激动、饮酒等再出血的诱因。保持大便通畅，女病人患病后1～2年内避免妊娠及分娩。

3．配合治疗

督促有条件的病人尽早进行手术，从根本上防止再出血。

4．定期复查

**九、小结**

▲蛛网膜下隙出血是指头颅血管破裂后，血液流入蛛网膜下隙所导致的临床综合征。

▲引起蛛网膜下隙出血的主要原因是脑动脉瘤和脑血管畸形。常在情绪激动、用力时突然出现剧烈头痛、呕吐等，同时脑膜刺激征阳性，有血性脑脊液。

▲最严重的并发症是再出血（致命的并发症）、脑血管痉挛（导致死亡、伤残的重要原因）。

▲最主要的治疗、护理措施是防止再出血、扩血管，手术是防止再出血的根本方法。

## 第八节　癫痫病人的护理

癫痫（epilepsy）是多种病因导致的脑神经无高度同步异常放电所引起的以短暂中枢神经系统功能失常为特征的临床综合征。癫痫具有突然发生和反复发作的特点。根据异常神经无放电所涉及的部位、范围不同，癫痫的临床表现不同。我国约有600万以上癫痫病人，难治性癫痫病人至少在150万以上。癫痫是神经系统疾病中仅次于脑卒中的第二大常见病症。

**一、病因与发病机制**

（一）病因

1．症状性癫痫

其病因明确，占癫痫的大多数，常由局灶性或弥漫性脑部疾病及全身性疾病所引起，如先天性或发育异常性脑病、颅脑损伤后脑组织软化或瘀痕形成而产生的外伤性癫痫、神经系统感染、脑寄生虫病、颅内肿瘤、脑血管疾病（5%的脑血管病病人在发病后一年左右可以出现癫痫发作）、各种原因引起的脑缺氧后遗症、发热惊厥、中毒性脑病、尿毒症、阿-斯综合征、肝性脑病、药物和毒物等。症状性癫痫药物治疗效果较差。

2．特发性癫痫

特发性癫痫指通过各种检查均未能找到引起癫痫原因者。可能与遗传因素密切相关，常在某一年龄段起病。在特发性癫痫的近亲中，癫痫的患病率为1%～6%，远远高于一般人群。特发性癫痫药物治疗效果较好。

3．隐源性癫痫

隐源性癫痫指虽然目前尚未找到肯定的致病原因，但随着科学技术的发展，有的致病原因日渐清晰。

（二）影响发作的因素

1．年龄

0～2岁发作多与围产期损伤、先天性疾病、代谢性疾病等有关；2～12岁发作多与急性感染、发热性惊厥等有关；12～18岁多与特发性癫痫、血管畸形、脑外伤等有关；18～35岁发作多与脑肿瘤、特发性癫痫等有关；35～65岁发作多与脑肿瘤、代谢障碍等有关；65岁以后发作多与脑血管疾病、脑肿瘤等有关。

2．遗传因素

据调查癫痫的近亲患病率较高，尤其单卵双胎癫痫发作一致率很高。

3．睡眠

癫痫发作与睡眠-觉醒周期有密切关系，如全面强直-阵挛发作常在醒后发生等。

4．内环境改变

如内分泌失调、饥饿、暴食、饮酒、便秘、疲劳、困倦、电解质紊乱、代谢异常、感情冲动、妊娠、月经、强烈的声光刺激、惊吓、突然停药、减药、换药、漏服药等，使用异烟肼、利多卡因、氨茶碱及抗抑郁药亦可诱发癫痫。

（三）发病机制（图10-8-1）

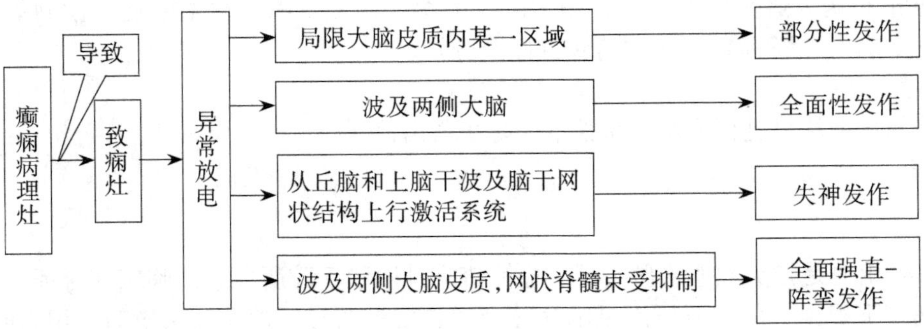


图10-8-1 癫痫发病机制

## 二、临床表现

所有癫痫都具有发作性、短暂性、重复性、刻板性特点。

①发作性指癫痫突然发生，持续一段时间后迅速恢复，间歇期正常；

②短暂性指病人发作持续的时间非常短，数秒钟、数分钟或数十分钟，除癫痫持续状态外，很少超过半小时；

③重复性指多次发作，仅发作一次不能诊断为癫痫；

④刻板性指每次发作的临床表现相似。

此外，癫痫的类型较多，各类发作可以单独或不同组合地出现于同一个病人身上。抽搐是各类癫痫的主要症状。

临床常见的癫痫发作类型有：

（一）全面性发作

发作时伴有意识障碍或以意识障碍为首发症状，异常放电来源于两侧大脑半球。

1．全面性强直-阵挛性发作（GTCS）

全面性强直-阵挛性发作（又称大发作）是最常见的癫痫发作类型；以病人突然意识丧失和全身抽搐为特征。清醒后病人若能记忆发作开始时的部分情景，这些情景即为先兆。部分病人在发作前一瞬间可出现一些先兆症状，如上腹部不适，胸、腹气上升，眩晕，心悸，身体局部抽动或头、眼向一侧转动、无名恐惧，不真实感或如入梦境等。先兆症状常提示脑部病灶的位置，但持续时间极其短暂。

发作早期，病人突然出现意识丧失、跌倒在地，随后的发作分为三期：

（1）强直期

①全身骨骼肌持续、强直收缩：导致上肢（肘、腕关节）屈曲、双拇指对掌握拳，下肢伸直。

②眼肌收缩：导致眼球上翻或凝视。

③咀嚼肌收缩：导致先张口，随后猛烈闭口。

④喉肌和呼吸肌收缩：导致病人尖叫一声，呼吸暂停。

⑤颈部和躯干肌收缩：颈和躯干先屈曲，后反张。

⑥短暂的脑缺氧，会造成脑组织损伤，表现为瞳孔散大、对光反射消失等。如果发作频繁，时间久，加之原来有脑部病变，癫痫病人可能会发生智力衰退，甚至痴呆。强直期持续约20秒钟左右，进入阵挛期。

（2）阵挛期

全身肌肉呈现一张一弛性交替抽动。发作过程中痉挛频率由快变慢，松弛时间逐渐延长。约0.5～1分钟后，出现最后一次强烈痉挛，抽搐突然停止，肌肉松弛，但意识、呼吸、瞳孔均无恢复。

以上两期都会出现心率增快、血压升高、出汗、唾液多、痰液多、瞳孔散大等自主神经征象，浅反射消失，病理反射阳性，舌咬伤等。

（3）发作后期

全身肌肉松弛，口鼻喷出泡沫或血沫等。可有轻微短暂的强直性痉挛，造成牙关紧闭、舌咬伤、大小便失禁。发作后期首先恢复的是呼吸，脸色也逐渐转为正常，随后瞳孔、血压、心率逐渐正常，病人由昏迷、昏睡、意识模糊而转为清醒。醒后除先兆症状外，对发作经过不能回忆，往往感到头痛、头晕、全身酸痛乏力。从发作开始至意识恢复约5～15分钟。

最能提示GTCS的两个病史特点是，局灶起始的先兆症状和发作后的意识模糊状态。病人发作后的意识模糊状态，是癫痫与其他疾病导致的晕厥（也伴有抽搐和尿失禁）相鉴别的要点。癫痫病人非发作期临床表现可以完全正常，但部分病人脑电图可以描记到异常波形。

2．失神发作

又称小发作。以5～10岁起病者多见。表现为短暂意识丧失（5～10秒），如正在进行某种活动时突然动作中断、表情呆滞、凝视前方、呼之不应。发作后立即清醒，无明显不适，仍继续原有活动。对发作过程无记忆。

3．其他类型

（1）肌阵挛发作

多与遗传有关。表现为突然、快速、短暂的肌肉或肌群收缩，可遍及全身，也可局限于某个肢体。

（2）阵挛性发作

仅见于婴幼儿。表现为反复全身阵挛性抽搐。

（3）强直性发作

常在睡眠中发作，表现为全身强直性肌痉挛，伴有瞳孔扩大、面色潮红等自主神经紊乱的表现。

（4）失张力发作

表现为张口、垂头、肢体下垂和跌倒，持续1～3秒，发作后立即清醒并站立，与部分或全身肌肉张力突然降低有关。

（二）部分性发作

部分性发作是最常见的类型。异常放电来源于一侧脑部。

1．单纯部分性发作

多为症状性癫痫。发作时病人神志清楚，发作时间不超过1 min。可分为以下几种类型：

（1）部分感觉性发作

常有肢体麻木感、针刺感、触电感，幻视有闪光、幻听到嗡嗡声、幻嗅到焦臭味，有眩晕、飘浮感等。

（2）部分运动性发作

局部肢体、口角、眼睑抽搐。

①若感觉性发作或运动性发作自一处开始后，按大脑皮质运动区的分布顺序缓慢地移动，如沿手、腕、肘、肩扩散到半身等，称为Jacksonian发作。

②若运动性发作后，遗留暂时性肢体瘫痪，称为Todd瘫痪。

（3）自主神经性发作

表现为心慌、烦渴、排尿感、出汗、面部及全身皮肤发红等。

（4）精神性发作

语言障碍、记忆障碍、认知障碍、情感异常和错觉等。精神性发作和感觉性发作常为复杂部分性发作、GTCS的先兆。

2．复杂部分性发作

又称精神运动性发作，主要以意识障碍与精神症状为突出表现。精神症状主要指自动症（无意识动作），如咂嘴、咀嚼、吞咽、舔舌、摸衣等，或机械地继续发作前的动作，如行走、骑车、进餐等，甚至表现为精神运动性兴奋，如无理吵闹、唱歌、裸体、爬墙、跳楼等，每次发作持续数分钟或更长时间。

病人神志清楚后对发作情况毫无记忆。

3．部分继发全身性发作

先有部分发作，然后出现全身发作。

（三）癫痫持续状态

1．概念

一次癫痫发作持续30分钟以上，或在短期内癫痫频繁发作，发作间期病人意识未完全恢复即为癫痫持续状态。

2．发病率

任何类型的癫痫均可出现癫痫持续状态，其中GTCS所致的癫痫持续状态最常见、最危险，若不及时采取紧急措施中止发作，可导致永久性脑损害，致残率和死亡率均很高。

3．诱因

突然停用抗癫痫药物、不规则用药、全身感染、孕产是引起癫痫持续状态的重要原因。

4．并发症

癫痫持续状态时可伴有高热、脱水和酸中毒等，继而发生多脏器衰竭，导致死亡。

（四）预后

发病早、病程长、发作频繁、发作形式多样、发作时伴有精神症状、脑电图长期异常的癫痫病人，预后较差。

## 三、辅助检查

1．脑电图

癫痫发作时脑电图多有异常改变，是诊断癫痫最常用、最具特征、最有价值的辅助检查方法。因癫痫发作时难以进行脑电图检查，所以，不能单纯依据脑电活动来确定是否为癫痫。为提高癫痫诊断水平，对诊断困难的病例可用动态脑电监测，也可用视频脑电图检查。

2．头颅影像学检查

如头颅X射线、CT、MRI、脑血管造影等检查能发现脑部器质性病变、占位性改变，有助于病因诊断。

## 四、诊断要点

1．有癫痫病史或家族史。

2．目击者描述发作时情景符合典型癫痫临床表现。

3．部分病人脑电图异常。

## 五、配合治疗

（一）发作时处理

1．GTCS处理原则

发作时不必立即用药制止，主要是预防外伤及并发症。因为任何药物无法控制本次发作，且药物尚未准备好，此次发作即已停止。

2．癫痫持续状态的治疗

癫痫持续状态是一种严重而紧急的情况，必须于最短时间内终止发作，防止并发症。

（1）立即建立静脉通道

保证用药及时、准确。首选地西泮10～20 mg以每分钟<2 mg速度缓慢静脉注射，若有效再用地西泮60～100 mg溶于5%葡萄糖或生理盐水中，于12小时内缓慢静脉滴注。避免快速注射地西泮，以免抑制呼吸、使呼吸道分泌物增加、血压降低。

（2）防窒息、防损伤

同GTCS护理。给予氧气吸入，床边备吸引器，保持呼吸道通畅。必要时加床档、护垫，保护关节及骨突处，避免损伤。保持病室环境安静、光线暗淡、避免刺激。

（3）防治并发症

①快速静滴甘露醇脱颅压、消除脑水肿，维持呼吸、循环系统功能。

②抗感染，纠正水、电解质、酸碱平衡紊乱等。

③少量多次给予鼻饲流质，既保证营养，又防止误吸。

④注意口腔护理，保持口腔清洁。

3．观察病情

（1）病人抽搐发作时需专人守护。

（2）观察和记录发作全过程、发作类型，抽搐部位、持续时间、间隔时间、频率等。

（3）注意生命体征、神志和瞳孔的变化，注意发作过程有无心率加快、血压升高、呼吸减慢或暂停、瞳孔散大等，注意有无大小便失禁。

（4）注意意识恢复时有无自动症，有无头痛、疲乏及肌肉酸痛等表现。

4．症状控制后治疗

（1）苯妥英钠

地西泮有效后，用苯妥英钠0.3～0.6 g加入生理盐水500 mL中静滴，速度不超过50 mg/min。用药期间需监测血药浓度。注意观察有无胃肠道反应、牙龈增生、共济失调、粒细胞减少等不良反应。

（2）苯巴比妥

为巩固疗效，发作停止后可考虑用苯巴比妥0.1～0. 2 g肌注，每日2次，同时鼻饲其他抗癫痫药，病情好转后，逐渐停用苯巴比妥，口服其他抗癫痫药。

（3）其他抗癫痫药

①卡马西平：可引起眩晕、共济失调、白细胞减少、骨髓抑制等不良反应。

②丙戊酸钠：可引起食欲减退、恶心、呕吐、血小板减少、肝功能损害等不良反应。

用抗癫痫药前及服药期间定期做血常规、尿常规、肝肾功能检查，必要时做血药浓度测定。

（二）发作间歇期药物治疗

多数病人在癫痫发作间歇期需长期口服抗癫痫药。

1．服药目的

减少癫痫发作，避免用药不当导致癫痫持续状态，提高病人生活质量。

2．服药原则

（1）半年内癫痫发作2次以上者应该服抗癫痫药。

（2）根据癫痫发作类型选择药物。若药物选择不当不仅不能控制癫痫发作，反而会增加癫痫发作次数。

（3）遵医嘱定时定量服药，不能随意增减药量、更换药物或自行停药。

（4）单一用药，小剂量开始，逐渐增量，达到最大限度地控制发作，无或少不良反应。

（5）单一用药无效时再考虑联合用药，但应注意药物间相互作用及不良反应。

（6）必要时监测血中药物浓度，指导用药。

3．常用制剂

苯妥英钠、卡马西平、丙戊酸钠、苯巴比妥（鲁米那）、乙琥胺、妥泰、地西泮等。

（三）继发性癫痫

强调病因治疗，以治疗原发病为主。

（四）手术治疗

颅内占位性病变首先考虑手术治疗。难治性复杂部分性发作也适宜手术治疗。常用手术方法有：切除占位性病变、切除致痫灶、前额叶切除术、颞叶以外的脑皮质切除术等。

## 六、护理问题

1．有窒息的危险

与癫痫发作时意识丧失、喉头痉挛、口腔和气管分泌物增多有关。

2．有受伤的危险

与癫痫发作时肌肉抽搐、意识丧失有关。

3．社交孤独

与害怕在公共场合发病引起的窘迫有关。

4．潜在并发症

酸中毒、水电解质紊乱、脑水肿等。

## 七、护理措施

1．GTCS护理

（1）防止窒息

①发作时应立即使病人侧卧或平卧头偏一侧。头部位置略低，尽量让唾液和呕吐物流出口外，不致吸入气道。

②放松衣领及裤带，保持呼吸道通畅。

（2）防止损伤

1）损伤原因：

发作时病人可能因突然神志丧失跌倒而遭受不同程度的外伤，也可能在发作时由于肌肉的剧烈收缩而发生撞击伤，甚至下颌关节脱臼、肩关节脱臼、脊柱或股骨骨折、颅内血肿等。

2）预防措施：

①有发作先兆要立即卧倒或蹲下，头下垫软物，避免跌倒。

②将压舌板或筷子或纱布或手绢或小布卷等置于病人口腔一侧上下臼齿之间，防止舌、唇和颊部咬伤。但不要为了放入垫牙等物品，而撬开紧咬的上下牙关。

③取下眼镜、义齿等身上活动物品。移开病人周围的活动用物，用被、衣、毯、枕等柔软物品将病人与周围固定硬物隔开，以免摩擦、撞击等损伤。

④抽搐时不可用力按压病人的肢体，以免造成骨折。

⑤对癫痫自动症病人，在发作时应防止其自伤、伤人或毁物。

⑥抽搐发作时护士要守护床边对病人进行保护。不要采取所谓掐“人中”的方法，因为此举不仅不能制止发作，反而有可能会对病人造成新的伤害。

⑦严密观察生命体征、神志、瞳孔及发作类型。记录发作持续时间及频率，发作后意识恢复时间，有无其他伴随症状等。

（3） 发作结束后姿势

发作结束后轻轻将病人放置于良好的姿势，以改善呼吸。

2．癫痫持续状态护理

参见本病配合治疗有关内容。

3．环境护理

（1）环境安全

桌上无水瓶、杯子等危险物品。床旁有床档，并用棉垫、软物遮挡。室内家具要少，病人日常活动空间要大，周围无锐利物品等。

（2）环境舒适

保持环境安静、温馨，避免声、光、异味等刺激因素。

4．心理护理

长期反复突然癫痫发作对病人正常工作和生活影响较大，容易使病人产生自卑、消极心理，表现为性情急躁、易发脾气、思想压力较大等。护理人员要同情、理解病人，多进行解释、安慰。告诉病人及家属癫痫是可以治疗的，大多数病人预后较好，增强病人及家属战胜疾病的信心，稳定病人情绪。

## 八、健康教育/出院指导

1．知识宣传

（1）宣传、普及癫痫常识，消除歧视心理。让大众了解癫痫先兆及癫痫发作时应如何及时保护病人，具体方法参见上述护理措施。

（2）让病人对本病有所了解，高度重视本病，但又不过分紧张，恢复正常生活和情趣，以积极乐观的情绪有规律地工作、学习和生活。

2．生活指导

（1）活动与休息

癫痫发作后应卧床休息。平时注意劳逸结合，保证充足的睡眠，生活规律。

（2）饮食护理

给予清淡、无刺激、富于营养的饮食，保持大便通畅，避免饥饿或过饱，戒除烟、酒、咖啡及辛辣刺激性食物。

（3）尽量避免内环境改变，以免诱发癫痫

（4）注意安全

①避免明火，避免端移烫物，床铺要低而宽，避免单独一人洗澡。

②外出带够足量药物，随身携带信息卡（标有姓名、住址、联系电话、疾病诊断、急救措施等），以便发作时他人能及时救护与联系。不要担心癫痫发作而闭门不出。

（5）指导生活和工作

癫痫病人可以正常地生活，承担力所能及的工作，参加适当的社交活动，提高病人自信心和自尊心。但要注意以下问题：

①双方均有癫痫或一方患癫痫，另一方有家族史，不宜婚配。

②癫痫病人不宜长时间地看电视、洗浴、玩游戏机等。尽量不去舞厅、歌厅、游戏厅。禁忌游泳、蒸汽浴、泡澡等发作时可能危及生命的活动。

③不要从事高空作业、水上作业、驾驶、高速转动机器旁工作、炉火旁工作、高压电机旁工作等发作时可能危及生命的工种。

3．配合治疗

（1）遵医嘱坚持长期有规律服药。

（2）避免影响治疗效果的因素：

①已诊断癫痫却没有得到及时治疗。

②选药不当，或虽然选择药物恰当但剂量不足。

③随意停药、换药、减量。

④用不同生产厂家的同一抗癫痫药等。

如果用药期间病情有反复或加重的迹象，应尽快就诊。

（3）观察药物疗效

评价抗癫痫药效果最直接的指标是发作次数。指导家属留心记录发作次数、发作日期、诱因、表现、持续时间、发作后感觉等。注意癫痫发作次数是否减少、间歇期是否延长、发作过程是否缩短。

（4）观察药物不良反应

目前没有既适用于各型癫痫又无不良反应的抗癫痫药。

1）不良反应程度

①轻度不良反应：如胃肠道反应等。

②中度不良反应：如眼球震颤、共济失调等。

③重度不良反应：如精神症状、粒细胞减少、肝肾功能损害等。

2）常用抗癫痫药物不良反应

①苯妥英钠不良反应有胃肠道反应、牙龈增生、共济失调、粒细胞减少等。

②卡马西平不良反应有眩晕、共济失调、骨髓抑制等。

③丙戊酸钠不良反应有食欲减退、恶心、呕吐、血小板减少、肝功能损害等。

3）告知病人及家属发现不良反应及时就诊。使用抗癫痫药物前或用药期间需定期做血常规、尿常规、肝肾功能等检查，防止或及时发现药物毒副作用。

（5）指导用药方法

多数抗癫痫药物有胃肠道反应，需分次餐后口服。对常在夜晚和清晨发作的病人，一般宜下午或睡前给药。

（6）指导正确停药

调查结果显示67%～75%的癫痫病人可以完全控制发作，40%的癫痫病人发作控制后可以完全停药，但要在医师指导下停药。癫痫完全控制3～5年后可以考虑停药。停药前应有一个缓慢减量的过程，一般不少于6个月。

4．定期复查

用抗癫痫药期间，一般每月检查血常规1次，每季检查肝、肾功能1次，以便以了解有无药物不良反应。

### 九、小结

▲癫痫是多种病因导致的脑神经无高度同步异常放电的临床综合征。

▲以全面性强直-阵挛性发作（GTCS）最常见，以癫痫持续状态最危重。

▲脑电图检查是最常用的辅助检查方法。

▲GTCS治疗、护理以防窒息、防损伤为主。癫痫持续状态治疗、护理以迅速制止发作、防窒息、防损伤为主。间歇期指导病人遵医嘱坚持长期有规律服药。

▲健康指导重点是稳定病人情绪，注意生活、安全问题。

## 第九节　三叉神经痛病人的护理

三叉神经痛（trigeminal neuralgia）是指在三叉神经分布区域内出现的短暂的、反复发作的、难以忍受的剧痛。原因不明的称为原发性三叉神经痛。由颅内占位性病变、炎症、血管病变等引起的称为继发性三叉神经痛。

三叉神经为混合神经，是第5对脑神经，也是面部最粗大的神经，含有一般躯体感觉和特殊内脏运动两种神经纤维。与一侧脸部、口腔、鼻腔的感觉和咀嚼肌的运动有关，并将一侧头部的感觉信息传送至大脑。三叉神经由眼支（第1支）、上颌支（第2支）和下颌支（第3支）汇合而成，分别分布在眼裂以上、眼裂和口裂之间、口裂以下区域。

本病中老年人多见，女性多于男性。以下主要讨论原发性三叉神经痛。

### 一、病因与发病机制

原发性三叉神经痛病因、发病机制尚未完全明了。一般认为病变部位在三叉神经脊束核内或脑干内，近年来有学者提出可能是三叉神经根被邻近的异常血管压迫，造成髓鞘脱落、伪突触形成而发生“短路”所致。轻微刺激即可通过“短路”很快达到一定的“总和”从而引起一阵剧痛。

### 二、临床表现

1．一般特点

三叉神经痛被称为“天下第一痛”，表现为反复发作的阵发性剧烈疼痛，疼痛多为单侧。发作时表现为一侧面颊上颌、下颌及舌部非常明显的、剧烈的电击样、针刺样、刀割样、撕裂样疼痛，重者在床上翻滚，甚至有自杀念头，发作只持续数秒或1～2分钟，突发突止，发作间歇期临床表现完全正常，无神经系统阳性体征，无发作预兆。三叉神经第2支、第3支疼痛发生率最高。约60%的病人疼痛发作时伴有同侧眼流泪及口角流口水。上唇外侧、鼻翼、颊部、舌等处为敏感区域，稍加触动或寒冷刺激即可诱发疼痛发作，故称上述部位为“扳机点”。

2．神经系统特点

神经系统检查一般无阳性体征。

### 三、辅助检查

无特殊辅助检查。

### 四、诊断要点

1．特殊的发作部位、性质。

2．面部“扳机点”。

3．神经系统无阳性体征。

### 五、配合治疗

1．药物治疗

控制发作，缓解疼痛。

（1）常用制剂

首选卡马西平，卡马西平可抑制三叉神经的病理性神经反射，首次剂量为0.1 g，每日2次，每日增加0.1 g，最大剂量不超过1.0 g/d。服药24～48小时后即有镇痛效果。疼痛控制后逐渐减量，有效维持量为0.6～0.8 g/d。若卡马西平无效可改用苯妥英钠、氯硝西泮等药。

（2）用药注意事项

指导病人遵医嘱从小剂量开始服用卡马西平，逐渐增量，疼痛控制后逐渐减量。用药中注意观察有无头晕、嗜睡、恶心、消化不良等轻度不良反应，告知病人停药后轻度不良反应即可消失。若发现皮疹、共济失调、再生障碍性贫血、昏迷、肝功能受损、心绞痛、精神症状时需立即告知医师，给予相应处理。

2．其他治疗

药物治疗无效或失效时可选用神经阻滞、射频电凝、手术治疗等，阻断三叉神经传导。

**六、护理问题**

1．疼痛

与三叉神经损害有关。

2．焦虑

与疼痛发作剧烈，难以忍受有关。

**七、护理措施**

1．指导休息与活动

环境安静、整洁，保证病人充分休息。

2．饮食护理

给予清淡、易消化、易咀嚼的软食。

3．观察病情

注意观察疼痛部位、性质、程度及病人反应等情况。了解发病诱因及治疗效果。

4．对症护理

因说话、刷牙或微风拂面时都会导致阵发性的剧烈疼痛，所以，病人常不敢洗漱、进食，甚至连口水也不敢下咽，从而影响正常的生活和工作。要指导病人洗脸、刷牙、剃须时动作要轻柔，小口进餐，细嚼慢咽，咀嚼幅度要小，注意面部保暖。

5．心理护理

鼓励病人适当地参加娱乐活动，如看电视、欣赏轻音乐、跳交谊舞、练气功等，转移病人注意力，帮助病人身心放松，提高痛阈，减轻疼痛。

**八、健康教育/出院指导**

告知病人三叉神经痛的发作特点及防治知识，使其心中有数，减轻恐惧。

# 第十一章　疼痛患者的护理

## 第一节　疼痛的概念

### 一、疼痛

1979年国际疼痛研究协会（IASP）定义“疼痛（pain）为一种令人不快的感觉和情绪上的感受，伴随着现有的或潜在的组织损伤”。疼痛是主观的，是与生俱来的对损伤的防御性反应，也是疾病进展、突发感染或某种治疗并发症的信号。

疼痛包含两重意思：痛觉和痛反应。痛觉是一种意识现象，属于个人的主观知觉体验，会受到人的心理、性格、经验、情绪和文化背景的影响，患者表现为痛苦、焦虑；痛反应是指机体对疼痛刺激产生的一系列生理病理变化，如呼吸急促、血压升高、瞳孔扩大、出汗、骨骼肌收缩等。

2002年第十届世界疼痛大会将疼痛列为继体温、脉搏、呼吸、血压之后的第五生命体征。2004年IASP确定每年的10月11日为世界镇痛日，提出“免除疼痛是患者的基本权利”的口号，中华疼痛研究学会（CASP）确定从2004年开始每年的10月11—17日是“中国镇痛周”。

### 二、痛阈

痛阈是引起疼痛的最低刺激量。人在生理情况下，对疼痛的微弱刺激不产生痛感，但当刺激加大达到一定程度时，若再增加强度就产生疼痛。痛阈因人而异，且受多种因素影响，比如年龄、性别、性格、心理状态以及致痛刺激的性质等。

### 三、疼痛的生物学意义

警报作用：疼痛是机体对周围环境的保护性反应方式，它警告机体正在遭受某种伤害性刺激，提醒机体摆脱这种刺激的伤害。

危害：剧烈的疼痛可引发休克等一系列机体功能变化，有些慢性疼痛已经失去了报警的意义，成了一种不必要的折磨，如在晚期疾病中有70%～90%的患者诉说有疼痛，这不但限制了患者的活动，减少食欲，影响睡眠，使衰弱的人更加衰弱，而且使患者丧失生的希望，产生抑郁、恐惧，甚至自杀。对于这类患者，有效控制疼痛，具有非常重要的意义。

### 四、成瘾、躯体依赖和耐受性

1．精神依赖即成瘾，是一种反映心理异常的行为表现，其特点是单纯以追求欣快感为目的，渴望用药并不顾一切地获取药物，用药后可以获得“欣快感”，从而在心理上形成了对阿片类镇痛药的依赖。

2．躯体依赖是一种正常的药理学反应，表现为对某种类型药物的特异性撤药综合征。主要由于突然停药、快速减少剂量或应用拮抗剂时，患者出现以戒断症状为特点的一种生理现象。通常能通过应用极小剂量5～10天，当患者不再需要药物的时候而消除。

3．耐受性是长期使用某种药物后机体产生的适应状态，导致药物的药理作用减弱。可通过增加阿片类药物的用量或更换其他药物解决，并不影响继续使用阿片类药物。

精神依赖、躯体依赖和耐受性是不同的概念，对阿片类药物产生耐受性或身体依赖并非意味着已经成瘾。用阿片类药物治疗疼痛时，成瘾极少发生，发生率<0.04%。

### 五、疼痛常见的病因

（一）直接刺激

1．机械性

（1）外伤：跌打损伤、车祸等。

（2）医源刺激：手术、注射、检查等。

（3）压力变化：组织器官、腔隙间隔的内外压改变。

（4）肌张力异常：消化道痉挛。

（5）牵引移位。

2．物理性

冷、热、光、电等。

3．化学性

酸碱、有毒气体、药物。

4．生物性

毒蛇、蜂、蚊蝇昆虫等生物毒素。

（二）炎症

几乎存在于所有疼痛发生过程，包括感染性炎症和无菌性炎症。

（三）缺血

缺血与慢性疼痛相关，并是很多疾病的主要致痛原因之一。常见的疾病有：心绞痛、心肌梗死、动静脉栓塞、脉管炎、雷诺综合征等。

（四）出血

一些组织器官腔隙内的出血，常成为疼痛的主要原因。

（五）代谢性原因

临床常见的有：糖尿病性末梢神经炎、痛风。

（六）生理功能障碍

植物神经功能紊乱、神经血管性头痛、非典型性颜面痛。

（七）免疫功能障碍

强直性脊柱炎、风湿及类风湿关节炎、皮肌炎。

（八）慢性运动系统退行性变

（九）心因性疼痛

一般没有机体器质性病变，主要由心理因素导致。

**六、疼痛常见的影响因素**

（一）意识和注意力

意识和注意力是感觉疼痛的重要因素，对某一方面的注意力高度集中时，痛觉可能减弱甚至消失。

（二）痛阈

最常用的痛阈有两种：一种是痛知觉阈（习惯以此作为痛阈），即引起机体疼痛的最低强度刺激；另一种为痛耐受阈，即机体能够耐受的最高刺激强度。痛阈有个体差异，不同部位亦有差异。即健康人感知疼痛的能力相似，但炎症能使痛阈下降，局部麻醉、神经系统损伤或中枢性镇痛剂可使痛阈提高。

（三）个体差异

同样程度的组织损伤或生理变化会引起不同程度的疼痛，患者的年龄、性别、性格以及文化程度等都会影响到患者的疼痛程度。如婴儿不如成人对疼痛敏感，老年人对疼痛的敏感逐年下降；男性比女性耐受力差；外向型患者往往比处于相似疼痛状态的内向型患者主诉疼痛的机会多，表现出较重程度的疼痛。

（四）暗示与催眠

暗示对痛觉影响很大，另外，集中注意力与强烈暗示是催眠的主要环节。被催眠者意识范围狭窄，注意力强烈集中，对疼痛刺激的注意力被极大地削弱，以致患者可以觉察不到伤害性刺激。

（五）情感因素

恐惧、焦虑、失望、不耐烦等均可使痛阈降低，而愉快、兴奋、有信心可使痛阈提高。

（六）其他

以往疼痛的经历可影响个体对疼痛程度的感受。儿童对疼痛的体验受其父母对疼痛态度的影响。另外，疼痛发生当时的情景、痛觉适应等，均可影响患者疼痛的感受。

# 第二节 疼痛的分类与评估

## 一、疼痛的分类

### (一)根据疼痛的病理生理学分类

伤害性疼痛由躯体或内脏结构受损继而兴奋伤害感受器而引发，进而又可分为躯体伤害性疼痛和内脏伤害性疼痛。躯体伤害性疼痛常因外科手术操作或肿瘤骨转移引起，表现为锐痛、搏动性疼痛，其定位常较明确。内脏伤害性疼痛常由肿瘤导致的周围脏器的浸润或空腔脏器的扩张引起，表现为钝痛或绞痛。

神经病理性疼痛是由于中枢或外周神经结构受到损害，其特征性表现为烧灼样或刀割样痛。

### (二)根据疼痛的病程分类

疼痛根据其发生情况和延续时间分为急性疼痛和慢性疼痛。

急性疼痛：指有明确的开始时间，持续时间较短，常用的镇痛方法可以控制疼痛。

慢性疼痛：时间界限没有统一说法，多认为是无明显组织损伤，持续3个月以上的疼痛。近年来，在慢性疼痛的诊断上，更强调慢性疼痛引起的焦虑和抑郁，丧失社会交往和工作能力，导致患者生活质量的降低。2002年第十届国际疼痛大会上提出，慢性疼痛是一种疾病，应加以重视，及早治疗，以防止疼痛的慢性化过程进展和形成疼痛记忆，造成患者不必要的伤害。

爆发性疼痛：在有效镇痛药物治疗期间，癌症患者在持续痛的基础上，突然出现的短暂而剧烈的疼痛。疼痛发作频繁、持续时间短、不可预测、与原来的慢性疼痛无必然联系。

偶发性疼痛：也称为活动相关性疼痛，是爆发性疼痛的 一种，主要与某些特殊的活动相关，如进食、排泄、翻身、走路等。

### (三)根据疼痛的性质分类

1. 钝痛

酸痛、胀痛、闷痛。

2. 锐痛

刺痛、切割痛、灼痛、绞痛、撕裂样痛、爆裂样痛、钻顶样痛。

3. 其他描述

跳痛、压榨样痛、牵拉样痛等。

### (四)根据疼痛的部位分类

广义讲可分为躯体痛、内脏痛和心因痛三大类。其中按躯体解剖定位又可分为：头痛、颌面痛、颈项痛、肩背痛、胸痛、肢痛、腹痛、腰骶痛、盆痛、髂髋痛、下肢痛。

## 二、疼痛评估原则

疼痛是一种令人不快的感觉和情绪上的感受，伴有实际或潜在的组织损伤。疼痛是主观的感受。疼痛不像其他四项生命体征一样，有客观的评估依据，这要求医务人员对从病史、体格检查及辅助检查等方面收集的全部临床资料进行分析，对疼痛的来源、程度、性质等要素做出一个综合的判断，护士必须了解相关知识，掌握基本的疼痛评估与记录方法，以保证及时、正确地掌握疼痛的发生、加重与缓解情况，调整治疗方案，落实治疗护理措施，提高患者疼痛治疗和护理水平。

### (一)疼痛评估的“金标准”

疼痛是患者的主观感受，因此对于意识清醒的患者而言疼痛评估的金标准是患者的主诉。作为护理人员要鼓励患者说出疼痛，要认真询问、耐心观察和了解患者的疼痛状况，为疼痛护理提供依据。而对于儿童和一些无法自我表达疼痛的患者，应该鼓励家属和照顾者汇报疼痛，或通过患者的表情、行为表现来评估疼痛。

### (二)疼痛评估的基本原则

1. 相信患者的主诉

疼痛是患者的主观感受，诊断患者是否有疼痛及疼痛严重程度的主要依据是患者关于疼痛的主诉，因此，医护人员应鼓励患者充分表述疼痛的感受和疼痛相关的病史，鼓励患者积极参与疼痛评估，仔细倾听患者关于疼痛的表达，相信患者对疼痛感受的叙述。对于使用的疼痛评估工具，应教会患者如何使用。

2. 全面评估疼痛

全面评估疼痛包括了解疼痛病史、疼痛性质、疼痛部位、疼痛程度、疼痛对生活质量的影响、镇痛治疗史等，进行心理学、神经学等方面的体检及相关检查。

3. 动态评估疼痛

动态评估疼痛是评估疼痛的发作、治疗效果及转归，有利于监测疼痛病情变化及镇痛治疗效果和不良反应，有利于确定和调整镇痛药物的剂量，以获得理想的镇痛效果。

（三）全面评估疼痛

参与疼痛治疗的医护人员应注意综合评估疼痛的情况，在询问过程中可以按照PQRST的顺序获得相关信息。除此之外，还应询问疼痛的病史，发作的原因，疼痛的伴随症状，疼痛对日常生活的影响，患者的既往病史，以前疼痛的诊断、治疗和效果等。另外，还需要考虑患者的精神状态及有关心理社会因素。绝大多数癌痛患者都存在不同程度的恐惧、愤怒、抑郁、焦虑和孤独等心理障碍。如果不能发现这些心理障碍，并努力加以解除，即使给患者足量的镇痛剂，其痛苦仍得不到满意的解除。

P：促发和缓解因素

Q：疼痛的性质

R：疼痛的部位及范围

S：疼痛的严重程度

T：疼痛的时间因素，包括减轻或加重的时间、疼痛发作的时间以及疼痛持续的时间

（四）动态评估疼痛

在对患者进行初步疼痛评估以后，需要根据患者疼痛情况治疗计划等实施动态常规的疼痛评估。

评估的时机：

①患者主诉出现新的疼痛；

②进行新的操作时，如患者疼痛程度增加，之前的疼痛治疗措施效果不佳时；

③在疼痛治疗措施达到峰值效后；

④对于一些长时间存在的疼痛，如术后疼痛、慢性疼痛，需根据疼痛情况规律地进行评估。

再评估的内容：

①现在的疼痛程度、性质和部位；

②过去24小时最严重的疼痛程度；

③疼痛缓解的程度；

④治疗方案实施存在的障碍；

⑤疼痛对日常生活、睡眠和情绪的影响；

⑥疼痛治疗的不良反应。

## 三、疼痛评估方法

（一）疼痛评估工具

使用疼痛评估工具有助于医护人员了解患者的疼痛情况。目前疼痛评估工具的种类繁多，大致分为单维疼痛评估工具和多维疼痛评估工具两类。单维疼痛评估工具是基于患者的自我疼痛感觉来测量患者疼痛的典型方法。优点是简单、易用和直观，医护工作者稍加培训即可正确应用。多维评估量表是对疼痛体验若干组成部分进行评估，包括患者生活的多个方面的观察，如情绪、精神、日常活动、人际关系、睡眠质量等。

在临床实践中，衡量疼痛的程度在很大程度上是依赖于患者和医生或护士之间的语言交流。Jensen于1986提出了当选择评分量表时，一般考虑五项标准，即：易于管理和评分、错误应用的比率、灵敏性、统计的能力、与用其他量表所得结果的相互关系。

（二）0～10数字疼痛量表

0～10数字疼痛量表（NRS）：此方法 从0至10共11个点，表示从无痛到最痛，由患者根据自己的疼痛程度打分。此表便于医务人员掌握，容易被患者理解，便于记录。目前是临床上应用较为广泛的量表。但此量表使用时个体随意性较大，尤其是在疼痛管理专业背景不强的环境中应用，有时会出现困难。

（三）0～5描述性疼痛量表

0～5描述性疼痛量表（VRS）对于每个疼痛分级都有描述，用轻度疼痛、中度疼痛、重度疼痛、剧烈疼痛及无法忍受的疼痛来帮助患者描述自己的疼痛。此量表容易被患者理解，但精确度不够，有时患者很难找出与自己的疼痛程度相对应的评分。

0级　无疼痛。

1级　轻度疼痛：可忍受，能正常生活睡眠。

2级　中度疼痛：轻微干扰睡眠，需用镇痛剂。

3级　重度疼痛：干扰睡眠，需用镇痛剂。

4级　剧烈疼痛：干扰睡眠较重，伴有其他症状。

5级　无法忍受：严重干扰睡眠，伴有其他症状或被动体位。

（四）视觉模拟评分量表

视觉模拟评分量表（VAS）：在纸上画一条粗直线，通常为10 cm，在线的两端分别附注词汇，一端为“无痛”，另一端为“最剧烈的疼痛”。患者可根据自己所感受的疼痛程度，在直线上某一点作一记号，以表示疼痛的强度。从起点至记号处的距离长度就是疼痛的量。刻度较为抽象，较不适合于文化程度较低或认知损害者。

（五）长海痛尺

长海痛尺研制的背景：2002年，有研究者在使用NRS评估疼痛时发现，患者常难以根据自己的疼痛状况，在痛尺上找到相应的分值，护士也时常遇到同样的问题，更不知如何向患者宣教，致使疼痛评估在临床上遇到障碍。对此作者借鉴Jensen 1986年做的痛尺选择的研究方法，2003年选取50例疼痛患者，采用NRS和VRS分别评估，共评估500次，并将两种评估结果进行相关分析，统计结果提示相关系数为0.8241，提示将NRS的0、2、4、6、8、10的疼痛评分对应VRS的0、1、2、3、4、5的疼痛描述进行配对使用，是科学可行的，从而研制形成了长海痛尺。经过临床上的大样本应用，证实选用长海痛尺，符合Jensen选择痛尺的标准；保留了0～10和0～5两个常用痛尺的功能和优点；解决了单用0～10痛尺评估时困难和随意性过大这一突出问题；解决了单用0～5痛尺评估时精度不够的问题。目前该痛尺得到了国内外专家的认可，并在临床上得到广泛应用。

（六）Prince-Henry评分法

此方法主要用于胸腹部大手术后的患者和气管切开插管不能讲话者，术前训练患者用手势表达疼痛的程度，从0分到4分共分为五级，此方法简便可靠，易于临床应用。评分方法如下：

0分：咳嗽时无疼痛。

1分：咳嗽时才有疼痛发生。

2分：深度呼吸时即有疼痛发生，安静时无疼痛。

3分：静息状态下即有疼痛，但较轻，可以忍受。

4分：静息状态下即有剧烈疼痛，难以忍受。

（七）五指法疼痛评估

此方法分类形式与Prince-Henry评分法相似。评估时向患者展示五指，小指表示无痛，无名指为轻度痛，中指为中度痛，示指为重度痛，拇指为剧痛，让患者进行选择。

（八）Wong-baker面部表情量表

该方法1990年开始用于临床评估，是用6种面部表情从微笑、悲伤至痛苦得哭泣的图画来表达疼痛程度的，疼痛评估时要求患者选择一张最能表达其疼痛的脸谱。这种评估方法简单、直观、形象，易于掌握，不需要任何附加设备，特别适用于急性疼痛者、老人、小儿、文化程度较低者、表达能力丧失者及认知功能障碍者。

（九）多维度评估量表

疼痛体验是一种多方面的、复杂的、综合的主观感受，单维度的评估量表不能综合测量疼痛体验的各个方面。多维度评估量表则含疼痛体验的若干组成部分。由于多维度评估工具可能需要更多的时间进行管理、完成、评分和解释，因此，常用于疼痛的研究。多维度评估量表评估疼痛对患者生活的多个方面的影响，例如情绪、精神、日常活动、人际关系、睡眠质量等。

（十）疼痛的行为测定法

由于疼痛对人体的生理和心理都造成一定的影响，所以疼痛患者经常表现出一些行为和举止的改变，主要有以下几个方面：

1．反射性痛行为：如惊恐、呻吟、叹气。

2．自发反应：为了躲避或减轻疼痛而产生的主动行为，如抚摸疼痛部位，护卫身体某些部位或区域，或将身体固定于某种特殊姿势等。

3．功能限制和功能障碍：如静止不动，过多地躺卧等被动行为。

4．睡眠习惯的改变。

护理人员可以通过观察患者的行为表现来评估疼痛，主要适用于语言沟通障碍或意识障碍的患者。常用的评估工具有疼痛行为量表、重症监护疼痛观察工具等。

（十一）疼痛部位评估

多数疼痛性疾病，疼痛的部位就是病变的所在部位。详细了解、反复询问疼痛部位对疼痛的诊断非常重要。除分清头面、颈项、肩臂、胸、腹、背、腰骶、臀髋、下肢等躯体部位外，还要明确疼痛发生所在的具体部位，如头面部痛，要明确是哪一侧哪一部位，是额部、顶部、后枕部还是眼部、唇部、下颌部等。有时患者同时有几处痛或者某一范围内痛，或除病变部位以外的部位存在疼痛，则应看其范围是否与神经支配一致有关系。深部组织疾病如深部软组织损伤、骨性疾病等其疼痛部位及范围往往也不确切。

给患者提供人体正反面线条图，请患者在感到疼痛的部位画上阴影，并在最痛的部位画“×”。

（十二）镇痛效果评估

镇痛效果的评估是有效缓解疼痛的重要步骤，也是护理程序的步骤之一，它包括对疼痛程度、性质和范围的重新估价，包括对治疗效果和治疗引起的副作用的评价，为下一步疼痛管理提供可靠的依据。镇痛效果评估主要依据为患者的主诉。可将评估结果和所用药物、剂量、时间、效果及药物产生的副作用等进行记录。

1.疼痛评估量表的选择

最简单易行的方法是用疼痛量表做动态评估，如“0～10数字疼痛量表”“0～5描述性疼痛量表”“长海痛尺”等方法。

2.止痛效果评估量表的选择

（1）百分比量表（图11-2-1）

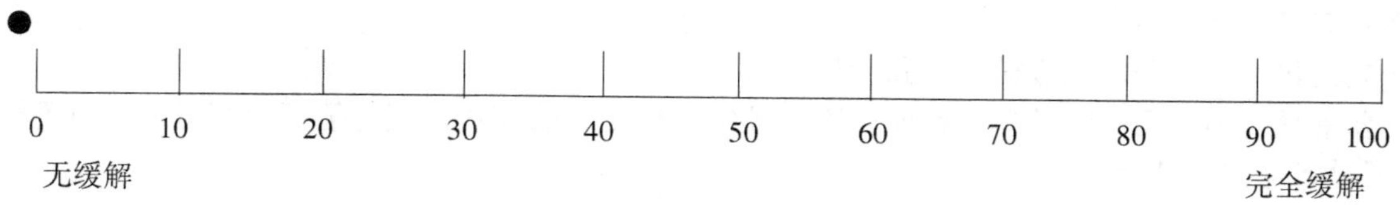


**图11-2-1　百分比量表**

（2）四级法

①完全缓解：疼痛完全消失；

②部分缓解：疼痛明显减轻，睡眠基本不受干扰，能正常生活；

③轻度缓解：疼痛有些减轻，但仍感到有明显疼痛，睡眠生活仍受干扰；

④无效：疼痛没有减轻。

## 四、疼痛评估的记录

采用简单易行的疼痛评估工具和记录表格来准确评估记录疼痛的强度、疼痛缓解的程度及其与疼痛有关的指标。

临床评估和记录疼痛的常规可概括为：

①定时询问疼痛情况并系统地评估；

②相信患者及其家属报告的疼痛和使疼痛缓解的方法；

③推荐和选择适于患者及其家属的疼痛处理方案；

④以及时、合理、协作的方式实施疼痛管理方案；

⑤教会患者及其家属让其主动报告疼痛情况，使其最大限度地参与镇痛方法的选择。

近年来有专家将疼痛评估结果记录于体温单上，因疼痛已被正式定义为第五生命体征，故将传统的体温单更名为生命体征记录单，此研究得到了推广应用。有的医院将护理病历中的入院评估单、患者护理记录单、特护记录单中增加了疼痛评估记录的项目，在临床中广泛使用，对疼痛管理起着积极的作用。

### 五、进行疼痛护理的交接班

疼痛护理交班时应详细介绍患者的疼痛情况、使用治疗措施后疼痛缓解的程度、患者对于疼痛治疗效果的期望值、疼痛对患者的影响。具体包括：

1. 采用有效工具评估的疼痛程度。
2. 过去24小时疼痛程度的变化。
3. 使用镇痛措施后疼痛程度、性质变化情况，以及镇痛措施起效时间和镇痛效果维持时间。
4. 过去24小时因规律性疼痛和爆发性疼痛而用药的剂量。
5. 患者个人对疼痛治疗效果的期望值。
6. 未缓解的疼痛对患者的影响。
7. 是否存在药物的不良反应。
8. 根据患者的情况为后期的治疗计划提出更改建议。

## 第三节　疼痛治疗的基本原则与方法

### 一、规范化疼痛管理

规范化疼痛管理是近年来倡导的镇痛治疗理念。强调规范化才能有效提高疼痛的诊疗水平，减少疼痛处理过程中可能出现的并发症。

### 二、规范化疼痛管理的原则

#### （一）明确治疗目的

缓解疼痛、改善功能，提高生活质量，其中包括身体状态、精神状态、家庭、社会关系等的维护和改善。

#### （二）疼痛的诊断及评估

掌握正确的疼痛评估方法；定期再评估疼痛。

#### （三）制订治疗计划和目标

1. 规范化治疗的关键是遵循用药和治疗原则。
2. 要重视对不良反应的处理，镇痛药物与控制不良反应的药物合理配伍，同等考虑。决不能等患者耐受不了时才考虑与处理。
3. 在疼痛治疗过程中，不能忽视对心理、精神问题的识别与处理。
4. 目标

有效消除疼痛，最大限度地减少药物不良反应，把疼痛及治疗带来的心理负担降到最低，全面提高患者的生活质量。

#### （四）采取有效的治疗措施

包括采用多种形式综合疗法治疗疼痛。一般应以药物治疗为主，除此之外还有非药物疗法。

#### （五）药物治疗的基本原则

选用药物治疗疼痛时，多种药物的联合应用、多种给药途径的交替使用可取长补短，提高疗效。但在药物选择上应予以重视，避免盲目联合用药，力争用最少的药物、最小的剂量来达到满意的镇痛效果。

### 三、疼痛治疗的基本方法

根据疼痛的复杂性，临床治疗的方法有药物治疗、神经阻滞疗法、神经刺激疗法、外科手术、物理疗法、心理疗法等。应针对患者情况，采用多形式综合疗法治疗疼痛，一般以药物治疗为主，辅以其他方法。

### 四、疼痛的药物治疗

药物治疗是疼痛治疗最基本、最常用的方法。在药物治疗疼痛时，所选择的药物种类很多，主要分3种类型：①阿片类镇痛药，如吗啡、哌替啶、芬太尼、阿芬太尼、美散痛、镇痛新、羟氢可待酮等；②非阿片类镇痛药，如水杨酸类药物、苯胺类药物，非甾体抗炎药等；③其他辅助类药物：如激素、解痉药、维生素类药物、局部麻醉药和抗抑郁类药物等。临床上在选择药物时，首先，要诊断明确，以免因镇痛而掩盖病情，造成误诊，如急腹症；其次，要明确疼痛的病因、性质、部位以及对镇痛药的反应，选择有效的镇痛药或者联合用药，以达到满意的治疗效果；另外，在治疗的同时，还应密切观察用药后的情况，评估其药效，使用药量更加个体化。对药物的不良反应，要积极处理，以免患者因不适而拒绝用药。

### 五、疼痛治疗中常用的阿片类镇痛药

阿片类镇痛药又称为麻醉性镇痛药，它能提高患者的痛阈从而减轻或消除疼痛，一般不产生意识障碍，大剂量可产生睡眠或麻醉。常见的阿片类镇痛药有：

#### （一）吗啡

吗啡口服后易从胃肠道吸收，部分经肝脏代谢进入体循环，在肝细胞内与葡萄糖醛酸结合而失去药理作用，故口服生物利用度较低。皮下注射30分钟后60%被吸收，其中约1/3与血浆蛋白结合。吗啡肌内注射吸收良好，15～30分钟即起效，45～90分钟产生最大效应，持续作用近4小时，而静脉注射约20分钟即产生最大效应。其清除率为14.7～18 mL/(kg·min)，老人清除率减少1/2，所以用量要减少。

临床应用：吗啡主要用于治疗中度和重度各种急、慢性疼痛以及癌性疼痛，麻醉前给药，术后镇痛以及治疗血压正常的心肌梗死和内脏绞痛等。其特点是对内脏痛及深部软组织痛效果较好，对持续性钝痛的效力大于间歇性锐痛。成人常用剂量为8～10 mg，皮下或肌内注射。对休克患者及老年体弱者剂量宜酌减。

#### （二）可待因

可待因又称甲基吗啡，属弱效阿片类药物。口服后容易吸收，在肝中代谢主要是脱甲基，一部分脱甲基后形成去甲可待因，约10%转化为吗啡，其余部分在肝内结合排出体外。镇痛作用强度为吗啡的1/6，持续时间与吗啡相似，在镇痛效应达到一定程度后，再增加剂量，效应也不增加。主要用于中等程度的疼痛。

#### （三）哌替啶

临床上常称杜冷丁，口服胃肠道吸收生物利用度仅为肌注的一半，1～2小时血浓度即达峰值，若皮下或肌内注射则吸收更快。主要在肝内代谢，代谢产物为哌替啶酸及去甲哌替啶，再以结合型或游离型从尿中排出，半衰期为3.7～4.4小时。镇痛强度约为吗啡的1/10，可产生轻度欣快感。反复使用也容易产生依赖性。对呼吸有明显的抑制作用，其程度与剂量相关。哌替啶与异丙嗪、氯丙嗪合用，称为冬眠合剂，可用于深低温麻醉或难治性晚期癌痛患者。

#### （四）芬太尼

芬太尼脂溶性很高，故易于通过血脑屏障而进入脑，也易于从脑重新分布到体内其他组织，尤其是脂肪和肌肉组织。芬太尼可以口服，经皮肤、黏膜吸收，静脉注射其血药浓度立刻达峰值，肌注约15分钟起效。反复注射可产生蓄积作用。芬太尼是纯阿片受体激动剂，镇痛效果强，是吗啡的80～100倍，但持续时间短，仅为30分钟。一般均能引起呼吸抑制，肌肉僵硬，主要表现为呼吸频率减慢，注射后5～10分钟最明显，持续约10分钟。临床主要用于临床麻醉，作为复合全麻的组成成分。还用于术后镇痛。

#### （五）盐酸羟考酮缓释片

口服用药吸收较充分，吸收几乎不受食物种类及胃肠道pH的影响和干扰。羟考酮与吗啡的实际转换剂量比例为1∶1.5～1∶2.3。盐酸羟考缓释片吸收达峰值时间明显早于吗啡控释片，吸收率稳定性也优于吗啡控释片。盐酸羟考酮缓释片适用于中度和重度的慢性疼痛患者，包括癌性疼痛和非癌性疼痛。盐酸羟考酮缓释片是纯阿片受体激动剂，无极量封顶效应。

#### （六）硫酸吗啡缓释片

本药为强效中枢性镇痛药，作用时间可持续12小时。本药对呼吸有抑制作用，可引起恶心、呕吐、便秘及排尿困难，长期应用可产生耐受性、生理依赖性和成瘾性。本药主要用于晚期癌症患者第三阶梯镇痛。耐受性和依赖性也可能发生。

### 六、阿片类镇痛药物的常见副作用及处理

#### （一）便秘

原因：阿片类药物与胃肠神经丛分泌腺体结合，抑制肠蠕动并使肠道腺体分泌减少；疼痛使患者活

动量下降，加重便秘；肿瘤局部压迫、浸润、粘连肠管；身体衰弱，胃肠功能下降等。通常便秘的发生率为80%～100%，且是不可耐受的，即持续存在于阿片类药物的用药期。

患者常出现下述三种排便障碍中的任何一种组合：排便次数减少、排便困难或排不尽感、粪便干结坚硬。应先评估患者的便秘情况，分析可能的便秘原因及程度。常用药物有：容积性导泻药（如乳果糖、硫酸镁、甘露醇、泛影葡胺）；润滑性导泻药（如液状石蜡、豆油、菜油、香油）；接触性导泻药（如酚酞、大黄苏打、比沙可啶、开塞露）；中药（如复方大承气汤、甘遂通结汤、肠粘连松解汤和温脾汤等）。使用阿片类药物时，应同时预防性地给予通便药物；必要时减少阿片量，合用其他镇痛药。当药物治疗无效时给予灌肠治疗。鼓励患者保持心情轻松；多摄入富含纤维素的食物；适量饮水，每天约2000 mL；适量增加活动量（如每天步行30分钟）；按顺时针方向进行腹部按摩；养成良好的排便习惯（定时如厕）。

（二）恶心、呕吐

原因：由于药物刺激大脑的中枢化学感受器，导致前庭敏感性增加，以及胃排空延缓所致，发生率约30%，一般发生在用药初期，多在用药一周后症状减轻。出现恶心、呕吐往往使癌痛患者沮丧、绝望，对治疗癌痛失去信心。给患者心理支持十分重要。

在使用阿片类药物1周内，应预防性使用止吐药物甲氧氯普胺（胃复安）、维生素$B_6$，必要时静滴5-$HT_3$受体拮抗止吐剂昂丹司琼（枢复宁）、赛格恩等。创造舒适的休养环境，减少不良刺激。呕吐时给患者准备好容器，如塑料小桶外套塑料袋，呕吐后及时更换，漱口、擦洗面部。分散注意力、交谈、听音乐等可减轻症状。

（三）呼吸抑制

麻醉镇痛剂可降低呼吸中枢对$PCO_2$的敏感性，使呼吸缓慢，不规律，有时呼吸≤8次/分钟。若出现严重呼吸抑制，可用吗啡拮抗剂纳洛酮解救。纳洛酮的用法是从小剂量开始，密切监视患者呼吸，根据呼吸改善情况调整纳洛酮剂量，可用纳洛酮0.4 mg溶于10 mL生理盐水，每分钟0.5 mL静脉缓慢推注，必要时每2分钟增加0.1 mg。严重呼吸抑制可每2～3分钟重复给药，直到呼吸抑制缓解。对肺癌患者、老年患者、肺功能差者更要注意呼吸。

（四）尿潴留

尿潴留发生率通常低于5%。如同时使用镇静剂，应密切观察排尿情况和膀胱充盈情况。可采取诱导排尿的方法，如听流水声等；热敷会阴部或热水冲洗会阴部；排尿时用手按压膀胱部位增加膀胱内压力；必要时予以导尿。对于持续尿潴留难以缓解的病人，可考虑换用镇痛药。

（五）嗜睡及过度镇静

少数患者在用药的最初几天内可能会发生，数日后症状多自行消失。对于初次使用阿片类药物时，剂量不宜过高，剂量调整以25%～50%幅度逐渐增加。对老年及高危患者尤其应该注意谨慎确定用药剂量。

患者发生持续嗜睡或过度镇静时，应减少阿片类药物用药剂量，或减低分次用药量而增加用药次数，或换用其他镇痛药物，或改变用药途径。必要时可给予兴奋剂如咖啡因。

（六）精神错乱

精神错乱的发生较为罕见，主要出现于老年人及肾功能不全者或有高钙血症使用精神药物者。治疗时应适当地水化，减低阿片类药物剂量，合用辅助性药如氟哌啶0.5～2 mg，口服q4～6 h。

总之，阿片类药物的毒副作用，除便秘外，大多持续时间短，是暂时、可耐受的，避免阿片药物血药峰值浓度过高可预防严重的副作用。如果出现不可耐受的毒性作用，应减少吗啡用量或换药、改变给药途径。

（七）疼痛治疗中常见的非阿片类镇痛药

非阿片类镇痛药，包括水杨酸类药、丙酸类药、乙酸类药、灭酸类药、喜康类药和吡唑酮类药，其中主要是非甾体抗炎药（NSAIDs）以及中枢性镇痛药和其他类型的镇痛药等。为了提高非阿片类药物的疗效，可增加剂量，但超过极限，不能产生额外镇痛作用。

本节重点介绍常见的代表性药物及新药。

（一）阿司匹林

阿司匹林又名乙酰水杨酸。口服后小部分在胃、大部分在小肠迅速吸收，0.5～2小时血药浓度达高峰。阿司匹林血浆浓度低，血浆半衰期约为15分钟。水解后生成的水杨酸以盐的形式迅速分布到全身组织，也能进入关节腔及脑脊液，并可能通过胎盘。

临床应用：

1.解热镇痛

阿司匹林有中等程度的镇痛作用，常与其他解热镇痛药配合治疗各种疼痛，如头痛、牙痛、神经痛、肌肉或关节痛以及痛经等。

2.抗风湿

目前仍是首选药，其作用较强，可使急性风湿热患者用药后24～48小时退热，关节炎症消退，减轻及延缓关节损伤的发展。

3.术后疼痛的预防

各种手术前30分钟、60分钟、90分钟肌内注射或口服可改善术后镇痛的效果。

4.术后镇痛

主要用于各类手术后轻度或中度疼痛的治疗。镇痛药物联合使用的目的是对手术后镇痛达到相加的作用。

（二）对乙酰氨基酚

又名醋氨酚、扑热息痛。口服醋氨酚可使血药浓度在0.5～1小时达高峰。本药解热镇痛作用缓和、持久，强度类似阿司匹林；它的抗炎作用弱，特别是无抗血小板功能。

（三）保泰松

属吡唑酮类。具有较强的抗炎、抗风湿作用，但解热镇痛作用较弱。主要用于治疗风湿性和类风湿关节炎、强直性脊柱炎。

（四）吲哚美辛

又名消炎痛。口服迅速吸收完全，1～4小时后血药浓度达峰值。消炎痛有良好的镇痛作用，50 mg消炎痛的镇痛效果相当于600 mg的阿司匹林。本药不良反应多，一般不常规用于镇痛或解热，故仅用于其他药物不能耐受或疗效不显著的病例。

（五）布洛芬

又称异丁苯丙酸。布洛芬口服吸收迅速，生物利用度为80%，1～2小时血药浓度达峰值。布洛芬具有抗炎、解热及镇痛作用，且作用比阿司匹林、保泰松、对乙酰氨基酚强。布洛芬主要用于治疗风湿性和类风湿性关节炎，也可用于软组织损伤，对炎性疼痛比创伤性疼痛效果好。对于轻、中度疼痛，通常成人的剂量每4～6小时200 mg或400 mg，每日不超过3200 mg。主要特点是胃肠反应很少，患者耐受良好。

（六）酮咯酸

酮咯酸是一种新的、不成瘾、非甾体类药物，有显著镇痛、消炎作用。临床上肌注酮咯酸后10分钟即产生镇痛效应，75～150分钟达镇痛高峰，维持6～8小时；口服后30～60分钟起效，1.5～4小时达镇痛高峰，维持6～8小时。镇痛效应比其他NSAIDs强，分别为阿司匹林、保泰松、萘普生和消炎痛的180～350倍、180～350倍、25～50倍和3～6倍。抗炎作用是保泰松的36倍、消炎痛的2倍、萘普生的2倍，比阿司匹林强100～200倍。

临床主要用于：

①中度至严重疼痛的短期治疗；

②术后疼痛；

③急性肌肉骨骼的疼痛；

④产后痛；

⑤其他疼痛情况，如癌性疼痛、坐骨神经痛、纤维肌痛、非关节慢性软组织痛综合征、骨关节病，以及作为肾绞痛和胆绞痛的辅药。

（七）曲马朵

曲马朵是人工合成的中枢性镇痛药，兼有弱阿片和非阿片两种性质，口服吸收良好，口服后20～30分钟开始起效，2小时达血药浓度峰，作用持续约4～8小时。曲马朵的镇痛效果与其他镇痛药相比，其次序由弱至强为：可待因、氨酚待因、喷他佐辛、美沙酮、曲马朵、丁丙诺啡、哌替啶、吗啡、芬太尼、双氢埃托啡。用于硬膜外镇痛时，其镇痛效果与哌替啶相似，但远不如吗啡和芬太尼。长期应用不成瘾。适用于中、重度急慢性疼痛。

（八）环氧合酶-2抑制药

环氧合酶（COX）是前列腺素（PGs）生物合成所必需的酶之一。吸收速度很快，到达峰浓度的时间为3小时，代谢和消除半衰期为11.2小时。主要用于治疗类风湿关节炎、骨关节炎和急性疼痛。COX-2抑制剂在治疗剂量下胃肠道和肾毒性较轻，但仍可引起水、钠潴留和肾功能损害，并因此降低降压药物的效果，同时，其心血管不良反应也应引起注意。

## 八、非甾体类抗炎药的常见副作用及处理

（一）常见不良反应

消化道溃疡、血小板功能异常、肾毒性、肝功能障碍、过敏反应等。非甾体类抗炎药的不良反应发生率及严重程度与用药剂量密切相关。

（二）预防措施

1.选择适当的药物种类

COX-2选择性抑制剂是新一代非甾体类抗炎药，其不良反应明显低于传统的非甾体类抗炎药，但费用相对较高，适用于需要长期使用非甾体类抗炎药、发生胃肠反应危险性高的患者，但此类药物可引起心血管并发症，使用时应注意。

2.长期用药控制用药剂量

非甾体类抗炎药的毒性作用与用药剂量关系密切。建议长期使用药物的患者应限制用药剂量，一般将药物的上限剂量限定为标准推荐剂量的1.5～2.0倍，当用药剂量接近限制用药剂量时，如果仍未理想地缓解疼痛，不应该盲目增加非甾体类抗炎药的用药剂量，而应该改用或合用阿片类镇痛药。

3.联合用药

预防消化道溃疡可选择性联合使用抗酸剂、$H_2$受体拮抗剂、米索前列醇、奥美拉唑等药物，可在一定程度上减少长期使用药物所导致的胃肠毒性反应。

4.注意合并症对用药的影响

低血容量、低白蛋白血症等合并症可明显增加药物的肾毒性和耳毒性。

## 九、疼痛治疗中常用的辅助类药物

辅助类药物是指一些非镇痛药物，在疼痛治疗的任何阶段都可以使用，这类药物用于提高阿片类药物的镇痛效果，减少阿片类药物的用量；减轻因疼痛治疗所致的不良反应；对于常规镇痛药不能控制的难治性疼痛，辅助类药物显得尤为重要。

（一）三环类抗抑郁药物

代表药物有：阿米替林、去甲替林、多塞平。适应症：慢性肌肉骨骼和（或）神经病理性疼痛、失眠。用于镇痛剂量通常远低于治疗抑郁症的剂量。使用时从小剂量开始，可避免出现不良反应，止痛作用常在5～7天后达到。

主要作用：

1.对神经病理性疼痛有效，因而在使用阿片或非阿片类镇痛药治疗慢性疼痛时，除非有禁忌症，否则可以合理使用辅助药物。

2.具有部分阿片样作用：有研究表明使用抗抑郁药的病人，吗啡的需要量明显减小。

3.抗抑郁作用：可以改善疼痛病人伴随的抑郁症状。

（二）抗惊厥药物

抗惊厥药物用于神经病理性疼痛有一定疗效，对尖锐的刺痛、刀刺样或电击样神经病理性疼痛有效。由于抗惊厥药物的不良反应可能更大，因此通常用于抗抑郁药物治疗无法缓解疼痛时。代表药物：加巴喷丁、奥卡西平、卡马西平。

（三）皮质激素

此类药物本身不具有镇痛作用，但能提高吗啡等药物的镇痛作用，这可能与其有抗炎、降低炎性介质在组织中浓度、减轻炎症和肿瘤周围水肿的作用有关。对炎性疼痛、骨转移和肿瘤破坏神经结构所致的疼痛有效。代表药物：地塞米松、泼尼松等。

## 十、辅助类药物的常见副作用

（一）抗抑郁类药

1. 主要不良反应

口干、便干、视觉模糊、排尿困难、尿潴留、震颤或癫痫发作等。

2. 禁忌

严重心脑血管疾患、青光眼、癫痫、前列腺肥大、尿潴留、肠麻痹患者及孕妇。禁与单胺氧化酶抑制剂合用。

（二）抗惊厥类药

1. 主要不良反应

恶心、呕吐、食欲不振、头晕、头痛、共济失调、嗜睡、疲劳、复视、眩晕、失眠、精神异常、低钠血症、皮疹、白细胞减少、肝损害、齿龈增生、骨质疏松及畸胎等。

2. 禁忌

孕妇、严重心血管功能异常、糖尿病及过敏。注意长期用药者需要定期检查血象及电解质。

（三）皮质激素类药

1. 主要不良反应

医源性库欣综合征、出血倾向、痤疮、骨质疏松、肌萎缩、低钾血症、水钠潴留、血糖增高、欣快感、激动、疲劳、谵妄、定向障碍、抑郁、创口愈合不良、易感染。

2. 禁忌

消化道溃疡，血栓性静脉炎，严重精神病，活动性肺结核，严重高血压，病毒、细菌、真菌感染未控制，妊娠期妇女或哺乳期妇女。

## 十一、疼痛治疗的其他方法

（一）神经阻滞疗法

1. 神经阻滞疗法的含义

在神经末梢、神经干、神经丛、脑脊神经根、交感神经节等神经组织内或附近注入药物或给予物理刺激而阻断神经传导的治疗方法称为神经阻滞疗法。神经阻滞包括化学性阻滞和物理性阻滞两种。化学性神经阻滞疗法主要采用局部麻醉药，其阻滞作用一般是可逆的，随着药物作用的消失，局部已被阻断的神经传导功能又逐渐恢复，如希望达到较长时间甚至永久地（不可逆）阻断神经传导功能的目的，则可使用高浓度的局部麻醉药或可使神经变性或毁损的药物进行神经阻滞。物理性神经阻滞指使用加热、加压、冷冻或应用电流刺激等物理手段阻断、干扰神经信号的传导，或干扰中枢对伤害性信号的处理，进而使疼痛感消失。

疼痛的神经阻滞疗法往往联合应用低浓度、小剂量的局麻药和糖皮质激素等进行阻滞治疗，其获得的镇痛效应超过局麻药的药效时间，这种镇痛效应是治疗效应，而不是临时镇痛，这与在外科手术中应用的神经阻滞的麻醉不同，后者仅是在一定的局麻药的药效内消除手术创伤引起的疼痛，是短暂的镇痛而不是治疗疼痛。

神经阻滞疗法具有起效迅速、效果确切、不良反应少及安全价廉的优点，是国内外疼痛治疗的主要手段。

2. 神经阻滞疗法的作用机制

(1) 阻断痛觉的神经传导通路

局部麻醉药及神经破坏药通过抑制神经细胞膜内外钠离子和钾离子的流动，甚至引起细胞膜变性、细胞坏死，进而阻断神经冲动的传导。例如对癌性疼痛患者实施蛛网膜下腔阻滞、硬膜外间隙阻滞或腹腔神经丛阻滞，都可通过阻断疼痛的传导途径而实现镇痛。

(2) 预防或阻断疼痛的恶性循环

由外伤、手术、带状疱疹或致痛物质引起的伤害性刺激信号经外周神经传导进入脊髓后，一部分到达大脑，产生痛觉；另一部分经脊髓反射，刺激交感神经和运动神经，并分别使相应区域的血管收缩和肌肉紧张，后者又使疼痛加剧，如此形成恶性循环。在一些手术中如开胸手术或疾病的早期如带状疱疹的急性期，施行神经阻滞疗法既能预防、消除疼痛的产生，又能阻断疼痛引起的恶性循环，防止疼痛信号扩大。

（3）改善疼痛区域的血液循环

交感神经阻滞可有效改善其支配区的血流，有效地改善因末梢血液循环不畅引起的疼痛，对血栓性闭塞性脉管炎、闭塞性动脉硬化症、冻伤等的治疗均可使用。

（4）抗炎症作用

神经阻滞疗法，特别是交感神经阻滞，有抗炎作用，因而使治疗作用增强。

3．神经阻滞疗法的适应症和禁忌症

（1）适应症

神经阻滞疗法的适应症很广，人体各部位、各种性质的疼痛几乎都可以使用神经阻滞疗法，包括各种急性疼痛、慢性疼痛、癌痛和一些非疼痛性疾病。

（2）禁忌症

①不合作者，包括精神失常者。

②穿刺部位的皮肤和深层组织内有感染病灶或全身重症感染者。

③有出血倾向或正在进行抗凝治疗者。

④对治疗药物过敏者。

⑤低血容量者、不宜施行椎管、腹腔神经节及椎旁交感神经节阻滞者。

⑥怀疑有恶性病变或病情会快速演变者，在明确诊断之前，不宜施行神经阻滞治疗。

⑦患者存在某些可能导致神经营养不良或变性的疾病时，此时应用神经阻滞，可能会产生严重的神经毒性作用，必须慎重选用。

（二）物理镇痛

1．物理镇痛的含义

物理镇痛是应用自然界中及人工的各种物理因子作用于人，以治疗和预防疼痛的一门学科，简称理疗镇痛。狭义的物理镇痛仅指应用各种人工的物理因子作用于患病机体，引起机体的一系列生物学效应，使疾病得以康复。

2．物理镇痛的方法

（1）电疗法

直流电及药物离子导入疗法、低频电疗法、中频电疗法、高频电疗法。

（2）光疗法

红外线疗法、紫外线疗法、激光疗法、可见光线疗法。

（3）超声波疗法和冲击波疗法

（4）冷疗和温热疗法

（5）磁疗法

（6）水疗法

（7）生物反馈疗法

（三）中医镇痛

中医在疼痛治疗中本着治病求本的原则，分别采取通与补的方法，且手段灵活而丰富。内服中药、针灸按摩、药物外洗、熏、敷、膏、贴、热熨等，都有显著的镇痛效果。

1．中药镇痛的方法

临床上疼痛分为虚、实两类，虚是不荣则痛，有气虚、血虚、阴虚、阳虚；实是不通则痛，有气滞、血瘀、寒凝、积滞、风湿热邪阻滞经络等。痛证的临证施治，重在辨证。实者祛其有余、虚者补其不足，为治痛之大法。中药内服疗法是中医临床治疗方法中最主要的疗法之一。中药外治是将中草药制剂外敷于皮肤、孔窍、俞穴及病变局部等部位治疗病痛的方法。

2．针灸镇痛的方法

针灸治疗通过对俞穴的刺激，可起到疏通经络、行气活血的作用，并可改善脏腑经络、组织器官病变部位所发生的血液循环障碍，使得气血运行通畅，从而改变了疼痛处的营养状态，恢复了正常的生理功能活动，即达到了脏腑调和、经络通畅、阴阳恢复相对平衡的目的。常用方法有：耳针疗法、电针疗法、穴位注射法、腕踝针疗法。常用的腧穴有：中脘、足三里、内关、公孙、脾俞、胃俞、合谷、曲池等。

（四）手术镇痛疗法

1．手术镇痛疗法的含义

手术镇痛的方法是切断感觉神经的传入通路。从外周神经到进入脊髓的神经根，直至大脑组织，都是可供选择的手术部位。手术主要用于顽固性晚期癌痛和非手术治疗无效的慢性顽固性疼痛，其目的是改善患者的生活质量。由于此类神经毁损手术是不可逆的，选择时应严格甄别适应症，在医护人员、患者和家属充分沟通的基础上，签署必要的知情同意书后方可考虑实施。

2．手术镇痛疗法的方法

目前常用的手术镇痛疗法包括外周神经切断术、脊髓神经前根或后根切断术、交感神经切断术、丘脑部分核破坏术、垂体破坏术、三叉神经感觉根切断术等。

（五）电刺激镇痛

1．电刺激镇痛的含义

电刺激镇痛作为一种现代物理镇痛技术应用于临床已有六十多年的历史，主要通过影响外周神经系统和中枢神经系统的疼痛信号向大脑的传入，并引起内源性镇痛物质的释放来缓解疼痛，具有安全、使用方便、副作用小等突出特点，临床应用价值较高。目前常用的方法有经皮神经电刺激镇痛和新出现的经皮脊髓电刺激镇痛。

2．电刺激镇痛的适应症

电刺激镇痛主要用于顽固性慢性疼痛，包括腰背痛、四肢痛、头痛、偏头痛、灼性神经痛、幻肢痛、关节痛、肢体缺血性疾病、疱疹后神经痛、周围神经损伤、三叉神经痛、产痛、癌痛、血栓性脉管炎、脊髓损伤、反射性交感性营养不良、脑血管意外等；也可用来治疗心绞痛以及改善外周血液循环、缓解术后痛、治疗多发性硬化等。较少用于急性疼痛。

（六）鞘内药物输注系统镇痛方法

1．鞘内药物输注系统镇痛方法的含义

鞘内药物输注系统镇痛是通过微小的手术将一个微电脑控制的泵植入患者体内，根据患者的需要分时间段给药，仅仅使用原口服药量的1/300就能达到满意的止痛效果。鞘内药物输注系统由鞘内导管和药物输注泵两部分组成。导管一端放置在蛛网膜下腔即鞘内，另一端连接1个可以用体外程序控制的电脑泵，泵外观为9 cm×2 cm的小饼状微电脑装置（容量18 mL），泵内储有阿片类药物，医生通过体外程控仪调节泵速，使镇痛药持续缓慢泵入鞘内，达到止痛目的。

2．鞘内药物输注系统镇痛方法的适应症

鞘内药物输注系统镇痛方法主要用于顽固性疼痛的治疗，包括：弥散性癌性疼痛，背部手术失败综合征，轴性躯干性疼痛，骨质疏松症，蛛网膜炎，内脏性疼痛，头部、颈部疼痛等。

（七）心理疗法

疼痛作为一种主观感觉，受心理社会因素影响较大，很多研究都证实，心理性成分对疼痛的性质、程度和反应以及镇痛效果都会产生影响，因此疼痛的心理治疗具有其特有的重要地位。

1．心理因素的作用

随着人们对心理因素与疼痛关系认识的不断深入，发现即使没有任何躯体疾病，患者也可能出现疼痛，因此有人提出了心理性疼痛的概念。从广义上讲，心理性疼痛包括心因性疼痛、精神性疾病导致的疼痛、心身疾病的疼痛以及躯体疾病的增敏性疼痛。

（1）心因性疼痛

患者主诉疼痛，但以现有医疗手段检查未能发现器质性损害病因，且可排除精神性疾病诊断者，其疼痛可诊断为心因性疼痛。心因性疼痛患者往往为暗示易感者。心因性疼痛的特点有：疼痛性质不固定，如有时为绞痛，有时为灼痛；疼痛部位难以明确；情绪改变时可能使疼痛程度加重。心因性疼痛的治疗方法以心理疗法为主。

（2）精神性疾病的疼痛

此类疼痛的患者具有某种精神病的症状和体征，并且无引起疼痛的器质性病变。由于精神症状的不同，其疼痛可分为多种临床类型，如癔症性疼痛，患者主诉多样多变，对症状过分关注或恐惧，坚信自己有病；抑郁症疼痛，以头痛最常见，患者有情感淡漠、悲观压抑、失眠或嗜睡、认知能力减退以及反复自杀企图；焦虑症性疼痛，比较有代表性的是紧张性头痛，患者会伴有急性或慢性焦虑症的临床表现；癔症性疼痛多为痉挛性，有明显夸张的表演色彩或模仿他人的倾向，多十分逼真。精神性疾病的疼痛治疗可采用心理疗法结合精神性药物，疼痛非常严重的可适当给予镇痛药。

（3）躯体疾病的增敏性疼痛

躯体疾病所致疼痛，在某些负性心理因素作用下，会出现疼痛程度的加强，这部分由于心理因素增加的疼痛成分称为增敏性疼痛。患者有明确的躯体病变的基础，但其疼痛的程度和持续时间都难以用单纯的躯体病变解释，患者多伴有紧张、焦虑、恐惧等不良情绪。此类疼痛的治疗以局部镇痛为主，并需要结合认知疗法。

2．疼痛患者常见的心理问题

疼痛可以是一些精神障碍患者的主诉，而另一方面疼痛也可以引起精神障碍，特别是慢性疼痛患者长期受麻木、疼痛、功能受限的困扰，产生慢性应激，导致一系列的心理、生理变化。当然，对于大多数疼痛患者来说，疼痛不足以导致精神疾病，而只是出现不良的心理反应，其中抑郁和焦虑最为常见，此外还有相当一部分会出现愤怒、恐惧及其他心理问题。

（1）抑郁

慢性疼痛与抑郁的发生关系复杂，互为因果。在评估患者是否发生抑郁时，必须注意原发病本身和治疗可能产生的影响，如癌症晚期患者体重可能明显减轻，使用化疗药物可能会使患者呈现抑郁状态，要加以鉴别。

（2）焦虑

焦虑和急性损伤性疼痛关系密切。慢性疼痛患者也会发生焦虑，并常常和抑郁伴随出现。患者对疾病感到极度担心和不安，且难以自制。可表现为：

①精神焦虑症状，如坐立不安、心情紧张、注意力不集中、易激动；

②躯体性焦虑症状，如呼吸困难、心悸、胸痛、眩晕、呕吐、肢端发麻、面部潮红、出汗、尿频、尿急；

③运动性不安，如肌肉紧张、颤抖、搓手顿脚、坐立不安。

（3）愤怒

长期的慢性疼痛，会使患者失去信心和希望，有些人会因此产生难以排遣的愤怒情绪，会为一些琐事向家属、医护人员大发脾气以宣泄愤怒，甚至会损坏物品或袭击他人。这并非患者对他人的敌意，而是极度痛苦和失望后爆发的强烈不满情绪。

（4）恐惧

恐惧是身患绝症者比较常见的心理问题。引起恐惧的原因，除了即将来临的死亡，还有可能来自疾病导致极度痛苦，有些晚期癌症患者因畏惧癌痛的折磨而自杀。而些急性疼痛，如急性心肌梗死时会因剧烈的疼痛产生濒死感，发生恐惧。

3．疼痛心理治疗中的注意事项

要成功运用心理疗法帮助疼痛患者，必须明确心理干预的目的并不是消除疼痛，而是减少慢性疼痛患者对镇痛治疗的依赖性，减少应用医疗保健系统，最终恢复家庭、工作和社会责任感。同时还需注意以下几个问题：

（1）明确诊断

确定患者疼痛的性质。在一时难以明确病因时，切忌轻易扩大疼痛的心理因素成分。

（2）建立良好的医患关系

同情和信任是所有心理治疗成功的基础，疼痛的心理治疗也不例外。

（3）帮助患者树立信心

在暗示治疗中，患者本人对治疗的信心对治疗效果具有一定的决定性作用。

（4）减少患者的紧张情绪

有专家指出，患者处于松弛状态，暗示治疗效果比较好，因此对一般松弛治疗无效者，可预先给予抗焦虑药或起效比较快的催眠药。

（5）注意多种方法的配合使用

不宜单独采用心理疗法，即使是心因性疼痛也必须配合其他措施，而且很多情况下，需要两种或两种以上的心理疗法联合应用才能获得理想的效果。

4．疼痛心理治疗的方法

心理治疗是指在治疗过程中主要运用心理学的知识和方法来进行，医护人员通过语言、表情、文字、图画、电影、电视等对患者施加影响而达到治愈或减轻疾病的目的。疼痛心理治疗方法主要有：暗示疗法、催眠疗法、松弛疗法、生物反馈疗法、认知疗法、行为疗法、认知-行为疗法等。

## 第四节　疼痛护理的组织管理

### 一、疼痛管理的含义

疼痛管理（pain management）是指通过疼痛评估、记录、治疗和护理，以控制疼痛的过程，包括缓解疼痛、提高生活质量和保持临终尊严。疼痛管理的目标是控制疼痛，以最小的副作用，缓解最大程度的疼痛。疼痛管理是一个长期、持续、动态和可行的疼痛控制的全过程。

疼痛护理管理是使医院中与疼痛有关的护理人力、物力、技术、信息和时间等要素有机地结合并最优运转，达到提高疼痛护理工作效果和效率的目的。它的主要任务是明确各类医务人员在疼痛治疗、护理中的工作职责，研究制订并组织落实疼痛控制的标准，将疼痛控制的专业知识列入各级各类相关人员的教育训练范围内。有效的疼痛护理管理，组织各项疼痛治疗护理方案的制订和实施，是保证疼痛控制效果的重要方面。

### 二、疼痛服务的组织形式

疼痛服务的组织形式多样，各国根据自己的情况开展不同的疼痛服务，主要有疼痛门诊、疼痛病房、急性疼痛服务中心、院内疼痛会诊等。

（一）疼痛门诊

2007年7月16日我国卫生部签发了“卫生部关于在《医疗机构诊疗科目名录》中增加‘疼痛科’诊疗项目的通知”文件（卫医发〔2007〕227号），确定在《医疗机构诊疗科目名录》中增加一级诊疗科目“疼痛科”。根据这一文件，将在我国二级以上医院开展“疼痛科”诊疗科目诊疗服务，主要进行慢性疼痛疾病的诊断与治疗。目前疼痛门诊的模式有：

1．多学科疼痛诊疗中心

将康复科、针灸科、理疗科和疼痛门诊等相关的人员整合在一起，组建疼痛诊疗中心。

2．以神经阻滞治疗为主的疼痛科

这种模式是当前最常见的形式，基础是麻醉科的疼痛门诊，其主要业务范围为慢性疼痛的诊疗。

3．以理疗为主的颈肩腰腿痛专科

有些医院没有麻醉科的疼痛门诊，而有颈肩腰腿痛专科门诊，以此为基础成立疼痛科。

目前从全国范围来看，独立设置疼痛科的医院并不多，疼痛诊疗还只是麻醉科医生的副业。而在美国，60%的疼痛科医生是麻醉科医生，40%分布在其他各学科。今后随着疼痛科的发展，以麻醉科的疼痛管理理念和神经阻滞技术为基础，结合影像科、骨科等相关学科的诊疗技术，如介入治疗技术，形成疼痛科特有的诊疗技术，并通过专业医护人员的规范化培训，疼痛学科将能获得更大的发展。

（二）疼痛病房

目前部分组建疼痛科的医院，在开设疼痛门诊、具备相应条件的基础上开设了疼痛病房。疼痛病房收治病种主要包括：

（1）各种顽固性神经痛；

（2）三叉神经痛、舌咽神经痛、疱疹后神经痛等。

（3）暂不需手术的颈椎病、颈椎间盘突出症、腰椎间盘突出症等。

（4）其他科室没有特效治疗方法的或不能明确诊断的疼痛，如雷诺病、复杂区域疼痛综合征、长期得不到确诊的慢性顽固性疼痛等。

（5）根据科室需要认为可以住院的患者。

建立疼痛病房有助于疼痛科医护人员积累经验，并与相关学科密切合作，能迅速改善自身的薄弱知识结构，提高疼痛的诊疗水平，为患者提供更加系统、全面的镇痛服务。

（三）急性疼痛服务中心（APS）

术后镇痛涉及麻醉医生、外科医生和护士，只有加强合作和协调，才能达到更好的镇痛效果。在美国、德国、英国等发达国家，从20世纪80年代中期开始，相继成立了急性疼痛服务中心，由麻醉医生、外科医生、经过专门训练的护士及药剂师等组成，专职负责疼痛的治疗和管理，大大提高了术后的镇痛效果，降低了并发症的发生率，使手术后镇痛治疗的安全性有了根本的改善。

1．APS的作用

（1）术后疼痛、创伤后疼痛及分娩疼痛的治疗。

（2）推广术后镇痛的必要性和疼痛评估方法。

（3）提高患者的舒适度和满意度。

（4）降低术后并发症的发生率。

2．APS的管理模式

目前APS管理模式有两种：即以麻醉医师为基础的管理模式和以护士为基础的管理模式。Rawal和Berggren提出的以护士为基础、以麻醉医师为督导的急性疼痛服务体系（NBAS-APS）能充分发挥护士的作用，被认为是目前最佳的急性疼痛管理模式。NBAS-APS模式的主要内容包括：成立包括麻醉医师、外科医师、护士的疼痛管理委员会，协调并领导全院的疼痛管理工作，成立以护士为基础的疼痛管理小组；对疼痛管理护士进行全面的疼痛知识培训；由护士对患者进行疼痛知识宣教；由护士定期进行疼痛评估；让护士及时使用必要的镇痛医嘱。该模式的主要特点在于充分发挥护士在疼痛管理中的作用。

（四）院内疼痛会诊

住院患者中，除了急性疼痛患者，还有一些患者饱受各种慢性疼痛的折磨，如癌性疼痛、带状疱疹后的神经痛、骨关节疾病的相关疼痛、糖尿病性神经痛等。通常这些患者的镇痛服务由各个专科的医生和护士负责，但由于疼痛管理并非其主业，较难处理复杂的疼痛情况，患者忍受疼痛的煎熬。院内疼痛会诊制度的优点在于促进了多科协作下的常规镇痛服务。对于相对疑难的有镇痛需求的患者，由病房主管医生发出申请，疼痛科、麻醉科总值班和科内镇痛专家会随时应召，及时进行镇痛会诊，并定期随访。遇有疑难病例，则由医务处召集相关科室专家共同解决。针对出现的问题，选择专家。如有PCA护理的问题，可由疼痛专科护士负责会诊。这种运作方式可以有效地提高医院整体的镇痛治疗水平，使遭受疼痛困扰的患者能够及时地得到专业的治疗。

### 三、疼痛控制标准

疼痛控制标准是疼痛管理中的重要概念，是指导医护人员实施疼痛控制的准则。美国临床实践指南建议我们确立患者病痛程度的控制目标，帮助医务人员、患者及其家属明确疼痛程度控制的目标水平，以指导患者的疼痛管理，提高疼痛控制质量和患者的生活质量，促进患者康复。疼痛控制的标准是一个相对的目标，是医务人员参照的工作质量标准。在临床工作中应根据每个患者的个体情况进行讨论和决定，如在疼痛处理中，预期使患者的疼痛缓解多少、缓解到什么程度。总之，使疼痛处理由被动逐步变为主动，医务人员主动关心和处理患者诊疗和疾病全过程中的疼痛问题。

（一）癌性疼痛应控制的水平

要求达到睡眠、休息、活动和工作时无疼痛。这是一个比较明确和完美的目标，但临床实际中有时较难达到。近年来逐渐形成并被业内接受和应用的观点，是“3个3的标准”，作为规范性癌痛管理的目标，即依据0～10数字评分量表，疼痛评分控制在3分以下；24小时爆发痛小于3次；24小时药物解救次数不超过3次。

对于癌性疼痛镇痛的目标，我们认为“3个3的标准”具有可操作性，在临床中也较容易实现，有利于指导临床医护人员实施疼痛管理，因此在癌痛管理中推荐此标准。

（二）非癌性疼痛应控制的水平

目前，国外关于手术后疼痛程度管理目标的设定还不尽一致，但许多国家已根据各自的研究确定了疼痛程度管理目标，这对我国疼痛管理目标的确立提供了有益的参考。

作者课题组在研究的基础上推荐了适用于术后疼痛程度控制的目标，即当患者术后疼痛评分≥5分时，临床医务人员应考虑使用有效的镇痛药物对患者进行止痛治疗；在疼痛评分≤4分时，则可根据患者的需要，在护士权限范围内采取冷敷、热敷、体位改变、音乐疗法等物理方式去缓解患者的疼痛。

### 四、疼痛管理过程中可能存在的障碍

1．与医务人员有关的问题

疼痛治疗知识不足；对疼痛的评价不足；顾虑麻醉品的管理条例；害怕患者产生药物依赖；顾虑止痛药的副作用；顾虑患者对止痛药产生耐药性。

2．与患者和家属有关的问题

担心药物成瘾性和副作用；不愿报告疼痛；不愿接受疼痛治疗。

3．与医疗卫生系统有关的问题

不重视疼痛治疗；对管制品的严格规定；缺少疼痛评估、记录和处理的规定；缺少疼痛教育计划。

## 五、疼痛管理知识宣教

1．总的观点

疼痛的定义；疼痛能被缓解；疼痛对身心的损害作用；了解疼痛原因和诱因；评估疼痛，使用疼痛评估工具交流疼痛情况；和医生、护士谈疼痛的情况，用预防的方法控制疼痛。

2．药物治疗

疼痛药物治疗的观点和知识；所使用止痛药物的用途和方法、所使用止痛药物的常见副作用和处理方法；了解药物成瘾性、依赖性和耐受性的概念，消除对镇痛药物使用的恐惧。

3. 非药物治疗

非药物疗法的重要性；将非药物疗法作为止痛药的辅助疗法；回顾以前使用非药物疗法的经验；病友支持组织及宗教人士的劝慰；示范讲解热敷、冷敷、按摩、放松及分散注意力的方法。

## 六、疼痛教育培训形式

在临床中疼痛治疗常常是不能令人满意的。医护人员可能没有认识到止痛治疗的重要性或认为患者没有疼痛存在，或者疼痛没有达到需要处理的地步，也可能担心药物依赖性和耐药性，而不使用阿片类药物镇痛。随着现代医学的发展，疼痛管理越来越受到社会和医学领域的关注，并成为护理学的重要课题和学科发展的重要趋势。因此，提高护理人员疼痛认知水平，加强护理人员的疼痛专业培训成为重要的任务。疼痛管理培训包括三种形式：在校教育、继续教育和疼痛专科护士的培训。

### （一）疼痛护理的在校教育

我国疼痛管理刚刚起步，正进入专业化轨道。疼痛临床护理是一门新知识，疼痛知识的普及乃当务之急，各类护理学生均应接受疼痛管理的课程培训，从而在成为护士之前已具备了疼痛评估、止痛方法、控制标准等方面的知识。授课内容主要包括：疼痛概论、疼痛的病理生理、药物止痛、中医止痛、慢性疼痛管理、疼痛的心理社会因素、创伤和术后疼痛管理、临终患者止痛等。

### （二）疼痛护理的继续教育

继续教育培训应侧重于疼痛管理理念的宣传和止痛方法的培训，包括药物止痛与非药物止痛，护士在止痛方法选择方面的权限范围，每项止痛方法的作用与副作用等。指导护士掌握一些非药物疗法的技能，如放松疗法、分散注意力的方法以及某些物理疗法和中医疗法。应当培训护士如何把疼痛控制的有关知识宣教给患者，各类患者应宣教到什么程度，宣教哪些内容。疼痛管理的继续教育项目对于普通病区的非疼痛专科护士而言，具有重要的作用。疼痛是病区患者最常见的症状，护士24小时工作在患者周围，对待患者的疼痛情况，应像对待患者的其他病情变化一样，给予及时、准确的观察、评估和记录。

### （三）疼痛专科护士的培训

美国很多大学的护理学院等都设有专科护士的培养计划，各专科护士的培养模式相似，但根据专业不同，课程设置存在差异。以下主要介绍疼痛专科护士的课程设置。

1．理论课程

理论课程采用学分制，包含基础课程和疼痛专业核心课程。基础课程是所有学员都必须完成的，内容有护理理论、护理研究、病理生理学、药理学以及高级健康评估学等。疼痛专科护士学员还须完成疼痛专业核心课程，内容包括：

（1）疼痛护理学基础

疼痛护理学简介、疼痛管理的哲学、疼痛管理的相关概念、疼痛管理伦理学、疼痛管理理论、安乐死以及疼痛的病理生理学等。

（2）疼痛管理的临床应用

疼痛药理学，急慢性疼痛、癌性疼痛、儿科疼痛，临终患者的疼痛评估和管理，疼痛管理后的质量评价等。

（3）护士在疼痛管理中角色作用的相关理论

与疼痛护理相关的支持性护理理论，疼痛管理模式，疼痛专科护士的角色职能。

2. 临床实践

实践课程通常安排在医院和社区两个实习点完成，以使学员适应不同环境下患者的疼痛管理。学员可以根据个人需求选择其中之一作为主要实习点。

（四）疼痛专科护士的作用

疼痛专科护士属于专科护士的一个分支，随着专科护士的出现而发生和发展。疼痛专科护士在疼痛管理中承担着临床能手、教育者、顾问、研究者以及管理者等多重角色，这些角色职能的发挥具体体现在以下几个方面：

1. 临床能手

参与临床疼痛护理工作，负责患者的疼痛评估与管理；负责专科技术操作；对临床各种急、慢性疼痛患者提供有效的疼痛管理，尤其是手术后疼痛患者和癌症疼痛患者。

2. 教育者

负责临床带教工作，指导其他护理人员有关疼痛的护理实践；组织新技术、新业务的学习和推广；参与疼痛管理专业教学计划的制订和实施；对患者、家属及社区卫生保健人员进行疼痛知识培训。

3. 顾问

参与院内疑难病历的会诊，协调各部门的合作，以利于护理工作开展；为住院或其他急、慢性疼痛患者提供咨询服务；帮助制订、实施和评价疼痛管理计划，促进目标的完成。

4. 研究者

作为疼痛管理领域的专业人员关注疼痛学科新进展；针对疼痛临床管理中的疑难问题进行调查研究，探索解决方法；积极参与学术交流，推动专业发展。

5. 管理者

负责制订专业化的疼痛管理方案和计划，规范工作流程，检查和督导计划实施；控制和保证疼痛管理的质量，负责人员的合理配置等工作。

## 第五节　护士在疼痛管理中的作用

疼痛管理专业需要多学科相结合。护士作为这一专业中必不可少的成员之一，负责全面照护患者，配合医师工作，协调各方面的关系。可以说，良好的护理是保证有效镇痛的重要环节。近年来很多学者指出，要想更好地控制各种急、慢性疼痛，在研究各种新的先进镇痛技术的同时，还必须探索更合理的服务机制，这促进了疼痛服务模式的探索与完善，欧美国家的疼痛研究发生了两次转变：一是从疼痛控制转变为疼痛管理；二是疼痛管理专业的组成人员从以麻醉医师为主体的模式转向以护士为主体的模式，护士在疼痛管理中独特的关键作用正日益显现出来。护士是患者疼痛状态的主要评估者，是镇痛措施的具体落实者，是其他专业人员的协作者，是疼痛患者及家属的教育者和指导者，是疼痛患者权益的维护者。

### 一、做好患者疼痛状态的评估者

疼痛评估是进行有效疼痛控制的第一步。评估、记录患者疼痛与患者疼痛控制的质量有关。护士与其他医务人员最大的区别在于护士与患者在一起的时间最多，24小时守护在患者身边，施以全身心的照顾，因而往往最先了解患者的各种不适症状。护士在与患者交流的过程中，通过语言沟通或观察患者的面色、体态以及各项生命体征等客观表现，判断疼痛是否存在以及疼痛的部位、性质、程度并制定相应的护理措施。护士在认真检查患者疼痛的同时，常常可以为患者解除疼痛，如发现患者因体位不当而疼痛或因引流管不通畅而疼痛，或因敷料包扎过紧而疼痛等，可以给予相应的处理，解除其疼痛。对于正在接受疼痛治疗的患者，护士还有责任观察镇痛效果、有无不良反应，然后根据实际情况决定是否应报告医师。目前，在一些发达国家的医院内，分布在ICU、恢复室以及其他临床科室的患者，对其镇痛的评价首先依赖于护士的观察、评估和记录。

### 二、做好患者镇痛措施的落实者

由于大部分镇痛措施是由护士完成的，因此护士的知识基础、观察能力和技术水平直接影响着疼痛控制的效果。护士除了要执行有关医嘱，按时给予镇痛药物外，有时还要根据具体情况决定是否给予镇痛剂或何时给予镇痛剂，如备用医嘱的执行。此外，护士还可在自己的职权范围内运用一些非药物的方法为患者减轻痛苦，减少其对镇痛药的需求，常用的方法有冷敷、热敷、按摩、改变体位、活动肢体、呼吸调整、分散注意力等。

### 三、做好镇痛治疗中其他专业人员的协作者

护士作为患者整体身心健康的看护者，必须与各方面医务人员密切协作，为患者提供最合适的服务。护理管理人员从避免和减少因医护人员操作所引起的疼痛、减少患者痛苦的角度出发，制定协调工作程序，如为男患者留置导尿由麻醉前改至麻醉后；为多发创伤的患者换药、复位固定、创面引流等医疗操作和翻身、整理床单位等护理操作，安排在镇痛药物发挥作用后有序进行。护士应参与疼痛治疗方案的制定，提出建议以确保其合理性和个体化。疼痛专业护士除了协助医师完成各种常规治疗外，还要配合医生完成一些特殊镇痛操作，如神经阻滞。护士对患者的疼痛评估记录可为医生诊断治疗提供重要的参考。

### 四、做好疼痛患者及家属的教育者和指导者

美国《癌症疼痛治疗临床实践指南》中指出："在医务人员的治疗计划中，应包括对患者和家属进行疼痛及其治疗方面的教育。"护士负责患者及家属疼痛相关知识的宣教，教育他们如何应用疼痛评估工具、如何表达疼痛，让那些不愿意报告疼痛、害怕成瘾、担心出现不良反应的患者解除疑虑和担忧，保证疼痛治疗的有效性，同时指导患者进行疼痛的自我管理，如对自控镇痛的患者，护士必须向患者及家属讲授有关疼痛评估、给药时机、仪器操作方法、药物镇痛作用的特点、不良反应评价等方面的内容。

### 五、做好患者镇痛权益的维护者

2002年第十届国际疼痛大会上提出"消除疼痛是患者的基本权利"。护士作为患者最密切接触者，要向患者和家属介绍临床常用的镇痛方法，根据患者的病情、年龄、经济状况、环境等个体化因素，协助患者进行利弊分析，选择适合的镇痛措施。在疼痛控制不理想的情况下，协助患者向医生报告，必要时安排患者转到专业的疼痛门诊或疼痛治疗中心。护士应承担疼痛管理质量的保证和促进的职责，在镇痛效果保证和镇痛措施使用的安全等方面，及时、动态地进行监测，使患者的疼痛管理达到满意的状态。

护士在疼痛诊疗工作中上述几方面的作用，决定了护士在这一领域的重要地位，疼痛科室的护士必须具备比较扎实的疼痛理论基础和临床实践技能，即使是其他科室的护士，也应具备与本科疾病有关的疼痛知识，才能更好地履行职责，在临床实践中更好地贯彻整体护理思想，提高护理质量。

# 第十二章　急性疼痛护理

## 第一节　概述

### 一、急性疼痛的含义

国际疼痛研究学会（IASP）将急性疼痛定义为：最近产生并可能持续较短时间的疼痛。急性疼痛持续时间通常短于1个月，常与手术创伤、组织损伤或某些疾病状态有关。

### 二、急性疼痛的发病机制

手术或创伤等组织损伤导致炎性介质释放，从而激活外周伤害感受器，后者被激活后，伤害性信号便会经脊髓上行传导束传导至丘脑和大脑皮质，这些信号在中枢进行整合后就会使人产生疼痛感觉。

### 三、急性疼痛的类型

急性疼痛主要包括以下几类：

1．术后痛

术后痛主要为由手术切口的创伤、内脏器官的损伤和刺激以及引流物的刺激导致的术后即刻痛。

2．分娩痛

分娩痛是大部分妇女一生中所遇到的最剧烈的疼痛，随着宫缩的启动而出现，至新生儿的娩出而终止，体内不存在病灶。

3．外伤痛或运动伤痛

各种造成机体组织损伤的创伤因素均可导致不同程度的疼痛。

4．烧伤、烫伤痛

烧伤、烫伤痛是一种特殊类型的外伤痛，是由火焰、沸水、强酸、强碱引起的身体表面损伤，疼痛持续且剧烈。

5．疾病状态相关痛

疾病状态相关痛是由组织器官的炎性反应、缺血引起的疼痛，如急性心肌梗死、急性胰腺炎及带状疱疹引起的疼痛等。

6．急性神经痛

神经受刺激或压迫而产生的疼痛，疼痛程度剧烈，如刀割、撕裂样痛，令患者不能忍受。

### 四、急性疼痛治疗的发展方向

随着镇痛研究和技术的发展，急性疼痛已经从以往的保守治疗转变为积极主动治疗。保守治疗方法是在患者已不能忍受疼痛时，根据患者的需要肌注或静注镇痛药物，而积极主动的治疗则包括患者自控镇痛、硬膜外镇痛和连续神经阻滞镇痛等。目前，对于急性疼痛，多采用多模式镇痛和超前镇痛疗法，提倡联合镇痛，同时强调在手术前预防疼痛的发生，减轻或预防术后超敏状态的形成。

### 五、急性疼痛治疗的原则

1．先诊断后治疗的原则。疼痛是机体受损的表现，需要先明确诊断，再处理疼痛，避免光处理疼痛而延误原始疾病的治疗。

2．先简后繁，先无创后有创，以简单、安全、无创的措施达到治疗目的为原则。例如，先考虑物理治疗，再考虑口服给药、注射及介入疗法等。

3．合理用药，以有效、安全为主的原则。WHO给出的合理用药的定义是“用药正确、保证疗效、剂量恰当、治疗期限合理，且用药后产生的危害性极小”。

4．相辅相成、综合治疗的原则。身心兼顾，标本兼治。

**六、多模式镇痛、超前镇痛和联合镇痛**

1．多模式镇痛

多模式镇痛就是联合应用不同作用机制的多种镇痛药物或采用机制不同的多种镇痛措施，以达到更好的镇痛效果，同时将副作用降至最低，这代表着术后镇痛技术的主要发展方向。通过联合应用阿片类药物、区域阻滞药和非甾体类抗炎药，可在减弱中枢神经系统接收到的疼痛信号的同时抑制外周疼痛信号的发生。

2．超前镇痛

超前镇痛是指在伤害性刺激作用于机体前采取一定措施，防止神经中枢敏感化，减少或消除伤害引发的疼痛，避免中枢神经系统过度兴奋，从而减少镇痛药用量。

3．联合镇痛

联合镇痛是指经不同的给药途径、时间或联合应用不同种类的药物以达到镇痛或预先镇痛的目的。

**七、疼痛监测**

指定专门的或参与疼痛治疗工作的医务人员记录患者镇痛前后生命体征、镇痛效果、副作用及处理方法和结果。监测和记录每日不应少于2次，在每次变更镇痛药或镇痛方法后至少应监测一次药物达最大作用时的镇痛效果和副作用（静脉镇痛药达最大作用时间一般为5～15分钟，口服药为1小时）。

## 第二节　手术后疼痛的护理

**一、手术后疼痛的含义**

手术后疼痛，简称术后痛，是手术后即刻发生的急性疼痛，是机体在手术后对有害刺激的一种主观感受。

**二、术后痛的性质**

术后痛的性质为伤害性疼痛，是临床最常见和最需紧急处理的急性疼痛，通常疼痛持续时间不超过7天。术后痛如果不能在初始状态下被充分控制，可能发展为术后慢性疼痛，其性质也可能转变为神经病理性疼痛或混合性疼痛。

**三、术后痛转变为慢性疼痛的诱发因素**

术前有长于1个月的中到重度疼痛、精神易激、抑郁、多次手术；术中或术后损伤神经，采用放射治疗、化学治疗；术后疼痛控制不佳和精神抑郁等。其中，术后疼痛控制不佳和精神抑郁为最突出的因素。

**四、术后痛的发生机制**

手术导致的伤害性刺激自外周组织经脊髓向脑传递，传递包括转导、传导、调制和知觉4个阶段。外周组织损伤通过外周敏感化和中枢敏感化机制调节神经系统的反应性，外周敏感化和中枢敏感化促进了术后痛觉过敏状态的形成。

**五、术后痛的不利影响**

术后疼痛是机体受到手术刺激后的一种反应，包括生理、心理和行为上的一系列反应。重度疼痛不仅可导致身体各器官功能改变，还导致内分泌、代谢、免疫和心理的改变。

1．短期不利影响

（1）心血管功能：心率增快、血管收缩、心脏负荷增加、心肌耗氧量增加，冠心病患者心肌缺血及心肌梗死的危险性增加。

（2）呼吸功能：手术损伤后伤害性感受器的激活能触发多条有害脊髓反射弧，使膈神经兴奋的脊髓反射性抑制，引起术后肺功能降低，特别是上腹部和胸部手术后；疼痛导致呼吸浅快、呼吸辅助肌僵硬致肺通气量减少，无法有力咳嗽，无法清除呼吸道分泌物，导致术后肺部并发症。

（3）胃肠运动功能：抑制胃肠蠕动，胃肠功能恢复延迟。

（4）泌尿系统功能：尿道及膀胱肌运动力减弱，引起尿潴留。

（5）骨骼肌肉系统功能：肌肉张力增加，肌肉痉挛，限制机体活动并促进深静脉血栓形成。

（6）神经、内分泌系统功能：神经、内分泌应激反应增强，引发术后高凝状态和免疫抑制；交感神经兴奋导致儿茶酚胺和分解代谢性激素的分泌增加，合成代谢性激素分泌降低；增加全身氧耗，对缺血脏器有不良影响。

（7）心理情绪方面：导致焦虑、恐惧、忧郁、不满、过度敏感；疼痛导致的睡眠障碍会产生心情和行为上的不良影响。

2. 长期不利影响

（1）疼痛控制不佳是使术后痛发展为慢性疼痛的危险因素。

（2）术后持续1年以上的长期疼痛是引起机体行为改变的风险因素。

### 六、术后镇痛的临床意义

术后镇痛不仅可以减轻患者的手术后疼痛，而且可以提高患者自身防止围术期并发症的能力。术后镇痛治疗能够提高大手术患者围术期的安全性，可以减少术后患者体内儿茶酚胺和其他应激性激素的释放，减轻或防止了机体一系列应激反应，利于患者术后康复。

### 七、术后镇痛的基本原则

1. 在稳定患者重要脏器功能的前提下实施完善的镇痛措施，最大限度地减少患者的痛苦和改善重要脏器功能。

2. 根据手术部位和性质预测术后疼痛程度，若估计术后疼痛较剧，在患者麻醉药物作用完全消失前主动做预防给药，如预先留置硬膜外腔导管，手术结束时向导管内注入长效局麻药或麻醉性镇痛药。

3. 当患者术后疼痛评分≥5分时，及时选择药物给予镇痛处理，把疼痛控制在≤4分的水平。

4. 术后应用镇痛药的患者，首先采用非麻醉性镇痛药和镇静剂联合应用，视镇痛效果而后决定是否加用麻醉性镇痛药。

5. 手术后疼痛发生后，要首先注意观察和检查手术局部情况，明确疼痛发生的原因，然后再实施镇痛措施。

6. 应选用毒性低、对生理指标影响小、药物依赖性较低的镇痛药物，用药期间注意观察生命体征。

### 八、口服药物在术后联合镇痛中发挥作用的途径

1. 联合应用几种不同作用机制的药物，以达到药物之间的互补和协同作用，获得最佳镇痛效果、最小不良反应，如联合阿片类药物和非甾体类抗炎药的复方口服制剂等。

2. 在不同的时间点发挥效能，使血药浓度保持在有效镇痛水平，如能发挥快速而持久作用的控释制剂药物等。

3. 联合应用不同给药途径，如口服药联合局麻药局部镇痛或区域神经阻滞镇痛等。

### 九、口服药物用于术后镇痛的局限性

虽然口服药物用于术后镇痛有简单易行、方便无创、经济有效和安全性高等优势，但仍存在诸多不足，主要有：

1. 适用范围局限

目前口服药物生物利用度总体偏低，同等剂量的药物若采取口服途径给药，其血药浓度较低，另外受手术麻醉后胃肠道功能变化的影响，致使用药不及时、用药不完善，因而并非适用于所有手术的术后镇痛，仍局限于非胃肠道手术。

2. 起效相对较慢

口服药物在术后疼痛治疗上剂量的个体差异较大，达到峰浓度时间也相对较长，对控制术后短期疼痛的效果不太理想。

3. 给药时间受限

由于受术前禁食传统观念的束缚，口服药物在术前给药的时机仍较难把握，术后也需要充分考虑胃肠功能恢复的情况，才能安全给药。

## 十、硬膜外镇痛的并发症

1．呼吸抑制

患者意识状态改变、嗜睡、呼吸深度减弱。

2．尿潴留

多见于男性，多发生于镇痛治疗后的24～48小时内，临床表现为排尿困难、耻区胀满。

3．恶心、呕吐

常出现于给药后4～6小时。

4．皮肤瘙痒

发生率较高，尤其当阿片类镇痛药用量增大时，其发生率更高，症状随时间推移而逐渐减轻。

5．便秘

镇痛药物会减慢胃肠蠕动，造成患者便秘。

6．其他并发症

直立性低血压；过度镇静；硬膜外感染。

## 十一、硬膜外镇痛期间的监测

为提高硬膜外镇痛的安全性，应定期监测患者的生命体征，重点监测呼吸和氧饱和度。将麻醉性镇痛药注入硬膜外腔后的第1个4小时内，监测呼吸频率1次/小时，之后可改为1次2小时，连续16小时，以后只要继续硬膜外给药，就应监测1次/4小时。

## 十二、硬膜外镇痛产生呼吸抑制的处理

当患者呼吸频率少于8次/分钟、氧饱和度低于90%，收缩压值低于90 mmHg时，及时汇报医生，同时面罩给氧，氧流量6 L/min，唤醒并鼓励患者呼吸，病情严重者则需进行辅助或控制呼吸，同时使用纳洛酮。

## 十三、警惕硬膜外镇痛后呼吸抑制的发生

呼吸抑制是硬膜外镇痛令人担心的严重并发症之一，对此类患者应建立护理常规，严密监测生命体征，对年龄较大（大于60岁）、镇痛药用量大以及全身情况较差，尤其是肺功能减退和肝肾功能障碍的患者，应特别警惕呼吸抑制的发生。

## 十四、术后痛护理的特殊性

术后痛护理的特殊性表现在：

1．镇痛治疗的非主动性

护士和患者对术后镇痛治疗的给予和接受都存在着非主动性。

2．疼痛评估的偏差性

护理人员对疼痛的认识存在偏见，经常低估患者的疼痛。

3．疼痛反应的差异性

患者对疼痛的反应常存在很大的个体差异性。

4．影响因素的多样性

如性别、年龄等影响着护士对患者疼痛程度和治疗需要的判断。

5．疼痛知识的局限性

患者对疼痛及其治疗的观念左右着疼痛处理的有效性。

## 十五、预防咳嗽引起的切口疼痛

1．向患者解释咳嗽后疼痛的发生机制，使患者有思想准备。

2．讲述并演示正确的咳嗽方法。

3．患者进行咳嗽深呼吸训练时陪伴左右，使患者增强信心。

4．向患者保证正确的咳嗽不会导致伤口裂开或内脏凸出。

5．最大限度缓解咳嗽引起的疼痛，患者咳嗽时用毛巾、枕头或直接用手按压伤口并施加一定的压力，临床护理时减少对切口部位的压力或牵拉作用。

## 十六、激发或加剧术后痛的的因素及护理

1.可能因素

（1）精神因素

如精神压力过重、极度悲伤或恐惧、性格忧郁等。

（2）环境因素

如闷热的天气、高分贝的噪声、强烈的光线、特殊的气味、污浊的空气、人多嘈杂的环境等。

（3）身体因素

不良姿势、过度疲劳、低氧状态、药物作用等。

2.护理对策

（1）创造安静的休养环境：调节光线，减少噪声，去除异味，保持适宜的温度和湿度。

（2）心理护理：寻找并消除精神因素，保持患者安定、镇静。

（3）保持良好的体位姿势：定时更换卧位，尽量保持舒适。

（4）分散注意力：通过躯体或精神上的活动使患者转移对疼痛的注意力。

（5）对于胸痛影响呼吸者，患者不敢呼吸、翻身，应协助翻身、拍背、咳嗽，防止并发症发生。

## 十七、术后使用PCA泵（患者自控镇痛泵）患者的护理

1. 全面了解患者病情，评估患者是否适合使用PCA，对存在PCA禁忌症的患者，选择其他镇痛方法。

2. 掌握PCA泵的使用方法、参数设定（负荷量、背景剂 、锁定时间、限制剂量）和镇痛药特性。

3. 使用前向患者及其家属解释PCA的作用原理，说明可能出现的不良反应，征得患者本人及其家属的同意。

4. 患者术后返回病房时，病房护士应与麻醉医生认真交接班，确保PCA泵正常运行。

5. 熟悉PCA泵常见的报警原因和处理方法，对不能处理的故障，及时通知麻醉医师。

6. 使用硬膜外PCA泵时，导管固定在患者后背，应让患者保持正确卧姿，防止导管受压、牵拉、折断导致管道不通或导管脱出，保持导管通畅；使用静脉PCA泵时，尽可能使用单独的静脉通道，若确需通过PCA的静脉通路滴注其他液体，必须严格控制最初的给药速度，防止将管道内的镇痛药快速冲入体内而发生危及生命的情况。

7. PCA泵应低于患者心脏水平，电子PCA泵勿接近磁共振仪，不可在加压氧舱内使用。

8. 自控键应由患者选定何时按压，家属或护士不应随意按压，除非患者要求帮助时。

9. PCA泵使用期间应给予患者一级护理，密切观察用药量、药物浓度、镇痛效果及其不良反应，定时监测呼吸、血压和脉搏，做详细记录。出现镇痛不全时，及时通知麻醉科医生，遵医嘱酌情追加镇痛药。

10. 防治并发症，如皮肤瘙痒、恶心、呕吐、便秘、呼吸抑制、PCA静脉穿刺处感染或硬膜外腔感染等。

## 十八、术后痛患者的健康教育

1. 宣教术后疼痛对机体可能产生的不利影响，使患者积极参与疼痛治疗。

2. 术前评估患者及其家属对疼痛相关知识的了解程度，了解既往疼痛史和预期疼痛处理应达到的目标。

3. 强调大部分术后疼痛可以缓解，患者有权享受术后无痛经历。

4. 告知患者或家属镇痛药物的作用、效果和不良反应等，解除排斥心理。

5. 向患者说明何时表达疼痛反应及如何表达，疼痛反应包括疼痛强度、性质、持续时间和部位，并说明这些主诉将成为疼痛治疗的依据，护士将根据主诉所反映的疼痛特点采取必要的护理措施。

6. 向患者介绍自我解痛方法，在镇痛治疗的同时辅助使用放松、想象、冷敷和热疗等方法缓解疼痛。

7. 向PCA泵使用患者讲述给药的方式和时机，患者应在感觉疼痛开始时自行给药，以达到良好的镇痛效果。

8. 劝告患者及时向护理人员叙述心中的疑虑和担忧，避免因过分担心疾病的康复导致高度焦虑从而降低耐受性，加重疼痛。

## 十九、术后痛控制效果评估

1. 评估静息和运动时的疼痛强度，只有运动时疼痛减轻才能保证患者术后躯体功能的最大恢复。

2. 定时评估并记录疼痛程度及其治疗反应，包括用药后不良事件和副作用。

3．在疼痛有效控制前，评估每次镇痛药物使用后的治疗效果。原则上静脉给阿片类药后5～15分钟、口服镇痛药后1小时，药物达最大作用时做治疗效果评估。对于PCA患者应该了解按压次数与无效按压次数、是否寻求其他镇痛药物。

4．对突如其来的剧烈疼痛，尤其伴有生命体征改变时，如低血压、心动过速或发热，应立即评估和治疗，同时对可能的切口裂开、感染、深静脉血栓等情况做出新的诊断和治疗。

5．疼痛治疗结束时应由患者对医护人员处理疼痛的满意度以及对整体疼痛处理的满意度分别做出评估。

### 二十、术后痛的管理目标

术后痛管理要达到以下目标：

（1）最大限度镇痛，包括术后即刻镇痛、无镇痛空白期、持续镇痛、避免或迅速制止突发性疼。

（2）最小的不良反应，无难以耐受的副作用。

（3）最佳的躯体和心理功能，不但安静无痛，还应达到运动时镇痛。

（4）最好的生活质量和患者满意度。

## 第三节　创伤性疼痛的护理

### 一、创伤性疼痛的含义

创伤性疼痛是一种伤员因组织损伤而产生的不愉快的主观感觉及情感体验。创伤性疼痛作为有害性刺激可引起机体各系统发生防御反应，但若得不到有效缓解，可对机体产生有害作用，不利于伤员的康复。

### 二、创伤性疼痛的发生机制

机体组织因外伤而受损时，受损细胞可释放出内源性致痛物质包括K+H+5-羟色胺、缓激肽、前列腺素和P物质等，激活或敏感化伤害性感受器，引起Aδ和C类神经末梢产生动作电位，传入脊髓整合后进入中枢，沿脊髓丘脑束和感觉神经系统到达大脑皮层，产生痛觉。

### 三、创伤性疼痛的临床表现

创伤性疼痛属伤害性疼痛，是由较短时间内作用于机体组织的伤害性刺激所引起，因此，大多属急性疼痛，会导致患者的生理和心理功能异常，如剧烈的血压波动、脉搏改变；呼吸加快、变浅，咳嗽无力；肢体扭曲颤抖、面部表情痛苦；体温升高，出汗等。重度疼痛还会增强机体强烈的应激反应，造成消化道溃疡甚至出血。

另外，创伤性疼痛患者由于外伤突然致病，因此可出现惊恐、焦虑、压抑、紧张等情绪反应，结果使患者对疼痛的耐受性降低而加重疼痛感。恐惧和焦虑是急性疼痛的主要精神伴随症状，当疼痛时间延长、不缓解时，特别是疼痛治疗无效时，患者往往表现出愤怒和悔恨的情绪；如果严重的急性疼痛长时间得不到缓解，会导致患者出现精神抑郁和无助，引起患者个人行为的许多变化，包括增加自我关注、不愿与人接触和对外界刺激敏感性增加等等。

### 四、创伤性疼痛的干预

1．去除引起疼痛的原因

如有异物刺入皮肤，迅速取出异物；骨折后要妥善固定，肢体制动，有效牵引；四肢损伤时应抬高患肢30°～40°以利静脉回流，减轻疼痛。急性缺血性疼痛者应立即去除引起缺血的原因，如去除一切外固定物及包扎过紧的敷料，解除血管痉挛，改善组织缺血症状。

2．心理护理

帮助患者适应医院新的生活环境并建立新的人际关系；指导患者保持良好的心态，以提高痛阈，增加对疼痛的耐受力；与患者家属建立良好的护患关系，力争支持和配合。

3．药物镇痛

药物处理是减轻患者疼痛的有效方法之一，可以降低交感神经兴奋性，减少儿茶酚胺等激素的释放，防止心动过速、心肌缺血，减少外周血管收缩，特别是对于失血过多的低血容量伤员，镇痛药物的恰当使用可以防止休克的发生。另外，镇痛药的及时使用还可缓解患者焦虑、紧张情绪，有利于治疗和康复。

4．皮肤刺激法

包括冷敷、热敷、按摩、震颤以及皮肤搽剂的应用。冷刺激可产生局部麻醉作用，减轻炎性肿胀；热刺激可缓解肌肉痉挛，增加局部供血；按摩和震颤主要通过物理刺激增加血流，舒筋活血来减轻疼痛。

5．非语言交流

触摸与暗示等非语言交流方法能使外伤患者疼痛明显减轻甚至消失，反复疼痛的频次减少。可以通过抚摸患者的手、轻拍肩部或抚摸伤口周围等，使患者感到医护人员对痛苦的关心与理解，产生积极的情绪反应，在轻松愉快中减轻疼痛。躯体舒适带来精神舒适，进而促进躯体创伤的康复，形成良性循环。

6．技术性镇痛法

包括经皮电动神经刺激、神经阻滞术、硬膜外腔注射局麻药持续镇痛、超激光疼痛治疗仪照射治疗、臭氧（$O_3$）浸润治疗等。

7．中医镇痛

在对神经系统的疼痛治疗方面，其疗效甚至超过药物治疗。

**五、创伤患者药物镇痛**

由于创伤患者病情复杂危重，因此在任何情况下，必须先保证患者的基础生命，然后根据患者的疼痛程度选择和使用镇痛药物，并结合患者的实际情况选择给药途径和剂量，注意药物的副作用及处理措施。目前，新的医疗观点认为应克服旧的“忍耐疼痛”的观点，主张采用预防性用药，定时给药，而不是疼痛难以忍受时再给药。在镇痛期间，严密观察镇痛效果和不良反应，同时详细记录用药时间和剂量，防止成瘾。

**六、创伤性疼痛的管理过程**

创伤患者的疼痛管理可分为3个主要阶段：院前阶段（在野外初步评估和处理，包括脱离现场）、早期医院阶段（在急诊室的初步评估和处理）、手术和术后康复阶段。

**七、颅脑外伤头痛的护理**

1．一般护理

密切观察病情，注意患者意识、呼吸、血压、脉搏和瞳孔等变化，观察有无恶心、呕吐等颅内压增高症状。一般抬高床头30°，以利于静脉回流；同时注意维持呼吸道通畅。

2．躁动护理

躁动不安是颅内外伤急性期的一个常见表现。可引起躁动不安的有许多因素，首先考虑脑水肿、脑肿胀或颅内血肿所致的颅内高压状态；其次是颅外因素，如呼吸道不通畅引起的缺氧，尿潴留引起膀胱过度充盈等，另外，可能与颅内头痛有关。因此，对于颅脑外伤患者，当患者突然由安静转入躁动或由躁动转为安静深睡时应提高警惕。当躁动发作时，不宜强加约束，可用床档防止坠床，必要时专人守护。

3．镇痛护理

由于镇静、镇痛药物的应用可能会因缓解疼痛而掩盖病情变化，镇静、镇痛药物会不同程度地干扰对患者呼吸、循环、意识和瞳孔的判断，因此，对于头颅外伤疼痛患者，必须仔细分析疼痛原因，不能盲目镇静、镇痛。对于突然发生的剧烈头痛要考虑是否有病情加重；对于诊断明确、病情稳定患者，可根据医嘱适当应用镇痛药并认真观察药效。另外，头颅深部疼痛中的部分患者可能与头颅外伤后并发脑水肿、脑肿胀而引起颅内高压有关，可应用脱水、利尿药物以达到缓解头痛的目的。护士要善于观察患者的疼痛反应，采用口述描绘评分法或数字法对疼痛进行评分。

4．心理护理

护士要适当地向患者解释疼痛的机制，为患者创造一个宁静舒适的休养环境，取得家属的支持与配合，通过病例、现身说教等鼓励患者面对现实，树立康复信心。

**八、胸部外伤疼痛的治疗**

胸部外伤疼痛主要是由肋骨骨折、胸壁软组织损伤、胸部放射性损伤、胸膜穿破造成的气胸及大血管损伤而引起。

疼痛治疗包括：

1．病因治疗，悬吊肋骨骨折、胶布固定胸廓等缓解疼痛。

2．肋间神经阻滞疗法，一方面可止痛、消炎，另一方面可鉴别脊髓或内脏疾病引起的疼痛。

3．物理疗法，主要用激光、超声波等治疗方法。

4．口服或肌注镇痛药物。

5．患者自控镇痛：既可缓解时，减轻疼痛对咳嗽的限制，使分泌物易于咳出，同时又能增加患者的呼吸幅度，改善呼吸功能，利于胸外伤康复。

另外要注意的是，对于贯通性胸部外伤，在诊断不明确、未采取综合治疗时，暂不采取镇痛治疗；如已经明确诊断，采取综合治疗时，应给予镇痛处理。

## 九、胸部外伤疼痛的护理

1．一般护理

严密观察生命体征，注意神志、瞳孔、胸部和腹部体征等，注意有无复合伤，密切观察呼吸频率、幅度和缺氧症状，确保呼吸道通畅，清除气道内血液或分泌物、减少和预防吸入物淤积于肺内使肺膨胀不良。多根多处肋骨骨折患者应配合医师紧急行胸壁加压包扎固定，矫正胸壁凹陷以恢复胸壁的支架作用，清除或减轻反常呼吸运动，维持正常的呼吸功能，促进伤侧肺膨胀，缓解胸廓异常活动导致的疼痛。

2．专科护理

常规行胸腔闭式引流术，术后加强胸腔闭式引流管的护理。

3．镇痛护理

对于呼吸循环稳定而疼痛剧烈者，可按医嘱给予全身止痛药物，同时加强呼吸循环监护，防止意外发生。指导患者根据自身疼痛程度通过PCA泵给予镇痛药物并观察患者疼痛消退的范围及程度，判断镇痛效果。对于突然加剧的疼痛要警惕有无病情加重；对于呼吸、循环欠平稳的患者或尚未明确诊断的疼痛禁忌给予止痛药物，以免掩盖病情延误治疗而丧失抢救时机。对于因留置胸腔闭式引流管而引起的疼痛可适当应用止痛药物，如进行局部肋间神经阻滞。指导患者进行有效的腹式呼吸以缓解胸部疼痛，减轻呼吸困难。

4．心理护理

加强心理护理及病情介绍，解释全身疲乏、疼痛、呼吸困难等不适的原因、持续时间及预后情况。根据患者的需要做好生活护理。指导患者进行肺的功能锻炼，鼓励和指导患者深呼吸、有效咳嗽排痰。

## 十、腹部损伤的疼痛性质与创伤区域之间的关系

腹壁痛觉神经属于$T_7$～$T_{12}$发出的肋间神经，其神经末梢在腹壁上的分布极为丰富和致密。有创伤刺激时产生敏锐的疼痛，识别能力强，定位准确。壁腹膜属于$T_6$～$L_l$神经末梢，脏腹膜及腹腔内脏器的神经属自主神经末梢，来自迷走神经与$T_5$～$L_3$发出的交感神经，对切割等创伤疼痛不敏感，定位亦差，而对牵拉、膨胀等刺激较敏感。多数腹部损伤患者有腹胀主诉。若患者对创伤引起的疼痛识别能力强、定位准确，通常受损的是肋间神经分布的腹部区域；当定位不明确时，受损部位为迷走神经和交感神经分布的区域。

## 十一、腹部闭合性损伤疼痛的特点

1．有明显外伤史的同时常并发其他部位损伤，如肋骨骨折、骨盆骨折、盆腔损伤、颅脑损伤等，因此对此类患者应警惕腹内闭合性损伤的存在。

2．患者腹痛呈持续性剧烈疼痛，有时可为钝痛，多呈弥漫性。

3．最初发生疼痛的部位多为相关受损脏器，有些内脏损伤易出现反射痛或牵涉痛。

4．早期腹痛可不明显，如脾脏破裂出血可仅表现为上腹部不适。

5．如腹腔内脏器受损伤破裂致消化液外溢常表现为腹膜炎（腹痛、腹部刺激征等）。闭合性腹部损伤的疼痛在进行手术前腹膜刺激征明显且有逐渐加重趋势。

## 十二、腹部开放性损伤疼痛的特点

1．有明显的外伤史，腹部有伤口，穿透伤者常可见脱出组织和渗出液。

2．腹壁疼痛性质多为锐痛，定位准确。

3．内脏伤所致的疼痛性质不一，可为锐痛或钝痛，多呈弥漫性。

4．可能有出血性休克或腹膜炎症候群，常合并其他损伤症候群如肋骨骨折、盆腔损伤。

开放性腹部损伤患者由于存在出血、大量液体渗出和组织脱出等可能，因此在急性期患者往往有疼痛主诉，而一旦伤口等给予妥善处理后疼痛将成为其主要主诉。

## 十三、腹部损伤疼痛的护理

闭合性腹部损伤在明确诊断及手术前不能用任何镇痛、镇静药物，因为镇静、镇痛治疗可能掩盖病情，加重休克，并且使患者难以维持正常的呼吸功能。因此，应绝对卧床休息，严密观察病情，禁食；对于确诊或高度怀疑腹腔脏器损伤的患者，应立即执行备皮。术后患者应取半卧位，以利于体位引流和改善换气，减轻疼痛等。剖腹探查术后，若患者呼吸、循环稳定可给予止痛治疗，包括肌内注射哌替啶和患者自控镇痛等。

开放性腹部损伤患者往往存在急性呼吸和循环功能障碍，因此抢救生命是现场急救重点。待患者休克得以改善，全身情况稳定时，护士应立即注意疼痛的评估与处理，因为疼痛可能加重患者病情，给救治带来困难。另外，在现场急救时如伤口较大，对已经脱出的内脏（如肠管和大网膜），应立即保护、覆盖好，切忌还纳，以免污染腹腔。开放性腹部损伤患者均需紧急手术，应在严密观察患者全身情况的同时积极做好手术前的各项准备工作。此类患者因腹腔脏器脱出或大量出血等情况害怕自身生命能否生存而疼痛主诉不再是首要问题，护士要特别关爱他们，通过观察，从他们的反应体察其疼痛程度，不忽视患者因疼痛加重休克等的可能性。

腹部损伤术后一般会留置引流管道，常用的有腹腔双套管，应注意做好管道护理。留置期间注意维持有效负压，保持引流管通畅，准确记录引流液量、性质及其变化趋势，引流管宜妥善固定，防止脱落等。要耐心听取患者主诉，了解其对疼痛的反应，根据常用的口述评分法或记分法对疼痛程度进行轻重分级。对于突然发生或逐渐加剧的腹腔疼痛要高度警惕是否有病情恶化倾向，尤其对伴有恶心、呕吐等腹部体征患者更应警惕是否并发腹膜炎。对已行手术的患者，可按照腹部术后疼痛常规处理。

## 十四、四肢外伤疼痛的特点

四肢常见的外伤有骨折、关节脱位及软组织损伤，其中以四肢骨折最多见。疼痛是四肢外伤的首发症状，其特点是：

1. 有明确的外伤史；
2. 疼痛明显、定位准确，移动患肢时疼痛加剧，局部有明显的压痛；
3. 通过妥善固定制动，疼痛常常能缓解；
4. 局部受伤处有肿胀与瘀斑并伴有肢体功能障碍但严重创伤合并休克或肢体神经断裂时，患者常无疼痛主诉或肢体远端无痛觉。

## 十五、四肢外伤疼痛的护理

1. 妥善固定与制动是缓解疼痛的有效方法之一

四肢外伤以骨折多见，妥善固定可减轻疼痛。因此骨折或可疑骨折的患者，可用夹板、木板、自身肢体等妥善固定受伤的肢体。若有畸形的肢体，可通过手法牵引等方法使之尽量恢复肢体正常曲线，再行固定，以减轻疼痛，防止再损伤。在变换体位时注意分散患者注意力并适当给予镇痛药物以免加剧疼痛。

2. 及时进行清创等其他治疗

包括彻底清创、修复组织、封闭伤口、骨折脱位、复位固定等，早期还可冰袋冷敷，病情稳定后或恢复功能锻炼时采用热敷。

3. 加强牵引和石膏护理

根据骨折发生的部位、时间及进展情况指导患者进行科学、合理的功能锻炼。功能锻炼是治疗骨折的重要组成部分，可使患者迅速恢复正常功能。

4. 加强心理护理

因患者意外受伤且肢体骨折，一般心理负担重、担心预后，护士应主动关心，认真了解患者对疾病担心的程度，有的放矢地进行解释。部分患者因惧怕疼痛，不敢进行任何活动，护士应通过心理护理使其保持心理健康，通过健肢来完成一些力所能及的行为，提高自我照护能力。对于小儿受伤者，告诉其父母不宜给孩儿过多照顾，以免发生长期卧床并发症。对于老人受伤者，应根据病情提供相应护理。

5．合理实施镇痛护理

骨折等外伤急性期患者一般疼痛明显，尤其以活动时加剧，护士宜认真倾听患者主诉，采用口述描绘评分法或记分法科学评估疼痛程度，在明确诊断条件下，遵医嘱采取镇痛措施，评价镇痛效果。

**十六、挤压综合征患者的疼痛特点**

挤压伤患者往往伴有受压局部的明显肿胀，这时，患者不仅遭受挤压局部引起的剧烈、持续的疼痛，还会出现积压肢体远端因缺血而引起的疼痛，这导致患者主诉剧痛难忍，强烈要求使用镇痛药物止痛。

**十七、挤压综合征患者疼痛的护理要点**

护士应仔细倾听患者主诉并结合患者疼痛反应判断疼痛的性质、程度和部位。对于突然加剧的疼痛、并发肢体远端发冷、发绀等远端肢体缺血症状时应提高警惕。首先通知医师，必要时行切开减压术，不可盲目使用镇痛药，以免掩盖病情延误治疗失去保全肢体的时机。剧烈疼痛会加重患者休克症状，对于诊断明确并经积极处理的患者，在保证呼吸、循环平稳的情况下适当应用全身镇痛药物，部分有硬膜外镇痛的患者可以根据情况适当加强镇痛效果。

## 第四节 常见疼痛性疾病的护理

**一、心绞痛**

（一）心绞痛的含义

心绞痛是冠状动脉供血不足，心肌急剧、暂时的缺血、缺氧所引起的临床综合征。

（二）导致心绞痛的原因

冠状动脉粥样硬化，冠状动脉管腔变窄，导致心肌供氧量减少，或当患者情绪激动、用力活动或饱餐后，心肌和身体的需氧量均增加，从而导致心肌缺血、缺氧，发生心绞痛。心绞痛是心肌缺血的直接表现，是无氧代谢集聚物作用的结果。

（三）心绞痛的诱发因素

1．近半数患者在心绞痛发生前有诱因，如过度的体力活动、情绪激动、贫血、甲亢及心律失常等。

2．心绞痛可能发生在任一时刻，但早晨醒来数小时内发生最多，因为早6时到中午12时交感神经兴奋性增高，血液黏稠浓缩，容易形成血栓，诱发心绞痛。

（四）心绞痛的疼痛特点

1．疼痛性质

心绞痛为深部的内脏性疼痛，常被描述为“绞榨样”“钳夹样”“窒息感”“挤压感”等，也有一些患者感觉比较模糊，描述为轻度压迫样不适感、难受的麻木感，尤其是糖尿病患者。

2．疼痛部位

在胸骨上、中段后方出现，可波及大部分心前区，界限不清，放射至左肩、左上肢尺侧及环指和小指，也可放射到右臂和两臂的外侧面，偶尔可见于下颌骨以上或上腹部以下。

3．疼痛持续时间

疼痛症状通常是渐增、渐减的过程，多为1～5分钟，很少超过15分钟。

4．疼痛缓解方法

典型的心绞痛通过休息或含服硝酸甘油后在几分钟内缓解。

（五）不典型心绞痛的特点

疼痛仅是胸部憋闷感，隐隐作痛。部位不在胸骨后方，可发生在胃部、前胸后背、左胸或右胸、左肩或右肩、左臂或右臂，甚至颈部的不适、牙痛以及向大腿放射的疼痛等。发作的诱因不明显，也可能在午休或夜间睡眠中发生。疼痛的时间不是3～5分钟就缓解了，而是略有延长，甚至可达到10分钟以上。

（六）左胸前区出现疼痛与心绞痛

典型的心绞痛可表现为左胸前区疼痛，但左胸前区的疼痛并不一定都是心绞痛。如肋间神经痛、肋软骨炎、反流性食管炎等都可引起左胸痛，尤其是食管疼痛极像心绞痛。因此，左胸前区疼痛可先请心内科医生诊断，排除心绞痛后，再去其他科就诊。

（七）治疗心绞痛的药物

（1）硝酸酯类药：硝酸甘油、硝酸异山梨酯等。

（2）β受体阻滞剂：普萘洛尔、美托洛尔等。

（3）钙通道阻滞剂：硝苯地平、地尔硫䓬等。

（4）抗凝药物：阿司匹林、肝素等。

（八）患者使用硝酸甘油的注意事项

（1）随身携带药片，家属要知道药放在何处。

（2）心绞痛一旦发作，立刻舌下含服一片，并让它完全溶解。

（3）服药后最好平躺，以防低血压。

（4）每隔5分钟重复含服等量的药剂，直到疼痛缓解，如果连续含3片仍不能缓解心绞痛，或出现心率减慢、血压下降、呼吸急促，并伴恶心、呕吐、出冷汗、烦躁不安等，警惕急性心肌梗死，应立刻去医院就诊。

（5）硝酸甘油应放在暗色瓶子里，并置于干燥处。因为6个月后药效消失，故应随时更换过期的硝酸甘油。

（6）若药效够强，舌下含服后患者会觉得舌上有烧灼感、微辣感，而且有头部发胀、鼓动的感觉。

（7）让患者了解药物副作用：头痛、脸部潮红、低血压、眩晕等。

## 二、心肌梗死

（一）心肌梗死的含义

心肌梗死是冠心病的严重类型，是在冠状动脉病变的基础上发生冠状动脉血供急剧减少或中断，以致相应心肌发生持久而严重的心肌缺血，引起部分心肌缺血性坏死。

（二）心肌梗死的疼痛特点

1. 先兆症状

以频繁发作心绞痛最常见，其次是胸闷。原来稳定型或初发型心绞痛患者的运动耐量突然下降，而心绞痛发作频度、严重程度、持续时间增加。诱发因素不明显，原来有效的硝酸甘油剂量变为无效，患者在心绞痛发作时还可能出现新的临床表现，如伴有恶心、呕吐、出汗、心律失常、心功能不全，疼痛放射到新的部位等。

2. 胸痛

多无明显诱因，常发生于安静时，而且发作后经安静休息不能使之消失，含服硝酸甘油无明显效果。

3. 疼痛时间

较心绞痛长，可达数小时，甚至疼痛时轻时重达数日之久。

4. 疼痛程度

疼痛剧烈，难以忍受，常需用麻醉性镇痛药才能减轻。

5. 疼痛范围

较心绞痛更广，常包括整个心前区，可放射至下颌或颈、背等处，常伴有呼吸急促、出冷汗及烦躁不安等。

6. 糖尿病患者无痛性急性心肌梗死的比例较大，可能表现为突发呼吸困难、意识丧失或不明原因的血压下降。

（三）心肌梗死疼痛的治疗方法

1. 应用吗啡、哌替啶等镇痛药，彻底消除疼痛，缩小梗死范围，保护心功能。

2. 立刻嚼碎160～325 mg阿司匹林，而后每天服用同等剂量阿司匹林。

3. 静脉输入维生素C、辅酶A、肌苷及极化液等提高心肌细胞的膜稳定性，改善心肌代谢。

4. 静脉使用β受体阻滞剂，降低心脏氧耗量，控制患者的心肌缺血，有效缓解症状。

5. 早期进行再灌注治疗，积极进行溶栓、腔内冠状动脉成形术等，疏通冠状动脉管腔，彻底改善心肌供血。

（四）心肌梗死患者的健康教育

1. 保持良好情绪

提供适合患者的健康指导内容，避免紧张和情绪波动，防止复发。

2．促进身心休息

调整生活方式，缓解工作压力，保证充足睡眠。

3．安排合理饮食

选择低胆固醇、低动物脂肪、低热量、低糖类食物，多吃蔬菜、水果，保持大便通畅。

4．防治与冠心病有关的危险因素

积极治疗高血压、糖尿病、高脂血症等，自觉戒烟，避免肥胖与缺乏运动等不良因素。

5．康复锻炼

恢复期逐步增加活动量，运动中如果出现胸痛、呼吸困难、心悸、头晕等症状时应中断运动或减轻活动量。

6．随身携带硝酸甘油片

教会患者和家属如何使用和保存硝酸甘油，教会其如何及时发现病情变化，并使其掌握简单的自救和急救措施。

7．定期复诊、坚持治疗

按医生处方服药，不得随意停药或改变用药剂量。

## 三、急性主动脉夹层

### （一）主动脉夹层的含义

主动脉夹层是主动脉壁中层退行性病变，各层组织黏合力减退，主动脉壁受血流冲击或血管滋养管破裂导致内膜断裂，主动脉壁中层剥离，形成外层薄、内层厚的壁间血肿。

### （二）急性主动脉夹层疼痛的原因及特点

1．90%的患者在主动脉夹层急性发病时出现突发的心前区、胸背部、腰背部或腹部剧烈疼痛，因为内膜撕裂刺激血管壁神经，同时大量炎性介质释放，引起剧烈疼痛。

2．疼痛像刀割或撕裂样，有濒死感，从胸骨后或胸背部沿主动脉向远端放射到颈、臂部，与急性心肌梗死相似。

3．疼痛给予吗啡类药物不能缓解，为持续性疼痛，常伴皮肤苍白、出汗、周围性发绀等休克征象，但血压仍高于正常。

4．腹部疼痛易与急腹症相混淆，但主动脉夹层病例很少表现恶心、呕吐、腹部压痛和腹肌紧张。

### （三）急性主动脉夹层的治疗

1．药物治疗

（1）镇痛药物：如哌替啶、吗啡等。

（2）控制心率药物：如β受体阻滞剂美托洛尔等。

（3）降压药物：如硝酸甘油、硝普钠等。

2．外科手术

人工血管置换术；介入治疗主动脉腔内隔绝术。

### （四）控制心率和血压

减慢心率可以减少血流对夹层破口或受损血管壁冲击的次数，降压可以降低血流对血管壁冲击的强度，所以两者均可以终止夹层的继续分离，使症状缓解、疼痛减轻。

### （五）急性主动脉夹层患者控制血压、心率治疗时的注意事项

1．控制血压和心率是主动脉夹层治疗的关键

迅速将收缩压降到100～110 mmHg，心率60～80次/分钟，可有效遏制夹层扩展，同时保证重要脏器血流灌注。

2．四肢测压

部分患者因夹层血肿压迫，造成患侧血压偏低，因此测量血压时，应同时测量四肢血压，以健侧肢体血压作为调整临床用药的标准。

3．密切观察生命体征

降压过程中密切观察血压、心率、心律、神志、尿量及疼痛等情况，发现异常，汇报医生，对症处理。

4．降压药使用注意事项

不宜随意终止，更换药物要迅速、准确，防止血压骤升骤降。

5．密切观察夹层破裂先兆

血压突然急剧下降可能为夹层破裂，需立即通知医生，给予紧急处理。

（六）急性主动脉夹层患者疼痛状况与病情变化之间的关系

1．主动脉夹层急性期突发持续性前胸、后背和（或）腹部剧烈疼痛，多为撕裂样或刀割样，呈濒死感，而剧烈的疼痛可与血压升高、夹层扩展形成恶性循环，因此应密切观察疼痛时心率、血压的变化，出现异常及时报告医生，对症处理，缓解疼痛。

2．疼痛与休克的加重与缓解是病情变化的重要标志之一，血压下降后疼痛明显减轻或消失，这是主动脉夹层停止扩展的临床征象。

3．如果疼痛减轻后又再次出现，或者部位发生改变，则提示夹层分离继续扩展，因此要密切观察疼痛的部位、性质、时间、程度的细微变化，及时通知医生处理。

（七）急性主动脉夹层患者的术前护理

1．绝对卧床休息

急性期应绝对卧床休息至少3周以上。

2．加强心理护理

使患者了解病情，消除紧张情绪，防止情绪波动。

3．有效镇静镇痛

听取患者主诉，了解疼痛部位、性质、持续时间及有无改变，判断夹层有无扩展，使用长海痛尺评估。急性疼痛护理使用镇痛药将疼痛控制在0～2分。

4．严密观察病情

有效控制心率和血压，做好用药后病情观察。

5．合理安排饮食，保持患者大小便通畅

必要时使用缓泻药、留置导尿，防止腹压增大、血压骤升造成夹层破裂。

6．观察有无夹层进一步扩展产生的并发症。

## 四、下肢动脉硬化闭塞症

（一）下肢动脉硬化闭塞症的主要病理改变

下肢动脉硬化闭塞症的主要病理改变是动脉管腔狭窄、闭塞，病变好发于腹主动脉下端髋动脉及股腘动脉等大、中动脉主干及主要分支动脉开口处。

（二）下肢动脉硬化闭塞症的疼痛原因及特点

1．疼痛原因

肢体出现慢性或急性缺血时，由于末梢灌注减少、细胞缺氧而分泌大量炎性介质，促发一系列病理生理反应，刺激肢体感觉神经末梢，引起局部疼痛。

2．疼痛特点

（1）早期患肢有轻度发凉感、轻度麻木，活动后易感疲乏。

（2）由于肢体往往更容易发生远端灌注障碍，所以小腿的症状比大腿的症状重。

（3）随着管腔狭窄或闭塞程度的加重，症状也随之加重。

（4）整个病程表现为典型的间歇性跛行—静息痛—肢端坏疽三个阶段。

（三）下肢动脉硬化闭塞症的治疗方法

1．药物治疗

（1）血管扩张药：培达、己酮可可碱、前列腺素$E_1$等。

（2）抗凝药物：低分子肝素、华法林、阿司匹林肠溶片。

（3）镇静镇痛药物：安定、盐酸曲马朵、美施康定等，必要时联合使用盐酸哌替啶和盐酸氯丙嗪。

2．手术治疗

经皮腔内血管成形术、支架成形术、人造血管或自体静脉旁路术、硬化动脉血栓内膜剥除术等。

3．局部治疗

局部换药、喷洒镇痛剂、应用促细胞生长药物等。

4．高压氧舱疗法

可增加肢体的组织供氧，减轻疼痛，促进溃疡愈合。

5．神经阻滞疗法

采用腰交感神经节切除术、局部神经阻滞术、硬膜外置管阻滞术等。

6．截肢术

应严格把握指征。

（四）下肢动脉硬化闭塞症患者的患肢护理

1．合适体位

下蹲、交叉腿、盘腿、跷二郎腿、膝下垫枕、抬高患肢、长时间采用坐位等均可使患肢血液供应减少，加重缺血程度，使疼痛加重，应尽量避免。

2．适当保暖

患肢保暖，可增加血液循环，帮助缓解疼痛，但应避免过冷过热，禁用热水袋、电热垫暖脚或用热水泡脚。

3．溃疡及坏疽的处理

平时保持局部通风、干燥。缺血性溃疡可采用清洁换药，每日2次，换药后趾间塞薄层纱布或棉球，避免摩擦，减轻疼痛。若坏疽已经产生，换药时采用氯己定等刺激性小的药液，动作轻柔，避免因刺激而加重疼痛，换药后不必包扎。

4．适当运动

鼓励患者做患肢的主动或被动运动，有助于充分建立侧支循环，使肢体的缺血症状得到缓解，从而减轻疼痛。指导患者进行Buerger运动（即仰卧抬高患肢45°～60°，维持1分钟，改坐位下垂患肢2分钟，然后回复仰卧位并使患肢呈水平位休息2分钟，反复进行5～6次为一组，每日进行2～3组）。另外，在能耐受的限度内进行短距离行走，增加对疼痛或缺血的耐受力。坏疽期患肢应限制活动，避免因运动增加缺血肢体的耗氧量，加速坏疽的发展。

（五）预防下肢动脉硬化闭塞症患者的患肢过冷或过热

过热时，局部组织耗氧量增加，已经狭窄或闭塞的动脉不能供应足够血量来满足局部代谢的需求，表现为局部疼痛；过冷时，刺激小动脉产生痉挛，加重患肢供血不全而出现疼痛。

## 五、下肢深静脉血栓

（一）下肢深静脉血栓的含义

血流淤滞、内膜损伤和高凝状态等因素引起的下肢深静脉内血液凝固即为下肢深静脉血栓。

（二）下肢深静脉血栓引起疼痛的原因

下肢深静脉血栓形成后，深筋膜间隙内压力升高，压迫肌肉引起局部酸痛，同时血管壁出现炎性反应，导致炎性疼痛，但疼痛程度多不严重。深静脉血栓广泛累及肌肉静脉丛时，由于髂股静脉及其侧支全部被血栓阻塞，形成股青肿，而此时若伴有患肢动脉持续痉挛，则形成股白肿，引起动脉缺血，患肢疼痛剧烈。

（三）下肢深静脉血栓引起疼痛的特点

小腿肌肉静脉丛血栓形成，多数症状较轻，主要表现为小腿疼痛和轻度肿胀，活动受限。症状与血栓形成时间一致。主要体征为足背屈时牵拉腓肠肌引起疼痛（Homan征阳性）及排肠肌压痛（Neuhof征阳性）。

髋股静脉血栓形成后表现为臀部以下肿胀，下肢、腹股沟及患侧腹壁浅静脉怒张，皮肤温度升高，沿深静脉走向有压痛。血栓向上可延伸至下腔静脉，向下可累及整个下肢。

（四）下肢深静脉血栓的治疗方法

1．药物治疗

以溶栓治疗为主，辅以抗凝、祛聚药，并酌情给予镇痛药物。

2．手术治疗

急性期可采用静脉切开取栓术和Fogarty球囊导管取栓术，慢性期可采用旁路术、经皮腔内血管成形术（PTA）+支架成形术等。

（五）下肢深静脉血栓患者的健康教育

1．促进静脉回流

保持患肢抬高位，高于心脏水平20～30 cm。

2．运动锻炼静脉操

仰卧位，双足做背屈和跖屈的交替运动，60次/分钟，2～3分钟为1组，间隔5分钟，连续3组。症状减轻后，鼓励患者练习行走。

3．保护患肢

避免长时间站立；每天穿着弹力袜或使用弹力绷带，持续应用至症状消失后至少6个月。防止下肢损伤，保持皮肤完整性，预防皮肤溃疡的发生。洗脚时水温须适度，选用中性温和的肥皂，并防止皮肤干燥皲裂；避免用手抓痒而造成皮肤破溃；避免患肢受压；穿着衣物和鞋袜应柔软宽松，减少因摩擦导致皮肤破损；避免患肢受过冷或过热的刺激。

4．妥善处理溃疡

发生溃疡时保持局部清洁，积极治疗，以免造成溃疡范围扩大甚至感染。

5．生活起居

劝导患者戒烟；注意加强营养；肥胖患者在保持足够营养的基础上有计划地减轻体重；指导患者多饮水等。避免一些影响静脉回流的动作如跷二郎腿、穿过紧的内裤等。经常抬高患肢，但避免膝下垫枕，防止腘静脉受压。避免久站，并在站立时将重心于足尖和足跟之间交替移动。

6．长期口服肠溶阿司匹林片

每次25～100 mg，每天1次。

## 六、浅表性血栓性静脉炎

### （一）浅表性血栓性静脉炎的含义

浅表性血栓性静脉炎是指皮下浅静脉管壁因不同原因引起的炎症反应和管腔血栓性闭塞。

### （二）浅表性血栓性静脉炎的疼痛原因及其特点

1．疼痛原因

主要为致炎因子的刺激导致。

2．疼痛特点

沿浅静脉走行部位红、肿、热、痛，有条索状物或硬结节，触痛明显。血栓可以引起炎症，炎症也可以引起血栓，两者互为因果。

### （三）浅表性血栓性静脉炎的疼痛护理

1．了解静脉炎的主要病因、发病时间、病变范围及皮肤受损情况。抬高患肢。保护好患处皮肤，防止搔抓而引起破损，导致溃疡及感染出现。

2．不同种类静脉炎的护理

（1）药物性静脉炎

疼痛轻微者停止静脉用药或改变用药途径即可自愈。若疼痛较明显，口服索米痛片、布洛芬，也可使用冷茶水泡金黄散外敷24～48个小时。

（2）曲张静脉的血栓性静脉炎

抬高患肢，减少下床活动时间，下床后穿弹力袜或缠弹力绷带，促进回流，局部热敷或理疗，可采用浅静脉剥脱术。

（3）细菌性血栓性静脉炎

以抗生素应用为主，局部已经化脓者及时切开引流。

（4）游走性血栓性静脉炎

应注意查找其他部位的恶性肿瘤，尤其注意胰腺肿瘤。

## 七、消化性溃疡

### （一）消化性溃疡疼痛的原因

1．胃酸刺激溃疡面。

2．胃酸作用于溃疡，引起化学性炎症反应，降低溃疡壁和基底部神经末梢痛阈。

3．病变区张力增强或痉挛。

4．出现穿孔并发症，引起急性腹膜炎。

（二）胃溃疡、十二指肠溃疡疼痛的特点（表12-4-1）

**表12-4-1　胃溃疡和十二指肠溃疡疼痛的特点**

| 疼痛特点 | 胃溃疡 | 十二指肠溃疡 |
|---|---|---|
| 疼痛部位 | 上腹较高处，剑突下或偏左 | 上腹中部偏右 |
| 疼痛性质 | 持续性钝痛、灼痛，可忍受 | 饥饿样痛 |
| 疼痛节律性 | 餐后1小时内，1～2小时后逐渐缓解 | 空腹（餐前或半夜），餐后疼痛消失 |

消化性溃疡的疼痛具有长期性和周期性，这是溃疡病的另一特征性表现。整个病程可延续6～7年，甚至几十年。此期间上腹部疼痛周期性发作，每次发作可持续数日到数月，继以数月至数年的缓解期而后再次发作。一般每年的春、秋两季是发作的高峰期。

（三）治疗消化性溃疡的药物

1．抗酸剂

抗酸剂能中和胃酸，缓解疼痛，促进溃疡愈合，如碳酸氢钠和碳酸钙等。

2．$H_2$受体拮抗剂

$H_2$受体拮抗剂可选择性竞争结合壁细胞$H_2$受体，减少壁细胞分泌胃酸，常用药物有雷尼替丁、西咪替丁、法莫替丁等。

3．质子泵抑制剂（PPI）

即$H^+$-$K^+$-ATP酶抑制剂，具有强有力的抑酸作用，常用药物有奥美拉唑、泮托拉唑等。

4．胃黏膜保护剂

促进黏膜的修复是治疗的重要环节之一，如枸橼酸铋钾、硫糖铝。

5．抗感染治疗

溃疡容易复发，很多与幽门螺旋杆菌感染有关，故应抗感染治疗。主张联合用药，即质子泵抑制剂或铋剂另加两种抗生素。

（四）消化性溃疡患者的健康教育

1．指导患者掌握消化性溃疡的知识，坚持治疗，正确服药，避免复发。

2．消化性溃疡属于典型的心身疾病，因此，无论在活动期还是在缓解期，都要注意劳逸结合，保持乐观情绪，消除不良的心理社会因素。

3．溃疡活动期应适当休息，纠正不良生活习惯，戒烟酒，忌粗糙、坚硬、生冷、辛辣等食物，细嚼慢咽。

4．避免服用对胃、十二指肠黏膜有损害的药物，如阿司匹林、利血平等。

## 八、急性胰腺炎

（一）急性腹腺炎疼痛的原因

1．胰管内反流、阻塞造成胰管内压增高，激活了胰蛋白酶渗入胰腺实质，引起胰腺组织自身溶化，或被反流的十二指肠液激活，产生胰腺的自身消化作用。

2．饱餐等因素使分泌旺盛，胰管内压力增高、胰酶外溢，使胰腺组织自溶。

3．胰腺血液供应不足。

4．手术损伤胰腺组织。

（二）急性胰腺炎疼痛的特点

上腹部疼痛最常见，出现最早，位于腹部正中偏左，突然发生，急骤发展，呈刀割样疼痛，疼痛常放射到肩部、腰部、肋部，腹痛加剧同时出现休克症状，危及生命。早期伴有消化道症状，晚期出现麻痹性肠梗阻症状、毒血症症状。

（三）抑制胰腺分泌的治疗措施

1．胃肠减压

持续抽吸胃液，减少胃酸对胰腺分泌的刺激，可缓解疼痛，使胰腺“休息”，消除腹胀。

2．禁饮食

减少食物刺激胃、十二指肠和胰腺外分泌，达到胰腺“休息”的目的。

3．应用抗胆碱能药物

抗胆碱能药物可减少胰腺外分泌，常用的有阿托品、普鲁卡因、654-2等。

4．生长抑素

8肽（奥曲肽）和生长抑素16肽（施他宁）均抑制胰液分泌。

5．抗胰酶药物

抑肽酶，5-氟尿嘧啶等。

（四）急性胰腺炎患者的解痉镇痛

1．诊断明确时立即镇痛，因疼痛可加深休克，又可使血管痉挛，减少胰腺血供，加重病情发展。

2．常用镇痛药哌替啶、吗啡等都会不同程度地加重Oddi括约肌痉挛，因此应与解痉药阿托品同时使用，也可以静脉滴注0.25%普鲁卡因止痛。

3．连续硬膜外阻滞麻醉的镇痛效果较好。

4．中医针灸镇痛也具有效果。

（五）急性胰腺炎患者的出院健康教育

1．戒酒

40%急性胰腺炎的产生是由酒精引起，长期大量饮酒可刺激胰腺分泌，并引起Oddi括约肌痉挛，胰液排出不畅，导致胰腺炎发生。

2．治蛔虫

与患者讲明蛔虫可钻入胆道，进入胰管，引发胰腺炎，应进行基本卫生知识宣教，如避免吃生冷食物，饭前便后要洗手等。

3．治疗原发病

40%的胰腺炎患者合并有胆石症，对胆道结石的患者应及早治疗原发症，可预防胰腺炎的发生。

4．药物因素

如高脂血症、避孕药、利尿剂、四环素、硫唑嘌呤类药等可引发胰腺炎的因素，都应引起患者的注意。

## 九、泌尿系统结石

（一）泌尿系统结石的分类

泌尿系统结石是最常见的泌尿外科疾病之一。泌尿系统结石包括肾结石、输尿管结石、膀胱结石及尿道结石。按泌尿系统结石所在的部位可分为上尿路结石与下尿路结石，上尿路结石以肾结石为主，而下尿路结石则以膀胱结石为主。

（二）泌尿系统结石疼痛的相关因素

疼痛是泌尿系统结石较常见的症状，疼痛的性质、强度与结石的部位、大小及活动与否等因素有关。引起剧烈疼痛的大多为输尿管与尿道结石，是在结石的排出过程中，停留至该处所致。

（三）泌尿系统结石疼痛的原因

结石引起疼痛的机制是多样的。肾结石可引起肾实质部分积水而发生炎症，亦可引起肾盂、肾盏部分梗阻，炎症与梗阻均可使肾实质肿胀，包膜受到牵张，从而产生疼痛。输尿管结石可因空腔器官梗阻，引起平滑肌的痉挛，产生绞痛。膀胱出口结石以及尿道结石形成，可由于尿液排出受阻，产生急性尿潴留，继而引起疼痛。肾结石可引起肾实质部分积水而发生炎症，亦可引起肾盂、肾盏部分梗阻，炎症与梗阻均可使肾实质肿胀，包膜受到牵张，从而产生疼痛。

（四）泌尿系统结石疼痛的特点

结石引起的疼痛表现多样，结石越小疼痛越明显。肾结石引起的疼痛可分为钝痛和绞痛。膀胱结石引起的疼痛常放射至阴茎头部和远端尿道，典型特征是伴有膀胱刺激征和排尿时尿流突然中断。尿道结石的典型表现为急性尿潴留伴会阴部剧痛，后尿道结石有会阴和阴囊部疼痛，阴茎部结石在疼痛部位可摸到肿物。

（五）泌尿系统结石的解痉镇痛药物

1．M受体阻断剂

如阿托品、溴丙胺太林、654-2等，松弛平滑肌，适用于肾绞痛及急性尿潴留造成的疼痛。

2．钙离子通道阻滞剂

如维拉帕米、硝苯地平等，抑制$Ca^{2+}$进入平滑肌细胞内，从而抑制平滑肌收缩，缓解痉挛引起的疼痛。

3．吲哚美辛类药

通过抑制体内前列腺素合成而发挥作用。

4. 黄体酮类

代表药为黄体酮。

5. 麻醉性镇痛药

如哌替啶、吗啡等，用于急性肾绞痛患者疼痛难以忍受时，前提是诊断必须明确为尿路结石。

6. 中草药

金钱草、石苇、滑石、车前子、鸡内金、木通、瞿麦等。

（六）泌尿系统结石解痉镇痛药物治疗时的观察要点

泌尿系统结石引起的疼痛急性发作时，最主要的治疗手段是利用药物解除平滑肌痉挛，缓解患者疼痛。用药过程中，注意观察疼痛缓解情况，同时应注意药物的不良反应，如使用阿托品和溴丙胺太林后患者可出现口干舌燥；吲哚美辛栓纳肛后可出现大汗等症状；哌替啶、吗啡等麻醉性镇痛药止痛疗效较好，但应注意耐药性和药物依赖。护士应了解常用药物的不良反应，用药后应巡视病房，注意患者的主诉，并给予相应的护理措施，同时应做好交接班工作。

（七）泌尿系统结石患者的健康教育

1. 大量饮水

多饮水可以缩短游离晶体颗粒在尿路中的平均滞留时间，促进较小结石的自行排出；降低成石物质的尿饱和度，阻止结石继续生长；减少并发尿路感染的机会。这是防治任何成分泌尿系统结石简单而有效的方法。

2. 含钙食品的摄入

大多数结石为含钙结石，调整食物结构有助于减少成石的危险，因此，以往将限食含钙食物作为预防结石的一项基本措施。但实际上低钙饮食反而会增加草酸钙结石形成的危险因素，因此不应一味地限制含钙食品的摄入。我国营养学会推荐，正常人摄钙量应为800 mg/d，但我国实际人均摄钙量仅为400 mg/d。

3. 限制草酸的摄入

限制草酸的摄入是减少草酸钙结石的有力措施，限制含草酸食物（如菠菜、欧芹、土豆、巧克力、甜菜、茶叶等，其中以菠菜含草酸量最高）。

4. 动物蛋白的摄入

动物性蛋白代谢后会产生酸性代谢产物，后者增加骨钙吸收、减少肾对钙的重吸收，从而使尿钙排出增多，减少泌尿系统结石发生。

5. 防石药物

根据成石机制，选择合适的防石药物，如降低结石盐或酸饱和度的药物噻嗪类、磷酸纤维素；抑制成石作用的药物有镁剂、枸橼酸钾；干扰促进物的药物有甘氨酸等。

6. 体育活动

健康状况良好者，应鼓励其积极参加体育活动，采用弯腰时叩击肾区、跑跳、倒立等方法以利于结石自行排出。

## 十、烧伤

（一）烧伤疼痛的特点

烧伤疼痛主要分为操作痛和背景痛。严重烧伤患者不仅要经历持续数周的且往往是很严重的背景痛，还要遭受急性、严重的操作痛，操作痛和背景痛两者之间差异明显。操作痛表现为急性、短暂的特点，疼痛强度特别大，常在治疗操作中出现，例如创面处理、清创术、静脉穿刺输液、关节功能锻炼等。背景痛表现为持续、迟钝的特点，疼痛强度相对较弱，疼痛相对模糊，持续的时间较长，一般在安静休息时出现，例如患者夜间卧床静息时出现的疼痛。严重的背景痛可影响睡眠，甚至引发抑郁症和焦虑症。

（二）肢体烧伤疼痛的原因及特点

1. 包扎不当

烧伤后常伴肢体渐进性肿胀，包扎疗法使用的敷料相对过紧，出现缩窄性疼痛。

2. 创面疼痛

Ⅰ°烧伤疼痛明显，伴有皮肤红斑；Ⅱ°度烧伤时神经纤维暴露受损，创面疼痛最重；Ⅲ°度烧伤使皮肤全层包括神经均已失活，大多数患者可能仅有轻微疼痛，但焦虑程度增加。

3．感染

包扎敷料内创面疼痛加剧，并伴发热、血象增高等症状。

4．体位

肢体烧伤时患者常呈强迫体位，在翻身及改变体位时，患者常感疼痛明显。

5．换药痛

操作痛的一种，疼痛时间短但程度严重。

6．四肢疼痛

呈持续性，但有波动，发作时加重，发作时常伴有手足肌肉痉挛与收缩。

7．焦痂缩窄后疼痛

Ⅲ°烧伤焦痂缩窄后，影响肢体远端的血液循环，造成远端肢体缺血、缺氧，毛细血管充盈试验延长；温度下降，疼痛明显。

8．植皮术后疼痛

因术中组织损伤、神经损伤、末梢性过敏反应等，导致植皮区、供皮区疼痛，常为刺痛、电击样痛及胀痛。

（三）烧伤操作痛的非药物性镇痛方法

1．冷却疗法

治疗早期烧伤可以迅速减轻疼痛。

2．催眠疗法

可减轻操作痛，但仅部分患者对此敏感。

3．模拟现实疗法

为存在操作痛的患者创造一个模拟的现实环境，使患者的注意力从疼痛中转移开。

4．娱乐疗法、音乐干预疗法

减轻操作痛并缓解焦虑。

5．使用腕踝针镇痛效果较好。

6．经皮电刺激（TENS）、经皮电神经刺激（PENS）能够减轻操作痛和癌痛，但达不到镇痛效果。

7．使用悬浮床避免创面受压，减轻创面背景痛。

8．心理咨询及心理支持治疗防止患者产生心理障碍。

# 第十三章　慢性非癌性疼痛护理

## 第一节　概述

### 一、慢性非癌性疼痛的含义

慢性非癌性疼痛通常指持续时间超过3个月的非恶性肿瘤引起的疼痛。慢性非癌性疼痛的发生率随年龄的增长而升高。据报道，80%的老年人曾经历着慢性疼痛，18%的老年人因为慢性疼痛而接受药物治疗。

### 二、慢性非癌性疼痛的治疗原则

慢性非癌痛治疗的两个主要目的：缓解疼痛和改善功能状态。功能状态包括身体状态（可指工作能力）、精神状态和家庭社会关系等。

### 三、慢性非癌性疼痛的治疗方法

包括药物疗法和非药物疗法。WHO强调慢性非癌性疼痛的治疗应采取药物和非药物结合的多元化治疗方法。

1．药物疗法

WHO用于癌痛治疗的三阶梯治疗方法可作为慢性非癌性疼痛治疗的重要参考。

2．非药物疗法

包括理疗、针灸、热疗和冷疗以及精神治疗（如精神放松、生物反馈、认知行为治疗和催眠等）。

## 第二节　骨关节痛的护理

### 一、概况

（一）骨关节痛常见的原因

骨性关节炎、类风湿性关节炎和痛风是引起骨关节痛的三大常见原因。骨关节痛常见疾病特点见表13-2-1。

**表13-2-1　骨关节痛常见疾病特点**

| 疾病 | 高发年龄 | 发病率 |
| --- | --- | --- |
| 骨性关节炎 | 45岁以后 | 女性略高于男性 |
| 类风湿性关节炎 | 25～50岁 | 女性比男性高3倍 |
| 痛风 | 30～50岁 | 95%患者为男性，女性很少患病 |

（二）骨关节痛的病理性改变

1．骨性关节炎为局部关节的退行性病变，以滑膜关节的关节软骨进行性损害为特征。

2．类风湿性关节炎是一种病因不明、慢性全身性疾病，以周围关节滑膜的持续性炎症为特征。

3．痛风是尿酸在关节组织内沉积引起的一种炎症性关节炎。

### 二、骨性关节炎

（一）骨性关节炎的含义

骨性关节炎是多发生于中年以后的慢性、退行性关节病，多累及手部小关节及膝关节，如手指关节。骨性关节炎是一种以关节软骨进行性损害、骨质过度增生、僵硬、肥大变形和关节肿痛活动受限为特点的常见风湿病。一般认为与衰老、创伤、炎症、肥胖、代谢障碍和遗传等因素有关。

(二) 骨性关节炎疼痛的特点

1. 疼痛与活动有关

开始时多为轻至中度间歇性钝痛。休息时缓解，活动时疼痛加重。病情严重时疼痛可呈持续性，甚至出现撕裂样或针刺样疼痛。

2. 关节负重有关

关节负重时疼痛明显，疼痛缓慢发展，后期休息时也痛。

3. 炎症期特点

夜间常被痛醒是炎症阶段最明显的特点，局部皮肤温度可增高，发红。

4. 局部关节反应

局部关节肿胀、压痛，晨僵，活动后缓解。活动时关节常出现弹响、关节绞锁。

(三) 治疗骨性关节炎的常用药物

1. 控制症状药物

遵医嘱可选用以下药物，包括：

(1) 单纯止痛药

如对乙酰氨基酚，每天400 mg，口服。

(2) 非甾体抗炎药

如双氯芬酸钠， 25～50 mg，口服，每天3次；或双氯芬酸钠乳胶剂外用。该类药物对骨性关节炎的疼痛、肿胀、腔内积液及活动受限有较好的治疗作用。

(3) 糖皮质激素

此类药物不作为首选药。对肿胀明显的关节，必要时可予关节腔内局部注射糖皮质激素。

2. 改善病情的药物和软骨保护剂

(1) 维骨力

314 mg，每天2～3次。

(2) 骨重吸收剂

如阿伦磷酸纳（福善美）10 mg，每周1次。

(3) 透明质酸

只用于关节腔注射，其具有增加滑液黏性、维持软骨细胞周围环境和保护软骨的作用。

(四) 关节腔穿刺

1. 穿刺进针部位

包括髌外上方、髌内上方、髌下外侧、髌下内侧等处。

2. 穿刺后注意事项

(1) 注射后2～3天内卧床休息，减少下地活动，以减轻膝关节的负重。

(2) 注射后2～3天内不能洗澡，以防穿刺处感染。

(3) 如有疼痛反应， NSAIDs口服治疗，缓解疼痛。

(五) 骨性关节炎的物理治疗方法

物理治疗包括水疗、针灸、按摩、热敷和微波治疗等。微波治疗有止痛、消肿和改善局部血液循环的作用。

(六) 卧床休息

急性期患者应卧床休息，减少活动；症状轻微或无症状者，无须特殊处理。

(七) 骨性关节炎患者活动时的注意事项

散步或游泳等活动能增强患者的耐力和日常活动能力，有利于消除患者的抑郁和焦虑情绪。为保持关节活动度，可进行关节的非负荷性屈伸和旋转等运动。勿做剧烈运动，如跳高、跑步等。为防止关节僵硬，在炎症减轻后可做下蹲活动。

(八) 减轻膝关节负重

肥胖者要减轻体重；髋或膝关节受累者，应避免过久站立或长距离步行；高龄患者应用手杖，尤其上下楼梯时用手杖可减轻因负重而造成的疼痛；若慢性损伤与职业有关，应调换工作。

（九）关节保护

关节部位注意保暖，避免潮湿、寒冷、多风的环境，注意保护关节勿受冻。穿平跟软底鞋以减轻对膝关节的冲击。

## 三、类风湿性关节炎

（一）类风湿性关节炎的含义

类风湿性关节炎是一种常见的以慢性、对称性、进行性、游走性及侵蚀性的多滑膜关节炎和关节外病变（皮下结节、心包炎、胸膜炎、肺炎、周围神经炎等）为主要临床表现，病因未明，尚无特异性诊断指标的自身免疫炎性疾病。关节的各种组织如软骨、韧带、肌腱和骨骼均发生炎症，并可引起关节强直、畸形和功能障碍。类风湿性关节炎是一种比较常见的疾病，以温带、亚热带和寒带地区多见，热带地区少见。

（二）受累关节

类风湿性关节炎起病隐匿，可对称性地累及大小关节，小关节中常累及手和足以及腕关节、肘关节、肩关节、膝关节和踝关节。

（三）类风湿性关节炎患者的疼痛特点

几乎所有的类风湿性关节炎患者都有关节肿胀或疼痛，肿胀越明显，疼痛越重，拒触摸，压痛明显。

1. 疼痛呈游走性

早期关节炎疼痛的游走性比较明显，游走间隔期比较短，多在1～3天，少部分超过1周。一旦出现关节肿胀，疼痛转移到另一对称或非对称关节的时间延长。

2. 相互制约现象

第一个关节疼痛肿胀转移到另一个后，该关节的肿痛较快减轻或消失。几天、几周或几个月后可完全消退，而新发病的关节肿痛逐渐严重。

3. 疼痛呈对称性

关节疼痛的转移常是对称性的，除早期游走性疼痛外，单关节疼痛少见。

4. 疼痛逐渐加重

早期关节局部酸痛和僵硬较轻，当病情交替地缓解与复发后疼痛渐加剧。关节痛在早晨、夜里、阴雨天、寒冷、潮湿、受冻后加重。

5. 活动后疼痛减轻

休息后刚开始活动时疼痛较重，患者常有“坐下起不来，起来坐不下”的感觉。多数患者因剧痛不敢活动，使关节附近肌肉萎缩及肌无力，关节活动受限、畸形及功能障碍。

6. 严重类风湿性关节炎伴有血管炎者，可出现足、手指端坏死，导致心、脑、肺功能受累。

（四）类风湿性关节炎患者关节疼痛游走的表现形式

1. 指（趾）关节—膝关节—踝关节—髋关节—肩关节—胸骨关节。
2. 跗趾—踝关节、膝关节—手关节—髋关节。
3. 指关节—桡腕关节—肘关节—肩关节。
4. 肩关节—肘关节—腕关节—指关节。
5. 踝关节—膝关节—髋关节—腕关节—指关节。

（五）晨僵现象

晨僵是类风湿性关节炎病人一个非常常见的主诉，指醒来后伴随活动受限的疼痛感。这种感觉广泛存在而不累及关节。晨僵持续时间是一个较好的反映疾病活动程度的指标，应及时记录作为临床评估的一部分。许多患者喜欢用热水浴来驱散这种感觉。“凝胶体现象”是一个伴随僵和疼痛的相关症状，指身体在一段时间保持一个姿势，如坐在一个椅子上，静止不动。

（六）关节肿大与疼痛的关系

滑膜炎症和增生在类风湿性关节炎中发展不一致。部分患者可有严重的关节疼痛而没有明确滑膜增生；部分患者表现为明确的滑膜组织增生而缺少关节触痛和疼痛。在那些长期饱受类风湿性关节炎之苦的患者中，增厚的滑膜也许仅产生一点触痛。

（七）类风湿性关节炎的治疗措施

类风湿性关节炎治疗原则为缓解疼痛，减轻炎症，控制病情发展，以防发生不可逆的骨改变，尽可能地保护关节和肌肉的功能，改善患者的生活质量，应早期治疗、联合用药。主要包括：

（1）药物治疗；

（2）物理治疗，如微波治疗等；

（3）手术治疗，如关节置换等；

（4）中药辨证治疗。

（八）治疗类风湿性关节炎常用的非甾体类抗炎药物

1. 阿司匹林最早用药，副反应大，肝损害。

2. 布洛芬缓释剂0.3 g每天2次。

3. 双氯酚酸（扶他林）25 mg，每天3次。

4. 双氯芬酸钠双释放肠溶胶囊 75 mg，口服，每天1～2次。

（九）患者服用非甾体类抗炎药应注意观察的内容

1. 观察患者有无胃部不适、恶心、呕吐、腹痛、腹泻、大便颜色，预防消化道出血。消化道溃疡和肝病患者慎用。

2. 为减轻胃肠道的不适，最好餐后服药，以减轻药物对胃肠道的刺激；应选用非酸性药物（萘丁美酮）和选用胃肠副反应小的药物（美洛昔康、塞来昔布）等，并同时加用胃肠黏膜保护药，如胃达喜、法莫替丁等。

3. 监测肝肾功能及血生化。用药后如有肝功能异常，白细胞、血小板减少等应停药；多饮水，以减轻对肾脏系统的副反应。

4. 两种非甾体药不能同时应用，如一种非甾体药用后效果不好，换用另一种非甾体药。

5. 观察有无皮疹、瘙痒等过敏反应，如有皮疹、瘙痒等应立即停药。

（十）治疗类风湿性关节炎常用的糖皮质激素药物

有泼尼松、倍他米松等。该类药物有抗炎和免疫抑制双重作用，并且可快速控制疼痛症状。

（十一）治疗类风湿关节炎常用的慢作用抗风湿药

包括甲氨蝶呤（MTX）、柳氮磺胺吡啶（SASP）、来氟米特（LEF）、白芍总苷（TGP）等。此类药物起效慢，除能改善临床症状外，还可改善客观指标，阻止或延缓病情发展。

1. 甲氨蝶呤（MTX）

7.5～20 mg，每周1次，口服；也可肌注或静滴，因可产生胃肠道反应、口腔炎等，可口服叶酸片缓解。

2. 雷公藤总苷

每次20 mg，每天3次，口服；但对性腺毒性较大，可引起卵巢萎缩、停经、精子异常及减少致不育；甚至急性粒细胞减少等严重毒副反应。未生育患者禁用。长期服用注意观察有无口腔黏膜溃疡、妇女停经注意观察血象变化。

3. 金合剂、金诺芬（瑞得）

每次3 mg，每天2次。适用于早期、轻型患者，不良反应少，需长期使用；最常见的不良发应有皮疹和口炎、蛋白尿、血小板减少等，故用药期间应定期检查血象和尿常规。

4. 青霉胺

开始剂量125 mg，每天2～3次，渐增至500～750 mg/d；副作用较多，如皮疹、白细胞减少，肝、肾功能损害时应停药。

5. 柳氮磺胺吡啶（SASP）

SASP为5-氨基水杨酸和磺胺吡啶偶氮连接物，既有水杨酸的抗风湿作用，又有磺胺类的抗菌作用。使用方法：每天8～12片，8周后见效。本药在类风湿性关节炎、强直性脊柱炎等疾病中广泛应用。服用本药，需多喝水，以减少副作用，定期检查血常规、尿常规和肝功能。

6. 免疫抑制剂

硫唑嘌呤、环磷酰胺和环孢霉素A：毒性较大，适用于其他药无效或病情较重者；来氟米特（LEF）：一种新型免疫抑制剂，有抗炎与免疫抑制作用。

（十二）患者服用免疫抑制剂的注意事项

1. 免疫抑制剂可引起骨髓抑制、脱发、血细胞减少、肝肾功能损伤等。应定期行血常规、肝肾功能、尿常规检查；有消化道溃疡、肝病患者慎用。

2．用药后鼓励患者多饮水，2500～3000 mL/d，促进药物的排泄、减少副作用。如环磷酰胺不宜在下午6时后使用，以免其代谢产物停留在膀胱内时间过长而引起出血性膀胱炎。

3．勿饮酒、勿去人多的场所，以免增加感染机会。

4．应用来氟米特时，对准备生育的男性应考虑停药6个月以上；孕妇与尚未采取避孕措施的育龄妇女、哺乳期妇女禁用。

（十三）新型生物制剂

生物制剂属于新药，有严格的适应症，并非所有患者都可使用，目前在国内仅用于常规治疗无效的患者。这类药包括肿瘤坏死因子-a（TNF-a）抑制剂、CD20抑制剂、白介素-6抑制剂等。

1．肿瘤坏死因子受体-抗体融合蛋白（益赛普）

每次25 mg，用灭菌注射用水稀释后进行皮下注射，每周2次。规范使用3个月后，根据病情症状好转程度和实验室检查结果决定是否继续使用。

2．英夫利西单抗（类克）

按照3 mg/kg，用注射用水稀释，静脉滴注。

（十四）中药治疗

白芍总苷（帕夫林）是一种中药来源的二类西药新药，具有养血、收汗、止痛等作用，可降低淋巴细胞过度增殖活化，起到调节人体免疫功能、改善免疫紊乱状态的目的，同时具有保肝作用。与其他药物联合应用时能增强其他药物的作用。一般服用2～3个月见效明显。服用方法：0.6 g，每天2～3次。

（十五）不能停药

患者不可随便停药、换药和减增药量。病情变化时，应及早就医，定期复查。配合长期治疗，观察药物疗效，及时发现不良反应，以便随时调整治疗方案。

（十六）健康教育

1．急性期患者应卧床休息，缓解期可适当活动锻炼。

2．卧床患者要注意皮肤护理、观察有无雷诺症、局部皮肤的颜色、温度、有无皮损压疮，经常用温水给患者擦浴，床单保持清洁干燥。

（十七）饮食注意事项

饮食无特殊，但宜供给富含维生素的食物；贫血时需增加含铁丰富的食物；糖和盐摄入不可过多。

（十八）关节外症状的观察

1．出现发热、咳嗽应考虑肺部感染。

2．发生肠穿孔、心肌梗死、脑血管意外、咯血等可能为血管炎所致，是病情危重的表现，应及时报告医师处理，并严密观察病情变化。

（十九）关节保护

1．避免各种引起疼痛的诱因，如寒冷、潮湿、感染、吹风，注意肢体保暖；居住通风、向阳的房屋；被褥要干燥轻暖，床铺要平整，不要贪凉；冬天应多晒太阳。

2．注意保持关节的功能位，膝关节不要垫高，以免发生屈曲畸形，防足下垂时足底可放护足板。

3．避免关节长时间保持一个姿态。不要长时间站立，在适当时候坐下来休息；坐下时，应经常变换坐姿、转换双脚位置，舒展下肢的筋骨，或起身活动一下；应避免手指长时间屈曲，如写字、编织、打字、修理，应不时停下来休息，舒展一下手指。

4．患者应尽量利用较大和有力的关节。手提重物时，尽量不用手指而用手臂和肘关节；不要用手指做支撑，应以手掌来支撑；拧瓶盖时，不要用手指拧，应以掌心加压力拧，坐下时，膝关节不要过分屈曲，双足应平放在地上。

5．减少工作和日常生活的体力消耗，如家里物品的放置应科学合理，轻便和不常用的物品放在高处，常用物品放在伸手可用的地方，笨重和不常用的物品放在柜子的下面。安排好工作的程序，以减少弯腰、爬高或蹲低。

（二十）康复锻炼

1．急性期症状控制后，鼓励患者及早锻炼，肢体活动可从被动转向主动，指导患者坚持做全身和局部的功能锻炼，并有计划地渐进，防止肌肉挛缩、关节废用畸形。

2．对已有关节畸形致残的患者，要鼓励患者尽可能发挥健康肢体的功能，维持正常生活自理能力，提高生活质量。

3．锻炼的方法，如太极拳、散步、抬腿弯腰、游泳等，根据自己的习惯及能力选择活动度，以患者能承受为限。

4．晨练和散步不仅可增强类风湿关节炎患者的体质，促进其康复，而且可以增加关节的适当活动，从而减少关节强直与畸形，减少残疾的形成。

5．日常生活中关节功能锻炼时，学会自我护理。活动时感到关节疼痛，应立即停止活动，检查活动方法是否恰当。

## 四、痛风

### （一）痛风的含义

痛风是一组由于嘌呤代谢紊乱所致的疾病。其临床特点为高尿酸血症及由此而引起的痛风性关节炎反复发作致痛风性慢性关节炎和关节畸形、痛风石沉积、泌尿系统结石以及痛风性肾病，病因主要是嘌呤代谢紊乱。

### （二）痛风疼痛的特点

1．急性发作时常在夜间骤然发病，疼痛剧烈，首次多发作在足的第一跖趾关节，占50%～70%，其次为踝、手、腕、膝、肘关节，少数发生在肩关节。

2．开始为单个关节，呈红、肿、热、痛与运动障碍，再次发作可能为单关节或多关节交替出现。

3．疼痛的性质如同撕筋裂骨，甚至不能忍受被单或一张纸的重量，室内有人走动或震动也不能忍受。

4．可出现高热、头痛、心悸、疲乏、厌食，白细胞数增高、血沉加快、血尿酸水平增高等。

5．急性发作一般持续3～10天，一周左右炎症可缓解，之后反复发作，长期反复发作可导致关节畸形、僵硬、痛风结石或肾脏损伤。

### （三）急性期痛风的治疗方法

此期患者应尽早治疗，使症状迅速缓解，以防尿酸盐沉积、关节破坏及肾脏损害。

1．抗炎止痛

通常尽早给予非甾体类抗炎药，有较迅速的抗炎止痛作用。如舒林酸：0.2 g口服，每天2次；萘丁美酮：1.0 g，每天1次，晚饭后服用；双氯芬酸（扶他林）：25～50 mg，每天3次，饭前服用；双氯芬酸钠双释放肠溶胶囊（戴芬）：75 mg，每天1～2次，口服。

2．秋水仙碱是痛风重症发作的首选药，首剂0.5～1.0 mg，每日总量可达6.0 mg，疼痛缓解后改为0.5 mg，每天1～3次，口服。

3．糖皮质激素或促皮质激素

患者不能耐受秋水仙碱和非甾体类抗炎药或存在相对禁忌症时，应选用糖皮质激素或促皮质激素。

### （四）间歇期及慢性期痛风的治疗方法

1．促尿酸排泄药丙磺舒

开始剂量0.25 g，每天2次，2周后增至0.5 g，每天3次；苯溴马隆片：开始剂量50 mg，每天1次，逐渐增至50～100 mg/d。

2．抑制尿酸生成药别嘌醇

开始剂量50 mg，每天2～3次，可增至每日200 mg，每天2～3次口服。

### （五）缓解期痛风的治疗方法

此期患者主要是降血尿酸。应在专业医师指导下治疗，并定期检测药物的疗效和避免不良反应发生。改善生活习惯，以最小剂量的药物，将血尿酸持续控制在正常范围内。

### （六）痛风患者服用药物的注意事项

1．避免使用抑制尿酸排泄的药物，如利尿剂、阿司匹林、维生素$B_1$和维生素$B_{12}$等。

2．观察药物过敏反应

服用别嘌醇易发生药物过敏反应，注意患者有无皮疹、皮肤瘙痒等症状。

3．控制痛风发作

以止痛治疗为主，尽快在24小时内控制痛风发作，最迟不应超过2周。尽早在医师指导下服用药物治疗，可选秋水仙碱。

4．观察药物不良反应

治疗痛风的药物可能出现腹痛、腹泻和白细胞减少等不良反应；可选用双氯芬酸、布洛芬等消炎镇痛，碳酸氢钠碱化尿液。注意急性发作时不应改变降尿酸药物。

（七）痛风患者饮食注意事项

1．低嘌呤饮食

控制含嘌呤高的食物可减少痛风的急性发作次数。高嘌呤食物主要包括：动物内脏，尤其是肝、肾；水产中的甲壳类，如甲鱼、蟹、虾、沙丁鱼和鳝鱼等；肉类，如牛羊肉，特别是浓肉汤；蔬菜类，如四季豆、花生和蘑菇等。

2．多饮水

促进尿酸排泄，使尿量维持在每天2000 mL以上。

3．忌烟酒

避免饮用啤酒。

4．鸡蛋、牛奶作为蛋白食物，以谷类食品、面食作为主食，白菜等颜色浅淡的蔬菜为主菜，忌重油烹炒。

5．多食碱性食物

油菜、白菜、萝卜、瓜类等，可使尿pH升高，预防尿酸性结石。

6．控制体重

可以从根本上改善全身代谢异常，同样也可尿酸浓度恢复正常。

（八）制动

急性期应卧床休息，抬高患肢，避免疼痛处受压，休息至疼痛缓解2～3天后方可恢复活动。

（九）自我观察和护理

1．观察疼痛部位有无转移，局部红肿情况。

2．观察疼痛性质，按医嘱予镇静止痛剂。

3．定期检查血尿酸、尿尿酸是否正常。

4．观察有无并发症的发生。如反复发作的患者易在耳轮关节周围出现痛风结石，导致关节畸形；痛风石可沉积在心肌引起严重反应；肾脏中的痛风石可引起肾绞痛，出现血尿、肾功能障碍。

## 第三节　腰背痛的护理

### 一、概况

（一）腰背痛的常见原因

一般多见于椎间盘突出症、腰椎管狭窄和腰肌劳损等。腰背痛是除头痛外最常见的疼痛问题。

（二）卧床

急性期患者需要绝对卧床休息，是治疗腰椎间盘突出症，特别是早期腰椎间盘突出症的重要措施之一。

1．使用硬板床卧床休息，采用俯卧、屈髋屈膝的保护性体位，每日数次，每次30～40分钟，可有效止痛。

2．严禁坐位和下床活动，进食及大小便时也不得坐起和站立，因为卧床可以减轻体重和外来负荷对椎间盘的压力。

（三）侧卧位

急性期完全过后，采取侧卧位能促进脊柱的恢复。脊柱右旋者可左侧卧位，脊柱左旋者可右侧卧位。

（四）上下床活动

患者病情稳定后允许其下床活动。休息和活动是护理腰背部疼痛患者的两个方面，应动静结合，预防肌肉无力和失用性萎缩。但为避免人为破坏脊柱的平衡，必须掌握正确的上下床法：

1．上床时在别人的帮助下移至床边中央，背对床，稍下蹲，双手后伸扶床面轻坐于床沿，然后健侧上肢后撤，健侧下肢伸放于床上，别人再将患肢慢慢放于床上。

2. 下床活动时先取俯卧位，移于床边，健侧下肢先着地，双臂支撑起身体，他人再轻扶患肢移下。

3. 下床活动时要佩戴腰围保护，佩戴的腰围松紧适宜，不影响呼吸。佩戴腰围的时间以4～6周为宜，最长不应超过3个月。正确使用腰围，能有效减轻腰肌负担。

（五）腰背痛的牵引方法

骨盆牵引多用于治疗腰腿痛、腰椎间盘突出症及坐骨神经痛等。常用的牵引法包括骨盆持续牵引法、大重力牵引法和牵引床牵引。

1. 骨盆持续牵引法

患者卧硬板床，选择合适型号的骨盆牵引带。骨盆牵引带固定于腰部髂嵴上，牵引带的左右两侧各连接一根牵引绳至床的足端，绳子通过滑轮后每侧各悬挂7.5～10 kg牵引物，床脚抬高10～15 cm。若不抬高床脚，则须固定上身，以对抗加在骨盆上的牵引力。

首次牵引患者，牵引重量以自身体重的40%为宜，逐渐增加至50%；年老体弱者，以自身体重的30%开始，逐渐增加至40%。如开始时因不习惯感到不适，可以短时停止牵引或减轻重量，但不能起床，待逐渐适应后，逐步增加至所需重量和牵引时间。

牵引时一般需卧床3～4周，随着症状好转可允许每天少量起床活动，以不引起疼痛症状为限；慢慢增加活动量，需巩固疗效2～3个月。骨盆牵引带的拉力作用在髂骨翼上，及时检查局部皮肤情况，预防压疮。

2. 大重力牵引法

此法需在专职医护人员严密指导下进行。患者卧于特制牵引床上，下胸和骨盆都用特制的缚带固定、行向上、向下两个方向牵引，拉力约30～40 kg，每次持续牵引15～30分钟，或做反复有节奏的牵拉和放松。应注意大重力牵引不能太猛，最好缓慢递增、依患者体质肌肉发达程度及病情而定。施行牵引后最好卧床休息1～2周，预防因破碎的椎间盘滑出加重症状，甚至导致截瘫。

3. 牵引床牵引

患者卧于电动控制牵引床上，胸骨及骨盆分别用特制缚带固定，用超过体重10 kg的牵引力牵引1小时。在这1小时内可数次减轻牵引力。牵引后卧床1～2周，必要时1～2周内可重复牵引2～3次。

（六）封闭疗法

封闭疗法可将最有效的药物在最短时间内送至最需要的病灶，达到迅速止痛的目的，对急、慢性疼痛具有显著疗效。

1. 在进行封闭治疗前，排空小便。

2. 注射完毕后，一般须卧床15分钟，观察有无不良反应。

（七）功能锻炼

腰腿痛患者由于长期卧床及缺乏锻炼，其腰部肌肉、韧带的柔韧性、力量均较差，这既是部分后遗症的病因，也是疾病复发的危险因素。故恢复期应进行腰背肌的功能锻炼。锻炼方法主要有：

1. 直腿抬高锻炼

主要锻炼腘绳肌和股四头肌。患者处于平卧位，双腿交替抬高、放下，反复进行，抬腿时应尽量使下肢与身体成直角。

2. 侧卧位梨状肌舒缩锻炼

患者侧卧于床上，上边的腿抬高，抬腿时应尽量使两腿之间的角度为直角，两腿交替进行。此方法可使下肢的外展肌群和臀部得到锻炼。

3. 仰卧位拱桥式背伸肌锻炼（包括三点式、五点式）

患者仰卧于床上，双脚掌、双肘部、后枕部着床，小腿与床垂直用力，使身体其他部分离床拱起如拱桥样。此方法可使脊柱两侧腰背肌得到锻炼。腰背肌发达受力平衡，可保护脊柱在受力时不挤压椎间盘。

4. 飞燕点水式背伸肌锻炼

患者俯卧位，使腹部着床，四肢、头部抬起像飞燕一样。锻炼目的同拱桥式。

（八）预防

在日常生活、劳动过程中，重视选择符合生物力学功能条件的体位，保持正常的腰椎生理弧度。同时增强体质，提高机体耐力和抵抗力，有规律地进行预防性腰背肌的锻炼，提高肌肉与关节的适应性，延缓腰椎退行性疾病的发生。

## 二、椎间盘突出症

### （一）椎间盘突出症的含义

椎间盘突出症是腰椎间盘发生退行性变之后，在外力的作用下纤维环破裂，髓核突出后压迫神经根、血管或脊髓等组织所引起的腰痛，并且伴有坐骨神经放射性疼痛等症状为特征的一种病变。

### （二）临床症状

1．腰痛

主要位于腰部或腰骶部。起病缓慢，活动后加重，或是较长时间保持某一姿势时疼痛加重，休息后缓解。也可能是腰腿痛急性发作，疼痛严重。

2．坐骨神经痛

多逐渐发生，开始钝痛，后来疼痛加剧，呈灼痛或刺痛，可有放射性痛，疼痛由臀部、大腿后外侧、小腿外侧至足跟或足背。

3．间歇性跛行

患者行走时，随着距离的增长，逐步出现腰腿痛或不适感，同时患肢疼痛麻木加重而跛行，当下蹲或卧床休息后症状逐渐消失。

4．麻木

部分患者只感觉肢体麻木，麻木区域按神经受累区域分布。

5．马尾综合征

椎间盘后正中突出，压迫马尾神经，出现双侧严重坐骨神经痛，会阴部麻木，二便无力等。严重者双下肢不完全性瘫痪，会阴部感觉消失，二便障碍。

6．患肢发凉

患肢温度降低，自觉肢体发凉、畏寒。

### （三）体征

1．步态改变

较重患者出现步态拘谨，严重者躯体前倾、臀部歪向一侧跛行。

2．脊柱外形改变

腰椎生理前凸变直或变浅、侧弯。

3．压痛点

在突出间隙的棘突旁出现深压痛，并向同侧臀部及坐骨神经分布区放射，叩击该部位可出现放射痛。

4．腰部活动度变小

腰椎前屈、后伸、侧弯、旋转均有不同程度受限。后伸受限时，腰腿痛更明显。

5．下肢肌肉萎缩

双侧肌力对比检查时，常可发现趾背伸或跖屈肌力减弱，小腿周径变小等。

6．感觉减退

通常是小腿后外侧、足外缘及第四、五趾背的皮肤感觉减退。

7．腱反射改变

患侧膝腱反射或跟腱反射减弱或消失。

8．特异性病理反应

直腿抬高试验阳性、仰卧挺腹试验阳性、股神经牵拉试验阳性。

### （四）保守治疗方法

1．手法治疗

俯卧推拿法、斜扳伸腿法

2．休息与固定急性期

应卧床休息，卧床可减轻体重对椎间盘的压力，减少因负重而增加新的损伤，使突出物和附近软组织的炎症反应消退。待症状基本消失后，可戴腰围保护下床活动。

3．药物治疗

4．牵引疗法

适用于早期患者或反复发作的急性患者，牵引主要采用骨盆牵引法。

5．封闭疗法及针刺疗法

（五）手术治疗方法

手术治疗适用于病程长、反复发作、经保守治疗无效者。常用的手术方式有开窗髓核摘除术、半椎板或全椎板切除术、经皮穿针髓核摘除术等。

## 三、腰椎管狭窄

（一）腰椎管狭窄的含义

腰椎管狭窄是指腰椎椎管、神经根管及椎间孔变形或狭窄，引起马尾神经或神经根受压，并产生相应的临床表现者。由于先天性等各种原因使椎管前后左右内径缩小或断面形状异常，而使腰椎椎管狭窄。

（二）腰椎管狭窄的疼痛特点

1．起病缓慢，病程较长，病情呈进行性加重，逐渐出现一侧或双侧下肢麻木、感觉异常或无力等。

2．疼痛往往不是最为突出的症状，偶尔也可伴有排尿困难现象。

3．三大典型症状

（1）本病的重要特征：间歇性跛行。

（2）主诉多体征少：患者自诉长期站立、步行后出现腰痛，下肢无力，麻木，甚至典型的坐骨神经痛症状。

（3）症状与姿态关系密切：患者虽不能长时间站立、步行，但骑自行车、坐等却不受影响；咳嗽、用力及负重对疼痛影响不大；腰部后伸时出现各种症状，甚至不能仰卧或俯卧，需要腰部前屈及躬身屈膝侧卧才能免除疼痛。

（三）保守治疗方法

1．手法治疗

2．固定与休息

急性期应适当卧床休息。

3．功能锻炼

锻炼腹肌的力量，能缓解腰肌的紧张，以恢复正常姿势，增加椎管的管径，缓解压迫。

4．针灸及理疗等

（四）手术治疗方法

当疼痛剧烈，影响日常生活，行走或站立时间不断缩短，有明显的神经根传导功能障碍，尤其是某些肌肉无力和萎缩时，必须选择手术治疗。常用的手术方式包括椎管减压、椎板切除、神经根减压等。手术能解除神经和血管在椎管内、神经根管内或椎间孔内所受的压迫。

## 四、腰肌劳损

（一）腰肌劳损的含义

腰肌劳损是一种由于劳累过度，身体运动不平衡，日积月累而逐渐发生的微细肌纤维部分损伤，是肌肉、筋膜与软组织的慢性病变。

（二）腰肌劳损与腰背痛

腰肌劳损多由于长时间的强迫体位（弯腰、弓背等）负重工作，或因腰部急性外伤后未能完全恢复，肌肉过度牵拉损伤，局部软组织血供障碍，充血、缺氧及渗出增加炎性反应而导致疼痛。气温过低或湿度太大的环境以及女性更年期内分泌紊乱、身虚体弱等都是常见的诱因。

（三）急性腰肌劳损与慢性腰肌劳损的区别

1．急性腰肌劳损

多见于青壮年，有负荷过重或体育运动史，有明显损伤史，起病急，疼痛剧烈。

2．慢性腰肌劳损

慢性间歇性或持续性的腰肌周围酸痛，劳累时疼痛加重，休息后可好转，尤其是保持弯腰姿势稍久即引起疼痛，甚至不能直腰。疼痛范围多不局限，常出现在两侧腰肌、尾骶部，有时涉及臀上部和下肢，疼痛有时与天气改变有关。在软组织处可找到明显压痛点，劳损的肌群触之有紧张感。

# 第四节 慢性神经病理性疼痛的护理

## 一、慢性神经病理性疼痛

### （一）慢性神经病理性疼痛的含义

慢性神经病理性疼痛是慢性疼痛的两种主要类型之一。慢性神经病理性疼痛通常没有组织损伤，但疼痛传导通路功能紊乱，导致疼痛信号的异常慢性传递。神经病理性疼痛时，可以有明显的神经损伤，也可以没有。

### （二）慢性神经病理性疼痛的类型

慢性神经病理性疼痛类型很多，大致分为中枢痛和外周痛。

中枢痛的原发病变可能在中枢神经系统，主要为脑干、丘脑皮质损伤和肿瘤等。

外周痛类型多样，包括治疗后神经痛（带状疱疹后遗神经痛）、幻肢痛、糖尿病周围神经病变、各种神经卡压综合征、复杂性区域疼痛综合征等。

### （三）药物治疗方法

1．三环类抗抑郁药去甲替林或地昔帕明。

2．抗惊厥药物能有效治疗神经病理性疼痛。如卡马西平是治疗针刺样神经病理性疼痛的首选药物；苯妥英也可以治疗神经病理性疼痛；加巴喷丁目前更多用于疼痛治疗。

3．局麻药神经阻滞作为辅助诊断措施，不应反复进行。

4．阿片类镇痛药物治疗神经病理性疼痛有效，但并不如对急性、炎症性或伤害感受性慢性疼痛中有效。

5．局麻药物可以辅助用于异常性疼痛的治疗。疼痛累及黏膜时可尝试局部使用利多卡因，贴剂可以用于其他部位的皮肤。

### （四）非药物治疗方法

康复和理疗是综合治疗计划的组成部分，包括神经调节疗法、外科减压手术、神经损毁和经皮射频消融。

## 二、卒中后中枢性疼痛

### （一）卒中后中枢性疼痛的含义

卒中后中枢性疼痛是指由于卒中后中枢神经系统损伤引起的疼痛，没有显而易见的感觉神经、心理因素或周围神经源性疼痛。

### （二）临床症状和体征

主要包括持续的烧灼样疼痛、触摸或温度诱发的疼痛和（或）阵发性疼痛；偶尔有运动和认知障碍、冷热敏感性改变。

### （三）特点

卒中后中枢性疼痛没有特异性的表现，但有一些基本共同点：

1．卒中前有持续性疼痛病史。

2．卒中后中枢性疼痛患者都伴有躯体感觉异常，疼痛的部位基本上与感觉异常的分布一致，但也有超出感觉异常的分布区。

3．对特定损伤来说，疼痛分布部位是典型的，但没有哪一个部位对某种损伤有特异性。譬如，单侧面部，尤其眼眶周围疼痛在延髓背外侧综合征很常见，偏侧躯体疼痛在丘脑，尤其是丘脑损伤患者多见。

### （四）治疗药物

1．一线药物

三环类抗抑郁药（阿米替林）或抗癫痫药物（拉莫三嗪、卡马西平、加巴喷丁或普加巴林）。

2．二线药物

阿片类药物、氟伏沙明或曲马朵。

3．不推荐使用的药物

大麻素、NMDA拮抗剂、肉毒素A和局麻药。

（五）非药物治疗方法

在药物治疗的基础上，可采取心理治疗、星状神经节刺激和周围神经阻滞以及射频毁损等综合措施。

（六）保护健肢

1. 仰卧位

患者肩关节下方垫一个枕头，使肩胛骨向前突，上肢肘关节伸展置于枕头上，腕关节背伸，手指伸展。

2. 侧卧位

无论患侧或健侧卧位肩关节和手臂充分向前伸展，手指放松。

3. 坐位

利用枕头使背部伸直，肩和手臂充分向前伸展，放在桌上或轮椅扶手上。

保持肢体处于良好肢位，可抑制肩周部位肌肉痉挛，有利于恢复上肢机能。

以上姿势应经常转换，预防患者卧位时间过长造成肩痛。

（七）无意识障碍的脑梗死及脑出血患者病情稳定后患肢的功能锻炼

1. 进行局部按摩。按由近端至远端、由上到下的顺序轻柔缓慢进行，同时按摩胸大肌，以减轻其痉挛收缩。

2. 进行关节活动训练。应先大关节后小关节，幅度由小到大，依次活动肩、肘、腕指等关节，多做肩外展、外旋，前臂旋后及指关节伸展活动，各关节运动幅度不宜过大，以免发生骨化性肌炎。每次各关节活动不少于10次。

3. 鼓励患者在无疼痛的情况下做肩部与手部运动，并指导患者做患肢主动运动，或用健肢协助患肢做被动运动。做患肢主动运动时患者应先做“假想运动”，即用意志支配发出神经冲动，使瘫痪肌肉收缩，进而做主动运动。自我训练应遵循循序渐进的原则，加强肩关节、肘关节、腕关节、手关节的功能锻炼，从粗大活动训练过渡到精细活动训练，并运用器械训练手动作的灵活性、协调性与精细性。

## 三、偏头痛

（一）偏头痛的含义

偏头痛又称发作性头痛。大多数患者头痛发作起始于一侧，前额部疼痛较为常见，有时扩展到颜部和枕部，严重时可波及双侧，有的患者开始即为双侧性。有些患者在头痛前有眼前闪光或视野缺损、麻木等先兆症状，多数无先兆，常伴有恶心、呕吐、畏光、怕声等症状。

（二）类型与特点

按照国际头痛学会的分类标准，偏头痛主要分为有先兆的偏头痛（典型的偏头痛）和无先兆的偏头痛（普通型偏头痛）两类，另外还有较少见的眼肌麻痹型偏头痛、儿童期良性发作型眩晕和偏头痛持续状态等类型。

1. 典型的偏头痛

此类偏头痛有发作先兆。常表现为：同侧视觉障碍（亮点、暗点、盲区和闪光等）、偏身麻木感、偏身力弱和语言障碍等。这些先兆均为可明确定位于大脑或脑干的神经系统症状。先兆常于5～20分钟内发展到高峰，持续时间一般不超过60分钟。接着出现的就是头痛，多起始于一侧眶上、眶后或额颞区，逐渐加重并扩展至半侧甚至整个头部。头痛为搏动性，呈跳痛、胀痛或钻凿样，程度逐渐加重发展成为持续剧痛。常伴有恶心、呕吐、畏光、畏声。有的患者面部潮红，出汗，球结膜充血；有的面色苍白，精神萎靡，厌食。一次发作疼痛持续4～72小时，通常睡过一觉后头痛明显缓解，过后常有数日的疲乏无力；发作间歇一切正常。也有少数病例仅出现先兆而无头痛发作。

2. 无先兆的偏头痛

其临床症状除无先兆症状外与典型偏头痛类似，为反复发作性的中度或重度搏动性头痛，70%的患者为单侧头痛，体力活动可使头痛加重。发作的持续时间为4～72小时，两次发作间有明显正常的间歇期。

（三）偏头痛后遗期的症状

偏头痛后遗期症状或称终止期症状，是从疼痛消退时开始的。头痛过后，患者感觉易激怒、精神萎靡或筋疲力尽。许多患者自诉在间歇期，头痛部位遗留有头皮压痛，有些患者在偏头痛发作后感到少有的轻松和欣快。

（四）偏头痛患者的治疗原则

偏头痛治疗原则为首先应做神经系统的全面检查，明确诊断，消除心理性的因素，避免过度劳累和精神紧张，注意饮食，药物辅助治疗。药物治疗分为发作期的治疗与间歇期的预防性治疗。

（五）偏头痛发作期患者的治疗措施

1．首先采用镇痛药与止吐药

如阿司匹林、索米痛片、酚咖（加合百服宁）、布洛芬、甲氧氯普胺、多潘立酮等，这类药物在发作早期使用可以缓解疼痛，但频繁使用，会产生药物依赖，甚至引起慢性难治性头痛。

2．非选择性5-HT受体激动剂

如麦角胺制剂（酒石酸麦角胺、麦角胺咖啡因合剂等）对部分患者有效，但副作用较大。出现先兆或出现隐痛时立即服用1～2片，若不见效可再服1～2片。为预防中毒，单次发作使用不超过4片，每周不超过8片，傍晚不宜服用，以免影响睡眠。

3．选择性5-HT受体激动剂

如曲普坦类（舒马曲普坦、佐米格等）作用明显，副作用轻微，起效快，是偏头痛治疗的一大突破。

（六）预防偏头痛

偏头痛每月发作2～3次以上，发作时疼痛程度严重或止痛药疗效不佳或副反应严重者应使用药物预防。目前，预防药物仅能减少发作频度和（或）疼痛程度，但不能根治偏头痛。使用预防药物，应至少服用3个月以上；如有疗效应持续服用6个月以上，再逐渐减量到停药。目前临床上常用且有效的药物有：

1．苯噻啶

预防治疗剂量为0.5 mg，3次/天，持续治疗4～6个月，副作用有嗜睡、发胖等。

2．普萘洛尔（心得安）

开始剂量为20 mg/d，逐渐增加到60～200 mg/d。常见的不良反应有：困倦、胃肠道不适等；哮喘、心脏病为服用的绝对禁忌症。

3.氟桂利嗪

常用剂量为5 mg/d；副作用有嗜睡、胃肠道反应等。抑郁症、肥胖、锥体外系疾病禁用。

4．丙戊酸钠

预防偏头痛的剂量比抗癫痫时用量要小，不超过500 mg/d。

（七）诱发因素

1．精神紧张、过度劳累、气候骤变、强光刺激、烈日照射。

2．低血糖、吸烟、一些扩血管药物及高酪胺类食品，包括奶酪、巧克力、香蕉、啤酒、葡萄酒等食物。

3．恶心、呕吐等。

因此指导患者保证充足睡眠，摄入足量的水分，生活起居规律。有计划地安排户外活动，接受大自然的阳光和新鲜空气，舒畅胸怀，建立健康平衡的心理状态。

（八）自我观察

1．严密观察发作前驱症状、先兆期、头痛期、缓解期的特点。

2．观察及记录头痛发作部位、头痛的性质、伴随症状、持续的时间。

3．观察有无先兆、有无诱发因素、阳性体征及治疗情况。患者做好头痛日记，以提供头痛发作的准确信息，包括发作频率和强度，潜在的触发因素等，为医生提供诊治依据。

（九）住院治疗

绝大多数偏头痛患者不需要住院治疗，患者如出现以下情况应及时住院治疗：偏头痛发作频繁，影响正常生活；门诊治疗效果不佳或合并有明确的器质性或精神性疾病；因疼痛反复发生，精神上负担过重。

## 四、高颅压性头痛

（一）高颅压性头痛的含义

正常脑脊液的压力在侧卧位腰穿时，成人为0.69～1.76 kPa（70～180 $mmH_2O$），坐位为3.43～4.41 kPa（350～450 $mmH_2O$）；儿童卧位时0.39～0.98 kPa（40～100 $mmH_2O$），若颅内压超过1.96 kPa（200

$mmH_2O$）以上，称为颅内压增高。颅内有许多对疼痛敏感的结构，如硬脑膜、大血管和颅神经。当颅内压增高时，颅内的血管和脑膜发生移位并受到牵引而发生高颅压性疼痛。

（二）诱发因素

1．脑体积增加

颅内各种原因所引起的脑水肿，如脑炎和脑膜炎等。

2．颅内血容量的增加

各种原因如呼吸衰竭所致的二氧化碳蓄积，而使脑血管扩张，脑血流量急骤增加。

3．脑脊液量增加

脑脊液分泌过多或吸收障碍；各种原因所引起的脑脊液循环受阻。

4．颅内占位性病变

颅腔内一定空间被局灶性病变占据，如自发性或颅脑损伤引起的颅内出血或血肿；颅内原发性和转移性肿瘤、颅内脓肿、肉芽肿、各种寄生虫等。

5．生理调节功能障碍

全身性疾病，如败血症、缺血、缺氧时颅内压力生理调节机制发生障碍，可使颅内压增高。

（三）颅内压增高会引起头痛

可能的机制是牵拉疼痛敏感的结构。若脑肿瘤或其他局灶病变使脑内结构移位牵拉疼痛敏感结构。但在假性脑肿瘤中，颅内压增高是弥散性的，不清楚疼痛是否与牵拉硬在或血管有关。健康志愿者中向脑脊液中灌注灭菌生理盐水，使压力增高至600 $mmH_2O$，仍不产生明显的头痛。

（四）特点

1．大多没有前驱症状，起病急骤，用力或激动为发病诱因。

2．患者突然感觉头部有劈裂样剧痛，分布于前额、后枕或整个头部，可延及颈、肩、背腰及两腿等部位，面色苍白，全身出冷汗，恶心、呕吐。

3．半数以上患者出现不同程度的意识障碍，轻者有短暂神志模糊，重者昏迷逐渐加深，或出现谵妄、木僵、定向力障碍、虚构、幻觉等精神症状。

（五）治疗方法

高颅压性头痛的治疗原则为脱水降颅压，对症处理，预防脑疝的发生。

1．降低颅内压，减轻脑水肿

20%甘露醇250 mL，静脉滴注，每天2～3次；可适当用甘油果糖、呋塞米等；地塞米松，静脉滴注10 mg/d，可用7～10 d。

2．对症处理

对头痛、呕吐剧烈、躁动不安者，应对症处理。避免咳嗽、喷嚏及大便用力等诱发因素。

3．防治继发性血管痉挛

口服钙通道阻滞剂尼莫地平，静脉滴注尼莫地平、利多卡因等。

4．及时有效地开颅去骨瓣，降低颅内压。

（六）限制液体量

成人每天输液量控制在1500～2000 mL，但对使用脱水治疗的患者，应注意水、电解质平衡，准确记录出入量，可根据每日尿量（应不少于600 mL）及化验调整。另外，还应控制输液速度，避免输液过快而引起颅内压骤增，导致脑疝发生。

（七）应用甘露醇的注意事项

1．静脉输入250 mL甘露醇，速度要快，15～30分钟内完成，必要时加压输入。

2．避免外漏，输注时应注意血管的选择和保护。最好选用中心静脉置管或PICC置管，如发现穿刺部位有红、肿、疼痛时给予金黄散外敷或普鲁卡因局部封闭。

3．用药中应密切观察患者尿量、尿色、尿常规及24小时出入量改变。一旦出现少尿、无尿或血尿等，及时报告医生处理。肾功能不全者慎用。

4．应注意观察水、电解质的平衡，定期检测肝、肾功能。

（八）应用尼莫地平的注意事项

1．尼莫地平是乙醇溶剂，乙醇过敏者禁用，出现变态反应时应当及时处理。

2．滴注的速度要慢，50 mL溶液6～8小时内滴完，用三通阀与其他液体同时输入，以减少尼莫地平对血管和局部的刺激反应及疼痛。

3．尼莫地平易被聚氯乙烯吸收，故输入导管选择聚乙烯（用PEP或黑布包裹）。

（九）自我保护

1．发病时应绝对卧床休息，保持安静，避免不良刺激。床头抬高15°～30°，有利于颅内静脉血液的回流，可减轻脑水肿，降低颅内压。避免因枕头垫得过高而影响颈部静脉回流及造成气道梗阻。

2．保持大便通畅，养成良好的排便习惯。多吃维生素丰富的食物，如蔬菜、水果；必要时给服用果导等轻泻剂以预防大便干燥。如已出现便秘，可用轻泻剂来疏通大便，必要时戴手套掏出粪便，不能让患者用力排便，排便时不能用力过猛。禁用高位大量灌肠，避免咳嗽、打喷嚏，以免加重颅内高压增高和导致脑疝的发生。

3．保持稳定的情绪，勿过分激动、悲伤。

4．避免剧烈活动及从事重体力劳动。

5．根据环境温度调整盖被及衣服，避免呼吸道感染，尽量减少用力咳嗽及打喷嚏。剧烈咳嗽可引起胸膜腔内压骤增而导致发生脑疝。对有剧烈咳嗽者，可适当用镇咳剂。少搬动患者，保持安静。

6．女性患者1～2年内应避免妊娠及分娩。

7．此病复发率高，复发后对机体影响严重，应积极配合医生及早做好脑血管造影及手术根治。

## 五、三叉神经痛

### （一）三叉神经痛的含义

三叉神经痛是最常见的面部神经痛，该病的特点为在三叉神经（即第5脑神经）分布区域发生单侧撕裂性或电击性阵痛，多累及三叉神经的第二、三分支，多发于成人及老年人，40岁以上占70%～80%，女性略多于男性，大多为单侧性，少数为双侧性。

### （二）三叉神经痛患者的“触发点”

三叉神经痛患者面部的某个区域可能特别敏感，稍加触碰就可引起疼痛发作，即“触发点”。发作期间，面部的轻微活动，如说话、进餐、洗脸、刷牙甚至清风拂面都能够触发“触发点”，引起疼痛发作，使患者不敢洗脸、刷牙甚至吃饭，严重影响患者的生活。

### （三）分类与特点

三叉神经痛可分为原发性和继发性两大类。原发性三叉神经痛表现为突然发生的、局限于三叉神经分布区域内的剧烈疼痛，为闪电样或刀割样痛，每次发作仅持续1～2分钟，间歇期正常。继发性三叉神经痛患者，发作的特征与原发性三叉神经痛相似，但疼痛较轻，持续时间长，疼痛区无“触发点”，发病年龄较小。

### （四）卡马西平的用法及注意事项

1．用法

开始剂量为100 mg/d，分2次口服，以后每日增加0.1 g，直至有效，每日不超过1.0～1.2 g。如果在低剂量时疼痛可减轻，则不需要增加总量。以600 mg的剂量服用1周后，如果症状仍无缓解，每日剂量可增加至800 mg，持续1周，最高不超过1200 mg/d。

2．注意事项

观察止痛药物的效果及其副作用，注意定期检测血象及肝功能变化，特别是厌食、头晕、嗜睡、共济失调、体位性低血压、类阿托品样反应、皮疹及再生障碍性贫血等。出现不良反应需及时通知医生调整药物。

### （五）手术治疗方法

当药物治疗不能达到缓解疼痛的满意效果时、出现无法接受的副作用时或患者对药物产生耐药性时，应当考虑手术治疗。手术方式主要包括微血管减压术、神经周围支撕脱术、颅底神经高位切除切断术和经皮穿刺射频温控热凝治疗。

### （六）饮食注意事项

1．宜进温软不需咀嚼的食物，如流质饮食、半流质饮食或软食。

2．发作期间应予半流质饮食或流质饮食。

3．采用三叉神经分支阻滞疗法，患者应进流汁，少讲话，避免饮用过热食物。

4．加强全身营养。患者因疼痛不敢进食，长期的禁食引起患者全身营养不良，可以通过静脉补充。

缓解期间及时进高营养、高蛋白、高维生素饮食。

（七）预防

1. 病室温度适宜，避免吹风和寒冷刺激，避免强光直接照射及剧烈震动面部。

2. 减少谈话，发作频繁时禁止谈话，可用笔谈。

3. 注意禁止碰及面部“触发点”，以免诱发疼痛；洗脸漱口时，用棉球浸水轻拭口腔及面部保持清洁。

## 六、带状疱疹后神经痛

（一）带状疱疹后神经痛的含义

带状疱疹后神经痛是指带状疱疹的皮损已完全治愈，但仍有持续性、剧烈的、非常顽固的难治性疼痛。疼痛持续时间一般为数日及几个月不等。由于疼痛的剧烈性及顽固性，带状疱疹后神经痛患者常常失眠、焦虑不安、情绪压抑甚至有自杀倾向。

（二）特点

带状疱疹治愈3个月后患区仍然存在持续或发作性剧烈疼痛；患区明显的色素沉着；明显的感觉、触觉异常，大部分患者临床表现以痛觉超敏为特征，轻轻触摸即可产生剧烈、难以忍受的疼痛，部分患者以浅感觉减退为特征，触觉明显；以自发性、刀割样或闪电样发作痛或持续性烧灼痛为主，多数患者疼痛剧烈，难以忍受，极个别患者缺乏典型的神经痛。

（三）治疗措施

带状疱疹后神经痛采取个体化的综合治疗方案，及时、迅速地缓解疼痛及相关症状，同时注意避免或最大限度地减轻治疗的并发症。

药物治疗：根据患者的具体情况，合理搭配，联合用药。传统药物以三环类抗抑郁药物及抗痛药物（卡马西平、苯妥英钠）为主；新型抗惊厥药加巴喷丁，因其疗效确切，副作用小，成为神经性疼痛治疗的首选药物。

也可试行脊髓电刺激和神经阻滞术，配以物理疗法，包括电疗法、光疗法（红外线、紫外线、激光）、超声波疗法、磁疗法、蜡疗法效果更佳。

（四）休息

1. 患者应注意休息，避免过度紧张、劳累，病室环境安静整洁，温、湿度适宜，温度保持在18～20 ℃，湿度保持在50%～60%。

2. 指导患者看电视、听轻松的音乐、看趣味小说或与病友聊天，以分散注意力，“忽视”疼痛的感觉。

（五）皮肤保护

1. 水疱过大者，应在无菌操作下吸抽疱液，减轻张力从而缓解疼痛，并保持疱壁完整，减少感染。水疱破溃糜烂者，给予冷湿敷，可起到减轻疼痛及继发感染的作用。

2. 穿宽松的棉质衣服，防止衣物摩擦，勤换衣服。用过的衣物，及时清洗，保持床铺清洁、柔软、无渣屑。勤修剪指甲，避免其抓破皮肤，以防感染。

3. 恢复期患处分泌物或疱疹形成的痂应尽量使其自行脱落，有必要除去的，用清洁剂沾湿或浸泡软化后除去，并注意患侧肢体的功能锻炼以防肌肉萎缩。

（六）饮食注意事项

1. 注意饮食搭配合理，保持营养平衡，多食高蛋白、高热量、富含维生素、易消化的食物，多食新鲜蔬菜和水果。

2. 禁食辛辣、海鲜及刺激性的食物，戒烟、酒。

## 七、糖尿病神经病变性疼痛

（一）糖尿病神经病变性疼痛的含义

糖尿病神经病变是糖尿病最常见的慢性并发症之一。国外有文献报道，在糖尿病确诊的10年内，60%～90%的患者有不同程度的神经病变。国内报道糖尿病神经病变发病率为10%～90%。糖尿病神经病变可累及中枢神经和周围神经，以后者常见，常侵犯感觉神经、运动神经和自主神经等，导致麻木、针刺痛、烧灼痛等症状。其中疼痛最常见，发生率为37.1%，给患者带来很大的痛苦，严重影响其生活质量。

（二）诱因

血管病变、代谢障碍、神经营养因子障碍以及自身免疫功能障碍均可导致神经病变引起神经病变性疼痛。

（三）特点

糖尿病神经病变性疼痛可以表现为烧灼样痛、阵发性闪击样痛或刀割样痛，还可伴有剧烈的触痛。由于神经信号传递的失常，疼痛可以由很轻微的刺激如微风和温度变化引起，令患者痛苦不已。部分患者在病程早期仅有轻度痛感，后逐渐发展为严重的持续性痛，而部分患者一开始就有很强的痛感。

（四）护理要点

国际糖尿病联合组织于1995年提出针对糖尿病的5项措施：饮食治疗、运动、血糖监测、药物应用和糖尿病教育。

对于糖尿病神经病变性疼痛患者的护理，采取针对神经病变性疼痛的护理措施，把这些护理措施合理、联合、有针对性地运用起来，达到提高患者生活质量、减轻患者痛苦的目的。

（五）糖尿病患者的四肢及足部护理

糖尿病患者四肢及足部的护理，关键是预防皮肤损伤和感染。对患者四肢及足部的护理，包括每日进行疼痛肢体部位皮肤的清洗、按摩。手及足部指（趾）甲应保持略呈弧形，与指（趾）等缘，鞋袜应平整、宽松。动态观察皮肤颜色、温度和湿度的变化，检查有无水肿、皮损、脚病以及足背血管搏动、皮肤感觉等情况，有表皮破溃时及时处理。

## 八、幻肢痛

（一）幻肢痛的含义

截肢患者在术后几乎都有失肢依然存在的幻觉，以远端部分更为清晰，这种现象称为幻肢现象，这种现象通常在1年后逐渐消失。但有少数患者的幻肢发生非常剧烈的疼痛，称为幻肢痛。引起幻肢疼痛的确切原因不清楚，有人认为是心理和记忆等多种因素共同作用的结果，也有人认为与大脑皮层的重组有关。

（二）特点

幻肢痛表现形式多种多样，有刀割样、烧灼样、穿刺样等，还有腿被拉长、电击、指甲被吸进手掌里等感觉。幻肢痛大都发生在截肢术后的1周或数周之内，但数月或数年后发生者也不罕见，不确切的刺激会引起已消失的幻肢痛的复发。疼痛的出现次数可以是1个月20次，1年数周，也有的几乎每日发作。持续时间从数秒到几个小时，最严重的可表现为持续发作。

（三）治疗措施

幻肢痛的治疗非常困难，目前尚无特别有效的治疗措施。主要有药物治疗、神经阻滞治疗、外科治疗以及心理疗法。常用药物有镇痛剂、抗惊厥剂、三环类抗抑郁药、镇静剂、β受体阻断剂、神经-免疫-内分泌系统调节剂等药物。另外，物理治疗对个别患者也可能有效。

（四）避免诱发因素

1．避免各种诱发因素。残肢局部皮肤极为敏感，轻触即引起放射性疼痛。注意保暖，使用保护套防止不良刺激。

2．避免情绪兴奋、疲劳、气候变化或其他疾病等因素，防止疼痛的发生或加剧，由于夜间寂静时往往容易发作，故适当给予镇静安眠治疗，减少夜间诱发或加重。

3．介绍有关心身健康疾病的知识，采用心理、躯体并重的综合护理措施，重视心理障碍护理，教会患者自我调整心态，提高患者的心理承受力。

4．鼓励患者做力所能及的工作，协助其生活自理，使其认识到自己的能力，参与社会活动，增强生活的勇气，消除抑郁和焦虑。

（五）功能锻炼

1．截肢后根据病情指导患者循序渐进地进行残肢训练，练习呼吸运动、健肢的运动和残肢部分肌肉的运动。

2. 伤口拆线后立即进行残肢肌肉的主动运动、抗阻力运功、截肢侧关节活动练习和按摩，并在残端均匀地压迫、绑扎，促使残端软组织收缩。

3．逐渐增加残端的负重以强化残肢面的韧性及肌肉力量，促进新血管形成，减少幻肢疼痛的感觉。

（六）区分幻肢痛和残肢痛

与推断中“起源”于中枢神经系统的幻肢痛相比，残肢痛则是周围神经性疼痛，可能与被切除的神经残端所发生的神经瘤有关。病人常诉有酸痛、压榨痛、搏动痛、刺痛和电击样的位于残肢远端的混合型不适感。疼痛常于手术后几个月开始，其发生部位低于幻肢痛。随肢体被切除，许多病人既有幻肢痛又有残肢痛。

# 第十四章　癌性疼痛护理

## 第一节　概述

### 一、癌性疼痛的含义

癌性疼痛（以下简称癌痛）是指癌症、癌症相关性病变及抗癌治疗所致的疼痛，癌性疼痛常为慢性疼痛。疼痛是癌症患者最常见和最难忍受的症状之一，并非只发生于晚期癌症患者。癌性疼痛患者可能生存数月或数年，如果疼痛得不到恰当的治疗，对患者和家属的生活质量将造成非常严重的影响。因此，提高对癌痛的认识、评估、治疗、护理水平，将造福于广大癌症患者。

### 二、目前癌痛的发生情况

据统计全世界癌症患者约有1400万，每年新发生的癌症患者约700万，其中30%～60%伴有不同程度的疼痛。我国现有癌症患者300多万人，其中50%的患者存在中度至重度的疼痛，30%为难以忍受的重度疼痛。癌痛从心理、生理、精神和社会多个方面影响患者的生活质量。但我国仅有41%癌症患者的疼痛得到有效缓解，而晚期癌症患者仅有25%得到缓解。

### 三、癌痛的发生原因

癌痛发生原因主要包括两大类：一是躯体因素；二是社会心理因素。躯体因素主要包括：

（一）肿瘤直接侵犯引起的疼痛

如肿瘤直接压迫神经和邻近组织，引起周围组织的缺血、坏死；肿瘤浸润到淋巴组织产生炎症和化学致痛物质；肿瘤转移到邻近骨组织导致病理性骨折；肿瘤侵入内脏和血管引起内脏梗阻、动脉闭塞、静脉瘀血、肿胀，刺激胸膜壁、内脏包膜、血管壁层神经感受器而致痛。

（二）肿瘤治疗所致的疼痛

如手术、放疗及化疗、穿刺活检引起组织损伤等可能引起的疼痛。

（三）与肿瘤相关的疼痛

如由患者长期卧床引起的压疮、便秘、肌肉痉挛等引起的疼痛。

（四）与肿瘤无关的疼痛

主要因患者的合并症的非癌症因素所致的疼痛。如关节炎、风湿、痛风、糖尿病末梢神经痛等。

疼痛不仅是一种简单的生理应答，同时还伴有主观的心理感受。尤其是癌症患者，常伴有焦虑、抑郁、恐惧、绝望、孤独感等心理行为，这些因素在一定程度上会引起或加重患者的疼痛感受，如果治疗不及时，可能使患者的心理和躯体间形成恶性循环，从而导致严重的身心障碍。

### 四、癌痛的治疗方法

癌痛的治疗方法分为四大类：一是病因治疗；二是药物治疗；三是心理治疗及物理治疗；四是神经阻滞疗法及神经外科治疗。根据患者的具体情况，有计划地综合应用有效止痛手段，能最大限度地缓解患者的疼痛，避免不良反应，从而改善患者的生活质量。

病因治疗主要针对引起癌痛的病因进行治疗，包括抗癌治疗和针对癌症合并症的病因治疗。抗癌治疗主要包括手术治疗、放射治疗、化学治疗。药物治疗是癌痛治疗的主要方法。心理治疗包括认知疗法、暗示疗法、放松疗法等给予患者心理支持的方法。物理疗法包括按摩、冷敷、热敷、针灸等可以辅助缓解疼痛的方法。对于镇痛药物无效或无法耐受镇痛药不良反应，以及顽固性重度疼痛患者，可以考虑选择神经阻滞疗法及神经外科治疗，如神经阻滞麻醉、神经破坏疗法、神经阻断术等。

# 第二节 癌性疼痛的药物治疗

## 一、三阶梯止痛疗法的含义

药物治疗是控制癌痛的主要手段。1986年世界卫生组织（WHO）正式出版《癌症疼痛治疗》，该书作为癌痛治疗指南，提出药物治疗的五项基本原则，又被称为癌症三阶梯止痛治疗原则。这是目前临床上有效治疗癌痛的规范指导。只要正确地遵循该方案的基本原则，90%的癌痛患者会得到有效缓解，75%以上的晚期癌症患者的疼痛得以解除。所谓三阶梯疗法，是指根据轻、中、重不同程度的疼痛，单独和（或）联合应用一阶梯药物（以阿司匹林代表的非甾体类抗炎药）、二阶梯药物（以可待因代表的弱阿片类药）、三阶梯药物（以吗啡代表的强阿片类药），配合其他必要的辅助药物来处理癌性疼痛（图14-2-1）。三阶梯止痛疗法具有方法简单、用药量合理、价格不高、药效良好等特点。

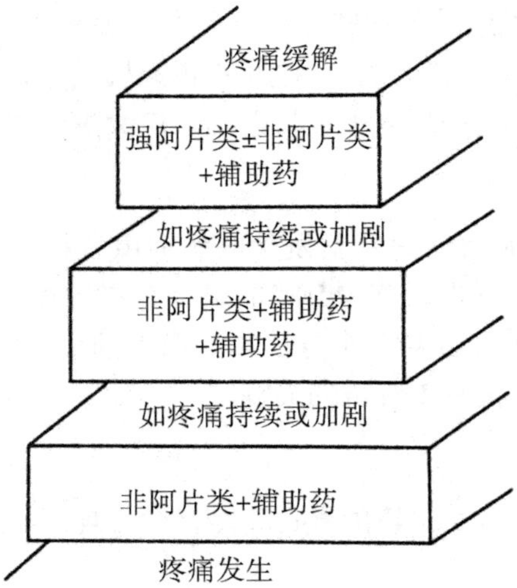


**图4-2 世界卫生组织的三阶梯止痛治疗原则**

世界卫生组织（WHO）要求癌痛控制应使患者达到夜间睡眠、白天休息、活动和工作时无疼痛。这是一个比较明确和完美的目标。

## 二、三阶梯止痛疗法的基本原则

### （一）口服给药

止痛药最好的给药途径是口服。口服给药具有以下特点：

①方便，不受人员、地点限制，便于应用，可提高生活质量；

②能应付各种多发性疼痛；

③效果满意；

④副作用小，可减少医源性感染，并将耐受性及依赖性减到最低限度。

### （二）按时给药

即按照规定的间隔时间给药，如每隔4小时1次或每隔12小时1次。下一次剂量应在前次给药效果消失之前给予，以维持有效血药浓度，保证疼痛连续缓解。不能用“痛了就吃，不痛就不吃”的按需给药方式，一方面患者承受了不必要的痛苦，另一方面持续疼痛可使痛阈降低，需加大用药物剂量才能缓解症状，增加了机体对药物的耐受、依赖的可能性。

### （三）按阶梯给药

按照癌痛三阶梯治疗原则规定的用药程序合理使用，根据疼痛程度由轻到重，按顺序选择不同强度的镇痛药，最大限度地减少药物依赖的发生。联合使用阿片类药物与非阿片类药物，或者使用其他抗抑郁、抗惊厥类药物辅助治疗。

### （四）个体化给药

患者对麻醉药品的作用效果个体差异很大，所以阿片类药物没有标准剂量，凡是能使疼痛缓解的剂量就是正确剂量，因此应特别注意具体患者的实际疗效。应根据患者疼痛强度、性质，对生活质量的影响，对药物的耐受性、偏爱性、经济承受能力，个体化地选择药物，确定剂量。

（五）注意具体细节

对用止痛药的患者要注意观察其反应，及时恰当地预防、处理不良反应，目的是使患者能获得最佳疗效而发生最小的副作用。

## 三、常用的三阶梯止痛药物

（一）非甾体类抗炎药（表14-2-1）

非甾体类抗炎药是癌痛治疗的基础药物。该药对轻至中度疼痛尤其对骨及软组织疼痛治疗效果肯定，并可作为合并用药增加阿片类药物的止痛效果，但此类药有剂量极限性（即天花板效应）。使用时注意以下几点：

①询问患者有无阿司匹林类药物过敏史。

②只有原用药物剂量增加到最大耐受剂量而无效时，才改用另一种非阿片类药物。

③可以与其他止痛药合用，以增强止痛效果。

④使用时密切注意不良反应，如胃肠道反应、凝血功能异常药物过敏等。

表14-2-1 非甾体类抗炎药

| 分类 | 常用有效剂量(mg/4～6h) | 给药途径 | 主要副作用 |
|---|---|---|---|
| 阿司匹林 | 250～1000 | 口服 | 过敏、胃刺激、血小板功能障碍 |
| 扑热息痛 | 500～1000 | 口服 | 肝、肾毒性 |
| 布洛芬 | 200～400 | 口服 | 胃肠道刺激、血小板减少 |
| 消炎痛 | 25～50 | 口服 | 胃肠道刺激 |
| 萘普生 | 250～500 | 口服 | 胃肠道刺激 |

（二）弱阿片类止痛药物（表14-2-2）

弱阿片类止痛药物适用于中度疼痛，但最近研究表明，部分中度疼痛患者可淡化二阶梯用药而直接进入第三阶梯治疗。

表14-2-2 弱阿片类止痛药物

| 分类 | 常用有效剂量(mg/4～6h) | 给药途径 | 主要副作用 |
|---|---|---|---|
| 可待因 | 250～1000 | 口服 | 便秘、呕吐 |
| | 30 | 肌注 | 头晕 |
| 氧可酮 | 5～30 | 口服 | 便秘、恶心 |

（三）强阿片类止痛药物（表14-2-3）

强阿片类止痛药物适用于中至重度疼痛，无饱和剂量限制（即无天花板效应）。对于癌痛患者，WHO不推荐使用哌替啶和二氢埃托啡。

哌替啶的镇痛作用强度仅为吗啡的1/10。其代谢产物去甲哌替啶具有潜在的中枢神经毒性和肾毒性作用，易造成体内蓄积，可致精神异常。二氢埃托啡起效快，但持续作用时间短，易发生药物依赖性。

表14-2-3 强阿片类止痛药物

| 分类 | 常用有效剂量(mg/4～6h) | 给药途径 | 主要副作用 |
|---|---|---|---|
| 吗啡 | 5～30 | 口服 | 便秘、呕吐 |
| | 10 | 肌注 | 低血压及晕厥、缩瞳 |
| 美散痛 | 5～20 | 口服 | 便秘、恶心、呕吐 |
| | 10 | 肌注 | 呼吸抑制、蓄积而引起镇静 |
| 吗啡 | 6 | 口服 | 便秘、恶心、呕吐、低血压、眩晕、口干、直立性低血压 |

（四）辅助用药（表14-2-4）

辅助用药可用于癌痛三阶梯治疗的任何一个阶段。它还可针对特殊疼痛产生独特的效果，但该类药物除皮质类固醇外起效均晚，一般约2周后生效。一旦用药勿频繁更换。作为辅助药物的标准是：增强阿片类止痛药的镇痛作用；减少阿片类药物的毒性反应；改善终末期癌症患者的其他症状。

表 14-2-4　辅助药物

| 分类 | 常用有效剂量(mg/4～6h) | 给药途径 | 适应症 | 主要副作用 |
|---|---|---|---|---|
| 皮质类固醇 | 16～36 | 静脉注射 | 脑转移、脊髓压迫、 | 体重增加、胃溃疡、高血压、水肿、易感染、兴奋、情绪不稳定 |
| 地塞米松 | 2～4 | 口服 | 脉管阻塞性疼痛<br>改善食欲和心情 | 体重增加、胃溃疡、高血压、水肿、易感染、兴奋、情绪不稳定 |
| 抗惊厥药<br>卡马西平 | 300～600 | 口服 | 神经损伤撕裂痛，放电样痛、烧灼痛，化疗药外漏或外渗所致疼痛 | 头昏、困倦、视物模糊、复视、平衡障碍、脊髓抑制、肝损害、皮疹 |
| 抗抑郁药<br>阿米替林 | 25～50 | 口服 | 增强阿片类药效，改善心情 | 口干、便秘、视物不清、排尿困难、心动过速 |
| 多塞平 | 25～50 | 口服 | 增强阿片类药效，改善心情 | 偶见纳差、不安、失眠 |
| NMD受体<br>拮抗剂<br>右美沙芬 | 10～20 | 口服 | 止咳，神经痛，增强吗啡药效 | 偶有头晕、头痛、困倦、纳差、便秘 |

## 四、缓释制剂型镇痛药物

缓释制剂是一种比较新的药物剂型，克服了普通制剂每天需要服用多次、血液内药物浓度起伏较大、副作用较多等缺点，具有用药次数减少、提高药效、治疗作用持久、毒副作用低的特点。其所含药物量比相应的普通制剂多，工艺也较复杂。由于按制剂设计要求，药物可缓慢地进入体内，血液内药物浓度波动小，可避免超过治疗药物浓度范围的毒副作用，又能保持在有效浓度范围内以维持疗效。缓释制剂是将药物分成数份，然后采取不同的方法使每一份药物按照不同的时间释放的一种制剂，有缓释片和缓释胶囊。缓释技术，患者服用药物后，消化液可逐层溶解、分离包被药片的各层，暴露出药物，药物按等量稳定释放并被小肠所吸收，避免在胃内失效，因此本品必须整片吞服，不得掰开、咀嚼或研磨。缓释制剂也包括经皮或皮下、肌内注射，使药物缓慢释放吸收，避免肝脏和胃肠道破坏的制剂。

## 五、镇痛药物的常用给药途径

给药途径以无创为主，可以选择口服、直肠给药、经皮给药等，必要时可选择输液泵连续皮下输注途径给药。

### （一）口服给药法

口服是阿片类药物给药的首选途径。口服具有给药方便，疗效肯定，价格便宜，安全性好等优点。对于吞咽片剂有困难时，可经舌下给药。

### （二）直肠给药法

直肠给药法适用于禁食、不能吞咽、恶心呕吐严重的患者，直肠肛门有损伤时患者不能经直肠给药。经结肠造口给药经研究与直肠给药相比，平均有效率为43%，因疗效变化大，影响因素多，有研究者认为不能推广。

### （三）经皮肤给药法

芬太尼透皮贴剂是目前唯一通过透皮吸收的强阿片类药物，有普通型和骨架型两种剂型，适用于慢性中度疼痛或重度疼痛。药物透过皮肤吸收入血，可避免注射用药所出现的血药峰值浓度，因此在不减低止痛治疗效果的情况下可明显增加芬太尼用药的安全系数。当使用第一剂时，由于皮肤吸收较慢，大约在6～12小时后血清中可测到芬太尼的有效浓度， 12～24小时达到相对稳态。一旦达到峰值可维持72小时。去除贴剂后，血清浓度逐渐下降。芬太尼透皮贴剂的不良反应、禁忌症及注意事项与芬太尼注射用药相似，但有一些特殊注意事项，如个别患者用芬太尼透皮贴后局部瘙痒、麻木感或皮疹，去除贴剂后很快消失。如果因严重不良反应需要停药，应及时去除贴剂，拮抗剂可用纳洛酮，而且还需要较长时间监控病情，这是由于该药在皮下脂肪组织内可能滞留较长时间，停药后23小时仍然可能测出血药浓度。

芬太尼透皮贴剂的使用规范：粘贴时注意选择胸前、背部、上肢、大腿内侧。这些部位平坦、无毛、无关节活动。粘前先用清水清洁皮肤，不可用酒精、肥皂等有机溶剂，待皮肤干燥后，启封贴膜将其平整牢固地贴于皮肤，轻压30秒，使贴膜与皮肤紧贴无皱褶、无气泡。更换下一贴时应另选部位。但要注意不能剪成小块使用，以免破坏限速膜，使芬太尼的释放速度改变，影响贴剂的疗效及维持时间，所以贴膜一定要完整使用。

（四）舌下含服给药法

口腔黏膜有丰富的淋巴管和血管，药物吸收后直接进入体循环。但目前舌下含服片剂型不多。一般多用于爆发性疼痛的临时处理。

（五）肌内注射法

水溶性药物在进行深部肌内注射后，吸收十分迅速。但长期进行肌内注射治疗疼痛，存在血药浓度波动大，易发生阿片药物的耐药性，止痛效果、维持时间不稳定等缺点。目前多于急性疼痛时的临时给药和癌症患者的爆发痛时给药。不推荐用于长期的癌痛治疗。

（六）静脉给药法

静脉注射是最迅速、有效和精确的给药方式，血浆浓度迅速达到峰值，用药后即刻产生止痛作用，但过高的血浆药物浓度可能会引起不良反应。目前国内外多采用中心静脉插管或预埋硅胶注药泵，便于连续小剂量给药，减少不良反应的发生。

（七）连续皮下注射给药法

连续皮下注射给药法可不经过肠道，无药物的首过效应，摄入时间较口服用药方式明显缩短，止痛作用产生快，可24小时持续输注。主要用于胃肠道功能障碍，顽固性恶心、呕吐患者，严重衰竭需要迅速控制疼痛的临终患者。

## 六、阿片类镇痛药物的剂量滴定及调整

（一）TIME原则

阿片类药物无“天花板效应”，镇痛作用随剂量的增加而增加。剂量滴定及调整分为确定初始剂量（T）、增加每日剂量（I）、处理爆发痛剂量（M）、提高单次用药剂量（E）。

（二）具体步骤

1．确定初始剂量（T）

绝大多数癌痛患者初次使用吗啡剂量约为30～60 mg，根据具体情况调节。速效吗啡（IRMS）给药方法为每4小时一次，每次5～10 mg，建议用药时间为每日6：00、10：00、14：00、18：00、22：00。考虑到夜间用药不便以及能够达到持续控制疼痛的效果，建议将末次用药增量50%～100%。吗啡缓释制剂（CRMS）常规为12小时给药一次，每次10～30 mg。

（1）即释吗啡滴定方案

第1天：固定量=吗啡5～10 mg q4 h；解救量=吗啡2.5～5 mg q2～4 h。

第2天：总固定量=前日总固定量+前日总解救量（总固定量分6次口服，即q4 h）；解救量=当日总固定量的10%～20%，依此方法当日调整剂量至疼痛≤2分，改用等效量缓释阿片，每日总量分2次口服，即q12 h，按时给药。

（2）缓释吗啡滴定方案

第1天：固定量=吗啡缓释片10～30 mg q12 h；解救量=吗啡即片2.5～5 mg q2～4 h

第2天：总固定量=前日总固定量+前日总解救量（总固定量分2次口服，即q12 h）；解救量=当日总固定量的10%～20%，依此方法逐日调整剂量至疼痛≤2。

2．增加每日剂量（I）

临床试验显示，相当一部分癌痛患者需通过调整初始剂量方能达到满意的止痛效果。若不能达到理想疗效，应根据需要每24小时调整一次。部分患者甚至需数天的调整才能达到稳定剂量。初始增加幅度可为前次剂量的50%～100%，之后应该为25%～33%。

3．处理爆发痛剂量（M）

爆发痛是指在有效镇痛药治疗期间，患者在持续痛的基础上，突然出现的短暂而剧烈的疼痛，疼痛发作频繁、持续时间短、不可预测、与原来的慢性疼痛无必然联系。出现时应该使用速效吗啡来处理，剂量为24小时口服量的10%～20%。

4．提高单次用药剂量（E）

一旦患者出现控制不理想的情况，次日应该提高每日用药剂量，将前24小时基础用药加上处理爆发痛所用的剂量，分布到后24小时的每次给药中去。通常，通过增加每次给药剂量而非给药频率来实现，

尤其是缓释制剂。但由于代谢差异，约有1/10的患者仍需要增加给药频率。

综上所述，阿片类止痛药物剂量的调整没有极限，遵从循序渐进的原则下，只要镇痛效果大于副作用，就可以加量。在疼痛评分的指导下，以10为最高分，若接受治疗后疼痛程度仍大于7，则可增加原剂量的50%～100%；治疗后评分5～6，则增量25%～50%；治疗后评分小于4但仍有疼痛，则增量25%。

## 第三节 癌性疼痛的非药物治疗

癌痛的治疗方法中除了药物治疗以外，还包括病因治疗、心理治疗、物理治疗、神经阻滞疗法及神经外科治疗等方法。这些方法在一定程度上补充了药物治疗的效果。应根据患者的具体情况，选择有效、安全、方便、经济的止痛方法，制定个体化止痛方案，并对多种治疗方法联合实施进行有计划的合理安排。护士作为疼痛管理团队的重要成员，在心理治疗和物理治疗中发挥着独特的作用。如果护士不建议使用，医生可能不会开这种处方，患者自己也不会实施。这些方法不是替代止痛剂而是增强它的作用。

### 一、皮肤刺激法

皮肤刺激法是通过刺激皮肤缓解疼痛，包括冷、热、按摩、经皮电神经刺激。热疗（热浴、热敷）有助于放松。冷疗可以降低由于关节病理或神经根刺激引起的肌肉痉挛，可以破坏肌肉痉挛-缺血-疼痛-痉挛加重的恶性循环。按摩是一种精神身体安慰和放松的方法，可以放松肌肉，改善微循环。经皮电神经刺激是对神经系统的各个水平进行电刺激，通过内源性神经、体液调控系统的相互作用，产生镇痛效果。护士可以根据疼痛的部位、患者的适应情况，不断调整刺激的时间、部位、强度等，以达到缓解疼痛的目的。

### 二、注意力转移疗法

注意力转移疗法是指把注意力放在疼痛以外的刺激上。这种刺激可以是听觉、视觉、触觉或运动，即听、看、触、动。

1．把注意力从疼痛上面转移

如果能尽最大可能地发挥感官系统的作用，这种方法将非常有效。比如可以想象一个欢乐轻松的场面，尽情发挥想象力，享受那些快乐的感觉。也可以计划一件向往已久的事情，比如一次晚宴、一次度假、一次棋牌游戏、重新布置房子等，想象其中的每个细节。

2．音乐疗法

听自己喜欢的音乐，把注意力集中到音乐上，目光集中在某一固定的点或物体上，跟着音乐在脑海中想象。

3．转化疼痛的概念

即转化疼痛的含义，根据对疼痛特点的描述，将痛的感觉转化为“压迫感”“震动感”和“冷热感”或用某种形状、颜色甚至声音来想象疼痛，然后逐渐减轻想象强度，比如把疼痛想象成一个明亮的红色气球，然后让它慢慢褪色、变暗。

### 三、放松疗法

通过锻炼放松肌肉，缓解血管痉挛，消除紧张焦虑情绪。因为疼痛加剧可以发生在任何地点，所以学会在不同的地点都能使用放松疗法是很重要的。开始，可以在躺着的时候使用放松疗法，掌握了以后，就可以在站、走，甚至正在做其他事情时使用放松疗法。

1．具体步骤

（1）尽可能让自己感到舒适，可以闭上眼睛。

（2）深吸气，屏气，然后慢慢呼气。

（3）呼气的时候放松自己。

（4）再吸气，慢慢呼气。

（5）正常呼吸，不要继续深呼吸。

（6）睁开眼睛，平静地、舒适地盯着房间里的某个地方。

2．注意事项

不要强迫自己放松，那样只会更紧张。每次呼气时让全身肌肉松弛，头脑里不断重复一个或几个单词或想象一个放松、平静或快乐的场面。如果思想不够集中，尤其在开始时，轻轻地把思想拉回来，继续正在进行的步骤，不要因为注意力不集中而恼怒。经过大约一周的训练，就能很容易地放松了。学会放松疗法后，需要经常练习。开始至少每天7次，2次较长时间（15～20分钟），另外5次较短时间（30秒～5分钟）。而且5次短时间练习应当在5个不同的地点进行。2次长时间练习可以在一个安静的不被打扰的地方进行。也可以制定一个表格，每做完一次练习后画钩，有助于练习放松疗法的习惯养成。

### 四、认知疗法

癌痛患者由于长期疼痛的影响，会产生焦虑、烦躁、恐惧、抑郁等不良情绪。和疼痛有关的思想分为有益和无益两种，有益的思维方式是指能更有效地处理问题或压力源的思维方式；反之即为无益的思维方式。医护人员可以帮助患者记疼痛日记，在出现易怒、焦虑、无助时，停下手中的事情，记录这些思想，分析疼痛时的思想，教育患者挑战自己的无益的思维，改变紧张应激-躯体反应-疼痛加重的恶性循环，帮助患者建立自己处理问题的信心，逐步形成有益的思维方式。

### 五、手术疼痛治疗

根治性手术治疗是癌症治疗的主要方法，对于晚期及终末期癌症疼痛患者，针对病因的抗癌治疗大多为姑息性抗癌治疗。姑息性手术可以通过部分切除肿瘤，解除肿瘤造成的压迫或梗阻性病变达到缓解疼痛及其他症状的目的。例如，骨转移病理性骨折的固定手术、肠梗阻解除术等，可缓解疼痛及相关症状。

### 六、化疗止痛

化疗是抗癌治疗的重要方法，也是癌症姑息治疗的有效方法。对于化疗药物敏感的肿瘤如恶性淋巴瘤、小细胞肺癌、卵巢癌、多发性骨髓瘤、白血病等，姑息性化疗能较迅速地缓解因肿瘤压迫或侵犯神经组织所引起的疼痛。对化疗敏感性差，尤其是终末期癌症患者，采用化疗缓解疼痛是不恰当的。

### 七、放疗止痛

放疗是抗癌治疗的有效手段。对于大多数恶性肿瘤患者，放射治疗可以阻止肿瘤的局部生长，使肿瘤缩小，减轻对周围组织的压力，以达到止痛目的。放疗止痛的适应症包括：对放射治疗敏感的肿瘤。如骨转移癌引起的疼痛对姑息性放疗效果最好，癌痛或压迫神经引起的头颈痛、腰背痛放射治疗有一定疗效。放疗方法有局部体外照射、短距离后装照射（腔内、组织间照射）和全身放射性核素内照射。

### 八、其他方法

#### （一）神经破坏疗法

神经破坏疗法适用于固定区域的疼痛、经多种止痛治疗效果不佳者，操作应由有经验的麻醉医师进行。方法是将纯乙醇或碳酸注射到支配疼痛区域感觉的脊神经后根处，使神经失去传导感觉的功能，止痛效果好。但是，被封闭神经支配区域的所有感觉均消失，而且可以引起该区域的肌肉瘫痪。

#### （二）椎管内或脑室内置管止痛法

椎管内或脑室内置管止痛法适用于各种非手术治疗无效的顽固性疼痛。目前常用的方法有硬膜外、鞘内或脑室内放置导管，可注入吗啡、激素、维生素$B_{12}$和哌替啶合剂控制癌痛，可取得快速止痛和长期控制癌痛的效果。护理需注意：

（1）将硬膜外导管用透明贴膜妥善固定在体侧防止脱落、扭曲。

（2）准确使用吗啡剂量，观察有无副作用。

（3）皮下埋药泵者局部皮肤减少摩擦。

（4）预防腔内感染：经常更换敷料，在导管与皮肤接触部涂抗生素软膏。

#### （三）手术止痛法

脊髓前侧柱切断术，可以解除药物治疗无效的单侧下肢痛。选择性神经切断或刺激术，虽有效但很难维持数月，并有一定的危险性。

## 九、错误的认识

（一）使用非阿片类药物更安全

对需要长期使用止痛药的患者而言，使用阿片类药物更安全有效，无肝、肾等器官毒性作用。如长期服用非阿片类药物，随用药时间延长，出现胃肠、肝、肾、血小板毒性反应的危险性也随之增加。

（二）疼痛剧烈时才用止痛药

事实上，无论给药当时是否发作疼痛，按时使用止痛药更安全有效，而且所需要的止痛药强度和剂量也最低。长期得不到有效止痛治疗的癌症疼痛，容易出现因疼痛导致的与神经病理性疼痛相关的交感神经功能紊乱，表现为痛觉敏感和异常疼痛等难治性疼痛。

（三）止痛治疗能使疼痛部分缓解即可

事实上，止痛治疗的目的是缓解疼痛、改善生活质量。无痛睡眠是止痛治疗的最低要求，理想的止痛治疗除达到此目标外，还应争取达到无痛休息和无痛活动的目标，以实现真正意义上提高生活质量的目的。

（四）用阿片类药出现呕吐、镇静等不良反应，应立即停用

事实上，除便秘副作用外，阿片类药物的不良反应大多是暂时性的或可耐受的。阿片类药物的呕吐、镇静等不良反应一般仅出现在用药的最初几天，数日后症状多自行消失。对阿片类药物的不良反应进行积极预防性治疗，可以减轻或者避免其发生。

（五）哌替啶是最安全有效的止痛药

WHO已将哌替啶列为癌痛治疗不推荐的药物，哌替啶的止痛作用强度仅为吗啡的1/8～1/10且作用时间短，需频繁给药，其代谢产物去甲哌替啶在体内的清除时间长，易造成体内蓄积，而且具有潜在神经毒性及肾毒性作用，可致精神异常、震颤、神志不清、惊厥等。肾功能不良的患者会减缓药物清除加重其毒性反应。哌替啶不宜用于癌痛等慢性疼痛治疗。

（六）终末期癌症患者才能用最大剂量的阿片类止痛药

阿片类止痛药的用药剂量有较大的个体差异，少数患者止痛治疗需要较大剂量。阿片类止痛药无封顶效应，如果疼痛加剧，可以增加阿片类药物的剂量提高止痛效果。对于任何重度疼痛患，只要止痛治疗需要，都可以使用最大剂量的阿片类止痛药，以到理想的疼痛缓解。

（七）长期使用阿片类止痛药物会成瘾

阿片类药物“成瘾”的发生率与药物的剂型、给药的途径、给药方式和适应症有关。在慢性疼痛治疗中，采用阿片类药物控释、缓释制剂，口服或透皮给药，按时用药等方法，使血液中的药物在一定程度上保持恒定。这种规范化的给药方法，可以在保证理想止痛治疗的同时，使成瘾发生率< 1%。

（八）一旦使用阿片类药，可能终身用药

当患者的疼痛病因控制或疼痛完全消失后，随时可以安全停用阿片类止痛药。吗啡日用剂量在30～60 mg时，突然停药一般不会发生意外。长期大剂量用药者，可在密切观察的基础上以20%～50%的原则逐渐减少剂量，如果疼痛复发，增加剂量回先前水平，如果疼痛不再复发，吗啡剂量可进一步每周减少50%，直至完全减量停药。

（九）肺癌患者不能用阿片类药物

肺癌疼痛患者可以安全有效地使用阿片类止痛药。人们对肺癌患者使用阿片类止痛药疑虑的症结在于阿片类药物的呼吸抑制作用。人们担心肺癌、肺转移癌患者可能因肺功能不良，对阿片类止痛药的耐受性低。肺疾病所引起的呼吸困难是肺部病变所致，而阿片类药物引起的呼吸抑制是药物的中枢作用，即对呼吸中枢抑制的作用所致。阿片类药物本身不会加重肺部病变。阿片类药物对呼吸中枢抑制的副作用，一般仅发生在过量用药，尤其是血药峰值浓度急剧上升的情况下。癌痛患者合理使用阿片类药物，呼吸抑制是极少发生的。其主要原因：一是疼痛是阿片类药物呼吸抑制不良反应的天然拮抗剂；二是癌痛患者长期用阿片类药物，很快会对药物的呼吸抑制副作用产生耐受。

（十）吗啡缓释片和盐酸羟考酮缓释片可以掰开服用

吗啡缓释片和盐酸羟考酮缓释片常用于晚期癌症的止痛。不少人，尤其是老年人在服用这些药物时为了便于吞服，常将药片掰成几块，其实这样做是错误的。控释、缓释类药物在生产时加入了特殊的材料，药片内所含的药物成分被分成速释和缓释两部分，并通过特殊成分形成的隔膜控制药物的释放速度，以达到控释、缓释和速效、长效的目的。药片被掰碎后控释膜或控释骨架被破坏，药物会迅速释放

出来，这样就达不到控释、缓释和长效的目的了，有时还可因体内药物浓度骤然上升，造成药物中毒。因此，一定不要将控释、缓释片剂掰开服用。

## 第四节 癌痛综合征

### 一、癌痛综合征的含义

癌痛个体差异大，与癌的部位、大小、发展等密切相关，但癌的发生发展有一定规律，即细胞的无休止和无序的分裂、侵袭性和转移性。因此，神经的受侵与破坏、骨转移、继发感染、实质脏器被膜的牵张以及中空脏器的梗阻等，形成了临床常见的癌痛综合征。

### 二、类型

包括骨痛综合征、盆腔癌痛综合征、癌性肝痛综合征、癌性肠绞痛综合征、癌性胸痛综合征、癌性臂丛神经痛综合征、癌性头痛综合征等。

### 三、骨痛综合征

（一）容易出现骨痛综合征的肿瘤

乳腺癌、肺癌、前列腺癌、肾癌、多发性骨髓瘤等。

80%以上的骨转移患者发生骨疼痛，恶性肿瘤骨转移癌多数发生于躯干骨及四肢近心端，四肢远心端低发，末端少见。在躯干骨中以脊柱最为常见，部位依次是胸椎棘突、腰骶脊柱椎、颈椎。乳腺癌常转移到胸骨及肢骨近端，甲状腺癌常转移到椎、颅骨，肺癌则常转移到肋骨等处。

（二）骨痛综合征的疼痛特点

常以局部疼痛和压痛为首发症状，疼痛有轻有重，夜间为甚，活动后加重。深部的骨转移癌以疼痛及功能障碍为主要症状，浅表的骨转移癌疼痛与肿胀往往同时出现，局部可扪及边界不清、质硬、不被推动的肿块，肿块大者可见浅表静脉怒张、皮温升高等。发生病理性骨折者，疼痛剧烈，并有畸形、异常活动等。位于脊柱的骨转移癌常可压迫脊髓而出现神经压迫症状。骨痛患者常伴全身情况变化，如纳差、消瘦、贫血等症状。

（三）治疗

缓解骨痛综合征的基础治疗是合理使用止痛药，同时给予骨溶解抑制剂，必要时配合局部放疗。抗肿瘤治疗、手术等可选择性用于预期可能获益的患者。

1. 止痛药物治疗

止痛药物治疗是最基础的治疗，不仅疗效可靠，而且经济方便。

2. 局部放疗

局部放疗对局部骨转移癌可较快缓解疼痛，有效率为80%～90%，可不同程度地控制局部肿瘤，防止病理性骨折，使已受损的神经功能部分或完全恢复；还可使破坏的骨质逐渐修复，获得长期缓解或临床治愈。但是该方法理想显效约需3个月。

3. 核素治疗

文献报道核素治疗缓解骨转移所致骨痛的有效率为51%～91%。核素治疗适用于全身多发灶性骨转移所致的多部位骨痛，实施局部放疗有困难者。具体方法是静脉内大剂量注射标记放射性核素的亲骨的磷酸或磷酸盐。目前我国用的核素主要是$^{153}$Sm、$^{89}$Sr和$^{99m}$Tc。但该方法治疗，骨髓抑制发生率50%左右，而且恢复正常需要6～12周时间。

4. 化疗

选择对原发病灶有效的化疗药物，能控制广泛骨转移。

5. 骨溶解抑制剂治疗

这是治疗骨痛的一种姑息疗法，可与放疗联合应用。正常的骨代谢是由破骨细胞和成骨细胞活性来保持协调和平衡，而恶性肿瘤细胞可通过体液因子或破骨细胞激活因子使破骨细胞活性增强，使骨质破坏。本剂能有效抑制羟磷灰石的溶解，抑制破骨细胞的活性，阻止骨质吸收。对癌症的溶骨性骨转移有止痛作用，并可治疗癌症所致的高血钙症。对缓解骨转移痛的有效率为68%～85%，常用制剂有氯甲双膦酸二钠、帕米膦酸二钠、帕米膦酸钠、伊班膦酸钠。

6．手术治疗

主要用于病理性骨折的固定、椎管的减压和脊柱的稳定，以改善生活质量及阻止病情继续恶化。

7．热疗

微波加热可起到生物效应作用，使局部病灶得到不同程度的消肿、收敛，缓解肿瘤的压迫而达到止痛作用。

（四）护理

1．做好放疗宣教、护理，做好护送工作。

2．嘱患者走路时谨慎，防止摔倒或被撞倒；不可用力提物或高举物品，有病变的部位尽量少承受重量，改变动作时要缓慢；病变累及脊柱时，多卧床休息，减轻脊柱的负担，选择硬板床。起床、翻身时要有医护人员或家属的帮助，轴线翻身，动作要缓慢，防止损伤脊髓，造成瘫痪。

4．如已发生骨折，按骨科进行石膏或牵引护理。

5．骨溶解抑制剂口服剂应空腹或饭前1小时服用，注射剂不可直接静脉推注，必须缓慢静脉滴注。

## 四、盆腔癌痛综合征

（一）容易出现盆腔癌痛综合征的肿瘤

结直肠癌、妇科恶性肿瘤、膀胱癌。

（二）疼痛特点

盆腔癌痛多起源于盆腔软组织。盆腔内肿瘤膨胀性增长，神经或韧带受侵犯，产生严重而持续的疼痛，可表现为腰痛、下腹痛或下肢疼痛，有继发感染、出血时疼痛加重，直肠癌手术切除后患者仍觉直肠胀满痛或烧灼痛，坐位或便秘时疼痛加剧。

（三）治疗

1．通便，激素或抗生素保留灌肠。

2．阴道瘘管和痛性溃疡：可用浸以利多卡因胶冻的纱布行阴道堵塞。

3．直肠胀满痛：三环类抗抑郁药或吩噻嗪类药。

4．顽固性盆腔痛：可选用相应的神经阻滞。

5．可行姑息性放疗以减轻瘤体的压迫痛。

（四）护理

1．少进辛辣食物，注意营养。

2．保持大便通畅，养成良好的排便习惯。

3．保持会阴部清洁。

4．教会患者保持舒适的方法，如放松、变换体位、热敷等。

## 五、癌性肝痛综合征

（一）容易出现癌性肝痛综合征的肿瘤

原发肝癌或转移性肝癌。

（二）疼痛特点

肝痛的可能原因包括肿瘤迅速增大使肝包膜张力增加；包膜下癌结节破裂；肝癌结节破裂出血等，分别表现为右季肋下持续钝痛、呼吸时加重或急腹痛。

（三）治疗

1．强阿片类止痛药是最有效的药物。

2．应用肾上腺皮质激素，可减轻瘤体外水肿从而缓解对肝包膜的牵张。

3．腹腔神经丛阻滞。

（四）护理

1．给患者心理安慰，提供情感支持。

2．吸氧，流量为1～4 L/min。

3．进清淡饮食，忌油腻；有出血情况，需禁食。

4．观察强阿片类止痛药的副作用。

## 六、癌性肠绞痛综合征

（一）容易出现癌性肠绞痛综合征的肿瘤

消化道、盆腔恶性肿瘤。

（二）特点

腹腔或盆腔肿瘤肿大的淋巴结压迫、粘连、侵蚀平滑肌、静脉、自主神经引起，有的可发生肠梗阻。通常是脐周围或上腹痛，当局部肠管有绞窄或坏死时，相应的部位有疼痛，疼痛一般为间歇性，进食可加剧，腹部按压或热敷略有缓解，肠梗阻时可伴腹胀、肠鸣音亢进、呕吐等。

（三）治疗

1．手术。

2．姑息性放疗。

3．止痛、解痉药 东莨菪碱10 mg肌注，止痛药物可选用经皮给药。

4．其他对症处理 肠梗阻时，予胃肠减压，缓解胃或肠管内的张力；消化道肿瘤可予5-Fu持续化疗，以期瘤体或淋巴结缩小；食道中段癌可置入支架，以缓解梗阻。

（四）护理

1．禁食，做好口腔护理。

2．保持胃管通畅，有效减压。

3．5-Fu持续化疗患者要观察消化道反应。

## 七、癌性胸痛综合征

（一）容易出现癌性胸痛综合征的肿瘤

原发癌多为支气管癌、乳腺癌。

（二）特点

占癌痛的12%。下季肋区胸壁比较严重的疼痛多见，胸腔脏器感觉神经来自上四对胸神经，因此这些脏器的疼痛会表现为胸壁的相应神经支配部位的疼痛。

（三）治疗癌

1．需用强阿片类止痛药 如吗啡才能控制疼痛，有肋骨受侵时可加用非皮质类固醇抗炎药。

2．椎旁阻滞。

（四）护理

1．吸氧。

2．有胸腔积液者可选用半卧位或坐位。

## 八、癌性臂丛神经痛综合征

（一）容易出现癌性臂神经痛综合征的肿瘤

支气管癌、乳腺癌。

（二）特点

脊膜或硬膜外癌侵犯时，对椎体破坏，肺尖部肿瘤牵拉臂丛以及颈部、锁骨上窝或腋窝淋巴结癌转移压迫臂丛神经引起。患者上肢和手有日晒样痛感和钳夹挤压样痛，臂丛支配区的感觉丧失和运动障碍。

（三）治疗

1．姑息性放疗。

2．药物止痛需用吗啡。

3．上肢功能完全丧失时，可行臂丛阻滞。

4．椎体破坏患者可行椎体重建术。

（四）护理

1．观察有无放射性肺炎。发生咳嗽、白色泡沫痰、呼吸急促，应停止放疗，给大剂量抗生素加激素联合应用，吸氧，保暖卧床休息。

2．放疗易引起上肢淋巴水肿，抬高患肢，理疗。

3．椎体重建术的护理：术前查血常规，血小板>$100\times10^9$/L。如局部毛发长的患者要备皮；术后卧床休息24小时，观察肢体活动情况，血压变化。

### 九、癌性头痛综合征

（一）容易出现癌性头痛综合征的肿瘤

脑瘤，继发性脑瘤以乳腺癌、淋巴瘤、小细胞肺癌、黑色素瘤多见。

（二）特点

头痛可能来源于颅内血管或硬膜受压或扭曲以及颅内压升高。多数为全颅头痛，少数为局部性头痛，部分为间歇性头痛，颅内压升高可伴恶心、呕吐、视神经盘水肿、颈项强直。

（三）治疗

1．降低颅内压：大剂量皮质激素，如地塞米松5 mg，每6小时间隔1次，静注或口服；脱水药，20%甘露醇250 mL，静脉滴注，1～3次/天；利尿剂，降低颅内压力。

2．原发的颅内肿瘤应考虑手术切除，以缓解疼痛。

3．肺癌、乳腺癌脑转移放疗效果较好，可行全颅照射DT30～40 Gy，每次1.5～2 Gy，转移瘤直径≤3 cm者可用γ刀局部追加照射剂量。

4．化疗应选择通过血脑屏障的有效药物，如亚硝脲类、威猛、顺铂等。

5．鞘内或脑室内甲氨蝶呤（MTX）化疗。

（四）护理

1．吸氧，以改善脑组织缺氧。

2．头颅放疗后急性反应期会出现脑水肿，致颅内压升高，密切观察突发性或进行性加重的头痛、呕吐、嗜睡等，做好患者及家属的宣教工作。

3．静脉滴注甘露醇时30分钟内输入，避免外渗，协助排尿。

4．防坠床和跌倒，卧床休息时上床档，勿单独外出，在家需有人陪伴。

## 第五节　临终关怀中的疼痛护理

### 一、临终关怀的含义

临终关怀是指对现代医学治疗无望的病人实施缓解其极端痛苦，维护其至死尊严，增强其对临终生理、心理状态的适应能力，并帮助临终者安详、舒适、无痛苦、有尊严地走完生命最后历程，同时对临终病人的家属也提供身心关怀的社会卫生服务。临床上通常将预见生存期少于6个月的阶段，称为临终阶段。

### 二、临终患者的疼痛特点

在临终癌症患者的症状中，疼痛是常见的症状，占85.5%。对临终患者而言， 80%的患者有2种以上的痛苦症状同时出现，通常症状之间存在相互影响。临终阶段的疼痛对患者的影响特别大，患者对疼痛的恐惧普遍存在，许多患者都认为，疼痛甚至比死亡更让人觉得恐惧，这也是有些人要求安乐死的主要原因。

### 三、全方位疼痛

桑得斯在20世纪60年代早期第一次使用了“total pain”（全方位疼痛）的概念，全方位疼痛在中国台湾被译为“整体性疼痛”，强调晚期癌症疼痛是多方面因素的结果，包括躯体、心理、社会和精神的因素，因而可以说是一种复杂性疼痛。桑得斯从一名护士、社会工作者到医生的独特经历让她更好地理解患者的痛苦。她认为疼痛包括生理、心理、社会、精神四个因素，并且四个因素间也存在相互作用，比如生理性疼痛主要是疾病引起的，心理性疼痛包括恐惧、抑郁等。如果生理性疼痛得到控制，心理上的焦虑、抑郁等情绪也会缓解。

20世纪80年代中期，全方位疼痛已经成为临终关怀领域中的中心概念，并在临床、教学、科研中得到验证。全方位疼痛概念的提出有助于鼓励医护人员关注患者痛苦的不同层面，使医护人员认识到，除了对止痛剂的需求以外，患者仍需要人性化的关怀和社会的帮助。

## 四、处理临终患者的躯体性疼痛

护士应帮助选择适合患者、家属和环境的疼痛控制方式。应协调医生、患者、家属的关系，做到提前预防、处理阿片类药物的副作用。应考虑到疼痛控制的其他方法，特别是一些非药物疗法，如热敷、转移注意力、音乐疗法、认知行为疗法、松弛疗法等，这些方法简单可行，而且能够提高患者自我控制的能力。有些患者会觉得自己生病后，完全依赖别人，自己的生命毫无意义，这些简单的方法，可以提高患者的幸福感。有学者指出，对临终患者来说，所有不必要的药物都可停用，只有镇静、镇痛、解痉药是必要的，如果能够及时发现临终前48小时的患者可能发生的问题并适当地处理，即可保证患者舒服地走完人生之旅。美国护理学会指出，只要能控制患者感觉到的痛苦，无论采取什么样的药物，多大的剂量，采取何种给药途径，都是可以的。对临终阶段存在中度以上疼痛，尤其是临终前一周有中度或高度疼痛的患者不应以麻醉剂易成瘾而机械地控制使用，而应规律地按时给药，保持无痛，因为对生命尚存6个月以内的患者，镇痛药依赖已不是主要矛盾，而应以最大限度地减轻疼痛为原则。镇痛药物的使用不单是一种技术，而是与患者间承诺的表示。躯体疼痛的缓解是与患者深入沟通的基础，也是避免安乐死的重要方面。

## 五、处理临终患者的心理性疼痛

在临终阶段，患者除了生理上的痛苦之外，更重要的是对死亡的恐惧。临终疼痛患者的心理学症状中，涉及焦虑和抑郁的最多。焦虑可引起痛觉加重，增加对身体健康的威胁，以及延长疼痛体验过程，甚至可降低疼痛阈值以致患者对任何刺激都会产生疼痛。抑郁状态能改变疼痛信号的传递，降低患者应付疼痛的能力。美国的一位临终关怀专家就认为“人在临死前精神上的痛苦大于肉体上的痛苦”。因此，一定要在控制和减轻患者机体上的痛苦的同时，做好临终患者的心理关怀。尤其是当患者的主诉症状和疼痛程度超出了体征和诊断性治疗的解释时，常常需要对其进行心理评估。

1．在处理心理性疼痛时，关键是与患者建立信任关系。疼痛的评估、教育、效果评价、对患者的心理安抚等，都需要建立在信任的基础上。一旦建立起信赖和信心，气氛就会变得轻松，也就会让临终者把他真正想说的话说出来。鼓励患者尽可能自由地表达对临终和死亡的想法、恐惧和情绪。这种坦诚、不退缩地披露情绪是非常重要的，可以让临终者顺利转化心境，接受生命面对死亡。

2．积极的倾听同样是缓解心理性疼痛的有效措施。很多患者反映，随着不断地诉说，疼痛似乎也离他而去。倾听方式有5种，包括：耳进耳出；听进耳里；听到心里；听到心里，从手里做出来；听到心里，从手里做出来，从口里说出来。最后一种是最高级别的倾听。

## 六、处理临终患者的社会性疼痛

社会性疼痛是与预期或实际的分离或丢失相关的痛苦。临终患者常意识到他们因死亡要和家属离别而感到痛苦。护理人员应采取一些措施避免这种分离，如允许、鼓励患者亲友探视，比增加阿片类药物的剂量来缓解疼痛的效果更好。主要措施包括：让亲友/照顾者陪伴患者，不离不弃；尊重患者所需的个人空间；鼓励患者在身体允许的情况下保持社交活动；保持患者日常的活动；完成患者最后的心愿；促进患者和家属间的沟通，以缓解恐惧、不安等心理。

患者的某些错误认识或患者与家属间的误解，常常是造成痛苦的重要原因。护理人员可帮助患者和其家属进行有效沟通，引导患者讲出压抑在心中的误解，并帮助他们缓解情感上的不安、恐惧，以适应临终阶段。

## 七、处理临终患者的精神性疼痛

患者的痛苦往往受整体感受影响，心理问题多会加重患者对疼痛的感受。作为护士并不只是事件的旁观者，应注意精神因素对患者疼痛的影响，采取积极的措施，帮助他们寻找人生的意义，给予安慰和鼓励。

1．通过对过去的冲突、未完成心愿的调解，提高患者的适应性。当患者面对死亡时，生命的再评估有助于患者面对现实。生命的再评估是指通过调解过去的冲突、通过完成心愿、完成一些尚未完成的事业而增加自我控制力和角色功能，从而更好地认识生命、感激人生。

2．要认识患者的精神需求，并给予精神支持。当临终患者在一个安全的环境中，感觉到被接受，没有身体上的疼痛，被爱而且有能力付出爱，找到生命的意义，这时就很容易平静下来把死亡看成是一个美好的结局。精神痛苦可能是一种负疚感、无望、不公平、无价值、被抛弃感、孤独、无意义等。一个好的陪伴者应该知道如何倾听，如何通过回忆往事的方法帮助患者达到生命的完整，找到生命的意义。临终关怀的理念强调“四全”照顾，即“全人、全家、全程、全队”。临终阶段的疼痛对患者是极大的折磨，有的癌症患者描述他们一生是痛苦的。因此，准备缓解疼痛时，就要尝试让患者讲出不适和苦恼的所有方面，虽然医护人员可能有能力区别“全方位疼痛”的各个区域，但患者却经常不能。对他们来说，疼痛是全方位的，包括所有一切的。因此，以全人的观点来处理患者的疼痛，就是护士的角色职能。

# 第十五章 特殊人疼痛的护理

## 第一节 儿童疼痛护理

### 一、概述

疼痛对儿童来说是伴随着自主神经、心理、情绪和行为反应的不愉快感觉、情绪和认知体验的综合。疼痛是主观感觉，评估时患者的主诉非常重要，但是由于新生儿、婴儿和一些更大年龄的儿童受到发育水平和口头表达能力的限制，往往不能够准确地表达疼痛。因此，儿童的疼痛经常未被注意、未被理解，导致延误治疗，有时甚至被完全忽略。

近年来有更多的医护人员认识到对婴儿和儿童进行足够疼痛治疗的重要性，儿童的疼痛治疗已经逐渐发展成一个专业。

（一）常见的类型

儿童与成人一样，在日常生活中可能经受急性、慢性和反复发作性等多种疼痛。

1．急性疼痛由明确的有害刺激或组织损伤引起（如打针和皮肤损伤）。

2．慢性疼痛综合征，最多见的有肌肉骨骼疼痛、头痛和腹痛。

3．复发性疼痛综合征，如反复发作的头痛、腹痛或四肢痛。

（二）儿童对疼痛的应对方法

儿童应对疼痛的方法包括两部分：外在的行为应对和内在的心理应对。

1．外在的行为应对

试图通过某种活动消除疼痛带来的危险或从疼痛中解脱。儿童应对剧烈的疼痛时可能变得更具有攻击性，通过语言或行动攻击医护人员或家庭成员。也可能表现为消极、逃避，但对患儿来说是一种比较好的应对方式，这可使他积存体内能量应对疼痛。

2．内在的心理应对

通过认知手段应对各种不适，患儿主要通过否认和退化两种方法：否认是指拒绝承认不愉快和不舒适，在某些绝望的情况下，否认可能是儿童唯一的临时性自我保护方法。退化主要表现为儿童可能会退回到更小时候的生理或行为模式，如遗尿、要求喂饭、使用幼儿时的语言，不能和父母分开等都属于退化性保护机制。

（三）儿童各年龄阶段的疼痛特点

1．新生儿

新生儿神经系统不成熟，但痛觉传导在解剖学和功能方面均已完善，疼痛感知与成人一样，而且在神经系统发育前，新生儿因缺乏良好的抑制作用，对传入的刺激会产生夸大和痛觉过敏反应。新生儿不会自述，疼痛的评估只能通过间接方式，如行为改变、生理指标的改变来判断。

2．婴幼儿

医护人员要想完全了解婴幼儿疼痛感受几乎是不可能的，所以这个年龄段婴幼儿父母心理上的直接介入非常重要。患儿手术苏醒后应尽快让患儿父母到苏醒室，这样不仅可以缓解小儿紧张的情绪和疼痛程度，而且父母对帮助疼痛评估起到重要的作用。

3．学龄前儿童

可教他们用语言表述有关疼痛问题的方法。有些儿童因为害怕打针而否认自己的疼痛，此时护士应耐心解释。为了帮助孩子能尽可能地接受治疗，护士可在注射后，估计药物已起效时询问患儿是否感到好些。这样患儿在今后的治疗中就较容易配合。住院期间应让父母及其家庭成员积极参与进来，有助于小儿疼痛的评估，也有利于消除小儿的恐惧和缓解疼痛。

4．学龄期儿童

他们已能很明确地描述疼痛的性质、程度。他们能接受多种指令，包括放松和分散注意力等。应充分应用心理学的方法帮助儿童提高自我控制能力。

## 二、新生儿疼痛的护理

### （一）新生儿的疼痛评估

新生儿无法表达疼痛感，其疼痛的评估只能通过行为表现、生命体征等各项生理指标改变来实现。新生儿疼痛评估工具的选用与胎龄密切相关，但目前国际疼痛组织还没有金标准，临床常用的方法包括行为评估、生命体征评估以及综合评估。此外，现有针对临床疼痛评估的工具多为急性术后疼痛评估，新生儿慢性疼痛评估工具的发展仍是盲区。

### （二）新生儿疼痛的行为评估

1．新生儿在疼痛时会表现出一些行为，包括啼哭（疼痛引起的哭声往往高尖、持续时间长且频繁）、面部表情的改变、呻吟、肢体活动及行为状态（如睡眠和食欲）的改变。

2．早产儿很少哭，即使受到疼痛刺激，哭闹时间也很短；危重儿因衰竭无力很少哭，或因气管插管导致声门阻塞而无法哭。因此，哭声并不是早产儿或危重儿疼痛评估有效、可靠的指标，需结合面部表情来评估。新生儿“疼痛面容”（蹙眉、挤眼、鼻唇沟加深、张口）是最可靠的疼痛指标，且持续时间最长。

### （三）新生儿面部编码系统

新生儿面部编码系统（NFCS）用于评估早产儿和新生儿的疼痛。NFCS有10项指标，患儿有其中一项为1分，总分为10项之和，最低为0分，早产儿最高为10分，足月儿为9分，分值越高表明疼痛越严重。

NFCS10项指标包括：

①皱眉；

②挤眼；

③鼻唇沟加深；

④张口；

⑤嘴垂直伸展；

⑥嘴水平伸展；

⑦舌呈杯状；

⑧下颌颤动；

⑨嘴呈“O”形；

⑩伸舌（只用于评估早产儿）。

NFCS最初用于评估操作性疼痛。Peters等人由此研究术后疼痛评估方法，将NFCS修改至5项：皱眉、挤眼、鼻唇沟加深、嘴水平伸展、舌呈杯状，提高了对疼痛评估工具的特异性。

### （四）通过生理性指标评估新生儿疼痛

一般用于评估新生儿疼痛的生理性指标包括血压、呼吸、心率变化、血浆激素水平和掌心出汗等。由于新生儿自主神经系统并不完善，可能导致测量结果的不确定性，所以不能仅用生理性指标单独评估新生儿疼痛，必须同上述的行为评估方法联合使用。

### （五）综合评估新生儿疼痛

综合评估新生儿疼痛是通过选择某些行为和生理性指标用评分的方法判断新生儿疼痛。这类方法有新生儿疼痛量表（NIPS）、舒适量表、CRIES量表以及专用于早产儿疼痛评分量表（PIPP）。

### （六）新生儿疼痛量表

新生儿疼痛量表是通过面部表情、哭闹、呼吸类型、上下肢活动、觉醒状态程度来评价疼痛。

### （七）舒适量表

舒适量表可用于包括新生儿在内的儿科患者疼痛的评价。它包括9个指标：警戒度；镇静度；气道反应；哭声；身体活动度；肌张力；面部肌肉张力；血压和心率。

### （八）CRIES量表

CRIES量表用于孕32周以上新生儿的术后疼痛评估。它包括5个指标：哭闹、需吸氧使$SaO_2$达95%

以上、生命体征改变（心率和血压）、表情、失眠。其生命体征在最后测量，以免惊醒患儿，失眠是基于记录1小时前的观察结果。

（九）早产儿疼痛评分量表

早产儿疼痛评分量表是根据早产儿特点专门设计的疼痛测算法，用于早产儿和足月儿的急性疼痛的评估。内容包括2个相关指标：孕周、行为状态；2个生理指标：心率、血氧饱和度；3个行为指标：皱眉、挤眼、鼻唇沟。

（十）近期不良影响

1．早产儿和患病新生儿在治疗过程中，承受长时间、反复的疼痛刺激，会使疼痛外周感受器敏感化，导致痛觉过敏反应。

2．疼痛引起的急性生理反应，如心率、血压、颅内压升高和氧饱和度降低等，足以导致灌注再损伤并诱发急性反复脑室出血，引起神经系统发育不良，严重影响脑的发育，对早产儿影响尤其严重。

3．除神经方面外，疼痛还会促进激素、儿茶酚胺、生长激素和胰岛素的释放，造成高代谢状态，使血糖过高或过低、免疫力下降、代谢性酸中毒和电解质失衡，进一步增加术后并发症和病死率。

4．另外，疼痛还可影响新生儿睡眠（觉醒）状态、食欲、母婴交流等。

（十一）远期不良影响

1．新生儿经历反复的疼痛刺激可引起痛觉改变。

2．慢性疼痛综合征和躯体不适，有可能导致儿童期注意力不集中，学习困难，认知行为障碍和适应能力差等问题。

（十二）常用的处理方法

新生儿手术已经普遍采用麻醉药止痛。除了手术造成的疼痛外，NICU新生儿经历的疼痛最常见的是操作性疼痛，减轻新生儿疼痛的方法有药物疗法和非药物疗法。

（十三）治疗新生儿疼痛的阿片类镇痛药物

新生儿常用的阿片类镇痛药物如吗啡、芬太尼等，适用于中重度新生儿疼痛。应用范围很广，可以静脉持续滴注或间断给药。阿片类药物易导致新生儿尤其是早产儿呼吸抑制和呼吸暂停，可用纳洛酮拮抗。应用时要注意肠蠕动、有无低血压、心动过速、惊厥等。新生儿也可出现对阿片类药物的依赖，减量应当缓慢。

（十四）治疗新生儿疼痛的解热镇痛类抗炎药

水杨酸及布洛芬很少用于新生儿。对乙酰氨基酚适合治疗中度的疼痛，可口服、静脉或直肠给药，目前认为新生儿短期用药既有效又安全，不必担心肝脏的毒性作用。

（十五）新生儿涂抹利多卡因/丙胺卡因油剂（EMLA）的注意事项

EMLA是由局麻药20%利多卡因和2.5%丙胺卡因以1：1混合组成的合剂，可较好地缓解患儿静脉穿刺、引流等操作性疼痛。使用时注意：

1．EMLA可直接涂于完整皮肤，每10 $cm^2$皮肤涂抹1～2 mg，约4～5 mm深，需用敷贴覆盖，40～60分钟后有效。

2．EMLA膏剂只能用于健康完整的皮肤，避免使用到破损皮肤和黏膜，尽量减少药物覆盖皮肤的范围，避免重复使用。

3．EMLA膏剂只适用于足月儿或生后两周以上的早产儿，不适用于生后两周内的早产儿。因其皮肤系统不完善，存在全身药物吸收的危险。

4．EMLA代谢产物之一可诱导高铁血红蛋白（MetHb）生成，新生儿容易发生MetHb血症。

5．由于新生儿酸性蛋白、白蛋白浓度低而导致药物血清游离浓度高，且肝酶系统发育不成熟，局麻药半衰期延长，故应慎重应用局麻药。

（十六）新生儿常用镇痛药物的剂量及副作用

表15-1-1 新生儿常用镇痛药物剂量和副作用

| 药物 | | 剂量和方法 | 副作用 |
| --- | --- | --- | --- |
| 阿片类镇痛药 | 吗啡 | 0.05～0.1 mg/kg IV | 呼吸抑制，低血压，尿潴留，胃肠道动力下降 |
| | | 0.01～0.03 mg/(kg·h) VD | |
| | 芬太尼 | 0.5～3 μg/kg IV | 呼吸抑制，低血压，肌强直，低温 |
| | | 0.5～2 μg/kg VD | |
| 非阿片类镇痛药 | 对乙酰氨基酚 | 10～15 mg/kg PO | 尚无相关报道 |
| | | 20~30 mg/kg 直肠给药* | |
| 静脉麻醉药 | 氯胺酮 | 0.05～2 mg/kg IV | 呼吸抑制和或暂停 |
| 局麻药 | 利多卡因 | 2～5 mg/kg iH | 注射部位血肿，癫痫发作，心脏传导阻滞 |
| | | 0.5～1 mg/kg气管内给药 | |
| | EMLA软膏 | 0.5～2 g操作前1小时 | 瘀斑，疱疹，高铁血红蛋白血症 |

*每日最大剂量：早产儿（28～30周）：40 mg/kg；未成熟儿（32～36周）和成熟儿（<10d）：60 mg/kg；成熟儿（>10 d）：90 mg/kg

（十七）新生儿疼痛的非药物疗法

环境和行为的干预是最常用的非药物疗法，可单独或联合药物应用，具有低风险、简单易行的特点。包括改善NICU环境、加强健康教育、体位治疗、抚触、母乳喂养、营养性吸吮及服用蔗糖水。

（十八）新生儿疼痛的体位疗法

体位疗法主要包括保持屈曲体位和包裹襁褓。护理人员将两手分别置于新生儿的头部和双脚，并使其成屈曲体位，可降低各种致痛性操作所产生的疼痛，尤其是对气道吸引所产生的疼痛。鸟巢式的体位是包裹襁褓方法之一，可提高新生儿自我调节能力，减轻疼痛。

（十九）抚触会缓解新生儿疼痛

胎儿的感觉发育非常早，按摩、摇晃、拥抱和肌肤接触为无痛性触觉刺激，可刺激婴儿的触觉、前庭、运动感觉系统，调节行为状态，减少应激行为。孕周<34周的早产儿可以睡水床和摇床，或轻微接触新生儿头背部皮肤安抚他们。

（二十）喂养新生儿可以缓解疼痛

母乳喂养对于健康的新生儿在经历较小的疼痛性操作是安全有效的止痛方法之一。其次是营养性吸吮（NNS），即在婴儿口中放置安慰奶头，以增加其吸吮动作，但并无母乳或其他液体吸入。NNS通过刺激口腔触觉受体提高疼痛阈值，促进5-羟色胺的释放而产生镇痛效果。另外，口服蔗糖水也可以有效缓解侵入性操作引起的疼痛哭闹和行为异常。

（二十一）蔗糖水缓解新生儿疼痛时的注意事项

1. 生理结构

大于6个月的患儿，由于其生理结构的变化，此方法不再有效。

2. 浓度

25%～50%，浓度越稀，效果越差。

3. 计量

24周早产儿口服0.1 mL的蔗糖溶液；根据胎龄和活动，24周至足月儿从0.1 mL增加至2 mL。

4. 服用时间

前2～3分钟服完，在患儿经受疼痛的时候可反复服用。

5. 监测副反应

胎龄较小的早产儿过量服用可导致高血糖，坏死性小肠结肠炎。

6. 频率

一天不超过8次。

7. 蔗糖与其他止痛药可同时应用。

## 三、儿童疼痛护理

（一）儿童疼痛评估的原则

QUESTT是儿童疼痛评估的有效原则之一。包括：提问目录（Q）；使用疼痛测评工具（U）；评估行为及生理改变（E）；鼓励父母的参与（E）；考虑疼痛的原因（T）；干预并评价效果（T）。

（二）评估方法

包括3种方法，临床上往往取其综合评定结果。

1．自我评估

儿童的主诉。

2．行为评估

儿童对疼痛的行为反应。

3．生理评估

儿童对疼痛的生理反应。

（三）儿童疼痛的自我评估法

包括语言评估和视觉模拟尺（VAS）评估。

1．语言评估

儿童自己对所经历痛苦的表达是公认的测量疼痛的金标准。语言评估虽然比较敏感，但仅适用于7岁以上的儿童。

2．视觉模拟尺评估

临床上应用广泛的VAS有两类：一类是线性图，长度10 cm，从左至右标有0～10，或用基本色彩由浅到深。应用前要教会小儿理解不同刻度、色彩或图像的意义，然后让患儿在标尺上指出自己疼痛的程度。另一类是脸谱示意图，即在标尺刻度旁画有易为小儿理解的不同程度的笑脸、愁眉苦脸、哭泣的脸谱示意图。孩子要指出其中的一张脸来代表疼痛，还要孩子指出有更轻或更重疼痛时的反应。

3．5岁以下儿童可以用标准化方法来评估，如Hester扑克牌评分法：四张牌摆放在孩子面前，第一到第四张牌（1～4分）分别代表"痛一点点""痛多一点""更痛""最痛"，问孩子"你现在第几张牌的痛?"，然后确认孩子的反应。

（四）儿童疼痛的行为评估法

行为评估法是新生儿、4岁以下婴幼儿、智力残障儿童主要的疼痛评估方法。不同年龄阶段儿童对于疼痛的认知能力、行为反应和感情表达方法不同。初学走路的儿童在疼痛环境中表现为恐惧；学龄前儿童将疼痛刺激与其他伤害刺激相等同；而学龄儿童已经对疼痛有了初步认识。因此不同年龄阶段所采用的评估方法有所不同。常用评估指标有面部表情、肢体运动反应、语言反应和自主反应程度。

（五）FLACC量表

FLACC量表是一种主要用于2个月到7岁小儿术后疼痛评估的有效方法。它包括5个内容：面部表情（face）、肢体动作（legs）、活动（activity）、哭闹（cry）和可慰性（consolability）。每一项内容按0～2评分，总评最高分数为10分。用FLACC量表法，医生需观察小儿1～15分钟。若评分超过3分，应予镇痛处理。

（六）生理学评估

对于尚不能说话的儿童，通常采用测定生理参数来评估疼痛。最常用的是心率、呼吸、出汗、氧饱和度和皮肤血流量。心率是评价短期锐痛的简便而合理的指标。但这些生理指标对于慢性疼痛则没有特异性。

（七）选择适合儿童的疼痛评估方法

医护人员应根据患儿的生长发育特点选择适当的评估工具。

1．患儿及家长能充分配合者，尽可能使用患儿自我汇报量表（FACE & VAS）；对不会及不能讲话的孩子运用行为量表（NIPS，COMFORT，CRIES，PIPS和FLACC）。

2．儿童对疼痛的反应随年龄和发育有所改变，正向情绪的儿童可能显示比实际疼痛分值低的疼痛表现，使用被动适应（不拒绝，合作）的儿童标识疼痛分值可能比主动适应（反抗，攻击）的儿童更高。如果行为和疼痛自我报告分值有差异，应相信自我报告分值。

3．适合儿童年龄、能力、喜好的才是最具有信效度的测评工具。在初评时，需对患儿及家长进行疼痛教育，使他们能正确使用测评工具，最好每次使用相同测评工具。

（八）儿童疼痛的初评

1．提问父母

（1）描述您孩子曾经经历的任何疼痛。

（2）您孩子通常对疼痛的反应。

（3）您孩子在受伤时是否会告知您或其他人？

（4）您如何知晓您孩子有疼痛？

（5）您孩子受伤时您是如何安抚其不适的？

（6）您孩子受伤时您是如何缓解其疼痛的？

（7）哪个方法最有效地减少或消除其疼痛？

（8）关于您孩子的疼痛，还有什么特别要告知的？

2．提问孩子

（1）告诉我什么是疼痛。

（2）告诉我曾经经历过的受伤事件。

（3）受伤时你通常做什么？

（4）受伤时是否告知别人？

（5）受伤时希望别人为你做什么？

（6）什么最能帮助你消除疼痛？

（7）关于你受伤，还有什么特别的要告诉我？

（九）儿童疼痛的治疗原则

1．预防疼痛的发生

无论何时，当预计到可能会引起疼痛时，都应该预防性用药，这是疼痛治疗的最根本原则。

2．药物止痛方法与非药物止痛方法联合应用

这是小儿疼痛治疗的另一个关键。

3．尽可能采取无痛的给药方法

（1）最常用的是口服或直肠给药，也可用静注，或硬膜外/外周神经输注，舌下经皮或经黏膜给药等。

（2）对于烧伤、慢性和终末期疼痛患者，皮下给药方式尤为重要。

（3）避免肌内注射给药，只有在没有其他合适途径的时候，才考虑肌内注射和灌肠给药。

4．避免检查或治疗导致的不适

不提倡采用可能引起疼痛的检查和治疗手段。检查或治疗导致的不适常常比疾病本身更加痛苦。

5．鼓励患儿家长参与疼痛的评估与治疗

医护人员应做好对家属的宣教，让父母知道他们在疼痛控制过程中的重要作用，告知儿童疼痛的知识。在决定小儿止痛方案时，应该尽量多考虑家长的意见。鼓励父母在他们认为儿童出现疼痛时通知医护人员。

（十）儿童疼痛时常用的止痛药物

药物方案应以最大疼痛缓解为效果，最小副作用为目标，很多药物都具有缓解疼痛的作用。包括：局部麻醉药；非阿片类药物，如对乙酰氨基酚等非甾体类抗炎药，可缓解轻微的、有节律的疼痛；阿片类药物，治疗剧痛；镇静剂和催眠药，可缓解焦虑，诱导睡眠；各种辅助用药，有潜在的麻醉作用，或者能对抗阿片类药物不能缓解的疼痛，如神经性疼痛。

（十一）儿童疼痛时常用的非甾体类抗炎镇痛药（NSAIDs）

NSAIDs应用于小儿时，胃肠道不良反应较成人少见，且安全剂量范围大，故在小儿镇痛时尤其是在治疗轻度至中度疼痛时应首先考虑。

1．对乙酰氨基酚

又名扑热息痛、醋氨酚，是小儿最常用的抗炎镇痛药，可口服或直肠给药。

2．酮洛酸

使用较广泛，可口服、肌注或静注，以0.9 mg/kg静注的药理效应相当于0.1 mg/kg吗啡，且恶心、呕吐等副反应少，对凝血功能影响也较轻。

3. 布洛芬

有口服液和栓剂，小儿易于接受，效果良好。

（十二）儿童使用阿片类镇痛药的注意事项

阿片类镇痛药适宜于手术后镇痛或中度至重度的急性疼痛患儿。多数小儿应用阿片类镇痛药效果好，安全范围大，但剂量有明显的个体差异，需严密观察，根据需要调整用药剂量。常用的麻醉性镇痛药有吗啡和芬太尼，以吗啡使用较为广泛，可肌内注射、皮下注射、静脉注射及硬膜外腔给药。2岁以下小儿，吗啡使用剂量一般低于成人常用量，常在50 μg/kg以下，以避免呼吸抑制，尤其是延迟性呼吸抑制的发生。

（十三）儿童疼痛时常用的局麻药

用于儿童，局麻药应该具有全身毒性低-感觉运动分离阻滞的特点。小儿常用的局部麻醉药有：利多卡因、丁哌卡因、罗哌卡因。罗哌卡因和左旋丁哌卡因更新，全身毒性更小。另外，罗哌卡因可提供比丁哌卡因更好的感觉-运动分离。

（十四）儿童疼痛时常用的镇静剂或催眠药

镇静剂或催眠药没有止痛作用，但可以缓解焦虑，诱导睡眠，在镇痛过程中增强协同效应。因为这类药也可导致呼吸抑制，用药须符合原则，应适当减量并备有复苏药物和抢救设备。

1. 水合氯醛

水合氯醛作为小儿检查前用药。目前推荐必要时给予超过首剂的更大剂量。

2. 咪达唑仑

咪达唑仑在需要保持神志清醒时，是止痛的很好选择。它是短效的苯二氮䓬类药，能减轻焦虑，使记忆丧失。可于轻度疼痛时单独应用，但在剧烈疼痛和严重焦虑时要与阿片类联合应用。咪达唑仑有注射剂和糖浆制剂。

3. 氯胺酮和可乐定

它们具有如下适合儿童的特性：低风险，镇痛时间长，所需补救药的剂量小。

（十五）镇痛药物成瘾危险性

儿童发生镇痛药物成瘾危险性不高，他们的成瘾恐惧被夸大了。躯体依赖和耐受不同于成瘾，可以独立发生。躯体依赖，即人体逐渐适应药物导致经常需要它，这种现象是常见的，但躯体依赖可以通过逐渐减少剂量而得到控制。耐受是药物动力学现象，即为了达到同样生理效果，必须逐渐增加药物强度。成瘾是一种特殊用药形式，患者完全被迫地使用药物，并且剂量逐渐增加，断药使症状复发；尽管出现毒副作用，仍继续用药。没有正确使用止痛药的患儿，更容易假性成瘾，表现为因为解除疼痛而过度关心下一次用药剂量。

（十六）非药物治疗方法

止痛的非药物治疗包括心理疗法和物理疗法两大类。前者包括教导和为减轻焦虑做的准备、父母的陪护、视觉转移、预演和自控以及催眠。后者包括加热、降温、按摩和经皮电神经刺激。

（十七）心理疗法

小儿对心理治疗反应极佳。他们比成人富有想象力，易接受暗示，容易相信。因此，心理治疗可减轻痛苦，可以在小儿疼痛控制中得到成功应用。心理疗法包括心理准备、家长陪护、注意力转移和催眠术及演示和自控。

（十八）心理准备法

让小儿对将要进行的事有一定的心理准备，能够减轻此过程带来的不适感。通常有两个内容：描述这个过程本身，描述它可能引起的感觉。要根据小儿的年龄调整心理准备，而且儿童的性质和气质不同，所需的心理准备也不同。

（十九）转移注意力方法

这些手段包括呼吸方式的变化、想象转移法、视觉转移法、听音乐及催眠方法。所有这些手段的共性，就是将孩子的注意力转移到愉快的事上，而不是将要进行的手术。

1. 呼吸方式的变化

深呼吸、快速呼气、努力屏气。

2. 想象转移法

想象转移法是帮助小儿幻想到了一个安全和自在的地方，忘却担忧，或许是到海边，或者是登山，或许就在家。

3. 视觉转移法

视觉转移法用于大于5岁的儿童。

4. 催眠术

催眠术是注意转移力的扩展。催眠时，小儿活动于幻想中，例如幻想乘地毯飘浮。还有种催眠方法是应用暗示，例如用魔术手套或鞭子，暗示将小儿的疼痛驱赶走。

（二十）物理疗法

物理疗法止痛在脊髓灰质水平起效。当有更大的刺激上传时，疼痛刺激就会减弱。因此，无痛刺激如寒冷、热、震动可用于止痛，经皮电神经刺激的原理也是如此。当疼痛来自局部区域时，如四肢，将电极放于适当位置，产生震动，能刺激选择性受体，有效缓解疼痛，阻断疼痛的上传。但该方法对全身性疼痛收效甚微。

（二十一）行为疗法

行为疗法用于改变儿童或与之相伴的成人的自我行为，目的是减少引起疼痛和苦恼的行为，同时增加减轻疼痛的动作。

1. 渐进性肌肉松弛和简单的重复性身体锻炼（取决于儿童兴趣）是简易的方法。

2. 全身锻炼对反复发作和持续疼痛的儿童和对于经过多次治疗的儿童来说是一个重要的治疗方法。目标是尽可能恢复儿童的日常活动并从中得到快乐，增加社会活动，加强独立处理疼痛的能力，帮助他们减缓紧张。

（二十二）小儿患者自控镇痛术（PCA）

PCA是常用于小儿镇痛的方法之一。目前认为能够理解疼痛时推压按钮这一概念的儿童均可使用PCA，通常年龄的低限为7岁。小儿静脉PCA的给药程序为：每次剂量1 mL，速率1 mL/h，锁定时间5分钟，4小时限量13 mL。至于年龄更小的患儿，即不具备自行调整PCA泵能力者，可采用由护士控制的镇痛。在镇痛的过程中需要严密监测患者呼吸、循环功能，及时处理各种并发症。

（二十三）减轻儿童有创检查时的疼痛

在有创检查时（如骨髓穿刺、放置导管、腰椎管穿刺），可适当地为儿童给予止痛药或麻醉处理。比如，穿刺时给予表面麻醉，害怕治疗时给予镇静剂。儿童更喜欢警觉状态，他们会使用简单的应对策略。当儿童有更高的控制力、更高的选择权、对将要发生的事情有准确了解时，疼痛会减到最小。分散注意力、精神集中和想象方法同样有所帮助。

（二十四）引起儿童疼痛常见的疾病

常见的有风湿性疾病引起的疼痛、腹痛（如胃肠炎、过敏性紫癜、肠套叠及急性出血坏死性小肠炎）、肝脾及淋巴结肿大引起的疼痛、癌症。

（二十五）治疗儿童风湿性疾病引起的疼痛

风湿性疾病可出现胸腔积液、关节积液、腹水等而引起炎性痛。疼痛与疾病呈一致关系。当疾病反复或未控制时，患儿疼痛明显。

由于非甾体类抗炎药同时具有抗炎、镇痛等作用，适用于对抗躯体性的轻中度钝痛，故此类患者应用非甾体类抗炎药多可获得满意的镇痛效果。

（二十六）治疗儿童腹痛

腹痛在儿科非常常见。有许多疾病会引起腹痛，在未明确疾病诊断时，不能盲目应用解痉剂止痛，不同疾病的腹痛其处理不同。

1. 胃肠炎

主要为炎症刺激引起胃肠道痉挛，发生阵发性、痉挛性疼痛，在病因治疗的同时，可给予解痉剂止痛；炎症控制后，疼痛自然消失。

2. 过敏性紫癜

当发生肠黏膜和浆膜层的出血、水肿时，可引起肠蠕动增强或痉挛而感腹痛。疼痛剧烈时，可给予解痉治疗；如有胃肠道出血，应禁食，经激素治疗后腹痛症状可缓解。

3. 肠套叠

肠套叠发生后，首先造成肠道梗阻，此时因肠道痉挛引起疼痛；如未能早期复位，套入部发生嵌顿，发生绞窄性肠梗阻，引起供血障碍，导致肠管坏死、穿孔而引起腹膜炎疼痛更加剧烈。早期应积极行灌肠复位治疗；对哭闹不止、烦躁不安的小儿，可在短暂麻醉下灌肠。

4．急性出血坏死性小肠炎

因肠壁水肿、增厚、出血、坏死引起疼痛，一般呈持续性腹痛阵发性加剧，常以脐周为主，亦可局限于病变部位。婴儿往往表现为无原因的哭闹，四肢屈曲紧张，面色苍白，两眼上翻。本病以综合治疗为主，重点是禁食、维持水电解质平衡及营养；腹痛剧烈、烦躁不安时，可予解痉、镇静处理。

（二十七）治疗儿童肝脾、淋巴结肿大引起的疼痛

由于疾病导致肝脾、淋巴结肿大而产生疼痛，止痛对这类患儿是较难的，因疾病多为慢性，治疗疾病需要一个过程。此类患儿更应得到非药物治疗，如教他们放松、自我催眠、呼吸技巧。尽可能让他们自己减轻病痛，这也能增加他们的自我满足感，促进睡眠。此外，此类患儿会感到无助和无望，非药物疗法可以增强他们的信心，减少焦虑，更能增强他们的自我控制能力。

（二十八）治疗儿童癌痛

癌痛是一种比较特殊的慢性疼痛。儿童癌痛的治疗方法与成人一样，目前最常用的仍是WHO提出的治疗癌痛的三阶梯药物疗法，但在实施中，考虑到对血小板功能的损害，第一阶梯药物不选用阿司匹林而用乙酰氨基酚；第二阶梯用可待因，但不推荐使用激动药-拮抗药混合用药。

（二十九）治疗儿童术后疼痛的注意事项

1．医护人员应根据不同年龄、不同术式采用合适的止痛药物及止痛剂量。

2．护士正确判断疼痛的存在和程度。

3．通常疼痛在麻醉清醒后2～4小时最剧烈，24～72小时逐渐减轻。在此阶段应认真观察患儿的疼痛反应，采用恰当的方法。

4．术前术后对患儿及家长讲解麻醉清醒后手术切口会疼痛，并介绍疼痛的相关知识，疼痛控制的重要性及方法，消除患儿及家长对疼痛的恐惧、焦虑、无助感和传统认识上的误区。

5．向家长了解患儿的性格、脾气、平时对疼痛的表达方式与行为特征，有助于对疼痛的正确评估。

## 第二节　老年人疼痛护理

### 一、概况

疼痛是老年人晚年生活中的常见症状。有研究表明25%～50%的老年人有各种慢性疼痛，而且其中45%～80%的老年人疼痛症状明显，需要接受长期治疗和护理。据国外报道60岁以上老年人疼痛的发生率为25%，为60岁以下者的2倍。疼痛会严重影响老年人的生活质量，也会带来其他很多不良后果。

（一）老年人常见的疼痛原因

老年人最常见的疼痛原因是肌肉骨骼疾患，尤其是由于骨关节的长期劳损和老年人内分泌平衡失调引发的骨关节炎。老年人疼痛的第二位病因是神经病理性疼痛，如带状疱疹后遗神经痛。癌症亦是老年人疼痛的常见原因之一，1/3的活动性癌症和2/3的晚期癌症患者有明显的疼痛。此外，疼痛还与老年人心理改变及主诉症状的反应能力有关。

（二）老年人疼痛的特点

1．老年疼痛患者常有多种疾病同时并存，起病缓慢，表现不典型，变化迅速，并发症多，药物的不良反应多。

2．老年患者对疼痛的反应不敏感，而且他们的精神因素也起很大的作用。所以，他们有时会较少地诉说疼痛感觉和影响疼痛的因素。

3．有些疾病的隐袭性可延误诊治，如风湿性多肌痛、不典型的心绞痛。

4．老年患者的疼痛由不可治愈性疾病引起的较为多见，如晚期癌症。

5．老年患者对治疗效果和毒性反应更敏感。

6．老年人很容易受各种内外因素的影响，一天之内对疼痛的等级评分波动明显。

（三）老年人疼痛的不良影响

1．疼痛会影响心情，疼痛的困扰可以导致严重的抑郁。

2．疼痛会影响老年人的活动能力，导致自理能力下降，社会交往减少。

3. 疼痛对老年人的入睡和睡眠质量有影响，可以引起失眠。长时间的疼痛、失眠可引发神经衰弱以及对疾病的抵抗能力下降。

4. 疼痛久治不愈，老年人会因此而丧失活动能力，产生各种并发症甚至导致残废。

5. 慢性疼痛增加了医疗保健费用，加重家庭经济负担。

## 二、老年人疼痛的评估

### （一）阻碍老年人疼痛的评估因素

疼痛是主观感受。只有医护人员和患者之间正确交流，才能准确评价。老年人的认知障碍，使他们不能准确描述疼痛。在这种情况下，行为特征可以用来评价疼痛但比语言描述效果差。但是，有效评定老年人的疼痛方法相对较少。在年轻人常用的语言和视觉类量表对老年人效果不好。听力和视力减退也导致交流困难。

### （二）老年人疼痛评估的方式

包括患者自诉疼痛评估、家庭成员“代理”疼痛评估以及认知功能障碍老年疼痛患者的特殊评估方法。

### （三）认知障碍老年人的疼痛评估方法

许多精神错乱的患者或老年痴呆的患者往往因为疼痛评估有困难，使疼痛不能及时得到治疗，所以仔细观察认知障碍老年人的疼痛是非常重要的。可供疼痛评估的行为表现有发声、面部表情、非语言暗示和行为的改变等。

与疼痛相关的行为包括语言线索，如呻吟、叫声；非言语行为如皱眉、做鬼脸等。但是这些征象可能在某些认知障碍的患者身上表现不典型，尤其是老年痴呆患者经常表现出与疼痛不相关的行为而引起误解，如不安、兴奋，其实这些都可能是疼痛的征象。疼痛的行为征象在活动时更明显，所以最好在患者活动时进行观察，且评估之前一定要先咨询熟悉患者情况的家属。评估疼痛的最后一步是经验性的止痛试验，当怀疑有疼痛存在时，适当使用一些止痛剂可能是有益的。

### （四）老年人疼痛评估的注意事项

1. 老年人存在着全身多系统、多器官的病变，因此，在对老年人疼痛进行检查评估时应注意多种疾病相互影响的因素。

2. 对于一些识别能力严重减退的老人，对其检查诊治要有特殊的方法。

3. 因采用目前的疼痛评估方法对日常生活自理能力减弱并伴有忧郁情绪的老人，难以得出准确结论。因此，应对老年人的生活自理能力进行评估。ADL评分适用于非卧床患者；而对有明显行动能力损害者可以用Katz提出的观察评分。

4. 有些患者觉得应该少麻烦护士，忍耐疼痛，所以护士应细心观察患者，发现问题，正确评估。

### （五）老年人常用的疼痛评估工具

包括Wang-Baker面部表情量表法、数字评分量表、五指法、Memillan疼痛评估表等方法。另外，可以通过观察患者的行为改变，表情活动、睡眠及饮食等以及生命体征的改变，间接了解患者的疼痛程度。

## 三、老年人疼痛的治疗

### （一）老年人疼痛的分类及治疗方法

美国老年医学会（AGS）指南将疼痛分为四类：剧烈疼痛、中度疼痛、轻度疼痛和持久性疼痛，且分别制定了治疗方法。

1. 剧烈疼痛患者最适合应用阿片类药物，如吗啡。当患者出现耐受时应增加剂量，且向患者解释耐受和成瘾的区别，告诉患者这是可预见的长期用药结果，而并不是成瘾。密切监测患者的不良反应，如恶心、嗜睡、瘙痒、注意力缺损、呼吸抑制及便秘等。

2. 对中到轻度疼痛，对乙酰氨基酚是最好的选择，但是对于有肝肾功能障碍的患者或者饮酒的患者，剂量酌减（少于正常最大剂量4 g/d）。如有必要可应用非甾体类抗炎药，但是有心衰等禁忌症的患者除外。需长期服药者可用COX-2选择性抑制剂，如塞来昔考或者罗非昔考等，可以减少胃肠道并发症。

3. 持久性疼痛应持续性给药，且应使用短效镇痛药，有些持续性疼痛患者适合添加辅助药，如抗抑郁药、抗心律失常药和抗惊厥药等。最好应用镇痛效果好且风险低的药物。

（二）老年人疼痛的治疗方案

近20年来疼痛治疗学已有了较大的发展，国际上已确定了综合治理疼痛的技术方法，WHO也对患者的疼痛颁布了疼痛守则等，使用吗啡泵或持续椎管内输注镇痛药等方法也日益增多，但对老人的疼痛处理尚无成熟的治疗方案。多数急性疼痛的控制仍依靠治疗基本病变和使用短期镇痛药；慢性疼痛则趋向多维的治疗方案，不单纯依赖药物，常以镇痛和辅助药合用为主。

（三）老年人疼痛的药物治疗原则

老年人用药应慎重，加强监测，其总的疼痛药物治疗原则包括：

1．严格掌握适应症，合理选择药物。

2．注意老年人对药物起效慢、清除慢的特点。

3．药物剂量宜从偏小量（与中青年相比）开始，逐步调整到有效剂量，预防和治疗药物的副作用。

4．密切监控长期接受治疗的老年患者可能出现的副作用以及药物与药物、药物与疾病之间的相互作用。

5．对治疗效果及反应做反复评价，随时修正治疗方案。

（四）老年人慎用的止痛药物

2002年美国老年医学会（AGS）修改的《老年人慢性疼痛治疗指南》，指出有四类镇痛药物不推荐老年人使用。

1．丙氧酚

其比阿司匹林或扑热息痛的毒性都要大，且效果并不比后者好。

2．曲马朵

有可能会诱发癫痫。

3．美沙酮

其作用时间长而且半衰期不稳定，剂量难以控制，用于老年人风险较大。

4．哌替啶

其疗效不如口服镇痛药，且其代谢产物去甲哌替啶容易蓄积而快速导致机体中毒。

（五）老年人服用阿片类镇痛药的注意事项

1．老年人对阿片类药比年轻人更敏感。

2．阿片类药物可引起老人意识蒙眬、呼吸抑制和成瘾。

3．阿片类药物的其他副作用如便秘、恶心并不随用药时间延长而减轻，这给长期应用带来困难。因此可从首次用药开始就要养成按时排便的习惯，同时要增加液体的摄入，服润滑剂和刺激大便的药物。恶心是药物直接兴奋大脑化学感受器所致，抗组胺药和吩噻嗪止吐剂有效，但老年人往往产生抗胆碱能副作用，如谵妄、运动失调等。

4.在服用阿片类药物的同时应停用其他中枢神经系统的药物。

5.老年人用各种阿片类药物的镇痛效果和副作用各有不同。

其中镇痛性常引起老年人的谵妄和焦虑，可能与药物的激动/拮抗阿片受体的活动有关。长效阿片制剂如美沙酮更应小心使用，因为虚弱的老年人对此药有蓄积现象。

（六）老年人服用非阿片类镇痛药的注意事项

个别药的镇痛特性、代谢、排泄和毒副作用差异明显。但这类药用到一定剂量，再增量也不增强镇痛效果。单独用药或配伍用麻醉性镇痛药，对游走性关节痛和炎性病变效果好，无成瘾性。用药时要注意消化性溃疡、肾功能损害和出血等副作用，尽量减少剂量，尤其是虚弱老人的用药更需谨慎。NSAID药物造成不良反应后一般应在减量的同时，服用胃黏膜保护剂，对严重的胃出血应停药，并及时对症处理。

（七）老年人使用辅助类药物镇痛的注意事项

辅助类药物可有效治疗某些类型的疼痛，如慢性疼痛，尤其是神经性疼痛，包括局麻药、皮质类固醇、抗惊厥药、三环类抗抑郁药等。其中安定、阿米替林等药物老年人不能耐受，应该尽量避免使用。

（八）老年人疼痛的非药物治疗方法

非药物治疗包括物理治疗和心理治疗以及一些辅助治疗措施（如针灸、氨基葡萄糖饮食疗法）。某些病例对这些方法有效，与药物治疗合用效果更好。

（九）老年人疼痛的物理治疗方法

如体育锻炼、热敷、冷敷、按摩、振动按摩法、经皮神经电刺激疗法（TENS）等。TENS对老年人慢性疼痛有效，尤其糖尿病神经病变、肩关节痛、滑囊炎和肋骨骨折效果较好。但TENS效果不稳定，有些人长期有效，有些人随时间延长效果减弱。

（十）老年人疼痛的心理治疗方法

包括认知-行为疗法、放松疗法、疾病相关教育、社会支持疗法。如多与患者交流，使其树立战胜疾病的信心；通过与他人交谈、看电视、听音乐等分散患者注意力，可以减轻焦虑程度；另外，向患者提供相关用药知识，进行健康教育，鼓励家人多陪伴患者、与患者共同面对疾病，都可改善疼痛治疗效果，降低药物副作用。

（十一）老年人疼痛的护理要点

1．当患者疼痛时，耐心倾听患者主诉，评估患者疼痛部位、性质、强度。松开患者的衣服，协助患者调整到最舒适的体位，尽量不去移动疼痛部位。

2．向患者解释疼痛的原因以及疼痛可能持续的时间。

3．遵医嘱使用镇痛剂，观察患者用药反应及效果。

4．向患者解释药物成瘾的有关知识。

5．勿直接将物品放置在患者的疼痛部位，例如棉被、毛毯等，可以利用支架架空。

6．用手轻轻抚摸病痛部位，以减轻肌肉紧张度。

7．利用谈话、听音乐、阅读书报等方式，转移患者对疼痛的注意力。

8．减少不必要的噪音干扰，创造良好的环境氛围。

9．给予患者清淡易消化的食物，禁烟、酒。

10．做好健康教育，提高患者的自控能力。

## 第三节　女性疼痛护理

### 一、痛经

（一）痛经的含义

凡在行经前后出现下腹疼痛、坠胀、伴腰酸或其他不适者称为痛经，疼痛达到一定程度可以对日常生活和工作产生影响。痛经分为原发性和继发性两类，前者是指生殖器官无器质性病变的痛经，后者系指由于盆腔器质性疾病如子宫内膜异位症、盆腔炎或宫颈狭窄等所引起的痛经。

（二）原发性痛经的常见病因

1．精神因素

痛经经常发生在严重抑郁、神经过敏、精神高度紧张的患者。这些患者对月经的生理不了解，而产生恐惧心理。某些痛经患者应用镇静剂后，症状得到缓解。

2．子宫因素

子宫肌肉收缩过强或产生不规则收缩，致使子宫血管挤压过度，子宫供血障碍产生缺氧而造成痛经。子宫发育不良，子宫肌束及纤维组织比例失调也可能与痛经的发生有关。

3．内分泌因素

痛经多发生于有排卵周期，故可能与激素间的平衡失调有关。子宫内膜和血内前列腺素含量增高，是发生痛经的重要因素。

（三）原发性痛经的特点

1．原发性痛经在青少年期常见，多在初潮后6～12个月发病，这时排卵周期多已建立。无排卵性月经一般不发生痛经。

2．疼痛多自月经来潮后开始，最早出现在经前12小时，行经第二日疼痛最剧，持续2～3日缓解，疼痛程度不一，重者呈痉挛性，部位在耻骨上可放射至腰骶部和大腿内侧。

3．可伴发恶心、呕吐、腹泻、头晕、乏力等症状，严重时面色发白、出冷汗，与临床应用PC时引起胃肠道和心血管系统平滑肌过强收缩的副反应相似。

4．妇科检查无异常发现。

（四）继发性痛经的特点

随局部病变加重而逐年加剧，疼痛部位位于下腹部及腰骶部，可放射至阴道、会阴、肛门或大腿。

（五）痛经的药物治疗方法

1．一般方法

包括使用激素、止痛剂、解痉剂、镇静剂及中医中药治疗。常用方法是下腹部放置热水袋，并给一般止痛剂、镇静剂和解痉剂。

2．性激素治疗

应用激素抑制排卵也是有效的缓解疼痛的方法，例如雌激素、孕激素序贯应用，一般可连续应用3个周期，有时在经前7～10天，应用口服避孕药如炔雌醇0.05 mg加炔诺酮0.5 mg，每日1次，治疗痛经，可得到完全不痛的良好效果。

3.前列腺素合成酶抑制剂治疗

常用前列腺素合成酶抑制剂，如氟芬那酸200 mg，每日3次，或甲芬那酸500 mg，每日3次，于月经第一天开始服药至月经干净停用。吲哚美辛治疗痛经效果更佳，于月经开始或疼痛开始时服用，每次25 mg，每日2～4次，服1～2日或至疼痛消失后停药。

（六）痛经的针刺疗法

1．传统针刺疗法及耳针治疗。

2．腕踝针疗法在月经来临前1～2天自觉腰腹不适时针刺或在痛经发生时治疗。

（七）痛经的手术治疗方法

1．扩张宫颈及刮宫术适用于已婚不孕的痛经患者。

2．对于子宫后倾后屈者，可行子宫悬吊术以纠正子宫位置，有利于经血流通而达到缓解疼痛的目的。

3．腹腔镜手术在腹腔镜下即可确诊内膜异位症引起的继发性痛经病因。

（八）心理护理

痛经是一种肌肉紧张或痉挛引起的小腹胀痛或腰酸的感觉。如果患者没有被发现损伤、感染、肿瘤等器质性病变的证据，应考虑引起痛经的社会心理因素或个性特征。社会上重男轻女的思想，多少影响着妇女有意识或无意识地怨恨自己是女性，认为来月经是“倒霉”“痛苦”。另外，某种痛苦的精神创伤，或夫妻性生活不和谐也会产生焦虑、恐惧的情绪，以致引发痛经。护理人员应体贴、关心患者，说明月经周期是妇女特有的生理过程，解除患者思想负担，调整患者的情绪状态。

（九）痛经患者饮食注意事项

对于痛经患者，月经来潮期间要特别注意饮食调节。避免吃生冷食物及辛辣食物，以免经血运行不畅而加重疼痛。指导患者多吃一些具有温通之性的食物，如牛羊肉、荔枝、生姜、萝卜、山楂等。并且要依据痛经病的证型合理选用和调配食物。

（十）痛经患者的病情观察

密切观察疼痛的部位、性质和持续时间。评估疼痛的程度，及时记录并报告医生，痛经严重时可根据医嘱应用解痉镇痛药、镇静剂及对抗前列腺素作用的药物。督促配合诊治，有些继发性痛经往往是肿瘤最先出现的症状之一，如果不及时检查确诊，及早进行治疗，会延误病情。

（十一）痛经患者的健康教育

1．做好五期卫生保健知识宣教

五期卫生保健是指妇女月经期、妊娠期、产褥期、哺乳期、更年期的卫生保健。在这五个时期，妇女抗御病邪的能力降低，易导致病邪侵害发病。因此做好五期卫生保健对预防痛经特别是继发性痛经具有重要意义。

2．指导患者劳逸适度，生活规律

月经期要适当休息，保持体力，以增强抗御疼痛的能力。不要过度劳累，也不宜久卧不起，以免加重痛经。痛经患者必须养成良好的生活规律。

3．注意卫生，预防疾病

某些痛经是由于不注意个人卫生所造成的，如外阴不洁、经期性交、细菌上行感染等所引起的子宫内膜炎、宫颈炎等。因而，讲究个人卫生，特别是月经期卫生，对预防痛经有很大的帮助。月经期要绝对禁止性交、坐浴等，勤洗外阴部、勤换内衣裤、护垫要清洁、消毒。

4．加强锻炼，增强体质

体育锻炼能促进血脉流通，关节流利，气机调畅，可防治病痛。鼓励痛经患者进行适当的体育锻炼，以增强体质。

## 二、分娩疼痛

（一）分娩疼痛的含义

分娩疼痛包括子宫收缩痛、宫颈扩张痛及盆底扩展痛，进一步的疼痛可能来自腹膜和盆腔韧带。虽然分娩疼痛并非疾病所引起，但分娩时的疼痛常会令产妇产生恐惧。

（二）引起分娩疼痛的原因

1．精神因素

精神上处于高度紧张状态，导致子宫体下部肌肉也处于紧张状态，从而使宫口扩张受抑制，引起疼痛。疲劳、沮丧、失望、恐惧、缺乏他人的精神支持可以加剧分娩期间的疼痛。

2．生理因素

分娩时疼痛主要是因子宫收缩而引起的阵痛。疼痛一般从分娩的第一产程初开始，子宫的韧带和腹膜受到牵拉，子宫壁的血管暂时受压而闭塞，使其周围组织产生暂时性缺血和缺氧而发生疼痛。随后逐渐加重。到第二产程终末，大致呈直线增强，疼痛可达到最剧烈的程度，进入第三产程则急剧减轻。

（三）分娩疼痛的特点

1．几乎所有的孕妇都有不同程度的分娩疼痛。

2．疼痛是从开始时的不舒服逐渐变为不可忍受的疼痛。

3．疼痛部位主要在下腹部和腰部，有时放射到髋部、骶部或沿大腿下传。

4．疼痛程度随着产程的进展而变化。随着产程的发展，疼痛明显加剧，在宫颈扩张到7～8 cm时最为剧烈。进入第二产程后，来自宫颈扩张的疼痛逐渐减轻，代之以不自主的“排便感”。到第三产程时，子宫容积缩小，宫内压下降，会阴部牵拉消失，产妇感到突然松懈。

（四）分娩疼痛药物治疗

在对母婴无害的前提下可适当采用药物止痛或麻醉。镇静药和镇痛药消除分娩疼痛是最简单易行的一种方法。

1．哌替啶用于分娩疼痛，应注意其能很快通过胎盘。母体肌注后2小时在胎血内浓度可达到峰值，以后逐渐降低。静脉注射后数秒钟就能在胎血内出现，6分钟达到母血与胎血之间的药物平衡。

2．哌替啶半衰期是3小时，故3小时内能结束分娩者不能应用。

3．若哌替啶用量太大，或经静脉推注，可引起头晕、呕吐、出汗、口干、瞳孔散大和呼吸减慢至10～12次/分钟，且阵痛时出现烦躁不安或兴奋乱动，可造成误伤。

4．大剂量哌替啶还能使血管舒张，产生体位性低血压，对母、子都不利。

5．氟哌替啶或异丙嗪与哌替啶配合使用，可减少哌替啶的用量，减少其副作用。

（五）神经阻滞治疗分娩疼痛

1．外阴及会阴部局部浸润。

2．阴部神经阻滞。

3．宫颈旁阻滞。

（六）中医针灸治疗分娩疼痛

针刺产妇双侧的太冲及三阴交穴，可减轻其产程中的疼痛。

（七）产妇分娩期进行自控硬膜外镇痛（PCEA）

PCEA使患者可以改善镇痛并减少副作用，是安全有效的分娩镇痛方法之一。PCEA在硬膜镇痛起效后，可设在适当的锁定时间及单次给药量，由患者自行给药，或持续背景输注。

（八）产妇分娩疼痛的护理要点

包括加强产前健康教育、创造温馨的分娩氛围、心理护理、加强休息和饮食及正确评估疼痛的程度。

## 三、人工流产术疼痛

（一）产生的原因

由于宫颈和子宫在手术过程中受到机械性刺激，尤其当宫颈扩张器顺子宫位置、方向扩张宫颈和吸管进入宫腔吸引胚胎组织时，患者可感到局部疼痛难忍、牵拉不适。严重者由于局部刺激可引起迷走神经兴奋、冠状动脉缺血、心脏传导功能障碍而出现人流综合征。

（二）特点

所有接受人工流产的孕妇都会感受到全身或局部的不适。全身的反应主要是出现人流综合征，其特点是受术者在人工流产术中或手术结束时出现心动过缓、心律失常、血压下降、面色苍白、出汗、头晕、胸闷，甚至发生昏厥和抽搐。局部的不适表现为在手术过程中受术者感到下腹部疼痛、牵拉不适。

（三）治疗方法

主要包括药物治疗、静脉麻醉、宫旁神经阻滞麻醉和吸入性麻醉等。

（四）药物治疗

可在术前宫颈管内放置丁卡因栓剂。一旦出现心率减慢，静脉注射阿托品0.5～1 mg，症状可缓解。

（五）无痛人工流产术

无痛人工流产术是提高妇女生活质量的一个重要标志，是具备简易的监护装置和急救措施，在麻醉医师的具体实施下选择静脉麻醉的人工流产术。无痛人工流产术使受术者在睡眠状态中接受手术，无痛苦、副作用小。

### 四、女性急性下腹痛

（一）引起女性急性下腹痛常见的妇科疾病

临床上所遇到的急性下腹痛以异位妊娠、卵巢囊肿蒂扭转及急性盆腔炎为常见。

1．腹腔内出血，如异位妊娠破裂，恶性葡萄胎或绒癌浸润子宫肌壁易致宫壁穿通，刮宫不慎造成子宫穿孔、子宫内膜异位症病灶出血等。

2．肿瘤蒂扭转，肿瘤变性或破裂卵巢囊肿蒂或子宫浆膜下肌瘤蒂扭转，子宫肌瘤红色变性，卵巢囊肿破裂等。

3．急性炎症，如急性盆腔炎、盆腔脓肿破裂、肿瘤的感染等。

4．子宫异常收缩，如流产、原发性痛经。

5．阻塞，如处女膜闭锁引起阴道、子宫、输卵管积血。

（二）伴发症状

1．阴道流血

异位妊娠时，阴道流血大多发生于短期的停经之后，一般流血量少、不规则，有时可有蜕膜管型排出，卵巢囊肿蒂扭转多不伴有阴道流血。

2．休克

异位妊娠多并发出血性休克，急性盆腔炎多表现为中毒性休克。

3．发热

急性盆腔炎常于下腹痛开始以前或同时出现寒战、高热；异位妊娠或卵巢囊肿蒂扭转者体温基本正常，在发生感染时体温才明显上升，但此时腹痛已持续数天之久。

4．其他症状

恶心、呕吐出现于卵巢囊肿蒂扭转时；昏厥常见于异位妊娠内出血者。

（三）特征

1．异位妊娠的体征特点是子宫颈有明显举痛、子宫稍大、在子宫一侧或子宫直肠陷凹处扪及肿块。

2．急性盆腔炎的体征特点是穹隆部触痛明显、子宫正常大小且固定、有压痛，两侧附件增厚、压痛，有时扪及炎性包块。

3．卵巢囊肿蒂扭转的体征特点是子宫正常大小，在子宫的一侧扪及肿块，有时可活动，子宫与肿块之间有压痛，推动肿块时，患者腹痛加剧。

（四）治疗原则

在诊断明确前，禁用止痛药及灌肠。诊断明确后，可针对不同的疾病采取相应的治疗措施。

（五）病情观察

密切注意腹痛的性质、位置、特点、症状与月经周期的关系。

1．持续性钝痛多为炎症或腹腔积液所致，持续性难以忍受的疼痛应考虑到晚期肿瘤可能。

2．输卵管妊娠破裂或卵巢肿瘤破裂可致撕裂样疼痛。

3．下腹正中疼痛多因子宫疾病引起；下腹一侧疼痛应考虑为该侧附件病变；下腹双侧痛常发生于双侧附件炎症病变。

4．在两次月经期中间出现周期性一侧下腹隐痛，应考虑为排卵痛；经期出现腹痛者可能为原发性痛经或子宫内膜异位症；周期性下腹痛但无月经来潮多为经血排出受阻。

（六）心理护理

急性下腹痛患者在诊断明确前往往存在焦虑、恐惧等心理问题，护理人员应主动关心、体贴患者，向患者解释疼痛发生的可能原因及治疗前景，解除患者的心理负担。经常与患者家属沟通，争取患者家属的积极配合，共同为患者提供良好的心理氛围。

## 第四节　危重症患者镇静镇痛的护理

### 一、镇静镇痛治疗的含义

所谓镇静镇痛治疗，是指通过应用药物的手段，缓解或消除患者疼痛，减轻或预防患者焦虑和躁动，催眠并诱导顺行性遗忘的治疗。

### 二、危重症实施镇静镇痛治疗的临床意义

由于疾病本身的影响，加上不良心理刺激，危重症患者经常会有焦虑、痛苦、绝望、躁动、不合作的情绪反应。为了消除或减轻患者的痛苦及躯体或心理不适感，使其能顺利接受各种检查治疗，对机械通气患者和部分非机械通气患者采取镇痛镇静措施，使其不感知或遗忘其在病情危重阶段的各种痛苦，有利于疾病的恢复，体现人性化的医疗服务。目前，镇静及镇痛治疗已成为危重症患者综合治疗的重要组成部分。

### 三、导致危重症患者不适的常见外部因素

1．ICU环境因素

ICU的特殊环境是引起危重症患者不适的主要原因，如ICU中仪器报警声等发出的噪声、医护人员忙碌的活动以及经常性不分昼夜的光线明亮场面等，这些因素与疾病和治疗因素一起，常常引发危重症患者的睡眠紊乱，甚至由此引发严重的精神症状。

2.监护与治疗因素

危重症患者的疼痛和不适不仅仅可以由急性病情变化和基础性疾病引起，也可以由治疗和护理操作引起，如气管插管、更换衣物及被动体位等等。

### 四、危重症患者应用镇静镇痛药物的治疗目的

1．降低氧耗量和代谢率，减轻缺血再灌注损伤。

2．减轻或缓解患者疼痛，消除心理恐惧，改善睡眠，诱导遗忘，提高舒适度和安全感。

3．保证床边诊疗措施的及时实施，降低并发症和意外情况的发生。

4．对于机械通气患者，可改善通气。

5．治疗精神错乱。

### 五、危重症患者的疼痛与镇静评估

危重症患者疼痛评估最可靠的方法同样是根据患者主诉，包括疼痛部位、性质、程度以及加重或减轻疼痛的因素等。

镇静程度过浅使患者继续处于焦虑和恐惧中，过深又会影响呼吸，影响血流动力学，故需对患者的镇静深度进行科学评估。临床常用的镇静评估标准有Ramsay标准评分、镇静-激动（SAS）评分和Brussels镇静评分，其中Ramsay评分是临床应用最广泛的镇静评分标准。若采用Ramsay标准评分，患者评分2或3为理想的镇静水平，此时患者舒适并且合作，对呼唤有作用。

### 六、理想的镇静药物的标准

1．半衰期短，且在体内很少蓄积。

2．起效快，对呼吸系统影响小。

3．镇静程度易于控制。

4．能够让患者有暂时性的记忆遗忘，但不影响其神经系统功能。

5．与其他药物无相互作用。

6．价格低廉。

## 七、临床常用的镇静药物

临床常用的镇静药物主要有苯二氮䓬类药物、麻醉药、阿片类药物和神经抑制药四大类。

## 八、苯二氮䓬类药

苯二氮䓬类药都作用于γ-氨基丁酸GABA受体，代表性药物有短效类的咪达唑仑、劳拉西泮和长效类的地西泮等，临床以咪达唑仑最为常用。咪达唑仑是一种强效水溶性的苯二氮䓬类药，具有明显的镇静、肌松、抗惊厥和抗焦虑作用，用于治疗急性烦躁患者，用于短期镇静。它起效迅速，心血管反应轻微，半衰期短，维持时间短，几乎无药物蓄积，清醒相对较快。静脉注射首次剂量不宜超过5 mg，维持剂量2.5～30 mg/d。不良反应是呼吸抑制和低血压，特别是在血容量不足和大剂量药物使用时。特异性拮抗药是氟马西尼，可逆转其镇静作用。

## 九、临床常用的麻醉类镇静药物

临床常用的丙泊酚是一种新型的静脉麻醉药，具有良好的镇静和催眠作用，但无止痛作用。它是一种脂溶性制剂，起效快，静脉给药后1～2分钟内起效；苏醒快，中断用药后患者可迅速恢复意识；在体内几乎无蓄积；与咪达唑仑合用，被推荐用于ICU内的短时间（24小时）镇静。不良反应为低血压和心肌抑制。丙泊酚对支气管有扩张、解痉作用，特别适用于机械通气患者的镇静。单次静脉注射剂量：1～2 mg/kg；持续静注剂量：0.5～1.5 mg/(kg·h)；对呼吸与循环呈剂量依赖性抑制。长期应用有引起高脂血症的危险，对于使用脂肪乳剂的静脉营养患者，一定要加强血脂浓度的监测。

## 十、常用的阿片类镇痛药物

常用的阿片类镇痛药物有吗啡、芬太尼、瑞芬太尼和舒芬太尼等，主要起镇痛作用，配合镇静药物使用能增强镇静作用，具有较强的镇咳和呼吸抑制作用，但不能产生确切的遗忘作用。优点是起效快、易调控、用药量少、代谢产物蓄积较少及费用低廉等。不良反应主要是呼吸抑制、血压下降和肠蠕动减弱，在老年患者尤其明显。

静脉注射吗啡，起效时间为15～20分钟；肌内注射30分钟后可消除焦虑和恐惧心理，情绪稳定，欣快嗜睡，60分钟后患者的基础代谢率显著降低。吗啡主要的不良反应在于它对呼吸的抑制，使呼吸频率减慢，随着剂量的加大可导致呼吸停止；另外，吗啡还可引起平滑肌张力增加、胃排空延迟、Oddi括约肌收缩、胆道内压力增加、尿潴留和组胺释放等。芬太尼的镇痛作用为吗啡的100倍，起效较吗啡更快，且不引起组胺释放，因此较少出现低血压。静脉使用时，其半衰期相对较短，约30～60分钟。间歇性一次静脉注射给药可用于镇痛。但芬太尼也有呼吸抑制作用，主要表现为呼吸频率减慢，大剂量给药后可导致胸腹壁肌肉强直，引发呼吸困难。芬太尼对心血管的影响小，无心肌收缩力抑制作用，但是可以使心率减慢。

## 十一、神经抑制药的药理作用特点

临床常用的神经抑制药是氟哌啶醇，为丁酰苯型抗精神病药，控制谵妄的剂量个体间差异很大。氟哌啶醇可用于危重症患者抗谵妄治疗。不良反应是延长QT间期，与其他延长QT间期的药物合用时要十分慎重。

## 十二、危重症患者镇静镇痛治疗期间脏器功能监测与护理

镇静镇痛类药物多对心血管及呼吸有抑制作用，应严密观察并记录生命体征及其病情。

### （一）呼吸功能监测与护理

1．监测

（1）密切观察患者的呼吸频率、幅度、节律、呼吸周期比和呼吸形式，监测氧饱和度，定时做血气分析，视病情监测呼气末二氧化碳。

（2）对机械通气患者监测呼吸机运转情况，及时处理报警，监测患者的自主呼吸潮气量、分钟通气量等。

2．护理

（1）镇痛和镇静不足时，可能出现呼吸浅促、潮气量减少、氧饱和度降低等；镇痛和镇静过深时，可能表现为呼吸频率减慢、幅度减小、缺氧或/和二氧化碳蓄积等。

（2）当呼吸频率<10次/分钟、胸廓运动变浅、氧饱和度<90%时，应暂停镇静剂使用，予面罩吸氧，必要时做好机械通气的准备。

（3）采取措施预防肺部并发症。

（4）长期镇痛镇静治疗期间，尽可能实施每日唤醒计划。

（5）观察患者神志，鼓励清醒患者肢体运动与咳痰，加强翻身、拍背，酌情给予肺部理疗，促进呼吸道分泌物排出，必要时应用纤维支气管镜协助治疗。

（二）循环功能监测与护理

1．监测

（1）严密监测血压、中心静脉压、脉搏、心率心律等变化。

（2）监测血流动力学变化。

（3）监测肢端末梢循环及面色等。

2．护理

（1）开始给药宜从小剂量开始，根据给药后患者的镇静效果和血流动力学变化，调整给药速度，必要时进行液体复苏或使用血管活性药物，维持血流动力学平稳。

（2）镇痛和镇静不足时，患者表现为血压高、心率快，此时不要盲目给予药物降低血压或减慢心率，应先做综合评估，充分镇痛适当镇静后再酌情处理。

（三）神经肌肉系统功能监测与护理

1．监测

（1）严密观察患者的精神和意识状态。

（2）合并颅脑外伤者加强瞳孔的观察。

（3）监测患者的肢体感觉、运动功能。

（4）观察有无头痛、呕吐、烦躁不安、谵妄、嗜睡和昏迷等，以及呼唤患者有无反应，视物是否清楚等。

2．护理

（1）实施每日唤醒计划，评估神经肌肉系统功能。

（2）合并颅脑外伤患者，镇静治疗影响意识判断，应加强瞳孔的观察，及早发现病情变化。

（3）停用镇静药物期间，要加强临床监护，以防患者因躁动引起意外损伤，可适当约束。

（4）切忌未给予镇痛和镇静的基础治疗直接应用肌松药物。

（5）对于长时间制动、长时间神经肌肉阻滞治疗患者，积极进行物理治疗以预防深静脉血栓形成、保护关节和肌肉的运动功能。

（四）消化系统功能监测与护理

1．监测

（1）监测胃肠道功能，包括大便情况。

（2）监测胃黏膜完整性，注意有无受损。

2．护理

（1）阿片类镇痛药可抑制肠蠕动导致便秘，并引起恶心、呕吐、肠绞痛及Oddi括约肌痉挛，酌情应用刺激性泻药可减少便秘；止吐剂能有效预防恶心、呕吐。

（2）对有胃黏膜损伤等高危因素的患者，预防性使用受体拮抗剂。

（五）代谢功能监测与护理

1．监测

监测血糖与甘油三酯。

2．护理

（1）大剂量吗啡可兴奋交感神经中枢，促进儿茶酚胺的释放，增加肝糖原分解，使血糖升高，应加强血糖监测。

（2）长时间或大剂量应用丙泊酚患者，监测血甘油三酯水平，并根据用量相应调整营养支持中的脂肪乳剂供给量。

（六）肝、肾功能监测与护理

1．监测

监测尿量，监测肝、肾功能。

2．护理

（1）吗啡等阿片类镇痛药可引起尿潴留，应注意监测尿量。

（2）定期查肝、肾功能情况，调整药物的使用剂量。

（3）非甾体类抗炎药可引发肾功能损害，尤其低血容量或低灌注、高龄或既往有肾功能障碍患者用药更应慎重。

（七）凝血功能监测与护理

1．监测

观察有无出血倾向，皮肤有无紫癜等。

2．护理

非甾体类抗炎药可抑制血小板凝聚导致出血时间延长，大剂量应用可引起低凝血酶原血症，可考虑补充维生素K以防治出血。

## 十三、预防深度镇静患者呼吸道并发症的方法

预防肺部并发症的主要措施是加强消毒隔离和无菌技术，积极实施肺部物理治疗，保持气道通畅。

## 十四、镇静镇痛护理要点

1．正确评估患者的焦虑和疼痛程度

这是临床诊治的基础。根据患者主诉，观察患者面色、表情、体位以及生命体征等变化，评估患者的焦虑和疼痛程度，及时汇报医生，采取必要措施。及时评估治疗效果，依据评估结果制定下一步的治疗护理方案。

2．加强心理护理

患者的消极情绪可使镇痛镇静治疗增加难度。护理人员要与患者及时有效沟通，解除疑虑，减轻焦虑，帮助其树立战胜疾病的信心。

3．减少不良刺激

妥善放置各种管道，操作动作轻柔，集中进行各种诊疗护理操作，避免多次搬动或打扰患者；保持环境安静，光线柔和，减少噪音；排除不良刺激因素，如膀胱充盈等，使患者感觉舒适；注意保护患者，必要时进行约束。

4．加强健康宣教

护理人员应向患者及其家属说明镇痛镇静治疗的目的及其相关知识，告知患者或其家属使用镇静剂或镇痛剂，能减少患者在机械通气时对呼吸机的对抗，增加舒适感，且苏醒迅速、完全，短期使用对呼吸循环功能、切口愈合无明显不利影响，解除他们药物使用的疑虑，鼓励患者汇报疼痛和不适。

5．严密监测，详细记录

镇痛镇静类药物对心血管及呼吸功能有抑制作用，使用期间要严密观察患者呼吸、血压、瞳孔及神志的变化，注意镇痛镇静治疗并发症的预防和观察。

6．加强基础护理，预防并发症发生

保持床铺、衣被清洁干燥，定时帮助患者翻身拍背，避免皮肤压疮；被动活动患者肢体，进行功能锻炼并保持功能位，防止肌肉萎缩、关节僵硬和下肢深静脉血栓形成。

## 十七、并发症

1．过度镇静

镇静剂使用后首先出现神志改变，如果患者用药后出现昏睡甚至昏迷，就应怀疑镇静剂抑制中枢神经系统功能的不良反应，严重者过度镇静，可能会危及患者生命。在患者镇静镇痛过程中，应严密观察患者的意识、表情、瞳孔及肢体活动情况，出现异常及时汇报处理。

2．呼吸抑制

大部分镇静镇痛药物有不同程度的呼吸抑制作用，用药期间要严密观察患者呼吸状况。昏迷患者，

呼吸频率变慢且深度增加；呼衰患者，先兆表现常为呼吸不规则；痰液阻塞气道发生窒息患者，常提示呼吸暂停伴发绀。

3．心动过缓

镇静剂能轻度抑制心血管系统功能，使心率减慢。使用正常镇静剂量药物，一般可使心率在原有基础上减慢10～20次/分钟。如心率持续减慢低于60次/分钟，心电图提示心肌严重缺血缺氧时应予心电监护，并减少药量，甚至停药。

4．尿潴留

镇静药物可抑制膀胱括约肌的收缩功能，导致尿潴留。护理时应先安慰鼓励患者，让其情绪安定下来，以免紧张情绪加重尿道括约肌痉挛，加重排尿困难。一旦发生，行冷热敷、听流水声，或轻压耻骨上膀胱区诱导排尿，经上述处理仍无法排尿时，及早导尿。